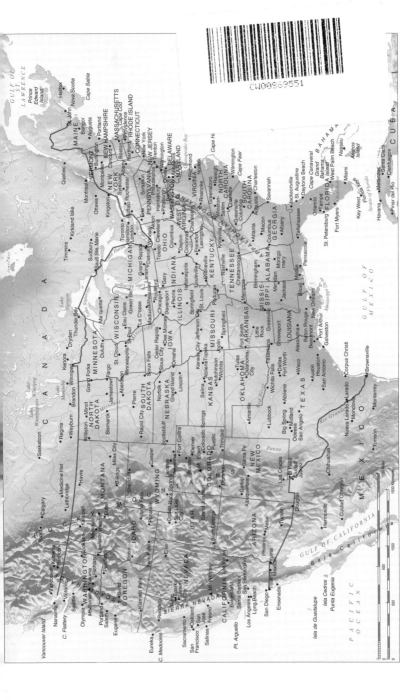

ENGELSK DIGITAL ORDBOK

ORDNETT.NO *er Norges største nettsted for digitale ordbøker. Det har forklaringer, oversettelser og eksempler på bruk.*

Gratis tilgang til Engelsk ordbok i seks måneder!

Adgangskode:

8390294640

For å benytte koden, gå til
www.ordnett.no/adgangskode

ORDNETT.NO

Engelsk

skoleordbok

Engelsk–norsk / norsk–engelsk

KUNNSKAPSFORLAGET

5. utgave 2016

© Kunnskapsforlaget
H. Aschehoug & Co (W. Nygaard) A/S og
Gyldendal ASA, Oslo 2016

Redaktør: Vibecke H. Steenfeldt-Foss
5. utgave er redigert av Marit Johanne Furunes og Sara Eline Olsen.
Minigrammatikken er ved Linda Undrum.
Omslag: Kitty Ensby og Bokproduksjon SA
Sats: Bokproduksjon SA
Skrift: Helvetica og Times New Roman
Papir: 80 gsm Amber Graphic
Trykk og innbinding: Drukarnia Dimograf SP z.o.o.
Tommy og Tiger'n-striper: © Watterson/Dist. by Universal Press Syndicate/
Europa Press, Stockholm, Sweden

ISBN 978-82-573-2222-9

Printed in Poland 2016

In preparation for the Second World War , the British government produced posters with the text *Keep Calm and Carry On*. They were meant to strengthen morale in the event of a wartime disaster. Most people expected mass bombing of the cities, with high explosives and poison gas. The posters had a bold, red background and featured the Tudor Crown, as a symbol of the state. Even today, *Keep Calm and Carry On* represents the essence of Britishness, as does the idiom *keep a stiff upper lip* (as opposed to letting it quiver). Showing courage in the face of hardship and self-restraint in expressing emotion are still considered ideal attributes of the British.

Although 2.45 million copies of the poster were printed, and although the Blitz did in fact take place, the poster was hardly ever publicly displayed. Thus, it was little known, until a copy was rediscovered in 2000 at a bookshop in a small town in northern England. They put it up in the shop and there was such a large interest, that they started printing new ones for sale. Today, the *Keep Calm…* is a popular meme, which means it is evolving as it is spreading. Sometimes the crown is replaced by something else, for instance in *Keep Calm and Have a Cupcake*, with a cupcake icon.

FORORD

Denne ordboken er skrevet for to ulike grupper med ganske like behov: elever i 6.-10. klasse og fremmedspråklige med engelsk som inngangsspråk til å lære seg norsk. Begge gruppene har et stort ordforråd i engelsk og er interessert i hverdagsord, heller enn i fagord, formelle uttrykk og turistspråk. Oppslagsordene utgjør et ungt, aktuelt og oppdatert utvalg av ord, et utvalg som også reflekteres i grunnskolepensumet. Moderne ord som *phishing* er med, uten at det er gått ut over mer tradisjonsrike ord, som *philanthropist*. Boken forklarer hvordan *emoticon* uttales og hvordan man uttrykker på engelsk at noe er *kleint*.

Brukere som ikke har norsk som morsmål, etterspør ofte tospråklige ordbøker med ordklasse på de norske oppslagsordene og kjønn på de norske substantivene. Enda bedre ville det være med kjønn på de norske oversettelsene i engelsk-norsk del, sier de. Nå får de begge deler i denne boken. Bøyningen av både norske og engelske uregelmessige verb er tatt med, og i midtsidene finnes en utmerket oversikt over den nye inndelingen av ordklassene, med referanse til engelsk.

I Norge har vi tradisjonelt undervist i britisk engelsk, men i denne boken er det tatt hensyn til at mange, både barn og voksne, finner det stadig mer naturlig å bruke en del amerikansk.

Det er lagt vekt på at ordboken skal være lett å bruke. Ordbokartiklene er ikke for lange – de inneholder ikke mer enn det brukeren har behov for. Det brukes kun intuitive forkortelser og ingen symboler. Oppsettet er tydelig, med gode stikkord som hjelper leseren å velge riktig betydning av oppslagordet. Tegneseriene inspirerer til å skrive på engelsk, utvider ordforrådet og er i tillegg underholdende.

For å lage 5. utgave av *Engelsk skoleordbok* har vi startet helt på nytt, i stedet for å revidere forrige utgave. Det er en nyttig og fornyende øvelse å tenke ut alt fra begynnelsen igjen. Artiklene er redigert av Marit Johanne Furunes og Sara Eline Olsen. Minigrammatikken er ved Linda Undrum. Takk også til Sara Marie Niday, som har hjulpet redaksjonen med sin ekspertise.

Kommentarer til boken mottas med takk, vennligst send dem til vibecke@kunnskapsforlaget.no.

Oslo, januar 2016

BRUKERVEILEDNING

Ordklasse og kjønn

Alle oppslagsord er blitt utstyrt med ordklasse etter den nye ordklasseinndelingen av 2005. Norske substantiver oppgir kjønn, enten de er oppslagsord eller oversettelser.

Lydskrift

De engelske oppslagsordene er utstyrt med IPA-lydskrift, som også brukes i skolen. Tegnene er forklart på etter brukerveiledningen.

Noen av adjektivene står oppført med vanlig uttale og «foranstilt» uttale:

short-sighted adj. /ˌʃɔːtˈsaɪtɪd/, foranstilt: /ˈʃɔːtˌsaɪtɪd/ nærsynt

Forskjellen ligger i hvor man skal legge trykket. Alene og uten noe substantiv etter seg, uttales short-sighted med trykk på **sight**:

She is short-sighted.

Når short-sighted kommer foran substantivet, flyttes trykket til **short**:

She is a short-sighted woman

Oversettelser

Oversettelsene er delt inn i tydelig nummererte betydninger. Der det er nødvendig, gis det hjelp til å velge riktig betydning i parentes:

fet adj. **1** *(tykk)* fat
2 *(om mat)* fatty, greasy

Uttrykk

For å bli riktig god i et fremmedspråk, må man beherske vanlige uttrykk og riktig bruk av preposisjoner. Her sliter vi nordmenn en del i engelsk, derfor er det tatt med preposisjonsuttrykk, idiomer og lignende:

away² adverb /əˈweɪ/ **1** bort, unna
2 borte
straight away med det samme

beat² verb (beat – beaten) /biːt/
1 slå
2 *(matlaging)* vispe, piske
beat it! forsvinn!
beat up jule opp

Forkortelser

I boken er det bare noen få forkortelser og ingen kryptiske tegn.

adj.	adjektiv
amer.	amerikansk
e.l.	eller lignende
f	hunkjønn
fork. for	forkortelse for
m	hankjønn
n	intetkjønn
omtr. dss.	omtrent det samme som
osv.	og så videre
perf.	perfektum
pret.	preteritum
subst.	substantiv

Midtsider

Mellom de to ordbokdelene finnes en engelsk minigrammatikk og en rekke språklige og praktiske tips. Her forklares ordklassene etter den nye inndelingen, når vi skal bruke *it is* og *there is*, forskjeller mellom britisk og amerikansk engelsk, hvordan en regner om fra meter til fot, hvilke helligdager vi må forholde oss til og mye mer.

UTTALE

Vokaler

Lange vokaler

/ː/	betegner lang lyd
/iː/	som i *feel* /fiːl/
/ɑː/	som i *father* /ˈfɑːðə/
/ɔː/	som i *aboard* /əˈbɔːd/
/uː/	som i *noon* /nuːn/
/ɜː/	som i *hurt* /hɜːt/

Diftonger

/aɪ/	som i *eye* /aɪ/
/aʊ/	som i *how* /haʊ/
/eə/	som i *hair* /heə/
/eɪ/	som i *hate* /heɪt/
/əʊ/	som i *no* /nəʊ/
/ɔɪ/	som i *coil* /kɔɪl/

Korte vokaler

/ɪ/	som i *nine* /naɪn/
/e/	som i *mend* /mend/
/æ/	som i *apple* /ˈæpl/
/ʌ/	som i *blunt* /blʌnt/
/ɒ/	som i *pot* /pɒt/
/ʊ/	som i *book* /bʊk/
/ə/	som i *dare* /deə/
/ə/	som i *absence* /ˈæbsəns/

Konsonanter

/b/	som i *beat* /biːt/
/p/	som i *proof* /pruːf/
/d/	som i *do* /duː/
/t/	som i *toe* /təʊ/
/g/	som i *gasp* /gɑːsp/
/k/	som i *comic* /ˈkɒmɪk/
/v/	som i *vein* /veɪn/
/f/	som i *flat* /flæt/
/ð/	som i *then* /ðen/
/θ/	som i *bath* /bɑːθ/
/z/	som i *freeze* /friːz/
/s/	som i *sale* /seɪl/
/ʒ/	som i *rouge* /ruːʒ/
/ʃ/	som i *shade* /ʃeɪd/
/j/	som i *you* /juː/
/h/	som i *hat* /hæt/
/m/	som i *mad* /mæd/
/n/	som i *nail* /neɪl/
/ŋ/	som i *long* /lɒŋ/
/r/	som i *red* /red/
/l/	som i *limp* /lɪmp/
/ʊ/	som i *looks* /lʊks/
/w/	som i *weak* /wiːk/

Trykk

Når et ord har flere stavelser, må vi vite hvor vi skal legge trykket. /ˈ/ står foran den stavelsen som har hovedtrykket og /ˌ/ står foran den stavelsen som skal ha det nest sterkeste trykket.

about /əˈbaʊt/
admiration /ˌædməˈreɪʃn/

Tegn som brukes for amerikansk uttale

/ɚ/ som i *advertisement* /ˌædvɚˈtaɪzmənt/
/ɝ/ som i *clerk* /klɝːk/
/t̬/ som i *apparatus* /ˌæpəˈræt̬əs/

Engelsk-norsk

a

a determinativ uttale av *a*: /ə/, /eɪ/,
uttale av *an*, som brukes foran
vokaler: /ən/, /n/, /æn/ *eller* **an**
1 en, ei, et
2 om, i, per • *twice a day* to ganger
om dagen
abandon verb /əˈbændən/ **1** gi opp
2 forlate, svikte
abandoned adj. /æˈbændənd/ **1** forlatt
2 hemningsløs
abate verb /əˈbeɪt/ minske, redusere
abbreviate verb /əˈbriːvɪeɪt/ forkorte
abbreviation subst. /əˌbriːvɪˈeɪʃən/
forkortelse *m*, kortform *m/f*
abdicate verb /ˈæbdɪkeɪt/ abdisere,
frasi seg
abdication subst. /ˌæbdɪˈkeɪʃən/
1 abdikasjon *m*, tronfrasigelse *m*
2 *(om ansvar)* frasigelse *m*
abdomen subst. /ˈæbdəmən/ abdomen
n, *forklaring:* mage og underliv
abduct verb /æbˈdʌkt/ bortføre,
kidnappe
abduction subst. /æbˈdʌkʃən/
bortføring *m/f*, kidnapping *m/f*
abductor subst. /æbˈdʌktə/
kidnapper *m*
aberration subst. /ˌæbəˈreɪʃən/ avvik *n*
abhor verb /əbˈhɔː/ avsky, hate
abhorrence subst. /əbˈhɒrəns/
avsky *m*
abhorrent adj. /əbˈhɒrənt/ avskyelig,
motbydelig
abide verb (abode – abode eller abided
– abided) /əˈbaɪd/ overholde
ability subst. /əˈbɪlətɪ/ evne *m*
able adj. /ˈeɪbl/ dyktig, kyndig
able-bodied adj. /ˌeɪblˈbɒdɪd/,
/ˈeɪblˌbɒdɪd/ **1** arbeidsfør
2 funksjonsfrisk
abnormal adj. /æbˈnɔːməl/ avvikende,
uvanlig
abnormality subst. /ˌæbnɔːˈmælətɪ/
1 avvik *n*
2 misdannelse *m*
aboard adverb /əˈbɔːd/ om bord
abolish verb /əˈbɒlɪʃ/ avskaffe,
oppheve
abolition subst. /ˌæbəˈlɪʃən/
1 avskaffelse *m*

2 *(historisk)* avskaffelse av slaveriet
abominable adj. /əˈbɒmɪnəbl/
frastøtende, avskyelig, motbydelig
abomination subst. /əˌbɒmɪˈneɪʃən/
1 avsky *m*
2 vederstyggelighet *m*, styggedom *m*
aboriginal¹ subst. /ˌæbəˈrɪdʒənl/
1 urinnvåner *m*
2 *(spesielt i Australia)* aborigin *m*
aboriginal² adj. /ˌæbəˈrɪdʒənl/ innfødt
aborigine subst. /ˌæbəˈrɪdʒɪnɪ/
1 urinnvåner *m*, innfødt *m*
2 *(spesielt i Australia)* aborigin *m*
abort verb /əˈbɔːt/ **1** abortere
2 avbryte
abortion subst. /əˈbɔːʃən/ abort *m*
abortive adj. /əˈbɔːtɪv/ mislykket
about¹ adverb /əˈbaʊt/
1 omkring, rundt
2 ute
about² preposisjon /əˈbaʊt/
1 om, angående
2 ved • *there is something about him*
det er noe ved ham
3 omkring, rundt
above¹ adverb /əˈbʌv/ **1** ovenfor
2 *(om mengde)* over, og mer • *books
of 100 pages and above* bøker på 100
sider og mer
above² preposisjon /əˈbʌv/ over
  above all fremfor alt
abridge verb /əˈbrɪdʒ/ forkorte
abroad adverb /əˈbrɔːd/ utenlands
abrupt adj. /əˈbrʌpt/ **1** plutselig, brå
2 kort, brysk
absence subst. /ˈæbsəns/ fravær *n*
absent adj. /ˈæbsənt/ fraværende
absent-minded adj. /ˌæbsəntˈmaɪndɪd/
uoppmerksom, åndsfraværende
absolute adj. /ˈæbsəluːt/ absolutt,
fullstendig, total
absolutely adverb /ˌæbsəˈluːtlɪ/
absolutt, totalt, fullstendig
absorb verb /əbˈzɔːb/ absorbere,
suge til seg
  absorbed in oppslukt av, fordypet i
abstain verb /æbˈsteɪn/ **1** avstå
2 *(om alkohol)* være avholdende
abstinence subst. /ˈæbstɪnəns/
avholdenhet *m*, edruelighet *m*

abstract¹ subst. /'æbstrækt/
 1 sammendrag *n*
 2 abstrakt kunstverk
abstract² adj. /'æbstrækt/ abstrakt
absurd adj. /əb'sɜːd/ absurd,
 meningsløs, latterlig
abundance subst. /ə'bʌndəns/
 overflod *m*
abundant adj. /ə'bʌndənt/ rikelig
abuse¹ subst. /ə'bjuːs/ **1** misbruk *m/n*,
 mishandling *m/f*
 2 utskjelling *m/f*
 sexual abuse seksuelt misbruk
abuse² verb /ə'bjuːz/
 1 misbruke, mishandle
 2 skjelle ut
abuser subst. /ə'bjuːzə/ misbruker *m*,
 mishandler *m*
abusive adj. /ə'bjuːsɪv/
 1 uhøflig, uforskammet
 2 som mishandler
 3 ulovlig
academic¹ subst. /ˌækə'demɪk/
 akademiker *m*
academic² adj. /ˌækə'demɪk/
 akademisk, studie-
academy subst. /ə'kædəmɪ/
 akademi *n*, skole *m*
accelerate verb /ək'seləreɪt/
 1 akselerere, tilta
 2 fremskynde
acceleration subst. /əkˌselə'reɪʃⁿn/
 1 akselerasjon *m*
 2 økning *m/f*
accelerator subst. /ək'seləreɪtə/
 gasspedal *m*
accent¹ subst. /'æksⁿnt/
 1 aksent *m*, uttale *m*
 2 trykk *n*
accent² verb /æk'sent/ **1** betone
 2 *(overført)* legge vekt på
accentuate verb /ək'sentʃʊeɪt/ betone,
 understreke, fremheve
accept verb /ək'sept/
 1 godta, akseptere, godkjenne
 2 ta imot, akseptere
acceptable adj. /ək'septəbl/ akseptabel
acceptance subst. /ək'septⁿns/
 1 mottakelse *m*
 2 aksept *m*, godkjennelse *m*
access¹ subst. /'ækses/ tilgang *m*,
 adgang *m*
access² verb /'ækses/ få adgang til,
 komme til

accessible adj. /ək'sesəbl/
 1 tilgjengelig
 2 imøtekommende
accession subst. /ək'seʃⁿn/
 tiltredelse *m*, tilslutning
accessory subst. /ək'sesərɪ/
 1 tilbehør *n*
 2 *(jus)* medhjelper *m*, medskyldig
accident subst. /'æksɪdⁿnt/
 1 tilfeldighet *m*
 2 ulykke *m/f*
 by accident tilfeldigvis
accidental adj. /ˌæksɪ'dentl/ tilfeldig,
 utilsiktet
acclimatize verb /ə'klaɪmətaɪz/
 eller **acclimate** *(spesielt amer.)*
 akklimatisere seg, tilpasse (seg)
accommodate verb /ə'kɒmədeɪt/
 1 innlosjere, huse
 2 ta imot, romme
 3 tillempe, tilpasse
accommodating adj. /ə'kɒmədeɪtɪŋ/
 imøtekommende
accommodation subst.
 /əˌkɒmə'deɪʃⁿn/
 1 bosted *n*, husrom *n*
 2 plass *m*
 3 tilpasning *m/f*
accompany verb /ə'kʌmpⁿnɪ/
 1 ledsage
 2 *(musikk)* akkompagnere
accomplice subst. /ə'kʌmplɪs/
 medskyldig
accomplish verb /ə'kʌmplɪʃ/
 1 utføre, utrette, gjennomføre
 2 fullføre, oppnå
accomplished adj. /ə'kʌmplɪʃt/
 1 fullført
 2 dyktig, begavet
accomplishment subst.
 /ə'kʌmplɪʃmənt/ **1** gjennomføring *m/f*
 2 prestasjon *m*
accord¹ subst. /ə'kɔːd/
 1 avtale *m*, overenskomst *m*
 2 harmoni *m*
accord² verb /ə'kɔːd/ **1** gi
 2 samsvare, stemme overens
accordance subst. /ə'kɔːdⁿns/
 overensstemmelse *m*
according adverb /ə'kɔːdɪŋ/
 bare i uttrykk
 according to 1 ifølge
 2 i overensstemmelse med, etter

accordingly adverb /ə'kɔːdɪŋlɪ/
  1 i overensstemmelse med, i samsvar med
  2 derfor, følgelig
accordion subst. /ə'kɔːdɪən/ trekkspill *n*
account[1] subst. /ə'kaʊnt/
  1 forklaring *m/f*
  2 oppgjør *n*, regnskap *n*
  3 regning *m/f*, konto *m*
  by all accounts etter alt å dømme
  on that account av den grunn
  take into account ta med i beregningen, ta hensyn til
account[2] verb /ə'kaʊnt/ betrakte som, anse som
  account for 1 gjøre greie for, svare for **2** ivareta, ta hånd om
accountable adj. /ə'kaʊntəbl/
  1 ansvarlig
  2 forklarlig
accountant subst. /ə'kaʊntənt/
  1 regnskapsfører *m*
  2 revisor *m*
accumulate verb /ə'kjuːmjʊleɪt/ hope opp, samle opp
accumulation subst. /ə͵kjuːmjʊ'leɪʃən/ oppsamling *m/f*, akkumulasjon *m*
accuracy subst. /'ækjʊrəsɪ/ nøyaktighet *m*, presisjon *m*
accurate adj. /'ækjʊrət/ nøyaktig, presis
accusation subst. /͵ækjuː'zeɪʃən/ anklage *m*, beskyldning *m/f*
accuse verb /ə'kjuːz/ anklage, beskylde
accustomed adj. /ə'kʌstəmd/ **1** vant
  2 vanlig
ace subst. /eɪs/ **1** *(kortspill)* ess
  2 *(om person)* stjerne *m/f*, ener *m*
ache[1] subst. /eɪk/ smerte *m*
ache[2] verb /eɪk/ verke, gjøre/ha vondt
  ache for lengte etter
achieve verb /ə'tʃiːv/
  1 utrette, prestere
  2 oppnå, nå, vinne
achievement subst. /ə'tʃiːvmənt/
  1 prestasjon *m*, bragd *m*
  2 gjennomføring *m/f*, oppnåelse *m*
acid[1] subst. /'æsɪd/ syre *m/f*
acid[2] adj. /'æsɪd/ sur, syrlig, bitter
acidity subst. /ə'sɪdətɪ/ surhetsgrad *m*, surhet *m*

acid rain subst. sur nedbør
acknowledge verb /ək'nɒlɪdʒ/
  1 bekrefte, anerkjenne
  2 takke for
  3 erkjenne
acknowledgement subst. /ək'nɒlɪdʒmənt/ *eller* **acknowledgment** *(amer.)*
  1 bekreftelse *m*, erkjennelse *m*
  2 anerkjennelse *m*
  3 kvittering *m/f*
acne subst. /'æknɪ/ akne *m*, kvise *m/f*
acorn subst. /'eɪkɔːn/ eikenøtt *m/f*
acoustics subst. /ə'kuːstɪks/ *(verbet skal stå i entall)* akustikk *m*
acquaint verb /ə'kweɪnt/ *bare i uttrykk*
  be acquainted with være kjent med
acquaintance subst. /ə'kweɪntəns/
  1 kjennskap *m/n*
  2 bekjent *m*
acquire verb /ə'kwaɪə/ **1** skaffe seg
  2 vinne, oppnå
acquirement subst. /ə'kwaɪəmənt/ ervervelse *m*, tilegnelse *m*
acquisition subst. /͵ækwɪ'zɪʃən/ ervervelse *m*, tilegnelse *m*
acquit verb /ə'kwɪt/ frikjenne
acquittal subst. /ə'kwɪtl/ frikjennelse *m*
acre subst. /'eɪkə/ *(måleenhet for areal) forklaring:* ca. fire mål
  acres of massevis av
acrid adj. /'ækrɪd/ *(også overført)* bitter, skarp
acrobat subst. /'ækrəbæt/ akrobat *m*
across[1] adverb /ə'krɒs/ på tvers, over, i kors
  come across støte på
across[2] preposisjon /ə'krɒs/ over, på tvers av, gjennom
  across from overfor
act[1] subst. /ækt/
  1 handling *m/f*, gjerning *m/f*
  2 *(teater, opptreden)* akt *m/f*, forestilling *m/f* • *she doesn't mean it, it's just an act* hun bare later som
  Act stortingslov
act[2] verb /ækt/ **1** handle, gjøre noe
  2 fungere, virke
  3 oppføre seg
  4 spille, late som
action subst. /'ækʃən/ **1** handling *m/f*
  2 handlemåte *m*
  take action gripe inn, gå til handling

a b c d e f g h i j k l m n o p q r s t u v w x y z

active adj. /'æktɪv/ **1** aktiv, virksom
  2 livlig, levende
activist subst. /'æktɪvɪst/ aktivist *m*
activity subst. /æk'tɪvəti/ **1** aktivitet *m*
  2 energi *m*, iver *m*
actor subst. /'æktə/ **1** skuespiller *m*
  2 aktør *m*, medvirkende *m*
actress subst. /'æktrəs/
  skuespillerinne *m/f*, skuespiller *m*
actual adj. /'æktʃʊəl/, /'æktjʊəl/
  1 faktisk, virkelig
  2 selve
  3 nåværende, gjeldende, aktuell
actually adverb /'æktʃʊəlɪ/, /'æktjʊəlɪ/
  1 egentlig, i virkeligheten
  2 *(forsterkende)* faktisk, virkelig
acute adj. /ə'kjuːt/ **1** akutt, alvorlig
  2 skarp
  3 *(om vinkel)* spiss
AD *(fork. for* Anno Domini*)* e.Kr.
adapt verb /ə'dæpt/
  1 tilpasse, bearbeide
  2 venne seg til, tilpasse seg
adaptability subst. /ə‚dæptə'bɪləti/
  1 tilpasningsevne *m/f*
  2 anvendelighet *m*
adaptable adj. /ə'dæptəbl/
  1 tilpasningsdyktig
  2 anvendelig
adaptation subst. /‚ædæp'teɪʃən/
  1 tilpasning *m/f*
  2 *(om litteratur, film)* bearbeiding *m/f*
add verb /æd/ **1** legge til, tilføye
  2 blande i
  3 addere, summere
  add up 1 *(i størrelse, antall e.l.)* øke
  2 legge sammen
  3 *(hverdagslig)* stemme, gi mening
  add up to 1 utgjøre **2** resultere i, bety
adder subst. /'ædə/ huggorm *m*
addict[1] subst. /'ædɪkt/ misbruker *m*
  drug addict narkoman
addict[2] verb /ə'dɪkt/ *bare i uttrykk*
  be **addicted to** være avhengig av
addition subst. /ə'dɪʃən/ **1** tillegg *n*,
  tilsetning *m/f*, tilføyelse *m*
  2 *(matematikk)* addisjon *m*
  in addition i tillegg
address[1] subst. /ə'dres/, amer. også:
  /'ædres/ adresse *m/f*
address[2] verb /ə'dres/
  1 henvende seg til, snakke til
  2 *(om post)* adressere
  3 *(om sak, problem)* ta fatt på

adept adj. /ə'dept/ dyktig, erfaren
adequacy subst. /'ædɪkwəsi/
  tilstrekkelighet *m*
adequate adj. /'ædɪkwət/ god nok,
  tilfredsstillende, tilstrekkelig
ADHD /eɪdiːeɪtʃ'diː/ *(sykdom, fork.*
  for attention deficit hyperactivity
  disorder*)* ADHD
adhere verb /əd'hɪə/ *bare i uttrykk*
  adhere to 1 henge fast på/ved, klebe
  fast til **2** holde fast ved
  3 *(om religion, ideologi)* slutte seg til
adherent[1] subst. /əd'hɪərənt/
  tilhenger *m*
adherent[2] adj. /əd'hɪərənt/
  som henger fast, klebrig
adhesive[1] subst. /əd'hiːsɪv/ lim *n*
adhesive[2] adj. /əd'hiːsɪv/
  som henger fast, klebrig
adjacent adj. /ə'dʒeɪsənt/ tilgrensende,
  nærliggende, nabo-
adjective subst. /'ædʒɪktɪv/ adjektiv *n*
adjust verb /ə'dʒʌst/
  1 regulere, stille inn, justere
  2 tilpasse (seg)
adjustable adj. /ə'dʒʌstəbl/ regulerbar
adjustment subst. /ə'dʒʌs(t)mənt/
  justering *m/f*, tilpasning *m/f*
admin subst. /'ædmɪn/ **1** *(kortform for*
  administration*)* administrasjon *m*
  2 *(IT, kortform for* administrator*)*
  administrator *m*
administer verb /əd'mɪnɪstə/
  1 styre, administrere, forvalte
  2 gi, tildele
administration subst.
  /əd‚mɪnɪ'streɪʃən/ **1** styre *n*,
  administrasjon *m*, forvaltning *m/f*
  2 regjering *m/f*, regjeringstid *m/f*
administrator subst. /əd'mɪnɪstreɪtə/
  1 administrator *m*
  2 forvalter *m*, bestyrer *m*
admirable adj. /'ædmərəbl/
  beundringsverdig
admiral subst. /'ædmərəl/ *(i militæret)*
  admiral *m*
admiration subst. /‚ædmə'reɪʃən/
  beundring *m/f*
admire verb /əd'maɪə/ beundre
admirer subst. /əd'maɪərə/ beundrer *m*
admissible adj. /əd'mɪsəbl/
  1 akseptabel
  2 adgangsberettiget

admission subst. /əd'mɪʃ³n/
1 adgang *m*, tilgang *m*
2 innrømmelse *m*
3 *(teknisk)* tilførsel *m*
admit verb /əd'mɪt/ 1 innrømme,
erkjenne, tilstå
2 godta
admit to 1 innrømme, tilstå
2 slippe inn, gi adgang til/for
admittance subst. /əd'mɪt³ns/
adgang *m*
no admittance adgang forbudt
admittedly adverb /əd'mɪtɪdlɪ/
riktignok
admonish verb /əd'mɒnɪʃ/ 1 irettesette
2 formane
admonition subst. /ˌædmə(ʊ)'nɪʃ³n/
1 irettesettelse *m*
2 formaning *m/f*
ado subst. /ə'duː/ oppstyr *n*
adolescent¹ subst. /ˌædəl'es³nt/
ungdom *m*
adolescent² adj. /ˌædəl'es³nt/
ungdommelig, pubertets-, ungdoms-
adopt verb /ə'dɒpt/
1 *(om barn)* adoptere, adoptere bort
2 *(om vane)* legge seg til, anta
3 innføre, ta i bruk
adoption subst. /ə'dɒpʃ³n/
adopsjon *m*, adoptering *m/f*
adorable adj. /ə'dɔːrəbl/ søt, nydelig
adoration subst. /ˌædə'reɪʃ³n/
1 beundring *m/f*
2 forgudelse *m*, dyrking *m/f*
adore verb /ə'dɔː/ 1 elske, beundre
2 tilbe, forgude
adult¹ subst. /'ædʌlt/, /ə'dʌlt/ voksen
adult² adj. /'ædʌlt/, /ə'dʌlt/ voksen
adulteration subst. /əˌdʌltə'reɪʃ³n/
forfalskning *m/f*
adulterer subst. /ə'dʌltərə/
person som er utro
adultery subst. /ə'dʌltərɪ/ utroskap *m*
advance¹ subst. /əd'vɑːns/
1 fremskritt *n*, fremmarsj *m*
2 forskudd *n*, lån *n*
3 tilnærmelse *m*
in advance på forhånd
advance² verb /əd'vɑːns/
1 gå fremover
2 fremskynde
3 *(om forslag)* fremme
4 *(om penger)* låne ut

advance³ adj. /əd'vɑːns/ forhånds-,
forskudds-
advanced adj. /əd'vɑːnst/ avansert
advancement subst. /əd'vɑːnsmənt/
1 fremgang *m*, fremskritt *n*
2 forfremmelse *m*
advantage subst. /əd'vɑːntɪdʒ/
fordel *m*
take advantage of 1 utnytte
2 benytte seg av
advantageous adj. /ˌædvən'teɪdʒəs/
nyttig, fordelaktig
adventure subst. /əd'ventʃə/ eventyr *n*
adventurer subst. /əd'ventʃ³rə/
eventyrer *m*
adversary subst. /'ædvəs³rɪ/
motstander *m*
adverse adj. /'ædvɜːs/ 1 fiendtlig
2 ugunstig, uheldig
3 motstående, motsatt
adversity subst. /əd'vɜːsətɪ/
motgang *m*
advertise verb /'ædvətaɪz/ annonsere
advertisement subst. /əd'vɜːtɪsmənt/,
amer. også: /ˌædvə'taɪzmənt/
1 annonse *m*
2 reklame *m*
advertiser subst. /'ædvətaɪzə/
annonsør *m*
advice subst. /əd'vaɪs/ råd
a piece of advice et råd
advisable adj. /əd'vaɪzəbl/ tilrådelig
advise verb /əd'vaɪz/ gi råd, råde
adviser subst. /əd'vaɪzə/ *eller* **advisor**
rådgiver *m*
advocate¹ subst. /'ædvəkət/
1 forkjemper *m*, forsvarer *m*
2 advokat *m*
advocate² verb /'ædvəkeɪt/ forsvare,
kjempe for
aerial¹ subst. /'eərɪəl/ antenne *m/f*
aerials *(ski, fristil)* hopp
aerial² adj. /'eərɪəl/ 1 luft-
2 fly-
3 svevende
aero adj. /'eərəʊ/ fly-
• *aero engine* flymotor
aerobics subst. /eə'rəʊbɪks/ aerobic *m*
aeroplane subst. /'eərəpleɪn/ fly *n*
aesthetic adj. /iːs'θetɪk/ estetisk
affair subst. /ə'feə/ 1 sak *m/f*,
anliggende *n*
2 hendelse *m*
3 kjærlighetsforhold *n*

affect verb /əˈfekt/ **1** påvirke
2 engasjere, røre
3 late som, spille
affectation subst. /ˌæfekˈteɪʃən/
1 jåleri *n*
2 tilgjorthet *m*
affected adj. /əˈfektɪd/ **1** påvirket
2 tilgjort, påtatt
affection subst. /əˈfekʃən/
kjærlighet *m*, ømhet *m*
affectionate adj. /əˈfekʃənət/ kjærlig,
hengiven
affirm verb /əˈfɜːm/ bekrefte, forsikre
affirmation subst. /ˌæfəˈmeɪʃən/
bekreftelse *m*
affirmative adj. /əˈfɜːmətɪv/
bekreftende
affirmative action subst.
kvotering *m/f*
afflict verb /əˈflɪkt/ plage, påvirke
affliction subst. /əˈflɪkʃən/ lidelse *m*,
plage *m/f*
affluence subst. /ˈæfluəns/
1 rikdom *m*, velstand *m*, overflod *m*
2 innstrømming *m/f*, tilstrømming *m/f*
afford verb /əˈfɔːd/ **1** ha råd til
2 ha mulighet til, tillate seg
3 gi, by på
afforestation subst. /æˌfɒrɪˈsteɪʃən/
skogplanting *m/f*
afloat¹ adj. /əˈfləʊt/ **1** flytende
2 til sjøs, om bord
afloat² adverb /əˈfləʊt/ flytende
afraid adj. /əˈfreɪd/ redd
afraid of redd for
afresh adverb /əˈfreʃ/ igjen, på nytt
Africa /ˈæfrɪkə/ Afrika
African¹ subst. /ˈæfrɪkən/ afrikaner *m*
African² adj. /ˈæfrɪkən/ afrikansk
African American¹ subst.
afroamerikaner *m*
African American² adj.
afroamerikansk
Afro-American¹ subst.
/ˌæfrəʊəˈmerɪkən/ afroamerikaner *m*
Afro-American² adj. /ˌæfrəʊəˈmerɪkən/
afroamerikansk
after¹ adj. /ˈɑːftə/ **1** senere, etter
2 *(på båt)* akter-
after² preposisjon /ˈɑːftə/ **1** etter, bak
2 i forhold til, sammenlignet med
3 i samsvar med
after all tross alt, i alle fall

after³ konjunksjon /ˈɑːftə/ etter at
• *after he had gone, she felt very lonely*
aftermath subst. /ˈɑːftəmɑːθ/
ettervirkning *m/f*
in the aftermath of i kjølvannet av
afternoon¹ subst. /ˌɑːftəˈnuːn/
ettermiddag *m*
afternoon² adj. /ˈɑːftənuːn/
ettermiddags-
aftertaste subst. /ˈɑːftəteɪst/
1 ettersmak *m*
2 *(negativt)* bismak *m*
afterwards adverb /ˈɑːftəwədz/
etterpå, senere
again adverb /əˈgen/ **1** igjen
2 videre, dessuten
then again på den annen side
yet again enda en gang
against preposisjon /əˈgenst/
1 mot, imot
2 inntil, opptil, ved siden av
3 overfor
age¹ subst. /eɪdʒ/ **1** alder *m*
2 tid *m/f*, tidsalder *m*, epoke *m*
3 lang tid *m*, evighet *m* • *it has been ages* det er lenge siden
come of age bli myndig
under age 1 mindreårig
2 under aldersgrensen
age² verb /eɪdʒ/ eldes, bli gammel
aged adj. /eɪdʒd/, i betydning 2:
/ˈeɪdʒɪd/ **1** i en alder av • *a girl aged 10* en 10 år gammel jente
2 gammel • *an aged man* en gammel mann
agency subst. /ˈeɪdʒənsɪ/
1 byrå *n*, kontor *n*
2 middel *n*
3 *(i FN e.l.)* organ *n*, instans *m*
agenda subst. /əˈdʒendə/ agenda *m*,
program *n*, dagsorden *m*
agent subst. /ˈeɪdʒənt/
1 agent *m*, representant *m*
2 forhandler *m*
3 middel *n*
aggravate verb /ˈægrəveɪt/ **1** forverre
2 ergre, irritere
aggravation subst. /ˌægrəˈveɪʃən/
1 forverring *m/f*
2 ergrelse *m*, irritasjon *m*, plage *m/f*
aggression subst. /əˈgreʃən/
1 overfall *n*, angrep *n*
2 aggresjon *m*

aggressive adj. /ə'gresɪv/ aggressiv

agitate verb /'ædʒɪteɪt/ opprøre, gjøre urolig, opphisse

agitated adj. /'ædʒɪteɪtɪd/ opprørt, urolig

agitation subst. /ˌædʒɪ'teɪʃᵊn/ uro m/f, opphisselse m

agnostic¹ subst. /æg'nɒstɪk/ agnostiker m

agnostic² adj. /æg'nɒstɪk/ agnostisk

ago adverb /ə'gəʊ/ for ... siden
- *two years ago* for to år siden
a long time ago for lenge siden

agonize verb /'ægənaɪz/
1 lide seg gjennom, pines
2 pine, plage

agonizing adj. /'ægənaɪzɪŋ/ opprivende, smertefull

agony subst. /'ægənɪ/ pine m/f, sjelekval m

agrarian society subst. jordbrukssamfunn n

agree verb /ə'griː/
1 være enig, godkjenne
2 passe, stemme

agreeable adj. /ə'grɪəbl/
1 hyggelig, behagelig
2 akseptabel

agreement subst. /ə'griːmənt/
1 overenskomst m, avtale m, kontrakt m
2 enighet m
3 overensstemmelse m, samsvar n

agricultural adj. /ˌægrɪ'kʌltʃᵊrᵊl/ landbruks-, jordbruks-

agriculture subst. /'ægrɪkʌltʃə/ jordbruk n, landbruk n

aground¹ adj. /ə'graʊnd/ strandet, på grunn

aground² adverb /ə'graʊnd/ på grunn
run aground gå på grunn

ahead adj. /ə'hed/ **1** foran
2 fremover, i forveien
ahead of 1 fremfor, foran
2 før, tidligere enn
go ahead! sett i gang!

aid¹ subst. /eɪd/ **1** hjelp m/f, bistand m
2 medhjelper m, assistent m
3 hjelpemiddel n

aid² verb /eɪd/ hjelpe, støtte

AIDS subst. /eɪdz/ *eller* **Aids** *(medisin, fork. for* acquired immune deficiency syndrome*)* aids m

ailing adj. /'eɪlɪŋ/ sykelig, svak

ailment subst. /'eɪlmənt/ lidelse m, sykdom m, plage m

aim¹ subst. /eɪm/ **1** sikte n
2 hensikt m, mål n

aim² verb /eɪm/ sikte
aim at 1 sikte på **2** *(overført)* sikte til

aimless adj. /'eɪmləs/ uten mål

ain't /eɪnt/ *(dialekt, slang)* sammentrukket am not, are not, is not, have not, has not

air¹ subst. /eə/ **1** luft m/f
2 fly-, luft-
on the air *(radio, TV)* på luften

air² subst. /eə/ **1** utseende n, preg n
2 mine m/f, holdning m/f
put on airs gjøre seg til

air³ subst. /eə/ melodi m, arie m

air⁴ verb /eə/ lufte

airborne adj. /'eəbɔːn/ luftbåren

air conditioning subst. klimaanlegg n

aircraft subst. (flertall: aircraft) /'eəkraːft/ fly n, luftfartøy n

aircraft carrier subst. hangarskip n

air force subst. flyvåpen n, luftvåpen n

airing subst. /'eərɪŋ/ **1** lufting m/f
2 tur m
3 kunngjøring m/f, offentliggjøring m/f
4 *(radio, TV, internett)* sending m/f

airline subst. /'eəlaɪn/ **1** flyselskap n
2 luftledning m

airliner subst. /'eəˌlaɪnə/ rutefly n, passasjerfly n

airmail subst. /'eəmeɪl/ luftpost m

airman subst. /'eəmən/ pilot m

airplane subst. /'eəpleɪn/ fly n

air pollution subst. luftforurensning m/f

airport subst. /'eəpɔːt/ lufthavn m/f, flyplass m

air raid subst. flyangrep n, luftangrep n

airstrip subst. /'eəstrɪp/ flystripe m/f

airtight adj. /'eətaɪt/ **1** lufttett
2 *(overført)* vanntett • *an airtight alibi* et vanntett alibi

airway subst. /'eəweɪ/
1 *(i kroppen)* luftvei m
2 flyrute m/f
3 flyselskap n

airy adj. /'eərɪ/ **1** luftig
2 useriøs

aisle subst. /aɪl/ **1** midtgang m
2 *(i butikk e.l.)* rad m/f, rekke m/f

ajar adj. /ə'dʒɑ:/ på gløtt
akin adj. /ə'kɪn/ beslektet
  akin to beslektet med
alarm¹ subst. /ə'lɑ:m/ **1** alarm *m*
  2 uro *m/f*, engstelse *m*
alarm² verb /ə'lɑ:m/ **1** varsle
  2 skremme
alarm clock subst. vekkerklokke *m/f*
albatross subst. /'ælbətrɒs/ *(fugl)*
  albatross
albeit konjunksjon /ɔ:l'bi:ɪt/ om enn,
  skjønt
album subst. /'ælbəm/ album *n*
alcohol subst. /'ælkəhɒl/ alkohol *m*
alcoholic¹ subst. /ˌælkə'hɒlɪk/
  alkoholiker *m*
alcoholic² adj. /ˌælkə'hɒlɪk/
  alkoholholdig
alcoholism subst. /'ælkəhɒlɪzᵊm/
  alkoholisme *m*
alcove subst. /'ælkəʊv/ alkove *m*
alder subst. /'ɔ:ldə/ *(tre)* or *m/f*
ale subst. /eɪl/ (overgjæret) øl *n*
alert¹ subst. /ə'lɜ:t/ **1** vaktsomhet *m*
  2 alarm *m*, flyalarm *m*
  3 alarmberedskap *m*
  on the alert i beredskap, årvåken
alert² verb /ə'lɜ:t/ advare, varsle
alert³ adj. /ə'lɜ:t/ årvåken
alga subst. /'ælgə/ alge *m*
alias¹ subst. /'eɪliæs/ alias *n*
alias² adverb /'eɪliæs/ også kalt, alias
alien¹ subst. /'eɪljən/ **1** fremmed *m*,
  utlending *m*
  2 romvesen *n*
alien² adj. /'eɪljən/ **1** utenlandsk
  2 fremmed, ukjent
  3 utenomjordisk
alienated adj. /'eɪljəneɪtɪd/ som føler
  seg fremmed, fremmedgjort
alike¹ adj. /ə'laɪk/ lik
alike² adverb /ə'laɪk/ på samme måte,
  like mye • *she helps enemies and
  friends alike*
alive adj. /ə'laɪv/ **1** i live, levende
  2 livlig
  come alive våkne til liv
all¹ adj. /ɔ:l/ **1** all, alt, alle
  2 hele • *all morning* hele
  formiddagen
  all but 1 alle/alt utenom **2** nesten
  at all i det hele tatt, overhodet
all² adverb /ɔ:l/ **1** bare
  • *he was all smiles*

2 *(hverdagslig)* helt • *she has
gone all artistic* hun har blitt helt
kunstnerisk
after all likevel
all alone/by oneself helt alene
all along hele tiden
all at once plutselig
all in all når du tar det kommer til alt
all of a sudden plutselig
all right OK
all-day adj. /'ɔ:ldeɪ/ heldags-
allege verb /ə'ledʒ/ påstå, anta
allegiance subst. /ə'li:dʒəns/
  troskap *m*
allergic adj. /ə'lɜ:dʒɪk/ allergisk
  allergic to allergisk mot
allergy subst. /'ælədʒɪ/ allergi *m*
alleviate verb /ə'li:vɪeɪt/ lette, lindre
alley subst. /'ælɪ/ **1** smal gate *m/f*,
  smug *n*
  2 allé *n*
All Fools' Day subst. første april
alliance subst. /ə'laɪəns/
  1 forbindelse *m*, allianse *m*
  2 giftermål *n*
allied adj. /ə'laɪd/, foranstilt: /'ælaɪd/
  1 beslektet
  2 alliert, forbundet
alligator subst. /'ælɪgeɪtə/ alligator *m*
all-in-one adj. /ˌɔ:lɪn'wʌn/ alt-i-ett
allocate verb /'æləkeɪt/ **1** tildele
  2 sette til side
  3 plassere
allocation subst. /ˌælə'keɪʃᵊn/
  1 tildeling *m/f*
  2 plassering *m/f*
allot verb /ə'lɒt/ **1** tildele
  2 avsette
allow verb /ə'laʊ/ **1** tillate
  2 gi, la få
  be allowed to få lov til
allowable adj. /ə'laʊəbl/
  som kan tillates
allowance subst. /ə'laʊəns/
  1 godtgjørelse *m*
  2 tildeling *m/f*
  3 *(amer.)* lommepenger
all-round adverb /ˌɔ:l'raʊnd/
  hele veien (rundt)
All Saints' Day subst. Allehelgensdag
All Souls' Day subst. Alle sjelers dag
allspice subst. /'ɔ:lspaɪs/ allehånde *m*
all-time adj. /'ɔ:ltaɪm/ rekord-,
  enestående

allure[1] subst. /ə'ljʊə/ sjarm *m*
allure[2] verb /ə'ljʊə/ tiltrekke, sjarmere
allusion subst. /ə'luːʒ°n/ hentydning *m/f*
all-weather adj. /ˌɔːl'weðə/ allværs-
ally[1] subst. /'ælaɪ/ forbundsfelle *m*
the **Allies** de allierte
ally[2] verb /ə'laɪ/ **1** binde sammen
2 forene
ally oneself with alliere seg med
almanac subst. /'ɔːlmənæk/ almanakk *m*
almighty adj. /ɔːl'maɪtɪ/ allmektig
almond subst. /'aːmənd/ mandel *m*
almost adverb /'ɔːlməʊst/ nesten
aloft adj. /ə'lɒft/ høyt opp
alone[1] adj. /ə'ləʊn/ alene, ensom
alone[2] adverb /ə'ləʊn/ bare, alene
• *that alone, was enough to ...* bare dét var nok til å ...
along[1] adverb /ə'lɒŋ/ **1** fremover, bortover
2 med seg • *John brought his guitar along*
all along 1 hele tiden **2** langs hele
along with sammen med
along[2] preposisjon /ə'lɒŋ/ langs, bortover
aloof adj. /ə'luːf/ fjern, reservert, kjølig
aloud adverb /ə'laʊd/ høyt
alp subst. /ælp/ fjell(topp)
the **Alps** Alpene
alpaca subst. /æl'pækə/ alpakka *m*
alphabet subst. /'ælfəbet/ alfabet *n*
alphabetical adj. /ˌælfə'betɪk°l/ alfabetisk
alpine adj. /'ælpaɪn/ alpin
alpinist subst. /'ælpɪnɪst/ fjellklatrer *m*
already adverb /ɔːl'redɪ/ allerede
also adverb /'ɔːlsəʊ/ også
altar subst. /'ɔːltə/ alter *n*
alter verb /'ɔːltə/ forandre
alteration subst. /ˌɔːltə'reɪʃ°n/ forandring *m/f*
alternate[1] subst. /'ɔːltənət/
1 stedfortreder *m*
2 alternativ *n*
alternate[2] verb /'ɔːltəneɪt/ skifte, veksle
alternate[3] adj. /ˌɔːl'tɜːnət/ vekslende, skiftevis
alternative[1] subst. /ɔːl'tɜːnətɪv/ alternativ *n*

alternative[2] adj. /ɔːl'tɜːnətɪv/ alternativ
although konjunksjon /ɔːl'ðəʊ/ selv om
altitude subst. /'æltɪtʃuːd/, /'æltɪtjuːd/ høyde *m*
altogether adverb /ˌɔːltə'geðə/ **1** helt
2 alt i alt
aluminium subst. /ˌæljʊ'mɪnjəm/ *eller*
aluminum *(amer.)* aluminium *m/n*
always adverb /'ɔːlweɪz/ alltid
a.m. *(latin, fork. for* ante meridiem*)* mellom midnatt og kl. 12
• *at 9 a.m.* kl. 9 på formiddagen
amateur[1] subst. /'æmətə/ amatør *m*
amateur[2] adj. /'æmətə/ amatør-
amaze verb /ə'meɪz/ forbløffe, forundre
amazement subst. /ə'meɪzmənt/ forundring *m/f*
amazing adj. /ə'meɪzɪŋ/
1 overraskende, forbløffende
2 *(hverdagslig)* fantastisk, utrolig
ambassador subst. /æm'bæsədə/ ambassadør *m*
amber subst. /'æmbə/ **1** rav *n*
2 gult trafikklys *n*
ambiguity subst. /ˌæmbɪ'gjuːətɪ/ tvetydighet *m*
ambiguous adj. /æm'bɪgjʊəs/ tvetydig, uklar
ambition subst. /æm'bɪʃ°n/ ambisjon *m*, ærgjerrighet *m*
ambitious adj. /æm'bɪʃəs/ ambisiøs, ærgjerrig
ambivalent adj. /æm'bɪvələnt/
1 ambivalent
2 nølende, usikker
ambulance subst. /'æmbjʊləns/ ambulanse *m*
ambush[1] subst. /'æmbʊʃ/ bakhold *n*
ambush[2] verb /'æmbʊʃ/
1 ligge i bakhold
2 legge seg på lur
amenable adj. /ə'miːnəbl/
1 mottakelig
2 føyelig
amend verb /ə'mend/ rette (på), endre
amendment subst. /ə'men(d)mənt/ endring *m/f*, rettelse *m*
America /ə'merɪkə/ **1** *(Nord- og Sør-Amerika)* Amerika
2 USA

American[1] subst. /ə'merɪkən/
1 *(person)* amerikaner *m*
2 *(språk)* amerikansk-engelsk *m*
American[2] adj. /ə'merɪkən/
amerikansk
American Indian[1] subst. indianer *m*
American Indian[2] adj. indiansk
amiable adj. /'eɪmjəbl/ vennlig
amicable adj. /'æmɪkəbl/ vennskapelig
amid preposisjon /ə'mɪd/ **1** midt i
2 under
amiss[1] adj. /ə'mɪs/ feil, feilslått
amiss[2] adverb /ə'mɪs/ feil, i veien
go amiss være mislykket
ammonia subst. /ə'məʊnjə/
ammoniakk *m*
ammunition subst. /ˌæmjʊ'nɪʃⁿn/
ammunisjon *m*
amnesia subst. /æm'niːzjə/
hukommelsestap *n*
amnesty subst. /'æmnəstɪ/ amnesti *n*,
beskyttelse mot rettslig forfølgelse
among preposisjon /ə'mʌŋ/ *eller*
amongst blant, omgitt av
amorous adj. /'æmərəs/ forelsket,
amorøs
amount[1] subst. /ə'maʊnt/ **1** beløp *n*
2 mengde *m*
amount[2] verb /ə'maʊnt/ *bare i uttrykk*
amount to 1 komme opp i
2 *(overført)* innebære
ampere subst. /'æmpeə/ ampere *m*
amphetamine subst. /ˌæm'fetəmiːn/
amfetamin *n*
ample adj. /'æmpl/ **1** rikelig
2 stor, romslig
amplifier subst. /'æmplɪfaɪə/
forsterker *m*
amplify verb /'æmplɪfaɪ/ **1** utvide
2 forsterke
amputate verb /'æmpjʊteɪt/ amputere
amputation subst. /ˌæmpjʊ'teɪʃⁿn/
amputasjon *m*
amulet subst. /'æmjʊlɪt/ amulett *m*
amuse verb /ə'mjuːz/ underholde
be amused by more seg over
amusement subst. /ə'mjuːzmənt/
1 moro *m*, fornøyelse *m*
2 underholdning *m/f*
an determinativ /ən/, /n/, trykksterk:
/æn/ *(brukes foran vokaler)* **1** en/ei/et
2 om, i, per • *twice an hour* to ganger
i timen
anaemic adj. /ə'niːmɪk/ blodfattig

anaesthesia subst. /ˌænəs'θiːzjə/
bedøvelse *m*
anaesthetic subst. /ˌænəs'θetɪk/
bedøvelsesmiddel *n*
general anaesthetic narkose
anesthetic subst. /ˌænəs'θetɪk/ *(amer.)*
bedøvelsesmiddel *n*
general anesthetic narkose
anagram subst. /'ænəgræm/
anagram *n*, bokstavgåte *m/f*
anal adj. /'eɪnⁿl/ anal, anal-
analogy subst. /ə'nælədʒɪ/ **1** analogi *m*
2 sammenlikning *m/f*, parallell *m*
analyse verb /'ænəlaɪz/ *eller* **analyze**
(amer.) analysere
analysis subst. (flertall: analyses)
/ə'næləsɪs/ analyse *m*
anarchy subst. /'ænəkɪ/ anarki *n*
anatomy subst. /ə'nætəmɪ/ anatomi *m*
ancestor subst. /'ænsəstə/ **1** stamfar *m*
2 opphav *n*
ancestors forfedre, aner
ancestry subst. /'ænsəstrɪ/ **1** slekt *m/f*
2 forfedre *m*
anchor[1] subst. /'æŋkə/ anker *n*
anchor[2] verb /'æŋkə/ forankre
anchovy subst. /'æntʃəvɪ/, /æn'tʃəʊvɪ/
ansjos *m*
ancient adj. /'eɪnʃⁿnt/
1 fortids-, oldtids-
2 *(hverdagslig)* eldgammel
ancillary adj. /æn'sɪlərɪ/ **1** tilleggs-
2 underordnet
3 hjelpe-
and konjunksjon /ənd/, /ən/,
betont: /ænd/ og
and others med flere
and so on/forth og så videre
anecdote subst. /'ænɪkdəʊt/
anekdote *m*
anemic adj. /ə'niːmɪk/ *(amer.)*
blodfattig, anemisk
anesthesia subst. /ˌænəs'θiːzjə/
(amer.) bedøvelse *m*
anew adverb /ə'njuː/ på nytt
angel subst. /'eɪndʒⁿl/ engel *m*
anger[1] subst. /'æŋgə/ sinne *n*
in anger i raseri
anger[2] verb /'æŋgə/ gjøre sint, forarge
angle[1] subst. /æŋgl/
1 vinkel *m*, kant *m*
2 synsvinkel *m*
angle[2] verb /'æŋgl/ **1** plassere på skrå
2 gå på skrå

3 vinkle
angle[3] verb /ˈæŋgl/ fiske
angler subst. /ˈæŋglə/ sportsfisker *m*
Anglican[1] subst. /ˈæŋglɪkən/
anglikaner *m*
Anglican[2] adj. /ˈæŋglɪkən/ anglikansk
angling subst. /ˈæŋglɪŋ/ sportsfiske *n*
Anglo-Saxon[1] subst. /ˌæŋgləʊˈsæksən/
1 angelsakser *m*
2 *(språk)* gammelengelsk *m/n*
Anglo-Saxon[2] adj. /ˌæŋgləʊˈsæksən/
angelsaksisk
angry adj. /ˈæŋgrɪ/ sint
angry with somebody sint på noen
anguish subst. /ˈæŋgwɪʃ/ pine *m/f*,
dyp smerte *m*
be in anguish lide store kvaler
angular adj. /ˈæŋgjʊlə/ **1** vinkel-
2 knoklete
animal[1] subst. /ˈænɪməl/ dyr *n*
animal[2] adj. /ˈænɪməl/ **1** dyre-
2 dyrisk
animal cruelty subst. dyreplageri *n*
animate[1] verb /ˈænɪmeɪt/
1 gi liv til, animere
2 oppmuntre, live opp
animate[2] adj. /ˈænɪmət/ **1** levende
2 livlig
animation subst. /ˌænɪˈmeɪʃən/
1 livlighet *m*
2 levendegjøring *m/f*
3 animasjon *m*
animosity subst. /ˌænɪˈmɒsətɪ/
sterk motvilje *m*, fiendtlighet *m*
anise subst. /ˈænɪs/ anis *m*
ankle subst. /ˈæŋkl/ ankel *m*
annex[1] subst. /ˈæneks/ **1** tillegg *n*
2 bilag *n*
3 *(spesielt amer.)* anneks *n*
annex[2] verb /əˈneks/
1 legge til, innlemme
2 knytte til
anniversary subst. /ˌænɪˈvɜːsərɪ/
1 årsdag *m*
2 bryllupsdag *m*, jubileum *n*
announce verb /əˈnaʊns/ **1** kunngjøre
2 melde
announcement subst. /əˈnaʊnsmənt/
kunngjøring *m/f*
announcer subst. /əˈnaʊnsə/ *(radio, TV, internett)* programannonsør
annoy verb /əˈnɔɪ/ irritere, plage
annoyance subst. /əˈnɔɪəns/
ergrelse *m*, irritasjon *m*

annoying adj. /əˈnɔɪɪŋ/ irriterende
annual adj. /ˈænjʊəl/ årlig, års-
anonymity subst. /ˌænəˈnɪmətɪ/
anonymitet *m*
anonymous adj. /əˈnɒnɪməs/ anonym
anorectic adj. /ˌænəˈrektɪk/ *eller*
anorexic anorektisk
anorexia subst. /ˌænəˈreksɪə/ *eller*
anorexia nervosa anoreksi *m*
another determinativ /əˈnʌðə/
1 en annen
2 en til, en ny
one another hverandre
answer[1] subst. /ˈɑːnsə/ **1** svar *n*
2 løsning *m/f*
answer[2] verb /ˈɑːnsə/ svare
answer to stå til ansvar for
ant subst. /ænt/ maur *m*
antagonist subst. /ænˈtægənɪst/
motstander *m*
Antarctic adj. /æntˈɑːktɪk/ **1** antarktisk
2 ekstremt kald
Antarctica Antarktis
antelope subst. /ˈæntɪləʊp/ antilope *m*
antenna subst. /ænˈtenə/ antenne *m/f*
anthem subst. /ˈænθəm/ hymne *m*
anthill subst. /ˈænthɪl/ maurtue *m/f*
anthropologist subst.
/ˌænθrəˈpɒlədʒɪst/ antropolog *m*
anthropology subst. /ˌænθrəˈpɒlədʒɪ/
antropologi *m*
anti adj. /ˈæntɪ/, amer. også: /ˈæntaɪ/
anti-, mot
anti-abortionist subst.
/ˌæntɪəˈbɔːʃənɪst/ abortmotstander *m*
antibiotic[1] subst. /ˌæntɪbaɪˈɒtɪk/
antibiotikum *n*
antibiotic[2] adj. /ˌæntɪbaɪˈɒtɪk/
antibiotisk
antibody subst. /ˈæntɪˌbɒdɪ/ antistoff *n*
anticipate verb /ænˈtɪsɪpeɪt/
1 vente, forvente
2 se frem til
anticipation subst. /ænˌtɪsɪˈpeɪʃən/
1 forventning *m/f*
2 anelse *m*, forutanelse *m*
antidote subst. /ˈæntɪdəʊt/
1 motgift *m/f*
2 motmiddel *n*
antioxidant subst. /ˌæntɪˈɒksɪdənt/
antioksidant *m*
antipathy subst. /ænˈtɪpəθɪ/
motvilje *m*, antipati *m*

a
b
c
d
e
f
g
h
i
j
k
l
m
n
o
p
q
r
s
t
u
v
w
x
y
z

antiquarian[1] subst. /ˌæntɪˈkweərɪən/
eller **antiquary 1** antikvar *m*
2 antikvitetssamler *m*
antiquarian[2] adj. /ˌæntɪˈkweərɪən/
antikvarisk
antiquated adj. /ˈæntɪkweɪtɪd/ foreldet
antique[1] subst. /ænˈtiːk/ antikvitet *m*
antique[2] adj. /ænˈtiːk/
1 antikk, gammel
2 gammeldags
antiquity subst. /ænˈtɪkwətɪ/
1 antikken, oldtiden
2 *(oftest flertall)* antikvitet *m*
anti-Semite subst. /ˌæntɪˈsiːmaɪt/,
amer. også /ˌæntɪˈsemaɪt/
antisemitt *m*
anti-Semitism subst. /ˌæntɪˈsemɪtɪzᵊm/
antisemittisme *m*, jødehat *n*
antiseptic adj. /ˌæntɪˈseptɪk/
antiseptisk, bakteriehemmende
antivirus programme subst. *eller*
antivirus program *(amer.) (IT)*
antivirusprogram *n*
antonym subst. /ˈæntənɪm/ antonym *n*
antsy adj. /ˈæntsɪ/ *(amer., hverdagslig)*
urolig, rastløs
anus subst. /ˈeɪnəs/ anus *m*,
endetarmsåpning *m/f*
anvil subst. /ˈænvɪl/ ambolt *m*
anxiety subst. /æŋˈzaɪətɪ/
1 angst *m*, engstelse *m*
2 sterkt ønske *m*
anxiety disorder subst. angstlidelse *m*
anxious adj. /ˈæŋ(k)ʃəs/ **1** engstelig
2 ivrig, spent
anxious for 1 bekymret for
2 ivrig etter
any[1] adverb /ˈenɪ/ noe
any[2] determinativ /ˈenɪ/ **1** noe(n) (som
helst), hvilken som helst
2 enhver, ethvert
any day når som helst
any more 1 mer, flere
2 lenger • *I can't take it any more*
anybody pronomen /ˈenɪˌbɒdɪ/
1 noen, noen som helst
2 hvem som helst
anyhow adverb /ˈenɪhaʊ/
1 på noen måte
2 likevel, i alle fall
anyone pronomen /ˈenɪwʌn/
1 noen, noen som helst
2 hvem som helst

anything pronomen /ˈenɪθɪŋ/
1 noe, noe som helst
2 hva som helst, alt
anything but 1 alt annet enn
2 ikke i det hele tatt
anyway adverb /ˈenɪweɪ/
1 på noen (som helst) måte
2 likevel, uansett
anywhere adverb /ˈenɪweə/ **1** noe sted
2 hvor som helst, overalt
apart adverb /əˈpɑːt/
1 til side, borte fra
2 fra hverandre
apart from 1 bortsett fra **2** i tillegg til
apartheid subst. /əˈpɑːtaɪt/
apartheid *m*
apartment subst. /əˈpɑːtmənt/
leilighet *m*
apartment building subst.
1 leiegård *m*
2 boligblokk *m/f*
apathetic adj. /ˌæpəˈθetɪk/ apatisk,
likegyldig
apathy subst. /ˈæpəθɪ/ apati *m*,
likegyldighet *m*
ape[1] subst. /eɪp/ ape, apekatt
ape[2] verb /eɪp/ herme etter, ape etter
apex subst. /ˈeɪpeks/ **1** spiss *m*, topp *m*
2 høydepunkt *n*, toppunkt *n*
apiece adverb /əˈpiːs/ **1** per stykke
2 for hver, hver
apologetic adj. /əˌpɒləˈdʒetɪk/
unnskyldende
be apologetic være lei seg
apologize verb /əˈpɒlədʒaɪz/
be om unnskyldning
apology subst. /əˈpɒlədʒɪ/
unnskyldning *m/f*
apoplectic stroke subst. slag(anfall) *n*
apostle subst. /əˈpɒsl/ apostel *m*,
disippel *m*, tilhenger *m*
apostrophe subst. /əˈpɒstrəfɪ/
apostrof *m*
app subst. /æp/ *(IT, kortform for
application)* app *m*
appal verb /əˈpɔːl/ *eller* **appall** *(amer.)*
forferde, sjokkere
apparatus subst. /ˌæpᵊrˈeɪtəs/, amer.
/ˌæpəˈrætəs/
1 apparat *n*, mekanisme *m*
2 system *n*
apparent adj. /əˈpærᵊnt/ **1** tydelig
2 tilsynelatende
apparent to klar for

apparently adverb /əˈpærⁿntlɪ/
1 tilsynelatende
2 tydeligvis
apparition subst. /ˌæpəˈrɪʃən/
1 spøkelse *n*, gjenferd *n*
2 fenomen *n*
appeal[1] subst. /əˈpiːl/ **1** bønn *m/f*,
anmodning *m/f*
2 *(jus)* anke(sak), appell *m*
3 tiltrekning *m/f*, tiltrekningskraft *m*
appeal[2] verb /əˈpiːl/ **1** be, bønnfalle
2 oppfordre
3 *(jus)* anke, appellere
appear verb /əˈpɪə/ **1** komme til syne
2 gi inntrykk av, fremstå
appearance subst. /əˈpɪərⁿns/
1 utseende *n*
2 offentlig fremtreden *m*
3 det å dukke opp
appearances det ytre
give the appearance of 1 se ut til å
2 late som
appellate court subst. ankedomstol *m*
appendicitis subst. /əˌpendɪˈsaɪtɪs/
blindtarmsbetennelse *m*
appendix subst. /əˈpendɪks/
1 vedlegg *n*
2 *(i kroppen)* blindtarm *m*
appetite subst. /ˈæpətaɪt/ appetitt *m*
appetizing adj. /ˈæpətaɪzɪŋ/ appetittlig,
delikat
applaud verb /əˈplɔːd/ **1** applaudere
2 rose
applause subst. /əˈplɔːz/ applaus *m*
apple subst. /ˈæpl/ eple *n*
appliance subst. /əˈplaɪəns/
1 apparat *n*
2 anvendelse *m*, bruk *m*
applicable adj. /əˈplɪkəbl/ brukbar
applicant subst. /ˈæplɪkənt/ søker *m*
application[1] subst. /ˌæplɪˈkeɪʃən/
1 søknad *m*
2 bruk *m*
3 salve *m/f*
application[2] subst. /ˌæplɪˈkeɪʃən/ *(IT)*
applikasjon *m*, program *n*
apply verb /əˈplaɪ/ **1** søke, be om
2 bruke, anvende
3 gjelde
apply oneself gjøre sitt beste
appoint verb /əˈpɔɪnt/
1 ansette, utnevne
2 avtale, fastsette

appointment subst. /əˈpɔɪntmənt/
1 avtale *m*
2 utnevnelse *m*
appraisal subst. /əˈpreɪzəl/
vurdering *m/f*
appraise verb /əˈpreɪz/ vurdere
appreciate verb /əˈpriːʃɪeɪt/
1 sette pris på
2 anerkjenne
appreciation subst. /əˌpriːʃɪˈeɪʃən/
1 takknemlighet *m*
2 anerkjennelse *m*
apprehend verb /ˌæprɪˈhend/
1 arrestere
2 oppfatte
apprehension subst. /ˌæprɪˈhenʃən/
1 uro *m/f*, angst *m*
2 innsikt *m*
3 arrestasjon *m*
apprehensive adj. /ˌæprɪˈhensɪv/
urolig, engstelig
apprentice subst. /əˈprentɪs/
lærling *m*, nybegynner *m*
apprenticeship subst. /əˈprentɪʃɪp/
lære *m/f*, læretid *m/f*
approach[1] subst. /əˈprəʊtʃ/
1 det å nærme seg
2 tilnærmingsmåte *m*, innstilling *m/f*
3 henvendelse *m*
approach[2] verb /əˈprəʊtʃ/
1 nærme seg
2 nå, måle seg med
3 spørre om
appropriate[1] verb /əˈprəʊprɪeɪt/
1 forsyne seg med
2 reservere
appropriate[2] adj. /əˈprəʊprɪət/
passende, riktig, treffende
approval subst. /əˈpruːvəl/
1 godkjenning *m/f*
2 anerkjennelse *m*
approve verb /əˈpruːv/ **1** godkjenne
2 like
3 gå med på
approved adj. /əˈpruːvd/ **1** godkjent
2 anerkjent
approximate[1] verb /əˈprɒksɪmeɪt/
1 nærme seg
2 anslå
approximate[2] adj. /əˈprɒksɪmət/
omtrentlig, tilnærmet
apricot subst. /ˈeɪprɪkɒt/ *(frukt)*
aprikos *m*
April subst. /ˈeɪprəl/ april *m*

April Fool subst. aprilsnarr *m*
apron subst. /ˈeɪprᵊn/ forkle *n*
apt adj. /æpt/ **1** passende
  2 lærenem, flink
  be apt to være tilbøyelig til,
  ha en tendens til
aptitude subst. /ˈæptɪtʃuːd/,
  /ˈæptɪtjuːd/ **1** anlegg *n*, talent *n*
  2 tilbøyelighet *m*
aquarium subst. /əˈkweərɪəm/
  akvarium *n*
Aquarius subst. /eˈkweərɪəs/
  (stjernetegn) Vannmannen
aquavit subst. /ˌækwəˈviːt/ akevitt *m*
Arab[1] subst. /ˈærəb/ araber *m*
Arab[2] adj. /ˈærəb/ arabisk
Arabic adj. /ˈærəbɪk/ arabisk
arable adj. /ˈærəbl/ dyrkbar
arbitrary adj. /ˈɑːbɪtrərɪ/ tilfeldig,
  vilkårlig
arbitration subst. /ˌɑːbɪˈtreɪʃᵊn/
  megling *m/f*
arbitrator subst. /ˈɑːbɪtreɪtə/ megler *m*
arcade subst. /ɑːˈkeɪd/ arkade *m*
arch[1] subst. /ɑːtʃ/ **1** bue *m*, buegang *m*
  2 *(på fot)* vrist *m/f*
arch[2] verb /ɑːtʃ/ **1** danne en bue
  2 *forklaring:* spenne eller bygge bue
  over
archaeologist subst. /ˌɑːkɪˈɒlədʒɪst/
  eller **archeologist** *(amer.)* arkeolog *m*
archaeology subst. /ˌɑːkɪˈɒlədʒɪ/ *eller*
  archeology *(amer.)* arkeologi *m*
archbishop subst. /ˌɑːtʃˈbɪʃəp/
  erkebiskop *m*
arch-enemy subst. /ˌɑːtʃˈenəmɪ/
  erkefiende *m*
archer subst. /ˈɑːtʃə/ bueskytter *m*
  the Archer *(stjernebilde)* Skytten
archipelago subst. /ˌɑːkɪˈpeləgəʊ/
  1 øyrikt hav *n*
  2 øygruppe *m/f*
architect subst. /ˈɑːkɪtekt/ arkitekt *m*
architecture subst. /ˈɑːkɪtektʃə/
  arkitektur *m*
archive[1] subst. /ˈɑːkaɪv/ arkiv *n*
archive[2] verb /ˈɑːkaɪv/ arkivere, lagre
archly adverb /ˈɑːtʃlɪ/ ertende
arctic adj. /ˈɑːktɪk/ arktisk
ardent adj. /ˈɑːdᵊnt/ ivrig
are verb (2. person entall presens og
  1., 2. og 3. person flertall presens av
  be) trykksterk: /ɑː/, trykksvak: /ə/
  presens av ►**be**

area subst. /ˈeərɪə/ **1** område *n*
  2 areal *n*
area code subst. retningsnummer *n*
arena subst. /əˈriːnə/ **1** arena *m*
  2 idrettsanlegg *n*
aren't /ɑːnt/ *sammentrukket* are not
Argentine[1] subst. /ˌɑːdʒᵊnˈtaɪn/
  argentiner *m*
Argentine[2] adj. /ˈɑːdʒᵊntaɪn/ *eller*
  Argentinian argentinsk
arguably adverb /ˈɑːgjʊəblɪ/
  man kan hevde at
argue verb /ˈɑːgjuː/ **1** argumentere
  2 diskutere, krangle
argument subst. /ˈɑːgjʊmənt/
  1 krangel *m*, diskusjon *m*
  2 argument *n*
argumentation subst.
  /ˌɑːgjʊmenˈteɪʃᵊn/ **1** argumentasjon *m*
  2 resonnement *n*
aria subst. /ˈɑːrɪə/ arie *m*
Aries subst. /ˈeəriːz/ *(stjernetegn)*
  Væren
arise verb (arose – arisen) /əˈraɪz/
  1 oppstå
  2 stige opp
aristocracy subst. /ˌærɪˈstɒkrəsɪ/
  aristokrati *n*
aristocrat subst. /ˈærɪstəkræt/
  aristokrat *m*
aristocratic adj. /ˌærɪstəˈkrætɪk/
  aristokratisk, adels-
arithmetic[1] subst. /əˈrɪθmətɪk/
  aritmetikk *m*, regning *m/f*
arithmetic[2] adj. /ˌærɪθˈmetɪk/ *eller*
  arithmetical aritmetisk, regne-
arm[1] subst. /ɑːm/ arm *m*
arm[2] verb /ɑːm/ **1** bevæpne
  2 utruste
armament subst. /ˈɑːməmənt/
  1 krigsmateriell *n*
  2 bevæpning *m/f*
armchair subst. /ˈɑːmtʃeə/ lenestol *m*
armed adj. /ɑːmd/ **1** bevæpnet
  2 rustet, kampklar
armistice subst. /ˈɑːmɪstɪs/
  våpenstillstand *m*
armour subst. /ˈɑːmə/ *eller*
  armor *(amer.)* **1** rustning *m/f*
  2 panser *n*
armoury subst. /ˈɑːmərɪ/ *eller*
  armory *(amer.)* **1** våpenlager *n*
  2 *(amer.)* våpenfabrikk *m*
armpit subst. /ˈɑːmpɪt/ armhule *m/f*

WhEN I gRoW Up, I waNt to bE an iNVENTOR. FiRST I WiLL iNVENT a tiME MachINE.

ThEN I'LL COME back to YESTERDaY

aNd tAKE MYSELF to tomoRRoW

aNd SkiP tHiS duMb ASSigNMENt.

a
b
c
d
e
f
g
h
i
j
k
l
m
n
o
p
q
r
s
t
u
v
w
x
y
z

army subst. /'ɑːmɪ/ hær *m*
aroma subst. /ə'rəʊmə/ aroma *m*, duft *m*
aromatic adj. /ˌærə(ʊ)'mætɪk/ aromatisk, velduftende
arose verb /ə'rəʊz/ *se* ►arise
around[1] adverb /ə'raʊnd/ **1** rundt
  2 omtrent, cirka
  all around overalt
around[2] preposisjon /ə'raʊnd/
  1 rundt, omkring
  2 i nærheten
arouse verb /ə'raʊz/ **1** vekke
  2 egge, hisse opp
arrange verb /ə'reɪndʒ/ **1** ordne
  2 arrangere
arrangement subst. /ə'reɪndʒmənt/
  1 ordning *m/f*
  2 forberedelse *m*
arrest[1] subst. /ə'rest/ **1** pågripelse *m*
  2 stans *m*
  place under arrest arrestere
arrest[2] verb /ə'rest/ **1** pågripe, arrestere
  2 stanse
arrival subst. /ə'raɪvəl/ ankomst *m*
  on arrival ved ankomst
arrival lounge subst. ankomsthall *m*
arrive verb /ə'raɪv/ komme, ankomme
  arrive at komme (frem) til
arrogance subst. /'ærəgəns/ arroganse *m*
arrogant adj. /'ærəgənt/ arrogant
arrow subst. /'ærəʊ/ pil *m/f*
arse subst. /ɑːs/ *(vulgært)* **1** rumpe *m/f*
  2 *(om person)* drittsekk *m*
arsenal subst. /'ɑːsənl/ **1** arsenal *n*
  2 våpenbeholdning *m*
arsenic subst. /'ɑːsnɪk/ **1** arsenikk *m*
  2 *(grunnstoff)* arsen *n*
arson subst. /'ɑːsn/ ildspåsettelse

arsonist subst. /'ɑːsənɪst/ brannstifter *m*
art subst. /ɑːt/ kunst *m*
artery subst. /'ɑːtərɪ/
  1 *(i kroppen)* arterie *m*
  2 *(i trafikken)* hovedvei *m*
artichoke subst. /'ɑːtɪtʃəʊk/
  (grønnsak) artisjokk *m*
article subst. /'ɑːtɪkl/ **1** ting *m*
  2 *(handel)* vare *m/f*
  3 artikkel *m*
  article of clothing klesplagg
articulate[1] verb /ɑː'tɪkjʊleɪt/
  1 artikulere
  2 gi uttrykk for
articulate[2] adj. /ɑː'tɪkjʊlət/ **1** tydelig
  2 talefør
artificial adj. /ˌɑːtɪ'fɪʃəl/ **1** kunstig
  2 unaturlig
artillery subst. /ɑː'tɪlərɪ/ artilleri *n*
artisan subst. /ˌɑːtɪ'zæn/ håndverker *m*
artist subst. /'ɑːtɪst/ kunstner *m*, artist *m*
artistic adj. /ɑː'tɪstɪk/ kunstnerisk, kunst-
as[1] adverb /æz/, trykksvak: /əz/ så, like
  • *I'm as tall as you*
  as good as så godt som
  as well 1 også, i tillegg **2** like godt
  • *I may as well meet her*
as[2] subjunksjon /æz/, trykksvak: /əz/
  1 idet, mens, da
  2 som, slik
  3 fordi
  as for hva gjelder
  as if 1 som om **2** *(ironisk)* særlig!
  as regards når det gjelder
  as though som om
as[3] preposisjon /æz/, trykksvak: /əz/
  som • *he was always ill as a child*
  han var alltid syk som barn

ASAP *(fork. for* as soon as possible*)*
så snart som mulig

asbestos subst. /æzˈbestɒs/ asbest *m*

ascend verb /əˈsend/ gå opp, stige opp

ascension subst. /əˈsenʃən/
oppstigning *m/f*

ascertain verb /ˌæsəˈteɪn/ finne ut,
få rede på

ascribe verb /əˈskraɪb/ tilskrive,
tillegge

ash[1] subst. /æʃ/ *(tresort)* ask *m*

ash[2] subst. /æʃ/ aske *m/f*

ashamed adj. /əˈʃeɪmd/ skamfull
be ashamed of skjemmes over

ashore adverb /əˈʃɔː/ i land, på land

ashtray subst. /ˈæʃtreɪ/ askebeger *n*

Asia /ˈeɪʃə/ Asia

Asian[1] subst. /ˈeɪʒən/ asiat *m*

Asian[2] adj. /ˈeɪʒən/ asiatisk

aside adverb /əˈsaɪd/ til side
aside from bortsett fra

ask verb /ɑːsk/ **1** spørre, be
2 invitere
ask for be om, spørre etter

asleep adverb /əˈsliːp/ i søvn
fall asleep sovne

asparagus subst. /əˈspærəgəs/
asparges *m*

aspect subst. /ˈæspekt/
1 aspekt *m/n*, side *m/f*
2 (syns)vinkel *m*
3 beliggenhet *m*

aspen subst. /ˈæspən/ osp *m/f*, asp *m/f*

asphalt subst. /ˈæsfælt/ asfalt *m*

aspirant subst. /ˈæspɪrənt/ aspirant *m*

aspire verb /əˈspaɪə/ lengte

ass[1] subst. /æs/ **1** esel *n*
2 idiot *m*, dust *m*
make an ass of oneself
dumme seg ut

ass[2] subst. /ɑːs/ *(amer., vulgært)*
1 rumpe *m/f*
2 *(om person)* drittsekk *m*

assassin subst. /əˈsæsɪn/ snikmorder *m*

assassinate verb /əˈsæsɪneɪt/
snikmyrde

assassination subst. /əˌsæsɪˈneɪʃən/
attentat *n*, snikmord *n*

assault[1] subst. /əˈsɔːlt/ angrep *n*

assault[2] verb /əˈsɔːlt/
1 overfalle, angripe
2 *(seksuelt)* forgripe seg på

assemble verb /əˈsembl/
1 samle, samles
2 *(teknikk)* montere

assembly subst. /əˈsemblɪ/
samling *m/f*, sammenkomst *m*
General Assembly *(i noen stater i
USA)* lovgivende forsamling
the UN General Assembly FNs
generalforsamling

assent[1] subst. /əˈsent/ samtykke *n*,
godkjennelse *m*

assent[2] verb /əˈsent/ samtykke,
godkjenne

assert verb /əˈsɜːt/ påstå, hevde

assertion subst. /əˈsɜːʃən/
1 påstand *m*
2 forsvar *n*

assertive adj. /əˈsɜːtɪv/ selvsikker

assess verb /əˈses/ vurdere

assessment subst. /əˈsesmənt/
vurdering *m/f*

asset subst. /ˈæset/ **1** eiendel *m*
2 fordel *m*

assign verb /əˈsaɪn/ **1** tildele
2 utpeke
3 fastsette

assignment subst. /əˈsaɪnmənt/
1 tildeling *m/f*
2 oppdrag *n*
3 utnevnelse *m*

assimilate verb /əˈsɪmɪleɪt/ assimilere,
få til å ligne

assimilation subst. /əˈsɪmɪleɪʃən/
assimilasjon *m*

assist verb /ə'sɪst/ hjelpe, assistere

assistance subst. /ə'sɪstəns/ hjelp *m/f*, assistanse *m*

assistant[1] subst. /ə'sɪstənt/ medhjelper *m*, assistent *m*

assistant[2] adj. /ə'sɪstənt/ assisterende

associate[1] subst. /ə'səʊʃɪət/
1 partner *m*
2 kamerat *m*

associate[2] verb /ə'səʊʃɪeɪt/ 1 forene
2 assosiere
3 knytte til seg

associate[3] adj. /ə'səʊʃɪət/ assosiert

association subst. /ə,səʊsɪ'eɪʃən/, /ə,səʊʃɪ'eɪʃən/
1 forening *m/f*, organisasjon *m*
2 forbindelse *m*, omgang *m*
3 assosiasjon *m*

assort verb /ə'sɔːt/ ordne, sortere

assortment subst. /ə'sɔːtmənt/
1 *(handel)* sortiment *n*, kolleksjon *m*
2 sortering *m/f*
3 samling *m/f*

assume verb /ə'sjuːm/ 1 anta
2 *(om holdning)* innta
3 ikle seg, anlegge

assumption subst. /ə'sʌm(p)ʃən/
1 antagelse *m*
2 *(om ansvar, makt)* overtagelse *m*
3 påtatthet *m*

assurance subst. /ə'ʃʊərəns/
1 bekreftelse *m*, løfte *n*
2 sikkerhet *m*, selvtillit *m/f*
3 livsforsikring *m/f*

assure verb /ə'ʃʊə/ forsikre, overbevise

astern adverb /ə'stɜːn/ *(på båt)* akter

asthma subst. /'æsθmə/, amer. /'æzmə/ astma *m*

asthmatic[1] subst. /æsθ'mætɪk/ astmatiker *m*

asthmatic[2] adj. /æsθ'mætɪk/ astmatisk, astma-

astonish verb /ə'stɒnɪʃ/ overraske

astonishing adj. /ə'stɒnɪʃɪŋ/ overraskende, forbausende

astonishment subst. /ə'stɒnɪʃmənt/ overraskelse *m*

astound verb /ə'staʊnd/ forbløffe

astray adverb /ə'streɪ/ vill, på villspor, på gale veier

astride preposisjon /ə'straɪd/ over skrevs på

astrologer subst. /ə'strɒlədʒə/ astrolog *m*

astrology subst. /ə'strɒlədʒɪ/ astrologi *m*

astronaut subst. /'æstrənɔːt/ astronaut *m*

astronomer subst. /ə'strɒnəmə/ astronom *m*

astronomy subst. /ə'strɒnəmɪ/ astronomi *m*

astute adj. /ə'stjuːt/, /ə'stʃuːt/ skarpsindig, smart

asylum subst. /ə'saɪləm/ asyl *n*

asylum seeker subst. asylsøker *m*

at preposisjon /æt/, trykksvak: /ət/
1 på, ved *(om sted og tid)*, i *(om sted, tid og måte)*, til *(om sted og måte)*, hos *(om sted)*
2 *(om pris)* for, til
3 *(IT)* @, krøllalfa
at last til slutt
at least i det minste
at most i beste fall
at once med en gang

ate verb /et/, /eɪt/ *se* ▶eat

atheist subst. /'eɪθɪɪst/ ateist *m*

Athens Athen

athlete subst. /'æθliːt/
1 idrettsutøver *m*
2 atlet *m*

athletic adj. /æθ'letɪk/ 1 idretts-
2 atletisk

Atlantic adj. /ət'læntɪk/ atlantisk, atlanter-

ATM *(amer., fork. for* automated teller machine*)* minibank *m*

atmosphere subst. /'ætməsfɪə/ atmosfære *m*

atom subst. /'ætəm/ atom *n*

atomic adj. /ə'tɒmɪk/ atom-

atomic bomb subst. atombombe *m/f*

atomic energy subst. atomkraft *m/f*

atone verb /ə'təʊn/ sone

atrocious adj. /ə'trəʊʃəs/ grusom, forferdelig

atrocity subst. /ə'trɒsətɪ/ grusomhet *m*

attach verb /ə'tætʃ/ 1 feste
2 *(dokument e.l.)* vedlegge
3 tilknytte
attached to *(om følelser)* knyttet til

attachment subst. /ə'tætʃmənt/
1 tilbehør *n*, tillegg *n*
2 vedlegg *n*
3 tilknytning *m/f*

attack[1] subst. /ə'tæk/ **1** angrep *n*
2 *(medisinsk)* anfall *n*
be under attack bli angrepet
attack[2] verb /ə'tæk/ angripe
attain verb /ə'teɪn/ nå, oppnå
attempt[1] subst. /ə'tem(p)t/ forsøk *n*
attempt[2] verb /ə'tem(p)t/
forsøke (å gjøre)
attend verb /ə'tend/ **1** besøke
2 verne, pleie
3 være oppmerksom, lytte
attend to 1 ta seg av **2** lytte til
attendance subst. /ə'tendəns/
1 nærvær *n*
2 oppmøte *n*
3 betjening *m/f*
attendant[1] subst. /ə'tendənt/
1 vaktmester *m*
2 (billett)kontrollør *m*
3 oppsynsmann *m*
attendant[2] adj. /ə'tendənt/ **1** følgende,
ledsagende
2 tjenestegjørende
attention[1] subst. /ə'tenʃən/
1 oppmerksomhet *m*
2 hensyn *n*, omsorg *m/f*
pay attention to være oppmerksom
på, legge merke til
attention[2] interjeksjon /ə'tenʃən/
1 *(over høyttaler e.l.)* kan jeg få alles
oppmerksomhet?
2 *(militærvesen)* givakt
attentive adj. /ə'tentɪv/ **1** oppmerksom
2 omsorgsfull
attest verb /ə'test/ vitne om
attestation subst. /ˌæte'steɪʃən/ *(jus)*
1 vitnesbyrd *n*, vitnemål *n*
2 attest *m*, bekreftelse *n*
attic subst. /'ætɪk/ loft *n*
attire[1] subst. /ə'taɪə/ antrekk *n*
attire[2] verb /ə'taɪə/ kle seg
attitude subst. /'ætɪtʃuːd/, /'ætɪtjuːd/
holdning *m/f*
attorney subst. /ə'tɜːnɪ/ *(jus)*
1 sakfører *m*, fullmektig *m*
2 *(amer.)* advokat *m*
Attorney General subst.
1 riksadvokat *m*
2 *(i USA)* justisminister *m*
attract verb /ə'trækt/ **1** tiltrekke
2 lokke
3 vekke
feel attracted to være tiltrukket av

attraction subst. /ə'trækʃən/
1 tiltrekningskraft *m/f*
2 attraksjon *m*
attractions severdigheter
attractive adj. /ə'træktɪv/ attraktiv,
tiltalende
attribute[1] subst. /'ætrɪbjuːt/ attributt *n*,
kjennetegn *n*, egenskap *m*
attribute of egenskap ved
attribute[2] verb /ə'trɪbjuːt/ tilskrive
attrition subst. /ə'trɪʃən/ slitasje *m*
aubergine subst. /'əʊbəʒiːn/
aubergine *m*
auction[1] subst. /'ɔːkʃən/ auksjon *m*
auction[2] verb /'ɔːkʃən/ auksjonere
auctioneer subst. /ˌɔːkʃə'nɪə/
auksjonarius *m*
audacious adj. /ɔː'deɪʃəs/ **1** modig
2 frekk
audible adj. /'ɔːdəbl/ hørbar
audience subst. /'ɔːdjəns/ publikum *n*
audit verb /'ɔːdɪt/ revidere
audition[1] subst. /ɔː'dɪʃən/ audition *m*,
opptaksprøve *m/f*
audition[2] verb /ɔː'dɪʃən/ prøvesynge,
prøvespille
auditor subst. /'ɔːdɪtə/
1 *(økonomi)* revisor *m*
2 tilhører *m*
augment verb /ɔːg'ment/ øke, forstørre
August subst. /'ɔːgəst/ august *m*
aunt subst. /ɑːnt/ tante *m/f*
auspicious adj. /ɔː'spɪʃəs/
1 lovende, gunstig
2 heldig, lykkelig
Aussie subst. /'ɒzɪ/ **1** australier *m*
2 Australia
austere adj. /ɒ'stɪə/ **1** streng
2 spartansk, enkel
austerity subst. /ɒ'sterətɪ/
1 strenghet *m*
2 askese *m*
Australia /ɒ'streɪljə/ Australia
Australian[1] subst. /ɒs'treɪlɪən/
australier *m*
Australian[2] adj. /ɒs'treɪlɪən/ australsk
Austria /'ɒstrɪə/ Østerrike
authentic adj. /ɔː'θentɪk/ autentisk,
troverdig
author subst. /'ɔːθə/ **1** forfatter *m*
2 opphav *n*, opphavsmann *m*
authoritative adj. /ɔː'θɒrɪtətɪv/
1 autoritativ
2 offisiell

authority subst. /ɔːˈθɒrəti/
1 myndighet *m*
2 autoritet *m*
the **authorities** myndighetene
be in authority ha makten
by authority of med tillatelse fra
authorize verb /ˈɔːθəraɪz/ autorisere,
gi tillatelse
autism subst. /ˈɔːtɪzəm/ autisme *m*
autistic adj. /ɔːˈtɪstɪk/ autistisk
auto subst. /ˈɔːtəʊ/
(amer., hverdagslig)
1 *(kortform for* automobile*)* bil *m*
2 *(kortform for* automatic pilot*)*
autopilot *m*
autocrat subst. /ˈɔːtəkræt/
enevoldshersker
autograph subst. /ˈɔːtəgrɑːf/,
/ˈɔːtəgræf/ autograf *m*
automatic adj. /ˌɔːtəˈmætɪk/
automatisk
automobile subst. /ˈɔːtəmə(ʊ)biːl/
bil *m*
autonomous adj. /ɔːˈtɒnəməs/
autonom, fri
autonomy subst. /ɔːˈtɒnəmi/
1 *(politikk)* autonomi *m*, selvstyre *n*
2 frihet *m*, selvstendighet *m*
autopsy subst. /ɔːˈtɒpsi/ obduksjon *m*
autumn subst. /ˈɔːtəm/ høst *m*
avail subst. /əˈveɪl/ nytte *m/f*, verdi *m*
of/to no avail forgjeves
available adj. /əˈveɪləbl/ ledig,
tilgjengelig
avalanche subst. /ˈævəlɑːnʃ/
snøskred *n*
avarice subst. /ˈævərɪs/ grådighet *m*,
begjær *n*
avenge verb /əˈvendʒ/ hevne
avenue subst. /ˈævənjuː/ *eller* **Ave.**
1 allé *m*, aveny *m*
2 vei *m*
average¹ subst. /ˈævərɪdʒ/
gjennomsnitt *n*
on average gjennomsnittlig
average² adj. /ˈævərɪdʒ/
1 gjennomsnittlig, gjennomsnitts-
2 vanlig
aversion subst. /əˈvɜːʃən/ motvilje *m*
avert verb /əˈvɜːt/ **1** vende bort, avlede
2 avverge, forhindre
aviation subst. /ˌeɪviˈeɪʃən/
flyvning *m/f*

aviator subst. /ˈeɪvieɪtə/ flyver *m*,
pilot *m*
avocado subst. /ˌævəˈkɑːdəʊ/
avokado *m*
avoid verb /əˈvɔɪd/ unngå, unnvike
await verb /əˈweɪt/ vente på
awake¹ verb (awoke – awoken eller
awaked – awaked) /əˈweɪk/ **1** våkne
2 vekke
awake² adj. /əˈweɪk/ våken
awaken verb /əˈweɪkən/ **1** vekke
2 våkne
award¹ subst. /əˈwɔːd/ pris *m*
award² verb /əˈwɔːd/ tildele
aware adj. /əˈweə/ bevisst,
oppmerksom
as far as I am aware så vidt jeg vet
away¹ adj. /əˈweɪ/ borte
away² adverb /əˈweɪ/ **1** bort, unna
2 borte
straight away med det samme
awe subst. /ɔː/ dyp respekt, ærefrykt *m*
awesome adj. /ˈɔːsəm/
1 *(hverdagslig)* fantastisk, kult
2 skrekkinngytende
awful adj. /ˈɔːfəl/ forferdelig
awkward adj. /ˈɔːkwəd/ **1** vanskelig
2 pinlig, klein *(hverdagslig)*
3 klønete
awkwardness subst. /ˈɔːkwədnəs/
1 vanskelighet *m*
2 flauhet *m*
awl subst. /ɔːl/ syl *m*
awoke verb /əˈwəʊk/ *se* ▶awake¹
awry¹ adj. /əˈraɪ/ **1** snei
2 feil
awry² adverb /əˈraɪ/ **1** skjevt
2 galt
axe¹ subst. /æks/ *eller* **ax** *(amer.)*
øks *m/f*
axe² verb /æks/ *eller* **ax** *(amer.)*
1 hugge
2 *(hverdagslig)* skjære ned
axis subst. /ˈæksɪs/ akse *m*
axle subst. /ˈæksl/ *(maskin)* aksel *m*,
aksling *m*
aye subst. /aɪ/ *eller* **ay** *(gammeldags)*
ja *n*
Azerbaijan¹ subst. /ˌæzəbaɪˈdʒɑːn/
aserbajdsjaner *m*
Azerbaijan² adj. /ˌæzəbaɪˈdʒɑːn/
aserbajdsjansk
azure adj. /ˈæzjʊə/ **1** asurblå
2 *(om himmel)* klar, skyfri

b

babble¹ subst. /ˈbæbl/ **1** babbel *n*
  2 pludring *m/f*
babble² verb /ˈbæbl/ **1** bable
  2 *(om spebarn)* pludre
babe subst. /beɪb/ **1** spedbarn *n*
  2 *(slang)* kjære, kjæreste *m*
  3 *(slang, om kvinne)* babe *m*
baboon subst. /bəˈbuːn/ bavian *m*
baby subst. /ˈbeɪbɪ/
  1 baby *m*, spedbarn *n*
  2 *(hverdagslig)* kjæreste *m*
babysit verb /ˈbeɪbɪsɪt/ være barnevakt
babysitter subst. /ˈbeɪbɪˌsɪtə/
  barnevakt *m/f*
bachelor subst. /ˈbætʃələ/ **1** ungkar *m*
  2 *(universitet)* bachelor *m*
bachelorette subst. /ˌbætʃələˈret/
  ungkarskvinne
back¹ subst. /bæk/ **1** rygg *m*
  2 bakside *m/f*
  3 bakgrunn *m*
back² verb /bæk/ **1** gå baklengs, rygge
  2 støtte
  3 *(musikk)* akkompagnere
  back down gi seg, gi etter
  back off 1 gå unna **2** gi seg
  back up 1 underbygge, styrke
  2 støtte
back³ adj. /bæk/ **1** bak-, bakre
  2 omvendt
back⁴ adverb /bæk/ bakover, tilbake
  back and forth frem og tilbake
backbite verb (backbit – backbitten)
  /ˈbækbaɪt/ baksnakke
backbone subst. /ˈbækbəʊn/
  ryggrad *m/f*
backflip subst. /ˈbækflɪp/
  baklengs salto *m*
background subst. /ˈbækɡraʊnd/
  bakgrunn *m*
backpack subst. /ˈbækpæk/
  ryggsekk *m*
backpacker subst. /ˈbækpækə/
  backpacker *m*, ryggsekkturist *m*
backstroke subst. /ˈbækstrəʊk/
  (svømming) ryggkrål *m*
backup subst. /ˈbækʌp/
  1 støtte *m/f*, forsterkning *m*
  2 *(IT)* sikkerhetskopi *m*

backward¹ adj. /ˈbækwəd/ **1** baklengs
  2 *(gammeldags)* underutviklet
backward² adverb /ˈbækwəd/
  baklengs, bakover
bacon subst. /ˈbeɪkən/ *(røykt, lettsaltet
  sideflesk)* bacon *n*
bacterium subst. (flertall: bacteria)
  /bækˈtɪərɪəm/ bakterie *m*
bad adj. (worse – worst) /bæd/ **1** dårlig
  2 alvorlig
  3 skadelig
  be bad at være dårlig i
badass¹ subst. /ˈbædæs/ *(amer.,
  hverdagslig)* tøffing *m*
badass² adj. /ˈbædæs/ *(amer.,
  hverdagslig)* **1** tøff
  2 kul
bade verb /bæd/, /beɪd/ *se* ▶bid³
badge subst. /bædʒ/ **1** merke *n*
  2 kjennetegn *n*
badger¹ subst. /ˈbædʒə/ grevling *m*
badger² verb /ˈbædʒə/ mase, plage
badly adverb (worse – worst) /ˈbædlɪ/
  1 dårlig
  2 veldig
  want badly ha veldig lyst på
baffle verb /ˈbæfl/ forvirre
bag¹ subst. /bæɡ/ pose *m*, bag *m*,
  veske *m/f*
bag² verb /bæɡ/ **1** putte i pose
  2 *(om jakt)* fange, felle
  3 snappe, skaffe
bagel subst. /ˈbeɪɡl/ bagel *m*
baggage subst. /ˈbæɡɪdʒ/ bagasje *m*
baggy adj. /ˈbæɡɪ/ posete
bagpipe subst. /ˈbæɡpaɪp/
  sekkepipe *m/f*
baguette subst. /bæˈget/ bagett *m*
bail¹ subst. /beɪl/ *(jus)* kausjon *m*
bail² subst. /beɪl/ bøyle *m*
bail³ verb /beɪl/ *(jus)*
  løslate mot kausjon
bait¹ subst. /beɪt/ agn *n*
bait² verb /beɪt/ erte, tirre
bake¹ subst. /beɪk/ ovnsstekt rett *m*
bake² verb /beɪk/ steke *(i ovn)*
baker subst. /ˈbeɪkə/ baker *m*
bakery subst. /ˈbeɪkərɪ/ bakeri *n*
baking powder subst. bakepulver *n*

balance[1] subst. /'bæləns/ **1** balanse *m*
  2 vekt *m/f*
  3 motvekt *m/f*
balance[2] verb /'bæləns/ **1** balansere
  2 vurdere, veie (for og imot)
balanced adj. /'bælənst/ **1** balansert
  2 stabil
balcony subst. /'bælkənɪ/ balkong *m*
bald adj. /bɔːld/ skallet
ball[1] subst. /bɔːl/ ball *m*
ball[2] subst. /bɔːl/ *(tilstelning)* ball *n*
  have a ball ha det gøy, more seg
ballad subst. /'bæləd/ ballade *m*
ballet subst. /'bæleɪ/, amer. også:
  /bæ'leɪ/ ballett *m*
balloon subst. /bə'luːn/ ballong *m*
ballot subst. /'bælət/ **1** avstemning *m/f*
  2 stemmeseddel *m*
ballot box subst. valgurne *m/f*
ballpoint pen subst. kulepenn *m*
balm subst. /bɑːm/ **1** hudkrem *m*
  2 trøst *m/f*, lindring *m*
balmy adj. /'bɑːmɪ/ *(om været)*
  behagelig
Baltic adj. /'bɔːltɪk/ baltisk
  the **Baltic States** Baltikum
bamboo subst. /bæm'buː/ bambus *m*
ban[1] subst. /bæn/ forbud *n*
ban[2] verb /bæn/ forby
banana subst. /bə'nɑːnə/ banan *m*
band[1] subst. /bænd/ **1** bånd *n*
  2 stripe *m/f*, remse *m/f*
band[2] subst. /bænd/ **1** band *n*
  2 (mindre) orkester *n*
  3 tropp *m*, skare *m*
band[3] verb /bænd/
  1 sette bånd rundt/på
  2 plassere i kategori
  band together slå seg sammen
bandage[1] subst. /'bændɪdʒ/ bandasje *m*
bandage[2] verb /'bændɪdʒ/ bandasjere
bandit subst. /'bændɪt/ banditt *m*,
  skurk *m*
bandmaster subst. /'bæn(d)ˌmɑːstə/
  dirigent *m*
bang[1] subst. /bæŋ/ slag *n*, smell *n*
  with a bang med et brak
bang[2] verb /bæŋ/ dunke, banke
bang[3] interjeksjon /bæŋ/ bom, pang
  go bang eksplodere, smelle
banger subst. /'bæŋə/ *(hverdagslig)*
  stekt pølse *m/f*
  bangers and mash stekte pølser og
  potetstappe

banish verb /'bænɪʃ/ **1** landsforvise
  2 forvise, fjerne
banister subst. /'bænɪstə/ gelender *n*,
  rekkverk *n*
bank[1] subst. /bæŋk/
  1 *(ved elv eller innsjø)* (elve)bredd *m*
  2 (sand)banke *m*
  3 voll *m*
bank[2] subst. /bæŋk/ rekke *m/f*, rad *m/f*
bank[3] subst. /bæŋk/ bank *m*
bank account subst. bankkonto *m*
banknote subst. /'bæŋknəʊt/ seddel *m*
bankrupt adj. /'bæŋkrʌpt/ konkurs
bankruptcy subst. /'bæŋkrəp(t)sɪ/
  konkurs
banner subst. /'bænə/ banner *n*
bannister subst. /'bænɪstə/ gelender *n*,
  rekkverk *n*
banquet subst. /'bæŋkwɪt/ bankett *m*
banter[1] subst. /'bæntə/ spøk *m*
banter[2] verb /'bæntə/ spøke, skøye
baptism subst. /'bæptɪzəm/ dåp *m*
baptist subst. /'bæptɪst/ døper *m*
  Baptist *(religion)* baptist
baptize verb /bæp'taɪz/ døpe
bar[1] subst. /bɑː/ **1** stang *m/f*, søyle *m/f*
  2 hindring *m/f*, sperre *m/f*
  3 bar *m*
  4 sandbanke *m*
  bar of chocolate sjokoladeplate
bar[2] subst. /bɑː/ *(trykk)* bar *m*
bar[3] verb /bɑː/ **1** sette bom for, stenge
  2 hindre
bar[4] preposisjon /bɑː/ unntatt,
  bortsett fra
  bar one unntatt én
barb subst. /bɑːb/ pigg *m*, mothake *m*
barbarian subst. /bɑː'beərɪən/
  barbar *m*
barbaric adj. /bɑː'bærɪk/ barbarisk
barbed wire subst. piggtråd *m*
barber subst. /'bɑːbə/ barberer *m*
bar code subst. strekkode *m*
bard subst. /bɑːd/ barde *m*, skald *m*
  the Bard William Shakespeare
bare[1] verb /beə/ blotte, blottlegge
bare[2] adj. /beə/ **1** bar, naken
  2 enkel
  lay bare blottlegge
barefoot adj. /'beəfʊt/ *eller*
  barefooted barbent
barely adverb /'beəlɪ/ **1** knapt
  2 sparsomt

a
b
c
d
e
f
g
h
i
j
k
l
m
n
o
p
q
r
s
t
u
v
w
x
y
z

bargain¹ subst. /'bɑːgɪn/ **1** avtale *m*
2 godt kjøp *n*
3 utsalgs-
bargain² verb /'bɑːgɪn/ kjøpslå, prute
  bargain for regne med
barge¹ subst. /bɑːdʒ/ **1** kanalbåt *m*
2 lekter *m*
barge² verb /bɑːdʒ/ brase, storme
  barge into 1 buse inn i
  2 løpe tilfeldig på
barista subst. /bə'rɪstə/ barista *m*
baritone subst. /'bærɪtəʊn/ *(musikk)*
  baryton *m*
bark¹ subst. /bɑːk/ bark *m*
bark² subst. /bɑːk/ bjeff *n*
bark³ verb /bɑːk/ bjeffe
  bark at bjeffe på
barkeeper subst. /'bɑːˌkiːpə/
  bareier *m*, bartender *m*
barley subst. /'bɑːlɪ/ bygg *n*
barn subst. /bɑːn/ **1** låve *m*
2 fjøs *m/n*, stall *m*
barometer subst. /bə'rɒmɪtə/
  barometer *n*
baron subst. /'bærən/ baron *m*
baroness subst. /'bærənəs/
  baronesse *m/f*
baroque¹ subst. /bə'rɒk/ barokkstil *m*,
  barokkperiode *m*
baroque² adj. /bə'rɒk/ barokk-
barrage subst. /'bærɑː(d)ʒ/
  damanlegg *n*, demning *m/f*
barrel subst. /'bærəl/ tønne *m/f*
barren adj. /'bærən/ **1** ufruktbar
2 nytteløs
barricade¹ subst. /ˌbærɪ'keɪd/
  barrikade *m*, hindring *m/f*
barricade² verb /ˌbærɪ'keɪd/
  1 barrikadere
  2 stenge
barrier subst. /'bærɪə/ barriere *m*
barrister subst. /'bærɪstə/ advokat *m*

barrow¹ subst. /'bærəʊ/ trillebår *m/f*,
  håndkjerre *m/f*
barrow² subst. /'bærəʊ/ gravhaug *m*
bartender subst. /'bɑːˌtendə/
  bartender *m*
barter¹ subst. /'bɑːtə/ byttehandel *m*
barter² verb /'bɑːtə/ **1** drive byttehandel
2 bytte
  barter away bytte bort
base¹ subst. /beɪs/ **1** fundament *n*,
  basis *m*, sokkel *m*
2 hovedbestanddel *m*
3 base *m*, hovedkvarter *n*
base² verb /beɪs/ **1** basere
2 ha hovedkvarter • *the band is*
  based in London
base³ adj. /beɪs/ lav, simpel
baseball subst. /'beɪsbɔːl/ baseball *m*
basement subst. /'beɪsmənt/ kjeller *m*
bashful adj. /'bæʃfəl/ blyg, sjenert
bashing subst. /'bæʃɪŋ/ **1** juling *m/f*
2 kraftig kritikk *m*
basic adj. /'beɪsɪk/ grunnleggende,
  basis-
basil subst. /'bæzl/, amer. også: /'beɪsl/
  basilikum *m*
basin subst. /'beɪsn/ **1** kar *n*, bolle *m*
2 basseng *n*
basis subst. /'beɪsɪs/ basis *m*,
  grunnlag *n*
  on the basis of på grunnlag av
bask verb /bɑːsk/
  1 varme seg, sole seg
  2 nyte
basket subst. /'bɑːskɪt/ kurv *m*
bass¹ subst. /beɪs/ *(musikk)* bass *m*
bass² subst. /bæs/ *(fisk)* abbor *m*
bass³ adj. /beɪs/ bass-, lav
bastard subst. /'bɑːstəd/, /'bæstəd/
  1 drittsekk *m*
  2 uekte barn *n*
bastion subst. /'bæstɪən/ bastion *m*

bat¹ subst. /bæt/ flaggermus *m/f*
bat² subst. /bæt/ balltre *n*
 (right) off the bat på stående fot
bat³ verb /bæt/ slå
bath¹ subst. /bɑːθ/, i flertall: /bɑːðz/
 1 bad *n*
 2 badekar *n*
 baths 1 offentlig bad/svømmebasseng
 2 kuranstalt, kurbad
 take/have a bath ta seg et bad, bade
bath² verb /bɑːθ/ bade
bathe¹ subst. /beɪð/ bad *n*
bathe² verb /beɪð/ **1** bade
 2 skylle
bathing suit subst. badedrakt *m/f*
bathroom subst. /ˈbɑːθrʊm/ bad *n*,
 baderom *n*
bathtub subst. /ˈbɑːθtʌb/ badekar *n*
baton subst. /bætɒn/
 1 politikølle *m/f*, batong *m*
 2 *(musikk)* taktstokk *m*
battalion subst. /bəˈtæljən/ bataljon *m*
battery subst. /ˈbætərɪ/ **1** batteri *n*
 2 gruppe *m/f*, sett *n*
 3 *(jus)* mishandling *m/f*
battle¹ subst. /ˈbætl/ strid *m*, kamp *m*
battle² verb /ˈbætl/ kjempe
battlefield subst. /ˈbætlfiːld/
 slagmark *m/f*
battleship subst. /ˈbætlʃɪp/ slagskip *n*
Bavaria /bəˈveərɪə/ Bayern
bawl¹ subst. /bɔːl/ hyl *n*, skrik *n*
bawl² verb /bɔːl/ **1** hyle, skrike
 2 storgråte
bay¹ subst. /beɪ/ laurbær *n*
bay² subst. /beɪ/ bukt *m/f*
bay³ subst. /beɪ/ **1** nisje *m*, lomme *m/f*
 2 rom
 keep at bay holde på avstand,
 holde i sjakk
bay⁴ verb /beɪ/ **1** bjeffe
 2 rope
bayonet subst. /ˈbeɪənət/ bajonett *m*
bazaar subst. /bəˈzɑː/ basar *m*
BBC *fork. for* British Broadcasting
 Corporation
BC *(fork. for* before Christ) f. Kr.
be¹ verb /biː/, trykksvak: /bɪ/ *(presens:*
 I am, we/you/they are, he/she/it is;
 preteritum: I/he/she/it was, you/we/
 they were; *perfektum partisipp:* been;
 presens partisipp: being; *konjunktiv:*
 be, were*)* **1** være, bli
 2 *(om tid)* vare

3 ha det, føle seg • *how are you?*
 hvordan har du det?
 be about handle om
 be about to (akkurat) skulle til å
 be off 1 (skulle) dra av gårde
 2 være dårlig **3** være avlyst
 that is det vil si, nemlig
 here/there you are vær så god
be² *hjelpeverb* /biː/, trykksvak: /bɪ/
 1 være, bli
 2 *(sammen med -ing-form av verb)*
 holde på med å, drive på med å,
 komme til å • *they are building a
 house* de driver og bygger et hus
beach subst. /biːtʃ/ strand *m*
beacon subst. /ˈbiːkən/ **1** varde *m*
 2 lite fyr *n*
 3 radiosender *m*
 radio beacon radiomast
bead subst. /biːd/ **1** perle *m/f*
 2 dråpe *m*, boble *m/f*
beak subst. /biːk/ nebb *m/n*
beam¹ subst. /biːm/ **1** bjelke *m*
 2 stråle *m*
 3 smil *n*
beam² verb /biːm/
 1 sende, overføre *(om signal)*
 2 stråle, utstråle
 3 smile, glise
bean subst. /biːn/ bønne *m/f*
bear¹ subst. /beə/ bjørn *m*
bear² verb (bore – borne) /beə/ **1** bære
 2 holde ut, tåle
bear³ verb (bore – borne, i passiv, med
 mindre fulgt av preposisjonen *by:*
 born) /beə/ føde • *I was born on New
 Year's Eve* jeg er født på nyttårsaften
beard subst. /bɪəd/ skjegg *n*
bearded adj. /ˈbɪədɪd/ skjeggete
bearing subst. /ˈbeərɪŋ/
 1 kroppsholdning *m*
 2 fremtreden *m*
 3 innvirkning *m/f*
beast subst. /biːst/ **1** dyr *n*
 2 udyr *n*, beist *n*
beastly adj. /ˈbiːs(t)lɪ/ motbydelig,
 ekkel
beat¹ subst. /biːt/ **1** rytme *m*
 2 slag *n*
 3 område *n*
beat² verb (beat – beaten) /biːt/ **1** slå
 2 *(matlaging)* vispe, piske
 beat it! forsvinn!
 beat up jule opp

beaten¹ verb /'biːtən/ se ►beat²
beaten² adj. /'biːtn/ **1** slått, banket,
  beseiret
  2 utmattet
beautiful adj. /'bjuːtɪfəl/ vakker
beauty subst. /'bjuːtɪ/ skjønnhet m
beauty pageant subst. (amer.)
  skjønnhetskonkurranse m
beaver subst. /'biːvə/ bever m
became verb /bɪ'keɪm/ se ►become
because konjunksjon /bɪ'kɒz/ fordi
  because of på grunn av
beckon verb /'bekən/ vinke til seg
become verb (became – become)
  /bɪ'kʌm/ **1** bli
  2 passe, kle
becoming adj. /bɪ'kʌmɪŋ/ passende,
  kledelig
bed subst. /bed/ **1** seng m/f
  2 (blomster)bed n
  3 underlag n
  go to bed (gå og) legge seg
  make the bed re (opp) sengen
bedbug subst. /'bedbʌg/ veggedyr n
bedding subst. /'bedɪŋ/ **1** sengeklær m
  2 underlag n
bedfellow subst. /'bed‚feləʊ/
  1 sengekamerat m
  2 alliert m, forbundsfelle m
bedpan subst. /'bedpæn/ bekken n
bedrock subst. /'bedrɒk/ **1** grunnfjell n
  2 grunnvoll m
bedroom subst. /'bedrʊm/ soverom n
bedside subst. /'bedsaɪd/ sengekant m
bedspread subst. /'bedspred/
  sengeteppe n
bedtime subst. /'bedtaɪm/ sengetid m/f
bee¹ subst. /biː/ bie m/f
bee² subst. /biː/ sammenkomst m,
  konkurranse m
beech subst. /biːtʃ/ (tresort) bøk m
beef subst. /biːf/ storfekjøtt n
beefsteak subst. /'biːfsteɪk/ biff m
beehive subst. /'biːhaɪv/ bikube m
beekeeper subst. /'biː‚kiːpə/
  birøkter m
been verb /biːn/, /bɪn/ se ►be
beer subst. /bɪə/ øl n
beetle¹ subst. /'biːtl/ bille m
beetle² verb /'biːtl/
  1 (hverdagslig) pile
  2 slå, banke
beetroot subst. /'biːtruːt/ rødbete m/f
beet sugar subst. roesukker n

before¹ adverb /bɪ'fɔː/ før, tidligere
before² preposisjon /bɪ'fɔː/
  1 før, innen
  2 foran, fremfor
  before long innen kort tid
beforehand adverb /bɪ'fɔːhænd/
  på forhånd
beg verb /beg/ tigge
  beg to differ være uenig
began verb /bɪ'gæn/ se ►begin
beggar subst. /'begə/ tigger m
begin verb (began – begun) /bɪ'gɪn/
  begynne, begynne på
  to begin with 1 for det første
  2 til å begynne med
beginner subst. /bɪ'gɪnə/
  nybegynner m
beginning subst. /bɪ'gɪnɪŋ/
  begynnelse m
  from the beginning fra begynnelsen
  av
begrudge verb /bɪ'grʌdʒ/ **1** misunne
  2 gi motvillig
begun verb /bɪ'gʌn/ se ►begin
behalf subst. /bɪ'hɑːf/ vegne
  on behalf of på vegne av
behave verb /bɪ'heɪv/ oppføre seg
behaviour subst. /bɪ'heɪvjə/ eller
  behavior (amer.) oppførsel m,
  atferd m
behead verb /bɪ'hed/ halshugge
behind¹ subst. /bɪ'haɪnd/ bak m,
  ende m
behind² adverb /bɪ'haɪnd/ **1** bak
  2 bakpå
  3 forsinket
  from behind bakfra
behind³ preposisjon /bɪ'haɪnd/ bak,
  etter
being subst. /'biːɪŋ/
  1 eksistens m, tilværelse m
  2 vesen n
Belarus /'belərʌs/ Hviterussland
belated adj. /bɪ'leɪtɪd/ forsinket, sen
belch¹ subst. /beltʃ/ rap m
belch² verb /beltʃ/ **1** rape
  2 (om vulkan, pipe e.l.) spy ut
Belgian¹ subst. /'beldʒən/ belgier m
Belgian² adj. /'beldʒən/ belgisk
Belgium /'beldʒəm/ Belgia
belief subst. /bɪ'liːf/ tro m
believable adj. /bɪ'liːvəbl/ troverdig

believe verb /bɪˈliːv/ **1** tro
  2 mene
  believe in tro på
believer subst. /bɪˈliːvə/ troende *m*
bell subst. /bel/ klokke *m/f*,
  ringeklokke *m/f*
bellow verb /ˈbeləʊ/ brøle
bell pepper subst. *(amer.)* paprika *m*
belly subst. /ˈbelɪ/ **1** mage *m*, buk *m*
  2 underside *m/f*
  belly up 1 død **2** konkurs
bellyache subst. /ˈbelɪeɪk/ mageknip *n*
belong verb /bɪˈlɒŋ/ høre hjemme
  belong to tilhøre
belonging subst. /bɪˈlɒŋɪŋ/
  samhørighet *m*
  belongings eiendeler
beloved[1] subst. /bɪˈlʌvɪd/ elskede
beloved[2] adj. /bɪˈlʌvd/ elsket
below adverb /bɪˈləʊ/ **1** under
  2 nedenfor
belt[1] subst. /belt/ **1** belte *n*
  2 kraftig slag *n*
belt[2] verb /belt/ **1** utstyre(s) med belte
  2 slå (med belte)
  3 løpe, styrte
bench subst. /ben(t)ʃ/ benk *m*
bend[1] subst. /bend/ **1** bøyning *m/f*
  2 *(om vei)* sving *m*
bend[2] verb (bent – bent) /bend/ **1** bøye
  2 *(om vei)* svinge
beneath adverb /bɪˈniːθ/ **1** under
  2 nedenfor
benefaction subst. /ˌbenɪˈfækʃ°n/
  1 velgjerning *m/f*
  2 gave *m/f*, donasjon *m*
benefactor subst. /ˈbenɪfæktə/
  velgjører *m*
beneficial adj. /ˌbenɪˈfɪʃ°l/
  1 fordelaktig
  2 bra, velgjørende
benefit[1] subst. /ˈbenɪfɪt/ **1** fordel *m*
  2 trygd *m/f*
benefit[2] verb /ˈbenɪfɪt/ gagne, vært til
  nytte for
  benefit from dra nytte av
benevolence subst. /bɪˈnevələns/
  1 velvilje *m*
  2 godhet *m*
benevolent adj. /bɪˈnevələnt/
  1 velvillig
  2 snill
benign adj. /bɪˈnaɪn/ **1** snill
  2 mild

  3 gunstig
  4 *(medisin)* godartet
bent[1] subst. /bent/ **1** anlegg *n*, talent *n*
  2 tilbøyelighet *m*, hang *m/n*
bent[2] verb /bent/ *se* ▶bend[2]
bent[3] adj. /bent/ **1** bøyd, krum
  2 fast bestemt, ivrig
  3 *(britisk)* korrupt, uærlig
berry subst. /ˈberɪ/ bær *n*
berth subst. /bɜːθ/ **1** plass *m*, bås *m*
  2 *(i tog, båt)* køyeplass *m*
beside preposisjon /bɪˈsaɪd/
  1 ved siden av
  2 i tillegg til
besides[1] adverb /bɪˈsaɪdz/ **1** i tillegg
  2 dessuten
besides[2] preposisjon /bɪˈsaɪdz/
  foruten, bortsett fra, i tillegg til
best[3] adj. /best/ best
best man subst. forlover *m*
bet[1] subst. /bet/ **1** veddemål *n*
  2 innsats *m*
bet[2] verb (bet – bet eller betted –
  betted) /bet/ vedde
  bet on vedde på
  I bet jeg er sikker (på)
betray verb /bɪˈtreɪ/
  1 bedra, svike, forråde
  2 røpe
betrayal subst. /bɪˈtreɪəl/
  1 svik *n*, forræderi *n*
  2 avsløring *m/f*
better[1] verb /ˈbetə/ forbedre, bedre
better[2] adj. /ˈbetə/ bedre
between[1] adverb /bɪˈtwiːn/ mellom
  in between imellom
between[2] preposisjon /bɪˈtwiːn/
  mellom, imellom
beverage subst. /ˈbevərɪdʒ/ drikk *m*
beware verb /bɪˈweə/ vokte seg
bewilder verb /bɪˈwɪldə/ forvirre
bewilderment subst. /bɪˈwɪldəmənt/
  forvirring *m/f*
bewitch verb /bɪˈwɪtʃ/ **1** forhekse
  2 fortrylle
beyond[1] adverb /bɪˈɒnd/ **1** bortenfor
  2 utover det
beyond[2] preposisjon /bɪˈɒnd/
  1 bortenfor, utenfor
  2 utover, lenger enn
  3 utenom, unntatt
BF /biːˈef/ *(hverdagslig)*
  1 *(fork. for* boyfriend*)* kjæreste *m*
  2 *(fork. for* best friend*)* bestevenn *m*

a
b
c
d
e
f
g
h
i
j
k
l
m
n
o
p
q
r
s
t
u
v
w
x
y
z

BFF *(fork. for* best friends forever*)*
bestevenner for alltid
bi adj. /baɪ/ *(hverdagslig, kortform av*
bisexual*)* bi, bifil, biseksuell
biased adj. /ˈbaɪəst/ **1** ensidig, partisk
2 fordomsfull
bib subst. /bɪb/ smekke *m/f*
the **Bible** subst. /ˈbaɪbl/ Bibelen
biblical adj. /ˈbɪblɪkəl/ bibelsk, bibel-
bicycle¹ subst. /ˈbaɪsɪkl/ sykkel *m*
  ride a bicycle sykle
bicycle² verb /ˈbaɪsɪkl/ sykle
bicyclist subst. /ˈbaɪsɪklɪst/ syklist *m*
bid¹ subst. /bɪd/ **1** bud *n*
  2 tilbud *n*
  3 forsøk *n*
bid² verb (bid – bid) /bɪd/ by, legge
  inn bud
bid³ verb (bid – bid eller bade – bid)
  /bɪd/ **1** si, bestemme
  2 be
bidder subst. /ˈbɪdə/ **1** person som byr
  2 anbudsgiver *m*
big adj. /bɪg/ stor
bigamy subst. /ˈbɪgəmɪ/ bigami *n*
big brother subst. storebror *m*
the **Big Dipper** subst. Karlsvognen
big government subst. statlig styring,
  statlig innblanding
bigmouth subst. /ˈbɪgmaʊθ/
  skravlebøtte *m/f*, pratmaker *m*
bigot subst. /ˈbɪgət/ trangsynt person
bike¹ subst. /baɪk/
  1 *(kortform for* bicycle*)* sykkel *m*
  2 motorsykkel *m*
bike² verb /baɪk/ sykle
bilberry subst. /ˈbɪlbərɪ/ blåbær *n*
bile subst. /baɪl/ **1** galle *m*
  2 vrede *m*, sinne *n*
bilingual adj. /baɪˈlɪŋgwəl/ tospråklig
bill¹ subst. /bɪl/ **1** regning *m/f*
  2 lovforslag *n*
  3 plakat *m*
  4 *(amer.)* seddel *m*
bill² subst. /bɪl/ nebb *m/n*
bill³ verb /bɪl/ **1** sette på plakaten
  2 fakturere
billboard subst. /ˈbɪlbɔːd/
  plakattavle *m/f*
billiards subst. /ˈbɪljədz/ *(verbet skal
  stå i entall)* biljard *m*
billion subst. /ˈbɪljən/ milliard *m*
bimbo subst. /ˈbɪmbəʊ/ bimbo *m*
bin¹ subst. /bɪn/ søppelkasse *m/f*

bin² verb /bɪn/ kaste (i søppelet)
bind¹ subst. /baɪnd/ knipe *m/f*,
  vanskelig situasjon
bind² verb (bound – bound) /baɪnd/
  1 binde
  2 hemme
binder subst. /ˈbaɪndə/
  1 perm *m*, mappe *m/f*
  2 bånd *n*
  3 bindemiddel *n*
binding¹ subst. /ˈbaɪndɪŋ/
  1 binding *m/f*
  2 bandasje *m*
  3 bånd *n*
  4 bokbind *n*
binding² adj. /ˈbaɪndɪŋ/ bindende
bingo subst. /ˈbɪŋgəʊ/ bingo *m*
binoculars subst. *flt.* /bɪˈnɒkjʊləz/
  kikkert *m*
biographer subst. /baɪˈɒgrəfə/
  biograf *m*
biography subst. /baɪˈɒgrəfɪ/
  biografi *m*
biological adj. /ˌbaɪəˈlɒdʒɪkəl/
  biologisk
biologist subst. /baɪˈɒlədʒɪst/ biolog *m*
biology subst. /baɪˈɒlədʒɪ/ biologi *m*
bipolar disorder subst. *(psykiatri)*
  bipolar lidelse
birch subst. /bɜːtʃ/ bjørk *m/f*
bird subst. /bɜːd/ fugl *m*
birth subst. /bɜːθ/ **1** fødsel *m*
  2 opprinnelse *m*
  give birth to føde
birth certificate subst. fødselsattest *m*
birth control subst. prevensjon *m*
birthday subst. /ˈbɜːθdeɪ/ fødselsdag *m*
  happy birthday gratulerer med dagen
birthplace subst. /ˈbɜːθpleɪs/
  fødested *n*
biscuit subst. /ˈbɪskɪt/ kjeks *m*
bisexual adj. /ˌbaɪˈsekʃʊəl/ bifil,
  biseksuell
bishop subst. /ˈbɪʃəp/ **1** biskop *m*
  2 *(sjakk)* løper
bit¹ subst. /bɪt/ **1** *(på hodelag)* bitt *n*
  2 munnstykke *n*
bit² subst. /bɪt/ **1** stykke *n*, del *m*, bit *m*
  2 *(om tid)* et øyeblikk
  a bit litt, noe
  bit by bit litt etter litt, bit for bit
  in a bit om et øyeblikk
  quite a bit ganske mye
bit³ subst. /bɪt/ *(IT)* bit *m*

bit⁴ verb /bɪt/ se ►bite²
bitch¹ subst. /bɪtʃ/ **1** tispe *m/f*
  2 *(slang, nedsettende)* drittkjerring *m/f*, bitch *m*
bitch² verb /bɪtʃ/ *(slang)* snakke stygt, klage
bitchy adj. /ˈbɪtʃi/ spydig, ondskapsfull
bite¹ subst. /baɪt/ **1** bitt *n*
  2 napp *n*
  3 bit *m*
bite² verb (bit – bitten) /baɪt/ **1** bite
  2 etse
bitten¹ verb /ˈbɪtn/ se ►bite²
bitten² adj. /ˈbɪtn/ bitt, stukket
bitter adj. /ˈbɪtə/ bitter
bitterness subst. /ˈbɪtənəs/ bitterhet *m*
bizarre adj. /bɪˈzɑː/ merkelig
black¹ verb /blæk/ sverte, farge mørkt
  black out **1** besvime
  2 få kortvarig hukommelsestap
black² adj. /blæk/ svart
blackberry subst. /ˈblækbᵊri/ bjørnebær *n*
blackbird subst. /ˈblækbɜːd/ svarttrost *m*
blackboard subst. /ˈblækbɔːd/ tavle
blackcurrant subst. /ˌblækˈkʌrᵊnt/ solbær *n*
the **Black Death** subst. svartedauden *m*
blacken verb /ˈblækᵊn/ **1** sverte
  2 baksnakke
blacklist subst. /ˈblæklɪst/ svarteliste *m/f*
blackmail¹ subst. /ˈblækmeɪl/ utpressing
blackmail² verb /ˈblækmeɪl/ utpresse, presse
the **black market** subst. svartebørsen *m*
the **Black Sea** Svartehavet
blacksmith subst. /ˈblæksmɪθ/ smed

bladder subst. /ˈblædə/ blære *m/f*
blade subst. /bleɪd/ (kniv)blad *n*
blame¹ subst. /bleɪm/ skyld *m/f*
blame² verb /bleɪm/ klandre, skylde på
blank¹ subst. /blæŋk/
  1 tomrom *n*, tomt felt *(på skjema)*
  2 skjema *n*
blank² adj. /blæŋk/ tom, blank
blanket subst. /ˈblæŋkɪt/ teppe *n*
blasé adj. /ˈblɑːzeɪ/ blasert
blasphemous adj. /ˈblæsfəməs/ blasfemisk
blasphemy subst. /ˈblæsfəmi/ blasfemi *m*
blast¹ subst. /blɑːst/
  1 trykkbølge *m*, luftstrøm *m*
  2 eksplosjon *m*
  3 *(om lyd)* støt *n*, signal *n*
  be a blast *(hverdagslig)* være kjempemorsom
blast² verb /blɑːst/ **1** sprenge
  2 skyte
  3 spille høy musikk
  4 *(hverdagslig)* skjelle ut
blaze¹ subst. /bleɪz/ **1** brann *m*, ild *m*
  2 sterkt lys *n*
blaze² verb /bleɪz/ **1** brenne, flamme
  2 stråle, lyse
blazer subst. /ˈbleɪzə/ blazer *m*
bleach¹ subst. /bliːtʃ/ blekemiddel *n*
bleach² verb /bliːtʃ/ bleke
bleak adj. /bliːk/
  1 bar, åpen og forblåst
  2 kjølig
  3 trist, dyster
bleat verb /bliːt/ breke, raute
bled verb /bled/ se ►bleed²
bleed¹ subst. /bliːd/ blødning *m/f*
bleed² verb (bled – bled) /bliːd/ blø
blemish subst. /ˈblemɪʃ/ flekk *m*, skavank *m*
blend¹ subst. /blend/ blanding *m/f*

a b c d e f g h i j k l m n o p q r s t u v w x y z

blend² verb (blended – blended)
/blend/ blande
bless verb (blessed – blessed) /bles/
velsigne
(God) bless you! 1 Gud velsigne
deg! **2** prosit!
blessed adj. /'blesɪd/ velsignet
blessing subst. /'blesɪŋ/
1 velsignelse *m*
2 nåde *m*, gudegave *m/f*
blew verb /bluː/ *se* ▸blow³
blind¹ subst. /blaɪnd/
1 rullegardin *m/f/n*, persienne *m*
2 skalkeskjul *n*
blind² verb /blaɪnd/ gjøre blind, blende
blind³ adj. /blaɪnd/ blind
blind alley subst. blindvei *m*
blindfold verb /'blaɪn(d)fəʊld/
sette bind for øynene på
blindness subst. /'blaɪndnəs/
blindhet *m*
bling subst. /blɪŋ/ *(hverdagslig, om
noe prangende)* bling *m*
blink¹ subst. /blɪŋk/ **1** glimt *m/n*
2 blink *n*
blink² verb /blɪŋk/ **1** blunke
2 glimte
blinker subst. /'blɪŋkə/ blinklys *n*
bliss subst. /blɪs/ lykke *m/f*, glede *m/f*
blissful adj. /'blɪsfᵊl/ lykkelig, salig
blister subst. /'blɪstə/ blære *m/f*,
blemme *m/f*, gnagsår *n*
blizzard subst. /'blɪzəd/ kraftig
snøstorm *m*
bloat verb /bləʊt/ **1** blåse opp, svulme
2 *(matlaging)* røyke
bloated adj. /'bləʊtɪd/ oppsvulmet,
oppblåst
block¹ subst. /blɒk/
1 kloss *m*, stokk *m*, blokk *m*
2 (bolig)blokk *m*
3 *(i by)* kvartal *n*
4 hinder *n*
block² verb /blɒk/ blokkere, sperre
(av), tette (igjen)
blockade subst. /blɒ'keɪd/ blokade *m*
blockbuster subst. /'blɒk,bʌstə/
(hverdagslig) knallsuksess *m*
blog¹ subst. /blɒg/ blogg *m*
blog² verb /blɒg/ blogge
blogger subst. /'blɒgə/ blogger *m*
blog post subst. blogginnlegg *n*
bloke subst. /bləʊk/ *(hverdagslig)*
fyr *m*, kar *m*

blood subst. /blʌd/ blod *n*
blood circulation subst. blodomløp *n*,
blodsirkulasjon *m*
bloodless adj. /'blʌdləs/ **1** blodløs
2 blodfattig, (svært) blek
3 følelsesløs
blood poisoning subst.
blodforgiftning *m/f*
bloodshed subst. /'blʌdʃed/
blodsutgytelse *m*
blood sugar subst. blodsukker *n*
bloodthirsty adj. /'blʌd,θɜːstɪ/
blodtørstig
blood transfusion subst.
blodoverføring *m/f*
blood vessel subst. blodkar *n*
bloody adj. /'blʌdɪ/ **1** blodig
2 *(slang)* helvetes, jævla
bloom¹ subst. /bluːm/ blomst *m*,
blomstring *m/f*
be **in bloom** blomstre
bloom² verb /bluːm/ blomstre
blossom¹ subst. /'blɒsəm/ blomst *m*
blossom² verb /'blɒsəm/ blomstre
blot subst. /blɒt/ **1** flekk *m*
2 feil *m*, brist *m*, skavank *m*
blouse subst. /blaʊz/ bluse *m/f*
blow¹ subst. /bləʊ/
1 blåst *m*, vindkast *n*
2 pust *n*
blow² subst. /bləʊ/ slag *n*, støt *n*
blow³ verb (blew – blown) /bləʊ/
1 blåse, puste
2 *(slang)* sløse, ødelegge
blow one's nose snyte seg
blow someone off *(hverdagslig)*
avlyse med • *she blew off her
appointment*
blow up 1 eksplodere
2 blåse opp, forstørre
blowfly subst. /'bləʊflaɪ/ spyflue *m/f*
blown verb /bləʊn/ *se* ▸blow³
blowout subst. /'bləʊaʊt/
punktering *m/f*
blue adj. /bluː/ **1** blå
2 *(hverdagslig)* deprimert
blueberry subst. /'bluːbᵊrɪ/, amer.:
/'bluː,berɪ/ amerikansk blåbær *n*
blue-eyed adj. /,bluː'aɪd/, foranstilt:
/'bluːaɪd/ blåøyd
blueprint subst. /'bluːprɪnt/
1 blåkopi *m*
2 plantegning *m/f*, planskisse *m/f*

blues subst. /bluːz/ *(musikk)* blues *m*,
blues-
have the blues være nedfor/deppa
Bluetooth® subst. /ˈbluːtuːθ/
Bluetooth, blåtann *m/f*
bluff¹ subst. /blʌf/ bløff *m*
bluff² verb /blʌf/ bløffe
blunder¹ subst. /ˈblʌndə/ bommert *m*,
tabbe *m*
blunder² verb /ˈblʌndə/ **1** famle
2 dumme seg ut, gjøre en tabbe
blunt¹ verb /blʌnt/ gjøre sløv
blunt² adj. /blʌnt/ **1** sløv
2 rett på sak, brysk
blur¹ subst. /blɜː/ uskarpe konturer,
uklart bilde
blur² verb /blɜː/ bli/gjøre uskarp,
bli/gjøre utydelig
Blu-ray® subst. /ˈbluːreɪ/ blu-ray
blush¹ subst. /blʌʃ/ rødme *m*,
rødming *m/f*
blush² verb /blʌʃ/ rødme
blusher subst. /ˈblʌʃə/ rouge *m*
BMI subst. /ˌbiːemˈaɪ/ *(fork.
for* body mass index*)* KMI
(kroppsmasseindeks)
boar subst. /bɔː/ **1** råne *m*
2 villsvin *n*
board¹ subst. /bɔːd/ **1** brett *n*
2 oppslagstavle *m/f*
3 kost *m*, pensjon *m*
4 styre *n*, utvalg *n*
board and lodging kost og losji
board² verb /bɔːd/
1 gå om bord *(på fly, båt)*
2 få mat (og husrom)
3 bekle med panel
board fence subst. plankegjerde *n*
boarding house subst. pensjonat *n*
boarding pass subst.
ombordstigningskort *n*
boarding school subst. kostskole *m*
boast¹ subst. /bəʊst/ skryt *n*
boast² verb /bəʊst/ skryte
boat subst. /bəʊt/ båt *m*
boathook subst. /ˈbəʊthʊk/
båtshake *m*
boatswain subst. /ˈbəʊsn/ båtsmann *m*
bob verb /bɒb/ bevege seg opp og ned
bobby subst. /ˈbɒbɪ/ *(britisk)*
politimann *m*
bobby pin subst. hårspenne *m/f*
bodily adj. /ˈbɒdəlɪ/ kroppslig

body subst. /ˈbɒdɪ/ **1** kropp *m*
2 *(også* dead body*)* lik *n*
3 hoveddel *m*
bodybuilder subst. /ˈbɒdɪˌbɪldə/
kroppsbygger *m*
bodybuilding subst. /ˈbɒdɪˌbɪldɪŋ/
kroppsbygging *m/f*
bodyguard subst. /ˈbɒdɪgɑːd/
livvakt *m/f*
body language subst. kroppsspråk *n*
body mass index subst.
kroppsmasseindeks *m*
bog subst. /bɒg/ myr *m/f*
boggy adj. /ˈbɒgɪ/ myrlendt
Bohemian subst. /bə(ʊ)ˈhiːmjən/
1 bøhmer *m*
2 bohem *m*
boil¹ subst. /bɔɪl/ byll *m*
boil² verb /bɔɪl/ koke
boiler subst. /ˈbɔɪlə/ **1** kjele *m*
2 varmtvannsbeholder *m*
boiler suit subst. kjeledress *m*
boisterous adj. /ˈbɔɪstərəs/ bråkende,
høyrøstet
bold adj. /bəʊld/ **1** modig
2 *(gammeldags)* frekk
bolt¹ subst. /bəʊlt/ **1** bolt *m*
2 slå *m/f*
3 lyn *n*
bolt² verb /bəʊlt/
1 fare (i vei), løpe løpsk
2 *(hverdagslig)* stikke, rømme
3 låse (med slå)
bomb¹ subst. /bɒm/ bombe *m/f*
bomb² verb /bɒm/ bombe
bombastic adj. /bɒmˈbæstɪk/
bombastisk, svulstig
bomber subst. /ˈbɒmə/ bombefly *n*
bond subst. /bɒnd/ **1** bånd *n*
2 *(handel)* obligasjon *m*
3 forpliktelse *m*
4 forbindelse *m*
bondage subst. /ˈbɒndɪdʒ/ trelldom *m*
bone subst. /bəʊn/ ben *n*, knokkel *m*
bone dry adj. knusktørr
bonehead subst. /ˈbəʊnhed/ *(slang)*
dust *m*
bone marrow subst. benmarg *m*
bonfire subst. /ˈbɒnˌfaɪə/ bål *n*
bonnet subst. /ˈbɒnɪt/ **1** (kyse)hatt *m*
2 *(på bil)* panser *n*
bonus subst. /ˈbəʊnəs/ bonus *m*
bony adj. /ˈbəʊnɪ/ benete
boob subst. /buːb/ *(slang)* pupp

a
b
c
d
e
f
g
h
i
j
k
l
m
n
o
p
q
r
s
t
u
v
w
x
y
z

book¹ subst. /bʊk/ bok *m/f*
book² verb /bʊk/
1 bestille *(billett, plass, rom)*
2 bokføre
bookcase subst. /ˈbʊkkeɪs/
bokhylle *m/f*
booking office subst. billettkontor *n*
bookkeeper subst. /ˈbʊkˌkiːpə/
bokholder *m*
bookmaker subst. /ˈbʊkˌmeɪkə/
bookmaker *m*
bookmark subst. /ˈbʊkmɑːk/
bokmerke *n*
bookseller subst. /ˈbʊkˌselə/
bokhandler *m*
bookshelf subst. /ˈbʊkʃelf/
bokhylle *m/f*
book-smart adj. /ˈbʊksmɑːt/
boksmart, skoleflink
bookstall subst. /ˈbʊkstɔːl/
aviskiosk *m*
bookstore subst. /ˈbʊkstɔː/
bokhandel *m*
bookworm subst. /ˈbʊkwɜːm/
lesehest *m*, bokorm *m*
boom¹ subst. /buːm/ *(sjøfart)* bom *m*
boom² subst. /buːm/ drønn *n*, brak *n*
boom³ subst. /buːm/ *(økonomi)*
høykonjunktur *m*
boom⁴ verb /buːm/ **1** drønne, runge
2 reklamere for
3 *(om næringsliv e.l.)* blomstre, ha
høykonjunktur
boon subst. /buːn/ gode *n*, nytte *m/f*
boost¹ subst. /buːst/ **1** økning *m/f*
2 oppsving *n*, løft *n*
boost² verb /buːst/ **1** øke, styrke
2 hausse opp, fremme
boot¹ subst. /buːt/ **1** støvel *m*
2 *(i bil)* bagasjerom *n*
boot² verb /buːt/ **1** *(IT)* starte opp
(datamaskin)
2 sparke
booth subst. /buːð/, /buːθ/
salgsstand *n*, bod *m*
bootleg¹ subst. /ˈbuːtleg/ *(spesielt om
musikk, film)* piratkopi *m*
bootleg² adj. /ˈbuːtleg/
1 *(spesielt om sprit)* smugler-
2 *(om musikk, film)* pirat-
booty subst. /ˈbuːtɪ/ **1** bytte *n*
2 *(amer., hverdagslig)* rumpe *m/f*
booze subst. /buːz/ *(hverdagslig)*
sprit *m*

border¹ subst. /ˈbɔːdə/
1 kant *m*, rand *m*
2 grense *m/f*
border² verb /ˈbɔːdə/ grense til,
ligge like ved
border on/upon grense til
bore¹ subst. /bɔː/ *(verktøy)* bor *n*
bore² subst. /bɔː/ noe som er kjedelig
what a bore! så kjedelig!
bore³ verb /bɔː/ **1** bore
2 kjede
bore⁴ verb /bɔː/ se ►bear²,³
boredom subst. /ˈbɔːdəm/
kjedsomhet *m*
boring adj. /ˈbɔːrɪŋ/ kjedelig
born¹ verb /bɔːn/ se ►bear³
born² adj. /bɔːn/ født
borough subst. /ˈbʌrə/ by *m*, bydel *m*
(i London og New York)
borrow verb /ˈbɒrəʊ/ låne
Bosnia and Herzegovina
Bosnia-Hercegovina
bosom subst. /ˈbʊzəm/ barm *m*,
favn *m*
boss¹ subst. /bɒs/ sjef *m*
boss² verb /bɒs/ *(hverdagslig)*
sjefe (over)
botanical adj. /bəˈtænɪkəl/ botanisk
botany subst. /ˈbɒtənɪ/ botanikk *m*
botch verb /bɒtʃ/ rote til, forkludre
both determinativ /bəʊθ/ begge
bother¹ subst. /ˈbɒðə/ bry *n*, plage *m/f*,
bryderi *n*
bother² verb /ˈbɒðə/ plage, forstyrre
bothersome adj. /ˈbɒðəsəm/
irriterende, plagsom
bottle subst. /ˈbɒtl/ flaske *m/f*
bottleneck subst. /ˈbɒtlnek/
flaskehals *m*
bottom subst. /ˈbɒtəm/ **1** bunn *m*
2 *(hverdagslig)* rumpe *m/f*
get to the bottom of komme til
bunns i
bought verb /bɔːt/ se ►buy²
boulder subst. /ˈbəʊldə/ steinblokk *m/f*
boulevard subst. /ˈbuːləvɑːd/
bulevard *m*
bounce¹ subst. /baʊns/ sprang *n*,
hopp *n*
bounce² verb /baʊns/ hoppe, sprette
bouncer subst. /ˈbaʊnsə/ *(hverdagslig)*
utkaster *m*
bound¹ subst. /baʊnd/ hopp *n*, sprett *n*

bound² subst. /baʊnd/ *(ofte i flertall)*
 1 grense *m/f*
 2 begrensning *m/f*
bound³ verb /baʊnd/ sprette
bound⁴ verb /baʊnd/ **1** grense
 2 begrense
bound⁵ verb /baʊnd/ *se* ▸bind²
bound⁶ adj. /baʊnd/ **1** på vei • *we are bound for London* vi er på vei til London
 2 bundet, forpliktet
 3 innbundet
 be **bound to** være nødt til å
boundary subst. /ˈbaʊndəri/ grense *m/f*
boundless adj. /ˈbaʊndləs/ grenseløs
bountiful adj. /ˈbaʊntɪfəl/ **1** rikelig
 2 gavmild
bounty subst. /ˈbaʊntɪ/ **1** gavmildhet *m*
 2 premie *m*, belønning *m/f*
 3 (ut)bytte *n*
bouquet subst. /buˈkeɪ/ bukett *m*
bourgeois¹ subst. /ˈbʊəʒwɑː/ borger *m*
bourgeois² adj. /ˈbʊəʒwɑː/ middelklasse-, borgerlig
bow¹ subst. /baʊ/ bukk *n*, nikk *n*
bow² subst. /bəʊ/ **1** bue *m*
 2 sløyfe *m/f*
bow³ subst. /baʊ/ *(på båt)* baug *m*
bow⁴ verb /baʊ/ **1** bukke
 2 bøye
bowel subst. /ˈbaʊəl/ *(ofte i flertall)* tarmer, innvoller
bowel movement subst. avføring *m/f*
bowl¹ subst. /bəʊl/ skål *m/f*, bolle *m*
bowl² subst. /bəʊl/ kule *m/f*
bowl³ verb /bəʊl/ spille bowling
bow-legged adj. /bəʊˈlegd/, foranstilt: /ˈbəʊlegd/ hjulbent
bowler¹ subst. /ˈbəʊlə/ bowler *m*
bowler² subst. /ˈbəʊlə/ *eller* **bowler hat** bowlerhatt *m*
bowling subst. /ˈbəʊlɪŋ/ bowling *m/f*
box¹ subst. /bɒks/
 1 eske *m/f*, boks *m*, kasse *m/f*
 2 *(på teater)* losje *m*
box² subst. /bɒks/ slag *n*
box³ verb /bɒks/ slå, bokse
box⁴ verb /bɒks/ legge i eske
boxer¹ subst. /ˈbɒksə/ bokser *m*
boxer² subst. /ˈbɒksə/ *(hunderase)* bokser *m*
Boxing Day subst. annen juledag
box office subst. billettkontor *n*

boy subst. /bɔɪ/ gutt *m*
boycott verb /ˈbɔɪkɒt/ boikotte
boyfriend subst. /ˈbɔɪfrend/ *(om gutt)* kjæreste *m*
boyhood subst. /ˈbɔɪhʊd/ barndom *m*
boyish adj. /ˈbɔɪʃ/ gutteaktig, gutte-
boy scout subst. speidergutt *m*
bra subst. /brɑː/ bh *m*, behå *m*
brace¹ subst. /breɪs/ **1** bånd *n*
 2 støtte *m/f*
 braces 1 tannregulering **2** bukseseler
brace² verb /breɪs/ **1** binde (sammen)
 2 spenne fast
 3 forsterke
 brace oneself stålsette seg
bracelet subst. /ˈbreɪslət/ armbånd *n*
bracket subst. /ˈbrækɪt/ parentes *m*, klamme *m*
brackish adj. /ˈbrækɪʃ/ *(om vann)* brakk
brag verb /bræg/ skryte
braggart subst. /ˈbrægət/ skrytepave *m*
braid¹ subst. /breɪd/ **1** tråd *m*
 2 flette *m/f*
braid² verb /breɪd/ flette
Braille subst. /breɪl/ blindeskrift *m/f*
brain subst. /breɪn/ hjerne *m*
 brains forstand, vett
brain drain subst. hjerneflukt *m/f*
brainless adj. /ˈbreɪnləs/ ubegavet
brainstorm¹ subst. /ˈbreɪnstɔːm/ utveksling av idéer, idémyldring *m/f*
brainstorm² verb /ˈbreɪnstɔːm/ idémyldre
brainwash verb /ˈbreɪnwɒʃ/ hjernevaske
brainy adj. /ˈbreɪnɪ/ *(hverdagslig)* smart
brake¹ subst. /breɪk/ brems *m*
brake² verb /breɪk/ bremse
bran subst. /bræn/ kli *n*
branch¹ subst. /brɑːn(t)ʃ/
 1 *(på tre)* gren *m/f*
 2 forgrening *m/f*
 3 *(av bedrift e.l.)* avdeling *m/f*
branch² verb /brɑːn(t)ʃ/ **1** skyte grener
 2 dele seg
brand¹ subst. /brænd/
 1 sort *m*, merke *n*
 2 *(overført)* stempel *n*
 3 svimerke *n*
brand² verb /brænd/ brennmerke, stemple
brand new adj. splitter ny

brandy subst. /'brændı/ konjakk *m*
brass subst. /brɑːs/ messing *m*
brass band subst. janitsjarorkester *n*
brass plate subst. messingskilt *n*
brat subst. /bræt/ *(nedsettende)*
snørrunge *m*
brave adj. /breɪv/ modig, tapper
bravery subst. /'breɪvᵊrı/ tapperhet *m*
brawl subst. /brɔːl/ bråk *n*
bray verb /breɪ/ *(om esel)* skryte
brazen adj. /'breɪzn/ frekk, skamløs
Brazil /brə'zıl/ Brasil
breach¹ subst. /briːtʃ/ **1** brudd *n*
2 kløft *m/f*
breach² verb /briːtʃ/
bryte (seg gjennom)
bread subst. /bred/ brød *n*
a loaf of bread et brød
a slice of bread en brødskive
breadth subst. /bredθ/ bredde *m*
breadwinner subst. /'bred,wınə/
familieforsørger *m*
break¹ subst. /breɪk/ **1** brudd *n*
2 pause *m*, avbrudd *n*, friminutt *n*
break² verb (broke – broken) /breɪk/
1 bryte, brekke
2 ødelegge
break down 1 knuse, knekke
2 bryte sammen
break up 1 bryte opp **2** oppløse
3 slå opp *(med kjæresten)*
breakable adj. /'breɪkəbl/ knuselig
breakage subst. /'breɪkıdʒ/
1 ødeleggelse *m*
2 brudd *n*
breakdown subst. /'breɪkdaʊn/
1 motorstopp *m/n*
2 sammenbrudd *n*
breaker subst. /'breɪkə/ **1** brottsjø *m*
2 bryter *m*
breakfast subst. /'brekfəst/ frokost *m*

breakthrough subst. /'breɪkθruː/
gjennombrudd *n*
breakwater subst. /'breɪk,wɔːtə/
pir *m*, molo *m*
breast subst. /brest/ bryst *n*
breath subst. /breθ/ pust *m*, ånde *m*,
åndedrag *n*
breathe verb /briːð/ puste
breathless adj. /'breθləs/ andpusten
breathtaking adj. /'breθ,teıkıŋ/
spennende, nervepirrende
bred verb /bred/ *se* ▶**breed²**
breed¹ subst. /briːd/ rase *m*
breed² verb (bred – bred) /briːd/
1 ale, dyrke
2 få barn
breeding subst. /'briːdıŋ/ **1** avl *m*
2 oppdragelse *m*
breeze subst. /briːz/ bris *m*
breezy adj. /'briːzı/ luftig
brew¹ subst. /bruː/ brygg *n*
brew² verb /bruː/ **1** brygge
2 *(overført)* være i gjære
brewery subst. /'bruːərı/ bryggeri *n*
bribe¹ subst. /braıb/ bestikkelse *m*
bribe² verb /braıb/ bestikke
bribery subst. /'braıbərı/ bestikkelse *m*
brick subst. /brık/ murstein *m*
bricklayer subst. /'brık,leıə/ murer *m*
bridal adj. /'braıdl/ brude-, bryllups-
bride subst. /braıd/ brud *m/f*
bridegroom subst. /'braıdgrʊm/
brudgom *m*
bridesmaid subst. /'braıdzmeıd/
brudepike *m/f*
bridge subst. /brıdʒ/ bro *m/f*
bridle subst. /'braıdl/
1 hodelag *n*, bissel *n*
2 tøyle *m*
brief¹ subst. /briːf/ sammendrag *n*
brief² adj. /briːf/ kort, kortfattet

briefcase subst. /'briːfkeɪs/ dokumentmappe *m/f,* stresskoffert *m*

briefs subst. *flt.* /briːfs/ truse *m/f,* underbukse *m/f*

bright adj. /braɪt/ **1** klar, lys **2** smart

brighten verb /'braɪtn/ gjøre lysere

brightness subst. /'braɪtnəs/ klarhet *m,* lys *n*

brilliance subst. /'brɪljəns/ **1** glans *m,* stråleglans *m* **2** begavelse *m*

brilliant adj. /'brɪljənt/ **1** strålende, skinnende **2** briljant, begavet **3** *(hverdagslig)* kjempebra

brim subst. /brɪm/ **1** kant *m,* rand *m/f* **2** *(på hatt)* brem *m* **full to the brim** fylt til randen

brimful adj. /ˌbrɪmˈfʊl/ breddfull

brine subst. /braɪn/ saltlake *m*

bring verb (brought – brought) /brɪŋ/ **1** ha med seg, bringe **2** hente **bring about** medføre, forårsake **bring on** forårsake, føre til **bring up 1** oppdra **2** *(om spørsmål e.l.)* ta opp

brink subst. /brɪŋk/ kant *m*

brisk adj. /brɪsk/ **1** livlig, aktiv **2** frisk

bristle[1] subst. /'brɪsl/ bust *m/f*

bristle[2] verb /'brɪsl/ *(om hår eller pels)* reise (seg)

Britain /'brɪtn/ *(kortform for* Great Britain*)* Storbritannia

British adj. /'brɪtɪʃ/ britisk

Briton subst. /'brɪtn/ brite *m*

brittle adj. /'brɪtl/ skjør, sprø

broad adj. /brɔːd/ bred, vid

broadcast verb (broadcast – broadcast(ed)) kringkaste

broaden verb /'brɔːdn/ utvide, gjøre bred

broad-minded adj. /ˌbrɔːdˈmaɪndɪd/ tolerant

broccoli subst. /'brɒkəli/ brokkoli *m*

broil verb /brɔɪl/ grille

broke[1] verb /brəʊk/ *se* ►break[2]

broke[2] adj. /brəʊk/ *(hverdagslig)* blakk

broken[1] verb /brəʊkən/ *se* ►break[2]

broken[2] adj. /'brəʊkən/ **1** brukket, ødelagt **2** *(om språk)* gebrokkent

broken number subst. brøk *m*

broker subst. /'brəʊkə/ megler *m*

bronze subst. /brɒnz/ bronse *m*

brooch subst. /brəʊtʃ/ brosje *m/f*

brood[1] subst. /bruːd/ kull *n,* avkom *n*

brood[2] verb /bruːd/ **1** ruge **2** *(overført)* gruble

brook subst. /brʊk/ bekk *m*

broom subst. /bruːm/ kost *m,* sopelime *m*

brothel subst. /'brɒθl/ bordell *m/n*

brother subst. /'brʌðə/ bror *m*

brother-in-law subst. /'brʌðərɪnlɔː/ svoger *m*

brought verb /brɔːt/ *se* ►bring

brow subst. /braʊ/ **1** øyenbryn *n* **2** panne *m/f*

brown[1] verb /braʊn/ brune

brown[2] adj. /braʊn/ brun

browse verb /braʊz/ **1** gå rundt og kikke *(i butikker e.l.)* **2** skumlese

browser subst. /'braʊzə/ *(IT)* nettleser *m*

bruise[1] subst. /bruːz/ blåmerke *n,* skramme *m/f*

bruise[2] verb /bruːz/ gi/få blåmerker, skade, slå (seg)

brush[1] subst. /brʌʃ/ børste *m,* pensel *m*

brush[2] verb /brʌʃ/ **1** børste **2** streife bort i **brush aside/away** avvise **brush up on** *(om kunnskaper e.l.)* friske opp

brushwood subst. /'brʌʃwʊd/ kratt *n*

brusque adj. /bruːsk/ brysk

Brussels /'brʌslz/ Brussel

brutal adj. /'bruːtl/ brutal, rå

brutality subst. /bruːˈtælətɪ/ brutalitet *m*

brute subst. /bruːt/ udyr *n*

bubble subst. /'bʌbl/ boble *m/f*

buck[1] subst. /bʌk/ **1** hann *m (av rådyr, rein, geit m.fl.)* **2** *(hverdagslig)* dollar *m*

buck[2] verb /bʌk/ **1** *(om hest)* sparke bakut **2** *(hverdagslig)* motsette seg

bucket subst. /'bʌkɪt/ bøtte *m/f,* spann *n*

buckle[1] subst. /'bʌkl/ spenne *m/f*

buckle[2] verb /'bʌkl/ **1** spenne **2** *(under trykk/påkjenning)* gi etter

bud[1] subst. /bʌd/ knopp *m*

bud² verb /bʌd/ skyte knopper
Buddhist subst. /ˈbʊdɪst/, amer. også: /ˈbuːdɪst/ buddhist *m*
budding adj. /ˈbʌdɪŋ/ **1** spirende
2 blivende
buddy subst. /ˈbʌdɪ/ *(amer., hverdagslig)* kompis *m*
budge verb /bʌdʒ/ røre (seg), gi etter
budgerigar subst. /ˈbʌdʒərɪgɑː/ undulat *m*
budget subst. /ˈbʌdʒɪt/ budsjett *n*
buffalo subst. /ˈbʌfələʊ/ bøffel *m*
buffer subst. /ˈbʌfə/
1 buffer *m*, støtpute *m/f*
2 *(IT)* mellomlager
buffoon subst. /bəˈfuːn/ bajas *m*
bug¹ subst. /bʌg/ **1** insekt *n*
2 skjult mikrofon *m*
3 *(IT)* programfeil *m*
bug² verb /bʌg/ *(hverdagslig)* **1** avlytte
2 irritere, plage
bugger subst. /ˈbʌgə/ *(slang, mest britisk)* drittsekk *m*
build¹ subst. /bɪld/ kroppsbygning *m*
build² verb (built – built) /bɪld/ bygge
builder subst. /ˈbɪldə/ byggmester *m*
built verb /bɪlt/ *se* ►build²
bulb subst. /bʌlb/ **1** lyspære *m/f*
2 (blomster)løk *m*
bulge¹ subst. /bʌldʒ/ bulk *m*, kul *m*
bulge² verb /bʌldʒ/ bule ut
bulimia subst. /bʊˈlɪmɪə/ bulimi *m*
bulimic adj. /bʊˈlɪmɪk/ bulimisk
bulk subst. /bʌlk/
1 omfang *n*, størrelse *m*
2 last *m/f*
bulky adj. /ˈbʌlkɪ/ svær, tykk, uhåndterlig
bull¹ subst. /bʊl/ okse *m*
bull² subst. /bʊl/ tullprat *m/n*
bulldog subst. /ˈbʊldɒg/ bulldogg *m*
bullet subst. /ˈbʊlɪt/ **1** (gevær)kule *m/f*
2 punkt *n*
bulletproof adj. /ˈbʊlɪtpruːf/ skuddsikker
bullfight subst. /ˈbʊlfaɪt/ tyrefekting *m/f*
bullfighter subst. /ˈbʊlˌfaɪtə/ tyrefekter *m*
bullseye subst. /ˈbʊlzaɪ/ blink *m*, blinkskudd *n*
bullshit subst. /ˈbʊlʃɪt/ *(slang)* sludder *n*, tull *n*
bully¹ subst. /ˈbʊlɪ/ bølle *m/f*

bully² verb /ˈbʊlɪ/ mobbe
bulwark subst. /ˈbʊlwək/ festningsvoll *m*, mur *m*, vern *n*
bum¹ subst. /bʌm/
1 *(spesielt britisk)* rumpe *m/f*
2 *(amer.)* boms *m*, landstryker *m*
bum² verb /bʌm/ snylte, bomme
bum³ adj. /bʌm/ dårlig
bumblebee subst. /ˈbʌmblbiː/ *(insekt)* humle *m/f*
bummer subst. /ˈbʌmə/ skuffelse *m*, nedtur *m*
bump¹ subst. /bʌmp/ **1** støt *n*
2 kul *m*
bump² verb /bʌmp/ dunke, dytte til
bump into somebody 1 treffe noen *(tilfeldig)* **2** kollidere med noen
bumper subst. /ˈbʌmpə/ støtfanger *m*
bumpy adj. /ˈbʌmpɪ/ humpete
bun subst. /bʌn/ **1** *(mat)* bolle *m*
2 *(frisyre)* knute *m*
bunch subst. /bʌn(t)ʃ/ knippe *n*, bunt *m*, klase *m*
bundle subst. /ˈbʌndl/ **1** bunt *m*
2 bylt *m*
bungle verb /ˈbʌŋgl/ rote, forkludre
bunk subst. /bʌŋk/ køye(seng) *m/f*
bunk bed subst. køyeseng *m/f*
bunker subst. /ˈbʌŋkə/ bunker *m*
buoy subst. /bɔɪ/ bøye *m*
buoyancy subst. /ˈbɔɪənsɪ/
1 flyteevne *m/f*
2 oppdrift *m/f*
buoyant adj. /ˈbɔɪənt/ **1** flytende
2 spenstig
burden¹ subst. /ˈbɜːdn/ byrde *m*
burden² verb /ˈbɜːdn/ belaste, tynge
burdensome adj. /ˈbɜːdnsəm/ tyngende
bureau subst. /ˈbjʊərəʊ/
1 *(britisk)* skrivebord *n*
2 *(amer.)* kommode *m*
3 byrå *n*
bureaucracy subst. /bjʊəˈrɒkrəsɪ/ byråkrati *n*
bureaucrat subst. /ˈbjʊərə(ʊ)kræt/ byråkrat *m*
burglar subst. /ˈbɜːglə/ innbruddstyv *m*
burglary subst. /ˈbɜːglərɪ/ innbrudd *n*
burgundy subst. /ˈbɜːgəndɪ/ burgunder
burial subst. /ˈberɪəl/ begravelse *m*
burial ground subst. gravlund *m*

burka subst. /'bɜːkə/ *(muslimsk klesplagg)* burka *m*

burn[1] subst. /bɜːn/ brannsår *n*

burn[2] verb (burnt – burnt eller burned – burned) /bɜːn/ brenne

burnt verb /bɜːnt/ *se* ▶burn[2]

burr subst. /bɜː/ **1** borre *m*
2 skarring *m/f*

burrow[1] subst. /'bʌrəʊ/ hule *m/f*

burrow[2] verb /'bʌrəʊ/ grave, grave seg ned

burst[1] subst. /bɜːst/
1 revne *m/f*, brudd *n*
2 utbrudd *n*

burst[2] verb (burst – burst) /bɜːst/
1 briste, eksplodere
2 styrte • *he burst into the room*

bury verb (buried – buried) /'berɪ/ begrave

bus subst. (i flertall: buses, amer. også: busses) /bʌs/ buss *m*

bush subst. /bʊʃ/ **1** busk *m*
2 kratt *n*

business subst. /'bɪznəs/
1 handel *m*, forretning *m/f*
2 bransje *m*
3 sak *m/f* • *none of your business!*

bust[1] subst. /bʌst/ byste *m/f*

bust[2] subst. /bʌst/ **1** razzia *m*
2 fiasko *m*

bust[3] verb (bust – bust eller busted – busted) /bʌst/ **1** sprenge, slå (i stykker), briste
2 *(slang)* arrestere

bust[4] adj. /bʌst/ **1** ødelagt
2 blakk, konkurs

bustle[1] subst. /'bʌsl/ travelhet *m*

bustle[2] verb /'bʌsl/ være travel

bustling adj. /'bʌslɪŋ/ oppskjørtet, travel, ivrig

busy adj. /'bɪzɪ/ travel, opptatt

busybody subst. /'bɪzɪˌbɒdɪ/ nysgjerrigper *m*

but[1] konjunksjon /bʌt/, trykksvak: /bət/ men

but[2] preposisjon /bʌt/ bortsett fra, uten
• *all but one* alle bortsett fra én

butcher[1] subst. /'bʊtʃə/ slakter *m*

butcher[2] verb /'bʊtʃə/ slakte

butler subst. /'bʌtlə/ hovmester *m*, butler *m*

butt subst. /bʌt/ **1** *forklaring:* den tykke enden på stang, skaft e.l.
2 *(spesielt amer.)* rumpe *m/f*
3 (sigarett)stump *m*

butter[1] subst. /'bʌtə/ smør *n*

butter[2] verb /'bʌtə/ smøre

buttercup subst. /'bʌtəkʌp/ smørblomst *m*

butterfly subst. /'bʌtəflaɪ/ sommerfugl *m*

buttocks subst. *flt.* /'bʌtəks/ rumpe *m/f*

button[1] subst. /'bʌtn/ knapp *m*

button[2] verb /'bʌtn/ kneppe

buttonhole subst. /'bʌtnhəʊl/ knapphull *n*

buy[1] subst. /baɪ/ kjøp *n*

buy[2] verb (bought – bought) /baɪ/ kjøpe

buyer subst. /'baɪə/ kjøper *m*

buzz[1] subst. /bʌz/ **1** summing *m*
2 *(hverdagslig)* interesse *m*
3 *(hverdagslig)* rykter

buzz[2] verb /bʌz/ **1** surre, summe
2 *(hverdagslig)* ringe
3 svirre

buzzword subst. /'bʌzwɜːd/ moteord *n*

by[1] adverb /baɪ/ **1** i nærheten
2 forbi

by[2] preposisjon /baɪ/ **1** av
• *written by me* skrevet av meg
2 *(om middel eller reisemåte)* med, ved, gjennom • *go by train* reise med tog
3 *(om tidsfrist)* før, til, innen
4 *(om plassering)* ved
5 *(om periode)* om • *I saw Rome by night* jeg så Roma om natten
6 med • *the price rose by ten per cent* prisen steg med 10 %
by the by apropos, forresten
by the way apropos, forresten

by-election subst. /'baɪɪˌlekʃən/ suppleringsvalg *n*

by-product subst. /'baɪˌprɒdʌkt/ biprodukt *n*

bystreet subst. /'baɪstriːt/ sidegate *m/f*

byte subst. /baɪt/ *(IT)* byte *m*

byway subst. /'baɪweɪ/ sidevei *m*

a b c d e f g h i j k l m n o p q r s t u v w x y z

C

ca (fork. for circa) cirka, omtrent
cab subst. /kæb/ taxi m
cabaret subst. /'kæbəreɪ/ kabaret m
cabbage subst. /'kæbɪdʒ/ kål m,
  kålhode n
cab driver subst. drosjesjåfør m
cabin subst. /'kæbɪn/ **1** hytte m/f
  2 (på båt) lugar m
  3 (på fly) kabin m
cabin crew subst. (luftfart)
  kabinpersonale n
cabinet subst. /'kæbɪnət/ **1** skap n
  2 (politikk) regjering m/f
cabinet meeting subst. (politikk)
  statsråd n
cabinet minister subst. (medlem av
  regjeringen) statsråd m, minister m
cable subst. /'keɪbl/ kabel m
cache subst. /kæʃ/ (IT) buffer m,
  mellomlager n
cackle verb /'kækl/
  1 kakle (om høns), snadre (om gjess)
  2 skravle
cadaver subst. /kə'dɑːvə/ kadaver n,
  lik n
caesarean subst. /sɪ'zeərɪən/ eller
  caesarian keisersnitt n
caesarean section subst. eller
  caesarian section keisersnitt n
cafeteria subst. /ˌkæfə'tɪərɪə/
  kafeteria m
cage¹ subst. /keɪdʒ/ bur n
cage² verb /keɪdʒ/ sette i bur
cake subst. /keɪk/ kake m/f
cake tin subst. kakeform m/f
calamitous adj. /kə'læmətəs/
  katastrofal
calamity subst. /kə'læmətɪ/
  katastrofe m
calcium subst. /'kælsɪəm/ kalsium n
calculate verb /'kælkjʊleɪt/ regne,
  beregne
calculation subst. /ˌkælkjʊ'leɪʃən/
  beregning m/f, utregning m/f
calculator subst. /'kælkjʊleɪtə/
  kalkulator m
calendar subst. /'kæləndə/ kalender m
calf subst. (flertall: calves) /kɑːf/
  1 kalv m
  2 (kroppsdel) legg m

calibre subst. /'kælɪbə/ eller
  caliber (amer.) kaliber m
call¹ subst. /kɔːl/ **1** rop n, skrik n
  2 anrop n, telefonsamtale m
call² verb /kɔːl/ **1** ringe
  2 kalle
  3 rope (opp), tilkalle
calling subst. /'kɔːlɪŋ/ **1** roping m/f
  2 kall n, yrke n
callous adj. /'kæləs/ hard, ufølsom
calm¹ subst. /kɑːm/ ro m/f, stillhet m
calm² verb /kɑːm/ berolige
  calm down bli rolig, roe seg
calm³ adj. /kɑːm/ rolig, stille
calorie subst. /'kælərɪ/ kalori m
came verb /keɪm/ se ►come
camel subst. /'kæməl/ kamel m
camera subst. /'kæmərə/ kamera n
camouflage¹ subst. /'kæməflɑːʒ/
  kamuflasje m
camouflage² verb /'kæməflɑːʒ/
  kamuflere
camp¹ subst. /kæmp/ leir m
camp² verb /kæmp/ slå leir, telte
  go camping telte, dra på campingtur
campaign subst. /kæm'peɪn/
  kampanje m
campus subst. /'kæmpəs/
  universitetsområde n
can¹ subst. /kæn/ boks m,
  hermetikkboks m
can² verb (could – could) /kæn/,
  trykksvak: /kən/ kan, få lov til å
  • can you hear it?
can³ verb /kæn/ **1** hermetisere
  2 (amer., slang) gi sparken
Canadian¹ subst. /kə'neɪdjən/
  kanadier m
Canadian² adj. /kə'neɪdjən/ kanadisk
canal subst. /kə'næl/ kanal m
canary subst. /kə'neərɪ/ kanarifugl m
cancel verb /'kænsəl/ **1** avlyse
  2 slette, stryke ut
  3 annullere
cancellation subst. /ˌkænsə'leɪʃən/
  eller **cancelation** (amer.)
  1 avlysning m/f
  2 utstrykning m/f
  3 annullering m/f
Cancer subst. /'kænsə/ (stjernetegn)
  Krepsen

cancer subst. /'kænsə/ kreft *m*
cancerous adj. /'kæns³rəs/ kreft-, kreftlignende
candid adj. /'kændɪd/ ærlig, oppriktig
candidate subst. /'kændɪdət/ kandidat *m*
candle subst. /'kændl/ (stearin)lys *n*
candlestick subst. /'kændlstɪk/ lysestake *m*
candy subst. /'kændɪ/ godteri
cane[1] subst. /keɪn/ **1** spaserstokk *m*
2 rør *n*, spanskrør *n*
cane[2] verb /keɪn/ pryle, piske
canine subst. /'keɪnaɪn/
1 hjørnetann *m/f*
2 hund *m*
canned adj. /kænd/ hermetisk
cannibal subst. /'kænɪb³l/ kannibal *m*
cannon subst. /'kænən/ kanon *m*
cannonball subst. /'kænənbɔːl/ kanonkule *m/f*
cannot /'kænɒt/ *sammentrukket* can not
canny adj. /'kænɪ/ smart, utspekulert
canoe subst. /kə'nuː/ kano *m*
canon subst. /'kænən/ **1** kanon *m*
2 *(også overført)* regel *m*, rettesnor *m/f*
can opener subst. /'kæn,əʊp³nə/ boksåpner *m*
cant[1] subst. /kænt/ **1** tomme fraser *m*
2 sjargong *m*
cant[2] subst. /kænt/ helling *m/f*
cant[3] verb /kænt/ **1** stille på kant
2 helle
can't /'kɑːnt/ *sammentrukket* can not
cantata subst. /kæn'tɑːtə/ *(musikk)* kantate *m*
canteen subst. /kæn'tiːn/ kantine *m/f*
canvas subst. /'kænvəs/
1 lerret *n*, seilduk *m*
2 maleri *n*
canvass[1] subst. /'kænvəs/
1 stemmeverving *m/f*, valgkampanje *m*
2 meningsmåling *m/f*
canvass[2] verb /'kænvəs/ agitere, verve stemmer
canyon subst. /'kænjən/ juv, (elve)dal
cap[1] subst. /kæp/
1 skyggelue *m/f*, kaps *m*
2 skrukork *m*
3 *(økonomi)* tak *n*, grense *m/f*
cap[2] verb /kæp/ **1** sette lokk på, dekke
2 toppe, overgå

capability subst. /ˌkeɪpə'bɪlətɪ/ evne *m/f*, dyktighet *m*
capable adj. /'keɪpəbl/ dyktig, flink
be capable of være i stand til, kunne
capacity subst. /kə'pæsətɪ/
1 kapasitet *m*
2 *(fysikk)* volum *n*, rom *n*
3 evne *m/f*
cape[1] subst. /keɪp/ odde *m*, nes *n*, kapp *n*
cape[2] subst. /keɪp/ kappe *m/f (uten ermer)*
capital[1] subst. /'kæpɪtl/ **1** hovedstad *m*
2 kapital *m*
3 stor bokstav *m*
capital[2] adj. /'kæpɪtl/
1 *(om forbrytelse)* som kan straffes med døden
2 skjebnesvanger
capitalism subst. /'kæpɪtəlɪz³m/ kapitalisme *m*
capital letter subst. stor bokstav
capital punishment subst. dødsstraff *m/f*
the Capitol subst. /'kæpɪt³l/ Kongressbygningen i Washington DC
capitulate verb /kə'pɪtʃəleɪt/, /kə'pɪtjəleɪt/ kapitulere
capitulation subst. /kə,pɪtʃə'leɪʃ³n/ kapitulasjon *m*
capricious adj. /kə'prɪʃəs/ uberegnelig, lunefull
Capricorn subst. /'kæprɪkɔːn/ *(stjernetegn)* Steinbukken
capsize verb /kæp'saɪz/ kantre, velte
captain subst. /'kæptɪn/ **1** kaptein *m*
2 leder *m*
captivate verb /'kæptɪveɪt/ fengsle, fascinere
captive[1] subst. /'kæptɪv/ fange *m*
captive[2] adj. /'kæptɪv/ fanget
captivity subst. /kæp'tɪvətɪ/ fangenskap *n*
capture verb /'kæptʃə/ fange, ta til fange, kapre • *it captured my attention*
car subst. /kɑː/ **1** bil *m*
2 *(amer.)* jernbanevogn *m/f*
carafe subst. /kə'ræf/ karaffel *m*
caramel subst. /'kærəmel/ karamell *m*
carat subst. /'kærət/ karat *m*
caravan subst. /'kærəvæn/
1 campingvogn *m/f*
2 husvogn *m/f*
3 karavane *m*

caraway subst. /ˈkærəweɪ/ karve *m*
carb subst. /kɑːb/ *(hverdagslig, kortform av* carbohydrate*)* karbohydrat *n*
carbohydrate subst. /ˌkɑːbə(ʊ)ˈhaɪdreɪt/ karbohydrat *n*
carbon subst. /ˈkɑːbən/ kullstoff *n*, karbon *n*
carbon dioxide subst. karbondioksid *n*
carbon footprint subst. klimautslipp *n*
card subst. /kɑːd/ kort *n*
cardamom subst. /ˈkɑːdəməm/ kardemomme *m*
cardboard subst. /ˈkɑːdbɔːd/ papp *m*, kartong *m*
cardigan subst. /ˈkɑːdɪgən/ kardigan *m*
cardinal[1] subst. /ˈkɑːdɪnl/ kardinal *m*
cardinal[2] adj. /ˈkɑːdɪnl/ hoved-, hovedsakelig
cardinal number subst. grunntall *n*
care[1] subst. /keə/
  1 omsorg *m/f*, pleie *m/f*
  2 omhu *m*, forsiktighet *m*
  take care være forsiktig
  take care of ta vare på
care[2] verb /keə/ bry seg, ha omsorg
  care about bry seg om
  care for 1 pleie, ta seg av **2** like, være glad i **3** ha lyst på
career subst. /kəˈrɪə/ karriere *m*
careerist subst. /kəˈrɪərɪst/ karrierejeger *m*
careful adj. /ˈkeəfl/ **1** forsiktig
  2 grundig
  3 sparsommelig
careless adj. /ˈkeələs/ **1** uforsiktig
  2 likegyldig
carelessness subst. /ˈkeələsnəs/ slurv *n*, likegyldighet *m*
caress[1] subst. /kəˈres/ kjærtegn *n*

caress[2] verb /kəˈres/ kjærtegne
caretaker subst. /ˈkeəˌteɪkə/
  1 vaktmester *m*, oppsynsmann *m*
  2 omsorgsperson *m*
cargo subst. /ˈkɑːgəʊ/ last *m/f*
car hire subst. bilutleie *m/f*
caricature subst. /ˈkærɪkəˌtʃʊə/ karikatur *m*
caries subst. /ˈkeəriːz/ tannråte *m*
caring adj. /ˈkeərɪŋ/ omsorgsfull
carnage subst. /ˈkɑːnɪdʒ/ blodbad *n*, massakre *m*
carnation subst. /kɑːˈneɪʃən/ nellik *m*
carnival subst. /ˈkɑːnɪvəl/ karneval *n*
carnivorous adj. /kɑːˈnɪvərəs/ kjøttetende
carol subst. /ˈkærəl/ lovsang *m*, jubelsang *m*
carp subst. /kɑːp/ karpe *m*
carpenter subst. /ˈkɑːpəntə/ snekker *m*
carpet subst. /ˈkɑːpɪt/ (gulv)teppe *n*
car rental subst. bilutleie *m/f*
carriage subst. /ˈkærɪdʒ/
  1 transport *m*, frakt *m/f*
  2 passasjervogn *m/f*, (heste)vogn *m/f*
carrier subst. /ˈkærɪə/ **1** bærer *m*
  2 bud *n*, transportør *m*
  3 transportmiddel *n*
  4 bagasjebrett *n*
carrier bag subst. (bære)pose *m*
carrion subst. /ˈkærɪən/ åtsel *n*
carrot subst. /ˈkærət/ gulrot *m/f*
carry verb /ˈkærɪ/ **1** bære
  2 ha med seg, frakte, bringe
  carry on fortsette
  carry out utføre, fullføre
carry-on subst. /ˈkærɪɒn/
  1 håndbagasje *m*
  2 *(hverdagslig)* ståhei *m*
cart[1] subst. /kɑːt/ kjerre *m/f*
cart[2] verb /kɑːt/ kjøre
cartel subst. /kɑːˈtel/ kartell *n*

carton subst. /'kɑːtᵊn/ eske *m/f,*
  kartong *m*
cartoon subst. /kɑː'tuːn/
  1 tegneserie *m*
  2 tegnefilm *m*
cartridge subst. /'kɑːtrɪdʒ/ patron *m*
carve verb /kɑːv/ skjære, hugge (ut)
cascade subst. /kæ'skeɪd/
  liten foss *m,* kaskade *m*
case[1] subst. /keɪs/ **1** sak *m/f*
  2 *(jus)* rettssak *m/f*
  in any case forresten, uansett
  in case hvis, i tilfelle
case[2] subst. /keɪs/
  1 kasse *m/f,* eske *m/f*
  2 hylster *n*
cash[1] subst. /kæʃ/ kontanter
  pay (in) cash betale kontant
cash[2] verb /kæʃ/ **1** innløse
  2 heve
cashback subst. /'kæʃbæk/ **1** *(ved
  kortkjøp)* utbetaling av kontanter
  2 *(ved varekjøp)* tilbakebetaling *m/f*
cash flow subst. kontantstrøm *m*
cashier subst. /kæ'ʃɪə/ kasserer *m*
cash register subst. kassaapparat *n*
casino subst. /kə'siːnəʊ/ kasino *n*
cask subst. /kɑːsk/ fat *n,* tønne *m/f*
casket subst. /'kɑːskɪt/ **1** skrin *n*
  2 *(amer.)* likkiste *m/f*
cassette subst. /kə'set/ kassett *m*
cast[1] subst. /kɑːst/ **1** kast *n*
  2 form *m/f,* avstøpning *m/f*
  3 gipsbandasje *m*
cast[2] subst. /kɑːst/ rollebesetning *m/f*
cast[3] verb (cast – cast) /kɑːst/ **1** kaste
  2 støpe
  3 skape, forme
castanets subst. *flt.* /ˌkæstə'nets/
  kastanjetter
castaway adj. /'kɑːstəweɪ/
  1 skipbrudden
  2 utstøtt
cast iron subst. støpejern *n*
castle[1] subst. /'kɑːsl/ **1** slott *n*
  2 *(sjakk)* tårn *n*
castle[2] verb /'kɑːsl/ *(sjakk)* rokkere
castor subst. /'kɑːstə/ *eller* **caster**
  bøsse *m/f (til salt, pepper)*
castor oil subst. lakserolje *m/f*
castrate verb /kæs'treɪt/ kastrere
casual adj. /'kæʒʊəl/, /'kæzjʊəl/
  1 tilfeldig
  2 uformell, avslappet

casualty subst. /'kæʒʊəltɪ/,
  /'kæzjʊəltɪ/ **1** ulykke *m/f*
  2 legevakt *m/f,* akuttmottak *n*
  casualties døde og sårede
cat subst. /kæt/ katt *m*
catacomb subst. /'kætəkuːm/
  katakombe *m*
catalogue subst. /'kætəlɒg/ *eller*
  catalog *(amer.)* katalog *m*
cataract subst. /'kætərækt/ **1** foss *m*
  2 *(sykdom)* grå stær *m*
catarrh subst. /kə'tɑː/ katarr *m*
catastrophe subst. /kə'tæstrəfɪ/
  katastrofe *m*
catastrophic adj. /ˌkætə'strɒfɪk/
  katastrofal
catcall verb /'kætkɔːl/ plystre (på)
catch[1] subst. /kætʃ/ **1** fangst *m,* bytte *n*
  2 hake *m,* betenkelighet *m*
catch[2] verb (caught – caught) /kætʃ/
  1 fange, gripe
  2 rekke • *catch the train* rekke toget
  3 få, smittes av • *be careful or you
  will catch a cold*
  4 oppfatte
  catch on 1 slå an **2** forstå noe
  get caught sitte fast
catching adj. /'kætʃɪŋ/ smittsom,
  smittende
catchphrase subst. /'kætʃfreɪz/
  slagord *n*
catchy adj. /'kætʃɪ/ fengende
categorical adj. /ˌkætə'gɒrɪkᵊl/
  kategorisk
category subst. /'kætəgᵊrɪ/ kategori *m*
cater verb /'keɪtə/ levere mat og drikke
  cater for 1 levere mat til **2** sørge for
  3 ta hensyn til
catering subst. /'keɪtərɪŋ/ catering *m/f*
caterpillar subst. /'kætəpɪlə/
  sommerfugllarve *m/f*
cathedral subst. /kə'θiːdrᵊl/
  katedral *m*
Catholic[1] subst. /'kæθəlɪk/ katolikk *m*
Catholic[2] adj. /'kæθəlɪk/ katolsk
Catholicism subst. /kə'θɒlɪsɪzᵊm/
  katolisisme *m*
catnap subst. /'kætnæp/ *(hverdagslig)*
  høneblund *m*
cattle subst. *flt.* /kætl/ kveg *n,* storfe *n*
caught verb /kɔːt/ *se* ►catch[2]
cauliflower subst. /'kɒlɪflaʊə/
  blomkål *m*

causal adj. /'kɔːzəl/ årsaksmessig, kausal-

causality subst. /kɔːˈzælətɪ/ årsakssammenheng *m*

cause[1] subst. /kɔːz/ **1** årsak *m/f*, grunn *m*
2 sak *m/f*

cause[2] verb /kɔːz/ forårsake

'cause konjunksjon /kɒz/, trykksvak: /kəz/ *(hverdagslig) kortform for* because

caustic adj. /'kɔːstɪk/ etsende, kaustisk

caution subst. /'kɔːʃən/
1 forsiktighet *m*
2 advarsel *m*

cautious adj. /'kɔːʃəs/ forsiktig

cavalcade subst. /ˌkævəl'keɪd/ kavalkade *m*

cavalry subst. /'kævəlrɪ/ *(verbet skal stå i flertall)* kavaleri *n*

cave[1] subst. /keɪv/ hule *m/f*

cave[2] verb /keɪv/ hule ut
cave in 1 falle sammen
2 *(overført)* gi etter

cavern subst. /'kævən/ (stor) hule *m/f*

cavity subst. /'kævətɪ/ hull *n*

cease verb /siːs/ opphøre, slutte (med)

ceasefire subst. /'siːsfaɪə/ våpenhvile *m*

ceaseless adj. /'siːsləs/ endeløs

cede verb /siːd/ avstå, gi fra seg

ceiling subst. /'siːlɪŋ/
1 (innvendig) tak *n*
2 *(overført)* øverste grense *m/f*

celeb subst. /sɪ'leb/ *(hverdagslig, kortform for* celebrity*)* kjendis *m*

celebrate verb /'seləbreɪt/ feire

celebrated adj. /'seləbreɪtɪd/ berømt

celebration subst. /ˌseləˈbreɪʃən/ feiring *m/f*

celebrity subst. /sə'lebrətɪ/ kjendis *m*

celery subst. /'selərɪ/ selleri *m*

celestial adj. /sə'lestjəl/ himmelsk

celiac disease subst. *(amer.)* cøliaki *m*

celibacy subst. /'selɪbəsɪ/ sølibat *n*

celibate adj. /'selɪbət/ som lever i sølibat

cell subst. /sel/ **1** celle *m/f*
2 *(hverdagslig)* mobil(telefon) *m*

cellar subst. /'selə/ kjeller *m*

cello subst. /'tʃeləʊ/ cello *m*

cellophane subst. /'seləfeɪn/ cellofan *m*

cellphone subst. /'selfəʊn/ mobiltelefon *m*

celluloid subst. /'seljʊlɔɪd/ celluloid *m*

cement[1] subst. /sɪ'ment/ **1** sement *m*
2 bindemiddel *n*
3 *(overført)* bånd *n*

cement[2] verb /sɪ'ment/ binde sammen

cemetery subst. /'semətrɪ/ kirkegård *m*, gravlund *m*

censor[1] subst. /'sensə/ sensor *m*

censor[2] verb /'sensə/ sensurere

censorship subst. /'sensəʃɪp/ sensur *m*

censure[1] subst. /'senʃə/ kritikk *m*

censure[2] verb /'senʃə/ kritisere

cent subst. /sent/ *(mynt)* cent *m*
per cent prosent

centenary subst. /sen'tiːnərɪ/ hundreårsjubileum *n*

centennial subst. /sen'tenjəl/ hundreårsdag *m*

center[1] subst. /'sentə/ *(amer.)*
1 sentrum *n*
2 senter *n* • *shopping center*

center[2] verb /'sentə/ *(amer.)* konsentrere

centigram subst. /'sentɪgræm/ centigram *n*

centilitre subst. /'sentɪˌliːtə/ *eller* **centiliter** *(amer.)* centiliter *m*

centimetre subst. /'sentɪˌmiːtə/ *eller* **centimeter** *(amer.)* centimeter *m*

centipede subst. /'sentɪpiːd/ skolopender *m*

central adj. /'sentrəl/ **1** sentral, sentral-
2 midt-, mellom-
Central America Mellom-Amerika

centralize verb /'sentrəlaɪz/ sentralisere

centre[1] subst. /'sentə/ **1** sentrum *n*
2 senter *n* • *shopping centre* kjøpesenter

centre[2] verb /'sentə/ konsentrere

centrifugal force subst. sentrifugalkraft *m/f*

century subst. /'sen(t)ʃərɪ/ århundre *n*

ceramics subst. *flt.* /sə'ræmɪks/ keramikk *m*

cereal subst. /'sɪərɪəl/ **1** korn *n*
2 *(også* cereals*)* frokostblanding *m/f*

cerebral adj. /'serəbrəl/ hjerne-
cerebral palsy subst. cerebral parese

ceremonial adj. /ˌserə'məʊnjəl/
1 seremoniell, høytidelig
2 formell

ceremony subst. /'serəmənɪ/
seremoni *m*

certain adj. /'sɜ:tən/ sikker
be certain of være sikker på at
make certain of forvisse seg om

certainly adverb /'sɜ:tənlɪ/ **1** sikkert
2 *(som svar)* absolutt, gjerne

certainty subst. /'sɜ:tənti/ sikkerhet *m*,
visshet *m*

certificate subst. /sə'tɪfɪkət/ **1** attest *m*,
sertifikat *n*
2 vitnemål *n*

certify verb /'sɜ:tɪfaɪ/ attestere,
bekrefte

certitude subst. /'sɜ:tɪtʃu:d/,
/'sɜ:tɪtju:d/ sikkerhet *m*

cervix subst. /'sɜ:vɪks/ livmorhals *m*

cessation subst. /se'seɪʃən/ opphør *n*

cession subst. /'seʃən/ overgivelse *m*

chafe verb /tʃeɪf/ **1** gni, gnisse (mot)
2 gnage, irritere

chaff subst. /tʃɑ:f/ **1** kornagner
2 *(dyrefôr)* hakkelse *m*
3 *(overført)* søppel *m/f/n*

chain subst. /tʃeɪn/ kjede *m/f*, lenke *m/f*

chain reaction subst. kjedereaksjon *m*

chain store subst. kjedebutikk *m*

chair[1] subst. /tʃeə/ stol *m*

chair[2] verb /tʃeə/ **1** være formann for
2 være ordstyrer

chairman subst. /'tʃeəmən/
1 formann *m*
2 ordstyrer *m*

chairmanship subst. /'tʃeəmənʃɪp/
formannskap *n*

chalice subst. /'tʃælɪs/ **1** beger *n*
2 kalk *m*

chalk[1] subst. /tʃɔ:k/ kritt *m*

chalk[2] verb /tʃɔ:k/ kritte

challenge[1] subst. /'tʃælɪndʒ/
utfordring *m/f*

challenge[2] verb /'tʃælɪndʒ/ **1** utfordre
2 bestride

challenge cup subst. vandrepokal *m*

chamber subst. /'tʃeɪmbə/ kammer *n*,
rom *n*

chamber music subst.
kammermusikk *m*

chameleon subst. /kə'mi:ljən/ *eller*
chamaeleon kameleon *m*

chamois subst. /'ʃæmɪ/ semsket
skinn *n*

champagne subst. /ʃæm'peɪn/
champagne *m*

champion[1] subst. /'tʃæmpjən/
1 mester *m*
2 forkjemper *m*

champion[2] verb /'tʃæmpjən/ kjempe
for, forsvare

championship subst. /'tʃæmpjənʃɪp/
mesterskap *n*

Champions League subst. Mesterliga

chance[1] subst. /tʃɑ:ns/ **1** tilfeldighet *m*
2 sjanse *m*, mulighet *m*
by chance tilfeldigvis

chance[2] verb /tʃɑ:ns/ ta sjansen,
risikere

chancellor subst. /'tʃɑ:nsələ/
kansler *m*

chandelier subst. /ˌʃændə'lɪə/
lysekrone *m/f*

change[1] subst. /tʃeɪndʒ/
1 forandring *m/f*
2 veksel *m*, småpenger

change[2] verb /tʃeɪndʒ/
1 forandre (på/seg), endre (på/seg)
2 bytte
3 *(om penger)* veksle

changeable adj. /'tʃeɪndʒəbəl/
foranderlig, variabel

channel[1] subst. /'tʃænl/ kanal *m*

channel[2] verb /'tʃænl/ lede, kanalisere

chanterelle subst. /ˌʃɑ:ntə'rel/
kantarell *m*

chaos subst. /'keɪɒs/ kaos *n*

chaotic adj. /keɪ'ɒtɪk/ kaotisk

a b c d e f g h i j k l m n o p q r s t u v w x y z

chap subst. /tʃæp/ *(hverdagslig)*
fyr *m*, kar *m*
chapel subst. /'tʃæpəl/ kapell *n*
chaperone subst. /'ʃæpərəʊn/
anstand *m*
chaplain subst. /'tʃæplɪn/ prest *m*
chapstick subst. /'tʃæpstɪk/ *(amer.)*
leppepomade *m*
chapter subst. /'tʃæptə/ **1** kapittel *n*
2 avdeling *m/f*
character subst. /'kærəktə/
1 karakter *m*
2 viljestyrke *m*
3 rykte *n*, ry *n*
4 skrifttegn *n*
act out of character ikke være lik
seg selv
characteristic adj. /ˌkærəktə'rɪstɪk/
karakteristisk
characterize verb /'kærəktəraɪz/
kjennetegne
charcoal subst. /'tʃɑːkəʊl/ trekull *n*
charge[1] subst. /tʃɑːdʒ/ **1** pris *m*
2 anklage *m*, siktelse *m*
3 *(elektronikk)* ladning *m/f*
4 ansvar *n*
free of charge gratis
be in charge ha ansvar, ha ledelsen
charge[2] verb /tʃɑːdʒ/ **1** anklage
2 belaste *(en konto)*, ta betalt
3 lade, fylle på
charismatic adj. /ˌkærɪz'mætɪk/
karismatisk
charitable adj. /'tʃærɪtəbl/ veldedig
charity subst. /'tʃærətɪ/ veldedighet *m*
charm[1] subst. /tʃɑːm/ **1** sjarm *m*
2 amulett *m*
charm[2] verb /tʃɑːm/ sjarmere
charmer subst. /'tʃɑːmə/ sjarmør *m*
charming adj. /'tʃɑːmɪŋ/ sjarmerende
chart[1] subst. /tʃɑːt/ **1** liste *m/f*
2 *(medisin)* journal *m*
chart[2] verb /tʃɑːt/ kartlegge
charter[1] subst. /'tʃɑːtə/ **1** dokument *n*
2 privilegium *n*, rettighet *m*
3 charter *n* • *a charter flight*
charter[2] verb /'tʃɑːtə/ **1** chartre,
befrakte
2 bevilge rettigheter
chase[1] subst. /tʃeɪs/ jakt *m/f*,
forfølgelse *m*
chase[2] verb /tʃeɪs/ jage, forfølge
chassis subst. /'ʃæsɪ/, amer. /'tʃæsɪ/
understell *n*

chaste adj. /tʃeɪst/ kysk, ren
chastise verb /tʃæ'staɪz/ kjefte på
chastity subst. /'tʃæstətɪ/ kyskhet *m*,
renhet *m*
chat[1] subst. /tʃæt/ **1** prat *m/n*
2 *(IT)* chat *m*
chat[2] verb /tʃæt/ **1** prate
2 *(IT)* chatte
chat room subst. *(IT)* chatterom *n*
chatter[1] subst. /'tʃætə/ prat *m/n*
chatter[2] verb /'tʃætə/ **1** skravle
2 klapre, hakke
chatterbox subst. /'tʃætəbɒks/
skravlebøtte *m/f*
chauffeur subst. /'ʃəʊfə/
(privat)sjåfør *m*
cheap adj. /tʃiːp/ **1** billig
2 lettkjøpt, verdiløs
3 gjerrig
cheat[1] subst. /tʃiːt/ bedrager *m*
cheat[2] verb /tʃiːt/ **1** bedra
2 jukse
cheater subst. /'tʃiːtə/ bedrager *m*
check[1] subst. /tʃek/
1 kontroll *m*, sjekk *m*
2 stans *m*, hinder *n*
3 *(restaurant)* regning *m/f*
4 *(handel)* sjekk *m*
check! sjakk!
check[2] verb /tʃek/ **1** kontrollere, sjekke
2 stanse, hindre, holde igjen
3 krysse av
checked adj. /tʃekt/ rutete
checker subst. /'tʃekə/ **1** kontrollør *m*
2 *(spesielt amer.)* firkant *m*, rute *m/f*
checkers *(spill)* dam
checkered adj. /'tʃekəd/ *(amer.)*
1 rutete
2 brokete
check-in subst. /'tʃekɪn/
innsjekking *m/f*
check-up subst. /'tʃekʌp/ kontroll *m*,
undersøkelse *m*
cheek subst. /tʃiːk/ **1** kinn *n*
2 *(overført)* frekkhet *m*
cheeky adj. /'tʃiːkɪ/ frekk
cheer[1] subst. /tʃɪə/ **1** hurrarop *n*
2 glede *m/f*
cheers! *(hverdagslig)* **1** skål!
2 *(britisk)* takk! **3** *(britisk)* ha det!
cheer[2] verb /tʃɪə/ **1** oppmuntre, trøste
2 juble for
cheer up 1 muntre opp **2** bli lettere
til sinns

cheerio interjeksjon /ˌtʃɪərɪˈəʊ/ ha det
cheerleader subst. medlem av
heiagjeng
cheese subst. /tʃiːz/ ost
chef subst. /ʃef/ kjøkkensjef *m*, kokk *m*
chemical subst. /ˈkemɪkəl/
kjemikalie *m*
chemist subst. /ˈkemɪst/ **1** kjemiker *m*
2 apoteker *m*
chemistry subst. /ˈkeməstrɪ/ kjemi *m*
cheque subst. /tʃek/ *eller*
check *(amer.)* sjekk *m*
cheque book subst. sjekkhefte *n*
chequered adj. /ˈtʃekəd/ **1** rutete
2 brokete
cherish verb /ˈtʃerɪʃ/ **1** nære
2 pleie, verne om
cherry subst. /ˈtʃerɪ/ kirsebær *n*
chess subst. /tʃes/ sjakk *m*
chessboard subst. /ˈtʃesbɔːd/
sjakkbrett *n*
chest subst. /tʃest/ **1** kiste *m/f*
2 bryst *n*, brystkasse *m/f*
chestnut subst. /ˈtʃesnʌt/ **1** kastanje *m*
2 *(farge)* kastanjebrunt *n*
chest of drawers subst. kommode *m*
chew verb /tʃuː/ tygge
chewing gum subst. tyggegummi *m*
chickadee subst. /ˈtʃɪkədiː/ meis *m/f*
chicken[1] subst. /ˈtʃɪkɪn/ kylling *m*
chicken[2] verb /ˈtʃɪkɪn/ *(hverdagslig)*
bli redd
chicken out feige ut, trekke seg
chickenpox subst. /ˈtʃɪkɪnˌpɒks/
vannkopper
chick flick subst. *(slang)* jentefilm *m*
chief[1] subst. /tʃiːf/ sjef *m*, overhode *n*
chief[2] adj. /tʃiːf/ hoved-, viktigst
chiefly adverb /ˈtʃiːflɪ/ hovedsakelig
chieftain subst. /ˈtʃiːftən/ høvding *m*
child subst. (flertall: children) /tʃaɪld/
barn *n*
childbed subst. /ˈtʃaɪldbed/
barselseng *m/f*
childcare subst. /ˈtʃaɪldkeə/
barnepleie *m/f*
childhood subst. /ˈtʃaɪldhʊd/
barndom *m*
childish adj. /ˈtʃaɪldɪʃ/ barnslig
child labour subst. barnearbeid *n*
childless adj. /ˈtʃaɪldləs/ barnløs
child prodigy subst. vidunderbarn *n*
children's home subst. barnehjem *n*
child welfare subst. barnevern *n*

chill[1] subst. /tʃɪl/ **1** kulde *m/f*
2 kuldegysning *m*
chill[2] verb /tʃɪl/ **1** kjølne, bli kald
2 avkjøle
chill out *(hverdagslig)* slappe av
chilli subst. /ˈtʃɪlɪ/ *eller* **chili** *(amer.)*
chili *m*
chilly adj. /ˈtʃɪlɪ/ kjølig
chime[1] subst. /tʃaɪm/ **1** klokkespill *n*
2 klokkeklang *m*
chime[2] verb /tʃaɪm/ ringe (med), kime
chime in skyte inn, si seg enig i
chimney subst. /ˈtʃɪmnɪ/ skorstein *m*
chin subst. /tʃɪn/ hake *m/f*
china subst. /ˈtʃaɪnə/ porselen *n*
China /ˈtʃaɪnə/ Kina
Chinese[1] subst. /ˌtʃaɪˈniːz/ kineser *m*
Chinese[2] adj. /ˌtʃaɪˈniːz/ kinesisk
chip[1] subst. /tʃɪp/ **1** hakk *n*
2 flis *m/f*, spon *m*
3 *(IT)* chip *m*, brikke *m/f*
chip[2] verb /tʃɪp/ **1** hugge, skjære
2 bli hakk i, slå hakk i
chip in 1 skyte inn **2** gi bidrag
chips subst. *flt.* /tʃɪps/
1 *(britisk)* pommes frites
2 *(amer.)* potetgull *n*
chirp verb /tʃɜːp/ kvitre, pipe
chisel[1] subst. /ˈtʃɪzl/ meisel *m*
chisel[2] verb /ˈtʃɪzl/ meisle
chlamydia subst. /kləˈmɪdɪə/
klamydia *m*
chlorine subst. /ˈklɔːriːn/ klor *m*
chock-full adj. /ˌtʃɒkˈfʊl/ tettpakket
chocolate subst. /ˈtʃɒkələt/
sjokolade *m*
choice subst. /tʃɔɪs/ **1** valg *n*
2 utvalg *n*
choir subst. /ˈkwaɪə/ (sang)kor *n*
choke verb /tʃəʊk/ kvele(s), sette i
halsen
cholera subst. /ˈkɒlərə/ kolera *m*
cholesterol subst. /kəˈlestərɒl/
kolesterol *m/n*
choose verb (chose – chosen) /tʃuːz/
velge
chop[1] subst. /tʃɒp/ **1** hugg *n*
2 kotelett *m*
chop[2] verb /tʃɒp/ hugge, hakke
choral adj. /ˈkɔːrəl/ kor-, korsang-
chord[1] subst. /kɔːd/ bånd *n*, streng *m*
chord[2] subst. /kɔːd/ *(musikk)*
akkord *m*

a b c d e f g h i j k l m n o p q r s t u v w x y z

chore subst. /tʃɔː/ arbeid n, gjøremål n
  chores småting som skal gjøres
chorus subst. /'kɔːrəs/ kor n,
  korsang m
chose verb /tʃəʊz/ se ▸choose
chosen verb /'tʃəʊzn/ se ▸choose
Christ egennavn /kraɪst/ Kristus
christen verb /'krɪsn/ døpe
christening subst. /'krɪsnɪŋ/ dåp m
Christian adj. /'krɪstʃən/ kristen
Christianity subst. /ˌkrɪstɪ'ænətɪ/
  kristendom(men) m
Christian name subst. fornavn n
Christmas subst. /'krɪs(t)məs/ jul m/f
Christmas carol subst. julesang m
Christmas Day subst. 1. juledag
Christmas Eve subst. julaften m
chromosome subst. /'krəʊməsəʊm/
  kromosom n
chronicle subst. /'krɒnɪkl/
  krønike m/f, årbok m/f
chronological adj. /ˌkrɒnə(ʊ)'lɒdʒɪkəl/
  kronologisk
chronology subst. /krə'nɒlədʒɪ/
  kronologi m
chrysalis subst. /'krɪsəlɪs/ puppe m/f
chubby adj. /tʃʌbɪ/ lubben
chuck verb /tʃʌk/ hive, kaste
chuckle verb /'tʃʌkl/ klukkle, humre
chum subst. /tʃʌm/ (hverdagslig)
  kompis m
chunk subst. /tʃʌŋk/ **1** tykt stykke n
  2 (overført) stor mengde m
church subst. /tʃɜːtʃ/ kirke m/f
churchyard subst. /'tʃɜːtʃjɑːd/
  kirkegård m
churn verb /tʃɜːn/ **1** kjerne (smør)
  2 kverne, male
cider subst. /'saɪdə/ sider m
cigar subst. /sɪ'gɑː/ sigar m
cigarette subst. /ˌsɪgə'ret/ sigarett m
cinder subst. /'sɪndə/ **1** slagg n
  2 kull n, aske m/f
Cinderella /ˌsɪndər'elə/ Askepott
cinema subst. /'sɪnəmə/ kino m
cinnamon subst. /'sɪnəmən/ kanel m
cipher[1] subst. /'saɪfə/ chiffer n,
  kodet skrift m/f
cipher[2] verb /'saɪfə/ **1** kode
  2 regne ut
circa preposisjon /'sɜːkə/ cirka,
  omtrent
circle[1] subst. /'sɜːkl/ **1** sirkel m
  2 krets m

circle[2] verb /'sɜːkl/ kretse, sirkle
circuit subst. /'sɜːkɪt/ **1** rundtur m
  2 omkrets m
  3 (elektronikk) strømkrets m
circular[1] subst. /'sɜːkjʊlə/ rundskriv n
circular[2] adj. /'sɜːkjʊlə/ **1** rund
  2 roterende, som går i sirkel
circulate verb /'sɜːkjʊleɪt/ sirkulere,
  være i omløp
circulation subst. /ˌsɜːkjə'leɪʃən/,
  /ˌsɜːkjʊ'leɪʃən/ **1** sirkulasjon m,
  omløp n
  2 spredning m/f
  3 (av avis eller tidsskrift) opplag n
circumcise verb /'sɜːkəmsaɪz/
  omskjære
circumcision subst. /ˌsɜːkəm'sɪʒən/
  omskjæring m/f
circumference subst. /sə'kʌmfərəns/
  omkrets m, periferi m
circumnavigation subst.
  /'sɜːkəmˌnævɪ'geɪʃən/
  (jord)omseiling m/f
circumstance subst. /'sɜːkəmstæns/
  omstendighet m
circumstantial evidence subst.
  indisier
circus subst. /'sɜːkəs/ **1** sirkus n
  2 (britisk) rund plass • Piccadilly
  Circus
cistern subst. /'sɪstən/ cisterne m/f
cite verb /saɪt/ sitere, henvise til
citizen subst. /'sɪtɪzn/ borger m
citizenship subst. /'sɪtɪznʃɪp/
  statsborgerskap n
city subst. /'sɪtɪ/ by m
city hall subst. rådhus n
civic adj. /'sɪvɪk/ **1** by-, kommune-
  2 borger-
civil adj. /'sɪvəl/ **1** borgerlig
  2 høflig, dannet
  3 sivil
civility subst. /sɪ'vɪlətɪ/ høflighet m
civilization subst. /ˌsɪvəlaɪ'zeɪʃən/
  sivilisasjon m
civilize verb /'sɪvəlaɪz/ sivilisere
civil servant subst. embetsmann m
civil war subst. borgerkrig m
claim[1] subst. /kleɪm/
  1 krav n, fordring m/f
  2 påstand m
claim[2] verb /kleɪm/ **1** kreve, fordre
  2 påstå
clairvoyant adj. /kleə'vɔɪənt/ synsk

clammy adj. /'klæmɪ/ klam
clamour subst. /'klæmə/ *eller*
  clamor *(amer.)* rop *n*, skrik *n*
clampdown subst. /'klæmpdaʊn/
  skjerpet kontroll *m*
clan subst. /klæn/ klan *m*
clandestine adj. /klæn'destɪn/
  hemmelig
clank verb /klæŋk/ klirre
clap¹ subst. /klæp/ **1** klapp *n*
  2 smell *n*, brak *n*
clap² verb /klæp/ klappe
clarify verb /'klærɪfaɪ/ oppklare
clarinet subst. /ˌklærɪ'net/ klarinett *m*
clarity subst. /'klærətɪ/ klarhet *m*
clash¹ subst. /klæʃ/ **1** smell *n*
  2 sammenstøt *n*
  3 konflikt *m*
clash² verb /klæʃ/ **1** krasje
  2 komme i konflikt
clasp¹ subst. /klɑːsp/ omfavnelse *m*
clasp² verb /klɑːsp/ **1** spenne
  2 omfavne
class¹ subst. /klɑːs/ klasse *m/f*
class² verb /klɑːs/ klassifisere
classic¹ subst. /'klæsɪk/ klassiker *m*
classic² adj. /'klæsɪk/ klassisk
classical adj. /'klæsɪkᵊl/ klassisk
classification subst. /ˌklæsɪfɪ'keɪʃᵊn/
  klassifikasjon *m*
classify verb /'klæsɪfaɪ/ klassifisere,
  inndele
classmate subst. /'klɑːsmeɪt/
  klassekamerat *m*
classroom subst. /'klɑːsrʊm/
  klasserom *n*
classy adj. /'klɑːsɪ/ flott, stilig
clause subst. /klɔːz/ **1** klausul *m*
  2 *(grammatikk)* setning *m/f*
claw¹ subst. /klɔː/ klo *m/f*
claw² verb /klɔː/ klore
clay subst. /kleɪ/ leire *m/f*
clayey adj. /'kleɪɪ/ leiret
clean¹ verb /kliːn/ vaske, rense
  clean up rydde, gjøre rent
clean² adj. /kliːn/ ren
cleaning subst. /'kliːnɪŋ/ rengjøring *m/f*
cleanse verb /klenz/ rense
clear¹ verb /klɪə/
  1 rydde, rense, tømme(s)
  2 *(om vær)* klarne
  3 kvitte seg med, betale
  • *clear one's debt*
  clear up 1 oppklare **2** klarne

clear² adj. /klɪə/ **1** klar, tydelig
  2 ren, ryddig
clearance subst. /'klɪərᵊns/
  1 opprydning *m/f*
  2 tollklarering *m/f*
clearance sale subst. opphørssalg *n*
clearing subst. /'klɪərɪŋ/
  1 klaring *m/f*, rydding *m/f*
  2 *(handel)* avregning *m/f*
clearness subst. /'klɪənəs/ klarhet *m*,
  tydelighet *m*
cleavage subst. /'kliːvɪdʒ/ kløft *m/f*
cleft subst. /kleft/ kløft *m/f*, spalte *m/f*
clench verb /klen(t)ʃ/ **1** presse sammen
  2 bite sammen *(om tenner)*
clergy subst. /'klɜːdʒɪ/ *(verbet skal stå
  i flertall)* presteskap *n*
clergyman subst. /'klɜːdʒɪmən/
  prest *m*
clerical adj. /'klerɪkᵊl/ **1** geistlig
  2 kontor-
clerk subst. /klɑːk/, amer. /klɜːk/
  1 kontorist *m*
  2 *(amer.)* ekspeditør *m*
clever adj. /'klevə/ **1** intelligent
  2 flink, smart, lur
cliché subst. /'kliːʃeɪ/ klisjé *m*
click¹ subst. /klɪk/ klikk *n*, knepp *n*
click² verb /klɪk/ klikke
client subst. /'klaɪənt/ klient *m*
clientele subst. /ˌkliːɒn'tel/ klientell *n*
cliff subst. /klɪf/ fjellskrent *m*
climate subst. /'klaɪmət/ klima *n*
climate change subst.
  klimaendring *m/f*
climax subst. /'klaɪmæks/ klimaks *m/n*
climb¹ subst. /klaɪm/ klatretur *m*
climb² verb /klaɪm/ klatre
climbing frame subst. klatrestativ *n*
climbing wall subst. klatrevegg *m*
clinch verb /klɪn(t)ʃ/ **1** bekrefte
  2 avgjøre
  3 omfavne
  4 nagle
cling verb (clung – clung) /klɪŋ/
  1 klamre seg fast
  2 feste, sitte fast
  cling to 1 henge fast på
  2 klamre/klynge seg til
clinic subst. /'klɪnɪk/ klinikk *m*
clip¹ subst. /klɪp/
  1 klemme *m/f*, klips *m/n*
  2 binders *m*

a b c d e f g h i j k l m n o p q r s t u v w x y z

clip² subst. /klɪp/ **1** avisutklipp *n*
2 filmklipp *n*
clip³ verb /klɪp/ feste sammen
clip⁴ verb /klɪp/ **1** klippe
2 begrense
clipboard subst. /ˈklɪpbɔːd/ *(IT)* utklippstavle *m/f*
clipping subst. /ˈklɪpɪŋ/ **1** klipping *m*
2 avklipp *n*, utklipp *n*
clitoris subst. /ˈklɪtərɪs/ klitoris *m*
cloak¹ subst. /kləʊk/ **1** kappe *m/f*
2 *(overført)* skalkeskjul *n*, slør *n*
cloak² verb /kləʊk/ **1** tildekke
2 *(overført)* dekke over, skjule
cloakroom subst. /ˈkləʊkrʊm/ garderobe *m*
clobber verb /ˈklɒbə/ rundjule
clock¹ subst. /klɒk/ klokke *m/f*
clock² verb /klɒk/ **1** ta tiden på
2 *(slang)* slå, klappe til
3 *(slang)* glo på, kikke
clockwise adverb /ˈklɒkwaɪz/ med klokken, med solen
clod subst. /klɒd/ jordklump *m*
clog¹ subst. /klɒg/ tresko *m*
clog² verb /klɒg/ **1** hemme
2 bli blokkert • *my nose is clogged* jeg er tett i nesen
clone¹ subst. /kləʊn/ klon *m*
clone² verb /kləʊn/ klone
close¹ subst. /kləʊz/ slutt *m*, avslutning *m/f*
close² verb /kləʊz/ **1** lukke
2 slutte, avslutte
close³ adj. /kləʊs/ **1** nær
2 grundig
3 lukket
close⁴ adverb /kləʊs/ tett, nær
close by/to i nærheten (av)
closet subst. /ˈklɒzɪt/ **1** kott *n*
2 *(spesielt amer.)* skap *n*
close-up subst. /ˈkləʊsʌp/ nærbilde *n*
closure subst. /ˈkləʊʒə/
1 avslutning *m/f*
2 nedlegging *m/f*
clot¹ subst. /klɒt/ **1** klump *m*
2 blodpropp *m*
clot² verb /klɒt/ klumpe seg
cloth subst. /klɒθ/ **1** tøy *n*, stoff *n*
2 duk *m*
clothe verb /kləʊð/ kle på
clothes subst. *flt.* /kləʊðz/ klær
clothes peg subst. *eller* **clothespin** *(amer.)* klesklype *m/f*
clothing subst. /ˈkləʊðɪŋ/ klær, tøy *n*
clotted adj. /ˈklɒtɪd/ **1** klumpet
2 *(om blod)* levret
cloud subst. /klaʊd/ sky *m/f*
cloudberry subst. /ˈklaʊdbᵊrɪ/ molte *m/f*
cloudburst subst. /ˈklaʊdbɜːst/ skybrudd *n*
cloudy adj. /ˈklaʊdɪ/ overskyet
clove¹ subst. /kləʊv/ fedd *n (hvitløk o.l.)*
clove² subst. /kləʊv/ (krydder)nellik *m*
clover subst. /ˈkləʊvə/ kløver *m*
clown subst. /klaʊn/ klovn *m*
club¹ subst. /klʌb/ **1** klubb *m*
2 *(sport)* klubbe *m/f*, kølle *m/f*
clubs *(kortspill)* kløver
club² verb /klʌb/ slå ned
club foot subst. klumpfot *m*
cluck¹ subst. /klʌk/ klukk *n*
cluck² verb /klʌk/ klukke
clue subst. /kluː/ **1** ledetråd *m*, spor *n*
2 *(i kryssord)* nøkkelord *n*
not have a clue ikke ha peiling
clueless adj. /ˈkluːləs/ hjelpeløs, uvitende
clumsy adj. /ˈklʌmzɪ/ klosset
clung verb /klʌŋ/ *se* ►**cling**
cluster subst. /ˈklʌstə/ klynge *m/f*
clutch¹ subst. /klʌtʃ/ **1** grep *n*
2 kobling *m/f*
3 clutchpedal *m*
clutches *(overført)* klør
clutch² verb /klʌtʃ/ **1** gripe
2 trykke
Co. *(fork. for* Company*)* firma *n*
coach¹ subst. /kəʊtʃ/ **1** buss *m*
2 *(om tog)* vogn *m/f*
coach² subst. /kəʊtʃ/ **1** trener *m*
2 (privat)lærer *m*
coach³ verb /kəʊtʃ/ **1** trene
2 gi privatundervisning
coachman subst. /ˈkəʊtʃmən/ kusk *m*
coagulate verb /kəʊˈægjəleɪt/ koagulere
coal subst. /kəʊl/ kull *n*
coalfish subst. /ˈkəʊlfɪʃ/ sei *m*
coalition subst. /ˌkəʊəˈlɪʃᵊn/ koalisjon *m*
coal mine subst. kullgruve *m/f*
coarse adj. /kɔːs/ grov
coast subst. /kəʊst/ kyst *m*
coaster subst. /ˈkəʊstə/ **1** kystfartøy *n*
2 ølbrikke *m/f*

coat[1] subst. /kəʊt/
  1 jakke *m/f*, kåpe *m/f*, frakk *m*
  2 *(på dyr)* pels *m*, fjærdrakt *m/f*
  3 lag *n*, belegg *n*
coat[2] verb /kəʊt/ **1** belegge, dekke
  2 (be)kle
coat hanger subst. kleshenger *m*
coax verb /kəʊks/ overtale
cobble[1] subst. /ˈkɒbl/ brostein *m*
cobble[2] verb /ˈkɒbl/ flikke på
cobbler subst. /ˈkɒblə/ **1** skomaker *m*
  2 *(amer.) forklaring:* smuldrepai med frukt
cobra subst. /ˈkəʊbrə/ kobra *m*
cobweb subst. /ˈkɒbweb/ spindelvev *m*
cocaine subst. /kəʊˈkeɪn/ kokain *m/n*
cock subst. /kɒk/ **1** hane *m*
  2 hann(fugl) *m*
  3 høysåte *m/f*
  4 kran *m/f*
  5 *(vulgært)* penis *m*
cock-a-doodle-doo interjeksjon /ˌkɒkəˌduːdlˈduː/ kykeliky
cockney subst. /ˈkɒknɪ/ person fra Øst-London
cockpit subst. /ˈkɒkpɪt/ førerkabin *m*
cockroach subst. /ˈkɒkrəʊtʃ/ kakerlakk *m*
cockscomb subst. /ˈkɒkskəʊm/ hanekam *m*
cocksure adj. /ˌkɒkˈʃʊə/ skråsikker, selvsikker
cocky adj. /ˈkɒkɪ/ kjepphøy
cocoa subst. /ˈkəʊkəʊ/ kakao *m*
coconut subst. /ˈkəʊkənʌt/ kokosnøtt *m/f*
cocoon subst. /kəˈkuːn/ **1** kokong *m*
  2 hylster *n*
cod subst. /kɒd/ torsk *m*
code[1] subst. /kəʊd/ **1** kode
  2 kodeks *m*
code[2] verb /kəʊd/ kode, skrive i kode
cod liver oil subst. tran *m/f*
coeliac disease subst. cøliaki *m*
coexistence subst. /ˌkəʊɪgˈzɪstəns/ sameksistens *m*
coffee subst. /ˈkɒfɪ/ kaffe *m*
coffee grounds subst. *flt.* kaffegrut *m/n*
coffee pot subst. kaffekanne *m/f*
coffin subst. /ˈkɒfɪn/ likkiste *m/f*
cog subst. /kɒg/ tann *m/f* (i tannhjul)
cognac subst. /ˈkɒnjæk/ konjakk *m*

cogwheel subst. /ˈkɒgwiːl/ tannhjul *n*
cohabitant subst. /kəʊˈhæbɪtənt/ samboer *m*
cohabitation subst. /ˌkəʊhæbɪˈteɪʃən/ samboerskap *n*
cohere verb /kə(ʊ)ˈhɪə/ henge sammen
coherence subst. /kə(ʊ)ˈhɪərəns/ sammenheng *m*
coherent adj. /kə(ʊ)ˈhɪərənt/ sammenhengende
cohesive adj. /kə(ʊ)ˈhiːsɪv/ sammenhengende
coil verb /kɔɪl/ **1** *(om tau e.l.)* rulle (opp)
  2 kveile (opp)
coil subst. /kɔɪl/ **1** ring *m*, kveil *m*
  2 spiral *m*
coin[1] subst. /kɔɪn/ mynt *m*
coin[2] verb /kɔɪn/ **1** mynte, prege
  2 finne på, dikte (opp)
coinage subst. /ˈkɔɪnɪdʒ/
  1 (ut)mynting *m/f*, preging *m/f*
  2 oppdiktning *m/f*
coincide verb /ˌkəʊɪnˈsaɪd/ **1** falle sammen, inntreffe samtidig
  2 stemme overens
coincidence subst. /kəʊˈɪnsɪdəns/ sammentreff *n*
coincident adj. /kəʊˈɪnsɪdənt/ som sammentreffer
coke[1] subst. /kəʊk/ kokain *m/n*
coke[2] subst. /kəʊk/ koks *m*
colander subst. /ˈkʌləndə/ dørslag *n*
cold[1] subst. /kəʊld/ **1** kulde *m/f*
  2 forkjølelse *m*
  catch a cold bli forkjølet
cold[2] adj. /kəʊld/ kald
colic subst. /ˈkɒlɪk/ kolikk *m*
collaborate verb /kəˈlæbəreɪt/ samarbeide
collaboration subst. /kəˌlæbəˈreɪʃən/ samarbeid *n*
collaborator subst. /kəˈlæbəreɪtə/ medarbeider *m*
collapse[1] subst. /kəˈlæps/ kollaps *m*, sammenbrudd *n*
collapse[2] verb /kəˈlæps/ kollapse, falle sammen
collar subst. /ˈkɒlə/ **1** krage *m*
  2 halsbånd *n* (f.eks. på hund)
collarbone subst. /ˈkɒləbəʊn/ kragebein *n*
colleague subst. /ˈkɒliːg/ kollega *m*
collect[1] subst. /ˈkɒlekt/ kollekt *m*

collect² verb /kə'lekt/ **1** samle
2 innkassere
3 hente
collected adj. /kə'lektɪd/ **1** samlet
2 fattet, behersket
collection subst. /kə'lekʃᵊn/
1 innsamling *m/f*
2 avhenting *m/f*
3 samling *m/f*
collector subst. /kə'lektə/ samler *m*
college subst. /'kɒlɪdʒ/ **1** høyskole *m*
2 *(britisk)* fakultet *n*, college *n*
collide verb /kə'laɪd/ kollidere
collie subst. /'kɒlɪ/ skotsk fårehund *m*
colliery subst. /'kɒljərɪ/ kullgruve *m/f*
collision subst. /kə'lɪʒᵊn/
sammenstøt *n*
colloquial adj. /kə'ləʊkwɪəl/
dagligdags, muntlig, hverdags-
colloquialism subst.
/kə'ləʊkwɪəlɪzᵊm/ *forklaring:* ord
eller uttrykk fra dagligtalen
Cologne /kə'ləʊn/ Köln
colon¹ subst. /'kəʊlən/ *(i kroppen)*
tykktarm *m*
colon² subst. /'kəʊlən/ *(tegnsetting)*
kolon *n*
colonel subst. /'kɜːnᵊl/ oberst *m*
colonial adj. /kə'ləʊnjəl/ koloni-
colonize verb /'kɒlənaɪz/ kolonisere
colony subst. /'kɒlənɪ/ koloni *m*
color verb /'kʌlə/ *(amer.)*
1 farge, fargelegge
2 rødme
color subst. /'kʌlə/ *(amer.)* farge *m*
colored adj. /'kʌləd/ *(amer.)* **1** farget
2 *(ofte nedsettende, om person)*
mørkhudet
colorful adj. /'kʌləfᵊl/ *(amer.)* fargerik
colorless adj. /'kʌlələs/ *(amer.)*
fargeløs
colossal adj. /kə'lɒsl/ kolossal
colour¹ subst. /'kʌlə/ farge *m*

colour² verb /'kʌlə/ **1** farge, fargelegge
2 rødme
coloured adj. /'kʌləd/ **1** farget
2 *(ofte nedsettende, om person)*
mørkhudet
colourful adj. /'kʌləfᵊl/ fargerik
colourless adj. /'kʌlələs/ fargeløs
colt subst. /kəʊlt/ hingstføll *n*
coltsfoot subst. (flertall: coltsfoots)
/'kəʊltsfʊt/ *(plante)* hestehov *m*
column subst. /'kɒləm/ **1** søyle *m/f*
2 kolonne *m*, spalte *m/f*
3 *(IT)* kolonne *m*
comb¹ subst. /kəʊm/ kam *m*
comb² verb /kəʊm/ gre, kjemme
combat¹ subst. /'kɒmbæt/ kamp *m*
combat² verb /'kɒmbæt/ bekjempe
combatant adj. /'kɒmbətᵊnt/ stridende
combination subst. /ˌkɒmbɪ'neɪʃᵊn/
kombinasjon *m*
combination lock subst. kodelås *m/n*
combine verb /kəm'baɪn/ forbinde,
kombinere
combustible adj. /kəm'bʌstəbl/
brennbar
combustion subst. /kəm'bʌstʃᵊn/
forbrenning *m/f*
come verb (came – come) /kʌm/
komme
  come about hende
  come along 1 bli med **2** skynde seg
  come by 1 få tak i **2** kikke innom
comeback subst. /'kʌmbæk/
1 tilbakekomst *m*
2 *(hverdagslig)* kjapt svar *n*,
replikk *m*
comedian subst. /kə'miːdjən/
komiker *m*
comedy subst. /'kɒmədɪ/ komedie *m*
comely adj. /'kʌmlɪ/ pen, tiltalende
comet subst. /'kɒmɪt/ komet *m*
comfort¹ subst. /'kʌmfət/ **1** trøst *m/f*
2 velvære *n*

comfort² verb /'kʌmfət/ trøste
comfortable adj. /'kʌmftəbᵊl/
behagelig, komfortabel
be comfortable 1 ha det godt,
ha det hyggelig **2** føle seg vel
comic¹ subst. /'kɒmɪk/ **1** tegneserie *m*
2 komiker *m*
comic² adj. /'kɒmɪk/ komisk
comical adj. /'kɒmɪkᵊl/ komisk
comic strip subst. tegneserie *m*
coming adj. /'kʌmɪŋ/ kommende,
fremtidig
comma subst. /'kɒmə/ komma *n*
command¹ subst. /kə'mɑːnd/
1 befaling *m/f,* kommando *m*
2 rådighet *m*
command² verb /kə'mɑːnd/
1 befale, kommandere
2 beherske
commandant subst. /'kɒməndænt/
kommandant *m*
commander subst. /kə'mɑːndə/
1 leder *m*
2 kommanderende offiser *m*
3 kommandør *m*
commander-in-chief
subst. /kə,mɑːndərɪn'tʃiːf/
øverstkommanderende
commandment subst.
/kə'mɑːn(d)mənt/ (på)bud *n*
the **Ten Commandments** De ti bud
commemorate verb /kə'meməreɪt/
feire, minnes
commemoration subst.
/kə,memə'reɪʃᵊn/ minne *n,*
minnemarkering *m*
commence verb /kə'mens/ begynne
commencement subst. /
kə'mensmənt/ begynnelse *m*
commend verb /kə'mend/ **1** berømme
2 anbefale
comment¹ subst. /'kɒment/
kommentar *m*
comment² verb /'kɒment/ kommentere
comment on kommentere,
uttale seg om
commentary subst. /'kɒməntᵊrɪ/
kommentar *m,* redegjørelse *m*
commerce subst. /'kɒməs/ **1** handel *m*
2 samkvem *n*
commercial¹ subst. /kə'mɜːʃᵊl/
reklame *m*
commercial² adj. /kə'mɜːʃᵊl/
kommersiell, handels-

commissary subst. /'kɒmɪsərɪ/
1 intendant *m*
2 kommissær *m*
commission¹ subst. /kə'mɪʃᵊn/
1 oppdrag *n*
2 fullmakt *m/f*
3 kommisjon *m,* komité *m*
4 provisjon *m*
commission² verb /kə'mɪʃᵊn/
1 gi i oppdrag
2 gi fullmakt
commissioner subst. /kə'mɪʃᵊnə/
kommissær *m,* embetsmann *m*
commit verb /kə'mɪt/ **1** begå
2 forplikte
3 (tvangs)innlegge
be committed være engasjert,
være forpliktet
commitment subst. /kə'mɪtmənt/
1 forpliktelse *m*
2 engasjement *n*
3 (tvangs)innlegging *m/f*
committee subst. /kə'mɪtɪ/ komité *m*
commodore subst. /'kɒmədɔː/
kommandør *m*
common¹ subst. /'kɒmən/
allmenning *m*
in common felles
common² adj. /'kɒmən/ **1** felles
2 allmenn, offentlig
3 vanlig
commoner subst. /'kɒmənə/
1 ikke-adelig person *m*
2 underhusmedlem *n*
(i Storbritannia)
common law subst. sedvanerett *m*
commonplace adj. /'kɒmənpleɪs/
alminnelig
common room subst. oppholdsrom *n*
common sense subst. sunn
fornuft *m*
The **Commonwealth** subst.
/'kɒmənwelθ/ *eller* the **British**
Commonwealth (of Nations)
Det britiske samveldet
commotion subst. /kə'məʊʃᵊn/
1 uro *m/f,* bråk *n*
2 opprør *n*
communal adj. /'kɒmjʊnᵊl/ **1** felles
2 kommunal
communicate verb /kə'mjuːnɪkeɪt/
1 kommunisere
2 overføre

a
b
c
d
e
f
g
h
i
j
k
l
m
n
o
p
q
r
s
t
u
v
w
x
y
z

communication subst.
/kə‚mjuːnɪˈkeɪʃən/
1 kommunikasjon *m*, melding *m/f*
2 *(offentlig transport)* forbindelse *m*
communicative adj. /kəˈmjuːnɪkətɪv/
meddelsom
communion subst. /kəˈmjuːnjən/
1 fellesskap *n*
2 *(religion)* nattverd *m*, altergang *m*
communism subst. /ˈkɒmjənɪzəm/
kommunisme *m*
communist subst. /ˈkɒmjənɪst/
kommunist *m*
community subst. /kəˈmjuːnətɪ/
1 samfunn *n*
2 fellesskap *n*
commute verb /kəˈmjuːt/ **1** pendle
2 bytte om
commuter subst. /kəˈmjuːtə/ pendler *m*
companion subst. /kəmˈpænjən/
1 venn *m*, ledsager *m*
2 motstykke *n*
companionship subst.
/kəmˈpænjənʃɪp/ kameratskap *n*
company subst. /ˈkʌmpənɪ/
1 *(handel)* firma *n*, selskap *n*
2 gjest(er)
3 *(i militæret)* kompani *n*
comparable adj. /ˈkɒmpərəbəl/
sammenlignbar
comparative adj. /kəmˈpærətɪv/
1 relativ
2 sammenlignende
compare verb /kəmˈpeə/ sammenligne
comparison subst. /kəmˈpærɪsən/
sammenligning *m/f*
compartment subst. /kəmˈpɑːtmənt/
1 seksjon *m*
2 *(på tog)* kupé *m*
compass subst. /ˈkʌmpəs/
1 kompass *m/n*
2 *(matematikk)* passer *m*
3 omfang *n*, rekkevidde *m/f*
compassion subst. /kəmˈpæʃən/
medfølelse *m*
compassionate adj. /kəmˈpæʃənət/
medfølende
compatibility subst. /kəm‚pætəˈbɪlətɪ/
1 forenlighet *m*
2 *(IT)* kompatibilitet *m*
compatible adj. /kəmˈpætəbl/
1 forenlig
2 som passer sammen
3 *(IT, teknikk)* kompatibel

compatriot subst. /kəmˈpætrɪət/
landsmann *m*
compel verb /kəmˈpel/ tvinge (frem)
compensate verb /ˈkɒmpenseɪt/
1 gi erstatning
2 kompensere
compensation subst. /‚kɒmpenˈseɪʃən/
erstatning *m/f*, kompensasjon *m*
compete verb /kəmˈpiːt/ konkurrere
competence subst. /ˈkɒmpɪtəns/
kompetanse *m*, dyktighet *m*
competent adj. /ˈkɒmpɪtənt/
1 kompetent, dyktig
2 passende
competition subst. /‚kɒmpəˈtɪʃən/
konkurranse *m*
competitive adj. /kəmˈpetɪtɪv/
1 konkurransedyktig
2 som har konkurranseånd
competitor subst. /kəmˈpetɪtə/
konkurrent *m*
complacence subst. /kəmˈpleɪsns/
selvtilfredshet *m*
complacent adj. /kəmˈpleɪsnt/
selvtilfreds
complain verb /kəmˈpleɪn/ klage
 complain of/about klage over/på
complaint subst. /kəmˈpleɪnt/
1 klage *m/f*
2 lidelse *m*
complete¹ verb /kəmˈpliːt/ **1** fullføre
2 gjøre komplett
complete² adj. /kəmˈpliːt/ komplett
completion subst. /kəmˈpliːʃən/
fullførelse *m*
complex adj. /ˈkɒmpleks/
1 sammensatt
2 komplisert
complexion subst. /kəmˈplekʃən/
1 ansiktsfarge *m*
2 utseende *n*
complexity subst. /kəmˈpleksətɪ/
kompleksitet *m*
compliance subst. /kəmˈplaɪəns/
1 samsvar *n*
2 ettergivenhet *m*
compliant adj. /kəmˈplaɪənt/
ettergivende
complicate verb /ˈkɒmplɪkeɪt/
komplisere, gjøre innviklet
complicated adj. /ˈkɒmplɪkeɪtɪd/
komplisert
complication subst. /‚kɒmplɪˈkeɪʃən/
komplikasjon *m*

compliment[1] subst. /'kɒmplɪmənt/
kompliment *m*
  compliments hilsen
compliment[2] verb /'kɒmplɪment/
  1 gi kompliment, beundre
  2 gratulere
complimentary adj. /ˌkɒmplɪ'mentərɪ/
  1 rosende
  2 gratis-
comply verb /kəm'plaɪ/ gi etter
  comply with rette seg etter
component subst. /kəm'pəʊnənt/
  (bestand)del *m*
compose verb /kəm'pəʊz/
  1 utgjøre, danne
  2 *(musikk)* komponere
  3 berolige
composed adj. /kəm'pəʊzd/ rolig,
  fattet
composer subst. /kəm'pəʊzə/
  komponist *m*
composition subst. /ˌkɒmpə'zɪʃən/
  1 sammensetning *m/f*
  2 komposisjon *m*
  3 skriftlig oppgave *m*
composure subst. /kəm'pəʊʒə/
  fatning *m/f*
compote subst. /'kɒmpɒt/ kompott *m*
compound[1] subst. /'kɒmpaʊnd/
  sammensetning *m/f*
compound[2] subst. /'kɒmpaʊnd/
  inngjerdet område *n*
compound[3] verb /kəm'paʊnd/
  1 utgjøre
  2 blande (sammen)
  3 forverre
compound[4] adj. /'kɒmpaʊnd/
  sammensatt
comprehend verb /ˌkɒmprɪ'hend/
  1 fatte, begripe
  2 omfatte
comprehensible adj.
  /ˌkɒmprɪ'hensəbl/ forståelig
comprehension subst.
  /ˌkɒmprɪ'henʃən/
  1 fatteevne *m/f*, forstand *m*
  2 forståelse *m*
comprehensive adj. /ˌkɒmprɪ'hensɪv/
  omfattende
comprehensive school subst.
  (britisk) forklaring: ungdomsskole
  og videregående skole (for elever
  over 11 år)

compress[1] subst. /'kɒmpres/
  1 kompress *m*
  2 omslag *n*
compress[2] verb /kəm'pres/
  1 presse sammen
  2 *(IT)* komprimere
comprise verb /kəm'praɪs/ **1** omfatte
  2 bestå av
compromise[1] subst. /'kɒmprəmaɪz/
  kompromiss *n*, forlik *n*
compromise[2] verb /'kɒmprəmaɪz/
  inngå kompromiss
compulsion subst. /kəm'pʌlʃən/
  tvang *m*
compulsive adj. /kəm'pʌlsɪv/ tvangs-
compulsory adj. /kəm'pʌlsərɪ/
  obligatorisk
compute verb /kɒm'pjuːt/ **1** beregne
  2 regne ut
computer subst. /kɒm'pjuːtə/
  datamaskin *m*
computer game subst. *(IT)* dataspill *n*
computer science subst. *(IT)*
  informatikk *m*
comrade subst. /'kɒmreɪd/ kamerat *m*
con[1] subst. /kɒn/ *(kortform for*
  convict*)* straffange *m*
con[2] subst. /kɒn/ *kortform for* contra
  pro and con for og imot
con[3] verb /kɒn/ *(slang)* svindle
concave adj. /kɒŋ'keɪv/ konkav
conceal verb /kən'siːl/ skjule
concede verb /kən'siːd/
  1 medgi, innrømme
  2 *(om mål)* slippe inn
conceit subst. /kən'siːt/
  1 innbilskhet *m*
  2 tanke *m*, innfall *n*
conceited adj. /kən'siːtɪd/ innbilsk
conceivable adj. /kən'siːvəbl/
  1 begripelig
  2 mulig
conceive verb /kən'siːv/ **1** unnfange
  2 tenke ut, forstå
concentrate[1] subst. /'kɒnsəntreɪt/
  konsentrat *n*
concentrate[2] verb /'kɒnsəntreɪt/
  konsentrere (seg)
  concentrate on konsentrere seg om
concentration subst. /ˌkɒnsən'treɪʃən/
  konsentrasjon *m*
concentration camp subst.
  konsentrasjonsleir *m*
concept subst. /'kɒnsept/ begrep *n*

a b c d e f g h i j k l m n o p q r s t u v w x y z

conception subst. /kən'sepʃən/
1 unnfangelse *m*
2 oppfatning *m/f*, forståelse *m*
concern[1] subst. /kən'sɜːn/
1 anliggende *n*, sak *m/f*
2 *(handel)* virksomhet *m*, konsern *n*
3 bekymring *m/f*
concern[2] verb /kən'sɜːn/
1 angå, gjelde
2 bekymre
concerning preposisjon /kən'sɜːnɪŋ/
angående
concert subst. /'kɒnsət/ konsert *m*
concession subst. /kən'seʃən/
1 innrømmelse *m*
2 konsesjon *m*
conciliate verb /kən'sɪlɪeɪt/
1 formilde, forsone
2 megle mellom
conciliation subst. /kən‚sɪlɪ'eɪʃən/
forsoning *m/f*
concise adj. /kən'saɪs/ konsis
conclude verb /kən'kluːd/ 1 avslutte
2 slutte, trekke en konklusjon
conclusion subst. /kən'kluːʒən/
1 avslutning *m/f*
2 konklusjon *m*
conclusive adj. /kən'kluːsɪv/
avgjørende
concord subst. /'kɒŋkɔːd/
1 enighet *m*
2 *(grammatikk)* overensstemmelse *m*
concrete[1] subst. /'kɒŋkriːt/ betong *m*
concrete[2] adj. /'kɒŋkriːt/ håndfast,
konkret
concussion subst. /kən'kʌʃən/
1 hjernerystelse *m*
2 rystelse *m*
condemn verb /kən'dem/
dømme, fordømme
condemnation subst.
/‚kɒndem'neɪʃən/ 1 fordømmelse *m*
2 domfellelse *m*
condense verb /kən'dens/ kondensere
condescend verb /‚kɒndɪ'send/
1 nedverdige seg
2 opptre nedlatende
condescending adj. /‚kɒndɪ'sendɪŋ/
nedlatende
condition subst. /kən'dɪʃən/ 1 vilkår *n*
2 tilstand *m*
conditioner subst. /kən'dɪʃənə/
hårbalsam *m*
condole verb /kən'dəʊl/ kondolere

condolence subst. /kən'dəʊləns/
kondolanse *m*
condom subst. /'kɒndɒm/ kondom *n*
conduct[1] subst. /'kɒndʌkt/
opptreden *m*
conduct[2] verb /kən'dʌkt/ lede
conductor subst. /kən'dʌktə/
1 dirigent *m*, leder *m*
2 konduktør *m*
conduit subst. /'kɒndʒʊɪt/, /'kɒndjʊɪt/
1 vannrør *n*
2 kanal *m*
cone subst. /kəʊn/ 1 kjegle *m/f*
2 kongle *m/f*
confectioner subst. /kən'fekʃənə/
konditor *m*
confectionery subst. /kən'fekʃənərɪ/
1 søtsaker
2 konditori *n*
confederacy subst. /kən'fedərəsɪ/
forbund *n*
confederate[1] subst. /kən'fedərət/
forbundsfelle *m/f*
confederate[2] adj. /kən'fedərət/
1 forbunds-
2 føderasjons-
confederation subst. /kən‚fedə'reɪʃən/
forbund *n*
confer verb /kən'fɜː/ 1 tildele
2 rådslå, diskutere
conference subst. /'kɒnfərəns/
konferanse *m*
confess verb /kən'fes/ 1 tilstå
2 bekjenne
confession subst. /kən'feʃən/
1 innrømmelse *m*
2 *(religion)* syndsbekjennelse *m*
confide verb /kən'faɪd/ betro, stole på
confide in betro seg til, stole på
confidence subst. /'kɒnfɪdəns/
1 tillit *m/f*
2 sikkerhet *m*
3 selvtillit *m/f*
4 fortrolighet *m*
confident adj. /'kɒnfɪdənt/ 1 sikker
2 selvsikker
confident that sikker på at
confidential adj. /‚kɒnfɪ'denʃəl/
fortrolig, konfidensiell
confine[1] subst. /'kɒnfaɪn/ grense *m/f*
confine[2] verb /kən'faɪn/ 1 begrense
2 sperre inne
confinement subst. /kən'faɪnmənt/
1 begrensning *m/f*

2 innesperring *m/f*
confirm verb /kənˈfɜːm/ bekrefte
confirmation subst. /ˌkɒnfəˈmeɪʃən/
  1 bekreftelse *m*
  2 konfirmasjon *m*
confiscate verb /ˈkɒnfɪskeɪt/
  konfiskere, beslaglegge
conflict[1] subst. /ˈkɒnflɪkt/ konflikt *m*
conflict[2] verb /kənˈflɪkt/ være i strid
  conflict with stride mot
conform verb /kənˈfɔːm/ **1** tilpasse
  2 følge, overholde
conformity subst. /kənˈfɔːmətɪ/
  1 overensstemmelse *m*
  2 likeformethet *m*
confront verb /kənˈfrʌnt/
  1 konfrontere
  2 møte, stå overfor
confuse verb /kənˈfjuːz/ **1** forvirre
  2 blande sammen
confused adj. /kənˈfjuːzd/ forvirret
confusion subst. /kənˈfjuːʒən/
  1 forvirring *m/f*
  2 uorden *m*
  3 forveksling *m/f*
congeal verb /kənˈdʒiːl/ størkne
congested adj. /kənˈdʒestɪd/
  1 blokkert
  2 overfylt
congratulate verb /kənˈɡrætʃəleɪt/,
  /kənˈɡrætjəleɪt/ gratulere
congratulation subst.
  /kənˌɡrætʃəˈleɪʃən/,
  /kənˌɡrætjəˈleɪʃən/ gratulasjon *m*
  congratulations! gratulerer!
congregate verb /ˈkɒŋɡrɪɡeɪt/
  samle (seg)
congregation subst. /ˌkɒŋɡrɪˈɡeɪʃən/
  menighet *m*
congress subst. /ˈkɒŋɡres/
  formelt møte *n*, kongress *m*
  the Congress Kongressen
congressman subst. /ˈkɒŋɡresmən/
  (amer., politikk) medlem av
  Representantenes hus i Kongressen
conic adj. /ˈkɒnɪk/ *eller* **conical**
  kjegleformet, konisk
conifer subst. /ˈkɒnɪfə/ bartre *n*,
  nåletre *n*
conjecture subst. /kənˈdʒektʃə/
  gjetning *m/f*, antakelse *m*
conjugal adj. /ˈkɒndʒʊɡəl/
  ekteskapelig

conjugate verb /ˈkɒndʒʊɡeɪt/
  (grammatikk) bøye
conjunction subst. /kənˈdʒʌŋkʃən/
  1 forening *m/f*
  2 samsvar *n*
  3 *(grammatikk)* konjunksjon *m*
conjunctive subst. /kənˈdʒʌŋ(k)tɪv/
  (grammatikk) konjunksjon *m*
conjure verb /ˈkʌndʒə/ **1** trylle
  2 mane frem
conjurer subst. /ˈkʌndʒərə/
  tryllekunstner *m*
connect verb /kəˈnekt/
  1 binde sammen, forbinde
  2 stå i forbindelse med
connection subst. /kəˈnekʃən/
  forbindelse *m*
connive verb /kəˈnaɪv/
  samarbeide hemmelig
connoisseur subst. /ˌkɒnəˈsɜː/
  kjenner *m*
connotation subst. /ˌkɒnəˈteɪʃən/
  konnotasjon *m*
connote verb /kəˈnəʊt/
  1 betegne, konnotere
  2 innebære, antyde
conquer verb /ˈkɒŋkə/ erobre
conqueror subst. /ˈkɒŋkərə/ erobrer *m*
conquest subst. /ˈkɒŋkwest/
  erobring *m/f*
conscience subst. /ˈkɒnʃəns/
  samvittighet *m*
conscientious adj. /ˌkɒnʃɪˈenʃəs/
  samvittighetsfull
conscious adj. /ˈkɒnʃəs/ bevisst
consciousness subst. /ˈkɒnʃəsnəs/
  bevissthet *m*
conscription subst. /kənˈskrɪpʃən/
  verneplikt *m/f*
consecrate verb /ˈkɒnsɪkreɪt/
  1 (inn)vie
  2 vigsle
consecration subst. /ˌkɒnsɪˈkreɪʃən/
  1 innvielse *m*
  2 vielse *m*
consecutive adj. /kənˈsekjʊtɪv/ som
  kommer etter hverandre, på rad
consent[1] subst. /kənˈsent/ samtykke *n*
consent[2] verb /kənˈsent/ samtykke
consequence subst. /ˈkɒnsɪkwəns/
  1 følge *m*, konsekvens *m*
  2 betydning *m/f*, viktighet *m*
consequently adverb /ˈkɒnsɪkwəntlɪ/
  følgelig, derfor

a
b
c
d
e
f
g
h
i
j
k
l
m
n
o
p
q
r
s
t
u
v
w
x
y
z

conservation subst. /ˌkɒnsəˈveɪʃən/
1 bevaring *m/f*
2 naturforvaltning *m/f*
3 miljøvern *n*
conservationist subst.
/ˌkɒnsəˈveɪʃənɪst/ naturverner *m*
conservative adj. /kənˈsɜːvətɪv/
konservativ
the **Conservative Party** *(britisk
politikk)* det konservative partiet
conserve[1] subst. /kənˈsɜːv/
bare i uttrykk
  conserves 1 syltetøy
  2 hermetisert frukt
conserve[2] verb /kənˈsɜːv/ bevare
consider verb /kənˈsɪdə/ **1** tenke på
2 ta hensyn til, vurdere
3 synes, betrakte som
considerable adj. /kənˈsɪdərəbl/
betydelig, anselig
considerate adj. /kənˈsɪdərət/
hensynsfull
consideration subst. /kənˌsɪdəˈreɪʃən/
1 overveielse *m*
2 hensyn *n*, omtanke *m*
3 godtgjørelse *m*
consist verb /kənˈsɪst/ **1** bestå
2 stemme overens
  consist of bestå av
consistency subst. /kənˈsɪstənsɪ/
1 jevnhet *m*
2 konsistens *m*
consistent adj. /kənˈsɪstənt/
1 konsekvent
2 overensstemmende
3 uforanderlig, jevn
  be consistent with stemme overens
  med
consolation subst. /ˌkɒnsəˈleɪʃən/
trøst *m/f*
console[1] subst. /ˈkɒnsəʊl/ **1** konsoll *m*
2 spillkonsoll *m*
console[2] verb /kənˈsəʊl/ trøste

consolidate verb /kənˈsɒlɪdeɪt/
1 konsolidere, gjøre sterk/solid
2 slå (seg) sammen
consonant subst. /ˈkɒnsənənt/
konsonant *m*
conspicuous adj. /kənˈspɪkjʊəs/
iøynefallende, bemerkelsesverdig
conspiracy subst. /kənˈspɪrəsɪ/
konspirasjon *m*, sammensvergelse *m*
conspirator subst. /kənˈspɪrətə/
medsammensvoren
conspire verb /kənˈspaɪə/ konspirere,
sammensverge seg
constable subst. /ˈkʌn(t)stəbl/
konstabel *m*
constant adj. /ˈkɒnstənt/ konstant,
uforanderlig
constantly adverb /ˈkɒnstəntlɪ/ stadig,
hele tiden
constellation subst. /ˌkɒnstəˈleɪʃən/
stjernebilde *n*
constipation subst. /ˌkɒnstɪˈpeɪʃən/
forstoppelse *m*
constituency subst. /kənˈstɪtʃʊənsɪ/,
/kənˈstɪtjʊənsɪ/ valgkrets *m*
constituent subst. /kənˈstɪtʃʊənt/,
/kənˈstɪtjʊənt/ bestanddel *m*
constitute verb /ˈkɒnstɪtjuːt/,
/ˈkɒnstɪtjuːt/ utgjøre
constitution subst. /ˌkɒnstɪˈtjuːʃən/,
/ˌkɒnstɪˈtʃuːʃən/ **1** grunnlov *m*
2 helsetilstand *m*
constitutional adj. /ˌkɒnstɪˈtjuːʃənəl/,
/ˌkɒnstɪˈtʃuːʃənəl/ konstitusjonell
construct verb /kənˈstrʌkt/ bygge,
konstruere
construction subst. /kənˈstrʌkʃən/
1 bygging *m/f*
2 bygning *m/f*, konstruksjon *m*
construction site subst.
anleggsområde *n*
constructive adj. /kənˈstrʌktɪv/
konstruktiv

constructor subst. /kən'strʌktə/
konstruktør *m*
consul subst. /'kɒnsəl/ konsul *m*
consulate subst. /'kɒnsjʊlət/
konsulat *n*
consult verb /kən'sʌlt/
1 rådspørre, konsultere
2 se etter i, sjekke
consultant subst. /kən'sʌltənt/
konsulent *m*
consultation subst. /ˌkɒnsəl'teɪʃən/
1 samråd *n*, rådføring *m/f*
2 konsultasjon *m*
consume verb /kən'sjuːm/ 1 forbruke
2 fortære
consumer subst. /kən'sjuːmə/
forbruker *m*
consumption subst. /kən'sʌm(p)ʃən/
1 forbruk *n*
2 inntak *n*
contact¹ subst. /'kɒntækt/ kontakt *m*
contact² verb /'kɒntækt/ ta kontakt
med
contact lens subst. kontaktlinse *m/f*
contagious adj. /kən'teɪdʒəs/
smittsom
contain verb /kən'teɪn/ 1 inneholde
2 beherske, holde tilbake
container subst. /kən'teɪnə/
beholder *m*
contaminate verb /kən'tæmɪneɪt/
forurense
contamination subst.
/kənˌtæmɪ'neɪʃən/ forurensning *m/f*
contemplate verb /'kɒntəmpleɪt/
1 betrakte
2 gruble (over)
contemplation subst.
/ˌkɒntəm'pleɪʃən/ 1 betraktning *m/f*
2 dyp tenkning *m/f*, grubling *m/f*
contemporary adj. /kən'tempərəri/
1 samtidig
2 moderne
contempt subst. /kən'tem(p)t/
forakt *m*
contemptuous adj. /kən'tem(p)tʃʊəs/
foraktfull
content¹ subst. /'kɒntent/ innhold *n*
content² subst. /kən'tent/ tilfredshet *m*
content³ verb /kən'tent/ tilfredsstille
content⁴ adj. /kən'tent/ fornøyd
  be content with være fornøyd med
contentment subst. /kən'tentmənt/
tilfredshet *m*

contents subst. *flt.* /'kɒntents/
innhold *n*
contest¹ subst. /'kɒntest/
konkurranse *m*
contest² verb /kən'test/ 1 bestride
2 konkurrere om
context subst. /'kɒntekst/
sammenheng *m*
continent subst. /'kɒntɪnənt/
1 kontinent *n*
2 verdensdel *m*
continental adj. /ˌkɒntɪ'nentəl/
kontinental
contingent adj. /kən'tɪndʒənt/
1 eventuell, mulig
2 avhengig
3 tilfeldig
  contingent on/upon avhengig av
continual adj. /kən'tɪnjʊəl/ uavbrutt,
stadig
continuation subst. /kənˌtɪnjʊ'eɪʃən/
fortsettelse *m*
continue verb /kən'tɪnjuː/ fortsette
continuous adj. /kən'tɪnjʊəs/
1 sammenhengende
2 stadig, uavbrutt
contort verb /kən'tɔːt/ forvri,
forvrenge
contour subst. /'kɒntʊə/ omriss *n*
contraband subst. /'kɒntrəbænd/
smuglergods *n*
contraception subst. /ˌkɒntrə'sepʃən/
prevensjon *m*
contraceptive¹ subst. /ˌkɒntrə'septɪv/
prevensjonsmiddel *n*
contraceptive² adj. /ˌkɒntrə'septɪv/
preventiv
contraceptive pill subst. p-pille *m/f*
contract¹ subst. /'kɒntrækt/ avtale *m*,
kontrakt *m*
contract² verb /kən'trækt/ 1 avtale
2 trekke (seg) sammen
3 pådra seg
contraction subst. /kən'trækʃən/
1 sammentrekning *m*
2 *(ved fødsel)* ri *m/f*
contractor subst. /kən'træktə/
entreprenør *m*
contradict verb /ˌkɒntrə'dɪkt/ motsi
contradiction subst. /ˌkɒntrə'dɪkʃən/
motsigelse *m*
contradictory adj. /ˌkɒntrə'dɪktəri/
motsigende

a b c d e f g h i j k l m n o p q r s t u v w x y z

contrary[1] subst. /'kɒntrərɪ/
motsetning *m/f*
on the contrary tvert imot
contrary[2] adj. /'kɒntrərɪ/ motsatt
contrary to imot, i motsetning til
contrast[1] subst. /'kɒntrɑːst/
kontrast *m*, motsetning *m/f*
contrast[2] verb /kən'trɑːst/
1 sammenligne
2 danne motsetning
contribute verb /kən'trɪbjuːt/ bidra
contribution subst. /ˌkɒntrɪ'bjuːʃən/
bidrag *n*
contributor subst. /kən'trɪbjətə/
bidragsyter *m*
contrite adj. /'kɒntraɪt/ skyldtynget
control[1] subst. /kən'trəʊl/ 1 kontroll *m*
2 tilsyn *n*
control[2] verb /kən'trəʊl/ kontrollere,
beherske
controllable adj. /kən'trəʊləbl/
kontrollerbar
controversial adj. /ˌkɒntrə'vɜːʃəl/
omstridt, kontroversiell
controversy subst. /'kɒntrəvɜːsɪ/
kontrovers *m*
convalesce verb /ˌkɒnvə'les/
friskne til
convalescence subst. /ˌkɒnvə'lesns/
rekonvalesens *m*
convene verb /kən'viːn/ samles,
møtes
convenience subst. /kən'viːnjəns/
bekvemmelighet *m*, komfort *m*
convenient adj. /kən'viːnjənt/
1 bekvem, beleilig
2 lett tilgjengelig
convent subst. /'kɒnvənt/ kloster *n*
convention subst. /kən'venʃən/
1 konferanse *m*, møte *n*
2 sedvane *m*
conventional adj. /kən'venʃənl/
konvensjonell
converge verb /kən'vɜːdʒ/
nærmer seg hverandre, møtes
conversation subst. /ˌkɒnvə'seɪʃən/
konversasjon *m*
conversion subst. /kən'vɜːʃən/
1 forvandling *m/f*
2 omvendelse *m*
3 *(IT)* konvertering *m/f*
convert verb /kən'vɜːt/ 1 omdanne
2 *(religion)* omvende
3 *(IT)* konvertere

convertible[1] subst. /kən'vɜːtəbl/ *(bil)*
kabriolet *m*
convertible[2] adj. /kən'vɜːtəbl/
som kan gjøres om
convey verb /kən'veɪ/ 1 bringe
2 overbringe, gi videre
3 meddele, uttrykke
conveyance subst. /kən'veɪəns/
1 transport *m*
2 overføring *m/f*
convict[1] subst. /'kɒnvɪkt/ straffange *m*
convict[2] verb /kən'vɪkt/ felle dom
over, dømme
conviction subst. /kən'vɪkʃən/
1 domfellelse *m*
2 overbevisning *m/f*
convince verb /kən'vɪns/ overbevise
convincing adj. /kən'vɪnsɪŋ/
overbevisende
convoy subst. /'kɒnvɔɪ/ konvoi *m*
convulsion subst. /kən'vʌlʃən/
krampetrekning *m*
cook[1] subst. /kʊk/ kokk *m*
cook[2] verb /kʊk/ tilberede, lage
cookie subst. /'kʊkɪ/ 1 *(amer.)* kjeks *m*
2 *(IT)* informasjonskapsel *m*
cooking subst. /'kʊkɪŋ/ matlaging *m/f*
cool[1] verb /kuːl/ avkjøle
cool[2] adj. /kuːl/ 1 kjølig
2 rolig, uberørt
3 *(slang)* kul, stilig
cool bag subst. *eller* **cool box**
kjølebag *m*
cooler subst. /'kuːlə/ kjøler *m*,
kjølerom *n*
cooling system subst. kjølesystem *n*
coolness subst. /'kuːlnəs/
1 kjølighet *m*
2 kaldblodighet *m*
3 tøffhet *m*
cooperate verb /kəʊ'ɒpəreɪt/ *eller*
co-operate 1 samarbeide
2 medvirke
cooperation subst. /kəʊˌɒpə'reɪʃən/
eller **co-operation** 1 samarbeid *n*
2 medvirkning *m*
3 *(handel)* samvirke *n*
cooperative[1] subst. /kəʊ'ɒpərətɪv/
eller **co-operative** samvirkelag *n*
cooperative[2] adj. /kəʊ'ɒpərətɪv/ *eller*
co-operative 1 samarbeidsvillig
2 medvirkende
cooperative society subst.
andelslag *n*

coordinate verb /kəʊˈɔːdɪneɪt/ *eller*
  co-ordinate koordinere, samordne
coordination subst. /kəʊˌɔːdɪˈneɪʃən/
  eller **co-ordination** samordning *m/f*,
  koordinering *m/f*
coordinator subst. /kəʊˈɔːdɪneɪtə/
  eller **co-ordinator** koordinator *m*
cop[1] subst. /kɒp/ politimann *m*
cop[2] verb /kɒp/ knabbe, lure til seg
cope verb /kəʊp/ klare, greie
  cope with 1 klare, mestre
  2 *(om følelser)* bearbeide
copious adj. /ˈkəʊpjəs/ rikelig
copper[1] subst. /ˈkɒpə/ kobber *n*
copper[2] subst. /ˈkɒpə/ *(slang, om
  politi)* purk *m*
copy[1] subst. /ˈkɒpɪ/ **1** kopi *m*
  2 etterligning *m/f*, avskrift *m/f*
  3 *(om bok, avis e.l.)* eksemplar *n*,
  nummer *n*
copy[2] verb /ˈkɒpɪ/ **1** kopiere
  2 skrive av
  3 herme etter
copybook subst. /ˈkɒpɪbʊk/
  skrivebok *m/f*
copycat subst. /ˈkɒpɪkæt/
  (hverdagslig) hermekråke *m/f*
copy protection subst. *(IT)*
  kopieringsbeskyttelse *m*
copyright subst. /ˈkɒpɪraɪt/
  opphavsrett *m*
coral subst. /ˈkɒrəl/ korall *m*
cord subst. /kɔːd/ **1** snor *m/f*, snøre *n*
  2 *(amer., elektronikk)* ledning *m/f*
cordial[1] subst. /ˈkɔːdjəl/
  1 styrkedrikk *m*
  2 *(britisk)* alkoholfri drikk *m*
cordial[2] adj. /ˈkɔːdjəl/
  1 hjertelig, varm
  2 dyp, inderlig, intens
cordless adj. /ˈkɔːdləs/ trådløs
corduroy subst. /ˈkɔːdʒərɔɪ/,
  /ˈkɔːdjʊrɔɪ/ kordfløyel *m/n*
core subst. /kɔː/ kjerne *m*
coriander subst. /ˌkɒrɪˈændə/
  koriander *m*
cork[1] subst. /kɔːk/ kork *m*
cork[2] verb /kɔːk/ sette på kork
corkscrew subst. /ˈkɔːkskruː/
  korketrekker *m*
cormorant subst. /ˈkɔːmərənt/ *(fugl)*
  skarv *m*
corn subst. /kɔːn/ **1** korn *n*
  2 *(amer.)* mais *m*

corncob subst. /ˈkɔːnkɒb/
  maiskolbe *m*
cornea subst. /ˈkɔːnɪə/ hornhinne *m/f*
corner[1] subst. /ˈkɔːnə/
  1 hjørne *n*, krok *m*
  2 *(sport)* corner *m*, hjørnespark *n*
corner[2] verb /ˈkɔːnə/ trenge opp i et
  hjørne
cornerstone subst. /ˈkɔːnəstəʊn/
  hjørnestein *m*
cornet subst. /ˈkɔːnɪt/ kornett *m*
corny adj. /ˈkɔːnɪ/ *(hverdagslig)*
  1 sentimental
  2 gammeldags
  3 skrullete, sprø
coronation subst. /ˌkɒrəˈneɪʃən/
  kroning *m/f*
corporal[1] subst. /ˈkɔːpərəl/ korporal *m*
corporal[2] adj. /ˈkɔːpərəl/ kroppslig,
  kropps-, fysisk
corporation subst. /ˌkɔːpəˈreɪʃən/
  1 selskap *n*, aksjeselskap *n*
  2 styre *n*, kommunestyre *n*
corpse subst. /kɔːps/ lik *n*
correct[1] verb /kəˈrekt/ rette på,
  korrigere
correct[2] adj. /kəˈrekt/
  1 rett, riktig, korrekt
  2 faktisk, sann
correction subst. /kəˈrekʃən/
  retting *m/f*
correction fluid subst.
  korrekturlakk *m*
correspond verb /ˌkɒrɪˈspɒnd/
  1 tilsvare
  2 brevveksle
  correspond to/with tilsvare, stemme
  overens med
  correspond with brevveksle med
correspondence
  subst. /ˌkɒrɪˈspɒndəns/
  1 overensstemmelse *m*
  2 brevveksling *m/f*
correspondent[1] subst.
  /ˌkɒrɪˈspɒndənt/
  1 *(media)* korrespondent *m*
  2 brevskriver *m*
correspondent[2] adj. /ˌkɒrɪˈspɒndənt/
  tilsvarende
corresponding adj. /ˌkɒrɪˈspɒndɪŋ/
  tilsvarende
corridor subst. /ˈkɒrɪdɔː/ korridor *m*,
  gang *m*

a
b
c
d
e
f
g
h
i
j
k
l
m
n
o
p
q
r
s
t
u
v
w
x
y
z

corrode verb /kə'rəʊd/ **1** etse
2 tære, ruste
corrosion subst. /kə'rəʊʒᵊn/
tæring *m/f*, etsing *m/f*
corrosive adj. /kə'rəʊsɪv/ tærende,
etsende
corrupt[1] verb /kə'rʌpt/ **1** bestikke
2 forderve moralsk
3 ødelegge
corrupt[2] adj. /kə'rʌpt/ **1** korrupt
2 moralsk fordervet
corruption subst. /kə'rʌpʃᵊn/
1 korrupsjon *m*
2 moralsk fordervelse *m*
corset subst. /'kɔːsɪt/ korsett *n*
cortisone subst. /'kɔːtɪzəʊn/
kortison *n*
cosiness subst. /'kəʊzɪnəs/ hygge *m/f*
cosmetic adj. /kɒz'metɪk/ kosmetisk
cosmetics subst. /kɒz'metɪks/
kosmetikk *m*, sminke *m*
cost[1] subst. /kɒst/ kostnad *m*
cost[2] verb (cost – cost) /kɒst/ koste
costly adj. /'kɒstlɪ/ kostbar, dyr
costume subst. /'kɒstʃuːm/,
/'kɒstjuːm/ kostyme *n*, drakt *m/f*
cosy adj. /'kəʊzɪ/ koselig
cot[1] subst. /kɒt/ skur *n*
cot[2] subst. /kɒt/ barneseng *m/f*
cottage subst. /'kɒtɪdʒ/ lite hus *n*,
hytte *m/f*
cotton subst. /'kɒtn/ bomull *m/f*
cotton grass subst. myrull *m/f*
couch subst. /kaʊtʃ/ sofa *m*
cough verb /kɒf/ hoste
could *hjelpeverb* (pret. av can) /kʊd/,
trykksvak: /kəd/ **1** kunne
2 kunne få, få lov • *could I speak to Mr. Smith?*
council subst. /'kaʊn(t)sᵊl/ råd *n*,
rådsforsamling *m/f*
councillor subst. /'kaʊnsələ/ *eller*
councilor *(amer.)* rådsmedlem *n*
counsel[1] subst. /'kaʊnsᵊl/
1 råd *n*, rådslagning *m/f*
2 advokat *m*
counsel[2] verb /'kaʊnsᵊl/ gi råd, råde
counsellor subst. /'kaʊnsələ/ *eller*
counselor *(amer.)* **1** rådgiver *m*
2 terapeut *m*
3 *(amer.)* advokat *m*
count[1] subst. /kaʊnt/ greve *m*
count[2] subst. /kaʊnt/ telling *m/f*,
opptelling *m/f*

count[3] verb /kaʊnt/ **1** telle
2 gjelde som, telle som
count on/upon stole på, regne med
countdown subst. /'kaʊntdaʊn/
nedtelling *m/f*
countenance subst. /'kaʊntənəns/
ansikt *n*, ansiktsuttrykk *n*
counter[1] subst. /'kaʊntə/ **1** disk *m*
2 kasse *m/f*
3 *(amer.)* kjøkkenbenk *m*
counter[2] subst. /'kaʊntə/
1 mottrekk *n*, svar *n*
2 *(boksing)* kontring *m/f*
counter[3] verb /'kaʊntə/
1 motsette seg, motarbeide
2 besvare • *they countered our proposal with one of their own*
counter[4] adj. /'kaʊntə/ **1** mot-, kontra-
2 fiendtlig
counter[5] adverb /'kaʊntə/
i motsatt retning
counter to tvert imot, stikk i strid
med
counteract verb /ˌkaʊntər'ækt/
motvirke
counter-attack subst. /'kaʊntᵊrəˌtæk/
motangrep *n*
counterbalance subst.
/'kaʊntəˌbæləns/ motvekt *m/f*
counterfeit[1] subst. /'kaʊntəfɪt/
forfalskning *m/f*
counterfeit[2] verb /'kaʊntəfɪt/
forfalske, etterligne
counterfeit[3] adj. /'kaʊntəfɪt/
forfalsket, uekte
counterfeiter subst. /'kaʊntəfɪtə/
forfalsker *m*
countermeasure subst.
/'kaʊntəˌmeʒə/ mottiltak *n*
countermove subst. /'kaʊntəmuːv/
mottrekk *n*
counterpart subst. /'kaʊntəpɑːt/
motstykke *n*, sidestykke *n*
countess subst. /'kaʊntɪs/
grevinne *m/f*
countless adj. /'kaʊntləs/ utallig
country subst. /'kʌntrɪ/ **1** land *n*
2 landsbygd *m/f*
countryman subst. /'kʌntrɪmən/
1 bonde *m*
2 landsmann *m*
county subst. /'kaʊntɪ/ **1** *(i Irland og Storbritannia)* grevskap *n*,
omtr. dss. fylke *n*

2 *(i USA) omtr. dss.* (stor) kommune *m*

coup subst. /kuː/ kupp *n*

coup d'état subst. /ˌkuːdeɪˈtɑː/ statskupp *n*

couple[1] subst. /ˈkʌpl/ par *n*
a **couple of** et par, noen

couple[2] verb /ˈkʌpl/ **1** koble (sammen)
2 kombinere, forene

coupling subst. /ˈkʌplɪŋ/ kobling *m/f*

coupon subst. /ˈkuːpɒn/ kupong *m*

courage subst. /ˈkʌrɪdʒ/ mot *n*

courageous adj. /kəˈreɪdʒəs/ modig

courgette subst. /kɔːˈʒet/ squash *m*

courier subst. /ˈkʊrɪə/ kurer *m*

course subst. /kɔːs/ **1** bane *m*, løp *n*
2 retning *m/f*
3 forløp *n*, gang *m*
4 kurs
5 *(om mat)* rett *m* • *three courses* tre retter
of course selvfølgelig

court[1] subst. /kɔːt/ **1** domstol *m*
2 gårdsplass *m*
3 *(sport)* bane *m*
4 hoff *n*, slott *n*

court[2] verb /kɔːt/ **1** smiske med
2 oppvarte, gjøre kur til

courteous adj. /ˈkɜːtɪəs/ høflig

courtesy subst. /ˈkɜːtəsɪ/ høflighet *m*

court martial subst. krigsrett *m*

court of appeal subst. ankedomstol *m*

courtship subst. /ˈkɔːtʃɪp/
1 beiling *m/f*
2 frieri *n*

courtyard subst. /ˈkɔːtjɑːd/ gårdsplass *m*

cousin subst. /ˈkʌzn/ søskenbarn *n*

cove subst. /kəʊv/ liten vik *m/f*

cover[1] subst. /ˈkʌvə/ **1** dekke *n*
2 lokk *n*, deksel *n*
3 perm *m*, (bok)omslag *n*
4 dekning *m/f*, gjemmested *n*
5 skalkeskjul *n*, påskudd *n*
take cover søke dekning

cover[2] verb /ˈkʌvə/ **1** dekke, skjule
2 beskytte
3 *(om distanse)* tilbakelegge
cover up skjule, dekke over

coverage subst. /ˈkʌvərɪdʒ/ dekning *m/f*

covering adj. /ˈkʌvərɪŋ/ dekkende

covert adj. /ˈkəʊvɜːt/ skjult, hemmelig

covet verb /ˈkʌvɪt/ **1** trakte etter, ønske
2 begjære

cow subst. /kaʊ/ ku *m/f*

coward subst. /ˈkaʊəd/ feiging *m*

cowardice subst. /ˈkaʊədɪs/ feighet *m*

cowberry subst. /ˈkaʊbərɪ/ tyttebær *n*

cowboy subst. /ˈkaʊbɔɪ/ cowboy *m*

co-worker subst. /ˈkəʊˌwɜːkə/ medarbeider *m*, kollega *m*

cowshed subst. /ˈkaʊʃed/ fjøs *m/n*

cozy adj. /ˈkəʊzɪ/ *(amer.)* koselig

crab subst. /kræb/ krabbe *m/f*

crabby adj. /ˈkræbɪ/ gretten

crack[1] subst. /kræk/ **1** smell *n*
2 sprekk *m*, revne *m/f*

crack[2] verb /kræk/ **1** knekke
2 knake, smelle
3 bryte sammen

cracked adj. /krækt/ sprukket

cracker subst. /ˈkrækə/ **1** kinaputt *m*
2 kjeks *m*

crackle verb /ˈkrækl/ knitre, sprake

cradle[1] subst. /ˈkreɪdl/ vugge *m/f*

cradle[2] verb /ˈkreɪdl/ vugge

craft[1] subst. /krɑːft/ **1** håndverk *n*
2 dyktighet *m*
3 fartøy *n*

craft[2] verb /krɑːft/ snekre, lage

craftsman subst. /ˈkrɑːftsmən/ håndverker *m*

crafty adj. /ˈkrɑːftɪ/ slu

cram verb /kræm/ **1** proppe, stappe
2 *(før prøve)* pugge, terpe

cramp[1] subst. /kræmp/ krampe *m*

cramp[2] verb /kræmp/ **1** hindre
2 stramme, skru til

crane subst. /kreɪn/ **1** kran *m/f*
2 *(fugl)* trane *m/f*

crank[1] subst. /kræŋk/ **1** sveiv *m/f*
2 *(hverdagslig)* underlig skrue *m*
3 *(amer., hverdagslig)* grinebiter *m*

crank[2] verb /kræŋk/ sveive

cranky adj. /ˈkræŋkɪ/ **1** rar
2 *(amer.)* gretten

crap[1] subst. /kræp/ *(vulgært)* **1** dritt *m*
2 skrot *n*, søppel *m/f/n*

crap[2] verb /kræp/ *(vulgært)* drite

crash[1] subst. /kræʃ/ **1** brak *n*
2 kollisjon *m*, krasj *m/n*
3 *(børs)* krakk

crash[2] verb /kræʃ/ **1** kollidere, krasje
2 styrte ned
3 smelle, slå med et brak

crash-land verb /ˈkræʃlænd/
krasjlande, nødlande
crass adj. /kræs/ grov, ufølsom, ufin
crate subst. /kreɪt/ (sprinkel)kasse *m/f*
crater subst. /ˈkreɪtə/ krater *n*
crave verb /kreɪv/ lengte etter,
være sugen på *(hverdagslig)*
craving subst. /ˈkreɪvɪŋ/ **1** begjær *n*
2 (sterk) lengsel *m*, sug *n*
crawl verb /krɔːl/ **1** krabbe, krype
2 *(svømming)* kråle, crawle
be crawling with myldre av
crayfish subst. /ˈkreɪfɪʃ/ kreps *m*
craziness subst. /ˈkreɪzɪnəs/
galskap *m*
crazy adj. /ˈkreɪzɪ/ gal, sprø
creak[1] subst. /kriːk/ knirk *n*
creak[2] verb /kriːk/ knirke
cream subst. /kriːm/ **1** fløte *m*
2 krem *m*
crease[1] subst. /kriːs/ press *m*, fold *m*
crease[2] verb /kriːs/ **1** krølle
2 rynke
create verb /krɪˈeɪt/ **1** skape
2 utnevne
3 *(IT)* opprette, lage
creation subst. /krɪˈeɪʃən/
1 skapelse *m*
2 skapning *m*
creative adj. /krɪˈeɪtɪv/ kreativ
creativity subst. /ˌkriːeɪˈtɪvətɪ/
kreativitet *m*
creator subst. /krɪˈeɪtə/ skaper *m*
creature subst. /ˈkriːtʃə/
(levende) vesen *n*, skapning *m*
credibility subst. /ˌkredəˈbɪlətɪ/
troverdighet *m*
credible adj. /ˈkredəbl/ troverdig
credit[1] subst. /ˈkredɪt/
1 *(handel)* kreditt *m*
2 tro *m/f*, tiltro *m/f*
3 anseelse *m*, (godt) rykte *n*
credit[2] verb /ˈkredɪt/ **1** tro (på)
2 gi æren (for), få æren (for)
3 *(handel)* godskrive, kreditere
credit card subst. kredittkort *n*
creditor subst. /ˈkredɪtə/ kreditor *m*
credulity subst. /krəˈdjuːlətɪ/,
/krəˈdʒuːlətɪ/ godtroenhet *m*
credulous adj. /ˈkredʒələs/,
/ˈkredjələs/ godtroende
creek subst. /kriːk/ **1** vik *m/f*, bukt *m/f*
2 *(amer.)* bekk *m*

creep[1] subst. /kriːp/ kryp *n*, snik *m*
give someone the creeps
(hverdagslig) få noen til å grøsse
creep[2] verb (crept – crept) /kriːp/
liste seg
creepy adj. /ˈkriːpɪ/ uhyggelig
cremate verb /krɪˈmeɪt/ kremere
cremation subst. /krɪˈmeɪʃən/
kremasjon *m*
crematorium subst. /ˌkreməˈtɔːrɪəm/
eller **crematory** *(amer.)*
krematorium *n*
crept verb /krept/ *se* ►**creep**[2]
crescent subst. /ˈkresnt/ halvmåne *m*
crest subst. /krest/ **1** (hane)kam *m*
2 bakkekam *m*
3 familievåpen *n*
4 *(overført)* høydepunkt *n*
crestfallen adj. /ˈkrestˌfɔːlən/ motløs
crew subst. /kruː/ mannskap *n*
crib subst. /krɪb/ krybbe
cricket[1] subst. /ˈkrɪkɪt/ *(insekt)* siriss *m*
cricket[2] subst. /ˈkrɪkɪt/ *(sport)*
cricket *m*
crime subst. /kraɪm/ forbrytelse *m*
criminal[1] subst. /ˈkrɪmɪnəl/ forbryter *m*
criminal[2] adj. /ˈkrɪmɪnəl/ kriminell,
forbrytersk
crimson adj. /ˈkrɪmzn/ knallrød
cringe verb /krɪndʒ/ **1** krype, smiske
2 *(av redsel e.l.)* krype sammen
3 bli flau
cripple verb /ˈkrɪpl/ **1** gjøre ufør
2 ødelegge
3 *(overført)* lamslå, lamme
crisis subst. (flertall: crises) /ˈkraɪsɪs/
krise *m/f*
crisp[1] subst. /krɪsp/ *(britisk)*
potetgull *n*
crisp[2] adj. /krɪsp/ **1** sprø, knasende
2 frisk
crispbread subst. /ˈkrɪspbred/
knekkebrød *n*
criterion subst. (flertall: criteria)
/kraɪˈtɪərɪən/ kriterium *n*
critic subst. /ˈkrɪtɪk/ kritiker *m*
critical adj. /ˈkrɪtɪkəl/ kritisk
criticism subst. /ˈkrɪtɪsɪzəm/ kritikk *m*
criticize verb /ˈkrɪtɪsaɪz/ kritisere
croak verb /krəʊk/ **1** *(om frosk)* kvekke
2 snakke med hes stemme
3 *(slang)* krepere, dø
Croatia /krəʊˈeɪʃə/ Kroatia
Croatian adj. /krəʊˈeɪʃən/ kroatisk

crochet verb /'krəʊʃeɪ/ hekle
crockery subst. /'krɒkərɪ/ steintøy *n*
crocodile subst. /'krɒkədaɪl/
  krokodille *m/f*
croissant subst. /'kwæsɑː(ŋ)/, amer.:
  /'kwɑːsɑː/ croissant *m*
crook subst. /krʊk/ **1** krok *m*, hake *m*
  2 *(hverdagslig)* bedrager *m*, skurk *m*
crooked adj. /'krʊkɪd/ **1** kroket, skjev
  2 uærlig
crop[1] subst. /krɒp/ **1** avling *m/f*
  2 *(også riding crop)* ridepisk *m*
  3 *(på fugler)* kro *m*
crop[2] verb /krɒp/ **1** beskjære
  2 klippe kort
  crop up dukke opp, vise seg
croquet subst. /'krəʊkeɪ/ krokket *m*
cross[1] subst. /krɒs/ **1** kors *n*, kryss *n*
  2 krysning *m/f*
cross[2] verb /krɒs/ **1** krysse
  2 stå i veien for, forhindre
  cross one's mind slå en, falle en inn
cross[3] adj. /krɒs/ gretten
crossbar subst. /'krɒsbɑː/
  tverrstang *m/f*
crossbreed subst. /'krɒsbriːd/
  1 krysning *m/f*
  2 blandingsrase *m*
cross-country race subst.
  terrengløp *n*
cross-country skiing subst.
  langrenn *n*
cross-examination subst.
  /ˌkrɒsɪgˌzæmɪ'neɪʃən/ kryssforhør *n*
cross-eyed adj. /'krɒsaɪd/ skjeløyd
crossfire subst. /'krɒsfaɪə/ kryssild *m*
crossing subst. /'krɒsɪŋ/ **1** overfart *m*
  2 gatekryss *n*
crossroad subst. /'krɒsrəʊd/ *(amer.)*
  korsvei *m*
crossroads subst. /'krɒsrəʊdz/ *(verbet
  skal stå i entall)* **1** veikryss *n*
  2 *(overført)* veiskille *n*
  be at a crossroads stå overfor et
  veiskille
cross section subst. tverrsnitt *n*
crosswise adverb /'krɒswaɪz/ *eller*
  crossways på tvers
crossword subst. /'krɒswɜːd/
  kryssord *n*
crotch subst. /krɒtʃ/ skritt *n*, skrev *n*
crouch verb /kraʊtʃ/ sette seg på huk
crow[1] subst. /krəʊ/ kråke *m/f*

crow[2] verb (crowed – crowed eller crew
  – crew) /krəʊ/ gale
crowbar subst. /'krəʊbɑː/ brekkjern *n*
crowd[1] subst. /kraʊd/ **1** folkemasse *m*
  2 mengde *m*
crowd[2] verb /kraʊd/ flokke(s),
  trenge (seg), trenge sammen
crown[1] subst. /kraʊn/ **1** krone *m/f*
  2 isse *m*, hode *n*
crown[2] verb /kraʊn/ krone
crucial adj. /'kruːʃl/ avgjørende,
  viktig
crucifix subst. /'kruːsɪfɪks/ krusifiks *n*
crucifixion subst. /ˌkruːsɪ'fɪkʃən/
  korsfestelse *m*
crucify verb /'kruːsɪfaɪ/ korsfeste
crude adj. /kruːd/ **1** rå
  2 umoden
  3 unyansert
crude oil subst. /kruːd/ råolje *m/f*
cruel adj. /'kruːəl/ grusom
cruelty subst. /'kruːəltɪ/ grusomhet *m*
cruise[1] subst. /kruːz/ sjøreise *m/f*
cruise[2] verb /kruːz/ feriere til sjøs,
  være på cruise
cruiser subst. /'kruːzə/
  1 *(krigsskip)* krysser *m*
  2 cruiseskip *n*
crumb subst. /krʌm/ (brød)smule *m*
crumble verb /'krʌmbl/ smuldre
crumple verb /'krʌmpəl/ krølle(s)
crunch verb /krʌn(t)ʃ/ **1** knase
  2 *(om datamaskin)* prosessere
crusade subst. /kruː'seɪd/ korstog *n*
crush[1] subst. /krʌʃ/ **1** trengsel *m/f*
  2 *(hverdagslig)* forelskelse *m*
  have a crush on være forelsket i
crush[2] verb /krʌʃ/ **1** knuse, klemme
  2 presse, skvise
  3 *(hverdagslig, vinne over)* knuse,
  gruse
crust subst. /krʌst/ skorpe *m/f*
crutch subst. /krʌtʃ/ **1** krykke *m/f*
  2 *(på klær)* skritt *n*
cry[1] subst. /kraɪ/ **1** rop *n*, skrik *n*
  2 gråt *m*
cry[2] verb /kraɪ/ **1** skrike
  2 gråte
crystal subst. /'krɪstəl/ krystall *m/n*
C-section subst. /'siːˌsekʃən/ *(spesielt
  amer.)* keisersnitt *n*
ct. *(fork. for cent)* cent *m (mynt)*
cub subst. /kʌb/ valp *m*, unge *m*
cube subst. /kjuːb/ terning *m*

cubic adj. /ˈkjuːbɪk/ kubikk-
cuckoo subst. /ˈkʊkuː/ gjøk *m*
cucumber subst. /ˈkjuːkʌmbə/
agurk *m*
cud subst. /kʌd/ drøv *n*
cuddle verb /ˈkʌdl/ kose, kjæle (med)
cuddly adj. /ˈkʌdlɪ/ kosete, kjælen
cudgel subst. /ˈkʌdʒəl/ stokk *m*,
kølle *m/f*
cue subst. /kjuː/ **1** *(teater)* stikkord *n*
2 signal *n*
3 (biljard)kø *m*
cuff¹ subst. /kʌf/
1 ermelinning *m/f,* mansjett *m*
2 *(også* handcuff) håndjern *n*
cuff² verb /kʌf/ **1** slå til
2 sette håndjern på
cufflink subst. /ˈkʌflɪŋk/
mansjettknapp *m*
culinary adj. /ˈkʌlɪnərɪ/ kulinarisk
culminate verb /ˈkʌlmɪneɪt/ kulminere,
nå høydepunktet
culpable adj. /ˈkʌlpəbl/ straffskyldig
culprit subst. /ˈkʌlprɪt/ forbryter *m*
cult subst. /kʌlt/ **1** kult *m*
2 sekt *m/f*
cultivate verb /ˈkʌltɪveɪt/ dyrke,
bearbeide *(jord)*
cultivation subst. /ˌkʌltɪˈveɪʃən/
dyrking *m/f*
culture¹ subst. /ˈkʌltʃə/ kultur *m*
culture² verb /ˈkʌltʃə/ dyrke
cultured adj. /ˈkʌltʃəd/ dannet,
kultivert
cumbersome adj. /ˈkʌmbəsəm/
tungvint, besværlig
cunning¹ subst. /ˈkʌnɪŋ/ list *m/f*
cunning² adj. /ˈkʌnɪŋ/ slu, listig
cup subst. /kʌp/ **1** kopp *m*, beger *n*
2 pokal *m*
cupboard subst. /ˈkʌbəd/ skap *n*
cupcake subst. /ˈkʌpkeɪk/ muffins *m*
cur subst. /kɜː/ kjøter *m*
curable adj. /ˈkjʊərəbl/ helbredelig
curate subst. /ˈkjʊərət/ kapellan *m*
curator subst. /ˌkjʊəˈreɪtə/ kurator *m*,
konservator *m*
curb¹ subst. /kɜːb/ **1** hemning *m/f*
2 *(amer.)* fortauskant *m*
curb² verb /kɜːb/ tøyle, hindre
cure¹ subst. /kjʊə/ **1** kur *m*
2 helbredelse *m*
cure² verb /kjʊə/ helbrede, kurere
cured ham subst. spekeskinke *m/f*

curfew subst. /ˈkɜːfjuː/ portforbud *n*
curiosity subst. /ˌkjʊərɪˈɒsətɪ/
1 nysgjerrighet *m*
2 raritet *m*
curious adj. /ˈkjʊərɪəs/ **1** nysgjerrig
2 merkelig
curl¹ subst. /kɜːl/ krøll *m*
curl² verb /kɜːl/ **1** krølle (seg)
2 sno (seg)
curling iron subst. *flt.* krølltang *m/f*
currant¹ subst. /ˈkʌrənt/ rips *m*
currant² subst. /ˈkʌrənt/ korint *m*
currency subst. /ˈkʌrənsɪ/ **1** valuta *m*
2 gyldighet *m*
3 gyldighetstid *m/f*
currency exchange subst.
valutaveksling *m/f*
current¹ subst. /ˈkʌrənt/ strøm *m*
current² adj. /ˈkʌrənt/ aktuell,
gjeldende
currently adverb /ˈkʌrəntlɪ/ for tiden,
for øyeblikket
curriculum subst. /kəˈrɪkjʊləm/
pensum *n*, undervisningsplan *m*
curriculum vitae subst. CV *m/n*,
resymé *n*
curry subst. /ˈkʌrɪ/ karri *m*
curse¹ subst. /kɜːs/ forbannelse *m*,
ed *m*
curse² verb /kɜːs/ forbanne
curt adj. /kɜːt/ kort, mutt
curtain subst. /ˈkɜːtn/ **1** gardin *m/f/n*
2 forheng *n*
3 *(teater)* teppe *n*
curtsy verb /ˈkɜːtsɪ/ *eller* **curtsey** neie
curve¹ subst. /kɜːv/ **1** kurve *m*
2 sving *m*
curve² verb /kɜːv/ bøye (seg), svinge
curved adj. /kɜːvd/ krum
cushion¹ subst. /ˈkʊʃən/ pute *m/f*
cushion² verb /ˈkʊʃən/ **1** polstre
2 ta av for, beskytte
custodian subst. /kʌˈstəʊdjən/
1 vokter *m*
2 vaktmester *m*
custody subst. /ˈkʌstədɪ/ varetekt *m/f,*
forvaring *m/f*
custom¹ subst. /ˈkʌstəm/
1 skikk (og bruk)
2 vane *m*
custom² adj. /ˈkʌstəm/
1 laget på bestilling
2 toll-, avgifts-
customary adj. /ˈkʌstəmərɪ/ vanlig

customer subst. /'kʌstəmə/ kunde *m*
customs subst. *flt.* /'kʌstəmz/ toll *m*,
    tollvesen *n*
customs officer subst.
    tolltjenestemann *m*
cut[1] subst. /kʌt/ **1** kutt *n*, snitt *n*
    2 klipp *n*
    3 reduksjon *m*
cut[2] verb (cut – cut) /kʌt/
    1 skjære, kutte
    2 klippe
    3 redusere, skjære ned
    4 kutte ut
    5 skulke • *cut class* skulke skolen
    cut back 1 kutte av, korte av
    2 redusere, skjære ned (på)
    cut down 1 hugge (ned), felle
    2 begrense, kutte ned på
    cut it out! slutt!, hold opp!
    cut off 1 hugge av **2** stenge ute
    3 avbryte
    cut out 1 skjære ut, klippe ut
    2 stryke, hoppe over
cutback subst. /'kʌtbæk/
    nedskjæring *m/f*
cute adj. /kjuːt/ søt, sjarmerende
cutlery subst. /'kʌtlərɪ/ bestikk *n*
cutlet subst. /'kʌtlət/ kotelett *m*
cutting[1] subst. /'kʌtɪŋ/
    1 klipping *m*, skjæring *m/f*
    2 avskåret stykke *n*, bit *m*
    3 *(om planter)* stikling *m*

cutting[2] adj. /'kʌtɪŋ/
    1 skarp, skjærende
    2 bitende, sårende
CV /ˌsiːˈviː/ *(fork. for* curriculum vitae*)*
    CV *m*
cyberattack subst. /'saɪbərəˌtæk/ *(IT)*
    nettangrep *n*
cybercrime subst. /'saɪbəˌkraɪm/ *(IT)*
    nettkriminalitet *m*
cyberspace subst. /'saɪbəspeɪs/ *(IT)*
    internett *eller* Internett *n*
cycle[1] subst. /'saɪkl/ **1** sykkel *m*
    2 syklus *m*
    3 (krets)løp *n*, omløp *n*
cycle[2] subst. /'saɪkl/ sykle
cycle path subst. sykkelvei *m*
cyclist subst. /'saɪklɪst/ syklist *m*
cyclone subst. /'saɪkləʊn/ syklon *m*
cylinder subst. /'sɪlɪndə/ **1** sylinder *m*
    2 valse *m*
cymbal subst. /'sɪmbəl/ *(musikk)*
    cymbal *m*, bekken *n*
cynical adj. /'sɪnɪkəl/ *eller* **cynic**
    kynisk
cypher[1] subst. /'saɪfə/ chiffer *n*, kodet
    skrift *m/f*
cypher[2] verb /'saɪfə/ **1** kode
    2 regne ut
Cypriot[1] subst. /'sɪprɪət/ kypriot *m*
Cypriot[2] adj. /'sɪprɪət/ kypriotisk
Cyprus /'saɪprəs/ Kypros
Czech[1] subst. /tʃek/ tsjekker *m*
Czech[2] adj. /tʃek/ tsjekkisk
the **Czech Republic** Tsjekkia

a b c d e f g h i j k l m n o p q r s t u v w x y z

d

dab[1] subst. /dæb/ dask *m/n*
dab[2] verb /dæb/ **1** tørke
  2 fukte
dad subst. /dæd/ *eller* **daddy** pappa *m*
daffodil subst. /'dæfədɪl/ påskelilje *m/f*
daft adj. /dɑːft/ dum, tåpelig
dagger subst. /'dægə/ dolk *m*
daily[1] subst. /'deɪlɪ/ dagsavis *m/f*
daily[2] adj. /'deɪlɪ/ daglig
dainty adj. /'deɪntɪ/ lekker, søt
dairy subst. /'dɛərɪ/ **1** meieri *n*
  2 meieriprodukter
daisy subst. /'deɪzɪ/ tusenfryd *m*
dam[1] subst. /dæm/ demning *m/f*
dam[2] verb /dæm/ demme opp
damage[1] subst. /'dæmɪdʒ/ skade *m*
  damages erstatning *m/f*
damage[2] verb /'dæmɪdʒ/ skade
damn verb /dæm/ **1** forbanne
  2 fordømme
damp[1] subst. /dæmp/ fuktighet *m*
damp[2] verb /dæmp/ **1** fukte
  2 dempe
damp[3] adj. /dæmp/ fuktig, klam
damper subst. /'dæmpə/ **1** demper *m*
  2 spjeld *n*
dampness subst. /'dæmpnəs/
  fukt *m/f*, fuktighet *m*
dance[1] subst. /dɑːns/ dans *m*
dance[2] verb /dɑːns/ danse
dancer subst. /'dɑːnsə/ danser *m*
dandelion subst. /'dændɪlaɪən/
  løvetann *m/f*
dandruff subst. /'dændrʌf/ flass *n*
Dane subst. /deɪn/ danske *m*
danger subst. /'deɪndʒə/ fare *m*
dangerous adj. /'deɪndʒərəs/ farlig
dangle verb /'dæŋgl/
  (henge og) dingle
Danish[1] subst. /'deɪnɪʃ/
  1 *(språket)* dansk *m/n*
  2 *(hverdagslig)* wienerbrød *n*
Danish[2] adj. /'deɪnɪʃ/ dansk
dapper adj. /'dæpə/ stilig
dare[1] subst. /dɛə/ utfordring *m/f*
dare[2] verb (dared – dared) /dɛə/
  våge, tore
daring adj. /'dɛərɪŋ/ modig, dristig
dark[1] subst. /dɑːk/ mørke *n*
dark[2] adj. /dɑːk/ mørk

darken verb /'dɑːkən/ bli mørk(ere)
darkness subst. /'dɑːknəs/ mørke *n*
darkroom subst. /'dɑːkruːm/
  mørkerom *n*
darling subst. /'dɑːlɪŋ/ **1** elskling *m*
  2 yndling *m*
dart[1] subst. /dɑːt/ pil *m/f*
dart[2] verb /dɑːt/ **1** fare (av sted), pile
  2 kaste et blikk
dash[1] subst. /dæʃ/
  1 fremspring *n*, raskt fremstøt *n*
  2 tankestrek *m*
  a dash of litt, en anelse
dash[2] verb /dæʃ/ **1** kaste, slynge
  2 fare, styrte
  3 knuse
dashboard subst. /'dæʃbɔːd/
  (i bil, fly osv.) instrumentbord *n*
dashing adj. /'dæʃɪŋ/ elegant, flott
data subst. /'deɪtə/, amer. også /'dætə/
  data *m/n*
database subst. /'deɪtəbeɪs/ *(IT)*
  database *m*
date[1] subst. /deɪt/ *(frukt)* daddel *m*
date[2] subst. /deɪt/ **1** dato *m*, tid *m/f*
  2 date *m*
  out of date umoderne
  up to date à jour
date[3] verb /deɪt/
  1 datere, (dato)stemple
  2 treffe, date *(hverdagslig)*
daughter subst. /'dɔːtə/ datter *m/f*
daughter-in-law subst. /'dɔːtərɪnlɔː/
  svigerdatter *m/f*
daunt verb /dɔːnt/ skremme
daunting adj. /'dɔːntɪŋ/ **1** skremmende
  2 avskrekkende
dawdle verb /'dɔːdl/ somle
dawn[1] subst. /dɔːn/ daggry *n*
dawn[2] verb /dɔːn/ demre, gry
  dawn on 1 gry over **2** gå opp for,
  demre for
day subst. /deɪ/ dag *m*
daybreak subst. /'deɪbreɪk/ daggry *n*
daydream subst. /'deɪdriːm/
  dagdrøm *m*
daylight subst. /'deɪlaɪt/ dagslys *n*
day return subst. returbillett *m*
dazzle verb /'dæzl/ blende

dead adj. /ded/ **1** død
  2 helt • *dead certain* helt sikker
deadbeat adj. /ˌded'biːt/ utslitt
deaden verb /'dedn/
  1 *(om smerte)* døyve
  2 *(om lyd, støy)* dempe
dead end subst. blindgate *m/f*
deadline subst. /'dedlaɪn/ frist *m*
deadlock subst. /'dedlɒk/
  fastlåst situasjon *m*
deadly adj. /'dedlɪ/ dødelig
the **Dead Sea** Dødehavet
deaf adj. /def/ døv
deaf aid subst. høreapparat *n*
deafening adj. /'defnɪŋ/ øredøvende
deafness subst. /'defnəs/ døvhet *m*
deal¹ subst. /diːl/ **1** avtale *m*
  2 tilbud *n*
deal² verb (dealt – dealt) /diːl/
  1 gi, dele ut
  2 handle
dealer subst. /'diːlə/ **1** forhandler *m*
  2 *(kortspill)* (kort)giver *m*
  3 (narkotika)langer *m*
dealt verb /delt/ *se* ▸deal²
dean subst. /diːn/ **1** *(i Church of England)* domprost *m*
  2 *(på skole)* dekanus *m*
dear¹ subst. /dɪə/
  1 *(spesielt i tiltale)* kjære
  2 kjæreste *m*
dear² adj. /dɪə/ kjær, god
dear³ adverb /dɪə/ dyrt
death subst. /deθ/ **1** død *m*
  2 dødsfall *n*
deathbed subst. /'deθbed/ dødsleie *n*
death rate subst. dødelighet *m*,
  dødelighetsprosent *m*
debate¹ subst. /dɪ'beɪt/ debatt *m*,
  diskusjon *m*
debate² verb /dɪ'beɪt/ diskutere
debauch verb /dɪ'bɔːtʃ/ forderve
debilitate verb /dɪ'bɪlɪteɪt/ svekke
debit¹ subst. /'debɪt/ debet *m*
debit² verb /'debɪt/ debitere
debt subst. /det/ gjeld *m/f*
debtor subst. /'detə/ skyldner *m*,
  debitor *m*
decade subst. /'dekeɪd/ tiår *n*
decadence subst. /'dekədəns/ forfall *n*
decadent adj. /'dekəd³nt/ i forfall
decaf adj. /'diːkæf/ koffeinfri
decapitate verb /dɪ'kæpɪteɪt/
  halshugge

decathlon subst. /dɪ'kæθlɒn/ tikamp *m*
decay¹ subst. /dɪ'keɪ/ forfall *n*
decay² verb /dɪ'keɪ/ **1** forfalle
  2 råtne
  3 visne
decease verb /dɪ'siːs/ avgå ved døden,
  dø
deceased adj. /dɪ'siːst/ død, avdød
deceit subst. /dɪ'siːt/ bedrageri *n*
deceitful adj. /dɪ'siːtfəl/ bedragersk
deceive verb /dɪ'siːv/ bedra
deceiver subst. /dɪ'siːvə/ bedrager *m*
December subst. /dɪ'sembə/
  desember *m*
decency subst. /'diːsnsɪ/
  anstendighet *m*
decent adj. /'diːsnt/ **1** anstendig
  2 skikkelig
deception subst. /dɪ'sepʃ³n/
  bedrageri *n*
deceptive adj. /dɪ'septɪv/ bedragersk
decide verb /dɪ'saɪd/ **1** avgjøre
  2 bestemme (seg for)
deciduous forest subst. løvskog *m*
decimal subst. /'desɪm³l/ desimal *m*
decision subst. /dɪ'sɪʒ³n/
  beslutning *m/f*, avgjørelse *m*
decisive adj. /dɪ'saɪsɪv/ avgjørende
deck subst. /dek/ **1** dekk
  2 *(spesielt amer.)* kortstokk *m*
declaration subst. /ˌdeklə'reɪʃ³n/
  erklæring *m/f*
declaration of war subst.
  krigserklæring *m/f*
declare verb /dɪ'kleə/ **1** erklære
  2 melde
decline¹ subst. /dɪ'klaɪn/ **1** nedgang *m*
  2 skråning *m/f*
decline² verb /dɪ'klaɪn/ **1** avslå
  2 dale, synke
  3 avta, minske
decompose verb /ˌdiːkəm'pəʊz/
  bryte ned, råtne
decorate verb /'dekəreɪt/ dekorere,
  pynte
decoration subst. /ˌdekə'reɪʃ³n/
  dekorasjon *m*
decorator subst. /'dekəreɪtə/
  dekoratør *m*
decoy subst. /'diːkɔɪ/ lokkedue *m/f*
decrease¹ subst. /'diːkriːs/
  reduksjon *m*
decrease² verb /dɪ'kriːs/ minske
decree¹ subst. /dɪ'kriː/ påbud *n*

decree[2] verb /dɪ'kriː/ påby
dedicate verb /'dedɪkeɪt/ **1** tilegne
2 vie
3 innvie
dedication subst. /ˌdedɪ'keɪʃən/
1 innvielse *m*
2 tilegnelse *m*, dedikasjon *m*
deduce verb /dɪ'djuːs/, /dɪ'dʒuːs/
utlede, slutte
deduct verb /dɪ'dʌkt/ trekke fra
deduction subst. /dɪ'dʌkʃən/
1 fradrag *n*
2 utledning *m/f*, slutning *m/f*
deed subst. /diːd/
1 handling *m/f*, gjerning *m/f*
2 *(jus)* dokument *n*
deep adj. /diːp/ dyp
deepen verb /'diːpən/ utdype, fordype
deep freeze subst. dypfryser *m*
deer subst. (flertall: deer) /dɪə/ hjort *m*
defamation subst. /ˌdefə'meɪʃən/
ærekrenkelse *m*
defeat[1] subst. /dɪ'fiːt/ nederlag *n*
defeat[2] verb /dɪ'fiːt/ beseire, overvinne
defect subst. /'diːfekt/ mangel *m*, feil *m*
defection subst. /dɪ'fekʃən/
avhopping *m/f*
defective adj. /dɪ'fektɪv/ mangelfull,
defekt
defector subst. /dɪ'fektə/ avhopper *m*
defence subst. /dɪ'fens/ *eller*
defense *(amer.)* forsvar *n*
defenceless adj. /dɪ'fensləs/ *eller*
defenseless *(amer.)* forsvarsløs
defend verb /dɪ'fend/ forsvare
defendant subst. /dɪ'fendənt/
saksøkte, tiltalte
defensive adj. /dɪ'fensɪv/ defensiv,
beskyttende
defer verb /dɪ'fɜː/ utsette
defiance subst. /dɪ'faɪəns/ trass *m/n*
defiant adj. /dɪ'faɪənt/ trassig
deficiency subst. /dɪ'fɪʃənsɪ/
1 mangelfullhet *m*
2 mangel *m*
deficient adj. /dɪ'fɪʃnt/ mangelfull
deficit subst. /'defɪsɪt/ underskudd *n*
define verb /dɪ'faɪn/ definere, avgrense
definite adj. /'defɪnət/
1 bestemt, avgjort
2 avgrenset
definition subst. /ˌdefɪ'nɪʃən/
1 definisjon *m*
2 forklaring *m/f*

definitive adj. /dɪ'fɪnətɪv/ definitiv,
endelig
deforest verb /diː'fɒrɪst/ avskoge
deform verb /dɪ'fɔːm/ deformere,
vansire
deformed adj. /dɪ'fɔːmd/ vanskapt
deformity subst. /dɪ'fɔːmətɪ/
misdannelse *m*
defraud verb /dɪ'frɔːd/ bedra
deft adj. /deft/ fingerferdig, hendig
defuse verb /ˌdiː'fjuːz/ uskadeliggjøre
defy verb /dɪ'faɪ/ **1** trosse
2 utfordre
degradation subst. /ˌdegrə'deɪʃn/
1 degradering *m/f*
2 nedverdigelse *m*
degrade verb /dɪ'greɪd/ **1** ydmyke
2 utarte
degree subst. /dɪ'griː/ **1** grad *m*
2 rang *m*
dehydrate verb /ˌdiːhaɪ'dreɪt/ tørke
dehydration subst. /ˌdiːhaɪ'dreɪʃən/
uttørking *m/f*
dejected adj. /dɪ'dʒektɪd/ nedslått
delay[1] subst. /dɪ'leɪ/ utsettelse *m*,
forsinkelse *m*
delay[2] verb /dɪ'leɪ/ utsette, forsinke
delegate[1] subst. /'delɪgət/ utsending *m*
delegate[2] verb /'delɪgeɪt/ delegere
delete verb /dɪ'liːt/ slette, stryke (ut)
deliberate[1] verb /dɪ'lɪbəreɪt/ overveie
deliberate[2] adj. /dɪ'lɪbərət/
1 overlagt, tilsiktet
2 behersket
deliberately adverb /dɪ'lɪbərətlɪ/
tilsiktet, med vilje
deliberation subst. /dɪˌlɪbə'reɪʃən/
rådslagning *m/f*
delicacy subst. /'delɪkəsɪ/ **1** finhet *m*
2 finfølelse *m*
3 *(om mat)* delikatesse *m*
delicate adj. /'delɪkət/ **1** fin
2 mild, sart
3 fintfølende, sårbar
delicious adj. /dɪ'lɪʃəs/ deilig, lekker
delight[1] subst. /dɪ'laɪt/ glede *m/f*,
fryd *m*
delight[2] verb /dɪ'laɪt/ glede, fryde
delight at/in glede seg over
delightful adj. /dɪ'laɪtfəl/ skjønn,
hyggelig
delinquency subst. /dɪ'lɪŋkwənsɪ/
1 forseelse *m*, lovbrudd *n*
2 forsømmelse *m*

delinquent adj. /dɪ'lɪŋkwənt/
1 kriminell
2 forsømmelig
deliver verb /dɪ'lɪvə/ 1 levere
2 befri
3 fremføre, holde • *deliver a speech*
holde en tale
delivery subst. /dɪ'lɪvᵊrɪ/
1 levering *m/f*
2 fremføring *m/f*
3 fødsel *m*
delude verb /dɪ'luːd/ lure, narre
deluge subst. /'deljuːdʒ/
kraftig regn *n*, oversvømmelse *m*
delusion subst. /dɪ'luːʒᵊn/ illusjon *m*,
vrangforestilling *m/f*
delusive adj. /dɪ'luːsɪv/ bedragersk,
villedende
demand¹ subst. /dɪ'mɑːnd/ 1 krav *n*
2 etterspørsel *m*
in demand etterspurt
demand² verb /dɪ'mɑːnd/ forlange,
kreve
demanding adj. /dɪ'mɑːndɪŋ/
utfordrende, krevende
demeanour subst. /dɪ'miːnə/ *eller*
demeanor *(amer.)* oppførsel *m*
demo subst. /'deməʊ/ *(kortform for*
demonstration*)* demonstrasjon *m*
democracy subst. /dɪ'mɒkrəsɪ/
demokrati *n*
democrat subst. /'deməkræt/
demokrat *m*
democratic adj. /ˌdemə'krætɪk/
demokratisk
demographic subst. /ˌdemə(ʊ)'græfɪk/
folkegruppe *m/f*, befolkning *m/f*
demolish verb /dɪ'mɒlɪʃ/ rive (ned)
demolition subst. /ˌdemə'lɪʃᵊn/
rivning *m/f*
demon subst. /'diːmən/ demon *m*
demonic adj. /dɪ'mɒnɪk/ demonisk
demonstrate verb /'demənstreɪt/
1 demonstrere
2 vise, bevise
demonstration subst.
/ˌdemən'streɪʃᵊn/ 1 demonstrering
m/f, demonstrasjon *m*
2 bevis *n*
demonstrative adj. /dɪ'mɒnstrətɪv/
1 demonstrativ
2 overbevisende
demoralize verb /dɪ'mɒrəlaɪz/
demoralisere

demote verb /dɪ'məʊt/ 1 degradere
2 flytte ned
den subst. /den/ 1 hule *m/f*
2 tilholdssted *n*
denial subst. /dɪ'naɪᵊl/
1 (be)nektelse *m*
2 avslag *n*
Denmark /'denmɑːk/ Danmark
denominate verb /dɪ'nɒmɪneɪt/
benevne
denomination subst. /dɪˌnɒmɪ'neɪʃᵊn/
1 kirkesamfunn *n*
2 benevnelse *m*
3 klasse *m/f*
denote verb /dɪ'nəʊt/ betegne
denounce verb /dɪ'naʊns/
1 fordømme, kritisere
2 peke ut, stemple
3 angi
dense adj. /dens/ tett
density subst. /'densətɪ/ tetthet *m*
dent¹ subst. /dent/ bulk *m*, hakk *n*
dent² verb /dent/ bulke
dental adj. /'dentl/ tann-
dental hygiene subst. tannpleie *m/f*
dentist subst. /'dentɪst/ tannlege *m*
denture subst. /'den(t)ʃə/
tannprotese *m*, gebiss *n*
denunciation subst. /dɪˌnʌnsɪ'eɪʃᵊn/
fordømmelse *m*
deny verb /dɪ'naɪ/ nekte (for), bestride
deodorant subst. /dɪ'əʊdərᵊnt/
deodorant *m*
depart verb /dɪ'pɑːt/ 1 reise (bort)
2 avvike
departed adj. /dɪ'pɑːtɪd/ 1 gått,
forsvunnet
2 død, gått bort
department subst. /dɪ'pɑːtmənt/
1 avdeling *m/f*
2 område *n*
3 departement *n*
department store subst. varehus *n*
departure subst. /dɪ'pɑːtʃə/ avreise *m/f*
depend verb /dɪ'pend/
1 avhenge, være avhengig
2 stole
depend on/upon 1 komme an på
2 stole på
dependable adj. /dɪ'pendəbl/ pålitelig
dependence subst. /dɪ'pendəns/
avhengighet *m*
depict verb /dɪ'pɪkt/ 1 avbilde
2 beskrive

a
b
c
d
e
f
g
h
i
j
k
l
m
n
o
p
q
r
s
t
u
v
w
x
y
z

deplete verb /dɪ'pliːt/ tømme, bruke opp

deplorable adj. /dɪ'plɔːrəbl/ beklagelig

deplore verb /dɪ'plɔː/ beklage

deploy verb /dɪ'plɔɪ/ utplassere

depopulate verb /diː'pɒpjʊleɪt/ avfolke

depopulation subst. /diːˌpɒpjʊ'leɪʃən/ avfolking *m/f*

deport verb /dɪ'pɔːt/ deportere

deposit[1] subst. /dɪ'pɒzɪt/
1 depositum *n*
2 *(økonomi)* innskudd *n*
3 *(geologi)* avleiring *m/f*

deposit[2] verb /dɪ'pɒzɪt/
1 sette ned, legge ned
2 *(om penger)* sette inn
3 *(geologi)* avsette

depraved adj. /dɪ'preɪvd/ (moralsk) fordervet

depress verb /dɪ'pres/ **1** deprimere
2 trykke ned

depressed adj. /dɪ'prest/ deprimert, nedtrykt

depression subst. /dɪ'preʃən/ depresjon *m*, nedstemthet *m*

deprive verb /dɪ'praɪv/ berøve

depth subst. /depθ/ **1** dyp *n*
2 dybde *m*

deputy subst. /'depjʊtɪ/
1 representant *m*
2 *(i titler)* vise-

derail verb /dɪ'reɪl/ avspore

deranged adj. /dɪ'reɪndʒd/ gal

deride verb /dɪ'raɪd/ **1** håne
2 latterliggjøre

derision subst. /dɪ'rɪʒən/ latterliggjøring *m/f*

derisive adj. /dɪ'raɪsɪv/ hånende

derive verb /dɪ'raɪv/ **1** få, hente
2 avlede

derrick subst. /'derɪk/ løftekran *m/f*

descend verb /dɪ'send/ **1** synke
2 stige ned
3 nedstamme

descendant subst. /dɪ'sendənt/ etterkommer *m*

descent subst. /dɪ'sent/
1 nedstigning *m/f*
2 avstamning *m/f*

describe verb /dɪ'skraɪb/ beskrive

description subst. /dɪ'skrɪpʃən/ beskrivelse *m*

descriptive adj. /dɪ'skrɪptɪv/ beskrivende

desert[1] subst. /'dezət/ **1** ørken *m*
2 ødemark *m/f*

desert[2] verb /dɪ'zɜːt/ **1** forlate
2 svike

deserted adj. /dɪ'zɜːtɪd/ øde

deserter subst. /dɪ'zɜːtə/ desertør *m*

desertion subst. /dɪ'zɜːʃən/ **1** svikt *m*
2 desertering *m/f*

deserve verb /dɪ'zɜːv/ fortjene

deserving adj. /dɪ'zɜːvɪŋ/ verdig, som fortjener

design[1] subst. /dɪ'zaɪn/ **1** design *m/n*
2 planlegging *m/f*
3 konstruksjon *m*

design[2] verb /dɪ'zaɪn/ **1** designe
2 tegne
3 planlegge

designate verb /'dezɪgneɪt/ **1** betegne
2 utpeke, angi
designate for/to utpeke til

designer subst. /dɪ'zaɪnə/
1 designer *m*, formgiver *m*
2 konstruktør *m*

designing adj. /dɪ'zaɪnɪŋ/ slu, listig

desirable adj. /dɪ'zaɪərəbl/ **1** ønskelig
2 attråverdig

desire[1] subst. /dɪ'zaɪə/ **1** lengsel *m*
2 begjær *n*
desire for lengsel etter

desire[2] verb /dɪ'zaɪə/ **1** ønske (seg)
2 begjære

desirous adj. /dɪ'zaɪərəs/ ivrig, begjærlig

desist verb /dɪ'sɪst/ **1** avstå
2 opphøre

desk subst. /desk/ **1** skrivebord *n*, pult *m*
2 resepsjon *m*

desktop subst. /'desktɒp/ *(IT)* skrivebord *n*

desolate adj. /'desələt/ **1** øde
2 ensom

despair[1] subst. /dɪ'speə/ fortvilelse *m*

despair[2] verb /dɪ'speə/ fortvile

desperate adj. /'despərət/ desperat

despicable adj. /dɪ'spɪkəbl/ foraktelig

despise verb /dɪ'spaɪz/ forakte

despite preposisjon /dɪ'spaɪt/ til tross for

despondency subst. /dɪ'spɒndənsɪ/ fortvilelse *m*

despondent adj. /dɪ'spɒndənt/ fortvilet

despot subst. /'despɒt/ tyrann *m*

dessert subst. /dɪ'zɜːt/ dessert *m*
destination subst. /ˌdestɪ'neɪʃⁿn/ destinasjon *m*
destine verb /'destɪn/ bestemme
destiny subst. /'destɪnɪ/ skjebne *m*
destitute adj. /'destɪtʃuːt/, /'destɪtjuːt/
1 lutfattig
2 blottet, uten
destroy verb /dɪ'strɔɪ/ ødelegge
destroyer subst. /dɪ'strɔɪə/ *(type krigsskip)* jager *m*
destruction subst. /dɪ'strʌkʃⁿn/ ødeleggelse *m*
destructive adj. /dɪ'strʌktɪv/ ødeleggende
detach verb /dɪ'tætʃ/ 1 løsne, ta av
2 skille
detached house subst. enebolig *m*
detachment subst. /dɪ'tætʃmənt/
1 atskillelse *m*
2 likegyldighet *m*
detail subst. /'diːteɪl/ detalj *m*
detailed adj. /'diːteɪld/ detaljert
detain verb /dɪ'teɪn/ 1 oppholde
2 holde tilbake, holde i forvaring
detainee subst. /ˌdiːteɪ'niː/ varetektsfange *m*
detect verb /dɪ'tekt/ oppdage
detective subst. /dɪ'tektɪv/ detektiv *m*
detention subst. /dɪ'tenʃⁿn/
1 forvaring *m*, arrest *m*
2 *(på skole)* gjensitting *m/f*
deter verb /dɪ'tɜː/ 1 avskrekke
2 hindre
detergent subst. /dɪ'tɜːdʒⁿnt/ vaskemiddel *n*
deteriorate verb /dɪ'tɪərɪəreɪt/ forringe
determinate adj. /dɪ'tɜːmɪnət/ bestemt
determination subst. /dɪˌtɜːmɪ'neɪʃⁿn/
1 besluttsomhet *m*
2 bestemmelse *m*
determine verb /dɪ'tɜːmɪn/ bestemme
determined adj. /dɪ'tɜːmɪnd/ bestemt
detest verb /dɪ'test/ avsky
detestable adj. /dɪ'testəbl/ avskyelig
dethrone verb /dɪ'θrəʊn/ avsette
detonate verb /'detə(ʊ)neɪt/ eksplodere, sprenge
detour subst. /'diːtʊə/ omvei *m*
detox subst. /'diːtɒks/ *(hverdagslig)*
1 avrusning *m/f*
2 detoksifisering *m/f*
detract verb /dɪ'trækt/ 1 avlede
2 trekke fra

detractor subst. /dɪ'træktə/ baktaler *m*
detriment subst. /'detrɪmənt/ skade *m*
detrimental adj. /ˌdetrɪ'mentl/ skadelig
deuce subst. /djuːs/ pokker
devalue verb /ˌdiː'væljuː/ devaluere, redusere verdien på
devastate verb /'devəsteɪt/ 1 ødelegge
2 gjøre fortvilt
develop verb /dɪ'veləp/ 1 utvikle
2 *(fotografi)* fremkalle
developing country subst. utviklingsland *n*, u-land *n*
development subst. /dɪ'veləpmənt/ utvikling *m/f*
development aid subst. utviklingshjelp *m/f*
deviant adj. /'diːvjənt/ avvikende
deviate verb /'diːvɪeɪt/ avvike
deviation subst. /ˌdiːvɪ'eɪʃⁿn/ avvikelse *m*
device subst. /dɪ'vaɪs/
1 plan *m*, påfunn *n*
2 innretning *m*, apparat *n*
devil subst. /'devl/ djevel *m*
devoid adj. /dɪ'vɔɪd/ *bare i uttrykk*
devoid of blottet for
devote verb /dɪ'vəʊt/ vie
devoted adj. /dɪ'vəʊtɪd/ hengiven
devotion subst. /dɪ'vəʊʃⁿn/ hengivenhet *m*
devour verb /dɪ'vaʊə/ sluke
devout adj. /dɪ'vaʊt/ from
dew¹ subst. /djuː/ dugg *m*
dew² verb /djuː/ dugge
diabetes subst. /ˌdaɪə'biːtiːz/ diabetes *m*, sukkersyke *m*
diabetic¹ subst. /ˌdaɪə'betɪk/ diabetiker *m*
diabetic² adj. /ˌdaɪə'betɪk/ diabetisk
diagnose verb /'daɪəgnəʊz/ diagnostisere
diagnosis subst. (i flertall: diagnoses) /ˌdaɪəg'nəʊsɪs/ diagnose *m*
dial¹ subst. /'daɪəl/ 1 urskive *m/f*
2 nummerskive *m/f*
dial² verb /'daɪəl/ ringe (opp)
dialling code subst. retningsnummer *n*
dialling tone subst. summetone *m*
diameter subst. /daɪ'æmɪtə/ diameter *m*, tverrsnitt *n*
diamond subst. /'daɪəmənd/
1 diamant *m*
2 *(i kortspill)* ruter *m*

diaper subst. /'daɪəpə/ bleie *m/f*
diaphragm subst. /'daɪəfræm/
(i kroppen) mellomgulv *n*
diarrhoea subst. /ˌdaɪə'rɪə/ *eller*
diarrhea *(amer.)* diaré *m*
diary subst. /'daɪərɪ/ dagbok *m/f*
dice¹ subst. (flertall: dice) /daɪs/
terning *m*
dice² verb /daɪs/ **1** spille terning
2 *(matlaging)* skjære i terninger
dictate verb /dɪk'teɪt/ diktere
dictation subst. /dɪk'teɪʃən/ diktat *m*
dictator subst. /dɪk'teɪtə/ diktator *m*
dictatorship subst. /dɪk'teɪtəʃɪp/
diktatur *n*
dictionary subst. /'dɪkʃənrɪ/
1 ordbok *m/f*
2 oppslagsbok *m/f*
did verb /dɪd/ *se* ▶do
didn't /'dɪdnt/ *sammentrukket* did not
die¹ subst. (flertall: dice) /daɪ/
terning *m*
die² verb /daɪ/ dø
diet¹ subst. /'daɪət/ diett *m*
diet² subst. /'daɪət/
lovgivende forsamling *m/f*
diet³ verb /'daɪət/ være på diett,
slanke seg
dietary supplement subst.
kosttilskudd *n*
differ verb /'dɪfə/ være forskjellig,
avvike
difference subst. /'dɪfrəns/
forskjell *m*, ulikhet *m*
different adj. /'dɪfrənt/ **1** forskjellig
2 spesiell
different from/to annerledes enn,
forskjellig fra
differentiate verb /ˌdɪfə'renʃɪeɪt/
differensiere
difficult adj. /'dɪfɪkəlt/ vanskelig
difficulty subst. /'dɪfɪkəltɪ/
vanskelighet *m*

diffident adj. /'dɪfɪdənt/ beskjeden,
usikker
diffuse¹ verb /dɪ'fjuːz/ spre
diffuse² adj. /dɪ'fjuːs/ **1** spredt
2 diffus, uklar
diffusion subst. /dɪ'fjuːʒən/
spredning *m/f*, utbredelse *m*
dig verb (dug – dug) /dɪg/ **1** grave
2 *(hverdagslig)* digge, like
digest¹ subst. /'daɪdʒest/ sammendrag *n*
digest² verb /daɪ'dʒest/ fordøye
digestion subst. /daɪ'dʒestʃən/
fordøyelse *m*
digit subst. /'dɪdʒɪt/ **1** tall *n*, siffer *n*
2 finger *m*
dignified adj. /'dɪgnɪfaɪd/ verdig,
ærverdig
dignify verb /'dɪgnɪfaɪ/ gjøre verdig,
hedre
dignitary subst. /'dɪgnɪtərɪ/
1 dignitær *m*
2 høytstående embetsmann *m*
dignity subst. /'dɪgnətɪ/ verdighet *m*
digress verb /daɪ'gres/ **1** avvike
2 komme bort fra emnet
digression subst. /daɪ'greʃən/
digresjon *m*, sidebemerkning *m*
diligence subst. /'dɪlɪdʒəns/ flid *m*
diligent adj. /'dɪlɪdʒənt/ flittig
dilute verb /daɪ'luːt/ blande (ut),
tynne (ut)
dim¹ verb /dɪm/ dempe
dim² adj. /dɪm/ **1** mørk, uklar
2 matt
dime subst. /daɪm/ ticent *m*
not worth a dime ikke verdt fem
flate øre
dimension subst. /daɪ'men(t)ʃən/
dimensjon *m*
diminish verb /dɪ'mɪnɪʃ/ (for)minske
dimness subst. /'dɪmnəs/ uklarhet *m*
dimple subst. /'dɪmpl/ smilehull *n*
din¹ subst. /dɪn/ drønn *n*, bulder *n*

din² verb /dɪn/ drønne, brake
dine verb /daɪn/ spise middag
dinghy subst. /'dɪŋɪ/ jolle *m/f*
dingy adj. /'dɪndʒɪ/ snusket
dining car subst. spisevogn *m/f*
dining room subst. spisestue *m/f*
dining table subst. spisebord *n*
dinner subst. /'dɪnə/ middag *m*
dinner jacket subst. smoking *m*
diocese subst. /'daɪəsɪs/ sogn *n*,
  bispedømme *n*
dip¹ subst. /dɪp/ **1** dypping *m/f*
  2 skråning *m/f*
dip² verb /dɪp/ dyppe
diphtheria subst. /dɪf'θɪərɪə/ difteri *m*
diploma subst. /dɪ'pləʊmə/ **1** diplom *n*
  2 vitnemål *n*
diplomacy subst. /dɪ'pləʊməsɪ/
  diplomati *n*
diplomat subst. /'dɪpləmæt/
  diplomat *m*
dipper subst. /'dɪpə/ øsc *m/f*
direct¹ verb /dɪ'rekt/ **1** styre
  2 rette (mot noe)
direct² adj. /dɪ'rekt/,
  foranstilt: /'daɪrekt/ direkte
direction subst. /dɪ'rekʃən/
  1 retning *m/f*
  2 veiledning *m/f*
  3 *(film, teater)* regi *m*
directly adverb /dɪ'rektlɪ/ **1** direkte
  2 umiddelbart
director subst. /dɪ'rektə/
  1 direktør *m*, sjef *m*
  2 *(om film)* regissør *m*
  3 *(musikk)* dirigent *m*
director general subst.
  generaldirektør *m*
directory subst. /dɪ'rektərɪ/
  1 telefonkatalog *m*
  2 *(IT)* katalog *m*
dirt subst. /dɜːt/ skitt *m*
dirty adj. /'dɜːtɪ/ skitten
disability subst. /ˌdɪsə'bɪlətɪ/ uførhet *n*
disable verb /dɪs'eɪbl/ **1** invalidisere
  2 gjøre ubrukbar
disabled adj. /dɪs'eɪbld/ med nedsatt
  funksjonsevne
disablement subst. /dɪs'eɪblmənt/
  funksjonshemning *m/f*
disadvantage subst. /ˌdɪsəd'vɑːntɪdʒ/
  ulempe *m/f*
disadvantageous adj.
  /ˌdɪsˌædvən'teɪdʒəs/ ufordelaktig

disagree verb /ˌdɪsə'griː/ være uenig
disagreeable adj. /ˌdɪsə'griːəbl/
  ubehagelig
disagreement subst. /ˌdɪsə'griːmənt/
  uenighet *m*
disappear verb /ˌdɪsə'pɪə/ forsvinne
disappearance subst. /ˌdɪsə'pɪərəns/
  forsvinning *m/f*
disappoint verb /ˌdɪsə'pɔɪnt/ skuffe
disappointment subst.
  /ˌdɪsə'pɔɪntmənt/ skuffelse *m*
disapproval subst. /ˌdɪsə'pruːvəl/
  misbilligelse *m*
disapprove verb /ˌdɪsə'pruːv/ mislike
disarm verb /dɪs'ɑːm/ **1** nedruste
  2 avvæpne
disarmament subst. /dɪs'ɑːməmənt/
  nedrustning *m/f*
disassemble verb /ˌdɪsə'sembl/
  demontere
disaster subst. /dɪ'zɑːstə/ katastrofe *m*
disastrous adj. /dɪ'zɑːstrəs/
  katastrofal
disbelief subst. /ˌdɪsbɪ'liːf/ mistro *m/f*,
  vantro *m/f*
disc subst. /dɪsk/ *eller* **disk** *(amer.)*
  1 disk *m*
  2 skive *m/f*
  3 *(IT, oftest disk)* disk *m*, diskett *m*
discard verb /dɪs'kɑːd/ kaste (bort),
  vrake
discern verb /dɪ'sɜːn/
  1 erkjenne, innse
  2 skjelne, skille
discerning adj. /dɪ'sɜːnɪŋ/ skarpsindig
discernment subst. /dɪ'sɜːnmənt/
  skarpsindighet *m*, dømmekraft *m/f*
discharge¹ subst. /'dɪstʃɑːdʒ/
  1 utskrivning *m/f*, løslatelse *m*
  2 *(om kroppen)* utflod *m*,
  utsondring *m/f*
  3 avfyring *m/f*, skudd *n*
  4 betaling *m/f*
discharge² verb /dɪs'tʃɑːdʒ/
  1 utskrive, løslate
  2 *(om skudd)* løsne, avfyre
  3 losse
  4 *(om plikt)* utføre
  5 *(om gjeld)* betale (ned)
disciple subst. /dɪ'saɪpl/ disippel *m*
discipline¹ subst. /'dɪsəplɪn/ disiplin *m*
discipline² verb /'dɪsəplɪn/ disiplinere,
  straffe
disclaim verb /dɪs'kleɪm/ frasi seg

disclose verb /dɪsˈkləʊz/ **1** blotte, vise
2 bringe for dagen
disclosure subst. /dɪsˈkləʊʒə/
avsløring *m/f*
discolour verb /dɪˈskʌlə/ *eller*
discolor *(amer.)* avfarge, avfarges
discomfort subst. /dɪˈskʌmfət/
ubehag *n*
disconcert verb /ˌdɪskənˈsɜːt/
1 forvirre
2 bringe ut av fatning
3 forpurre
disconnect verb /ˌdɪskəˈnekt/ **1** bryte
2 frakoble
disconnected adj. /ˌdɪskəˈnektɪd/
løsrevet
discontent[1] subst. /ˌdɪskənˈtent/
misnøye *m*
discontent[2] adj. /ˌdɪskənˈtent/
misfornøyd
discontinue verb /ˌdɪskənˈtɪnjuː/
1 avbryte
2 holde opp med
discord subst. /ˈdɪskɔːd/ **1** uenighet *m*
2 mislyd *m*, disharmoni *m*
discount[1] subst. /ˈdɪskaʊnt/ rabatt *m*
discount[2] verb /dɪsˈkaʊnt/ **1** gi rabatt
2 redusere
3 se bort fra
4 ikke tro helt på
discourage verb /dɪsˈkʌrɪdʒ/
gjøre motløs, ta motet fra
discourse subst. /ˈdɪskɔːs/
1 foredrag *n*
2 avhandling *m/f*
discourteous adj. /dɪsˈkɜːtjəs/ uhøflig
discover verb /dɪˈskʌvə/ oppdage
discovery subst. /dɪˈskʌvəri/
oppdagelse *m*
discredit verb /dɪˈskredɪt/
gi et dårlig rykte, svekke tilliten til
discreet adj. /dɪˈskriːt/ diskré, varsom
discrepancy subst. /dɪˈskrepənsi/
uoverensstemmelse *m*
discrete adj. /dɪˈskriːt/ atskilt, diskret
discretion subst. /dɪˈskreʃən/
1 skjønn *n*
2 diskresjon *m*
discriminate verb /dɪˈskrɪmɪneɪt/
1 diskriminere
2 skjelne
discrimination subst.
/dɪˌskrɪmɪˈneɪʃən/ **1** diskriminering
2 evne til å skjelne (mellom)

discus subst. /ˈdɪskəs/ *(sport)*
diskos *m*
discuss verb /dɪˈskʌs/ diskutere
discussion subst. /dɪˈskʌʃən/
diskusjon *m*
disdain[1] subst. /dɪsˈdeɪn/ forakt *m*
disdain[2] verb /dɪsˈdeɪn/ forakte
disease subst. /dɪˈziːz/ sykdom *m*
diseased adj. /dɪˈziːzd/ syk
disembark verb /ˌdɪsɪmˈbɑːk/
gå i land
disengage verb /ˌdɪsɪnˈgeɪdʒ/ løsgjøre,
frigjøre
disengaged adj. /ˌdɪsɪnˈgeɪdʒd/ fri,
ledig
disentangle verb /ˌdɪsɪnˈtæŋgəl/
1 frigjøre
2 *(floke e.l.)* løse opp
disfigure verb /dɪsˈfɪgə/ vansire
disgrace[1] subst. /dɪsˈgreɪs/ **1** unåde *m*
2 vanære *m/f*, skam *m/f*
disgrace[2] verb /dɪsˈgreɪs/ **1** vanære
2 bringe skam over
disgraceful adj. /dɪsˈgreɪsfəl/
vanærende
disguise[1] subst. /dɪsˈgaɪz/
forkledning *m/f*
disguise[2] verb /dɪsˈgaɪz/ forkle, kle ut
disgust[1] subst. /dɪsˈgʌst/ avsky *m*
disgust[2] verb /dɪsˈgʌst/ vekke avsky
disgusting adj. /dɪsˈgʌstɪŋ/ ekkel
dish subst. /dɪʃ/ **1** fat *n*
2 (mat)rett *m*
3 *(i flertall: dishes)* oppvask *m*
do/wash the dishes vaske opp
dishonest adj. /dɪˈsɒnɪst/ uærlig
dishonesty subst. /dɪˈsɒnɪsti/
uærlighet *m*
dishonour[1] subst. /dɪˈsɒnə/
1 vanære *m/f*
2 skam *m*
dishonour[2] verb /dɪˈsɒnə/ vanære
dishonourable adj. /dɪˈsɒnərəbl/
1 vanærende
2 æreløs
dishwasher subst. /ˈdɪʃˌwɒʃə/
oppvaskmaskin *m*
disinclined adj. /ˌdɪsɪnˈklaɪnd/
motvillig
disinfect verb /ˌdɪsɪnˈfekt/ desinfisere
disinfectant subst. /ˌdɪsɪnˈfektənt/
desinfeksjonsmiddel *n*
disintegrate verb /dɪsˈɪntɪgreɪt/
falle fra hverandre, gå i oppløsning

disintegration subst. /dɪsˌɪntɪˈɡreɪʃən/
1 oppløsning m/f
2 nedbryting m/f
disinterested adj. /dɪsˈɪntrəstɪd/
1 uselvisk
2 upartisk
disk subst. /dɪsk/ *(amer.)* **1** disk m
2 skive m/f
3 *(IT)* disk m, diskett m
dislike¹ subst. /dɪˈslaɪk/ **1** motvilje m
2 mishag n
dislike² verb /dɪˈslaɪk/ mislike
dislocate verb /ˈdɪslə(ʊ)keɪt/
1 forskyve
2 vrikke, forstue
dislocation subst. /ˌdɪslə(ʊ)ˈkeɪʃən/
1 forskyvning m/f
2 forstuing m/f
disloyal adj. /dɪˈslɔɪəl/ illojal
dismal adj. /ˈdɪzməl/ **1** dyster
2 ussel, elendig
dismantle verb /dɪˈsmæntl/
1 demontere
2 avvikle, oppheve
dismay¹ subst. /dɪˈsmeɪ/ forferdelse m
dismay² verb /dɪˈsmeɪ/
forferde, nedslå
dismiss verb /dɪˈsmɪs/ **1** sende bort
2 gi avskjed, si opp
3 avvise
dismissal subst. /dɪˈsmɪsəl/
1 avskjedigelse m
2 avslag n
dismount verb /ˌdɪˈsmaʊnt/
stige av *(en hest, sykkel o.l.)*
disobedience subst. /ˌdɪsəˈbiːdɪəns/
ulydighet m
disobedient adj. /ˌdɪsəˈbiːdɪənt/ ulydig
disobey verb /ˌdɪsəˈbeɪ/ ikke adlyde
disorder subst. /dɪˈsɔːdə/ **1** uorden m
2 sykdom m, lidelse m
disorderly adj. /dɪˈsɔːdəlɪ/ **1** rotete
2 bråkete, urolig

disparage verb /dɪˈspærɪdʒ/
1 nedvurdere
2 snakke nedsettende om
dispatch¹ subst. /dɪˈspætʃ/
1 avsendelse m
2 (rask) ekspedering m/f
dispatch² verb /dɪˈspætʃ/
1 sende, ekspedere
2 gjøre unna
3 avslutte
dispel verb /dɪˈspel/ drive bort
dispensable adj. /dɪˈspensəbl/
unnværlig
dispensation subst. /ˌdɪspenˈseɪʃən/
1 utdeling m/f
2 dispensasjon m, fritak n
disperse verb /dɪˈspɜːs/ spre (seg)
displace verb /dɪˈspleɪs/
1 flytte på, forskyve
2 fjerne, fortrenge
displacement subst. /dɪsˈpleɪsmənt/
1 (for)flytning m/f
2 tvangsforflytning
3 fortrengning m/f, fjerning m/f
4 forskyvning m/f
display¹ subst. /dɪˈspleɪ/
1 fremvisning m/f
2 *(IT)* skjermbilde n
display² verb /dɪˈspleɪ/ vise, vise frem
displease verb /dɪˈspliːz/ mishage
displeasure subst. /dɪˈspleʒə/
misnøye m
disposable adj. /dɪˈspəʊzəbl/
engangs-
disposal subst. /dɪˈspəʊzəl/
rådighet m
dispose verb /dɪˈspəʊz/ **1** bestemme
2 ordne
3 plassere
dispose of kaste, bli kvitt
disposed adj. /dɪˈspəʊzd/ **1** villig
2 tilbøyelig, disponert

disposition subst. /ˌdɪspə'zɪʃᵊn/
1 plassering *m/f*
2 anlegg *n*
3 lynne *n*, temperament *n*
4 tilbøyelighet *m*
disproportion subst. /ˌdɪsprə'pɔ:ʃn/
misforhold *n*
disproportionate adj.
/ˌdɪsprə'pɔ:ʃᵊnət/ uproporsjonal,
uforholdsmessig
disprove verb /dɪ'spru:v/ motbevise
dispute¹ subst. /dɪ'spju:t/ **1** tvist *m*
2 diskusjon *m*, konflikt *m*
dispute² verb /dɪ'spju:t/
1 diskutere, krangle (om)
2 bestride
disqualified adj. /dɪs'kwɒlɪfaɪd/
diskvalifisert, inhabil
disqualify verb /dɪs'kwɒlɪfaɪ/
diskvalifisere
disquiet subst. /dɪs'kwaɪət/ uro *m/f*
disregard verb /ˌdɪsrɪ'gɑ:d/ **1** ignorere
2 se bort fra, ikke ta hensyn til
disreputable adj. /dɪs'repjʊtəbl/
beryktet
disrepute subst. /ˌdɪsrɪ'pju:t/ vanry *n*
disrespect verb /ˌdɪsrɪ'spekt/ ikke
respektere
disrespectful adj. /ˌdɪsrɪ'spektfᵊl/
respektløs
dissatisfaction subst.
/ˌdɪssætɪs'fækʃᵊn/ misnøye *m*
dissatisfied adj. /ˌdɪs'sætɪsfaɪd/
misfornøyd
dissect verb /dɪ'sekt/ dissekere
dissection subst. /dɪ'sekʃn/
disseksjon *m*
disseminate verb /dɪ'semɪneɪt/ spre
dissension subst. /dɪ'senʃn/
uenighet *m*, splid *m*
dissent subst. /dɪ'sent/ uenighet *m*
dissertation subst. /ˌdɪsə'teɪʃn/
(doktor)avhandling *m/f*
disservice subst. /dɪs'sɜ:vɪs/
bjørnetjeneste *m*
dissimilar adj. /dɪ'sɪmɪlə/ ulik
dissolve verb /dɪ'zɒlv/ oppløse(s)
dissonance subst. /'dɪsənəns/
uenighet *m*
dissuade verb /dɪ'sweɪd/ fraråde
distance¹ subst. /'dɪstᵊns/ avstand *m*
distance² verb /'dɪstᵊns/ **1** distansere
2 holde på (en viss) avstand
distant adj. /'dɪstᵊnt/ fjern

distaste subst. /dɪ'steɪst/ avsmak *m*
distil verb /dɪ'stɪl/ destillere
distillation subst. /ˌdɪstɪ'leɪʃn/
destillering *m/f*
distillery subst. /dɪ'stɪləri/ brenneri *n*
distinct adj. /dɪ'stɪŋ(k)t/ **1** tydelig
2 klart avgrenset, atskilt
distinction subst. /dɪ'stɪŋ(k)ʃn/
1 forskjell *m*
2 utmerkelse *m*
distinctive adj. /dɪ'stɪŋ(k)tɪv/
1 utpreget
2 særegen, egenartet
distinguish verb /dɪ'stɪŋgwɪʃ/
1 skjelne, atskille
2 utmerke, kjennetegne
distinguished adj. /dɪ'stɪŋgwɪʃt/
fremstående, fornem
distort verb /dɪ'stɔ:t/ forvrenge
distract verb /dɪ'strækt/ **1** avlede
2 distrahere, forstyrre
distracted adj. /dɪ'stræktɪd/ distrahert,
urolig
distraction subst. /dɪ'strækʃᵊn/
1 distraksjon *m*, forstyrrelse *m*
2 tidsfordriv *n*
distress¹ subst. /dɪ'stres/
1 sorg *m/f*, fortvilelse *m*
2 nød *m/f*
distress² verb /dɪ'stres/
1 gjøre ulykkelig
2 uroe, bekymre
distribute verb /dɪ'strɪbju:t/ gi ut,
fordele
distribution subst. /ˌdɪstrɪ'bju:ʃn/
1 fordeling *m/f*, distribusjon *m*
2 *(om planter, dyr)* utbredelse *m*
distributor subst. /dɪ'strɪbjʊtə/
distributør *m*, fordeler *m*
district subst. /'dɪstrɪkt/ distrikt *n*
district court subst. *(amer., jus)*
omtr. dss. tingrett *m*
distrust¹ subst. /dɪ'strʌst/ mistillit *m/f*
distrust² verb /dɪ'strʌst/ mistro
disturb verb /dɪ'stɜ:b/ **1** forstyrre
2 forurolige
disturbance subst. /dɪ'stɜ:bᵊns/
1 forstyrrelse *m*
2 uro *m/f*
ditch¹ subst. /dɪtʃ/ grøft *m/f*
ditch² verb /dɪtʃ/ **1** grave grøfter
2 kjøre i grøfta
3 *(hverdagslig)* ditche *(slang)*,
kvitte seg med

4 skulke

ditto adverb /ˈdɪtəʊ/ jeg også, det samme her

ditty subst. /ˈdɪtɪ/ liten vise *m/f*

dive¹ subst. /daɪv/ **1** dykking *m/f*
  2 stup *n*
  3 kneipe *m/f*, kro *m/f*

dive² verb (dived – dived, amer. også: dove – dived) /daɪv/ **1** dykke
  2 stupe

diver subst. /ˈdaɪvə/ dykker *m*

diverse adj. /daɪˈvɜːs/ **1** ulik
  2 mangfoldig

diversion subst. /daɪˈvɜːʃən/
  1 avledning *m/f*
  2 omkjøring *m/f*
  3 tidsfordriv *n*, fornøyelse *m*

diversity subst. /daɪˈvɜːsətɪ/
  1 mangfold *n*
  2 ulikhet *m*

divert verb /daɪˈvɜːt/ **1** avlede
  2 legge om
  3 underholde

divide¹ subst. /dɪˈvaɪd/ **1** skille *n*
  2 kløft *m/f*, avgrunn *m*

divide² verb /dɪˈvaɪd/ **1** dele opp, dele seg
  2 splitte
  3 *(matematikk)* dividere, dele

divine¹ verb /dɪˈvaɪn/ forutsi, spå

divine² adj. /dɪˈvaɪn/ guddommelig

divinity subst. /dɪˈvɪnətɪ/ guddom *m*

divisible adj. /dɪˈvɪzəbl/ delelig

division subst. /dɪˈvɪʒən/
  1 (for)deling *m/f*
  2 inndeling *m/f*, oppdeling *m/f*
  3 *(matematikk)* divisjon *m*, deling *m/f*

divorce¹ subst. /dɪˈvɔːs/ skilsmisse *m*

divorce² verb /dɪˈvɔːs/ skille seg fra

divulge verb /daɪˈvʌldʒ/ avsløre, røpe

dizziness subst. /ˈdɪzɪnəs/ svimmelhet *m*

dizzy adj. /ˈdɪzɪ/ svimmel

do¹ verb (did – done, 3. person entall presens: does) /duː/, /dʊ/, /də/ **1** gjøre
  2 ha det, klare seg • *how is he doing?*
  3 jobbe med
  4 være nok, duge • *that'll do*

do up kneppe igjen

do well 1 trives, ha det bra
  2 klare seg godt

do without klare seg uten

do² *hjelpeverb* /duː/, /dʊ/, /də/
  1 *i spørsmål og negative setninger* • *do you know him?* kjenner du ham?
  2 *forsterkende* • *I do wish I could help you* jeg skulle virkelig ønske jeg kunne hjelpe deg • *but I did see him* men jeg så ham jo

dock¹ subst. /dɒk/ dokk *m/f*
  docks havn, kai

dock² subst. /dɒk/ tiltalebenk *m*

docker subst. /ˈdɒkə/ havnearbeider *m*

docket subst. /ˈdɒkɪt/ **1** resymé *n*
  2 *(amer.)* dagsorden *m*

docking station subst. *(IT)* dokkingstasjon *m*

dockyard subst. /ˈdɒkjɑːd/ (skips)verft *n*

doctor subst. /ˈdɒktə/ doktor *m*

doctorate subst. /ˈdɒktərət/ doktorgrad *m*

document¹ subst. /ˈdɒkjʊmənt/ dokument *n*

document² verb /ˈdɒkjʊment/ dokumentere

documentary subst. /ˌdɒkjʊˈmentərɪ/
  1 dokumentarfilm *m*
  2 reportasje *m*

documentation subst. /ˌdɒkjəmənˈteɪʃən/ dokumentasjon *m*

dodge¹ subst. /dɒdʒ/
  1 unnamanøver *m*
  2 finte *m/f*

dodge² verb /dɒdʒ/ **1** vike unna
  2 unngå, lure seg unna

dodgy adj. /ˈdɒdʒɪ/ *(hverdagslig)*
upålitelig, tvilsom
doe subst. /dəʊ/ då *m/f*, dåkolle *m/f*
does verb /rəʊd/
3. pers entall presens av ►do
doesn't /ˈdʌznt/
sammentrukket does not
dog subst. /dɒg/ hund *m*
dogged adj. /ˈdɒgɪd/
1 utholdende, seig
2 sta
dole[1] subst. /dəʊl/ **1** utdeling *m/f*
2 arbeidsledighetstrygd *m/f*
be **on the dole** motta
arbeidsledighetstrygd
dole[2] verb /dəʊl/ *bare i uttrykk*
dole out dele ut
doll subst. /dɒl/ dukke *m/f*
dollar subst. /ˈdɒlə/ dollar *m*
dolphin subst. /ˈdɒlfɪn/ delfin *m*
domain subst. /də(ʊ)ˈmeɪn/
1 landområde *n*
2 område *n*, felt *n*
3 *(IT)* domene *n*
dome subst. /dəʊm/ kuppel *m*,
hvelving *m/f*
domestic adj. /dəˈmestɪk/
1 hus-, huslig
2 *(politikk)* innenriks
3 *(om dyr)* tam
domestic animal subst. husdyr *n*
domesticate verb /dəˈmestɪkeɪt/
temme
domination subst. /ˌdɒmɪˈneɪʃ°n/
dominering *m/f*, herredømme *n*
dominion subst. /dəˈmɪnjən/
herredømme *n*
don[1] subst. /dɒn/ universitetslektor *m*
don[2] verb /dɒn/ iføre seg, ta på seg
donate verb /də(ʊ)ˈneɪt/ gi, donere
donation subst. /də(ʊ)ˈneɪʃ°n/
donasjon *m*
done[1] verb /dʌn/ *se* ►do
done[2] adj. /dʌn/ **1** gjort, utført
2 ferdig
donkey subst. /ˈdɒŋkɪ/ esel *m*
donor subst. /ˈdəʊnə/ donor *m*
don't /dəʊnt/ *sammentrukket* do not
doom subst. /duːm/ **1** skjebne *m*
2 undergang *m*
doomsday subst. /ˈduːmzdeɪ/
dommedag *m*
door subst. /dɔː/ dør *m/f*
door frame subst. dørkarm *m*

door handle subst. dørhåndtak *n*
doorkeeper subst. /ˈdɔːˌkiːpə/
dørvakt *m*, portner *m*
doorman subst. /ˈdɔːmən/ dørvakt *m*
door plate subst. dørskilt *n*
doorway subst. /ˈdɔːweɪ/ døråpning *m/f*
dope[1] subst. /dəʊp/
1 dop *m/n*, narkotika
2 stimulerende middel *n*
dope[2] verb /dəʊp/ dope (seg)
doper subst. /ˈdəʊpə/ stoffmisbruker *m*
dorm subst. /dɔːm/ *(kortform for*
dormitory*)* **1** sovesal *m*
2 studenthjem *n*
dormant adj. /ˈdɔːmənt/ slumrende,
hvilende
dormitory subst. /ˈdɔːmətrɪ/
1 sovesal *m*
2 studenthjem *n*
dose subst. /dəʊs/ dose *m*
dot[1] subst. /dɒt/ punkt *n*, prikk,
punktum *n*
dot[2] verb /dɒt/ **1** prikke
2 strø omkring
double[1] subst. /ˈdʌbl/ nøyaktig kopi *m*
double[2] verb /ˈdʌbl/ **1** fordoble, doble
2 brette (dobbelt)
double[3] adj. /ˈdʌbl/ **1** dobbel
2 tvetydig, falsk
double bass subst. kontrabass *m*
double-cross verb /ˌdʌblˈkrɒs/ bedra,
spille dobbeltspill med
double-digit adj. /ˌdʌblˈdɪdʒɪt/ tosifret
double-faced adj. /ˈdʌblfeɪst/ **1** tosidig
2 falsk, hyklersk
doubt[1] subst. /daʊt/ tvil *m*
be **in doubt** være i tvil
doubt[2] verb /daʊt/ tvile
doubter subst. /ˈdaʊtə/ tviler *m*
doubtful adj. /ˈdaʊtf°l/ **1** tvilsom
2 *(om person)* usikker
dough subst. /dəʊ/ deig *m*
doughnut subst. /ˈdəʊnʌt/ *eller*
donut *(amer.)* omtr. dss. smultring *m*
dove[1] subst. /dʌv/ due *m/f*
dove[2] verb /dəʊv/ *(amer.) se* ►dive[2]
dowdy adj. /ˈdaʊdɪ/ sjusket
down[1] subst. /daʊn/ dun *m/n*, fnugg *m*
down[2] subst. /daʊn/ høydedrag *n*
down[3] subst. /daʊn/ nedgang *m*,
nedtur *m*
down[4] verb /daʊn/ **1** slå ned
2 beseire
3 helle i seg, tømme

down[5] adj. /daʊn/ **1** nedover, utfor
  2 nede, nedfor
down[6] adverb /daʊn/ **1** ned
  2 ovenfra
down[7] preposisjon /daʊn/
  1 ned, nedover
  2 ned i
downfall subst. /'daʊnfɔːl/
  1 kraftig regnbyge *m/f*
  2 fall *n*, undergang *m*
downhill subst. /'daʊnˌhɪl/
  1 nedoverbakke *m*
  2 *(sport)* utforrenn *n*
download[1] subst. /'daʊnləʊd/ *(IT)*
  nedlastning *m/f*
download[2] verb /'daʊnləʊd/ *(IT)*
  laste ned
downpour subst. /'daʊnpɔː/
  styrtregn *n*
downright adj. /'daʊnraɪt/
  1 ren og skjær, absolutt
  2 likefrem, direkte
downstairs adverb /ˌdaʊn'steəz/
  nedenunder, i etasjen under
downtown[1] subst. /ˌdaʊn'taʊn/
  bykjerne *m*, sentrum *n*
downtown[2] adj. /ˌdaʊn'taʊn/,
  foranstilt: /'daʊntaʊn/
  sentrums-, sentral
downward adj. /'daʊnwəd/
  1 skrånende
  2 fallende, synkende
downwind adj. /ˌdaʊn'wɪnd/
  med vinden
downy adj. /'daʊnɪ/ dunete
dowry subst. /'daʊərɪ/ medgift *m/f*
doze verb /dəʊz/ døse, halvsove
dozen subst. /'dʌzn/ dusin *n*
Dr. *(fork. for* Doctor*)* dr., doktor
draft[1] subst. /drɑːft/ **1** plan *m*, utkast *n*
  2 *(amer., til militæret)* innkalling *m/f*
draft[2] verb /drɑːft/ lage utkast til,
  skissere
drag[1] subst. /dræg/ **1** treghet *m*
  2 dragning *m/f*
  3 *(hverdagslig)* blås *m*,
  drag *n (på sigarett e.l.)*
  4 *(slang)* kjedelig person *m*
drag[2] verb /dræg/ **1** dra, trekke
  2 sokne
  3 være treg, trekke ut
dragnet subst. /'drægnet/ slepenot *m/f*
dragon subst. /'drægən/ drage *m*

dragonfly subst. /'drægənflaɪ/
  øyenstikker *m*
drain[1] subst. /dreɪn/ **1** avløpsrør *n*
  2 tapping *m/f*
  3 belastning *m/f*
drain[2] verb /dreɪn/ **1** tappe
  2 drenere
drainage subst. /'dreɪnɪdʒ/
  drenering *m/f*
drama subst. /'drɑːmə/ drama *n*
drama queen subst. *(hverdagslig)*
  dramadronning *m/f (en som stadig
  reagerer på en melodramatisk måte)*
dramatic adj. /drə'mætɪk/ dramatisk
dramatist subst. /'dræmətɪst/
  dramatiker *m*
drank verb /dræŋk/ *se* ►**drink**[2]
drastic adj. /'dræstɪk/ drastisk
draught subst. /drɑːft/ **1** trekk *m*
  2 slurk *m*
  3 tapping *m/f*
draught beer subst. øubst. fatøl *n*
draughty adj. /'drɑːftɪ/ trekkfull
draw[1] subst. /drɔː/ **1** trekk *n*
  2 *(på sigarett e.l.)* drag *n*
  3 loddtrekning *m*
  4 *(sport)* uavgjort resultat *n*
draw[2] verb (drew – drawn) /drɔː/
  1 trekke, dra
  2 tegne
  draw to trekke for *(om gardin)*
drawback subst. /'drɔːbæk/
  ulempe *m/f*
drawbridge subst. /'drɔːbrɪdʒ/
  vindebro *m/f*
drawer[1] subst. /drɔː/ skuff *m*
drawer[2] subst. /'drɔːə/ tegner *m*
drawers subst. *flt.* /drɔːz/ underbukser
drawing subst. /'drɔːɪŋ/ **1** tegning *m/f*
  2 tiltrekning *m/f*
drawing board subst. tegnebrett *n*
drawing room subst. salong *m*,
  dagligstue *m/f*
drawn verb /drɔːn/ *se* ►**draw**[2]
dread[1] subst. /dred/ frykt *m*
dread[2] verb /dred/ frykte, grue for
dreadful adj. /'dredfəl/ forferdelig
dream[1] subst. /driːm/ drøm *m*
dream[2] verb (dreamt – dreamt eller
  dreamed – dreamed) /driːm/ drømme
dreamt verb /dremt/ *se* ►**dream**[2]
dreary adj. /'drɪərɪ/ dyster
dredge verb /dredʒ/ **1** skrape
  2 bunnskrape

a
b
c
d
e
f
g
h
i
j
k
l
m
n
o
p
q
r
s
t
u
v
w
x
y
z

dreg subst. /dreg/ bunnfall *n*, grums *n*
drench verb /dren(t)ʃ/
gjøre gjennomvåt
dress¹ subst. /dres/ **1** kjole *m*
2 drakt *m/f*, klesdrakt *m/f*
dress² verb /dres/ **1** kle på (seg)
2 *(om sår, skade)* forbinde,
bandasjere
dress up 1 pynte seg **2** kle seg ut
dresser subst. /ˈdresə/
1 kjøkkenskap *n*
2 *(amer.)* kommode *m*
dressing subst. /ˈdresɪŋ/
1 påkledning *m/f*
2 (salat)dressing *m*
3 bandasje *m*, forbinding *m/f*
dressing gown subst. slåbrok *m*
dress rehearsal subst.
generalprøve *m/f*
dress shirt subst. smokingskjorte *m/f*
dressy adj. /ˈdresɪ/ **1** stilig
2 velkledd, pyntet
drew verb /druː/ *se* ▶draw²
dribble verb /ˈdrɪbl/ **1** dryppe
2 sikle
3 *(sport)* drible
drift¹ subst. /drɪft/ **1** drift *m/f*
2 strøm *m*, flukt *m/f*
3 retning *m/f*
4 tankegang *m* • *if you catch my drift*
hvis du skjønner hva jeg mener
drift² verb /drɪft/ drive, gli
drill¹ subst. /drɪl/ bor *m/n*, drill *m*
drill² verb /drɪl/ **1** drille, bore (hull i)
2 øve inn
drink¹ subst. /drɪŋk/ drikk *m*
drink² verb (drank – drunk) /drɪŋk/
drikke
drip¹ subst. /drɪp/ drypp *n*
drip² verb /drɪp/ dryppe
drive¹ subst. /draɪv/ **1** kjøretur *m*
2 drivkraft *m/f*
3 kampanje *m*, fremstøt *n*
drive² verb (drove – driven) /draɪv/
1 kjøre
2 drive, jage
drive somebody mad gjøre noen gal
drivel¹ subst. /ˈdrɪvl/ **1** vrøvl *n*
2 sikkel *n*
drivel² verb /ˈdrɪvl/ **1** tøyse
2 sikle
driven¹ verb /ˈdrɪvᵊn/ *se* ▶drive²
driven² adj. /ˈdrɪvn/ sterkt motivert
driver subst. /ˈdraɪvə/ sjåfør *m*

driver's license subst. *(amer.)*
førerkort *n*
driving subst. /ˈdraɪvɪŋ/ kjøring *m/f*
driving licence subst. førerkort *n*
driving wheel subst. drivhjul *n*
drizzle subst. /ˈdrɪzl/ duskregn *n*
drone¹ subst. /drəʊn/
1 surring *m/f*, summing
2 drone *m*
drone² verb /drəʊn/ **1** brumme
2 late seg
drone on snakke og snakke
drool¹ subst. /druːl/ sikkel *m*
drool² verb /druːl/ sikle
droop verb /druːp/ henge (ned)
drop¹ subst. /drɒp/ **1** dråpe *m*
2 fall *n*
3 drops *n*
4 øredobb *m*
drop² verb /drɒp/ **1** dryppe
2 falle, synke
3 miste, slippe
4 utelate, velge bort
drop by/in stikke innom
dropout subst. /ˈdrɒpaʊt/ elev/student
som ikke fullfører skolen/studiet
drought subst. /draʊt/ tørke *m/f*
drove verb /drəʊv/ *se* ▶drive²
drown verb /draʊn/ **1** drukne
2 oversvømme
drowse verb /draʊz/ døse
drowsy adj. /ˈdraʊzɪ/ søvnig, døsig
drudge verb /drʌdʒ/ slite og streve
drudgery subst. /ˈdrʌdʒᵊrɪ/
slit og strev
drug¹ subst. /drʌg/ **1** legemiddel *n*
2 rusmiddel *n*
drugs narkotika
drug² verb /drʌg/
1 gi bedøvende middel
2 forgifte
3 bruke narkotika
drug abuser subst. stoffmisbruker *m*,
narkoman *m*
drug addict subst. stoffmisbruker *m*
drug cartel subst. narkotikakartell *n*
drug dealer subst. narkotikalanger *m*
druggist subst. /ˈdrʌgɪst/ *(amer.)*
farmasøyt *m*
drugstore subst. /ˈdrʌgstɔː/ *(amer.)*
omtr. dss. apotek *n*
drug trafficking subst.
narkotikasmugling *m/f*

drum subst. /drʌm/ **1** tromme *m/f*
2 trommel *m*
drummer subst. /'drʌmə/
trommeslager *m*
drum roll subst. trommevirvel *m*
drumstick subst. /'drʌmstɪk/
trommestikke *m/f*
drunk¹ subst. /drʌŋk/ fyllik *m*
drunk² verb /drʌŋk/ *se* ▶drink²
drunk³ adj. /drʌŋk/ full, beruset
drunken adj. /'drʌŋkən/ full, beruset
drunkenness subst. /'drʌŋkənnəs/
rus *m/n*, fyll *m/f*
dry¹ verb /draɪ/ tørke
dry² adj. /draɪ/ tørr
dry-clean verb /ˌdraɪ'kliːn/ tørrense
dry-cleaner subst. /ˌdraɪ'kliːnə/
renseri *n*
dry-shod adj. /'draɪʃɒd/ tørrskodd
dual adj. /'djuːəl/, /'dʒuːəl/ dobbelt,
todelt
dual carriageway subst.
vei med midtrabatt
dubious adj. /'djuːbɪəs/, /'dʒuːbɪəs/
1 tvilsom
2 tvilende
duchess subst. /'dʌtʃəs/
hertuginne *m/f*
duchy subst. /'dʌtʃɪ/ hertugdømme *n*
duck¹ subst. /dʌk/ and *m/f*
duck² subst. /dʌk/ seilduk *m*
duck³ verb /dʌk/ **1** dukke, dykke ned
2 bukke
duckling subst. /'dʌklɪŋ/ andunge *m*
dude subst. /duːd/ fyr *m*, type *m*
due¹ subst. /djuː/, /dʒuː/
1 det man skylder
2 det man har rett til
dues avgifter
due² adj. /djuː/, /dʒuː/
1 som skal betales
2 skyldig, forfalt • *when is the rent
due?*

3 passende • *with due respect*
be due to skyldes
in due time i rett tid, i tide
duel¹ subst. /'djuːəl/, /'dʒuːəl/ duell *m*
duel² verb /'djuːəl/, /'dʒuːəl/ duellere
duet subst. /dʒʊ'et/, /djʊ'et/ duett *m*
dug verb /dʌg/ *se* ▶dig
duke subst. /djuːk/, /dʒuːk/ hertug *m*
dull¹ verb /dʌl/ sløve, gjøre sløv
dull² adj. /dʌl/ **1** matt
2 kjedelig
3 sløv, treg
4 dump
dullness subst. /'dʌlnəs/ sløvhet *m*,
kjedsommelighet *m*
dumb adj. /dʌm/ **1** stum
2 *(spesielt amer.)* dum
dumbfounded adj. /dʌm'faʊndɪd/
forbløffet
dummy subst. /'dʌmɪ/
1 utstillingsdukke *m/f*
2 etterligning *m/f*, test
3 smokk *m*
4 tosk *m*
dump¹ subst. /dʌmp/ søppelhaug *m*,
fylling *m/f*
dump² verb /dʌmp/ **1** dumpe
2 sette fra seg
3 kvitte seg med
dumpling subst. /'dʌmplɪŋ/
1 melbolle *m*
2 innbakt eple *n*
dune subst. /djuːn/, /dʒuːn/
sanddyne *m*
dung subst. /dʌŋ/ gjødsel *m/f*
dupe verb /djuːp/, /dʒuːp/ lure, narre
duplicate¹ subst. /'djuːplɪkət/,
/'dʒuːplɪkət/ kopi *m*
duplicate² verb /'djuːplɪkeɪt/,
/'dʒuːplɪkeɪt/ **1** fordoble
2 kopiere
durability subst. /ˌdʒʊərə'bɪlətɪ/,
/ˌdjʊərə'bɪlətɪ/ varighet *m*

durable adj. /ˈdjʊərəbl/, /ˈdʒʊərəbl/
varig, holdbar
duration subst. /dʒʊəˈreɪʃən/
/djʊəˈreɪʃən/ varighet *m*
during preposisjon /ˈdjʊərɪŋ/,
/ˈdʒʊərɪŋ/ under, i løpet av
dusk subst. /dʌsk/ skumring *m/f,*
tussmørke *n*
dust[1] subst. /dʌst/ støv *n*
dust[2] verb /dʌst/ tørke støv (av)
dustbin subst. /ˈdʌs(t)bɪn/
søppelkasse *m/f*
duster subst. /ˈdʌstə/ støveklut *m*
dustman subst. /ˈdʌs(t)mən/
søppeltømmer *m*
dustpan subst. /ˈdʌs(t)pæn/ feiebrett *n*
dusty adj. /ˈdʌstɪ/ støvet
Dutch adj. /dʌtʃ/ hollandsk,
nederlandsk
  go Dutch spleise
Dutchman subst. /ˈdʌtʃmən/
hollender *m*
dutiful adj. /ˈdjuːtɪfəl/, /ˈdʒuːtɪfəl/
pliktoppfyllende
duty subst. /ˈdjuːtɪ/, /ˈdʒuːtɪ/
  1 plikt *m/f*
  2 avgift *m/f*
  on duty 1 i tjeneste **2** på vakt
duty-free adj. /ˌdʒuːtɪˈfriː/, /ˌdjuːtɪˈfriː/
tollfri

DVD *(fork. for* Digital Versatile Disc*)*
DVD
dwarf subst. (flertall: dwarfs eller
dwarves) /dwɔːf/ (i eventyr) dverg *m*
dwell verb (dwelt – dwelt eller dwelled
  – dwelled) /dwel/ **1** bo, være bosatt
  2 ligge
  dwell on dvele ved
dwelling subst. /ˈdwelɪŋ/ bolig *m*
dwelt verb /dwelt/ *se* ▶dwell
dwindle verb /ˈdwɪndl/ **1** skrumpe inn
  2 svinne
dye[1] subst. /daɪ/ fargestoff *n*
dye[2] verb /daɪ/ farge
dyer subst. /ˈdaɪə/ farger *m*
dying adj. /ˈdaɪɪŋ/ døende
dyke[1] subst. /daɪk/ **1** dike *n*
  2 demning *m/f*
dyke[2] subst. /daɪk/ *(slang, ofte
  nedsettende)* lesbe *m/f*
dynamic adj. /daɪˈnæmɪk/ dynamisk
dynamics subst. *flt.* dynamikk *m*
dynamite subst. /ˈdaɪnəmaɪt/
dynamitt *m*
dynamo subst. /ˈdaɪnəməʊ/ dynamo *m*
dynasty subst. /ˈdɪnəstɪ/ dynasti *n*
dysentery subst. /ˈdɪsntrɪ/ *(sykdom)*
dysenteri *m*
dyslexia subst. /dɪsˈleksɪə/ dysleksi *m*
dyslexic adj. /dɪsˈleksɪk/ *eller*
  dyslectic dyslektisk

each[1] adverb /iːtʃ/ hver, hvert
each[2] determinativ /iːtʃ/ hver, hvert,
hver enkelt
each other pronomen hverandre
eager adj. /ˈiːgə/ ivrig
  eager to ivrig etter å
eagerness subst. /ˈiːgənəs/ iver *m*
eagle subst. /ˈiːgl/ ørn *m/f*
eaglet subst. /ˈiːglət/ ørnunge *m*
ear[1] subst. /ɪə/ øre
ear[2] subst. /ɪə/ *(på plante)* aks *n*
earache subst. /ˈɪəreɪk/ øreverk *m*
eardrum subst. /ˈɪədrʌm/
trommehinne *m/f*
earl subst. /ɜːl/ greve *m*, jarl *m*
ear lobe subst. øreflipp *m*
early adj. /ˈɜːlɪ/ tidlig

earmark subst. /ˈɪəmɑːk/ øremerke *n*
earn verb /ɜːn/ **1** tjene
  2 fortjene
earnest[1] subst. /ˈɜːnɪst/ alvor *n*
  be in earnest mene noe alvorlig
earnest[2] adj. /ˈɜːnɪst/ **1** alvorlig
  2 ivrig, inntrengig
earnings subst. *flt.* /ˈɜːnɪŋz/
  1 inntekt *m/f*
  2 avkastning *m/f*
earth subst. /ɜːθ/ jord *m/f,* jordklode *m*
earthen adj. /ˈɜːθən/ jord-, leir-
earthenware subst. /ˈɜːθnweə/
leirvarer
earthly adj. /ˈɜːθlɪ/ jordisk
earthquake subst. /ˈɜːθkweɪk/
jordskjelv *m/n*

earthworm subst. /ˈɜːθwɜːm/
  meitemark *m*
earwax subst. /ˈɪəwæks/ ørevoks *m/n*
ease¹ subst. /iːz/ **1** letthet *m*
  2 velvære *n*
  3 sorgløshet *m*
  at ease avslappet
  with ease med letthet
ease² verb /iːz/ **1** lindre, lette
  2 berolige, roe ned
  3 løsne, slakke
easel subst. /ˈiːzl/ staffeli *n*
easiness subst. /ˈiːzɪnəs/
  1 letthet *m*, enkelhet *m*
  2 utvungenhet *m*
east¹ subst. /iːst/ øst *n*
east² adj. /iːst/ østlig, øst-
  the East Østen *(Asia)*
Easter subst. /ˈiːstə/ påske *m/f*
Easter Day subst. *eller*
  Easter Sunday 1. påskedag
Easter egg subst. påskeegg *n*
easterly adj. /ˈiːstəlɪ/ østlig
eastern adj. /ˈiːstən/ østlig, østre, øst-
  Eastern Europe Øst-Europa
eastward adj. /ˈiːstwəd/ østlig, øst-
easy adj. /ˈiːzɪ/ **1** lett
  2 rolig, avslappet
easy chair subst. lenestol *m*
easy-going adj. /ˈiːzɪˌɡəʊɪŋ/
  1 bedagelig
  2 avslappet
eat verb (ate – eaten) /iːt/ spise
eatable adj. /ˈiːtəbl/ spiselig
eaten verb /ˈiːtn/ *se* ▸eat
eating disorder subst.
  spiseforstyrrelse *m*
eaves subst. *flt.* /iːvz/ takskjegg *n*
eavesdrop verb /ˈiːvzdrɒp/ tyvlytte
ebb¹ subst. /eb/ **1** ebbe *m*, fjære *m/f*
  2 nedgang *m*
  ebb and flow flo og fjære
ebb² verb /eb/ gå tilbake, ebbe
ebony subst. /ˈebənɪ/ ibenholt *m/n*
e-book subst. /ˈiːbʊk/ *(IT)* e-bok *m/f*
eccentric adj. /ɪkˈsentrɪk/ eksentrisk
echo¹ subst. /ˈekəʊ/ ekko *n*
echo² verb /ˈekəʊ/ gi ekko, runge
eclipse subst. /ɪˈklɪps/ formørkelse *m*
  lunar eclipse måneformørkelse
  solar eclipse solformørkelse
ecological adj. /ˌiːkəˈlɒdʒɪkəl/
  økologisk
ecology subst. /iːˈkɒlədʒɪ/ økologi *m*

e-commerce subst. /ˈiːˌkɒməs/ *(IT)*
  e-handel *m*
economic adj. /ˌiːkəˈnɒmɪk/
  1 økonomisk
  2 lønnsom
economical adj. /ˈiːkənɒmɪkəl/
  1 økonomisk
  2 sparsommelig, besparende
economics subst. /ˌiːkəˈnɒmɪks/
  1 økonomi *m*
  2 sosialøkonomi *m*
economist subst. /ɪˈkɒnəmɪst/
  økonom *m*
economy subst. /ɪˈkɒnəmɪ/
  1 økonomi *m*
  2 sparsommelighet *m*
ecosystem subst. /ˈiːkəʊˌsɪstəm/
  økosystem *n*
ecstasy subst. /ˈekstəsɪ/ **1** ekstase *m*
  2 *(narkotika)* ecstasy *m*
eczema subst. /ˈeksɪmə/ eksem *m/n*
eddy subst. /ˈedɪ/ virvel *m*
edge subst. /edʒ/
  1 kant *m*, rand *m*, egg *m*
  2 skarphet *m*
  on edge nervøs, irritabel
  on the edge of på nippet til å
edgeways adverb /ˈedʒweɪz/ på kant,
  på siden
  get a word in edgeways presse inn
  et ord
edible adj. /ˈedɪbl/ spiselig
edifice subst. /ˈedɪfɪs/ byggverk *n*
edifying adj. /ˈedɪfaɪŋ/ oppbyggelig
edit verb /ˈedɪt/ redigere
edition subst. /ɪˈdɪʃən/ **1** utgave *m/f*
  2 opplag *n*
editor subst. /ˈedɪtə/ redaktør *m*,
  utgiver *m*
editorial subst. /ˌedɪˈtɔːrɪəl/
  lederartikkel *m*
editorial staff subst. redaksjon *m*
educate verb /ˈedjʊkeɪt/, /ˈedʒʊkeɪt/
  utdanne, lære (opp)
education subst. /ˌedʒʊˈkeɪʃən/,
  /ˌedjʊˈkeɪʃən/ utdannelse *m*,
  undervisning *m/f*
eel subst. /iːl/ *(fisk)* ål *m*
effect subst. /ɪˈfekt/ **1** effekt *m*
  2 virkning *m/f*
  3 resultat *n*, følge *m*
  effects eiendeler
  in effect egentlig
  take effect 1 tre i kraft **2** virke

a b c d e f g h i j k l m n o p q r s t u v w x y z

effective adj. /ɪˈfektɪv/ effektiv,
virkningsfull
efficiency subst. /ɪˈfɪʃᵊnsɪ/
effektivitet *m*
efficient adj. /ɪˈfɪʃᵊnt/ effektiv
effort subst. /ˈefət/ anstrengelse *m*
  make an effort anstrenge seg
e.g. /ˌiːˈdʒiː/ *(fork. for* exempli gratia*)*
f.eks., for eksempel
egg¹ subst. /eg/ egg *n*
egg² verb /eg/ egge
egg cup subst. eggeglass *n*
eggplant subst. /ˈegplɑːnt/ *(amer.)*
aubergine *m*
eggshell subst. /ˈegʃel/ eggeskall *n*
egoism subst. /ˈiːgəʊɪzᵊm/
egoisme *m*, selvopptatthet *m*
egoist subst. /ˈiːgəʊɪst/ selvopptatt
person *m*
egoistic adj. /ˌiːgəʊˈɪstɪk/ egoistisk
egotism subst. /ˈiːgə(ʊ)tɪzᵊm/
egotisme *m*, selvopptatthet *m*
egotist subst. /ˈiːgə(ʊ)tɪst/ egoist *m*
egotistic adj. /ˌiːgə(ʊ)ˈtɪstɪk/ egoistisk
Egypt /ˈiːdʒɪpt/ Egypt
Egyptian¹ subst. /ɪˈdʒɪpʃᵊn/ egypter *m*
Egyptian² adj. /ɪˈdʒɪpʃᵊn/ egyptisk
eider subst. /ˈaɪdə/ ærfugl *m*
eight determinativ /eɪt/ åtte
eighteen determinativ /ˌeɪˈtiːn/,
foranstilt: /ˈeɪˌtiːn/ atten
eighteenth adj. /ˌeɪˈtiːnθ/, foranstilt:
/ˈeɪtiːnθ/ attende
eighth adj. /eɪtθ/ åttende
eighty determinativ /ˈeɪtɪ/ åtti
either¹ adverb /ˈaɪðə/, amer. /ˈiːðə/
heller, slett ikke • *she didn't want to
come either*
either² determinativ /ˈaɪðə/, amer.
/ˈiːðə/ hver, begge • *in either case*
either³ konjunksjon /ˈaɪðə/, /ˈiːðə/ enten
  either ... or 1 enten ... eller **2** både ...
og **3** hverken/verken ... eller
ejaculate verb /ɪˈdʒækjʊleɪt/ ejakulere,
sprøyte ut
eject verb /ɪˈdʒekt/ **1** støte ut
  2 fordrive, kaste ut
elaborate¹ verb /ɪˈlæbəreɪt/ **1** utarbeide
  2 utdype
elaborate² adj. /ɪˈlæbᵊrət/
  1 (omhyggelig) utarbeidet
  2 omstendelig
elaboration subst. /ɪˌlæbəˈreɪʃᵊn/
  1 utarbeidelse *m*

  2 utdyping *m/f*
elastic¹ subst. /ɪˈlæstɪk/ strikk *m*
elastic² adj. /ɪˈlæstɪk/ elastisk, tøyelig
elasticity subst. /ˌɪlæsˈtɪsətɪ/
elastisitet *m*, tøyelighet *m*
elbow subst. /ˈelbəʊ/ albue *m*
elder¹ subst. /ˈeldə/ *(tresort)* hyll *m*
elder² adj. /ˈeldə/ eldre
  • *his elder brother*
elderly adj. /ˈeldəlɪ/ **1** eldre
  2 aldrende
eldest adj. /ˈeldɪst/ eldst
elect verb /ɪˈlekt/ velge
election subst. /ɪˈlekʃᵊn/ valg *n*
elective¹ subst. /ɪˈlektɪv/ valgfag *n*
elective² adj. /ɪˈlektɪv/ **1** valg-
  2 valgfri, frivillig
elector subst. /ɪˈlektə/ **1** velger *m*
  2 *(amer., politikk)* valgmann *m*
electorate subst. /ɪˈlektᵊrət/
velgergruppe *m/f*
  the electorate velgerne
electric adj. /ɪˈlektrɪk/ elektrisk
electrical engineer subst.
elektroingeniør *m*
electrician subst. /ɪlekˈtrɪʃᵊn/
elektriker *m*
electricity subst. /ɪlekˈtrɪsətɪ/
elektrisitet *m*
electrify verb /ɪˈlektrɪfaɪ/
  1 elektrifisere
  2 sende strøm gjennom
electron subst. /ɪˈlektrɒn/ elektron *n*
elegance subst. /ˈelɪgəns/ eleganse *m*
elegant adj. /ˈelɪgənt/ elegant
elegy subst. /ˈelɪdʒɪ/ klagesang *m*,
elegi *m*
element subst. /ˈelɪmənt/ **1** element *n*
  2 *(kjemi)* grunnstoff *n*
elementary adj. /ˌelɪˈmentᵊrɪ/
  1 elementær
  2 enkel
elementary school subst.
barneskole *m*
elephant subst. /ˈelɪfənt/ elefant *m*
elevate verb /ˈelɪveɪt/ heve, løfte
elevation subst. /ˌelɪˈveɪʃᵊn/
  1 forhøyelse *m*, løfting *m/f*
  2 høyde *m*, haug *m*
  3 høyde over havet
elevator subst. /ˈelɪveɪtə/ *(amer.)* heis *m*
eleven determinativ /ɪˈlevn/ elleve
eleventh adj. /ɪˈlevnθ/ ellevte
elf subst. (flertall: elves) /elf/ alv *m*

elicit verb /ɪˈlɪsɪt/ fremkalle,
lokke frem
eligibility subst. /ˌelɪdʒəˈbɪləti/
valgbarhet m
eligible adj. /ˈelɪdʒəbl/ **1** kvalifisert
2 ønskelig
eliminate verb /ɪˈlɪmɪneɪt/ eliminere,
ta bort, fjerne
elimination subst. /ɪˌlɪmɪˈneɪʃᵊn/
eliminering m/f
elite subst. /ɪˈliːt/ elite m
elk subst. /elk/ elg m
elm subst. /elm/ *(tresort)* alm m
elope verb /ɪˈləʊp/ rømme *(for å gifte
seg)*
eloquence subst. /ˈeləkwəns/
veltalenhet m
eloquent adj. /ˈeləkwənt/ veltalende
else adverb /els/ **1** ellers
2 annet, mer • *was there something
else?*
elsewhere adverb /ˌelsˈweə/
et annet sted
elucidate verb /ɪˈluːsɪdeɪt/ klargjøre
elude verb /ɪˈluːd/ unngå, unnvike
elusive adj. /ɪˈluːsɪv/ vanskelig å
gripe/få tak i
emaciated adj. /ɪˈmeɪʃɪeɪtɪd/ avmagret
e-mail subst. /ˈiːmeɪl/ *(fork. for
electronic mail)* e-post m
emanate verb /ˈeməneɪt/ strømme ut
emanate from komme fra
emancipate verb /ɪˈmænsɪpeɪt/
frigjøre, gjøre uavhengig
emancipation subst. /ɪˌmænsɪˈpeɪʃᵊn/
frigjøring m/f
embalm verb /ɪmˈbɑːm/ balsamere
embank verb /ɪmˈbæŋk/ demme opp
embankment subst. /ɪmˈbæŋkmənt/
oppdemning m/f,
forklaring: elvebredd forsterket med
mur eller jord
embargo subst. /ɪmˈbɑːgəʊ/
handelsblokade m
embark verb /ɪmˈbɑːk/ gå om bord
embark on gi seg i kast med
embarrass verb /ɪmˈbærəs/ gjøre flau
embarrassment subst.
/ɪmˈbærəsmənt/ **1** forlegenhet m
2 pengeknipe m/f
embassy subst. /ˈembəsi/
ambassade m
embed verb /ɪmˈbed/ sette inn *(også
IT)*, sette fast

embezzle verb /ɪmˈbezl/
begå underslag
embezzlement subst. /ɪmˈbezlmənt/
underslag n
embittered verb /ɪmˈbɪtəd/ forbitret
embolden verb /ɪmˈbəʊldᵊn/
gjøre dristig, gi mot
embrace¹ subst. /ɪmˈbreɪs/
omfavnelse m
embrace² verb /ɪmˈbreɪs/ **1** omfavne
2 omfatte
embroider verb /ɪmˈbrɔɪdə/ brodere
embroidery subst. /ɪmˈbrɔɪdᵊrɪ/
broderi n
embryo subst. /ˈembrɪəʊ/ foster n
emerald subst. /ˈemərᵊld/ smaragd m
emerge verb /ɪˈmɜːdʒ/ dukke opp,
komme frem
emergency subst. /ɪˈmɜːdʒᵊnsɪ/
nødstilfelle n, nødssituasjon m
emergency brake subst. nødbrems m
emergency care subst. akutt
helsehjelp m/f
emergency exit subst. nødutgang m
emergency room subst. *(amer.)*
legevakt m/f, akuttmottak n
emigrate verb /ˈemɪgraɪt/ utvandre
emigration subst. /ˌemɪˈgraɪʃᵊn/
utvandring m/f
eminence subst. /ˈemɪnəns/
berømthet m, fremstående person m
Your Eminence Deres Eminense
eminent adj. /ˈemɪnənt/ fremragende
emission subst. /ɪˈmɪʃᵊn/ utslipp n
emit verb /ɪˈmɪt/ **1** sende ut
2 utstøte, slippe ut • *emit a cry*
3 utstede, emittere
emo subst. /ˈiːməʊ/ *(kortform for
emotional)* emo m
emoji subst. /ɪˈməʊdʒɪ/ *(IT, symbol)*
emoji m
emoticon subst. /ɪˈməʊtɪkɒn/ *(IT,
symbol)* emotikon n
emotion subst. /ɪˈməʊʃᵊn/ følelse m
emotional adj. /ɪˈməʊʃnl/ **1** følsom
2 følelsesmessig
empathize verb /ˈempəθaɪz/
identifisere, føle empati
empathy subst. /ˈempəθɪ/ empati m
emperor subst. /ˈempᵊrə/ keiser m
emphasis subst. /ˈemfəsɪs/
ettertrykk n, vekt m/f
emphasis on vekt på

emphasize verb /'emfəsaɪz/
1 legge trykk på
2 fremheve, legge vekt på
emphatic adj. /ɪm'fætɪk/ ettertrykkelig
empire subst. /'empaɪə/ 1 keiserrike *n*
2 imperium *n*
empirical adj. /ɪm'pɪrɪkəl/ empirisk
employ verb /ɪm'plɔɪ/ 1 sysselsette
2 anvende, bruke
be **employed by** være ansatt hos
employee subst. /ɪm'plɔɪiː/
arbeidstaker *m*, ansatt
employer subst. /ɪm'plɔɪə/
arbeidsgiver *m*
employment subst. /ɪm'plɔɪmənt/
1 arbeid *n*
2 anvendelse *m*
empress subst. /'emprəs/
keiserinne *m/f*
emptiness subst. /'em(p)tɪnəs/
tomhet *m*
empty¹ verb /'em(p)tɪ/ 1 tømme
2 losse
empty² adj. /'em(p)tɪ/ tom
empty of tom for
empty-handed adj. /ˌem(p)tɪ'hændɪd/
tomhendt
enable verb /ɪ'neɪbl/ 1 sette i stand til
2 *(IT)* aktivere
enact verb /ɪ'nækt/ 1 vedta
2 bestemme, foreskrive
3 *(teater)* spille
enamel subst. /ɪ'næməl/ emalje *m*,
glasur *m*
enchant verb /ɪn'tʃɑːnt/ fortrylle
enchantment subst. /ɪn'tʃɑːntmənt/
fortryllelse *m*
encipher verb /ɪn'saɪfə/ kode, kryptere
encircle verb /ɪn'sɜːkl/ omgi, omslutte
enclose verb /ɪn'kləʊz/ 1 innhegne
2 *(i brev e.l.)* vedlegge
3 omgi, omslutte
enclosure subst. /ɪn'kləʊʒə/
innhegning *m/f*
encompass verb /ɪn'kʌmpəs/ 1 omgi
2 inneholde, omfatte
encore subst. /'ɒŋkɔː/
1 ekstranummer *n*
2 dakapo *n*
encounter¹ subst. /ɪn'kaʊntə/ møte *n*
encounter² verb /ɪn'kaʊntə/ støte på,
møte
encourage verb /ɪn'kʌrɪdʒ/
oppmuntre

encouragement subst.
/ɪn'kʌrɪdʒmənt/ oppmuntring *m/f*
encroach verb /ɪn'krəʊtʃ/
trenge seg inn
encroachment subst. /ɪn'krəʊtʃmənt/
inntrengning *m/f*, overgrep *n*
encyclopedia subst. /ɪnˌsaɪklə'piːdjə/
leksikon *n*
end¹ subst. /end/ 1 ende *m*, slutt *m*
2 mål *n*, hensikt *m*
end² verb /end/ 1 avslutte
2 slutte, opphøre
endanger verb /ɪn'deɪndʒə/ sette i fare
endangered adj. /ɪn'deɪndʒəd/ truet,
utrydningstruet *(om dyr og planter)*
endeavour¹ subst. /ɪn'devə/ *eller*
endeavor *(amer.)* anstrengelse *m*
endeavour² verb /ɪn'devə/ *eller*
endeavor *(amer.)* forsøke
ending subst. /'endɪŋ/
1 slutt *m*, ende *m*
2 *(grammatikk)* endelse *m*
endless adj. /'endləs/ endeløs,
uendelig
endorse verb /ɪn'dɔːs/ støtte,
godkjenne
endorsement subst. /ɪn'dɔːsmənt/
1 påtegning *m/f*
2 støtte *m/f*
3 godkjenning *m/f*
endurable adj. /ɪn'djʊərəbl/,
/ɪn'dʒʊərəbl/ utholdelig
endurance subst. /ɪn'djʊərəns/,
/ɪn'dʒʊərəns/ utholdenhet *m*
endure verb /ɪn'djʊə/, /ɪn'dʒʊə/
1 holde ut, tåle
2 vare
enemy subst. /'enəmɪ/ fiende *m*
energetic adj. /ˌenə'dʒetɪk/ energisk
energy subst. /'enədʒɪ/ energi *m*
energy-saving adj. /'enədʒɪˌseɪvɪŋ/
energibesparende
energy source subst. energikilde *m*
enforce verb /ɪn'fɔːs/ 1 håndheve
2 tvinge (frem)
enforcement subst. /ɪn'fɔːsmənt/
håndhevelse *m*
engage verb /ɪn'geɪdʒ/
1 ansette, engasjere
2 oppta
3 forplikte seg, påta seg
engaged adj. /ɪn'geɪdʒd/ 1 opptatt
2 forlovet

engagement subst. /ɪnˈɡeɪdʒmənt/
1 forlovelse *m*
2 avtale *m*

engender verb /ɪnˈdʒendə/ fremkalle, avle

engine subst. /ˈendʒɪn/ motor *m*, maskin *m*

engineer[1] subst. /ˌendʒɪˈnɪə/ ingeniør *m*, tekniker *m*

engineer[2] verb /ˌendʒɪˈnɪə/ 1 bygge
2 planlegge

England /ˈɪŋɡlənd/ England

English[1] subst. /ˈɪŋɡlɪʃ/ *(språk)* engelsk *m/n*
the **English** engelskmennene

English[2] adj. /ˈɪŋɡlɪʃ/ engelsk

Englishman subst. /ˈɪŋɡlɪʃmən/ engelskmann *m*

engrave verb /ɪnˈɡreɪv/ risse inn, gravere

enigma subst. /ɪˈnɪɡmə/ gåte *m/f*

enigmatic adj. /ˌenɪɡˈmætɪk/ gåtefull

enjoy verb /ɪnˈdʒɔɪ/
1 nyte, sette pris på
2 glede seg over
enjoy oneself ha det hyggelig

enjoyable adj. /ɪnˈdʒɔɪəbl/ underholdende

enjoyment subst. /ɪnˈdʒɔɪmənt/ fornøyelse *m*

enlarge verb /ɪnˈlɑːdʒ/ 1 forstørre
2 utvide

enlargement subst. /ɪnˈlɑːdʒmənt/
1 forstørrelse *m*
2 utvidelse *m*

enlighten verb /ɪnˈlaɪtn/ opplyse

enlightenment subst. /ɪnˈlaɪtnmənt/ opplysning *m/f*
the **(Age of) Enlightenment** opplysningstiden

enlist verb /ɪnˈlɪst/ (la seg) verve

enlistment subst. /ɪnˈlɪstmənt/
1 verving *m/f*
2 innrullering *m/f*

enmity subst. /ˈenmətɪ/ fiendskap *m/n*, uvennskap *n*

enormity subst. /ɪˈnɔːmətɪ/ enorm størrelse *m*

enormous adj. /ɪˈnɔːməs/ enorm

enough[1] adj./adverb /ɪˈnʌf/ nok
sure enough ganske riktig

enough[2] determinativ /ɪˈnʌf/ nok
enough of nok av

enquire verb /ɪnˈkwaɪə/ spørre, forhøre seg, undersøke
enquire about spørre om
enquire into undersøke

enrage verb /ɪnˈreɪdʒ/ gjøre rasende

enrich verb /ɪnˈrɪtʃ/ 1 berike
2 pryde

enrol verb (enrolled – enrolled) /ɪnˈrəʊl/ *eller* **enroll** *(amer.)*
1 skrive (seg) inn, melde seg (på)
2 *(i militæret)* verve (seg)

ensign subst. /ˈensaɪn/ flagg *n*, fane *m/f*

enslave verb /ɪnˈsleɪv/ gjøre til slave

enslavement subst. /ɪnˈsleɪvmənt/ slaveri *n*, undertrykkelse *m*

ensure verb /ɪnˈʃɔː/ 1 sørge for
2 sikre, skaffe
ensure that sørge for at

entail verb /ɪnˈteɪl/ føre med seg

entangle verb /ɪnˈtæŋɡl/ 1 vikle inn i
2 filtre (sammen)

entanglement subst. /ɪnˈtæŋɡlmənt/
1 sammenfiltring *m/f*
2 floke *m*, forvikling *m/f*

enter verb /ˈentə/
1 gå inn (i), komme inn (i)
2 delta
3 skrive inn

enterprise subst. /ˈentəpraɪz/ bedrift *m*, virksomhet *m*

enterprising adj. /ˈentəpraɪzɪŋ/ foretaksom, initiativrik

entertain verb /ˌentəˈteɪn/
1 underholde
2 ha gjester
3 overveie, vurdere

entertainment subst. /ˌentəˈteɪnmənt/
1 underholdning *m/f*
2 bevertning *m/f*

enthusiasm subst. /ɪnˈθjuːzɪæzəm/ entusiasme *m*

enthusiastic adj. /ɪnˌθjuːzɪˈæstɪk/ entusiastisk

entice verb /ɪnˈtaɪs/ lokke, friste

entire adj. /ɪnˈtaɪə/ hel

entirely adverb /ɪnˈtaɪəlɪ/ helt, fullt ut

entitle verb /ɪnˈtaɪtl/ 1 berettige
2 sette tittel på
be **entitled to** ha rett til

entity subst. /ˈentɪtɪ/ enhet *m*, ting *m*

entrails subst. *flt.* /ˈentreɪlz/ innvoller

entrance subst. /ˈentrəns/ 1 inngang *m*
2 adgang *m*

entreat verb /ɪnˈtriːt/ bønnfalle, trygle

entrée subst. /'ɑːntreɪ/ **1** adgang *m*
2 *(amer.)* hovedrett *m*
3 *(britisk)* forrett *m*
entrench verb /ɪn'tren(t)ʃ/ etablere,
befeste
entrust verb /ɪn'trʌst/ betro
entry subst. /'entrɪ/ **1** inntreden *m*
2 dør *m/f*, inngangsparti *n*
3 adgang *m*
4 *(i oppslagsverk)* oppslag *n*
entry permit subst. innreisetillatelse *m*
enumerate verb /ɪ'njuːməreɪt/ telle opp
envelop verb /ɪn'veləp/ svøpe inn,
dekke
envelope subst. /'envələʊp/
konvolutt *m*, omslag *n*
enviable adj. /'envɪəbl/
misunnelsesverdig
envious adj. /'envɪəs/ misunnelig
envious of misunnelig på
environment subst. /ɪn'vaɪərənmənt/
1 miljø *n*
2 omgivelser
environmental adj. /ɪn,vaɪərən'mentl/
miljømessig, miljø-
environmentalist subst.
/ɪn,vaɪərən'mentəlɪst/ miljøaktivist *m*
environs subst. *flt.* /ɪn'vaɪərənz/
omgivelser
envision verb /ɪn'vɪʒən/ forestille seg
envoy subst. /'envɔɪ/ representant *m*
envy[1] subst. /'envɪ/ misunnelse *m*
envy[2] verb /'envɪ/ misunne
epic[1] subst. /'epɪk/ epos *n*
epic[2] adj. /'epɪk/ episk
epidemic[1] subst. /,epɪ'demɪk/
epidemi *m*
epidemic[2] adj. /,epɪ'demɪk/ epidemisk
epilepsy subst. /'epɪlepsɪ/ epilepsi *m*
epilogue subst. /'epɪlɒg/ *eller*
epilog *(amer.)* epilog *m*
epiphany subst. /ɪ'pɪfənɪ/
åpenbaring *m/f*
episcopal adj. /ɪ'pɪskəpəl/ biskoppelig,
bispe-
episcopate subst. /ɪ'pɪskəpət/
bispeembete *n*
episode subst. /'epɪsəʊd/ episode *m*
epistle subst. /ɪ'pɪsl/ epistel *m*
epitaph subst. /'epɪtɑːf/ gravskrift *m/f*
epoch subst. /'iːpɒk/ epoke *m*
epos subst. /'epɒs/ epos *n*
equal[1] subst. /'iːkwəl/ like *m*, make *m*

equal[2] verb /'iːkwəl/ **1** være lik
2 kunne måle seg med
equal[3] adj. /'iːkwəl/ **1** lik, like
2 likestilt, jevnbyrdig
equality subst. /ɪk'wɒletɪ/ **1** likhet *m*
2 likestilling *m/f*
equalize verb /'iːkwəlaɪz/ **1** utjevne
2 likestille
3 *(sport)* utligne
equation subst. /ɪ'kweɪʒən/ ligning *m/f*
equator subst. /ɪ'kweɪtə/ ekvator *m*
equestrian subst. /ɪ'kwestrɪən/
rytter *m*
equilibrium subst. /,iːkwɪ'lɪbrɪəm/
likevekt *m/f*, balanse *m*
equinox subst. /'iːkwɪnɒks/
jevndøgn *n*
equip verb /ɪ'kwɪp/ utstyre
equipment subst. /ɪ'kwɪpmənt/
utstyr *n*
equity subst. /'ekwətɪ/ rettferdighet *m*
equivalent adj. /ɪ'kwɪvələnt/
tilsvarende
eradicate verb /ɪ'rædɪkeɪt/ utslette,
utrydde
erase verb /ɪ'reɪz/, amer.: /ɪ'reɪs/
viske ut, slette ut
eraser subst. /ɪ'reɪzə/ viskelær *n*
erect[1] verb /ɪ'rekt/ **1** reise
2 opprette
erect[2] adj. /ɪ'rekt/ rak, oppreist
erection subst. /ɪ'rekʃən/
1 oppføring *m/f*
2 bygg *n*
3 ereksjon *m*
ermine subst. /'ɜːmɪn/ **1** røyskatt *m*
2 hermelin *m*
erode verb /ɪ'rəʊd/ bryte ned, erodere
erosion subst. /ɪ'rəʊʒən/ erosjon *m*,
nedbryting *m/f*
erotic adj. /ɪ'rɒtɪk/ erotisk
err verb /ɜː/ **1** feile
2 synde
errand subst. /'erənd/ ærend *n*
error subst. /'erə/ feil *m*
error message subst. feilmelding *m/f*
erupt verb /ɪ'rʌpt/ **1** ha utbrudd
2 bryte frem
eruption subst. /ɪ'rʌpʃən/ utbrudd *n*
escalate verb /'eskəleɪt/ trappe opp
escalation subst. /,eskə'leɪʃən/
opptrapping *m/f*
escalator subst. /'eskəleɪtə/
rulletrapp *m/f*

escapade subst. /ˌeskəˈpeɪd/
1 eskapade *m*
2 sidesprang *n*
escape verb /ɪˈskeɪp/ **1** rømme
2 slippe unna
escort verb /ɪˈskɔːt/ ledsage
Eskimo subst. /ˈeskɪməʊ/ inuitt *m*,
eskimo *m*
espalier subst. /ɪˈspælɪeɪ/ espalier *n*
especial adj. /ɪˈspeʃəl/ spesiell, særskilt
especially adverb /ɪˈspeʃəlɪ/ særlig,
spesielt
espionage subst. /ˈespɪɒnɑːʒ/
spionasje *m*
essay subst. /ˈeseɪ/ essay *n*,
stil *m (på skolen)*
essence subst. /ˈesns/ essens *m*,
hovedinnhold *n*
  in essence i bunn og grunn, egentlig
essential adj. /ɪˈsenʃəl/ vesentlig,
nødvendig
establish verb /ɪˈstæblɪʃ/
1 opprette, grunnlegge
2 fastslå, bekrefte
establishment subst. /ɪˈstæblɪʃmənt/
1 opprettelse *m*
2 stiftelse *m*
3 butikk *m*
estate subst. /ɪˈsteɪt/ **1** gods *n*
2 *(britisk)* bebyggelse *m*
3 eiendom *m*
estate agent subst.
eiendomsmegler *m*
estate car subst. *(britisk)*
stasjonsvogn *m/f*
esteem[1] subst. /ɪˈstiːm/ aktelse *m*
esteem[2] verb /ɪˈstiːm/ akte,
ha aktelse for
esthetic adj. /iːsˈθetɪk/ *(amer.)* estetisk
estimate[1] subst. /ˈestɪmət/
vurdering *m/f*
estimate[2] verb /ˈestɪmeɪt/ beregne,
vurdere
estimation subst. /ˌestɪˈmeɪʃən/
1 beregning *m/f*, overslag *n*
2 aktelse *m*
Estonia /eˈstəʊnjə/ Estland
estrogen subst. /ˈiːstrədʒən/, amer.:
/ˈestrədʒən/ *(amer.)* østrogen *n*
estuary subst. /ˈestʃʊərɪ/, /ˈestjʊərɪ/
elvemunning *m/f*
etc. *(fork. for* et cetera) etc.
eternal adj. /ɪˈtɜːnl/ evig
eternalize verb /ɪˈtɜːnəlaɪz/ forevige

eternity subst. /ɪˈtɜːnətɪ/ evighet *m*
ethics subst. /ˈeθɪks/ etikk *m*
ethnic adj. /ˈeθnɪk/ etnisk
the EU /ˌiːˈjuː/ *(fork. for* the European
Union) EU *(Den europeiske union)*
eulogy subst. /ˈjuːlədʒɪ/ lovtale *m*,
minnetale *m*
euphoria subst. /juˈfɔːrɪə/ eufori *m*
Euro subst. /ˈjʊərəʊ/ *(myntenhet)*
euro *m*
Europe /ˈjʊərəp/ Europa
European[1] subst. /ˌjʊərəˈpiːən/
europeer *m*
European[2] adj. /ˌjʊərəˈpiːən/
europeisk
European Economic Area *(forkortes
EEA)* Det europeiske økonomiske
samarbeidsområdet, EØS
the European Parliament
Europaparlamentet
the European Union *(forkortes EU)*
Den europeiske union, EU
Eurovision Song Contest
Melodi Grand Prix
euthanasia subst. /juːθəˈneɪzjə/
barmhjertighetsdrap *n*
evacuate verb /ɪˈvækjʊeɪt/
1 rømme, evakuere
2 tømme
evacuation subst. /ɪˌvækjʊˈeɪʃən/
evakuering *m/f*
evade verb /ɪˈveɪd/ unnvike
evaluate verb /ɪˈvæljʊeɪt/ evaluere,
vurdere
evaluation subst. /ɪˌvæljʊˈeɪʃən/
evaluering *m/f*
evangelic adj. /ˌiːvænˈdʒelɪk/
evangelisk
evaporate verb /ɪˈvæpəreɪt/ fordampe
evasion subst. /ɪˈveɪʒən/
unnvikelse *m*
evasive adj. /ɪˈveɪsɪv/ unnvikende
eve subst. /iːv/ *(mest poetisk)* aften *m*
  on the eve of kvelden før
even[1] verb /ˈiːvən/ jevne
  even out jevne ut
even[2] adj. /ˈiːvən/ **1** jevn, flat
2 lik, par- *(om tall)*
  • *even numbers* partall
3 skuls • *now we're even*
even[3] adverb /ˈiːvən/
1 til og med, også
2 *(ved sammenligning)* enda
  • *even better* enda bedre

3 ennå, allerede
even if/though selv om
not even ikke en gang
evening subst. /ˈiːvnɪŋ/ kveld *m*
event subst. /ɪˈvent/ **1** hendelse *m*
 2 tilfelle *n*
 in any event i alle tilfeller
 in that event i så fall
eventful adj. /ɪˈventfəl/ begivenhetsrik
eventual adj. /ɪˈventʃʊəl/ endelig,
 til slutt
eventuality subst. /ɪˌventʃʊˈælətɪ/
 mulighet *m*, ulig utfall *n*
eventually adverb /ɪˈventʃʊəlɪ/
 til slutt, omsider
ever adverb /ˈevə/
 1 noensinne, noen gang
 2 *(etter spørreord)* i all verden, i alle
 dager • *how ever did you do that?*
 ever since helt siden, så lenge
 for ever for alltid
evergreen adj. /ˈevəgriːn/ eviggrønn
everlasting adj. /ˌevəˈlɑːstɪŋ/ evig,
 evigvarende
evermore adverb /ˌevəˈmɔː/ evig
every determinativ /ˈevrɪ/ hver, alle
 every bit as like • *every bit as good*
 like god
 every time hver gang
everybody pronomen /ˈevrɪˌbɒdɪ/ alle
everyday adj. /ˈevrɪdeɪ/ hverdags-,
 hverdagslig
everyone pronomen /ˈevrɪwʌn/ alle
everything pronomen /ˈevrɪθɪŋ/ alt
everywhere adverb /ˈevrɪweə/ overalt
evict verb /ɪˈvɪkt/ kaste ut
evidence subst. /ˈevɪdəns/ bevis *n*
evident adj. /ˈevɪdənt/ tydelig, åpenbar
evil[1] subst. /ˈiːvəl/ ondskap *m*
evil[2] adj. /ˈiːvəl/ ond
evil-minded adj. /ˌiːvəlˈmaɪndɪd/
 ondsinnet
evoke verb /ɪˈvəʊk/ vekke, fremkalle
evolution subst. /ˌiːvəˈluːʃən/ utvikling
 m/f, evolusjon *m*
 theory of evolution evolusjonsteori,
 utviklingslære
ex[1] subst. /eks/ ekskjæreste *m*
ex[2] preposisjon /eks/
 1 *(om varer, solgt direkte)* fra
 2 eksklusive, uten
exact[1] verb /ɪɡˈzækt/ kreve, fordre
exact[2] adj. /ɪɡˈzækt/ eksakt, nøyaktig
exacting adj. /ɪɡˈzæktɪŋ/ krevende

exaggerate verb /ɪɡˈzædʒəreɪt/
 overdrive
exaggeration subst. /ɪɡˌzædʒəˈreɪʃən/
 overdrivelse *m*
exam subst. /ɪɡˈzæm/ eksamen *m*
examination subst. /ɪɡˌzæmɪˈneɪʃən/
 1 undersøkelse *m*
 2 eksamen *m*
examination paper subst.
 eksamensoppgave *m/f*
examine verb /ɪɡˈzæmɪn/ undersøke
examiner subst. /ɪɡˈzæmɪnə/
 1 inspektør *m*
 2 sensor *m*
example subst. /ɪɡˈzɑːmpl/ eksempel *n*
 for example for eksempel
exasperate verb /ɪɡˈzæspəreɪt/ irritere
exasperating adj. /ɪɡˈzæspəreɪtɪŋ/
 irriterende
excavate verb /ˈekskəveɪt/ grave (ut)
excavation subst. /ˌekskəˈveɪʃən/
 utgravning *m/f*
exceed verb /ɪkˈsiːd/ overgå,
 overskride
exceedingly adverb /ɪkˈsiːdɪŋlɪ/
 ytterst, overmåte
excel verb /ɪkˈsel/ **1** være best
 2 overgå, være bedre enn
 excel in/at utmerke seg i
excellence subst. /ˈeksələns/
 fortreffelighet *m*
excellency subst. /ˈeksələnsɪ/
 eksellense *m*
 His/Her Excellency Hans/Hennes
 Eksellense
excellent adj. /ˈeksələnt/ utmerket
except[1] verb /ɪkˈsept/ unnta
except[2] preposisjon /ɪkˈsept/ utenom,
 unntatt
 except for bortsett fra
 except that utenom at
exception subst. /ɪkˈsepʃən/
 1 unntak *n*
 2 innvending *m/f*
exceptional adj. /ɪkˈsepʃənl/ uvanlig,
 eksepsjonell
excerpt subst. /ˈeksɜːpt/ utdrag *n*
excess subst. /ɪkˈses/, foranstilt:
 /ˈɪkses/ **1** overmål *n*, overflod *m*
 2 overskudd *n*
 excesses utskeielser
excessive adj. /ɪkˈsesɪv/
 usedvanlig stor, overdreven

excessively adverb /ɪk'sesɪvlɪ/
overdrevent

exchange¹ subst. /ɪks'tʃeɪndʒ/
  1 bytte *n*
  2 utveksling *m/f*,
  meningsutveksling *m/f*
  3 veksling *m/f*
  4 valuta(kurs) *m*, børs *m*

exchange² verb /ɪks'tʃeɪndʒ/ utveksle,
skifte, veksle
  exchange for bytte mot

exchangeable adj. /ɪks'tʃeɪndʒəbl/
utskiftbar

exchange student subst.
utvekslingsstudent *m*

excite verb /ɪk'saɪt/ hisse opp

excited adj. /ɪk'saɪtɪd/ entusiastisk
  excited about 1 spent på
  2 begeistret for

excitement subst. /ɪk'saɪtmənt/
  1 begeistring *m/f*
  2 opphisselse *m*
  3 spenning *m/f*

exciting adj. /ɪk'saɪtɪŋ/ spennende

exclaim verb /ɪks'kleɪm/ utbryte, rope

exclamation subst. /ˌeksklə'meɪʃn/
  1 utrop *n*
  2 utbrudd *n*

exclamation mark subst. utropstegn *n*

exclude verb /ɪks'klu:d/
  1 stenge (noen/noe) ute
  2 utelukke

exclusion subst. /ɪks'klu:ʒən/
utestenging *m/f*, utelukkelse *m*

exclusive adj. /ɪks'klu:sɪv/ **1** eksklusiv
  2 utelukkende

excrement subst. /'ekskrəmənt/
ekskrement *n*

excursion subst. /ɪk'skɜ:ʃən/
utflukt *m*, tur *m*

excuse¹ subst. /ɪk'skju:s/
unnskyldning *m/f*

excuse² verb /ɪk'skju:z/ **1** unnskylde
  2 frita
  excuse me unnskyld, beklager

execute verb /'eksɪkju:t/ **1** henrette
  2 utføre
  3 *(jus)* fullbyrde

execution subst. /ˌeksɪ'kju:ʃn/
  1 henrettelse *m*
  2 utførelse *m*
  3 *(jus)* fullbyrdelse *m*

executioner subst. /ˌeksɪ'kju:ʃənə/
bøddel *m*

executive¹ subst. /ɪg'zekjətɪv/
  1 leder *m*, sjef *m*
  2 utøvende makt *m/f*

executive² adj. /ɪg'zekjətɪv/ utøvende

exemplary adj. /ɪg'zemplərɪ/
eksemplarisk

exemplify verb /ɪg'zemplɪfaɪ/
være et eksempel på

exempt¹ verb /ɪg'zempt/ frita

exempt² adj. /ɪg'zempt/ fritatt

exemption subst. /ɪg'zempʃən/ fritak *n*

exercise¹ subst. /'eksəsaɪz/
  1 trening *m/f*
  2 oppgave *m/f*
  3 utøvelse *m*

exercise² verb /'eksəsaɪz/ øve, trene

exert verb /ɪg'zɜ:t/ anvende, utøve
  exert oneself anstrenge seg

exertion subst. /ɪg'zɜ:ʃn/
  1 utøvelse *m*
  2 anstrengelse *m*

exhale verb /eks'heɪl/ utånde, puste ut

exhaust¹ subst. /ɪg'zɔ:st/ eksos *m*

exhaust² verb /ɪg'zɔ:st/ **1** utmatte
  2 tømme, bruke opp

exhaustion subst. /ɪg'zɔ:stʃən/
  1 utmattelse *m*
  2 uttømming *m/f*

exhaustive adj. /ɪg'zɔ:stɪv/ grundig,
uttømmende

exhaust pipe subst. eksosrør *n*

exhibit¹ subst. /ɪg'zɪbɪt/ utstilling *m/f*

exhibit² verb /ɪg'zɪbɪt/ **1** vise frem
  2 utstille

exhibition subst. /ˌeksɪ'bɪʃn/
  1 utstilling *m/f*
  2 fremvisning *m/f*

exhilarate verb /ɪg'zɪləreɪt/ begeistre

exhort verb /ɪg'zɔ:t/ oppfordre (sterkt)

exile subst. /'eksaɪl/ eksil *n*,
landflyktighet *m*

exist verb /ɪg'zɪst/ finnes, eksistere

existence subst. /ɪg'zɪstəns/
tilværelse *m*, eksistens *m*

existent adj. /ɪg'zɪstənt/ eksisterende

exit¹ subst. /'eksɪt/ **1** utgang *m*
  2 det å gå ut

exit² verb /'eksɪt/ gå ut

exodus subst. /'eksədəs/
folkevandring *m/f*

exorbitant adj. /ɪg'zɔ:bɪtənt/
overdreven

exotic adj. /ɪg'zɒtɪk/ eksotisk

expand verb /ɪk'spænd/ utvide (seg)

a b c d e f g h i j k l m n o p q r s t u v w x y z

expansion subst. /ɪkˈspænʃⁿn/
utvidelse m
expansive adj. /ɪkˈspænsɪv/
1 utbredt, vidstrakt
2 åpen, åpenhjertig
3 ekspansiv
expatriate subst. /ɪkˈspætrɪət/
utvandrer m
expect verb /ɪkˈspekt/ forvente
expectant adj. /ɪkˈspektⁿnt/ ventende,
forventningsfull
expectation subst. /ˌekspekˈteɪʃⁿn/
forventning m/f
expedient adj. /ɪkˈspiːdjənt/
hensiktsmessig
expedite verb /ˈekspɪdaɪt/ fremskynde
expedition subst. /ˌekspɪˈdɪʃⁿn/
ekspedisjon m
expel verb /ɪkˈspel/ **1** kaste ut
2 utvise
expense subst. /ɪkˈspens/ utgift m
expensive adj. /ɪkˈspensɪv/ dyr
experience[1] subst. /ɪkˈspɪərɪəns/
erfaring m/f
experience[2] verb /ɪkˈspɪərɪəns/ erfare
experienced adj. /ɪkˈspɪərɪənst/
erfaren
experiment[1] subst. /ɪkˈsperɪmənt/
forsøk n, eksperiment n
experiment[2] verb /ɪkˈsperɪment/
eksperimentere
expert[1] subst. /ˈekspɜːt/ ekspert m
expert[2] adj. /ˈekspɜːt/ erfaren, kyndig
expertise subst. /ˌekspɜːˈtiːz/
ekspertise m
expiration subst. /ˌekspɪˈreɪʃⁿn/
utløp n, utgang m
expire verb /ɪkˈspaɪə/ gå ut, utløpe
explain verb /ɪkˈspleɪn/ forklare
explanation subst. /ˌekspləˈneɪʃⁿn/
forklaring m/f
explicable adj. /ɪkˈsplɪkəbl/ forklarlig
explicit adj. /ɪkˈsplɪsɪt/ tydelig,
eksplisitt
explode verb /ɪkˈspləʊd/ eksplodere
exploit[1] subst. /ˈeksplɔɪt/ bragd m/f
exploit[2] verb /ɪkˈsplɔɪt/ utnytte
exploitation subst. /ˌeksplɔɪˈteɪʃⁿn/
utnyttelse m
exploration subst. /ˌekspləˈreɪʃⁿn/
utforsking m/f
explore verb /ɪkˈsplɔː/ utforske
explorer subst. /ɪkˈsplɔːrə/
oppdagelsesreisende m

explosion subst. /ɪkˈspləʊʒⁿn/
eksplosjon m
explosive[1] subst. /ɪkˈspləʊsɪv/
sprengstoff n
explosive[2] adj. /ɪkˈspləʊsɪv/ eksplosiv
export[1] subst. /ˈekspɔːt/
1 eksportvare m/f
2 eksport m
export[2] verb /ɪkˈspɔːt/ eksportere
exportation subst. /ˌekspɔːˈteɪʃⁿn/
utførsel m, eksport m
exporter subst. /ɪkˈspɔːtə/ eksportør m
expose verb /ɪkˈspəʊz/ **1** stille ut
2 avsløre
3 utsette *(for fare e.l.)*
exposure subst. /ɪkˈspəʊʒə/
1 utsatt stilling, risiko m
2 avdekking m/f, avsløring m/f
3 dekking m/f
4 *(fotografering)* eksponering m/f
die from exposure fryse i hjel
express[1] verb /ɪkˈspres/ uttrykke
express[2] adj. /ɪkˈspres/ uttrykkelig,
bestemt
express[3] adverb /ɪkˈspres/ *(om post,
transport)* ekspress(-)
expression subst. /ɪkˈspreʃⁿn/
uttrykk n
expressive adj. /ɪkˈspresɪv/
uttrykksfull
expulsion subst. /ɪkˈspʌlʃⁿn/
utvisning m/f
exquisite adj. /ɪkˈskwɪzɪt/ utsøkt
extend verb /ɪkˈstend/ strekke (ut),
forlenge, utvide
extension subst. /ɪkˈstenʃⁿn/
utstrekning m/f, forlengelse m
extensive adj. /ɪkˈstensɪv/ **1** vidstrakt
2 veldig, omfattende
extent subst. /ɪkˈstent/ utstrekning m/f,
omfang n
to a certain extent til en viss grad
extenuate verb /ekˈstenjʊeɪt/
1 unnskylde
2 forminske
exterior adj. /ɪkˈstɪərɪə/ ytre, utvendig
exterminate verb /ɪkˈstɜːmɪneɪt/
utrydde
extermination subst.
/ɪkˌstɜːmɪˈneɪʃⁿn/ utryddelse m
external adj. /ɪkˈstɜːnl/ **1** ytre
2 utvendig
extinct adj. /ɪkˈstɪŋkt/ utdødd

extinction subst. /ɪkˈstɪŋkʃən/ utryddelse *m (av arter)*
extinguish verb /ɪkˈstɪŋgwɪʃ/ **1** slukke **2** tilintetgjøre
extinguisher subst. /ɪkˈstɪŋgwɪʃə/ brannslukkingsapparat *n*
extort verb /ɪkˈstɔːt/ presse ut/frem
extortion subst. /ɪkˈstɔːʃən/ (penge)utpressing *m/f*
extortioner subst. /ɪkˈstɔːʃənə/ (penge)utpresser *m*
extra[1] subst. /ˈekstrə/ **1** noe ekstra, tillegg *n* **2** *(film)* statist *m*
extra[2] adj. /ˈekstrə/ ekstra(-)
extract[1] subst. /ˈekstrækt/ ekstrakt *m/n*
extract[2] verb /ɪkˈstrækt/ trekke (ut)
extradite verb /ˈekstrədaɪt/ utlevere
extradition subst. /ˌekstrəˈdɪʃən/ utlevering *m/f*
extraordinary adj. /ɪkˈstrɔːdənərɪ/ **1** usedvanlig **2** merkverdig
extraterrestrial[1] subst. /ˌekstrətəˈrestrɪəl/ romvesen
extraterrestrial[2] adj. /ˌekstrətəˈrestrɪəl/ utenomjordisk
extravagance subst. /ɪkˈstrævəgəns/ **1** sløseri *m* **2** (voldsom) overdrivelse *m*
extravagant adj. /ɪkˈstrævəgənt/ ekstravagant, overdådig
extreme[1] subst. /ɪkˈstriːm/ ytterlighet *m*
extreme[2] adj. /ɪkˈstriːm/ **1** ytterst, lengst bort **2** ekstrem

extremely adverb /ɪkˈstriːmlɪ/ høyst, ekstremt
extremist[1] subst. /ɪkˈstriːmɪst/ ekstremist *m*
extremist[2] adj. /ɪkˈstriːmɪst/ ekstremistisk, ytterliggående
extremity subst. /ɪkˈstremətɪ/ ytterste del *m*, ytterlighet *m* **extremities** hender og føtter
extricate verb /ˈekstrɪkeɪt/ frigjøre
extrovert adj. /ˈekstrəvɜːt/ ekstrovert, utadvendt
exuberance subst. /ɪgˈzjuːbərəns/ **1** overskudd *n*, begeistring *m/f* **2** frodighet *m*
exuberant adj. /ɪgˈzjuːbərənt/ **1** sprudlende **2** yppig, frodig
exultation subst. /ˌegzʌlˈteɪʃən/ jubel *m*, triumf *m*
eye subst. /aɪ/ øye *n*
eyeball subst. /ˈaɪbɔːl/ øyeeple *n*
eyebrow subst. /ˈaɪbraʊ/ øyenbryn *n*
eye-catching adj. /ˈaɪˌkætʃɪŋ/ iøynefallende
eyeglass subst. /ˈaɪglɑːs/ monokkel *m* **eyeglasses** *(spesielt amer.)* briller
eyelash subst. /ˈaɪlæʃ/ øyevippe *m*
eyelid subst. /ˈaɪlɪd/ øyelokk *n*
eyeshadow subst. /ˈaɪˌʃædəʊ/ øyenskygge *m*
eyesight subst. /ˈaɪsaɪt/ syn *n*, synsevne *m/f*
eyesore subst. /ˈaɪsɔː/ torn i øyet, skamplett *m*
eyewitness subst. /ˈaɪˌwɪtnɪs/ øyenvitne *n*

f

f. *fork. for* Fahrenheit, female, France
fab adj. /fæb/ *(hverdagslig)* fantastisk
fable subst. /ˈfeɪbl/ **1** fabel *m* **2** skrøne *m/f*
fabric subst. /ˈfæbrɪk/ **1** stoff *n*, tekstil *m/n* **2** struktur *m*
fabricate verb /ˈfæbrɪkeɪt/ **1** dikte (opp) **2** tilvirke, fremstille

fabrication subst. /ˌfæbrɪˈkeɪʃən/ **1** tilvirkning *m/f*, fremstilling *m/f* **2** oppspinn *n*, løgn *m/f*
fabulous adj. /ˈfæbjʊləs/ fantastisk, fabelaktig
facade subst. /fəˈsɑːd/ fasade *m*
face[1] subst. /feɪs/ **1** ansikt *n* **2** overflate *m/f* **3** forside *m/f*

face² verb /feɪs/ **1** vende ansiktet mot, vende (ut) mot • *the house faces the street*
2 stå overfor, stå ansikt til ansikt med
3 trosse, se i øynene • *we must face reality* vi må se virkeligheten i øynene
face cloth subst. vaskeklut *m*
facelift subst. /'feɪslɪft/ ansiktsløftning *m/f*
facial¹ subst. /'feɪʃəl/ ansiktsbehandling *m/f*
facial² adj. /'feɪʃəl/ ansikts-
facilitate verb /fə'sɪlɪteɪt/ legge til rette (for), gjøre enklere
facility subst. /fə'sɪləti/
1 anledning *m/f*, mulighet *m* • *cooking facilities* mulighet for å lage mat
2 letthet *m*
3 ferdighet *m*
facilities 1 utstyr, hjelpemidler
2 toalett
fact subst. /fækt/ **1** faktum *n*
2 virkelighet *m*, sannhet *m*, fakta *n*
as a matter of fact faktisk, egentlig
in fact faktisk
faction subst. /'fækʃən/ **1** gruppe *m/f*
2 splid *m*, splittelse *m*
factor subst. /'fæktə/ faktor *m*
factory subst. /'fæktəri/ fabrikk *m*
factual adj. /'fæktʃʊəl/ saklig, objektiv
faculty subst. /'fækəlti/ **1** evne *m/f*
2 *(på universitet)* fakultet *n*
fad subst. /fæd/ påfunn *n*, innfall *n*
fade verb /feɪd/ falme, blekne
fade away/out forsvinne gradvis, svinne hen
fag¹ subst. /fæg/ *(britisk, hverdagslig)* sigarett *m*
fag² subst. /fæg/ *(amer., slang, nedsettende)* homse *m*, homofil mann *m*
Fahrenheit subst. /'færənhaɪt/ fahrenheit *(nullpunkt er 32 grader F)*
fail verb /feɪl/ **1** mislykkes
2 stryke, ikke bestå
3 svikte
fail to 1 unnlate å, unngå å • *he failed to inform us* **2** mislykkes med å
without fail helt sikkert
failure subst. /'feɪljə/ **1** fiasko *m*
2 *(eksamen)* stryk *n*
3 unnlatelse *m*
4 mangel *m*, svikt *m*

faint¹ verb /feɪnt/ besvime
faint² adj. /feɪnt/ **1** svak, uklar
2 vag, fjern
fair¹ subst. /feə/ **1** marked *n*
2 messe *m/f*
fair² adj. /feə/ **1** rettferdig
2 ærlig, hederlig
3 rimelig
4 lys, blond
5 *(gammeldags, poetisk)* fager, skjønn
fair enough greit nok, det er greit
fairly adverb /'feəli/ ganske, nokså
fairness subst. /'feənəs/ rettferdighet *m*, rimelighet *m*
in all fairness ærlig talt
fair play subst. ærlig spill *m*
fairy subst. /'feəri/ alv *m*, fe *m*
fairy tale subst. eventyr *n*
faith subst. /feɪθ/ **1** tillit *m/f*
2 tro *m/f*
faithful adj. /'feɪθfəl/ trofast
faithfully adv. /'feɪθfəli/ trofast
Yours faithfully *(i brev)* med vennlig hilsen
faithless adj. /'feɪθləs/ troløs
fake¹ subst. /feɪk/ forfalskning *m/f*
fake² verb /feɪk/ **1** forfalske, etterligne
2 late som, bløffe
fake³ adj. /feɪk/ falsk, uekte
falcon subst. /'fɔːlkən/ falk *m*
fall¹ subst. /fɔːl/ **1** fall *n*
2 nedgang *m*
3 *(ofte i flertall falls)* foss *m*
4 *(amer.)* høst *m*
fall² verb (fell – fallen) /fɔːl/ falle
fall apart falle fra hverandre
fall asleep sovne
fall short komme til kort
fallacy subst. /'fæləsi/
1 vrangforestilling *m/f*
2 feilslutning *m/f*
fallen verb /'fɔːlən/ *se* ▸fall²
fallible adj. /'fæləbl/ feilbarlig
fallout subst. /'fɔːlaʊt/
1 *(radioaktivt)* nedfall *n*
2 *(overført)* bivirkning *m/f*
false adj. /fɔːls/ **1** usann
2 falsk, uekte
3 løgnaktig, utro
falsehood subst. /'fɔːlshʊd/ løgn *m/f*, usannhet *m*
falseness subst. /'fɔːlsnəs/ falskhet *m*

falsification subst. /ˌfɔːlsɪfɪˈkeɪʃən/ forfalskning *m/f*

falsify verb /ˈfɔːlsɪfaɪ/ forfalske

falter verb /ˈfɔːltə/ **1** snuble, vakle **2** være usikker

fame subst. /feɪm/ berømmelse *m*

famed adj. /feɪmd/ berømt

familiar adj. /fəˈmɪljə/ **1** velkjent **2** fortrolig, vennskapelig **be familiar with** kjenne til, være kjent med

familiarity subst. /fəˌmɪlɪˈærətɪ/ fortrolighet *m*

familiarize verb /fəˈmɪljəraɪz/ gjøre fortrolig **familiarize oneself with** gjøre seg kjent med

family subst. /ˈfæməlɪ/ familie *m*

family allowance subst. barnebidrag *n*

family name subst. etternavn *n*

family planning subst. familieplanlegging *m/f*

famine subst. /ˈfæmɪn/ hungersnød *m/f*

famished adj. /ˈfæmɪʃt/ utsultet

famous adj. /ˈfeɪməs/ berømt

fan¹ subst. /fæn/ vifte *m/f*

fan² subst. /fæn/ *(hverdagslig)* fan *m*, supporter *m*, tilhenger *m*

fanatic¹ subst. /fəˈnætɪk/ fanatiker *m*

fanatic² adj. /fəˈnætɪk/ fanatisk

fanciful adj. /ˈfænsɪfəl/ **1** fantasifull **2** lunefull

fancy¹ verb /ˈfænsɪ/ **1** innbille seg, forestille seg **2** *(britisk, hverdagslig)* like, være forelsket i **3** (kunne) like, ha lyst til • *I don't fancy doing it*

fancy² adj. **1** pyntet **2** pen, stilig **3** luksus-

fancy dress subst. /ˌfænsɪˈdres/ kostyme *n*

fang subst. /fæŋ/ huggtann *m/f*

fantastic adj. /fænˈtæstɪk/ **1** fantastisk **2** utrolig

FAQ *fork. for* frequently asked questions

far¹ adj. /fɑː/ **1** fjern, langt borte **2** fjernest(e), bortest(e)

far² adverb (farther – farthest eller further – furthest) /fɑː/ **1** langt, fjernt **2** langt, mye • *far too much* altfor mye

by far i høy grad, mye, langt

so far så langt, hittil

farce subst. /fɑːs/ farse *m*

fare¹ subst. /feə/ **1** billettpris *m*, takst *m* **2** passasjer *m* **3** kost *m*, mat *m*

fare² verb /feə/ ha det, klare seg

farewell interjeksjon /ˌfeəˈwel/ farvel, adjø

far-fetched adj. /ˌfɑːˈfetʃt/, foranstilt: /ˈfɑːfetʃt/ søkt, unaturlig

farm¹ subst. /fɑːm/ (bonde)gård *m*

farm² verb /fɑːm/ **1** drive jordbruk, dyrke **2** drive med oppdrett

farmer subst. /ˈfɑːmə/ gårdbruker *m*, bonde *m*

farming subst. /ˈfɑːmɪŋ/ **1** jordbruk *n* **2** oppdrett *n*

farmyard subst. /ˈfɑːmjɑːd/ tun *n*

far-off adj. /ˌfɑː(r)ˈɒf/, foranstilt: /ˈfɑː(r)ɒf/ fjern

far-reaching adj. /ˌfɑːˈriːtʃɪŋ/, foranstilt: /ˈfɑːˌriːtʃɪŋ/ vidtrekkende, omfattende

far-sighted adj. /ˌfɑːˈsaɪtɪd/ **1** vidtskuende **2** *(amer.)* langsynt

fart¹ subst. /fɑːt/ promp *m*, fis *m*

fart² verb /fɑːt/ prompe, fise

farther adj. /ˈfɑːðə/ lenger, fjernere

farthest adj. /ˈfɑːðɪst/ fjernest, lengst borte

farthing subst. /ˈfɑːðɪŋ/ **1** 1/4 penny *m* **2** *(overført)* dugg *m*, grann *n*

fascinate verb /ˈfæsɪneɪt/ fascinere

fascination subst. /ˌfæsɪˈneɪʃən/ fascinasjon *m*

fashion¹ subst. /ˈfæʃən/ **1** mote *m* **2** måte *m*, sett *n*, vis *n*

fashion² verb /ˈfæʃən/ forme, danne, lage

fashionable adj. /ˈfæʃənəbl/ **1** moderne **2** fin, elegant

fast¹ subst. /fɑːst/ faste *m/f*

fast² verb /fɑːst/ faste

fast³ adj. /fɑːst/ **1** fast, sterk **2** dyp *(om søvn)*

fast⁴ adj. /fɑːst/ rask, hurtig

fasten verb /ˈfɑːsn/ **1** feste, gjøre fast **2** lukke, stenge

a
b
c
d
e
f
g
h
i
j
k
l
m
n
o
p
q
r
s
t
u
v
w
x
y
z

fastening subst. /ˈfɑːsnɪŋ/
1 fastgjøring *m/f*
2 feste *n*
fastidious adj. /fæˈstɪdɪəs/ nøye
fastness subst. /ˈfɑːstnəs/
1 fasthet *m*, stødighet *m*
2 raskhet *m*
fat¹ subst. /fæt/ fett *n*
fat² adj. /fæt/ fet, tykk
fatal adj. /ˈfeɪtl/ dødelig
fatality subst. /fəˈtælətɪ/
dødsfall *n (som følge av ulykke)*
fate subst. /feɪt/ skjebne *m*
fateful adj. /ˈfeɪtfəl/ skjebnesvanger
father subst. /ˈfɑːðə/ far *m*, pappa *m*
Father Christmas subst. julenissen
fatherhood subst. /ˈfɑːðəhʊd/
farskap *n*
father-in-law subst. /ˈfɑːðərɪnlɔː/
svigerfar *m*
fatherly adj. /ˈfɑːðəlɪ/ faderlig
fathom verb /ˈfæðəm/ 1 forstå
2 måle dybden av
fathomless adj. /ˈfæðəmləs/
1 ubegripelig
2 svært dyp
fatigue¹ subst. /fəˈtiːg/ utmattelse *m*
fatigue² verb /fəˈtiːg/ utmatte
fatso subst. /ˈfætsəʊ/ *(nedsettende)*
tjukkas *m*
fatten verb /ˈfætn/ fete
fatty¹ subst. /ˈfætɪ/ *(nedsettende)*
tjukkas *m*
fatty² adj. /ˈfætɪ/ fettholdig, fet
fatty acid subst. fettsyre *m/f*
faucet subst. /ˈfɔːsɪt/ *(spesielt amer.)*
spring *m*, (vann)kran *m/f*
fault¹ subst. /fɔːlt/ 1 feil *m*
2 skyld *m/f*
fault² verb /fɔːlt/ kritisere
faultless adj. /ˈfɔːltləs/ feilfri
faulty adj. /ˈfɔːltɪ/ mangelfull
favour¹ subst. /ˈfeɪvə/ *eller*
favor *(amer.)* 1 gunst *m*, velvilje *m*
2 tjeneste *m* • *can you do me a
favour?*
be in favour of støtte, være for
favour² verb /ˈfeɪvə/ *eller*
favor *(amer.)* foretrekke, favorisere,
like
favourable adj. /ˈfeɪvərəbl/ *eller*
favorable *(amer.)* gunstig
favourite¹ subst. /ˈfeɪvərɪt/ *eller*
favorite *(amer.)* favoritt *m*, yndling *m*

favourite² adj. /ˈfeɪvərɪt/ *eller*
favorite *(amer.)* favoritt-, yndlings-
fawn subst. /fɔːn/ dåkalv *m*
fax subst. /fæks/ (tele)faks *m*
fear¹ subst. /fɪə/ frykt *m*
fear² verb /fɪə/ frykte (for),
være redd (for)
fearful adj. /ˈfɪəfəl/ 1 engstelig
2 fryktelig
fearless adj. /ˈfɪələs/ fryktløs
feasibility subst. /ˌfiːzəˈbɪlətɪ/
gjennomførbarhet *m*
feasible adj. /ˈfiːzəbl/ gjennomførbar,
mulig
feast¹ subst. /fiːst/
1 fest *m*, høytid *m/f*
2 festmåltid *n*
feast² verb /fiːst/ fråtse
feat subst. /fiːt/ 1 bragd *m/f*, dåd *m*
2 prestasjon *m*, kunststykke *n*
feather subst. /ˈfeðə/ fjær *m/f*
feathering subst. /ˈfeðərɪŋ/
fjærdrakt *m/f*
featherweight subst. /ˈfeðəweɪt/
(sport) fjærvekt *m/f*
feature¹ subst. /ˈfiːtʃə/
1 særpreg *n*, kjennetegn *n*
2 ansiktstrekk *n*
3 spillefilm *m*
4 *(radio, TV)* innslag *n*
feature² verb /ˈfiːtʃə/
1 demonstrere, vise, fremheve
2 opptre
February subst. /ˈfebrʊərɪ/ februar *m*
fecund adj. /ˈfekənd/ fruktbar
fed verb /fed/ *se* ►feed²
federal adj. /ˈfedərəl/ føderal,
forbunds-
federation subst. /ˌfedəˈreɪʃən/
1 statsforbund *n*, føderasjon *m*
2 sammenslutning *m*
fed up adj. /ˌfedˈʌp/ trøtt, lei
be fed up with være lei av
fee subst. /fiː/
1 honorar *n*, godtgjørelse *m*
2 avgift *m/f*, gebyr *n*
feeble adj. /ˈfiːbl/ svak, slapp
feed¹ subst. /fiːd/ fôr *n*
feed² verb (fed – fed) /fiːd/ fôre, mate,
gi mat til
feedback subst. /ˈfiːdbæk/ svar *n*,
respons *m*
feeding bottle subst. tåteflaske *m/f*

feel verb (felt – felt) /fiːl/
  1 føle(s), kjenne(s)
  2 kjenne seg, være • *how are you feeling today?* hvordan har du det i dag?
  feel like 1 kjenne seg som
  2 ha lyst til/på
feeler subst. /ˈfiːlə/ **1** følehorn *n*
  2 *(overført)* føler *m*
feeling subst. /ˈfiːlɪŋ/ følelse *m*
feet subst. /fiːt/ *flertall av* ►foot
feign verb /feɪn/ late som, simulere
felicitate verb /fəˈlɪsɪteɪt/ gratulere
felicitation subst. /fəˌlɪsɪˈteɪʃən/ lykkønskning *m/f*, gratulasjon *m*
felicity subst. /fəˈlɪsətɪ/ lykke *m/f*, glede *m/f*
feline1 subst. /ˈfiːlaɪn/ kattedyr *n*
feline2 adj. /ˈfiːlaɪn/ katteaktig
fell verb /fel/ *se* ►fall2
fellow subst. /ˈfeləʊ/
  1 *(hverdagslig)* fyr *m*, kar *m*
  2 *(ofte i flertall)* kamerater, kolleger • *his fellows at school*
  3 medlem *n*
  4 motstykke *n*
  5 med- • *fellow passengers* medpassasjerer
fellowship subst. /ˈfelə(ʊ)ʃɪp/ kameratskap *n*, fellesskap *n*, broderskap *n*
felon subst. /ˈfelən/ forbryter *m*
felony subst. /ˈfelənɪ/ grov forbrytelse *m*
felt1 subst. /felt/ filt *m*
felt2 verb /felt/ **1** filte, tove
  2 bli matt
felt3 verb /felt/ *se* ►feel
female1 subst. /ˈfiːmeɪl/ **1** kvinne *m/f*
  2 *(om dyr)* hunn *m*
female2 adj. /ˈfiːmeɪl/ **1** kvinne-
  2 hunn-
female genital mutilation subst. kjønnslemlestelse *m*
feminine1 subst. /ˈfemɪnɪn/ *(grammatikk)* hunkjønn *n*
feminine2 adj. /ˈfemɪnɪn/ kvinnelig, feminin
feminism subst. /ˈfemɪnɪzəm/ feminisme *m*, kvinnesak *m/f*
feminist1 subst. /ˈfemɪnɪst/ feminist *m*
feminist2 adj. /ˈfemɪnɪst/ feministisk
fen subst. /fen/ myr *m/f*

fence1 subst. /fens/ **1** gjerde *n*
  2 *(hverdagslig)* heler *m*
fence2 verb /fens/
  1 innhegne, gjerde inn
  2 fekte
fencing subst. /ˈfensɪŋ/ *(sport)* fekting *m/f*
fend verb /fend/ avverge, forsvare
  fend for sørge for
  fend off avverge, unngå
fender subst. /ˈfendə/
  1 *(på båt)* fender *m*
  2 *(amer.)* skjerm *m (på bil, sykkel)*
  3 *(amer.)* støtfanger *m*
ferment verb /fəˈment/ gjære, fermentere
fern subst. /fɜːn/ *(plante)* bregne *m/f*
ferocious adj. /fəˈrəʊʃəs/ illsint, vill
ferret1 subst. /ˈferət/ ilder *m*
ferret2 verb /ˈferət/ jage, lete
ferrety adj. /ˈferətɪ/ slu
ferry subst. /ˈferɪ/ ferge *m/f*
fertile adj. /ˈfɜːtaɪl/ fruktbar
fertility subst. /fɜːˈtɪlətɪ/ fruktbarhet *m*
fertilize verb /ˈfɜːtɪlaɪz/ **1** gjødsle
  2 befrukte
fertilizer subst. /ˈfɜːtɪlaɪzə/ (kunst)gjødsel *m/f*
fervent adj. /ˈfɜːvənt/ lidenskapelig
festival subst. /ˈfestɪvəl/ **1** festival *m*
  2 høytidelighet *m*
festive adj. /ˈfestɪv/ festlig
festivity subst. /feˈstɪvətɪ/
  1 feststemning *m*
  2 *(ofte flertall: festivities)* festligheter
fetch verb /fetʃ/ hente
fetter1 subst. /ˈfetə/ **1** fotlenke *m/f*
  2 *(overført)* bånd *n*, tvang *m*
fetter2 verb /ˈfetə/ lenke
fetus subst. /ˈfiːtəs/ foster *n*
feud subst. /fjuːd/ **1** feide *m*, strid *m*
  2 len *n*
feudal adj. /ˈfjuːdl/ lens-
  feudal system føydalsystem
fever subst. /ˈfiːvə/ feber *m*
fevered adj. /ˈfiːvəd/ **1** febersyk
  2 febrilsk
few determinativ /fjuː/ få
  a few noen få
fiancé subst. /fɪˈɑːnseɪ/ *(mann)* forlovede
fiancée subst. /fɪˈɑːnseɪ/ *(kvinne)* forlovede
fib subst. /fɪb/ *(hverdagslig)* hvit løgn *m*

a b c d e f g h i j k l m n o p q r s t u v w x y z

fibre subst. /'faɪbə/ *eller* **fiber** *(amer.)*
fiber *m*, trevl *m*
fiction subst. /'fɪkʃən/ **1** oppspinn *n*
2 skjønnlitteratur *m*
fictitious adj. /fɪk'tɪʃəs/ oppdiktet
fiddle[1] subst. /'fɪdl/ fele *m/f*
fiddle[2] verb /'fɪdl/ **1** fikle
2 pusle, sysle
fiddler subst. /'fɪdlə/ felespiller *m*,
spillemann *m*
fidelity subst. /fɪ'delətɪ/ troskap *m*
field subst. /fiːld/ **1** jorde *n*, åker *m*
2 felt *n*
3 område *n*
field mouse subst. skogmus *m/f*
field trip subst. ekskursjon *m*,
skoletur *m*
fiend subst. /fiːnd/
1 djevel *m*, demon *m*
2 *(hverdagslig)* entusiast *m*
fierce adj. /fɪəs/ **1** vill, barsk
2 heftig
fiery adj. /'faɪərɪ/ **1** brennende
2 heftig, fyrig
fifteen determinativ /ˌfɪf'tiːn/, foranstilt:
/'fɪftiːn/ femten
fifteenth adj. /ˌfɪf'tiːnθ/,
foranstilt: /'fɪftiːnθ/ femtende
fifth[1] subst. /fɪfθ/ femtedel *m*
fifth[2] adj. /fɪfθ/ femte
fifthly adverb /'fɪfθlɪ/ for det femte
fiftieth adj. /'fɪftɪəθ/ femtiende
fifty determinativ /'fɪftɪ/ femti
fig subst. /fɪg/ fiken *m*
fight[1] subst. /faɪt/
1 slagsmål *n*, kamp *m*
2 krangel *m*
fight[2] verb (fought – fought) /faɪt/ slåss,
kjempe
figurative adj. /'fɪgjərətɪv/ **1** billedlig
2 symbolsk
figure[1] subst. /'fɪgə/, amer. /'fɪgjɚ/
1 siffer *n*, tall *n*
2 figur *m*, illustrasjon *m*, bilde *n*
3 person *m*, skikkelse *m*
figure[2] verb /'fɪgə/, amer. /'fɪgjɚ/
1 beregne, regne
2 anta, tro
3 forestille, opptre, figurere
figure out finne ut
figurehead subst. /'fɪgəhed/
gallionsfigur *m*
figure skating subst. kunstløp *n*

file[1] subst. /faɪl/ **1** fil *m/f*
2 perm *m*, mappe *m/f*
3 rekke *m/f*
file[2] verb /faɪl/ **1** sette inn (i perm)
2 arkivere
3 file
filing cabinet subst. arkivskap *n*
fill[1] subst. /fɪl/ **1** så mye man orker
2 fyllmasse *m*
eat one's fill spise seg mett
fill[2] verb /fɪl/ **1** fylle(s)
2 tilfredsstille, oppfylle
3 bekle, besette
fill in 1 fylle inn, fylle ut **2** vikariere
fill out fylle ut
fillet subst. /'fɪlɪt/ **1** *(mat)* filet *m*
2 hårbånd *n*
filling subst. /'fɪlɪŋ/ **1** fylling *m/f*
2 plombe *m*
filling station subst. bensinstasjon *m*
film[1] subst. /fɪlm/ **1** film *m*
2 hinne *m/f*
film[2] verb /fɪlm/ filme
filter[1] subst. /'fɪltə/ filter *n*
filter[2] verb /'fɪltə/ filtrere, sile
filth subst. /fɪlθ/ smuss *n*, skitt *m*
filthy adj. /'fɪlθɪ/ skitten
fin subst. /fɪn/ **1** *(på fisk)* finne *m*
2 *(på fly)* styrefinne *m*
final[1] subst. /'faɪnl/ **1** finale *m*
2 *(på universitet)* eksamen *m*
final[2] adj. /'faɪnl/ slutt-, sist, endelig
finally adverb /'faɪnəlɪ/ endelig, til slutt
finance[1] subst. /'faɪnæns/ **1** finans *m*
2 finansiering *m/f*
finances finanser, økonomi
finance[2] verb /'faɪnæns/ finansiere
financial adj. /faɪ'nænʃəl/ finansiell,
økonomisk
financial crisis subst. finanskrise *m/f*
find verb (found – found) /faɪnd/ **1** finne
2 treffe på
3 mene, synes • *I find it absurd* jeg
synes det er rart
4 *(jus)* dømme
finding subst. /'faɪndɪŋ/
1 *(jus)* kjennelse *m*
2 *(ofte i flertall)* resultat *n*
3 funn *n*, oppdagelse *m*
fine[1] subst. /faɪn/ bot *m/f*
fine[2] adj. /faɪn/ **1** fin
2 utmerket
fine by greit for
finery subst. /'faɪnərɪ/ stas *m*, prakt *m/f*

finger[1] subst. /'fɪŋgə/ finger *m*
finger[2] verb /'fɪŋgə/ fingre med, kjenne på
fingerpost subst. /'fɪŋgəpəʊst/ skilt *n*, veiviser *m*
fingerprint subst. /'fɪŋgəprɪnt/ fingeravtrykk *n*
finish[1] subst. /'fɪnɪʃ/ **1** slutt *m*, mål *n*
 2 *(sport)* sluttspurt *m*
 3 overflatebehandling, polering *m/f*
finish[2] verb /'fɪnɪʃ/ **1** fullføre, slutte
 2 spise opp, drikke opp
 3 pusse, polere
finishing line subst. mållinje *m/f*
Finland /'fɪnlənd/ Finland
Finn subst. /fɪn/ finne *m*
Finnish adj. /'fɪnɪʃ/ finsk
fjord subst. /fjɔːd/ fjord *m*
fir subst. /fɜː/ gran *m/f*
fire[1] subst. /'faɪə/ **1** ild *m*, bål *n*, fyr *m*
 2 *(overført)* lidenskap *m*, glød *m*
 on fire i brann
fire[2] verb /'faɪə/ **1** avfyre, fyre av
 2 sette fyr på, tenne
 3 *(hverdagslig)* sparke, gi avskjed
fire alarm subst. brannalarm *m*
firearm subst. /'faɪə(r)ɑːm/ skytevåpen *n*
fire brigade subst. brannvesen *n*
fire department subst. *(amer.)* brannvesen *n*
fire engine subst. brannbil *m*
fire escape subst. **1** brannstige *m*
 2 nødutgang *m*
fire extinguisher subst. brannslukkingsapparat *n*
firefly subst. /'faɪəflaɪ/ ildflue *m/f*
firehose subst. /'faɪəhəʊz/ brannslange *m*
fire hydrant subst. brannhydrant *m*
fireman subst. /'faɪəmən/
 1 brannmann *m*
 2 fyrbøter *m*
fireplace subst. /'faɪəpleɪs/ ildsted *n*, peis *m*
fireproof adj. /'faɪəpruːf/ brannsikker, ildfast
fire station subst. brannstasjon *m*
firewall subst. /'faɪəwɔːl/
 1 brannmur *m*, brannvegg *m*
 2 *(IT)* brannmur *m*
fireworks subst. *flt.* /'faɪəwɜːks/ fyrverkeri *n*
firing subst. /'faɪərɪŋ/ **1** avfyring

 2 skyting *m/f*
 3 (opp)tenning *m/f*
firm[1] subst. /fɜːm/ firma *n*
firm[2] adj. /fɜːm/ **1** fast, hard
 2 sikker, stabil
firmly adverb /'fɜːmlɪ/ fast, bestemt
firmness subst. /'fɜːmnəs/ fasthet *m*
first[1] subst. /fɜːst/ **1** (den/det/de) første
 2 begynnelse *m*
 3 *(sport)* førsteplass *m*
 at first først, i begynnelsen
first[2] adverb /fɜːst/ først
 first of all først og fremst, for det første
first aid subst. førstehjelp *m/f*
first aid kit subst. førstehjelpsskrin *n*
first-class[1] adj. /ˌfɜːs(t)'klɑːs/, foranstilt: /'fɜːs(t)klɑːs/ førsteklasses, prima
first-class[2] adverb /ˌfɜːs(t)'klɑːs/, foranstilt: /'fɜːs(t)klɑːs/ på første klasse
firstly adverb /'fɜːstlɪ/ for det første
first name subst. fornavn *n*
first-rate adj. /ˌfɜːst'reɪt/, foranstilt: /'fɜːstreɪt/ førsteklasses
firth subst. /fɜːθ/ fjord *m*
fiscal adj. /'fɪskəl/ finans-, skatte-
fish[1] subst. (flertall: fish eller fishes) /fɪʃ/ fisk *m*
fish[2] verb /fɪʃ/ fiske
fisherman subst. /'fɪʃəmən/ fisker *m*
fishery subst. /'fɪʃərɪ/ fiskeri *n*, fiske *n*
fish farm subst. fiskeoppdrettsanlegg *n*
fish finger subst. fiskepinne *m*
fishing subst. /'fɪʃɪŋ/ fiske *n*
fishing gear subst. fiskeutstyr *n*
fishing rod subst. *eller*
 fishing pole *(amer.)* fiskestang *m/f*
fishmonger subst. /'fɪʃˌmʌŋgə/ fiskehandler *m*
fishy adj. /'fɪʃɪ/ mistenkelig
fission subst. /'fɪʃən/ spalting *m/f*, fisjon *m*
fissure verb /'fɪʃə/ kløyve, splitte, spalte
fist subst. /fɪst/ (knytt)neve *m*
fit[1] subst. /fɪt/ **1** anfall *n*
 2 passform *m/f*
 fit of laughter latteranfall
fit[2] verb (fitted – fitted, amer. også: fit – fit) /fɪt/ **1** passe
 2 tilpasse
 3 montere, sette inn
 fit out utruste

fit³ adj. **1** passende, skikket
2 i god form, frisk
fitness subst. /'fɪtnəs/
1 kondisjon *m*, form *m/f*
2 egnethet *m*
fitness centre subst. *eller* **fitness center** *(amer.)* treningssenter *n*
fitted adj. /'fɪtɪd/ **1** tilpasset
2 skikket, passende
fitter subst. /'fɪtə/ montør *m*, installatør *m*
fitting subst. /'fɪtɪŋ/ **1** tilpasning *m/f*
2 montering *m/f*
fitting room subst. prøverom *n*
five determinativ /faɪv/ fem
fix¹ subst. /fɪks/
1 knipe *m/f*, vanskelig situasjon *m*
2 *(hverdagslig)* løsning *m/f*
fix² verb /fɪks/ **1** feste
2 fastsette, bestemme
3 *(hverdagslig)* fikse
fixture subst. /'fɪkstʃə/ fast inventar *n*, fast tilbehør *n*
fizz verb /fɪz/ **1** frese
2 *(om drikk med kullsyre)* bruse
fizzy adj. /'fɪzɪ/ brusende, musserende
fizzy drink subst. *(britisk)* brus
fjord subst. /fjɔːd/ fjord *m*
flabbergast verb /'flæbəgɑːst/ forbløffe
flabby adj. /'flæbɪ/ slapp
flag¹ subst. /flæg/ flagg *n*
flag² verb /flæg/ flagge
flag³ verb /flæg/
1 *(om seil, vinger e.l.)* bli slapp
2 avta, dabbe av
flagrant adj. /'fleɪgrənt/ opplagt, åpenbar
flagstaff subst. /'flægstɑːf/ flaggstang *m/f*
flagstone subst. /'flægstəʊn/ steinhelle *m/f*
flair subst. /fleə/ **1** evne *m/f*
2 *(overført)* nese *m/f*, teft *m*
flake¹ subst. /fleɪk/ **1** flak *n*
2 fnugg *n*, fille *m/f*
flake² verb /fleɪk/ flasse, flake seg
flake off skalle av
flame¹ subst. /fleɪm/ flamme *m*
flame² verb /fleɪm/ brenne
flammable adj. /'flæməbl/ brennbar
flank subst. /flæŋk/ flanke *m*
flannel subst. /'flænəl/
1 *(tekstil)* flanell *m*

2 vaskeklut *m*
flap¹ subst. /flæp/ **1** klaff *m*
2 dask *m/n*, klask *m/n*
3 *(om lyd)* blafring *m/f*
flap² verb /flæp/ **1** blafre, daske
2 slå med, flakse • *the bird flapped its wings*
flare¹ subst. /fleə/ **1** bluss *n*
2 oppblussing *m/f (av følelse)*
3 *(på klær)* vidde *m/f*, sleng
flare² verb /fleə/ flakke, blusse
flash¹ subst. /flæʃ/ **1** glimt *m/n*, blink *n*
2 *(fotografi)* blitz *m*
flash² verb /flæʃ/ **1** lyse, glimte, blinke
2 *(slang)* blotte seg
flashlight subst. /'flæʃlaɪt/ *(spesielt amer.)* lommelykt *m/f*
flashy adj. /'flæʃɪ/ prangende, glorete
flask subst. /flɑːsk/
1 flaske *m/f*, lommelerke *m/f*
2 kolbe *m*
flat¹ subst. /flæt/ leilighet *m*
flat² subst. /flæt/ **1** flate *m/f*, slette *m/f*
2 flat sko *m/f*
3 *(hverdagslig)* punktering *m/f*
flat³ adj. /flæt/ **1** flat
2 ensformig, kjedsommelig
3 matt
4 direkte • *she got a flat refusal*
flatfoot subst. /'flætfʊt/ plattfot *m*
flatten verb /'flætən/ gjøre flat
flatter verb /'flætə/ smigre
flattering adj. /'flætərɪŋ/ smigrende
flattery subst. /'flætərɪ/ smiger *m*
flaunt verb /flɔːnt/ **1** vise seg (frem)
2 sprade, spankulere
flavour¹ subst. /'fleɪvə/ *eller* **flavor** *(amer.)* **1** smak *m*
2 aroma *m*
flavour² verb /'fleɪvə/ *eller* **flavor** *(amer.)* sette smak på, krydre
flaw subst. /flɔː/ feil *m*, mangel *m*
flawless adj. /'flɔːləs/ feilfri
flax subst. /flæks/ lin *n*
flaxen adj. /'flæksən/ lin-, av lin
flaxseed subst. /'flækssiːd/ linfrø *n*
flay verb /fleɪ/ flå
flea subst. /fliː/ loppe *m/f*
flea market subst. loppemarked *n*
fled verb /fled/ *se* ►**flee**
fledged adj. /fledʒd/ flygeferdig
fledgling subst. /'fledʒlɪŋ/ flygeferdig fugleunge
flee verb (fled – fled) /fliː/ flykte

fleece subst. /fliːs/
 1 saueull *m/f*, pels *m*
 2 *(tekstil)* fleecestoff *n*
fleet subst. /fliːt/ flåte *m*
flesh subst. /fleʃ/ kjøtt *n*
flew verb /fluː/ *se* ►fly[3]
flexibility subst. /fleksəˈbɪlətɪ/
 fleksibilitet *m*, smidighet *m*
flexible adj. /ˈfleksɪbl/ bøyelig, fleksibel
flick[1] subst. /flɪk/ **1** snert *m*,
 rapp *n*, smekk *m/n*
 2 kinofilm *m*
flick[2] verb /flɪk/
 1 smekke til, gi et lett slag
 2 knipse
 flick through bla raskt gjennom
flicker verb /ˈflɪkə/ blafre, flakke
flight subst. /flaɪt/
 1 flygning *m/f*, flytur *m*
 2 flukt *m/f*
 3 trapp *m/f* • *two flights up* to etasjer
 opp
flight attendant subst. flyvert *m*
flight mode subst. flymodus *m*
flimsy adj. /ˈflɪmzɪ/ **1** skrøpelig
 2 tynn
flinch verb /flɪn(t)ʃ/ **1** vike tilbake
 2 rykke til *(av smerte, frykt)*
fling[1] subst. /flɪŋ/ kast *n*
fling[2] verb (flung – flung) /flɪŋ/ kaste,
 slenge
flint subst. /flɪnt/ flint *m*
flip[1] subst. /flɪp/ **1** knips *n*, dask *m/n*
 2 kollbøtte *m/f*
flip[2] verb /flɪp/ **1** knipse
 2 snu, vende
 flip out 1 bli rasende **2** gå fra vettet
flip[3] adj. /flɪp/ nesevis, frekk
flip-flop subst. *(fottøy)* strandsandal *m*
flipper subst. /ˈflɪpə/ **1** luffe *m*
 2 *(dykking)* svømmefot *m*
flirt[1] subst. /flɜːt/ flørt *m*
flirt[2] verb /flɜːt/ **1** flørte
 2 vifte med
flirtation subst. /flɜːˈteɪʃ^ən/ flørt *m*,
 flørting *m/f*
float[1] subst. /fləʊt/ **1** flåte *m*
 2 dupp *m*, blåse *m/f*
 3 *(teknisk)* flottør *m*
float[2] verb /fləʊt/ **1** flyte
 2 drive, fløte *(om tømmer)*
 3 sveve
flock[1] subst. /flɒk/ flokk *m*

flock[2] subst. /flɒk/ *(av ull, bomull e.l.)*
 fnugg *n*, dott *m*
flock[3] verb /flɒk/ flokke seg,
 samle seg
floe subst. /fləʊ/ isflak *n*
flog verb /flɒg/ piske
flogging subst. /ˈflɒgɪŋ/ juling *m/f*
flood[1] subst. /flʌd/
 1 oversvømmelse *m*, flom *m*
 2 flo *m/f*
flood[2] verb /flʌd/ oversvømme,
 flomme
floodgate subst. /ˈflʌdgeɪt/ sluse *m/f*
floodlight subst. /ˈflʌdlaɪt/ flomlys *n*
flood tide subst. høyvann *n*
floor[1] subst. /flɔː/ **1** gulv *n*
 2 etasje *m*
 first floor 1 *(britisk)* andre etasje
 2 *(amer.)* første etasje
 ground floor *(britisk)* første etasje
floor[2] verb /flɔː/ **1** legge gulv
 2 slå over ende
flop[1] subst. /flɒp/ fiasko *m*
flop[2] verb /flɒp/ **1** henge og slenge
 2 dumpe ned *(i en stol)*
 3 mislykkes, bli fiasko
floppy adj. /ˈflɒpɪ/ slapp
florid adj. /ˈflɒrɪd/ *(overført)*
 blomstrende
florist subst. /ˈflɒrɪst/
 blomsterhandler *m*
floss subst. /flɒs/ tanntråd *m*
flounder[1] subst. /ˈflaʊndə/ *(fisk)*
 flyndre *m/f*
flounder[2] verb /ˈflaʊndə/
 1 slite seg frem
 2 *(overført)* tulle, rote
flour subst. /ˈflaʊə/ mel *n*
flourish[1] subst. /ˈflʌrɪʃ/ **1** snirkel *m*
 2 floskel *m*
 3 *(musikk)* fanfare *m*
flourish[2] verb /ˈflʌrɪʃ/
 1 trives, blomstre
 2 vifte
flow[1] subst. /fləʊ/ **1** strøm *m*
 2 flo *m/f*
flow[2] verb /fləʊ/ flyte, renne, strømme
flower[1] subst. /ˈflaʊə/ **1** blomst *m*
 2 blomstring *m/f*
flower[2] verb /ˈflaʊə/ blomstre
flowerpot subst. /ˈflaʊəpɒt/
 blomsterpotte *m/f*
flown verb /fləʊn/ *se* ►fly[3]
flu subst. /fluː/ influensa *m*

a
b
c
d
e
f
g
h
i
j
k
l
m
n
o
p
q
r
s
t
u
v
w
x
y
z

fluctuate verb /ˈflʌktʃʊeɪt/
1 gå opp og ned
2 variere, svinge
fluctuation subst. /ˌflʌktʃʊˈeɪʃən/
svingning *m/f*
fluency subst. /ˈfluːənsɪ/ **1** *forklaring:*
evne til å uttrykke seg flytende
2 *(om bevegelse)* flyt *m*
fluent adj. /ˈfluːənt/ **1** lettflytende
2 flytende • *speak fluent French*
fluffy adj. /ˈflʌfɪ/ **1** myk
2 luftig
fluid¹ subst. /ˈfluːɪd/ væske *m/f*
fluid² adj. /ˈfluːɪd/ flytende
fluke subst. /fluːk/ lykketreff *n*, flaks *m*
flung verb /flʌŋ/ *se* ▶**fling²**
flunk verb /flʌŋk/ stryke • *flunk maths*
stryke i matte
fluorescent lamp subst. lysstoffrør *n*
flurry subst. /ˈflʌrɪ/ **1** vindkast *n*
2 oppstyr *n*, mas *n*
flush¹ subst. /flʌʃ/ **1** rødme *m*
2 strøm *m*
3 *(rør, toalett)* skylling *m/f*
flush² verb /flʌʃ/ **1** rødme
2 strømme
3 *(rør, toalett)* spyle, skylle ned
flush³ adj. /flʌʃ/
1 *(om overflate)* jevn, plan
2 rikelig
3 full
flute subst. /fluːt/ fløyte *m/f*
flutter¹ subst. /ˈflʌtə/ **1** flagring *m/f*
2 uro *m/f*, oppstyr *n*
3 hjertebank *m*
flutter² verb /ˈflʌtə/ **1** flagre
2 dirre, skjelve
flux subst. /flʌks/ **1** strøm *m*, flom *m*
2 stadig forandring *m/f*
fly¹ subst. /flaɪ/ buksesmekk *m*
fly² subst. /flaɪ/ flue *m/f*
fly³ verb (flew – flown) /flaɪ/ fly
flying fish subst. flygefisk *m*

foal subst. /fəʊl/ føll *n*
foam¹ subst. /fəʊm/ skum *n*
foam² verb /fəʊm/ skumme
foam rubber subst. skumgummi *m*
foamy adj. /ˈfəʊmɪ/ skummende
fob verb /fɒb/ lure
focal point subst. fokus *n*
focus¹ subst. /ˈfəʊkəs/ fokus *n*,
brennpunkt *n*
focus² verb /ˈfəʊkəs/ fokusere
fodder subst. /ˈfɒdə/ tørrfôr *n*
foe subst. /fəʊ/ *(poetisk)* fiende *m*
foetus subst. /ˈfiːtəs/ foster *n*
fog subst. /fɒg/ tåke *m/f*
foggy adj. /ˈfɒgɪ/ tåkete
foghorn subst. /ˈfɒghɔːn/ tåkelur *m*
foil¹ subst. /fɔɪl/ **1** folie *m*
2 bakgrunn *m*
foil² verb /fɔɪl/ hindre, ødelegge
fold¹ subst. /fəʊld/ **1** innhegning *m/f*
2 flokk *m*
fold² subst. /fəʊld/ fold *m*, lag *n*
fold³ verb /fəʊld/ **1** brette (sammen)
2 *(hverdagslig)* gi seg, gi opp
folder subst. /ˈfəʊldə/ folder *m*,
mappe *m/f*
folding chair subst. klappstol *m*
folding rule subst. tommestokk *m*
foliage subst. /ˈfəʊlɪɪdʒ/ løv *n*,
løvverk *n*
folk subst. /ˈfəʊk/ **1** folk *n*, mennesker
2 folkemusikk *m*
my folks min familie, mine foreldre
folk song subst. folkevise *m/f*
folksy adj. /ˈfəʊksɪ/ folkelig
follow verb /ˈfɒləʊ/ **1** følge
2 følge med, forstå
follow up gå videre med
follower subst. /ˈfɒləʊə/ **1** tilhenger *m*
2 *(sosiale medier)* følger *m*
following¹ adj. /ˈfɒləʊɪŋ/ **1** følgende
2 påfølgende, neste

following² preposisjon /'fɒləʊɪŋ/
  1 fulgt av
  2 etter
folly subst. /'fɒlɪ/ dårskap *m*, dumhet *m*
fond adj. /fɒnd/ kjærlig
  be **fond of** være glad i, like
fondle verb /'fɒndl/ kjærtegne
font¹ subst. /fɒnt/ døpefont *m*
font² subst. /fɒnt/ skrifttype *m*, font *m*
food subst. /fuːd/ mat *m*
fool¹ subst. /fuːl/ tosk *m*
fool² verb /fuːl/ **1** lure, narre
  2 tulle, tøyse
foolhardy adj. /'fuːlˌhɑːdɪ/ dumdristig
foolish adj. /'fuːlɪʃ/ tåpelig
foot subst. (flertall: feet) /fʊt/,
  flertall: /fiːt/ **1** fot *m*
  2 *(som mål)* fot *m (30,48 cm)*
  on foot til fots
footage subst. /'fʊtɪdʒ/ filmsekvens *m*,
  opptak *n*
foot-and-mouth disease subst.
  munn- og klovsyke *m*
football subst. /'fʊtbɔːl/ fotball *m*
football match subst. fotballkamp *m*
footboard subst. /'fʊtbɔːd/ stigtrinn *n*
footfall subst. /'fʊtfɔːl/ fottrinn *n*
footgear subst. /'fʊtgɪə/ fottøy *n*
foothold subst. /'fʊthəʊld/ fotfeste *n*
footing subst. /'fʊtɪŋ/ fotfeste *n*
footlights subst. *flt.* /'fʊtlaɪts/ *(teater)*
  rampelys *n*
footloose adj. /'fʊtluːs/ ubundet, fri
footman subst. /'fʊtmən/ lakei *m*
footpath subst. /'fʊtpɑːθ/ gangsti *m*
footprint subst. /'fʊtprɪnt/ fotspor *n*
footstep subst. /'fʊtstep/ skritt *n*
footwear subst. /'fʊtweə/ fottøy *n*
for¹ preposisjon /fɔː/, trykksvak: /fə/
  1 for • *he did it for me*
  2 til • *here's a letter for you* • *he is
  leaving for Spain*
  3 etter, om, for • *ask for help*
  4 av, for • *for this reason*
  5 *(om tidsrom)* på, for • *I haven't
  seen him for weeks*
  6 *(om avstand)* i • *we walked for two
  miles*
  as for når det gjelder, med tanke på
  for now for øyeblikket, foreløpig
  for one thing for det første, for
  eksempel
for² konjunksjon /fɔː/, trykksvak: /fə/
  for, fordi

forage subst. /'fɒrɪdʒ/ fôr *n*
forbade verb /fə'bæd/, /fɔː'beɪd/
  se ▶forbid
forbearance subst. /fɔː'beərəns/
  overbærenhet *m*
forbid verb (forbade eller forbad –
  forbidden) /fə'bɪd/ forby
forbidden verb /fə'bɪdn/ *se* ▶forbid
forbidding adj. /fə'bɪdɪŋ/ ubehagelig,
  truende
force¹ subst. /fɔːs/ kraft *m/f*, makt *m/f*
force² verb /fɔːs/ **1** tvinge, trenge
  2 bryte opp
  force open bryte opp
forced adj. /fɔːst/ **1** tvungen
  2 krampaktig, unaturlig
forcedly adverb /'fɔːsɪdlɪ/ tvunget
forcemeat subst. /'fɔːsmiːt/
  (kjøtt)farse *m*
ford subst. /fɔːd/ vadested *n*
fore adj. /fɔː/ forrest
forearm subst. /'fɔːrɑːm/ underarm *m*
forecast subst. /'fɔːkɑːst/
  1 forutsigelse *m*
  2 værvarsel *n*
forefather subst. /'fɔːˌfɑːðə/
  forfader *m*
forefinger subst. /'fɔːˌfɪŋgə/
  pekefinger *m*
forefront subst. /'fɔːfrʌnt/
  forreste linje *m/f*
foreground subst. /'fɔːgraʊnd/
  forgrunn *m*
forehead subst. /'fɔːhed/, /'fɒrɪd/
  panne *m/f*
foreign adj. /'fɒrɪn/ utenlandsk,
  fremmed, utenriks-
foreigner subst. /'fɒrɪnə/ utlending *m*
foreland subst. /'fɔːlənd/ odde *m*,
  nes *n*
foreleg subst. /'fɔːleg/ forbein *n*
forelock subst. /'fɔːlɒk/
  1 pannelugg *m*
  2 *(på hest)* pannehår *n*
foremost adj. /'fɔːməʊst/ fremst,
  forrest
forename subst. /'fɔːneɪm/ fornavn *n*
forerunner subst. /'fɔːˌrʌnə/
  forløper *m*
foresee verb (foresaw – foreseen)
  /fɔː'siː/ forutse
foreseeable adj. /fɔː'siːəbl/
  overskuelig

foreshadow verb /fɔːˈʃædəʊ/ varsle, bebude

foresight subst. /ˈfɔːsaɪt/ fremsyn *n*

forest subst. /ˈfɒrɪst/ skog *m*

forester subst. /ˈfɒrəstə/ skogvokter *m*

foretaste subst. /ˈfɔːteɪst/ forsmak *m*

forever adverb /fəˈrevə/ for alltid

foreword subst. /ˈfɔːwɜːd/ forord *n*

forfeit¹ subst. /ˈfɔːfɪt/ **1** bot *m/f*
2 tap *n*

forfeit² verb /ˈfɔːfɪt/ **1** bøte med
2 miste, tape, gi opp

forge¹ subst. /fɔːdʒ/ smie *m/f*

forge² verb /fɔːdʒ/ **1** smi
2 lage
3 forfalske

forger subst. /ˈfɔːdʒə/ forfalsker *m*

forgery subst. /ˈfɔːdʒᵊrɪ/ forfalskning *m/f*

forget verb (forgot – forgotten) /fəˈget/ glemme

forgetful adj. /fəˈgetfᵊl/ glemsk

forgetfulness subst. /fəˈgetfᵊlnəs/ glemskhet *m*

forget-me-not subst. /fəˈgetmɪnɒt/ forglemmegei *m*

forgive verb (forgave – forgiven) /fəˈgɪv/ tilgi

forgiveness subst. /fəˈgɪvnəs/ tilgivelse *m*

forgo verb (forwent – forgone) /fɔːˈgəʊ/ avstå (fra), klare seg uten

forgot verb /fəˈgɒt/ *se* ▶forget

forgotten verb /fəˈgɒtn/ *se* ▶forget

fork¹ subst. /fɔːk/ **1** gaffel *m*
2 veiskille *n*

fork² verb /fɔːk/ dele seg

form¹ subst. /fɔːm/ **1** form *m/f*
2 skikkelse *m*
3 skjema *n*
4 (skole)klasse *m* • *first form* første klasse

form² verb /fɔːm/ **1** danne (seg)
2 forme

formal¹ subst. /ˈfɔːməl/ *(amer.)*
1 festantrekk *n*
2 formell tilstelning *m/f*

formal² adj. /ˈfɔːməl/ formell

formality subst. /fɔːˈmælətɪ/ formalitet *m*

format subst. /ˈfɔːmæt/ format *n*

formation subst. /fɔːˈmeɪʃᵊn/ formasjon *m*

former adj. /ˈfɔːmə/ tidligere
the former førstnevnte

formerly adverb /ˈfɔːməlɪ/ tidligere

formidable adj. /ˈfɔːmɪdəbl/, /fɔːˈmɪdəbl/ **1** overveldende
2 formidabel, imponerende

form master subst. klasseforstander *m*

form room subst. klasserom *n*

form teacher subst. klasseforstander *m*, klasselærer *m*

formula subst. /ˈfɔːmjʊlə/ **1** formel *m*
2 oppskrift *m/f*

formulate verb /ˈfɔːmjʊleɪt/ formulere

forth adverb /fɔːθ/ *(gammeldags)*
1 fremover
2 frem
and so forth og så videre

forthcoming adj. /ˌfɔːθˈkʌmɪŋ/
1 kommende, forestående
2 *(hverdagslig)* imøtekommende

forthwith adverb /ˌfɔːθˈwɪθ/ straks

fortieth adj. /ˈfɔːtɪəθ/ førtiende

fortification subst. /ˌfɔːtɪfɪˈkeɪʃᵊn/ befestning *m/f*

fortify verb /ˈfɔːtɪfaɪ/ forsterke, befeste

fortitude subst. /ˈfɔːtɪtʃuːd/, /ˈfɔːtɪtjuːd/ mot *n*

fortnight subst. /ˈfɔːtnaɪt/ fjorten dager

fortress subst. /ˈfɔːtrəs/ festning *m/f*

fortunate adj. /ˈfɔːtʃᵊnət/ heldig

fortunately adverb /ˈfɔːtʃᵊnətlɪ/ heldigvis

fortune subst. /ˈfɔːtʃuːn/, /ˈfɔːtjuːn/
1 formue *m*
2 skjebne *m*
3 hell *n*, lykke *m/f*
fortune teller subst. spåkone *m/f*,
spåmann *m*
forty determinativ /ˈfɔːtɪ/ førti
forum subst. /ˈfɔːrəm/ forum *n*
forward[1] subst. /ˈfɔːwəd/ *(sport)*
angrepsspiller *m*
forward[2] verb /ˈfɔːwəd/ **1** videresende
2 fremme
forward[3] adj. /ˈfɔːwəd/ **1** fremover
2 fremst
forward[4] adverb /ˈfɔːwəd/ *eller*
forwards fremover, frem
fossil subst. /ˈfɒsəl/ fossil *n*
fossil fuel subst. fossilt brensel *n*
foster verb /ˈfɒstə/ fostre, pleie
foster home subst. fosterhjem *n*
foster parent subst. fosterforelder *m*
fought verb /fɔːt/ *se* ▶fight[2]
foul[1] subst. /faʊl/ regelbrudd *n*
foul[2] verb /faʊl/ skitne til, forurense
foul[3] adj. /faʊl/ **1** skitten
2 motbydelig, avskyelig
3 dårlig
found[1] verb /faʊnd/ *se* ▶find
found[2] verb /faʊnd/ grunnlegge, stifte
foundation subst. /faʊnˈdeɪʃən/
1 fundament *n*, grunnvoll *m*
2 grunnlag *n*, basis *m*
3 stiftelse *m*
4 grunnlegging *m/f*
founder subst. /ˈfaʊndə/
grunnlegger *m*
foundry subst. /ˈfaʊndrɪ/ støperi *n*
fountain subst. /ˈfaʊntən/ **1** fontene *m*
2 kilde *m*
fountain pen subst. fyllepenn *m*
four determinativ /fɔː/ fire
four-leaf clover subst. firkløver *m*
fourteen determinativ /ˌfɔːˈtiːn/,
foranstilt: /ˈfɔːtiːn/ fjorten
fourteenth adj. /ˌfɔːˈtiːnθ/,
foranstilt: /ˈfɔːtiːnθ/ fjortende
fourth[1] subst. /fɔːθ/ fjerdedel *m*
fourth[2] adj. /fɔːθ/ fjerde
fourthly adverb /ˈfɔːθlɪ/ for det fjerde
four-wheel drive subst.
firehjulstrekk *n*
fowl subst. (flertall: fowl eller fowls)
/faʊl/ høne *m/f*
fox subst. /fɒks/ rev *m*

fraction subst. /ˈfrækʃən/ **1** brøkdel *m*
2 brøk *m*
fractional adj. /ˈfrækʃənl/ **1** brøk-
2 ubetydelig, marginal
fraction line subst. brøkstrek *m*
fracture subst. /ˈfræktʃə/ **1** brist *m*
2 benbrudd *n*
fragile adj. /ˈfrædʒaɪl/ skrøpelig, skjør
fragment subst. /ˈfrægmənt/
fragment *n*, bruddstykke *n*
fragrance subst. /ˈfreɪgrəns/ duft *m*,
parfyme *m*
fragrance-free adj. /ˈfreɪgrənsˌfriː/
uparfymert
fragrant adj. /ˈfreɪgrənt/ velluktende
frail adj. /freɪl/ svak, skrøpelig
frame[1] subst. /freɪm/ **1** ramme *m/f*
2 struktur *m*
frame[2] verb /freɪm/ **1** ramme inn
2 fabrikkere bevis • *he was framed
for murder*
framework subst. /ˈfreɪmwɜːk/
1 *(bygg)* rammeverk *n*
2 grunnlag *n*, basis *m*
France /frɑːns/ Frankrike
franchise subst. /ˈfræn(t)ʃaɪz/
1 konsesjon *m*, bevilling *m*
2 franchise *m*
3 rettighet *m*
frank adj. /fræŋk/ oppriktig, ærlig
frankness subst. /ˈfræŋknəs/
oppriktighet *m*
frantic adj. /ˈfræntɪk/ desperat, vill
fraternal adj. /frəˈtɜːnəl/ **1** broderlig
2 bror-
fraternity subst. /frəˈtɜːnətɪ/
brorskap *n*
fraud subst. /frɔːd/ bedrageri *n*
fraudulent adj. /ˈfrɔːdʒələnt/
bedragersk
fray subst. /freɪ/ **1** intens aktivitet *m*
2 kamp *m*
frayed adj. /freɪd/ (tynn)slitt, frynset
frazzled adj. /ˈfræzld/ utslitt
freak subst. /friːk/ **1** misfoster *n*
2 raring *m/f*
freaky adj. /ˈfriːkɪ/ *(hverdagslig)* rar,
merkelig, sær
freckle subst. /ˈfrekl/ fregne *m/f*
free[1] verb /friː/ befri
free[2] adj. /friː/ **1** fri, uavhengig
2 gratis
for free gratis
freedom subst. /ˈfriːdəm/ frihet *m*

a b c d e f g h i j k l m n o p q r s t u v w x y z

freedom of the press subst.
trykkefrihet *m*
freehanded adj. /ˌfriːˈhændɪd/ gavmild
freeholder /ˈfriːˌhəʊldə/ selveier *m*
free kick subst. *(fotball)* frispark *n*
freelance subst. /ˈfriːlɑːns/ **1** frilans *m*
2 frilanser *m*
freeload verb /ˈfriːləʊd/ snylte
freeloader subst. /ˈfriːləʊdə/ snylter *m*
freely adverb /ˈfriːlɪ/ **1** fritt
2 frivillig
freemason subst. /ˈfriːˌmeɪsᵊn/
frimurer *m*
freeware subst. /ˈfriːweə/ *(IT)*
gratisprogram
freeway subst. /ˈfriːweɪ/ *(amer.)*
(avgiftsfri) motorvei *m*
freeze verb (froze – frozen) /friːz/ fryse
freezer subst. /ˈfriːzə/ fryser *m*
freezing point subst. frysepunkt *n*
freight[1] subst. /freɪt/ **1** frakt *m/f*
2 fraktavgift *m/f*
freight[2] verb /freɪt/ frakte
French adj. /fren(t)ʃ/ fransk
French fried potatoes subst. *eller*
French fries *(amer.)* pommes frites
Frenchman subst. /ˈfren(t)ʃmən/
franskmann *m*
frenzy subst. /ˈfrenzɪ/ raseri *n*,
vanvidd *n*
frequency subst. /ˈfriːkwənsɪ/
1 hyppighet *m*
2 frekvens *m*
frequent[1] verb /frɪˈkwent/ besøke ofte
frequent[2] adj. /ˈfriːkwənt/ **1** vanlig
2 hyppig
fresh adj. /freʃ/ fersk, frisk
freshen verb /ˈfreʃᵊn/ **1** fornye,
forfriske
2 *(om vind)* friske på
freshen up stelle seg
freshwater subst. /ˈfreʃˌwɔːtə/
ferskvann *n*
fret verb /fret/ **1** irritere, ergre
2 gnage, slite
fretful adj. /ˈfretfᵊl/ gretten
friar subst. /fraɪə/ munk *m*
friction subst. /ˈfrɪkʃᵊn/ friksjon *m*
Friday subst. /ˈfraɪdeɪ/ fredag *m*
fridge subst. /frɪdʒ/ *(hverdagslig)*
kjøleskap *n*
friend subst. /frend/ venn *m*,
venninne *m/f*
make friends få venner

friendless adj. /ˈfrendləs/ venneløs
friendly adj. /ˈfrendlɪ/ vennlig
friend request subst. *(i sosiale
medier)* venneforespørsel *m*
friendship subst. /ˈfren(d)ʃɪp/
vennskap *n*
fries subst. /fraɪz/ *(amer.)* pommes
frites
frieze subst. /ˈfriːz/ vadmel *n*
frigate subst. /ˈfrɪgət/ fregatt *m*
fright subst. /fraɪt/ skrekk *m*
frighten verb /ˈfraɪtᵊn/ skremme
frightful adj. /ˈfraɪtfᵊl/ forferdelig
frill subst. /frɪl/ rysj *m*
frilly adj. /ˈfrɪlɪ/ pyntet
fringe subst. /frɪndʒ/ **1** frynse *m/f*
2 pyntekant *m*
3 pannelugg *m*
4 utkant *m*
Frisbee® subst. /ˈfrɪzbɪ/ frisbee *m*
frisk verb /frɪsk/ **1** kroppsvisitere
2 gjøre krumspring
frisky adj. /ˈfrɪskɪ/ sprelsk
frivolity subst. /frɪˈvɒlətɪ/
lettsindighet *m*
frivolous adj. /ˈfrɪvələs/ lettsindig,
fjollet
fro adverb /frəʊ/ fra
to and fro frem og tilbake
frock subst. /frɒk/
1 kjole til hverdagsbruk
2 barnekjole *m*
3 kittel *m*
frock coat subst. skjøtefrakk *m*
frog subst. /frɒg/ frosk *m*
frolic verb /ˈfrɒlɪk/ boltre seg
from preposisjon /frɒm/, trykksvak:
/frəm/ fra, av
front[1] subst. /frʌnt/ **1** forside *m/f*
2 fasade *m*
3 front *m*
in front of foran
front[2] verb /frʌnt/ vende (ut) mot
front[3] adj. /frʌnt/ forrest, for-
front door subst. ytterdør *m/f*
frontier subst. /ˈfrʌntɪə/ grense *m/f*
front seat subst. forsete *n*
frost subst. /frɒst/ frost *m*, rim *m/n*
frostbite subst. /ˈfrɒs(t)baɪt/
forfrysning *m/f*
frosting subst. /ˈfrɒstɪŋ/
1 *(amer.)* glasur på kake
2 *(om glass e.l.)* matt overflate *m/f*
frosty adj. /ˈfrɒstɪ/ frost-, kald, kjølig

froth¹ subst. /frɒθ/ fråde *m*, skum *n*
froth² verb /frɒθ/ **1** skumme
　2 *(om mat)* vispe, piske
frown verb /fraʊn/ rynke pannen
　frown upon/on mislike
froze verb /frəʊz/ *se* ▶freeze
frozen¹ verb /ˈfrəʊzn/ *se* ▶freeze
frozen² adj. /ˈfrəʊzn/ **1** frossen
　2 iskald, kjølig
frugal adj. /ˈfruːgəl/ **1** sparsommelig
　2 enkel, beskjeden
fruit subst. /fruːt/ frukt *m/f*
fruitful adj. /ˈfruːtfəl/ fruktbar
fruit juice subst. fruktsaft *m/f*, juice *m*
fruitless adj. /ˈfruːtləs/ nytteløs
frumpy adj. /ˈfrʌmpi/ tantete, snerpete
frustrate verb /frʌˈstreɪt/
　1 forpurre, forhindre, skuffe
　2 gjøre frustrert
frustrated adj. /frʌsˈtreɪtɪd/ frustrert,
　skuffet
frustration subst. /frʌˈstreɪʃən/
　1 frustrasjon *m*
　2 skuffelse *m*
fry¹ subst. /fraɪ/ **1** stekt mat *m*
　2 *(amer., hverdagslig)* grillfest *m*
fry² subst. (flertall: fry) /fraɪ/
　(fiske)yngel *m*
fry³ verb /fraɪ/ steke
frying pan subst. stekepanne *m/f*
ft. *(fork. for* foot, feet*)* fot *m*
fuck verb /fʌk/ *(vulgært)* knulle
　fuck about 1 slenge omkring **2** rote
　fuck off! dra til helvete!
　fuck up 1 ødelegge **2** rote til
fuddled adj. /ˈfʌdld/ forvirret, omtåket
fuel subst. /ˈfjuːəl/ brennstoff *n*
fugitive¹ subst. /ˈfjuːdʒətɪv/
　flyktning *m*
fugitive² adj. /ˈfjuːdʒətɪv/ flyktig
fulfil verb /fʊlˈfɪl/ *eller* **fulfill** *(amer.)*
　oppfylle, utføre

fulfilment subst. /fʊlˈfɪlmənt/
　oppfyllelse *m*
full adj. /fʊl/ **1** full
　2 mett
　3 fullstendig
full dress subst. selskapsantrekk *n*
full-fledged adj. /ˌfʊlˈfledʒd/ *(amer.)*
　fullt utviklet
full stop subst. punktum *n*
full-time adverb /ˈfʊltaɪm/ heltid
fully adverb /ˈfʊli/ **1** fullt (ut), helt
　2 drøyt, godt (og vel)
fully fledged adj. fullt utviklet
fumble verb /ˈfʌmbl/ **1** fomle, fikle
　2 rote, lete
fume¹ subst. /fjuːm/ *(oftest i flertall:*
　fumes*)* røyk *m*, damp *m*
fume² verb /fjuːm/ **1** ryke, dampe
　2 *(om raseri)* rase
fun subst. /fʌn/ moro *m/f*
　have fun ha det gøy
　make fun of erte, gjøre narr av
function¹ subst. /ˈfʌŋ(k)ʃən/
　1 funksjon *m*
　2 oppgave *m/f*
　3 tilstelning *m/f*
function² verb /ˈfʌŋ(k)ʃən/ fungere
functionary subst. /ˈfʌŋ(k)ʃənəri/
　funksjonær *m*
fund¹ subst. /fʌnd/ fond *n*, kapital *m*
fund² verb /fʌnd/ betale, finansiere
fundamental adj. /ˌfʌndəˈmentl/
　fundamental
fundamentalist subst.
　/ˌfʌndəˈmentəlɪst/ fundamentalist *m*
fundamentally adverb /ˌfʌndəˈmentəli/
　1 fundamentalt
　2 i bunn og grunn
fundraiser subst. /ˈfʌndˌreɪzə/
　tilstelning til inntekt for veldedighet
fundraising subst. /ˈfʌndˌreɪzɪŋ/
　pengeinnsamling *m/f*

a b c d e f g h i j k l m n o p q r s t u v w x y z

funeral subst. /ˈfjuːnᵊrᵊl/ begravelse *m*
funeral home subst.
  begravelsesbyrå *n*
funfair subst. /ˈfʌnfeə/
  fornøyelsespark *m*
fungus subst. (flertall: fungi) /ˈfʌŋgəs/,
  flertall: /ˈfʌŋgaɪ/ sopp *m*
funky adj. /ˈfʌŋkɪ/ **1** *(musikk)* funky
  2 *(amer.)* stinkende
funnel subst. /ˈfʌnᵊl/ **1** trakt *m/f*
  2 *(på båt eller lokomotiv)* skorstein *m*
funny adj. /ˈfʌnɪ/ **1** morsom
  2 rar
fur subst. /fɜː/ pels *m*
fur coat subst. pelskåpe *m/f*
furious adj. /ˈfjʊərɪəs/ rasende
furl verb /fɜːl/ rulle sammen, rulle opp
furnace subst. /ˈfɜːnɪs/ (smelte)ovn *m*
furnish verb /ˈfɜːnɪʃ/ **1** møblere
  2 utstyre, utruste, forsyne
furnishing subst. /ˈfɜːnɪʃɪŋ/ **1** utstyr *n*
  2 innredning *m/f*
furniture subst. /ˈfɜːnɪtʃə/ *(verbet skal*
  stå i entall) **1** møbler, inventar *n*
  2 utstyr *n*
  piece of furniture møbel *n*
furrow subst. /ˈfʌrəʊ/ **1** (plog)fure *m*
  2 *(i ansiktet)* rynke *m/f*

further[1] verb /ˈfɜːðə/ fremme
further[2] adj. /ˈfɜːðə/
  1 fjernere, lenger bort
  2 ytterligere, fortsatt • *cook for a*
  further ten minutes
further[3] adverb /ˈfɜːðə/ **1** lenger
  2 videre, ytterligere
  3 dessuten
furthermore adverb /ˌfɜːðəˈmɔː/
  videre, dessuten
fury subst. /ˈfjʊərɪ/ raseri *n*
fuse[1] subst. /fjuːz/ sikring *m/f*
fuse[2] subst. /fjuːz/ lunte *m/f*
fuse[3] verb /fjuːz/ smelte (sammen)
fuse box subst. sikringsskap *n*
fusion subst. /ˈfjuːʒᵊn/
  (sammen)smelting *m/f*
fuss[1] subst. /fʌs/ bråk *n*, oppstyr *n*
fuss[2] verb /fʌs/ lage oppstyr, mase
fussy adj. /ˈfʌsɪ/ **1** geskjeftig
  2 pirkete
future[1] subst. /ˈfjuːtʃə/ fremtid *m/f*
future[2] adj. /ˈfjuːtʃə/ fremtidig
fuzz subst. /fʌz/ **1** fnugg *n*
  2 *(slang)* politi *n*
fuzzy adj. /ˈfʌzɪ/ **1** lodden, dunet
  2 uklar
fwd. *eller* **fwd** *fork. for* forward

g

gabble verb /ˈgæbl/ prate, skravle
gabby adj. /ˈgæbɪ/ skravlete
gable subst. /ˈgeɪbl/ gavl *m*
gadfly subst. /ˈgædflaɪ/ brems *m*,
  klegg *m*
gadget subst. /ˈgædʒɪt/ innretning *m/f*,
  dings *m*, greie *m/f*
Gaelic subst. /ˈgeɪlɪk/, /ˈgælɪk/
  gælisk *m/n*
gaffe subst. /gæf/ tabbe *m*
gag[1] subst. /gæg/ **1** knebel *m*
  2 vits *m*
gag[2] verb /gæg/ **1** kneble
  2 få brekninger
  3 vitse
gaga adj. /ˈgɑːgɑː/ *(hverdagslig)* gal
gage[1] subst. /geɪdʒ/ *(amer.)* **1** mål *n*
  2 måler *m*, måleinstrument *n*

gage[2] verb /geɪdʒ/ *(amer.)*
  1 måle, måle opp
  2 *(overført)* bedømme, vurdere
gaggle subst. /ˈgægl/ (gåse)flokk *m*
gaiety subst. /ˈgeɪətɪ/ lystighet *m*
gain[1] subst. /geɪn/ gevinst *m*,
  vinning *m/f*
gain[2] verb /geɪn/ **1** vinne, oppnå
  2 tjene
  gain weight legge på seg
gait subst. /geɪt/ ganglag *n*
gaiter subst. /ˈgeɪtə/ gamasje *m*
gal subst. /gæl/ *(hverdagslig)* jente *m/f*
galaxy subst. /ˈgæləksɪ/ galakse *m*
gale subst. /geɪl/ kuling *m*, storm *m*
gall[1] subst. /gɔːl/ bitterhet *m*, galle *m*
gall[2] subst. /gɔːl/ **1** irritasjon *m*
  2 gnagsår *n*

gall[3] verb /gɔːl/ **1** ergre
  2 gnage
gallant adj. /ˈgælənt/ galant, ridderlig
gall bladder subst. galleblære *m/f*
gallery subst. /ˈgælərɪ/ **1** galleri *n*
  2 *(på teater)* balkong *m*
galley subst. /ˈgælɪ/ **1** *(båt)* galei *m*
  2 bysse *m/f*
gallon subst. /ˈgælən/ *(måleenhet)*
  1 *(britisk)* 4,546 liter
  2 *(amer.)* 3,785 liter
gallop[1] subst. /ˈgæləp/ galopp *m*
gallop[2] verb /ˈgæləp/ galoppere
gallows subst. *flt.* /ˈgæləʊz/ *(verbet
  skal stå i entall)* galge *m*
gallstone subst. /ˈgɔːlstəʊn/
  gallestein *m*
Gallup poll subst. meningsmåling *m/f*
galore adverb /gəˈlɔː/ massevis
galosh subst. /gəˈlɒʃ/ kalosje *m*
gambit subst. /ˈgæmbɪt/ utspill *n*
gamble[1] subst. /ˈgæmbl/
  (hasard)spill *n*
gamble[2] verb /ˈgæmbl/ gamble, spille
gambler subst. /ˈgæmblə/ gambler *m*,
  spiller *m*
game[1] subst. /geɪm/ **1** spill *n*, lek *m*
  2 kamp *m*
game[2] subst. /geɪm/ vilt *n*
game[3] verb /geɪm/ **1** spille hasard
  2 game, spille dataspill/TV-spill
gamekeeper subst. /ˈgeɪmˌkiːpə/
  skogvokter *m*
gaming subst. /ˈgeɪmɪŋ/
  1 *(IT)* gaming *m/f, forklaring:*
  det å spille video- eller dataspill
  2 gambling *m/f*
gander subst. /ˈgændə/ gasse *m*
gang subst. /gæŋ/ **1** bande *m*
  2 gjeng *m*
ganglion subst. /ˈgæŋglɪən/
  seneknute *m*
gangrene subst. /ˈgæŋgriːn/
  koldbrann *m*
gangway subst. /ˈgæŋweɪ/
  1 passasje *m*
  2 landgang *m*
gap subst. /gæp/ **1** åpning *m/f*, hull *n*
  2 *(i fjell e.l.)* kløft *m/f*
  3 forskjell *m*, avstand *m*
gape verb /geɪp/ **1** gape
  2 *(om dør)* stå på vidt gap
  gape at glane på

garage subst. /ˈgærɑː(d)ʒ/, /ˈgærɪdʒ/,
  amer.: /gəˈrɑːʒ/ **1** garasje *m*
  2 bilverksted *n*
garb verb /gɑːb/ kle
garbage subst. /ˈgɑːbɪdʒ/ søppel
  m/f/n, avfall *n*
garbage can subst.
  (amer.) søppelbøtte *m/f*
garden subst. /ˈgɑːdn/ hage *m*
gardener subst. /ˈgɑːdnə/ gartner *m*
gardening subst. /ˈgɑːdnɪŋ/
  hagearbeid *n*
gargle verb /ˈgɑːgl/ gurgle
garland subst. /ˈgɑːlənd/ krans *m*
garlic subst. /ˈgɑːlɪk/ hvitløk *m*
garment subst. /ˈgɑːmənt/
  klesplagg *n*
garnet subst. /ˈgɑːnɪt/ *(mineral)*
  granat *m*
garnish[1] subst. /ˈgɑːnɪʃ/ pynt *m*
garnish[2] verb /ˈgɑːnɪʃ/
  1 *(om mat)* garnere
  2 pynte
garret subst. /ˈgærət/ loft *n*
garrison subst. /ˈgærɪsn/ garnison *m*
garrulous adj. /ˈgærələs/ pratsom
garter subst. /ˈgɑːtə/ strømpebånd *n*
gas[1] subst. /gæs/ **1** gass *m*
  2 *(amer.)* bensin *m*
gas[2] verb /gæs/ gasse, gassforgifte
gash subst. /gæʃ/ åpen flenge *m/f*,
  gapende sår *n*
gas jet subst. gassbluss *n*
gaslight subst. /ˈgæslaɪt/ gasslys *n*
gas mask subst. gassmaske *m/f*
gas meter subst. gassmåler *m*
gasoline subst. /ˈgæsəliːn/ *(amer.)*
  bensin *m*
gasp[1] subst. /gɑːsp/ gisp *n*
gasp[2] verb /gɑːsp/ gispe
gas station subst. *(amer.)*
  bensinstasjon *m*
gastric ulcer subst. magesår *n*
gate subst. /geɪt/ port *m*, grind *m/f*
gatecrash verb /ˈgeɪtkræʃ/
  (hverdagslig) trenge seg inn på fest
gatekeeper subst. /ˈgeɪtˌkiːpə/
  portvakt *m/f*
gateway subst. /ˈgeɪtweɪ/ port *m*,
  inngang *m*
gather verb /ˈgæðə/ **1** samle
  2 skaffe (seg), innhente • *gather
  information*
  3 forstå

a b c d e f **g** h i j k l m n o p q r s t u v w x y z

gathering subst. /ˈgæðᵊrɪŋ/
(for)samling *m/f*
gaudy adj. /ˈgɔːdɪ/ glorete, grell
gauge¹ subst. /geɪdʒ/ **1** mål *n*
2 måler *m*, måleinstrument *n*
gauge² verb /geɪdʒ/ **1** måle, måle opp
2 *(overført)* bedømme, vurdere
gaunt adj. /gɔːnt/ **1** mager
2 uhyggelig, nifs
gauze subst. /gɔːz/ (gas)bind *n*
gave verb /geɪv/ *se* ▸give
gawk verb /gɔːk/ måpe, glane
gay adj. /geɪ/ **1** homofil, skeiv
2 glad, munter
gaze verb /geɪz/ stirre
gaze at stirre på
gazette subst. /gəˈzet/ **1** avis *m/f*
2 lysningsblad *n*
GDP *(fork. for* gross domestic product*)*
BNP, bruttonasjonalprodukt
gear¹ subst. /gɪə/ **1** gir *n*
2 tannhjul *n*
3 utstyr *n*, redskap *m/n*
gear² verb /gɪə/ **1** gire, koble inn
2 utstyre
gearbox subst. /ˈgɪəbɒks/ girkasse *m/f*
gear lever subst. *eller*
gear shift *(amer.)* girstang *m/f*
gee interjeksjon /dʒiː/ jøss, oi
geese subst. /giːs/ *flertall av* ▸goose
gel subst. /dʒel/ hårgelé
geld verb (gelded – gelded eller
gelt – gelt) /geld/ kastrere, gjelde
gem subst. /dʒem/ edelsten *m*
Gemini subst. /ˈdʒemɪnaɪ/, /ˈdʒemɪniː/
(stjernetegn) Tvillingene
gemmation subst. /dʒeˈmeɪʃn/
knoppskyting *m/f*
gender subst. /ˈdʒendə/ kjønn *n*
genderqueer adj. /ˈdʒendəkwɪə/
kjønnsskeiv
gender role subst. kjønnsrolle *m/f*
gene subst. /dʒiːn/ gen *m/n*
genealogical tree subst. slektstre *n*
genealogist subst. /ˌdʒiːnɪˈælədʒɪst/
slektsforsker *m*
genealogy subst. /ˌdʒiːnɪˈælədʒɪ/
avstamning *m/f*, stamtavle *m/f*
gene manipulation subst.
genmanipulering *m/f*
general¹ subst. /ˈdʒenᵊrᵊl/ general *m*
general² adj. /ˈdʒenᵊrᵊl/
1 generell, allmenn, vanlig
2 general-, hoved-

generalize verb /ˈdʒenᵊrəlaɪz/
generalisere
generally adverb /ˈdʒenᵊrᵊlɪ/ vanligvis
general meeting subst.
generalforsamling *m/f*
general practitioner subst. *eller* **GP**
allmennlege *m*
generate verb /ˈdʒenᵊreɪt/
1 skape, fremkalle
2 produsere, generere
generation subst. /ˌdʒenəˈreɪʃᵊn/
generasjon *m*
generic adj. /dʒeˈnerɪk/ generisk,
allmenn
generosity subst. /ˌdʒenəˈrɒsətɪ/
sjenerøsitet *m*, gavmildhet *m*
generous adj. /ˈdʒenᵊrəs/ sjenerøs,
gavmild
genetic adj. /dʒəˈnetɪk/ genetisk
Geneva /dʒəˈniːvə/ Genève
genial adj. /ˈdʒiːnjəl/ vennlig, hyggelig
genie subst. /ˈdʒiːnɪ/ lampeånd *m*
genitals subst. *flt.* /ˈdʒenɪtlz/
kjønnsorganer
genitive subst. /ˈdʒenətɪv/ genitiv *m*
genius subst. /ˈdʒiːnjəs/ geni *n*
genre subst. /ˈʒɑːnrə/ sjanger *m*, stil *m*
gent subst. /dʒent/
1 *(hverdagslig, kortform for*
gentleman*)* (dannet) mann *m*, herre *m*
2 *(også* the gents*)* herretoalett *n*
genteel adj. /dʒenˈtiːl/ fornem, fisefin
gentility subst. /ˌdʒenˈtɪlətɪ/
fornemhet *m*
gentle adj. /ˈdʒentl/ **1** vennlig
2 forsiktig, mild
gentleman subst. /ˈdʒentlmən/
(dannet) mann *m*, herre *m*
gentlemanlike adj. /ˈdʒentlmənlaɪk/
dannet, fin
gentleness subst. /ˈdʒentlnəs/
mildhet *m*
gentlewoman subst. /ˈdʒentlˌwʊmᵊn/
fin dame *m/f*, dannet dame *m/f*
the gentry subst. /ˈdʒentrɪ/ *(verbet
skal stå i flertall)* lavadelen,
den øvre middelklasse
genuine adj. /ˈdʒenjʊɪn/ **1** ekte
2 oppriktig
geography subst. /dʒɪˈɒgrəfɪ/
geografi *m*
geology subst. /dʒɪˈɒlədʒɪ/ geologi *m*
geometry subst. /dʒɪˈɒmətrɪ/
geometri *m*

geriatric adj. /ˌdʒerɪˈætrɪk/ geriatrisk
germ subst. /dʒɜːm/ **1** bakterie *m*
　2 spire *m/f*
German subst. /ˈdʒɜːmən/ **1** tysker *m*
　2 *(språket)* tysk *m*
German adj. /ˈdʒɜːmən/ tysk
Germanic adj. /dʒɜːˈmænɪk/ germansk
German measles subst. røde hunder
German shepherd subst. *(amer.)*
　schæferhund *m*
Germany /ˈdʒɜːmᵊnɪ/ Tyskland
germinate verb /ˈdʒɜːmɪneɪt/ gro, spire
gesture[1] subst. /ˈdʒestʃə/ gest *m*,
　(hånd)bevegelse *m*
gesture[2] verb /ˈdʒestʃə/ gestikulere
get verb (got – got, amer: gotten) /get/
　1 få, motta
　2 skaffe seg
　3 *(om transportmidler)* ta
　• *get the train* ta toget
　4 bli • *she got scared* hun ble redd
　5 forstå • *I don't get it* jeg forstår det
　ikke
　get along 1 klare seg **2** komme av
　sted **3** komme overens
　get at 1 få tak i, nå **2** sikte til, mene
　• *who are you getting at?* hvem
　sikter du til?
　get by 1 komme seg forbi **2** klare seg
　get to know 1 få vite **2** bli kjent med
GF /dʒiːˈef/ *(hverdagslig, fork. for*
　girlfriend*)* kjæreste
ghastly adj. /ˈgɑːstlɪ/
　1 uhyggelig, skummel
　2 likblek
gherkin subst. /ˈgɜːkɪn/ sylteagurk *m*
ghetto subst. /ˈgetəʊ/ getto *m*
ghost subst. /gəʊst/ spøkelse *n*, ånd *m*
giant subst. /ˈdʒaɪənt/ kjempe *m/f*
gibberish subst. /ˈdʒɪbərɪʃ/
　babling *m/f*, vrøvl *n*
gibe verb /dʒaɪb/ håne, være spydig
giddy adj. /ˈgɪdɪ/ ør, svimmel
gift subst. /gɪft/ **1** gave *m/f*
　2 talent *n*, begavelse *m*
gifted adj. /ˈgɪftɪd/ begavet
gig subst. /gɪg/ *(hverdagslig)*
　1 konsert *m*
　2 (spille)jobb *m*
gigabyte subst. /ˈgɪgəbaɪt/ *(IT)*
　gigabyte *m*
gigantic adj. /dʒaɪˈgæntɪk/ gigantisk,
　kjempestor
giggle verb /ˈgɪgl/ fnise

gild verb /gɪld/ forgylle
gill[1] subst. /gɪl/ *(på fisk)* gjelle *m/f*
gill[2] verb /gɪl/ sløye *(fisk)*
gilt adj. /gɪlt/ forgylt
gimmick subst. /ˈgɪmɪk/ *(hverdagslig)*
　1 salgstriks *n*, knep *n*
　2 dings *m*
ginger[1] subst. /ˈdʒɪndʒə/ **1** ingefær *m*
　2 *(hverdagslig)* rødhåret person
　3 *(hverdagslig)* futt *m*
ginger[2] adj. /ˈdʒɪndʒə/ rødblondt
ginger ale subst. ingefærøl *n*
gingerbread subst. /ˈdʒɪndʒəbred/
　honningkake *m/f*
gingerly adverb /ˈdʒɪndʒᵊlɪ/ forsiktig,
　varsomt
gipsy subst. /ˈdʒɪpsɪ/ *(kan oppfattes*
　nedsettende) sigøyner *m*
giraffe subst. /dʒɪˈrɑːf/ sjiraff *m*
gird verb (girded – girded eller girt –
　girt) /gɜːd/ spenne fast
girdle subst. /ˈgɜːdl/ belte *n*
girl subst. /gɜːl/ jente *m/f*
girlfriend subst. /ˈgɜːlfrend/
　1 kjæreste *m*
　2 venninne *m/f*
girlhood subst. /ˈgɜːlhʊd/ barndom *m*
girlish adj. /ˈgɜːlɪʃ/ jenteaktig
give verb (gave – given) /gɪv/ **1** gi
　2 gi etter, svikte
　give away 1 gi bort **2** røpe
　give in gi etter, gi opp
　give up 1 gi opp **2** slutte
given verb /ˈgɪvn/ *se* ▸give
glacial adj. /ˈgleɪsɪəl/, /ˈgleɪʃᵊl/
　1 is-, isbre-
　2 iskald
glacier subst. /ˈglæsɪə/, amer: /ˈgleɪʃə/
　isbre *m*
glad adj. /glæd/ glad
glade subst. /gleɪd/
　lysning *m/f (i skog)*
gladly adverb /ˈglædlɪ/ med glede,
　gjerne
gladness subst. /ˈglædnəs/ glede *m/f*
glamorous adj. /ˈglæmərəs/ glamorøs,
　elegant
glamour subst. /ˈglæmə/ *eller*
　glamor *(amer)* glamour *m*, glans *m*
glance[1] subst. /glɑːns/ (raskt) blikk *n*
glance[2] verb /glɑːns/ **1** kikke, se fort
　2 glimte
gland subst. /glænd/ kjertel *m*

a b c d e f **g** h i j k l m n o p q r s t u v w x y z

glare¹ subst. /gleə/ **1** blendende lys *n*
  2 olmt blikk *n*
glare² verb /gleə/ skule, stirre
  glare at skule på
glaring adj. /'gleərɪŋ/ **1** blendende
  2 stirrende
  3 skrikende, grell
glass subst. /glɑːs/ glass *n*
glasses subst. /glɑːsɪz/ briller
  pair of glasses briller
glassy adj. /'glɑːsɪ/ **1** glass-, glassaktig
  2 speilblank
glaucoma subst. /glɔːˈkəʊmə/
  grønn stær *m*
glaze¹ subst. /gleɪz/ **1** glasur *m*
  2 maling *m/f*
glaze² verb /gleɪz/ **1** sette glass i
  2 *(om mat)* glasere
  3 bli matt
glazier subst. /'gleɪzjə/ glassmester *m*
gleam¹ subst. /gliːm/ **1** glimt *n*
  2 stråle *m*
gleam² verb /gliːm/ glimte
glee subst. /gliː/ **1** munterhet *m*
  2 skadefryd *m*
glen subst. /glen/ skar *n*
glide verb /glaɪd/ gli
glider subst. /'glaɪdə/ glidefly *n*,
  seilfly *n*
glimmer¹ subst. /'glɪmə/ glimt *n*
glimmer² verb /'glɪmə/ glimte, blinke
glimpse¹ subst. /glɪm(p)s/ glimt *n*,
  flyktig blikk *n*
glimpse² verb /glɪm(p)s/ skimte
glisten verb /'glɪsn/ skinne, glitre,
  glinse
glitter¹ subst. /'glɪtə/ **1** glans *m*
  2 glitter *n*
glitter² verb /'glɪtə/ glitre, stråle
global adj. /'gləʊbəl/ global,
  verdensomspennende
globalization subst. /'gləʊbəlaɪˌseɪʃn/
  globalisering *m/f*
global warming subst.
  global oppvarming *m/f*
globe subst. /gləʊb/ **1** kule *m/f*
  2 klode *m*
  3 globus *m*
  4 kuppel *m*
globetrotter subst. /'gləʊbˌtrɒtə/
  globetrotter *m*
gloom subst. /gluːm/ **1** mørke *n*
  2 dysterhet *m*

gloomy adj. /'gluːmɪ/ **1** mørk
  2 dyster, trist
glorification subst. /ˌglɔːrɪfɪˈkeɪʃən/
  forherligelse *m*
glorify verb /'glɔːrɪfaɪ/ forherlige,
  glorifisere
glorious adj. /'glɔːrɪəs/ **1** strålende
  2 *(høytidelig)* ærefull, herlig
glory subst. /'glɔːrɪ/
  1 ære *m/f*, heder *m*
  2 herlighet *m*, glans *m*
  3 glorie *m*
gloss¹ subst. /glɒs/ glans *m*
gloss² verb /glɒs/ gjøre blank
  gloss over glatte over, skjønnmale
glossy adj. /'glɒsɪ/ blank
glove subst. /glʌv/ hanske *m*
glow¹ subst. /gləʊ/ glød *m*
glow² verb /gləʊ/ gløde
glow-worm subst. /'gləʊwɜːm/
  sankthansorm *m*
glue¹ subst. /gluː/ lim *n*
glue² verb /gluː/ lime
glut subst. /glʌt/ overflod *m*
gluten subst. /'gluːtən/ gluten *n*
gluten-free adj. /'gluːtənfriː/ glutenfri
glutton subst. /'glʌtn/ **1** fråtser *m*
  2 *(også* wolverine*)* jerv *m*
gluttony subst. /'glʌtənɪ/ fråtsing *m/f*
gnash verb /næʃ/ skjære (tenner)
gnat subst. /næt/ mygg *m*
gnaw verb (gnawed – gnawed eller
  gnawn) /nɔː/ **1** gnage
  2 fortære, plage
gnome subst. /nəʊm/
  1 gnom *m*, dverg *m*
  2 hagenisse *m*
go¹ subst. /gəʊ/ *(hverdagslig)*
  1 forsøk *n*
  2 runde *m*
  3 futt *m*, pågangsmot *n*
  have a go at something forsøke seg
  på noe
go² verb (went – gone) /gəʊ/
  1 gå, dra, reise
  2 *(om tid)* gå, passere
  3 bli • *I went insane* jeg ble gal
  go bad bli dårlig, bli bedervet
  go on 1 fortsette **2** hende, foregå
  • *what is going on?* **3** mase
  go through 1 gjennomgå
  2 gjennomføre
goad verb /gəʊd/ egge, drive
goal subst. /gəʊl/ mål *n*

goalkeeper subst. /'gəʊlˌkiːpə/ keeper *m*, målmann *m*

goal-oriented adj. målrettet

goalpost subst. /'gəʊlpəʊst/ målstang *m/f*

goat subst. /gəʊt/ geit *m/f*

goatee subst. /gəʊ'tiː/ fippskjegg *n*

gob[1] subst. /gɒb/ *(hverdagslig)* (slimete) klump *m*

gob[2] subst. /gɒb/ munn *m*
  shut your gob! hold kjeft!

goblet subst. /'gɒblət/ beger *n*

goblin subst. /'gɒblɪn/ nisse *m*

gobsmacked adj. /'gɒbsmækt/ paff, målløs

god subst. /gɒd/ gud *m*

God subst. /gɒd/ Gud

godchild subst. /gɒdtʃaɪld/ gudbarn *n*

goddess subst. /'gɒdɪs/ gudinne *m/f*

godfather subst. /'gɒdˌfɑːðə/ gudfar *m*

godforsaken adj. /'gɒdfəseɪkn/ gudsforlatt, øde

godlike adj. /'gɒdlaɪk/ gudlignende, guddommelig

godly adj. /'gɒdlɪ/ gudfryktig, from

godsend subst. /'gɒdsend/ god hjelp *m/f*, velsignelse *m*

goggle verb /'gɒgl/ glo

goggles subst. *flt.* **1** beskyttelsesbriller **2** *(hverdagslig)* briller

gold subst. /gəʊld/ gull *n*

golden adj. /'gəʊldən/ **1** gull- **2** gyllen

goldsmith subst. /'gəʊldsmɪθ/ gullsmed *m*

golf subst. /gɒlf/ golf *m*

golf club subst. golfkølle *m/f*

golf course subst. golfbane *m*

golfer subst. /'gɒlfə/ golfspiller *m*

golf links subst. *flt.* golfbane *m*

gondola subst. /'gɒndələ/ gondol *m*

gone[1] verb /bɒn/ *se* ▸go[2]

gone[2] adj. /gɒn/ **1** borte **2** død

gong subst. /gɒŋ/ gongong *m*

gonorrhoea subst. /ˌgɒnəˈrɪə/ *eller* **gonorrhea** *(amer.)* gonoré *m*

good[1] subst. /gʊd/ gode *n*, velferd *m/f*, gagn *n*
  be up to no good holde på med noe muffens

good[2] adj. /gʊd/ god, bra, snill
  be good at være god i
  be good to være snill mot

goodbye interjeksjon /gʊd'baɪ/ ha det

good-looking adj. /ˌgʊd'lʊkɪŋ/ pen, kjekk

goodly adj. /'gʊdlɪ/ betydelig, anselig

good-natured adj. /ˌgʊd'neɪtʃəd/ godlynt, vennligsinnet

goodness subst. /'gʊdnəs/ godhet *m*

goods subst. *flt.* /gʊdz/ varer

goodwill subst. /gʊd'wɪl/ velvilje *m*

goofball subst. /'guːfˌbɔːl/ *(spesielt amer., hverdagslig)* godtroende fjols *n*

goose subst. (flertall: geese) /guːs/ gås *m/f*

gooseberry subst. /'gʊzbərɪ/ stikkelsbær *n*

gooseflesh subst. /'guːsfleʃ/ *eller* **goosebumps** *(spesielt amer.)* gåsehud *m/f*

gorge[1] subst. /gɔːdʒ/ fjellkløft *m/f*

gorge[2] verb /gɔːdʒ/ sluke, fråtse

gorgeous adj. /'gɔːdʒəs/ praktfull, strålende

gorilla subst. /gə'rɪlə/ gorilla *m*

gormless adj. /'gɔːmləs/ dum, tåpelig

gory adj. /'gɔːrɪ/ blodig

gosling subst. /'gɒzlɪŋ/ gåsunge *m*

gospel subst. /'gɒspəl/ evangelium *n*

gossip[1] subst. /'gɒsɪp/ **1** sladder *m* **2** prat *m* **3** sladrebøtte *m/f*

gossip[2] verb /'gɒsɪp/ sladre

gossipmonger subst. /'gɒsɪpˌmʌŋgə/ *(nedsettende)* sladrehank *m/f*

got verb /gɒt/ *se* ▸get

Goth subst. /gɒθ/ **1** *(historisk)* goter *m* **2** *(musikk)* goth

Gothic adj. /'gɒθɪk/ gotisk

gout subst. /gaʊt/ gikt *m/f*

govern verb /'gʌvən/ **1** regjere, styre **2** lede **3** beherske seg, styre seg

governess subst. /'gʌvənəs/ guvernante *m/f*

government subst. /'gʌvnmənt/ **1** regjering *m/f* **2** styre *n*
  the **Government in office** den sittende regjering

governor subst. /'gʌvənə/ **1** guvernør *m* **2** leder *m*, sjef *m*

gown subst. /gaʊn/ **1** kjole *m* **2** *(til dommer, prest e.l.)* kappe *m/f*

a
b
c
d
e
f
g
h
i
j
k
l
m
n
o
p
q
r
s
t
u
v
w
x
y
z

GP *(fork. for* general practitioner*)*
allmennlege *m*
GPS *(IT, fork. for* Global Positioning
System*)* GPS
grab verb /græb/ **1** gripe, ta (tak i)
2 snappe
   grab hold of gripe tak i
grace¹ subst. /greɪs/
   1 eleganse *m*, ynde *m*
   2 gunst *m*, nåde *m*
   3 bordbønn *m/f*
grace² verb /greɪs/ **1** pryde, smykke
   2 hedre, beære
graceful adj. /ˈgreɪsfəl/ grasiøs,
elegant
gracious adj. /ˈgreɪʃəs/ nådig, vennlig
grade¹ subst. /greɪd/ **1** grad *m*, trinn *n*
   2 *(amer., skolevesen)* klasse *m/f*
   3 *(amer., skolevesen)* karakter *m*
grade² verb /greɪd/ **1** gradere
   2 *(amer., skolevesen)* sette karakter
gradient subst. /ˈgreɪdjənt/ stigning *m/f*
gradual adj. /ˈgrædʒʊəl/, /ˈgrædjʊəl/
gradvis
graduate¹ subst. /ˈgrædʒʊət/,
/ˈgrædjʊət/
   1 person med akademisk eksamen
   2 *(i USA) forklaring:* elev som har
   avlagt avsluttende eksamen ved skole
graduate² verb /ˈgrædjʊeɪt/,
/ˈgrædʒʊeɪt/ ta avsluttende eksamen,
bli ferdig med skolen
graduation subst. /ˌgrædʒʊˈeɪʃən/
   1 avsluttende eksamen *m*
   2 *(amer.)* avgangseksamen *m*
   3 *(amer.)* skoleavslutning *m/f*
graft¹ subst. /grɑːft/ **1** podekvist *m*
   2 *(medisin)* transplantasjon *m*
graft² verb /grɑːft/ **1** pode
   2 *(medisin)* transplantere
grain subst. /greɪn/ **1** korn *n*
   2 *(overført)* grann *n*, snev *m/n*
   3 struktur *m*

gram subst. /græm/ gram *n*
grammar subst. /ˈgræmə/
grammatikk *m*
grammar school subst. **1** *(britisk,
mest historisk)* videregående skole *m*
   2 *(i USA)* barneskole *m*
grammatical adj. /grəˈmætɪkəl/
grammatisk
gramme subst. /græm/ *(britisk)*
gram *m*
grand¹ subst. (flertall: grand) /grænd/
tusen dollar, tusen pund
grand² adj. /grænd/ **1** storslått
   2 fornem
grandchild subst. /ˈgræntʃaɪld/
barnebarn *n*
granddaughter subst. /ˈgræn(d)ˌdɔːtə/
(jente) barnebarn *n*
grandeur subst. /ˈgrændʒə/, /ˈgrændjə/
   1 storslagenhet
   2 storhet *m*
grandfather subst. /ˈgræn(d)ˌfɑːðə/
bestefar *m*
grandmother subst. /ˈgræn(d)ˌmʌðə/
bestemor *m/f*
grandparent subst. /ˈgræn(d)ˌpeərənt/
besteforelder *m*
grandson subst. /ˈgræn(d)sʌn/ *(gutt)*
barnebarn *n (gutt)*
granite subst. /ˈgrænɪt/ granitt *m*
grant¹ subst. /grɑːnt/ **1** bevilgning *m/f*
   2 stipend *n*
grant² verb /grɑːnt/ **1** gi, bevilge
   2 oppfylle
   3 innrømme, tilstå
   granted 1 sant nok **2** for all del
   take something for granted ta noe
   for gitt
granular adj. /ˈgrænjʊlə/ kornet
grape subst. /greɪp/ drue *m/f*
grapefruit subst. /ˈgreɪpfruːt/
grapefrukt *m/f*

graph subst. /grɑːf/, /græf/ graf *m*, diagram *n*

graphic adj. /'græfɪk/ grafisk

grasp¹ subst. /grɑːsp/ grep *n*

grasp² verb /grɑːsp/ **1** gripe
2 begripe, forstå

grass subst. /grɑːs/ gress *n*

grasshopper subst. /'grɑːsˌhɒpə/ gresshoppe *m/f*

grate¹ subst. /greɪt/ **1** gitter
2 rIst

grate² verb /greɪt/ **1** rive *(f.eks. ost)*
2 knirke
3 skrape

grateful adj. /'greɪtfəl/ takknemlig

gratification subst. /ˌgrætɪfɪ'keɪʃn/ tilfredsstillelse *m*

gratify verb /'grætɪfaɪ/ **1** tilfredsstille
2 glede

gratitude subst. /'grætɪtʃuːd/, /'grætɪtjuːd/ takknemlighet *m*

gratuity subst. /grə'tjuːəti/, /grə'tʃuːəti/
1 drikkepenger, driks *m*
2 honorar *n*

grave¹ subst. /greɪv/ grav *m/f*

grave² adj. /greɪv/ **1** alvorlig, dyster
2 viktig

gravel subst. /'grævəl/ grus *m/n*

gravel pit subst. grustak *n*

gravemound subst. /'greɪvmaʊnd/ gravhaug *m*

graveyard subst. /'greɪvjɑːd/ kirkegård *m*

gravitation subst. /ˌgrævɪ'teɪʃn/ tyngdekraft *m/f*

gravity subst. /'grævəti/ **1** alvor *n*
2 tyngdekraft *m/f*

gravy subst. /'greɪvi/ sjy *m*, (brun) saus *m*

gray adj. /greɪ/ *(amer.)* grå

graze¹ subst. /greɪz/ skrubbsår *n*

graze² verb /greɪz/ streife borti

graze³ verb /greɪz/ beite

grease¹ subst. /griːs/ fett *n*

grease² verb /griːz/ smøre

greasy adj. /'griːsi/ fettet, oljet

great¹ adj. /greɪt/ **1** stor
2 viktig, betydningsfull
3 fornem, fin

great² adverb /greɪt/ veldig bra

Great Britain Storbritannia

great-grandchild subst. /ˌgreɪt'græn(d)tʃaɪld/ oldebarn *n*

great-grandfather subst. /ˌgreɪt'græn(d)ˌfɑːðə/ oldefar *m*

great-grandmother subst. /ˌgreɪt'græn(d)ˌmʌðə/ oldemor *m/f*

great-great-grandfather subst. /ˌgreɪtgreɪt'græn(d)ˌfɑːðə/ tippoldefar *m*

great-great-grandmother subst. /ˌgreɪtgreɪt'græn(d)ˌmʌðə/ tippoldemor *m/f*

greatly adverb /'greɪtli/ svært, meget

greatness subst. /'greɪtnəs/
1 størrelse *m*
2 storhet *m*

great tit subst. *(fugl)* kjøttmeis *m/f*

Greece /griːs/ Hellas

greed subst. /griːd/ grådighet *m*

greedy adj. /'griːdi/ grådig

Greek¹ subst. /griːk/ **1** greker *m*
2 *(språket)* gresk *m/n*

Greek² adj. /griːk/ gresk

green¹ subst. /griːn/ grønt *n*
greens grønnsaker

green² adj. /griːn/ **1** grønn
2 umoden
3 miljøvennlig

green card subst. *(i USA)* arbeids- og oppholdstillatelse

greengrocer subst. /'griːnˌgrəʊsə/ grønnsakhandler *m*

greenhouse subst. /'griːnhaʊs/ drivhus *n*

a
b
c
d
e
f
g
h
i
j
k
l
m
n
o
p
q
r
s
t
u
v
w
x
y
z

greenhouse effect subst.
drivhuseffekt *m*
Greenland /'gri:nlənd/ Grønland
greet verb /gri:t/ **1** hilse
2 møte, motta
greeting subst. /'gri:tɪŋ/ hilsen *m*
grenade subst. /grə'neɪd/ granat *m*
grew verb /gru:/ *se* ▸**grow**
grey adj. /greɪ/ grå
greyhound subst. /'greɪhaʊnd/
(hunderase) mynde *m*
grid subst. /grɪd/ **1** rist *m/f*
2 gitter *m*
3 rutenett *n*
grief subst. /gri:f/ sorg *m/f*, smerte *m*
grievance subst. /'gri:vəns/ **1** klage *m/f*
2 *(jus)* klagemål *n*
grieve verb /gri:v/ **1** bedrøve
2 sørge over
grievous adj. /'gri:vəs/ **1** sørgelig
2 grusom, fryktelig
grill[1] subst. /grɪl/ stekerist *m/f*
grill[2] verb /grɪl/ grille
grim adj. /grɪm/ **1** bister
2 uhyggelig
grimace subst. /'grɪməs/ grimase *m*
grime subst. /graɪm/ skitt *m*, møkk *m/f*
grimy adj. /'graɪmɪ/ møkkete
grin verb /grɪn/ flire, glise
grind verb (ground – ground) /graɪnd/
1 male, kverne
2 slipe
3 gni
grinder subst. /'graɪndə/ **1** kvern *m/f*
2 *(hverdagslig)* jeksel *m*
grip[1] subst. /grɪp/ grep *n*, tak *n*
get a grip! ta deg sammen!
grip[2] verb /grɪp/ gripe tak i,
holde seg fast i
gripe[1] subst. /graɪp/
1 *(hverdagslig)* klage *m/f*
2 mageknip *n*

gripe[2] verb /graɪp/ **1** *(hverdagslig)* syte
2 *(om mage)* knipe
gristle subst. /'grɪsl/ brusk *m*
grit subst. /grɪt/ **1** grus *m*, sand *m*
2 *(hverdagslig)* tæl *m/n*
grizzled adj. /'grɪzld/ gråsprengt
grizzly adj. /'grɪzlɪ/ grå
grizzly bear subst. grizzlybjørn *m*
groan verb /grəʊn/ **1** stønne
2 knake
3 bugne
grocer subst. /'grəʊsə/ kjøpmann *m*
grocery subst. /'grəʊsərɪ/
1 dagligvarebutikk *m*
2 *(ofte i flertall: groceries)*
dagligvarer
groggy adj. /'grɒgɪ/ omtåket
groin subst. /grɔɪn/ *(på kroppen)*
lyske *m*
groom[1] subst. /gru:m/ **1** brudgom *m*
2 stallkar *m*
groom[2] verb /gru:m/ **1** stelle (seg)
2 lære opp, forberede
groove subst. /gru:v/ **1** spor *n*
2 rille *m*
groovy adj. /'gru:vɪ/ *(spøkefullt)* stilig
grope verb /grəʊp/ **1** famle
2 *(slang)* klå på
gross[1] subst. /grəʊs/ gross *n*
(12 dusin)
gross[2] verb /grəʊs/ ha en bruttoinntekt
på
gross out *(amer., slang)* gjøre kvalm
gross[3] adj. /grəʊs/ **1** grov
2 brutto-
3 *(slang)* ekkel
4 fet
gross domestic product subst. *eller*
GDP bruttonasjonalprodukt *n*
grotesque adj. /grə(ʊ)'tesk/ grotesk
ground[1] subst. /graʊnd/
1 jord *m/f*, grunn *m*
2 terreng *n*

3 grunn *m*, årsak *m/f*
grounds 1 tomt **2** parkanlegg
3 bunnfall
ground² verb /graʊnd/
1 *(om meninger e.l.)* bygge, basere
2 gi husarrest
ground³ verb /graʊnd/ *se* ►grind
ground floor subst. første etasje *m*
groundless adj. /'graʊndləs/
ubegrunnet
group¹ subst. /gruːp/ gruppe *m/f*
group² verb /gruːp/ gruppere
grouse subst. (flertall: grouse) /graʊs/
rype *m/f*
grove subst. /grəʊv/ skogholt *n*
grovel verb /'grɒvl/ krype (for)
grow verb (grew – grown) /grəʊ/
1 vokse, øke
2 *(gradvis)* bli • *grow old* bli gammel
3 dyrke
growl verb /graʊl/ knurre
grown¹ verb /grəʊn/ *se* ►grow
grown² adj. /grəʊn/ **1** voksen
2 ferdig utvokst
grown-up adj. /'grəʊnʌp/ voksen
growth subst. /grəʊθ/ **1** vekst *m*
2 utvikling *m/f*
3 avling *m/f*, vegetasjon *m*
grub¹ subst. /grʌb/ **1** larve *m/f*
2 sliter *m*
grub² verb /grʌb/ **1** rote *(i jorden)*
2 slite
grubby adj. /'grʌbɪ/ møkkete
grudge¹ subst. /grʌdʒ/ nag *n*,
misunnelse *m*
grudge² verb /grʌdʒ/ misunne
gruel subst. /grʊəl/ (havre)suppe *m/f*
gruesome adj. /'gruːsəm/ grusom
gruff adj. /grʌf/ barsk, morsk
grumble verb /'grʌmbl/
1 surmule, syte
2 knurre
grumbler subst. /'grʌmblə/
grinebiter *m*
grumpy adj. /'grʌmpɪ/ sur, gretten
grunt¹ subst. /grʌnt/ grynt *n*
grunt² verb /grʌnt/ grynte
guarantee¹ subst. /ˌgærənˈtiː/
1 garanti *m*
2 kausjonist *m*
guarantee² verb /ˌgærənˈtiː/ garantere
guard¹ subst. /gɑːd/ **1** vakt *m/f*
2 beskyttelse *m*, skjerm *m*

guard² verb /gɑːd/ **1** vokte
2 beskytte
3 gardere (seg)
guard against beskytte (seg) mot
guardian subst. /'gɑːdjən/ **1** vokter *m*
2 formynder *m*
guardian angel subst. skytsengel *m*
guerrilla subst. /gəˈrɪlə/ gerilja *m*
guess¹ subst. /ges/ gjetning *m/f*
guess² verb /ges/ **1** gjette
2 tro, anta
guesswork subst. /'geswɜːk/
gjetning *m/f*
guest subst. /gest/ gjest *m*
guidance subst. /'gaɪdəns/
veiledning *m/f*
guidance counsellor subst.
rådgiver *m*
guide¹ subst. /gaɪd/
1 guide *m*, veiviser *m*, omviser *m*
2 veiledning *m/f*
3 (reise)håndbok *m/f*
guide² verb /gaɪd/ **1** vise veien
2 (rett)lede
guideline subst. /'gaɪdlaɪn/
retningslinje *m/f*
guidepost subst. /'gaɪdpəʊst/
veiskilt *n*
guild subst. /gɪld/ laug *n*
guile subst. /gaɪl/ svik *n*, falskhet *m*
guileful adj. /'gaɪlfəl/ svikefull
guilt subst. /gɪlt/ skyld *m/f*
guilt-ridden adj. /'gɪltˌrɪdn/
skyldbetynget
guilty adj. /'gɪltɪ/ skyldig
feel guilty ha dårlig samvittighet
guinea pig subst. **1** marsvin *n*
2 forsøkskanin *m*
guise subst. /gaɪz/ **1** utseende *n*
2 forkledning *m/f*
guitar subst. /gɪˈtɑː/ gitar *m*
gulf subst. /gʌlf/ **1** golf *m*, havbukt *m/f*
2 avgrunn *m*, gap *n*
the Gulf Stream Golfstrømmen
gull subst. /gʌl/ måke *m/f*
gullet subst. /'gʌlɪt/ spiserør *n*
gullible adj. /'gʌləbl/ lettlurt
gully subst. /'gʌlɪ/ ravine *m*
gulp¹ subst. /gʌlp/ **1** slurk *m*
2 jafs *m/n*
gulp² verb /gʌlp/ sluke
gum¹ subst. /gʌm/ tannkjøtt *n*
gum² subst. /gʌm/ **1** gummi *m*
2 tyggegummi *m*

a
b
c
d
e
f
g
h
i
j
k
l
m
n
o
p
q
r
s
t
u
v
w
x
y
z

gun¹ subst. /gʌn/ **1** gevær *n*, rifle *m/f*
 2 kanon *m*
 3 revolver *m*, pistol *m*
gun² verb /gʌn/ **1** skyte
 2 gi full gass
gunner subst. /'gʌnə/ artillerist *m*
gunpowder subst. /'gʌn,paʊdə/ krutt *n*
gunwale subst. /'gʌnl/ båtripe *m/f*
gurgle verb /'gɜːgl/ klukke
gush¹ subst. /gʌʃ/ strøm *m*
gush² verb /gʌʃ/ **1** velle (frem)
 2 utgyte, la strømme ut
 gush about/over tale henført om
gust subst. /gʌst/ vindkast *n*
gut¹ subst. /gʌt/ **1** tarm *m*
 2 *(hverdagslig)* mage *m*
 3 trang passasje *m*
gut² verb /gʌt/ ta innmat ut av
gutless adj. /'gʌtləs/ feig
gutted adj. /'gʌtɪd/ *(britisk, hverdagslig)* skuffet
gutter subst. /'gʌtə/ **1** rennestein *m*
 2 (tak)renne *m/f*

guy subst. /gaɪ/ *(hverdagslig)* fyr
 guys dere, folkens
guzzle verb /'gʌzl/ **1** helle i seg
 2 fråtse
gym subst. /dʒɪm/ *(hverdagslig)*
 1 treningsstudio *n*
 2 gymnastikksal *m*
gymnasium subst. /dʒɪm'neɪzjəm/ gymnastikksal *m*
gymnast subst. /'dʒɪmnæst/ gymnast *m*
gymnastics subst. /dʒɪm'næstɪks/ *(verbet skal stå i entall)* gymnastikk *m*
gynaecologist subst. /ˌgaɪnə'kɒlədʒɪst/ *eller*
 gynecologist *(amer.)* gynekolog *m*
gypsum subst. /'dʒɪpsəm/ gips *m*
gypsy subst. /'dʒɪpsɪ/ *(kan oppfattes nedsettende)* sigøyner *m*

h

habit subst. /'hæbɪt/ **1** vane *m*
 2 drakt *m/f*
 be in the habit of ha for vane å, pleie å
habitable adj. /'hæbɪtəbl/ beboelig
habitat subst. /'hæbɪtæt/ naturlig miljø
habitation subst. /ˌhæbɪ'teɪʃᵊn/ beboelse *m*
habitual adj. /hə'bɪtʃʊəl/, /hə'bɪtjʊəl/
 1 vanemessig
 2 vanlig
hack¹ subst. /hæk/ **1** hakk *n*
 2 hakke *m/f*
 3 datahacking *m/f*
hack² subst. /hæk/ **1** ridehest *m*
 2 *forklaring:* person som utfører kjedelig rutinearbeid
 3 *(amer.)* taxi *m*
hack³ verb /hæk/ **1** hakke
 2 *(IT)* hacke, *forklaring:* bryte seg inn i datasystemer man ikke har lovlig tilgang til
hacker subst. /'hækə/ *(IT)* hacker *m*, datasnok *m*
hackneyed adj. /'hæknɪd/ forslitt

had verb /hæd/, trykksvak: /həd/, /əd/
 se ►**have**
haddock subst. (flertall: haddock) /'hædək/ *(fisk)* hyse *m/f*
hadn't /'hædnt/
 sammentrukket had not
hag subst. /hæg/ heks, hespetre *n*
haggard adj. /'hægəd/ utslitt
haggis subst. /'hægɪs/ *forklaring:* skotsk matrett av hakket innmat av får eller kalv kokt i dyrets magesekk
haggle verb /'hægl/ kjøpslå, prute
 the **Hague** /heɪg/ Haag
hail¹ subst. /heɪl/ hagl *n*
hail² verb /heɪl/ hagle
hail³ verb /heɪl/ hilse
 hail from komme fra
hair subst. /heə/ hår *n*
hairbrush subst. /'heəbrʌʃ/ hårbørste *m*
hairclip subst. /'heəklɪp/ hårspenne *m/f*
haircut subst. /'heəkʌt/ (hår)klipp *m*, frisyre *m*
hairdo subst. /'heəduː/ frisyre *m*
hairdresser subst. /'heə,dresə/ frisør *m*

hairdryer subst. /'heə,draɪə/
hårføner *m*
hairpin subst. /'heəpɪn/ hårnål *m/f*
hair-raising adj. /'heə,reɪzɪŋ/
hårreisende
hair-splitting adj. /'heə,splɪtɪŋ/ pirkete
hair straightener subst. rettetang *m/f*
hairy adj. /'heərɪ/ **1** hårete
2 risikabel
halal adj. /hə'lɑːl/ halal
half[1] subst. (flertall: halves) /hɑːf/
1 halvdel *m*
2 *(sport)* omgang *m*
half[2] adj. /hɑːf/ halv
half an hour en halvtime
half of halvparten av
half[3] adverb /hɑːf/ halvt, halvveis,
halv-
half-hearted adj. /,hɑːf'hɑːtɪd/
halvhjertet, lunken
half-moon subst. /,hɑːf'muːn/
halvmåne *m*
halfpenny subst. /'heɪpnɪ/
halvpenny(mynt)
halfway adverb /,hɑːf'weɪ/,
foranstilt: /'hɑːfweɪ/ halvveis
halibut subst. /'hælɪbət/ kveite *m/f*,
hellefisk *m*
hall subst. /hɔːl/ **1** entré *m*
2 sal *m*, hall *m*
3 *(amer.)* korridor *m*
hallmark subst. /'hɔːlmɑːk/
kjennetegn *n*
hallow verb /'hæləʊ/ hellige,
holde/gjøre hellig
Halloween subst. /,hæləʊ'iːn/
allehelgensaften *m*
hall porter subst. portier *m*
hallucinate verb /hə'luːsɪneɪt/
hallusinere
hallucination subst. /hə,luːsɪ'neɪʃən/
hallusinasjon *m*
halo subst. /'heɪləʊ/ glorie *m*
halt[1] subst. /hɒlt/ stans *n*
come to a halt stanse
halt[2] verb /hɒlt/ stanse
halve verb /hɑːv/ halvere
ham subst. /hæm/ skinke *m/f*
hamlet subst. /'hæmlət/
liten landsby *m*
hammer[1] subst. /'hæmə/ hammer *m*
hammer[2] verb /'hæmə/ hamre
hammock subst. /'hæmək/
hengekøye *m/f*

hamper[1] subst. /'hæmpə/
(stor) kurv *m*
hamper[2] verb /'hæmpə/ hindre,
hemme
hamstring subst. /'hæmstrɪŋ/
forklaring: muskel på baksiden av
låret
hand[1] subst. /hænd/ **1** hånd *m/f*
2 *(på klokke)* viser *m*
at hand 1 for hånden **2** nær
by hand for hånd
change hands skifte eier
on the one hand på den ene side
on the other hand på den annen side
shake hands håndhilse
hand[2] verb /hænd/ **1** rekke
2 levere
hand out dele ut
hand over overlevere
handbag subst. /'hæn(d)bæg/
håndveske *m/f*
handcuff subst. /'hæn(d)kʌf/
håndjern *n*
handful subst. /'hæn(d)fʊl/ håndfull *m*
handicap[1] subst. /'hændɪkæp/
funksjonshemning *m/f*
handicap[2] verb /'hændɪkæp/ **1** hemme
2 handikappe
handicraft subst. /'hændɪkrɑːft/
håndverk *n*, håndarbeid *n*
handkerchief subst. (flertall:
handkerchiefs eller handkerchieves)
/'hæŋkətʃɪf/ lommetørkle *n*
handle[1] subst. /'hændl/ **1** håndtak *n*
2 skaft *n*
handle[2] verb /'hændl/ **1** ta i, ta på
2 håndtere
3 behandle
handlebar subst. /'hændlbɑː/
sykkelstyre *n*
hand-me-down adj. /'hæn(d)mɪdaʊn/
(om brukte ting) arvet
handout subst. /'hændaʊt/
1 utdelt skriv *n*, støtteark *n*
2 almisse
3 overlevering *m/f*
handshake subst. /'hæn(d)ʃeɪk/
håndtrykk *n*
handsome adj. /'hænsəm/ pen, kjekk
handstand subst. /'hæn(d)stænd/
håndstående
handwriting subst. /'hænd,raɪtɪŋ/
håndskrift *m/f*

handy adj. /'hændɪ/ **1** hendig
2 for hånden
come in handy komme godt med
hang verb (hung – hung,
i bet. 2: hanged – hanged) /hæŋ/
1 henge, henge opp
2 *(henrettelse)* bli hengt, henge
hang on 1 holde ut **2** vente litt
hang out *(hverdagslig)* henge,
være sammen
hang up 1 henge opp
2 *(om telefonsamtale)* legge på
hanging subst. /'hæŋɪŋ/
1 *(ved henrettelse)* henging *m/f*
2 gardin *m*
hangman subst. /'hæŋmən/ bøddel *m*
hangover subst. /'hæŋˌəʊvə/
fyllesyke *m*
hanker verb /'hæŋkə/ *bare i uttrykk*
hanker after/for lengte etter
haphazard adj. /ˌhæp'hæzəd/ tilfeldig
happen verb /'hæpən/ hende, skje
happening subst. /'hæpənɪŋ/
hendelse *m*
happenstance subst. /'hæpənstəns/
(amer.) tilfeldighet *m*
happily adverb /'hæpəlɪ/ lykkelig
happiness subst. /'hæpɪnəs/ lykke *m/f*
happy adj. /'hæpɪ/ **1** glad, lykkelig
2 heldig
happy about glad for
happy-go-lucky adj. /ˌhæpɪgə(ʊ)'lʌkɪ/
sorgløs
harass verb /'hærəs/, spesielt amer.:
/hə'ræs/ plage
harassment subst. /'hærəsmənt/,
/hə'ræsmənt/ trakassering *m/f*
harbinger subst. /'hɑːbɪndʒə/
budbærer *m*
harbour[1] subst. /'hɑːbə/ *eller*
harbor *(amer.)* **1** havn *m/f*
2 tilfluktssted *n*
harbour[2] verb /'hɑːbə/ *eller*
harbor *(amer.)* **1** huse
2 skjule
3 *(overført)* nære, ha • *harbour
suspicions* nære mistanker
hard adj. /hɑːd/ **1** hard
2 streng
3 vanskelig
hardback subst. /'hɑːdbæk/
innbundet bok *m/f*
hard-boiled adj. /ˌhɑːd'bɔɪld/,
foranstilt: /'hɑːdbɔɪld/ hardkokt

hard disk subst. *(IT)* harddisk *m*
harden verb /'hɑːdn/ **1** gjøre/bli hard
2 størkne
3 herde
hardly adverb /'hɑːdlɪ/ knapt, neppe
hardly ever nesten aldri
hardness subst. /'hɑːdnəs/ hardhet *m*
hardship subst. /'hɑːdʃɪp/ motgang *m*
hardware subst. /'hɑːdweə/
1 jernvarer
2 *(IT)* hardware *m*, maskinvare *m*
hardy adj. /'hɑːdɪ/ modig, djerv
hare subst. /heə/ hare *m*
harm[1] subst. /hɑːm/ skade *m*
harm[2] verb /hɑːm/ skade
harmful adj. /'hɑːmfəl/ skadelig
harmless adj. /'hɑːmləs/ harmløs,
uskadelig
harmonica subst. /hɑː'mɒnɪkə/
munnspill *n*
harmonious adj. /hɑː'məʊnjəs/
harmonisk
harmonize verb /'hɑːmənaɪz/
harmonere
harmony subst. /'hɑːmənɪ/ harmoni *m*
harness subst. /'hɑːnɪs/ seletøy *n*
harp[1] subst. /hɑːp/ harpe
harp[2] verb /hɑːp/ *bare i uttrykk*
harp on gnåle på
harpist subst. /'hɑːpɪst/ harpespiller *m*
harpoon subst. /hɑː'puːn/ harpun *m*
harrow subst. /'hærəʊ/ harv *m/f*
harrowing adj. /'hærəʊɪŋ/ rystende
harsh adj. /hɑːʃ/ **1** grov
2 hard, skarp
hart subst. /hɑːt/ hjort *m*
harvest[1] subst. /'hɑːvɪst/
1 innhøsting *m/f*, høst *m*
2 avling *m/f*
harvest[2] verb /'hɑːvɪst/ høste
harvester subst. /'hɑːvɪstə/
slåmaskin *m*
hashish subst. /'hæʃɪʃ/ hasj(isj) *m*,
cannabis *m*
hashtag subst. /'hæʃtæg/ *(tegnet #)*
1 firkanttast *m*
2 *(IT, sosiale medier)* emneknagg *m*
hasn't /'hæznt/ *sammentrukket* has not
hassle[1] subst. /'hæsl/ **1** mas *n*
2 *(amer.)* krangel *m/f*
hassle[2] verb /'hæsl/ mase på
haste subst. /heɪst/ hast *m*, hastverk *n*
be in haste ha det travelt
make haste skynde seg

hasten verb /ˈheɪsn/ **1** skynde seg
2 skynde på
hasty adj. /ˈheɪstɪ/ **1** hurtig
2 forhastet
hat subst. /hæt/ hatt *m*, lue *m/f*
hatch[1] subst. /hætʃ/ luke *m/f*
hatch[2] subst. /hætʃ/ yngel *m*
hatch[3] verb /hætʃ/ klekke ut, ruge ut
hatchet subst. /ˈhætʃɪt/ øks *m/f*
hate[1] subst. /heɪt/ hat *n*
hate[2] verb /heɪt/ hate
hateful adj. /ˈheɪtfəl/ **1** avskyelig
2 hatefull
hate speech subst. hatefull ytring *m/f*
hatred subst. /ˈheɪtrɪd/ hat *n*
hatter subst. /ˈhætə/ hattemaker *m*
haughty adj. /ˈhɔːtɪ/ hoven
haul[1] subst. /hɔːl/ **1** utbytte *n*, bytte *n*
2 avstand *m*
haul[2] verb /hɔːl/ **1** hale, dra
2 frakte
haunch subst. /hɔːn(t)ʃ/ hofte *m/f*,
bakdel *m*
haunt[1] subst. /hɔːnt/ tilholdssted *n*
haunt[2] verb /hɔːnt/ **1** spøke (i)
2 plage, hjemsøke
have verb (had – had) /hæv/,
trykksvak: /həv/, /əv/, /v/ **1** ha
2 få
have to må
haven't /ˈhævnt/
sammentrukket have not
havoc subst. /ˈhævək/ ødeleggelse *m*
hawk[1] subst. /hɔːk/ hauk *m*
hawk[2] verb /hɔːk/ selge varer *(på
gata)*
hawk[3] verb /hɔːk/ harke
hawker subst. /ˈhɔːkə/ gateselger *m*
hawthorn subst. /ˈhɔːθɔːn/ hagtorn *m*
hay subst. /heɪ/ høy *n*
hay fever subst. høysnue *m*
haystack subst. /ˈheɪstæk/ høystakk *m*
hazard[1] subst. /ˈhæzəd/
1 risiko *m*, fare *m*
2 *forklaring:* terningspill
hazard[2] verb /ˈhæzəd/ risikere, våge
hazardous adj. /ˈhæzədəs/ risikabel
haze subst. /heɪz/ dis *m*, tåke *m/f*
hazelnut subst. /ˈheɪzlnʌt/
hasselnøtt *m/f*
hazy adj. /ˈheɪzɪ/ disig, uklar
he pronomen /hiː/, trykksvak: /hɪ/ han
head[1] subst. /hed/ **1** hode *n*
2 forstand *m*

3 øverste/forreste del *m*, ende *m*
4 overskrift *m/f*
5 sjef *m*, leder *m*, overhode *n*
head[2] verb /hed/ lede, føre, gå foran
head for sette kursen mot
head[3] adj. /hed/ viktigste, hoved-
headache subst. /ˈhedeɪk/
hodepine *m/f*
headdress subst. /ˈheddres/
hodeplagg *n*
header subst. /ˈhedə/ **1** stup *n*
2 *(i fotball)* nikk *n*
3 *(IT)* topptekst *m*
headgear subst. /ˈhedɡɪə/ hodeplagg *n*
headless adj. /ˈhedləs/ hodeløs
headlight subst. /ˈhedlaɪt/ frontlys *n*
headline subst. /ˈhedlaɪn/
overskrift *m/f*
headlong adj. /ˈhedlɒŋ/ hodekulls
headmaster subst. /ˌhedˈmɑːstə/
rektor *m*
head-on[1] adj. /ˌhedˈɒn/ frontal, front-
head-on[2] adverb /ˌhedˈɒn/
1 med hodet foran
2 rett på sak
headphones subst. *flt.* /ˈhedfəʊnz/
hodetelefoner
headpiece subst. /ˈhedpiːs/ **1** hjelm *m*
2 intelligens *m*
headquarters subst. /ˌhedˈkwɔːtəz/
hovedkvarter *n*
headscarf subst. (flertall:
headscarves) /ˈhedskɑːf/ skaut *n*
headstone subst. /ˈhedstəʊn/
gravstein *m*
headstrong adj. /ˈhedstrɒŋ/ sta
head waiter subst. hovmester *m*
headway subst. /ˈhedweɪ/ fart *m*
make headway gjøre fremskritt
headwind subst. /ˈhedwɪnd/
motvind *m*
heady adj. /ˈhedɪ/ berusende
heal verb /hiːl/ **1** helbrede
2 gro, leges
healing adj. /ˈhiːlɪŋ/ legende
health subst. /helθ/ helse *m/f*
healthcare subst. /ˈhelθkeə/
helsevesen *n*
health certificate subst. helseattest *m*
health food subst. helsekost *m*
health resort subst. kursted *n*
healthy adj. /ˈhelθɪ/ sunn
heap[1] subst. /hiːp/ haug *m*
heaps of massevis av

a b c d e f g h i j k l m n o p q r s t u v w x y z

heap² verb /hi:p/ **1** fylle, lesse på
  2 samle i haug
hear verb (heard – heard) /hɪə/ høre
heard verb /hɜ:d/ *se* ►hear
hearing subst. /ˈhɪərɪŋ/ **1** hørsel *m/f*
  2 hørevidde *m/f*
  3 *(jus)* høring *m/f*
hearing-impaired adj.
  /ˈhɪərɪŋɪmˌpeəd/ hørselshemmet
hearsay subst. /ˈhɪəseɪ/ rykte(r)
hearse subst. /hɜ:s/ likbil *m*
heart subst. /hɑ:t/ **1** hjerte *n*
  2 sentrum *n*, kjerne *m*
  at heart i bunn og grunn
  by heart utenat
  have a change of heart
  ombestemme seg
heartache subst. /ˈhɑ:teɪk/
  hjertesorg *m/f*
heart attack subst. hjerteinfarkt *n*
heartbeat subst. /ˈhɑ:tbi:t/
  hjerteslag *n*
heartbreak subst. /ˈhɑ:tbreɪk/
  hjertesorg *m/f*
heartbreaking adj. /ˈhɑ:tˌbreɪkɪŋ/
  hjerteskjærende
heartbroken adj. /ˈhɑ:tˌbrəʊkən/
  sønderknust
heartburn subst. /ˈhɑ:tbɜ:n/
  halsbrann *m*
hearten verb /ˈhɑ:tn/ oppmuntre
heartfelt adj. /ˈhɑ:tfelt/ dyptfølt,
  oppriktig
hearth subst. /hɑ:θ/ arne *m*, ildsted *n*
heartily adverb /ˈhɑ:təlɪ/ **1** hjertelig
  2 inderlig
heartless adj. /ˈhɑ:tləs/ hjerteløs
heart-to-heart subst. /ˌhɑ:ttəˈhɑ:t/
  fortrolig samtale *m*
heart-warming adj. /ˈhɑ:tˌwɔ:mɪŋ/
  gledelig
hearty adj. /ˈhɑ:tɪ/ **1** hjertelig
  2 kraftig, solid

heat¹ subst. /hi:t/ **1** hete *m*
  2 *(om dyr)* brunst *m*
heat² verb /hi:t/ varme opp
heater subst. /ˈhi:tə/ varmeapparat *n*
heath subst. /hi:θ/ hei *m/f*, lyng *m/n*
heathen¹ subst. /ˈhi:ðən/ hedning *m*
heathen² adj. /ˈhi:ðən/ hedensk
heather subst. /ˈheðə/ røsslyng *m/n*
heating subst. /ˈhi:tɪŋ/ oppvarming *m/f*
heave verb /hi:v/ **1** løfte, heve (seg)
  2 *(hverdagslig)* kaste
  3 gispe, hive etter (pusten)
  4 heves (og senkes)
heaven subst. /ˈhevən/ himmel *m*
heavenly adj. /ˈhevənlɪ/ himmelsk
heaviness subst. /ˈhevɪnəs/ tyngde *m*
heavy adj. /ˈhevɪ/ **1** tung
  2 tykk, kraftig
  3 *(om mat)* mektig
  a heavy smoker en storrøyker
heavyweight subst. /ˈhevɪweɪt/
  1 tungvekt *m/f*
  2 tungvekts-
Hebrew subst. /ˈhi:bru:/ hebraisk
hectic adj. /ˈhektɪk/ hektisk
hectogram subst. /ˈhektə(ʊ)græm/
  eller **hectogramme** hektogram *n*
hectolitre subst. /ˈhektə(ʊ)ˌli:tə/ *eller*
  hectoliter *(amer.)* hektoliter *m*
he'd /hi:d/
  sammentrukket he had, he would
hedge¹ subst. /hedʒ/ hekk *m*
hedge² verb /hedʒ/ innhegne
hedgehog subst. /ˈhedʒhɒg/
  pinnsvin *n*
hedgerow subst. /ˈhedʒrəʊ/ hekk *m*
hedonist subst. /ˈhi:dənɪst/ livsnyter *m*
heed¹ subst. /hi:d/ *bare i uttrykk*
  give heed to ta hensyn til
  take heed passe seg
heed² verb /hi:d/ bry seg om
heedless adj. /ˈhi:dləs/ ubekymret
heel subst. /hi:l/ hæl *m*

hefty adj. /'heftɪ/ *(hverdagslig)* kraftig, svær

heifer subst. /'hefə/ kvige *m/f*

height subst. /haɪt/ **1** høyde *m*
2 høydepunkt *n*

heighten verb /'haɪtn/
1 forsterke(s), øke(s)
2 gjøre høyere

heir subst. /eə/ arving *m*

heiress subst. /'eərɪs/ kvinnelig arving

heirloom subst. /'eəluːm/ arvestykke *n*

held verb /held/ *se* ►hold²

helicopter subst. /'helɪkɒptə/ helikopter *n*

he'll /hiːl/
sammentrukket he will, he shall

hell subst. /hel/ helvete *n*

hello interjeksjon /hə'ləʊ/ hallo, hei

helm subst. /helm/ ror *n*

helmet subst. /'helmɪt/ hjelm *m*

helmsman subst. /'helmzmən/ rormann *m*

help¹ subst. /help/ **1** hjelp *m/f*
2 *(amer.)* hushjelp *m/f*

help² verb /help/ **1** hjelpe
2 la være • *I can't help it* jeg kan ikke la være

helpful adj. /'helpfəl/ **1** hjelpsom
2 som hjelper

helping subst. /'helpɪŋ/ porsjon *m*

helpless adj. /'helpləs/ hjelpeløs

hem¹ subst. /hem/ fald *m*, kant *m*

hem² verb /hem/ falde, kante

hem³ verb /hem/ kremte

hemisphere subst. /'hemɪˌsfɪə/ halvkule *m/f*

hemp subst. /hemp/ hamp *m*

hen subst. /hen/ høne *m/f*

hence adverb /hens/ **1** herav
2 følgelig
3 fra nå av

henceforth adverb /ˌhens'fɔːθ/ fra nå av, fremover

hen coop subst. hønsehus *n*

hepatitis subst. /ˌhepə'taɪtɪs/ hepatitt *m*

her¹ pronomen /hɜː/, /hə/, /ə/ **1** henne
2 seg

her² determinativ /hɜː/, /hə/, /ə/
1 hennes
2 sin, sitt, sine

herald subst. /'herəld/ **1** herold *m*
2 budbringer *m*

herb subst. /hɜːb/, amer. også: /(h)ɜːb/ urt *m/f*

herbal adj. /'hɜːbəl/ urte-
• *herbal tea* urtete

herbarium subst. /hɜː'beərɪəm/ herbarium *n*

herbicide subst. /'hɜːbɪsaɪd/ ugressmiddel *n*

herd¹ subst. /hɜːd/ flokk *m*

herd² verb /hɜːd/ gjete

herdsman subst. /'hɜːdzmən/ gjeter *m*

here adverb /hɪə/ **1** her
2 hit
here you are vær så god

hereabouts adverb /'hɪərəˌbaʊts/ *eller* **hereabout** her omkring, her i nærheten

hereby adverb /ˌhɪə'baɪ/ herved

hereditary adj. /hɪ'redɪtərɪ/ arvelig, arve-

heredity subst. /hɪ'redɪtɪ/ arvelighet *m*

here's /hɪəz/ *sammentrukket* here is

heresy subst. /'herəsɪ/ kjetteri *n*

heretic subst. /'herətɪk/ kjetter *m*

heritage subst. /'herɪtɪdʒ/ arv *m*

hermit subst. /'hɜːmɪt/ eremitt *m*

hermit crab subst. eremittkreps *m*

hernia subst. /'hɜːnjə/ brokk *m/n*

hero subst. /'hɪərəʊ/ helt *m*

heroic adj. /hɪ'rəʊɪk/ heroisk

heroin subst. /'herəʊɪn/ heroin *m/n*

heroine subst. /'herəʊɪn/ heltinne *m/f*

heroism subst. /'herəʊɪzəm/ heltemot *n*

heron subst. /'herən/ *(fugl)* hegre *m*

herpes subst. /'hɜːpiːz/ herpes *m*

herring subst. /'herɪŋ/ sild *m/f*

hers determinativ /hɜːz/ **1** hennes
2 sin

herself pronomen /hə'self/
1 seg, seg selv
2 hun selv, henne selv
3 selv
by herself alene

he's /hiːz/ *sammentrukket* he is, he has

hesitate verb /'hezɪteɪt/ nøle

hesitation subst. /ˌhezɪ'teɪʃən/
1 nøling *m/f*
2 tvil *m*

heterogeneous adj. /ˌhetərə(ʊ)'dʒiːnjəs/ uensartet

heterosexual adj. /ˌhetərə(ʊ)'sekʃʊəl/ heteroseksuell

hexagon subst. /'heksəgən/ sekskant *m*

heyday subst. /'heɪdeɪ/ glansperiode *m*

hi interjeksjon /haɪ/ hei, hallo

hibernate verb /ˈhaɪbəneɪt/ gå i hi
hibernation subst. /ˌhaɪbəˈneɪʃᵊn/
dvale *m*, overvintring *m/f*
hiccup[1] subst. /ˈhɪkʌp/ *eller* **hiccough**
hikke *m*
hiccup[2] verb /ˈhɪkʌp/ *eller* **hiccough**
hikke
hickey subst. /ˈhɪkɪ/ *(amer.)*
sugemerke *n*
hid verb /hɪd/ *se* ▶hide[2]
hidden[1] verb /ˈhɪdn/ *se* ▶hide[2]
hidden[2] adj. /ˈhɪdn/ gjemt, skjult
hide[1] subst. /haɪd/ skinn *n*, hud *m/f*
hide[2] verb (hid – hidden eller hid)
/haɪd/ gjemme (seg), skjule
hide-and-seek subst. gjemsel *n*
hideous adj. /ˈhɪdɪəs/ heslig, ekkel
hideout subst. /ˈhaɪdaʊt/
gjemmested *n*
hiding[1] subst. /ˈhaɪdɪŋ/ juling *m/f*
hiding[2] subst. /ˈhaɪdɪŋ/ gjemmested *n*
hiding place subst. gjemmested *n*
hierarchy subst. /ˈhaɪərɑːkɪ/ hierarki *n*
high /haɪ/ adj. høy
highbrow adj. /ˈhaɪbraʊ/ intellektuell
highfalutin adj. /ˌhaɪfəˈluːtɪn/
høyttravende, pompøs
high jump subst. høydehopp *n*
highlight[1] subst. /ˈhaɪlaɪt/
høydepunkt *n*
highlight[2] verb /ˈhaɪlaɪt/ fremheve
highly adverb /ˈhaɪlɪ/ høyt, sterkt
highness subst. /ˈhaɪnəs/ **1** høyde *m*
2 høyhet *m*
His/Her Highness Hans/Hennes
Høyhet
high-pitched adj. /ˌhaɪˈpɪtʃt/, foranstilt:
/ˈhaɪpɪtʃt/ høy, skarp
high road subst. landevei *m*
high school subst. *(amer.) forklaring:*
skole for elever mellom 14 og 18 år
junior high school *omtr. dss.*
ungdomsskole
senior high school *omtr. dss.*
videregående skole
high-strung adj. /ˌhaɪˈstrʌŋ/ nervøs,
overspent
high-tech adj. /ˌhaɪˈtek/
høyteknologisk
highway subst. /ˈhaɪweɪ/ hovedvei *m*
hijab subst. /hɪˈdʒɑːb/ *(muslimsk
klesplagg)* hijab *m*
hijack verb /ˈhaɪdʒæk/ **1** kapre *(fly o.l.)*
2 plyndre *(under transport)*

hijacker subst. /ˈhaɪˌdʒækə/ kaprer *m*
hike[1] subst. /haɪk/ **1** fottur *m*
2 økning *m/f*
hike[2] verb /haɪk/ **1** gå på fottur
2 sette opp, øke
hiker subst. /ˈhaɪkə/ turgåer *m*
hilarious adj. /hɪˈleərɪəs/
hysterisk morsom
hill subst. /hɪl/ haug *m*
hill crest subst. bakkekam *m*
hillock subst. /ˈhɪlək/ tue *m/f,* haug *m*
hillside subst. /ˈhɪlsaɪd/ skrent *m*,
skråning *m/f*
him pronomen /hɪm/, trykksvak: /ɪm/
1 ham
2 seg
himself pronomen /hɪmˈself/
1 seg, seg selv
2 han selv, ham selv
3 selv
by himself alene
hind adj. /haɪnd/ bak-, bakre
hinder verb /ˈhɪndə/ hindre, forhindre
hindrance subst. /ˈhɪndrᵊns/
forhindring *m/f*
hinge[1] subst. /hɪndʒ/ **1** hengsel
2 hovedpunkt *n*
hinge[2] verb /hɪndʒ/ være avhengig av
hinge on/upon være avhengig av
hint[1] subst. /hɪnt/ **1** hint *n*, vink *n*
2 antydning *m/f*
hint[2] verb /hɪnt/ antyde, ymte
hint at antyde
hip[1] subst. /hɪp/ hofte *m/f*
hip[2] adj. /hɪp/ hipp, in
hip flask subst. lommelerke *m/f*
hip hop subst. *(musikk)* hiphop
hip pocket subst. baklomme *m/f*
hippopotamus subst. /ˌhɪpəˈpɒtəməs/
eller **hippo** *(hverdagslig)* flodhest *m*
hipster subst. /ˈhɪpstə/ *(slang, urban,
trendy person)* hipster *m*
hire verb /ˈhaɪə/ **1** leie
2 ansette
his determinativ /hɪz/, /ɪz/ **1** hans
2 sin, sitt, sine
hiss verb /hɪs/ hvese, frese
historian subst. /hɪˈstɔːrɪən/
historiker *m*
historic adj. /hɪˈstɒrɪk/ historisk
history subst. /ˈhɪstᵊrɪ/ historie *m/f*
hit[1] subst. /hɪt/ **1** slag *n*
2 fulltreffer *m*, suksess *m*
3 *(musikk)* slager *m*, hit *m*

4 *(IT)* treff *n*
hit² verb (hit – hit) /hɪt/ **1** slå
  2 treffe
  3 ramme
  hit it off komme godt overens
hitch¹ subst. /hɪtʃ/ **1** rykk *n*
  2 vanskelighet *m*
hitch² verb /hɪtʃ/ **1** rykke
  2 binde fast
  3 hekte (seg) fast
hitch-hike verb /'hɪtʃhaɪk/ haike
hitherto adverb /ˌhɪðə'tuː/, foranstilt:
  /'hɪðətuː/ hittil
hit man subst. leiemorder *m*
HIV subst. *(medisin, fork. for* human
  immunodeficiency virus*)* hiv *m/n*
hive subst. /haɪv/ bikube *m*
hives subst. *flt.* /haɪvz/ elveblest *m*
HIV-positive adj. /ˌeɪtʃaɪviːˈpɒzətɪv/
  hivpositiv
hoard¹ subst. /hɔːd/ forråd *n*
hoard² verb /hɔːd/ lagre, hamstre
hoarding subst. /'hɔːdɪŋ/
  hamstring *m/f*
hoar frost subst. rimfrost *m*
hoarse adj. /hɔːs/ hes
hoax¹ subst. /həʊks/ **1** spøk *m*
  2 lureri *n*, svindel *m*
hoax² verb /həʊks/ lure, narre
hob subst. /hɒb/ *(britisk)* kokeplate *m/f*
hobby horse subst. **1** kjepphest *m*
  2 gyngehest *m*
hodgepodge subst. /'hɒdʒpɒdʒ/
  (amer.) sammensurium *n*
hoe¹ subst. /həʊ/ hakke *m/f*
hoe² verb /həʊ/ *(med hakke)* **1** hakke
  2 luke, rense
hog subst. /hɒg/ svin *n*, gris *m*
hogwash subst. /'hɒgwɒʃ/
  (hverdagslig) sludder *n*, tull *n*
hoist verb /hɔɪst/ *(også hoist up)* heise
hold¹ subst. /həʊld/
  1 tak *n*, grep *n*, hold *n*
  2 innflytelse *m*
  get hold of gripe tak i, få tak i
  on hold på vent
hold² verb (held – held) /həʊld/
  1 holde
  2 bære, tåle • *the chair won't hold
  your weight*
  3 ha, beholde
  4 romme, ta • *the theatre holds 500
  people*

5 holde seg, fortsette, være holdbar
  • *will the weather hold?*
  hold back 1 holde tilbake, stoppe
  2 nøle
  hold off 1 holde borte **2** holde seg
  borte **3** vente (med), drøye (med)
  hold on 1 holde fast **2** holde på,
  holde ut
  hold on! 1 vent litt! **2** hold ut!
  hold tight holde seg fast
holder subst. /'həʊldə/ **1** innehaver *m*
  2 leietaker *m*
holding subst. /'həʊldɪŋ/
  1 avholdelse *m*
  2 grep *n*, feste *n*
  holdings *(handel)* verdipapirer,
  portefølje
hole¹ subst. /həʊl/ **1** hulrom *n*, hull *n*
  2 hi *n*
hole² verb /həʊl/ lage hull (i)
holiday subst. /'hɒlədeɪ/ **1** fridag *m*
  2 helligdag *m*
  3 *(ofte holidays)* ferie *m*
holiness subst. /'həʊlɪnəs/ hellighet *m*
holler verb /'hɒlə/ rope
hollow¹ subst. /'hɒləʊ/ **1** hulning *m/f*
  2 søkk *n*, grop *m/f*
hollow² verb /'hɒləʊ/ hule ut
hollow³ adj. /'hɒləʊ/ **1** hul
  2 *(overført)* tom, verdiløs
holly subst. /'hɒlɪ/ kristtorn *m*
the Holocaust subst. /'hɒləkɔːst/
  holocaust *(utryddelsen av jøder i
  Europa under annen verdenskrig)*
holy adj. /'həʊlɪ/ hellig
the Holy Communion subst.
  nattverden
the Holy Ghost *eller* **the Holy Spirit**
  Den Hellige Ånd
Holy Scripture subst. Skriften,
  Bibelen
holy water subst. vievann *n*
homage subst. /'hɒmɪdʒ/ hyllest *m*
  pay homage to hylle
home¹ subst. /həʊm/ hjem *n*
  at home hjemme
home² adj. /həʊm/ **1** hjemme
  2 innenlandsk, innenriks(-)
home³ adverb /həʊm/ hjem, hjemover
homeless adj. /'həʊmləs/ hjemløs
homely adj. /'həʊmlɪ/ **1** enkel
  2 *(amer.)* lite pen
home-made adj. /ˌhəʊm'meɪd/,
  foranstilt: /'həʊmmeɪd/ hjemmelaget

a b c d e f g **h** i j k l m n o p q r s t u v w x y z

home page subst. hjemmeside *m/f*
homesick adj. /ˈhəʊmsɪk/
som lider av hjemlengsel
feel/be homesick ha hjemlengsel
homesickness subst. /ˈhəʊmsɪknəs/
hjemlengsel *m*
homeward adverb /ˈhəʊmwəd/ *eller*
homewards hjemover
homework subst. /ˈhəʊmwɜːk/ lekse *m*
homey adj. /ˈhəʊmɪ/ hjemlig,
hjemmekoselig
homicide subst. /ˈhɒmɪsaɪd/ drap *n*,
mord *n*
homophobia subst. /ˌhəʊməˈfəʊbɪə/
homofobi *m*
homosexual adj. /ˌhəʊmə(ʊ)ˈsekʃʊəl/
homofil, homoseksuell
hone¹ subst. /həʊn/ slipestein *m*
hone² verb /həʊn/ **1** slipe, bryne
2 *(overført)* finpusse, perfeksjonere
honest¹ adj. /ˈɒnɪst/ ærlig
honestly adverb /ˈɒnɪstlɪ/
1 ærlig, på ærlig vis
2 oppriktig
honestly! ærlig talt!
honesty subst. /ˈɒnɪstɪ/ ærlighet *m*
honey subst. /ˈhʌnɪ/ **1** honning *m*
2 *(hverdagslig)* elskling *m*, skatt *m*
honeymoon subst. /ˈhʌnɪmuːn/
1 hvetebrødsdager
2 bryllupsreise *m/f*
honeysuckle subst. /ˈhʌnɪˌsʌkl/
(plante) kaprifolium *m*
honorary adj. /ˈɒnᵊrərɪ/ heders-, æres-
honour¹ subst. /ˈɒnə/ *eller*
honor *(amer.)* **1** ære *m/f*
2 heder *m*
3 ærbødighet *m*
honour² verb /ˈɒnə/ *eller*
honor *(amer.)* **1** respektere høyt
2 hedre
3 akseptere, overholde
honourable adj. /ˈɒnᵊrəbl/ *eller*
honorable *(amer.)* hederlig, ærlig,
rettskaffen
Honourable *(som tittel)* ærede
hood subst. /hʊd/ **1** hette *m/f*
2 *(på kabriolet)* kalesje *m*
3 *(amer., på bil)* panser
hoody subst. /ˈhʊdɪ/ hettegenser *m*
hoof subst. (flertall: hoofs, eller
hooves) /huːf/ hov *m*
hook¹ subst. /hʊk/ **1** krok *m*
2 hake *m/f*

hook² verb /hʊk/ **1** hekte
2 fange, få på kroken
hooked adj. /hʊkt/ **1** krokete, krum
2 *(slang)* hekta, avhengig *(av
narkotika, fjernsyn o.l.)*
hooky subst. /ˈhʊkɪ/ *(amer.,
hverdagslig)* bare i uttrykk
play hooky skulke
hooligan subst. /ˈhuːlɪgən/ bølle *m/f*
hoop subst. /huːp/ ring *m*, bøyle *m*
hoopla subst. /ˈhuːplɑː/ ståhei *m*
hoot¹ subst. /huːt/ **1** buing *m/f*
2 tuting *m/f*
3 brøl *n*, rop *n*
hoot² verb /huːt/ **1** bue, pipe, huie
2 *(om ugle)* tute
hooter subst. /ˈhuːtə/ (bil)horn *n*
hop¹ subst. /hɒp/ **1** hopp *n*
2 hink *n*
hop² subst. /hɒp/ *(plante)* humle *m*
hop³ verb /hɒp/ **1** hoppe
2 hinke
hope¹ subst. /həʊp/ håp *n*
hope² verb /həʊp/ håpe
hopeful adj. /ˈhəʊpfᵊl/ forhåpningsfull
hopeless adj. /ˈhəʊpləs/ håpløs
hopscotch subst. /ˈhɒpskɒtʃ/
(barnelek) paradis *n*
play hopscotch hoppe paradis
horizon subst. /həˈraɪzn/ horisont *m*
horizontal adj. /ˌhɒrɪˈzɒntl/ horisontal,
vannrett
hormone subst. /ˈhɔːməʊn/ hormon *n*
horn subst. /hɔːn/ horn *n*
hornet's nest vepsebol *n*
horny adj. /ˈhɔːnɪ/ **1** hornaktig
2 *(hverdagslig)* kåt
horrible adj. /ˈhɒrəbl/ grufull,
skrekkelig
horrid adj. /ˈhɒrɪd/ avskyelig, ekkel
horrify verb /ˈhɒrɪfaɪ/ **1** forferde
2 skremme
horror subst. /ˈhɒrə/ **1** avsky *m*
2 skrekk *m*, redsel *m*
horse subst. /hɔːs/ hest *m*
horsefly subst. /ˈhɔːsflaɪ/ klegg *m*
horsemanship subst. /ˈhɔːsmənʃɪp/
ridekunst *m*
horsepower subst. /ˈhɔːsˌpaʊə/
hestekraft *m/f*
horse race subst. hesteveddeløp *n*
horseradish subst. /ˈhɔːsˌrædɪʃ/
pepperrot *m/f*
horseshoe subst. /ˈhɔːsʃuː/ hestesko *m*

horticulture subst. /'hɔːtɪkʌltʃə/
hagekunst *m*, hagebruk *n*
horticulturist subst. /ˌhɔːtɪ'kʌltʃᵊrɪst/
gartner *m*
hose¹ subst. /həʊz/ **1** *(for vanning,
støvsuging e.l.)* slange *m*
2 strømper
hose² verb /həʊz/ vanne, spyle
hosiery subst. /'həʊzɪərɪ/ strømper
hospice subst. /'hɒspɪs/ hospits *n*
hospitable adj. /hɒ'spɪtəbl/ gjestfri
hospital subst. /'hɒspɪtl/ sykehus *n*
hospitality subst. /ˌhɒspɪ'tælətɪ/
gjestfrihet *n*
hospitalize verb /'hɒspɪtᵊlaɪz/
legge inn på sykehus
host¹ subst. /həʊst/ vert *m*
host² subst. /həʊst/ masse *m*,
mengde *m*, skare *m*
hostage subst. /'hɒstɪdʒ/ gissel *n*
hostel subst. /'hɒstᵊl/
(ungdoms)herberge *n*
hostess subst. /'həʊstɪs/ vertinne *m/f*
hostile adj. /'hɒstaɪl/ fiendtlig
hostility subst. /hɒ'stɪlətɪ/
fiendtlighet *m*, fiendskap *m/n*
hot adj. /hɒt/ **1** varm, het
2 hissig
3 *(om mat)* sterk
hotchpotch subst. /'hɒtʃpɒtʃ/
sammensurium *n*
hot dog subst. pølse i brød
hotel subst. /hə(ʊ)'tel/ hotell *n*
hothead subst. /'hɒthed/ hissigpropp *m*
hot-headed adj. /ˌhɒt'hedɪd/ hissig
hothouse subst. /'hɒthaʊs/ drivhus *n*
hotplate subst. /'hɒtpleɪt/ kokeplate
hotshot subst. /'hɒtʃɒt/ *(hverdagslig)*
fremadstormende person
hot-water bottle subst.
varmeflaske *m/f*
hot-wire verb /ˌhɒt'waɪə/ *(om bil)*
tyvkoble
hound¹ subst. /haʊnd/ jakthund *m*
hound² verb /haʊnd/ **1** jage, forfølge
2 pusse på
3 plage
hound on mase på
hour subst. /'aʊə/ **1** time *m*
2 tid *m/f*, klokkeslett *n*
hourglass subst. /'aʊəglɑːs/
timeglass *n*
hourly adverb /'aʊəlɪ/ hver time
house¹ subst. /haʊs/ hus *n*

house² verb /haʊz/ **1** huse
2 holde til
the **House** subst. /haʊs/
1 *(i Storbritannia)* Underhuset *eller*
Overhuset
2 *(i USA)* Representantenes Hus
house arrest subst. husarrest *m*
household subst. /'haʊs(h)əʊld/
husholdning *m/f*
housekeeper subst. /'haʊsˌkiːpə/
1 husmor *m/f*
2 husholder *m*, husholderske *m/f*
the **House of Commons** subst.
(britisk politikk) Underhuset *n*
the **House of Lords** subst. *(britisk
politikk)* Overhuset *n*
the **House of Representatives** subst.
(amer. politikk) Representantenes
hus *n*
the **Houses of Parliament**
subst. *(britisk politikk)* Over- og
Underhuset i det britiske parlament
housewife subst. /'haʊswaɪf/
(hjemmeværende) husmor *m/f*
housework subst. /'haʊswɜːk/
husarbeid *n*
housing subst. /'haʊzɪŋ/
1 innlosjering *m/f*
2 boliger, hus
hover verb /'hɒvə/ **1** sveve
2 vente, holde seg i nærheten
how adverb /haʊ/
1 hvordan • *how did you do it?*
2 hvor • *how far is it?*
how are you? hvordan har du det?
how do you do? *(som hilsen)* god
dag!
how often hvor ofte
how much (is it)? hva koster det?
however¹ adverb /haʊ'evə/
1 hvor ... enn • *however rich he may
be* hvor rik han enn måtte være
2 hvordan ... enn • *however you like*
hvordan du enn måtte ønske
however² konjunksjon /haʊ'evə/
imidlertid, likevel
howl¹ subst. /haʊl/ **1** hyl *n*
2 *(om vind)* ul *n*
howl² verb /haʊl/ hyle, ule
HQ *(fork. for* Headquarters*)*
hovedkvarter *n*
hub subst. /hʌb/ **1** nav *n*
2 midtpunkt *n*

a
b
c
d
e
f
g
h
i
j
k
l
m
n
o
p
q
r
s
t
u
v
w
x
y
z

hubbub subst. /'hʌbʌb/ larm *m*, bråk *n*

huckster subst. /'hʌkstə/ kremmer *m*

huddle¹ subst. /'hʌdl/ **1** dynge *m/f*
2 klynge *m/f*

huddle² verb /'hʌdl/ **1** stue, pakke
2 klynge seg sammen

hue subst. /hjuː/ farge *m*, nyanse *m*

huff¹ subst. /hʌf/ fornærmelse *m*
in a huff fornærmet, snurt

huff² verb /hʌf/ puste høyt *(for å uttrykke fornærmelse)*

huffy adj. /'hʌfɪ/ nærtagende, hårsår

hug¹ subst. /hʌg/ klem *m*

hug² verb /hʌg/ klemme, omfavne

huge adj. /hjuːdʒ/ svær, enorm

hulk subst. /hʌlk/ **1** holk *m*
2 *(om person)* svær person *m*

hull¹ subst. /hʌl/ *(på plante)* skall *n*, belg *m*

hull² subst. /hʌl/ *(på båt, fly)* skrog *n*

hum verb /hʌm/ **1** summe
2 nynne

human¹ subst. /'hjuːmən/ menneske *n*

human² adj. /'hjuːmən/ menneskelig, menneske-

human being subst. menneske *n*

humane adj. /hjʊ'meɪn/ human, menneskelig

humanism subst. /'hjuːmənɪzᵊm/
1 menneskelighet *m*
2 humanisme *m*

humanist subst. /'hjuːmənɪst/ humanist *m*

humanity subst. /hjʊ'mænətɪ/
1 menneskelighet *m*
2 menneskeheten

human rights subst. *flt.* menneskerettighetene

human trafficking subst. menneskehandel *m*

humble¹ verb /'hʌmbl/ ydmyke

humble² adj. /'hʌmbl/ **1** ydmyk
2 beskjeden

humblebrag¹ subst. /'hʌmbᵊl,bræg/
(hverdagslig) sniskryt *n*

humblebrag² verb /'hʌmbl,bræg/
(hverdagslig) sniskryte

humbug subst. /'hʌmbʌg/
1 humbug *m*, svindel *m*
2 hykler *m*

humdrum adj. /'hʌmdrʌm/ ensformig, kjedelig

humid adj. /'hjuːmɪd/ fuktig

humidity subst. /hjʊ'mɪdətɪ/ fukt *m/f*

humiliate verb /hjʊ'mɪlɪeɪt/ ydmyke

humiliation subst. /hjuː,mɪlɪ'eɪʃᵊn/ ydmykelse *m*

humility subst. /hjʊ'mɪlətɪ/ ydmykhet *m*

hummingbird subst. /'hʌmɪŋbɜːd/ kolibri *m*

humorous adj. /'hjuːmᵊrəs/ humoristisk

humour¹ subst. /'hjuːmə/ *eller*
humor *(amer.)* **1** humor *m*
2 lune *n*, humør *n*

humour² verb /'hjuːmə/ *eller*
humor *(amer.)* føye, rette seg etter

hump subst. /hʌmp/ **1** pukkel *m*
2 *(hverdagslig)* kneik *m/f*

hunch¹ subst. /hʌn(t)ʃ/
1 (forut)anelse *m*
2 pukkel *m*

hunch² verb /hʌn(t)ʃ/ krumme
(ryggen)

hunchback subst. /'hʌn(t)ʃbæk/ pukkelrygg *m*

hundred determinativ /'hʌndrəd/ hundre

hundredth subst. /'hʌndrədθ/ hundredel *m*

hung verb /hʌŋ/ *se* ▶hang

Hungarian¹ subst. /hʌŋ'geərɪən/
1 ungarer *m*
2 *(språk)* ungarsk

Hungarian² adj. /hʌŋ'geərɪən/ ungarsk

Hungary /'hʌŋgərɪ/ Ungarn

hunger¹ subst. /'hʌŋgə/ **1** sult *m*
2 *(overført)* lengsel *m*, tørst *m*

hunger² verb /'hʌŋgə/
1 være sulten, sulte
2 *(overført)* lengte, tørste
hunger after/for lengte etter

hungry adj. /'hʌŋgrɪ/ sulten

hunt¹ subst. /hʌnt/ jakt *m/f*

hunt² verb /hʌnt/
1 jage, jakte (på), gå på jakt
2 lete etter

hunter subst. /'hʌntə/ jeger *m*

hunting subst. /'hʌntɪŋ/ jakt *m/f*
go hunting gå på jakt

hurdle subst. /'hɜːdl/
1 *(sport)* hekk *m*, hinder *n*
2 *(overført)* hinder *n*

hurdler subst. /'hɜːdlə/ hekkeløper *m*

hurl verb /hɜːl/ **1** kaste, slenge
2 *(hverdagslig)* kaste opp, spy

hurricane subst. /'hʌrɪkən/, /'hʌrɪkeɪn/ orkan *m*

hurried adj. /'hʌrɪd/ rask, forhastet

hurry[1] subst. /'hʌrɪ/ hastverk *n*, hast *m*
be **in a hurry** ha det travelt

hurry[2] verb /'hʌrɪ/ **1** skynde seg, haste
2 fremskynde
3 skynde på
hurry up skynde seg, raske på

hurt[1] subst. /hɜːt/ **1** skade *m*
2 sorg *m/f*, smerte *m*

hurt[2] verb (hurt – hurt) /hɜːt/
1 gjøre vondt
2 skade, ødelegge
get hurt 1 bli skadet, skade seg
2 slå seg

hurtful adj. /'hɜːtfəl/ **1** sårende
2 skadelig

husband subst. /'hʌzbənd/ ektemann *m*

husbandry subst. /'hʌzbəndrɪ/ jordbruk *m*

husk[1] subst. /hʌsk/ skall *n*

husk[2] verb /hʌsk/ skrelle, rense

husky[1] adj. /'hʌskɪ/ *(om stemme)* hes

husky[2] adj. /'hʌskɪ/ kraftig, sterk

hussy subst. /'hʌsɪ/ tøyte *m/f*

hustle[1] subst. /'hʌsl/
1 mas *n*, travelhet *m*
2 *(amer., slang)* svindel *m*, bløff *m*

hustle[2] verb /'hʌsl/
1 skynde på, mase på
2 dytte til, puffe til
3 *(spesielt amer., slang)* svindle

hut subst. /hʌt/ **1** skur, liten hytte *m/f*
2 brakke *m/f*

hutch subst. /hʌtʃ/ bur *n* *(f.eks. til kaniner)*

hybrid subst. /'haɪbrɪd/ hybrid *m*, krysning *m/f*

hydraulic adj. /haɪ'drɔːlɪk/ hydraulisk, væske-

hydroelectricity subst. /ˌhaɪdrəʊlek'trɪsɪtɪ/ vannkraft *m/f*

hydrogen subst. /'haɪdrədʒən/ hydrogen *n*

hydrophobia subst. /ˌhaɪdrə(ʊ)'fəʊbjə/ *(medisin)* vannskrekk *m*

hyena subst. /haɪ'iːnə/ hyene *m*

hygiene subst. /'haɪdʒiːn/ hygiene *m*, renslighet *m*

hygienic adj. /haɪ'dʒiːnɪk/ hygienisk

hymn subst. /hɪm/ **1** hymne *m*
2 salme *m*

hymnal subst. /'hɪmnəl/ salmebok *m/f*

hyper adj. /'haɪpə/ *(hverdagslig)* hyper

hyperactive adj. /ˌhaɪpər'æktɪv/ hyperaktiv

hyperlink subst. /'haɪpəlɪŋk/ *(IT)* lenke *m/f*

hyphen subst. /'haɪfən/ bindestrek *m*

hypnosis subst. /hɪp'nəʊsɪs/ hypnose *m*

hypnotist subst. /'hɪpnətɪst/ hypnotisør *m*

hypnotize verb /'hɪpnətaɪz/ hypnotisere

hypocrisy subst. /hɪ'pɒkrəsɪ/ hykleri *n*, skinnhellighet *m*

hypocrite subst. /'hɪpəkrɪt/ hykler *m*

hypocritical adj. /ˌhɪpə(ʊ)'krɪtɪkəl/ hyklersk

hypodermic needle subst. sprøytespiss *m*

hypodermic syringe subst. sprøyte *(for injeksjon under huden)*

hypothesis subst. /haɪ'pɒθəsɪs/
1 hypotese *m*
2 antakelse *m*, gjetning *m/f*

hypothetical adj. /ˌhaɪpə(ʊ)'θetɪkəl/ hypotetisk

hysteria subst. /hɪ'stɪərɪə/ hysteri *n*

hysterical adj. /hɪ'sterɪkəl/ *eller* **hysteric** hysterisk

a b c d e f g h i j k l m n o p q r s t u v w x y z

i

I pronomen /aɪ/ jeg
ibex subst. /ˈaɪbeks/ villgeit *m/f*
ice¹ subst. /aɪs/ is *m*
ice² verb /aɪs/ **1** legge glasur på
  2 dekke med is
  3 legge på is
iceberg subst. /ˈaɪsbɜːg/ isfjell *n*
ice cap subst. *(om polarområde)*
  iskalott *m*
ice cream subst. iskrem *m*
ice cube subst. isbit *m*
Iceland /ˈaɪslənd/ Island
ice rink subst. skøytebane *m*
icicle subst. /ˈaɪsɪkl/ istapp *m*
icing subst. /ˈaɪsɪŋ/
  1 *(om mat)* glasur *m*
  2 nedising *m/f*
  3 isdannelse *m*
icing sugar subst. melis *m*
icon subst. /ˈaɪkɒn/ **1** ikon *n*
  2 *(overført)* symbol *n*
icy adj. /ˈaɪsɪ/ iskald
ID subst. /ˌaɪˈdiː/ identitetskort *n*
idea subst. /aɪˈdɪə/ **1** idé *m*
  2 forestilling *m/f*
  I have no idea jeg aner ikke
ideal¹ subst. /aɪˈdɪəl/ ideal *n*, forbilde *n*
ideal² adj. /aɪˈdɪəl/ ideell
identical adj. /aɪˈdentɪkəl/ identisk
identification papers subst. *flt.*
  legitimasjonspapirer
identify verb /aɪˈdentɪfaɪ/ identifisere,
  kjenne igjen
identity subst. /aɪˈdentətɪ/ identitet *m*
ideology subst. /ˌaɪdɪˈɒlədʒɪ/
  ideologi *m*
idiom subst. /ˈɪdɪəm/ idiom *n*
idiot subst. /ˈɪdɪət/ idiot *m*, tosk *m*
idle¹ verb /ˈaɪdl/ **1** late seg
  2 drive omkring
  3 *(om motor)* gå på tomgang
idle² adj. /ˈaɪdl/ **1** *(om person)* lat
  2 *(om person)* arbeidsløs
  3 uvirksom, ubrukt
  4 tom, meningsløs
idleness subst. /ˈaɪdlnəs/ latskap *m*
idol subst. /ˈaɪdəl/ **1** idol *n*, forbilde *n*
  2 avgud *m*
idolize verb /ˈaɪdəlaɪz/ forgude
idyll subst. /ˈɪdəl/, /ˈaɪdəl/ idyll *m*

i.e. *(fork. for* id est*)* dvs. *(det vil si)*
if subjunksjon /ɪf/ **1** hvis
  2 om
  as if som om
  if so i så fall
ignite verb /ɪgˈnaɪt/ (an)tenne
ignition subst. /ɪgˈnɪʃən/
  (an)tenning *m/f*
ignorance subst. /ˈɪgnərəns/
  uvitenhet *m*
ignorant adj. /ˈɪgnərənt/ uvitende
ignore verb /ɪgˈnɔː/ ignorere, overse
ikon subst. /ˈaɪkɒn/ ikon *n*
ileus subst. /ˈɪlɪəs/ tarmslyng *m/n*
ill¹ subst. /ɪl/ onde *n*
ill² adj. (worse – worst) /ɪl/ **1** syk
  2 dårlig
ill³ adverb (worse – worst) /ɪl/ **1** dårlig
  2 ille, stygt
  speak ill of snakke stygt om
ill-advised adj. /ˌɪlədˈvaɪzd/ uklok
ill-bred adj. /ˌɪlˈbred/ uoppdragen
illegal adj. /ɪˈliːgəl/ ulovlig
illegible adj. /ɪˈledʒəbl/ uleselig
illegitimate adj. /ˌɪlɪˈdʒɪtɪmət/ **1** ulovlig
  2 urettmessig
  3 *(historisk, om barn)* uekte
ill-fated adj. /ˌɪlˈfeɪtɪd/ **1** ulykkelig
  2 skjebnesvanger
illicit adj. /ɪˈlɪsɪt/ **1** ulovlig
  2 hemmelig, skjult
illiterate subst. /ɪˈlɪtərət/ analfabet *m*
ill-natured adj. /ˌɪlˈneɪtʃəd/ **1** gretten
  2 ond
illness subst. /ˈɪlnəs/ sykdom *m*
illogical adj. /ɪˈlɒdʒɪkəl/ ulogisk
ill-tempered adj. /ˌɪlˈtempəd/ gretten
illuminate verb /ɪˈluːmɪneɪt/ lyse opp,
  belyse
illumination subst. /ɪˌluːmɪˈneɪʃən/
  opplysning *m/f,* belysning *m/f*
illusion subst. /ɪˈluːʒən/ **1** illusjon *m*,
  innbilning *m/f*
  2 vrangforestilling *m/f*
illusive adj. /ɪˈluːsɪv/ **1** bedragersk
  2 uvirkelig, falsk
illusory adj. /ɪˈluːsərɪ/ uvirkelig, falsk
illustrate verb /ˈɪləstreɪt/ **1** illustrere
  2 belyse, forklare

illustration subst. /ˌɪləˈstreɪʃ³n/
1 illustrasjon *m*
2 forklaring *m/f*
ill will subst. motvilje *m*
I'm /aɪm/ *sammentrukket* I am
image¹ subst. /ˈɪmɪdʒ/ **1** bilde *n*
2 symbol *n*
image² verb /ˈɪmɪdʒ/ avbilde
imaginable adj. /ɪˈmædʒɪnəbl/ tenkelig
imaginary adj. /ɪˈmædʒɪn³rɪ/ innbilt
imagination subst. /ɪˌmædʒɪˈneɪʃ³n/
1 fantasi *m*
2 innbilning *m/f*
imaginative adj. /ɪˈmædʒɪnətɪv/
fantasifull
imagine verb /ɪˈmædʒɪn/
1 forestille seg, tenke seg
2 innbille seg
imbecile subst. /ˈɪmbəsiːl/ idiot *m*
imitate verb /ˈɪmɪteɪt/ etterligne
imitation subst. /ˌɪmɪˈteɪʃ³n/
etterligning *m/f*
imitator subst. /ˈɪmɪteɪtə/ etterligner *m*
immaterial adj. /ˌɪməˈtɪərɪəl/
1 uvesentlig
2 immateriell
immature adj. /ˌɪməˈtjʊə/, /ˌɪməˈtʃʊə/
umoden
immediate adj. /ɪˈmiːdɪət/ umiddelbar,
øyeblikkelig
immediately adverb /ɪˈmiːdjətlɪ/
straks, umiddelbart
immemorial adj. /ˌɪmɪˈmɔːrɪəl/
eldgammel
immense adj. /ɪˈmens/ enorm
immensely adverb /ɪˈmenslɪ/ svært,
uhyre
immerse verb /ɪˈmɜːs/ senke ned,
dyppe
immerse oneself in fordype seg i
immigrant subst. /ˈɪmɪgr³nt/
innvandrer *m*
immigrate verb /ˈɪmɪgreɪt/ innvandre,
immigrere
immigration subst. /ˌɪmɪˈgreɪʃən/
innvandring *m/f*
imminent adj. /ˈɪmɪnənt/ truende,
overhengende
immobile adj. /ɪˈməʊbaɪl/ ubevegelig
immodest adj. /ɪˈmɒdɪst/ ubeskjeden
immoral adj. /ɪˈmɒr³l/ umoralsk
immortal adj. /ɪˈmɔːtl/ udødelig
immortality subst. /ˌɪmɔːˈtælətɪ/
udødelighet *m*

immovable adj. /ɪˈmuːvəbl/ urørlig,
ubevegelig
immune adj. /ɪˈmjuːn/ immun,
beskyttet
immune to immun mot
immune system subst.
immunforsvar *n*
immunity subst. /ɪˈmjuːnətɪ/
immunitet *m*
imp subst. /ɪmp/ liten djevel
impact¹ subst. /ˈɪmpækt/ **1** støt *n*
2 innflytelse *m*
impact² verb /ɪmˈpækt/
1 kollidere med
2 presse sammen
impact on virke inn på, påvirke
impair verb /ɪmˈpeə/ svekke, skade
impart verb /ɪmˈpɑːt/ **1** gi
2 meddele
impartial adj. /ɪmˈpɑːʃ³l/ upartisk
impassable adj. /ɪmˈpɑːsəbl/
ufremkommelig
impasse subst. /æmˈpɑːs/ *(spesielt
overført)* dødpunkt *n*
impatience subst. /ɪmˈpeɪʃ³ns/
utålmodighet *m*
impatient adj. /ɪmˈpeɪʃ³nt/ utålmodig
impeach verb /ɪmˈpiːtʃ/ **1** anklage
2 *(jus)* stille for riksrett
impeccable adj. /ɪmˈpekəbl/ feilfri,
uklanderlig
impede verb /ɪmˈpiːd/ hemme, hindre
impediment subst. /ɪmˈpedɪmənt/
1 hindring *m/f*
2 *(også* speech impediment*)*
talefeil *m*
impel verb /ɪmˈpel/ drive, egge
impending adj. /ɪmˈpendɪŋ/
nær forestående, truende
impenetrable adj. /ɪmˈpenɪtrəbl/
ugjennomtrengelig
imperative subst. /ɪmˈperətɪv/
imperativ
imperceptible adj. /ˌɪmpəˈseptəbl/
umerkelig
imperfect adj. /ɪmˈpɜːfɪkt/
1 ikke perfekt
2 ufullstendig
imperial adj. /ɪmˈpɪərɪəl/, amer.:
/ɪmˈpɪrɪəl/ **1** keiserlig, kongelig
2 *(historisk)* som gjelder (det
britiske) imperiet
3 *(om vekt og mål)* gjeldende i
Storbritannia

imperialistic adj. /ɪmˌpɪərɪəˈlɪstɪk/ imperialistisk

imperil verb /ɪmˈperəl/ *(høytidelig)* sette i fare

imperious adj. /ɪmˈpɪərɪəs/, amer.: /ɪmˈpɪrɪəs/ arrogant, dominerende

imperishable adj. /ɪmˈperɪʃəbl/ uforgjengelig

impermeable adj. /ɪmˈpɜːmɪəbl/ ugjennomtrengelig

impersonal adj. /ɪmˈpɜːsənəl/ upersonlig

impersonate verb /ɪmˈpɜːsəneɪt/ etterligne

impersonator subst. /ɪmˈpɜːsəneɪtə/ imitator *m*

impertinence subst. /ɪmˈpɜːtɪnəns/ uforskammethet *m*

impertinent adj. /ɪmˈpɜːtɪnənt/ frekk, nesevis

impetus subst. /ˈɪmpɪtəs/ kraft *m/f*, fart *m*

impish adj. /ˈɪmpɪʃ/ ertelysten

implacable adj. /ɪmˈplækəbl/
1 uforsonlig
2 iherdig, ustoppelig

implant subst. /ˈɪmplɑːnt/ implantat *n*

implement[1] subst. /ˈɪmplɪmənt/ verktøy *n*

implement[2] verb /ˈɪmplɪment/ realisere, gjennomføre, implementere

implementation subst. /ˌɪmplɪmenˈteɪʃən/ gjennomføring *m/f*, realisering *m/f*

implicate verb /ˈɪmplɪkeɪt/
1 blande inn, implisere
2 antyde

implication subst. /ˌɪmplɪˈkeɪʃən/
1 innblanding *m/f*
2 antydning *m/f*
3 konsekvens *m*

implicit adj. /ɪmˈplɪsɪt/ underforstått

implied adj. /ɪmˈplaɪd/ underforstått

implore verb /ɪmˈplɔː/ bønnfalle, trygle

imply verb /ɪmˈplaɪ/ **1** antyde
2 bety

impolite adj. /ˌɪmpəˈlaɪt/ uhøflig

import[1] subst. /ˈɪmpɔːt/
1 import *m*, innførsel *m*
2 betydning *m/f*
imports importvarer

import[2] verb /ɪmˈpɔːt/ importere, innføre

importance subst. /ɪmˈpɔːtəns/ viktighet *m*

important adj. /ɪmˈpɔːtənt/ viktig

importune verb /ˌɪmpəˈtjuːn/, /ˌɪmpəˈtʃuːn/ trygle, bønnfalle

impose verb /ɪmˈpəʊz/ pålegge
impose on 1 trenge seg på, forstyrre
2 utnytte

imposing adj. /ɪmˈpəʊzɪŋ/ imponerende

imposition subst. /ˌɪmpəˈzɪʃən/
1 innføring *m/f*
2 belastning *m/f*
3 skatt *m*, avgift *m/f*

impossible adj. /ɪmˈpɒsəbl/ umulig

impostor subst. /ɪmˈpɒstə/ bedrager *m*

imposture subst. /ɪmˈpɒstʃə/ bedrageri *n*

impotence subst. /ˈɪmpətəns/
1 avmakt *m/f*, hjelpeløshet *m*
2 impotens *m*

impotent adj. /ˈɪmpətənt/ **1** maktesløs
2 impotent

impoverish verb /ɪmˈpɒvərɪʃ/ gjøre fattig

impractical adj. /ɪmˈpræktɪkəl/ upraktisk

impregnable adj. /ɪmˈpregnəbl/ ugjennomtrengelig

impregnate verb /ˈɪmpregneɪt/, amer.: /ɪmˈpregneɪt/ **1** befrukte
2 impregnere
3 gjennomtrenge

impress[1] subst. /ˈɪmpres/ **1** avtrykk *n*
2 preg *n*

impress[2] verb /ɪmˈpres/
1 gjøre inntrykk på, imponere
2 stemple, prege
3 trykke på, trykke inn

impression subst. /ɪmˈpreʃən/
1 inntrykk *n*
2 avtrykk *n*, spor *n*

impressive adj. /ɪmˈpresɪv/ imponerende

imprint[1] subst. /ˈɪmprɪnt/ **1** avtrykk *n*
2 preg *n*

imprint[2] verb /ɪmˈprɪnt/ **1** trykke (på)
2 innprente

imprison verb /ɪmˈprɪzən/ sperre inne, sette i fengsel

imprisonment subst. /ɪmˈprɪzənmənt/ fengsling *m/f*

improbable adj. /ɪmˈprɒbəbl/ usannsynlig

improper adj. /ɪmˈprɒpə/ upassende
improve verb /ɪmˈpruːv/ forbedre
improvement subst. /ɪmˈpruːvmənt/ forbedring *m/f*
improvisation subst. /ˌɪmprəvaɪˈzeɪʃən/ improvisasjon *m*
improvise verb /ˈɪmprəvaɪz/ improvisere
imprudence subst. /ɪmˈpruːdəns/ ubetenksomhet *m*
imprudent adj. /ɪmˈpruːdnt/ ubetenksom, uklok
impudent adj. /ˈɪmpjʊdənt/ uforskammet
impulse subst. /ˈɪmpʌls/ **1** impuls *m*
 2 innskytelse *m*
impunity subst. /ɪmˈpjuːnətɪ/ straffrihet *m*
impure adj. /ɪmˈpjʊə/ uren
impurity subst. /ɪmˈpjʊərətɪ/ urenhet *m*
in[1] adj. /ɪn/ in, moderne
in[2] adverb /ɪn/ **1** inn
 2 inne, fremme
 3 hjemme, til stede • *he wasn't in when I called*
in[3] preposisjon /ɪn/ **1** i, på, ved
 2 om • *in a week* om en uke
 be in on *(hverdagslig)* være med på/i, delta i
 in that i og med at, ettersom
inability subst. /ˌɪnəˈbɪlətɪ/
 1 manglende evne
 2 udugelighet *m*
inaccessible adj. /ˌɪnækˈsesəbl/ utilgjengelig
inaccuracy subst. /ɪnˈækjʊrəsɪ/ unøyaktighet *m*
inaccurate adj. /ɪnˈækjʊrət/ unøyaktig
inaction subst. /ɪnˈækʃən/ uvirksomhet *m*
inactive adj. /ɪnˈæktɪv/ uvirksom
inadequate adj. /ɪnˈædɪkwət/ utilstrekkelig
inadmissible adj. /ˌɪnədˈmɪsəbl/ utillatelig
inadvertently adverb /ˌɪnədˈvɜːtəntlɪ/ ved et uhell, ved en feiltakelse
inane adj. /ɪˈneɪn/ meningsløs, tullete
inanimate adj. /ɪnˈænɪmət/
 1 ikke levende
 2 sjelløs
inapplicable adj. /ˌɪnəˈplɪkəbl/ uanvendelig

inapproachable adj. /ˌɪnəˈprəʊtʃəbl/ utilnærmelig
inappropriate adj. /ˌɪnəˈprəʊprɪət/ upassende
inasmuch adverb /ɪnəzˈmʌtʃ/ *bare i uttrykk*
 inasmuch as ettersom, fordi
inattention subst. /ˌɪnəˈtenʃən/ uoppmerksomhet *m*
inattentive adj. /ˌɪnəˈtentɪv/ uoppmerksom
inaugural adj. /ɪˈnɔːgjərəl/ innvielses- • *his inaugural speech is famous*
inaugurate verb /ɪˈnɔːgjʊreɪt/ **1** innvie
 2 innsette
inauguration subst. /ɪˌnɔːgjʊˈreɪʃən/
 1 innvielse *m*
 2 innsettelse *m*
inborn adj. /ɪnˈbɔːn/ medfødt, iboende
Inc. *(fork. for* Incorporated*)* omtr. dss. AS
incalculable adj. /ɪnˈkælkjʊləbl/ uberegnelig
incandescent adj. /ˌɪnkænˈdesnt/ (hvit)glødende
incapability subst. /ɪnˌkeɪpəˈbɪlətɪ/ inkompetanse *m*
incapable adj. /ɪnˈkeɪpəbl/ uten evne, udyktig
 incapable of uten evne til å
incapacity subst. /ˌɪnkəˈpæsətɪ/ manglende evne *m*, udugelighet *m*
incarnate[1] verb /ˈɪnkɑːneɪt/ legemliggjøre
incarnate[2] adj. /ɪnˈkɑːnət/ legemliggjort, personifisert
incautious adj. /ɪnˈkɔːʃəs/ uforsiktig
incense[1] subst. /ˈɪnsens/ røkelse *m*
incense[2] verb /ɪnˈsens/ gjøre rasende
incentive subst. /ɪnˈsentɪv/ drivkraft *m/f*, motivasjon *m*
incessant adj. /ɪnˈsesnt/ uopphørlig
incest subst. /ˈɪnsest/ incest *m*
inch subst. /ɪn(t)ʃ/ tomme *m (2,54 cm)*
incident subst. /ˈɪnsɪdənt/ (tilfeldig) hendelse *m*, episode *m*
incidental adj. /ˌɪnsɪˈdentl/ tilfeldig
incinerate verb /ɪnˈsɪnəreɪt/ (for)brenne, brenne opp
incinerator subst. /ɪnˈsɪnəreɪtə/ forbrenningsovn *m*
incise verb /ɪnˈsaɪz/ skjære inn
incision subst. /ɪnˈsɪʒən/ innskjæring *m/f*, snitt *n*

incisive adj. /ɪnˈsaɪsɪv/ skarpsindig
incite verb /ɪnˈsaɪt/ fremkalle, provosere
inclination subst. /ˌɪnklɪˈneɪʃən/
  1 tilbøyelighet *m*
  2 lyst *m/f*
  3 helling *m/f*
incline[1] subst. /ˈɪnklaɪn/ helling *m/f*, skråning *m/f*
incline[2] verb /ɪnˈklaɪn/
  1 være/gjøre tilbøyelig
  2 helle, skråne
inclined adj. /ɪnˈklaɪnd/ tilbøyelig
  be inclined to være tilbøyelig til
include verb /ɪnˈkluːd/
  1 ta med, inkludere
  2 omfatte
inclusive adj. /ɪnˈkluːsɪv/
  1 iberegnet, til og med
  2 som inkluderer alt
incoherent adj. /ˌɪnkə(ʊ)ˈhɪərənt/ usammenhengende
income subst. /ˈɪŋkʌm/ inntekt *m/f*
income tax subst. inntektsskatt *m*
income tax return subst. selvangivelse *m*
incoming adj. /ˈɪnˌkʌmɪŋ/ innkommende, ankommende
incomparable adj. /ɪnˈkɒmpərəbl/ usammenlignbar
incompatible adj. /ˌɪnkəmˈpætəbl/
  1 uforenlig
  2 *(IT)* inkompatibel
incompetent adj. /ɪnˈkɒmpɪtənt/ inkompetent, ukvalifisert
incomplete adj. /ˌɪnkəmˈpliːt/ ufullstendig
incomprehensible adj. /ˌɪnˌkɒmprɪˈhensəbl/ uforståelig
inconceivable adj. /ˌɪnkənˈsiːvəbl/ utenkelig, ufattelig
incongruous adj. /ɪnˈkɒŋgrʊəs/
  1 uforenlig
  2 selvmotsigende, urimelig
inconsiderable adj. /ˌɪnkənˈsɪdərəbl/ ubetydelig
inconsiderate adj. /ˌɪnkənˈsɪdərət/ tankeløs, ubetenksom
inconsistent adj. /ˌɪnkənˈsɪstənt/ selvmotsigende, inkonsekvent
inconsolable adj. /ˌɪnkənˈsəʊləbl/ utrøstelig
inconvenience[1] subst. /ˌɪnkənˈviːnjəns/ **1** ubeleilighet *m*
  2 besvær *n*, bry *n*

inconvenience[2] verb /ˌɪnkənˈviːnjəns/ bry, forstyrre
inconvenient adj. /ˌɪnkənˈviːnjənt/
  1 ubekvem
  2 besværlig, ubeleilig
incorporate verb /ɪnˈkɔːpəreɪt/ innlemme, oppta
incorporated adj. /ɪnˈkɔːpəreɪtɪd/ innlemmet
incorrect adj. /ˌɪnkərˈekt/ uriktig
incorruptible adj. /ˌɪnkəˈrʌptəbl/ ubestikkelig
increase[1] subst. /ˈɪnkriːs/ økning *m/f*, vekst *m*
increase[2] verb /ɪnˈkriːs/ øke, stige
incredible adj. /ɪnˈkredɪbl/ utrolig
incredulous adj. /ɪnˈkredʒələs/, /ɪnˈkredjələs/ vantro, skeptisk
incubation subst. /ˌɪŋkjʊˈbeɪʃən/
  1 klekking *m/f (om egg)*
  2 *(om sykdom)* inkubasjon *m*
incur verb /ɪnˈkɜː/ pådra seg, utsette seg for
incurable adj. /ɪnˈkjʊərəbl/ uhelbredelig
indebted adj. /ɪnˈdetɪd/ **1** takknemlig
  2 som står i gjeld
indecency subst. /ɪnˈdiːsnsɪ/ uanstendighet *m*
indecent adj. /ɪnˈdiːsnt/ uanstendig
indecisive adj. /ˌɪndɪˈsaɪsɪv/
  1 ubestemt
  2 *(om person)* ubesluttsom
indeclinable adj. /ˌɪndɪˈklaɪnəbl/ *(grammatikk)* ubøyelig
indeed adverb /ɪnˈdiːd/
  1 virkelig, svært
  2 riktignok • *indeed we have milk, but we also need cream*
indefensible adj. /ˌɪndɪˈfensəbl/ uforsvarlig
indefinite adj. /ɪnˈdefɪnət/ ubestemt
indemnify verb /ɪnˈdemnɪfaɪ/
  1 erstatte, kompensere
  2 holde skadesløs
indemnity subst. /ɪnˈdemnətɪ/ erstatning *m/f*
indent[1] subst. /ˈɪndent/
  1 fordypning *m/f*
  2 bulk *m*
  3 innrykning *m/f*
indent[2] verb /ɪnˈdent/ **1** lage hakk i
  2 bulke
  3 lage innrykk

indentation subst. /ˌɪndenˈteɪʃən/
1 innskjæring *m/f*
2 bulk *m*, hakk *n*
3 innrykk *n*
independence subst. /ˌɪndɪˈpendəns/
uavhengighet *m*
independent adj. /ˌɪndɪˈpendənt/
uavhengig, selvstendig
indescribable adj. /ˌɪndɪˈskraɪbəbl/
ubeskrivelig
indestructible adj. /ˌɪndɪˈstrʌktəbl/
som ikke kan ødelegges
indeterminable adj. /ˌɪndɪˈtɜːmɪnəbl/
ubestemmelig
index[1] subst. /ˈɪndeks/ **1** register *n*,
indeks *m*, innholdsfortegnelse *m*
2 viser *m*
index[2] verb /ˈɪndeks/ føre inn i register
index finger subst. pekefinger *m*
Indian[1] subst. /ˈɪndjən/ **1** inder *m*
2 indianer *m*
Indian[2] adj. /ˈɪndjən/ **1** indisk
2 indiansk
Indian ink subst. *eller*
India ink *(amer.)* tusj *m*
indicate verb /ˈɪndɪkeɪt/
1 vise, peke på
2 *(om fakta)* tyde på
3 *(om mening)* gi uttrykk for
indication subst. /ˌɪndɪˈkeɪʃən/
indikasjon *m*
indicative adj. /ˈɪndɪkətɪv/ antydende
be indicative of tyde på
indicator subst. /ˈɪndɪkeɪtə/
1 indikasjon *m*, tegn *n*
2 tavle *m/f*, skjerm *m* *(som viser
ankomst-/avgangstider)*
indict verb /ɪnˈdaɪt/ tiltale, anklage
indictment subst. /ɪnˈdaɪtmənt/
anklage *m*
indie adj. /ˈɪndɪ/ *(film, musikk e.l.,
kortform for* independent*)* indie
indifference subst. /ɪnˈdɪfərəns/
likegyldighet *m*
indifferent adj. /ɪnˈdɪfərənt/ likegyldig
indigenous adj. /ɪnˈdɪdʒɪnəs/ innfødt
indigestion subst. /ˌɪndɪˈdʒestʃən/
fordøyelsesproblemer
indignant adj. /ɪnˈdɪɡnənt/ indignert,
irritert
indignation subst. /ˌɪndɪɡˈneɪʃən/
indignasjon *m*, irritasjon *m*
indirect adj. /ˌɪndɪˈrekt/ indirekte

indiscreet adj. /ˌɪndɪˈskriːt/ ikke
diskret, taktløs
indiscretion subst. /ˌɪndɪˈskreʃən/
1 indiskresjon *m*
2 sidesprang *n*
indispensable adj. /ˌɪndɪˈspensəbl/
uunnværlig
indisposed adj. /ˌɪndɪˈspəʊzd/
1 uvel, uopplagt
2 uvillig
indisputable adj. /ˌɪndɪˈspjuːtəbl/
udiskutabel
indissoluble adj. /ˌɪndɪˈsɒljəbl/
uoppløselig
indistinct adj. /ˌɪndɪˈstɪŋ(k)t/ utydelig
indistinguishable adj.
/ˌɪndɪˈstɪŋgwɪʃəbl/ som ikke kan
skjelnes fra hverandre
individual[1] subst. /ˌɪndɪˈvɪdʒʊəl/,
/ˌɪndɪˈvɪdjʊəl/ person *m*, individ *n*
individual[2] adj. /ˌɪndɪˈvɪdʒʊəl/,
/ˌɪndɪˈvɪdjʊəl/ **1** individuell
2 personlig
indolence subst. /ˈɪndələns/ latskap *m*
indolent adj. /ˈɪndələnt/ sløv, lat
indoor adj. /ˌɪnˈdɔː/ innendørs-
indoors adverb /ˌɪnˈdɔːz/ innendørs,
inne
induce verb /ɪnˈdjuːs/, /ɪnˈdʒuːs/
forårsake
indulge verb /ɪnˈdʌldʒ/ gi etter for,
skjemme bort
indulge in *(om nytelse)* hengi seg til,
tillate seg
indulgence subst. /ɪnˈdʌldʒəns/
1 overbærenhet *m*
2 nytelse *m*
indulgent adj. /ɪnˈdʌldʒənt/
overbærende
industrial adj. /ɪnˈdʌstrɪəl/ industriell
industrialize verb /ɪnˈdʌstrɪəlaɪz/
industrialisere
industrious adj. /ɪnˈdʌstrɪəs/ flittig,
arbeidsom
industry subst. /ˈɪndəstrɪ/ industri *m*,
næringsliv *n*
ineffable adj. /ɪˈnefəbl/ ubeskrivelig
ineffective adj. /ˌɪnɪˈfektɪv/
virkningsløs, mislykket
inefficient adj. /ˌɪnɪˈfɪʃənt/ ineffektiv
inept adj. /ɪˈnept/ udugelig
inequality subst. /ˌɪnɪˈkwɒlətɪ/
ulikhet *m*
inert adj. /ɪˈnɜːt/ treg

a
b
c
d
e
f
g
h
i
j
k
l
m
n
o
p
q
r
s
t
u
v
w
x
y
z

inertia subst. /ɪˈnɜːʃɪə/ treghet *m*
inessential adj. /ˌɪnɪˈsenʃᵊl/
uvesentlig
inevitable adj. /ɪˈnevɪtəbl/ uunngåelig
inexcusable adj. /ˌɪnɪkˈskjuːzəbl/
utilgivelig
inexhaustible adj. /ˌɪnɪgˈzɔːstəbl/
uuttømmelig
inexpedient adj. /ˌɪnɪkˈspiːdɪənt/
upassende
inexpensive adj. /ˌɪnɪkˈspensɪv/ billig
inexperienced adj. /ˌɪnɪkˈspɪərɪənst/
uerfaren
inexplicable adj. /ˌɪnɪkˈsplɪkəbl/
uforklarlig
inexpressible adj. /ˌɪnɪkˈspresəbl/
ubeskrivelig
inexpressive adj. /ˌɪnɪkˈspresɪv/
uttrykksløs
inextricable adj. /ˌɪnɪkˈstrɪkəbl/ floket,
umulig å skille fra hverandre
infallible adj. /ɪnˈfæləbl/ ufeilbarlig
infamous adj. /ˈɪnfəməs/ **1** beryktet
2 avskyelig
infancy subst. /ˈɪnfənsɪ/
tidlig barndom *m*
infant subst. /ˈɪnfənt/ spedbarn *n*
infantile adj. /ˈɪnfəntaɪl/ barnslig,
umoden
infantry subst. /ˈɪnfəntrɪ/ infanteri *n*
infantryman subst. /ˈɪnfᵊntrɪmən/
fotsoldat *m*
infarct subst. /ˈɪnfɑːkt/ *(medisin)*
infarkt *n*
infatuate verb /ɪnˈfætʃʊeɪt/,
/ɪnˈfætjʊeɪt/ bedåre
infatuated adj. /ɪnˈfætʃʊeɪtɪd/,
/ɪnˈfætjʊeɪtɪd/ (blindt) forelsket
infect verb /ɪnˈfekt/ smitte
infection subst. /ɪnˈfekʃᵊn/
infeksjon *m*, smitte *m/f*
infectious adj. /ɪnˈfekʃəs/ smittsom
infer verb /ɪnˈfɜː/ konkludere
inferior adj. /ɪnˈfɪərɪə/
1 lavere *(i rang)*, underordnet
2 underlegen, mindreverdig
inferiority subst. /ɪnˌfɪərɪˈɒrətɪ/
underlegenhet *m*
infernal adj. /ɪnˈfɜːnᵊl/ **1** infernalsk
2 *(hverdagslig)* forbasket, forbannet
infest verb /ɪnˈfest/ plage
   be infested with *(om skadedyr e.l.)*
   være angrepet av
infidel adj. /ˈɪnfɪdᵊl/ vantro

infidelity subst. /ˌɪnfɪˈdelətɪ/
1 utroskap *m*
2 *(religion)* vantro *m/f*
infiltrate verb /ˈɪnfɪltreɪt/ infiltrere
infinite adj. /ˈɪnfɪnət/ uendelig
infinitive subst. /ɪnˈfɪnɪtɪv/
(grammatikk) infinitiv *m*
infinity subst. /ɪnˈfɪnətɪ/ uendelighet *m*
infirm adj. /ɪnˈfɜːm/ svakelig
infirmary subst. /ɪnˈfɜːmᵊrɪ/
sykeavdeling *m/f*, sykestue *m/f*
infirmity subst. /ɪnˈfɜːmətɪ/
skrøpelighet *m*, svakhet *m*
inflame verb /ɪnˈfleɪm/ **1** hisse opp
2 (an)tenne
inflammable adj. /ɪnˈflæməbl/
1 lettantennelig
2 brennbar
inflammation subst. /ˌɪnfləˈmeɪʃᵊn/
1 *(i kroppen)* betennelse *m*
2 opphisselse *m*
3 *(om ild)* antennelse *m*
inflate verb /ɪnˈfleɪt/ blåse opp
inflation subst. /ɪnˈfleɪʃᵊn/
1 oppblåsing *m/f*
2 *(økonomi)* inflasjon *m*
inflection subst. /ɪnˈflekʃᵊn/
(grammatikk) bøyning *m/f*
inflexibility subst. /ɪnˌfleksəˈbɪlətɪ/
ubøyelighet *m*
inflexible adj. /ɪnˈfleksəbl/ ubøyelig
inflict verb /ɪnˈflɪkt/
1 *(om slag, skade, sår)* tildele, påføre
2 pålegge, ilegge
infliction subst. /ɪnˈflɪkʃᵊn/
påføring *m/f (av smerte, straff)*
influence[1] subst. /ˈɪnflʊəns/
innflytelse *m*
   be under the influence
   (om rusmiddel) være påvirket
influence[2] verb /ˈɪnflʊən(t)s/
ha innflytelse på, påvirke
influential adj. /ˌɪnflʊˈenʃᵊl/
som har (stor) innflytelse
influenza subst. /ˌɪnflʊˈenzə/
influensa *m*
influx subst. /ˈɪnflʌks/ tilstrømming *m/f*
inform verb /ɪnˈfɔːm/ meddele,
informere
informal adj. /ɪnˈfɔːml/ uformell
informality subst. /ˌɪnfɔːˈmælətɪ/
uformellhet *m*
information subst. /ˌɪnfəˈmeɪʃᵊn/
informasjon *m*, opplysning *m/f*

informer subst. /ɪnˈfɔːmə/ angiver *m*
infraction subst. /ɪnˈfrækʃ°n/
 1 brudd *n*
 2 krenkelse *m*
infrared adj. /ˌɪnfrəˈred/ infrarød
infrastructure subst. /ˈɪnfrəˌstrʌktʃə/
 infrastruktur *m*
infringe verb /ɪnˈfrɪndʒ/ overtre,
 krenke, bryte
infringement subst. /ɪnˈfrɪndʒmənt/
 overtredelse *m*, brudd *n*
infuriate verb /ɪnˈfjʊərɪeɪt/
 gjøre rasende
infuse verb /ɪnˈfjuːz/
 1 gjennomsyre, tilføre
 2 *(om te)* la trekke
infusion subst. /ɪnˈfjuːʒ°n/
 1 tilførsel *m*
 2 avkok *n*
ingenious adj. /ɪnˈdʒiːnjəs/ genial
ingenuity subst. /ˌɪndʒɪˈnjuːətɪ/
 oppfinnsomhet *m*, genialitet *m*
ingenuous adj. /ɪnˈdʒenjʊəs/ uskyldig,
 naiv
ingratiating adj. /ɪnˈgreɪʃɪeɪtɪŋ/
 innsmigrende
ingratitude subst. /ɪnˈgrætɪtʃuːd/,
 /ɪnˈgrætɪtjuːd/ utakknemlighet *m*
ingredient subst. /ɪnˈgriːdjənt/
 ingrediens *m*
inhabit verb /ɪnˈhæbɪt/ bebo, befolke
inhabitant subst. /ɪnˈhæbɪt°nt/
 innbygger *m*, beboer *m*
inhale verb /ɪnˈheɪl/ puste inn, inhalere
inhaler subst. /ɪnˈheɪlə/ inhalator *m*
inherent adj. /ɪnˈher°nt/ **1** iboende
 2 naturlig, medfødt
inherit verb /ɪnˈherɪt/ arve
inheritance subst. /ɪnˈherɪt°ns/ arv *m*
inhibit verb /ɪnˈhɪbɪt/ hemme, hindre
inhibition subst. /ˌɪn(h)ɪˈbɪʃ°n/
 1 hemning *m/f*, forhindring *m/f*
 2 forbud *n*
inhospitable adj. /ɪnhɒsˈpɪtəbl/,
 /ɪnˈhɒspɪtəbl/ ugjestfri
inhuman adj. /ɪnˈhjuːmən/
 umenneskelig
iniquity subst. /ɪˈnɪkwətɪ/
 1 urettferdighet *m*
 2 ondskap *m*, synd *m/f*
initial[1] subst. /ɪˈnɪʃ°l/ forbokstav *m*
initial[2] adj. /ɪˈnɪʃ°l/ **1** innledende
 2 utgangs-, første

initiate verb /ɪˈnɪʃɪeɪt/
 1 begynne, innlede
 2 innvie
initiation subst. /ɪˌnɪʃɪˈeɪʃ°n/
 1 begynnelse *m*
 2 opptak *n*
initiative subst. /ɪˈnɪʃɪətɪv/ initiativ *n*
inject verb /ɪnˈdʒekt/ sprøyte inn
injection subst. /ɪnˈdʒekʃ°n/
 injeksjon *m*, sprøyte *m/f*
injure verb /ˈɪndʒə/ **1** skade, såre
 2 krenke
injurious adj. /ɪnˈdʒʊərɪəs/ **1** skadelig
 2 krenkende
injury subst. /ˈɪndʒ°rɪ/ **1** skade *m*
 2 krenkelse *m*
injustice subst. /ɪnˈdʒʌstɪs/
 urettferdighet *m*
ink subst. /ɪŋk/ blekk *n*
ink cartridge subst. blekkpatron *m*
inkjet printer subst. blekkskriver *m*
inkling subst. /ˈɪŋklɪŋ/ **1** anelse *m*
 2 mistanke *m*
inky adj. /ˈɪŋkɪ/ **1** blekksvart
 2 flekket av blekk
inland adj. /ˈɪnlənd/ som ligger inne i
 landet, innlands-
in-law subst. /ˈɪnlɔː/ slektning gjennom
 giftermål *(svigerforeldre o.l.)*
inlet subst. /ˈɪnlet/ sund *n*, liten vik *m/f*
inmate subst. /ˈɪnmeɪt/
 innsatt *m* *(i fengsel)*,
 beboer *m* *(på institusjon o.l.)*
inmost adj. /ˈɪnmoʊst/ innerst
inn subst. /ɪn/ vertshus *n*
innate adj. /ɪˈneɪt/ medfødt
inner adj. /ˈɪnə/ indre
innkeeper subst. /ˈɪnˌkiːpə/
 vertshusholder *m*
innocence subst. /ˈɪnəsns/ **1** uskyld *m*
 2 uskyldighet *m*
innocent adj. /ˈɪnəsnt/ uskyldig
innovation subst. /ˌɪnə(ʊ)ˈveɪʃ°n/
 fornyelse *m*, innovasjon *m*
innumerable adj. /ɪˈnjuːm°rəbl/ talløs
inoculate verb /ɪˈnɒkjʊleɪt/ vaksinere
inoffensive adj. /ˌɪnəˈfensɪv/ harmløs
inoperative adj. /ɪnˈɒp°rətɪv/
 ute av drift/funksjon
inordinate adj. /ɪˈnɔːdɪnət/ overdreven
input subst. /ˈɪnpʊt/ **1** tilførsel *m*
 2 *(IT)* input *m*, inndata *m/n*
inquest subst. /ˈɪnkwest/ *(rettslig)*
 undersøkelse *m*, avhør om dødsårsak

a
b
c
d
e
f
g
h
i
j
k
l
m
n
o
p
q
r
s
t
u
v
w
x
y
z

inquire verb /ɪnˈkwaɪə/
  1 spørre, forhøre seg
  2 undersøke
  inquire about spørre om
  inquire into undersøke
inquiry subst. /ɪnˈkwaɪərɪ/, amer. også: /ˈɪnkwəɪ/ **1** forespørsel m
  2 undersøkelse m
inquisitive adj. /ɪnˈkwɪzɪtɪv/ nysgjerrig
insane adj. /ɪnˈseɪn/ sinnssyk
insanitary adj. /ɪnˈsænɪtərɪ/ uhygienisk
insanity subst. /ɪnˈsænətɪ/
  1 utilregnelighet m
  2 galskap m
insatiable adj. /ɪnˈseɪʃjəbl/ umettelig
inscribe verb /ɪnˈskraɪb/ skrive (inn)
inscription subst. /ɪnˈskrɪpʃən/
  1 innskrift m/f, inskripsjon m
  2 dedikasjon m
inscrutable adj. /ɪnˈskruːtəbl/ uransakelig
insect subst. /ˈɪnsekt/ insekt n
insecticide subst. /ɪnˈsektɪsaɪd/ insektmiddel n
insecure adj. /ˌɪnsɪˈkjʊə/ usikker
insecurity subst. /ˌɪnsɪˈkjʊərətɪ/ utrygghet m
insensibility subst. /ɪnˌsensəˈbɪlətɪ/
  1 bevisstløshet m
  2 likegyldighet m
insensible adj. /ɪnˈsensəbl/
  1 bevisstløs
  2 følelsesløs, likegyldig
insensitive adj. /ɪnˈsensətɪv/ ufølsom
inseparable adj. /ɪnˈsepərəbl/ uatskillelig
insert verb /ɪnˈsɜːt/ sette inn, føre inn
inside[1] subst. /ˌɪnˈsaɪd/ innside m/f
  from the inside innenfra, fra innsiden
inside[2] adj. /ˌɪnˈsaɪd/ indre, innvendig
inside[3] adverb /ˌɪnˈsaɪd/
  1 inni, innenfor
  2 inn • *come inside!* kom inn!
inside[4] preposisjon /ˌɪnˈsaɪd/ **1** innen
  2 inn i
  inside out 1 ut og inn
  2 med vrangsiden ut
insider trading subst. *eller*
  insider dealing *(om aksjehandel)* innsidehandel m
insidious adj. /ɪnˈsɪdɪəs/ svikefull, snikende
insight subst. /ˈɪnsaɪt/ innsikt m

insignificant adj. /ˌɪnsɪgˈnɪfɪkənt/ ubetydelig
insincere adj. /ˌɪnsɪnˈsɪə/ uoppriktig
insinuation subst. /ɪnˌsɪnjʊˈeɪʃən/ antydning m/f
insipid adj. /ɪnˈsɪpɪd/ **1** smakløs
  2 uinteressant
insist verb /ɪnˈsɪst/ insistere
  insist on/upon 1 insistere på, påstå
  2 kreve
insistent adj. /ɪnˈsɪstənt/ sta, hardnakket
insolence subst. /ˈɪnsələns/ frekkhet m
insolent adj. /ˈɪnsələnt/ frekk
insoluble adj. /ɪnˈsɒljʊbl/ uoppløselig
insomnia subst. /ɪnˈsɒmnɪə/ søvnløshet m
inspect verb /ɪnˈspekt/ inspisere, mønstre
inspection subst. /ɪnˈspekʃən/ inspeksjon m
inspector subst. /ɪnˈspektə/
  1 inspektør m
  2 *(i politiet)* politibetjent m
inspiration subst. /ˌɪnspərˈeɪʃən/ inspirasjon m
inspire verb /ɪnˈspaɪə/ **1** inspirere
  2 inngi, skape • *he inspires confidence*
instability subst. /ˌɪnstəˈbɪlətɪ/ ustabilitet m
install verb /ɪnˈstɔːl/ *eller* **instal** installere
instalment subst. /ɪnˈstɔːlmənt/ *eller* **installment** *(amer.)*
  1 *(f.eks. om lån)* avdrag n
  2 porsjon m, del m
instance subst. /ˈɪnstəns/ tilfelle n, eksempel n
  for instance for eksempel
instant[1] subst. /ˈɪnstənt/ øyeblikk n
  on the instant eller **in an instant** øyeblikkelig
instant[2] adj. /ˈɪnstənt/ øyeblikkelig
instantaneous adj. /ˌɪnstənˈteɪnjəs/ øyeblikkelig, momentan
instant coffee subst. pulverkaffe m
instantly adverb /ˈɪnstəntlɪ/ med det samme
instead adverb /ɪnˈsted/ i stedet
  instead of istedenfor
instep subst. /ˈɪnstep/ vrist m/f
instigate verb /ˈɪnstɪgeɪt/ egge, mane

instil verb /ɪnˈstɪl/ *eller* **instill**
innprente, få inn
instinct subst. /ˈɪnstɪŋ(k)t/ instinkt *n*
instinctive adj. /ɪnˈstɪŋ(k)tɪv/
instinktiv
institute[1] subst. /ˈɪnstɪtʃuːt/,
/ˈɪnstɪtjuːt/ institutt *n*
institute[2] verb /ˈɪnstɪtʃuːt/, /ˈɪnstɪtjuːt/
introdusere, opprette
institution subst. /ˌɪnstɪˈtjuːʃən/,
/ˌɪnstɪˈtʃuːʃən/ **1** institusjon *m*,
anstalt *m*, stiftelse *m*, institutt *n*
2 opprettelse *m*, iverksettelse *m*
instruct verb /ɪnˈstrʌkt/ **1** instruere
2 undervise, veilede
instruction subst. /ɪnˈstrʌkʃən/
instruksjon *m*, undervisning *m/f*,
veiledning *m/f*
instructive adj. /ɪnˈstrʌktɪv/ lærerik
instructor subst. /ɪnˈstrʌktə/ lærer *m*,
instruktør *m*
instrument subst. /ˈɪnstrəmənt/
1 instrument *n*
2 redskap *m/n*
instrumental adj. /ˌɪnstrəˈmentl/
1 medvirkende
2 *(musikk)* instrumental
insufferable adj. /ɪnˈsʌfərəbl/
1 utålelig
2 *(om person)* ufordragelig
insufficient adj. /ˌɪnsəˈfɪʃənt/
utilstrekkelig
insular adj. /ˈɪnsjʊlə/ øy-
insulate verb /ˈɪnsjʊleɪt/ isolere
insulation subst. /ˌɪnsjʊˈleɪʃən/
isolering *m/f*
insulin subst. /ˈɪnsjʊlɪn/ insulin *n*
insult[1] subst. /ˈɪnsʌlt/ fornærmelse *m*
insult[2] verb /ɪnˈsʌlt/ fornærme
insurance subst. /ɪnˈʃʊərəns/
forsikring *m/f*
insurance company subst.
forsikringsselskap *n*
insurance fraud subst.
forsikringsbedrageri *n*
insurance policy subst.
forsikringspolise *m*
insure verb /ɪnˈʃʊə/ forsikre
insurmountable adj. /ˌɪnsəˈmaʊntəbl/
uoverstigelig
insurrection subst. /ˌɪnsəˈrekʃən/
opprør *n*
insusceptible adj. /ˌɪnsəˈseptəbl/
uimottakelig

intact adj. /ɪnˈtækt/ intakt, hel
integral adj. /ˈɪntɪgrəl/ **1** nødvendig
2 hel i ett stykke
3 integral-
integrate verb /ˈɪntɪgreɪt/
1 gjøre fullstendig
2 integrere, innlemme
integrated adj. /ˈɪntɪgreɪtɪd/ integrert
integration subst. /ˌɪntɪˈgreɪʃən/
integrering *m/f*
integrity subst. /ɪnˈtegrətɪ/
1 integritet *m*
2 hederlighet *m*
3 helhet *m*
intellect subst. /ˈɪntəlekt/ forstand *m*
intellectual adj. /ˌɪntəlˈektʃʊəl/
intellektuell
intelligence subst. /ɪnˈtelɪdʒəns/
1 intelligens *m*, vett *n*
2 etterretning(er)
intelligence department subst.
etterretningsavdeling *m/f*
intelligent adj. /ɪnˈtelɪdʒənt/ intelligent
intelligible adj. /ɪnˈtelɪdʒəbl/ forståelig
intend verb /ɪnˈtend/ ha til hensikt,
akte
intendant subst. /ɪnˈtendənt/
intendant *m*, forvalter *m*
intended adj. /ɪnˈtendɪd/ tilsiktet,
planlagt
intense adj. /ɪnˈtens/ intens, kraftig
intensification subst.
/ɪnˌtensɪfɪˈkeɪʃən/ forsterkning *m*
intensify verb /ɪnˈtensɪfaɪ/ intensivere,
tilta i styrke
intensity subst. /ɪnˈtensətɪ/
intensitet *m*, styrke *m*
intensive adj. /ɪnˈtensɪv/ intensiv
intent[1] subst. /ɪnˈtent/ hensikt *m*
intent[2] adj. /ɪnˈtent/ spent
intent on/upon helt innstilt på,
ivrig opptatt av
intention subst. /ɪnˈtenʃən/ hensikt *m*
intentional adj. /ɪnˈtenʃənl/ tilsiktet
interact verb /ˌɪntərˈækt/
1 påvirke hverandre
2 omgås hverandre
interaction subst. /ˌɪntərˈækʃən/
gjensidig påvirkning *m/f*
interactive adj. /ˌɪntərˈæktɪv/ interaktiv
intercede verb /ˌɪntəˈsiːd/ være
talsmann, gå i forbønn
intercept verb /ˌɪntəˈsept/ **1** fange opp
2 avskjære, hindre

interchangeable adj.
/ˌɪntəˈtʃeɪndʒəbəl/ utskiftbar
intercourse subst. /ˈɪntəkɔːs/
  1 omgang *m*
  2 samleie *n*
interdependence subst.
/ˌɪntədɪˈpendəns/ gjensidig
avhengighet *m*
interdependent adj. /ˌɪntədɪˈpendənt/
avhengig av hverandre
interdisciplinary adj. /ˌɪntəˈdɪsɪplɪnərɪ/
tverrfaglig
interest[1] subst. /ˈɪntrəst/, /ˈɪntərest/
  1 interesse *m*
  2 andel *m*
  3 rente *m/f*
  take an interest in interessere seg for
interest[2] verb /ˈɪntrəst/, /ˈɪntərest/
interessere
interested adj. /ˈɪntrəstɪd/, /ˈɪntərestɪd/
interessert
  be interested in være interessert i
interesting adj. /ˈɪntrəstɪŋ/, /ˈɪntərestɪŋ/
interessant
interface subst. /ˈɪntəfeɪs/ *(IT)*
grensesnitt *n*
interfere verb /ˌɪntəˈfɪə/ **1** gripe inn,
legge seg borti
  2 komme i veien
  interfere with hindre,
komme i veien for
interference subst. /ˌɪntəˈfɪərəns/
  1 innblanding *m/f*
  2 *(radio e.l.)* støy *m*
interior[1] subst. /ɪnˈtɪərɪə/ interiør *n*
interior[2] adj. /ɪnˈtɪərɪə/ indre,
innvendig
interject verb /ˌɪntəˈdʒekt/ skyte inn
interjection subst. /ˌɪntəˈdʒekʃən/
  1 innskutt bemerkning *m/f*
  2 *(grammatikk)* interjeksjon *m*
interlude subst. /ˈɪntəluːd/
  1 mellomspill *n*
  2 pause *m*
intermediary subst. /ˌɪntəˈmiːdjərɪ/
mellomledd *n*, mellommann *m*
intermediate adj. /ˌɪntəˈmiːdjət/
mellomliggende
interminable adj. /ɪnˈtɜːmɪnəbl/
uendelig
intermission subst. /ˌɪntəˈmɪʃən/
pause *m*
intermit verb /ˌɪntəˈmɪt/ innstille

intermittent adj. /ˌɪntəˈmɪtənt/
uregelmessig
intern[1] subst. /ˈɪntɜːn/ *(spesielt amer.)*
praktikant *m*
intern[2] verb /ɪnˈtɜːn/ internere
internal adj. /ɪnˈtɜːnl/ indre,
innvendig
international adj. /ˌɪntəˈnæʃənl/
internasjonal
Internet subst. /ˈɪntəˌnet/ internett *eller*
Internett *n*
Internet television subst. nett-TV
internment subst. /ɪnˈtɜːnmənt/
internering *m/f*
internship subst. /ˈɪntɜːnʃɪp/
  1 turnustjeneste *m*
  2 praktikantstilling *m/f*
interpose verb /ˌɪntəˈpəʊz/
  1 plassere imellom
  2 gå imellom, megle
  3 nedlegge • *the president interposed
a veto*
interpret verb /ɪnˈtɜːprɪt/ tolke
interpretation subst. /ɪnˌtɜːprɪˈteɪʃən/
tolkning *m/f*
interpreter subst. /ɪnˈtɜːprɪtə/ tolk *m*
interrogate verb /ɪnˈterəgeɪt/ avhøre
interrogation subst. /ɪnˌterəˈgeɪʃən/
avhør *n*, forhør *n*
interrogative adj. /ˌɪntəˈrɒgətɪv/
spørrende
interrupt verb /ˌɪntəˈrʌpt/ avbryte
interruption subst. /ˌɪntəˈrʌpʃən/
avbrytelse *m*
intertwine verb /ˌɪntəˈtwaɪn/
flette sammen
intertwined adj. /ˌɪntəˈtwaɪnd/
sammenflettet
interval subst. /ˈɪntəvl/
  1 mellomrom *n*
  2 intervall *n*
  3 pause *m*
intervene verb /ˌɪntəˈviːn/ megle,
komme imellom
intervention subst. /ˌɪntəˈvenʃən/
  1 intervensjon *m*, inngripen *m*
  2 megling *m/f*
interview[1] subst. /ˈɪntəvjuː/
  1 intervju *n*
  2 samtale *m*, møte *n*
interview[2] verb /ˈɪntəvjuː/ intervjue
intestine subst. /ɪnˈtestɪn/ tarm *m*
  large intestine tykktarm *m*
  small intestine tynntarm *m*

intimacy subst. /'ɪntɪməsɪ/
fortrolighet *m*

intimate¹ verb /'ɪntɪmeɪt/ **1** meddele
2 antyde

intimate² adj. /'ɪntɪmət/ fortrolig, intim

intimidate verb /ɪn'tɪmɪdeɪt/ skremme

intimidation subst. /ɪn‚tɪmɪ'deɪʃən/
trusler

into preposisjon /'ɪntʊ/, foran
konsonantlyd: /'ɪntə/ **1** inn i
2 til • *turn water into wine*

intolerable adj. /ɪn'tɒlərəbl/
uutholdelig

intolerant adj. /ɪn'tɒlərənt/ intolerant
be intolerant of ikke tåle

intoxicant subst. /ɪn'tɒksɪkənt/
berusende middel *n*

intoxicated adj. /ɪn'tɒksɪkeɪtɪd/
beruset

intoxication subst. /ɪn‚tɒksɪ'keɪʃən/
beruselse *m*

Intranet subst. /'ɪntrə‚nət/ *(IT)*
intranett *n*

intravenous adj. /‚ɪntrə'viːnəs/
intravenøs

intrepid adj. /ɪn'trepɪd/ modig, uredd

intricate adj. /'ɪntrɪkət/ innviklet,
sammenfiltret

intrigue subst. /ɪn'triːg/ intrige *m*

intrinsic adj. /ɪn'trɪnsɪk/ indre, iboende

introduce verb /‚ɪntrə'djuːs/,
/‚ɪntrə'dʒuːs/ **1** introdusere, innføre
2 innlede, begynne
3 presentere

introduction subst. /‚ɪntrə'dʌkʃən/
1 introduksjon *m*, innføring *m/f*
2 presentasjon *m*

introductory adj. /‚ɪntrə'dʌktərɪ/
1 innledende
2 forberedende

introvert adj. /'ɪntrə(ʊ)vɜːt/ introvert,
innadvendt

intrude verb /ɪn'truːd/ trenge seg på,
forstyrre

intruder subst. /ɪn'truːdə/ inntrenger *m*

intrusion subst. /ɪn'truːʒən/
forstyrrelse *m*, inntrenging *m/f*

intrusive adj. /ɪn'truːsɪv/ forstyrrende,
påtrengende

intuition subst. /‚ɪntjʊ'ɪʃən/,
/‚ɪntjʊ'ɪʃən/ intuisjon *m*

intuitive adj. /ɪn'tjuːɪtɪv/, /ɪn'tʃuːɪtɪv/
intuitiv

Inuit subst. /'ɪnjʊɪt/ inuitt *m*

invade verb /ɪn'veɪd/ invadere,
trenge inn (i)

invalid¹ adj. /'ɪnvəlɪd/
funksjonshemmet

invalid² adj. /ɪn'vælɪd/ ugyldig

invalidate verb /ɪn'vælɪdeɪt/
gjøre ugyldig

invaluable adj. /ɪn'væljʊəbl/
uvurderlig

invariable adj. /ɪn'veərɪəbl/
uforanderlig

invariably adverb /ɪn'veərɪəblɪ/ alltid,
uten unntak

invasion subst. /ɪn'veɪʒən/ invasjon *m*

invent verb /ɪn'vent/ oppfinne

invention subst. /ɪn'venʃən/
oppfinnelse *m*

inventive adj. /ɪn'ventɪv/ oppfinnsom

inventor subst. /ɪn'ventə/ oppfinner *m*

inventory subst. /'ɪnvəntrɪ/
1 inventarliste *m/f*
2 lager *n*, forråd *n*

inverse¹ verb /ɪn'vɜːs/ vende,
snu om (på)

inverse² adj. /ɪn'vɜːs/ omvendt

invert verb /ɪn'vɜːt/ **1** snu opp ned på
2 snu om på
3 invertere

invertebrate adj. /ɪn'vɜːtɪbreɪt/
virvelløs

inverted adj. /ɪnˈvɜːtɪd/ opp ned, omvendt
invest verb /ɪnˈvest/ investere
investigate verb /ɪnˈvestɪgeɪt/
  1 etterforske
  2 utforske, undersøke
investigation subst. /ɪnˌvestɪˈgeɪʃən/ etterforskning m/f, undersøkelse m
investment subst. /ɪnˈves(t)mənt/ investering m/f
investor subst. /ɪnˈvestə/ investor m
invidious adj. /ɪnˈvɪdɪəs/ 1 uheldig
  2 urettferdig
invigorate verb /ɪnˈvɪgəreɪt/ styrke, kvikke opp
invincible adj. /ɪnˈvɪnsəbl/ uovervinnelig
inviolable adj. /ɪnˈvaɪələbl/ ukrenkelig
invisible adj. /ɪnˈvɪzəbl/ usynlig
invitation subst. /ˌɪnvɪˈteɪʃən/ invitasjon m
invite verb /ɪnˈvaɪt/ invitere, be
invoice subst. /ˈɪnvɔɪs/ faktura m
invoke verb /ɪnˈvəʊk/
  1 påkalle, anrope
  2 påberope seg
involuntary adj. /ɪnˈvɒləntərɪ/
  1 ufrivillig
  2 utilsiktet, uaktsom
involve verb /ɪnˈvɒlv/ 1 involvere
  2 medføre, innebære
  3 være/bli oppslukt
  be involved with 1 være/bli viklet inn i 2 ha et forhold til
invulnerable adj. /ɪnˈvʌlnərəbl/ usårlig
inward adj. /ˈɪnwəd/ 1 indre
  2 innvendig
inwards adverb /ˈɪnwədz/ eller **inward** innover
iodic adj. /aɪˈɒdɪk/ jod-, jodholdig
iodine subst. /ˈaɪədiːn/ jod m/n
IP address subst. (IT) IP-adresse
IQ subst. /ˌaɪˈkjuː/ (fork. for intelligence quotient) IQ m
Ireland /ˈaɪələnd/ Irland
iris subst. /ˈaɪərɪs/ 1 (på øyet) iris m, regnbuehinne m/f
  2 (plante) iris m
Irish¹ subst. /ˈaɪərɪʃ/ irsk
  the Irish irene
Irish² adj. /ˈaɪərɪʃ/ irsk
irksome adj. /ˈɜːksəm/ irriterende

iron¹ subst. /ˈaɪən/ 1 jern n
  2 strykejern n
  irons jern, lenker
iron² verb /ˈaɪən/ stryke
iron³ adj. /ˈaɪən/ 1 av jern
  2 (overført) jernhard
Iron Age subst. jernalder m
iron curtain subst. jernteppe n
ironic adj. /aɪˈrɒnɪk/ ironisk
ironing subst. /ˈaɪənɪŋ/ stryking m/f
ironing board subst. strykebrett n
ironmonger subst. /ˈaɪənˌmʌŋgə/ jernvarehandel m
ironware subst. /ˈaɪənweə/ jernvarer, isenkram n
irony subst. /ˈaɪərənɪ/ ironi m
irrational adj. /ɪˈræʃənl/ irrasjonell, ufornuftig
irrecognizable adj. /ɪˌrekəgˈnaɪzəbl/ ugjenkjennelig
irreconcilable adj. /ɪˌrekənˈsaɪləbl/ uforenlig, uforsonlig
irrefutable adj. /ˌɪrɪˈfjuːtəbl/ ubestridelig
irregular adj. /ɪˈregjʊlə/ uregelmessig
irrelevance subst. /ɪˈreləvəns/ irrelevans m
irrelevant adj. /ɪˈreləvənt/ irrelevant, uten betydning
irremovable adj. /ˌɪrɪˈmuːvəbl/ urokkelig
irreparable adj. /ɪˈrepərəbl/ som ikke kan repareres
irreproachable adj. /ˌɪrɪˈprəʊtʃəbl/ uangripelig, upåklagelig
irresistible adj. /ˌɪrɪˈzɪstəbl/ uimotståelig
irresolute adj. /ɪˈrezəluːt/ ubesluttsom
irrespective adj. /ˌɪrɪˈspektɪv/ bare i uttrykk
  irrespective of uansett, uten hensyn til
irresponsibility subst. /ˌɪrɪspɒnsəˈbɪlətɪ/ uansvarlighet m
irresponsible adj. /ˌɪrɪˈspɒnsəbl/ uansvarlig
irretrievable adj. /ˌɪrɪˈtriːvəbl/
  1 uerstattelig
  2 som ikke lar seg bøte på, ubotelig
irrevocable adj. /ɪˈrevəkəbl/ ugjenkallelig
irrigate verb /ˈɪrɪgeɪt/ vanne (kunstig)
irrigation subst. /ˌɪrɪˈgeɪʃən/ (kunstig) vanning m/f

irritable adj. /'ɪrɪtəbl/ irritabel
irritate verb /'ɪrɪteɪt/ irritere
irritating adj. /'ɪrɪteɪtɪŋ/ irriterende
irritation subst. /ˌɪrɪ'teɪʃən/ irritasjon *m*
is verb trykksterkt: /ɪz/, trykksvak: /z/,
  /s/ *(3. person entall) presens av* ▶be
Islam subst. /'ɪzlɑːm/ islam
Islamic adj. /ɪz'læmɪk/ islamsk
island subst. /'aɪlənd/ øy *m/f*
islander subst. /'aɪləndə/ øyboer *m*
isle subst. /aɪl/ *(i navn)* øy *m/f*
islet subst. /'aɪlət/ holme *m*
isn't /'ɪznt/ *sammentrukket* is not
isolate verb /'aɪsəleɪt/ isolere
isolation subst. /ˌaɪsə'leɪʃən/
  isolasjon *m*
issue[1] subst. /'ɪʃuː/, /'ɪsjuː/
  1 spørsmål *n*, problem *n*
  2 opplag *n*
  3 *(av tidsskrift)* nummer *n*
issue[2] verb /'ɪʃuː/, /'ɪsjuː/
  1 sende ut, slippe ut
  2 utstede
  3 dele ut
  4 utgi
it pronomen /ɪt/ den, det
Italian[1] subst. /ɪ'tæljən/ **1** italiener *m*
  2 *(språket)* italiensk
Italian[2] adj. /ɪ'tæljən/ italiensk

italics subst. *flt.* /ɪ'tælɪks/ kursiv *m*
Italy /'ɪtəlɪ/ Italia
itch[1] subst. /ɪtʃ/ kløe *m*
itch[2] verb /ɪtʃ/ klø
item subst. /'aɪtəm/
  1 punkt *n*, post *m (i regnskap o.l.)*
  2 sak *m/f*
  3 vare *m/f*, artikkel *m*
iterate verb /'ɪtəreɪt/ gjenta
iteration subst. /ˌɪtə'reɪʃən/
  gjentakelse *m*
itinerary subst. /aɪ'tɪnərərɪ/
  reiserute *m/f*, reiseplan *m*
IT manager subst. IT-ansvarlig
it's /ɪts/ *sammentrukket* it is
its determinativ /ɪts/ *(genitiv av* it*)*
  1 dens, dets
  2 sin, sitt
itself pronomen /ɪt'self/ **1** seg, seg selv
  2 den selv, det selv
  3 selv, selve, i seg selv • *the journey
  itself was not interesting*
  by itself alene, for seg selv
  of itself av seg selv
IVF subst. *(fork. for*
  in vitro fertilization*)*
  prøverørsbefruktning *m/f*
ivory subst. /'aɪvərɪ/ elfenben *n*
ivy subst. /'aɪvɪ/ eføy *m*

j

jab[1] subst. /dʒæb/ stikk *n*, støt *n*
jab[2] verb /dʒæb/ **1** stikke
  2 støte, dytte
jabber verb /'dʒæbə/ skravle, bable
jack subst. /dʒæk/ **1** jekk *m*
  2 *(kortspill)* knekt *m*
jackal subst. /'dʒækəl/ sjakal *m*
jackass subst. /'dʒækæs/ **1** idiot *m*
  2 hannesel *m*
jacket subst. /'dʒækɪt/ jakke *m/f*
Jack Frost subst. Kong Vinter
jackknife subst. /'dʒæknaɪf/ follekniv
jack of all trades subst.
  altmuligmann *m*
jackpot subst. /'dʒækpɒt/
  stor gevinst *m*
  hit the jackpot *(hverdagslig)* ha
  kjempeflaks
jade subst. /dʒeɪd/ *(mineral)* jade *m*

jag subst. /dʒæg/ **1** tagg *m*, spiss *m*
  2 hakk *n*
jagged adj. /'dʒægɪd/ tagget, ujevn
jail subst. /dʒeɪl/ fengsel *n*
jailer subst. /'dʒeɪlə/ fengselsbetjent *m*
jam[1] subst. /dʒæm/ **1** syltetøy *n*
  2 klem *m*, det å sitte fast
  3 *(slang)* knipe *m/f*
jam[2] verb /dʒæm/ **1** klemme, pakke
  2 trykke
  3 fylle, blokkere
  4 sette ut av funksjon
janitor subst. /'dʒænɪtə/ *(amer.)*
  vaktmester *m*
January subst. /'dʒænjʊərɪ/ januar *m*
Japan /dʒə'pæn/ Japan
Japanese[1] subst. (flertall: Japanese)
  /ˌdʒæpə'niːz/ **1** japaner *m*
  2 *(språk)* japansk

Japanese² adj. /ˌdʒæpəˈniːz/ japansk
jar¹ subst. /dʒɑː/ **1** glass n, krukke m/f
  2 støt n
jar² verb /dʒɑː/ **1** gi støt
  2 ryste, skake
  3 skurre
jargon subst. /ˈdʒɑːgən/ sjargong m
jaundice subst. /ˈdʒɔːndɪs/ gulsott m/f
javelin subst. /ˈdʒævlɪn/ (sport) spyd n
jaw subst. /dʒɔː/ kjeve m
jay subst. /dʒeɪ/ nøtteskrike m/f
jaywalk verb /ˈdʒeɪwɔːk/ (amer.)
  gå uforsiktig i trafikken
jazz subst. /dʒæz/ jazz m
jealous adj. /ˈdʒeləs/ sjalu, misunnelig
  jealous of sjalu på, misunnelig på
jealousy subst. /ˈdʒeləsɪ/ sjalusi m
jeans subst. flt. /dʒiːnz/ jeans m,
  dongeribukse m/f
jeer verb /dʒɪə/ håne, spotte
  jeer at håne, spotte
jelly subst. /ˈdʒelɪ/ **1** gelé m
  2 (amer.) syltetøy n
jellyfish subst. /ˈdʒelɪfɪʃ/ manet m/f
jeopardize verb /ˈdʒepədaɪz/
  sette på spill, risikere
jeopardy subst. /ˈdʒepədɪ/ fare m,
  risiko m
jerk¹ subst. /dʒɜːk/ **1** rykk m/n
  2 (spesielt amer., slang) tosk m
jerk² verb /dʒɜːk/ rykke
jersey subst. /ˈdʒɜːzɪ/ **1** genser m
  2 (tekstil, stoff) jersey m
jest¹ subst. /dʒest/ spøk m, vits m
jest² verb /dʒest/ spøke
jester subst. /ˈdʒestə/ **1** spøkefugl m
  2 (historisk) hoffnarr m
Jesuit subst. /ˈdʒezjʊɪt/ jesuitt m
jet subst. /dʒet/ **1** stråle m, sprut m
  2 (luftfart) jetmotor m, jetfly n
jet lag subst. jetlag m, døgnvillhet m
jet plane subst. jetfly n
jetty subst. /ˈdʒetɪ/ **1** kai m/f
  2 molo m
Jew subst. /dʒuː/ jøde m
jewel subst. /ˈdʒuːəl/ juvel m
jewel case subst. eller **jewel box**
  smykkeskrin n
jeweller subst. /ˈdʒuːələ/ eller
  jeweler (amer.) gullsmed m
jewellery subst. /ˈdʒuːəlrɪ/ eller
  jewelry (amer.) smykker
Jewish adj. /ˈdʒuːɪʃ/ jødisk
jibe¹ subst. /dʒaɪb/ spydighet m, hån n

jibe² verb /dʒaɪb/ håne
jiff subst. /dʒɪf/ eller **jiffy** (hverdagslig)
  øyeblikk n
  in a jiff på et blunk
jigsaw subst. /ˈdʒɪgsɔː/ puslespill n
jihad subst. /dʒɪˈhæd/ jihad m
jilt verb /dʒɪlt/ slå opp med, dumpe
jingle¹ subst. /ˈdʒɪŋgl/ **1** klirring
  2 barnerim n, regle m/f
jingle² verb /ˈdʒɪŋgl/ klirre, rasle
jinx verb /dʒɪŋks/ bringe ulykke over
jitter subst. /ˈdʒɪtə/ skjelving m/f,
  skaking m/f
jittery adj. /ˈdʒɪtərɪ/ skjelven, nervøs
job subst. /dʒɒb/ arbeid n, jobb m
jockey subst. /ˈdʒɒkɪ/ (hestesport)
  jockey m
jog¹ subst. /dʒɒg/
  1 jogging m/f, joggetur m
  2 skubb m/n, puff m/n
jog² verb /dʒɒg/ **1** jogge
  2 dytte, skubbe
join verb /dʒɔɪn/ **1** forene, forbinde
  2 slutte seg til, bli med
joiner subst. /ˈdʒɔɪnə/ snekker m
joint¹ subst. /dʒɔɪnt/
  1 sammenføyning m/f, skjøt m
  2 (i kroppen) ledd n
  3 (om bar, restaurant) kneipe m/f
  the joint fengsel
joint² adj. /dʒɔɪnt/ **1** forbundet
  2 felles, delt
  3 ledd-
joint-stock company subst.
  aksjeselskap n
joke¹ subst. /dʒəʊk/ spøk m, vits m
joke² verb /dʒəʊk/ spøke
joker subst. /ˈdʒəʊkə/ **1** spøkefugl m
  2 (kortspill) joker m
jolly¹ adj. /ˈdʒɒlɪ/ munter, glad
jolly² adverb /ˈdʒɒlɪ/ veldig, temmelig
  • that's jolly good det er veldig bra
jolt¹ subst. /dʒəʊlt/ **1** dytt m, støt n
  2 sjokk n
jolt² verb /dʒəʊlt/
  1 dytte, skumpe, riste
  2 sjokkere, oppskake
jostle verb /ˈdʒɒsl/ dytte, skumpe
jot¹ subst. /dʒɒt/ grann n, døyt m
jot² verb /dʒɒt/ skrible
  jot down notere, rable ned
journal subst. /ˈdʒɜːnl/
  1 tidsskrift n, avis m/f
  2 dagbok m/f

journalist subst. /'dʒɜːnəlɪst/
journalist *m*
journey subst. /'dʒɜːnɪ/ reise *m/f*
joy subst. /dʒɔɪ/ glede *m/f*, fryd *m*
joyous adj. /'dʒɔɪəs/ *(litterært)* glad,
gledelig
jubilee subst. /'dʒuːbɪliː/ jubileum *n*
judge[1] subst. dommer *m*
judge[2] verb /dʒʌdʒ/ **1** dømme,
bedømme
2 anslå, anta
judgement subst. /'dʒʌdʒmənt/ *eller*
judgment 1 dom *m*
2 bedømmelse *m*, vurdering *m/f*
judgement day subst. dommedag *m*
judicial adj. /dʒʊ'dɪʃəl/ rettslig,
juridisk
jug subst. /dʒʌg/ kanne *m/f*, mugge *m/f*
juggle verb /'dʒʌgl/ sjonglere
juggler subst. /'dʒʌglə/ sjonglør *m*
juice subst. /dʒuːs/ juice *m*,
fruktsaft *m/f*
juicy adj. /'dʒuːsɪ/ saftig
July subst. /dʒʊ'laɪ/ juli *m*
jumble subst. /'dʒʌmbl/ virvar *n*,
røre *m/f/n*
jumble sale subst. *(britisk)*
loppemarked *n*
jumbo subst. /'dʒʌmbəʊ/
diger person/ting, kjempe *m/f*
jump[1] subst. /dʒʌmp/ hopp *n*
jump[2] verb /dʒʌmp/ **1** hoppe
2 skvette
3 angripe, overfalle
jump at kaste seg over
jumper subst. /'dʒʌmpə/ **1** hopper *m*
2 *(britisk, plagg)* genser *m*
jumpy adj. /'dʒʌmpɪ/ nervøs,
lettskremt
junction subst. /'dʒʌŋ(k)ʃən/
1 veikryss *n*
2 sammenføyning *m/f*, forbindelse *m*
June subst. /dʒuːn/ juni *m*

jungle subst. /'dʒʌŋgl/ jungel *m*
junior[1] subst. /'dʒuːnjə/ junior *m*
junior[2] adj. /'dʒuːnjə/ yngre
junior high school subst. *(i USA og
Canada) omtr. dss.* ungdomsskole *m*
juniper subst. /'dʒuːnɪpə/ einer *m*
junk subst. /dʒʌŋk/ skrap *n*, skrot *n*
junk food subst. søppelmat *m*
junkie subst. /'dʒʌŋkɪ/
narkotikamisbruker *m*
junk mail subst. **1** reklame i posten
2 *(IT)* søppelpost *m*
junkyard subst. /'dʒʌŋkjɑːd/ *(amer.)*
skraphandlertomt *m/f*
jurisdiction subst. /ˌdʒʊərɪs'dɪkʃən/
(jus) jurisdiksjon *m*,
domsmyndighet *m*
jurisprudence subst.
/ˌdʒʊərɪs'pruːdəns/ *(jus)*
rettslære *m/f*, rettsvitenskap *m*
juror subst. /'dʒʊərə/ jurymedlem *n*
jury subst. /'dʒʊərɪ/ jury *m*
just[1] adj. /dʒʌst/ rettferdig, rett, riktig
just[2] adverb /dʒʌst/, /dʒəst/
1 nøyaktig, akkurat
2 nettopp
3 bare
justice subst. /'dʒʌstɪs/
1 rettferdighet *m*, rett *m*
2 berettigelse *m*
3 dommer *m*
justifiable adj. /'dʒʌstɪfaɪəbl/
berettiget, forsvarlig
justification subst. /ˌdʒʌstɪfɪ'keɪʃən/
rettferdiggjøring *m/f*
justify verb /'dʒʌstɪfaɪ/ rettferdiggjøre
jut verb /dʒʌt/ stikke (ut)
Jutland /'dʒʌtlənd/ Jylland
juvenile subst. /'dʒuːvənaɪl/
tenåring *m*, ung person *m*
juvenile delinquent subst.
ungdomskriminell

a
b
c
d
e
f
g
h
i
j
k
l
m
n
o
p
q
r
s
t
u
v
w
x
y
z

k

kale subst. /keɪl/ grønnkål *m*
kangaroo subst. /ˌkæŋgəˈruː/ kenguru *m*
karate subst. /kəˈrɑːtɪ/ *(sport)* karate *m*
kayak subst. /ˈkaɪæk/ kajakk *m*
Kazakhstan subst. /ˌkæzækˈstɑːn/ Kasakhstan
kebab subst. /kɪˈbæb/ kebab *m*
keel subst. /kiːl/ kjøl *m*
keen adj. /kiːn/ **1** skarp, hvass
 2 *(om følelser)* sterk, intens
 3 *(om følelser)* interessert
 be **keen on** være interessert i
keep¹ subst. /kiːp/ underhold *n*
keep² verb (kept – kept) /kiːp/ **1** holde
 2 ha, beholde, bevare, passe
 3 fortsette
 4 forsørge
 keep away 1 holde seg borte
 2 passe seg
 keep down 1 holde nede
 2 undertrykke **3** ligge lavt
 keep from 1 avstå fra, la være å
 2 hindre i **3** skjule for
 keep it up fortsette med, ikke gi opp
 keep on fortsette
 keep out 1 stenge ute **2** holde seg borte
 keep to 1 holde seg til, overholde
 2 stå fast ved
keeper subst. /ˈkiːpə/
 1 vokter *m*, passer *m*
 2 *(sport)* målvakt *m/f*, keeper *m*
keeping subst. /ˈkiːpɪŋ/
 1 forvaring *m/f*, varetekt *m/f*
 2 beskyttelse *m*
keepsake subst. /ˈkiːpseɪk/ minne *n*, suvenir *m*
kennel subst. /ˈkenl/ kennel *m*
kept verb /kept/ *se* ▶keep²
kerb subst. /kɜːb/ fortauskant *m*
kernel subst. /ˈkɜːnl/ **1** kjerne *m*
 2 korn *n*
kerosene subst. /ˈkerəsiːn/ parafin *m/n*
ketchup subst. /ˈketʃəp/ ketchup *m*
kettle subst. /ˈketl/ **1** tekanne *m/f*, kaffekanne *m/f*
 2 kjele *m*, gryte *m/f*
 put the kettle on sette på tevann

key¹ subst. /kiː/ **1** nøkkel *m*
 2 *(på instrument)* tangent *m*
 3 *(på PC e.l.)* tast *m*
 4 *(musikk)* toneart *m/f*
key² verb /kiː/ *(musikk)* stemme, stille inn
 key in *(IT)* taste inn, skrive inn
keyboard subst. /ˈkiːbɔːd/
 1 tastatur *m/n*
 2 *(musikk)* klaviatur *m/n*
keyhole subst. /ˈkiːhəʊl/ nøkkelhull *n*
keynote subst. /ˈkiːnəʊt/
 1 grunntone *m*
 2 *(overført)* grunntanke *m*, grunnprinsipp *n*
key ring subst. nøkkelring *m*
keystone subst. /ˈkiːstəʊn/
 1 sluttstein *m*
 2 *(overført)* kjerne, hjørnestein *m*
kick¹ subst. /kɪk/ **1** spark, spenn *n*
 2 futt *m*
 3 moro, spenning *m/f*
 for kicks for moro skyld
kick² verb /kɪk/ sparke, spenne
kick-off subst. /ˈkɪkɒf/
 1 *(fotball)* avspark *n*
 2 *(overført)* start *m*
kid¹ subst. /kɪd/
 1 *(hverdagslig)* barn *n*, ungdom *m*
 2 geitekilling *m*
kid² verb /kɪd/ **1** lure, erte
 2 tøyse, tulle
kidnap verb /ˈkɪdnæp/ kidnappe, bortføre
kidnapping subst. /ˈkɪdnæpɪŋ/ kidnapping *m/f*
kidney subst. /ˈkɪdnɪ/ nyre *m/f*
kill verb /kɪl/ **1** drepe
 2 *(om dyr)* slakte, avlive, felle
killer subst. /ˈkɪlə/ **1** morder *m*
 2 slakter *m*
killer whale subst. spekkhogger *m*
killing subst. /ˈkɪlɪŋ/ **1** mord *n*, drap *n*
 2 stor suksess
kilo subst. /ˈkiːləʊ/ *(kortform for kilogram)* kilo *m/n*
kilobyte subst. /ˈkɪlə(ʊ)baɪt/ *(IT)* kilobyte *m*
kilogram subst. /ˈkiːlə(ʊ)græm/ kilogram *n*, kilo *m/n*

kilometre subst. /kɪ'lɒmɪtə/ *eller*
kilometer *(amer.)* kilometer *m*
kin subst. /kɪn/ slektninger
next of kin nærmeste pårørende
kind¹ subst. /kaɪnd/
1 slag *n*, sort *m*, type *m*
2 kategori *m*
kind of 1 *(hverdagslig)* liksom,
på en måte **2** til en viss grad, litt
3 slags, type
of a kind 1 en slags
2 samme slag, like
kind² adj. /kaɪnd/ vennlig, snill, god
kindergarten subst. /'kɪndə,gɑːtn/
barnehage *m*, førskole *m (i USA)*
kindergarten teacher subst. *(yrke)*
førskolelærer *m*
kind-hearted adj. /ˌkaɪnd'hɑːtɪd/,
foranstilt: /'kaɪnd,hɑːtɪd/
godhjertet, snill
kindle verb /'kɪndl/
1 antenne, sette fyr på
2 ta fyr
kindness subst. /'kaɪndnəs/
vennlighet *m*, snillhet *m*, godhet *m*
kindred adj. /'kɪndrəd/ beslektet,
i slekt
king subst. /kɪŋ/ konge *m*
kingdom subst. /'kɪŋdəm/ kongerike *n*
kingpin subst. /'kɪŋpɪn/ leder *m*,
anfører *m*
kinship subst. /'kɪnʃɪp/ slektskap *m/n*
kiss¹ subst. /kɪs/ kyss *n*
kiss² verb /kɪs/ kysse
kit subst. /kɪt/ utstyr *n*
kitchen subst. /'kɪtʃɪn/ kjøkken *n*
kitchenette subst. /ˌkɪtʃɪ'net/
tekjøkken *n*
kite subst. /kaɪt/ **1** *(leketøy)* drage *m*
2 *(fugl)* glente *m*
3 *(luftfart, britisk)* fly *n*,
hang-glider *m*
kitten subst. /'kɪtn/ kattunge *m*

kleptomaniac subst.
/ˌkleptə(ʊ)'meɪnɪæk/ kleptoman *m*
knack subst. /næk/ håndlag *n*,
talent *n*, evne *m*
knag subst. /næg/ *(i tre)* kvist *m*,
knast *m*
knead verb /niːd/ *(om deig)* kna, elte
knee subst. /niː/ kne *n*
kneecap subst. /'niːkæp/ kneskål *m/f*
kneel verb (knelt – knelt eller kneeled –
kneeled) /niːl/ knele
knew verb *se* ▸**know**
knickers subst. *flt.* /'nɪkəz/
1 nikkers *m*, knebukser *m*
2 *(for kvinner)* truser *m*,
underbukser *m*
knife subst. (flertall: knives) /naɪf/
kniv *m*
knight subst. /naɪt/ **1** ridder *m*
2 *(i sjakk)* springer *m*, hest *m*
knit verb (knitted – knitted eller
knit – knit) /nɪt/ strikke
knob subst. /nɒb/ **1** knapp *m*, knott *m*
2 rundt håndtak *m*
knock¹ subst. /nɒk/ **1** slag *n*
2 *(på dør)* banking *m/f*
knock² verb /nɒk/ **1** slå, dunke, denge
2 *(på dør)* banke på
knock down 1 *(om person)* slå ned
2 *(om ting)* rive overende
knock out slå bevisstløs
knocked up *(slang)* gravid
knocker subst. /'nɒkə/ dørhammer *m*
knoll subst. /nəʊl/ knaus *m*, haug *m*
knot¹ subst. /nɒt/ **1** knute *m*
2 sløyfe *m/f*
3 klynge *m/f*, gruppe *m/f*
4 *(sjøfart)* knop *m*
knot² verb /nɒt/ binde, knyte
know verb (knew – known) /nəʊ/
1 vite, kunne, forstå
2 kjenne
know of kjenne til, vite (om)

know-how subst. /'nəʊhaʊ/
kunnskap *m*, kyndighet *m*
knowing adj. /'nəʊɪŋ/ **1** kyndig
2 erfaren, innsiktsfull
3 megetsigende
knowledge subst. /'nɒlɪdʒ/
1 kunnskap *m*
2 viten *m*, kjennskap *m/n*
knowledgeable adj. /'nɒlɪdʒəbl/
kunnskapsrik, velinformert

known[1] verb /nəʊn/ *se* ►know
known[2] adj. /nəʊn/ kjent
knuckle subst. /'nʌkl/ knoke *m*
the **Koran** subst. /kɔː'rɑːn/, amer.:
/kə'ræn/ Koranen
kosher adj. /'kəʊʃə/
1 *(jødisk, om mat e.l.)* koscher
2 *(hverdagslig)* ekte, genuin
Kurd subst. /kɜːd/ kurder *m*
Kurdish adj. /'kɜːdɪʃ/ kurdisk

I

lab subst. /læb/ *(kortform for*
laboratory*)* laboratorium *n*
label[1] subst. /'leɪbl/ etikett *m*,
merkelapp *m*
label[2] verb /'leɪbl/ sette merkelapp på
labor[1] subst. /'leɪbə/ *(amer.)*
1 arbeid *n*, kroppsarbeid *n*
2 fødselsrier *m*
labor[2] verb /'leɪbə/ *(amer.)* arbeide,
streve
laboratory subst. /lə'bɒrətərɪ/, amer.:
/'læbrətɔːrɪ/ laboratorium *n*
laborious adj. /lə'bɔːrɪəs/ slitsom
labour[1] subst. /'leɪbə/
1 arbeid *n*, kroppsarbeid *n*
2 fødselsrier *m*
labour[2] verb /'leɪbə/ arbeide, streve
Labour subst. /'leɪbə/ *(britisk politikk)*
forklaring: tilsvarer Arbeiderpartiet
i Norge
labyrinth subst. /'læbərɪnθ/ labyrint *m*
lace[1] subst. /leɪs/ **1** snor *m/f*, lisse *m/f*
2 blonde *m*, knipling *m*
3 *(på uniform)* tresse *m/f*
lace[2] verb /leɪs/ **1** snøre
2 pynte med snorer/blonder
lacerate verb /'læsəreɪt/ rive i stykker
laceration subst. /ˌlæsə'reɪʃən/
flenge *m/f*
lack[1] subst. /læk/ mangel *m*
lack of mangel på
lack[2] verb /læk/ mangle
lackey subst. /'lækɪ/ lakei *m*
lacquer subst. /'lækə/ lakk *m*
lactose intolerance subst.
laktoseintoleranse *m*
lad subst. /læd/ gutt *m*, ung mann *m*
ladder subst. /'lædə/ stige *m*

laden adj. /'leɪdn/ fullastet
ladle[1] subst. /'leɪdl/ øse *m/f*
ladle[2] verb /'leɪdl/ øse
lady subst. /'leɪdɪ/ dame *m/f*
Lady *(tittel på adelig kvinne)* lady
ladybird subst. /'leɪdɪbɜːd/ *eller*
ladybug *(amer.)* marihøne *m/f*
ladylike adj. /'leɪdɪlaɪk/ elegant
ladyship subst. /'leɪdɪʃɪp/ *i uttrykk*
Your Ladyship Deres Nåde/Høyhet
lag[1] subst. /læg/ (tids)intervall *n*
lag[2] verb /læg/ ligge etter
lager subst. /'lɑːgə/ pilsnerøl *n*
lagoon subst. /lə'guːn/ lagune *m*
laid verb /leɪd/ *se* ►lay[3]
laid-back adj. /ˌleɪd'bæk/, foranstilt:
/'leɪdbæk/ *(hverdagslig)* avslappet
lain verb /leɪn/ *se* ►lie[4]
lair subst. /leə/ **1** hi *n*, hule *m/f*
2 *(overført)* gjemmested *n*
lake subst. /leɪk/ innsjø *m*
lamb subst. /læm/ lam *n*
lame adj. /leɪm/ **1** ufør
2 halt
3 *(hverdagslig)* kjedelig, teit
lament[1] subst. /lə'ment/ **1** klage *m*
2 klagesang *m*
lament[2] verb /lə'ment/ klage, jamre
lamentable adj. /'læməntəbl/
beklagelig
lamentation subst. /ˌlæmen'teɪʃən/
jammer *m*
laminate[1] subst. /'læmɪnə/ laminat *n*
laminate[2] verb /'læmɪneɪt/ laminere
lamp subst. /læmp/ lampe *m/f*
lamp post subst. lyktestolpe *m*
lance subst. /lɑːns/ lanse *m/f*

land[1] subst. /lænd/ **1** land *n*
　2 jord *m/f*
land[2] verb /lænd/ **1** gå/sette i land
　2 *(om fly)* lande
　3 *(om fangst, også overført)* dra i
　land
landfill subst. /ˈlæn(d)fɪl/
　søppelfylling *m/f*
landholder subst. /ˈlændˌhəʊldə/
　jordeier *m*, grunneier *m*
landing subst. /ˈlændɪŋ/ **1** landing *m/f*
　2 trappeavsats *m*
landing strip subst. flystripe *m/f*
landlady subst. /ˈlæn(d)ˌleɪdɪ/
　(kvinnelig) **1** husvert *m*
　2 krovert *m*
landlord subst. /ˈlæn(d)lɔːd/
　1 husvert *m*
　2 krovert *m*
　3 jordeier *m*
landlubber subst. /ˈlæn(d)ˌlʌbə/
　landkrabbe *m/f*
landmark subst. /ˈlæn(d)mɑːk/
　landemerke *n*
landmine subst. /ˈlæn(d)maɪn/
　landmine *m/f*
landscape subst. /ˈlæn(d)skeɪp/
　landskap *n*
landslide subst. /ˈlæn(d)slaɪd/
　1 *(geologi)* jordskred *n*
　2 *(politikk)* valgskred *n*
lane subst. /leɪn/
　1 *(på landet)* smal vei *m*
　2 *(i byen)* gate *m/f*
　3 *(trafikk)* kjørefelt *n*, fil *m/f*
language subst. /ˈlæŋgwɪdʒ/ språk *n*
languid adj. /ˈlæŋgwɪd/ slapp, sløv,
　treg
languish verb /ˈlæŋgwɪʃ/ bli svak,
　bli matt
lank adj. /læŋk/
　1 *(om hår)* langt og slapt
　2 *(om person)* lang og tynn

lantern subst. /ˈlæntən/ lykt *m/f*
lap[1] subst. /læp/ fang *n*, skjød *n*
lap[2] subst. /læp/ *(sport)* runde *m*
lap[3] verb /læp/ **1** slurpe i seg
　2 *(om bølger)* skvulpe
lapdog subst. /ˈlæpdɒg/
　skjødehund *m*
lapel subst. /ləˈpel/ slag *n (på jakke)*
lapse[1] subst. /læps/
　1 feiltrinn *n*, tabbe *m*
　2 opphør *n*
　3 tidsforløp *n*, tidsrom *n*
lapse[2] verb /læps/ **1** opphøre
　2 *(om tid)* flyte av sted, renne bort
　lapse into gli over i
lap time subst. *(sport)* rundetid *m/f*
laptop subst. /ˈlæptɒp/ *(IT)* bærbar
　datamaskin
larceny subst. /ˈlɑːsənɪ/ *(jus)* tyveri *n*
lard subst. /lɑːd/ spekk *n*, smult *n*
large[1] subst. /lɑːdʒ/ *bare i uttrykk*
　at large 1 på frifot
　2 i sin alminnelighet, i sin helhet
large[2] adj. /lɑːdʒ/ stor, omfattende,
　utstrakt, vid
largely adverb /ˈlɑːdʒlɪ/ hovedsakelig,
　stort sett
lark[1] subst. /lɑːk/ *(fugl)* lerke *m/f*
lark[2] subst. /lɑːk/ tull *n*
lark[3] verb /lɑːk/ tulle, leke
larva subst. /ˈlɑːvə/ larve
larynx subst. /ˈlærɪŋks/ strupehode *n*
lasagne subst. /ləˈzænjə/ lasagne *m*
lascivious adj. /ləˈsɪvɪəs/ lysten,
　vellystig
laser subst. /ˈleɪzə/ laser *m*
laser beam subst. laserstråle *m*
laser gun subst. laserpistol *m*
laser printer subst. *(IT)* laserskriver *m*
lash[1] subst. /læʃ/ **1** piskesnert *m*
　2 øyenvippe *m*
lash[2] verb /læʃ/ piske, slå
　lash out 1 angripe **2** sparke etter

THE LONGER YOU WAIT FOR THE MAIL, THE LESS THERE IS IN IT.

lass subst. /læs/ *eller* **lassie** *(særlig skotsk og nordengelsk)* jente *m/f*
lasso subst. /'læsuː/ lasso *m*
last[1] verb /lɑːst/ **1** vare
  2 holde ut, klare seg
last[2] adj. /lɑːst/ sist(e), senest(e), forrige
  at last til slutt, endelig
last[3] adverb /lɑːst/ sist, til slutt
lasting adj. /'lɑːstɪŋ/ varig, holdbar
lastly adverb /'lɑːstlɪ/ til slutt
last name subst. etternavn *n*
latch subst. /lætʃ/ **1** dørklinke *m/f*
  2 smekklås *m/n*
late[1] adj. (later – latest eller latter – last) /leɪt/ **1** sen, forsinket
  2 nylig, sist(e)
  3 *(foranstilt)* forhenværende
  • *the late director of the company*
late[2] adverb (later – latest/last) /leɪt/ sent, for sent, lenge
latecomer subst. /'leɪtˌkʌmə/ etternøler *m*
lately adverb /'leɪtlɪ/ i det siste, nylig
latent adj. /'leɪtənt/ latent
lateral adj. /'lætərəl/ side-, til siden
lather[1] subst. /'lɑːðə/, /'læðə/ (såpe)skum *n*
lather[2] verb /'lɑːðə/, /'læðə/ såpe inn
Latin[1] subst. /'lætɪn/ latin *m/n*
Latin[2] adj. /'lætɪn/ latinsk
Latina subst. /lə'tiːnə/ *(amer., hverdagslig)* latina, kvinne av latinamerikansk opprinnelse
Latin America Latin-Amerika
Latin American[1] subst. latinamerikaner *m*
Latin American[2] adj. latinamerikansk
Latino subst. /lə'tiːnəʊ/ *(amer., hverdagslig)* latino *m*, person av latinamerikansk opprinnelse
latitude subst. /'lætɪtʃuːd/, /'lætɪtjuːd/ **1** *(geografi)* breddegrad *m*
  2 handlingsfrihet *m*, spillerom *n*
latter adj. /'lætə/ **1** sistnevnte *(av to)*
  2 siste, senere
laudable adj. /'lɔːdəbl/ rosverdig
laugh[1] subst. /lɑːf/ latter *m*
laugh[2] verb /lɑːf/ le
  laugh at le av
laughable adj. /'lɑːfəbl/ latterlig
laughing gas subst. lystgass *m*
laughing stock subst. gjenstand for latter

laughter subst. /'lɑːftə/ latter *m*
launch verb /lɔːn(t)ʃ/ **1** sjøsette
  2 lansere, starte, sette i gang
launch pad subst.
  1 utskytningsrampe *m/f*
  2 *(overført)* springbrett *n*
launder verb /'lɔːndə/ **1** vaske
  2 *(om svarte penger)* hvitvaske
launderette subst. /ˌlɔːndər'et/ vaskeri *n*
laundry subst. /'lɔːndrɪ/ **1** vaskeri *n*
  2 vask *m*, skittentøy *n*
laurel subst. /'lɒrəl/ laurbær *n*
lav subst. /læv/ *(hverdagslig, kortform for* lavatory*)* toalett *n*
lavatory subst. /'lævətərɪ/ toalett *n*, W.C.
lavender subst. /'lævəndə/ lavendel *m*
lavish[1] verb /'lævɪʃ/ overøse
lavish[2] adj. /'lævɪʃ/ **1** overdådig
  2 generøs
  3 overstrømmende
law subst. /lɔː/ **1** lov *m*, regel *m*
  2 lovverk *n*
  3 jus *m*
law-abiding adj. /'lɔːəˌbaɪdɪŋ/ lovlydig
lawful adj. /'lɔːfəl/ **1** lovlig
  2 rettmessig
lawless adj. /'lɔːləs/ lovløs
lawn subst. /lɔːn/ gressplen *m*
lawnmower subst. /'lɔːnˌməʊə/ gressklipper *m*
lawsuit subst. /'lɔːsuːt/ rettssak *m/f*
lawyer subst. /'lɔɪə/ jurist *m*, advokat *m*
lax adj. /læks/ slapp, løs
laxative subst. /'læksətɪv/ avføringsmiddel *n*
lay[1] subst. /leɪ/ stilling *m/f*, situasjon *m*
lay[2] verb /leɪ/ *se* ►lie[4]
lay[3] verb (laid – laid) /leɪ/
  1 legge, plassere
  2 dekke • *lay the table* dekke bordet
  lay aside 1 legge til side, spare
  2 legge fra seg
  lay off 1 legge til siden **2** permittere, si opp
lay[4] adj. /leɪ/ lekmanns-, lek-
layer subst. /'leɪə/ lag *n*, sjikt *n*
layman subst. /'leɪmən/ lekmann *m*
lay-off subst. /'leɪɒf/ permittering *m/f*, avskjedigelse *m*

layout subst. /'leɪaʊt/
  1 plan *m*, anlegg *n*
  2 utforming *m/f*
laziness subst. /'leɪzɪnəs/ latskap *m*
lazy adj. /'leɪzɪ/ lat, doven
lead¹ subst. /led/ bly *n*
lead² subst. /liːd/ **1** ledelse *m*
  2 forsprang *n*, tet *m*
  3 spor *n*, tips *n*
  4 *(teater)* hovedrolle *m/f*
  5 *(til hund)* bånd *n*
lead³ verb (led – led) /liːd/
  1 lede, vise vei
  2 føre
  lead by *(sport)* lede med
  lead to føre til
lead⁴ adj. /led/ av bly, bly-
leader subst. /'liːdə/ leder *m*, fører *m*
leadership subst. /'liːdəʃɪp/
  lederskap *n*, ledelse *m*
leading adj. /'liːdɪŋ/ ledende
leaf subst. (flertall: leaves) /liːf/
  blad *n*, løv *n*
leaflet subst. /'liːflət/ flygeblad *n*,
  brosjyre *m*
league subst. /liːg/ **1** forbund *n*
  2 *(sport)* serie *m*, liga *m*
  be **in league with** stå i ledtog med
leak¹ subst. /liːk/ lekkasje *m*
leak² verb /liːk/ lekke, være lekk
leakage subst. /'liːkɪdʒ/ lekkasje *m*
leaky adj. /'liːkɪ/ lekk, utett
lean¹ verb (leaned – leaned eller leant
  – leant) /liːn/ **1** lene seg, støtte (seg)
  2 stå skjevt, helle
  lean on støtte seg til/på
lean² adj. /liːn/ mager
leaning subst. /'liːnɪŋ/ tilbøyelighet *m*,
  tendens *m*
leanness subst. /'liːnnəs/ magerhet *m*
leap¹ subst. /liːp/ hopp *n*, sprang *n*
leap² verb (leapt – leapt eller
  leaped – leaped) /liːp/ hoppe
leapfrog verb /'liːpfrɒg/
  hoppe bukk (over), hoppe
leap year subst. skuddår *n*
learn verb (learnt – learnt eller
  learned – learned) /lɜːn/ **1** lære
  2 få vite, erfare
  learn from lære av
learned¹ verb /lɜːnd/ *se* learn
learned² adj. /'lɜːnɪd/ lærd
learning subst. /'lɜːnɪŋ/ **1** læring *m/f*
  2 lærdom *m*

lease¹ subst. /liːs/
  1 leie *m/f*, forpaktning *m/f*
  2 leiekontrakt *m*
lease² verb /liːs/ **1** leie
  2 leie ut
leash subst. /liːʃ/ **1** bånd *n*
  2 beherskelse *m*, kontroll *m*
least adverb /liːst/ minst, dårligst
  at least i det minste
leather subst. /'leðə/ lær *n*
leathery adj. /'leðərɪ/ læraktig
leave¹ subst. /liːv/ **1** lov *m*, tillatelse *m*
  2 permisjon *m*
  leave of absence permisjon
leave² verb (left – left) /liːv/
  1 etterlate, la ligge igjen
  2 reise, dra, forlate
  3 overlate, la • *leave me be* la meg
  være i fred
  leave for reise til • *we left for*
  London yesterday
leaven subst. /'levn/ surdeig *m*
Lebanese¹ subst. (flertall: Lebanese)
  /ˌlebə'niːz/ libaneser *m*
Lebanese² adj. /ˌlebə'niːz/ libanesisk
Lebanon /'lebənən/ Libanon
lecture¹ subst. /'lektʃə/
  forelesning *m/f*, foredrag *n*
lecture² verb /'lektʃə/ forelese,
  holde foredrag
lecturer subst. /'lektʃᵊrə/ foreleser *m*,
  foredragsholder *m*
led verb /led/ *se* ►lead³
ledge subst. /ledʒ/ list *m/f*, smal
  hylle *m/f*
ledger subst. /'ledʒə/
  1 *(handel)* hovedbok *m/f*
  2 *(i stillas)* tverrbjelke *m*
lee subst. /liː/ le *n*, leside *m/f*
leech subst. /liːtʃ/ igle *m/f*
leek subst. /liːk/ *(grønnsak)* purre *m*
leer verb /lɪə/ **1** skotte
  2 glo
leeward subst. /'liːwəd/ le *n*
leeway subst. /'liːweɪ/ spillerom *n*
left¹ subst. /left/ venstre side,
  venstre hånd
  on the left til venstre
left² verb /left/ *se* ►leave²
left³ adj. /left/ venstre
left-handed adj. /ˌleft'hændɪd/
  venstrehendt
leftist adj. /'leftɪst/ *(politikk)*
  venstreorientert

a
b
c
d
e
f
g
h
i
j
k
l
m
n
o
p
q
r
s
t
u
v
w
x
y
z

leftovers subst. *flt.* /ˈleft,əʊvəz/
(om mat) rester
left-wing adj. /ˈleftwɪŋ/ *(politikk)*
venstreorientert
leg subst. /leg/ **1** ben *n*
2 etappe *m*, strekning *m/f*
legacy subst. /ˈlegəsɪ/
1 testamentarisk gave *m*
2 *(overført)* arv *m*
legal adj. /ˈliːgəl/ **1** lovlig, legal
2 rettslig
legalization subst. /ˌliːgəlaɪˈzeɪʃən/
legalisering *m/f*
legalize verb /ˈliːgəlaɪz/ legalisere,
gjøre lovlig
legend subst. /ˈledʒənd/ **1** legende *m*
2 *(på kart e.l.)* tegnforklaring *m/f*
legendary adj. /ˈledʒəndərɪ/
legendarisk
legible adj. /ˈledʒəbl/ leselig
legislate verb /ˈledʒɪsleɪt/ gi lover,
vedta lover
legislation subst. /ˌledʒɪsˈleɪʃən/
lovgivning *m/f*
legislative adj. /ˈledʒɪslətɪv/
lovgivende
legislator subst. /ˈledʒɪsleɪtə/
lovgiver *m*
legislature subst. /ˈledʒɪslətʃə/
lovgivende forsamling *m/f*
legit adj. /lɪˈdʒɪt/ *(hverdagslig)* legitim,
lovlig
legitimacy subst. /lɪˈdʒɪtɪməsɪ/
legitimitet *m*, rettmessighet *m*
legitimate adj. /lɪˈdʒɪtɪmət/
1 legitim, rettmessig
2 *(om barn)* født innenfor ekteskap
leisure subst. /ˈleʒə/, amer. også:
/ˈliːʒɚ/ fritid *m/f*
leisurely adj. /ˈleʒəlɪ/, amer også:
/ˈliːʒɚlɪ/ rolig, makelig
lemon subst. /ˈlemən/ sitron *m*
lemonade subst. /ˌleməˈneɪd/
limonade *m*
lend verb (lent – lent) /lend/ låne,
låne ut
lend a hand hjelpe til
lender subst. /ˈlendə/ utlåner *m*
length subst. /leŋθ/ lengde *m/f*
at length 1 til slutt, endelig **2** lenge
lengthen verb /ˈleŋθən/ **1** forlenge
2 bli lengre
lengthwise adverb /ˈleŋθwaɪz/
på langs

lenient adj. /ˈliːnjənt/ mild, skånsom
lens subst. /lenz/ linse *m/f*
lent verb /lent/ *se* ▶**lend**
Lent subst. /lent/ faste *m/f*,
fastetid *m/f*
lentil subst. /ˈlentl/ linse *m/f*
Leo subst. /ˈliːəʊ/ *(stjernetegn)* Løven
leper subst. /ˈlepə/ spedalsk person *m*
leprosy subst. /ˈleprəsɪ/
spedalskhet *m*, lepra *m*
lesbian adj. /ˈlezbɪən/ lesbisk
lesion subst. /ˈliːʒən/ *(medisin)*
lesjon *m*
less[1] adverb /les/ mindre
more or less mer eller mindre,
omtrent
less[2] determinativ /les/ mindre
lessen verb /ˈlesn/ (for)minske
lesser adj. /ˈlesə/ mindre
lesson subst. /ˈlesn/
1 (undervisnings)time *m*
2 lekse *m/f*
3 *(overført)* lærepenge *m*
let verb (let – let) /let/ **1** la, tillate
2 leie ut
let alone for ikke å snakke om • *he
was too tired to walk, let alone run*
let down svikte
let go of slippe
let in slippe inn
let on 1 innrømme, røpe **2** late som
let out 1 slippe ut, løslate **2** avsløre
3 leie ut **4** utstøte, gi fra seg • *she let
out a shriek*
lethal adj. /ˈliːθəl/ dødelig
let's /lets/ *sammentrukket* let us
letter subst. /ˈletə/ **1** bokstav *m*
2 brev *n*
by letter per brev
letters litteratur
letter box subst. postkasse *m/f*
lettuce subst. /ˈletɪs/ *(grønnsak)*
salat *m*
leukaemia subst. /ljuːˈkiːmɪə/ *eller*
leukemia *(amer.)* leukemi *m*
level[1] subst. /ˈlevl/ **1** nivå *n*
2 vannrett linje *m/f*
3 *(instrument)* vater *n*
level[2] verb /ˈlevl/ **1** jevne, planere
2 *(overført)* jevne ut
level at/against rette mot, sikte på
level[3] adj. /ˈlevl/ **1** jevn, flat
2 vannrett
3 *(overført)* jevngod

level crossing subst. *(jernbane)*
planovergang *m*
level-headed adj. /ˌlevlˈhedɪd/
balansert, sindig
lever subst. /ˈliːvə/, amer. også: /ˈlevə/
1 brekkjern *n*, brekkstang *m/f*
2 spak *m*, håndtak *n*
3 *(overført)* pressmiddel *n*
levity subst. /ˈlevəti/ lettsinn *n*
levy[1] subst. /ˈlevi/ skatt *m*, avgift *m/f*
levy[2] verb /ˈlevi/ skrive ut, pålegge
lewd adj. /ljuːd/ slibrig, uanstendig
LGBT *(fork. for* lesbian, gay, bisexual
and transgender*)* LHBT *(lesbiske,
homofile, bifile og transpersoner)*
liability subst. /ˌlaɪəˈbɪləti/ ansvar *n*
liable adj. /ˈlaɪəbl/ **1** ansvarlig
2 forpliktet
3 tilbøyelig
be **liable to 1** være disponert for,
være tilbøyelig til **2** risikere **3** kunne,
ha lett for, bli lett • *he's liable to
seasickness* han blir lett sjøsyk
liable to duty tollpliktig
liaison subst. /lɪˈeɪzɒn/ **1** forbindelse *m*
2 kjærlighetsforhold *n*
3 kontaktperson *m*
liar subst. /ˈlaɪə/ løgner *m*
libel subst. /ˈlaɪbl/ ærekrenkelse *m*
liberal adj. /ˈlɪbərəl/
1 gavmild, generøs
2 liberal, frisinnet
liberalize verb /ˈlɪbərəlaɪz/ liberalisere
liberate verb /ˈlɪbəreɪt/ befri, frigjøre
liberation movement subst.
frihetsbevegelse *m*
liberty subst. /ˈlɪbəti/ frihet *m*
at **liberty 1** på frifot **2** fri
Libra subst. /ˈliːbrə/ *(stjernetegn)*
Vekten
librarian subst. /laɪˈbreərɪən/
bibliotekar *m*
library subst. /ˈlaɪbrərɪ/ bibliotek *n*
lice subst. /laɪs/ *flertall av* ►louse
licence[1] subst. /ˈlaɪsəns/ *eller*
license *(amer.)*
1 lisens *m*, tillatelse *m*, bevilling *m*
2 sertifikat *n*
3 tøylesløshet *m*
licence[2] verb /ˈlaɪsəns/ *(kun britisk)*
se ►license
license verb /ˈlaɪsəns/ bevilge,
gi tillatelse

license plate subst. *(amer.)*
nummerskilt *n*
licentious adj. /laɪˈsenʃəs/ tøylesløs
lichen subst. /ˈlaɪkən/, /ˈlɪtʃɪn/
(plante/vekst) lav *m/n*
lick[1] subst. /lɪk/ slikk *n*, slikking *m/f*
lick[2] verb /lɪk/ slikke
licorice subst. /ˈlɪkərɪʃ/ *(amer.)* lakris *m*
lid subst. /lɪd/ **1** lokk *n*
2 øyelokk *n*
lie[1] subst. /laɪ/ løgn *m/f*
lie[2] subst. /laɪ/ **1** beliggenhet *m*
2 tilstand *m*
lie[3] verb /laɪ/ lyve
lie[4] verb (lay – lain) /laɪ/ ligge
lieutenant subst. /lefˈtenənt/,
amer. /luːˈtenənt/ **1** løytnant *m*
2 *(amer.)* politiinspektør *m*
life subst. (flertall: lives) /laɪf/ liv *n*
life-and-death adj. /ˌlaɪfənˈdeθ/
livsviktig
lifebelt subst. /ˈlaɪfbelt/ livbelte *n*
lifeboat subst. /ˈlaɪfbəʊt/ livbåt *m*
lifebuoy subst. /ˈlaɪfbɔɪ/ livbøye *m*
life expectancy subst. forventet
levealder *m*
life insurance subst. livsforsikring *m/f*
life jacket subst. redningsvest *m*
lifeless adj. /ˈlaɪfləs/ livløs
lifelike adj. /ˈlaɪflaɪk/ naturtro
lifelong adj. /ˈlaɪflɒŋ/ livslang
life-saving adj. /ˈlaɪfˌseɪvɪŋ/
livreddende, livrednings-
lifespan subst. /ˈlaɪfspæn/ levetid *m/f*
life stance subst. livssyn *n*
lifetime subst. /ˈlaɪftaɪm/ livstid *m/f*
lift[1] subst. /lɪft/ **1** heis *m*
2 løft *n*
3 skyss *m*
lift[2] verb /lɪft/ **1** løfte
2 heve
3 stjele
ligament subst. /ˈlɪgəmənt/ *(i kroppen)*
leddbånd *n*
light[1] subst. /laɪt/ lys *n*
light[2] verb (lit – lit/lighted) /laɪt/ tenne
light[3] adj. /laɪt/ lys, opplyst
light[4] adj. /laɪt/ lett, svak
lighten[1] verb /ˈlaɪtn/ lette
lighten[2] verb /ˈlaɪtn/ lysne
lighter subst. /ˈlaɪtə/ lighter *m*,
tenner *m*
light-headed adj. /ˌlaɪtˈhedɪd/,
foranstilt: /ˈlaɪthedɪd/ ør, svimmel

light-hearted adj. /ˌlaɪtˈhɑːtɪd/,
foranstilt: /ˈlaɪthɑːtɪd/ munter, glad
lighthouse subst. /ˈlaɪthaʊs/ fyr *n*
lighting subst. /ˈlaɪtɪŋ/
  1 lys *n*, belysning *m/f*
  2 tenning *m/f*
lightning subst. /ˈlaɪtnɪŋ/ lyn *n*
lightweight subst. /ˈlaɪtweɪt/
lettvekt *m/f*
light year subst. lysår *n*
like¹ subst. /laɪk/ **1** like *m*
  2 *(IT, sosiale medier)* like *m*
  the **like** noe lignende
like² verb /laɪk/ **1** like
  2 foretrekke
  3 ville
like³ adj. /laɪk/ lik, likedan • *what is
she like?* hvordan er hun egentlig?
like⁴ preposisjon /laɪk/
  1 som, på samme måte som
  2 lik, typisk (for)
  3 (som) for eksempel
  like that som det, slik
like⁵ konjunksjon /laɪk/ **1** som, slik
  2 som om
likelihood subst. /ˈlaɪklɪhʊd/
sannsynlighet *m*
likely¹ adj. /ˈlaɪklɪ/ sannsynlig
likely² adverb /ˈlaɪklɪ/ sannsynligvis
like-minded adj. /ˌlaɪkˈmaɪndɪd/
likesinnet
likeness subst. /ˈlaɪknəs/ **1** likhet *m*
  2 portrett *n*
likewise adverb /ˈlaɪkwaɪz/
  1 på samme vis
  2 i like måte
liking subst. /ˈlaɪkɪŋ/ **1** det å like
  2 smak *m*
lilac¹ subst. /ˈlaɪlək/ syrin *m*
lilac² adj. /ˈlaɪlək/ lilla
lily subst. /ˈlɪlɪ/ lilje *m/f*
lily of the valley subst. liljekonvall *m*
limb subst. /lɪm/ **1** lem *n*
  2 *(på tre)* gren *m/f*
lime¹ subst. /laɪm/ *(frukt)* lime *m*
lime² subst. /laɪm/ kalk *m*
lime³ verb /laɪm/ kalke
limelight subst. /ˈlaɪmlaɪt/ rampelys *n*
Limey subst. /ˈlaɪmɪ/
  (mest nedsettende) brite *m*
limit¹ subst. /ˈlɪmɪt/ grense *m/f*
limit² verb /ˈlɪmɪt/ begrense
limitation subst. /ˌlɪmɪˈteɪʃ°n/
begrensning *m/f*

limited adj. /ˈlɪmɪtɪd/ begrenset
limp¹ verb /lɪmp/ hinke, halte
limp² adj. /lɪmp/ slapp
limpid adj. /ˈlɪmpɪd/ **1** klar
  2 gjennomsiktig
line¹ subst. /laɪn/ **1** linje *m/f*
  2 retning *m/f*, kurs *m*
  3 grense *m/f*
  4 ledning *m/f*
  5 *((kollektiv)transport)* rute *m/f*
  6 *(amer.)* kø *m/f*
  7 bransje *m*
  in line 1 i orden **2** på linje
  lines 1 replikker **2** ansiktstrekk
line² verb /laɪn/ **1** trekke linjer
  2 stå i oppstilling langs
  line up 1 ordne i linje **2** stille opp
line³ verb /laɪn/ **1** fôre
  2 fylle
lineage subst. /ˈlɪnɪɪdʒ/
  1 avstamning *m/f*
  2 ætt *m/f*, slekt *m/f*
lineament subst. /ˈlɪnɪəmənt/
(ansikts)trekk *n*
linear adj. /ˈlɪnɪə/ rettlinjet, lineær
linen subst. /ˈlɪnɪn/ lintøy *n*
  dirty linen skittentøy
linger verb /ˈlɪŋgə/ **1** nøle
  2 somle, trekke ut
lingerie subst. /ˈlænʒ°rɪ/, /ˈlɒnʒ°rɪ/
dameundertøy
lingering adj. /ˈlɪŋgərɪŋ/ **1** nølende
  2 langvarig
linguist subst. /ˈlɪŋgwɪst/ lingvist *m*
linguistic adj. /lɪŋˈgwɪstɪk/ lingvistisk,
språklig
lining subst. /ˈlaɪnɪŋ/ fôr *n*
link¹ subst. /lɪŋk/ **1** ledd *n*
  2 forbindelse *m*
  3 *(IT)* lenke *m/f*
link² verb /lɪŋk/ **1** lenke (sammen)
  2 forbinde, knytte
linkage subst. /ˈlɪŋkɪdʒ/
(sammen)kobling *m/f*
links subst. flt. /lɪŋks/ golfbane *m*
linseed subst. /ˈlɪnsiːd/ linfrø *n*
lint subst. /lɪnt/ lo *m/f*
lion subst. /ˈlaɪən/ løve *m/f*
lip subst. /lɪp/ leppe *m/f*
lip balm subst. leppepomade *m*
lipstick subst. /ˈlɪpstɪk/ leppestift *m*
liquefy verb /ˈlɪkwɪfaɪ/ *eller* **liquify**
bli/gjøre flytende
liqueur subst. /lɪˈkjʊə/ likør *m*

liquid[1] subst. /'lıkwıd/ væske *m/f*
liquid[2] adj. /'lıkwıd/ **1** flytende
  2 klar
liquidate verb /'lıkwıdeıt/ likvidere
liquor subst. /'lıkə/ sprit *m*
liquorice subst. /'lıkərıʃ/ lakris *m*
lisp verb /lısp/ lespe
list[1] subst. /lıst/ liste *m/f*
list[2] verb /lıst/ liste, liste opp
listen verb /'lısn/ lytte, høre etter
listener subst. /'lısnə/ lytter *m*
liter subst. /'li:tə/ *(amer.)* liter *m*
literacy subst. /'lıt°rəsı/
  lese- og skriveferdigheter
literal adj. /'lıt°r°l/ **1** ordrett
  2 bokstavelig
literate adj. /'lıtərət/
  lese- og skrivekyndig
literature subst. /'lıtrətʃə/ litteratur *m*
lithe adj. /laıð/ smidig, myk
Lithuania /ˌlıθjʊ'eımjə/ Litauen
litre subst. /'li:tə/ liter *m*
litter[1] subst. /'lıtə/
  1 søppel *m/f/n*, avfall *n*
  2 *(om dyr)* kull *n*
litter[2] verb /'lıtə/ forsøple, rote
little[1] adj. (less/lesser – least) /'lıtl/
  liten
little[2] adverb (less – least) /'lıtl/ lite
little[3] determinativ (less/lesser – least)
  /'lıtl/ lite
  a **little** litt
  little by little litt etter litt
Little Red Riding Hood Rødhette
live[1] verb (lived – lived) /lıv/ **1** leve
  2 bo
  live off/on leve av
live[2] adj. /laıv/ **1** levende
  2 ekte
  3 glødende
live[3] adverb /laıv/ *(radio, TV, internett)*
  direkte
livelihood subst. /'laıvlıhʊd/
  levebrød *n*
lively adj. /'laıvlı/ livlig
liver subst. /'lıvə/ lever *m/f*
liver pâté subst. leverpostei *m*
livery subst. /'lıvərı/ livré *n*
livestock subst. /'laıvstɒk/ buskap *m*
livid adj. /'lıvıd/ **1** rasende
  2 blygrå
living[1] subst. /'lıvıŋ/ **1** levebrød *n*
  2 levesett *n*
living[2] adj. /'lıvıŋ/ levende

living room subst. stue *m/f*
lizard subst. /'lızəd/ **1** øgle *m/f*
  2 firfisle *m/f*
llama subst. /'lɑ:mə/ lama *m*
load[1] subst. /ləʊd/ **1** last *m/f*
  2 belastning *m/f*
load[2] verb (loaded – loaded eller laden)
  /ləʊd/ **1** laste
  2 tynge ned
  3 lade
loaded adj. /'ləʊdıd/ *(slang)* rik
loaf[1] subst. (flertall: loaves) /ləʊf/
  brød *n*
  loaf of bread brød
loaf[2] verb /ləʊf/ stå og henge
loafer subst. /'ləʊfə/ dagdriver *m*
loam subst. /ləʊm/ leire *m/f*
loan[1] subst. /ləʊn/ lån *n*
loan[2] verb /ləʊn/ låne
loath adj. /ləʊθ/ nølende
loathe verb /ləʊð/ avsky
loathing subst. /'ləʊðıŋ/ avsky *m*,
  hat *n*
loathsome adj. /'ləʊðsəm/, /'ləʊθsəm/
  avskyelig
lob verb /lɒb/ **1** *(sport)* lobbe
  2 *(hverdagslig)* slenge
lobby[1] subst. /'lɒbı/
  1 vestibyle *m*, foajé *m*
  2 korridor *m*
lobby[2] verb /'lɒbı/
  drive lobbyvirksomhet
lobe subst. /ləʊb/ **1** flipp *m*, flik *m*
  2 *(del av hjernen)* lapp *m*
lobster subst. /'lɒbstə/ hummer *m*
local[1] subst. /'ləʊk°l/ **1** innbygger *m*
  2 lokaltog *n*, lokalbuss *m*
local[2] adj. /'ləʊk°l/ lokal
locality subst. /lə(ʊ)'kælətı/
  beliggenhet *m*
localize verb /'ləʊkəlaız/ lokalisere
locate verb /lə(ʊ)'keıt/, amer.:
  /'ləʊkeıt/ **1** lokalisere, stedfeste
  2 spore, finne
location subst. /lə(ʊ)'keıʃ°n/
  1 plassering *m/f*
  2 sted *n*, beliggenhet *m*
loch subst. /lɒk/ *(skotsk)* innsjø *m*
lock[1] subst. /lɒk/ **1** lås *m/n*
  2 sluse *m/f*
lock[2] subst. /lɒk/ *(hår)*lokk *m*
lock[3] verb /lɒk/ låse
locker subst. /'lɒkə/ **1** (låsbart) skap *n*
  2 oppbevaringsboks *m*

locket subst. /'lɒkɪt/ medaljong *m*
locksmith subst. /'lɒksmɪθ/
  låsesmed *m*
locomotion subst. /ˌləʊkəˈməʊʃn/
  bevegelse *m*
locomotive subst. /ˌləʊkəˈməʊtɪv/
  lokomotiv *n*
lodestar subst. /'ləʊdstɑː/
  ledestjerne *m/f*
lodge[1] subst. /lɒdʒ/ **1** portnerbolig *m*
  2 hytte *m/f*
lodge[2] verb /lɒdʒ/ **1** levere *(om klage)*
  2 sitte fast
  3 innkvartere
lodging subst. /'lɒdʒɪŋ/ husrom *n*
lofty adj. /'lɒftɪ/ **1** høy
  2 overlegen
log[1] subst. /lɒg/ **1** tømmerstokk *m*
  2 loggbok *m/f*, logg *m*
log[2] verb /lɒg/ **1** hugge tømmer
  2 føre inn, logge
  3 *(IT)* logge
logbook subst. /'lɒgbʊk/ loggbok *m/f*
log cabin subst. tømmerhytte *m/f*
logic subst. /'lɒdʒɪk/ logikk *m*
logical adj. /'lɒdʒɪkəl/ logisk
loin subst. /lɔɪn/ **1** *(mat)* nyrestykke *n*
  2 lend *n*
  loins lender
loiter verb /'lɔɪtə/ surre, daffe
LOL /lɒl/, /eləʊˈel/ *(hverdagslig, fork.
  for* laughing out loud*)* haha, LOL
loneliness subst. /'ləʊnlɪnəs/
  ensomhet *m*
lonely adj. /'ləʊnlɪ/ ensom
loner subst. /'ləʊnə/ einstøing *m*
lonesome adj. /'ləʊnsəm/
  (spesielt amer.) ensom
long[1] verb /lɒŋ/ lengte
  long for lengte etter
long[2] adj. /lɒŋ/ lang
  so/as long as 1 så lenge som
  2 forutsatt, så lenge
long[3] adverb /lɒŋ/ lenge, lenge siden
long-awaited adj. /'lɒŋəˌweɪtɪd/
  etterlengtet
long distance adj. langdistanse-
longer[1] adj. /'lɒŋgə/ lengre
longer[2] adverb /'lɒŋgə/
  1 *(om tid)* lenger
  2 videre
longing[1] subst. /'lɒŋɪŋ/ lengsel *m*
longing[2] adj. /'lɒŋɪŋ/ lengtende

longitude subst. /'lɒndʒɪtʃuːd/,
  /'lɒndʒɪtjuːd/ lengde *m/f*,
  lengdegrad *m*
long-lasting adj. /ˌlɒŋˈlɑːstɪŋ/
  langvarig
long-lived adj. /ˌlɒŋˈlɪvd/
  1 lengelevende
  2 langvarig
long-range adj. /ˌlɒŋˈreɪndʒ/,
  foranstilt: /'lɒŋreɪndʒ/ langdistanse-
long-sighted adj. /ˌlɒŋˈsaɪtɪd/,
  foranstilt: /'lɒŋsaɪtɪd/ langsynt
long-term adj. /'lɒŋtɜːm/ lang,
  langtids-
loo subst. /luː/ *(britisk)* toalett *n*
look[1] subst. /lʊk/ **1** blikk *n*
  2 *(ofte* looks*)* utseende *n*
look[2] verb /lʊk/ se
  look after 1 se etter **2** holde øye med
  look at se på
  look for se etter, lete etter
  look forward to se frem til
  look like se ut som
  look out 1 se etter **2** se seg for
  look over 1 se over **2** se igjennom
  look up 1 se opp **2** stige, gå opp
lookalike subst. /'lʊkəlaɪk/
  dobbeltgjenger *m*
looking glass subst. speil *n*
lookout subst. /'lʊkaʊt/ **1** utkikk *m*
  2 utsiktspost *m*
loom[1] subst. /luːm/ vevstol *m*
loom[2] verb /luːm/ rage opp
loop[1] subst. /luːp/ løkke *m/f*,
  sløyfe *m/f*
loop[2] verb /luːp/ **1** danne en sløyfe
  2 slå en sløyfe på
loophole subst. /'luːphəʊl/ smutthull *n*
loose[1] verb /luːs/ løsne, løse
loose[2] adj. /luːs/ **1** løs
  2 fri
  3 slapp
loosen verb /'luːsn/ løsne
loot[1] subst. /luːt/ bytte *n*
loot[2] verb /luːt/ plyndre
lopsided adj. /ˌlɒpˈsaɪdɪd/ skjev
loquacious adj. /ləˈ(ʊ)ˈkweɪʃəs/
  pratsom
Lord[1] subst. /lɔːd/ Herre, Gud
  the **Lord's Prayer** fadervår
  the **Lord's Supper** nattverden
Lord[2] subst. /lɔːd/ *forklaring:* mannlig
  adelstittel
lord subst. /lɔːd/ herre *m*

lordship subst. /'lɔːdʃɪp/ herrevelde *n*
  Your Lordship Deres Nåde
lore subst. /lɔː/ kunnskap *m*
lorry subst. /'lɒrɪ/ *(britisk)* lastebil *m*
lose verb (lost – lost) /luːz/ **1** miste
  2 tape
  3 forspille
  lose to tape for
loser subst. /'luːzə/ taper *m*
loss subst. /lɒs/ tap *n*
  at a loss 1 i villrede
  2 *(økonomi)* med tap
lost[1] verb /lɒst/ *se* ►lose
lost[2] adj. /lɒst/ tapt
  get lost 1 komme bort **2** gå tapt
  get lost! forsvinn!
lot subst. /lɒt/ **1** lodd *m*
  2 *(amer.)* tomt *m/f*
  3 *(handel)* parti *n*
  a lot mye, masse
  the lot 1 alt **2** alle
  lots masse
lotion subst. /'ləʊʃn/ fuktighetskrem *m*
lottery subst. /'lɒtərɪ/ lotteri *n*
loud[1] adj. /laʊd/ **1** *(om lyd)* høy
  2 skrikende
loud[2] adverb /laʊd/ høyt
  out loud høyt
loudly adverb /laʊd/ høyt
loudspeaker subst. /ˌlaʊd'spiːkə/ høyttaler *m*
lounge[1] subst. /laʊndʒ/ **1** salong *m*
  2 *(finere)* bar *m*
  3 ventehall *m (f.eks. på flyplass)*
lounge[2] verb /laʊndʒ/ **1** slentre
  2 stå og henge
louse subst. (flertall: lice) /laʊs/, i flertall: /laɪs/ lus *m/f*
lousy adj. /'laʊzɪ/ dårlig, elendig
  lousy with full av
lout subst. /laʊt/ slyngel *m*
lovable adj. /'lʌvəbl/ elskelig
love[1] subst. /lʌv/ kjærlighet *m*
  fall in love with forelske seg i
  in love forelsket
love[2] verb /lʌv/ **1** elske
  2 være glad i
love affair subst. kjærlighetsaffære *m*
lovely adj. /'lʌvlɪ/ **1** deilig, herlig
  2 vakker
lover subst. /'lʌvə/ elsker *m*
loving adj. /'lʌvɪŋ/ øm, kjærlig
low[1] subst. /ləʊ/ raut *m/n*
low[2] subst. /ləʊ/ lavmål *n*

low[3] adj. /ləʊ/ **1** lav
  2 nesten tom, nesten slutt
  3 simpel
lowbrow adj. /'ləʊbraʊ/ ikke intellektuell, simpel
low-carb subst. /ləʊ'kɑːb/ lavkarbo *m*
low-cut adj. /ləʊ'kʌt/ utringet
lower[1] verb /'ləʊə/ **1** senke
  2 *(om flagg)* fire
  3 synke
lower[2] adj. /'ləʊə/ **1** lavere
  2 underste
lower class subst. underklasse *m/f*
lower jaw subst. underkjeve *m*
low-fat adj. /ˌləʊ'fæt/, foranstilt: /'ləʊfæt/ lett-
low-key adj. /ˌləʊ'kiː/, foranstilt: /'ləʊkiː/ **1** lavmælt
  2 enkel
lowland subst. /'ləʊlənd/ lavland *n*
lowly adj. /'ləʊlɪ/ ubetydelig
loyal adj. /'lɔɪəl/ lojal
  loyal to lojal mot
loyalty subst. /'lɔɪəltɪ/ lojalitet *m*
Ltd. *(fork. for* Limited*)* Ltd., omtr. dss. AS
lubricant subst. /'luːbrɪkənt/ **1** smøremiddel *n*
  2 glidemiddel *n*
lubricate verb /'luːbrɪkeɪt/ smøre
lucid adj. /'luːsɪd/ klar
luck subst. /lʌk/ flaks *m*, lykke *m/f*
  bad luck uflaks
  good luck! lykke til!
luckily adverb /'lʌkəlɪ/ heldigvis
lucky adj. /'lʌkɪ/ heldig
lucrative adj. /'luːkrətɪv/ lukrativ, innbringende
ludicrous adj. /'luːdɪkrəs/ latterlig
lug verb /lʌg/ slepe, dra
luggage subst. /'lʌgɪdʒ/ bagasje *m*
lukewarm adj. /ˌluːk'wɔːm/ lunken
lull[1] subst. /lʌl/ **1** pause *m*
  2 stillhet *m*
lull[2] verb /lʌl/ **1** dysse
  2 lulle
lullaby subst. /'lʌləbaɪ/ vuggevise *m/f*
lumber[1] subst. /'lʌmbə/
  1 *(britisk)* (gammelt) skrap *n*
  2 *(amer.)* tømmer *n*
lumber[2] verb /'lʌmbə/ **1** trampe
  2 dundre
lumber[3] verb /'lʌmbə/ **1** fylle
  2 *(amer.)* hugge tømmer

lumberjack subst. /'lʌmbədʒæk/
(spesielt amer.) tømmerhugger *m*
lumber mill subst. sagbruk *n*
luminous adj. /'luːmɪnəs/ lysende
lump¹ subst. /lʌmp/ klump *m*
lump² verb /lʌmp/ **1** slå sammen
2 klumpe seg
lunacy subst. /'luːnəsɪ/ galskap *m*
lunar adj. /'luːnə/ måne-
lunatic¹ subst. /'luːnətɪk/ galning *m*
lunatic² adj. /'luːnətɪk/ gal
lunch subst. /lʌn(t)ʃ/ lunsj *m*
have lunch spise lunsj
lung subst. /lʌŋ/ lunge *m/f*
lunge¹ subst. /lʌndʒ/ **1** stup *n*
2 *(styrkeøvelse)* utfall *n*
lunge² verb /lʌndʒ/ kaste seg (frem),
gjøre utfall
lurch¹ subst. /lɜːtʃ/ krenging *m/f*
lurch² verb /lɜːtʃ/ krenge (til siden)
lure¹ subst. /lʊə/ lokkemat *m*
lure² verb /lʊə/ lokke, lure
lurid adj. /'lʊərɪd/ **1** glødende
2 uhyggelig
lurk verb /lɜːk/ ligge på lur

luscious adj. /'lʌʃəs/ **1** søt, lekker
2 behagelig, deilig
lush adj. /lʌʃ/ frodig, yppig
lust¹ subst. /lʌst/ lyst *m/f*, begjær *n*
lust² verb /lʌst/ **1** begjære
2 ha lyst på
lust for lengte etter
lustful adj. /'lʌstfəl/ lysten
lustre subst. /'lʌstə/ *eller*
luster *(amer.)* glans *m*
lustreless adj. /'lʌstələs/ glansløs
Lutheran adj. /'luːθərən/ luthersk
luxuriant adj. /lʌg'ʒʊərɪənt/ frodig
luxurious adj. /lʌg'ʒʊərɪəs/ luksuriøs,
overdådig
luxury subst. /'lʌkʃərɪ/ luksus *m*
lye subst. /laɪ/ lut *m/f*
lymph subst. /lɪmf/ lymfe *m*
lymph node subst. lymfekjertel *m*
lynch verb /lɪn(t)ʃ/ lynsje
lynx subst. /lɪŋks/ gaupe *m/f*
lyric¹ subst. /'lɪrɪk/ *eller* **lyric poem**
lyrisk dikt *n*
lyrics 1 sangtekst **2** lyrikk
lyric² adj. /'lɪrɪk/ lyrisk

ma subst. /mɑː/ mamma *m*
mac subst. /mæk/ regnfrakk *m*
macabre adj. /mə'kɑːbrə/ makaber
macaroni subst. /ˌmækə'rəʊnɪ/
makaroni *m*
macaroon subst. /ˌmækə'ruːn/
makron *m*
mace¹ subst. /meɪs/ muskatblomme *m*
mace² subst. /meɪs/ stav *m*, septer *n*
Macedonia /ˌmæsɪ'dəʊnjə/
Makedonia

machine subst. /mə'ʃiːn/ maskin *m*
machinery subst. /mə'ʃiːnərɪ/
maskineri *n*
machinist subst. /mə'ʃiːnɪst/
1 maskinarbeider *m*, maskinist *m*
2 mekaniker *m*
macho adj. /'mætʃəʊ/ macho,
mannssjåvinistisk
mackerel subst. /'mækrəl/ makrell *m*
mackintosh subst. /'mækɪntɒʃ/
regnfrakk *m*

mad adj. /mæd/ **1** gal, sprø
  2 *(spesielt amer.)* sint
madam subst. /'mædəm/ *eller* **Madam**
  frue *m/f*, frøken *m/f*
madden verb /'mædn/ gjøre gal,
  gjøre rasende
made verb /meɪd/ *se* ▶make²
made-up adj. /meɪd'ʌp/ **1** sminket
  2 oppdiktet
madhouse subst. /'mædhaʊs/
  (hverdagslig) galehus *n*
madman subst. /'mædmən/
  gærning *m*
madness subst. /'mædnəs/ galskap *m*
maelstrom subst. /'meɪlstrɒm/
  malstrøm *m*
magazine subst. /ˌmægə'ziːn/, amer.:
  /'mægəziːn/ **1** blad *n*, tidsskrift *n*
  2 magasin *n*
maggot subst. /'mægət/ larve *m/f*
magic¹ subst. /'mædʒɪk/ magi *m*
magic² adj. /'mædʒɪk/ magisk
magical adj. /'mædʒɪkᵊl/ magisk,
  fortryllende
magician subst. /mə'dʒɪʃᵊn/
  magiker *m*, trollmann *m*
magic wand subst. tryllestav *m*
magnanimity subst. /ˌmægnə'nɪmətɪ/
  storsinnethet *m*
magnanimous adj. /mæg'nænɪməs/
  storsinnet
magnet subst. /'mægnət/ magnet *m*
magnetic adj. /mæg'netɪk/ magnetisk
magnificence subst. /mæg'nɪfɪsᵊns/
  storslagenhet *m*, prakt *m/f*
magnificent adj. /mæg'nɪfɪsᵊnt/
  storslagen, praktfull
magnify verb /'mægnɪfaɪ/ forstørre
magnifying glass subst.
  forstørrelsesglass *n*
magnitude subst. /'mægnɪtʃuːd/,
  /'mægnɪtjuːd/ **1** størrelse *m*
  2 betydning *m/f*
magpie subst. /'mægpaɪ/ skjære *m/f*
mahogany subst. /mə'hɒgənɪ/
  mahogni *m*
maid subst. /meɪd/
  1 tjenestepike *m/f*, hushjelp *m/f*
  2 *(poetisk)* møy *m/f*, ungpike *m/f*
maiden¹ subst. /'meɪdn/
  1 møy *m/f*, ungpike *m/f*
  2 jomfru *m/f*
maiden² adj. /'meɪdn/ **1** ugift
  2 jomfruelig, urørt, ren

maidenhood subst. /'meɪdnhʊd/
  møydom *m*
maiden name subst. pikenavn *n*
maid of honour subst. brudepike *m/f*,
  forlover *m*
mail¹ subst. /meɪl/ post *m*
mail² subst. /meɪl/ rustning *m/f*
mail³ verb /meɪl/ sende med posten,
  poste
mailbox subst. /'meɪlbɒks/
  (spesielt amer.) postkasse *m/f*
mail carrier subst. postbud *n*
mailing list subst. adresseliste *m/f*
mailman subst. /'meɪlmən/ *(amer.)*
  postmann *m*
mail order subst. postordre *m*
maim verb /meɪm/ lemleste
main¹ subst. /meɪn/ hovedledning *m/f*
main² adj. /meɪn/ hovedsakelig,
  viktigst, hoved-
main clause subst. hovedsetning *m/f*
main floor subst. *(amer.)*
  første etasje *m*
mainframe subst. /'meɪnfreɪm/ *(IT)*
  prosessorenhet *m*
mainland subst. /'meɪnlənd/
  fastland *n*
mainly adverb /'meɪnlɪ/ hovedsakelig
main menu subst. *(IT)* hovedmeny
mainspring subst. /'meɪnsprɪŋ/
  drivfjær *m/f*, drivkraft *m/f*
mainstream adj. /'meɪnstriːm/
  konvensjonell, vanlig
main street subst. hovedgate *m/f*
maintain verb /meɪn'teɪn/
  1 opprettholde
  2 holde ved like
  3 hevde
  4 forsørge
maintenance subst. /'meɪntənəns/
  1 opprettholdelse *m*
  2 vedlikehold *n*
  3 forsørgelse *m*, underhold *n*
maize subst. /meɪz/ mais *m*
majestic adj. /mə'dʒestɪk/ majestetisk
majesty subst. /'mædʒɪstɪ/ majestet *m*
major¹ subst. /'meɪdʒə/ **1** major *m*
  2 *(i USA, på universitet)*
  fordypningsfag *n*
  3 *(musikk)* dur *m*
major² adj. /'meɪdʒə/ større, viktig(ere)
majority subst. /mə'dʒɒrətɪ/ flertall *n*
make¹ subst. /meɪk/ merke *n*,
  fabrikat *n*

make² verb (made – made) /meɪk/
1 lage, danne
2 gjøre
3 tvinge til, få til • *he makes me work hard*
4 tjene • *make a fortune*
5 nå, rekke • *we made the bus*
6 *(om seng)* re (opp)
make believe late som
make do klare seg, greie seg
make out 1 *(hverdagslig)* kline
2 forstå, se **3** klare seg
make up 1 utgjøre **2** finne på, dikte opp **3** gjøre opp, bli venner igjen
make up for erstatte, oppveie
make up one's mind bestemme seg
maker subst. /'meɪkə/ produsent *m*
makeshift adj. /'meɪkʃɪft/ provisorisk, nød-
make-up subst. /'meɪkʌp/
1 sminke *m/f*
2 sammensetning *m/f* • *the make-up of the team*
put on make-up sminke seg
making subst. /'meɪkɪŋ/
fremstilling *m/f*, laging *m/f*
maladjusted adj. /ˌmælə'dʒʌstɪd/
mistilpasset
malady subst. /'mælədɪ/ sykdom *m*
malaria subst. /mə'leərɪə/ malaria *m*
male¹ subst. /meɪl/ **1** *(om dyr)* hann *m*
2 mann *m*, mannsperson *m*
male² adj. /meɪl/ mannlig, hann-
malediction subst. /ˌmælɪ'dɪkʃən/
forbannelse *m*
male-dominated adj.
/'meɪldɒmɪˌneɪtɪd/ mannsdominert
malevolence subst. /mə'levələns/
ondsinnethet *m*
malevolent adj. /mə'levələnt/
ondsinnet
malice subst. /'mælɪs/ ondskap *m*, ondsinnethet *m*
malicious adj. /mə'lɪʃəs/ ondskapsfull
malign verb /mə'laɪn/ baksnakke, sverte
malignant adj. /mə'lɪgnənt/
(om svulst) ondartet
mall subst. /mɔːl/, /mæl/
1 promenade *m*
2 *(også* shopping mall*)* kjøpesenter *n*
malleable adj. /'mælɪəbl/ føyelig, medgjørlig
mallet subst. /'mælɪt/ klubbe *m/f*

malnourished adj. /ˌmæl'nʌrɪʃt/
underernært
malnutrition subst. /ˌmælnjuː'trɪʃən/
underernæring *m/f*
malt subst. /mɔːlt/ malt *n*
maltreat verb /mæl'triːt/ mishandle
maltreatment subst. /mæl'triːtmənt/
mishandling *m/f*
malware subst. /'mælweə/ *(IT)*
ondsinnet programvare *m*
mammal subst. /'mæməl/ pattedyr *n*
mammography subst. /mə'mɒgrəfɪ/
mammografi *m*
mammoth subst. /'mæməθ/
mammut *m*
man¹ subst. (flertall: men) /mæn/,
i flertall: /men/ **1** mann *m*
2 menneskeheten
man² verb /mæn/ bemanne
manage verb /'mænɪdʒ/ **1** lede, styre
2 takle, greie, mestre
3 klare seg
manageable adj. /'mænɪdʒəbl/
letthåndterlig
management subst. /'mænɪdʒmənt/
1 ledelse *m*, administrasjon *m*, forvaltning *m/f*
2 håndtering *m/f*
manager subst. /'mænɪdʒə/ sjef *m*, leder *m*, forvalter *m*
mandate subst. /'mændeɪt/
1 mandat *n*, oppdrag *n*
2 fullmakt *m/f*
mandatory adj. /'mændətərɪ/ påbudt, obligatorisk
mandolin subst. /ˌmændə'lɪn/
mandolin *m*
mane subst. /meɪn/ man *m/f*
maneuver¹ subst. /mə'nuːvə/ *(amer.)*
manøver *m*
maneuver² verb /mə'nuːvə/ *(amer.)*
manøvrere
manger subst. /'meɪndʒə/ krybbe *m/f*
mangle verb /'mæŋgl/ maltraktere, ødelegge
manhood subst. /'mænhʊd/
1 manndomsalder *m*
2 mandighet *m*
mania subst. /'meɪnɪə/ mani *m*, vanvidd *n*
maniac subst. /'meɪnɪæk/ gærning *m*
manic adj. /'mænɪk/ *(psykiatri)*
manisk

manic depression subst.
(psykiatri, nå bipolar disorder)
manisk depresjon
manicure subst. /'mænɪkjʊə/
manikyr *m*
manifest[1] verb /'mænɪfest/ manifestere
manifest[2] adj. /'mænɪfest/ åpenbar,
tydelig
manifesto subst. /ˌmænɪ'festəʊ/
manifest *n*
manifold adj. /'mænɪfəʊld/ mangfoldig
manipulate verb /mə'nɪpjʊleɪt/
manipulere
mankind subst. /mæn'kaɪnd/
menneskeheten *m*
manly adj. /'mænlɪ/ mandig
man-made adj. /'mænmeɪd/ kunstig
mannequin subst. /'mænɪkɪn/
utstillingsdukke *m/f*
manner subst. /'mænə/
  1 måte *m*, vis *n*
  2 oppførsel *m*
  3 maner *m*
  manners manerer, folkeskikk
manoeuvre[1] subst. /mə'nuːvə/
manøver *m*
manoeuvre[2] verb /mə'nuːvə/
manøvrere
manor subst. /'mænə/ herregård *m*,
gods *n*
manor house subst. herregård *m*,
herresete *n*
manpower subst. /'mæn,paʊə/
arbeidskraft *m/f*
mansion subst. /'mænʃən/
herskapshus *n*
manslaughter subst. /'mæn,slɔːtə/
(uaktsomt) drap *n*
mantelpiece subst. /'mæntlpiːs/ *eller*
mantel peishylle *m/f*
mantle subst. /'mæntl/ **1** sjal *n*
  2 dekke *n*
manual[1] subst. /'mænjʊəl/
håndbok *m/f*, bruksanvisning *m/f*
manual[2] adj. /'mænjʊəl/ manuell,
hånd-
manufacture verb /ˌmænjʊ'fæktʃə/
  1 fremstille, fabrikkere
  2 finne på, dikte opp
manufacturer subst.
/ˌmænjʊ'fæktʃərə/ produsent *m*
manure subst. /mə'njʊə/ gjødsel *m/f*
manuscript subst. /'mænjʊskrɪpt/
manuskript *n*

many determinativ /'menɪ/ mange
many-sided adj. /ˌmenɪ'saɪdɪd/
foranstilt: /'menɪ,saɪdɪd/ mangesidet
map[1] subst. /mæp/ kart *n*
map[2] verb /mæp/ lage kart over
maple subst. /'meɪpl/ *(tre)* lønn *m/f*
marathon subst. /'mærəθən/
maraton *m*
marble subst. /'mɑːbl/ **1** marmor *m/n*
  2 klinkekule *m/f*
march[1] subst. /mɑːtʃ/ **1** opptog *n*
  2 marsj *m*
march[2] verb /mɑːtʃ/ **1** marsjere
  2 gå
March subst. /mɑːtʃ/ mars
mare subst. /meə/ hoppe *m/f*
margarine subst. /ˌmɑːdʒə'riːn/
margarin *m*
margin subst. /'mɑːdʒɪn/ **1** kant *m*,
utkant *m*, marg *m*
  2 margin *m*
marginal adj. /'mɑːdʒɪnəl/
  1 kant-
  2 marginal-, underordnet
marigold subst. /'mærɪgəʊld/
ringblomst *m*
marine[1] subst. /mə'riːn/ **1** marine *m*
  2 soldat *m*
marine[2] adj. /mə'riːn/ **1** marine-
  2 sjø-
marine animal subst. havdyr *n*
marine biology subst.
marinbiologi *m*
marital adj. /'mærɪtl/ ekteskapelig
maritime adj. /'mærɪtaɪm/
  1 maritim, sjø-, kyst-
  2 skips-
mark[1] subst. /mɑːk/
  1 merke *n*, flekk *m*
  2 kjennemerke *n*
  3 tegn *n* • *question mark*
spørsmålstegn
  4 *(på skolen)* karakter *m*
mark[2] verb /mɑːk/ **1** merke
  2 markere
  3 kjennetegne, prege
  4 sette karakter
marked adj. /mɑːkt/ markert, utpreget,
tydelig
marker subst. /'mɑːkə/ merke *n*,
markør *m*
market[1] subst. /'mɑːkɪt/ **1** torg *n*
  2 marked *n*
market[2] verb /'mɑːkɪt/ markedsføre

a b c d e f g h i j k l **m** n o p q r s t u v w x y z

market economy subst.
markedsøkonomi *m*
marketeer subst. /ˌmɑːkɪˈtɪə/
markedsfører *m*
marketing subst. /ˈmɑːkɪtɪŋ/
markedsføring *m/f*
marketplace subst. /ˈmɑːkɪtpleɪs/
torg *n*
marksman subst. /ˈmɑːksmən/
skarpskytter *m*
mark-up subst. /ˈmɑːkʌp/
prisøkning *m/f*
marmalade subst. /ˈmɑːməleɪd/
marmelade *m*
marmot subst. /ˈmɑːmət/
murmeldyr *n*
maroon adj. /məˈruːn/ rødbrun
marquee subst. /mɑːˈkiː/ stort telt *n*
(til selskap o.l.)
marquess subst. /ˈmɑːkwɪs/ marki *m*
marriage subst. /ˈmærɪdʒ/ ekteskap *n*
marriage certificate subst.
vielsesattest *m*
married adj. /ˈmærɪd/ gift
marrow subst. /ˈmærəʊ/ marg *m*
marry verb /ˈmærɪ/ **1** gifte seg (med)
2 vie
marsh subst. /mɑːʃ/ myr *m/f*, sump *m*
marshal subst. /ˈmɑːʃəl/
1 *(i militæret)* marskalk *m*
2 *(amer.)* politimester *m*
marshy adj. /ˈmɑːʃɪ/ myrlendt,
sumpete
marsupial subst. /mɑːˈsuːpɪəl/
pungdyr *n*
marten subst. /ˈmɑːtɪn/ mår *m*
martial adj. /ˈmɑːʃəl/ krigs-
martial law subst. militær
unntakstilstand *m*
martin subst. /ˈmɑːtɪn/ *(fugl)* svale *m/f*
martyr subst. /ˈmɑːtə/ martyr *m*
marvel[1] subst. /ˈmɑːvəl/ under *n*,
vidunder *n*
marvel[2] verb /ˈmɑːvəl/ undre seg
marvel at undre seg over
marvellous adj. /ˈmɑːvələs/ fantastisk,
vidunderlig
Marxist subst. /ˈmɑːksɪst/ marxist *m*
mascara subst. /mæˈskɑːrə/
maskara *m*
mascot subst. /ˈmæskət/ maskot *m*
masculine adj. /ˈmæskjəlɪn/
1 maskulin, mandig
2 *(grammatikk)* hankjønns-

mash[1] subst. /mæʃ/ **1** mos *m*
2 *(hverdagslig)* potetmos *m*
mash[2] verb /mæʃ/ mose, knuse
mask[1] subst. /mɑːsk/ maske *m/f*
mask[2] verb /mɑːsk/ maskere
mason subst. /ˈmeɪsn/ murer *m*
masonry subst. /ˈmeɪsnrɪ/
1 muring *m/f*
2 murverk *n*
masquerade[1] subst. /ˌmæskər'eɪd/
maskerade *m*
masquerade[2] verb /ˌmæskər'eɪd/
1 være utkledd
2 opptre
mass[1] subst. /mæs/ masse *m*,
mengde *m*
mass[2] verb /mæs/ samle sammen
massacre[1] subst. /ˈmæsəkə/
massakre *m*
massacre[2] verb /ˈmæsəkə/ massakrere
massage[1] subst. /ˈmæsɑːʒ/
massasje *m*
massage[2] verb /ˈmæsɑːʒ/ massere
massive adj. /ˈmæsɪv/ massiv
mass media subst. *flt.* massemedier
mass production subst.
masseproduksjon *m*
mast subst. /mɑːst/ mast *m/f*
master[1] subst. /ˈmɑːstə/
1 mester *m*, herre *m*
2 *(i skolen)* lærer *m*
master[2] verb /ˈmɑːstə/ beherske,
mestre
masterful adj. /ˈmɑːstəfəl/ dyktig,
mesterlig
master key subst. universalnøkkel *m*
masterly adj. /ˈmɑːstəlɪ/ mesterlig
masterpiece subst. /ˈmɑːstəpiːs/
mesterstykke *n*
mastery subst. /ˈmɑːstərɪ/
beherskelse *m*
masturbate verb /ˈmæstəbeɪt/ onanere,
masturbere
masturbation subst. /ˌmæstəˈbeɪʃn/
onani *m*, masturbasjon *m*
mat subst. /mæt/ matte *m/f*
match[1] subst. /mætʃ/ **1** *(sport)* kamp *m*
2 like *m*, make *m*
3 *(om person)* parti *n*
be no match for ikke kunne måle
seg med
match[2] subst. /mætʃ/ fyrstikk *m/f*
match[3] verb /mætʃ/
1 kunne måle seg med

2 passe sammen med
3 avpasse (etter), tilpasse
matchbox subst. /ˈmætʃbɒks/
fyrstikkeske *m/f*
mate[1] subst. /meɪt/ **1** kompis *m*
2 *(på båt)* styrmann *m*
3 *(den ene av et par)* (ekte)make *m*
mate[2] subst. /meɪt/ *(sjakk)* matt
mate[3] verb /meɪt/ pare seg
material[1] subst. /məˈtɪərɪəl/
1 materiale *n*
2 stoff *n*
material[2] adj. /məˈtɪərɪəl/
1 materiell, fysisk
2 relevant
materialism subst. /məˈtɪərɪəlɪzəm/
materialisme *m*
materialistic adj. /məˌtɪərɪəˈlɪstɪk/
materialistisk
materialize verb /məˈtɪərɪəlaɪz/
1 virkeliggjøre(s)
2 vise seg, dukke opp
maternal adj. /məˈtɜːnl/ **1** mors-
2 på morssiden • *maternal
grandfather* morfar
maternity subst. /məˈtɜːnətɪ/ **1** mødre-,
mamma-
2 barsel-, fødsels-
maternity leave subst.
fødselspermisjon *m*
math subst. /mæθ/ *(amer., kortform for
mathematics)* matte *m*
mathematics subst. /ˌmæθəˈmætɪks/
(verbet skal stå i entall)
matematikk *m*
maths subst. /mæθs/ *(britisk, kortform
for mathematics)* matte
matriarch subst. /ˈmeɪtrɪɑːk/
matriark *m*
matriculation subst. /məˌtrɪkjʊˈleɪʃən/
immatrikulering *m/f*
matrimony subst. /ˈmætrɪmənɪ/
ekteskap *n*

matrix subst. /ˈmeɪtrɪks/ matrise *m*
matron subst. /ˈmeɪtrən/
bestyrerinne *m/f*, forstanderinne *m/f*
matter[1] subst. /ˈmætə/ **1** sak *m/f*
2 materie *m*, materiale *n*, stoff *n*
3 feil *m*, problem *n*
no matter 1 det gjør ikke noe
2 uansett
what is the matter? hva er i veien?
matter[2] verb /ˈmætə/ bety noe,
gjøre noe
matter-of-fact adj. /ˌmætrə(v)ˈfækt/
saklig, nøktern
mattress subst. /ˈmætrəs/ madrass *m*
mature[1] verb /məˈtjʊə/, /məˈtʃʊə/
modne, bli moden
mature[2] adj. /məˈtjʊə/, /məˈtʃʊə/
moden
maturity subst. /məˈtjʊərətɪ/,
/məˈtʃʊərətɪ/ modenhet *m*
maudlin adj. /ˈmɔːdlɪn/ sentimental,
tåredryppende
maul verb /mɔːl/ mishandle, skamfere
Maundy Thursday subst.
skjærtorsdag *m*
mauve adj. /məʊv/ lyslilla
max subst. /mæks/ *(kortform for
maximum)* maks, maksimum
maximize verb /ˈmæksɪmaɪz/
maksimere
maximum subst. /ˈmæksɪməm/
maksimum *n*
may verb (might – might) /meɪ/
1 *(om mulighet)* kunne, ville • *I may
be mistaken* det er mulig jeg tar feil
2 *(om tillatelse)* (kunne) få lov • *may
I interrupt you?* kan jeg få avbryte
deg?
3 *(uttrykker ønske)* må, måtte • *may
he succeed!* måtte han lykkes
May subst. /meɪ/ mai
maybe adverb /ˈmeɪbiː/ kanskje

May Day subst. 1. mai *(arbeidernes dag)*
mayonnaise subst. /ˌmeɪəˈneɪz/ majones *m*
mayor subst. /meə/ borgermester *m*
maze subst. /meɪz/ labyrint *m*
me pronomen /miː/, /mɪ/ meg
mead subst. /miːd/ mjød *m*
meadow subst. /ˈmedəʊ/ eng *m/f*
meagre adj. /ˈmiːgə/ *eller* **meager** *(amer.)* mager, tynn
meal[1] subst. /miːl/ måltid *n*
meal[2] subst. /miːl/ (grovmalt) mel *n*
mealtime subst. /ˈmiːltaɪm/ spisetid *m/f*
mealy adj. /ˈmiːlɪ/ melet
mean[1] verb (meant – meant) /miːn/
  1 bety
  2 mene, ville
  3 gjelde
  mean by mene med
mean[2] adj. /miːn/ middel-, gjennomsnitts-
mean[3] adj. /miːn/ **1** gjerrig
  2 lav, simpel, lumpen
  3 *(amer.)* slem, ekkel
meander verb /mɪˈændə/ slynge seg
meaning[1] subst. /ˈmiːnɪŋ/
  1 mening *m/f*, hensikt *m*
  2 betydning *m/f*
meaning[2] adj. /ˈmiːnɪŋ/ megetsigende
meaningful adj. /ˈmiːnɪŋfəl/
  1 meningsfull
  2 betydningsfull
meanness subst. /ˈmiːnnəs/ gjerrighet *m*, smålighet *m*
means subst. *flt.* /miːnz/
  1 middel *n*, (penge)midler
  2 utvei *m*, mulighet *m*
  by all means 1 for all del, selvsagt
  2 til enhver pris
meant verb /ment/ *se* ▶mean[1]
meantime adverb /ˈmiːntaɪm/ *eller* **meanwhile** imens, så lenge, i mellomtiden
measles subst. /ˈmiːzlz/ meslinger
measurable adj. /ˈmeʒərəbl/ **1** målbar
  2 overskuelig
measure[1] subst. /ˈmeʒə/
  1 størrelse *m*, mengde *m*
  2 mål *n*, måleenhet *m*
  3 forholdsregel *m*
measure[2] verb /ˈmeʒə/
  1 måle, ta mål av
  2 avpasse

measurement subst. /ˈmeʒəmənt/ måling *m/f*
meat subst. /miːt/ kjøtt *n*
meatball subst. /ˈmiːtbɔːl/ kjøttbolle *m*
meathead subst. /ˈmiːthed/ idiot *m*, kjøtthue *n*
mechanic subst. /məˈkænɪk/ mekaniker *m*
mechanical adj. /məˈkænɪkəl/ mekanisk
mechanics subst. /məˈkænɪks/ mekanikk *m*
mechanism subst. /ˈmekənɪzəm/ mekanisme *m*
mechanize verb /ˈmekənaɪz/ mekanisere
medal subst. /ˈmedl/ medalje *m*
medallist subst. /ˈmedəlɪst/ medaljevinner *m*
meddle verb /ˈmedl/ blande seg borti, legge seg oppi
media[1] subst. *flt.* /ˈmiːdɪə/ *flertall av* ▶medium[1]
media[2] subst. /ˈmiːdɪə/ media *m*
media coverage subst. medieomtale *m*
media frenzy subst. mediestorm *m*
median adj. /ˈmiːdjən/ midt-, median-
mediate verb /ˈmiːdɪeɪt/ megle
mediator subst. /ˈmiːdɪeɪtə/ megler *m*, mellommann *m*
medical adj. /ˈmedɪkəl/ **1** medisinsk
  2 lege-
medicament subst. /meˈdɪkəmənt/ medikament *n*
medicate verb /ˈmedɪkeɪt/ medisinere
medication subst. /ˌmedɪˈkeɪʃən/
  1 medisinering *m/f*
  2 medisin *m*
medicine subst. /ˈmedsən/, amer. /ˈmedɪsən/ medisin *m*
medieval adj. /ˌmedɪˈiːvəl/ middelaldersk
mediocre adj. /ˌmiːdɪˈəʊkə/ middelmådig
mediocrity subst. /ˌmiːdɪˈɒkrətɪ/ middelmådighet *m*
meditate verb /ˈmedɪteɪt/ meditere
meditation subst. /ˌmedɪˈteɪʃən/ meditasjon *m*
the Mediterranean /ˌmedɪtərˈeɪnɪən/ Middelhavet
medium[1] subst. (flertall: media eller mediums) /ˈmiːdjəm/ **1** middel *n*

2 *(spiritisme, flertall: mediums)* medium *n*
the **media** media

medium² adj. /ˈmiːdjəm/ mellomstor, middels, middel-

medley subst. /ˈmedlɪ/ blanding *m/f,* sammensurium *n*

meek adj. /miːk/ saktmodig

meet verb (met – met) /miːt/ **1** møte, treffe
2 *(om forpliktelse)* oppfylle, etterkomme

meeting subst. /ˈmiːtɪŋ/ møte *n*

megabyte subst. /ˈmegəbaɪt/ *(IT)* megabyte *m*

megalomania subst. /ˌmegələ(ʊ)ˈmeɪnjə/ stormannsgalskap *m*

megaphone subst. /ˈmegəfəʊn/ megafon *m*

melancholy¹ subst. /ˈmelənkəlɪ/ *eller* **melancholia** tungsinn *n*

melancholy² adj. /ˈmelənkəlɪ/
1 melankolsk
2 sørgelig

mellow¹ verb /ˈmeləʊ/ bli/gjøre mildere

mellow² adj. /ˈmeləʊ/
1 *(om lys, farge, lyd)* myk, bløt
2 *(om mat, vin)* fyldig, moden
3 *(om person)* mild

melodious adj. /mɪˈləʊdjəs/ melodisk

melodramatic adj. /ˌmelə(ʊ)drəˈmætɪk/ melodramatisk

melody subst. /ˈmelədɪ/ melodi *m*

melon subst. /ˈmelən/ melon *m*

melt verb /melt/ smelte, tine

meltdown subst. /ˈmeltdaʊn/
1 *(fysikk)* nedsmelting *m/f*
2 *(hverdagslig)* kollaps *m*

melting pot subst. smeltedigel *m*

member subst. /ˈmembə/ **1** medlem *n*
2 del *m*

Member of Parliament subst. *eller* **MP** parlamentsmedlem *n,* stortingsrepresentant *m (i Norge)*

membership subst. /ˈmembəʃɪp/ medlemskap *n*

membrane subst. /ˈmembreɪn/ membran *m*

meme subst. /miːm/ *(populærkultur)* meme *n*

memo subst. /ˈmeməʊ/ notis *m*

memoir subst. /ˈmemwɑː/ biografi *m*

memorable adj. /ˈmemərəbl/ minneverdig

memorial¹ subst. /mɪˈmɔːrɪəl/ minnesmerke *n*

memorial² adj. /mɪˈmɔːrɪəl/ minne-

memorize verb /ˈmeməraɪz/ lære utenat

memory subst. /ˈmemərɪ/
1 hukommelse *m,* minne *n*
2 *(IT)* minne *n,* lagringskapasitet *m*

memory stick subst. *(IT)* minnepinne *m*

men subst. /men/ *flertall av* ►**man¹**

menace¹ subst. /ˈmenəs/ **1** trussel *m*
2 plage *m/f*

menace² verb /ˈmenəs/ true

mend verb /mend/ **1** reparere
2 bedre (seg)

menial adj. /ˈmiːnjəl/ **1** tjener-
2 *(om arbeid)* mindreverdig

meningitis subst. /ˌmenɪnˈdʒaɪtɪs/ hjernehinnebetennelse *m*

menopause subst. /ˈmenə(ʊ)pɔːz/ overgangsalder *m*

menstruate verb /ˈmenstrʊeɪt/ menstruere

menstruation subst. /ˌmenstrʊˈeɪʃən/ menstruasjon *m*

menswear subst. /ˈmenzweə/ herreklær

mental adj. /ˈmentəl/
1 mental, psykisk, sinns-
2 sjels-, ånds-
3 *(hverdagslig)* gal, sprø

mental hospital subst. psykiatrisk sykehus *n*

mental illness subst. psykisk lidelse *m*

mentality subst. /menˈtælətɪ/ mentalitet *m*

mental state subst. sinnstilstand *m*

mention verb /ˈmenʃən/ nevne, si, omtale
don't mention it ingen årsak

mentor subst. /ˈmentɔː/ veileder *m*

menu subst. /ˈmenjuː/ meny *m*

meow subst. /mɪˈaʊ/ mjau *n*

mercantile adj. /ˈmɜːkəntaɪl/ handels-

mercenary¹ subst. /ˈmɜːsənərɪ/ leiesoldat *m*

mercenary² adj. /ˈmɜːsənərɪ/
1 egennyttig
2 *(om person)* leid, leie-

a b c d e f g h i j k l m n o p q r s t u v w x y z

merchandise subst. /'mɜːtʃᵊndaɪs/
varer

merchant subst. /'mɜːtʃᵊnt/
kjøpmann *m*, grossist *m*

merciful adj. /'mɜːsɪfᵊl/ barmhjertig

merciless adj. /'mɜːsɪləs/ ubarmhjertig

mercury subst. /'mɜːkjʊrɪ/ kvikksølv *n*

mercy subst. /'mɜːsɪ/
1 barmhjertighet *m*
2 nåde *m*

mere adj. /mɪə/ bare, kun • *she is a mere child* hun er bare barnet

merely adverb /'mɪəlɪ/ bare, kun

merge verb /mɜːdʒ/
1 *(handel, administrasjon)* slå sammen, fusjonere
2 forene

merger subst. /'mɜːdʒə/
sammenslåing *m/f*

merit[1] subst. /'merɪt/
1 fortjenstfullhet *m*
2 fortreffelighet *m*
3 verdi *m*

merit[2] verb /'merɪt/ fortjene, gjøre seg fortjent til

mermaid subst. /'mɜːmeɪd/
havfrue *m/f*

merry adj. /'merɪ/ munter, lystig, glad
merry Christmas! god jul!

merry-go-round subst.
/'merɪgə(ʊ)ˌraʊnd/ karusell *m*

mesh subst. /meʃ/ nett *n*, nettverk *n*

mesmerize verb /'mezmᵊraɪz/ fengsle, trollbinde

mess[1] subst. /mes/ 1 rot *n*
2 klemme *m/f*, knipe *m/f*
3 messe *m/f*, spisesal *m*

mess[2] verb /mes/ 1 grise
2 rote, klusse
mess up 1 grise til **2** ødelegge
3 rote til

message subst. /'mesɪdʒ/ 1 beskjed *m*
2 budskap *n*

messenger subst. /'mesɪndʒə/ bud *n*

Messiah subst. /mə'saɪə/ Messias

messy adj. /'mesɪ/ rotete

met verb /met/ *se* ▸meet

metabolism subst. /me'tæbəlɪzᵊm/
stoffskifte *n*

metal subst. /'metl/ metall *n*

metallic adj. /me'tælɪk/ metallisk

metaphor subst. /'metəfə/ metafor *m*, bilde *n*

meteor subst. /'miːtjə/ meteor *m*

meteorologic adj. /ˌmiːtjərə'lɒdʒɪk/
meteorologisk

meteorologist subst.
/ˌmiːtjə'rɒlədʒɪst/ meteorolog *m*

meter[1] subst. /'miːtə/ måler *m*

meter[2] subst. /'mɪːtə/ *(amer.)*
1 *(lengdemål)* meter *m*
2 *(i poesi)* versemål *n*

method subst. /'meθəd/ metode *m*

methodic adj. /mə'θɒdɪk/ *eller*
methodical metodisk

meticulous adj. /mə'tɪkjʊləs/
1 omhyggelig
2 pirkete, nøyaktig

metre subst. /'miːtə/
1 *(lengdemål)* meter *m*
2 *(i poesi)* versemål *n*

metric adj. /'metrɪk/ meter-, metrisk

metropolis subst. /mə'trɒpəlɪs/
1 hovedstad *m*
2 verdensby *m*

Mexican[1] subst. /'meksɪkən/
meksikaner *m*

Mexican[2] adj. /'meksɪkən/ meksikansk

miaow subst. /mɪ'aʊ/ mjau *n*

mice subst. /maɪs/ *flertall av* ▸mouse

microphone subst. /'maɪkrəfəʊn/
mikrofon *m*

microscope subst. /'maɪkrəskəʊp/
mikroskop *n*

microwave subst. /'maɪkrə(ʊ)weɪv/
1 mikrobølge *m/f*
2 mikrobølgeovn *m*

microwave oven subst.
mikrobølgeovn *m*

mid adj. /mɪd/ 1 midt-, mellom-
2 i midten av, midt i

mid-air subst. /ˌmɪd'eə/ *bare i uttrykk*
in mid-air i luften

midday subst. /ˌmɪd'deɪ/
midten på dagen
at midday kl. 12 *(på dagen)*

middle[1] subst. /'mɪdl/ midt *m*, midte *m*
in the middle of i midten av

middle[2] adj. /'mɪdl/
1 midterst, i midten
2 mellomst, mellom-

middle age subst. middelalder *m*

middle-aged adj. /'mɪdleɪdʒd/
middelalder-, middelaldrende

the Middle Ages subst. middelalderen

middle class subst. middelklasse *m/f*

middle-class adj. /ˌmɪdᵊl'klɑːs/,
foranstilt: /'mɪdᵊlklɑːs/ middelklasse-

the **Middle East** Midtøsten
middle finger subst. langfinger *m*
middle name subst. mellomnavn *n*
the **Middle West** *eller* **(the) Midwest**
  Midtvesten *(i USA)*
midfield subst. /'mɪdfiːld/ *(sport)*
  midtbane *m*
midfielder subst. /'mɪdˌfiːldə/
  midtbanespiller *m*
midget subst. /'mɪdʒɪt/ *(nedsettende)*
  småvokst person *m*
midlife crisis subst. midtlivskrise *m/f*
midnight subst. /'mɪdnaɪt/ midnatt *m*
  at midnight ved midnatt
midriff subst. /'mɪdrɪf/ midtparti *n*,
  liv *n*
midships adverb /'mɪdʃɪps/ midtskips
midsummer subst. /'mɪdˌsʌmə/
  midtsommer *m*
midway adverb /ˌmɪd'weɪ/ halvveis,
  midtveis
midwife subst. /'mɪdwaɪf/ jordmor *m/f*
midwinter subst. /ˌmɪd'wɪntə/
  midtvinter *m*
might[1] subst. /maɪt/ **1** kraft *m/f*
  2 makt *m/f*
might[2] verb (pret. av may) /maɪt/
  (hjelpeverb) kunne, skulle, ville
  • *he asked if he might come*
mighty[1] adj. /'maɪtɪ/ mektig, kraftig
mighty[2] adverb /'maɪtɪ/ *(hverdagslig)*
  veldig, svært
migrate verb /maɪ'greɪt/ flytte,
  utvandre
migration subst. /maɪ'greɪʃən/
  vandring *m/f*, migrasjon *m*
migratory bird subst. trekkfugl *m*
mike subst. /maɪk/ *(hverdagslig)*
  mikrofon *m*
mild adj. /maɪld/ **1** mild
  2 forsiktig, spak
mildew subst. /'mɪldjuː/ mugg *m/n*
mildly adverb /'maɪldlɪ/ mildt
mile subst. /maɪl/ engelsk mil
  (tilsvarer 1609 meter)
mileage subst. /'maɪlɪdʒ/
  1 avstand i miles
  2 *(overført)* nytte *m/f*, fordel *m*
milestone subst. /'maɪlstəʊn/
  milepæl *m*
milieu subst. /'miːljɜː/ miljø *n*
militant adj. /'mɪlɪtənt/ militant,
  aggressiv
military[1] subst. /'mɪlɪtərɪ/ militær *n*

military[2] adj. /'mɪlɪtərɪ/ militær, krigs-
military service subst.
  militærtjeneste *m*
milk[1] subst. /mɪlk/ melk *m/f*
milk[2] verb /mɪlk/ melke
milkmaid subst. /'mɪlkmeɪd/
  budeie *m/f*
the **Milky Way** subst. Melkeveien
mill subst. /mɪl/ **1** mølle *m/f*
  2 fabrikk *m*, bruk *n*
millennium subst. /mɪ'lenɪəm/
  millennium *n*, årtusen *n*
miller subst. /'mɪlə/ møller *m*
milligram subst. /'mɪlɪɡræm/ *eller*
  milligramme milligram *n*
milliner's shop subst.
  hatteforretning *m/f*
millionaire subst. /ˌmɪljə'neə/
  millionær *m*
mime verb /maɪm/ **1** mime
  2 etterligne
mimic subst. /'mɪmɪk/ imitator *m*
mince[1] subst. /mɪns/ *(spesielt britisk)*
  kjøttdeig *m*
mince[2] verb /mɪns/
  1 *(om matlaging, spesielt kjøtt)* hakke
  2 skape seg
  minced meat hakket kjøtt, kjøttdeig
mincemeat subst. /'mɪnsmiːt/
  (matlaging) **1** *forklaring:* rosin- og
  krydderfyll som brukes i pai
  2 kjøttdeig *m*
mind[1] subst. /maɪnd/ **1** sinn *n*, hode *n*
  2 intellekt *n*
  3 holdning *m/f*
  bear/keep in mind 1 tenke på
  2 ta hensyn til **3** huske på
  cross one's mind *(om tanke)*
  streife an
  make up one's mind bestemme seg
mind[2] verb /maɪnd/
  1 passe (på), sørge for, huske på
  2 se opp for
  3 bry seg om, ha noe imot
  I don't mind gjerne for meg
  never mind! 1 ikke bry deg om det!
  2 glem det!
minded adj. /'maɪndɪd/ **1** innstilt på
  2 -sinnet, -interessert • *a business-
  minded person*
mindful adj. /'maɪn(d)fəl/
  1 oppmerksom
  2 påpasselig

mine¹ subst. /maɪn/ **1** gruve *m/f*
2 (land)mine *m/f*
mine² verb /maɪn/
1 *(om malm, kull e.l.)* utvinne
2 grave
mine³ determinativ /maɪn/ min, mitt, mine
miner subst. /ˈmaɪnə/ gruvearbeider *m*
mineral subst. /ˈmɪnᵊrᵊl/ mineral *n*
mingle verb /ˈmɪŋgl/ **1** blande (seg)
2 omgås
miniature subst. /ˈmɪnətʃə/ miniatyr *m*
minimize verb /ˈmɪnɪmaɪz/ gjøre minst mulig, minimere
minimum¹ subst. /ˈmɪnɪməm/ minimum *n*
  at a/the minimum minst
minimum² adj. /ˈmɪnɪməm/ laveste, minste
mining subst. /ˈmaɪnɪŋ/ gruvedrift *m/f*
minister subst. /ˈmɪnɪstə/
1 minister *m*, statsråd *m*
2 *(religion)* prest *m*
ministry subst. /ˈmɪnɪstrɪ/
1 regjering *m/f*, kabinett *n*
2 departement *n*
3 prestetjeneste *m*
minnow subst. /ˈmɪnəʊ/ *(fisk)* ørekyt *m/f*
minor¹ subst. /ˈmaɪnə/
1 *(jus)* umyndig person *m*
2 *(universitet, amer.)* støttefag *n*
minor² adj. /ˈmaɪnə/ **1** mindre, lavere
2 *(jus)* umyndig, mindreårig
3 *(musikk)* moll
minority subst. /maɪˈnɒrətɪ/ mindretall *n*, minoritet *m*
mint¹ subst. /mɪnt/ *(plante)* mynte *m/f*
mint² subst. /mɪnt/ myntverk *n*
mint³ verb /mɪnt/ **1** mynte, prege
2 finne opp
minuet subst. /ˌmɪnjʊˈet/ menuett *m*
minute¹ subst. /ˈmɪnɪt/ minutt *n*
minute² adj. /maɪˈnjuːt/ minimal, ubetydelig
minute book subst. protokoll *m*
minute hand subst. *(på ur)* minuttviser *m*
minx subst. /mɪŋks/ *(spøkefullt eller nedsettende)* frekk jente/kvinne
miracle subst. /ˈmɪrəkl/ mirakel *n*, under *n*
miraculous adj. /mɪˈrækjʊləs/ mirakuløs

mirage subst. /ˈmɪrɑːʒ/ luftspeiling *m*
mire subst. /ˈmaɪə/ **1** myr *m/f*
2 mudder *n*, gjørme *m/f*
mirror¹ subst. /ˈmɪrə/ speil *n*
mirror² verb /ˈmɪrə/ speile
mirth subst. /mɜːθ/ munterhet *m*
mirthful adj. /ˈmɜːθfᵊl/ munter, lystig
misanthrope subst. /ˈmɪsᵊnθrəʊp/ menneskehater *m*
misapprehension subst. /ˌmɪsˌæprɪˈhenʃᵊn/ misforståelse *m*
misbehave verb /ˌmɪsbɪˈheɪv/ oppføre seg dårlig
misbehaviour subst. /ˌmɪsbɪˈheɪvjə/ dårlig oppførsel *m*
miscalculate verb /ˌmɪsˈkælkjʊleɪt/
1 regne feil
2 feilbedømme
miscarriage subst. /ˌmɪsˈkærɪdʒ/
1 *(medisin)* spontanabort *m*
2 uheldig utfall *n*
miscarry verb /ˌmɪsˈkærɪ/
1 *(medisin)* spontanabortere
2 mislykkes, slå feil
miscellaneous adj. /ˌmɪsəˈleɪnjəs/
1 blandet
2 diverse
mischief subst. /ˈmɪstʃɪf/
1 rampestrek *m*
2 ugagn *n*
mischievous adj. /ˈmɪstʃɪvəs/
1 rampete
2 ondsinnet
3 skadelig
misconduct subst. /mɪsˈkɒndʌkt/ dårlig/uakseptabel oppførsel *m*
misdeed subst. /ˌmɪsˈdiːd/ ugjerning *m*
miser subst. /ˈmaɪzə/ gnier *m*
miserable adj. /ˈmɪzᵊrᵊbl/ ulykkelig, fortvilt
misery subst. /ˈmɪzᵊrɪ/ **1** lidelse *m*
2 elendighet *m*, ulykke *m/f*
misfire verb /ˌmɪsˈfaɪə/
1 *(om skytevåpen)* klikke
2 *(om motor)* ikke tenne, fuske
3 mislykkes
misfit subst. /ˈmɪsfɪt/ utskudd *n*, mislykket person *m*
misfortune subst. /mɪsˈfɔːtʃuːn/
1 uhell *n*
2 ulykke *m/f*
misgiving subst. /mɪsˈgɪvɪŋ/ **1** uro *m/f*
2 mistanke *m*
mishap subst. /ˈmɪshæp/ uhell *n*

misinterpret verb /ˌmɪsɪn'tɜːprɪt/
  1 mistolke
  2 oppfatte galt
misjudge verb /ˌmɪs'dʒʌdʒ/
  feilbedømme
mislay verb (mislaid – mislaid) /mɪs'leɪ/
  forlegge, rote bort
mislead verb (misled – misled)
  /mɪs'liːd/ villede
mismanage verb /ˌmɪs'mænɪdʒ/
  vanskjøtte, forvalte dårlig
misplaced adj. /ˌmɪs'pleɪst/
  1 feilplassert
  2 malplassert, upassende
misprint subst. /'mɪsprɪnt/ trykkfeil *m*
misrepresent verb /ˌmɪsˌreprɪ'zent/
  gi en uriktig fremstilling av
miss[1] subst. /mɪs/ frøken *m/f*
miss[2] subst. /mɪs/ **1** bom *m*
  2 bomskudd *n*
miss[3] verb /mɪs/ **1** ikke rekke,
  gå glipp av
  2 bomme (på)
  3 savne
missile subst. /'mɪsaɪl/, amer. /'mɪsəl/
  rakett *m*
missing adj. /'mɪsɪŋ/ **1** savnet
  2 fraværende, borte
mission subst. /'mɪʃən/ **1** oppdrag *n*,
  ærend *n*
  2 kall *n*, misjon *m*
missionary subst. /'mɪʃənərɪ/
  misjonær *m*
misspelling subst. /ˌmɪs'spelɪŋ/
  feilstaving *m/f*
mist subst. /mɪst/ tåke *m/f*, dis *m*
mistake[1] subst. /mɪ'steɪk/ feil *m*,
  feiltakelse *m*
mistake[2] verb (mistook – mistaken)
  /mɪ'steɪk/ **1** misforstå
  2 ta feil
  3 forveksle, ta feil av
  mistake for forveksle med, ta feil av
Mister subst. /'mɪstə/ herr
mistletoe subst. /'mɪsəltəʊ/
  misteltein *m*
mistress subst. /'mɪstrəs/
  1 herskerinne *m/f*
  2 lærerinne *m/f*
  3 *(gammeldags)* husfrue *m/f*
  4 elskerinne *m/f*
mistrust subst. /ˌmɪs'trʌst/ mistro *m/f*
misty adj. /'mɪstɪ/ tåkete

misunderstand verb (misunderstood
  – misunderstood) /ˌmɪsʌndə'stænd/
  misforstå
misunderstanding subst.
  /ˌmɪsʌndə'stændɪŋ/ misforståelse *m*
misuse verb /ˌmɪs'juːz/ misbruke,
  utnytte
mitigate verb /'mɪtɪgeɪt/
  1 mildne, lindre
  2 *(om forbrytelse)* formilde
mitt subst. /mɪt/ **1** vott *m*
  2 *(baseball)* hanske *m*
mitten subst. /'mɪtn/ vott *m*
mix[1] subst. /mɪks/ blanding *m/f*
mix[2] verb /mɪks/ **1** blande (seg)
  2 omgås
  mix up 1 forveksle **2** blande sammen
mixed adj. /mɪkst/ blandet, sammensatt
mixture subst. /'mɪkstʃə/ blanding *m/f*
moan[1] subst. /məʊn/ stønn *n*,
  klage *m/f*
moan[2] verb /məʊn/ stønne, klage
moat subst. /məʊt/ vollgrav *m/f*
mob subst. /mɒb/ **1** mobb *m*
  2 *(slang)* bande *m*, gjeng *m*
  the **Mob** Mafiaen
mobile[1] subst. /'məʊbaɪl/,
  amer. /'moʊbiːl/ mobil *m*
mobile[2] adj. /'məʊbaɪl/,
  amer. /'moʊbəl/ bevegelig, mobil
mobility subst. /ˌmə(ʊ)'bɪlətɪ/
  bevegelighet *m*
mobilize verb /'məʊbɪlaɪz/ mobilisere
moccasin subst. /'mɒkəsɪn/
  mokasin *m*
mock verb /mɒk/ **1** gjøre narr av
  2 herme etter
mockery subst. /'mɒkərɪ/ hån *n*,
  latterliggjøring *m/f*
mockingbird subst. /'mɒkɪŋbɜːd/
  spottefugl *m*
mode subst. /məʊd/
  1 modus *m*, måte *m*, innstilling *m/f*
  2 stil *m*, mote *m*
model[1] subst. /'mɒdl/ modell *m*
model[2] verb /'mɒdl/ **1** modellere
  2 stå modell
modem subst. /'məʊdem/ *(IT)*
  modem *n*
moderate[1] verb /'mɒdəreɪt/
  1 moderere
  2 beherske, styre
moderate[2] adj. /'mɒdərət/ moderat,
  måteholden

a
b
c
d
e
f
g
h
i
j
k
l
m
n
o
p
q
r
s
t
u
v
w
x
y
z

moderation subst. /ˌmɒdəˈreɪʃən/
måtehold *n*, måteholdenhet *m*
moderator subst. /ˈmɒdəreɪtə/
1 megler *m*
2 moderator *m*
modern adj. /ˈmɒdən/ moderne
modest adj. /ˈmɒdɪst/ beskjeden
modesty subst. /ˈmɒdɪstɪ/
beskjedenhet *m*
modification subst. /ˌmɒdɪfɪˈkeɪʃən/
justering *m/f*, modifikasjon *m*
modify verb /ˈmɒdɪfaɪ/ endre, justere,
modifisere
moist adj. /mɔɪst/ fuktig
moisten verb /ˈmɔɪsn/ fukte
moisture subst. /ˈmɔɪstʃə/ fukt *m/f*,
fuktighet *m*
molar subst. /ˈməʊlə/ jeksel *m*
mold¹ subst. /məʊld/ *(amer.)* jord *m/f*
mold² subst. /məʊld/ *(amer.)* mugg *m/n*
mold³ subst. /məʊld/ *(amer.)* form *m/f*,
støpeform *m/f*
mold⁴ verb /məʊld/ *(amer.)* mugne
mold⁵ verb /məʊld/ *(amer.)* forme,
støpe
molder verb /ˈməʊldə/ *(amer.)*
bare i uttrykk
molder away smuldre bort
moldy adj. /ˈməʊldɪ/ *(amer.)* muggen
mole¹ subst. /məʊl/ føflekk *m*
mole² subst. /məʊl/ molo *m*
mole³ subst. /məʊl/ muldvarp *m*
molecule subst. /ˈmɒlɪkjuːl/ molekyl *n*
molest verb /mə(ʊ)ˈlest/
forgripe (seg på)
mollify verb /ˈmɒlɪfaɪ/ blidgjøre
mom subst. /mɒm/ *(amer.)* mamma *m*
moment subst. /ˈməʊmənt/ øyeblikk *n*
at the moment 1 nå, for øyeblikket
2 akkurat da
momentary adj. /ˈməʊməntərɪ/
1 øyeblikkelig
2 forbigående
momentous adj. /mə(ʊ)ˈmentəs/
(meget) viktig
mommy subst. /ˈmɒmɪ/ *(amer.,*
barnespråk) mamma *m*
monarch subst. /ˈmɒnək/ monark *m*
monarchy subst. /ˈmɒnəkɪ/ monarki *n*
monastery subst. /ˈmɒnəstərɪ/
kloster *n*
Monday subst. /ˈmʌndeɪ/ mandag *m*
monetary adj. /ˈmʌnɪtərɪ/ mynt-,
penge-

money subst. /ˈmʌnɪ/ penger
mongrel subst. /ˈmʌŋgrəl/ kjøter *m*
monitor¹ subst. /ˈmɒnɪtə/ monitor *m*,
skjerm *m*
monitor² verb /ˈmɒnɪtə/ overvåke
monk subst. /mʌŋk/ munk *m*
monkey subst. /ˈmʌŋkɪ/ ape *m/f*
monocle subst. /ˈmɒnəkl/
monokkel *m*
monogamous adj. /məˈnɒgəməs/
monogam
monolith subst. /ˈmɒnə(ʊ)lɪθ/
1 monolitt *m*
2 bautastein *m*
monologue subst. /ˈmɒnəlɒg/
monolog *m*, enetale *m*
monopoly subst. /məˈnɒpəlɪ/
monopol *n*
monotheistic adj. /ˌmɒnə(ʊ)θɪˈɪstɪk/
monoteistisk
monotonous adj. /məˈnɒtənəs/
monoton
monounsaturated adj.
/ˌmɒnəʊʌnˈsætʃəreɪtɪd/ enumettet
monsoon subst. /mɒnˈsuːn/ monsun
m, regntid *m/f*
monster¹ subst. /ˈmɒnstə/ monster *n*,
uhyre *n*
monster² adj. /ˈmɒnstə/ gigantisk,
kjempe-
monstrosity subst. /mɒnˈstrɒsətɪ/
1 uhyrlighet *m*
2 uhyre *n*
monstrous adj. /ˈmɒnstrəs/
1 misdannet
2 enorm
month subst. /mʌnθ/ måned *m*
monthly adj. /ˈmʌnθlɪ/ månedlig
mood subst. /muːd/ humør *n*,
(sinns)stemning *m*
moody adj. /ˈmuːdɪ/ gretten
moon subst. /muːn/ måne *m*
moonlight subst. /ˈmuːnlaɪt/
måneskinn *n*
moonshine subst. /ˈmuːnʃaɪn/
1 *(hverdagslig)* sludder *n*
2 *(amer., slang)* smuglersprit *m*,
hjemmebrent alkohol *m*
Moor subst. /mɔː/ maurer *m*
moor subst. /mɔː/ hei *m/f*, mo *m*,
myr *m/f*
mooring subst. /ˈmɔːrɪŋ/ *(sjøfart)*
fortøyning *m/f*
moorings fortøyningsplass

moose subst. (flertall: moose) /muːs/ (amerikansk) elg *m*

moot adj. /muːt/ omstridt

mop[1] subst. /mɒp/ mopp *m*

mop[2] verb /mɒp/ tørke (av), moppe

mope verb /məʊp/ sture

moraine subst. /mɒˈreɪn/ *(geologi)* morene *m*

moral[1] subst. /ˈmɒrəl/ **1** moral *m* **2** etikk *m*

moral[2] adj. /ˈmɒrəl/ moralsk

morale subst. /məˈrɑːl/ (kamp)moral *m*, kampånd *m*

morality subst. /məˈrælətɪ/ moral *m*

morbid adj. /ˈmɔːbɪd/ **1** sykelig, morbid **2** makaber

more[1] adverb /mɔː/ **1** mer, flere **2** dessuten, i tillegg **more or less 1** mer eller mindre **2** sånn omtrent **more than** flere enn, mer enn

more[2] determinativ /mɔː/ mer, flere **no more** ikke mer, ikke flere **the more ... the more ...** jo ... desto ... • *the more he gets the more he wants*

morello subst. /məˈreləʊ/ morell *m*

moreover adverb /mɔːˈrəʊvə/ dessuten

morgue subst. /mɔːg/ likhus *n*

morning subst. /ˈmɔːnɪŋ/ morgen *m*, formiddag *m* **in the morning** om morgenen **this morning** i morges **tomorrow morning** i morgen tidlig

moron subst. /ˈmɔːrɒn/ *(hverdagslig)* idiot *m*, dust *m*

morose adj. /məˈrəʊs/ gretten

morphine subst. /ˈmɔːfiːn/ morfin *m/n*

Morse subst. /mɔːs/ morsealfabet *n*

mortal adj. /ˈmɔːtl/ dødelig

mortality subst. /mɔːˈtælətɪ/ dødelighet *m*

mortar[1] subst. /ˈmɔːtə/ **1** *(i militæret)* bombekaster *m* **2** morter *m*

mortar[2] subst. /ˈmɔːtə/ mørtel *m*

mortgage subst. /ˈmɔːgɪdʒ/ **1** pantelån *n* **2** boliglån *n*, huslån *n* **3** pant *m*

mortification subst. /ˌmɔːtɪfɪˈkeɪʃən/ krenkelse *m*, ydmykelse *m*

mortify verb /ˈmɔːtɪfaɪ/ krenke, ydmyke

mortuary subst. /ˈmɔːtʃʊərɪ/, /ˈmɔːtjʊərɪ/ likhus *m*

mosaic subst. /məˈ(ʊ)ˈzeɪɪk/ mosaikk *m*

Moscow /ˈmɒskəʊ/, amer. /ˈmɑːskaʊ/ Moskva

mosque subst. /mɒsk/ moské *m*

mosquito subst. /məˈskiːtəʊ/ mygg *m*

moss subst. /mɒs/ mose *m*

mossy adj. /ˈmɒsɪ/ mosegrodd

most[1] adverb /məʊst/ mest **most of all** aller mest

most[2] determinativ /məʊst/ mest, flest, det meste, de fleste **at (the) most** høyst, toppen **for the most part** for det meste

mostly adverb /ˈməʊs(t)lɪ/ **1** hovedsakelig **2** vanligvis

moth subst. /mɒθ/ møll *m*

mothball subst. /ˈmɒθbɔːl/ møllkule *m/f*

moth-eaten adj. /ˈmɒθˌiːtn/ møllspist

mother subst. /ˈmʌðə/ mor *m/f*

motherhood subst. /ˈmʌðəhʊd/ det å være mor

mother-in-law subst. /ˈmʌðərɪnlɔː/ svigermor *m/f*

motherly adj. /ˈmʌðəlɪ/ moderlig

mother-of-pearl subst. /ˌmʌðərə(v)ˈpɜːl/ perlemor *n*

mother tongue subst. morsmål *n*

motion[1] subst. /ˈməʊʃən/ **1** bevegelse *m* **2** forslag *n*, erklæring *m/f*

motion[2] verb /ˈməʊʃən/ gjøre tegn til

motionless adj. /ˈməʊʃənləs/ ubevegelig

motivation subst. /ˌməʊtɪˈveɪʃən/ motivasjon *m*

motive subst. /ˈməʊtɪv/ motiv *n*, hensikt *m*

motor subst. /ˈməʊtə/ motor *m*

motor car subst. bil *m*

motorcycle subst. /ˈməʊtəˌsaɪkl/ motorsykkel *m*

motorcyclist subst. /ˈməʊtəˌsaɪklɪst/ motorsyklist *m*

motorist subst. /ˈməʊtərɪst/ bilist *m*

motor vehicle subst. motorkjøretøy *n*

motto subst. /ˈmɒtəʊ/ motto *n*

mould[1] subst. /məʊld/ jord *m/f*

a b c d e f g h i j k l **m** n o p q r s t u v w x y z

mould² subst. /məʊld/ mugg *m/n*
mould³ subst. /məʊld/ form *m/f,* støpeform *m/f*
mould⁴ verb /məʊld/ mugne
mould⁵ verb /məʊld/ forme, støpe
moulder verb /'məʊldə/ *bare i uttrykk* **moulder away** smuldre bort
mouldy adj. /'məʊldɪ/ muggen
mound subst. /maʊnd/ jordhaug *m*
mount verb /maʊnt/
   1 bestige, stige opp
   2 plassere
   3 montere
mountain subst. /'maʊntɪn/ berg *n,* fjell *n*
mountaineer subst. /ˌmaʊntɪ'nɪə/ fjellklatrer *m*
mountainous adj. /'maʊntɪnəs/ berglendt, fjell-
mourn verb /mɔːn/ sørge (over)
mournful adj. /'mɔːnfᵊl/ bedrøvet
mourning subst. /'mɔːnɪŋ/ sorg *m/f*
mouse subst. (flertall: mice) /maʊs/ mus *m/f*
mousetrap subst. /'maʊstræp/ musefelle *m/f*
moustache subst. /mə'stɑːʃ/, amer. også: /'mʌstæʃ/ bart *m*
mouth¹ subst. /maʊθ/ **1** munn *m*
   2 munning *m/f,* utløp *n*
mouth² verb /maʊð/ **1** deklamere
   2 forme med leppene, hviske
mouthful subst. /'maʊθfʊl/ munnfull *m*
mouth organ subst. munnspill *n*
mouthpiece subst. /'maʊθpiːs/
   1 *(musikk)* munnstykke *n*
   2 (telefon)rør *n*
   3 *(overført)* talsmann *m,* talerør *n*
mouthwash subst. /'maʊθwɒʃ/ munnskyllevann *n*
movable adj. /'muːvəbl/ bevegelig
movables subst. *flt.* /'muːvəblz/ løsøre *n*
move¹ subst. /muːv/ **1** bevegelse *m*
   2 *(i sjakk e.l.)* trekk
   3 flytting *m/f*
   make a move gjøre et trekk, foreta seg noe
   on the move på farten
move² verb /muːv/ **1** bevege (seg)
   2 flytte
   3 påvirke

   4 *(i parlament e.l.)* foreslå
   be **moved** bli rørt, bli grepet
   move it! få opp farten!
movement subst. /'muːvmənt/ bevegelse *m*
movie subst. /'muːvɪ/ **1** film *m*
   2 *(amer.)* kino *m*
moving adj. /'muːvɪŋ/
   1 som beveger seg
   2 gripende
mow verb (mowed – mown eller mowed) /məʊ/ slå, klippe
mower subst. /'məʊə/ gressklipper *m*
mowing subst. /'məʊɪŋ/ slått *m*
mown verb /məʊn/ *se* ►mow
MP subst. /ˌem'piː/
   se ►Member of Parliament
Mr /'mɪstə/ *(fork. for* mister*)* herr
Mrs /'mɪsɪz/ *(fork. for* missis*)* fru
much¹ adj. (more – most) /mʌtʃ/ mye
much² adverb (more – most) /mʌtʃ/
   1 mye
   2 absolutt, uten tvil
   3 omtrent, nesten
   much more langt mer, enda mer
much³ determinativ (more – most) /mʌtʃ/ mye
   make much of 1 få mye ut av, forstå
   2 gjøre stort nummer av
   3 gjøre stas på
   nothing much *(hverdagslig)* ikke noe spesielt
muck¹ subst. /mʌk/ møkk *m/f*
muck² verb /mʌk/ skitne til
mud subst. /mʌd/ gjørme *m/f*
muddle¹ subst. /'mʌdl/ forvirring *m/f,* rot *n*
muddle² verb /'mʌdl/
   1 gjøre uklar, gjøre grumset
   2 forvirre
muddy adj. /'mʌdɪ/ gjørmete, sølete
mudguard subst. /'mʌdgɑːd/ *(på bil, sykkel)* skjerm *m*
muff subst. /mʌf/ muffe *m/f*
muffin subst. /'mʌfɪn/ muffins *m*
muffle verb /'mʌfl/ **1** pakke inn
   2 dempe
muffler subst. /'mʌflə/ **1** halstørkle *n*
   2 lyddemper *m*
mug¹ subst. /mʌg/ mugge *m/f,* seidel *m*
mug² verb /mʌg/ rane
mugger subst. /'mʌgə/ raner *m*
mugging subst. /'mʌgɪŋ/ ran *n*

muggy adj. /'mʌgɪ/ klam, lummer
mulatto subst. /mjʊ'lætəʊ/
(gammeldags, nedsettende) mulatt *m*
mulberry subst. /'mʌlbərɪ/ morbær *n*
mule subst. /mju:l/ **1** muldyr *n*
2 stabeis *m*
multicultural adj. /ˌmʌltɪ'kʌltʃərəl/
flerkulturell, multikulturell
multilingual adj. /ˌmʌltɪ'lɪŋgwəl/
flerspråklig
multimedia adj. /ˌmʌltɪ'mi:dɪə/
multimedia
multiple adj. /'mʌltɪpl/ **1** mangfoldig
2 mangedobbelt
multiplication subst. /ˌmʌltɪplɪ'keɪʃən/
ganging *m/f,* multiplikasjon *m*
multiply verb /'mʌltɪplaɪ/
1 gange, multiplisere
2 forøke
multiply by gange/multiplisere med
multitude subst. /'mʌltɪtʃu:d/,
/'mʌltɪtju:d/ mengde *m*
mum subst. /mʌm/ mamma *m*
mumble verb /'mʌmbl/ mumle
mumbo jumbo subst. sludder *n*
mummy¹ subst. /'mʌmɪ/ mumie *m*
mummy² subst. /'mʌmɪ/ *(barnespråk)*
mamma *m*
mumps subst. /mʌmps/ *(verbet skal
stå i entall)* kusma *m*
munch verb /mʌn(t)ʃ/ gomle (på),
maule
mundane adj. /'mʌndeɪn/ **1** verdslig
2 grå, kjedelig
Munich /'mju:nɪk/ München
municipal adj. /mjʊ'nɪsɪpəl/
1 kommunal
2 by-
municipality subst. /mjʊˌnɪsɪ'pælətɪ/
(by)kommune *m*
munition subst. /mjʊ'nɪʃən/
krigsmateriell *n*
mural subst. /'mjʊərəl/ veggmaleri *n*

murder¹ subst. /'mɜ:də/ mord *n*
murder² verb /'mɜ:də/ myrde
murderer subst. /'mɜ:dərə/ morder *m*
murderous adj. /'mɜ:dərəs/ morderisk
murky adj. /'mɜ:kɪ/ **1** dunkel
2 tett, tåket
murmur¹ subst. /'mɜ:mə/
1 mumling *m/f*
2 murring *m/f*
murmur² verb /'mɜ:mə/ **1** mumle
2 murre
muscle subst. /'mʌsl/ muskel *m*
muscular adj. /'mʌskjʊlə/ muskuløs
muse¹ subst. /mju:z/ muse *m*
muse² verb /mju:z/ fundere, gruble
museum subst. /mjʊ'zɪəm/ museum *n*
mushroom subst. /'mʌʃrʊm/ sopp *m*
music subst. /'mju:zɪk/ **1** musikk *m*
2 noter
musical¹ subst. /'mju:zɪkəl/
musikal *m,* (moderne) operette *m*
musical² adj. /'mju:zɪkəl/ musikalsk,
velklingende
music box subst. spilledåse *m*
musician subst. /mjʊ'zɪʃən/ musiker *m*
music stand subst. notestativ *n*
musk subst. /mʌsk/ moskus *m*
musk ox subst. moskusokse *m*
muskrat subst. /'mʌskræt/
bisamrotte *m/f*
Muslim¹ subst. /'mʊzlɪm/ muslim *m*
Muslim² adj. /'mʊzlɪm/ muslimsk
mussel subst. /'mʌsl/ **1** musling *m*
2 blåskjell *n*
must¹ subst. /mʌst/ druesaft *m/f*
must² subst. /mʌst/ mugg *m/n*
must³ subst. /mʌst/ *(hverdagslig)*
noe man må gjøre/ha
a must en absolutt nødvendighet
must⁴ verb /mʌst/, som trykksvak:
/məst/, /məs/ må, måtte
mustache subst. /mə'sta:ʃ/, amer.
også: /'mʌstæʃ/ *(amer.)* bart *m*

mustard subst. /'mʌstəd/ sennep *m*
muster verb /'mʌstə/
  1 *(militærvesen, sjøfart)* mønstre
  2 samle, sette inn
  3 samles, stille opp
musty adj. /'mʌstɪ/ muggen
mutable adj. /'mju:təbl/ foranderlig,
  ustadig
mutation subst. /mjʊ'teɪʃᵊn/
  1 forandring *m/f*, skifte *n*
  2 omlyd *m*
mute[1] subst. /mju:t/ *(gammeldags)*
  stum person *m*
mute[2] verb /mju:t/ dempe
mute[3] adj. /mju:t/ stum, taus
mutilate verb /'mju:tɪleɪt/ lemleste,
  forvanske
mutinous adj. /'mju:tɪnəs/ opprørsk
mutiny subst. /'mju:tɪnɪ/ mytteri *n*,
  opprør *n*
mutter verb /'mʌtə/ mumle
mutton subst. /'mʌtn/ fårekjøtt *n*
mutton chop subst. lammekotelett *m*
mutual adj. /'mju:tʃʊəl/, /'mju:tjʊəl/
  1 gjensidig
  2 felles

muzzle subst. /'mʌzl/
  1 *(på dyr)* mule *m*, snute *m/f*
  2 munnkurv *m/f*
  3 *(på skytevåpen)* munning *m/f*
my determinativ /maɪ/ min, mine, mitt
myopia subst. /maɪ'əʊpjə/
  nærsynthet *m*
myopic adj. /maɪ'ɒpɪk/ nærsynt
myrrh subst. /mɜ:/ myrra *m*
myrtle subst. /'mɜ:tl/ myrt *m*
myself pronomen /maɪ'self/,
  trykksvak også: /mɪ'self/
  1 meg, meg selv
  2 jeg selv, selv
mysterious adj. /mɪ'stɪərɪəs/ mystisk,
  gåtefull
mystery subst. /'mɪstᵊrɪ/
  mysterium *n*, gåte *m/f*
mystify verb /'mɪstɪfaɪ/ forvirre,
  mystifisere
myth subst. /mɪθ/ myte *m*, sagn *n*
mythical adj. /'mɪθɪkᵊl/ mytisk
mythology subst. /mɪ'θɒlədʒɪ/
  mytologi *m*

n

nab verb /næb/ *(hverdagslig)* **1** naske
  2 *(av politi)* fange
nag[1] subst. /næg/ masekopp *m*
nag[2] verb /næg/ mase, gnåle
nail[1] subst. /neɪl/ **1** spiker *m*
  2 negl *m*, klo *m/f*
nail[2] verb /neɪl/ spikre
naive adj. /naɪ'i:v/, amer. også:
  /nɑ:'i:v/ naiv, godtroende
naked adj. /'neɪkɪd/ naken
name[1] subst. /neɪm/ navn *n*
name[2] verb /neɪm/ **1** gi navn
  2 kalle, benevne
  name after oppkalle etter
nameless adj. /'neɪmləs/ navnløs
namely adverb /'neɪmlɪ/ nemlig,
  det vil si
namesake subst. /'neɪmseɪk/
  navnebror *m*, navnesøster *m/f*
nanny subst. /'nænɪ/ **1** barnepike *m/f*
  2 *(barnespråk)* bestemor *m/f*

nap[1] subst. /næp/ lur *m*, høneblund *m*
nap[2] subst. /næp/ *(på tøy e.l.)* lo
nape subst. /neɪp/ *eller*
  nape of the neck nakke *m*
napkin subst. /'næpkɪn/ **1** serviett *m*
  2 bleie *m/f*
  3 *(amer.)* menstruasjonsbind *n*
nappy subst. /'næpɪ/ *(hverdagslig)*
  bleie *m/f*
narcissus subst. /nɑ:'sɪsəs/
  pinselilje *m/f*
narcosis subst. /nɑ:'kəʊsɪs/
  narkose *m*, bedøvelse *m*
narcotic subst. /nɑ:'kɒtɪk/
  1 narkotisk preparat *n*
  2 *(i flertall)* narkotika
narrate verb /nə'reɪt/ fortelle, skildre,
  berette
narrative[1] subst. /'nærətɪv/
  1 fortelling *m/f*
  2 *(i fortelling)* handling *m/f*

narrative² adj. /ˈnærətɪv/ fortellende
narrator subst. /nəˈreɪtə/, /nærˈeɪtə/
  forteller *m*
narrow¹ verb /ˈnærəʊ/
  1 bli trangere, gjøre trangere
  2 innsnevre
narrow² adj. /ˈnærəʊ/ smal, trang
narrowly adverb /ˈnærəʊlɪ/ **1** så vidt
  2 nøye
narrow-minded adj. /ˌnærəʊˈmaɪndɪd/
  trangsynt
nasal adj. /ˈneɪzəl/ nese-, nasal-
nasty adj. /ˈnɑːstɪ/ ekkel, motbydelig
natal adj. /ˈneɪtl/ fødsels-, føde-
nation subst. /ˈneɪʃən/
  1 nasjon *m*, land *n*
  2 folk *n*
national adj. /ˈnæʃənl/
  1 nasjonal, stats-
  2 folke-
national insurance subst.
  (i Storbritannia) folketrygd *m/f*
nationalism subst. /ˈnæʃənəlɪzəm/
  nasjonalisme *m*
nationality subst. /ˌnæʃəˈnælətɪ/
  nasjonalitet *m*, statsborgerskap *n*
nationalize verb /ˈnæʃənəlaɪz/
  nasjonalisere
nationwide adj. /ˈneɪʃənwaɪd/
  landsomfattende, nasjonal
native adj. /ˈneɪtɪv/ **1** føde-, hjem-
  • *Leeds is my native city*
  Leeds er hjembyen min
  2 innfødt
  3 medfødt, naturlig
Native American subst. indianer *m*,
  urinnvåner *m*
native country subst. hjemland *n*
native language subst. morsmål *n*
NATO subst. *(fork. for* North Atlantic
  Treaty Organization*)* NATO
natural adj. /ˈnætʃərəl/ naturlig
natural disaster subst.
  naturkatastrofe *m*
natural gas subst. naturgass *m*
natural resources subst.
  naturressurser
natural science subst.
  naturvitenskap *m*
natural selection subst.
  naturlig utvalg
nature subst. /ˈneɪtʃə/ natur *m*
nature conservation subst.
  naturvern *n*

naught subst. /nɔːt/ null *m/n*
naughty adj. /ˈnɔːtɪ/ uskikkelig, slem
nausea subst. /ˈnɔːsɪə/ kvalme *m*
nauseating adj. /ˈnɔːsɪeɪtɪŋ/
  kvalmende
nauseous adj. /ˈnɔːsɪəs/ kvalm
nautical adj. /ˈnɔːtɪkəl/ nautisk, sjø-
nautical mile subst. nautisk mil *m/f*
naval adj. /ˈneɪvəl/ sjø-, marine-, flåte-
nave subst. /neɪv/ *(arkitektur, i kirke)*
  skip
navel subst. /ˈneɪvəl/ navle *m*
navigate verb /ˈnævɪgeɪt/ navigere,
  føre, styre
navigation subst. /ˌnævɪˈgeɪʃən/
  1 navigasjon *m*
  2 sjøfart *m*
navy subst. /ˈneɪvɪ/ krigsflåte *m/f*,
  marine *m*
Nazi¹ subst. /ˈnɑːtsɪ/ nazist *m*
Nazi² adj. /ˈnɑːtsɪ/ nazistisk, nazi-
Nazism subst. /ˈnɑːtsɪzəm/
  nazisme *m*
near¹ verb /nɪə/ nærme seg
near² adj. /nɪə/ **1** nær
  2 nærliggende
nearly adverb /ˈnɪəlɪ/ nesten
near-sighted adj. /ˌnɪəˈsaɪtɪd/ nærsynt
neat adj. /niːt/ **1** ryddig
  2 *(hverdagslig)* stilig, kul
necessary adj. /ˈnesəsrɪ/ nødvendig
necessitate verb /nəˈsesɪteɪt/
  nødvendiggjøre, kreve
necessity subst. /nəˈsesɪtɪ/
  nødvendighet *m*
neck subst. /nek/ hals *m*, nakke *m*
necklace subst. /ˈnekləs/ smykke *n*
necktie subst. /ˈnektaɪ/ slips *n*
nectar subst. /ˈnektə/ nektar *m*
need¹ subst. /niːd/ **1** behov *n*
  2 trang *m*, nødvendighet *m*
need² verb /niːd/ behøve, trenge
needle subst. /ˈniːdl/ nål *m/f*
needless adj. /ˈniːdləs/ unødig,
  unødvendig
needlework subst. /ˈniːdlwɜːk/
  håndarbeid *n*
needy adj. /ˈniːdɪ/ **1** trengende, fattig
  2 klengete
negative¹ subst. /ˈnegətɪv/
  1 nektelse *m*
  2 *(fotografering)* negativ *m/n*
negative² adj. /ˈnegətɪv/ negativ,
  nektende

neglect verb /nɪˈglekt/
1 forsømme, slurve med
2 neglisjere, ikke bry seg om
negligence subst. /ˈneglɪdʒəns/
1 slurv *n*
2 skjødesløshet *m*, uaktsomhet *m*
negligent adj. /ˈneglɪdʒənt/ uaktsom,
skjødesløs
negligible adj. /ˈneglɪdʒəbl/
ubetydelig
negotiable adj. /nɪˈgəʊʃjəbl/
1 forhandlingsbar
2 *(handel)* omsettelig, salgbar
3 *(om hinder e.l.)* overkommelig
negotiate verb /nɪˈgəʊʃieɪt/
forhandle (om), forhandle seg til
negotiation subst. /nɪˌgəʊʃiˈeɪʃən/
forhandling *m/f*
Negro subst. /ˈniːgrəʊ/ *(foreldet og
nedsettende*, Black *foretrekkes)*
neger *m*
neigh verb /neɪ/ knegge, vrinske
neighbour subst. /ˈneɪbə/
eller **neighbor** *(amer.)* nabo *m*
neighbourhood subst. /ˈneɪbəhʊd/
eller **neighborhood** *(amer.)*
nabolag *n*
neighbouring adj. /ˈneɪbərɪŋ/
eller **neighboring** *(amer.)* nabo-
neither¹ adverb /ˈnaɪðə/, /ˈniːðə/ heller
neither ... nor verken ... eller
neither² determinativ /ˈnaɪðə/, /ˈniːðə/
ingen *(av to)*, ingen av delene
neon subst. /ˈniːɒn/ neon *n*
neo-Nazism subst. /ˌniːəʊˈnɑːtsɪzəm/
nynazisme *m*
nephew subst. /ˈnefjʊ/ nevø *m*
nerd subst. /nɜːd/ nerd *m*
nerve subst. /nɜːv/ 1 nerve *m*
2 mot *n*, kraft *m/f*
3 *(hverdagslig)* frekkhet *m*
nerve-racking adj. /ˈnɜːvˌrækɪŋ/
nervepirrende
nervous adj. /ˈnɜːvəs/ nervøs
nest¹ subst. /nest/ rede *n*, reir *n*
nest² verb /nest/ bygge rede
nestle verb /ˈnesl/
legge seg godt til rette
net¹ subst. /net/ nett *n*, garn *n*
net² adj. /net/ netto, netto-
nether adj. /ˈneðə/ 1 nedre, under-
2 underst, nederst
the **Netherlands** /ˈneðələndz/
Nederland

netiquette subst. /ˈnetɪket/ *(IT)*
nettikette
netting subst. /ˈnetɪŋ/ nett *n*,
netting *m*
nettle¹ subst. /ˈnetl/ *(plante)* nesle *m/f*
nettle² verb /ˈnetl/ irritere
network subst. /ˈnetwɜːk/ nettverk *n*,
nett *n*
neurologist subst. /ˌnjʊəˈrɒlədʒɪst/
nevrolog *m*
neurotic adj. /ˌnjʊəˈrɒtɪk/ nevrotisk
neuter¹ subst. /ˈnjuːtə/ *(grammatikk)*
intetkjønn *n*
neuter² verb /ˈnjuːtə/ kastrere,
sterilisere
neutral adj. /ˈnjuːtrəl/ nøytral
neutrality subst. /njʊˈtræləti/
nøytralitet *m*
neutralize verb /ˈnjuːtrəlaɪz/
1 motvirke, nøytralisere
2 *(militærvesen)* uskadeliggjøre
never adverb /ˈnevə/ aldri
never mind ikke tenk på det,
glem det
nevermore adverb /ˌnevəˈmɔː/
(poetisk) aldri mer
nevertheless adverb /ˌnevəðəˈles/
1 ikke desto mindre
2 likevel
new adj. /njuː/ ny
newborn adj. /ˈnjuːbɔːn/ nyfødt
newfangled adj. /ˌnjuːˈfæŋgld/
(nedsettende) nymotens
newly adverb /ˈnjuːli/ 1 nylig, nettopp
2 ny-
news subst. /njuːz/ *(verbet skal stå i
entall)* nyhet(er)
breaking news siste nytt
news agency subst. nyhetsbyrå *n*
newspaper subst. /ˈnjuːzˌpeɪpə/
avis *m/f*
news stand subst. aviskiosk *m*
newt subst. /njuːt/ vannsalamander
New Year subst. nyttår *n*
New Year's Day subst.
første nyttårsdag *m*
New Year's Eve subst. nyttårsaften *m*
next¹ adj. /nekst/
1 neste, førstkommende
2 nærmeste
next² adverb /nekst/
1 deretter, så, siden
2 nest • *I am the next tallest*
jeg er den nest høyeste

NHS *(fork. for* National Health
Service*) forklaring:* det offentlige
helsevesenet i Storbritannia
nibble verb /ˈnɪbl/ **1** småspise
2 småbite, nappe
nice adj. /naɪs/ **1** hyggelig, snill
2 pen
nice to hyggelig mot, snill mot
nicety subst. /ˈnaɪsᵊtɪ/ presisjon *m*
niche subst. /niːʃ/ nisje *m*
nick¹ subst. /nɪk/ hakk *n*, snitt *n*
nick² verb /nɪk/
1 lage hakk i, skjære hakk i
2 *(britisk, hverdagslig)* knabbe
nickel subst. /ˈnɪkl/ **1** nikkel *m/n*
2 *(amer.)* femcentmynt
nickname subst. /ˈnɪkneɪm/
kallenavn *n*
nicotine subst. /ˈnɪkətiːn/ nikotin *m/n*
niece subst. /niːs/ niese *m/f*
night subst. /naɪt/ natt *m/f,* kveld *m*
at night om kvelden, om natten
last night i går kveld, i natt
nightfall subst. /ˈnaɪtfɔːl/
nattens frembrudd *n,*
mørkets frembrudd *n*
nightingale subst. /ˈnaɪtɪŋgeɪl/
nattergal *m*
nightly adverb /ˈnaɪtlɪ/
1 om natten, på natten
2 hver kveld, hver natt
nightmare subst. /ˈnaɪtmeə/ mareritt *n*
nil subst. /nɪl/ ingenting *n*, null *m/n*
the Nile /naɪl/ Nilen
nimble adj. /ˈnɪmbl/ **1** rask, smidig
2 rask i oppfatningen
nine determinativ /naɪn/ ni
nineteen determinativ /ˌnaɪnˈtiːn/,
foranstilt: /ˈnaɪntiːn/ nitten
nineteenth adj. /ˌnaɪnˈtiːnθ/, foranstilt:
/ˈnaɪntiːnθ/ nittende
ninetieth adj. /ˈnaɪntɪəθ/ nittiende
ninety determinativ /ˈnaɪntɪ/ nitti
ninth subst. /naɪnθ/ niende
nip¹ subst. /nɪp/ **1** klyp *n*, knip *n*
2 kulde *m/f,* frost *m*
nip² subst. /nɪp/ munnfull *m*, slurk *m*
nip³ verb /nɪp/ **1** klype, klemme
2 bite, nappe
nip⁴ verb /nɪp/ nippe til, smådrikke
nipple subst. /ˈnɪpl/ **1** brystvorte *m/f*
2 *(teknikk)* nippel *m*
niqab subst. /nɪˈkɑːb/
(muslimsk klesplagg) niqab

nitpicker subst. /ˈnɪtˌpɪkə/
flisespikker *m*
nitric acid subst. salpetersyre *m/f*
nitrogen subst. /ˈnaɪtrədʒən/
nitrogen *n*
nitwit subst. /ˈnɪtwɪt/ tosk *m*, dust *m*
no¹ determinativ /nəʊ/ ingen, ingenting
no one ingen, ikke noen
no way! aldri i livet!, det går ikke!
no² interjeksjon /nəʊ/ nei, ikke
Nobel Laureate subst.
nobelprisvinner *m*
the Nobel Prize subst. nobelprisen
nobility subst. /nəʊˈbɪlətɪ/ **1** adel *m*
2 edelhet *m*, nobelhet *m*
noble adj. /ˈnəʊbl/ **1** adelig
2 edel, fornem
nobleman subst. /ˈnəʊblmən/
adelsmann *m*
noblewoman subst. /ˈnəʊblˌwʊmən/
adelsdame *m/f*
nobody pronomen /ˈnəʊbədɪ/ ingen,
ikke noen
nocturnal adj. /nɒkˈtɜːnl/ nattlig, natt-
nod¹ subst. /nɒd/ **1** nikk *n*
2 blund *m*, lur *m*
nod² verb /nɒd/ **1** nikke
2 halvsove, duppe
noise subst. /nɔɪz/ **1** lyd *m*
2 bråk *n*, spetakkel *n*, støy *m*
noisy adj. /ˈnɔɪzɪ/ støyende, bråkete
nomad subst. /ˈnəʊmæd/ nomade *m*
nominate verb /ˈnɒmɪneɪt/ **1** nominere,
foreslå *(som kandidat)*
2 utnevne, innstille
nomination subst. /ˌnɒmɪˈneɪʃᵊn/
nominasjon *m*
non-alcoholic adj. /ˌnɒnælkəˈhɒlɪk/
alkoholfri
non-alignment subst. /ˌnɒnəˈlaɪnmənt/
alliansefrihet *m*
non-committal adj. /ˌnɒnkəˈmɪtl/
1 uforpliktende, ikke bindende
2 diplomatisk
nonconformist subst.
/ˌnɒnkənˈfɔːmɪst/ dissenter *m*
nondescript adj. /ˈnɒndɪskrɪpt/
ubestemmelig
none¹ adverb /nʌn/ ikke, slett ikke
none the less ikke desto mindre
none² determinativ /nʌn/
1 ingen, ikke noen
2 ingenting, ikke noe

a
b
c
d
e
f
g
h
i
j
k
l
m
n
o
p
q
r
s
t
u
v
w
x
y
z

nonetheless adverb /ˌnʌnðəˈles/
1 ikke desto mindre
2 likevel
non-fat adj. /ˌnɒnˈfæt/ *(om mat)* fettfri
nonsense subst. /ˈnɒnsᵊns/ tull *n*,
sludder *n*
nonsensical adj. /ˌnɒnˈsensɪkᵊl/
meningsløs
non-smoking adj. /ˌnɒnˈsməʊkɪŋ/
ikkerøyk-, ikke-røykende
non-violent adj. /ˌnɒnˈvaɪələnt/
fredelig, ikkevolds-
noodle¹ subst. /ˈnuːdl/ *(matrett)*
nudel *m*
noodle² subst. /ˈnuːdl/ idiot *m*
nook subst. /nʊk/ krok *m*, hjørne *n*
noon subst. /nuːn/ klokken tolv *(på
dagen)*
noose subst. /nuːs/ renneløkke *m/f*
nope interjeksjon /nəʊp/ *(hverdagslig)*
nei, niks
nor konjunksjon /nɔː/ og heller ikke
neither ... nor verken ... eller
Nordic adj. /ˈnɔːdɪk/ nordisk
norm subst. /nɔːm/ 1 norm *m*
2 rettesnor *m/f*, regel *m*
normal adj. /ˈnɔːmᵊl/ normal
Norse¹ subst. /nɔːs/ *(språk)* norrønt *n*
Norse² adj. /nɔːs/ norrøn, nordisk
north² adj. /nɔːθ/ nord-, nordlig
north³ adverb /nɔːθ/ nord, nordover
north of nord for
North America Nord-Amerika
northerly adj. /ˈnɔːðəlɪ/ nordlig
northern adj. /ˈnɔːðᵊn/ nordlig, nord-
Northern Lights subst. nordlys *n*
the **North Pole** Nordpolen
the **North Sea** Nordsjøen
northward adverb /ˈnɔːθwəd/
eller **northwards** mot nord, nordover
Norway /ˈnɔːweɪ/ Norge
Norwegian¹ subst. /nɔːˈwiːdʒᵊn/
1 nordmann *m*
2 *(om språket)* norsk *m*
Norwegian² adj. /nɔːˈwiːdʒᵊn/ norsk
nose¹ subst. /nəʊs/ nese *m/f*
blow one's nose snyte seg,
pusse nesen
nose² verb /nəʊz/ lukte, snuse
nosebleed subst. /ˈnəʊzˌbliːd/
det å blø neseblod
have a nosebleed blø neseblod
nose job subst. *(hverdagslig)*
plastisk neseoperasjon, neseplastikk

nostalgia subst. /nɒˈstældʒɪə/
nostalgi *m*
nostalgic adj. /nɒˈstældʒɪk/ nostalgisk
nostril subst. /ˈnɒstrᵊl/ nesebor *n*
nosy adj. /ˈnəʊzɪ/ *(hverdagslig)*
nysgjerrig
not adverb /nɒt/ ikke
notable adj. /ˈnəʊtəbl/
1 bemerkelsesverdig
2 betydningsfull
notch¹ subst. /nɒtʃ/ hakk *n*, skår *n*
notch² verb /nɒtʃ/ lage hakk i, skjære i
note¹ subst. /nəʊt/ 1 notat *n*
2 notis *m*
3 *(penge)* seddel *m*
4 *(musikk)* note *m*, tone *m*
of note viktig, verdt å legge merke til
take notes skrive notater
note² verb /nəʊt/ 1 legge merke til
2 bemerke, påpeke
3 skrive ned, notere
notebook subst. /ˈnəʊtbʊk/
notisbok *m/f*
noted adj. /ˈnəʊtɪd/ kjent, ansett
noteworthy adj. /ˈnəʊtˌwɜːðɪ/
bemerkelsesverdig
nothing¹ adverb /ˈnʌθɪŋ/ slett ikke,
på ingen måte
nothing² pronomen /ˈnʌθɪŋ/ ingenting,
ikke noe
for nothing 1 gratis 2 forgjeves,
til ingen nytte
notice¹ subst. /ˈnəʊtɪs/
1 oppmerksomhet *m*
2 varsel *n*, melding *m/f*
3 *(arbeidsliv)* oppsigelse *m*
4 *(i avis e.l.)* notis *m*
give notice 1 varsle, si fra
2 *(om ansatt)* si opp
notice² verb /ˈnəʊtɪs/ legge merke til
noticeable adj. /ˈnəʊtɪsəbl/ merkbar,
bemerkelsesverdig
noticeboard subst. /ˈnəʊtɪsbɔːd/
oppslagstavle *m/f*
notification subst. /ˌnəʊtɪfɪˈkeɪʃᵊn/
1 varsel *n*, melding *m/f*
2 kunngjøring *m/f*
notify verb /ˈnəʊtɪfaɪ/ kunngjøre,
melde fra til, varsle
notion subst. /ˈnəʊʃᵊn/
1 forestilling *m/f*
2 oppfatning *m/f*, mening *m/f*
3 idé *m*

notorious adj. /nə(ʊ)ˈtɔːrɪəs/
1 beryktet, notorisk
2 velkjent
notorious for beryktet for
notwithstanding¹ adverb
/ˌnɒtwɪθˈstændɪŋ/ likevel,
ikke desto mindre
notwithstanding² konjunksjon
/ˌnɒtwɪθˈstændɪŋ/ til tross for,
selv om, uansett
nought subst. /nɔːt/ **1** null m/n
2 ingenting n
noun subst. /naʊn/ substantiv n
nourish verb /ˈnʌrɪʃ/ **1** gi næring til
2 (overført) nære
nourishing adj. /ˈnʌrɪʃɪŋ/ nærende
nourishment subst. /ˈnʌrɪʃmənt/
næring m/f, føde m/f, mat m
novel¹ subst. /ˈnɒvəl/ roman m
novel² adj. /ˈnɒvəl/ **1** ny
2 uvanlig
novelist subst. /ˈnɒvəlɪst/
romanforfatter m
novelty subst. /ˈnɒvəltɪ/ nyhet m
November subst. /nə(ʊ)ˈvembə/
november m
novice subst. /ˈnɒvɪs/ nybegynner m,
novise m/f
now adverb /naʊ/ nå
by now på denne tiden, nå
for now foreløpig
nowadays adverb /ˈnaʊədeɪz/
nå for tiden, nå til dags
nowhere adverb /ˈnəʊweə/
ingen steder, ikke noen steder
nowhere near 1 ikke i nærheten
2 ikke på langt nær
nuance subst. /ˈnjuːɑːns/ nyanse m
nuanced adj. /ˈnjuːɑːnst/ nyansert
nuclear adj. /ˈnjuːklɪə/ atom-, kjerne-
nuclear bomb subst. atombombe m/f
nuclear family subst. kjernefamilie m

nuclear plant subst. atomkraftverk n,
kjernekraftverk n
nuclear power subst. kjernekraft m/f,
atomkraft m/f
nuclear reactor subst.
kjernereaktor m, atomreaktor m
nuclear war subst. atomkrig m
nucleus subst. /ˈnjuːklɪəs/ kjerne
nude adj. /njuːd/ **1** naken
2 hudfarget
nudge¹ subst. /nʌdʒ/ dytt m, puff n
nudge² verb /nʌdʒ/ dytte
nudist subst. /ˈnjuːdɪst/ nudist m
nuisance subst. /ˈnjuːsns/
1 plage m/f, plageånd m
2 ulempe m/f
null¹ subst. /nʌl/ (matematikk, fysikk)
null m/n
null² adj. /nʌl/ ugyldig
nullify verb /ˈnʌlɪfaɪ/ **1** oppheve
2 erklære ugyldig
numb adj. /nʌm/ følelsesløs, nummen
number¹ subst. /ˈnʌmbə/ **1** nummer n
2 tall n
3 antall n, mengde m
a number of flere, ganske mange
number² verb /ˈnʌmbə/ **1** telle
2 nummerere
number plate subst. (på kjøretøy)
nummerskilt n
numeral subst. /ˈnjuːmərəl/ talltegn n
numerical adj. /njʊˈmerɪkəl/ numerisk,
tallmessig
numerous adj. /ˈnjuːmərəs/ mange
nun subst. /nʌn/ nonne m/f
nunnery subst. /ˈnʌnərɪ/ nonnekloster n
nuptial adj. /ˈnʌpʃəl/ **1** bryllups-
2 ekteskaps-, ekteskapelig
nurse¹ subst. /nɜːs/ **1** sykepleier m
2 (gammeldags) amme m/f
nurse² verb /nɜːs/ **1** amme, gi bryst
2 pleie, stelle, passe
3 nære

nursery subst. /'nɜːsᵊrɪ/
1 barneværelse *n*
2 barnehage *m*
3 *(også* garden nursery*)*
planteskole *m*
nursery school subst. førskole *m*,
barnehage *m*
nursing subst. /'nɜːsɪŋ/ **1** sykepleie *m/f*
2 pleie *m/f*
3 amming
nursing home subst. sykehjem *n*
nurture verb /'nɜːtʃə/
1 oppdra, oppfostre
2 ernære, nære
nut subst. /nʌt/ **1** nøtt *m/f*
2 *(teknikk)* mutter *m*

be nuts være gal
nutcase subst. /'nʌtkeɪs/ *(hverdagslig)*
galning *m*
nutcracker subst. /'nʌtˌkrækə/
nøtteknekker *m*
nutmeg subst. /'nʌtmeg/ muskat *m*
nutrient subst. /'njuːtrɪənt/
næringsstoff *n*, næringsmiddel *n*
nutriment subst. /'njuːtrɪmənt/
næring *m/f*, ernæring *m/f*
nutritious adj. /njuː'trɪʃəs/ næringsrik,
nærende
nutshell subst. /'nʌtʃel/ nøtteskall *n*
in a nutshell i et nøtteskall,
i hovedsak
nymph subst. /nɪmf/ nymfe *m/f*

oaf subst. /əʊf/ dust *m*
oak subst. /əʊk/ eik *m/f*
oar subst. /ɔː/ åre *m/f*
oasis subst. /əʊ'eɪsɪs/ oase *m*
oath subst. /əʊθ/ **1** ed *m*
2 banning *m/f*
oatmeal subst. /'əʊtmiːl/ havremel *n*,
havregryn *n*
oats subst. *flt.* /əʊts/ *(verbet kan stå i
entall eller flertall)* havre *m*
obedience subst. /ə'biːdjəns/
lydighet *m*
obedient adj. /ə'biːdjənt/ lydig
obese adj. /ə(ʊ)'biːs/ fet
obesity subst. /ə(ʊ)'biːsətɪ/ fedme *m*,
sykelig overvekt *m/f*
obey verb /ə(ʊ)'beɪ/ lyde, adlyde
obituary subst. /ə(ʊ)'bɪtʃʊərɪ/
dødsannonse *m*
object¹ subst. /'ɒbdʒɪkt/
1 gjenstand *m*, objekt *n*
2 formål *n*, hensikt *m*
object² verb /əb'dʒekt/ innvende
object to ha innvendinger mot
objection subst. /əb'dʒekʃᵊn/
1 innvending *m/f*
2 motvilje *m*
objectionable adj. /əb'dʒekʃᵊnəbl/
forkastelig

objective¹ subst. /əb'dʒektɪv/ **1** mål *n*
2 objektiv *n*
objective² adj. /əb'dʒektɪv/ objektiv
obligation subst. /ˌɒblɪ'geɪʃᵊn/
1 forpliktelse *m*
2 takknemlighetsgjeld *m/f*
obligatory adj. /ə'blɪgətᵊrɪ/
obligatorisk
oblige verb /ə'blaɪdʒ/ **1** forplikte
2 imøtekomme
be obliged to 1 være forpliktet til
2 være nødt til
obliging adj. /ə'blaɪdʒɪŋ/
imøtekommende, hjelpsom
oblique adj. /ə(ʊ)'bliːk/ **1** skrå, skjev
2 indirekte
obliterate verb /ə'blɪtəreɪt/
1 tilintetgjøre
2 viske ut
oblivion subst. /ə'blɪvɪən/ glemsel *m*
oblong adj. /'ɒblɒŋ/ avlang
obnoxious adj. /əb'nɒkʃəs/ ekkel
oboe subst. /'əʊbəʊ/ *(instrument)*
obo *m*
obscene adj. /əb'siːn/ uanstendig
obscure¹ verb /əb'skjʊə/ **1** formørke
2 skjule
obscure² adj. /əb'skjʊə/
1 dunkel, mørk
2 ukjent

observant adj. /əb'zɜːvənt/
oppmerksom

observation subst. /ˌɒbzə'veɪʃən/
1 observasjon *m*
2 bemerkning *m/f*

observatory subst. /əb'zɜːvətrɪ/
observatorium *n*

observe verb /əb'zɜːv/
1 observere, iaktta
2 legge merke til
3 bemerke

observer subst. /əb'zɜːvə/
observatør *m*, iakttaker *m*

obsess verb /əb'ses/ besette, plage
be **obsessed with** være besatt av

obsession subst. /əb'seʃən/
1 besettelse *m*
2 tvangsforestilling *m/f*

obsolete adj. /'ɒbsəliːt/ foreldet

obstacle subst. /'ɒbstəkl/ hinder *n*

obstinate adj. /'ɒbstɪnət/ sta,
hardnakket

obstruct verb /əb'strʌkt/ sperre, hindre

obstruction subst. /əb'strʌkʃən/
blokkering *m/f*, sperring *m/f*,
hindring *m/f*

obtain verb /əb'teɪn/ 1 få, skaffe seg
2 oppnå

obtainable adj. /əb'teɪnəbl/ oppnåelig

obtrusive adj. /əb'truːsɪv/ påtrengende

obtuse adj. /əb'tjuːs/, /əb'tʃuːs/ sløv,
treg

obvious adj. /'ɒbvɪəs/ 1 åpenbar
2 opplagt, innlysende

occasion subst. /ə'keɪʒən/
1 anledning *m/f*
2 begivenhet *m*
3 grunn *m*
on **occasion** nå og da

occasional adj. /ə'keɪʒənl/ tilfeldig,
sporadisk

occult adj. /ɒ'kʌlt/ okkult, mystisk

occupant subst. /'ɒkjʊpənt/
1 beboer *m*
2 okkupant *m*
3 innehaver *m*

occupation subst. /ˌɒkjʊ'peɪʃən/
1 yrke *n*, arbeid *m*
2 okkupasjon *m*

occupy verb /'ɒkjʊpaɪ/ 1 bebo
2 okkupere
3 oppta
4 inneha
be **occupied with** holde på med

occur verb /ə'kɜː/ 1 inntreffe, hende
2 forekomme
occur to somebody falle noen inn

occurrence subst. /ə'kʌrəns/
1 hendelse *m*
2 forekomst *m*

ocean subst. /'əʊʃən/ hav *n*

ochre subst. /'əʊkə/ oker *m*

o'clock adverb /ə'klɒk/ klokken
• *five o'clock* klokken fem

octagon subst. /'ɒktəgən/ åttekant *m*

October subst. /ɒk'təʊbə/ oktober *m*

octopus subst. /'ɒktəpəs/
blekksprut *m*

oculist subst. /'ɒkjʊlɪst/ øyelege *m*

odd adj. /ɒd/ 1 ulike
2 underlig, rar, sær
3 enkelt

oddity subst. /'ɒdətɪ/ merkverdighet *m*

odds subst. *flt.* /ɒdz/ 1 odds *m*
• *the odds are against him*
han har alle odds mot seg
2 utsikter *m*, sjanser *m*
at **odds** uenig, på kant med

ode subst. /əʊd/ *(dikt)* ode *m*

odour subst. /'əʊdə/ *eller* **odor** *(amer.)*
lukt *m/f*

oestrogen subst. /'iːstrə(ʊ)dʒən/
østrogen *n*

of preposisjon /ɒv/, trykksvak: /əv/
1 av, fra, for • *I live north of York* jeg
bor nord for York • *my aunt died of
cancer* tanten min døde av kreft
2 med, om • *would you like a cup of
tea?* vil du ha en kopp te?

off[1] adj. /ɒf/ 1 bortre, lengst bort
2 dårlig

off[2] adverb /ɒf/ 1 bort, i vei
• *they drove off* de kjørte i vei
2 av • *turn off from the main road* ta
av fra hovedveien
3 helt
be **off** 1 være av, ha løsnet 2 dra,
reise 3 være/ha fri 4 være slutt
5 være frakoblet
6 *(om mat)* være dårlig

off[3] preposisjon /ɒf/ 1 (bort) fra
2 ved, nær
3 på, av
just off rett ved siden av

offence subst. /ə'fens/ *eller* **offense**
(amer.) 1 *(jus)* forseelse *m*
2 fornærmelse *m*
3 angrep *n*, offensiv *m*

offend verb /ə'fend/
1 fornærme, krenke
2 støte
offender subst. /ə'fendə/ forbryter *m*,
gjerningsmann *m*
offensive¹ subst. /ə'fensɪv/
offensiv *m*, angrep *n*
offensive² adj. /ə'fensɪv/ støtende,
krenkende
be offensive to støte, krenke
offer¹ subst. /'ɒfə/ tilbud *n*
offer² verb /'ɒfə/ tilby (seg), by
offering subst. /'ɒfˀrɪŋ/ 1 ofring *m/f*
2 offer *n*, offergave *m/f*
offhand adj. /ˌɒfˀhænd/
1 på stående fot, improvisert
2 på strak arm
office subst. /'ɒfɪs/ 1 kontor *n*
2 embete *n*
3 tjeneste *m*
at the office på kontoret
officer subst. /'ɒfɪsə/ 1 offiser *m*
2 embetsmann *m*
3 politikonstabel *m*
official¹ subst. /ə'fɪʃˀl/
1 tjenestemann *m*, embetsmann *m*
2 *(sport)* funksjonær *m*
official² adj. /ə'fɪʃˀl/ 1 offisiell
2 tjeneste-
offline adj. /'ɒflaɪn/ frakoblet
offload verb /'ɒfləʊd/ 1 laste av, losse
2 *(overført)* velte over,
lette sitt hjerte for
off-peak adj. /ˌɒf'piːk/, foranstilt:
/'ɒfpiːk/ under maksimum, lav-
off-peak season lavsesong
off-road bicycle subst.
terrengsykkel *m*
offset verb (offset – offset) /'ɒfset/
oppveie, utligne
offshore adj. /ˌɒf'ʃɔː/ 1 fralands-
2 et stykke fra land
offspring subst. (flertall: offspring)
/'ɒfsprɪŋ/ avkom *n*
often adverb /'ɒfˀn/, /'ɒftˀn/ ofte
every so often nå og da
ogre subst. /'əʊgə/ uhyre *n*
oil¹ subst. /ɔɪl/ olje *m/f*
oil² verb /ɔɪl/ olje, smøre
oilcloth subst. /'ɔɪlklɒθ/ voksduk *m*
oilfield subst. /'ɔɪlfiːld/ oljefelt *n*
oil rig subst. oljerigg *m*
oil spill subst. oljeutslipp *n*
oil well subst. oljebrønn *m*

oily adj. /'ɔɪlɪ/ 1 oljete
2 oljeglatt
ointment subst. /'ɔɪntmənt/ salve *m/f*
OK adj. /ˌəʊ'keɪ/ *eller* **okay** OK, bra
old adj. (older – oldest, spesielt om
søsken: elder – eldest) /əʊld/ gammel
old-fashioned adj. /ˌəʊld'fæʃˀnd/
gammeldags
olive subst. /'ɒlɪv/ oliven *m*
the Olympic Games subst. *eller*
the Olympics de olympiske leker
omelette subst. /'ɒmlət/ *eller*
omelet *(amer.)* omelett *m*
omen subst. /'əʊmen/ forvarsel *n*,
tegn *n*
ominous adj. /'ɒmɪnəs/ illevarslende
omission subst. /ə(ʊ)'mɪʃˀn/
1 utelatelse *m*
2 unnlatelse *m*
omit verb /ə(ʊ)'mɪt/ 1 utelate
2 la være, unnlate
omnipotent adj. /ɒm'nɪpətˀnt/
allmektig
omniscient adj. /ɒm'nɪsɪənt/,
/ɒm'nɪʃɪənt/ allvitende
omnivorous adj. /ɒm'nɪvˀrəs/
altetende
on¹ adverb /ɒn/ 1 på
2 videre, fremover
• *he flew on to London*
3 fore, på programmet
• *I have nothing on tonight*
on² preposisjon /ɒn/ 1 på, i
• *they put a notice on the board*
2 om • *she has written a book on
ecosystems*
3 mot, til • *they marched on Paris*
4 med • *she congratulated him on
the scholarship*
on and off *eller* **off and on**
1 av og på 2 av og til
on and on uten opphold
be on to someone 1 vite hva noen
pønsker på 2 ha en mistanke til noen
once¹ adverb /wʌns/ en gang
at once 1 med det samme
2 på en gang, samtidig
for once for en gangs skyld
once again/more en gang til
once² konjunksjon /wʌns/ så fort,
så snart • *once he hesitates, we have
him* så fort han nøler, har vi ham
oncoming adj. /'ɒnˌkʌmɪŋ/ møtende

one[1] determinativ /wʌn/ **1** en, ett
2 eneste
all in one 1 alt i ett **2** i forening
3 til sammen
for one thing 1 for det første
2 for eksempel
one by one 1 en og en
2 den ene etter den andre
one[2] pronomen /wʌn/ man, en
• *one does one's best*
man gjør så godt man kan
one's ens, sin
that one den der
which one hvilken
one another pronomen hverandre
oneself pronomen /wʌn'self/ seg,
seg selv
one-way adj. /'wʌnweɪ/ enveis-,
enveiskjørt
ongoing adj. /'ɒnˌɡəʊɪŋ/ pågående
onion subst. /'ʌnjən/ løk m
online adj. /'ɒnlaɪn/ *(IT)* tilkoblet,
på nett
onlooker subst. /'ɒnˌlʊkə/ tilskuer m
only[1] adj. /'əʊnlɪ/ eneste
only[2] adverb /'əʊnlɪ/ **1** bare, kun
2 først, ikke før
3 senest, så sent som
only just akkurat
only[3] konjunksjon /'əʊnlɪ/ men
onward adverb /'ɒnwəd/ *eller*
onwards fremover
oodles subst. *flt.* /'uːdlz/ masse m
ooze[1] subst. /uːz/ gjørme m/f,
mudder n
ooze[2] verb /uːz/ **1** sive
2 lekke
opaque adj. /ə(ʊ)'peɪk/
ikke gjennomsiktig
open[1] subst. /'əʊpən/ åpning m/f
in the open 1 i friluft **2** åpenlys
open[2] verb /'əʊpən/ åpne, åpne seg
open[3] adj. /'əʊpən/ **1** åpen
2 fri
opening[1] subst. /'əʊpənɪŋ/
1 åpning m/f
2 premiere m
opening[2] adj. /'əʊpənɪŋ/ åpnings-,
innledende
open-minded adj. /ˌəʊpən'maɪndɪd/
fordomsfri
opera subst. /'ɒpərə/ opera m
opera house subst. opera m,
operahus n

operate verb /'ɒpəreɪt/ **1** virke
2 operere
3 betjene
4 drive
operating system subst. *(IT)*
operativsystem n
operation subst. /ˌɒpə'reɪʃən/
1 operasjon m
2 drift m/f
3 virksomhet m
operative adj. /'ɒpərətɪv/ **1** virksom
2 gjeldende
3 operativ
operator subst. /'ɒpəreɪtə/ operatør m
operetta subst. /ˌɒpə'retə/ operette m
opinion subst. /ə'pɪnjən/
1 mening m/f, oppfatning m/f
2 skjønn n
opinionated adj. /ə'pɪnjəneɪtɪd/ sta,
påståelig
opinion poll subst.
meningsmåling m/f
opponent subst. /ə'pəʊnənt/
motstander m
opportune adj. /'ɒpətʃuːn/, /'ɒpətjuːn/
beleilig, gunstig
opportunity subst. /ˌɒpə'tjuːnətɪ/,
/ˌɒpə'tʃuːnətɪ/ mulighet m, sjanse m
oppose verb /ə'pəʊz/ motsette seg,
være imot, bekjempe
opposite[1] subst. /'ɒpəzɪt/
motsetning m/f
opposite[2] adj. /'ɒpəzɪt/ motsatt
opposite[3] preposisjon /'ɒpəzɪt/
1 overfor
2 mot
opposition subst. /ˌɒpə'zɪʃən/
1 motstand m
2 motsetning m/f
3 *(politikk o.l.)* opposisjon m
oppress verb /ə'pres/ **1** undertrykke
2 tynge
oppression subst. /ə'preʃən/
1 undertrykkelse m
2 nedtrykthet m
oppressive adj. /ə'presɪv/ **1** tyngende
2 tyrannisk
3 *(om vær)* trykkende
opt verb /ɒpt/ velge
opt for velge
opt out velge bort, trekke seg fra
optical illusion subst. synsbedrag n
optician subst. /ɒp'tɪʃən/ optiker m

a
b
c
d
e
f
g
h
i
j
k
l
m
n
o
p
q
r
s
t
u
v
w
x
y
z

optimism subst. /'ɒptɪmɪzᵊm/
optimisme *m*
optimist subst. /'ɒptɪmɪst/ optimist *m*
optimistic adj. /ˌɒptɪ'mɪstɪk/
optimistisk
option subst. /'ɒpʃᵊn/ **1** valg *n*,
alternativ *n*
2 opsjon *m*
3 *(også* right of option*)*
forkjøpsrett *m*
optional adj. /'ɒpʃᵊnl/ valgfri
opulence subst. /'ɒpjʊləns/
1 rikdom *m*
2 overflod *m*
or konjunksjon /ɔː/, trykksvak /ə/ eller
either ... or enten ... eller
or else ellers
oracle subst. /'ɒrəkl/ orakel *n*
oral adj. /'ɔːrᵊl/ muntlig
orange[1] subst. /'ɒrɪndʒ/ appelsin *m*
orange[2] adj. /'ɒrɪndʒ/ oransje
orator subst. /'ɒrətə/ taler *m*, orator *m*
orb subst. /ɔːb/ kule *m/f,* klode *m*
orbit subst. /'ɔːbɪt/ bane *m*,
omløpsbane *m*
orchard subst. /'ɔːtʃəd/ frukthage *m*
orchestra subst. /'ɔːkɪstrə/ orkester *n*
orchid subst. /'ɔːkɪd/ orkidé *m*
ordain verb /ɔː'deɪn/
1 *(kirke)* prestevie, ordinere
2 bestemme
ordeal subst. /ɔː'diːl/ **1** ildprøve *m/f*
2 prøvelse *m*
order[1] subst. /'ɔːdə/ **1** orden *m*
2 ordre *m*, bestilling *m/f*
3 levering *m/f*
be under orders to ha ordre om å
in order 1 i orden **2** i rekkefølge
in order to for å, slik at
out of order 1 i ustand **2** upassende
put in order ordne, få orden på
order[2] verb /'ɔːdə/ **1** beordre
2 bestille
3 ordne
orderly adj. /'ɔːdəli/ ordnet, ordentlig
ordinal subst. /'ɔːdɪnl/ ordenstall *n*
ordinance subst. /'ɔːdɪnəns/
forordning *m/f,* bestemmelse *m*
ordinary adj. /'ɔːdnrɪ/, /'ɔːdɪnᵊrɪ/
vanlig, ordinær, alminnelig
ore subst. /ɔː/ erts *m*, malm *m*
oregano subst. /ˌɒrɪ'gɑːnəʊ/,
amer: /ɔː'regənoʊ/ oregano *m*

organ subst. /'ɔːgən/ **1** organ *n*
2 orgel *n*
organic adj. /ɔː'gænɪk/ **1** organisk
2 *(om mat)* økologisk
organism subst. /'ɔːgənɪzᵊm/
organisme *m*
organist subst. /'ɔːgənɪst/ organist *m*
organization subst. /ˌɔːgənaɪ'zeɪʃᵊn/
1 organisasjon *m*
2 organisering *m/f*
organize verb /'ɔːgənaɪz/ organisere
organizer subst. /'ɔːgənaɪzə/
organisator *m*, arrangør *m*
orgasm subst. /'ɔːgæzᵊm/ orgasme *m*
orgy subst. /'ɔːdʒi/ orgie *m*
orient verb /'ɔːrɪent/ orientere
the Orient /'ɔːrɪənt/ Orienten, Østen
oriental adj. /ˌɔːrɪ'entl/ orientalsk
orientate verb /'ɔːrɪənteɪt/ orientere
orientation subst. /ˌɔːrɪən'teɪʃᵊn/
orientering *m/f*
sexual orientation seksualitet,
legning
origin subst. /'ɒrɪdʒɪn/ opprinnelse *m*,
opphav *n*
original[1] subst. /ə'rɪdʒᵊnl/ original *m*
original[2] adj. /ə'rɪdʒᵊnl/ original,
opprinnelig
originate verb /ə'rɪdʒəneɪt/
1 være opphav til
2 oppstå, begynne
originator subst. /'ərɪdʒəneɪtə/
opphav *n*, opphavsmann *m*,
skaper *m*
ornament subst. /'ɔːnəmənt/
utsmykning *m/f,* pynt *m*
ornamental adj. /ˌɔːnə'mentl/
dekorativ, pryd-, pynte-
orphan subst. /'ɔːfᵊn/
foreldreløst barn
orphanage subst. /'ɔːfᵊnɪdʒ/
hjem for foreldreløse barn
orthodox adj. /'ɔːθədɒks/ **1** ortodoks
2 konservativ
orthography subst. /ɔː'θɒgrəfi/
rettskrivning *m/f*
orthorexia subst. /ˌɔːθəʊ'reksɪə/
ortoreksi *m*
oscillate verb /'ɒsɪleɪt/ **1** svinge
2 pendle
ostensible adj. /ɒ'stensəbl/
1 tilsynelatende
2 angivelig
ostrich subst. /'ɒstrɪtʃ/ struts *m*

other determinativ (som selvstendig flertall: others) /'ʌðə/
annen, annet, andre
each other hverandre
every other annenhver
the others de andre
otherwise adverb /'ʌðəwaɪz/
1 annerledes
2 ellers
otter subst. /'ɒtə/ oter
ought verb /ɔːt/ bør, burde, skulle
ought to bør, burde, skulle
ounce subst. /aʊns/
1 *(måleenhet)* unse *m (28,35 gram)*
2 smule *m*, grann *n*
our determinativ /'aʊə/ vår, vårt, våre
ours determinativ /'aʊəz/ vår, vårt, våre
ourselves pronomen /ˌaʊə'selvz/
1 oss, oss selv
2 vi selv
out adverb /aʊt/ ut, ute, utenfor
out of 1 ut av, ut fra **2** ute av • *out of sight* ute av syne **3** av, blant • *two out of ten* to av ti **4** på grunn av
outbid verb (outbid – outbid) /ˌaʊt'bɪd/ overby, by over
outboard adj. /'aʊtbɔːd/ utenbords
outbreak subst. /'aʊtbreɪk/ utbrudd *n*
outcast adj. /'aʊtkɑːst/
1 utstøtt, avvist
2 forkastet
outcome subst. /'aʊtkʌm/ resultat *n*
outcry subst. /'aʊtkraɪ/ **1** skrik *n*
2 oppstandelse *m*
outdo verb (outdid – outdone) /ˌaʊt'duː/ overgå
outdoors[1] subst. /ˌaʊt'dɔːz/ ute i det fri
outdoors[2] adverb /ˌaʊt'dɔːz/ utendørs, ute
outer adj. /'aʊtə/ **1** ytre, ytter-
2 utvendig
outermost adj. /'aʊtəməʊst/ ytterst
outfit subst. /'aʊtfɪt/ klær, antrekk *n*
outgoing adj. /'aʊtˌgəʊɪŋ/ **1** utgående
2 *(om person)* utadvendt
outgrow verb (outgrew – outgrown) /ˌaʊt'grəʊ/ vokse fra
outgrowth subst. /'aʊtgrəʊθ/ utvekst *m*
outhouse subst. /'aʊthaʊs/ uthus *n*
outing subst. /'aʊtɪŋ/ tur *m*, utflukt *m/f*
outlay subst. /'aʊtleɪ/ utlegg *n*

outlet subst. /'aʊtlet/ **1** utløp *n*
2 munning *m/f*
3 *(handel)* marked *n*
4 *(amer.)* uttak *n*, stikkontakt *m*
outline[1] subst. /'aʊtlaɪn/ **1** omriss *n*
2 utkast *n*
outline[2] verb /'aʊtlaɪn/ skissere
outlive verb /ˌaʊt'lɪv/ overleve, leve lenger enn
outlook subst. /'aʊtlʊk/ **1** utsikt *m*
2 innstilling *m/f*, tankegang *m*
outnumber verb /ˌaʊt'nʌmbə/ overgå i antall
be outnumbered være i mindretall
outpost subst. /'aʊtpəʊst/ utpost *m*
output subst. /'aʊtpʊt/ **1** ytelse *m*, produksjon *m*
2 *(IT)* utdata *n*
outrage[1] subst. /'aʊtreɪdʒ/
1 voldshandling *m/f*
2 krenkelse *m*
3 raseri *n*
outrage[2] verb /aʊt'reɪdʒ/
1 fornærme grovt
2 opprøre
outrageous adj. /aʊt'reɪdʒəs/ skandaløs
outright adverb /ˌaʊt'raɪt/ **1** likefrem
2 direkte
3 omgående
outrun verb (outran – outrun) /ˌaʊt'rʌn/ løpe fra
outset subst. /'aʊtset/ begynnelse *m*
outside[1] subst. /ˌaʊt'saɪd/
1 ytterside *m/f*
2 utside *n*
outside[2] adj. /ˌaʊt'saɪd/, foranstilt: /'aʊtsaɪd/ **1** utvendig
2 ute-
outside[3] preposisjon /ˌaʊt'saɪd/
1 utenfor
2 utenpå
outsider subst. /ˌaʊt'saɪdə/
1 utenforstående
2 særing
outskirts subst. *flt.* /'aʊtskɜːts/ utkant *m*
outsmart verb /ˌaʊt'smɑːt/ overliste
outspoken adj. /ˌaʊt'spəʊkən/ frimodig
outstanding adj. /ˌaʊt'stændɪŋ/, i betydning 2: /'aʊtˌstændɪŋ/
1 fremragende
2 *(om fordringer o.l.)* utestående

outward adj. /'aʊtwəd/ **1** ytre
2 utvendig
3 utgående, ut-
outweigh verb /ˌaʊt'weɪ/ **1** oppveie
2 veie mer enn
ovary subst. /'əʊvərɪ/ eggstokk *m*
oven subst. /'ʌvᵊn/ ovn *m*
over[1] adverb /'əʊvə/ **1** over
2 om igjen • *we began all over again*
vi begynte helt på nytt
3 ferdig, forbi
all over 1 helt og holdent **2** overalt
over there der borte
over[2] preposisjon /'əʊvə/ over
overall[1] adj. /'əʊvərɔːl/ **1** samlet
2 alminnelig
overall[2] adverb /ˌəʊvər'ɔːl/ **1** overalt
2 alt i alt
overalls subst. *flt.* /'əʊvərɔːlz/
arbeidsklær
overbearing adj. /ˌəʊvə'beərɪŋ/
1 myndig
2 hovmodig
overboard adverb /'əʊvəbɔːd/
over bord
go overboard bli for begeistret
overcast adj. /'əʊvəkɑːst/ overskyet
overcoat subst. /'əʊvəkəʊt/ frakk *m*
overcome verb (overcame –
overcome) /ˌəʊvə'kʌm/ **1** overvelde
2 overvinne
3 få bukt med
be **overcome with** bli/være
overveldet av
overconsumption subst.
/ˌəʊvəkən'sʌmʃᵊn/ overforbruk *n*
overcrowd verb /ˌəʊvə'kraʊd/
overfylle
overdo verb (overdid – overdone)
/ˌəʊvə'duː/ **1** overdrive
2 *(matlaging)* steke/koke for lenge
overdo it gå for langt

overdraft subst. /'əʊvədrɑːft/
overtrekk *n*
overdraw verb (overdrew – overdrawn)
/ˌəʊvə'drɔː/ overtrekke *(konto)*
overdue adj. /ˌəʊvə'djuː/, /ˌəʊvə'dʒuː/
1 forfalt
2 forsinket
overflow[1] subst. /'əʊvəfləʊ/
1 oversvømmelse *m*
2 overflod *m*
overflow[2] verb /ˌəʊvə'fləʊ/ flyte over,
oversvømme
overgrown adj. /ˌəʊvə'grəʊn/
1 overgrodd
2 forvokst, oppløpen
overhang verb (overhung – overhung)
/ˌəʊvə'hæŋ/ **1** henge utover
2 rage
overhaul verb /ˌəʊvə'hɔːl/ **1** ettersе
2 overhale
overhear verb (overheard – overheard)
/ˌəʊvə'hɪə/ **1** *(tilfeldig)* overhøre
2 *(med vilje)* tyvlytte, lytte til
overlap verb /ˌəʊvə'læp/ overlappe
overload verb /ˌəʊvə'ləʊd/ overbelaste
overlook verb /ˌəʊvə'lʊk/ **1** se ut over
2 ha utsikt til
3 overse
overnight adverb /ˌəʊvə'naɪt/
1 over natten
2 kvelden før
overpower verb /ˌəʊvə'paʊə/
1 overvelde
2 overmanne
overrate verb /ˌəʊvə'reɪt/ overvurdere
override verb (overrode – overridden)
/ˌəʊvə'raɪd/ **1** ri over
2 tilsidesette
3 overskygge
overrule verb /ˌəʊvə'ruːl/ **1** forkaste
2 oppheve
be **overruled** bli overkjørt

overrun verb (overran – overrun)
/ˌəʊvəˈrʌn/ **1** bre seg ut over
2 overskride
overseas adverb /ˌəʊvəˈsiːz/
1 på den andre siden av havet
2 i utlandet
go overseas reise utenlands
overseer subst. /ˈəʊvəsiə/
oppsynsmann *m*
overshadow verb /ˌəʊvəˈʃædəʊ/
overskygge
oversight subst. /ˈəʊvəsaɪt/
forglemmelse *m*
oversleep verb (overslept – overslept)
/ˌəʊvəˈsliːp/ forsove seg
overt adj. /ə(ʊ)ˈvɜːt/ åpenlys, utilslørt
overtake verb (overtook – overtaken)
/ˌəʊvəˈteɪk/ **1** innhente, ta igjen
2 *(om bil)* kjøre forbi
overtaking subst. /ˌəʊvəˈteɪkɪŋ/
forbikjøring *m/f*
overthrow verb (overthrew –
overthrown) /ˌəʊvəˈθrəʊ/ styrte, felle
overtime subst. /ˈəʊvətaɪm/
overtid *m/f*
overturn verb /ˌəʊvəˈtɜːn/ velte
overview subst. /ˈəʊvəvjuː/
1 oversikt *m*
2 sammendrag *n*
overweight[1] subst. /ˈəʊvəweɪt/
overvekt *m/f*
overweight[2] adj. /ˈəʊvəweɪt/
overvektig

overwhelm verb /ˌəʊvəˈwelm/
overvelde
overwork verb /ˌəʊvəˈwɜːk/
overanstrenge (seg)
ovulation subst. /ˌɒvjəˈleɪʃən/
eggløsning *m/f*
owe verb /əʊ/ skylde
owing adj. /ˈəʊɪŋ/ **1** skyldig
2 utestående
owing to på grunn av
owl subst. /aʊl/ ugle *m/f*
own[1] verb /əʊn/ **1** eie, ha
2 innrømme
own[2] adj. /əʊn/ egen, eget, egne
on one's own alene, for seg selv
owner subst. /ˈəʊnə/ eier *m*
ownership subst. /ˈəʊnəʃɪp/ **1** eie *n*
2 eiendomsrett *m*
ox subst. (flertall: oxen) /ɒks/ kveg *n*,
okse *m*
oxidation subst. /ˌɒksɪˈdeɪʃən/
oksidering *m/f*
oxide subst. /ˈɒksaɪd/ *(kjemi)* oksid *n*
oxidize verb /ˈɒksɪdaɪz/ *(kjemi)*
oksidere
oxygen subst. /ˈɒksɪdʒən/ oksygen *n*
oyster subst. /ˈɔɪstə/ østers *m*
oz. *(fork. for ounce(s))* unse *m* *(28,35
gram)*
ozone subst. /ˈəʊzəʊn/ ozon *n*
ozone layer subst. ozonlag *n*

pa subst. /pɑː/ pappa *m*
pace[1] subst. /peɪs/ **1** skritt *n*, gange *m/f*
2 fart *m*, takt *m/f*
pace[2] verb /peɪs/ **1** skritte
2 gå rastløst frem og tilbake
pacific adj. /pəˈsɪfɪk/ **1** fredelig
2 stillehavs-
the **Pacific Ocean** subst. *eller*
the **Pacific** Stillehavet
pacifier subst. /ˈpæsɪfaɪə/ *(amer.)*
narresmokk *m*
pacifist subst. /ˈpæsɪfɪst/ pasifist *m*
pacify verb /ˈpæsɪfaɪ/ **1** skape fred
2 berolige
3 forsone

pack[1] subst. /pæk/
1 pakke *m/f*, eske *m/f*
2 gjeng *m*
3 kobbel *n*, horde *m*
4 kortstokk *m*
pack[2] verb /pæk/
1 pakke, pakke sammen
2 stue sammen
package subst. /ˈpækɪdʒ/ **1** pakke *m/f*
2 innpakning *m/f*, emballasje *m*
3 kolli *n*
packed lunch subst. matpakke *m/f*
packet subst. /ˈpækɪt/ pakke *m/f*
packing subst. /ˈpækɪŋ/ **1** pakking *m/f*
2 emballasje *m*, innpakning *m/f*

pact subst. /pækt/ avtale *m*, pakt *m/f*
pad¹ subst. /pæd/ **1** pute *m/f*
2 underlag *n*, beskyttelse *m*
3 skriveblokk *m/f*
4 (menstruasjons)bind *n*
5 *(slang)* kåk *m*
pad² verb /pæd/ **1** vattere
2 polstre
padding subst. /'pædɪŋ/ vatt *m/n*,
vattering *m/f*
paddle¹ subst. /'pædl/ padleåre *m/f*
paddle² verb /'pædl/ padle
Paddy subst. /'pædɪ/ *(spøkefullt)* ire *m*
padlock subst. /'pædlɒk/ hengelås *m/n*
paedophile subst. /'piːdə(ʊ)faɪl/
pedofil
pagan¹ subst. /'peɪgən/ hedning *m*
pagan² adj. /'peɪgən/ hedensk
page¹ subst. /peɪdʒ/ side *m/f*
page² verb /peɪdʒ/ kalle opp *(over
høyttaleranlegg)*
pageboy subst. /'peɪdʒbɔɪ/ pikkolo *m*
paid verb /peɪd/ *se* ▶pay²
pain¹ subst. /peɪn/ smerte *m*
be **in pain** ha det vondt
pain² verb /peɪn/ gjøre vondt
painful adj. /'peɪnfᵊl/ smertefull
painkiller subst. /'peɪnˌkɪlə/
smertestillende middel *n*
painless adj. /'peɪnləs/ smertefri
paint¹ subst. /peɪnt/ maling *m/f*
paint² verb /peɪnt/ **1** male
2 *(overført)* fremstille, skildre
painter subst. /'peɪntə/
(kunst)maler *m*
painting subst. /'peɪntɪŋ/ **1** maling *m/f*
2 maleri *n*
3 malerkunst *m*
pair¹ subst. /peə/ par *n*
in pairs parvis, to og to
pair² verb /peə/ **1** pare
2 ordne parvis, slå sammen i par
pal subst. /pæl/ kamerat *m*, venn *m*
palace subst. /'pælɪs/ palass *n*, slott *n*
palatable adj. /'pælətəbl/
1 velsmakende
2 tiltalende
palate subst. /'pælət/ gane *m*
pale¹ subst. /peɪl/ stake *m*, påle *m*
pale² verb /peɪl/ blekne, bli blek
pale³ adj. /peɪl/ blek
palette subst. /'pælət/ palett *m*
paling subst. /'peɪlɪŋ/ plankegjerde *n*
pallid adj. /'pælɪd/ gusten

palm¹ subst. /pɑːm/ håndflate *m/f*
palm² subst. /pɑːm/ *(tresort)* palme *m*
palmistry subst. /'pɑːmɪstrɪ/
kiromantikk *(det å spå i hånden)*
Palm Sunday subst. palmesøndag *m*
palpable adj. /'pælpəbl/
1 håndgripelig
2 merkbar, tydelig
palpitation subst. /ˌpælpɪ'teɪʃᵊn/
hjertebank *m*
pamphlet subst. /'pæmflət/
brosjyre *m*, flygeblad *n*
pan¹ subst. /pæn/ gryte *m/f*, panne *m/f*
pan² verb /pæn/ *(hverdagslig)* kritisere
pan out 1 forløpe, gå **2** lykkes, slå an
pancake subst. /'pænkeɪk/
pannekake *m/f*
pancreas subst. /'pæŋkrɪəs/
bukspyttkjertel *m*
panda subst. /'pændə/ panda *m*
pandemic subst. /pæn'demɪk/
pandemi *m (meget utbredt epidemi)*
pane subst. /peɪn/ (vindus)rute *m/f*
panel subst. /'pænl/ **1** panel *n*
2 *(elektronikk)* instrumenttavle *m/f*
pang subst. /pæŋ/
1 stikkende smerte *m*
2 kval *m*
panic¹ subst. /'pænɪk/ panikk *m*
panic² verb /'pænɪk/ få panikk
panorama subst. /ˌpænə'rɑːmə/
panorama *n*
pant¹ subst. /pænt/ stønn *n*, gisp *n*
pant² verb /pænt/ stønne, gispe
panther subst. /'pænθə/ **1** leopard *m*
2 *(amer.)* puma *m*
panties subst. *flt.* /'pæntɪz/
(hverdagslig) truser
pantry subst. /'pæntrɪ/ spiskammer *n*
pants subst. *flt.* /pænts/
1 *(britisk)* underbukse *m/f*
2 *(amer., hverdagslig)* bukser
pantyhose subst. /'pæntɪhəʊz/
strømpebukser
pap subst. /pæp/ **1** barnemat *m*
2 grøt *m*
papal adj. /'peɪpᵊl/ pavelig
paper subst. /'peɪpə/ **1** papir *n*
2 avis *m/f*
3 *(i skolen)* skriftlig prøve *m*, stil *m*
4 tapet *n*
paperback subst. /'peɪpəbæk/
pocketbok *m/f*, paperback *m*
papier mâché subst. pappmasjé *m*

par subst. /pɑː/ **1** det normale,
det gjennomsnittlige • *I'm not feeling
quite up to par* jeg føler meg ikke
helt bra
2 *(handel)* pari
parable subst. /'pærəbl/ lignelse *m*
parachute subst. /'pærəʃuːt/
fallskjerm *m*
parade¹ subst. /pə'reɪd/ parade *m*,
mønstring *m/f*
parade² verb /pə'reɪd/ **1** paradere
2 mønstre, gå i opptog gjennom
3 skryte av
paradise subst. /'pærədaɪs/ paradis *n*
paradox subst. /'pærədɒks/
paradoks *n*
paradoxical adj. /ˌpærə'dɒksɪkəl/
paradoksal
paragraph subst. /'pærəɡrɑːf/
1 avsnitt *n*
2 *(i avis)* (kort) artikkel *m*
3 *(også jus)* paragraf *m*
parallel subst. /'pærəlel/ parallell *m*
parallelogram subst. /ˌpærə'leləɡræm/
parallellogram *n*
Paralympics /ˌpærə'lɪmpɪks/ *eller*
Paralympic games paralympiske
leker
paralyse verb /'pærəlaɪz/ *eller*
paralyze *(amer.)* lamme
paralysis subst. /pə'ræləsɪs/
lammelse *m*
parameter subst. /pə'ræmɪtə/
1 parameter *m*
2 ramme *m/f*, grense *m/f*
paramount adj. /'pærəmaʊnt/ **1** øverst
2 ytterst viktig, av største betydning
paraphrase subst. /'pærəfreɪz/
parafrase *m*, omskrivning *m/f*
parasite subst. /'pærəsaɪt/ parasitt *m*
parasol subst. /'pærəsɒl/ parasoll *m*
paratrooper subst. /'pærəˌtruːpə/
fallskjermjeger *m*
parcel subst. /'pɑːsl/ **1** pakke *m/f*
2 vareparti *n*
parcel post subst. pakkepost *m*
parch verb /pɑːtʃ/ tørke inn, tørke bort
be parched være svært tørst
parchment subst. /'pɑːtʃmənt/
pergament *n*
pardon¹ subst. /'pɑːdn/ **1** tilgivelse *m*
2 *(jus)* benådning *m/f*
pardon² verb /'pɑːdn/ **1** tilgi
2 unnskylde

3 *(jus)* benåde
pardon (me) unnskyld (meg)
pardonable adj. /'pɑːdnəbl/ tilgivelig
parent subst. /'peərənt/ forelder *m*
(dvs. mor eller far)
parentage subst. /'peərəntɪdʒ/
herkomst *m*, opphav *n*
parental adj. /pə'rentl/ foreldre-
parent company subst.
moderselskap *n*
parenthesis subst. /pə'renθəsɪs/
parentes *m*
parents-in-law subst. *flt.*
/'peərəntsɪnlɔː/ svigerforeldre
parish subst. /'pærɪʃ/
1 prestegjeld *n*, sogn *n*
2 *(spesielt britisk)* omtr. dss.
kommune *m*, herred *n*
parishioner subst. /pə'rɪʃənə/
sognebarn *n*
park¹ subst. /pɑːk/ park *m*
park² verb /pɑːk/ parkere
parking subst. /'pɑːkɪŋ/ parkering *m/f*
parking lot subst. parkeringsplass *m*
parking meter subst.
parkeringsautomat *m*
parliament subst. /'pɑːləmənt/
parlament *n*
parliamentary adj. /ˌpɑːlə'mentəri/
parlamentarisk
parlour subst. /'pɑːlə/ *eller*
parlor *(amer.)* **1** selskapslokale *n*
2 *(gammeldags eller amer.)*
dagligstue *m/f*
3 salong *m*
parody¹ subst. /'pærədi/ parodi *m*
parody² verb /'pærədi/ parodiere
parole subst. /pə'rəʊl/
prøveløslatelse *m*
parquet subst. /'pɑːkeɪ/ parkett *m*
parrot¹ subst. /'pærət/ papegøye *m*
parrot² verb /'pærət/ etterape, herme
parry verb /'pæri/ parere, avverge
parsley subst. /'pɑːsli/ persille *m/f*
parsnip subst. /'pɑːsnɪp/ pastinakk *m*
parson subst. /'pɑːsn/ (sogne)prest *m*
parsonage subst. /'pɑːsənɪdʒ/
prestegård *m*
part¹ subst. /pɑːt/
1 del *m*, part *m*, stykke *n*, bit *m*
2 *(film, teater)* rolle *m/f*
3 *(musikk)* stemme *m*
in part delvis
take part in delta i

part² verb /pɑːt/ **1** skille, splitte
 2 skilles, skille lag
 3 reise, dra
part³ adverb /pɑːt/ delvis, til dels, dels
 • *she is part French*
partial adj. /'pɑːʃəl/ **1** delvis
 2 partisk, ikke objektiv
 be partial to foretrekke
participant subst. /pɑːˈtɪsɪpənt/
 deltaker *m*
participate verb /pɑːˈtɪsɪpeɪt/ delta
participation subst. /pɑːˌtɪsɪˈpeɪʃən/
 deltakelse *m*
participle subst. /'pɑːtɪsɪpl/ partisipp *n*
particle subst. /'pɑːtɪkl/ partikkel *m*
particular¹ subst. /pəˈtɪkjələ/ detalj *m*
 in particular særlig
particular² adj. /pəˈtɪkjələ/
 1 spesiell, særlig
 2 særegen
 3 *(om person)* nøye, kresen
particularly adverb /pəˈtɪkjələlɪ/
 spesielt, særlig
parting subst. /'pɑːtɪŋ/ **1** avskjed *m*
 2 *(i håret)* skill *m*
partition¹ subst. /pɑːˈtɪʃən/
 1 deling *m/f*
 2 skillevegg *m*
partition² verb /pɑːˈtɪʃən/ dele (opp)
partly adverb /'pɑːtlɪ/ delvis
partner subst. /'pɑːtnə/ partner *m*
partnership subst. /'pɑːtnəʃɪp/
 partnerskap *n*
partridge subst. /'pɑːtrɪdʒ/
 rapphøne *m/f*
part-time adj. /ˌpɑːtˈtaɪm/,
 foranstilt: /'pɑːttaɪm/ deltids-
part-time position subst.
 deltidsstilling *m/f*
party¹ subst. /'pɑːtɪ/
 1 *(spesielt politikk)* parti *n*
 2 gruppe *m/f*, lag *n*
 3 selskap *n*, fest *m*
 4 *(spesielt jus)* part *m*
party² verb /'pɑːtɪ/ feste
party pooper subst. festbrems *m*
pass¹ subst. /pɑːs/
 1 passasje *m*, vei *m*, pass *n*
 2 adgangskort *n*, passerseddel *m*
 3 tilnærmelse *m*, flørting *m/f*
 4 *(sport)* pasning *m/f*
 5 *(kortspill)* pass
pass² verb /pɑːs/ **1** passere,
 dra/komme forbi, gå *(om tid)*

 2 *(om periode)* tilbringe • *we passed
 the summer at home*
 3 forandre(s), bli til • *when water
 boils, it passes into steam*
 4 gi, sende, bevege, flytte
 • *pass the salt, please!*
 5 *(om smerte e.l.)* gå over, forsvinne
 • *the pain soon passed*
 6 *(om eksamen e.l.)* bestå
 pass away 1 forsvinne
 2 sovne inn, dø
passable adj. /'pɑːsəbl/ **1** akseptabel
 2 farbar
passably adverb /'pɑːsəblɪ/
 noenlunde, brukbart
passage subst. /'pæsɪdʒ/
 1 ferd *m/f*, reise *m/f*
 2 *(spesielt om tid)* gang *m*
 3 passasje *m*
passenger subst. /'pæsəndʒə/
 passasjer *m*
passer-by subst. /ˌpɑːsəˈbaɪ/
 forbipasserende
passion subst. /'pæʃən/ lidenskap *m*
passionate adj. /'pæʃənət/
 lidenskapelig
passive adj. /'pæsɪv/ passiv
passkey subst. /'pɑːskiː/
 hovednøkkel *m*
passport subst. /'pɑːspɔːt/ pass *n*
password subst. /'pɑːswɜːd/ passord *n*
past¹ subst. /pɑːst/ fortid *m/f*
past² adj. /pɑːst/ **1** forbi, over
 2 tidligere
 haft past two halv tre
past³ preposisjon /pɑːst/ **1** forbi, rundt
 2 *(i tidsuttrykk)* over, etter • *it's past
 two o'clock* klokken er over to
paste¹ subst. /peɪst/ **1** deig *m*
 2 pasta *m*
 3 klister *n*
paste² verb /peɪst/ **1** klebe, klistre
 2 *(IT)* lime inn *(i dokument)*
pasteurize verb /'pæstʃəraɪz/
 pasteurisere
pastime subst. /'pɑːstaɪm/ tidsfordriv *n*
pastoral adj. /'pɑːstərəl/ **1** hyrde-
 2 pastoral(-), prestelig
 3 idyllisk
pastry subst. /'peɪstrɪ/
 1 (fint) bakverk *n*
 2 butterdeig *m*
pasture subst. /'pɑːstʃə/ beite *n*

pasty adj. /ˈpeɪstɪ/ **1** deigete, deigaktig
2 *(om hud)* blek, gusten
pat¹ subst. /pæt/ klapp *n*
pat² verb /pæt/ klappe
patch¹ subst. /pætʃ/ lapp *m*, bot *m/f*
patch² verb /pætʃ/ reparere
  patch up lappe sammen
patchwork subst. /ˈpætʃwɜːk/
  lappverk *n*, lappeteppe *n*
patent¹ subst. /ˈpeɪtənt/,
  også amer. /ˈpætənt/ patent *n*
patent² verb /ˈpeɪtənt/,
  også amer. /ˈpætənt/ patentere
patent leather subst. lakklær *n*
paternal adj. /pəˈtɜːnl/ faderlig,
  på farssiden • *paternal grandfather*
  farfar
paternity subst. /pəˈtɜːnətɪ/ farskap *n*
paternity leave subst.
  pappapermisjon *m*
path subst. /pɑːθ/, amer: /pæθ/,
  i flertall: /pɑːðz/ **1** sti *m*, gangsti *m*
  2 bane *m*
  3 *(IT)* vei *m*
pathetic adj. /pəˈθetɪk/ patetisk
patience subst. /ˈpeɪʃəns/
  1 tålmodighet *m*
  2 *(kortspill)* kabal *m*
patient¹ subst. /ˈpeɪʃənt/ pasient *m*
patient² adj. /ˈpeɪʃənt/ tålmodig
patriarch subst. /ˈpeɪtrɪɑːk/ patriark *m*
patriot subst. /ˈpeɪtrɪət/ patriot *m*
patriotic adj. /ˌpætrɪˈɒtɪk/, /ˌpeɪtrɪˈɒtɪk/
  patriotisk
patrol¹ subst. /pəˈtrəʊl/ patrulje *m*
patrol² verb /pəˈtrəʊl/ patruljere
patron subst. /ˈpeɪtrən/ **1** beskytter *m*
  2 stamgjest *m*
patronize verb /ˈpætrənaɪz/,
  /ˈpeɪtrənaɪz/ **1** være nedlatende mot
  2 *(handel)* være kunde hos
  3 støtte, gi penger til
patron saint subst. skytshelgen *m*
pattern subst. /ˈpætən/ mønster *n*
paunch subst. /pɔːn(t)ʃ/ (øl)mage *m*
pause¹ subst. /pɔːz/ pause *m*,
  avbrudd *n*
pause² verb /pɔːz/ ta en pause, stanse
pave verb /peɪv/ **1** asfaltere, brolegge
  2 belegge, dekke
pavement subst. /ˈpeɪvmənt/
  1 fortau *n*
  2 asfaltering *m/f*, brolegning *m/f*
pavilion subst. /pəˈvɪljən/ paviljong *m*

paw¹ subst. /pɔː/ pote *m*, labb *m*
paw² verb /pɔː/ **1** *(om dyr)* stampe
  2 ta, famle
pawn¹ subst. /pɔːn/ **1** *(sjakk)* bonde *m*
  2 *(overført)* brikke *m/f*, redskap *m/n*
pawn² subst. /pɔːn/ pant *n*
pawn³ verb /pɔːn/ pantsette
pay¹ subst. /peɪ/ **1** lønn *m/f*
  2 betaling *m/f*
pay² verb (paid – paid) /peɪ/ **1** betale
  2 lønne seg
  pay a visit besøke
  pay off 1 betale ut, betale ferdig
  2 lønne seg
payable adj. /ˈpeɪəbl/ som skal betales
payday subst. /ˈpeɪdeɪ/ lønningsdag *m*
paying adj. /ˈpeɪɪŋ/ betalende
payment subst. /ˈpeɪmənt/
  1 betaling *m/f*
  2 lønn *m/f*
payroll subst. /ˈpeɪrəʊl/
  lønningsliste *m/f*
paywall subst. /ˈpeɪwɔːl/ *(IT)*
  betalingsmur *m*
PC subst. /ˌpiːˈsiː/ PC *m*
pea subst. /piː/ ert *m/f*
peace subst. /piːs/ fred *m*
  in peace i fred
  make peace slutte fred
peaceful adj. /ˈpiːsfəl/ fredelig
peace negotiations subst. *flt.*
  fredsforhandlinger
peacetime subst. /ˈpiːstaɪm/
  fredstid *m/f*, fred *m*
peach subst. /piːtʃ/ fersken *m*
peachy adj. /ˈpiːtʃɪ/
  1 fersken, ferskenlignende
  2 *(amer. hverdagslig)* finfin, herlig
peacock subst. /ˈpiːkɒk/ påfugl *m*
peak¹ subst. /piːk/ **1** spiss *m*, topp *m*
  2 brem *m* *(på hodeplagg)*
peak² verb /piːk/ nå en topp,
  nå et høydepunkt
peanut subst. /ˈpiːnʌt/ peanøtt *m/f*
pear subst. /peə/ pære *m/f*
pearl subst. /pɜːl/ perle *m/f*
peasant subst. /ˈpezənt/ bonde *m*
peasantry subst. /ˈpezəntrɪ/
  bondestand *m*, bønder
peat subst. /piːt/ torv *m/f*
pebble subst. /ˈpebl/ småstein *m*
peck¹ subst. /pek/ **1** hakk *n*, merke *n*
  2 *(hverdagslig)* lite kyss *n*
  3 *(hverdagslig)* mengde *m*, bråte *m*

a b c d e f g h i j k l m n o p q r s t u v w x y z

peck² verb /pek/ **1** hakke, hakke på
2 pirke *(i maten)*
3 *(hverdagslig)* kysse lett
peculiar adj. /pɪ'kjuːljə/ merkelig
pedagogic adj. /ˌpedə'gɒdʒɪk/ *eller*
pedagogical pedagogisk
pedagogy subst. /'pedəgɒdʒɪ/
pedagogikk *m*
pedal¹ subst. /'pedl/ pedal *m*
pedal² verb /'pedl/ bruke pedal,
trå *(på sykkel)*
peddle verb /'pedl/
selge på gaten/ved dørene
pedestal subst. /'pedɪstl/ pidestall *m*,
sokkel *m*
pedestrian subst. /pə'destrɪən/
fotgjenger *m*
pedestrian crossing subst.
fotgjengerovergang *m*
pedicure subst. /'pedɪkjʊə/ pedikyr *m*,
fotpleie *m/f*
pedigree subst. /'pedɪgriː/
stamtavle *m/f*
pedophile subst. /'piːdə(ʊ)faɪl/
(amer.) pedofil
peek¹ subst. /piːk/ titt *m*, blikk *n*
peek² verb /piːk/ kikke, titte
peel¹ subst. /piːl/ *(på frukt o.l.)* skall *n*
peel² verb /piːl/ skrelle
peep¹ subst. /piːp/ pip *n*
peep² subst. /piːp/ glimt *n*, blikk *n*
peep³ verb /piːp/ pipe
peep⁴ verb /piːp/ kikke, titte
peer¹ subst. /pɪə/ **1** likemann *m*
2 *(medlem av britisk adel)*
adelsmann *m*
peer² verb /pɪə/ kikke, titte
peerage subst. /'pɪərɪdʒ/ **1** adel *m*
2 adelsstand *m*
peer pressure subst. gruppepress *n*
peevish adj. /'piːvɪʃ/ irritabel
peg¹ subst. /peg/ pinne *m*, stift *m*
2 knagg *m*
peg² verb /peg/ **1** plugge
2 feste (med en pinne e.l.)
pellet subst. /'pelɪt/ liten kule *(av tre,
papir, brød e.l.)*
pelt¹ subst. /pelt/ fell *m*, pels *m*
pelt² verb /pelt/ **1** kaste
2 *(om regn, snø)* piske, pøse
pelvis subst. /'pelvɪs/ *(i kroppen)*
bekken *n*
pen¹ subst. /pen/ kve *m/f*, bås *m*
pen² subst. /pen/ penn *m*

pen³ verb /pen/ skrive
penal adj. /'piːnl/ **1** straffe-
2 straffbar
penalize verb /'piːnəlaɪz/ straffe
penal servitude subst. straffarbeid *n*
penalty subst. /'penltɪ/ straff *m/f*
penalty kick subst. straffespark *n*
penance subst. /'penəns/ bot *m/f*,
botsøvelse *m*
pencil subst. /'pensl/ blyant *m*
pencil case subst. pennal *n*
pendant subst. /'pendənt/
1 anheng *n*, smykke *n*
2 motstykke *n*
pending¹ adj. /'pendɪŋ/ **1** pågående
2 forestående
pending² preposisjon /'pendɪŋ/
1 i påvente av, inntil
2 under, i løpet av
pendulum subst. /'pendʒələm/
pendel *m*
penetrate verb /'penətreɪt/
trenge inn i, trenge igjennom
penetrating adj. /'penətreɪtɪŋ/
gjennomtrengende, skarp
penguin subst. /'peŋgwɪn/ pingvin *m*
peninsula subst. /pe'nɪnsjʊlə/
halvøy *m/f*
penis subst. /'piːnɪs/ penis *m*
penitent adj. /'penɪtⁿnt/ angrende
pen name subst. pseudonym *n*
penniless adj. /'penɪləs/ blakk
penny subst. (flertall: om mynt
pennies, om verdi pence) /'penɪ/
(britisk mynt) penny *m*
pension subst. /'penʃⁿn/, i betydning
2: /'pɑːŋsɪɔːŋ/ **1** pensjon *m*
2 pensjonat *n*
pensioner subst. /'penʃⁿnə/
pensjonist *m*
pentagon subst. /'pentəgən/ femkant *m*
Pentecost subst. /'pentɪkɒst/ pinse *m/f*
Pentecostalist subst. /ˌpentɪ'kɒstəlɪst/
pinsevenn *m*
penthouse subst. /'penthaʊs/
loftsleilighet *m*
pent-up adj. /ˌpent'ʌp/,
foranstilt: /'pentʌp/ undertrykket
peony subst. /'pɪənɪ/ peon *m*
people¹ subst. /'piːpl/ **1** folk *n*
2 folkeslag *n*
people² verb /'piːpl/ befolke
pep subst. /pep/ *(hverdagslig)* fart *m*,
futt *m*

pepper subst. /'pepə/ **1** pepper *m*
2 paprika *m*
peppermint subst. /'pepəmɪnt/
peppermynte *m/f*
pepper pot subst. *eller* **pepper**
shaker pepperbøsse *m/f*
pep talk subst. *(hverdagslig)* appell *m*,
oppmuntrende samtale *m*
per preposisjon /pɜː/, trykksvak: /pə/
per, pr.
as per usual som vanlig
per annum årlig
perambulator subst. /pə'ræmbjʊleɪtə/
barnevogn *m/f*
perceive verb /pə'siːv/ oppfatte,
merke
percentage subst. /pə'sentɪdʒ/
prosent *m*
perceptible adj. /pə'septəbl/ merkbar
perception subst. /pə'sepʃən/
oppfatning *m/f*, oppfatningsevne *m/f*
perceptive adj. /pə'septɪv/
1 innsiktsfull
2 åpen
perch[1] subst. (flertall: perch eller
perches) /pɜːtʃ/ *(fisk)* abbor *m*
perch[2] subst. /pɜːtʃ/
1 sittepinne *m (for høns e.l.)*
2 *(overført)* høyt sted *n*
perch[3] verb /pɜːtʃ/
1 sette seg/sitte på vagle
2 balansere
percussion subst. /pə'kʌʃən/ **1** slag *n*
2 *(musikk)* slaginstrument *n*
perennial adj. /pə'renjəl/ **1** stadig
tilbakevendende
2 *(om planter)* flerårig
perfect[1] verb /pə'fekt/
gjøre fullkommen
perfect[2] adj. /'pɜːfekt/ perfekt
perfection subst. /pə'fekʃən/
fullkommenhet *m*
perforate verb /'pɜːfəreɪt/ perforere,
bore igjennom
perform verb /pə'fɔːm/ **1** utføre
2 oppfylle *(plikt, løfte)*
3 *(teater o.l.)* fremføre, opptre
performance subst. /pə'fɔːməns/
1 utførelse *m*
2 prestasjon *m*
3 yteevne *m/f*
4 forestilling *m/f*
performance anxiety subst.
prestasjonsangst *m*

performer subst. /pə'fɔːmə/ artist *m*,
utøver *m*
perfume subst. /'pɜːfjuːm/ **1** duft *m*
2 parfyme *m*
perhaps adverb /pə'hæps/ kanskje
peril subst. /'perəl/ fare *m*
perilous adj. /'perələs/ farlig
period subst. /'pɪərɪəd/ **1** periode *m*
2 time *m*, undervisningstime *m*
3 menstruasjon *m*
4 *(amer.)* punktum *n*
periodical subst. /ˌpɪərɪ'ɒdɪkəl/
tidsskrift *n*
periphery subst. /pə'rɪfərɪ/ periferi *m*
perish verb /'perɪʃ/ omkomme, dø
perishable adj. /'perɪʃəbl/
lett bedervelig
perjure verb /'pɜːdʒə/ *bare i uttrykk*
perjure oneself avgi falsk forklaring
perjury subst. /'pɜːdʒərɪ/ mened *m*,
falsk forklaring *m/f*
perk subst. /pɜːk/ frynsegode *n*
permanency subst. /'pɜːmənənsɪ/
varighet *m*
permanent adj. /'pɜːmənənt/
permanent, varig
permission subst. /pə'mɪʃən/
tillatelse *m*
permit[1] subst. /'pɜːmɪt/ tillatelse *m*
permit[2] verb /pə'mɪt/ tillate
perpetual adj. /pə'petʃʊəl/,
/pə'petjʊəl/ uavbrutt, uendelig
perpetuate verb /pə'petʃʊeɪt/,
/pə'petjʊeɪt/ forevige
perplex verb /pə'pleks/ forvirre
persecute verb /'pɜːsɪkjuːt/ **1** forfølge
2 plage
persecution subst. /ˌpɜːsɪ'kjuːʃən/
forfølgelse *m*
perseverance subst. /ˌpɜːsɪ'vɪərəns/
utholdenhet *m*
persevere verb /ˌpɜːsɪ'vɪə/ holde ut,
fortsette
persevering adj. /ˌpɜːsɪ'vɪərɪŋ/
utholdende, iherdig
Persian[1] subst. /'pɜːʃən/ **1** perser *m*
2 *(språket)* persisk *m/n*
Persian[2] adj. /'pɜːʃən/ persisk
persist verb /pə'sɪst/ **1** holde fast ved
2 fortsette
persistent adj. /pə'sɪstənt/
1 iherdig, hardnakket
2 vedvarende

person subst. /'pɜːsən/ person *m*
  in person personlig, selv
personal adj. /'pɜːsənl/ personlig
personality subst. /ˌpɜːsə'næləti/
  personlighet *m*
personality disorder subst.
  personlighetsforstyrrelse *m*
personate verb /'pɜːsəneɪt/
  1 spille rollen som
  2 etterligne
personify verb /pɜː'sɒnɪfaɪ/
  personifisere
personnel subst. /ˌpɜːsə'nel/
  personale *n*
perspective subst. /pə'spektɪv/
  perspektiv *n*
perspiration subst. /ˌpɜːspə'reɪʃən/
  svette *m*
perspire verb /pə'spaɪə/ svette
persuade verb /pə'sweɪd/ overtale,
  overbevise
persuasion subst. /pə'sweɪʒən/
  1 overtalelse *m*
  2 overbevisning *m/f*, tro *m/f*
persuasive adj. /pə'sweɪsɪv/
  overbevisende
pert adj. /pɜːt/ nesevis, frekk
pertain verb /pə'teɪn/ *bare i uttrykk*
  pertain to 1 tilhøre **2** gjelde, angå
  3 passe (for)
pertinent adj. /'pɜːtɪnənt/ relevant,
  som angår saken
perturb verb /pə'tɜːb/ gjøre urolig
perusal subst. /pə'ruːzəl/
  gjennomlesning *m/f*
peruse verb /pə'ruːz/
  lese igjennom (nøye)
pervade verb /pə'veɪd/
  trenge igjennom, gjennomsyre
pervasive adj. /pə'veɪsɪv/
  gjennomtrengende
perverse adj. /pə'vɜːs/ **1** fordervet
  2 pervers
  3 urimelig, vrangvillig
pervert¹ subst. /'pɜːvɜːt/
  pervers person *m*
pervert² verb /pə'vɜːt/ **1** forvrenge
  2 forderve
pervious adj. /'pɜːvjəs/
  gjennomtrengelig, ikke tett
pessimism subst. /'pesɪmɪzəm/
  pessimisme *m*
pessimist subst. /'pesɪmɪst/
  pessimist *m*

pest subst. /pest/ **1** plage *m/f*
  2 skadedyr *n*
pester verb /'pestə/ plage
pet¹ subst. /pet/ kjæledyr *n*
pet² verb /pet/ kjæle med, klappe
peter verb /'piːtə/ *bare i uttrykk*
  peter out svinne, ta slutt
petition¹ subst. /pə'tɪʃən/
  anmodning *m/f*, bønn *m/f*
petition² verb /pə'tɪʃən/ søke, be om
petrify verb /'petrɪfaɪ/ **1** forsteine
  2 skremme vettet av
petrol subst. /'petrəl/ bensin *m*
petroleum jelly subst. vaselin *m*
petrol station subst. bensinstasjon *m*
petticoat subst. /'petɪkəʊt/
  underkjole *m*, underskjørt *n*
pettiness subst. /'petɪnəs/ smålighet *m*
petty adj. /'petɪ/ **1** smålig
  2 liten, ubetydelig
petty larceny subst. nasking *m/f*
pew subst. /pjuː/ kirkebenk *m*
pewter subst. /'pjuːtə/ tinn *n*
phantom subst. /'fæntəm/ **1** spøkelse *n*
  2 fantasifoster *n*
pharaoh subst. /'feərəʊ/ farao *m*
pharmacist subst. /'fɑːməsɪst/
  farmasøyt *m*
pharmacy subst. /'fɑːməsɪ/ apotek *n*
phase¹ subst. /feɪz/ fase *m*
phase² verb /feɪz/ dele inn (i faser)
  phase out fase ut, avvikle
pheasant subst. /'feznt/ fasan *m*
phenomenon subst. /fə'nɒmɪnən/
  fenomen *n*
philander verb /fɪ'lændə/ flørte
philandering subst. /fɪ'lændərɪŋ/
  flørting *m/f*
philanthropist subst. /fɪ'lænθrəpɪst/
  filantrop *m*, menneskevenn *m*
the **Philippines** /'fɪlɪpiːnz/ Filippinene
philology subst. /fɪ'lɒlədʒɪ/ filologi *m*,
  språkvitenskap *m*
philosopher subst. /fɪ'lɒsəfə/ filosof *m*
philosophical adj. /ˌfɪlə'sɒfɪkəl/
  filosofisk
philosophy subst. /fɪ'lɒsəfɪ/ filosofi *m*
phishing subst. /'fɪʃɪŋ/
  (IT, svindel(forsøk)) nettfisking *m/f*
phlegm subst. /flem/ slim *n*
phobia subst. /'fəʊbɪə/ fobi *m*,
  skrekk *m/f*
phone¹ subst. /fəʊn/ telefon *m*
  phones hodetelefoner

phone² verb /fəʊn/ ringe
phone booth subst. telefonkiosk *m*
phonetic adj. /fə(ʊ)'netɪk/ fonetisk
phoney adj. /'fəʊnɪ/ falsk
phosphate subst. /'fɒsfeɪt/ fosfat *n*
phosphorus subst. /'fɒsfərəs/ *(kjemi)* fosfor *m/n*
photo subst. /'fəʊtəʊ/ foto *n*, bilde *n*
photocopy subst. /'fəʊtə(ʊ)ˌkɒpɪ/ fotokopi *m*
photo finish subst. *(sport)* målfoto *n*
photogenic adj. /ˌfəʊtə(ʊ)'dʒenɪk/ fotogen
photograph¹ subst. /'fəʊtəɡrɑːf/ fotografi *n*, bilde *n*
photograph² verb /'fəʊtəɡrɑːf/ fotografere
photographer subst. /fə'tɒɡrəfə/ fotograf *m*
photography subst. /fə'tɒɡrəfɪ/ fotografi *n*
phrase¹ subst. /freɪz/ frase *m*, uttrykk *n*
phrase² verb /freɪz/ uttrykke
physical adj. /'fɪzɪkəl/
  1 fysisk, kroppslig
  2 materiell, konkret
physician subst. /fɪ'zɪʃən/ lege *m*
physicist subst. /'fɪzɪsɪst/ fysiker *m*
physics subst. /'fɪzɪks/ *(verbet skal stå i entall)* fysikk *m*
physiological adj. /ˌfɪzɪə'lɒdʒɪkəl/ fysiologisk
physiotherapy subst. /ˌfɪzɪə(ʊ)'θerəpɪ/ fysioterapi *m*
physique subst. /fɪ'ziːk/ fysikk *m*, kroppsbygning *m*
piano subst. /pɪ'ænəʊ/ piano *n*
pic subst. /pɪk/ *(hverdagslig)* bilde *n*
pick¹ subst. /pɪk/ valg *n*
pick² subst. /pɪk/ hakke *m/f*

pick³ verb /pɪk/ **1** velge, plukke
  2 hakke
  3 pirke
  pick up 1 plukke opp, ta opp
  2 komme over, få tak i **3** lære
picked adj. /pɪkt/ utvalgt, håndplukket
picket subst. /'pɪkɪt/ **1** stang *m/f*
  2 streikevakt *m/f*
  3 *(i militæret)* post *m*
picket fence subst. stakittgjerde *n*
pickle subst. /'pɪkl/ **1** *forklaring:* sursyltede frukt- eller grønnsaksbiter
  2 lake *m*
  3 *(hverdagslig)* knipe *m/f*
picklock subst. /'pɪklɒk/ dirk *m*
pick-me-up subst. /'pɪkmɪʌp/ oppstiver *m*
pickpocket subst. /'pɪkˌpɒkɪt/ lommetyv *m*
pickup truck subst. liten varebil *m*
picnic subst. /'pɪknɪk/ piknik *m*, utflukt *m/f*
pictorial subst. /pɪk'tɔːrɪəl/ illustrert blad *n*
picture¹ subst. /'pɪktʃə/
  1 bilde *n*, fotografi *n*
  2 *(også motion picture)* film *m*
  the **pictures** kino
picture² verb /'pɪktʃə/
  1 male, fremstille
  2 forestille seg
picturesque adj. /ˌpɪktʃər'esk/ pittoresk, malerisk
pie subst. /paɪ/ pai *m*
piece¹ subst. /piːs/ stykke *n*
  piece of advice råd
  in pieces i stykker
piece² verb /piːs/ sette (sammen), reparere, lappe
pier subst. /pɪə/ molo *m*, pir *m*
pierce verb /pɪəs/ gjennombore
piercing¹ subst. /'pɪəsɪŋ/ piercing *m*

piercing² adj. /'pɪəsɪŋ/
gjennomtrengende
piety subst. /'paɪətɪ/ fromhet *m*
pig subst. gris *m*, svin *n*
pigeon subst. /'pɪdʒən/ due *m/f*
pigeonhole subst. /'pɪdʒənhəʊl/
1 rom *n (i hylle)*
2 hull *n (i dueslag)*
3 *(i flertall)* posthylle *n*
piggy bank subst. sparegris *m*
pig iron subst. råjern *n*
piglet subst. /'pɪglət/ grisunge *m*
pigsty subst. /'pɪgstaɪ/ grisebinge *m*
pigtail subst. /'pɪgteɪl/ museflette *m/f*,
flette *m/f*
pike¹ subst. /paɪk/ spiss *m*
pike² subst. /paɪk/ *(fisk)* gjedde *m/f*
pile¹ subst. /paɪl/ stabel *m*, bunke *m*,
haug *m*
pile² subst. /paɪl/ *(på tøy e.l.)* lo *m/f*
pile³ subst. /paɪl/ påle *m*
pile⁴ verb /paɪl/ **1** stable
2 laste
3 overfylle, proppe full
4 hope seg opp
pile up 1 stable opp **2** hope seg opp
piles subst. *flt.* /paɪlz/ hemorroider
pilfer verb /'pɪlfə/ naske
pilferage subst. /'pɪlfərɪdʒ/ tyveri *n*
pilgrim subst. /'pɪlgrɪm/ pilegrim *m*
pilgrimage subst. /'pɪlgrɪmɪdʒ/
pilegrimsferd *m/f*
pill subst. /pɪl/ pille *m*
the **pill** p-pillen
pillage verb /'pɪlɪdʒ/ plyndre
pillar subst. /'pɪlə/ pilar *m*, søyle *m/f*
pillory subst. /'pɪlərɪ/ gapestokk *m*
pillow subst. /'pɪləʊ/ (hode)pute *m/f*
pilot subst. /'paɪlət/ **1** pilot *m*
2 *(på båt)* los *m*
pimp subst. /pɪmp/ hallik *m*
pimple subst. /'pɪmpl/ kvise *m/f*
pin¹ subst. /pɪn/ **1** (knappe)nål *m/f*
2 stift *m*
3 plugg *m*
pin² verb /pɪn/ **1** feste med nåler/stifter
2 holde fast
pinball subst. /'pɪnbɔːl/ flipperspill *n*
pincers subst. *flt.* /'pɪnsəz/
knipetang *m/f*
pinch¹ subst. /pɪn(t)ʃ/
1 knip *n*, kniping *m/f*
2 klype *m/f*
3 knipe *m*

pinch² verb /pɪn(t)ʃ/ **1** knipe, klype
2 være gjerrig
3 *(hverdagslig)* stjele
pine¹ subst. /paɪn/ furu *m/f*
pine² verb /paɪn/ lengte
pine for lengte etter
pineapple subst. /'paɪn.æpl/ ananas *m*
ping subst. /pɪŋ/ pling *n*, klemt *m*
ping-pong subst. /'pɪŋpɒŋ/
bordtennis *m*
pink¹ subst. /pɪŋk/ nellik *m*
pink² adj. /pɪŋk/ rosa
pinkie subst. /'pɪŋkɪ/ lillefinger *m*
pinnacle subst. /'pɪnəkl/ høydepunkt *n*
pinpoint¹ subst. /'pɪnpɔɪnt/
lite punkt *n*
pinpoint² verb /'pɪnpɔɪnt/ presisere
pinstriped adj. /'pɪnstraɪpt/
med nålestriper
pint subst. /paɪnt/ *(britisk, 0,57 liter)*
pint *m*
pioneer subst. /ˌpaɪə'nɪə/ pioner *m*,
banebryter *m*
pious adj. /'paɪəs/ from
pipe¹ subst. /paɪp/ **1** rør *n*, ledning *m/f*
2 pipe *m/f*
3 *(musikk)* fløyte *m/f*
pipe² verb /paɪp/ pipe, blåse
pipe-cleaner subst. /'paɪp.kliːnə/
piperenser *m*
pipeline subst. /'paɪplaɪn/ rørledning *m*
piquant adj. /'piːkənt/ pikant
piracy subst. /'paɪərəsɪ/
1 piratvirksomhet *m*
2 piratkopiering *m/f*
piranha subst. /pɪ'rɑːnə/ piraja *m*
pirate subst. /'paɪərət/ pirat *m*,
sjørøver *m*
pirate copy subst. *(ulovlig kopi)*
piratkopi *m*
pirouette subst. /ˌpɪrʊ'et/ piruett *m*
Pisces subst. /'paɪsiːz/ *(stjernetegn)*
Fiskene
piss¹ subst. /pɪs/ *(britisk, slang)* piss *n*
piss² verb /pɪs/ *(britisk, slang)* pisse
pissed adj. /pɪst/ *(vulgært)*
1 *(britisk)* dritings
2 *(amer.)* rasende
pistol subst. /'pɪstl/ pistol *m*
pit¹ subst. /pɪt/ **1** grav *m/f*, grop *m/f*,
hull *n*
2 sjakt *m/f*, gruve *m/f*
pit² subst. /pɪt/ *(amer., i frukt)*
kjerne *m*, stein *m*

pitch¹ subst. /pɪtʃ/ **1** *(om lyd)* tone *m*
2 høyde *m*, høydepunkt *n*
3 *(idrett)* bane *m*
4 kast *m*
pitch² verb /pɪtʃ/ **1** sette opp, slå opp
2 kaste, slenge
3 *(hverdagslig)* foreslå
pitcher subst. /ˈpɪtʃə/ **1** krukke *m/f*
2 mugge *m/f*
pitchfork subst. /ˈpɪtʃfɔːk/ høygaffel *m*
pitfall subst. /ˈpɪtfɔːl/ fallgruve *m/f*
pith subst. /pɪθ/ marg *m*
pitiful adj. /ˈpɪtɪfəl/ ynkelig
pitiless adj. /ˈpɪtɪləs/ ubarmhjertig
pity¹ subst. /ˈpɪtɪ/ medlidenhet *m*
what a pity! så synd!
pity² verb /ˈpɪtɪ/ synes synd på
pivot subst. /ˈpɪvət/
1 akse *m*, omdreiningsakse *m*
2 stift *m*, tann *m/f*
3 midtpunkt *n*
placard subst. /ˈplækɑːd/ plakat *m*,
oppslag *m*
place¹ subst. /pleɪs/ **1** plass *m*, sted *n*
2 stilling *m/f*, posisjon *m*
place² verb /pleɪs/ plassere, sette
placid adj. /ˈplæsɪd/ rolig
plagiarism subst. /ˈpleɪdʒərɪzᵊm/
plagiat *n*
plague subst. /pleɪg/ pest *m/f*
plaice subst. (flertall: plaice) /pleɪs/
(fisk) rødspette *m/f*
plaid subst. /plæd/ skotskrutet stoff *n*
plain¹ subst. /pleɪn/ flate *m/f*, slette *m/f*
plain² adj. /pleɪn/ **1** enkel
2 ærlig
3 *(om utseende)* lite pen
plain³ adverb /pleɪn/ **1** tydelig, klart
2 rett og slett
plaintiff subst. /ˈpleɪntɪf/ saksøker *m*
plait¹ subst. /plæt/ flette *m/f*
plait² verb /plæt/ flette
plan¹ subst. /plæn/ plan *m*, utkast *n*

plan² verb /plæn/ planlegge
plane¹ subst. /pleɪn/ **1** plan *n*, nivå *n*
2 trinn *n*
3 fly *n*
plane² subst. /pleɪn/ høvel *m*
plane³ verb /pleɪn/ høvle
plane⁴ adj. /pleɪn/ plan, flat
planet subst. /ˈplænɪt/ planet *m*
plank subst. /plæŋk/ planke *m*
planned economy subst.
planøkonomi *m*
plant¹ subst. /plɑːnt/ **1** plante *m/f*
2 fabrikk *m*, anlegg *n*
plant² verb /plɑːnt/ plante, så
plantation subst. /plænˈteɪʃᵊn/
plantasje *m*
plaster¹ subst. /ˈplɑːstə/ **1** murpuss *m*
2 gips *m*
3 *(britisk)* plaster *n*
plaster² verb /ˈplɑːstə/ **1** pusse
2 gipse
3 klistre, lime
plastic¹ subst. /ˈplæstɪk/ plast *m*
plastic² adj. /ˈplæstɪk/ **1** plast-
2 plastisk, formbar
plate subst. /pleɪt/ **1** tallerken *m*, fat *n*
2 *(av metall, tre, glass e.l.)* plate *m/f*,
skilt *n*
plateau subst. /ˈplætəʊ/ platå *n*
plate tectonics subst. *flt.*
platetektonikk *m*
platform subst. /ˈplætfɔːm/
1 plattform *m/f*
2 perrong *m*
3 talerstol *m*
platinum subst. /ˈplætɪnəm/ platina *n*
plausible adj. /ˈplɔːzəbl/ troverdig
play¹ subst. /pleɪ/ **1** lek *m*, spill *n*
2 *(teater)* skuespill *n*
play² verb /pleɪ/ **1** leke
2 *(om sport, spill, instrument)* spille
playful adj. /ˈpleɪfəl/ leken

playground subst. /ˈpleɪɡraʊnd/
lekeplass *m*
playing card subst. spillkort *n*
play-off subst. /ˈpleɪɒf/ *(sport)*
omkamp *m*
playwright subst. /ˈpleɪraɪt/
skuespillforfatter *m*
plea subst. /pliː/ **1** innstendig bønn *m*
2 påskudd *n*
3 *(jus)* påstand *m*
plead verb (pleaded – pleaded, amer.
også: pled – pled) /pliːd/ **1** trygle
2 *(jus)* føre en sak *(for retten)*
plead guilty *(jus)* erkjenne seg
skyldig
pleasant adj. /ˈpleznt/ **1** behagelig
2 hyggelig *(om person)*
pleasantry subst. /ˈplezntrɪ/ *(oftest i
flertall)* **1** høflighetsfraser
2 vittighet *m*
please¹ verb /pliːz/ **1** behage, glede
2 ha lyst til
3 gjøre til lags, tilfredsstille
please² adverb /pliːz/ vær så snill,
takk
pleased adj. /pliːzd/ fornøyd
pleasing adj. /ˈpliːzɪŋ/ behagelig,
tiltalende
pleasure subst. /ˈpleʒə/ glede *m/f,*
fornøyelse *m*
my pleasure! ingen årsak!
pledge¹ subst. /pledʒ/
1 høytidelig løfte *n*
2 pant *n*
pledge² verb /pledʒ/ **1** love, forplikte
2 pantsette
plenary adj. /ˈpliːnərɪ/ fullstendig,
absolutt
plentiful adj. /ˈplentɪfəl/ rikelig
plenty¹ subst. /ˈplentɪ/ **1** overflod *m*
2 rikdom *m*
plenty of massevis av
plenty² adj. /ˈplentɪ/ rikelig, i massevis
pliable adj. /ˈplaɪəbl/ bøyelig
pliers subst. /ˈplaɪəz/ *(verbet kan stå i
entall eller flertall)* (nebb)tang *m/f*
plight subst. /plaɪt/ vanskelig
situasjon *m*
plot¹ subst. /plɒt/ **1** jordstykke *n*
2 *(i roman, film e.l.)* handling *m/f*
3 sammensvergelse *m*
plot² verb /plɒt/ **1** *(om kurs, kurve e.l.)*
tegne inn, plotte, merke av
2 konspirere

3 planlegge
plough¹ subst. /plaʊ/ plog *m*
plough² verb /plaʊ/ pløye
the Plough /plaʊ/ Karlsvognen
plow¹ subst. /plaʊ/ *(amer.)* plog *m*
plow² verb /plaʊ/ *(amer.)* pløye
ploy subst. /plɔɪ/ triks *n,* knep *n*
pluck¹ subst. /plʌk/ **1** mot *n*
2 innmat *m*
pluck² verb /plʌk/ **1** plukke, rykke
2 *(om fjær)* ribbe
plug¹ subst. /plʌɡ/ **1** propp *m,* plugg *m*
2 *(elektronikk)* støpsel *n*
3 *(i tann)* fylling *m/f*
plug² verb /plʌɡ/ plugge igjen,
tette igjen *(med en plugg/propp)*
plum subst. /plʌm/ plomme *m/f*
plumage subst. /ˈpluːmɪdʒ/
fjærdrakt *m/f*
plumb verb /plʌm/ lodde
plumber subst. /ˈplʌmə/ rørlegger *m*
plump adj. /plʌmp/ lubben, rund
plunder¹ subst. /ˈplʌndə/
1 plyndring *m/f*
2 utbytte *n*
plunder² verb /ˈplʌndə/ plyndre
plunge¹ subst. /plʌndʒ/
1 dykk *n,* stup *n*
2 fall *n,* styrting *m/f*
plunge² verb /plʌndʒ/ stupe, styrte,
kaste seg
plural subst. /ˈplʊərəl/ flertall *n*
plurality subst. /plʊəˈrælətɪ/
majoritet *m,* flertall *n*
plus preposisjon /plʌs/ pluss
plush subst. /plʌʃ/ plysj *m*
ply¹ subst. /plaɪ/ **1** lag *n*
2 tråd *m*
ply² verb /plaɪ/ **1** bruke flittig
2 drive med
3 *(om strekning)* trafikkere jevnlig
plywood subst. /ˈplaɪwʊd/
kryssfiner *m*
p.m. *(fork. for* post meridiem*)*
mellom kl. 12 om dagen og midnatt
• *at 4 p.m.* kl. 16
pneumonia subst. /njʊˈməʊnjə/
lungebetennelse *m*
poach¹ verb /pəʊtʃ/ posjere *(egg)*
poach² verb /pəʊtʃ/
1 drive ulovlig jakt/fiske
2 *(hverdagslig)* stjele, knabbe
poacher subst. /ˈpəʊtʃə/ krypskytter *m*
pocket¹ subst. /ˈpɒkɪt/ lomme *m/f*

pocket² verb /'pɒkɪt/ stikke i lommen
pocketbook subst. /'pɒkɪtbʊk/
  1 notisbok *m/f*
  2 lommebok *m/f*, veske *m/f*
pocket knife subst. lommekniv *m*
pocket money subst. lommepenger
pod subst. /pɒd/ belg *m*
podcast subst. /'pɔdkaːst/ podkast *m*,
  forklaring: digitalt lydprogram som
  kan lastes ned på internett
poem subst. /'pəʊɪm/ dikt *n*
poet subst. /'pəʊɪt/ dikter *m*
poetic adj. /pəʊ'etɪk/ *eller* **poetical**
  poetisk, dikterisk
poetry subst. /'pəʊətrɪ/ poesi *m*,
  diktning *m/f*
poignant adj. /'pɔɪnənt/
  1 bitter, bitende
  2 dyp, intens
point¹ subst. /pɔɪnt/ **1** punkt *n*
  2 spiss *m*
  3 tegn *n*, komma *n*
  4 poeng *n*
  5 odde *m*
point² verb /pɔɪnt/ **1** peke, rette
  2 understreke, fremheve
  3 spisse
  point at peke mot
  point out påpeke
  point to 1 vise **2** peke mot
pointed adj. /'pɔɪntɪd/ **1** spiss
  2 tydelig
pointer subst. /'pɔɪntə/ **1** pekestokk *m*
  2 *(på klokke, vekt e.l.)* viser *m*
  3 *(hverdagslig)* hint *n*
  4 *(hunderase)* pointer *m*
  5 *(IT)* peker *m*
poise¹ subst. /pɔɪz/ **1** holdning *m/f*
  2 likevekt *m/f*
poise² verb /pɔɪz/ balansere
poison¹ subst. /'pɔɪzn/ gift *m/f*
poison² verb /'pɔɪzn/ forgifte
poisonous adj. /'pɔɪzᵊnəs/ giftig
poke verb /pəʊk/ stikke, pirke
poker subst. /'pəʊkə/ poker *m*
poker face subst. pokerfjes *n*
Poland /'pəʊlənd/ Polen
polar adj. /'pəʊlə/ polar-, pol-
polar bear subst. isbjørn *m*
polar circle subst. polarsirkel *m*
polarize verb /'pəʊləraɪz/ polarisere
pole¹ subst. /pəʊl/ påle *m*, stolpe *m*
pole² subst. /pəʊl/ **1** pol *m*
  2 ytterlighet *m*

Pole subst. /pəʊl/ polakk *m*
police subst. /pə'liːs/ *(verbet skal stå i
  flertall)* politi *n*
police officer subst. politimann *m*,
  politikvinne *m/f*
policy¹ subst. /'pɒlɪsɪ/ politikk *m*,
  strategi *m*
policy² subst. /'pɒlɪsɪ/
  forsikringspolise *m*
polio subst. /'pəʊlɪəʊ/ polio *m*
polish¹ subst. /'pɒlɪʃ/ **1** polering *m/f*
  2 glans *m*
  3 pussemiddel *n*
polish² verb /'pɒlɪʃ/ polere
Polish adj. /'pəʊlɪʃ/ polsk
polite adj. /pə'laɪt/ høflig
politeness subst. /pə'laɪtnəs/
  høflighet *m*
political adj. /pə'lɪtɪkᵊl/ politisk
political science subst.
  statsvitenskap *m*
politician subst. /ˌpɒlɪ'tɪʃᵊn/
  politiker *m*
politics subst. /'pɒlɪtɪks/ *(verbet kan
  stå i entall eller flertall)* politikk *m*
poll subst. /pəʊl/ **1** avstemning *m/f*
  2 valg *n*
  3 meningsmåling *m/f*
pollack subst. /'pɒlək/ *eller* **pollock**
  lyr *m*
pollutant subst. /pə'luːtənt/
  noe som forurenser
pollute verb /pə'luːt/ forurense
pollution subst. /pə'luːʃᵊn/
  forurensning *m/f*
polyclinic subst. /ˌpɒlɪ'klɪnɪk/
  helsesenter *n*
polygamy subst. /pə'lɪgəmɪ/
  polygami *n*
polytheism subst. /'pɒlɪθiːɪzᵊm/
  polyteisme *m*
polyunsaturated adj.
  /ˌpɒlɪʌn'sætʃᵊreɪtɪd/ flerumettet
pomp subst. /pɒmp/ prakt *m/f*, glans *m*
pompous adj. /'pɒmpəs/
  1 oppblåst, hoven
  2 *(om språk eller stil)* høyttravende
pond subst. /pɒnd/ dam *m*
ponder verb /'pɒndə/ gruble
pony subst. /'pəʊnɪ/ ponni *m*
ponytail subst. /'pəʊnɪteɪl/ hestehale *m*
poodle subst. /'puːdl/ puddel *m*
pool¹ subst. /puːl/ **1** pytt *m*, dam *m*
  2 basseng *n*

a b c d e f g h i j k l m n o p q r s t u v w x y z

pool[2] subst. /puːl/ **1** pulje *m*
2 pool *m*
pool[3] verb /puːl/ **1** slå sammen, forene
2 dele
poop[1] subst. /puːp/ *(barnespråk)*
bæsj *m*
poop[2] verb /puːp/ *(barnespråk)* bæsje
poor adj. /pɔː/, /pʊə/ **1** fattig
2 elendig
3 stakkars
poorly adj. /'pɔːlɪ/ dårlig, elendig
pop[1] subst. /pɒp/ **1** knall *n*
2 *(amer., hverdagslig)* brus *m*
pop[2] subst. /pɒp/ pop *m*, popmusikk *m*
pop[3] verb /pɒp/ smelle (med), knalle
pop in *(hverdagslig)* stikke innom
pop up *(hverdagslig)* dukke opp
pope subst. /pəʊp/ pave *m*
poplar subst. /'pɒplə/ *(tre)* poppel *m*
poppy subst. /'pɒpɪ/ valmue *m*
pop star subst. popstjerne *m/f*
the **populace** subst. /'pɒpjʊləs/
(verbet kan stå i entall eller flertall)
de brede lag av folket
popular adj. /'pɒpjʊlə/ **1** populær
2 folke-, allmenn
popularity subst. /ˌpɒpjʊ'lærətɪ/
popularitet *m*
popular vote subst.
folkeavstemning *m/f*
populate verb /'pɒpjʊleɪt/ befolke
population subst. /ˌpɒpjʊ'leɪʃᵊn/
befolkning *m/f*
porcelain subst. /'pɔːsᵊlɪn/ porselen *n*
porch subst. /pɔːtʃ/ **1** vindfang *n*
2 *(amer.)* veranda *m*
pork subst. /pɔːk/ svinekjøtt *n*
porn subst. /pɔːn/ porno *m*
pornography subst. /pɔː'nɒgrəfɪ/
pornografi *m*
porous adj. /'pɔːrəs/ porøs
porpoise subst. /'pɔːpəs/ nise *m/f*
porridge subst. /'pɒrɪdʒ/
(havre)grøt *m*
port[1] subst. /pɔːt/ portvin *m*
port[2] subst. /pɔːt/ havn *m/f*
port[3] subst. /pɔːt/ babord
port[4] subst. /pɔːt/ *(IT)* åpning *m/f*
portable adj. /'pɔːtəbl/ bærbar
portal subst. /'pɔːtl/ portal *m*
porter[1] subst. /'pɔːtə/ dørvakt *m/f*
porter[2] subst. /'pɔːtə/ bærer *m*
(på hotell)

portfolio subst. /ˌpɔːt'fəʊljəʊ/
1 dokumentmappe *m/f*, mappe *m/f*
2 portefølje *m*
portion[1] subst. /'pɔːʃᵊn/ **1** (an)del *m*
2 porsjon *m*
portion[2] verb /'pɔːʃᵊn/ dele (ut)
portrait subst. /'pɔːtrɪt/, /'pɔːtreɪt/
portrett *n*
portray verb /pɔː'treɪ/ portrettere,
avbilde
Portuguese[1] subst. /ˌpɔːtʃə'giːz/
portugiser *m*
Portuguese[2] adj. /ˌpɔːtʃə'giːz/
portugisisk
pose[1] subst. /pəʊz/ positur *m*,
stilling *m/f*
pose[2] verb /pəʊz/
1 fremsette, stille opp
2 *(om fare eller problem)* utgjøre
3 sitte modell, posere
posh adj. /pɒʃ/ **1** flott, fin
2 snobbete
position subst. /pə'zɪʃᵊn/
1 posisjon *m*, stilling *m/f*
2 synspunkt *n*
positive adj. /'pɒzətɪv/ **1** positiv
2 uttrykkelig, klar
3 sikker, virkelig
possess verb /pə'zes/ eie, ha, besitte
possess oneself beherske seg
possessed adj. /pə'zest/ **1** besatt
2 rolig, behersket
possessed by/with besatt av
possession subst. /pə'zeʃᵊn/
1 eiendel *m*
2 eie *n*, besittelse *m*
possessive adj. /pə'zesɪv/ **1** begjærlig
2 herskelysten, dominerende
possessor subst. /pə'zesə/ eier *m*
possibility subst. /ˌpɒsə'bɪlətɪ/
mulighet *m*
possible adj. /'pɒsəbl/ mulig
possibly adverb /'pɒsəblɪ/ kanskje,
muligens
post[1] subst. /pəʊst/
1 *(på dør e.l.)* stolpe *m*
2 *(sport)* (mål)stang *m/f*
3 *(IT)* innlegg *n*
post[2] subst. /pəʊst/ stilling *m/f*, post *m*
post[3] subst. /pəʊst/ **1** post *m*
2 postvesen *n*
post[4] verb /pəʊst/
1 *(IT)* legge ut, poste
2 slå opp plakat

post⁵ verb /pəʊst/ stasjonere
post⁶ verb /pəʊst/ poste
postage subst. /ˈpəʊstɪdʒ/ porto *m*
postage stamp subst. frimerke *n*
postal adj. /ˈpəʊstəl/ post-
postbox subst. /ˈpəʊs(t)bɒks/
   postkasse *m/f*
postcard subst. /ˈpəʊs(t)kɑːd/
   postkort *n*
postcode subst. /ˈpəʊs(t)kəʊd/
   postnummer *n*
poster subst. /ˈpəʊstə/ plakat *m*
posterior adj. /pɒˈstɪərɪə/ **1** senere
   2 bakre
posterity subst. /pɒˈsterətɪ/ kommende
   slekter
posthumous adj. /ˈpɒstjʊməs/
   etter døden
postman subst. /ˈpəʊs(t)mən/
   postbud *n*
postmodern adj. /ˌpəʊs(t)ˈmɒdən/
   postmoderne
post office subst. postkontor *n*
postpone verb /pəʊs(t)ˈpəʊn/ utsette
posture subst. /ˈpɒstʃə/ holdning *m/f*,
   stilling *m/f*
post-war adj. /ˌpəʊstˈwɔː/,
   foranstilt: /ˈpəʊstˈwɔː/ etterkrigs-
pot¹ subst. /pɒt/ **1** potte *m/f*
   2 gryte *m/f*, kasserolle *m*
   3 *(kortspill)* pott *m*
   4 *(slang)* marihuana *m*
pot² verb /pɒt/ sylte, salte ned
potato subst. /pəˈteɪtəʊ/ potet *m/f*
potency subst. /ˈpəʊtənsɪ/ **1** kraft *m/f*
   2 potens
potent adj. /ˈpəʊtənt/
   1 mektig, kraftfull
   2 potent
potential adj. /pə(ʊ)ˈtenʃəl/ potensiell,
   mulig
potter subst. /ˈpɒtə/ keramiker *m*
pottery subst. /ˈpɒtərɪ/
   keramikkverksted *n*
pouch subst. /paʊtʃ/ pose *m*, pung *m*,
   veske *m/f*
poultry subst. /ˈpəʊltrɪ/ fjærfe *n*, høns
pounce verb /paʊns/ angripe
   pounce on/upon 1 slå ned på
   2 kaste seg over
pound¹ subst. /paʊnd/ pund *n*
pound² subst. /paʊnd/ kve *m/f*,
   innhegning *m/f*

pound³ subst. /paʊnd/ dunk *n*,
   dundring *m/f*
pound⁴ verb /paʊnd/ **1** hamre
   2 støte, knuse
   3 *(hverdagslig)* slå, banke
   4 trampe
pour verb /pɔː/ **1** helle, skjenke
   2 strømme, flyte
   3 øsregne
pout¹ subst. /paʊt/ **1** trutmunn *m*
   2 surmuling *m/f*
pout² verb /paʊt/ surmule
poverty subst. /ˈpɒvətɪ/ fattigdom *m*
powder¹ subst. /ˈpaʊdə/ **1** pulver *n*
   2 *(sminke)* pudder *n*
   3 krutt *n*
powder² verb /ˈpaʊdə/ **1** pudre (seg)
   2 pulverisere
powdered sugar subst. *(amer.)*
   melis *m*
power subst. /ˈpaʊə/ makt *m/f*, kraft *m/f*
powerful adj. /ˈpaʊəfəl/ **1** mektig
   2 kraftig, sterk
power struggle subst. maktkamp *m*
PR *(fork. for* public relations*)* PR
practicable adj. /ˈpræktɪkəbl/
   1 gjennomførbar
   2 brukbar
practical adj. /ˈpræktɪkəl/ praktisk
practice¹ subst. /ˈpræktɪs/ **1** praksis *m*
   2 skikk *m*
   3 øvelse *m*, trening *m/f*
practice² verb /ˈpræktɪs/
   (amer.) se ▸practise
practise verb /ˈpræktɪs/ *eller* **practice**
   (amer.) **1** trene, øve
   2 praktisere
   3 utøve, drive med
practitioner subst. /prækˈtɪʃənə/
   forklaring: praktiserende lege eller
   advokat
pragmatic adj. /prægˈmætɪk/ pragmatisk
Prague /prɑːg/ Praha
prairie subst. /ˈpreərɪ/ prærie *m*
praise¹ subst. /preɪz/ ros *m*
praise² verb /preɪz/ rose
praiseworthy adj. /ˈpreɪzˌwɜːðɪ/
   prisverdig, rosverdig
pram subst. /præm/ *(kortform for*
   perambulator*)* barnevogn *m/f*
prank subst. /præŋk/ skøyerstrek *m*
prawn subst. /prɔːn/ (stor) reke *m/f*
pray verb /preɪ/ be, bønnfalle
prayer subst. /preə/ bønn *m/f*

preach verb /priːtʃ/ preke
preacher subst. /ˈpriːtʃə/ predikant m
precarious adj. /prɪˈkeərɪəs/ **1** usikker
2 risikabel
precaution subst. /prɪˈkɔːʃən/
1 forsiktighet m
2 forebyggende (sikkerhets)tiltak n
as a precaution for sikkerhets skyld
take precautions ta forholdsregler
precede verb /prɪˈsiːd/ **1** gå foran
2 innlede
precedence subst. /ˈpresɪdəns/
forrang m
precedent subst. /ˈpresɪdənt/
presedens m
precept subst. /ˈpriːsept/ forskrift m/f
precious adj. /ˈpreʃəs/ **1** dyrebar
2 elsket, kjær
precious stone subst. edelstein m
precipice subst. /ˈpresɪpɪs/ stup n
precipitate verb /prɪˈsɪpɪteɪt/ stupe,
styrte
precipitation subst. /prɪˌsɪpɪˈteɪʃən/
1 styrt n
2 (om været) nedbør m
precis subst. /ˈpreɪsiː/ sammendrag n
precise adj. /prɪˈsaɪs/ nøyaktig
precisely adverb /prɪˈsaɪslɪ/ **1** nøyaktig
2 (for å uttrykke enighet) nettopp
precision subst. /prɪˈsɪʒən/
presisjon m, nøyaktighet m
preclude verb /prɪˈkluːd/ forebygge,
hindre
precocious adj. /prɪˈkəʊʃəs/
(brå)moden
precursor subst. /prɪˈkɜːsə/ forløper m
predator subst. /ˈpredətə/ rovdyr n
predatory adj. /ˈpredətrɪ/ **1** røver-
2 rov-, rovdyr-
predecessor subst. /ˈpriːdɪsesə/
forgjenger m
predestinate verb /prɪˈdestɪneɪt/
forutbestemme
predestination subst.
/prɪˌdestɪˈneɪʃən/ forutbestemmelse m
predicament subst. /prɪˈdɪkəmənt/
ubehagelig situasjon m, knipe m/f
predict verb /prɪˈdɪkt/ spå
prediction subst. /prɪˈdɪkʃən/
forutsigelse m
predilection subst. /ˌpriːdɪˈlekʃən/
forkjærlighet m
predominance subst. /prɪˈdɒmɪnəns/
overmakt m/f

predominant adj. /prɪˈdɒmɪnənt/
dominerende
pre-emptive adj. /prɪˈem(p)tɪv/
1 forkjøps-
2 forebyggende
prefab subst. /ˈpriːfæb/ ferdighus n
prefabricate verb /ˌpriːˈfæbrɪkeɪt/
prefabrikkere
preface subst. /ˈprefəs/ **1** forord n
2 innledning m/f
prefer verb /prɪˈfɜː/ foretrekke
prefer to 1 foretrekke å **2** foretrekke
fremfor • I prefer coffee to tea
preferable adj. /ˈprefərəbl/
som er å foretrekke
preference subst. /ˈprefərəns/
1 forkjærlighet m
2 preferanse m, den/det man
foretrekker
pregnancy subst. /ˈpregnənsɪ/
graviditet m
pregnant adj. /ˈpregnənt/ gravid
prejudice subst. /ˈpredʒʊdɪs/
1 fordom m
2 skade m
prejudiced adj. /ˈpredʒʊdɪst/
fordomsfull, forutinntatt
prejudicial adj. /ˌpredʒʊˈdɪʃəl/ skadelig
preliminary adj. /prɪˈlɪmɪnərɪ/
1 foreløpig
2 innledende
prelude subst. /ˈpreljuːd/ **1** forspill n
2 (musikk) preludium n
premature adj. /ˈpremətʃə/,
/ˈpriːmətʃʊə/ **1** for tidlig
2 forhastet
premeditated adj. /prɪˈmedɪteɪtɪd/
1 overlagt
2 forsettlig
premier adj. /ˈpremɪə/ først, fremst
premiere subst. /ˈpremɪeə/ premiere m
premise subst. /ˈpremɪs/ antakelse m,
forutsetning m/f
on the premises på stedet
premium¹ subst. /ˈpriːmjəm/
(forsikrings)premie m
premium² adj. /ˈpriːmɪəm/ prima,
førsteklasses
preoccupied adj. /prɪˈɒkjʊpaɪd/
åndsfraværende, konsentrert
preparation subst. /ˌprepəˈreɪʃən/
forberedelse m
preparatory adj. /prɪˈpærətərɪ/
forberedende

prepare verb /prɪˈpeə/ **1** forberede
2 *(om mat)* tilberede
prepare for forberede seg på
preparedness subst. /prɪˈpeədnəs/
beredskap *m/n*
preponderance subst. /prɪˈpɒndərəns/
overvekt *m/f*
preposition subst. /ˌprepəˈzɪʃən/
preposisjon *m*
preposterous adj. /prɪˈpɒstərəs/
urimelig
preschool subst. /ˈpriːskuːl/
førskole *m*, barnehage *m*
preschool teacher subst.
førskolelærer *m*
prescribe verb /prɪˈskraɪb/ foreskrive
prescription subst. /prɪˈskrɪpʃən/
resept *m*
presence subst. /ˈprezns/ nærvær *n*
present¹ subst. /ˈpreznt/ *bare i uttrykk*
at present akkurat nå, for tiden
for the present for øyeblikket,
inntil videre
the present 1 nåtiden *2 (grammatikk)*
presens
present² subst. /ˈpreznt/ gave *m/f*
present³ verb /prɪˈzent/
1 forestille, presentere
2 by på, gi
3 overlevere
present⁴ adj. /ˈpreznt/ **1** nåværende
2 nærværende, tilstedeværende
presentation subst. /ˌprezənˈteɪʃn/
1 presentasjon *m*
2 overrekkelse *m*
presently adverb /ˈprezntlɪ/ **1** snart
2 for øyeblikket
preservation subst. /ˌprezəˈveɪʃn/
1 bevaring *m/f*
2 vedlikehold *n*, stand *m*
3 *(om mat)* konservering *m/f*
preserve verb /prɪˈzɜːv/ **1** bevare
2 frede
3 konservere, sylte
preserves subst. /prɪˈzɜːv/
1 syltetøy *n*
2 hermetisk frukt *m/f*
preside verb /prɪˈzaɪd/
1 lede forhandlingene
2 ha kontroll
president subst. /ˈprezɪdənt/
1 president *m*
2 formann *m*
3 *(amer.)* administrerende direktør *m*

press¹ subst. /pres/ **1** trykk *n*, press *n*
2 trengsel *m/f*
3 *(teknikk)* presse *m/f*
the press pressen, media
press² verb /pres/ **1** presse, trykke
2 mase, trenge (på)
be pressed for ha dårlig/knapt med
press conference subst.
pressekonferanse *m*
pressing adj. /ˈpresɪŋ/ presserende
pressure subst. /ˈpreʃə/ trykk *n*,
press *n*
prestige subst. /preˈstiːʒ/ prestisje *m*
presume verb /prɪˈzjuːm/ **1** anta
2 våge, tillate seg
presumption subst. /prɪˈzʌm(p)ʃn/
1 antakelse *m*
2 forutsetning *m/f*
3 dristighet *m*
pretence subst. /prɪˈtens/ *eller*
pretense *(amer.)* **1** påskudd *n*
2 skalkeskjul *n*
pretend verb /prɪˈtend/ late som
pretentious adj. /prɪˈtenʃəs/
1 fordringsfull
2 pretensiøs
pretext subst. /ˈpriːtekst/ påskudd *n*
pretty¹ adj. /ˈprɪtɪ/ pen, søt
pretty² adverb /ˈprɪtɪ/ *(hverdagslig)*
ganske
pretty much nesten, omtrent
prevail verb /prɪˈveɪl/ **1** seire
2 råde, være gjeldende
prevail on/upon overtale
prevalent adj. /ˈprevələnt/ rådende
prevent verb /prɪˈvent/ hindre,
forebygge
prevention subst. /prɪˈvenʃn/
(for)hindring *m/f*, forebygging *m/f*
preventive adj. /prɪˈventɪv/
forebyggende
previous adj. /ˈpriːvjəs/ **1** foregående
2 tidligere
previous to før
previously adverb /ˈpriːvjəslɪ/ før,
tidligere
prewar adj. /ˌpriːˈwɔː/, foranstilt:
/ˈpriːwɔː/ førkrigs-, før krigen
prey¹ subst. /preɪ/ bytte *n*, rov *n*
prey² verb /preɪ/ *bare i uttrykk*
prey on/upon 1 jakte på, jage
2 plyndre **3** tære på
price¹ subst. /praɪs/ pris *m*

price² verb /praɪs/ prise,
  sette prislapp på
priceless adj. /ˈpraɪsləs/ **1** uvurderlig
  2 (hverdagslig) fantastisk
  • her stories are priceless!
prick¹ subst. /prɪk/ **1** stikk n
  2 brodd m
  3 (vulgært) pikk m
prick² verb /prɪk/ **1** prikke
  2 stikke hull i/på
prickly adj. /ˈprɪklɪ/ **1** pigget, tornet
  2 prikkende
pride subst. /praɪd/ stolthet m
priest subst. /priːst/ prest m
prim adj. /prɪm/ **1** pertentlig
  2 prippen
primacy subst. /ˈpraɪməsɪ/ forrang m
primarily adverb /ˈpraɪmᵊrəlɪ/ særlig,
  først og fremst
primary¹ subst. /ˈpraɪmərɪ/
  1 (amer., politikk, også primary
  election) primærvalg n
  2 (om farge, også primary colour)
  grunnfarge m
  3 (også primary school)
  grunnskole m
primary² adj. /ˈpraɪmərɪ/ primær,
  grunn-, hoved-
primary election subst. primærvalg n
primary school subst. grunnskole m
prime¹ subst. /praɪm/ **1** begynnelse m
  2 (matematikk) primtall n
  in one's prime i sin beste alder
prime² adj. /praɪm/ **1** hoved-
  2 primær, opprinnelig
prime number subst. primtall n
primer subst. /ˈpraɪmə/ ABC-bok m/f
prime time subst. beste sendetid m/f
primitive adj. /ˈprɪmɪtɪv/ **1** primitiv
  2 ur-
  3 enkel
primrose subst. /ˈprɪmrəʊs/
  nøkleblom m

prince subst. /prɪns/ **1** prins m
  2 fyrste m
princess subst. /prɪnˈses/,
  foranstilt: /ˈprɪnses/ **1** prinsesse m/f
  2 fyrstinne m/f
principal¹ subst. /ˈprɪnsəpᵊl/ **1** sjef m
  2 (på en skole) rektor m
  3 hovedperson m
principal² adj. /ˈprɪnsəpᵊl/ **1** hoved-
  2 viktigst
principality subst. /ˌprɪnsɪˈpælətɪ/
  fyrstedømme n
principle subst. /ˈprɪnsəpl/ **1** prinsipp n
  2 grunnsetning m/f
print¹ subst. /prɪnt/ **1** trykk n
  2 preg n
  3 avtrykk n
  4 (fotografi) kopi m, bilde n
  5 (spesielt amer.) avis m/f
print² verb /prɪnt/ **1** trykke (bok e.l.)
  2 publisere, utgi
  3 (IT) skrive ut
  4 kopiere
printer subst. /ˈprɪntə/
  1 (bok)trykker m
  2 (IT) skriver m, printer m
printing subst. /ˈprɪntɪŋ/
  1 trykking m/f
  2 opplag n
prior adj. /ˈpraɪə/ tidligere, forrige
  prior to før, foran
priority subst. /praɪˈɒrətɪ/
  1 prioritet m, førsterett m
  2 (i trafikken) forkjørsrett m
prism subst. /ˈprɪzᵊm/ prisme n
prison subst. /ˈprɪzn/ fengsel n
prison camp subst. fangeleir m
prisoner subst. /ˈprɪznə/ fange m
pristine adj. /ˈprɪstiːn/ uberørt
privacy subst. /ˈprɪvəsɪ/, /ˈpraɪvəsɪ/
  1 privatliv n
  2 ensomhet m, ro m/f
  in privacy under fire øyne

private[1] subst. /'praɪvət/ *(i militæret)*
menig *m*
in private 1 privat **2** i fortrolighet
private[2] adj. /'praɪvət/
1 privat, personlig
2 alene
3 fortrolig
privately adverb /'praɪvətlɪ/ **1** privat
2 i hemmelighet
privation subst. /praɪ'veɪʃən/ savn *n*,
mangel *m*
privatize verb /'praɪvətaɪz/ privatisere
privilege subst. /'prɪvəlɪdʒ/
privilegium *n*
privileged adj. /'prɪvəlɪdʒd/ privilegert
prize[1] subst. /praɪz/ **1** pris *m*
2 premie *m*
prize[2] verb /praɪz/ vurdere (høyt),
sette pris på
pro[1] subst. /prəʊ/ argument for
pros and cons argumenter for og
imot, fordeler og ulemper
pro[2] subst. /prəʊ/ *(hverdagslig)*
proff *m*
probability subst. /ˌprɒbə'bɪlətɪ/
sannsynlighet *m*
probable adj. /'prɒbəbl/ sannsynlig
probably adverb /'prɒbəblɪ/
sannsynligvis
probation subst. /prə'beɪʃən/
1 prøve *m/f*
2 prøvetid *m/f*
probe[1] subst. /prəʊb/ sonde *m*
probe[2] verb /prəʊb/ **1** sondere
2 *(overført)* undersøke
problem subst. /'prɒbləm/
1 problem *n*
2 oppgave *m/f*
procedure subst. /prə(ʊ)'siːdʒə/
prosedyre *m*, fremgangsmåte *m*
proceed verb /prə'siːd/ **1** begynne
2 fortsette, gå fremover
proceeding subst. /prə'siːdɪŋ/
fremgangsmåte *m*
proceeds subst. *flt.* /'prəʊsiːdz/
1 inntekter
2 utbytte *n*
process[1] subst. /'prəʊses/,
amer. ofte: /'prɑːses/ **1** prosess *m*
2 metode *m*
process[2] verb /'prəʊses/,
amer.: /'prɑːses/ bearbeide
procession subst. /prə'seʃən/
prosesjon *m*

pro-choice adj. /ˌprəʊ'tʃɔɪs/ *(spesielt
amer.) forklaring:* som er tilhenger
av selvbestemt abort
pro-choicer subst. /ˌprəʊ'tʃɔɪsə/
(spesielt amer.) aborttilhenger *m*,
abortforkjemper *m*
proclaim verb /prə'kleɪm/ proklamere,
kunngjøre
proclamation subst. /ˌprɒklə'meɪʃən/
kunngjøring *m/f*
procuration subst. /ˌprɒkjʊə'reɪʃən/
1 anskaffelse *m*
2 *(jus)* fullmakt *m/f*
procure verb /prə'kjʊə/ skaffe, få tak i
prod[1] subst. /prɒd/ **1** stikk *n*
2 pigg *m*, brodd *m*
prod[2] verb /prɒd/ **1** stikke
2 *(overført)* vekke
prodigal adj. /'prɒdɪgəl/ raus, sløsete
prodigious adj. /prə'dɪdʒəs/
1 forbløffende
2 veldig
prodigy subst. /'prɒdɪdʒɪ/
1 vidunder(barn) *n*
2 under *n*
produce[1] subst. /'prɒdʒuːs/,
/'prɒdjuːs/ produkter, avling *m/f*
produce[2] verb /prə'djuːs/, /prə'dʒuːs/
1 produsere, fremstille
2 skape, frembringe
3 ta frem, legge frem
producer subst. /prə'djuːsə/,
/prə'dʒuːsə/ produsent *m*
product subst. /'prɒdʌkt/ produkt *n*
production subst. /prə'dʌkʃən/
1 produksjon *m*
2 fremlegging *m/f*
productive adj. /prə'dʌktɪv/
1 produktiv
2 fruktbar, som gir resultater
profane adj. /prə'feɪn/ **1** verdslig
2 blasfemisk
3 uinnviet
profanity subst. /prə'fænətɪ/
banneord *n*
profess verb /prə'fes/ **1** erklære
2 påstå
3 bekjenne seg til
4 utøve, praktisere
profession subst. /prə'feʃən/ **1** yrke *n*
2 erklæring *m/f*
professional adj. /prə'feʃənl/
profesjonell

a
b
c
d
e
f
g
h
i
j
k
l
m
n
o
p
q
r
s
t
u
v
w
x
y
z

proficiency subst. /prə'fıʃᵊnsı/
ferdighet *m*, kompetanse *m*
proficient adj. /prə'fıʃᵊnt/ flink,
dyktig
profile subst. /'prəʊfaıl/ profil
profile picture subst. profilbilde *n*
profit[1] subst. /'prɒfıt/ **1** fortjeneste *m/f*
2 fordel *m*
profit[2] verb /'prɒfıt/
1 være til gagn (for)
2 hjelpe
profitable adj. /'prɒfıtəbl/ **1** nyttig
2 lønnsom
profiteer verb /ˌprɒfı'tıə/
profittere, tjene store penger *(på
svartebørshandel)*
profound adj. /prə'faʊnd/ dyp(sindig)
profuse adj. /prə'fju:s/
1 overstrømmende
2 rikelig
profusion subst. /prə'fju:ʒᵊn/
overflod *m*
programme[1] subst. /'prəʊgræm/ *eller*
program *(amer.)* program *n*
programme[2] verb /'prəʊgræm/ *eller*
program *(amer.) (IT)* programmere
programmer subst. /'prəʊgræmə/ *(IT)*
programmerer *m*
progress[1] subst. /'prəʊgres/, amer.:
/'prɑ:gres/
1 fremskritt *n*, fremgang *m*
2 utvikling *m/f*
3 fremmarsj *m*
be **in progress 1** pågå **2** foregå
progress[2] verb /prə(ʊ)'gres/ **1** gjøre
fremskritt
2 bevege seg fremover
progression subst. /prə'greʃᵊn/
1 progresjon *m*
2 bevegelse fremover
progressive adj. /prə'gresıv/
1 fremskrittsvennlig, progressiv
2 stigende, tiltagende

prohibit verb /prə'hıbıt/ **1** forby
2 hindre
prohibition subst. /ˌprəʊ(h)ı'bıʃᵊn/
forbud *n*
prohibitive adj. /prə'hıbıtıv/
forebyggende
project[1] subst. /'prɒdʒekt/ **1** prosjekt *n*
2 plan *m*
project[2] verb /prə'dʒekt/ **1** planlegge
2 foreslå, legge frem
3 projisere, kaste *(skygge, lys)*
projectile subst. /prə(ʊ)'dʒektaıl/,
amer. /prə'dʒektᵊl/ prosjektil *n*
projection subst. /prə'dʒekʃᵊn/
1 planlegging *m/f*
2 fremstilling *m/f*, bilde *n*
3 fremspring *n*
projector subst. /prə'dʒektə/
projektor *m*
proletarian subst. /ˌprəʊlı'teərıən/
proletar *m*
pro-life adj. /ˌprəʊ'laıf/ *(spesielt amer.)*
abortfiendtlig, mot abort
pro-lifer subst. /ˌprəʊ'laıfə/ *(spesielt
amer.)* abortmotstander *m*
proliferate verb /prə'lıfəreıt/
formere seg raskt
prolific adj. /prə'lıfık/ fruktbar
prologue subst. /'prəʊlɒg/ *eller*
prolog *(amer.)* prolog *m*
prolong verb /prə'lɒŋ/ forlenge
prom subst. /prɒm/ *(amer.)*
skoleball *n*
promenade subst. /ˌprɒmə'nɑ:d/,
amer. også: /ˌprɑ:mə'neıd/
promenade *m*, spasertur *m*
prominent adj. /'prɒmınənt/
fremstående
promise[1] subst. /'prɒmıs/ løfte *n*
promise[2] verb /'prɒmıs/ love
promising adj. /'prɒmısıŋ/ lovende
promote verb /prə'məʊt/ **1** forfremme
2 fremme

promotion subst. /prə'məʊʃən/
1 forfremmelse *m*
2 markedsføring *m/f,*
promotering *m/f*
prompt¹ verb /prɒm(p)t/
1 drive, bevege
2 forårsake
3 *(teater)* sufflere
prompt² adj. /prɒm(p)t/ **1** rask
2 omgående
3 villig
prone adj. /prəʊn/ **1** tilbøyelig
2 liggende *(på magen / nesegrus)*
be prone to ha lett for, ha tendens til
pronoun subst. /'prəʊnaʊn/
pronomen *n*
pronounce verb /prə'naʊns/ **1** uttale
2 erklære, kunngjøre
pronunciation subst. /prə,nʌnsɪ'eɪʃən/
uttale *m*
proof¹ subst. /pruːf/ **1** bevis *n*
2 prøve *m/f*
3 korrektur *m*
proof² adj. /pruːf/ *(i sammensetninger)*
-fast, -tett, -sikker • *waterproof*
vanntett
prop¹ subst. /prɒp/ **1** støttebjelke *m*
2 *(også overført)* støtte *m/f*
prop² verb /prɒp/ støtte opp, avstive
propaganda subst. /,prɒpə'gændə/
propaganda *m*
propagate verb /'prɒpəgeɪt/
1 forplante (seg)
2 spre (seg), utbre (seg)
propel verb /prə'pel/ drive (frem)
propeller subst. /prə'pelə/ propell *m*
propensity subst. /prə'pensətɪ/
hang *m/n,* tendens *m*
proper adj. /'prɒpə/ **1** riktig, rett
2 ordentlig, anstendig, passende
property subst. /'prɒpətɪ/ **1** eiendom *m*
2 formue *m*
3 egenskap *m*
prophecy subst. /'prɒfəsɪ/ **1** profeti *m*
2 spådom *m*
prophesy verb /'prɒfəsaɪ/ profetere,
spå
prophet subst. /'prɒfɪt/ profet *m*
prophetic adj. /prə'fetɪk/ profetisk
proponent subst. /prə'pəʊnənt/
tilhenger *m,* talsmann *m*
proportion subst. /prə'pɔːʃən/
1 proporsjon *m,* forhold *n*
2 del *m,* andel *m*

be out of proportion to ikke stå i
forhold til
proportional adj. /prə'pɔːʃənl/
proporsjonal
proposal subst. /prə'pəʊzəl/
1 forslag *n*
2 frieri *n*
propose verb /prə'pəʊz/ **1** foreslå
2 ha til hensikt
3 fri
proposition subst. /,prɒpə'zɪʃən/
1 forslag *n*
2 erklæring *m/f*
proprietor subst. /prə'praɪətə/ eier *m*
propriety subst. /prə'praɪətɪ/
1 anstendighet *m*
2 riktighet *m*
propulsion subst. /prə'pʌlʃən/
fremdrift *m/f*
prosaic adj. /prə'zeɪɪk/ **1** prosaisk
2 tørr og saklig, nøktern
prose subst. /prəʊz/ prosa *m*
prosecute verb /'prɒsɪkjuːt/ **1** anklage,
reise tiltale mot
2 fullføre, gjennomføre
prosecution subst. /,prɒsɪ'kjuːʃən/
1 søksmål *n*
2 (straffe)forfølgelse *m*
prosecutor subst. /'prɒsɪkjuːtə/
aktor *m*
prospect subst. /'prɒspekt/ **1** utsikt *m*
2 (fremtids)mulighet *m*
prospective adj. /prə'spektɪv/
1 fremtidig
2 eventuell, potensiell
prosper verb /'prɒspə/ **1** ha fremgang
2 trives
prosperity subst. /prɒ'sperətɪ/
1 velstand *m*
2 fremgang *m,* hell *n*
prosperous adj. /'prɒspərəs/
1 velstående
2 heldig
prostate subst. /'prɒsteɪt/ prostata *m*
prostitute¹ subst. /'prɒstɪtʃuːt/,
/'prɒstɪtjuːt/ prostituert *m*
prostitute² verb /'prɒstɪtʃuːt/,
/'prɒstɪtjuːt/ prostituere
prostitution subst. /,prɒstɪ'tjuːʃən/,
/,prɒstɪ'tʃuːʃən/ prostitusjon *m*
prostrate adj. /'prɒstreɪt/
1 nesegrus, utstrakt
2 slått (i bakken), knust
protect verb /prə'tekt/ beskytte

a b c d e f g h i j k l m n o p q r s t u v w x y z

protection subst. /prə'tekʃən/
　1 beskyttelse *m*
　2 fredning *m/f*
protector subst. /prə'tektə/
　beskytter *m*
protein subst. /'prəʊtiːn/ protein *n*
protest[1] subst. /'prəʊtest/ protest *m*,
　innvending *m/f*
protest[2] verb /prə(ʊ)'test/ **1** protestere
　2 hevde, påstå
protestant[1] subst. /'prɒtɪstənt/
　protestant *m*
protestant[2] adj. /'prɒtɪstənt/
　protesterende
proud adj. /praʊd/ **1** stolt
　2 overlegen
　proud of stolt av
provable adj. /'pruːvəbl/ beviselig
prove verb (proved – proved eller
　proven) /pruːv/ **1** bevise
　2 påvise
　3 (*også* prove to be) vise seg å være
proverb subst. /'prɒvɜːb/ ordspråk *n*
provide verb /prə'vaɪd/ **1** skaffe,
　sørge for • *who'll provide the food?*
　2 gi, komme med
　3 danne, utgjøre
　provide for 1 regne med, ta hensyn
　til **2** forsørge **3** sørge for
　provide with forsyne med
provided konjunksjon /prə'vaɪdɪd/
　forutsatt
provider subst. /prə'vaɪdə/ forsørger *m*
province subst. /'prɒvɪns/ **1** provins *m*
　2 felt *n*, område *n*
provision subst. /prə'vɪʒən/
　1 anskaffelse *m*
　2 forsørgelse *m*, underhold *n*
　3 forholdsregel *m*
　4 bestemmelse *m*
　5 (*om matvarer*) forsyning *m/f*
　provisions matvarer, proviant
provisional adj. /prə'vɪʒənl/
　provisorisk, midlertidig
provocation subst. /ˌprɒvə'keɪʃən/
　1 provokasjon *m*, utfordring *m/f*
　2 irritasjon *m*
provocative adj. /prə'vɒkətɪv/
　1 utfordrende
　2 provoserende
provoke verb /prə'vəʊk/
　1 provosere, irritere
　2 utfordre
prow subst. /praʊ/ forstavn *m*, baug *m*

prowl verb /praʊl/ streife omkring
proxy subst. /'prɒksɪ/ **1** fullmakt *m/f*
　2 stedfortreder *m*, fullmektig *m*
prude subst. /pruːd/ **1** snerpe *m/f*
　2 dydsmønster *n*
prudence subst. /'pruːdəns/
　klokskap *m*, forsiktighet *m*
prudent adj. /'pruːdənt/ klok, forsiktig
prune[1] subst. /pruːn/ sviske *m/f*
prune[2] verb /pruːn/ beskjære (*trær
　o.l.*)
Prussia /'prʌʃə/ Preussen
Prussian subst. /'prʌʃən/ prøysser *m*
pry verb /praɪ/ **1** (*nedsettende*) snoke
　2 (*amer.*) åpne med makt, presse opp
PS /ˌpiː'es/ (*fork. for* postscript) PS
psalm subst. /sɑːm/ salme *m*
pseudo adj. /'sjuːdəʊ/
　1 pseudo-, kvasi-
　2 (*hverdagslig*) uekte, falsk
psychiatrist subst. /saɪ'kaɪətrɪst/
　psykiater *m*
psychiatry subst. /saɪ'kaɪətrɪ/
　psykiatri *m*
psychic[1] subst. /'saɪkɪk/
　synsk person *m*
psychic[2] adj. /'saɪkɪk/ **1** psykisk
　2 synsk
psycho adj. /'saɪkəʊ/ (*hverdagslig*)
　psyko
psychoanalysis subst.
　/ˌsaɪkəʊə'næləsɪs/ psykoanalyse *m*
psychological adj. /ˌsaɪkə'lɒdʒɪkəl/
　psykologisk
psychologist subst. /saɪ'kɒlədʒɪst/
　psykolog *m*
psychology subst. /saɪ'kɒlədʒɪ/
　psykologi *m*
psychopath subst. /'saɪkə(ʊ)pæθ/
　psykopat *m*
ptarmigan subst. /'tɑːmɪgən/ (*fugl*)
　rype *m/f*
pub subst. /pʌb/ pub *m*
puberty subst. /'pjuːbətɪ/ pubertet *m*
public[1] subst. /'pʌblɪk/
　1 offentlighet *m*
　2 publikum *n*
public[2] adj. /'pʌblɪk/ **1** offentlig
　2 felles, allmenn
publication subst. /ˌpʌblɪ'keɪʃən/
　1 utgivelse *m*
　2 publikasjon *m*
　3 kunngjøring *m/f*
public health subst. folkehelse *m/f*

publicity subst. /pʌbˈlɪsəti/
1 publisitet *m*, oppmerksomhet *m*
2 reklame *m*

public relations subst. PR *m*

public school subst.
1 *(britisk)* privat internatskole *m*
2 *(amer.)* offentlig skole *m*

publish verb /ˈpʌblɪʃ/ 1 publisere, gi ut
2 kunngjøre

publisher subst. /ˈpʌblɪʃə/
1 *(av bøker)* forlegger *m*
2 *(av avis, tidsskrift)* utgiver *m*
3 *(av plater)* produsent *m*

publishing house subst. forlag *n*

pudding subst. /ˈpʊdɪŋ/ 1 pudding *m*
2 *(britisk)* dessert *m*

puddle subst. /ˈpʌdl/ sølepytt *m*

puff[1] subst. /pʌf/ 1 blaff *n*
2 vindpust, gufs *n*
3 *(sigarett e.l.)* drag *n*
4 pudderkvast *m*
5 (uhlu) reklame *m*

puff[2] verb /pʌf/ 1 puste
2 blåse
3 lage reklame for, skape blest om

pug subst. /pʌg/ *(hunderase)* mops *m*

puke verb /pjuːk/ spy, kaste opp

pull[1] subst. /pʊl/ 1 *(hånd)tak *n*
2 haling *m/f*, trekking *m/f*
3 rykk *m/n*, drag *n*

pull[2] verb /pʊl/ 1 trekke, dra, hale
2 rive, rykke, ruske
3 *(roing)* ro
pull off klare, greie
pull oneself together ta seg sammen
pull through overleve, klare seg
pull up stanse

pulley subst. /ˈpʊli/ skive *m/f*,
trinse *m/f*

pullover subst. /ˈpʊlˌəʊvə/ genser *m*

pulp subst. /pʌlp/ 1 myk masse *m*
2 fruktkjøtt *n*
3 papirmasse *m*

pulpit subst. /ˈpʊlpɪt/ prekestol *m*

pulsate verb /pʌlˈseɪt/, amer: /ˈpʌlseɪt/
pulsere

pulse[1] subst. /pʌls/ puls *m*, pulsslag *n*

pulse[2] subst. /pʌls/ belgfrukter
forklaring: kikerter, linser og bønner

pulse[3] verb /pʌls/ 1 pulsere
2 slå

pump[1] subst. /pʌmp/ pumpe *m/f*

pump[2] verb /pʌmp/ pumpe

pumpkin subst. /ˈpʌm(p)kɪn/
gresskar *n*

pun subst. /pʌn/ ordspill *n*

punch[1] subst. /pʌn(t)ʃ/ slag *n (med
knyttneven)*

punch[2] subst. /pʌn(t)ʃ/ 1 hulljern *n*
2 dor *m*

punch[3] subst. /pʌn(t)ʃ/ *(drikk)* punsj *m*

punch[4] verb /pʌn(t)ʃ/ lage hull i

punch[5] verb /pʌn(t)ʃ/ slå

punctual adj. /ˈpʌn(k)tʃʊəl/ punktlig

punctuation subst. /ˌpʌn(k)tʃʊˈeɪʃən/
tegnsetting *m/f*

punctuation mark subst. skilletegn *n*

puncture[1] subst. /ˈpʌn(k)tʃə/
punktering *m/f*

puncture[2] verb /ˈpʌn(k)tʃə/ punktere

pungent adj. /ˈpʌndʒənt/ skarp, besk

punish verb /ˈpʌnɪʃ/ straffe

punishable adj. /ˈpʌnɪʃəbl/ straffbar

punishment subst. /ˈpʌnɪʃmənt/
straff *m/f*

puny adj. /ˈpjuːni/ 1 ynkelig
2 bitteliten

pupil[1] subst. /ˈpjuːpl/ elev *m*

pupil[2] subst. /ˈpjuːpl/ *(på øyet)*
pupill *m*

puppet subst. /ˈpʌpɪt/ dukke *m/f*,
marionett *m*

puppy subst. /ˈpʌpi/ 1 valp *m*
2 *(overført)* jypling *m*

puppy love subst.
ungdomsforelskelse *m*

purchase[1] subst. /ˈpɜːtʃəs/ 1 kjøp *n*
2 anskaffelse *m*

purchase[2] verb /ˈpɜːtʃəs/ kjøpe

purchaser subst. /ˈpɜːtʃəsə/ kjøper *m*

pure adj. /pjʊə/ 1 ren
2 ekte

purely adverb /ˈpjʊəli/ 1 rent
2 utelukkende

purgatory subst. /ˈpɜːgətəri/
skjærsild *m*

purge verb /pɜːdʒ/ rense, fjerne

purify verb /ˈpjʊərɪfaɪ/ rense

puritan[1] subst. /ˈpjʊərɪtən/ puritaner *m*

puritan[2] adj. /ˈpjʊərɪtən/ puritansk

purity subst. /ˈpjʊərəti/ renhet *m*

purple adj. /ˈpɜːpl/ purpurrød,
mørkelilla

purpose subst. /ˈpɜːpəs/
1 formål *n*, hensikt *m*
2 grunn *m*
on purpose med vilje

a
b
c
d
e
f
g
h
i
j
k
l
m
n
o
p
q
r
s
t
u
v
w
x
y
z

purposeful adj. /'pɜːpəsfəl/ målbevisst
purposely adverb /'pɜːpəslɪ/ med vilje
purr verb /pɜː/ *(om katt)* male
purse[1] subst. /pɜːs/
  1 pung *m*, lommebok *m/f*
  2 *(amer.)* håndveske *m/f*
  3 pengebeholdning *m*
purse[2] verb /pɜːs/ snurpe munnen
  purse one's/the lips snurpe munnen
pursue verb /pə'sjuː/ **1** forfølge
  2 strebe etter, søke å oppnå
  3 fortsette
pursuit subst. /pə'sjuːt/
  1 forfølgelse *m*
  2 streben *m*
  3 aktivitet *m*
  in pursuit of på jakt etter
pus subst. /pʌs/ verk *m*, puss *m/n*
push[1] subst. /pʊʃ/ **1** dytt *m*, skubb *m/n*
  2 makt *m/f*, innflytelse *m*
push[2] verb /pʊʃ/ **1** dytte, presse
  2 reklamere for
  3 *(om narkotika)* lange, pushe
pusher subst. /'pʊʃə/ *(slang)*
  narkotikalanger *m*
pushover subst. /'pʊʃˌəʊvə/
  (hverdagslig) **1** smal sak *m*, blåbær *n*
  2 lett motstander *m*, svekling *m*
push-up subst. /'pʊʃʌp/
  armheving *m/f*
pussy subst. /'pʊsɪ/ kattepus *m*
put verb (put – put) /pʊt/
  1 putte, legge, sette
  2 *(om skrift, tale)* uttrykke, si
  put away 1 legge på plass, rydde

  unna **2** legge til side
put down 1 legge vekk **2** ydmyke,
  kritisere **3** skrive (ned)
put off 1 utsette **2** skremme,
  støte fra seg **3** distrahere, forvirre
put on 1 ta/kle på seg **2** sette i gang,
  slå på **3** øke, legge på (seg)
put out 1 sette frem, legge ut **2** slå ut,
  gjøre sliten • *he felt quite put out*
  3 slukke *(en brann)* **4** være til bry,
  lage vanskeligheter
put up 1 sette opp, henge opp
  2 *(om penger)* betale **3** *(om priser)*
  øke, heve **4** huse • *we can put you up
  for tonight* **5** utvise (styrke), prestere
  put up with tåle, holde ut
putrid adj. /'pjuːtrɪd/ råtten
puzzle[1] subst. /'pʌzl/
  1 gåte *m/f*, problem *n*
  2 puslespill *n*
  3 rådvillhet *m*
puzzle[2] verb /'pʌzl/ **1** forvirre
  2 gruble
puzzling adj. /'pʌzlɪŋ/ forvirrende
pygmy subst. /'pɪgmɪ/ pygmé *m*
pyjamas subst. *flt.* /pə'dʒɑːməz/
  pyjamas *m*
pylon subst. /'paɪlən/
  høyspenningsmast *m/f*
pyramid subst. /'pɪrəmɪd/ pyramide *m*
pyromaniac subst.
  /ˌpaɪrə(ʊ)'meɪnɪæk/ pyroman *m*
python subst. /'paɪθən/
  pytonslange *m*

q

QR code subst. *(IT, fork. for* Quick
  Response Code*)* QR-kode
quack[1] subst. /kwæk/ kvekk *m/n*
quack[2] subst. /kwæk/ kvakksalver *m*
quack[3] verb /kwæk/ kvekke
quadrangle subst. /'kwɒdræŋgl/
  1 firkant
  2 gårdsplass *m*
quadrate adj. /'kwɒdrət/ kvadratisk,
  firkantet
quadruple adj. /'kwɒdrʊpl/ firedobbel
quagmire subst. /'kwɒgmaɪə/
  hengemyr *m/f*

quail verb /kweɪl/ **1** skjelve
  2 rygge tilbake, miste motet
quaint adj. /kweɪnt/ sjarmerende,
  gammeldags
quake[1] subst. /kweɪk/ (jord)skjelv *m/n*
quake[2] verb /kweɪk/ skjelve, riste
Quaker subst. /'kweɪkə/ kveker *m*
qualification subst. /ˌkwɒlɪfɪ'keɪʃən/
  1 kvalifikasjon *m*
  2 forbehold *n*, forutsetning *m/f*
qualify verb /'kwɒlɪfaɪ/
  1 kvalifisere (seg), godkjenne
  2 modifisere, begrense

quality subst. /ˈkwɒlətɪ/ **1** kvalitet *m*
2 egenskap *m*
qualm subst. /kwɑːm/
betenkelighet *m*, skruppel *m*, kval *m*
quantity subst. /ˈkwɒntətɪ/ mengde *m*
quarantine subst. /ˈkwɒrᵊntiːn/
karantene *m*
quarrel[1] subst. /ˈkwɒrᵊl/ krangel *m*
quarrel[2] verb /ˈkwɒrᵊl/ krangle
quarrelsome adj. /ˈkwɒrᵊlsəm/
kranglevoren, trettekjær
quarry[1] subst. /ˈkwɒrɪ/ steinbrudd *n*
quarry[2] subst. /ˈkwɒrɪ/ (jakt)bytte *n*
quarry[3] verb /ˈkwɒrɪ/ bryte (stein)
quarter subst. /ˈkwɔːtə/
1 fjerdedel *m*, en kvart
2 *(tid)* kvarter *n*, kvartal *n*
3 *(sted)* bydel *m*, kvartal *n*
a quarter of an hour et kvarter
quartet subst. /kwɔːˈtet/ kvartett *m*
quartz subst. /kwɔːts/ kvarts *m*
quash verb /kwɒʃ/ knuse,
undertrykke
quaver verb /ˈkweɪvə/ *(om stemme)*
skjelve
quay subst. /kiː/ kai *m/f*, brygge *m/f*
queasy adj. /ˈkwiːzɪ/ kvalm, uvel
queen subst. /kwiːn/ dronning *m/f*
queer adj. /kwɪə/
1 *(slang)* homo, skeiv
2 merkelig, rar
quell verb /kwel/ **1** kue, undertrykke
2 dempe
quench verb /kwen(t)ʃ/ **1** slukke
2 undertrykke
query subst. /ˈkwɪərɪ/ spørsmål *n*
quest[1] subst. /kwest/ søken *m*,
leting *m*
quest[2] verb /kwest/ søke etter
question[1] subst. /ˈkwestʃᵊn/
1 spørsmål *n*
2 sak *m/f*, problem *n*
question[2] verb /ˈkwestʃᵊn/
1 spørre, stille spørsmål
2 avhøre, forhøre
questionable adj. /ˈkwestʃᵊnəbl/
1 usikker
2 tvilsom
question mark subst. spørsmålstegn *n*
questionnaire subst. /ˌkwestʃəˈneə/
spørreskjema *n*
queue[1] subst. /kjuː/ kø *m*
queue[2] verb /kjuː/ stå i kø

quibble[1] subst. /ˈkwɪbl/
1 spissfindighet *m*
2 ordspill *n*
quibble[2] verb /ˈkwɪbl/ småkrangle
quick adj. /kwɪk/ **1** rask, hurtig
2 kvikk, kjapp, oppvakt
quicken verb /ˈkwɪkᵊn/ bli raskere,
sette opp farten
quickness subst. /ˈkwɪknəs/
1 raskhet *m*
2 skarphet *m*
quicksand subst. /ˈkwɪksænd/
kvikksand *m*
quick-witted adj. /ˌkwɪkˈwɪtɪd/,
foranstilt: /ˈkwɪkwɪtɪd/ snartenkt,
slagferdig
quid[1] subst. /kwɪd/ *(slang)* pund *n*
quid[2] subst. /kwɪd/ *(tobakk)* skrå
quiet[1] subst. /ˈkwaɪət/ stillhet *m*, ro *m*
quiet[2] verb /ˈkwaɪət/ **1** berolige
2 bli stille
quiet[3] adj. /ˈkwaɪət/ rolig, stille
quietness subst. /ˈkwaɪətnəs/ fred *m*,
ro, stillhet *m*
quilt[1] subst. /kwɪlt/ sengeteppe *n*
quilt[2] verb /kwɪlt/ vattere, stikke teppe
quintet subst. /kwɪnˈtet/ kvintett *m*
quirk subst. /kwɜːk/ **1** særegenhet *m*
2 innfall *n*
quit[1] verb (quitted – quitted eller quit –
quit) /kwɪt/ **1** forlate
2 slutte, gi opp
quit[2] adj. /kwɪt/ fri, befridd
quit of fri fra, kvitt
quite adverb /kwaɪt/
1 helt og holdent, absolutt
2 ganske, nokså
not quite ikke helt, knapt
quite a few ganske mange
quits adj. /kwɪts/ kvitt, skuls
be quits være skuls
quiver[1] subst. /ˈkwɪvə/ dirring
quiver[2] subst. /ˈkwɪvə/ kogger *n*
(med piler)
quiver[3] verb /ˈkwɪvə/ dirre, skjelve
quiz[1] subst. /kwɪz/ spørrelek *m*,
quiz *m*
quiz[2] verb /kwɪz/ spørre ut
quota subst. /ˈkwəʊtə/ **1** kvote *m*
2 andel *m*
quotation subst. /kwə(ʊ)ˈteɪʃᵊn/
1 sitat *n*
2 prisnotering *m/f*
quotation mark subst. anførselstegn *n*

quote¹ subst. /kwəʊt/ **1** sitat *n*
2 anførselstegn *n*

quote² verb /kwəʊt/ sitere

rabbi subst. /'ræbaɪ/ rabbiner *m*
rabbit subst. /'ræbɪt/ kanin *m*
rabble subst. /'ræbl/ mobb *m*, pakk *n*
rabid adj. /'ræbɪd/ rabiat, fanatisk
race¹ subst. /reɪs/ **1** rase *m*
2 slekt *m/f*
race² subst. /reɪs/
1 kappløp *n*, veddeløp *n*
2 sterk strøm *m*
race³ verb /reɪs/ **1** kappes, kappløpe
2 *(om hjerte)* begynne å hamre,
slå hardt
racecourse subst. /'reɪskɔːs/
veddeløpsbane *m*
racehorse subst. /'reɪshɔːs/
veddeløpshest *m*
racer subst. /'reɪsə/ **1** veddeløpshest *m*
2 racerbil *m*, racerbåt *m*
3 løper *m*, deltaker i renn
racetrack subst. /'reɪstræk/
veddeløpsbane *m*
racial adj. /'reɪʃəl/ rase-
racism subst. /'reɪsɪzəm/ rasisme *m*
racist subst. /'reɪsɪst/ rasist *m*
rack¹ subst. /ræk/
1 stativ *n*, hylle *m/f*, reol *m*
2 pinebenk *m*
rack² verb /ræk/ pine, plage
rack one's brains tenke seg godt om
racket subst. /'rækɪt/
1 *(sport)* racket *m*
2 bråk *n*, oppstyr *n*
3 svindelforetagende *n*
racy adj. /'reɪsɪ/ **1** kraftfull
2 pikant, drøy
radar subst. /'reɪdɑː/ radar *m*
radiant adj. /'reɪdjənt/ strålende
radiate verb /'reɪdɪeɪt/ (ut)stråle
radiation subst. /ˌreɪdɪ'eɪʃn/
(ut)stråling *m/f*
radiator subst. /'reɪdɪeɪtə/
1 *(til oppvarming)* radiator *m*
2 *(i bil)* kjøler *m*
radical adj. /'rædɪkəl/ radikal

radicalize verb /'rædɪkəlaɪz/
radikalisere
radically adverb /'rædɪkəlɪ/ radikalt
radio subst. /'reɪdɪəʊ/ radio *m*
radioactive adj. /ˌreɪdɪəʊ'æktɪv/
radioaktiv
radish subst. /'rædɪʃ/ reddik *m*
radius subst. /'reɪdjəs/ radius *m*
raffle subst. /'ræfl/ basar *m*
raft¹ subst. /rɑːft/ flåte *m*,
tømmerflåte *m*
raft² verb /rɑːft/ **1** fløte
2 rafte
rag subst. /ræg/ fille *m/f*, klut *m*
rage¹ subst. /reɪdʒ/ **1** raseri *n*
2 lidenskap *m*
rage² verb /reɪdʒ/ **1** rase, være rasende
2 *(om sykdom)* herje
ragged adj. /'rægɪd/ **1** fillet, tjafset
2 ujevn
raid¹ subst. /reɪd/
1 raid *n*, plyndringstokt *n*
2 rassia *m*, husundersøkelse *m*
raid² verb /reɪd/ **1** raide
2 plyndre
rail¹ subst. /reɪl/ **1** rekkverk *n*
2 *(jernbane)* skinne *m/f*
by rail med tog
rail² verb /reɪl/ sette opp gjerde
railing subst. /'reɪlɪŋ/ rekkverk *n*
railway subst. /'reɪlweɪ/ *eller*
railroad *(amer.)* jernbane *m*
rain¹ subst. /reɪn/ regn *n*
rain² verb /reɪn/ regne
rainbow subst. /'reɪnbəʊ/ regnbue *m*
raincoat subst. /'reɪnkəʊt/ regnfrakk *m*
rainfall subst. /'reɪnfɔːl/ nedbør *m*
rainforest subst. /'reɪnˌfɒrɪst/
regnskog *m*
rainy adj. /'reɪnɪ/ regnfull, regn-
raise¹ subst. /reɪz/ *(spesielt amer.)*
lønnsforhøyelse *m*
raise² verb /reɪz/ **1** heve, løfte (opp)
2 sette opp, oppføre
3 *(om priser, skatter)* forhøye, øke

4 *(om barn)* oppdra
5 provosere, vekke
6 *(om lån)* ta opp
raisin subst. /'reɪzn/ rosin *m/f*
rake[1] subst. /reɪk/ rive *m/f*, rake *m/f*
rake[2] verb /reɪk/ 1 rake
2 lete i, gjennomsøke
rake up rote opp i, rippe opp i
rally[1] subst. /'rælɪ/ 1 samling *m/f*
2 møte *n*, stevne *n*
rally[2] verb /'rælɪ/ 1 samle (seg)
2 komme til krefter
3 ta seg opp
ram[1] subst. /ræm/ 1 vær *m*
2 rambukk *m*
ram[2] verb /ræm/
1 presse, trykke, slå, banke
2 stappe
3 dunke, støte, krasje
ramble[1] subst. /'ræmbl/ 1 fottur *m*
2 vandring *m/f*
ramble[2] verb /'ræmbl/
1 streife omkring
2 *(overført)* snakke i vei
ramification subst. /ˌræmɪfɪ'keɪʃən/
(ofte i flertall) følge *m*, konsekvens *m*
ramp[1] subst. /ræmp/ 1 rampe *m/f*
2 skråning *m/f*
ramp[2] verb /ræmp/ rase, storme
rampant adj. /'ræmpənt/
1 vill, ukontrollert, voldsom
2 *(om planter)* frodig, tettvokst
rampart subst. /'ræmpɑːt/
(festnings)voll *m*
ramshackle adj. /'ræmˌʃækl/
falleferdig, skrøpelig
ran verb /ræn/ *se* ▸run[2]
ranch subst. /rɑːn(t)ʃ/, /ræn(t)ʃ/
(spesielt amer.) ranch *m*, kvegfarm *m*
rancid adj. /'rænsɪd/ harsk
random[1] subst. /'rændəm/
bare i uttrykk
at random på måfå, på slump
random[2] adj. /'rændəm/ tilfeldig
rang verb /ræŋ/ *se* ▸ring[3]
range[1] subst. /reɪndʒ/
1 rekkevidde *m*, bredde *m*
2 rekke *m/f*
3 (fjell)kjede *m*
4 område *n*, sfære *m*
range[2] verb /reɪndʒ/
1 variere, veksle • *prices ranging
from ten to twenty pounds*
2 stille på rekke, stille opp

3 ordne
4 streife
rank[1] subst. /ræŋk/ 1 rang *m*, grad *m*
2 geledd *n*, rekke *m/f*
rank[2] verb /ræŋk/ 1 rangere
2 ordne
rank[3] adj. /ræŋk/ 1 altfor frodig
2 illeluktende
ranking subst. /'ræŋkɪŋ/ rang *m*,
rangering *m/f*
ransack verb /'rænsæk/ ransake
ransom subst. /'rænsəm/ løsepenger
rant[1] subst. /rænt/ fraser, tomt snakk *n*
rant[2] verb /rænt/ skravle i vei,
snakke uavbrutt
rap[1] subst. /ræp/ rapp *n*, slag *n*,
smekk *m/n*
rap[2] subst. /ræp/ *eller* **rap music**
rapp(musikk) *m*
rap[3] verb /ræp/ banke, slå
rap[4] verb /ræp/ *(musikk)* rappe
rape[1] subst. /reɪp/ voldtekt *m/f*
rape[2] verb /reɪp/ voldta
rapid adj. /'ræpɪd/ rask, hurtig
rapidity subst. /rə'pɪdətɪ/ hurtighet *m*
rapids subst. /'ræpɪdz/ stryk *n*,
fossestryk *n*
rapist subst. /'reɪpɪst/
voldtektsforbryter *m*
rapt adj. /ræpt/ betatt, henført
rapture subst. /'ræptʃə/
begeistring *m/f*
rare adj. /reə/ 1 sjelden
2 tynn
3 *(om kjøtt)* lettstekt, blodig
rarely adverb /'reəlɪ/ sjelden
rarity subst. /'reərətɪ/ sjeldenhet *m*
rascal subst. /'rɑːskəl/ slyngel *m*,
skurk *m*
rash[1] subst. /ræʃ/ utslett *n*
rash[2] adj. /ræʃ/ ubetenksom
rasp[1] subst. /rɑːsp/ 1 raspende lyd *m*
2 grov fil *m/f*
rasp[2] verb /rɑːsp/ raspe, grovfile
raspberry subst. /'rɑːzbəri/
bringebær *n*
rat subst. /ræt/ rotte *m/f*
rate[1] subst. /reɪt/ 1 hastighet *m*
2 frekvens *m*, hyppighet *m*
3 sats *m*, takst *m*, pris *m*
at any rate iallfall, i hvert fall
rate[2] verb /reɪt/ 1 vurdere
2 regne, betrakte • *I rate him among
my friends*

rather adverb /'rɑːðə/ **1** heller, helst
• *which would you rather have?*
2 snarere
3 ganske • *it is rather cold*
rather than mer ... enn, heller ... enn
• *she seems angry rather than sad*
hun virker mer sint enn lei seg
rating subst. /'reɪtɪŋ/ **1** vurdering *m/f*
2 *(TV)* seertall *n*
3 *(politikk)* oppslutning *m/f*
ratio subst. /'reɪʃɪəʊ/ forhold *n*
ration[1] subst. /'ræʃən/ rasjon *m*,
porsjon *m*
ration[2] verb /'ræʃən/ rasjonere
rational adj. /'ræʃənl/ rasjonell,
fornuftig
rationing subst. /'ræʃənɪŋ/
rasjonering *m/f*
rattle verb /'rætl/ **1** rasle, skrangle
2 gjøre usikker, gjøre forvirret
rattlesnake subst. /'rætlsneɪk/
klapperslange *m*
raucous adj. /'rɔːkəs/ rusten, hes
ravage verb /'rævɪdʒ/ herje, ødelegge
rave verb /reɪv/ **1** snakke over seg,
snakke i ørske, fable
2 skryte opp i skyene
ravel subst. /'rævəl/ floke *m*
raven subst. /'reɪvn/ ravn *m*
ravenous adj. /'rævənəs/ skrubbsulten
ravine subst. /rə'viːn/ ravine *m*,
fjellkløft *m/f*
ravish verb /'rævɪʃ/ **1** fortrylle, henrive
2 *(litterært)* voldta
3 *(poetisk)* bortføre, rane
ravishing adj. /'rævɪʃɪŋ/ fortryllende,
henrivende
raw adj. /rɔː/ **1** rå
2 uerfaren, umoden
3 grov
ray subst. /reɪ/ (lys)stråle *m*
raze verb /reɪz/ jevne med jorden
razor subst. /'reɪzə/ barberhøvel *m*

reach[1] subst. /riːtʃ/ **1** det å strekke
2 rekkevidde *m/f*, omfang *n*
out of reach utenfor rekkevidde
reach[2] verb /riːtʃ/
1 strekke (seg), rekke
2 nå, nå opp til
reach for gripe etter, strekke seg etter
react verb /rɪ'ækt/ reagere
reaction subst. /rɪ'ækʃən/ **1** reaksjon *m*
2 tilbakevirkning *m*
read verb (read – read) /riːd/, pret. og
perf. partisipp: /red/ lese
reader subst. /'riːdə/ leser *m*
readily adverb /'redəlɪ/ villig, gjerne
readiness subst. /'redɪnəs/
1 villighet *m*
2 beredskap *m/f*
reading subst. /'riːdɪŋ/ **1** lesning *m/f*
2 lesestoff *n*
3 oppfatning *m/f*
reading hall subst. lesesal *m*
readjust verb /ˌriːə'dʒʌst/ justere,
endre, tilpasse seg
ready adj. /'redɪ/ **1** ferdig, klar
2 snar, rask
get ready gjøre seg klar
real adj. /rɪəl/ **1** ekte
2 virkelig, egentlig, faktisk
real estate subst. fast eiendom *m*
realistic adj. /rɪə'lɪstɪk/ realistisk,
virkelighetstro
reality subst. /rɪ'ælətɪ/ virkelighet *m*
reality TV subst. reality-TV
realization subst. /ˌrɪəlaɪ'zeɪʃən/
1 forståelse *m*, innsikt *m*
2 virkeliggjøring *m/f*, realisering *m/f*
realize verb /'rɪəlaɪz/
1 innse, bli klar over
2 virkeliggjøre, realisere
really adverb /'rɪəlɪ/ egentlig, virkelig,
faktisk
realm subst. /relm/ **1** (konge)rike *n*
2 *(overført)* rike *n*, verden *m*

reap verb /riːp/ **1** meie, skjære
2 høste
reaper subst. /ˈriːpə/ **1** innhøster *m*
2 slåmaskin *m*
the **(Grim) Reaper** mannen med
ljåen, døden
reappear verb /ˌriːəˈpɪə/
komme til syne igjen
rear subst. /rɪə/ **1** bakside *m/f*
2 *(militærvesen)* baktropp *m*
3 bak- • *rear wheel* bakhjul
rearrange verb /ˌriːəˈreɪndʒ/
gjøre om på
reason¹ subst. /ˈriːzn/
1 grunn *m*, årsak *m/f*
2 fornuft *m*, forstand *m*
reason² verb /ˈriːzn/ resonnere, tenke
reasonable adj. /ˈriːzⁿəbl/ fornuftig,
rimelig
reassemble verb /ˌriːəˈsembl/
1 samle (seg) igjen
2 sette sammen igjen
reassure verb /ˌriːəˈʃʊə/ berolige,
forsikre
rebel¹ subst. /ˈrebl/ opprører *m*
rebel² verb /rɪˈbel/ gjøre opprør
rebellion subst. /rɪˈbeljən/ opprør *n*
rebellious adj. /rɪˈbeljəs/ opprørsk
rebuild verb (rebuilt – rebuilt) /ˌriːˈbɪld/
1 gjenoppbygge
2 ombygge
rebuke verb /rɪˈbjuːk/ irettesette
recall¹ subst. /rɪˈkɔːl/
1 hukommelse *m*
2 tilbakekalling *m/f*
recall² verb /rɪˈkɔːl/ **1** huske
2 tilbakekalle, trekke tilbake
recede verb /rɪˈsiːd/ trekke seg tilbake,
tre tilbake, vike
receipt subst. /rɪˈsiːt/ kvittering *m/f*
receive verb /rɪˈsiːv/ få, ta imot
receiver subst. /rɪˈsiːvə/ **1** mottaker *m*
2 telefonrør *n*
recent adj. /ˈriːsnt/ ny, fersk
recently adverb /ˈriːsntlɪ/ nylig,
i det siste
reception¹ subst. /rɪˈsepʃⁿn/
mottakelse *m*
reception² subst. /rɪˈsepʃⁿn/
(også reception desk) resepsjon *m*
receptionist subst. /rɪˈsepʃⁿɪst/
resepsjonist *m*
receptive adj. /rɪˈseptɪv/ mottakelig

recess subst. /rɪˈses/, /ˈriːses/
1 fordypning *m/f*, hakk *n*
2 *(spesielt amer.)* pause *m*
recession subst. /rɪˈseʃⁿn/
1 *(økonomi)* lavkonjunktur *m*
2 tilbaketrekking *m/f*
recharge verb /ˌriːˈtʃɑːdʒ/
lade opp på nytt
recipe subst. /ˈresɪpɪ/ oppskrift *m/f*
recipient subst. /rɪˈsɪpɪənt/
mottaker *m*
reciprocal adj. /rɪˈsɪprəkəl/ gjensidig
reciprocate verb /rɪˈsɪprəkeɪt/
1 gjøre noe til gjengjeld
2 gjengjelde, besvare
recital subst. /rɪˈsaɪtl/ **1** konsert *m*
2 redegjørelse *m*, opplesning *m/f*
recitation subst. /ˌresɪˈteɪʃⁿn/
opplesning *m/f*, deklamasjon *m*
recite verb /rɪˈsaɪt/ lese opp,
deklamere, foredra
reckless adj. /ˈrekləs/ **1** ubekymret
2 hensynsløs, ubetenksom
reckon verb /ˈrekⁿn/ **1** beregne
2 regne (for å være), anse
3 regne med, anta, mene, tro
reclaim verb /rɪˈkleɪm/ **1** ta tilbake
2 resirkulere, gjenvinne
recognition subst. /ˌrekəgˈnɪʃⁿn/
1 anerkjennelse *m*
2 gjenkjennelse *m*
3 erkjennelse *m*, oppfatning *m/f*
recognize verb /ˈrekəgnaɪz/
1 kjenne igjen
2 anerkjenne
3 erkjenne, innse
recoil verb /rɪˈkɔɪl/
1 rygge (forskrekket) tilbake
2 rykke tilbake
recollect verb /ˌrekəˈlekt/ huske
recollection subst. /ˌrekəˈlekʃⁿn/
erindring *m/f*, hukommelse *m*
recommend verb /ˌrekəˈmend/
anbefale
recommendation subst.
/ˌrekəmenˈdeɪʃⁿn/ anbefaling *m/f*
recompense¹ subst. /ˈrekəmpens/
1 erstatning *m/f*
2 belønning *m/f*
recompense² verb /ˈrekəmpens/
1 erstatte
2 belønne
recon subst. /ˈriːkɒn/ *(hverdagslig)*
rekognosering *m/f*

reconcile verb /'rekənsaɪl/ **1** forsone
2 gjøre opp, skvære opp
reconciliation subst. /ˌrekənsɪlɪ'eɪʃᵊn/
forsoning *m/f*
reconnaissance subst. /rɪ'kɒnɪsᵊns/
rekognosering *m/f*
reconsider verb /ˌriːkən'sɪdə/
tenke over på nytt
reconstruct verb /ˌriːkən'strʌkt/
1 gjenoppbygge
2 bygge om
record¹ subst. /'rekɔːd/
1 opptegnelse *m*, journal *m*
2 *(hverdagslig)* kriminelt rulleblad
3 rekord *m*
record² verb /rɪ'kɔːd/
1 skrive ned, journalføre
2 *(om lyd, video)* spille inn, ta opp
recorder subst. /rɪ'kɔːdə/
båndopptaker *m*
recover verb /rɪ'kʌvə/
1 få tilbake, gjenvinne
2 komme seg, komme over noe
recovery subst. /rɪ'kʌvərɪ/
1 det å finne igjen
2 bedring *m/f*
3 *(IT)* gjenoppretting *m/f*
recreate verb /'rekrɪeɪt/ lage på nytt
recreation subst. /ˌrekrɪ'eɪʃᵊn/
tidsfordriv *n*, fritidssyssel *m*
recruit¹ subst. /rɪ'kruːt/ rekrutt *m*
recruit² verb /rɪ'kruːt/ rekruttere, verve
rectangle subst. /'rektæŋgl/
rektangel *n*
rectangular adj. /rek'tæŋgjʊlə/
rektangulær
rectify verb /'rektɪfaɪ/ korrigere,
rette opp
rector subst. /'rektə/ **1** sogneprest *m*
2 rektor *m*
rectory subst. /'rektᵊrɪ/ prestegård *m*
recuperate verb /rɪ'kjuːpᵊreɪt/
komme seg, få nye krefter
recur verb /rɪ'kɜː/ skje igjen,
komme igjen
recurrence subst. /rɪ'kʌrᵊns/
1 tilbakevending *m/f*
2 gjentakelse *m*
recurrent adj. /rɪ'kʌrᵊnt/
tilbakevendende
recycle verb /ˌriː'saɪkl/ resirkulere,
gjenvinne
recycling subst. /ˌriː'saɪklɪŋ/
resirkulering *m/f*, gjenvinning *m/f*

red adj. /red/ rød
the **Red Crescent** subst.
Røde halvmåne
the **Red Cross** subst. Røde Kors
redcurrant subst. /'redˌkʌrənt/ rips *m*
redden verb /'redn/ **1** rødme
2 bli rød
reddish adj. /'redɪʃ/ rødlig
redeem verb /rɪ'diːm/
1 løse inn, kjøpe tilbake, innfri
2 gjøre godt igjen, kompensere
redemption subst. /rɪ'dem(p)ʃᵊn/
1 innløsning *m/f*
2 redning *m/f*, frelse *m/f*
redirect verb /ˌriːdɪ'rekt/
1 lede *(i ny retning)*
2 omadressere, omdirigere
redneck subst. /'rednek/
(amer., slang) bondetamp *m*
reduce verb /rɪ'djuːs/, /rɪ'dʒuːs/
1 redusere
2 *(om pris)* sette ned, senke
reduction subst. /rɪ'dʌkʃᵊn/
1 reduksjon *m*, innskrenkning *m/f*
2 *(om pris)* nedsettelse *m*
redundant adj. /rɪ'dʌndənt/ overflødig
reef subst. /riːf/ **1** rev *n*, korallrev *n*
2 skjær *n*
reel¹ subst. /riːl/
1 rull *m*, spole *m*, (tråd)snelle *m/f*
2 (garn)vinde *m/f*
reel² verb /riːl/ **1** spole, haspe, sveive
2 snurre, spinne
3 vakle, tumle
reel off *(overført)* lire av seg
re-elect verb /ˌriːɪ'lekt/ gjenvelge
re-enter verb /ˌriːʹentə/
komme inn igjen
re-establish verb /ˌriːɪ'stæblɪʃ/
gjenopprette
refer verb /rɪ'fɜː/ **1** henvise
2 regne med blant, plassere
3 angå, vedrøre
refer to 1 henvise til
2 sikte til, antyde
referee subst. /ˌrefə'riː/
1 *(sport)* dommer *m*
2 oppmann *m*
reference subst. /'refᵊrᵊns/
1 henvisning *m/f*, oversendelse *m*
2 forbindelse *m*
3 referanse *m*
with reference to angående

referendum subst. /ˌrefər'endəm/
folkeavstemning *m/f*

refill¹ subst. /'riːfɪl/ påfyll *n*

refill² verb /ˌriː'fɪl/ fylle på igjen

refine verb /rɪ'faɪn/ **1** rense, raffinere
2 forfine

refinement subst. /rɪ'faɪnmənt/
1 raffinering *m/f*
2 forfinelse *m*, foredling *m/f*

refinery subst. /rɪ'faɪnərɪ/ raffineri *n*

reflect verb /rɪ'flekt/ reflektere,
gjenspeile
reflect on tenke på, tenke over

reflection subst. /rɪ'flekʃən/
1 gjenskinn *n*, speilbilde *n*
2 betraktning *m/f*, refleksjon *m*

reflective adj. /rɪ'flektɪv/ **1** reflektert
2 tankefull, reflekterende

reflex subst. /'riːfleks/ refleks *m*

reform¹ subst. /rɪ'fɔːm/ reform *m*,
forbedring *m/f*

roform² vorb /rɪ'fɔːm/ reformere,
forbedre

reformation subst. /ˌrefə'meɪʃən/
forbedring *m/f*, reformasjon *m*

refrain¹ subst. /rɪ'freɪn/ refreng *n*

refrain² verb /rɪ'freɪn/ unnlate, la være,
avholde seg
refrain from la være

refresh verb /rɪ'freʃ/ forfriske

refreshment subst. /rɪ'freʃmənt/
forfriskning *m/f*

refrigerate verb /rɪ'frɪdʒəreɪt/
(av)kjøle

refrigerator subst. /rɪ'frɪdʒəreɪtə/
kjøleskap *n*

refuge subst. /'refjuːdʒ/ tilflukt *m/f*,
tilfluktssted *n*

refugee subst. /ˌrefjʊ'dʒiː/ flyktning *m*

refund¹ subst. /'riːfʌnd/
refundering *m/f*

refund² verb /riː'fʌnd/ refundere,
betale tilbake

refusal subst. /rɪ'fjuːzᵊl/ avslag *n*, nei *n*

refuse¹ subst. /'refjuːs/ avfall *n*

refuse² verb /rɪ'fjuːz/
1 vegre seg, nekte
2 avslå, si nei til, avvise

refutation subst. /ˌrefjʊ'teɪʃən/
gjendrivelse *m*, motsigelse *m*

refute verb /rɪ'fjuːt/ gjendrive,
motbevise

regain verb /rɪ'geɪn/ få igjen,
gjenvinne

regard¹ subst. /rɪ'gɑːd/
1 henseende *m/n*
2 respekt *m*, hensyn *n*
with/in regard to med hensyn til

regard² verb /rɪ'gɑːd/ **1** anse, betrakte
2 angå, vedrøre
as regards når det gjelder

regarding preposisjon /rɪ'gɑːdɪŋ/
angående, med hensyn til

regardless¹ adj. /rɪ'gɑːdləs/
1 som ikke tar hensyn
2 ubekymret, likegyldig

regardless² adverb /rɪ'gɑːdləs/
tross alt, uten hensyn til følgene

regent subst. /'riːdʒᵊnt/ regent *m*

regime subst. /reɪ'ʒiːm/ regime *n*

regiment subst. /'redʒɪmənt/
regiment *n*

region subst. /'riːdʒᵊn/ område *n*,
region *m*

register¹ subst. /'redʒɪstə/ register *n*,
fortegnelse *m*, liste *m/f*

register² verb /'redʒɪstə/
1 føre inn i register, skrive (seg) inn
2 *(jus)* tinglese
3 *(på hotell e.l.)* skrive (seg) inn,
sjekke inn

registration subst. /ˌredʒɪ'streɪʃən/
1 registrering *m/f*, påmelding *m/f*
2 tinglysing *m/f*

regret¹ subst. /rɪ'gret/ anger *m*,
beklagelse *m*

regret² verb /rɪ'gret/ **1** angre
2 beklage, være lei for

regrettable adj. /rɪ'gretəbl/ beklagelig

regular adj. /'regjʊlə/ **1** regelmessig
2 vanlig, fast
3 *(hverdagslig)* ordentlig, ekte
• *she is a regular hero*

regularity subst. /ˌregjʊ'lærətɪ/
regelmessighet *m*

regulate verb /'regjʊleɪt/ regulere,
tilpasse

regulation subst. /ˌregjʊ'leɪʃən/
1 ordning *m/f*, regulering *m/f*
2 regel *m*

rehab subst. /'riːhæb/ *(hverdagslig,
kortform av rehabilitation)*
rehabilitering *m/f*

rehabilitate verb /ˌriːə'bɪlɪteɪt/
rehabilitere, få på bena igjen

rehabilitation subst. /ˌriːhəˌbɪlɪ'teɪʃən/
rehabilitering *m/f*

rehash subst. /'riːhæʃ/ *(overført)*
oppkok *n*
rehearsal subst. /rɪ'hɜːsəl/
(teater)prøve *m/f*
dress rehearsal generalprøve
rehearse verb /rɪ'hɜːs/ øve, pugge
reign[1] subst. /reɪn/
1 regjering *m/f*, styre *n*
2 regjeringstid *m/f*
reign[2] verb /reɪn/ regjere, styre
reimburse verb /ˌriːɪm'bɜːs/
betale tilbake, dekke *(utlegg)*
rein[1] subst. /reɪn/ tøyle *m*, tømme *m*
rein[2] verb /reɪn/ tøyle
reindeer subst. (flertall: reindeer)
/'reɪndɪə/ rein *m*, reinsdyr *n*
reinforce verb /ˌriːɪn'fɔːs/ forsterke
reinforcement subst. /ˌriːɪn'fɔːsmənt/
forsterkning *m*
reject verb /rɪ'dʒekt/ forkaste, avslå,
avvise
rejection subst. /rɪ'dʒekʃən/
avvisning *m/f*, avslag *n*
rejoice verb /rɪ'dʒɔɪs/ glede (seg),
fryde (seg)
rejoicing subst. /rɪ'dʒɔɪsɪŋ/ glede *m/f*,
fryd *m*
rejuvenate verb /rɪ'dʒuːvəneɪt/
bli (som) ung igjen
relapse[1] subst. /'riːlæps/ tilbakefall *n*
relapse[2] verb /rɪ'læps/ falle tilbake,
få tilbakefall
relate verb /rɪ'leɪt/ fortelle
relate to 1 gjelde, angå
2 føle med, kjenne seg igjen i
related adj. /rɪ'leɪtɪd/ i slekt/familie
related to i slekt med,
forbundet med
relation subst. /rɪ'leɪʃən/ **1** slektning *m*
2 forhold *n*, forbindelse *m*
relationship subst. /rɪ'leɪʃənʃɪp/
1 forhold *n*
2 slektskap *n*
relative[1] subst. /'relətɪv/ slektning *m*
relative[2] adj. /'relətɪv/ relativ
relative to 1 sammenlignet med
2 angående, vedrørende
relax verb /rɪ'læks/ **1** slappe av
2 løsne
relaxation subst. /ˌriːlæk'seɪʃən/
avslapping *m/f*
relay race subst. *eller* **relay** stafett *m*
release[1] subst. /rɪ'liːs/
1 løslatelse *m*, frigivelse *m*

2 *(om bøker, plater)* utgivelse *m*
3 utløser *m*
release[2] verb /rɪ'liːs/
1 løslate, sette fri, frigjøre
2 slippe, slippe fri
relegate verb /'releɪt/ *(sport)*
rykke ned
relegation subst. /ˌrelə'geɪʃən/
nedrykking *m/f*, nedrykk *n*
relent verb /rɪ'lent/ la seg overtale,
gi etter
relentless adj. /rɪ'lentləs/ ubøyelig
relevant adj. /'reləvənt/ relevant
reliability subst. /rɪˌlaɪə'bɪləti/
pålitelighet *m*
reliable adj. /rɪ'laɪəbl/ pålitelig
reliance subst. /rɪ'laɪəns/ **1** tillit *m/f*
2 tiltro *m/f*
relic subst. /'relɪk/ levning *m*,
relikvie *m*
relief[1] subst. /rɪ'liːf/
1 lettelse *m*, lindring *m*
2 unnsetning *m/f*
3 bistand *m*, sosialhjelp *m/f*
relief[2] subst. /rɪ'liːf/ *(kunst, typografi)*
relieff *n*
relieve verb /rɪ'liːv/ **1** lette, lindre
2 komme til unnsetning for, hjelpe
religion subst. /rɪ'lɪdʒən/ religion *m*
religious adj. /rɪ'lɪdʒəs/ religiøs
relish[1] subst. /'relɪʃ/ fornøyelse *m*,
fryd *m*
relish[2] verb /'relɪʃ/ nyte
relive verb /ˌriː'lɪv/
gjenoppleve (i tankene)
relocate verb /ˌriːlə(ʊ)'keɪt/
flytte *(fra et sted til et annet)*
reluctance subst. /rɪ'lʌktəns/
motvilje *m*
reluctant adj. /rɪ'lʌktənt/ motvillig,
uvillig
rely verb /rɪ'laɪ/ *bare i uttrykk*
rely on 1 stole på **2** være avhengig av
remain verb /rɪ'meɪn/ være igjen, bli
remainder subst. /rɪ'meɪndə/ rest *m*
remark[1] subst. /rɪ'mɑːk/
bemerkning *m/f*
remark[2] verb /rɪ'mɑːk/ bemerke, si
remarkable adj. /rɪ'mɑːkəbl/
bemerkelsesverdig, påfallende
remedy[1] subst. /'remɪdi/
1 legemiddel *n*
2 (hjelpe)middel *n*

remedy² verb /'remɪdɪ/ hjelpe på, rette på

remember verb /rɪ'membə/ huske, erindre

remind verb /rɪ'maɪnd/ minne (på/om)

reminder subst. /rɪ'maɪndə/ påminnelse m

remit verb /rɪ'mɪt/ **1** ettergi **2** (over)sende

remnant subst. /'remnənt/ (liten) rest m, levning m

remorse subst. /rɪ'mɔːs/ anger m, samvittighetskval m

remorseful adj. /rɪ'mɔːsfəl/ angrende

remote adj. /rɪ'məʊt/ fjern

remote control subst. *eller* **remote** fjernkontroll m

removal subst. /rɪ'muːvəl/ fjerning m/f

remove verb /rɪ'muːv/ fjerne

remunerate verb /rɪ'mjuːnəreɪt/ betale, belønne

renaissance subst. /rə'neɪsəns/ renessanse m

render verb /'rendə/ **1** gi, yte **2** gjengi, oversette **3** gjøre

rendezvous subst. /'rɒndɪvuː/ **1** stevnemøte n **2** møtested n

renew verb /rɪ'njuː/ fornye

renewable energy subst. fornybar energi m

renounce verb /rɪ'naʊns/ **1** gi avkall på **2** fornekte

renovate verb /'renəveɪt/ pusse opp, renovere

renovation subst. /ˌrenə'veɪʃən/ oppussing m/f

renown subst. /rɪ'naʊn/ ry n, berømmelse m

renowned adj. /rɪ'naʊnd/ berømt

rent¹ subst. /rent/ (hus)leie m/f
for rent til leie

rent² subst. /rent/ stor rift m/f *(i klær e.l.)*

rent³ verb /rent/ **1** leie **2** leie ut

rental subst. /'rentl/ **1** det å leie noe **2** leiebil m

reorganize verb /ˌriː'ɔːgənaɪz/ reorganisere, omordne

repair¹ subst. /rɪ'peə/ reparasjon m, istandsetting m/f

in good/bad repair i god/dårlig stand

repair² verb /rɪ'peə/ reparere

reparation subst. /ˌrepə'reɪʃən/ erstatning m/f, kompensasjon m

repatriate verb /riː'pætrɪeɪt/ sende tilbake til hjemlandet

repay verb /rɪ'peɪ/ **1** betale tilbake **2** gjengjelde

repayment subst. /rɪ'peɪmənt/ tilbakebetaling m/f

repeal¹ subst. /rɪ'piːl/ opphevelse m, avskaffelse m

repeal² verb /rɪ'piːl/ oppheve, avskaffe

repeat verb /rɪ'piːt/ gjenta, repetere

repeatedly adverb /rɪ'piːtɪdlɪ/ gjentatte ganger, gang på gang

repel verb /rɪ'pel/ **1** drive/slå tilbake **2** avvise **3** virke frastøtende på

repent verb /rɪ'pent/ angre

repentance subst. /rɪ'pentəns/ anger m

repentant adj. /rɪ'pentənt/ angrende

repercussion subst. /ˌriːpə'kʌʃən/ ettervirkning m/f, følge m

repetition subst. /ˌrepɪ'tɪʃən/ gjentakelse m

replace verb /rɪ'pleɪs/ **1** erstatte **2** sette tilbake

replacement subst. /rɪ'pleɪsmənt/ **1** avløsning m/f **2** erstatning m/f

replenish verb /rɪ'plenɪʃ/ etterfylle, fylle opp

replica subst. /'replɪkə/ kopi m

reply¹ subst. /rɪ'plaɪ/ svar n
in reply to som svar på

reply² verb /rɪ'plaɪ/ svare (på)

report¹ subst. /rɪ'pɔːt/ **1** rapport m **2** referat n

report² verb /rɪ'pɔːt/ **1** rapportere **2** melde, melde seg (hos)

reporter subst. /rɪ'pɔːtə/ journalist m

reprehensible adj. /ˌreprɪ'hensəbl/ kritikkverdig

represent verb /ˌreprɪ'zent/ **1** representere **2** forestille, symbolisere

representation subst. /ˌreprɪzen'teɪʃən/ **1** fremstilling m/f **2** representasjon m

representative¹ subst. /ˌreprɪ'zentətɪv/ representant m

representative² adj. /ˌreprɪ'zentətɪv/ representativ

a
b
c
d
e
f
g
h
i
j
k
l
m
n
o
p
q
r
s
t
u
v
w
x
y
z

repress verb /rɪˈpres/ undertrykke
repression subst. /rɪˈpreʃ°n/
undertrykkelse m
reprieve[1] subst. /rɪˈpriːv/
1 utsettelse m
2 benådning m/f
reprieve[2] verb /rɪˈpriːv/ benåde
reprimand[1] subst. /ˈreprɪmɑːnd/
irettesettelse m
reprimand[2] verb /ˈreprɪmɑːnd/
irettesette
reprisal subst. /rɪˈpraɪz°l/
gjengjeldelse m, represalie m
reproach[1] subst. /rɪˈprəʊtʃ/
bebreidelse m
reproach[2] verb /rɪˈprəʊtʃ/ bebreide
reproachful adj. /rɪˈprəʊtʃf°l/
bebreidende
reproduce verb /ˌriːprəˈdjuːs/,
/ˌriːprəˈdʒuːs/ reprodusere
reproduction subst. /ˌriːprəˈdʌkʃ°n/
1 reproduksjon m, gjengivelse m
2 (biologi) forplantning m/f
reprove verb /rɪˈpruːv/ bebreide
reptile subst. /ˈreptaɪl/ krypdyr n,
reptil n
republic subst. /rɪˈpʌblɪk/ republikk m
republican[1] subst. /rɪˈpʌblɪkən/
republikaner m
republican[2] adj. /rɪˈpʌblɪkən/
republikansk
repugnant adj. /rɪˈpʌɡnənt/ ekkel,
frastøtende
repulse verb /rɪˈpʌls/ 1 slå tilbake
2 avvise, støte bort
be **repulsed** by bli kvalm av
repulsive adj. /rɪˈpʌlsɪv/ frastøtende,
motbydelig
reputable adj. /ˈrepjʊtəbl/ vel ansett
reputation subst. /ˌrepjʊˈteɪʃ°n/
omdømme n, rykte n
repute[1] subst. /rɪˈpjuːt/ (godt) rykte n,
(godt) navn n
repute[2] verb /rɪˈpjuːt/ bare i uttrykk
be **reputed** anses, ryktes
reputed som ryktene sier, påstått
request[1] subst. /rɪˈkwest/ 1 ønske n
2 forespørsel m
request[2] verb /rɪˈkwest/ be om
requiem subst. /ˈrekwɪəm/
sjelemesse m/f
require verb /rɪˈkwaɪə/
1 behøve, trenge
2 kreve, forlange

requirement subst. /rɪˈkwaɪəmənt/
1 behov n
2 krav n, fordring m/f
requisite[1] subst. /ˈrekwɪzɪt/
nødvendighet m
requisite[2] adj. /ˈrekwɪzɪt/ nødvendig
requisition[1] subst. /ˌrekwɪˈzɪʃ°n/
1 krav n
2 beslagleggelse m
requisition[2] verb /ˌrekwɪˈzɪʃ°n/
beslaglegge
rescue[1] subst. /ˈreskjuː/ berging m/f,
redning m/f
rescue[2] verb /ˈreskjuː/ berge, redde
research[1] subst. /rɪˈsɜːtʃ/, /ˈriːsɜːtʃ/
forskning m/f,
(vitenskapelig) undersøkelse m
research[2] verb /rɪˈsɜːtʃ/, /ˈriːsɜːtʃ/
forske, granske
resemblance subst. /rɪˈzembləns/
likhet m
bear **resemblance** to ligne på
resemble verb /rɪˈzembl/ ligne,
ligne på
resent verb /rɪˈzent/ bli såret av,
ta ille opp, avsky
resentful adj. /rɪˈzentf°l/ støtt, krenket,
bitter
resentment subst. /rɪˈzentmənt/
uvilje m, bitterhet m, nag n
reservation subst. /ˌrezəˈveɪʃ°n/
1 reservasjon m, forbehold n
2 (amer.) reservat n
reserve[1] subst. /rɪˈzɜːv/ 1 reserve m
2 reservat n
reserve[2] verb /rɪˈzɜːv/ reservere, holde
av
reserved adj. /rɪˈzɜːvd/
1 tilbakeholden
2 reservert, opptatt
reservoir subst. /ˈrezəvwɑː/
1 reservoar n, vannbasseng n
2 (overført) beholdning m/f
reside verb /rɪˈzaɪd/ bo, være bosatt
residence subst. /ˈrezɪd°ns/ bosted n,
residens m, oppholdssted n
residence permit subst.
oppholdstillatelse m
resident subst. /ˈrezɪd°nt/ beboer m
residue subst. /ˈrezɪdʒuː/, /ˈrezɪdjuː/
1 rest m
2 levning m
resign verb /rɪˈzaɪn/
1 trekke seg, frasi seg, oppgi

2 finne seg i
3 si opp
resignation subst. /ˌrezɪgˈneɪʃ⁰n/
1 avgang *m*, avskjed *m*
2 oppsigelse *m*
3 resignasjon *m*
resigned adj. /rɪˈzaɪnd/
1 resignert, tålmodig
2 avgått
resin subst. /ˈrezɪn/ kvae *m*, harpiks *m*
resist verb /rɪˈzɪst/ motstå
resistance subst. /rɪˈzɪstⁿns/
motstand *m*
resistance movement subst.
motstandsbevegelse *m*
resistant adj. /rɪˈzɪstⁿnt/ 1 motstands-
2 motstandsdyktig
resolute adj. /ˈrezəluːt/ bestemt,
beslutsom
resolution subst. /ˌrezəˈluːʃⁿn/
1 beslutsomhet *m*
2 beslutning *m/f*
3 *(IT)* oppløsning *m/f*
resolve¹ subst. /rɪˈzɒlv/
beslutsomhet *m*
resolve² verb /rɪˈzɒlv/
1 bestemme seg for, beslutte
2 løse
3 løse opp, oppløse
resonance subst. /ˈrezⁿnəns/
resonans *m*, gjenlyd *m*
resort¹ subst. /rɪˈzɔːt/ 1 feriested *n*
2 utvei *m*
resort² verb /rɪˈzɔːt/ *bare i uttrykk*
resort to ty til, gripe til
resound verb /rɪˈzaʊnd/ gjenlyde,
gjalle
resource subst. /rɪˈzɔːs/ 1 ressurs *m*
2 hjelpemiddel *n*
resourceful adj. /rɪˈzɔːsfⁿl/
1 oppfinnsom, rådsnar
2 ressurssterk
respect¹ subst. /rɪˈspekt/ 1 respekt *m*
2 henseende *m/n*, hensyn *n*, måte *m*
respect² verb /rɪˈspekt/ 1 respektere
2 ta hensyn til
respectable adj. /rɪˈspektəbl/
1 respektabel
2 anstendig, passende
respectful adj. /rɪˈspektfⁿl/ ærbødig
respective adj. /rɪˈspektɪv/ respektive,
hver sin/sitt
respectively adverb /rɪˈspektɪvlɪ/
henholdsvis, hver for seg

respiration subst. /ˌrespəˈreɪʃ⁰n/
1 pust *m*
2 åndedrett *m/n*
respond verb /rɪˈspɒnd/ svare
respond to svare på, reagere på
response subst. /rɪˈspɒns/ svar *n*,
respons *m*
responsibility subst. /rɪsˌpɒnsəˈbɪlətɪ/
ansvar *n*, ansvarlighet *m*
responsible adj. /rɪˈspɒnsəbl/
ansvarlig
responsive adj. /rɪˈspɒnsɪv/
1 mottakelig
2 interessert
be responsive to reagere på,
la seg påvirke av, være lydhør for
rest¹ subst. /rest/ *bare i uttrykk*
the rest resten, de øvrige, de andre
rest² subst. /rest/ 1 hvile *m/f*
2 pause *m*
rest³ verb /rest/ 1 hvile, slappe av
2 støtte (seg)
rest on/upon 1 støtte seg på, hvile på
2 basere seg på
restart subst. /ˈriːstɑːt/ omstart *m*
restaurant subst. /ˈrestⁿrɔːŋ/,
/ˈrestⁿrɒnt/ restaurant *m*
restful adj. /ˈrestfⁿl/ rolig, i ro
restless adj. /ˈrestləs/ 1 urolig
2 rastløs
restoration subst. /ˌrestⁿrˈeɪʃ⁰n/
1 restaurering *m/f*
2 gjenopprettelse *m*,
gjeninnføring *m/f*
restore verb /rɪˈstɔː/ 1 levere tilbake
2 restaurere, reparere
3 *(også IT)* gjenopprette
restrain verb /rɪˈstreɪn/ holde tilbake,
beherske
restraint subst. /rɪˈstreɪnt/
1 (selv)beherskelse *m*
2 tvang *m*
3 begrensning *m/f*
restrict verb /rɪˈstrɪkt/ begrense
restriction subst. /rɪˈstrɪkʃ⁰n/
begrensning *m/f*
result¹ subst. /rɪˈzʌlt/
1 resultat *n*, konsekvens *m*
2 *(IT, ved søk)* treff *m*
as a result of som følge av
result² verb /rɪˈzʌlt/ resultere, føre til
resume verb /rɪˈzjuːm/ gjenoppta,
fortsette, begynne igjen

resurface verb /ˌriːˈsɜːfɪs/
1 gjenoppstå
2 dukke opp igjen
resurrection subst. /ˌrezəˈrekʃ°n/
1 oppstandelse *m (fra de døde)*
2 gjenoppliving *m/f*
retail subst. /ˈriːteɪl/ detaljhandel *m*
retailer subst. /ˈriːteɪlə/
detaljhandler *m*
retain verb /rɪˈteɪn/
1 beholde, holde på
2 holde tilbake
retaliate verb /rɪˈtælɪeɪt/ ta igjen,
hevne seg
retaliation subst. /rɪˌtælɪˈeɪʃ°n/
gjengjeldelse *m*
retard¹ subst. /ˈriːtɑːd/
(amer., nedsettende)
1 tilbakestående person *m*
2 idiot *m*
retard² verb /rɪˈtɑːd/ forsinke
retarded adj. /rɪˈtɑːdɪd/ *(nedsettende)*
tilbakestående
retina subst. /ˈretɪnə/ netthinne *m/f*
retire verb /rɪˈtaɪə/ **1** trekke seg tilbake
2 gå av (med pensjon)
retired adj. /rɪˈtaɪəd/ **1** tilbaketrukket
2 pensjonert
retirement subst. /rɪˈtaɪəmənt/
avskjed *m*, pensjonering *m/f*
retort¹ subst. /rɪˈtɔːt/ (skarpt) svar *n*,
replikk *m*
retort² verb /rɪˈtɔːt/ svare (skarpt)
retract verb /rɪˈtrækt/ ta tilbake,
trekke tilbake
retreat¹ subst. /rɪˈtriːt/
1 retrett *m*, tilbaketog *n*
2 tilfluktssted *n*
retreat² verb /rɪˈtriːt/
trekke seg tilbake
retrieve verb /rɪˈtriːv/ gjenvinne,
gjenopprette, få tilbake
retroactive adj. /ˌretrəʊˈæktɪv/
tilbakevirkende
retrospect subst. /ˈretrə(ʊ)spekt/
tilbakeblikk *n*
 in retrospect i ettertid, når man ser
 tilbake
return¹ subst. /rɪˈtɜːn/
1 hjemkomst *m*, tilbakereise *m/f*
2 tilbakelevering *m/f*
3 *(økonomi)* avkastning *m/f*
 in return til gjengjeld

return² verb /rɪˈtɜːn/
1 vende tilbake, returnere
2 gi tilbake, levere tilbake
3 gjengjelde
reunion subst. /ˌriːˈjuːnjən/
gjenforening *m/f*
reunite verb /ˌriːjuːˈnaɪt/ samles igjen,
møtes igjen
Rev. *(fork. for* Reverend*)* prest *m*,
pastor *m*
rev verb /rev/ *(om motor)* ruse
reveal verb /rɪˈviːl/ avsløre, røpe
revel verb /ˈrev°l/ feste
 revel in nyte
revelation subst. /ˌrevəˈleɪʃ°n/
avsløring *m/f*
revenge¹ subst. /rɪˈvendʒ/ hevn *m*
revenge² verb /rɪˈvendʒ/ hevne (seg)
revengeful adj. /rɪˈvendʒf°l/
hevngjerrig
revere verb /rɪˈvɪə/ ære, holde i ære
reverence subst. /ˈrev°r°ns/
ærbødighet *m*, ærefrykt *m*
reverend subst. /ˈrev°r°nd/ prest *m*,
pastor *m*
reverse¹ subst. /rɪˈvɜːs/
1 motsetning *m/f*
2 *(om motor)* revers *m*
3 bakside *m/f*
4 motgang *m*, nederlag *n*
reverse² verb /rɪˈvɜːs/
1 gå bakover, rygge
2 snu (på), vende (på)
reverse³ adj. /rɪˈvɜːs/ motsatt,
omvendt
reversible adj. /rɪˈvɜːsəbl/ reversibel,
som kan vendes
revert verb /rɪˈvɜːt/ gå tilbake,
vende tilbake
 revert to vende tilbake til
review¹ subst. /rɪˈvjuː/
1 gjennomgang *m*, evaluering *m/f*
2 oversikt *m*, overblikk *n*
3 *(journalistikk)* anmeldelse *m*
4 tidsskrift *n*
review² verb /rɪˈvjuː/
1 undersøke, gjennomgå
2 se tilbake på
3 *(journalistikk)* anmelde
revise verb /rɪˈvaɪz/ revidere,
gjennomgå
revision subst. /rɪˈvɪʒ°n/
1 revidering *m/f*, bearbeidelse *m*
2 repetisjon *m*

revival subst. /rɪˈvaɪvəl/ **1** fornyelse *m*
2 gjenoppvekkelse *m*
revive verb /rɪˈvaɪv/ gjenopplive,
kvikne til, vekke til live igjen
revolt[1] subst. /rɪˈvəʊlt/ opprør *n*
revolt[2] verb /rɪˈvəʊlt/ **1** gjøre opprør
2 gjøre kvalm, gjøre opprørt
revolution subst. /ˌrevlˈuːʃən/
revolusjon *m*
revolutionary adj. /ˌrevəlˈuːʃənərɪ/
revolusjonær
revolve verb /rɪˈvɒlv/ svinge, rotere,
snurre
   revolve around/about kretse rundt,
dreie seg om
revolver subst. /rɪˈvɒlvə/ revolver *m*
revolving adj. /rɪˈvɒlvɪŋ/ roterende
revolving door subst. svingdør *m/f*
reward[1] subst. /rɪˈwɔːd/
belønning *m/f*
reward[2] verb /rɪˈwɔːd/ belønne
rhetoric subst. /ˈretərɪk/ retorikk *m*,
talekunst *m*
rheumatic adj. /rʊˈmætɪk/ revmatisk,
gikt-
rhino subst. /ˈraɪnəʊ/ neshorn *n*
rhinoceros subst. /raɪˈnɒsərəs/
neshorn *n*
rhomb subst. /rɒm/ rombe *m*
rhubarb subst. /ˈruːbɑːb/ rabarbra *m*
rhyme[1] subst. /raɪm/ rim *n*
rhyme[2] verb /raɪm/ rime
rhythm subst. /ˈrɪðəm/ rytme *m*, takt *m/f*
rhythmic adj. /ˈrɪðmɪk/ *eller*
   rhythmical rytmisk
rib subst. /rɪb/ **1** *(i kroppen)* ribben *n*
2 *(kjøtt)* ribbe *m/f*
ribbon subst. /ˈrɪbən/
   1 bånd *n*, sløyfe *m/f*
   2 remse *m/f*
rib cage subst. brystkasse *m/f*
rice subst. /raɪs/ ris *m*

rich adj. /rɪtʃ/ **1** rik
2 stor, rikholdig
3 *(om mat)* fet, mektig
riches subst. *flt.* /ˈrɪtʃɪz/ rikdom *m*
rickety adj. /ˈrɪkətɪ/ skranglete
rid verb (rid – rid) /rɪd/ frigjøre, bli fri,
bli kvitt
   get rid of bli kvitt
ridden[1] verb /ˈrɪdən/ *se* ►ride[2]
ridden[2] adj. /ˈrɪdn/ rammet, plaget
riddle[1] subst. /ˈrɪdl/ gåte *m/f*
riddle[2] verb /ˈrɪdl/ **1** lage hull i, pepre
2 sikte, sile
   riddled with full av, pepret med
ride[1] subst. /raɪd/ **1** ridetur *m*
2 reise *m/f*, tur *m*
ride[2] verb (rode – ridden) /raɪd/ **1** ri
2 kjøre
rider subst. /ˈraɪdə/ rytter *m*
ridge subst. /rɪdʒ/ **1** kant *m*, rygg *m*
2 åsrygg *m*
ridicule[1] subst. /ˈrɪdɪkjuːl/
latterliggjøring *m/f*
ridicule[2] verb /ˈrɪdɪkjuːl/ latterliggjøre,
gjøre narr av
ridiculous adj. /rɪˈdɪkjʊləs/ latterlig
riff-raff subst. /ˈrɪfræf/ pøbel *m*
rifle subst. /ˈraɪfl/ rifle *m/f*, gevær *n*
rift subst. /rɪft/ **1** sprekk *m*, revne *m/f*
2 *(overført)* konflikt *m*
rig[1] subst. /rɪg/ rigg *m*
rig[2] verb /rɪg/ **1** rigge, sette opp
2 fuske, fikse
right[1] subst. /raɪt/ **1** rett *m*
2 rettighet *m*
3 høyre side *m/f*
right[2] verb /raɪt/ **1** rette (seg), rette opp
2 forbedre, rette på
right[3] adj. /raɪt/ **1** rett, riktig
2 skikkelig, ordentlig
   all right greit, i orden
   that's right! akkurat!, det stemmer!

right⁴ adverb /raɪt/
1 *(om retning)* rett, direkte
2 *(om tid eller sted)* akkurat, nøyaktig, straks
3 rett, riktig
4 til høyre • *turn right after the hotel*

right⁵ interjeksjon /raɪt/ OK, ja visst, ja vel
right? ikke sant?

righteous adj. /ˈraɪtʃəs/ rettferdig

right-handed adj. /ˌraɪtˈhændɪd/ høyrehendt

right-wing adj. /ˈraɪtwɪŋ/ *(politikk)* høyreorientert

rigid adj. /ˈrɪdʒɪd/ 1 stiv
2 streng

rigorous adj. /ˈrɪgərəs/ streng

rim subst. /rɪm/ kant m, rand m

rind subst. /raɪnd/
1 *(om frukt)* skall n, skrell
2 skorpe m/f
3 svor m

ring¹ subst. /rɪŋ/ 1 ring m, sirkel m
2 *(sport)* bane m, arena m

ring² subst. /rɪŋ/ 1 ringing m/f
2 tonefall n, klang m

ring³ verb (rang – rung) /rɪŋ/ ringe, lyde, kime
ring true virke sant

ring finger subst. ringfinger m

ringleader subst. /ˈrɪŋˌliːdə/ gjengleder m

ring tone subst. ringetone m

rink subst. /rɪŋk/ skøytebane m, ishall m

rinse¹ subst. /rɪns/ skylling m/f

rinse² verb /rɪns/ skylle

riot¹ subst. /ˈraɪət/ 1 opptøyer, bråk n
2 leven n

riot² verb /ˈraɪət/ lage opptøyer, lage bråk

riotous adj. /ˈraɪətəs/ opprørsk, vill

rip¹ subst. /rɪp/ rift m/f, revne m/f

rip² verb /rɪp/ revne, rakne

RIP /ˌɑːraɪˈpiː/ *(fork. for rest in peace)* hvil i fred

ripe adj. /raɪp/ moden

ripen verb /ˈraɪpən/ modne, modnes

rip-off subst. /ˈrɪpɒf/ *(slang)*
1 blodpris m
2 svindel m

ripple¹ subst. /ˈrɪpl/ krusning m/f

ripple² verb /ˈrɪpl/ kruse seg, skvulpe

rise¹ subst. /raɪz/ 1 stigning m/f
2 vekst m, oppgang m
3 *(britisk)* lønnsforhøyelse m

rise² verb (rose – risen) /raɪz/
1 reise seg, stå opp
2 stige (opp)
3 oppstå, ha sitt utspring
4 heve (seg)

risen verb /ˈrɪzn/ *se ►rise²*

rising subst. /ˈraɪzɪŋ/ 1 stigning m/f
2 opprør n, reisning m/f

risk¹ subst. /rɪsk/ risiko m

risk² verb /rɪsk/ risikere

risky adj. /ˈrɪskɪ/ 1 risikabel
2 frekk, dristig

rival¹ subst. /ˈraɪvəl/ rival m, konkurrent m

rival² verb /ˈraɪvəl/ konkurrere med

rivalry subst. /ˈraɪvəlrɪ/ rivalisering m/f

river subst. /ˈrɪvə/ elv m/f, flod m

riverbank subst. /ˈrɪvəbæŋk/ elvebredd m/f

rivet¹ subst. /ˈrɪvɪt/ nagle m

rivet² verb /ˈrɪvɪt/ 1 nagle (fast)
2 *(overført)* feste, holde fast

road subst. /rəʊd/ vei m, landevei m

roadside subst. /ˈrəʊdsaɪd/ veikant m

roadworks subst. *flt.* /ˈrəʊdwɜːks/ veiarbeid n

roam verb /rəʊm/
1 streife omkring, flakke omkring
2 *(mobiltelefoni)* roame

roar¹ subst. /rɔ:/ **1** brøl *n*
2 brus *n*
roar² verb /rɔ:/ **1** brøle
2 bruse
roast¹ subst. /rəʊst/ stek *m/f*
roast² verb /rəʊst/ steke, riste *(nøtter e.l.)*, brenne *(kaffebønner)*
roast³ adj. /rəʊst/ stekt
rob verb /rɒb/ rane
robber subst. /ˈrɒbə/ raner *m*
robbery subst. /ˈrɒbərɪ/ tyveri *n*
robe subst. /rəʊb/ **1** kappe *m/f*
2 morgenkåpe *m/f*
robin subst. /ˈrɒbɪn/ rødstrupe *m*
rock¹ subst. /rɒk/ klippe *m*, fjell *n*
rock² subst. /rɒk/ *(musikk)* rock *m*
rock³ subst. /rɒk/ gynging *m/f*, vugging *m/f*
rock⁴ verb /rɒk/ **1** gynge, vugge
2 *(også overført)* ryste, sjokkere
rock carving subst. helleristning *m/f*
rocket subst. /ˈrɒkɪt/ rakett *m*
rocking chair subst. gyngestol *m*
rocking horse subst. gyngehest *m*
rocky adj. /ˈrɒkɪ/ **1** steinete
2 problemfylt, vanskelig
rod subst. /rɒd/ stang *m/f*, kjepp *m*
rode verb *se* ▸ride²
rodent subst. /ˈrəʊdᵊnt/ gnager *m*
roe¹ subst. /rəʊ/ rogn *m/f*
roe² subst. /rəʊ/ rådyr *n*
rogue subst. /rəʊg/ **1** kjeltring *m*
2 *(spøkefullt)* skøyer *m*
roguish adj. /ˈrəʊgɪʃ/ **1** skurkaktig
2 skøyeraktig, skjelmsk
role subst. /rəʊl/ rolle *m/f*
role model subst. forbilde *n*
role play subst. rollespill *n*
roll¹ subst. /rəʊl/ **1** rulling *m/f*
2 rull *m*
3 *(om mat)* rundstykke *n*
4 liste *m/f*, register *n*
roll² verb /rəʊl/ rulle, trille
roll one's eyes himle med øynene
roll up rulle sammen
roll call subst. navneopprop *n*
roller subst. /ˈrəʊlə/ valse *m*
roller coaster subst. berg-og-dal-bane *m*
roller skate subst. rulleskøyte *m/f*
Roman¹ subst. /ˈrəʊmən/ **1** romer *m*
2 *(språk)* romersk, latin *m/n*
Roman² adj. /ˈrəʊmən/ **1** romersk
2 *(om arkitektur)* romansk

Roman Catholic¹ subst. katolikk *m*
Roman Catholic² adj. (romersk-)katolsk
romantic¹ subst. /rə(ʊ)ˈmæntɪk/ romantiker *m*
romantic² adj. /rə(ʊ)ˈmæntɪk/ romantisk
Rome /rəʊm/ Roma
romp verb /rɒmp/ leke vilt, boltre seg
roof subst. /ru:f/ tak *n*
rook subst. /rʊk/
1 *(fugl)* kornkråke *m/f*
2 *(sjakk)* tårn
3 svindler *m*
room subst. /ru:m/, /rʊm/ **1** rom *n*
2 plass *m*
roomy adj. /ˈru:mɪ/ romslig
roost subst. /ru:st/ **1** vagle *m/n*
2 hønsehus *n*
rooster subst. /ˈru:stə/ hane *m*
root¹ subst. /ru:t/ **1** rot
2 kilde *m*, årsak *m/f*
3 bunn *m*, kjerne *m*
root² verb /ru:t/
1 slå rot *(også overført)*, få røtter
2 rote rundt etter
root for *(amer.)* heie på
root out utrydde
rooted adj. /ˈru:tɪd/ rotfestet
rope subst. /rəʊp/ rep *n*, tau *n*
rosary subst. /ˈrəʊzərɪ/ rosenkrans *m*
rose¹ subst. /rəʊz/ rose *m/f*
rose² verb /rəʊz/ *se* ▸rise²
rosebay subst. /ˈrəʊzbeɪ/ geitrams *m*
rosemary subst. /ˈrəʊzmᵊrɪ/ rosmarin *m*
roster subst. /ˈrɒstə/ liste *m/f*, register *n*
rostrum subst. /ˈrɒstrəm/ **1** podium *n*
2 *(sport)* seierspall *m*
rosy adj. /ˈrəʊzɪ/ rosenrød, rosa
rot¹ subst. /rɒt/ **1** råte *m*, forråtnelse *m*
2 sludder *n*
rot² verb /rɒt/ råtne
rotate verb /rə(ʊ)ˈteɪt/ rotere, snurre, vende
rotation subst. /rə(ʊ)ˈteɪʃᵊn/
1 rotasjon *m*, omdreining *m/f*
2 veksling *m/f*
rote subst. /rəʊt/ *bare i uttrykk*
by rote utenat
rotten adj. /ˈrɒtn/ råtten
rottenness subst. /ˈrɒtnnəs/ råttenskap *m*

rouge subst. /ruːʒ/ *(sminke)* rouge *m*
rough¹ subst. /rʌf/ **1** pøbel *m*
2 kladd *m*, skisse *m/f*
rough² adj. /rʌf/ **1** grov, ru, ujevn
2 lurvet, barsk
3 *(om vær/vind)* sur(t)
4 *(om terreng)* kupert, ulendt
roughen verb /'rʌfᵊn/ gjøre/bli grov,
gjøre/bli ru
roughness subst. /'rʌfnəs/
1 grovhet *m*
2 råhet *m*
roulette subst. /ruˈlet/ rulett *m*
round¹ subst. /raʊnd/ **1** runding *m*
2 runde *m*, omgang *m*
round² verb /raʊnd/
1 gjøre rund, avrunde
2 runde, gå rundt, passere
round³ adj. /raʊnd/ rund
round⁴ adverb /raʊnd/ **1** rundt
2 i området, i nærheten
3 hit, på besøk • *he came round one*
evening
all round 1 overalt **2** fra alle kanter
round here her omkring,
i dette området
round the clock døgnet rundt
round⁵ preposisjon /raʊnd/ omkring,
rundt, om
roundabout¹ subst. /'raʊndəbaʊt/
rundkjøring *m/f*
roundabout² adj. /'raʊndəbaʊt/
innviklet, tungvint
round trip subst. **1** rundtur *m*
2 *(amer.)* tur-retur reise *m/f*
rouse verb /raʊz/ vekke
rout¹ subst. /raʊt/ **1** vill flukt *m/f*
2 nederlag *n*
rout² verb /raʊt/ jage på flukt
rout³ verb /raʊt/ **1** lage fure i, pløye
2 rote rundt
route subst. /ruːt/, amer. også: /raʊt/
rute *m/f*, reiserute *m/f*

routine subst. /ruːˈtiːn/ rutine *m*
rove verb /raʊv/ streife, vandre
rover subst. /'raʊvə/ vandrer *m*
row¹ subst. /raʊ/ rad *m/f*, rekke *m/f*
in a row 1 på rad og rekke
2 på rad, i et strekk
row² subst. /raʊ/ **1** krangel *m*
2 bråk *n*
have a row krangle
row³ verb /raʊ/ ro
row⁴ verb /raʊ/ krangle, bråke
rowboat subst. /'raʊbaʊt/
(spesielt amer.) robåt *m*
rowdy adj. /'raʊdɪ/ bråkete, voldsom
rowing boat subst. robåt *m*
royal adj. /'rɔɪəl/ kongelig
royalist subst. /'rɔɪəlɪst/ rojalist *m*
royalty subst. /'rɔɪᵊltɪ/
1 kongelig person *m*, kongelighet *m*
2 godtgjørelse *m*
rub¹ subst. /rʌb/ **1** gniing *m/f*
2 hinder *n*, vanskelighet *m*
rub² verb /rʌb/ gni, skrubbe
rubber subst. /'rʌbə/ **1** gummi *m*
2 *(særlig britisk)* viskelær *n*
3 *(amer., slang)* kondom *n*
rubbish subst. /'rʌbɪʃ/
1 avfall *n*, søppel *m/f/n*
2 *(overført)* tull *n*, sludder *n*
ruby subst. /'ruːbɪ/ rubin *m*
rucksack subst. /'rʌksæk/ ryggsekk *m*
rudder subst. /'rʌdə/ ror *n*
ruddy¹ adj. /'rʌdɪ/ **1** rødmusset
2 rød, rødlig
ruddy² adverb /'rʌdɪ/ *(slang)*
forbannet, forbasket
rude adj. /ruːd/ **1** uhøflig, frekk
2 grov
be rude to være uhøflig mot
rudeness subst. /'ruːdnəs/ frekkhet *m*
rudimentary adj. /ˌruːdɪˈmentᵊrɪ/
1 rudimentær, uutviklet
2 elementær

ruffian subst. /'rʌfjən/ bølle *m/f*
ruffle[1] subst. /'rʌfl/ **1** rysj *m*
 2 krusning *m/f*
 3 bråk *n*
ruffle[2] verb /'rʌfl/
 1 ruske i, bringe i uorden
 2 kruse (seg)
rug subst. /rʌg/ teppe *n*
rugged adj. /'rʌgɪd/ **1** ujevn, ulendt
 2 robust, hardfør
 3 *(om utseende)* barsk
ruin[1] subst. /'ru:ɪn/ **1** ruin *m*
 2 ødeleggelse *m*
 in ruins i grus, ødelagt
ruin[2] verb /'ru:ɪn/ **1** ruinere
 2 ødelegge
rule[1] subst. /ru:l/ **1** regel *m*
 2 styre *n*, regjering *m/f*
 3 tommestokk *m*
 as a rule som regel, vanligvis
rule[2] verb /ru:l/
 1 styre, herske (over), regjere (over)
 2 linjere, trekke en strek
 rule out utelukke, se bort fra
ruler subst. /'ru:lə/ **1** hersker *m*
 2 linjal *m*
rum subst. /rʌm/ rom *m*
rumble[1] subst. /'rʌmbl/ rumling *m/f*
rumble[2] verb /'rʌmbl/ rumle, buldre,
 dundre
ruminate verb /'ru:mɪneɪt/
 1 tygge drøv
 2 gruble, fundere
rummage[1] subst. /'rʌmɪdʒ/
 1 ransaking *m/f*
 2 skrap *n*
rummage[2] verb /'rʌmɪdʒ/
 gjennomsøke, ransake
rumour subst. /'ru:mə/ eller
 rumor *(amer.)* rykte *n*
rump subst. /rʌmp/ bakdel *m*, rumpe *m/f*
run[1] subst. /rʌn/ **1** løpetur *m*, løp *n*
 2 reise *m/f*, rute *m/f*
 3 runde *m*, serie *m*
run[2] verb (ran – run) /rʌn/ **1** løpe
 2 dra, gå *(også om tid)*
 3 drive, lede
 4 *(særlig om væske)* renne, flyte
 5 pågå, gå • *the play ran for six months*
 6 *(politikk e.l.)* stille (til valg) som kandidat
 7 gå på, drives av • *the car runs on diesel*

run across 1 løpe/gå over **2** støte på
run away flykte, rømme
run into 1 kjøre på **2** møte, treffe på
run out 1 ta slutt **2** bli tom
run through 1 løpe gjennom
 2 gjennomsyre **3** se gjennom
runaway[1] subst. /'rʌnəweɪ/
 flyktning *m*
runaway[2] adj. /'rʌnəweɪ/ rømt, flyktet
rune subst. /ru:n/ rune *m*
rung[1] subst. /rʌŋ/ trinn *n*
rung[2] verb /rʌŋ/ *se* ▸ring[3]
runner subst. /'rʌnə/ løper *m*
runner-up subst. /ˌrʌnər'ʌp/
 en som kommer på annenplass
runway subst. /'rʌnweɪ/
 1 *(luftfart)* rullebane *m*
 2 spor *n*, sti *m*
 3 *(amer.)* catwalk *m*
rupture[1] subst. /'rʌptʃə/ brudd *n*,
 brist *m*
rupture[2] verb /'rʌptʃə/ briste
rural adj. /'rʊərəl/ **1** landlig
 2 bygde-, distrikts-
rush[1] subst. /rʌʃ/ *(plante)* siv *n*
rush[2] subst. /rʌʃ/ **1** rush *n*
 2 jag *n*, mas *n*
 3 strøm *m*
 4 *(om vind eller vann)* sus *n*, brus *n*
 be in a rush ha det travelt
rush[3] verb /rʌʃ/ **1** storme, styrte
 2 bringe i all hast
 3 jage
 4 skynde på, mase på
 • *don't rush me!*
 5 fosse • *the blood rushed to his face*
rush hour subst. rushtid *m/f*
rusk subst. /rʌsk/ kavring *m*
russet adj. /'rʌsɪt/ rødbrun
Russia /'rʌʃə/ Russland
Russian[1] subst. /'rʌʃ³n/ **1** russer *m*
 2 *(språket)* russisk *m*
Russian[2] adj. /'rʌʃ³n/ russisk
rust[1] subst. /rʌst/ rust *m/f*
rust[2] verb /rʌst/ ruste
rustic adj. /'rʌstɪk/ **1** landlig
 2 *(om stil)* rustikk
 3 *(nedsettende)* bondsk, simpel
rustle[1] subst. /'rʌsl/ rasling *m/f*
rustle[2] verb /'rʌsl/ rasle
rusty adj. /'rʌstɪ/ rusten
rut[1] subst. /rʌt/ hjulspor *n*
 fall into a rut stivne i gamle former

rut² subst. /rʌt/ *(om dyr)* brunst *m*,
  løpetid *m/f*
ruthless adj. /'ruːθləs/ hensynsløs

rutting season subst. løpetid *m/f*
rye subst. /raɪ/ rug *m*

S

S. *fork. for* ►Saint, ►South
s. *fork. for* ►second², ►shilling, ►son
SA 1 *(fork. for* South Africa*)*
  Sør-Afrika
  2 *(fork. for* South America*)*
  Sør-Amerika
  3 *(fork. for* Salvation Army*)*
  Frelsesarmeen
Sabbath subst. /'sæbəθ/ sabbat *m*
saber subst. /'seɪbə/ *(amer.)* sabel *m*
sabotage¹ subst. /'sæbətɑː(d)ʒ/
  sabotasje *m*
sabotage² verb /'sæbətɑː(d)ʒ/ sabotere
sabre subst. /'seɪbə/ sabel *m*
sack¹ subst. /sæk/ **1** sekk *m*, pose *m*
  2 *(hverdagslig)* sparken
sack² verb /sæk/ *(hverdagslig)*
  gi sparken
sacrament subst. /'sækrəmənt/
  1 sakrament *n*
  2 nattverd *m*
sacred adj. /'seɪkrɪd/ hellig
sacrifice¹ subst. /'sækrɪfaɪs/ offer *n*
sacrifice² verb /'sækrɪfaɪs/ ofre
sad adj. /sæd/ trist
saddle¹ subst. /'sædl/ sal *m*
saddle² verb /'sædl/ sale
sadness subst. /'sædnəs/ tristhet *m*
safe¹ subst. /seɪf/ pengeskap *n*, safe *m*
safe² adj. /seɪf/ **1** trygg, sikker
  2 i god behold
safeguard¹ subst. /'seɪfgɑːd/
  1 garanti *m*
  2 beskyttelse *m*, vern *n*

safeguard² verb /'seɪfgɑːd/ beskytte
safety subst. /'seɪftɪ/ sikkerhet *m*
safety net subst. sikkerhetsnett *n*
safety pin subst. sikkerhetsnål *m/f*
sag¹ subst. /sæg/ fordypning *m/f*,
  grop *m/f*
sag² verb /sæg/
  1 synke, svikte, gi etter
  2 *(om bukse)* sagge
sage¹ subst. /seɪdʒ/ *(plante)* salvie
sage² adj. /seɪdʒ/ vis, klok
Sagittarius subst. /ˌsædʒɪ'teərɪəs/
  (stjernetegn) Skytten
sail¹ subst. /seɪl/ **1** seil *n*
  2 seilas *m*, seiltur *m*
sail² verb /seɪl/ seile
sailor subst. /'seɪlə/ **1** sjømann *m*
  2 matros *m*
saint subst. /seɪnt/, trykksvak: /sənt/
  helgen *m*
sake subst. /seɪk/ skyld *m/f*, årsak *m/f*
  for someone's sake for noens skyld
  for the sake of av hensyn til
salad subst. /'sæləd/ salat *m*
salamander subst. /'sælə,mændə/
  salamander *m*
salary subst. /'sælərɪ/
  (måneds)lønn *m/f*
sale subst. /seɪl/ salg *n*
  for sale til salgs
  on sale 1 til salgs **2** på salg
salesperson subst. /'seɪlz,pɜːsn/
  ekspeditør *m*, selger *m*
saliva subst. /sə'laɪvə/ spytt *n*

sallow subst. /ˈsæləʊ/ selje *m/f*
sally subst. /ˈsælɪ/ **1** utfall *n*
  2 utbrudd *n*, anfall *n*
salmon subst. /ˈsæmən/ laks *m*
saloon subst. /səˈluːn/ **1** salong *m*
  2 *(amer.)* vertshus *n*, kneipe *m/f*
salt¹ subst. /sɔːlt/ salt *n*
salt² verb /sɔːlt/ salte
salt herring subst. spekesild *m/f*
saltpetre subst. /ˌsɔːltˈpiːtə/ *eller*
  saltpeter *(amer.)* salpeter *m*
salty adj. /ˈsɔːltɪ/ salt, saltaktig
salute subst. /səˈluːt/ **1** hilsen *m*
  2 honnør *m*
  3 salutt *m*
salvage¹ subst. /ˈsælvɪdʒ/
  1 redning *m/f*, berging *m/f*
  2 gjenbruk *m/n*
salvage² verb /ˈsælvɪdʒ/ redde, berge
salvation subst. /sælˈveɪʃən/
  1 frelse *m/f*
  2 redning *m/f*
the **Salvation Army** Frelsesarmeen
salve subst. /sælv/, /sɑːv/ salve *m/f*
same¹ adverb /seɪm/ likt
  same as 1 sånn som, slik som
  2 akkurat som
same² determinativ /seɪm/
  1 (den/det/de) samme
  2 lik, likedan • *they all look the same*
  all the same 1 i alle fall **2** likevel
same-sex adj. /seɪmˈseks/ likekjønnet
Sami subst. (flertall: *Sami*) /ˈsɑːmɪ/
  1 *(person)* same *m*
  2 *(språk)* samisk *m/n*
sample subst. /ˈsɑːmpl/ **1** prøve *m/f*
  2 smaksprøve *m/f*
  3 *(IT og statistikk)* utvalg *n*
sanatorium subst. /ˌsænəˈtɔːrɪəm/
  sanatorium *n*, kursted *n*
sanctify verb /ˈsæŋ(k)tɪfaɪ/ innvie,
  gjøre hellig
sanctimonious adj. /ˌsæŋktɪˈməʊnjəs/
  skinnhellig
sanction subst. /ˈsæŋkʃən/
  1 godkjenning *m/f*, tillatelse *m*
  2 sanksjon *m*
sanctuary subst. /ˈsæŋ(k)tʃʊərɪ/,
  /ˈsæŋ(k)tjʊərɪ/ **1** helligdom *m*
  2 asyl *n*, tilfluktssted *m*
sand subst. /sænd/ sand *m*
sandal subst. /ˈsændl/ sandal *m*
sandblast verb /ˈsændblɑːst/
  sandblåse

sandpaper subst. /ˈsændˌpeɪpə/
  sandpapir *n*
sandpit subst. /ˈsændpɪt/
  1 *(britisk)* sandkasse *m/f*
  2 sandtak *n*
sandwich subst. /ˈsænwɪdʒ/,
  /ˈsænwɪtʃ/ smørbrød *n*
sane adj. /seɪn/ **1** normal, tilregnelig
  2 fornuftig, klok
sang verb /sæŋ/ *se* ▸sing
sanitary adj. /ˈsænɪtərɪ/ sanitær,
  hygienisk
sanitary towel subst. *eller* **sanitary
  pad** *eller* **sanitary napkin** *(amer.)*
  sanitetsbind *n*, bind *n*
sanitation subst. /ˌsænɪˈteɪʃn/
  1 renhold *n*
  2 hygiene *m*
sanity subst. /ˈsænətɪ/
  1 mental helse *m/f*
  2 forstand *m*, fornuft *m*
sank verb /sæŋk/ *se* ▸sink²
sap subst. /sæp/ sevje *m/f*
sapphire subst. /ˈsæfaɪə/ safir *m*
sarcasm subst. /ˈsɑːkæzəm/
  sarkasme *m*
sarcastic adj. /sɑːˈkæstɪk/ sarkastisk,
  spydig
sardine subst. /sɑːˈdiːn/ sardin *m*
sassy adj. /ˈsæsɪ/ *(hverdagslig)*
  nesevis, uforskammet
sat verb /sæt/ *se* ▸sit
Satan subst. /ˈseɪtən/ Satan, Djevelen
satchel subst. /ˈsætʃl/
  (skole)veske *m/f*
sateen subst. /səˈtiːn/ sateng *m*
satellite subst. /ˈsætəlaɪt/ **1** satellitt *m*
  2 drabant *m*
satiate verb /ˈseɪʃɪeɪt/ *(høytidelig)*
  mette
satin subst. /ˈsætɪn/ sateng *m*
satire subst. /ˈsætaɪə/ satire *m*
satirical adj. /səˈtɪrɪkəl/ satirisk
satirist subst. /ˈsætərɪst/ satiriker *m*
satisfaction subst. /ˌsætɪsˈfækʃən/
  1 tilfredsstillelse *m*
  2 tilfredshet *m*
  3 godtgjørelse *m*
satisfactory adj. /ˌsætɪsˈfæktərɪ/
  tilfredsstillende
satisfied adj. /ˈsætɪsfaɪd/ tilfredsstilt,
  fornøyd
satisfy verb /ˈsætɪsfaɪ/ **1** tilfredsstille
  2 *(om sult)* mette

a b c d e f g h i j k l m n o p q r s t u v w x y z

saturate verb /ˈsætʃᵊreɪt/, /ˈsætjᵊreɪt/
1 gjennombløte
2 mette
saturated adj. /ˈsætʃᵊreɪtɪd/,
/ˈsætjᵊreɪtɪd/ mettet
Saturday subst. /ˈsætədeɪ/ lørdag *m*
sauce subst. /sɔːs/ 1 saus *m*
2 krydder *n*
3 *(hverdagslig)* frekkhet *m*
saucepan subst. /ˈsɔːspən/
kasserolle *m*
saucer subst. /ˈsɔːsə/ skål *m/f*
saucy adj. /ˈsɔːsɪ/ *(hverdagslig)* frekk
sauna subst. /ˈsɔːnə/ badstue *m/f*
saunter verb /ˈsɔːntə/ 1 spankulere
2 slentre
sausage subst. /ˈsɒsɪdʒ/ pølse *m/f*
savage¹ subst. /ˈsævɪdʒ/ villmann *m*
savage² adj. /ˈsævɪdʒ/ 1 vill
2 primitiv, barbarisk
save¹ subst. /seɪv/ *(sport)* redning *m/f*
save² verb /seɪv/ 1 redde
2 bevare, beskytte
3 spare
4 holde av, reservere • *save a seat
for me*
5 *(IT)* lagre
saving subst. /ˈseɪvɪŋ/ 1 redning *m/f*
2 besparelse *m*
savings sparepenger
savings bank subst. sparebank *m*
saviour subst. /ˈseɪvjə/ *eller*
savior *(amer.)* 1 frelser *m*
2 redningsmann *m*
savour¹ subst. /ˈseɪvə/ *eller*
savor *(amer.)* smak *m*
savour² verb /ˈseɪvə/ *eller*
savor *(amer.)* 1 smake på, lukte på
2 nyte
savoury adj. /ˈseɪvᵊrɪ/ *eller*
savory *(amer.)* 1 velsmakende
2 salt, krydret

savvy adj. /ˈsævɪ/ *(hverdagslig)* smart
saw¹ subst. /sɔː/ sag *m/f*
saw² verb (sawed – sawn, amer. også:
sawed – sawed) /sɔː/ sage
saw³ verb /sɔː/ *se* ▶see
sawdust subst. /ˈsɔːdʌst/ sagmugg *m/n*
sawmill subst. /ˈsɔːmɪl/ sagbruk *n*
Saxon subst. /ˈsæksən/ angelsakser *m*
saxophone subst. /ˈsæksəfəʊn/
saksofon *m*
say verb (said – said) /seɪ/ si
that is to say det vil si
saying subst. /ˈseɪɪŋ/ 1 ytring *m/f*
2 ordtak *n*
scab subst. /skæb/ 1 skorpe *m/f*
2 skabb *n*
3 *(hverdagslig)* streikebryter *m*
scabbard subst. /ˈskæbəd/ skjede *m*,
slire *m/f*
scaffold subst. /ˈskæfəʊld/ 1 stillas *n*
2 skafott *n*
scaffolding subst. /ˈskæfᵊldɪŋ/ stillas *n*
scald verb /skɔːld/ skålde
scale¹ subst. /skeɪl/ 1 vektskål *m/f*
2 *(også* scales*)* vekt *m/f*
scale² subst. /skeɪl/ skala *m*
scale³ subst. /skeɪl/ skjell *n*
scale⁴ verb /skeɪl/ 1 bestige
2 *(IT)* skalere
scalp¹ subst. /skælp/ skalp *m*,
hodebunn *m*
scalp² verb /skælp/ skalpere
scamp subst. /skæmp/ slamp *m*,
slyngel *m*
scamper verb /ˈskæmpə/ fare
scan verb /skæn/ 1 granske
2 kikke igjennom
3 *(IT)* skanne
scandal subst. /ˈskændl/ 1 skandale *m*
2 sladder *m*
scandalous adj. /ˈskændələs/
skandaløs

Scandinavia /ˌskændɪˈneɪvjə/
Skandinavia
Scandinavian adj. /ˌskændɪˈneɪvjən/
skandinavisk
scanner subst. /ˈskænə/ skanner *m*
scanty adj. /ˈskæntɪ/ knapp, snau
scapegoat subst. /ˈskeɪpɡəʊt/
syndebukk *m*
scar subst. /skɑː/ arr *n*, skramme *m/f*
scarce adj. /skeəs/ **1** knapp
2 sjelden
scarcely adverb /ˈskeəslɪ/
1 nesten ikke
2 knapt (nok)
3 neppe
scarcity subst. /ˈskeəsətɪ/ mangel *m*
scare verb /skeə/ skremme
scarecrow subst. /ˈskeəkrəʊ/
fugleskremsel *n*
scared adj. /skeəd/ redd, skremt
scared of redd for
scarf subst. (flertall: scarfs eller
scarves) /skɑːf/ skjerf *n*
scarlet adj. /ˈskɑːlət/ skarlagenrød
scarlet fever subst. skarlagensfeber *m*
scary adj. /ˈskeərɪ/ skremmende,
skummel
scatter verb /ˈskætə/
1 spre (ut), spre seg
2 strø
scene subst. /siːn/ **1** scene *m*
2 (overført) opptrinn *n*
behind the scenes bak/i kulissene
scenery subst. /ˈsiːnərɪ/ **1** kulisser *m*
2 landskap *n*, natur *m*
scent[1] subst. /sent/ **1** duft *m*, lukt *m/f*
2 (ved jakt, også overført) spor *n*
scent[2] verb /sent/ lukte, få ferten av
sceptic subst. /ˈskeptɪk/ skeptiker *m*
sceptical adj. /ˈskeptɪkəl/ skeptisk
sceptre subst. /ˈseptə/ eller
scepter (amer.) septer *n*
schedule[1] subst. /ˈʃedʒuːl/, /ˈʃedjuːl/,
også amer: /ˈskedʒuːl/
1 plan *m*, rute *m/f*
2 timeplan *m*
3 fortegnelse *m*, tabell *m*
schedule[2] verb /ˈʃedʒuːl/, /ˈʃedjuːl/,
også amer: /ˈskedʒuːl/ planlegge
schematic adj. /skɪˈmætɪk/ skjematisk
scheme[1] subst. /skiːm/ **1** plan *m*,
prosjekt *n*, utkast *n*
2 skjema *n*
scheme[2] verb /skiːm/ planlegge

schizophrenia subst.
/ˌskɪtsə(ʊ)ˈfriːnjə/ schizofreni *m*
scholar subst. /ˈskɒlə/
vitenskapsmann *m*
scholarly adj. /ˈskɒləlɪ/ vitenskapelig,
akademisk
scholarship subst. /ˈskɒləʃɪp/
1 lærdom *m*
2 vitenskap *m*
3 (skole eller universitet) stipend *n*
school[1] subst. /skuːl/ skole *m*
school[2] subst. /skuːl/ (om fisk) stim *m*
school district subst. skolekrets *m*
school fees subst. flt. skolepenger
schooling subst. /ˈskuːlɪŋ/
1 undervisning *m/f*
2 skolegang *m*
schoolyard subst. /ˈskuːljɑːd/
skolegård *m*
sciatica subst. /saɪˈætɪkə/ isjias *m*
science subst. /ˈsaɪəns/ **1** vitenskap *m*
2 naturvitenskap *m*
scientific adj. /ˌsaɪənˈtɪfɪk/
vitenskapelig
scientist subst. /ˈsaɪəntɪst/
vitenskapsmann *m*,
vitenskapskvinne *m/f*, forsker *m*
scissors subst. flt. /ˈsɪzəz/ saks *m/f*
a pair of scissors en saks
scoff verb /skɒf/ håne, spotte
scold verb /skəʊld/ kjefte (på)
scolding subst. /ˈskəʊldɪŋ/ kjeft *m*
scone subst. /skɒn/, /skəʊn/ scone
scoop subst. /skuːp/ **1** øse *m/f*
2 (avisspråk) skup *n*
scooter subst. /ˈskuːtə/
1 sparkesykkel *m*
2 skuter *m*
scope subst. /skəʊp/ **1** rekkevidde *m/f*
2 spillerom *n*
scorch verb /skɔːtʃ/ svi, brenne
score[1] subst. /skɔː/
1 poeng *n*, stilling *m/f*
2 regnskap *n*
3 merke *n*, ripe *m/f*
score[2] verb /skɔː/ **1** score, få poeng
2 (hverdagslig) gjøre suksess
3 lage merke i, skrape
scoreboard subst. /ˈskɔːbɔːd/
resultattavle *m/f*
scorn[1] subst. /skɔːn/ forakt *m*
scorn[2] verb /skɔːn/ forakte
Scorpio subst. /ˈskɔːpɪəʊ/
(stjernetegn) Skorpionen

a b c d e f g h i j k l m n o p q r s t u v w x y z

scorpion subst. /'skɔːpjən/ skorpion *m*
Scot subst. /skɒt/ skotte *m*
Scotch subst. /skɒtʃ/
(skotsk) whisky *m*
Scotchman subst. /'skɒtʃmən/
skotte *m*
Scotland /'skɒtlənd/ Skottland
Scottish adj. /'skɒtɪʃ/ skotsk
scoundrel subst. /'skaʊndrəl/
kjeltring *m*, skurk *m*
scour[1] subst. /'skaʊə/ skuring *m/f*
scour[2] verb /'skaʊə/ skure, skrubbe
scour[3] verb /'skaʊə/ gjennomsøke
scourge subst. /skɜːdʒ/
1 svepe *m/f*, svøpe *m*
2 plage *m/f*
scout[1] subst. /skaʊt/ speider *m*
scout[2] verb /skaʊt/ speide
scowl verb /skaʊl/ skule
scrabble verb /'skræbl/ rable
scramble verb /'skræmbl/
1 klatre, kravle
2 streve
scramble for kappes om, slåss om
scrambled eggs subst. *flt.*
eggerøre *m/f*
scrap[1] subst. /skræp/ 1 bit *m*
2 smule *m*
3 avfall *n*
scrap[2] verb /skræp/ kassere, vrake
scrapbook subst. /'skræpbʊk/
utklippsbok *m/f*
scrape[1] subst. /skreɪp/ 1 skraping *m/f*
2 skrubbsår *n*
3 *(hverdagslig)* knipe *m/f*
scrape[2] verb /skreɪp/ skrape, skrubbe
scratch[1] subst. /skrætʃ/
1 risp *n*, skramme *m/f*
2 kloring *m/f*
scratch[2] verb /skrætʃ/
1 rispe, klore, skrape
2 klø
scrawl subst. /skrɔːl/ rabbel *n*
scrawny adj. /'skrɔːnɪ/ 1 tynn
2 *(om vegetasjon)* skrinn
scream[1] subst. /skriːm/ skrik *n*
scream[2] verb /skriːm/ skrike
screech subst. /skriːtʃ/
(skingrende) skrik *n*
screen[1] subst. /skriːn/ 1 skjerm *m*
2 skillevegg *m*
3 kino-/filmlerret *n*
screen[2] verb /skriːn/ 1 skjerme
2 undersøke

screenplay subst. /'skriːnpleɪ/
filmmanuskript *n*
screw[1] subst. /skruː/ 1 skrue *m*
2 gjerrigknark *m*
screw[2] verb /skruː/ 1 skru, vri
2 *(slang)* lure, svindle
3 *(vulgært)* knulle
screw up 1 stramme
2 *(hverdagslig)* ødelegge, rote til
screwdriver subst. /'skruːˌdraɪvə/
skrutrekker *m*
scribble[1] subst. /'skrɪbl/ rabbel *n*
scribble[2] verb /'skrɪbl/ rable ned
script subst. /skrɪpt/ 1 (hånd)skrift *m/f*
2 *(teater, film e.l.)* manus *n*
Scripture /'skrɪptʃə/ *eller* **Holy**
  Scripture Den hellige skrift, Bibelen
scroll verb /skrəʊl/ *(IT)* rulle, skrolle
scrub[1] subst. /skrʌb/ skrubbing *m/f*,
skuring *m/f*
scrub[2] subst. /skrʌb/ krattskog *m*,
kratt *n*
scrub[3] verb /skrʌb/ skrubbe, skure
scruple subst. /'skruːpl/ *(ofte scruples)*
skrupler *m*, samvittighet *m*
scrupulous adj. /'skruːpjʊləs/
samvittighetsfull, skrupuløs
scrutinize verb /'skruːtənaɪz/
undersøke nøye, granske
scrutiny subst. /'skruːtənɪ/
gransking *m/f*
sculptor subst. /'skʌlptə/ skulptør *m*,
billedhugger *m*
sculpture subst. /'skʌlptʃə/
skulptur *m*
scum subst. /skʌm/ 1 skum *n*
2 *(overført)* avskum *n*, pakk *n*
scurvy subst. /'skɜːvɪ/ skjørbuk *m*
scuttle verb /'skʌtl/ jage, fare
scythe subst. /saɪð/ ljå *m*
sea subst. /siː/ 1 hav *n*
2 sjø *m*
seabed subst. /'siːbed/ havbunn *m*
seaboard subst. /'siːbɔːd/
kystlinje *m/f*
seagull subst. /'siːgʌl/ måke *m/f*
seal[1] subst. /siːl/ 1 segl *n*
2 *(overført)* bekreftelse *m*, garanti *m*
3 *(overført)* preg *n*, stempel *n*
seal[2] subst. /siːl/ *(dyr)* sel *m*
seal[3] verb /siːl/ 1 besegle
2 forsegle, plombere
seal off sperre av

sea level subst. havflate *m/f*
　above sea level over havet
　below sea level under havet
seam subst. /siːm/ **1** søm *m*
　2 *(geologi)* lag *n*, sjikt *n*
　3 fuge *m*
seaman subst. /'siːmən/ sjømann *m*
sear verb /sɪə/ brenne, svi av
search¹ subst. /sɜːtʃ/
　1 søk *n*, leting *m/f*
　2 ransaking *m/f*
　in search of på leting etter
search² verb /sɜːtʃ/
　1 søke, lete, gjennomsøke
　2 undersøke
　3 ransake
　search for lete etter
searchable adj. /'sɜːtʃəbl/ søkbar
search engine subst. *(IT)*
　søkemotor *m*
searchlight subst. /'sɜːtʃlaɪt/
　lyskaster *m*
search string subst. *(IT)* søkestreng *m*
search warrant subst.
　ransakingsordre *m*
seasick adj. /'siːsɪk/ sjøsyk
seaside subst. /'siːsaɪd/ kyst *m*
season¹ subst. /'siːzn/ **1** årstid *m/f*
　2 sesong *m*
season² verb /'siːzn/ **1** krydre
　2 lagre, modne
seasoning subst. /'siːzənɪŋ/
　krydder *n*
seat¹ subst. /siːt/ **1** stol *m*, sete *n*
　2 sitteplass *m*
　take a seat sette seg, sitte ned
seat² verb /siːt/ sette, plassere
seating arrangement subst.
　bordplassering *m/f*
seaweed subst. /'siːwiːd/ tang og tare
secluded adj. /sɪ'kluːdɪd/
　1 tilbaketrukket
　2 avsides, isolert
second¹ subst. /'sekənd/
　1 toer *m*, andreplass *m*
　2 sekundant *m*
　3 medhjelper *m*
second² subst. /'sekənd/ **1** sekund *n*
　2 øyeblikk *n* • *I'll be back in a second*
second³ verb /'sekənd/ støtte
second⁴ adj. /'sekənd/
　1 annen, andre, nest
　2 nest best

secondary adj. /'sekəndəri/
　1 sekundær
　2 underordnet, mindre viktig
secondary education subst.
　(britisk) forklaring: skolegang fra
　11-årsalderen og oppover
secondary school subst. *(britisk)*
　omtr. dss. ungdomsskole og
　videregående skole
second-hand adj. /ˌsekənd'hænd/,
　foranstilt: /'sekəndhænd/ **1** brukt
　2 annenhånds- • *this is second-hand information*
second language subst. andrespråk
second-rate adj. /ˌsekənd'reɪt/
　annenrangs
secrecy subst. /'siːkrəsi/
　hemmeligholdelse *m*
　in secrecy i hemmelighet
secret¹ subst. /'siːkrət/ hemmelighet *m*
secret² adj. /'siːkrət/ hemmelig
secretariat subst. /ˌsekrə'teərɪət/
　sekretariat *n*
secretary subst. /'sekrətəri/
　1 sekretær *m*
　2 *(politikk)* minister *m*
Secretary of State subst.
　1 *(i Storbritannia)* minister *m*
　2 *(i USA)* utenriksminister *m*
secrete verb /sɪ'kriːt/
　1 *(kropp)* utsondre
　2 gjemme unna, skjule
sect subst. /sekt/ sekt *m/f*
section subst. /'sekʃən/
　1 avsnitt *n*, avdeling *m/f*
　2 del *m*, seksjon *m*
sector subst. /'sektə/ sektor *m*
secular adj. /'sekjʊlə/ sekulær,
　verdslig, ikke-religiøs
secure¹ verb /sɪ'kjʊə/ **1** sikre, beskytte
　2 skaffe (seg), sikre (seg)
secure² adj. /sɪ'kjʊə/ sikker, trygg
security subst. /sɪ'kjʊərəti/
　1 sikkerhet *m*, trygghet *m*
　2 *(bankvesen)* garanti *m*, kausjon *m*
　the Security Council *(i FN)*
　Sikkerhetsrådet
sedative subst. /'sedətɪv/ beroligende
　middel *n*
sediment subst. /'sedɪmənt/
　1 *(geologi)* sediment *n*
　2 bunnfall *n*
seduce verb /sɪ'djuːs/, /sɪ'dʒuːs/
　forføre

seducer subst. /sɪˈdjuːsə/, /sɪˈdʒuːsə/ forfører *m*
seductive adj. /sɪˈdʌktɪv/ forførende
see verb (saw – seen) /siː/ **1** se
2 forstå, skjønne, innse
3 treffe, besøke, omgås
4 følge • *she saw me to the station*
I see jeg forstår, jeg skjønner
see to it that 1 se til at, passe på at
2 sørge for at
see you later/around *(hverdagslig)* vi ses, vi snakkes
seed subst. /siːd/ **1** frø *n*
2 sæd *m*
seedling subst. /ˈsiːdlɪŋ/ frøplante *m/f*
seedy adj. /ˈsiːdɪ/ **1** suspekt, luguber
2 lurvet, ustelt
seeing[1] subst. /ˈsiːɪŋ/ det å se
seeing[2] konjunksjon /ˈsiːɪŋ/ siden, ettersom
seek verb (sought – sought) /siːk/
1 søke
2 forsøke
sought after ettertraktet
seem verb /siːm/ **1** synes
2 late til, se ut til
seem as if virke som om
seeming adj. /ˈsiːmɪŋ/ tilsynelatende
seemly adj. /ˈsiːmlɪ/ passende
seen verb /siːn/ *se* ▸see
seesaw subst. /ˈsiːsɔː/ huske *m/f*, gynge *m/f*
seethe verb /siːð/ syde, koke
segment subst. /ˈseɡmənt/ del *m*, segment *n*
segregate verb /ˈseɡrɪɡeɪt/
1 skille ut, isolere
2 *(særlig om rase- eller kjønnsskille)* atskille, segregere • *the sexes are segregated in some schools*
segregation subst. /ˌseɡrɪˈɡeɪʃən/
1 utskillelse *m*, isolering *m/f*
2 *(særlig om raseskille)* segregasjon *m*
segway® subst. /ˈseɡweɪ/ ståhjuling *m*
seine subst. /seɪn/ *(fiske)* not *m/f*
seize verb /siːz/ **1** gripe, ta tak i
2 erobre
3 *(jus)* konfiskere
4 forstå, fatte, begripe
seizure subst. /ˈsiːʒə/ **1** anfall *n*, slag *n*
2 beslagleggelse *m*
3 pågripelse *m*
seldom adverb /ˈseldəm/ sjelden

select[1] verb /sɪˈlekt/ velge (ut), plukke ut
select[2] adj. /sɪˈlekt/ **1** utvalgt
2 utsøkt, fin
selection subst. /sɪˈlekʃən/ utvalg *n*, valg *n*
self pronomen (flertall: selves) /self/
1 selv
2 seg selv, meg selv, oss selv
self-assessment subst. /ˌselfəˈsesmənt/ egenvurdering *m/f*
self-centred adj. /ˌselfˈsentəd/ selvopptatt
self-confidence subst. /ˌselfˈkɒnfɪdəns/ selvtillit *m/f*
self-conscious adj. /ˌselfˈkɒnʃəs/ forlegen, sjenert
self-contradictory adj. /ˌselfˌkɒntrəˈdɪktərɪ/ selvmotsigende
self-control subst. /ˌselfkənˈtrəʊl/ selvkontroll *m*
self-defence subst. /ˌselfdɪˈfens/ selvforsvar *n*
self-delusion subst. /ˌselfdɪˈluːʒən/ selvbedrag *n*
self-denial subst. /ˌselfdɪˈnaɪəl/ selvoppofrelse *m*
self-esteem subst. /ˌselfɪˈstiːm/ selvrespekt *m*
self-government subst. /ˌselfˈɡʌvənmənt/ selvstyre *n*
self-harm subst. /ˌselfˈhɑːm/ selvskading *m/f*
self-help subst. /ˌselfˈhelp/ selvhjelp *m/f*
selfie subst. /ˈselfɪ/ selfie *m*
self-image subst. /ˌselfˈɪmɪdʒ/ selvbilde *n*
self-interest subst. /ˌselfˈɪntrəst/, /ˌselfˈɪntərest/ egennytte *m/f*
selfish adj. /ˈselfɪʃ/ egoistisk
selfless adj. /ˈselfləs/ uselvisk
self-made adj. /ˌselfˈmeɪd/ selvgjort
self-mutilation subst. /ˌselfˌmjuːtɪˈleɪʃən/ selvskading *m/f*
self-portrait subst. /ˌselfˈpɔːtrɪt/ selvportrett *n*
self-sacrificing adj. /ˌselfˈsækrɪfaɪsɪŋ/ selvoppofrende
self-satisfied adj. /ˌselfˈsætɪsfaɪd/ selvtilfreds
self-sufficient adj. /ˌselfsəˈfɪʃənt/ selvforsynt, selvhjulpen

sell verb (sold – sold) /sel/ selge
  sell out 1 bli utsolgt
  2 *(hverdagslig)* forråde
seller subst. /'selə/ **1** selger *m*
  2 salgsvare *m/f*
selling price subst. salgspris *m*
semblance subst. /'sembləns/
  1 skikkelse *m*
  2 utseende *n*
semen subst. /'si:mən/ sperma *n*,
  sæd *m*
semester subst. /sɪ'mestə/ semester *n*
semicircle subst. /'semɪ,sɜ:kl/
  halvsirkel *m*
semicolon subst. /,semɪ'kəʊlən/
  semikolon *n*
semi-detached house subst.
  tomannsbolig *m*
semi-final subst. /,semɪ'faɪnəl/
  semifinale *m*
semi-skimmed adj. /,semɪ'skɪmd/
  delvis skummet
  semi-skimmed milk
  omtr. dss. lettmelk
semolina subst. /,semə'li:nə/
  semulegryn *n*
senate subst. /'senɪt/ senat *n*
send verb (sent – sent) /send/ sende
senile adj. /'si:naɪl/ senil
senior¹ subst. /'si:nɪə/
  1 eldre person *m*, senior *m*
  2 sjef *m*
senior² adj. /'si:nɪə/ **1** eldre
  2 overordnet
senior citizen subst. pensjonist *m*
senior high school subst.
  omtr. dss. videregående skole
seniority subst. /,si:nɪ'ɒrətɪ/
  ansiennitet *m*
sensation subst. /sen'seɪʃən/
  1 fornemmelse *m*, følelse *m*
  2 sensasjon *m*

sensational adj. /sen'seɪʃənl/
  sensasjonell, oppsiktsvekkende
sense¹ subst. /sens/ **1** sans *m*
  2 følelse *m*
  3 fornuft *m*
  4 hensikt *m*, vits *m* • *there is no sense*
  in waiting
  5 betydning *m/f*, måte *m*
  come to one's senses 1 få tilbake
  bevisstheten **2** komme til fornuft
  common sense sunn fornuft
  in a sense på en måte, på sett og vis
  make sense gi mening,
  være fornuftig
sense² verb /sens/ fornemme, merke,
  føle
senseless adj. /'sensləs/ **1** bevisstløs
  2 meningsløs, vanvittig
sensibility subst. /,sensə'bɪlətɪ/
  1 bevissthet *m*
  2 *(litt gammeldags)* følsomhet *m*
sensible adj. /'sensəbl/ **1** fornuftig
  2 merkbar, følbar
sensitive adj. /'sensətɪv/
  1 sensitiv, følsom
  2 nærtagende
sensor subst. /'sensə/ sensor *m*
sensual adj. /'sensjʊəl/, /'senʃʊəl/
  1 sensuell
  2 sanselig
sensuality subst. /,sensjʊ'ælətɪ/,
  /,senʃʊ'ælətɪ/ sensualitet *m*
sent verb /sent/ *se* ►send
sentence¹ subst. /'sentəns/
  1 setning *m/f*
  2 *(jus)* dom *m*
sentence² verb /'sentəns/ dømme
sentiment subst. /'sentɪmənt/
  1 følelse *m*
  2 oppfatning *m/f*, mening *m/f*
sentimental adj. /,sentɪ'mentl/
  sentimental

sentimental value subst.
affeksjonsverdi *m*
sentinel subst. /'sentɪnl/ vakt *m*,
vaktpost *m*
separate[1] verb /'sepəreɪt/ **1** separere
2 skille (fra hverandre), dele
3 skilles, gå fra hverandre
separate[2] adj. /'sepərət/ **1** atskilt
2 særskilt, egen
separation subst. /ˌsepə'reɪʃən/
1 atskillelse *m*
2 separasjon *m*
September subst. /sep'tembə/
september *m*
sequel subst. /'si:kwəl/
1 fortsettelse *m*
2 følge *m*, resultat *n*
sequence subst. /'si:kwəns/
1 rekkefølge *m*, sekvens *m*
2 rekke *m/f*
Serb[1] subst. /sɜ:b/ serber *m*
Serb[2] adj. /sɜ:b/ serbisk
serene adj. /sə'ri:n/ rolig, fredelig
sergeant subst. /'sɑ:dʒənt/
1 sersjant *m*
2 *(i politiet)* overbetjent *m*
serial subst. /'sɪərɪəl/ **1** føljetong *m*
2 serie *m*
serial killer subst. seriemorder *m*
serial number subst. serienummer *n*
series subst. (flertall: series) /'sɪəri:z/
1 serie *m*
2 rad *m/f*, rekke *m/f*
serious adj. /'sɪərɪəs/ alvorlig, seriøs
seriously adverb /'sɪərɪəsli/ **1** alvorlig
2 alvorlig talt
sermon subst. /'sɜ:mən/ preken *m*
serpent subst. /'sɜ:pənt/ slange *m*
serpentine adj. /'sɜ:pəntaɪn/ **1** buktet
2 slangeaktig
servant subst. /'sɜ:vənt/ **1** tjener *m*
2 hushjelp *m/f*
serve verb /sɜ:v/
1 tjene, betjene, hjelpe
2 servere
3 *(om straff)* sone
4 *(sport)* serve
service subst. /'sɜ:vɪs/
1 tjeneste *m*, hjelp *m/f*
2 *(til kunder)* service *m*, betjening
m/f, servering *m/f (av mat/drikke)*
3 *(offentlige tjenester)* etat *m*,
tjeneste *m*, -vesen *n* • *she works in*
the health service

4 *(flertall:* services*)* militærtjeneste *m*
5 gudstjeneste *m*
servitude subst. /'sɜ:vɪtʃu:d/,
/'sɜ:vɪtju:d/ **1** slaveri *n*
2 straffarbeid *n*
session subst. /'seʃən/
1 samling *m/f*, møte *n*
2 sesjon *m*
set[1] subst. /set/
1 sett *n*, samling *m/f*, gruppe *m/f*
2 innstilling *m/f*
3 plassering *m/f*, retning *m/f*, form *m*
set[2] verb (set – set) /set/
1 sette (frem/ut), stille, legge
2 *(om bord)* dekke
3 *(om klokke)* stille
4 bestemme, anslå
5 ordne, få (i gang), sette (i gang)
6 *(om sola eller overført)* gå ned,
synke • *the sun sets at eight*
7 stivne, tykne
set about gå i gang med
set off 1 gi seg i vei **2** avfyre
set out 1 gi seg i vei, reise **2** begynne
3 legge frem
set[3] adj. /set/ **1** fast(satt), bestemt
2 stiv(net), ubevegelig
3 klar, ferdig • *are we all set?*
setback subst. /'setbæk/ tilbakeslag *n*
setting subst. /'setɪŋ/
1 omgivelse *m*, miljø *n*, bakgrunn *m*
2 *(elektronikk o.l.)* innstilling *m/f*
settle verb /'setl/
1 bosette seg, slå seg til ro
2 avgjøre, ordne, avklare
3 betale, gjøre opp
settle down 1 bosette seg
2 slå seg til ro
settle for nøye seg med
settled adj. /'setld/ **1** avgjort, bestemt
2 befolket
settlement subst. /'setlmənt/
1 avgjørelse *m*, løsning *m/f*, avtale *m*
2 bosetning *m/f*, koloni *m*
settler subst. /'setlə/ nybygger *m*,
kolonist *m*
set-up subst. /'setʌp/ **1** oppbygning
m/f, struktur *m*, arrangement *n*
2 *(slang)* felle *m/f*
seven determinativ /'sevn/
sju *eller* syv
seventeen determinativ /ˌsevn'ti:n/,
foranstilt: /'sevnti:n/ sytten

seventeenth adj. /ˌsevn'tiːnθ/, foranstilt: /'sevntiːnθ/ syttende

seventh adj. /'sevnθ/ sjuende

seventy determinativ /'sevntɪ/ sytti

sever verb /'sevə/ **1** skjære av
2 *(om bånd eller forhold)* bryte

several determinativ /'sevrəl/ **1** flere
2 respektiv

severe adj. /sɪ'vɪə/ streng, hard

sew verb (sewed – sewn eller sewed – sewed) /səʊ/ sy

sewage system subst. kloakkanlegg n

sewer subst. /'sʊə/ kloakk m

sewerage subst. /'suːərɪdʒ/ kloakknett n

sex subst. /seks/ **1** kjønn n
2 sex m, samleie n

sex education subst. seksualundervisning m/f

sexton subst. /'sekstən/ kirketjener m

sexual adj. /'sekʃʊəl/ **1** seksuell
2 seksuell , kjønns- • *today we're learning about sexual drive*

sexual intercourse subst. samleie n

sexuality subst. /ˌsekʃu'ælətɪ/ seksualitet m

shabby adj. /'ʃæbɪ/ nedslitt

shackle subst. /'ʃækl/ håndjern n, lenke m/f

shade[1] subst. /ʃeɪd/ **1** skygge m
2 nyanse m
3 anelse m, smule m

shade[2] verb /ʃeɪd/ **1** skygge (for)
2 skjerme

shadow[1] subst. /'ʃædəʊ/ skygge m

shadow[2] verb /'ʃædəʊ/ **1** gi skygge
2 skygge, følge etter

shady adj. /'ʃeɪdɪ/ **1** skyggefull
2 *(hverdagslig)* lyssky, suspekt

shaft subst. /ʃɑːft/ **1** håndtak n, skaft n
2 spyd n, pil m/f
3 *(mekanikk)* (driv)aksel

shag verb /ʃæg/ *(britisk, vulgært)* knulle

shaggy adj. /'ʃægɪ/ ragget, tjafset

shake[1] subst. /ʃeɪk/
1 risting m/f, skjelving m/f
2 jordskjelv m/n, sjokk n
3 håndtrykk n

shake[2] verb /ʃeɪk/ **1** riste, skjelve
2 ryste
3 svekke • *the school's credibility has been badly shaken*
4 *(hverdagslig)* håndhilse, ta i hånden

shaken verb /'ʃeɪkən/ *se* ▸shake[2]

shaky adj. /'ʃeɪkɪ/ **1** ustø
2 vaklende, usikker

shall *hjelpeverb* (should – should) /ʃæl/, trykksvak: /ʃəl/ **1** *(om fremtid og hensikt)* skal, vil, komme til å
• *I shall meet him tomorrow*
2 *(ordre)* skal, må • *you shall do as you're told*

shallow adj. /'ʃæləʊ/ **1** grunn
2 overfladisk

sham subst. /ʃæm/ humbug m, bløff m

shambles subst. /'ʃæmblz/ *(verbet skal stå i entall)* rot n, kaos n

shame[1] subst. /ʃeɪm/ skam m/f
shame on you! skam deg!
what a shame! så synd!

shame[2] verb /ʃeɪm/ **1** vanære
2 gjøre skamfull

shameful adj. /'ʃeɪmfəl/ skammelig

shameless adj. /'ʃeɪmləs/ skamløs

shampoo subst. /ʃæm'puː/ sjampo m

shanty subst. /'ʃæntɪ/ skur n, skjul n

shape[1] subst. /ʃeɪp/ **1** form m/f
2 skikkelse m
3 figur m

shape[2] verb /ʃeɪp/ **1** forme, skape
2 danne

shapely adj. /'ʃeɪplɪ/ velformet, velskapt

shard subst. /ʃɑːd/ skår n

share[1] subst. /ʃeə/ **1** del m, andel m
2 aksje m

share[2] verb /ʃeə/ dele

shareholder subst. /'ʃeəˌhəʊldə/ aksjonær m

shark subst. /ʃɑːk/ hai m

sharp[1] adj. /ʃɑːp/ **1** skarp, spiss
2 kvikk, intelligent, lur

sharp[2] adverb /ʃɑːp/ **1** på slaget, presis
2 brått, plutselig

sharpen verb /'ʃɑːpən/ slipe, spisse

sharpener subst. /'ʃɑːpnə/
1 blyantspisser m
2 knivsliper m

sharp-sighted adj. /ˌʃɑːp'saɪtɪd/, foranstilt: /'ʃɑːpˌsaɪtɪd/ **1** skarpsynt
2 oppvakt

shatter verb /'ʃætə/ **1** knuse, smadre
2 splintre

shave[1] subst. /ʃeɪv/ barbering m/f

shave[2] verb (shaved – shaved eller shaven) /ʃeɪv/ **1** barbere (seg)
2 skave, høvle
3 streife

shawl subst. /ʃɔːl/ sjal *n*
she[1] adj. /ʃiː/ *(om dyr)* hunn-, -tispe
• *she-fox* hunnrev
she[2] pronomen /ʃiː/, trykksvak: /ʃɪ/
hun, den, det • *who is she?* hvem er
det?
shear verb (sheared – sheared eller
shore – shorn) /ʃɪə/ klippe *(spesielt
om sau)*
shears subst. *flt.* /ʃɪəz/ saks *m/f*,
klipper *m*
a **pair of shears** en saks
sheath subst. /ʃiːθ/ i flertall: /ʃiːðz/
slire *m/f*
shed[1] subst. /ʃed/ skur *n*
shed[2] verb (shed – shed) /ʃed/
1 utgyte • *blood will be shed*
2 felle *(f. eks. tårer, blader)*, kaste
• *the trees are shedding leaves*
3 kaste av seg
she'd /ʃiːd/ *sammentrukket* she had,
she would
sheep subst. (flertall: sheep) /ʃiːp/
sau *m*
sheer adj. /ʃɪə/ ren, skjær
sheet subst. /ʃiːt/ **1** laken *n*,
sengetøy *n*
2 plate *m/f*, skive *m/f*
3 ark *n*, blad *n*
sheikh subst. /ʃeɪk/, /ʃiːk/ *eller* **sheik**
sjeik *m*
shelf subst. (flertall: shelves) /ʃelf/
1 hylle *m/f*
2 avsats *m*
3 grunne *m/f*, sandbanke *m*
shell[1] subst. /ʃel/ **1** skall *n*, skjell *n*
2 granat *m*
shell[2] verb /ʃel/ **1** ta skallet av, rense
2 bombardere
she'll /ʃiːl/ *sammentrukket* she will,
she shall
shellfish subst. /ˈʃelfɪʃ/ skalldyr *n*
shellproof adj. /ˈʃelpruːf/
bombesikker
shelter[1] subst. /ˈʃeltə/ **1** tilfluktssted *n*
2 beskyttelse *m*
3 ly *n*
shelter[2] verb /ˈʃeltə/ **1** beskytte
2 gi ly, skjerme
shelve verb /ʃelv/ legge på hylla,
skrinlegge
shepherd[1] subst. /ˈʃepəd/ gjeter *m*
shepherd[2] verb /ˈʃepəd/ gjete,
passe (på)

shepherd dog subst. gjeterhund *m*
sheriff subst. /ˈʃerɪf/ **1** sheriff *m*
2 *(amer.) omtr. dss.* lensmann *m*
she's /ʃiːz/ *sammentrukket* she is,
she has
Shetland pony subst.
shetlandsponni *m*
shield[1] subst. /ʃiːld/ **1** skjold *n*
2 vern *n*
shield[2] verb /ʃiːld/ skjerme, beskytte
shift[1] subst. /ʃɪft/
1 forandring *m/f*, skifte *n*
2 arbeidsskift *n*
3 utvei *m*
shift[2] verb /ʃɪft/ **1** flytte (seg)
2 forandre, bytte
3 *(i bil)* gire
4 *(om vind)* skifte, slå om
shifty adj. /ˈʃɪftɪ/ upålitelig
shilling subst. /ˈʃɪlɪŋ/ shilling *m*
shimmer verb /ˈʃɪmə/ flimre, glitre
shine[1] subst. /ʃaɪn/ skinn *n*, glans *m*
shine[2] verb (shone – shone) /ʃaɪn/,
pret. og perf. partisipp /ʃɒn/, amer.
/ʃoʊn/ **1** skinne
2 stråle
3 *(om f.eks. sko)* pusse
shingle[1] subst. /ˈʃɪŋɡl/ småstein *m*
shingle[2] subst. /ˈʃɪŋɡl/ takspon *m*,
trespon *m*
shiny adj. /ˈʃaɪnɪ/ **1** skinnende
2 blank
ship[1] subst. /ʃɪp/ skip *n*
ship[2] verb /ʃɪp/ **1** bringe om bord
2 gå om bord
3 transportere
shipment subst. /ˈʃɪpmənt/
1 transport *m*, sending *m/f*
2 last *m/f*, vareparti *n*
shipping subst. /ˈʃɪpɪŋ/ **1** tonnasje *m*
2 forsendelse *m*, sending *m/f*
3 sjøfart *m*
shipping company subst. rederi *n*
shipwreck subst. /ˈʃɪprek/
skipbrudd *n*
shipyard subst. /ˈʃɪpjɑːd/ skipsverft *n*
shirk verb /ʃɜːk/ **1** skulke
2 lure seg unna
shirt subst. /ʃɜːt/ skjorte *m/f*
shit[1] subst. /ʃɪt/ *(vulgært)*
1 dritt *m*, skitt *m*
2 tull *n*, pissepreik *n (slang)*
shit[2] verb (shitted – shitted, shit – shit
eller shat – shat) /ʃɪt/ *(vulgært)* drite

shitty adj. /ˈʃɪtɪ/ *(vulgært)* dritt-, ussel

shiver¹ subst. /ˈʃɪvə/ gys *n*, grøss *n*

shiver² verb /ˈʃɪvə/ skjelve

shoal¹ subst. /ʃəʊl/ stim *m*, fiskestim *m*

shoal² subst. /ʃəʊl/ grunne *m/f*

shock¹ subst. /ʃɒk/ **1** støt *n*
2 sjokk *n*

shock² verb /ʃɒk/ ryste, sjokkere

shock absorber subst. støtdemper *m*

shocking adj. /ˈʃɒkɪŋ/ sjokkerende

shoddy adj. /ˈʃɒdɪ/ **1** falsk, humbug-
2 dårlig, simpel

shoe subst. /ʃuː/ sko *m*

shoehorn subst. /ˈʃuːhɔːn/ skohorn *n*

shoelace subst. /ˈʃuːleɪs/ skolisse *m/f*

shoemaker subst. /ˈʃuːˌmeɪkə/ skomaker *m*

shoe polish subst. /ˈʃuːpɒlɪʃ/ skokrem *m*

shoestring subst. /ˈʃuːstrɪŋ/ skolisse *m/f*

shone verb /ʃɒn/, amer. /ʃoʊn/ *se* ▸shine²

shook verb /ʃʊk/ *se* ▸shake²

shoot¹ subst. /ʃuːt/
1 *(om planter)* skudd *n*
2 *(i elv)* stryk

shoot² verb (shot – shot) /ʃuːt/ **1** skyte
2 gå på jakt
3 fare, suse, pile
4 *(om film)* spille inn, filme
5 *(om planter)* spire

shoot³ interjeksjon /ʃuːt/ *(amer.)* søren

shooting subst. /ˈʃuːtɪŋ/
1 skyting *m/f*, skuddveksling *m/f*
2 jakt *m/f*
3 filmopptak *n*

shooting range subst. skytebane *m*

shooting star subst. stjerneskudd *n*

shop¹ subst. /ʃɒp/ **1** butikk *m*
2 verksted *n*

shop² verb /ʃɒp/ handle, shoppe

shop assistant subst. ekspeditør *m*

shopkeeper subst. /ˈʃɒpˌkiːpə/ kjøpmann *m*

shoplift verb /ˈʃɒplɪft/ *(i butikk)* naske

shoplifter subst. /ˈʃɒpˌlɪftə/ butikktyv *m*

shopping subst. /ˈʃɒpɪŋ/ innkjøp *n*, shopping *m*

shopping centre subst. *eller*
  shopping mall kjøpesenter *n*

shop window subst. utstillingsvindu *n*

shore subst. /ʃɔː/ **1** kyst *m*
2 strand *m/f*

short adj. /ʃɔːt/ **1** kort, liten, lav
2 kortvarig, kortfattet
3 knapp

shortage subst. /ˈʃɔːtɪdʒ/ mangel *m*

short circuit subst. kortslutning *m*

shortcoming subst. /ˌʃɔːtˈkʌmɪŋ/ feil *m*, mangel *m*

shortcut subst. snarvei *m*

shorten verb /ˈʃɔːtn/ forkorte, bli kortere

shorthand subst. /ˈʃɔːthænd/ stenografi *m*

short-lived adj. /ˌʃɔːtˈlɪvd/, foranstilt: /ˈʃɔːtlɪvd/ kortvarig

shortly adverb /ˈʃɔːtlɪ/ snart, straks

shorts subst. /ʃɔːts/ shorts *m*

short-sighted adj. /ˌʃɔːtˈsaɪtɪd/, foranstilt: /ˈʃɔːtˌsaɪtɪd/ nærsynt

short story subst. novelle *m/f*

shot¹ subst. /ʃɒt/ **1** skudd *n*
2 skytter *m*
3 bilde *n* • *I have a nice shot of my kids*
4 *(hverdagslig)* forsøk *n* • *It couldn't hurt to give it a shot* det skader vel ikke å prøve

shot² verb /ʃɒt/ *se* ▸shoot²

shotgun subst. /ˈʃɒtgʌn/ haglbørse *m/f*

shot put subst. kulestøt *n*

shoulder¹ subst. /ˈʃəʊldə/ skulder *m/f*

shoulder² verb /ˈʃəʊldə/
1 legge på skuldrene
2 ta på seg • *he is going to shoulder the responsibility*

shoulder blade subst. skulderblad *n*

shout¹ subst. /ʃaʊt/ rop *n*, skrik *n*

shout² verb /ʃaʊt/ rope, skrike
  shout at skrike til

shove¹ subst. /ʃʌv/ knuff *n*, støt *n*

shove² verb /ʃʌv/ dytte, skubbe
  shove off! stikk av!

shovel¹ subst. /ˈʃʌvl/ skuffe *m/f*

shovel² verb /ˈʃʌvl/ skuffe, måke

show¹ subst. /ʃəʊ/ **1** forestilling *m/f*, utstilling *m/f*, fremvisning *m/f*
2 pomp (og prakt)
  for show for syns skyld

show² verb (showed – shown eller showed) /ʃəʊ/ vise (fram), vise seg
  show off vise seg, brife

showcase subst. /ˈʃəʊkeɪs/ monter *m*

shower¹ subst. /'ʃaʊə/
1 skur *m*, byge *m/f*
2 dusj *m*
shower² verb /'ʃaʊə/ dusje
shown verb /ʃəʊn/ *se* ►show²
show-off subst. /'ʃəʊɒf/ skrytepave *m*
showy adj. /'ʃəʊɪ/ prangende
shrank verb /ʃræŋk/ *se* ►shrink²
shred¹ subst. /ʃred/
1 fille *m/f*, stykke *n*
2 fnugg *n* • *there's not a shred of evidence*
shred² verb (shredded – shredded) /ʃred/ rive i strimler
shredder subst. /'ʃredə/ makuleringsmaskin *m*
shrew subst. /ʃruː/ kjeftesmelle *m/f*, rivjern *n*
shrewd adj. /ʃruːd/ skarpsindig, skarp
shrewdness subst. /'ʃruːdnəs/ skarpsindighet *m*
shriek¹ subst. /ʃriːk/ skrik *n*, hyl *n*
shriek² verb /ʃriːk/ skrike, hyle
shrill adj. /ʃrɪl/ skarp, skingrende
shrimp subst. /ʃrɪmp/ 1 reke
2 *(om person)* pusling *m*
shrine subst. /ʃraɪn/ 1 helligdom *m*
2 helgenskrin *n*
shrink¹ subst. /ʃrɪŋk/ 1 krymping *m/f*
2 *(hverdagslig)* psykolog *m*
shrink² verb (shrank – shrunk eller shrunk – shrunken) /ʃrɪŋk/
1 minske, skrumpe inn, krympe
2 sky, unngå
Shrove Sunday subst. fastelavnssøndag *m*
Shrovetide subst. /'ʃrəʊvtaɪd/ fastelavn *m*
Shrove Tuesday subst. fetetirsdag *m*
shrub subst. /ʃrʌb/ busk *m*
shrug verb /ʃrʌg/ trekke på skuldrene
shrunk verb /ʃrʌŋk/ *se* ►shrink²
shudder verb /'ʃʌdə/ grøsse, skjelve
shudder with skjelve av, grøsse av
shuffle verb /'ʃʌfl/ 1 subbe, slepe
2 skyve
3 *(om kort)* blande, stokke
shun verb /ʃʌn/ unngå, sky
shut verb (shut – shut) /ʃʌt/ stenge, lukke
shut down 1 lukke
2 stenge, legge ned
shut in stenge inne
shut up 1 stenge (av), slå igjen

2 stenge inne 3 holde munn
shutter subst. /'ʃʌtə/ 1 vinduslem *m*, skodde *m*
2 *(på kamera)* lukker *m*
shuttle verb /'ʃʌtl/
1 fare frem og tilbake, pendle
2 gå i skytteltrafikk
shuttlecock subst. /'ʃʌtlkɒk/ fjærball *m*
shy¹ verb /ʃaɪ/
1 *(hverdagslig)* kaste, slenge
2 unnvike
shy away trekke seg unna, flykte
shy² adj. /ʃaɪ/ 1 sky, sjenert
2 skvetten, engstelig
shyness subst. /'ʃaɪnəs/ skyhet *m*
sibling subst. /'sɪblɪŋ/ søsken *n*
sick adj. /sɪk/ 1 syk
2 uvel, kvalm
be sick 1 være uvel, bli kvalm
2 spy, kaste opp
be sick of være lei av
sick leave subst. sykepermisjon *m*
sickly adj. /'sɪklɪ/ 1 sykelig, usunn
2 skrøpelig
3 kvalmende
sickness subst. /'sɪknəs/ 1 sykdom *m*
2 kvalme *m*
side¹ subst. /saɪd/ 1 side *m/f*, parti *n*
2 kant *m*, side *m/f* • *there are two sides to this story* det er to sider av denne saken
3 *(sport)* lag *n*
side² verb /saɪd/ ta parti, velge side
sidecar subst. /'saɪdɑː/ sidevogn *m/f*
sidekick subst. /'saɪdkɪk/ høyre hånd *m/f*, medhjelper *m*
sideline subst. /'saɪdlaɪn/ sidelinje *m/f*
sidelong adj. /'saɪdlɒŋ/ fra siden, sidelengs
sideslip verb /'saɪdslɪp/ sladde, skrense
sidewalk subst. /'saɪdwɔːk/ *(amer.)* fortau *n*
sideways adverb /'saɪdweɪz/ *eller*
sidewise *(amer.)* fra siden, på siden, sidelengs
siege subst. /siːdʒ/ beleiring *m/f*
sieve¹ subst. /sɪv/ sil *m*, sikt *m*, dørslag *n*
sieve² verb /sɪv/ sile, sikte
sift verb /sɪft/ 1 sikte, sile, drysse, strø
2 *(overført)* granske, undersøke
sigh¹ subst. /saɪ/ sukk *m/n*

sigh² verb /saɪ/ sukke
sight¹ subst. /saɪt/
  1 syn *n* • *I have bad sight*
  2 sikte *n*
  3 syn *n*, severdighet *m* • *our garden is a wonderful sight*
sight² verb /saɪt/ **1** få øye på, få i sikte
  2 ta sikte, sikte på
sightseeing subst. /'saɪtˌsiːɪŋ/ sightseeing *m*, rundtur til severdigheter
sign¹ subst. /saɪn/ **1** tegn *n*
  2 symbol *n*
  3 skilt *n*
sign² verb /saɪn/ **1** undertegne, signere
  2 *(om håndbevegelse)* gi tegn (til)
signal¹ subst. /'sɪgnəl/ signal *n*
signal² verb /'sɪgnəl/ signalisere, gi tegn
signature subst. /'sɪgnətʃə/ signatur *m*, underskrift *m/f*
significance subst. /sɪg'nɪfikəns/ betydning *m/f*, mening *m/f*
significant adj. /sɪg'nɪfikənt/
  1 betydningsfull, viktig
  2 betydelig
sign language subst. tegnspråk *n*
sign language interpreter subst. tegnspråktolk
signpost subst. /'saɪnpəʊst/ veiviser *m*, veiskilt *n*
silence¹ subst. /'saɪləns/ stillhet, taushet
silence² verb /'saɪləns/ få til å tie, gjøre stum
silencer subst. /'saɪlənsə/ lyddemper *m*
silent adj. /'saɪlənt/ taus, stille
silhouette subst. /ˌsɪlʊ'et/ silhuett *m*, omriss *n*
silk subst. /sɪlk/ silke *m*
silky adj. /'sɪlkɪ/ silkemyk, silke-
sill subst. /sɪl/ **1** vinduskarm *m*
  2 dørstokk *m*
silly adj. /'sɪlɪ/ dum, tosket, idiotisk
silver subst. /'sɪlvə/ sølv *n*
silver fox subst. sølvrev *m*
silverware subst. /'sɪlvəweə/ sølvtøy *n*
silver wedding subst. sølvbryllup *n*
similar adj. /'sɪmɪlə/ lik, lignende
similarity subst. /ˌsɪmɪ'lærətɪ/ likhet *m*
simmer verb /'sɪmə/ småkoke
simple adj. /'sɪmpl/ enkel, lett
simplify verb /'sɪmplɪfaɪ/ forenkle

simply adverb /'sɪmplɪ/ enkelt, rett og slett
simulate verb /'sɪmjʊleɪt/ simulere
simultaneous adj. /ˌsɪməl'teɪnɪəs/ samtidig
sin¹ subst. /sɪn/ synd *m/f*
sin² verb /sɪn/ synde
since¹ adverb /sɪns/ siden • *I have not been there since*
  ever since helt siden den gang
since² konjunksjon /sɪns/ **1** siden, så lenge • *it's been like this ever since I can remember*
  2 ettersom, da, fordi • *since you're here, I feel OK*
sincere adj. /sɪn'sɪə/ oppriktig, ærlig
sincerely adv. /sɪn'sɪəlɪ/ oppriktig
  Yours sincerely *(i brev)* med vennlig hilsen
sincerity subst. /sɪn'serətɪ/ oppriktighet *m*
sinew subst. /'sɪnjuː/
  1 *(i kroppen)* sene
  2 *(overført)* styrke *m*, kraft *m/f*
sing verb (sang – sung) /sɪŋ/ synge
singe verb /sɪndʒ/ **1** svi
  2 bli svidd
singer subst. /'sɪŋə/ sanger *m*
single¹ subst. /'sɪŋgl/
  1 *(britisk)* enkeltbillett *m*
  2 enkeltrom *n*
  singles 1 *(tennis)* single **2** enslige
single² adj. /'sɪŋgl/ **1** (en) eneste, enkelt • *not a single person has managed this*
  2 *(foranstilt)* enkelt- • *I would like a single room, please*
  3 ugift, enslig, singel
single-handed adverb /ˌsɪŋgl'hændɪd/ på egen hånd, selv
sinister adj. /'sɪnɪstə/ **1** illevarslende
  2 ondsinnet
  3 uhyggelig
sink¹ subst. /sɪŋk/ **1** vask *m*, oppvaskkum *m*
  2 kloakk *m*
sink² verb (sank – sunk) /sɪŋk/ **1** synke
  2 senke
  3 minske, falle
sinus subst. /'saɪnəs/ sinus *m*, bihule *m/f*
sinusitis subst. /ˌsaɪnə'saɪtɪs/ bihulebetennelse *m*
sip¹ subst. /sɪp/ liten slurk

sip[2] verb /sɪp/ nippe,
drikke i små slurker
sir subst. /sɜː/, trykksvak: /sə/
(i høflig tiltale) herr, sir *m*
siren subst. /'saɪərən/ sirene *m/f*
sirloin subst. /'sɜːlɔɪn/ *(kjøttstykke)*
mørbrad *m*
sirup subst. /'sɪrəp/ *(amer.)* **1** sirup *m*
2 saft *m/f*
sissy subst. /'sɪsɪ/ pyse *m/f*
sister subst. /'sɪstə/ søster *m/f*
sister-in-law subst. /'sɪstərɪnlɔː/
svigerinne *m/f*
sit verb (sat – sat) /sɪt/
1 sitte, sette seg
2 *(om klær)* sitte, passe
sit on 1 sitte på
2 *(hverdagslig)* ydmyke
sit up 1 sette seg opp
2 sitte oppe, våke
sitcom subst. /'sɪtkɒm/
situasjonskomedie *m*
site subst. /saɪt/ **1** sted *n*, åsted *n*
2 *(data)* nettsted *n*
sitting[1] subst. /'sɪtɪŋ/ **1** det å sitte
2 *(politikk)* møte *n* • *the sitting of
Parliament starts now*
in one sitting i ett strekk, på en gang
sitting[2] adj. /'sɪtɪŋ/ sittende,
nåværende
sitting room subst. dagligstue *m/f*
situated adj. /'sɪtjʊeɪtɪd/, /'sɪtʃʊeɪtɪd/
beliggende, plassert
situation subst. /ˌsɪtjʊ'eɪʃən/,
/ˌsɪtʃʊ'eɪʃən/
1 beliggenhet *m*, plassering *m/f*
2 *(overført)* situasjon *m*, forhold *n*
3 stilling *m/f*, jobb *m*
six determinativ /sɪks/ seks
sixteen determinativ /ˌsɪks'tiːn/,
/'sɪkstiːn/ seksten
sixteenth adj. /ˌsɪks'tiːnθ/, /'sɪkstiːnθ/
sekstende
sixth adj. /sɪksθ/ sjette
sixty determinativ /'sɪkstɪ/ seksti
size[1] subst. /saɪz/ **1** størrelse *m*, mål *n*
2 *(på klær, sko)* nummer *n*,
størrelse *m*
size[2] verb /saɪz/ **1** ordne etter størrelse
2 skjære til
size up 1 måle opp
2 *(hverdagslig)* vurdere
skate[1] subst. /skeɪt/ skøyte *m/f*

skate[2] verb /skeɪt/ **1** gå på skøyter
2 stå på rullebrett, skate
skateboard subst. /'skeɪtbɔːd/
rullebrett *n*
skeleton subst. /'skelɪtn/ skjelett *n*
skeptic subst. /'skeptɪk/ *(amer.)*
skeptiker *m*
skeptical adj. /'skeptɪkəl/ *(amer.)*
skeptisk
skerry subst. /'skerɪ/ *(skotsk)* skjær *n*
skerries skjærgård
sketch[1] subst. /sketʃ/ **1** skisse *m/f*
2 *(teater)* sketsj *m*
sketch[2] verb /sketʃ/ skissere
ski[1] subst. /skiː/ ski *m/f*
ski[2] verb /skiː/ gå på ski
skid verb /skɪd/ skli, skrense
skier subst. /'skiːə/ skiløper *m*
skiing subst. /'skiːɪŋ/ skigåing *m/f*,
skisport *m*
ski jump subst. hoppbakke *m*
skilful adj. /'skɪlfəl/ *eller*
skillful *(amer.)* flink, dyktig
ski lift subst. skiheis *m*
skill subst. /skɪl/ dyktighet *m*,
ferdighet *m*
skilled adj. /skɪld/ dyktig, flink
skilled at dyktig i, flink med
skim verb /skɪm/ skumme (av),
skumlese, tyvkopiere *(særlig om
bankkort)*
skimmed milk subst. skummet melk
skimp verb /skɪmp/ spinke og spare
skimp on være gjerrig på,
være sparsom med
skin[1] subst. /skɪn/ **1** hud *m/f*, skinn *n*
2 *(på frukt)* skall *n*
3 *(på væske)* snerk *m*
skin[2] verb /skɪn/ **1** flå
2 skrelle
3 skrape, skrubbe
skinny adj. /'skɪnɪ/ tynn
skinny-dip verb /'skɪnɪdɪp/
(hverdagslig) bade naken
skip[1] subst. /skɪp/ hopp *n*, sprang *n*
skip[2] verb /skɪp/ **1** hoppe, springe
2 hoppe over
skipper subst. /'skɪpə/ **1** skipper *m (på
båt)*, kaptein *m (på fly, båt)*
2 *(sport)* lagkaptein *m*
skirt subst. /skɜːt/ skjørt *n*, stakk *m*
skittish adj. /'skɪtɪʃ/ lettskremt, nervøs
skull subst. /skʌl/ hodeskalle *m*
skunk subst. /skʌŋk/ stinkdyr *n*

sky subst. /skaɪ/ himmel *m*
  in the sky på himmelen
sky-high adverb /ˌskaɪˈhaɪ/ skyhøyt
skylight subst. /ˈskaɪlaɪt/ takvindu *n*
skyrocket verb /ˈskaɪˌrɒkɪt/
  fyke i været, stige voldsomt
skyscraper subst. /ˈskaɪˌskreɪpə/
  skyskraper *m*
slab subst. /slæb/
  1 plate *m/f,* helle *m/f*
  2 skive *m/f (av brød, kjøtt o.l.)*
slacker subst. /ˈslækə/ *(hverdagslig)*
  1 slappfisk *m*
  2 skulker *m*
slacktivism subst. /ˈslæktɪvɪzᵊm/
  (sammentrekning av slacker *og*
  activism*)* slapptivisme
slag subst. /slæg/ **1** slagg *n*
  2 *(britisk, nedsettende)* ludder *n*
slain verb /sleɪn/ *se* ▸slay
slam¹ subst. /slæm/ smell *n*
slam² verb /slæm/ smelle (igjen)
slander subst. /ˈslɑːndə/
  1 baksnakking *m/f*
  2 *(jus)* ærekrenkelse *m*
slant¹ subst. /slɑːnt/ skråning *m/f,*
  skrå vinkel
slant² verb /slɑːnt/ skråne
slanting adj. /ˈslɑːntɪŋ/ skrå, skjev
slap¹ subst. /slæp/ klask *m/n,* slag *n*
slap² verb /slæp/ slå, klaske, daske
slash¹ subst. /slæʃ/ **1** hugg *n,* slag *n*
  2 skråstrek *m*
slash² verb /slæʃ/ kutte, flenge, hugge,
  redusere
slate subst. /sleɪt/ skifer *m*
  a clean slate *(overført)* blanke ark
slaughter¹ subst. /ˈslɔːtə/
  1 slakting *m/f*
  2 blodbad *n,* massakre *m*
slaughter² verb /ˈslɔːtə/ **1** slakte
  2 massakrere
slaughterhouse subst. /ˈslɔːtəhaʊs/
  slakteri *n*
slave subst. /sleɪv/ slave *m*
slavery subst. /ˈsleɪvəri/ slaveri *n*
slay verb (slew – slain) /sleɪ/ drepe,
  slå ihjel
sleazy adj. /ˈsliːzɪ/ *(hverdagslig)*
  1 sjusket
  2 simpel, tarvelig
sledge subst. /sledʒ/ *eller* **sled** *(amer.)*
  slede *m,* kjelke *m*
sleek adj. /sliːk/ glatt

sleep¹ subst. /sliːp/ søvn *m*
sleep² verb (slept – slept) /sliːp/ sove
sleeper subst. /ˈsliːpə/
  1 noen som sover
  2 *(jernbane)* sovevogn *m/f*
sleeping bag subst. sovepose *m*
sleeping car subst. *(på tog)*
  sovevogn *m/f*
sleepless adj. /ˈsliːpləs/ søvnløs
sleepwalk verb gå i søvne
sleepy adj. /ˈsliːpɪ/ søvnig, trett
sleepyhead subst. /ˈsliːpɪhed/
  syvsover *m*
sleet subst. /sliːt/ sludd *n*
sleeve subst. /sliːv/ erme *n*
sleigh subst. /sleɪ/ slede *m*
sleighing subst. /ˈsleɪɪŋ/ kanefart *m*
slender adj. /ˈslendə/ smal, slank
slept verb /slept/ *se* ▸sleep²
slew verb /sluː/ *se* ▸slay
slice¹ subst. /slaɪs/
  1 skive *m/f,* stykke *n,* del *m,* bit *m*
  2 stekespade *m,* kakespade *m,*
  fiskespade *m*
slice² verb /slaɪs/ skjære i skiver, dele
slick¹ verb /slɪk/ glatte
slick² adj. /slɪk/ **1** glatt
  2 slesk, glatt
  3 smart, dyktig
slide¹ subst. /slaɪd/ **1** sklie *m/f,*
  rutsjebane *m,* akebakke *m*
  2 lysbilde *n*
  3 ras *n,* skred *n*
slide² verb (slid – slid) /slaɪd/ gli, skli
slight¹ verb /slaɪt/ **1** fornærme
  2 forbigå
slight² adj. /slaɪt/ **1** sped, spinkel
  2 svak
  3 ubetydelig, liten
  not in the slightest ikke i det hele
  tatt
slightly adverb /ˈslaɪtlɪ/ lett, mildt,
  svakt, ubetydelig, liten
slim¹ verb /slɪm/ slanke seg
slim² adj. /slɪm/ smal, slank
slime subst. /slaɪm/ **1** slim *n*
  2 gjørme *m/f*
slimy adj. /ˈslaɪmɪ/ slimete
sling¹ subst. /slɪŋ/ **1** slynge *m/f*
  2 bæresele *m,* stropp *m*
  3 fatle *m*
sling² verb (slung – slung) /slɪŋ/ kaste,
  slynge
slink verb (slunk – slunk) /slɪŋk/ luske

a b c d e f g h i j k l m n o p q r **s** t u v w x y z

slip¹ subst. /slɪp/ **1** snubling *m/f*
2 fall *n*
3 feil *m*, glipp *m*
4 remse *m/f*, strimmel *m* • *here's the slip of paper*
slip² verb /slɪp/ **1** skli, snuble
2 smette
3 miste grepet, glippe
slipper subst. /ˈslɪpə/ tøffel *m*
slippery adj. /ˈslɪpərɪ/ glatt
slit¹ subst. /slɪt/ **1** revne *m/f*, sprekk *m*
2 *(på klær)* splitt *m*
3 spalte *m/f*
slit² verb (slit – slit eller slitted – slitted) /slɪt/ kutte, skjære, sprette (opp)
slobber verb /ˈslɒbə/ sikle
slogan subst. /ˈsləʊɡən/ slagord *n*
slop¹ subst. /slɒp/ **1** dam *m*, pytt *m*
2 skyllevann *n*
slop² verb /slɒp/ søle, skvalpe
slope¹ subst. /sləʊp/ **1** skråning *m/f*
2 bakke *m*
slope² verb /sləʊp/ skråne, helle
sloppy adj. /ˈslɒpɪ/ **1** sølete
2 slurvete
slosh verb /slɒʃ/ skvalpe, plaske
slot subst. /slɒt/
1 sprekk *m*, spalte *m/f*
2 *(hverdagslig)* plass *m*
slot machine subst. **1** salgsautomat *m*
2 spilleautomat *m*
slouch¹ subst. /slaʊtʃ/ slapp holdning *m/f*
slouch² verb /slaʊtʃ/ gå lutende
slow¹ verb /sləʊ/ saktne
slow down 1 senke farten **2** roe ned
slow² adj. /sləʊ/ **1** langsom, sakte, treg
2 kjedelig
slow TV subst. sakte-TV
sludge subst. /slʌdʒ/
1 søle *m/f*, gjørme *m/f*
2 sørpe *m/f*
sludgy adj. /ˈslʌdʒɪ/ gjørmete, sølete

sluggish adj. /ˈslʌɡɪʃ/ **1** lat, sløv
2 treg
slum subst. /slʌm/ slum *m*, slumkvarter *n*
slumber verb /ˈslʌmbə/ slumre
slumber party subst. *(amer.)* overnattingsfest *m*
slump¹ subst. /slʌmp/
1 (plutselig) prisfall *n*
2 (kraftig) nedgang *m*, nedgangsperiode *m*
slump² verb /slʌmp/
1 rase, falle plutselig
2 synke sammen
slur¹ subst. /slɜː/ nedsettende bemerkning *m*
slur² verb /slɜː/
1 snakke eller skrive utydelig
2 *(spesielt amer.)* prate nedsettende om
slurp verb /slɜːp/ slurpe
slush subst. /slʌʃ/ **1** slaps *n*, sørpe *m/f*
2 søle *m/f*
sly adj. /slaɪ/ slu, listig
smack¹ subst. /smæk/
1 smekk *n*, klask *m/n*
2 smellkyss *m/n*
smack² subst. /smæk/ bismak *m*
smack³ verb /smæk/ **1** slå
2 smatte
small adj. /smɔːl/ **1** liten
2 ubetydelig
smallholder subst. /ˈsmɔːlˌhəʊldə/ småbruker *m*
smallpox subst. /ˈsmɔːlpɒks/ kopper
small talk subst. småprating *m/f*
smart¹ verb /smɑːt/ gjøre vondt, svi
smart² adj. /smɑːt/ **1** smart, dyktig
2 elegant, velkledd
3 nesevis, frekk
smartphone subst. /ˈsmɑːtfəʊn/ smarttelefon *m*
smash¹ subst. /smæʃ/ slag *n*, smell *n*

smash² verb /smæʃ/ **1** knuse, smadre
2 slå
3 kaste, slenge
smashing adj. /'smæʃɪŋ/ **1** knusende
2 *(hverdagslig)* fantastisk, flott
smear¹ subst. /smɪə/ **1** fettflekk *m*
2 skittkasting *m/f*, sladder *m*
smear² verb /smɪə/ **1** smøre (inn)
2 *(overført)* rakke ned på, sverte
smear campaign subst.
bakvaskelseskampanje *m*
smell¹ subst. /smel/ **1** lukt *m/f*
2 luktesans *m*
smell² verb (smelt – smelt eller
smelled – smelled) /smel/ lukte
smelly adj. /'smelɪ/ (ille)luktende
smile¹ subst. /smaɪl/ smil *n*
smile² verb /smaɪl/ smile
smiley subst. /'smaɪlɪ/ **1** *(IT)* smiley *m*
2 smilefjes *n*
smith subst. /smɪθ/ smed *m*
smithy subst. /'smɪðɪ/, /'smɪθɪ/
smie *m/f*
smog subst. /smɒg/ *(sammentrekning
av* smoke *og* fog) smog *m*, røyktåke
smoke¹ subst. /sməʊk/ **1** røyk *m*
2 sigarett *m*
smoke² verb /sməʊk/ **1** ryke
2 røyke
smoke detector subst. røykvarsler *m*
smoker subst. /'sməʊkə/ røyker *m*
smoking subst. /'sməʊkɪŋ/ røyking *m/f*
no smoking røyking forbudt
smoky adj. /'sməʊkɪ/ **1** rykende
2 røykfylt
smolder verb /'sməʊldə/ *(amer.)* ulme
smooth¹ verb /smuːð/ *eller* **smoothe**
glatte, jevne
smooth² adj. /smuːð/ **1** glatt, jevn
2 rolig
smoothly adverb /smuːðlɪ/ jevnt, glatt
go/run smoothly gå bra
smoulder verb /'sməʊldə/ ulme
smug adj. /smʌg/ selvtilfreds
smuggle verb /'smʌgl/ smugle
smuggler subst. /'smʌglə/ smugler *m*
smutty adj. /'smʌtɪ/ **1** sotet
2 griset, snusket
snack¹ subst. /snæk/ matbit *m*,
lett måltid *n*
snack² verb /snæk/ knaske, småspise
snack on knaske på
snag¹ subst. /snæg/ ulempe *m/f*

snag² verb /snæg/ **1** bli hengende fast
2 få revet opp
snail subst. /sneɪl/ snegl *m*
snail mail subst. *(hverdagslig)* vanlig
post *(i motsetning til e-post)*
snake subst. /sneɪk/ slange *m*
snap¹ subst. /snæp/ smell *n*, knekk *n*
snap² verb /snæp/ **1** *(også overført)*
smelle, briste, knekke • *the branch
snapped* • *his nerves snapped*
2 glefse
3 knipse, fotografere
snap fastener subst. trykknapp *m*
snapshot subst. /'snæpʃɒt/
snapshot *n*, øyeblikksbilde *n*
snare subst. /sneə/ snare *m/f*, felle *m/f*
snarl verb /snɑːl/ snerre, knurre
snatch¹ subst. /snætʃ/ grep *n*, napp *n*
snatch² verb /snætʃ/ **1** gripe
2 snappe, rive til seg
sneak¹ subst. /sniːk/ **1** lusking *m/f*
2 snik *m*
3 sladderhank *m*
sneak² verb (sneaked – sneaked,
amer.: snuck – snuck) /sniːk/
1 liste, snike
2 sladre
sneaker subst. /'sniːkə/ joggesko *m*
sneer¹ subst. /snɪə/ hånflir *m/n*
sneer² verb /snɪə/ hånle
sneer at håne
sneeze¹ subst. /sniːz/ nys *n*
sneeze² verb /sniːz/ nyse
sniff verb /snɪf/ **1** snufse
2 snuse, lukte på
sniffle subst. /'snɪfl/ **1** snøft *n*
2 snufsing *m/f*
the sniffles *(hverdagslig)* forkjølelse
snipe subst. /snaɪp/ *(fugl)* bekkasin *m*
sniper subst. /'snaɪpə/ snikskytter *m*
snob subst. /snɒb/ snobb *m*
snobbish adj. /'snɒbɪʃ/ snobbet, fisefin
snore verb /snɔː/ snorke
snort verb /snɔːt/ fnyse, snøfte
snot subst. /snɒt/ snørr *n*
snotty adj. /'snɒtɪ/ *(hverdagslig)*
1 snørret
2 *(overført)* nesevis
snout subst. /snaʊt/ snute *m/f*, tryne *n*
snow¹ subst. /snəʊ/ snø *m*
snow² verb /snəʊ/ snø
snowball subst. /'snəʊbɔːl/ snøball *m*
snowboard¹ subst. /'snəʊˌbɔːd/
snowboard *n*, snøbrett *n*

a
b
c
d
e
f
g
h
i
j
k
l
m
n
o
p
q
r
s
t
u
v
w
x
y
z

snowboard² verb /'snəʊˌbɔːd/
snowboarde, kjøre brett
snowdrift subst. /'snəʊdrɪft/
snøfonn *m/f*
snowy adj. /'snəʊɪ/ **1** snødekt
2 snøhvit
snub nose subst. oppstoppernese *m/f*
snuff¹ subst. /snʌf/ **1** åndedrag *n*
2 *(tobakk)* snus *m*
snuff² verb /snʌf/ bruke snus, snuse
snuff³ verb /snʌf/ blåse ut, slokke
snug¹ verb /snʌg/
1 holde seg tett inntil
2 krype sammen
snug² adj. /snʌg/ koselig, lun
so¹ adverb /səʊ/, /sə/
1 *(derfor)* så • *I was hungry, so I ate*
2 *(om grad)* så • *he was so tired, that
he fell over*
3 *(refererende)* slik, sånn • *it was
better so* det var bedre slik • *hold
your hands so*
4 *(viser til noe kjent)* det • *I believe
so* jeg tror det
5 *(likeså)* det ... også, det samme
• *he is old and so am I* han er
gammel og det er jeg også
• *as smoking takes off, so will cancer*
and so on og så videre
even so enda, likevel
if so i så fall
is that so? er det sant?
so long! morn så lenge!, ha det!
so² konjunksjon /səʊ/, /sə/
så • *she asked me to go, so I went*
so that 1 for at **2** slik at
so what? 1 og så, da? **2** hva så?
soak verb /səʊk/ **1** bløtlegge
2 gjennombløte
soaking adj. /'səʊkɪŋ/ gjennomvåt
soap¹ subst. /səʊp/ såpe *m/f*
soap² verb /səʊp/ såpe inn
soapdish subst. /'səʊpdɪʃ/
såpekopp *m*
soap opera subst. såpeopera *m*
soapsuds subst. *flt.* /'səʊpsʌdz/
såpeskum *n*
soar verb /sɔː/ **1** fly høyt, sveve
2 stige
sob¹ subst. /sɒb/ hulk *m/n*
sob² verb /sɒb/ hulke
sober adj. /'səʊbə/ **1** edru
2 rolig, nøktern
3 alvorlig

so-called adj. /ˌsəʊ'kɔːld/, foranstilt:
/'səʊkɔːld/ såkalt
soccer subst. /'sɒkə/ fotball *m*
sociable adj. /'səʊʃəbl/ selskapelig,
omgjengelig
social adj. /'səʊʃəl/
1 sosial, samfunns-
2 selskapelig
socialism subst. /'səʊʃəlɪzəm/
sosialisme *m*
socialist adj. /'səʊʃəlɪst/ sosialistisk,
sosialist-
socialize verb /'səʊʃəlaɪz/ sosialisere
social medium subst. (flertall: social
media) *(IT)* sosialt medium
social network subst. *(IT)*
nettsamfunn *n*
social science subst.
samfunnsvitenskap *m*
social security number subst.
omtr. dss. personnummer *n*
society subst. /sə'saɪətɪ/ **1** samfunn(et)
2 forening *m/f*
3 selskap *n*
sociology subst. /ˌsəʊʃɪ'ɒlədʒɪ/
sosiologi *m*
sock¹ subst. /sɒk/ sokk *m*
put a sock in it hold munn
sock² subst. /sɒk/ *(slang)* slag *n*
socket subst. /'sɒkɪt/
1 holder *m*, sokkel *m*
2 *(også eye socket)* øyenhule *m/f*
3 *(elektrisitet)* stikkontakt *m*
sod¹ subst. /sɒd/ **1** gressmatte *m/f*
2 torv *m/f*
sod² subst. /sɒd/ jævel *m* • *poor sod!*
sod³ verb /sɒd/ *bare i uttrykk*
sod off! *(utbrudd, vulgært)* dra til
helvete!
soda subst. /'səʊdə/ **1** *(soda water,
vann med kullsyre uten sukker)*
soda(vann) *n*
2 *(amer., også soda pop)* brus *m*
3 *(amer., også ice cream soda)*
forklaring: dessert av sodavann,
smak og iskrem/melk
sodden adj. /'sɒdn/ gjennomvåt
sofa subst. /'səʊfə/ sofa *m*
soft adj. /sɒft/ **1** myk, bløt
2 dempet, svak
3 mild, blid
soften verb /'sɒfn/ **1** bløtgjøre
2 mildne

softness subst. /'sɒftnəs/ mykhet *m*, bløthet *m*

software subst. /'sɒftweə/ *(IT)* programvare *m/f*

soil[1] subst. /sɔɪl/ jord *m/f*, jordsmonn *n*

soil[2] subst. /sɔɪl/ skitt *m*

soil[3] verb /sɔɪl/ skitne til

sojourn verb /'sɒdʒɜːn/ *(litterært)* oppholde seg

solar adj. /'səʊlə/ sol-

solar eclipse subst. solformørkelse *m*

solar panel subst. solcellepanel *n*

sold verb /səʊld/ *se* ▶sell

soldier subst. /'səʊldʒə/ soldat *m*

sole[1] subst. /səʊl/ **1** såle *m*
　　2 *(fisk)* tunge *m/f*

sole[2] adj. /səʊl/ ene, eneste

solemn adj. /'sɒləm/ høytidelig, alvorlig

solicitor subst. /sə'lɪsɪtə/ (rådgivende) advokat

solid adj. /'sɒlɪd/ **1** fast
　　2 massiv, solid
　　3 pålitelig

solidarity subst. /ˌsɒlɪ'dærətɪ/ solidaritet *m*

solitary adj. /'sɒlɪtərɪ/ **1** enslig
　　2 ensom

solitude subst. /'sɒlɪtʃuːd/, /'sɒlɪtjuːd/ ensomhet *m*

soloist subst. /'səʊləʊɪst/ solist *m*

solstice subst. /'sɒlstɪs/ solverv *n*

solution subst. /sə'luːʃən/
　　1 forklaring *m/f*, løsning *m/f*, svar *n*
　　2 oppløsning *m/f*

solve verb /sɒlv/ løse, oppklare

solvent subst. /'sɒlvənt/ løsemiddel *n*

sombre adj. /'sɒmbə/ dyster

some[1] adverb /sʌm/, trykksvak: /səm/ om lag, omtrent • *it happened some thirty years ago*

some[2] determinativ /sʌm/, trykksvak: /səm/ noe, noen, litt, en eller annen, visse • *some person might have seen it* • *I bought some stamps* • *would you like some more?*

somebody pronomen /'sʌmbədɪ/ en eller annen, noen

somehow adverb /'sʌmhaʊ/ på en eller annen måte

someone pronomen /'sʌmwʌn/ en eller annen, noen

somersault subst. /'sʌməsɔːlt/ kollbøtte *m/f*, salto *m*

something[1] adverb /'sʌmθɪŋ/ noe, litt
　　something like *(hverdagslig)* noe sånt som

something[2] pronomen /'sʌmθɪŋ/ noe, et eller annet
　　or something *(hverdagslig)* eller noe sånt

sometime adverb /'sʌmtaɪm/ en gang, en dag • *we will do it sometime or other*

sometimes adverb /'sʌmtaɪmz/ i blant, av og til, noen ganger

somewhat adverb /'sʌmwɒt/ noe, litt, ganske

somewhere adverb /'sʌmweə/ et eller annet sted

son subst. /sʌn/ sønn *m*

song subst. /sɒŋ/ sang *m*

song thrush subst. *fugl* måltrost *m*

son-in-law subst. /'sʌnɪnlɔː/ svigersønn *m*

soon adverb /suːn/ **1** snart
　　2 tidlig
　　as soon as så snart som
　　too soon for tidlig

sooner adverb /'suːnə/ **1** før, tidligere
　　2 heller, snarere
　　sooner or later før eller senere

soothe verb /suːð/ berolige

sooty adj. /'sʊtɪ/ sotet

sophisticated adj. /sə'fɪstɪkeɪtɪd/
　　1 sofistikert
　　2 forfinet

soprano subst. /sə'prɑːnəʊ/ sopran *m*

sorcerer subst. /'sɔːsərə/ trollmann *m*

sorceress subst. /'sɔːsərəs/ heks *m/f*

sorcery subst. /'sɔːsərɪ/ trolldom *m*

sordid adj. /'sɔːdɪd/ **1** skitten
　　2 smålig

sore[1] subst. /sɔː/ sår *n*

sore[2] adj. /sɔː/ **1** sår, øm
　　2 ømtålig

sorrow subst. /'sɒrəʊ/ sorg *m/f*, bedrøvelse *m*

sorry adj. /'sɒrɪ/ **1** lei seg
　　2 elendig
　　be sorry about være lei seg for
　　feel sorry for synes synd på
　　(I'm) sorry! unnskyld (meg)!, jeg beklager!

sort[1] subst. /sɔːt/ sort *m*, slag *n*
　　sort of *(hverdagslig)* liksom, på et vis

a b c d e f g h i j k l m n o p q r s t u v w x y z

sort² verb /sɔːt/ sortere, ordne
  sort out sortere, ordne (opp)
sought verb /sɔːt/ *se* ▶**seek**
soul subst. /səʊl/ **1** sjel *m/f*
  2 *(musikk)* soul *m*
sound¹ subst. /saʊnd/ **1** lyd *m*
  2 tone *m*, klang *m*
sound² verb /saʊnd/ høres, gi lyd,
  klinge
sound³ adj. /saʊnd/ **1** sunn, frisk
  2 fornuftig, klok
  safe and sound i god behold
  sound advice fornuftig råd
  sound asleep i dyp søvn
sound-absorbing adj.
  /ˈsaʊndəbˌzɔːbɪŋ/ lyddempende
sound barrier subst. lydmur *m*
sound card subst. *(IT)* lydkort *n*
soundproof adj. /ˈsaʊn(d)pruːf/
  lydtett, lydisolert
soup subst. /suːp/ suppe *m/f*
sour¹ verb /ˈsaʊə/ **1** bli sur
  2 *(overført)* surne *(selv)*,
  forsure *(f.eks. stemningen)*
sour² adj. /ˈsaʊə/ **1** *(smak)* sur
  2 *(overført)* gretten
  go/turn sour 1 surne, bli sur
  2 gå skeis
source subst. /sɔːs/ kilde *m*
sour cream subst. rømme *m*,
  crème fraîche *m*
south¹ subst. /saʊθ/ sør *n*
south² adj. /saʊθ/ sør-, sørlig
south³ adverb /saʊθ/ mot sør, sørover
South Africa Sør-Afrika
South America Sør-Amerika
southern adj. /ˈsʌðən/ **1** sørlig
  2 sør-
  3 sørlandsk
southerner subst. /ˈsʌðənə/
  1 sørlending *m*
  2 *(i USA)* person fra sørstatene
the **South Pole** Sydpolen, Antarktis
southward adverb /ˈsaʊθwəd/ sørover
souvenir subst. /ˌsuːvəˈnɪə/ suvenir *m*
sou'-wester subst. /saʊˈwestə/
  (hodeplagg) sydvest *m*
sovereign¹ subst. /ˈsɒvrən/
  1 hersker *m*, monark *m*
  2 suveren stat *m*
sovereign² adj. /ˈsɒvrən/ **1** høyest
  2 suveren
sovereignty subst. /ˈsɒvrənti/ *(stivt)*
  1 suverenitet *m*

  2 uavhengig stat *m*
the **Soviet Union** *(historisk)*
  Sovjetunionen
sow¹ subst. /saʊ/ purke *m/f*
sow² verb (sowed – sown eller sowed)
  /səʊ/ så
spa subst. /spɑː/ **1** spa *n*
  2 kursted *n*
space subst. /speɪs/
  1 (verdens)rommet *n*
  2 rom *n*, plass *m*
  3 avstand *m*, mellomrom *n*
  4 tidsrom *n*
spaceship subst. /ˈspeɪsˌʃɪp/ romskip *n*
space-time subst. /ˌspeɪsˈtaɪm/
  romtid *m/f*
space travel subst. **1** romferd *m/f*
  2 romfart *m*
spacious adj. /ˈspeɪʃəs/ romslig
spade¹ subst. /speɪd/ *(kortspill, også*
  spades) spar
spade² subst. /speɪd/ spade *m*
Spain /speɪn/ Spania
spam¹ subst. /spæm/ *(IT)*
  søppelpost *m*
spam² verb /spæm/ *(IT)* spamme
span¹ subst. /spæn/ **1** tidsrom *n*
  2 spennvidde *m/f*, omfang *n*
  3 spenn *n*
span² verb /spæn/ spenne over,
  strekke seg over
Spaniard subst. /ˈspænjəd/ spanier *m*,
  spanjol *m*
Spanish adj. /ˈspænɪʃ/ spansk
spank verb /spæŋk/ gi bank, rise
spanner subst. /ˈspænə/
  skrunøkkel *m*, skiftenøkkel *m*
spare¹ verb /speə/ **1** avse, unnvære
  • *can you spare a pound?*
  2 skåne, spare • *death spares nobody*
  • *spare me the details, please!*
spare² adj. /speə/
  1 ekstra, til overs, ledig, reserve-
  2 sparsom, knapp
spark¹ subst. /spɑːk/ gnist *m*
spark² verb /spɑːk/ **1** gnistre
  2 *(om motor)* tenne
sparkle¹ subst. /ˈspɑːkl/ **1** gnist *m*
  2 glans *m*
sparkle² verb /ˈspɑːkl/
  1 gnistre, skinne, stråle
  2 *(om vin)* mussere, sprudle
sparrow subst. /ˈspærəʊ/ *(fugl)*
  spurv *m*

sparse adj. /spɑːs/ **1** spredt
2 glissen, tynn
spasm subst. /ˈspæzəm/ krampe *m*
spat¹ subst. /spæt/ (liten) krangel *m*
spat² verb /spæt/ *se* ▸spit²
spatial adj. /ˈspeɪʃəl/ romlig, rom-
spatula subst. /ˈspætʃələ/, /ˈspætjələ/
1 *(medisin)* spatel *m*
2 *(matlaging)* stekespade
3 *(matlaging)* slikkepott *m*
spawn¹ subst. /spɔːn/ rogn *m/f*
spawn² verb /spɔːn/ gyte, yngle,
legge egg
spawning subst. /spɔːnɪŋ/ gyting,
avling *m/f*
spawning cod subst. skrei *m*
speak verb (spoke – spoken) /spiːk/
1 snakke
2 tale
speaking of apropos, forresten
speak out 1 snakke ut
2 snakke høyere
speaker subst. /ˈspiːkə/ **1** taler *m*
2 ordstyrer *m*
3 høyttaler *m*
spear¹ subst. /spɪə/ spyd *n*, lanse *m/f*
spear² verb /spɪə/ spidde
special adj. /ˈspeʃəl/ spesiell, særlig,
spesial-, ekstra-
specialist subst. /ˈspeʃəlɪst/
spesialist *m*
speciality subst. /ˌspeʃɪˈælətɪ/
spesialitet *m*
specialization subst. /ˌspeʃəlaɪˈzeɪʃən/
spesialisering *m/f*, fordypning *m/f*
specialize verb /ˈspeʃəlaɪz/
spesialisere (seg)
specially adverb /ˈspeʃəlɪ/ spesielt,
særlig
species subst. (flertall: species)
/ˈspiːʃiːz/ **1** art *m/f*
2 slag *n*
specific adj. /spəˈsɪfɪk/ spesiell, særlig,
spesifikk
specimen subst. /ˈspesɪmən/
1 eksemplar *n*
2 prøve *m/f*, prøveeksemplar *n*
speck subst. /spek/ flekk *m*
a speck of dust et støvfnugg
spectacle subst. /ˈspektəkl/ **1** opptog *n*
2 syn *n*, skue *n*
spectacular adj. /spekˈtækjʊlə/
1 flott, spektakulær
2 oppsiktsvekkende

spectator subst. /spekˈteɪtə/ tilskuer *m*
speculate verb /ˈspekjʊleɪt/ spekulere,
gruble
speculation subst. /ˌspekjʊˈleɪʃən/
spekulasjon *m*
speculator subst. /ˈspekjʊleɪtə/
spekulant *m*
sped verb /sped/ *se* ▸speed²
speech subst. /spiːtʃ/ tale *m*
speechless adj. /ˈspiːtʃləs/ målløs,
stum
speed¹ subst. /spiːd/ fart *m*,
hastighet *m*, tempo *n*
pick up speed få opp farten
speed² verb (sped – sped) /spiːd/ fare,
ile, haste
speed up sette opp farten
speed limit subst. fartsgrense *m/f*
speedometer subst. /spɪˈdɒmɪtə/
speedometer *m*, fartsmåler *m*
speed skating subst.
lengdeløpsskøyting
speedy adj. /ˈspiːdɪ/ hurtig, rask,
snarlig
spell¹ subst. /spel/
1 trylleformular *m/n*
2 trolldom *m*
spell² subst. /spel/
1 skift *n*, omgang *m*, tur *m*
2 (kort) periode *m*
spell³ verb (spelt – spelt eller spelled –
spelled) /spel/ stave
spellbound adj. /ˈspelbaʊnd/
trollbundet
spellcheck subst. *eller* **spellchecker**
(IT) stavekontroll *m*
spelling subst. /ˈspelɪŋ/ **1** staving *m/f*
2 rettskrivning *m/f*
spend verb (spent – spent) /spend/
1 bruke (opp), forbruke
2 tilbringe • *she spent some time in*
Stockholm
spent verb /spent/ *se* ▸spend
sphere subst. /sfɪə/ **1** sfære *m*
2 klode *m/f*
3 *(overført)* område *n*, felt *n*
spice¹ subst. /spaɪs/ krydder *n*
spice² verb /spaɪs/ krydre
spider subst. /ˈspaɪdə/ edderkopp *m*
spiderweb subst. /ˈspaɪdəweb/
spindelvev *m*
spike¹ subst. /spaɪk/ **1** pigg *m*, spiss *m*
2 nagle *m*, spiker *m*
3 *(om planter)* aks *n*

spike² verb /spaɪk/ **1** spikre (fast)
2 forgifte, tilsette skadelig stoff

spill verb (spilt – spilt, eller spilled – spilled) /spɪl/ søle, spille

spin verb (spun – spun) /spɪn/ **1** spinne
2 snurre (rundt), gå rundt, rotere

spinach subst. /ˈspɪnɪdʒ/ spinat *m*

spinal cord subst. ryggmarg *m*

spine subst. /spaɪn/ **1** ryggrad *m/f*
2 bokrygg *m*

spinning mill subst. spinneri *n*

spinning wheel subst. rokk *m*

spiral subst. /ˈspaɪərəl/ spiral *m*

spire subst. /ˈspaɪə/ spir *n*

spirit subst. /ˈspɪrɪt/
1 *(om død person)* ånd *m*, spøkelse *n*
2 *(om indre styrke)* sjel *m/f*, kraft *m/f*
3 holdning *m/f*, innstilling *m/f* • *he did it in a spirit of mischief*
in high spirits i godt humør

spirited adj. /ˈspɪrɪtɪd/ energisk, kraftfull, livlig

spirits subst. *flt.* /ˈspɪrɪts/ sprit *m*, brennevin *n*

spiritual adj. /ˈspɪrɪtʃʊəl/ åndelig, religiøs

spirituality subst. /ˌspɪrɪtʃʊˈælətɪ/ åndelighet *m*

spit¹ subst. /spɪt/ spytt *n*

spit² verb (spat – spat) /spɪt/ **1** spytte
2 frese

spite subst. /spaɪt/ ondskap *m*, ondskapsfullhet *m*
in spite of til tross for

spiteful adj. /ˈspaɪtfəl/ ondskapsfull

spittle subst. /ˈspɪtl/ spytt *n*

splash¹ subst. /splæʃ/ **1** plask *n*
2 skvett *m*

splash² verb /splæʃ/ plaske, skvette, søle

spleen subst. /spliːn/
1 *(organ i kroppen)* milt *m*
2 dårlig humør *n*

splendid adj. /ˈsplendɪd/ herlig, glimrende, storartet

splendour subst. /ˈsplendə/ *eller* **splendor** *(amer.)* glans *m*, prakt *m/f*

splint¹ subst. /splɪnt/ benskinne *m/f*, armskinne *m/f*

splint² verb /splɪnt/ spjelke

splinter¹ subst. /ˈsplɪntə/ flis *m/f*, spon *m*, splint *m*

splinter² verb /ˈsplɪntə/ splintre, flise opp

split¹ subst. /splɪt/ **1** spalting *m/f*
2 splittelse *m*
3 sprekk *m*

split² verb (split – split) /splɪt/
1 splitte, kløyve
2 *(kjemi og fysikk)* spalte
3 dele
4 *(slang)* stikke, dra • *gotta split, bye!*

splutter verb /ˈsplʌtə/
1 snuble i ordene
2 sprute

spoil verb (spoilt – spoilt eller spoiled – spoiled) /spɔɪl/ **1** ødelegge, spolere
2 skjemme bort

spoilsport subst. /ˈspɔɪlspɔːt/ gledesdreper *m*

spoke verb /spəʊk/ *se* ►speak

spoken¹ verb /ˈspəʊkən/ *se* ►speak

spoken² adj. /ˈspəʊkən/ muntlig

spokesperson subst. /ˈspəʊksˌpɜːsn/ talsperson *m*

sponge subst. /spʌndʒ/ **1** svamp *m*
2 *(matlaging)* gjærdeig
3 *(hverdagslig)* fyllik *m*

sponge cake subst. *eller* **sponge** sukkerbrød *n*

sponsor subst. /ˈspɒnsə/
1 sponsor *m*, garantist *m*
2 fadder *m*

spontaneous adj. /spɒnˈteɪnjəs/ spontan

spook verb /spuːk/ skremme

spooky adj. /ˈspuːkɪ/
1 *(hverdagslig)* nifs, uhyggelig
2 *(amer. slang)* nervøs

spoon subst. /spuːn/ skje *m/f*

sporadic adj. /spəˈrædɪk/ sporadisk, spredt

spore subst. /spɔː/ *(på plante, også* spoor*)* spore *m*

sport¹ subst. /spɔːt/ 1 sport *m*, idrett *m*
2 lek *m*, moro *m/f*

sport² verb /spɔːt/ 1 leke
2 drive med sport/idrett

sportsman subst. /ˈspɔːtsmən/
1 idrettsmann *m*
2 jeger *m*

sportsmanship subst. /ˈspɔːtsmənʃɪp/ sportsånd *m*

sportswear subst. /ˈspɔːtsweə/ sportsklær

sportswoman subst. /ˈspɔːtsˌwʊmən/ idrettskvinne *m/f*

sporty adj. /ˈspɔːtɪ/ sporty, sportslig

spot¹ subst. /spɒt/ 1 flekk *m*
2 sted *n*, punkt *n*
3 *(på kroppen)* kvise *m/f*

spot² verb /spɒt/ 1 få øye på, se
2 flekke

spotless adj. /ˈspɒtləs/
1 skinnende ren
2 plettfri

spotlight subst. /ˈspɒtlaɪt/
1 prosjektør *m*
2 *(overført)* rampelys *n*, søkelys *n*

spotted adj. /ˈspɒtɪd/ flekkete, prikkete

spouse subst. /spaʊs/ ektefelle *m*

sprain verb /spreɪn/ vrikke, forstue

sprain subst. /spreɪn/ forstuing *m/f*

sprang verb /spræŋ/ *se* ▸spring²

sprawl verb /sprɔːl/ 1 ligge henslengt
2 bre seg

spray¹ subst. /spreɪ/ kvist *m*

spray² subst. /spreɪ/ 1 sprut *m*
2 dusj *m*
3 spray *m*, sprøytemiddel *n*

spray³ verb /spreɪ/ spraye, sprøyte, dusje

spray can subst. sprayboks *m*

spread¹ subst. /spred/ 1 utbredelse *m*
2 utstrekning *m/f*, omfang *n*
3 pålegg *n (som smøres på)*
4 sengeteppe *n*

spread² verb (spread – spread) /spred/
1 spre (seg)

2 bre ut, strekke ut, brette ut
3 stryke, smøre, bre • *spread butter on bread*

spreadsheet subst. /ˈspredʃiːt/ *(IT)* regneark *n*

spree subst. /spriː/ fest *m*, kalas *n*

spring¹ subst. /sprɪŋ/ 1 vår *m*
2 sprang *n*, hopp *n*
3 kilde *m*
4 *(teknikk)* fjær *m/f*
5 spenst *m*

spring² verb (sprang – sprung) /sprɪŋ/
1 hoppe, springe, sprette
2 *(overført)* dukke opp
3 *(om planter)* spire
spring from 1 komme fra
2 stamme fra

springboard subst. /ˈsprɪŋbɔːd/ springbrett *n*

spring roll subst. vårrull *m*

spring tide subst. springflo *m/f*

springy adj. /ˈsprɪŋɪ/ spenstig

sprinkle verb /ˈsprɪŋkl/ 1 strø, drysse
2 *(om væske)* skvette, vanne

sprinkler subst. /ˈsprɪŋklə/
1 spreder *m (på slange eller kanne)*
2 sprinkleranlegg *n*

sprout¹ subst. /spraʊt/
1 skudd *n*, knopp *m*
2 *(også* Brussels sprout*)* rosenkål *m*

sprout² verb /spraʊt/ spire

spruce¹ subst. /spruːs/ gran *m/f*

spruce² verb /spruːs/ *bare i uttrykk*
spruce up pynte på, pynte seg

sprung verb /sprʌŋ/ *se* ▸spring²

spur¹ subst. /spɜː/ spore *m*
on the spur of the moment uten å tenke seg om

spur² verb /spɜː/ drive frem
spur on presse, drive

spurt¹ subst. /spɜːt/ 1 spurt *m*
2 sprut *m*

spurt² verb /spɜːt/ 1 spurte
2 sprute

sputter¹ subst. /ˈspʌtə/
1 fresing, spraking
2 stamming, stotring

sputter² verb /ˈspʌtə/ 1 frese
2 stotre

spy¹ subst. /spaɪ/ spion *m*

spy² verb /spaɪ/ 1 spionere på
2 få øye på, oppdage

spyware subst. /ˈspaɪweə/ *(IT)* spionprogramvare *m*

squabble[1] subst. /'skwɒbl/
småkrangel *m*
squabble[2] verb /'skwɒbl/ småkrangle,
kjekle
squad subst. /skwɒd/ **1** lag *n*
2 spesialstyrke *m*, avdeling *m/f*
3 patrulje *m*
squadron subst. /'skwɒdrən/
1 skvadron *m*
2 gruppe *m/f*
squall[1] subst. /skwɔ:l/
1 byge *m/f*, vindkast *n*
2 skrik *n*
squall[2] verb /skwɔ:l/ skrike
squander verb /'skwɒndə/ sløse
square[1] subst. /skweə/
1 kvadrat *n*, firkant *m*
2 (åpen) plass *m*
square[2] verb /skweə/ **1** gjøre firkantet
2 ordne, gjøre opp
3 tilpasse, passe
square[3] adj. /skweə/ **1** firkantet
2 rettvinklet
3 kvadrat- • *square metre*
kvadratmeter
4 skuls
5 ærlig, rettferdig
6 *(hverdagslig)* kjedelig, streit
square measure subst. kvadratmål *n*
square mile subst.
(engelsk) kvadratmil *m/f*
square root subst. kvadratrot *m/f*
squash[1] subst. /skwɒʃ/ **1** mos *m*
2 fruktdrikk *m*
3 *(sport)* squash *m*
squash[2] subst. /skwɒʃ/
1 *(også* winter squash*)* gresskar *n*
2 *(også* summer squash*)* squash *m*
squash[3] verb /skwɒʃ/ **1** klemme
2 mose
3 presse
squat verb /skwɒt/ **1** sitte på huk
2 okkupere
squatter subst. /'skwɒtə/
husokkupant *m*
squeak[1] subst. /skwi:k/ pip *n*
squeak[2] verb /skwi:k/ pipe
squeal verb /skwi:l/ hvine, skrike
squeeze[1] subst. /skwi:z/
1 press *n*, trykk *n*
2 håndtrykk *n*
3 *(hverdagslig)* klem *m*
squeeze[2] verb /skwi:z/
1 presse, klemme

2 trykke *(hardt)*
squid subst. /skwɪd/ blekksprut
squint verb /skwɪnt/ **1** myse
2 skjele
squirm verb /skwɜ:m/ vri seg
squirrel subst. /'skwɪrəl/ ekorn *n*
squirt verb /skwɜ:t/ sprøyte
St. *eller* **St** *fork. for* Saint, Street, Strait
stab[1] subst. /stæb/ stikk *n*
stab[2] verb /stæb/ stikke, knivstikke
stabilization subst. /ˌsteɪbɪlaɪˈzeɪʃən/
stabilisering *m/f*
stabilize verb /'steɪbɪlaɪz/ stabilisere
stable[1] subst. /'steɪbl/ *(ofte i flertall)*
stall *m*
stable[2] adj. /'steɪbl/ stabil, fast
stack[1] subst. /stæk/ **1** stabel *m*
2 *(hverdagslig)* haug *m*
3 stakk *m (av høy, halm e.l.)*
stack[2] verb /stæk/ **1** stable
2 stakke *(om høy, halm)*
stadium subst. /'steɪdjəm/ stadion *n*
staff subst. /stɑːf/
1 personale *n*, stab *m*
2 stav *m*
3 *(musikk)* de fem notelinjene
stag subst. /stæg/ (kron)hjort *m*
stage[1] subst. /steɪdʒ/ **1** scene *m*
2 stadium *n*, trinn *n*
stage[2] verb /steɪdʒ/ iscenesette,
oppføre
stage management subst. regi *m*
stagger verb /'stægə/ **1** vakle, sjangle
2 forbløffe, ryste
stagnate verb /stægˈneɪt/ stå stille,
stagnere
stain[1] subst. /steɪn/ **1** flekk *m*
2 plett *m*, feil *m*
stain[2] verb /steɪn/ **1** flekke til
2 *(overført)* vanære
3 farge, beise
stainless adj. /'steɪnləs/ **1** plettfri
2 *(om stål)* rustfri
stair subst. /steə/ **1** trappetrinn *n*
2 *(i flertall:* stairs*)* trapp *m/f*
flight of stairs trapp *m/f*
staircase subst. /'steəkeɪs/
trappeoppgang *m*, trapp *m/f*
stake[1] subst. /steɪk/ påle *m*, stake *m*
stake[2] subst. /steɪk/ innsats *m*
be at stake stå på spill
stake[3] verb /steɪk/ **1** satse, risikere
2 vedde

stale adj. /steɪl/ **1** ikke fersk
2 gammel, utgått
stalemate subst. /ˈsteɪlmeɪt/
1 *(sjakk)* patt *m*
2 fastlåst situasjon *m*
stalk¹ subst. /stɔːk/ *(på plante)* stilk *m*,
stengel *m*
stalk² verb /stɔːk/
1 snike seg etter, forfølge
2 spankulere
stall¹ subst. /stɔːl/ **1** bås *m*, spiltau *n*
2 salgsbod *m*
3 *(britisk, teater, i flertall)* parkett *n*
stall² verb /stɔːl/ prøve å vinne tid
stall for time prøve å vinne tid
stallion subst. /ˈstæljən/ hingst
stamina subst. /ˈstæmɪnə/
utholdenhet *m*
stammer verb /ˈstæmə/ stamme, stotre
stamp¹ subst. /stæmp/ **1** stempel *n*
2 avtrykk *n*, preg *n*
3 frimerke *n*
4 *(med fot)* stamping *m/f*
stamp² verb /stæmp/
1 *(med fot)* stampe
2 stemple, prege
3 frankere, sette frimerke på
stand¹ subst. /stænd/ **1** standpunkt *n*
2 stativ *n*, hylle *m/f*
3 stand *m*, bod *m*
4 tribune *m*
bring to a stand stanse, stoppe
make a stand 1 vise hvor man står
2 gjøre motstand
stand² verb (stood – stood) /stænd/
1 stå (opp)
2 *(om beliggenhet)* ligge, være
• *the house stands by a river*
3 tåle • *I cannot stand that man*
stand by 1 stå/være klar
2 stå ved, stå fast ved, stå for
stand up for ta i forsvar, forsvare
standard¹ subst. /ˈstændəd/
standard *m*, målestokk *m*, norm *m*
standard² adj. /ˈstændəd/ standard,
normal
standardize verb /ˈstændədaɪz/
standardisere
standard of living subst.
levestandard *m*
standing¹ subst. /ˈstændɪŋ/
stilling *m/f*, status *m*
standing² adj. /ˈstændɪŋ/ stående
standing room subst. ståplass *m*

standpoint subst. /ˈstæn(d)pɔɪnt/
standpunkt *n*, synspunkt *n*
standstill subst. /ˈstæn(d)stɪl/
stillstand *m*, stans *m*
stank verb /stæŋk/ *se* ▶**stink²**
stanza subst. /ˈstænzə/ strofe *m*, vers *n*
staple subst. /ˈsteɪpl/ stift
stapler subst. /ˈsteɪplə/ stiftemaskin *m*
star subst. /stɑː/ stjerne *m/f*
starboard subst. /ˈstɑːbəd/ styrbord *n*
starch subst. /stɑːtʃ/ stivelse *m*
stare¹ subst. /steə/ **1** stirrende blikk *n*
2 glaning *m/f*
stare² verb /steə/ stirre, glane
starfish subst. /ˈstɑːfɪʃ/ sjøstjerne *m/f*
stark¹ adj. /stɑːk/ **1** naken
2 skarp
stark² adverb /stɑːk/ fullstendig
starling subst. /ˈstɑːlɪŋ/ *(fugl)* stær *m*
starry adj. /ˈstɑːrɪ/ **1** stjernebesatt
2 glitrende
start¹ subst. /stɑːt/
1 begynnelse *m*, start *m*
2 forsprang *n*
3 rykk *m/n*
start² verb /stɑːt/ **1** begynne, starte
2 dra av sted, sette i gang • *we
started from Norway the next day*
starter subst. /ˈstɑːtə/ **1** starter *m*
2 *(om mat)* forrett *m*
starting point subst. utgangspunkt *n*
startle verb /ˈstɑːtəl/ skremme
startling adj. /ˈstɑːtəlɪŋ/ overraskende,
forbløffende
starvation subst. /stɑːˈveɪʃən/ sult *m*,
hungersnød *m*
starve verb /stɑːv/ sulte
state¹ subst. /steɪt/ **1** tilstand *m*
2 stat *m*, delstat *m*
3 status *m*, rang *m*
state² verb /steɪt/ **1** erklære, si
2 fastsette
statement subst. /ˈsteɪtmənt/ **1** ytring
m/f, påstand *m*, kunngjøring *m/f*
2 fremstilling *m/f*
station¹ subst. /ˈsteɪʃən/ **1** stasjon *m*
2 post *m*
station² verb /ˈsteɪʃən/ stasjonere,
plassere
stationary adj. /ˈsteɪʃənərɪ/
stillestående
stationery subst. /ˈsteɪʃənərɪ/
skrivemateriell *n*
statistical adj. /stəˈtɪstɪkəl/ statistisk

statistics subst. /stə'tıstıks/
statistikk *m*
statue subst. /'stætʃuː/, /'stætjuː/
statue *m*
stature subst. /'stætʃə/, /'stætjə/
høyde *m*, vekst *m*
status subst. /'steıtəs/ status *m*,
rang *m*, posisjon *m*
statute subst. /'stætjuːt/, /'stætʃuːt/
vedtekt *m/f*
statutory adj. /'stætjətᵊrı/, /'stætʃətᵊrı/
lovbestemt
stave verb (staved – staved eller
stove – stove) /steıv/ slå hull i
stay[1] subst. /steı/ opphold *n*, besøk *n*
stay[2] subst. /steı/ *(sjøfart)* stag *n*,
bardun *m*
stay[3] verb /steı/ **1** bli, bli (igjen)
2 oppholde seg, bo
3 stanse, oppholde
stay away holde seg borte
stay put bli hvor man er
steadfast adj. /'stedfɑːst/ **1** fast
2 stø, urokkelig
steady adj. /'stedı/ **1** stabil, fast
2 stø, stødig, sikker, rolig
steak subst. /steık/ biff *m*
steal verb (stole – stolen) /stiːl/
1 stjele
2 liste, smugle
steam[1] subst. /stiːm/ damp *m*
steam[2] verb /stiːm/ dampe
steam engine subst. dampmaskin *m*
steamer subst. /'stiːmə/ dampskip *n*
steamroller subst. /'stiːm,rəʊlə/
dampveivals *m*
steel[1] subst. /stiːl/ stål *n*
steel[2] verb /stiːl/ herde, stålsette
steep[1] verb /stiːp/ **1** legge i bløt
2 dyppe
steep[2] adj. /stiːp/ bratt
steeple subst. /'stiːpl/ kirketårn *n*
steeplechase subst. /'stiːpltʃeıs/
(idrett) hinderløp *n*
steer verb /stıə/ styre
steer clear of styre klar av, unngå
steering wheel subst. ratt *n*
stem[1] subst. /stem/ **1** stengel *m (på
plante)*, stamme *m (på tre)*
2 *(sjøfart)* forstavn *m*
3 *(på vinglass)* stett
stem[2] verb /stem/ **1** ta stilken av
2 *(sjøfart)* stevne, styre
stem from 1 stamme fra **2** skyldes

stem[3] verb /stem/ **1** demme opp
2 stanse, stoppe
stench subst. /sten(t)ʃ/ stank *m*
step[1] subst. /step/ **1** skritt *n*, trinn *n*
2 trappetrinn *n*
step by step skritt for skritt
step[2] verb /step/ **1** skritte, tre
2 trå, tråkke
stepbrother subst. /'step,brʌðə/
stebror *m*
stepchild subst. /'steptʃaıld/ stebarn *n*
stepfather subst. /'step,fɑːðə/ stefar *m*
stepladder subst. /'step,lædə/
gardintrapp *m/f*
stepmother subst. /'step,mʌðə/
stemor *m/f*
stepsister subst. /'step,sıstə/
stesøster *m/f*
stereo subst. /'sterıəʊ/ stereo *m*,
stereoanlegg *n*
sterile adj. /'steraıl/, amer.: /'sterᵊl/
steril
sterilize verb /'sterᵊlaız/ sterilisere
sterling[1] subst. /'stɜːlıŋ/ *(britisk
valuta)* sterling *m*
sterling[2] adj. /'stɜːlıŋ/ **1** ekte
2 utmerket
stern adj. /stɜːn/ **1** streng
2 hard
stew[1] subst. /stjuː/, /stʃuː/ gryte *m/f*,
lapskaus *m*
stew[2] verb /stjuː/, /stʃuː/ småkoke
steward subst. /'stjʊəd/, /'stʃʊəd/
1 forvalter *m*
2 *(på fly)* flyvert *m*
3 *(på båt)* stuert *m*
stewardess subst. /'stjuːədıs/,
/'stʃuːədıs/ **1** *(på fly)* flyvertinne *m/f*
2 *(på båt)* lugarpike *m/f*
stick[1] subst. /stık/ **1** pinne *m*, kvist *m*
2 stokk *m*, kjepp *m*
stick[2] verb (stuck – stuck) /stık/
1 stikke
2 sette fast, feste, klistre
get stuck sitte fast
stick to 1 sitte fast på
2 holde, stå fast ved
stick up for forsvare
sticker subst. /'stıkə/ klistremerke *n*
sticking plaster subst. heftplaster *n*
sticky adj. /'stıkı/ **1** klebrig
2 *(om vær)* lummer, klam
3 vanskelig

stiff adj. /stɪf/ **1** stiv
2 *(om drikk)* sterk
3 vanskelig, streng
stiffen verb /ˈstɪfn/ stivne, gjøre stiv
stifle verb /ˈstaɪfl/ kvele
still¹ verb /stɪl/ **1** stille
2 berolige
still² adj. /stɪl/ stille, rolig
still³ adverb /stɪl/ **1** stille, rolig
2 fremdeles, ennå
3 *(i sammenligning)* enda • *you are good, but I am better still!*
still⁴ konjunksjon /stɪl/ likevel
stillborn adj. /ˈstɪlbɔːn/ dødfødt
stilt subst. /stɪlt/ stylte m
sting¹ subst. /stɪŋ/
1 *(av f.eks. insekt)* stikk n
2 brodd m
sting² verb (stung – stung) /stɪŋ/ stikke, svi
stingy adj. /ˈstɪndʒɪ/ gjerrig
stink¹ subst. /stɪŋk/ stank m
stink² verb (stank – stunk) /stɪŋk/ stinke
stink of stinke, lukte
stir¹ subst. /stɜː/ **1** (om)røring m/f
2 bevegelse m
3 uro m/f, oppstyr n
stir² verb /stɜː/
1 bevege (seg), røre (seg)
2 vekke, oppildne
3 røre om i
stir up 1 rote opp i, røre opp
2 hisse opp
stirrup subst. /ˈstɪrəp/ stigbøyle m
stitch¹ subst. /stɪtʃ/ **1** sting n
2 maske m/f
stitch² verb /stɪtʃ/ sy
stoat subst. /stəʊt/ røyskatt m
stock subst. /stɒk/ **1** *(handel)* lager n, (vare)beholdning m
2 *(om gårdsdyr)* buskap m
3 *(økonomi)* aksje m

4 *(matlaging)* buljong m, kraft m/f
5 avstamning m/f, herkomst m
• *he is of Irish stock*
in stock på lager
stockbroker subst. /ˈstɒkˌbrəʊkə/ børsmegler m
the Stock Exchange subst. Børsen
stockfish subst. /ˈstɒkfɪʃ/ tørrfisk m
stocking subst. /ˈstɒkɪŋ/ strømpe m/f
stock market subst. aksjemarked n
stocky adj. /ˈstɒkɪ/ tettbygd, firskåren
stoke verb /stəʊk/ fyre, fylle på brensel
stoker subst. /ˈstəʊkə/ fyrbøter m
stole verb /stəʊl/ *se* ►steal
stolen verb /ˈstəʊlən/ *se* ►steal
stomach¹ subst. /ˈstʌmək/ **1** mage m
2 magesekk m
stomach² verb /ˈstʌmək/ tåle, finne seg i, fordra
stone¹ subst. /stəʊn/ **1** stein m
2 *(vektenhet)* 6,35 kg
stone² verb /stəʊn/ **1** steine
2 ta ut steinene av
Stone Age subst. steinalder m
stonecutter subst. /ˈstəʊnˌkʌtə/ steinhugger m
stony adj. /ˈstəʊnɪ/ **1** steinet
2 steinhard
stood verb /stʊd/ *se* ►stand²
stool subst. /stuːl/
1 krakk m, skammel m
2 avføring m/f
stoop verb /stuːp/ **1** bøye seg
2 lute
3 *(overført)* nedlate seg
stop¹ subst. /stɒp/ **1** stopp n, stans m
2 holdeplass m
3 opphør n, slutt m
stop² verb /stɒp/ **1** stoppe, stanse
2 (for)hindre
3 slutte (med), la være

stoppage subst. /ˈstɒpɪdʒ/ **1** stans *m*
2 tilstopping *m/f*
stopwatch subst. /ˈstɒpwɒtʃ/
stoppeklokke *m/f*
storage subst. /ˈstɔːrɪdʒ/ **1** lagring *m/f*
2 lager *n*, lagerrom *n*
store[1] subst. /stɔː/ **1** forråd *n*, lager *n*
2 butikk *m*
in store 1 på lager **2** i vente
store[2] verb /stɔː/ lagre, oppbevare
storehouse subst. /ˈstɔːhaʊs/
lagerbygning *m*
storey subst. /ˈstɔːrɪ/ etasje *m*
stork subst. /stɔːk/ *(fugl)* stork *m*
storm[1] subst. /stɔːm/ storm *m*,
uvær *n*
storm[2] verb /stɔːm/ storme
stormy adj. /ˈstɔːmɪ/ stormfull
story subst. /ˈstɔːrɪ/
1 historie *m/f*, fortelling *m/f*
2 *(spesielt amer.)* etasje *m*
stove subst. /stəʊv/ komfyr *m*, ovn *m*
stow verb /stəʊ/
1 pakke (ned), legge bort
2 stue
stowaway subst. /ˈstəʊəweɪ/
blindpassasjer *m*
straight adj. /streɪt/ **1** rett, strak
2 direkte
3 ærlig, skikkelig
4 *(hverdagslig)* heterofil, streit
put/set straight ordne (opp i)
straighten verb /ˈstreɪtᵊn/ rette (ut)
strain[1] subst. /streɪn/ **1** spenning *m/f*
2 påkjenning *m/f*
strain[2] subst. /streɪn/ rase *m*, art *m/f*,
slekt *m/f*
strain[3] verb /streɪn/
1 anstrenge seg, streve
2 forstue, vrikke
3 spenne, stramme
4 sile

strained adj. /streɪnd/
1 anstrengt, tvungen
2 forstuet, vrikket
strainer subst. /ˈstreɪnə/ sil *m*
strait subst. /streɪt/ **1** sund *n*, strede *n*
2 klemme *m/f*, knipe *m/f*
straitjacket subst. /ˈstreɪtˌdʒækɪt/ *eller*
straightjacket tvangstrøye *m/f*
strand[1] subst. /strænd/
1 tråd *m*, snor *m/f*
2 *(om hår)* lokk *m*
strand[2] verb /strænd/ strande
strange adj. /streɪndʒ/
1 fremmed, ukjent
2 rar, merkelig
stranger subst. /ˈstreɪndʒə/
fremmed *m*
strangle verb /ˈstræŋgl/ kvele
strap[1] subst. /stræp/ rem *m/f*, stropp *m*
strap[2] verb /stræp/ spenne fast
strategist subst. /ˈstrætədʒɪst/
strateg *m*
strategy subst. /ˈstrætədʒɪ/ strategi *m*
straw subst. /strɔː/ **1** strå *n*, halm *m*
2 sugerør *n*
strawberry subst. /ˈstrɔːbᵊrɪ/
jordbær *n*
stray[1] subst. /streɪ/ herreløst dyr *n*
stray[2] verb /streɪ/ **1** streife omkring
2 forville seg
stray[3] adj. /streɪ/ omstreifende
streak[1] subst. /striːk/
1 strek *m*, stripe *m/f*
2 trekk *n*, innslag *n*
streak[2] verb /striːk/ **1** stripe
2 fare av sted
stream[1] subst. /striːm/ **1** strøm *m*
2 bekk *m*, elv *m/f*
stream[2] verb /striːm/ **1** strømme
2 flagre
streamer subst. /ˈstriːmə/ vimpel *m*
street subst. /striːt/ gate *m/f*

streetcar subst. /'stri:tkɑ:/ *(amer.)*
trikk *m*, sporvogn *m/f*
street food subst. gatemat *m*
street-smart adj. /'stri:tsmɑ:t/ *(amer.,*
hverdagslig) gatesmart, storbyvant
strength subst. /streŋθ/ styrke *m*
strengthen verb /'streŋθ³n/ styrke
strenuous adj. /'strenjʊəs/
anstrengende, krevende
stress¹ subst. /stres/ **1** stress *n*
2 trykk *n*, belastning *m/f*
3 betoning *m/f*
stress² verb /stres/ **1** stresse
2 fremheve, betone, legge vekt på
stretch¹ subst. /stretʃ/ **1** strekk *n*
2 strekning *m/f*
3 periode *m*, tidsrom *n*
stretch² verb /stretʃ/ **1** strekke (seg)
2 tøye (ut)
stretcher subst. /'stretʃə/ **1** sykebåre *m*
2 strekker *m*
strict adj. /strɪkt/ **1** streng
2 nøye
stridden verb /'strɪd³n/ *se* ►stride²
stride¹ subst. /straɪd/ (langt) skritt *n*
stride² verb (strode – stridden) /straɪd/
skride
strike¹ subst. /straɪk/ **1** streik *m*
2 slag *n (om klokke)*
be on strike streike
strike² verb (struck – struck) /straɪk/
1 slå (til)
2 treffe, ramme
3 møte, nå
4 finne, oppdage • *strike gold*
5 stryke, slette
6 streike
be struck down by/with bli rammet
av
strike out 1 slå, slå ut **2** stryke ut
3 brøyte, bane **4** dra av sted
strike up 1 innlede, knytte • *strike up*
a friendship **2** *(musikk)* spille opp
striking adj. /'straɪkɪŋ/ slående,
påfallende
string¹ subst. /strɪŋ/ hyssing *m*,
snor *m/f*, streng *m*
strings strengeinstrumenter
string² verb (strung – strung) /strɪŋ/
1 sette strenger på
2 stemme
stringent adj. /'strɪndʒ³nt/ **1** streng
2 logisk, stringent
stringy adj. /'strɪŋɪ/ seig

strip¹ subst. /strɪp/ remse *m/f*,
stripe *m/f*
strip² verb /strɪp/
1 kle av (seg), trekke av
2 frata
stripe subst. /straɪp/ stripe *m/f*
striped adj. /straɪpt/ **1** stripet
2 strimet
strive verb (strove – striven) /straɪv/
kjempe, streve
strive for 1 strebe etter **2** kjempe for
striven verb /'strɪvn/ *se* ►strive
strode verb /strəʊd/ *se* ►stride²
stroke¹ subst. /strəʊk/ **1** slag *n*, støt *n*
2 *(medisin)* slag *n*
3 svømmetak *n*, åretak *n*
4 skråstrek *m*
stroke of luck lykketreff
stroke² verb /strəʊk/ stryke, klappe
stroll¹ subst. /strəʊl/ spasertur *m*
stroll² verb /strəʊl/ spasere
strong adj. /strɒŋ/ sterk
stronghold subst. /'strɒŋhəʊld/
høyborg *m/f*
strong-willed adj. /ˌstrɒŋ'wɪld/,
foranstilt: /'strɒŋwɪld/ viljesterk,
bestemt
strove verb /strəʊv/ *se* ►strive
struck verb /strʌk/ *se* ►strike²
structure subst. /'strʌktʃə/
1 struktur *m*, oppbygning *m/f*
2 byggverk *n*
struggle¹ subst. /'strʌgl/ kamp *m*,
strev *n*
struggle² verb /'strʌgl/ **1** kjempe
2 slite, streve
strung verb /strʌŋ/ *se* ►string²
strut verb /strʌt/ spankulere
stubble subst. /'stʌbl/ stubb *m*,
skjeggstubb *m*
stubbly adj. /'stʌblɪ/ ubarbert
stubborn adj. /'stʌbən/ **1** sta, stri
2 hardnakket
stuck verb /stʌk/ *se* ►stick²
stuck-up adj. /ˌstʌk'ʌp/ overlegen,
innbilsk, hoven
stud¹ subst. /stʌd/ **1** stutteri *n*
2 hingst *m*, avlshingst *m*
stud² subst. /stʌd/ **1** stift *m*
2 (liten) øredobb *m*
3 krageknapp *m*, skjorteknapp *m*
studded tyre subst. *eller*
studded tire *(amer.)* piggdekk *n*

student subst. /ˈstjuːdᵊnt/, /ˈstʃuːdᵊnt/ student *m*

studied adj. /ˈstʌdɪd/ bevisst, utstudert, tilgjort

studious adj. /ˈstjuːdɪəs/, /ˈstʃuːdɪəs/
1 flittig *(i sine studier)*
2 omhyggelig, grundig

study¹ subst. /ˈstʌdɪ/ 1 studium *n*
2 undersøkelse *m*
3 arbeidsrom *n*

study² verb /ˈstʌdɪ/ studere

stuff¹ subst. /stʌf/
1 materiale *n*, stoff *n*
2 saker *m flt.*, ting *m*

stuff² verb /stʌf/ 1 stoppe, fylle
2 stappe
3 proppe

stuffing subst. /ˈstʌfɪŋ/
1 (ut)stopping *m/f*
2 *(matlaging)* fyll *m/f/n*

stuffy adj. /ˈstʌfɪ/ 1 innestengt
2 *(om f.eks. nese)* tett
3 *(hverdagslig)* stiv, formell

stumble verb /ˈstʌmbl/ snuble

stump¹ subst. /stʌmp/ 1 stubbe *m*
2 stump *m*, stubb *m*

stump² verb /stʌmp/ forvirre

stumpy adj. /ˈstʌmpɪ/ kort og tykk

stun verb /stʌn/ 1 gjøre bevisstløs
2 lamslå, sjokkere

stung verb /stʌŋ/ *se* ▶sting²

stunk verb /stʌŋk/ *se* ▶stink²

stunt¹ subst. /stʌnt/ 1 stunt *n*
2 triks *n*

stunt² verb /stʌnt/ hemme

stupendous adj. /stjuːˈpendəs/, /stʃuːˈpendəs/ utrolig, fantastisk

stupid adj. /ˈstjuːpɪd/, /ˈstʃuːpɪd/ dum, teit

stupidity subst. /stjuːˈpɪdətɪ/, /stʃuːˈpɪdətɪ/ dumhet *m*

sturdy adj. /ˈstɜːdɪ/ solid, robust

stutter verb /ˈstʌtə/ stamme

style subst. /staɪl/ 1 stil *m*
2 type *m*
3 mote *m*

stylish adj. /ˈstaɪlɪʃ/ 1 stilig
2 moteriktig

sub subst. /sʌb/ *(kortform for substitute)* vikar *m*

subconscious¹ subst. /ˌsʌbˈkɒnʃəs/ underbevissthet *m*

subconscious² adj. /ˌsʌbˈkɒnʃəs/ underbevisst

subdue verb /səbˈdjuː/, /səbˈdʒuː/
1 undertrykke
2 dempe

subject¹ subst. /ˈsʌbdʒɪkt/
1 emne *n*, tema *n*
2 *(skole)* fag *n*
3 statsborger *m*, undersått *m*
4 subjekt *n*

subject² verb /səbˈdʒekt/
1 underkue, undertrykke
2 underkaste
subject to 1 utsette for **2** med forbehold om **3** under forutsetning av

subjection subst. /səbˈdʒekʃᵊn/ undertrykkelse *m*

subjective adj. /səbˈdʒektɪv/ subjektiv

subjugation subst. /ˌsʌbdʒʊˈgeɪʃᵊn/ undertrykkelse *m*, underleggelse *m*

subjunctive subst. /səbˈdʒʌŋ(k)tɪv/ konjunktiv *m*

sublime adj. /səˈblaɪm/ opphøyd, makeløs

submarine subst. /ˌsʌbməˈriːn/, /ˈsʌbməriːn/ ubåt *m*

submerge verb /səbˈmɜːdʒ/ senke ned (i vann)

submissive adj. /səbˈmɪsɪv/ underdanig

submit verb /səbˈmɪt/ 1 underkaste
2 legge frem, presentere
submit to 1 underkaste seg
2 utsette for **3** gi etter, finne seg i

subordinate¹ subst. /səˈbɔːdᵊnət/ underordnet

subordinate² adj. /səˈbɔːdᵊnət/ underordnet

subscribe verb /səbˈskraɪb/
1 abonnere
2 skrive under (på)
subscribe to abonnere på

subscriber subst. /səbˈskraɪbə/ abonnent *m*

subscription subst. /səbˈskrɪpʃᵊn/
1 abonnement *n*
2 (medlems)avgift *m/f*

subsequent adj. /ˈsʌbsɪkwənt/ senere, følgende, påfølgende

subsequently adverb /ˈsʌbsɪkwəntlɪ/ etterpå, senere, siden

subside verb /səbˈsaɪd/ 1 avta, roe seg
2 synke

subsidize verb /ˈsʌbsɪdaɪz/ subsidiere

subsidy subst. /ˈsʌbsɪdɪ/ (stats)tilskudd *n*, subsidier

subsistence subst. /səbˈsɪstəns/
eksistens *m*, tilværelse *m*

substance subst. /ˈsʌbstəns/
1 stoff *n*, emne *n*, substans *m*
2 essens *m*, hovedpoeng *n*

substandard adj. /sʌbˈstændəd/
annenrangs

substantial adj. /səbˈstænʃəl/
1 betydelig
2 solid
3 virkelig, reell

substantive adj. /ˈsʌbstəntɪv/
1 virkelig
2 selvstendig

substitute[1] subst. /ˈsʌbstɪtʃuːt,
/ˈsʌbstɪtjuːt/ 1 erstatning *m/f*
2 stedfortreder *m*, vikar *m*
3 *(sport)* reserve *m*

substitute[2] verb /ˈsʌbstɪtʃuːt,
/ˈsʌbstɪtjuːt/ 1 erstatte
2 vikariere

substitute teacher subst.
vikarlærer *m*

subterranean adj. /ˌsʌbtəˈreɪnjən/
underjordisk

subtitle subst. /ˈsʌbˌtaɪtl/
1 undertittel *m*
2 *(ofte subtitles)* undertekst *m*

subtle adj. /ˈsʌtl/ 1 subtil, diskré
2 skarp, våken

subtract verb /səbˈtrækt/ subtrahere,
trekke fra

suburb subst. /ˈsʌbɜːb/ forstad *m*

suburban adj. /səˈbɜːbən/ forstads-

subway subst. /ˈsʌbweɪ/
1 *(britisk)* fotgjengerundergang *m*
2 *(amer.)* undergrunnsbane *m*

succeed verb /səkˈsiːd/
1 lykkes, ha suksess
2 etterfølge, følge

success subst. /səkˈses/ suksess *m*

successful adj. /səkˈsesfəl/ vellykket

succession subst. /səkˈseʃən/
1 rekke *m/f*, rekkefølge *m*
2 arvefølge *m*
3 tronfølge *m*

successor subst. /səkˈsesə/
etterfølger *m*

succulent adj. /ˈsʌkjələnt/ saftig

succumb verb /səˈkʌm/ 1 gi etter
2 bukke under
succumb to 1 gi etter for, bukke
under for 2 falle for

such determinativ /sʌtʃ/ 1 slik, sånn
2 den slags, sånt noe, slikt
such a slik en/ei/et, slike
such as 1 sånn som 2 for eksempel
3 slik som

suck verb /sʌk/ suge

sucker subst. /ˈsʌkə/ 1 sugeapparat *n*
2 *(slang)* dust *m*

suckle verb /ˈsʌkl/ amme, die

sudden adj. /ˈsʌdn/ plutselig

suddenly adverb /ˈsʌdnlɪ/ plutselig,
brått

suds subst. *flt.* /sʌdz/ *(verbet kan stå i
entall eller flertall)* såpeskum *n*

sue verb /suː/, /sjuː/ saksøke,
gå til sak (mot)

suffer verb /ˈsʌfə/ 1 lide
2 tåle, utholde
3 tillate, la
suffer from lide av

suffering subst. /ˈsʌfərɪŋ/ lidelse *m*

suffice verb /səˈfaɪs/ være nok,
være tilstrekkelig

sufficient adj. /səˈfɪʃənt/ nok,
tilstrekkelig

suffix subst. /ˈsʌfɪks/ suffiks *n*,
endelse *m*

suffocate verb /ˈsʌfəkeɪt/ kvele,
bli kvalt

suffrage subst. /ˈsʌfrɪdʒ/ stemmerett *m*

sugar[1] subst. /ˈʃʊgə/ sukker *n*

sugar[2] verb /ˈʃʊgə/ sukre

sugar cane subst. sukkerrør *n*
sugar-free adj. /ˈʃʊgəfriː/ sukkerfri
sugar pea subst. sukkerert *m/f*
sugary adj. /ˈʃʊgəri/ sukret, søt
suggest verb /səˈdʒest/ **1** foreslå
  2 antyde
  3 tyde på
suggestion subst. /səˈdʒestʃən/
  1 forslag *n*
  2 antydning *m/f*
suicide subst. /ˈsuːɪsaɪd/ selvmord *n*
  commit suicide begå selvmord
suit[1] subst. /suːt/ **1** dress *m*, drakt *m/f*
  2 søksmål *n*
  3 *(i kortstokk)* farge *m*
suit[2] verb /suːt/ **1** passe
  2 tilpasse
  3 kle
suitable adj. /ˈsuːtəbl/ passende, egnet
suitcase subst. /ˈsuːtkeɪs/ koffert *m*
suite subst. /swiːt/ suite *m*
suited adj. /ˈsuːtɪd/ egnet, passende
suitor subst. /ˈsuːtə/ **1** frier *m*
  2 *(jus)* saksøker *m*
sulk verb /sʌlk/ surmule, furte
sulky adj. /ˈsʌlkɪ/ sur, furten
sullen adj. /ˈsʌlən/ gretten
sulphur subst. /ˈsʌlfə/ *eller* **sulfur**
  svovel *m/n*
sultry adj. /ˈsʌltrɪ/
  1 *(om luft/vær)* lummer, trykkende
  2 *(om person)* sensuell
sum[1] subst. /sʌm/ sum *m*, beløp *n*
  in sum kort sagt
sum[2] verb /sʌm/ legge sammen,
  summere
  sum up 1 legge sammen
  2 oppsummere
summarize verb /ˈsʌməraɪz/
  sammenfatte, oppsummere
summary subst. /ˈsʌmərɪ/
  sammendrag *n*, oppsummering
summer subst. /ˈsʌmə/ sommer *m*
summer solstice subst.
  sommersolverv *n*
summit subst. /ˈsʌmɪt/ **1** topp *m*
  2 *(også* summit meeting*)* toppmøte *n*
summon verb /ˈsʌmən/ **1** tilkalle
  2 *(om møte)* innkalle til
  3 *(jus)* stevne
summons subst. /ˈsʌmənz/
  innkalling *m/f*, stevning *m/f*
sun[1] subst. /sʌn/ sol *m/f*
sun[2] verb /sʌn/ sole seg

sunbathe verb /ˈsʌnbeɪð/ sole seg
sunbeam subst. /ˈsʌnbiːm/ solstråle *m*
sunburn subst. /ˈsʌnbɜːn/
  solbrenthet *m*
sunburnt adj. /ˈsʌnbɜːnt/ solbrent
Sunday subst. /ˈsʌndeɪ/ søndag *m*
sundries subst. *flt.* /ˈsʌndrɪz/
  diverse (saker)
sundry adj. /ˈsʌndrɪ/ forskjellige
sunflower subst. /ˈsʌnflaʊə/
  solsikke *m/f*
sung verb /sʌŋ/ *se* ►**sing**
sunglasses subst. *flt.* /ˈsʌnˌglɑːsɪz/
  solbriller
sunk verb /sʌŋk/ *se* ►**sink**[2]
sunrise subst. /ˈsʌnraɪz/ soloppgang *m*
sunscreen subst. /ˈsʌnskriːn/
  solkrem *m*
sunset subst. /ˈsʌnset/ solnedgang *m*
sunshine subst. /ˈsʌnʃaɪn/ solskinn *n*
sunstroke subst. /ˈsʌnstrəʊk/
  solstikk *n*, heteslag *n*
super adj. /ˈsuːpə/ topp, super
superb adj. /sʊˈpɜːb/ strålende,
  superb, praktfull
supercilious adj. /ˌsuːpəˈsɪlɪəs/
  overlegen
superficial adj. /ˌsuːpəˈfɪʃəl/
  overfladisk
superfluous adj. /ˌsuːˈpɜːfluəs/
  overflødig
superfood subst. /ˈsuːpəfuːd/
  supermat
superhuman adj. /ˌsuːpəˈhjuːmən/
  overmenneskelig
superintendent subst.
  /ˌsuːpərɪnˈtendənt/
  1 inspektør *m*, oppsynsmann *m*
  2 politioverbetjent *m*
superior adj. /sʊˈpɪərɪə/ **1** overordnet
  2 *(om egenskap)* overlegen
  3 bedre, større
  superior to bedre enn, overlegen
superiority subst. /suːˌpɪərɪˈɒrɪtɪ/
  overlegenhet *m*
superlative subst. /suːˈpɜːlətɪv/
  superlativ *m*
supermarket subst. /ˈsuːpəˌmɑːkɪt/
  supermarked *n*
supernatural adj. /ˌsuːpəˈnætʃərəl/
  overnaturlig
superpower subst. /ˈsuːpəˌpaʊə/
  supermakt *m/f*
supersize adj. /ˈsuːpəsaɪz/ kjempestor

supersonic adj. /ˌsuːpəˈsɒnɪk/
overlyds-
superstition subst. /ˌsuːpəˈstɪʃ³n/
overtro *m/f*
superstitious adj. /ˌsuːpəˈstɪʃəs/
overtroisk
supervise verb /ˈsuːpəvaɪz/
1 overvåke, ha tilsyn med
2 veilede
supervision subst. /ˌsuːpəˈvɪʒ³n/
tilsyn *n*, kontroll *m*
supervisor subst. /ˈsuːpəvaɪzə/
inspektør *m*
supper subst. /ˈsʌpə/ kveldsmat *m*
supple adj. /sʌpl/ myk, smidig
supplement¹ subst. /ˈsʌplɪmənt/
supplement *n*, tillegg *n*
supplement² verb /ˈsʌplɪment/,
/ˌsʌplɪˈment/ supplere
supplementary adj. /ˌsʌplɪˈment³rɪ/
supplerende
supplier subst. /səˈplaɪə/ leverandør *m*
supply¹ subst. /səˈplaɪ/
1 tilførsel *m*, forsyning *m/f*
2 tilgang *m*, forråd *n*
supply² verb /səˈplaɪ/
1 tilby, komme med
2 skaffe
3 dekke, oppfylle
support¹ subst. /səˈpɔːt/ **1** støtte *m/f*
2 understøttelse *m*, hjelp *m/f*
support² verb /səˈpɔːt/ **1** støtte, bære
2 tåle
3 forsørge, underholde
supporter subst. /səˈpɔːtə/
supporter *m*, tilhenger *m*
suppose verb /səˈpəʊz/
1 anta, gå ut fra
2 sett at, tenk om • *suppose he
should come* tenk om han kommer
supposition subst. /ˌsʌpəˈzɪʃən/
antagelse *m*
suppress verb /səˈpres/ undertrykke
suppression subst. /səˈpreʃ³n/
undertrykkelse *m*
supremacy subst. /suːˈpreməsɪ/
overlegenhet *m*
supreme adj. /suːˈpriːm/,
amer. /səˈpriːm/ høyest, øverst
the **Supreme Court** subst. Høyesterett
supremely adverb /suːˈpriːmlɪ/
i høyeste grad
surcharge subst. /ˈsɜːtʃɑːdʒ/
tilleggsavgift *m/f*

sure adj. /ʃɔː/, /ʃʊə/ sikker
  be sure to husk på å, sørg for å
  for sure (helt) sikkert
  make sure that sørge for at
  to be sure 1 riktignok, nok
  2 naturligvis
surely adverb /ˈʃɔːlɪ/, /ˈʃʊəlɪ/ **1** sikkert
2 virkelig
surf verb /sɜːf/ surfe
surface¹ subst. /ˈsɜːfɪs/ overflate *m/f*
surface² verb /ˈsɜːfɪs/
komme opp til overflaten
surfboard subst. /ˈsɜːfbɔːd/
surfebrett *n*
surge¹ subst. /sɜːdʒ/
1 brottsjø *m*, bølge *m/f*
2 plutselig økning *m/f*, oppsving *n*
surge² verb /sɜːdʒ/ **1** bruse
2 stige
3 skyte fart
surgeon subst. /ˈsɜːdʒ³n/ kirurg *m*
surgery subst. /ˈsɜːdʒ³rɪ/ **1** kirurgi *m*
2 *(amer.)* operasjonssal *m*
surgical adj. /ˈsɜːdʒɪk³l/ kirurgisk
surmount verb /səˈmaʊnt/ overvinne
surname subst. /ˈsɜːneɪm/ etternavn *n*
surpass verb /səˈpɑːs/ overstige,
overgå
surplus subst. /ˈsɜːpləs/ overskudd *n*
surprise¹ subst. /səˈpraɪz/
overraskelse *m*
surprise² verb /səˈpraɪz/ overraske
surreal adj. /səˈrɪəl/ uvirkelig
surrender¹ subst. /səˈrendə/
overgivelse *m*
surrender² verb /səˈrendə/
overgi (seg)
surround verb /səˈraʊnd/ omgi,
omringe
surroundings subst. *flt.* /səˈraʊndɪŋz/
omgivelser, miljø *n*
surveillance subst. /sɜːˈveɪlən(t)s/
overvåkning *m/f*
survey¹ subst. /ˈsɜːveɪ/ **1** oversikt *m*
2 undersøkelse *m*
survey² verb /səˈveɪ/
1 se ut over, betrakte
2 undersøke
3 måle opp, kartlegge
surveyor subst. /səˈveɪə/ **1** inspektør *m*
2 landmåler *m*
survival subst. /səˈvaɪv³l/
1 overlevelse *m*
2 levning *m*

survive verb /sə'vaɪv/ overleve
survivor subst. /sə'vaɪvə/ overlevende *m*
suspect[1] verb /sə'spekt/ mistenke
suspect[2] adj. /'sʌspekt/ **1** mistenkt **2** mistenkelig
suspend verb /sə'spend/ **1** suspendere **2** innstille, stanse, holde tilbake **3** henge
suspenders subst. *flt.* /sə'spendəz/ *(amer.)* bukseseler
suspense subst. /sə'spens/ spenning *m/f*
suspension subst. /sə'spenʃən/ **1** suspensjon *m* **2** oppheng *n*
suspension bridge subst. hengebro *m/f*
suspicion subst. /sə'spɪʃən/ mistanke *m*
suspicious adj. /sə'spɪʃəs/ **1** mistenksom **2** mistenkelig
sustain verb /sə'steɪn/ **1** støtte **2** bære, holde oppe **3** lide, pådra seg **4** opprettholde, holde i live/gang
sustainability subst. /sə,steɪnə'bɪlətɪ/ bærekraft *m/f*
sustainable adj. /sə'steɪnəbl/ holdbar, bærekraftig
swagger verb /'swægə/ **1** spankulere **2** skryte, braute
swallow[1] subst. /'swɒləʊ/ *(fugl)* svale *m/f*
swallow[2] subst. /'swɒləʊ/ **1** svelg *m* **2** slurk *m*
swallow[3] verb /'swɒləʊ/ svelge
swam verb /swæm/ *se* ►swim
swamp[1] subst. /swɒmp/ sump *m*, myr *m/f*
swamp[2] verb /swɒmp/ **1** oversvømme **2** *(overført)* drukne • *he was swamped with homework* han druknet i lekser
swan subst. /swɒn/ svane *m/f*
swap verb /swɒp/ **1** bytte **2** utveksle
swarm[1] subst. /swɔːm/ sverm *m*
swarm[2] verb /swɔːm/ **1** sverme **2** myldre, vrimle
swastika subst. /'swɒstɪkə/ hakekors *n*
sway[1] subst. /sweɪ/ **1** svaiing *m/f* **2** *(overført)* innflytelse *m*, kontroll *m*

sway[2] verb /sweɪ/ **1** svaie **2** *(overført)* påvirke
swear verb (swore – sworn) /sweə/ banne, sverge
swear word subst. banneord *n*
sweat[1] subst. /swet/ svette *m*
sweat[2] verb (sweated – sweated, amer. også: sweat – sweat) /swet/ svette
sweater subst. /'swetə/ genser *m*
Swede subst. /swiːd/ svenske *m*
Sweden /'swiːdn/ Sverige
Swedish adj. /'swiːdɪʃ/ svensk
sweep[1] subst. /swiːp/ **1** feiing *m/f* **2** skorsteinsfeier *m* **3** sveip *n*, drag *n*, strøk *n* **4** rekkevidde *m/f*
sweep[2] verb (swept – swept) /swiːp/ **1** feie, sope **2** *(overført)* herje • *the epidemic swept the country* **3** gjennomsøke
sweeper subst. /'swiːpə/ gatefeier *m*
sweeping adj. /'swiːpɪŋ/ **1** langstrakt, bred **2** omfattende **3** forhastet, forenklet
sweet[1] subst. /swiːt/ sukkertøy *n* **sweets** søtsaker
sweet[2] adj. /swiːt/ søt
sweet-and-sour adj. /,swiːtən'saʊə/ *(om mat)* sursøt
sweeten verb /'swiːtn/ gjøre søt, sukre
sweetener subst. /'swiːtnə/ søtemiddel *n*, søtningsstoff *n*
sweetheart subst. /'swiːthɑːt/ kjæreste *m*
sweetness subst. /'swiːtnəs/ søthet *m*
sweet pepper subst. paprika *m*
sweet potato subst. søtpotet *m/f*
sweet-smelling adj. /'swiːt,smelɪŋ/ velluktende
swell[1] subst. /swel/ **1** svulming *m/f*, hevelse *m* **2** gradvis økning *m/f*
swell[2] verb (swelled – swollen eller swelled) /swel/ **1** hovne, svulme **2** stige, heve seg
swell[3] adj. /swel/ flott, alle tiders
swelling subst. /'swelɪŋ/ hevelse *m*
swept verb (swept) *se* ►sweep[2]
swerve verb /swɜːv/ **1** svinge (brått) **2** *(sport)* skru • *swerve a ball*
swift adj. /swɪft/ kjapp, rask
swig subst. /swɪg/ stor slurk

swim verb (swam – swum) /swɪm/
svømme

swimmer subst. /'swɪmə/ svømmer *m*

swimming subst. /'swɪmɪŋ/
svømming *m/f*

swimming pool subst.
svømmebasseng *n*

swimming trunks subst. *flt.*
badebukser *m/f*

swimsuit subst. /'swɪmsuːt/
badedrakt *m/f*

swindle verb /'swɪndl/ svindle, bedra

swindler subst. /'swɪndlə/ svindler *m*,
bedrager *m*

swine subst. (flertall: swine) /swaɪn/
svin *n*

swing[1] subst. /swɪŋ/
1 *(lekeapparat)* huske *m/f*, disse *m/f*
2 svingning *m/f*
3 *(boksing)* (sving)slag *n*
4 *(dans)* swing *m*

swing[2] verb (swung – swung) /swɪŋ/
1 svinge
2 dingle
3 huske, disse

swirl[1] subst. /swɜːl/ virvel *m*

swirl[2] verb /swɜːl/ virvle rundt,
snurre rundt

Swiss adj. /swɪs/ sveitsisk

switch[1] subst. /swɪtʃ/
1 bryter *m*, strømbryter *m*
2 skifte *n*
3 bøyelig kvist *m*

switch[2] verb /swɪtʃ/ 1 skifte
2 bytte
switch on/off slå på/av, skru på/av

Switzerland /'swɪtsələnd/ Sveits

swollen[1] verb /'swəʊlən/ *se* ▸swell[2]

swollen[2] adj. /'swəʊlən/ hoven

swoon verb /swuːn/ besvime

swoop verb /swuːp/ 1 stupe
2 angripe plutselig
swoop (down) on 1 slå ned på
2 kaste seg over

sword subst. /sɔːd/ sverd *n*

swordfish subst. /'sɔːdfɪʃ/ sverdfisk *m*

swordsman subst. /'sɔːdzmən/
fekter *m*

swordsmanship subst. /'sɔːdzmənʃɪp/
fektekunst *m*

swore verb /swɔː/ *se* ▸swear

sworn[1] verb /swɔːn/ *se* ▸swear

sworn[2] adj. /swɔːn/ svoren

swum verb /swʌm/ *se* ▸swim

syllable subst. /'sɪləbəl/ stavelse *m*

syllabus subst. /'sɪləbəs/ studieplan *m*,
pensum *n*

symbol subst. /'sɪmbəl/ symbol *n*

symbolic adj. /sɪm'bɒlɪk/ symbolsk

symmetrical adj. /sɪ'metrɪkəl/
symmetrisk

symmetry subst. /'sɪmətrɪ/
symmetri *m*

sympathetic adj. /ˌsɪmpə'θetɪk/
1 sympatisk
2 full av medfølelse, medlidende

sympathize verb /'sɪmpəθaɪz/
ha medfølelse, sympatisere
sympathize with ha medfølelse for

sympathy subst. /'sɪmpəθɪ/
sympati *m*, medfølelse *m*

symptom subst. /'sɪm(p)təm/
symptom *n*
symptom of symptom på

synagogue subst. /'sɪnəgɒg/
synagoge *m*

sync verb /sɪŋk/ *eller* **synch**
(hverdagslig, kortform for
synchronize*)* synkronisere

synchronize verb /'sɪŋkrənaɪz/
synkronisere

syndrome subst. /'sɪndrəʊm/
syndrom *n*

synonym subst. /'sɪnənɪm/ synonym *n*

synopsis subst. /sɪ'nɒpsɪs/ oversikt *m*,
sammenfatning *m/f*

syntax subst. /'sɪntæks/ syntaks *m*

synthesize verb /'sɪnθəsaɪz/
fremstille kunstig

synthetic adj. /sɪn'θetɪk/ syntetisk

syringe subst. /sɪ'rɪndʒ/ sprøyte *m/f*

syrup subst. /'sɪrəp/ 1 sirup *m*
2 saft *m/f*

system subst. /'sɪstəm/ system *n*

systematic adj. /ˌsɪstə'mætɪk/
systematisk

systematize verb /'sɪstəmətaɪz/
systematisere

a b c d e f g h i j k l m n o p q r s t u v w x y z

tab 262

t

tab subst. /tæb/ **1** lapp *m*, etikett *m*, merkelapp *m*
   2 hempe *m/f*
   3 *(IT)* fane *m/f*
table subst. /'teɪbl/ **1** bord *n*
   2 plate *m/f*
   3 tabell *m*
tablecloth subst. /'teɪblklɒθ/
   bordduk *m*
tablespoon subst. /'teɪblspuːn/
   spiseskje *m/f*
tablet subst. /'tæblət/ **1** tablett *m*
   2 *(IT)* nettbrett *n*
table water subst. mineralvann *n*,
   bordvann *n*
tabloid subst. /'tæblɔɪd/
   tabloidavis *m/f*
taboo[1] subst. /tə'buː/ tabu *n*
taboo[2] adj. /tə'buː/ tabu
tacit adj. /'tæsɪt/ stilltiende, taus
tack[1] subst. /tæk/
   1 stift *m*, tegnestift *m*
   2 *(sjøfart)* kurs *m*
   3 metode *m*, taktikk *m*
tack[2] verb /tæk/ **1** spikre, stifte
   2 tråkle
   3 *(sjøfart)* baute
tackle[1] subst. /'tækl/
   1 redskap *m/n*, utstyr *n*
   2 *(mekanikk, sjøfart)* talje *m/f*
   3 *(sport)* takling *m/f*
tackle[2] verb /'tækl/
   1 klare, ordne opp i, takle
   2 takle, legge i bakken
tacky adj. /'tækɪ/ smakløs, simpel
tact subst. /tækt/ takt *m*, finfølelse *m*
tactful adj. /'tæktfəl/ taktfull, diskret
tactical adj. /'tæktɪkəl/ taktisk
tactics subst. *flt.* /'tæktɪks/ taktikk *m*
tactless adj. /'tæktləs/ taktløs, ufin
tadpole subst. /'tædpəʊl/ rumpetroll *n*
tag[1] subst. /tæg/
   1 merkelapp *m*, etikett *m*
   2 *(IT)* etikett *m*, tag *m (særlig på
      sosiale medier)*
tag[2] subst. /tæg/ *(lek)* sisten
tag[3] verb /tæg/ sette lapp på noe,
   merke, tagge *(på sosiale medier)*
   tag along *(hverdagslig)* følge etter,
   henge med

tail[1] subst. /teɪl/ **1** hale *m*
   2 bakende *m*
tail[2] verb /teɪl/ skygge, følge etter
tailor[1] subst. /'teɪlə/ skredder *m*
tailor[2] verb /'teɪlə/ sy, skreddersy
tailor-made adj. /'teɪləmeɪd/
   skreddersydd
tailwind subst. /'teɪlwɪnd/ medvind *m*
taint[1] subst. /teɪnt/ skamplett *m*
taint[2] verb /teɪnt/ **1** forurense
   2 besudle, gjøre skitten
take verb (took – taken) /teɪk/
   1 ta, gripe
   2 ta med, flytte, frakte
   3 tåle, orke, holde ut
   4 oppfatte, forstå, anse
   take down 1 rive (ned) **2** skrive ned,
      notere **3** kue, slå ned
   take in 1 ta imot, ha **2** ta med
      3 forstå, fatte **4** lure, føre bak lyset
   take off 1 *(om klær)* ta av seg
      2 dra, reise **3** *(luftfart)* ta av, lette
      4 *(sport)* ta sats
taken verb /'teɪkən/ *se* ►take
take-off subst. /'teɪkɒf/ start *m*
takeover subst. /'teɪk͵əʊvə/
   overtakelse *m*
tale subst. /teɪl/ historie *m/f*,
   fortelling *m/f*
talent subst. /'tælənt/ talent *n*,
   begavelse *m*
talented adj. /'tæləntɪd/ talentfull,
   begavet
talk[1] subst. /tɔːk/ **1** samtale *m*
   2 snakk *m/n*, prat *m/n*
talk[2] verb /tɔːk/ snakke, prate
   talk about snakke om
   talk to 1 snakke med **2** snakke til
talkative adj. /'tɔːkətɪv/ pratsom
talking-to subst. /'tɔːkɪŋtuː/ kjeft *m*,
   irettesettelse *m*
tall adj. /tɔːl/ lang, høy
tallow subst. /'tæləʊ/ talg *m/f*
tally[1] subst. /'tælɪ/
   1 (kontroll)regning *m/f*, opptelling *m/f*
   2 poengstilling *m/f*
tally[2] verb /'tælɪ/ **1** stemme
   2 kalkulere, beregne
   tally with stemme med
talon subst. /'tælən/ klo *m/f (på fugl)*

tame[1] verb /teɪm/ temme, kue
tame[2] adj. /teɪm/ tam
tamper verb /'tæmpə/ *bare i uttrykk*
  tamper with tukle med, manipulere
tampon subst. /'tæmpɒn/ tampong *m*
tan[1] subst. /tæn/
  1 (sol)brunhet *m*, farge *m*
  2 garvebark *m*
tan[2] verb /tæn/ **1** bli brun, bli solbrun
  2 garve
tan[3] adj. /tæn/ brun
tangent subst. /'tændʒ³nt/ tangent *m*
tangible adj. /'tændʒəbl/ håndgripelig,
  virkelig
tangle[1] subst. /'tæŋgl/ floke *m*
tangle[2] verb floke, vikle inn i, rote til
tank[1] subst. /tæŋk/ tank *m*, beholder *m*
tank[2] verb /tæŋk/ tanke, fylle (på)
tanker subst. /'tæŋkə/ tankskip *n*
tannery subst. /'tænərɪ/ garveri *n*
tantalize verb /'tæntəlaɪz/
  1 lokke, friste
  2 pirre, erte
tap[1] subst. /tæp/ kran *m/f*
tap[2] subst. /tæp/ lett slag, dunk
tap[3] verb /tæp/ **1** tappe
  2 utnytte, hente
  3 *(av telefon)* avlytte
tap[4] verb /tæp/ **1** slå lett, dunke lett
  2 *(med fingrene)* tromme med
  3 *(på tastatur e.l.)* taste
  4 *(med føttene)* trippe
tap-dance verb /'tæpdɑːns/ steppe
tap dance subst. stepping
tape[1] subst. /teɪp/ **1** bånd *n*
  2 teip *eller* tape *m*
  3 lydbånd *n*, video *m*
tape[2] verb /teɪp/ **1** teipe *eller* tape
  2 ta opp (på bånd/video)
tape measure subst. målebånd *n*
taper verb /'teɪpə/ smalne
  taper off minke, avta
tapestry subst. /'tæpəstrɪ/
  1 billedvev *m*
  2 (vevd) tapet *n*
tapeworm subst. /'teɪpwɜːm/
  bendelorm *m*
taproom subst. /'tæpruːm/ bar *m*
tar[1] subst. /tɑː/ tjære *m/f*
tar[2] verb /tɑː/ tjære, tjærebre
tardiness subst. /'tɑːdɪnəs/
  forsinkelse *m*, treghet *m*
tardy adj. /'tɑːdɪ/ **1** forsinket
  2 langsom, sen

target subst. /'tɑːgɪt/ **1** mål *n*
  2 skyteskive *m/f*
tariff subst. /'tærɪf/ takst *m*, tariff *m*
tarn subst. /tɑːn/ tjern *n*
tarnish[1] subst. /'tɑːnɪʃ/ **1** matthet *m*
  2 *(overført)* plett *m*
tarnish[2] verb /'tɑːnɪʃ/
  1 *(om metall)* anløpe
  2 *(overført)* miste glans, bli svekket
tarpaulin subst. /tɑː'pɔːlɪn/
  presenning *m*
tart[1] subst. /tɑːt/ **1** terte *m/f*
  2 *(slang, nedsettende om kvinne)*
  hore *m/f*, tøs *m/f*
tart[2] adj. /tɑːt/ sur, besk
tartan[1] subst. /'tɑːt³n/
  1 tartan *m*, skotskrutet stoff
  2 pledd *n*
tartan[2] adj. /'tɑːt³n/ skotskrutet,
  tartan-
task[1] subst. /tɑːsk/ oppgave *m/f*
task[2] verb /tɑːsk/ **1** gi en oppgave
  2 anstrenge, belaste
tassel subst. /'tæs³l/ **1** dusk *m*
  2 kvast *m (med f.eks. blomster)*
taste[1] subst. /teɪst/ smak *m*
taste[2] verb /teɪst/ smake
tasteful adj. /'teɪstf³l/ smakfull
tasteless adj. /'teɪstləs/ smakløs
tasty adj. /'teɪstɪ/ velsmakende
tatter subst. /'tætə/ *(vanligvis i flertall)*
  fille *m/f*
tattered adj. /'tætəd/ fillete, frynset
tattoo subst. /tæ'tuː/ tatovering *m/f*
taught verb /tɔːt/ *se* ►teach
taunt[1] subst. /tɔːnt/ spydighet *m*,
  hån *m*
taunt[2] verb /tɔːnt/ håne
Taurus subst. /'tɔːrəs/ *(stjernetegn)*
  Tyren
taut adj. /tɔːt/ stram, fast
tavern subst. /'tævə³n/ vertshus *n*,
  kro *m/f*
tawdry adj. /'tɔːdrɪ/ **1** prangende
  2 smålig, ubehagelig
tax[1] subst. /tæks/ skatt *m*
tax[2] verb /tæks/ **1** skattlegge
  2 vurdere, taksere
  3 *(overført)* anstrenge
taxation subst. /tæk'seɪʃ³n/
  beskatning *m/f*
tax evader subst. skattesnyter *m*
tax exemption subst. skattefritak *n*

tax-free adj. /ˌtæksˈfriː/, foranstilt: /ˈtæksˌfriː/ skattefri, tax-free
taxi subst. /ˈtæksɪ/ taxi *m*, drosje *m/f*
tax return subst. selvangivelse *m*
tea subst. /tiː/ te *m*
tea bag subst. tepose *m*
teach verb (taught – taught) /tiːtʃ/ undervise, lære (bort)
teacher subst. /ˈtiːtʃə/ lærer *m*
tea cosy subst. tevarmer *m*
team subst. /tiːm/ gruppe *m/f*, team *n*, lag *n*
teammate subst. /ˈtiːmmeɪt/ lagkamerat *m*
team spirit subst. lagånd *m*
teamwork subst. /ˈtiːmwɜːk/ gruppearbeid *n*, lagarbeid *n*, teamwork *n*
teapot subst. /ˈtiːpɒt/ tekanne *m/f*
tear[1] subst. /tɪə/ tåre *m/f*
 burst into tears briste i gråt
tear[2] subst. /teə/ rift *m/f*
tear[3] verb (tore – torn) /teə/
 1 rive (i stykker), revne
 2 flenge, rive opp
 be torn between slites mellom
tear gas subst. tåregass *m*
tease verb /tiːz/ erte, plage
teaspoon subst. /ˈtiːspuːn/ teskje *m/f*
tea strainer subst. tesil *m*
teat subst. /tiːt/ **1** spene *m*
 2 smokk *m*
technic subst. /ˈteknɪk/ *(amer.)* teknikk *m*
technical adj. /ˈteknɪkəl/ teknisk
technique subst. /tekˈniːk/ teknikk *m*
technological adj. /ˌteknəˈlɒdʒɪkəl/ teknologisk, teknisk
technology subst. /tekˈnɒlədʒɪ/ teknologi *m*
tedious adj. /ˈtiːdjəs/ kjedelig, langtekkelig
teem verb /tiːm/ vrimle, myldre
 teem with myldre av, vrimle av
teenager subst. /ˈtiːnˌeɪdʒə/ tenåring *m*
teeth subst. /tiːθ/ *flertall av* ▸tooth
teethe verb /tiːð/ få tenner
teetotaller subst. /tiːˈtəʊtələ/ avholdsperson *m*
telegram subst. /ˈtelɪɡræm/ telegram *n*
telegraph subst. /ˈtelɪɡrɑːf/ telegraf *m*
telepathy subst. /təˈlepəθɪ/ telepati *m*, tankeoverføring *m/f*
telephone[1] subst. /ˈtelɪfəʊn/ telefon *m*

telephone[2] verb /ˈtelɪfəʊn/ ringe
telephoto subst. /ˌtelɪˈfəʊtəʊ/ telelinse *m/f*
telescope subst. /ˈtelɪskəʊp/ teleskop *n*
television subst. /ˈtelɪvɪʒən/ TV *m*, fjernsyn *n*
television programme subst. *eller* **television program** *(amer.)* TV-program *n*
tell verb (told – told) /tel/ **1** si, fortelle
 2 si til, be • *tell him to sit down* be ham om å sette seg
 3 vite
 tell apart se forskjell på
telly subst. /ˈtelɪ/ *(hverdagslig)* TV *m*
temper[1] subst. /ˈtempə/
 1 humør *n*, sinn *n*
 2 sinnelag *n*, temperament *n*
 lose one's temper miste besinnelsen
temper[2] verb /ˈtempə/ **1** blande
 2 temperere, mildne, dempe
temperance subst. /ˈtempərən(t)s/ måteholdenhet *m*
temperature subst. /ˈtempərətʃə/
 1 temperatur *m*
 2 *(hverdagslig)* feber *m*
tempest subst. /ˈtempɪst/ storm *m*
temple[1] subst. /ˈtempl/ tempel *n*
temple[2] subst. /ˈtempl/ *(på kroppen)* tinning *m*
temporal adj. /ˈtempərəl/ **1** jordisk
 2 tidsbestemt, tids-
temporary adj. /ˈtempərərɪ/ midlertidig
tempt verb /tempt/ **1** friste, lokke
 2 utfordre
temptation subst. /tempˈteɪʃən/ fristelse *m*
ten determinativ /ten/ ti
tenant subst. /ˈtenənt/ **1** leieboer *m*
 2 *(også tenant farmer)* forpakter *m*
tend[1] verb /tend/
 1 pleie, bruke, ha for vane
 2 være tilbøyelig
tend[2] verb /tend/ passe, stelle
 tend to passe, se til
tendency subst. /ˈtendən(t)sɪ/
 1 tendens *m*
 2 tilbøyelighet *m*
tender[1] subst. /ˈtendə/ anbud *n*
tender[2] subst. /ˈtendə/ **1** passer *m*
 2 gjeter *m*, vokter *m*
tender[3] verb /ˈtendə/ tilby

tender[4] adj. /'tendə/ **1** følsom
2 sart, myk
3 *(spesielt om kjøtt)* mør
4 øm, kjærlig, varsom
tender-hearted adj. /ˌtendə'hɑːtɪd/
bløthjertet
tenderness subst. /'tendənəs/
mykhet *m*, ømhet *m*
tendon subst. /'tendən/ sene *m/f*
tenet subst. /'tenɪt/ læresetning *m/f*
tenfold adj. /'tenfəʊld/
ti ganger så mye
tennis subst. /'tenɪs/ tennis *m*
tennis court subst. tennisbane *m*
tenor subst. /'tenə/ **1** *(musikk)* tenor *m*
2 hovedinnhold *n*
tense[1] subst. /ten(t)s/ *(grammatikk)*
tid *m/f*
tense[2] verb /ten(t)s/ spenne, stramme
tense[3] adj. /ten(t)s/ **1** anspent, spent
2 stram
tension subst. /'tenʃᵊn/ spenning *m/f*,
stramming *m/f*
tent subst. /tent/ telt *n*
tenth[1] subst. /ten(t)θ/ tiendedel *m*
tenth[2] adj. /ten(t)θ/ tiende
tepid adj. /'tepɪd/ lunken
terabyte subst. /'terəˌbaɪt/ *(IT)*
terabyte *m*
term subst. /tɜːm/ **1** tid *m/f*, periode *m*
2 termin *m*, semester *n*
3 term *m*, betegnelse *m*
4 *(ofte flertall:* terms) betingelse *m*,
vilkår *n*
be on good terms with ha et godt
forhold til
terminal[1] subst. /'tɜːmɪnəl/
1 avslutning *m/f*, endepunkt *n*
2 endestasjon *m*
3 terminal *m*
terminal[2] adj. /'tɜːmɪnl/
1 slutt-, ende-, ytter- • *this is
the terminal station* dette er
endestasjonen
2 termin-
3 *(medisin)* dødelig, uhelbredelig
terminate verb /'tɜːmɪneɪt/ avslutte
termination subst. /ˌtɜːmɪ'neɪʃən/
avslutning *m/f*
terrace subst. /'terɪs/ **1** terrasse *m*
2 rekkehus *n*
terraced house subst. rekkehus *n*
terrible adj. /'terəbl/ forferdelig,
grusom

terrific adj. /tə'rɪfɪk/ **1** enorm, svær
2 kjempebra, fantastisk
terrify verb /'terɪfaɪ/ **1** forferde
2 skremme
terrified of livredd for
territorial waters subst. *flt.*
territorialfarvann *n*
territory subst. /'terɪtᵊrɪ/,
amer. /'terətɔːrɪ/ territorium *n*,
landområde *n*
terror subst. /'terə/
1 skrekk *m*, redsel *m*
2 terror *m*
terrorism subst. /'terərɪzᵊm/
terrorisme *m*
terrorist subst. /'terərɪst/ terrorist *m*
terrorist attack subst. terrorangrep *n*
terrorize verb /'terəraɪz/ terrorisere
terror-stricken adj. /'terəˌstrɪkᵊn/
skrekkslagen
terse adj. /tɜːs/ kortfattet
test[1] subst. /test/ prøve *m/f*, test *m*,
forsøk *n*
test[2] verb /test/ prøve, teste
testament subst. /'testəmənt/
testamente *n*
testicle subst. /'testɪkl/ testikkel *m*
testify verb /'testɪfaɪ/ vitne, bevitne
testimonial subst. /ˌtestɪ'məʊnɪəl/
attest *m*, vitnemål *n*
testimony subst. /'testɪmənɪ/
vitneutsagn *n*, vitnemål *n*
testosterone subst. /te'stɒstərəʊn/
testosteron *n*
test tube subst. prøverør *n*
testy adj. /'testɪ/ irritabel, gretten
tetanus subst. /'tetənəs/ stivkrampe *m*
tether[1] subst. /'teðə/ tjor *n*
tether[2] verb /'teðə/ tjore
text[1] subst. /tekst/ **1** tekst *m/f*
2 tekstmelding *m/f*, SMS *m*
text[2] verb /tekst/ *(SMS)* melde, tekste,
sende melding
textbook subst. /'teks(t)bʊk/
lærebok *m/f*
textile subst. /'tekstaɪl/ tekstil *m/n*
text message subst. tekstmelding *m/f*,
SMS *m*
texture subst. /'tekstʃə/ tekstur *m*,
struktur *m*
Thai adj. /taɪ/ thailandsk, thai-
Thailand /'taɪlænd/ Thailand
than konjunksjon /ðæn/, /ðən/ enn

a b c d e f g h i j k l m n o p q r s t u v w x y z

thank verb /θæŋk/ takke
no, thank you nei, takk
thank you! takk, ja, takk
thankful adj. /ˈθæŋkfəl/ takknemlig
thanks subst. *flt.* /θæŋks/ takk
thanks to takket være
Thanksgiving subst. høsttakkefest *m*
that[1] adverb /ðæt/, /ðət/ så
• *I wouldn't go that far*
that[2] determinativ (flertall: those) /ðæt/
det (der), den (der), de (der) • *those are my friends* de der er vennene mine • *that is how it is done* det er slik det gjøres
that[3] subjunksjon /ðæt/, /ðət/
1 som • *who was it that called?* hvem var det som ringte?
2 at, for at • *I was pleased that it worked* jeg var glad for at det fungerte
that is det vil si, forutsatt at
thatch[1] subst. /θætʃ/ halmtak *n*, stråtak *n*
thatch[2] verb /θætʃ/ tekke
thaw verb /θɔː/ tine, smelte
the[1] determinativ foran konsonantlyd: /ðə/, foran vokallyd: /ðɪ/
1 *(tilsvarer bestemt form)* -en *(hankjønn)*, -a *(hunkjønn)*, -et *(intetkjønn)*, -ene *(flertall)* • *the girl* jenta • *the house* huset
2 den, det, de • *the old man* den gamle mannen
the[2] adverb foran konsonantlyd: /ðə/, foran vokallyd: /ðɪ/ jo, desto • *the sooner the better* jo før, jo bedre
theatre subst. /ˈθɪətə/ *eller*
theater *(amer.)* **1** teater *n*
2 auditorium *n*
3 *(amer.)* kino *m*
theatrical adj. /θɪˈætrɪkəl/ *eller*
theatric teatralsk
theft subst. /θeft/ tyveri *n*
their determinativ /ðeə/ **1** deres
2 *(refleksivt)* sin, sitt, sine • *they sold their car* de solgte bilen sin
theirs determinativ /ðeəz/
1 *(som selvstendig ledd)* deres
• *is that house theirs?*
2 *(refleksivt)* sin, sitt, sine
• *they think that everything is theirs*
them determinativ /ðem/, /ðəm/ **1** dem
2 *(som refleksivt pronomen)* seg

• *they took the dog with them* de tok hunden med seg
theme subst. /θiːm/ **1** tema *n*
2 *(amer.)* oppgave *m/f*, stil *m*
themselves pronomen /ðəmˈselvz/
1 seg • *they amused themselves*
2 seg selv • *they can take care of themselves* de klarer å ta vare på seg selv
then adverb /ðen/ **1** da, på den tiden, den gangen
2 siden, så, etterpå • *then came the war* så kom krigen
3 dessuten, i tillegg, så • *and then there is interest to be paid* og så har vi rentene som skal betales
theology subst. /θɪˈɒlədʒɪ/ teologi *m*
theory subst. /ˈθɪərɪ/ teori *m*
therapeutic adj. /ˌθerəˈpjuːtɪk/ terapeutisk
therapist subst. /ˈθerəpɪst/ terapeut *m*
therapy subst. /ˈθerəpɪ/ terapi *m*
there adverb /ðeə/, /ðə/ **1** der
2 dit
3 *(som formelt subjekt)* det, der
• *there seems to be a mistake* det ser ut til å være en feil et sted
there you are! vær så god!
thereabout adverb /ˈðeərəbaʊt/ *eller*
thereabouts der omkring
thereby adverb /ˌðeəˈbaɪ/ *(litterært)* dermed, derved
therefore adverb /ˈðeəfɔː/ derfor
thereupon adverb /ˌðeərəˈpɒn/ *(litterært)* derpå, deretter
thermometer subst. /θəˈmɒmɪtə/ termometer *n*
Thermos® subst. /θɜːmɒs/ termos *m*
thermostat subst. /ˈθɜːməstæt/ termostat *m*
these determinativ /ðiːz/ *flertall av*
►this[2]
they pronomen /ðeɪ/ de
thick adj. /θɪk/ **1** tykk
2 tett
3 *(om stemme)* grøtet, tykk
4 *(om aksent)* kraftig
thicken verb /ˈθɪkən/
1 gjøre tykk(ere), gjøre tett(ere)
2 *(matlaging)* jevne
thicket subst. /ˈθɪkɪt/ buskas *n*, kratt *n*
thickness subst. /ˈθɪknəs/ tykkelse *m*
thickset adj. /ˌθɪkˈset/, foranstilt: /ˈθɪkset/ tettbygd

thief subst. (flertall: thieves) /θiːf/ tyv *m*
thieve verb /θiːv/ stjele
thigh subst. /θaɪ/ lår *n*
thimble subst. /ˈθɪmbl/ fingerbøl *n*
thin¹ verb /θɪn/ tynne, bli tynnere
thin² adj. /θɪn/ tynn
thing subst. /θɪŋ/ **1** ting *m*
 2 vesen *n*
 you poor thing! stakkars deg!
think verb (thought – thought) /θɪŋk/
 1 tenke
 2 tro
 3 synes, mene
 think about eller **think of 1** tenke på
 2 mene, synes • *what did you think
 about the film?*
third¹ subst. /θɜːd/ tredjedel *m*
third² adj. /θɜːd/ tredje
thirdly adverb /ˈθɜːdlɪ/ for det tredje
thirst¹ subst. /θɜːst/ **1** tørst *m*
 2 *(overført)* lengsel *m*
thirst² verb /θɜːst/ tørste
 thirst for/after tørste etter
thirsty adj. /ˈθɜːstɪ/ tørst
thirteen determinativ /θɜːˈtiːn/,
 foranstilt: /ˈθɜːtiːn/ tretten
thirteenth adj. /ˌθɜːˈtiːnθ/, foranstilt:
 /ˈθɜːtiːnθ/ trettende
thirtieth adj. /ˈθɜːtɪəθ/ trettiende
thirty determinativ /ˈθɜːtɪ/ tretti
this¹ adverb /ðɪs/ *(hverdagslig)* så
 • *it is seldom this warm*
this² determinativ (flertall: these) /ðɪs/
 denne, dette, disse
 this morning i morges
thistle subst. /ˈθɪsl/ tistel *m*
thorn subst. /θɔːn/ torn *m*
thorny adj. /ˈθɔːnɪ/ **1** tornet
 2 *(overført)* vanskelig
thorough adj. /ˈθʌrə/ grundig,
 skikkelig
thoroughbred adj. /ˈθʌrəbred/
 fullblods
thoroughfare subst. /ˈθʌrəfeə/
 1 gjennomkjøring *m/f*
 2 hovedvei *m*
those determinativ /ðəʊz/ *flertall av*
 ►that²
though¹ adverb /ðəʊ/ likevel
though² konjunksjon /ðəʊ/ enda,
 selv om, men • *though it was late, we
 decided to go*
 as though som om
 even though selv om

thought¹ subst. /θɔːt/ **1** tanke *m*
 2 tenkning *m/f*
 3 mening *m/f*, synspunkt *n*
thought² verb /θɔːt/ *se* ►think
thoughtful adj. /ˈθɔːtfʊl/ **1** tankefull
 2 hensynsfull, omtenksom
thoughtless adj. /ˈθɔːtləs/ tankeløs
thousand determinativ /ˈθaʊzᵊnd/ tusen
thousandth adj. /ˈθaʊzᵊn(t)θ/ tusende
thrash verb /θræʃ/ denge, slå løs på,
 jule (opp)
thread¹ subst. /θred/ **1** tråd *m*
 2 garn *n*
 3 *(på skrue)* gjenge *m*
thread² verb /θred/ træ *(i nål/på snor)*
threadbare adj. /ˈθredbeə/ loslitt, slitt
threat subst. /θret/ trussel *m*
threaten verb /ˈθretn/ true
 threaten to true med å
threatening adj. /ˈθretnɪŋ/ truende
three determinativ /θriː/ tre
threefold adverb /ˈθriːfəʊld/ tredobbelt
thresh verb /θreʃ/ treske
threshold subst. /ˈθreʃ(h)əʊld/
 terskel *m*
threw verb /θruː/ *se* ►throw²
thrice adverb /θraɪs/ *(litterært)*
 tre ganger
thrift subst. /θrɪft/ sparsommelighet *m*
thrifty adj. /ˈθrɪftɪ/ sparsommelig
thrill¹ subst. /θrɪl/ **1** grøss *n*, gys *n*
 2 spenning *m/f*
thrill² verb /θrɪl/ **1** begeistre
 2 grøsse
thriller subst. /ˈθrɪlə/ grøsser *m*
thrive verb (thrived – thrived eller
 throve – thriven) /θraɪv/ trives
thriven verb /ˈθrɪvᵊn/ *se* ►thrive
throat subst. /θrəʊt/ hals *m*, strupe *m*,
 svelg *n*
 clear one's throat kremte, harke
 have a sore throat ha vondt i halsen
throb¹ subst. /θrɒb/ banking *m/f*,
 slag *n*
throb² verb /θrɒb/ **1** banke, dunke
 2 pulsere
throne subst. /θrəʊn/ trone *m/f*
throng¹ subst. /θrɒŋ/ mengde *m*,
 trengsel *m/f*
throng² verb /θrɒŋ/ stimle sammen
through adverb /θruː/ gjennom,
 igjennom
 be through 1 være ferdig
 2 ha fått nok

a b c d e f g h i j k l m n o p q r s t u v w x y z

throughout[1] adverb /θrʊˈaʊt/
1 helt igjennom, tvers igjennom
2 hele tiden
throughout[2] preposisjon /θrʊˈaʊt/
gjennom hele, over hele
throve verb /θrəʊv/ *se* ▸thrive
throw[1] subst. /θrəʊ/ kast *n*
throw[2] verb (threw – thrown) /θrəʊ/
kaste
  throw away kaste bort
  throw up kaste opp, spy
thrown verb /θrəʊn/ *se* ▸throw[2]
thrush[1] subst. /θrʌʃ/ trost *m*
thrust[1] subst. /θrʌst/ dytt *m*, puff *n*,
støt *n*
thrust[2] verb (thrust – thrust) /θrʌst/
1 stikke, støte
2 dytte, skubbe
thud subst. /θʌd/ dunk *n*, dump lyd *m*
thug subst. /θʌg/ kjeltring *m*
thumb subst. /θʌm/ tommelfinger *m*
thunder[1] subst. /ˈθʌndə/ torden *m*
thunder[2] verb /ˈθʌndə/ tordne
thunderbolt subst. /ˈθʌndəbəʊlt/
lyn *n*, lynnedslag *n*
thunderclap subst. /ˈθʌndəklæp/
tordenskrall *n*
thunderstorm subst. /ˈθʌndəstɔːm/
tordenvær *n*
Thursday subst. /ˈθɜːzdeɪ/ torsdag *m*
thus adverb /ðʌs/ slik, sånn,
på denne måten
  thus far så langt, hittil
thwart verb /θwɔːt/ hindre, motarbeide
thyme subst. /taɪm/ timian *m*
thyroid gland subst.
skjoldbruskkjertel *m*
tick[1] subst. /tɪk/ tikking *m/f*
tick[2] subst. /tɪk/ *(edderkoppdyr)* flått *m*
tick[3] subst. /tɪk/ dynetrekk *n*, putevar *n*
tick[4] verb /tɪk/ 1 tikke
2 krysse av, markere • *please tick the appropriate box*
ticket subst. /ˈtɪkɪt/ 1 billett *m*
2 bot *m/f*
3 *(amer., politikk)* stemmeseddel *m*
ticket collector subst. billettør *m*
tickle verb /ˈtɪkl/ kile
ticklish adj. /ˈtɪklɪʃ/ kilen
tidbit subst. /ˈtɪdbɪt/ *(amer.)* godbit *m*,
lekkerbisken *m*
tide subst. /taɪd/
1 tidevann *n*, flo og fjære
2 strømning *m/f*

  high/low tide høy-/lavvann
  turn the tide snu trenden
tidy[1] verb /ˈtaɪdɪ/ rydde
  tidy up rydde, rydde opp
tidy[2] adj. /ˈtaɪdɪ/ ryddig
tie[1] subst. /taɪ/ 1 bånd *n*, snor *m/f*
2 slips *n*
3 *(i konkurranse)* uavgjort
tie[2] verb /taɪ/ 1 binde, knytte
2 binde sammen
tier subst. /tɪə/ rad *m/f*, lag *n*
tiger subst. /ˈtaɪgə/ tiger *m*
tight adj. /taɪt/ 1 stram, trang
2 fast, tett
3 *(om person)* anspent
tighten verb /ˈtaɪtn/
1 stramme til, strammes til
2 *(om penger)* stramme inn på
tightrope subst. /ˈtaɪtrəʊp/ stram line
tights subst. *flt.* /taɪts/
1 strømpebukse *m/f*
2 tights *m*
tigress subst. /ˈtaɪgrəs/ hunntiger *m*
tile subst. /taɪl/ 1 *(vegger, gulv)* flis *m/f*
2 *(til tak)* takstein *m*
till[1] subst. /tɪl/ kassaapparat *n*
till[2] verb /tɪl/ dyrke, bearbeide
till[3] preposisjon /tɪl/ *(hverdagslig)*
1 til • *wait till Thursday*
2 ikke før • *he did not come till ten*
3 før, innen • *till that day I had never seen such a mess!*
till[4] konjunksjon /tɪl/ *(hverdagslig)* 1 til
2 før
  not till ikke før
tilt[1] subst. /tɪlt/ helling *m/f*
tilt[2] verb /tɪlt/ vippe, tippe
  tilt at angripe
timber subst. /ˈtɪmbə/ tømmer
timber mill subst. sagbruk *n*
time[1] subst. /taɪm/ 1 tid *m/f*
2 gang *m* • *the first time I saw her*
3 *(ved tidsangivelse)* klokkeslett *n*,
tidspunkt *n* • *at what time?* på hvilket tidspunkt?
4 *(musikk)* takt *m/f*
  about time på tide
  any time når som helst
  any time! ingen årsak!
  at the same time 1 samtidig
2 på den annen side
  at times av og til
  by the time innen, når, da
  from time to time fra tid til annen

in time tidsnok, i tide
on time i rett tid, presis
time[2] verb /taɪm/ **1** avpasse,
velge riktig tidspunkt for
2 ta tiden (på)
time-honoured adj. /'taɪm‚ɒnəd/
gammel, hevdvunnen
timeless adj. /'taɪmləs/ tidløs
timely adj. /'taɪmlɪ/ **1** i rett tid
2 i tide
timetable subst. /'taɪm‚teɪbl/
timeplan *m*
timid adj. /'tɪmɪd/ sjenert, engstelig
tin subst. /tɪn/ **1** *(metall)* tinn *n*
2 hermetikkboks *m*
tinder subst. /'tɪndə/ knusk *m*
tinfoil subst. /'tɪnfɔɪl/
aluminiumsfolie *m*
tinge subst. /tɪndʒ/
1 *(om farge)* skjær *n*, nyanse *m*
2 *(overført)* anelse *m*, antydning *m/f*
tingle verb /'tɪŋgl/ krible
tinkle verb /'tɪŋkl/ **1** klirre
2 rasle med
3 *(britisk, hverdagslig)* tisse
tin-opener subst. /'tɪn‚əʊpⁿnə/
boksåpner *m*
tint[1] subst. /tɪnt/ (farge)tone *m*
tint[2] verb /tɪnt/ farge, fargelegge
tiny adj. /'taɪnɪ/ bitte liten
tip[1] subst. /tɪp/ spiss *m*, tipp *m*, tupp *m*
tip[2] subst. /tɪp/ **1** drikkepenger, driks *m*
2 hint *n*, tips *n*
tip[3] verb /tɪp/ vippe, tippe
tip[4] verb /tɪp/ **1** tipse
2 tippe, gjette
tip-off subst. /'tɪpɒf/ *(hverdagslig)*
tips *n*, advarsel *m*
tipsy adj. /'tɪpsɪ/ lett beruset, brisen
tiptoe verb /'tɪptəʊ/ gå på tærne
tire[1] subst. /'taɪə/ *(amer.)*
dekk *(til bil, sykkel e.l.)*
flat tire punktering
tire[2] verb /'taɪə/
1 utmatte, gjøre trett, kjede
2 bli trett
be tired of være lei av
tired adj. /'taɪəd/ trett, sliten, lei
tiresome adj. /'taɪəsəm/ kjedelig
tissue subst. /'tɪʃuː/, /'tɪsjuː/
1 *(tekstil, biologi)* vev *n*
2 papirlommetørkle *n*
tit[1] subst. /tɪt/ meis *m/f*
tit[2] subst. /tɪt/ *(slang)* pupp *m*

titbit subst. /'tɪtbɪt/ godbit *m*,
lekkerbisken *m*
titillate verb /'tɪtɪleɪt/ hisse (opp), pirre
title subst. /'taɪtl/ **1** tittel *m*
2 *(jus)* rett *m*
titled adj. /'taɪtld/ adelig
titter verb /'tɪtə/ knise, fnise
to[1] preposisjon trykksterk: /tuː/, foran
vokal: /tʊ/, foran konsonant: /tə/
1 til, mot
2 med • *what happened to them?* hva
skjedde med dem?
3 for, overfor • *it seems to me that
she was right* for meg virker det som
om hun hadde rett
4 *(i sammenligninger)* mot, i forhold
til, enn • *these apples are inferior
to those we received last week* disse
eplene er dårligere enn de vi mottok
forrige uke
5 *(klokkeslett)* på • *a quarter to six*
kvart på seks
to[2] subjunksjon /tuː/ **1** å • *I forgot to
ask* jeg glemte å spørre
2 for å, til å • *he struggled to get free*
han strevde for å komme seg løs
3 etter å, over å • *I am anxious to try*
jeg er ivrig etter å forsøke
in order to for å
toad subst. /təʊd/ padde *m/f*
toadstool subst. /'təʊdstuːl/
hattsopp *m*
toady verb /'təʊdɪ/ krype for, smiske for
toast[1] subst. /təʊst/ **1** ristet brød *n*
2 skål *m/f*
propose a toast utbringe en skål
toast[2] verb /təʊst/ **1** *(om brød)* riste
2 skåle, utbringe en skål for
toaster subst. /'təʊstə/ brødrister *m*
tobacco subst. /tə'bækəʊ/ tobakk *m*
toboggan subst. /tə'bɒgⁿn/ kjelke *m*
today adverb /tə'deɪ/ i dag
toddler subst. /'tɒdlə/ smårolling *m*
toe subst. /təʊ/ tå *m/f*
toffee subst. /'tɒfɪ/ fløtekaramell *m*
together adverb /tə'geðə/ sammen
toil[1] subst. /tɔɪl/ slit *n*
toil[2] verb /tɔɪl/ slite, streve
toilet subst. /'tɔɪlət/ toalett *n*
toiletries subst. *flt.* /'tɔɪlətrɪz/
toalettsaker
token subst. /'təʊkⁿn/ **1** tegn *n*
2 merke *n*
3 minne *n*

a b c d e f g h i j k l m n o p q r s t u v w x y z

told verb /təʊld/ *se* ►tell
tolerable adj. /ˈtɒlərəbl/
1 til å holde ut
2 akseptabel
3 *(hverdagslig)* ikke så verst
tolerance subst. /ˈtɒlərəns/
toleranse *m*
tolerant adj. /ˈtɒlərənt/ tolerant
tolerate verb /ˈtɒləreɪt/ tåle, tolerere,
finne seg i
toleration subst. /ˌtɒləˈreɪʃən/
toleranse *m*
toll¹ subst. /təʊl/ **1** avgift *m/f*
2 *(overført)* offer *n* • *death toll*
antall dødsoffer
toll² verb /təʊl/ kime, ringe
toll gate subst. veibom *m*
tomato subst. /təˈmɑːtəʊ/,
amer: /təˈmeɪtoʊ/ tomat *m*
tomb subst. /tuːm/ gravkammer *n*
tomboy subst. /ˈtɒmbɔɪ/
guttejente *m/f*
tombstone subst. /ˈtuːmstəʊn/
gravstein *m*
tomcat subst. /ˈtɒmkæt/ hannkatt *m*
tomorrow adverb /təˈmɒrəʊ/ i morgen
ton subst. /tʌn/ tonn *n*
tons of massevis av
tone subst. /təʊn/ tone *m*, tonefall *n*
tongs subst. *flt.* /tɒŋz/ *eller*
a pair of tongs *(redskap)* tang *m/f*
tongue subst. /tʌŋ/ **1** tunge *m/f*
2 språk *n*
tonic subst. /ˈtɒnɪk/
1 styrkende middel *n*
2 tonic *(leskedrikk)*
tonight adverb /təˈnaɪt/ i kveld, i natt
tonsil subst. /ˈtɒnsəl/ *(i kroppen)*
mandel *m*
too adverb /tuː/ **1** altfor, for • *he was
too tired* han var for trøtt
2 også • *I am going too* jeg drar også
too bad! så synd!
took verb /tʊk/ *se* ►take
tool subst. /tuːl/ verktøy *n*, redskap *n*
tool kit subst. verktøykasse *m/f*
tooth subst. (flertall: teeth) /tuːθ/,
flertall: /tiːθ/ tann *m/f*
toothache subst. /ˈtuːθeɪk/
tannpine *m/f*
toothbrush subst. /ˈtuːθbrʌʃ/
tannbørste *m*
tooth fairy subst. tannfe *m*
toothless adj. /ˈtuːθləs/ tannløs

toothpaste subst. /ˈtuːθpeɪst/
tannkrem *m*
toothpick subst. /ˈtuːθpɪk/ tannpirker *m*
top¹ subst. /tɒp/ **1** topp *m*, spiss *m*
2 overflate *m/f*, plate *m/f*
top² verb /tɒp/
1 sette lokk på, sette topp på
2 være øverst på, toppe
3 overgå, slå
top³ adj. /tɒp/ øverst, topp-
top hat subst. flosshatt *m*
topic subst. /ˈtɒpɪk/ emne *n*, tema *n*
topical adj. /ˈtɒpɪkəl/ aktuell
topmost adj. /ˈtɒpməʊst/ høyest,
øverst
topple verb /ˈtɒpl/ **1** helle, vakle
2 velte
top scorer subst. toppscorer *m*
topsy-turvy adverb /ˌtɒpsɪˈtɜːvɪ/ hulter
til bulter
torch subst. /tɔːtʃ/ **1** fakkel *m*
2 *(britisk)* lommelykt *m/f*
tore verb /tɔː/ *se* ►tear³
torment¹ subst. /ˈtɔːment/ **1** kval *m*
2 *(om personer e.l.)* plage *m/f*
torment² verb /tɔːˈment/ plage
torn verb /tɔːn/ *se* ►tear³
tornado subst. /tɔːˈneɪdəʊ/ tornado *m*
torrent subst. /ˈtɒrənt/
1 foss *m*, stri strøm *m*
2 styrtregn *n*
3 *(overført)* flom *m*
torrid adj. /ˈtɒrɪd/ brennende het
torsion subst. /ˈtɔːʃən/ vridning *m/f*
tortoise subst. /ˈtɔːtəs/ skilpadde *m/f*
tortuous adj. /ˈtɔːtʃʊəs/, /ˈtɔːtjʊəs/
buktet, snirklet
torture¹ subst. /ˈtɔːtʃə/ tortur *m*
torture² verb /ˈtɔːtʃə/ torturere
Tory subst. /ˈtɔːrɪ/ *(britisk politikk)*
tory *m*, medlem av det konservative
partiet i Storbritannia
the Tory Party *forklaring:* det
konservative partiet i Storbritannia
toss¹ subst. /tɒs/ kast *n*
toss² verb /tɒs/ kaste
total¹ subst. /ˈtəʊtl/ samlet sum *m*
total² verb /ˈtəʊtl/ legge sammen
total³ adj. /ˈtəʊtl/ **1** total
2 samlet
totalitarian adj. /ˌtəʊtælɪˈteərɪən/
totalitær
totality subst. /təʊ(ʊ)ˈtælətɪ/ helhet *m*
totally adverb /ˈtəʊtəlɪ/ fullstendig, helt

totter verb /'tɒtə/ vakle
touch¹ subst. /tʌtʃ/ **1** berøring *m/f*
  2 kontakt *m*
  3 anelse *m*, snev *m/n* • *she said it with a touch of irony*
  stay in touch holde kontakten
touch² verb /tʌtʃ/ **1** berøre, ta på
  2 *(overført)* bevege, røre
  touch up 1 *(fotografi)* retusjere
  2 friske opp
touching adj. /'tʌtʃɪŋ/ rørende
touch screen subst. *(IT)* berøringsskjerm *m*
touchy adj. /'tʌtʃɪ/ **1** *(om person)* nærtagende, overfølsom
  2 *(om situasjon)* delikat, ømfintlig
tough adj. /tʌf/ **1** hard, vanskelig
  2 *(om person)* barsk, tøff
  3 *(om kjøtt)* seig
toughness subst. /'tʌfnəs/ hardhet *m*, seighet *m*
tour¹ subst. /tʊə/
  1 tur *m*, rundreise *m/f*
  2 omvisning *m/f*
  3 *(artist, gruppe e.l.)* turné *m*
tour² verb /tʊə/ reise (omkring)
tourism subst. /'tʊərɪzəm/ turisme *m*
tourist subst. /'tʊərɪst/ turist *m*
tourist agency subst. turistbyrå *n*
tournament subst. /'tʊənəmənt/ turnering *m/f*
tow¹ subst. /təʊ/ *(tekstil)* strie *m*
tow² subst. /təʊ/ slep *n*
  in tow på slep
tow³ verb /təʊ/ slepe, taue
towards preposisjon /təˈwɔːdz/, /tɔːdz/ *eller* **toward 1** mot, til
  2 *(om holdning)* overfor, for
  • *his feelings towards us*
towel subst. /'taʊəl/ håndkle *n*
tower¹ subst. /'taʊə/ tårn *n*
tower² verb /'taʊə/ rage opp, kneise
town subst. /taʊn/ by *m*
town council subst. byråd *n*
town hall subst. rådhus *n*
town planning subst. byplanlegging *m/f*
toxic adj. /'tɒksɪk/ giftig
toy¹ subst. /tɔɪ/ leketøy *n*
toy² verb /tɔɪ/ leke
trace¹ subst. /treɪs/ spor *n*, merke *n*
trace² verb /treɪs/ **1** spore, følge (spor)
  2 spore opp, oppdage
  3 skissere

track¹ subst. /træk/ **1** spor *n*
  2 sti *m*
  3 jernbanelinje *m/f*, skinne *m*
  4 *(sport)* bane *m*
  keep track of følge med
track² verb /træk/ spore, følge
  track down spore opp
track-and-field sports subst. *(spesielt amer.)* friidrett *m*
track shoe subst. piggsko *m*
tracksuit subst. /'træksuːt/ treningsdrakt *m/f*
tract subst. /trækt/ område *n*
traction subst. /'trækʃən/ trekking *m/f*, trekk *n*
tractor subst. /'træktə/ traktor *m*
trade¹ subst. /treɪd/ **1** handel *m*
  2 byttehandel *m*
  3 bransje *m*, yrke *n*
trade² verb /treɪd/ **1** handle
  2 bytte, byttehandle
trademark subst. /'treɪdmɑːk/ varemerke *n*
trade union subst. fagforening *m/f*
trade wind subst. passatvind *m*
tradition subst. /trəˈdɪʃən/ tradisjon *m*
traditional adj. /trəˈdɪʃənl/ tradisjonell
traffic¹ subst. /'træfɪk/
  1 trafikk *m*, ferdsel *m/f*
  2 ulovlig handel *m*
traffic² verb /'træfɪk/ trafikkere, handle ulovlig
traffic jam subst. trafikkork *m*
trafficking subst. /'træfɪkɪŋ/ *(ulovlig handel)* smugling *m/f*
tragedy subst. /'trædʒədɪ/ tragedie *m*
tragic adj. /'trædʒɪk/ tragisk
tragicomic adj. /ˌtrædʒɪˈkɒmɪk/ tragikomisk
trail¹ subst. /treɪl/ **1** spor *n*
  2 strime *m/f*, stripe *m/f*
  3 sti *m*
trail² verb /treɪl/ **1** slepe
  2 spore (opp)
trailer subst. /'treɪlə/
  1 (bil)tilhenger *m*, trailer *m*
  2 *(amer.)* campingvogn *m/f*
  3 *(film)* trailer *m*
train¹ subst. /treɪn/ **1** tog *n*
  2 følge *n*
  3 rad *m/f*
train² verb /treɪn/ **1** øve, trene
  2 trene opp

a b c d e f g h i j k l m n o p q r s **t** u v w x y z

trainee subst. /treɪ'niː/ praktikant *m*,
lærling *m*
trainer subst. /'treɪnə/ trener *m*
trainers subst. *flt.* /'treɪnərz/
joggesko *m*
training subst. /'treɪnɪŋ/
1 opplæring *m/f*
2 trening *m/f*
trait subst. /treɪt/ karaktertrekk *n*
traitor subst. /'treɪtə/ forræder *m*
traitorous adj. /'treɪtərəs/ forrædersk
tram subst. /træm/ trikk *m*,
sporvogn *m/f*
tramp[1] subst. /træmp/ 1 landstryker *m*
2 fottur *m*
3 *(spesielt amer., slang)* hore *m/f*
tramp[2] verb /træmp/ 1 trampe
2 traske, vandre
trample verb /'træmpl/ trampe (ned),
trampe på
trance subst. /trɑːns/ transe *m*
tranquil adj. /'træŋkwɪl/ rolig
tranquillity subst. /træŋ'kwɪlətɪ/ ro *m/f*
transaction subst. /træn'zækʃən/
transaksjon *m*, overføring *m/f (av
penger)*
transatlantic adj. /ˌtrænzət'læntɪk/
transatlantisk
transcend verb /træn'send/
overskride
transcribe verb /træn'skraɪb/
1 skrive av
2 renskrive, transkribere
transcript subst. /'trænskrɪpt/
1 avskrift *m/f*
2 utskrift *m/f*
transfer[1] subst. /'trænsfɜː/
1 overføring *m/f*
2 forflytting *m/f*
3 *(om buss, tog e.l.)* overgang *m*
transfer[2] verb /træn'sfɜː/ 1 flytte
2 *(også IT)* overføre
3 *(om buss e.l.)* bytte
transfix verb /træn'sfɪks/ 1 lamslå
2 gjennombore
transfixed adj. /træn'sfɪkst/ lamslått
transform verb /træn'sfɔːm/ forvandle
transformation subst.
/ˌtrænsfə'meɪʃən/ forvandling *m/f*
transfuse verb /træns'fjuːz/
1 overføre *(blod)*
2 injisere *(medisin e.l. i blodåre)*
transgender adj. /ˌtræns'dʒendə/
transkjønnet

transgress verb /trænz'gres/
overskride, bryte
transgression subst. /trænz'greʃən/
overskridelse *m*
transit subst. /'trænzɪt/
gjennomreise *m/f*, transitt *m*
in transit 1 underveis
2 under transporten
transition subst. /træn'zɪʃən/
overgang *m*
translate verb /trænz'leɪt/ oversette
translation subst. /trænz'leɪʃən/
oversettelse *m*
translator subst. /trænz'leɪtə/
oversetter *m*
transmission subst. /trænz'mɪʃən/
1 overføring *m/f*
2 *(radio og TV)* sending *m/f*
transmit verb /trænz'mɪt/ 1 oversende
2 overføre
3 *(om sykdommer)* overføre, spre
transparent adj. /træn'spærənt/
gjennomsiktig
transperson subst. /'trænspɜːsən/
transperson *m*
transpire verb /træn'spaɪə/
1 *(om noe hemmelig eller ukjent)*
komme frem, komme for dagen
2 hende, inntreffe
transplant[1] subst. /'trænsplɑːnt/
1 *(medisin)* transplantasjon *m*
2 noe(n) som har blitt flyttet
transplant[2] verb /træn'splɑːnt/
1 forflytte
2 *(medisin)* transplantere
transplantation subst.
/ˌtrænsplɑːn'teɪʃən/
1 *(medisin)* transplantasjon *m*
2 forflytting *m/f*
transport[1] subst. /'trænspɔːt/
1 transport *m*
2 ekstase *m*, henrykkelse *m*
transport[2] verb /træn'spɔːt/
transportere, frakte
transsexual adj. /træn'sekʃʊəl/
transseksuell
trap[1] subst. /træp/ felle *m/f*
trap[2] verb /træp/ fange *(i en felle)*
trapdoor subst. /ˌtræp'dɔː/ fallem *m*,
luke *m/f*
trapeze subst. /trə'piːz/ *(turn)* trapes *m*
trapezium subst. /trə'piːzjəm/
(geometri) trapes *n*

trash subst. /træʃ/ **1** skrap *n*
2 *(spesielt amer.)* søppel *m/f/n*
trashy adj. /'træʃɪ/ verdiløs, unyttig
trauma subst. /'trɔːmə/ traume *n*
traumatic adj. /trɔːˈmætɪk/ traumatisk
travel[1] subst. /'trævl/ **1** reising *m/f*
2 *(ofte travels)* reiser
travel[2] verb /'trævl/ reise
traveller subst. /'trævələ/ *eller*
   traveler *(amer.)* reisende *m*
trawl[1] subst. /trɔːl/ trål *m*
trawl[2] verb /trɔːl/ tråle, fiske med trål
tray subst. /treɪ/ brett *n*
treacherous adj. /'tretʃərəs/
   forrædersk
treachery subst. /'tretʃərɪ/
   forræderi *n*, svik *n*
tread verb (trod – trodden eller trod)
   /tred/ tråkke, trå
treadle subst. /'tredl/ pedal *m*
treadmill subst. /'tredmɪl/
   tredemølle *m/f*
treason subst. /'triːzn/ forræderi *n*
treasure[1] subst. /'treʒə/ skatt *m*
treasure[2] verb /'treʒə/ verdsette
treasurer subst. /'treʒərə/ kasserer *m*
treasury subst. /'treʒərɪ/ **1** kasse *m/f*
2 skattkammer *n*
treat[1] subst. /triːt/
   1 fornøyelse *m*, glede *m/f*
   2 godbit *m*
treat[2] verb /triːt/ **1** behandle
   2 betrakte, anse, ta
   3 spandere
treatise subst. /'triːtɪz/ avhandling *m/f*
treatment subst. /'triːtmənt/
   behandling *m/f*
treaty subst. /'triːtɪ/ traktat *m*,
   avtale *m*
treble adj. /'trebl/ tredobbel
tree subst. /triː/ tre *n*
tree house subst. trehytte *m/f*
trefoil subst. /'trefɔɪl/ kløver *m*
tremble verb /'trembl/ skjelve
tremendous adj. /trɪ'mendəs/
   1 voldsom, enorm
   2 *(hverdagslig)* fantastisk, utrolig
tremor subst. /'tremə/ skjelving *m/f*,
   risting *m/f*
trench subst. /tren(t)ʃ/ **1** grøft *m/f*
   2 skyttergrav *m/f*
trend subst. /trend/ **1** retning *m/f*
   2 trend *m*, mote *m*
trendy adj. /'trendɪ/ trendy, moderne

trespass verb /'trespəs/ bryte seg inn,
   gjøre innbrudd
trespasser subst. /'trespəsə/
   inntrenger *m*
trial subst. /'traɪəl/
   1 prøve *m/f*, forsøk *n*
   2 prøvelse *m*
   3 *(jus)* rettssak *m/f*
   be **on trial** være tiltalt, stå for retten
triangle subst. /'traɪæŋgl/ trekant *m*
triangular adj. /traɪ'æŋgjʊlə/ trekantet
tribe subst. /traɪb/ **1** stamme *m*
   2 flokk *m*
trick[1] subst. /trɪk/ **1** knep *n*
   2 påfunn *n*
trick[2] verb /trɪk/ lure, narre
trickle verb /'trɪkl/ dryppe, piple
tricky adj. /'trɪkɪ/ **1** vanskelig
   2 bedragersk
tricycle subst. /'traɪsɪkl/
   trehjulssykkel *m*
trifle[1] subst. /'traɪfl/ bagatell *m*
   a **trifle** en anelse, litt
trifle[2] verb /'traɪfl/ tulle
trifling adj. /'traɪflɪŋ/ **1** ubetydelig
   2 tøyset
trigger[1] subst. /'trɪgə/
   1 *(på skytevåpen)* avtrekker *m*
   2 utløser *m*, utløsende faktor
trigger[2] verb /'trɪgə/ starte, utløse
trigonometry subst. /ˌtrɪgə'nɒmətrɪ/
   trigonometri *m*
trill subst. /trɪl/ *(musikk)* trille *m/f*
trim[1] subst. /trɪm/ **1** pynt *m*
   2 klipp *m*
   3 orden *m*
trim[2] verb /trɪm/ **1** klippe, stusse
   2 redusere
   3 dekorere, pynte
trim[3] adj. /trɪm/ **1** nett, pen
   2 slank og veltrent
trimming subst. /'trɪmɪŋ/
   dekorasjon *m*, pynt *m*
trinity subst. /'trɪnɪtɪ/ treenighet *m*
trip[1] subst. /trɪp/ tur *m*, utflukt *m/f*,
   reise *m/f*
trip[2] verb /trɪp/ snuble
tripe subst. /traɪp/ **1** innmat *m*
   2 *(hverdagslig)* vrøvl *n*
triple adj. /'trɪpl/ tredobbel
triplet subst. /'trɪplət/ trilling *m*
trite adj. /traɪt/ forslitt, triviell
triumph[1] subst. /'traɪəmf/ triumf *m*,
   seier *m*

triumph[2] verb /'traɪəmf/ triumfere
  triumph over beseire
triumphant adj. /traɪˈʌmfənt/
  triumferende
trivial adj. /'trɪvɪəl/ **1** ubetydelig
  2 triviell
trod verb /trɒd/ *se* ►tread
trodden verb /'trɒdn/ *se* ►tread
troll[1] subst. /trəʊl/, /trɒl/ **1** troll *n*
  2 *(i nettdebatter o.l.)* nett-troll *eller*
  nettroll
troll[2] verb /trəʊl/, /trɒl/
  1 *(fiske)* dorge, fiske
  2 *(i nettdebatter o.l.)* trolle
trolley subst. /'trɒlɪ/ tralle *m/f*
trombone subst. /trɒmˈbəʊn/
  trombone *m*
troop[1] subst. /truːp/ **1** flokk *m*
  2 *(i militæret)* tropp *m*
troop[2] verb /truːp/ **1** gå i flokk
  2 gå, vandre
trophy subst. /'trəʊfɪ/ trofé *n*
the **tropics** subst. *flt* /'trɒpɪks/ tropene
tropical adj. /'trɒpɪkəl/ *eller* **tropic**
  tropisk
trot[1] subst. /trɒt/ trav *n*
trot[2] verb /trɒt/ trave
trotter subst. /'trɒtə/ travhest *m*
trotting race subst. travløp *n*
troubadour subst. /'truːbəˌdɔː/
  trubadur *m*
trouble[1] subst. /'trʌbl/
  1 uro *m/f*, bekymring *m/f*
  2 strev *n*, anstrengelse *m*
  3 vanskelighet *m*, problem *n*
trouble[2] verb /'trʌbl/ **1** uroe, bekymre
  2 besvære, bry
troubleshoot verb /'trʌblʃuːt/ feilsøke
troublesome adj. /'trʌblsəm/
  vanskelig, plagsom
trough subst. /trɒf/ trau *n*
trousers subst. *flt.* /'traʊzəz/ bukser
trout subst. /traʊt/ ørret *m*
truant subst. /'truːənt/ skulker *m*
truce subst. /truːs/ våpenhvile *m/f*
truck subst. /trʌk/ **1** lastebil *m*
  2 *(jernbane)* godsvogn *m*
  3 tralle *m/f*
trudge verb /trʌdʒ/ traske
true adj. /truː/ **1** sann, ekte, riktig
  2 trofast
truffle subst. /'trʌfl/ trøffel *m*
truly adverb /'truːlɪ/ **1** oppriktig, sant
  2 virkelig, faktisk

yours truly *(i brev)* vennlig hilsen
trump subst. /trʌmp/ trumf *m*,
  trumfkort *n*
trumpet subst. /'trʌmpɪt/ **1** trompet *m*
  2 trakt *m/f*
trunk subst. /trʌŋk/ **1** trestamme *m*
  2 overkropp *m*
  3 hoveddel *m*
  4 (stor) koffert *m*
  5 *(amer., i bil)* bagasjerom *n*
  6 *(på elefant)* snabel *m*
trunks subst. *flt.* /trʌŋks/
  1 gymshorts *m*
  2 badebukser *m*
trust[1] subst. /trʌst/ tillit *m/f*
trust[2] verb /trʌst/ stole på
trustee subst. /ˌtrʌˈstiː/ **1** tillitsmann *m*
  2 verge *m*
trusting adj. /'trʌstɪŋ/ tillitsfull
trustworthy adj. /'trʌstˌwɜːðɪ/ pålitelig
truth subst. /truːθ/, i flertall: /truːðz/,
  /truːθs/ sannhet *m*
truthful adj. /'truːθfəl/ sannferdig,
  oppriktig
try[1] subst. /traɪ/ forsøk *n*
try[2] verb (tried – tried) /traɪ/ forsøke,
  prøve
trying adj. /'traɪɪŋ/ anstrengende,
  krevende
T-shirt subst. /'tiːʃɜːt/ T-skjorte *m/f*
tsunami subst. /tsuːˈnɑːmɪ/ tsunami *m*
tub subst. /tʌb/ **1** balje *m/f*
  2 *(beholder for matvarer)*
  (plast)boks *m*
  3 badekar *n*
tuba subst. /'tjuːbə/, /'tʃuːbə/ tuba *m*
tube subst. /tjuːb/, /tʃuːb/ **1** rør *n*
  2 tube *m*
  3 *(britisk)* undergrunnsbanen i
  London
tuck verb /tʌk/
  1 putte, stikke (vekk), gjemme (bort)
  2 stappe, dytte
  3 brette inn, brette opp
  tuck in 1 stappe inn **2** brette opp
  3 tulle inn • *she tucked the children*
  into bed
Tuesday subst. /'tjuːzdeɪ/, /'tʃuːzdeɪ/
  tirsdag *m*
tug[1] subst. /tʌg/
  1 rykk *n*, kraftanstrengelse *m*
  2 slepebåt *m*
  3 kamp *m*
tug[2] verb /tʌg/ dra, slepe

tug-of-war subst. /ˌtʌgə(v)ˈwɔː/
tautrekking *m/f*
tuition subst. /tʃʊˈɪʃən/, /tjʊˈɪʃən/
1 undervisning *m/f*
2 semesteravgift *m/f*
tulip subst. /ˈtjuːlɪp/, /ˈtʃuːlɪp/
tulipan *m*
tulle subst. /tjuːl/ tyll *m/n*
tumble verb /ˈtʌmbl/ ramle, falle
tumbledown adj. /ˈtʌmbldaʊn/
falleferdig
tummy subst. /ˈtʌmɪ/ mage *m*
tumour subst. /ˈtjuːmə/, /ˈtʃuːmə/ *eller*
tumor *(amer.)* svulst *m*
tuna subst. /ˈtjuːnə/, /ˈtʃuːnə/ tunfisk *m*
tune¹ subst. /tjuːn/, /tʃuːn/ melodi *m*,
låt *m/f*
out of tune ustemt
tune² verb /tjuːn/, /tʃuːn/ **1** stemme
2 *(radio)* stille inn
tunny subst. /ˈtʌnɪ/ *(fisk)* størje *m/f*
turbine subst. /ˈtɜːbaɪn/ turbin *m*
turbot subst. /ˈtɜːbət/ *(fisk)* piggvar *m*
turbulent adj. /ˈtɜːbjʊlənt/ urolig,
turbulent
turf subst. (flertall: turfs eller turves)
/tɜːf/ **1** gresstorv *m/f*
2 *(hverdagslig)* revir *n*
turkey subst. /ˈtɜːkɪ/ kalkun *m*
Turkey /ˈtɜːkɪ/ Tyrkia
Turkish adj. /ˈtɜːkɪʃ/ tyrkisk
turmoil subst. /ˈtɜːmɔɪl/
1 opprør *n*, uro *m/f*
2 kaos *n*
turn¹ subst. /tɜːn/
1 sving *m* • *make a turn to the left*
2 tur *m*, omgang *m*
3 vridning *m/f*, svingning *m/f*
4 forandring *m/f*
take turns bytte på
turn² verb /tɜːn/ **1** snu (på/seg),
vri (på/seg), svinge, skru (på),
snurre (rundt), rette mot • *turn to the
right* • *the wheel turned slowly* • *turn
the hose on the fire!*
2 *(overført)* snu og vende på • *he's
turning the problem over in his mind*
3 gjøre, (få til å) bli • *autumn turned
the leaves yellow* • *the milk turned*
melken ble sur
4 vrikke, forstue
turn away 1 snu seg bort, snu og gå
sin vei **2** vri bort, vise bort
turn back 1 slå tilbake, avvise

2 snu og gå tilbake, komme tilbake
turn down 1 skru ned, brette ned,
slå ned **2** forkaste
turn off 1 slå av **2** avskjedige, avvise
3 *(hverdagslig)* frastøte • *his manner
turns me off*
turn on 1 skru på **2** tenne
3 vende seg mot, gå løs på
turn round 1 vende, velte
2 dreie rundt, snu • *his head turned
round* det gikk rundt for ham
turn to 1 vende seg mot/til **2** ty til
turn up 1 skru opp • *turn up the
volume* **2** brette opp, legge opp
3 dukke opp **4** *(hverdagslig)* gjøre
kvalm **5** oppgi • *turn up a job*
turning point subst. vendepunkt *n*
turnout subst. /ˈtɜːnaʊt/ fremmøte *n*
turnover subst. /ˈtɜːnˌəʊvə/
omsetning *m/f*
turquoise adj. /ˈtɜːkwɑːz/, /ˈtɜːkwɔɪz/
turkis
turret subst. /ˈtʌrət/ lite tårn *n*
turtle subst. /ˈtɜːtl/ skilpadde *m/f*
tusk subst. /tʌsk/ støttann *m/f*
tutor subst. /ˈtjuːtə/, /ˈtʃuːtə/
1 privatlærer *m*
2 studieveileder *m*
tuxedo subst. /tʌkˈsiːdəʊ/ *(amer.)*
smoking *m*
TV subst. /ˌtiːˈviː/ TV *m*, fjernsyn *n*
TV programme subst. *eller*
TV program *(amer.)* TV-program *n*
TV series subst. TV-serie *m*
twaddler subst. /ˈtwɒdlə/
skravlebøtte *m/f*
tweet¹ subst. /twiːt/ fuglekvitter *n*
tweet² verb /twiːt/ **1** kvitre
2 *(sosiale medier)* tvitre
tweezers subst. *flt.* /ˈtwiːzəz/ *eller*
pair of tweezers pinsett *m*
twelfth adj. /twelfθ/ tolvte
twelve determinativ /twelv/ tolv
twentieth adj. /ˈtwentɪθ/ tjuende
twenty determinativ /ˈtwentɪ/ tjue
twice adverb /twaɪs/ to ganger
twig subst. /twɪg/ kvist *m*
twiggy adj. /ˈtwɪgɪ/ **1** grenet
2 mager
twilight subst. /ˈtwaɪlaɪt/
1 skumring *m/f*
2 *(noen ganger)* grålysning *m/f*
twin subst. /twɪn/ tvilling *m*

twine[1] subst. /twaɪn/ hyssing *m*, snor *m/f*
twine[2] verb /twaɪn/ tvinne, sno
twinkle[1] subst. /ˈtwɪŋkl/
  1 blink *n*, blunk *m/n*
  2 glimt *m/n (i øyet)*
twinkle[2] verb /ˈtwɪŋkl/ **1** blinke
  2 glitre
twirl verb /twɜːl/ snurre (rundt), virvle rundt
twist[1] subst. /twɪst/
  1 vridning *m/f*, dreining *m/f*
  2 tvist *m*
  3 *(dans)* twist *m*
twist[2] verb /twɪst/ **1** vri
  2 sno, tvinne
  3 vrikke, forstue
twitch[1] subst. /twɪtʃ/ **1** stikk *n*
  2 rykk *n*, napp *n*

twitch[2] verb /twɪtʃ/ rykke, nappe
twitter[1] subst. /ˈtwɪtə/ kvitring *m/f*
twitter[2] verb /ˈtwɪtə/ kvitre
two determinativ /tuː/ to
twofold adverb /ˈtuːfəʊld/ dobbelt
type[1] subst. /taɪp/ type *m*, sort *m*
type[2] verb /taɪp/ skrive på maskin
typewriter subst. /ˈtaɪpˌraɪtə/ skrivemaskin *m*
typhoid subst. /ˈtaɪfɔɪd/ tyfus *m*
typhoon subst. /taɪˈfuːn/ tyfon *m*
typical adj. /ˈtɪpɪkəl/ typisk
  typical of typisk for
tyranny subst. /ˈtɪrəni/ tyranni *n*
tyrant subst. /ˈtaɪərᵊnt/ tyrann *m*
tyre subst. /ˈtaɪə/ dekk *n*
  (til bil, sykkel e.l.)
  flat tyre punktert dekk

u

ubiquitous adj. /juːˈbɪkwɪtəs/ allment utbredt
udder subst. /ˈʌdə/ jur *n*
ugliness subst. /ˈʌɡlɪnəs/ stygghet *m*
ugly adj. /ˈʌɡlɪ/ stygg
UK *(fork. for* United Kingdom*)* Storbritannia og Nord-Irland *(England, Wales, Skottland og Nord-Irland)*
Ukraine /juːˈkreɪn/ *eller* **the Ukraine** Ukraina
ulcer subst. /ˈʌlsə/ åpent sår *n*
ultimate adj. /ˈʌltɪmət/ endelig
ultimately adverb /ˈʌltɪmətlɪ/ til sist, til slutt
ultimatum subst. /ˌʌltɪˈmeɪtəm/ ultimatum *n*
ultrasound subst. /ˈʌltrəsaʊnd/ ultralyd *m*
ultraviolet adj. /ˌʌltrəˈvaɪələt/ ultrafiolett
umbrella subst. /ʌmˈbrelə/ paraply *m*
umpire subst. /ˈʌmpaɪə/ *(idrett)* dommer *m*
the UN subst. /ˌjuːˈen/ *(fork. for* the United Nations*)* FN
unable adj. /ˌʌnˈeɪbl/ ute av stand (til)

unabridged adj. /ˌʌnəˈbrɪdʒd/ uforkortet
unaccented adj. /ˌʌnəkˈsentɪd/, amer.: /ʌnˈæksentɪd/ trykklett, ubetont
unaccustomed adj. /ˌʌnəˈkʌstəmd/ uvant
  unaccustomed to ikke vant til
unaffected adj. /ˌʌnəˈfektɪd/ upåvirket, uberørt
unanimity subst. /ˌjuːnəˈnɪmətɪ/ enstemmighet *m*
unanimous adj. /juːˈnænɪməs/ enstemmig
unarmed adj. /ˌʌnˈɑːmd/ **1** ubevæpnet
  2 forsvarsløs
unassuming adj. /ˌʌnəˈsjuːmɪŋ/ beskjeden
unattainable adj. /ˌʌnəˈteɪnəbl/ uoppnåelig
unattended adj. /ˌʌnəˈtendɪd/ uten tilsyn, ubevoktet
unavoidable adj. /ˌʌnəˈvɔɪdəbl/ uunngåelig
unaware adj. /ˌʌnəˈweə/ uvitende
  unaware of uvitende om
unawares adverb /ˌʌnəˈweəz/ *eller* **unaware** uforvarende

catch someone unawares
overrumple noen
unbar verb /ˌʌnˈbɑː/ åpne
unbearable adj. /ˌʌnˈbeərəbl/
uutholdelig
unbecoming adj. /ˌʌnbɪˈkʌmɪŋ/
1 ukledelig
2 upassende
unbelievable adj. /ˌʌnbəˈliːvəbl/
utrolig
unbeliever subst. /ˌʌnbəˈliːvə/
ikke-troende m, vantro m
unbiased adj. /ˌʌnˈbaɪəst/ 1 objektiv
2 fordomsfri
unblemished adj. /ˌʌnˈblemɪʃt/ plettfri
unbolt verb /ˌʌnˈbəʊlt/ skyve slåen fra
unbridled adj. /ˌʌnˈbraɪdld/ utøylet,
tøyleløs
unburden verb /ˌʌnˈbɜːdn/ lette
unbutton verb /ˌʌnˈbʌtn/ knappe opp
uncanny adj. /ˌʌnˈkænɪ/ nifs
unceasing adj. /ˌʌnˈsiːsɪŋ/ uopphørlig
uncertain adj. /ˌʌnˈsɜːtn/ usikker
unchallenged adj. /ˌʌnˈtʃæləndʒd/
ubestridt
unchecked adj. /ˌʌnˈtʃekt/ uhindret
uncle subst. /ˈʌŋkl/ onkel m
uncomfortable adj. /ˌʌnˈkʌmfətəbl/
ukomfortabel, ubekvem
uncommon adj. /ˌʌnˈkɒmən/ uvanlig,
usedvanlig
unconditional adj. /ˌʌnkənˈdɪʃənl/
betingelsesløs, uforbeholden
unconscious¹ subst. /ˌʌnˈkɒnʃəs/
underbevissthet m
unconscious² adj. /ˌʌnˈkɒnʃəs/
1 bevisstløs
2 ubevisst
unconsciousness subst.
/ˌʌnˈkɒnʃəsnəs/ bevisstløshet m
unconsecrated adj. /ˌʌnˈkɒnsɪkreɪtɪd/
uinnviet
unconstitutional adj.
/ˌʌnˌkɒnstɪˈtjuːʃənl/,
/ˌʌnˌkɒnstɪˈtʃuːʃənl/ grunnlovsstridig
uncorrupted adj. /ˌʌnkəˈrʌptɪd/
ufordervet
uncover verb /ˌʌnˈkʌvə/ avdekke
uncultivated adj. /ˌʌnˈkʌltɪveɪtɪd/
1 udyrket
2 *(om person)* ukultivert,
ikke utdannet
uncut adj. /ˌʌnˈkʌt/ 1 ubeskåret
2 *(om edelsten)* uslipt

undaunted adj. /ˌʌnˈdɔːntɪd/
uforferdet, ikke skremt
undecided adj. /ˌʌndɪˈsaɪdɪd/
1 ikke avgjort
2 i tvil
undeniable adj. /ˌʌndɪˈnaɪəbl/
ubestridelig
under¹ adverb /ˈʌndə/ under,
nedenunder
under way i gang
under² preposisjon /ˈʌndə/ under
underclothes subst. /ˈʌndəkləʊðz/
undertøy n
undercover adj. /ˌʌndəˈkʌvə/
hemmelig
undercut verb /ˌʌndəˈkʌt/ 1 *(handel)*
underselge, presse prisnivået
2 svekke, underminere
underdog subst. /ˈʌndədɒg/
svakere part
underestimate verb /ˌʌndərˈestɪmeɪt/
undervurdere
undergo verb (underwent –
undergone) /ˌʌndəˈgəʊ/ gjennomgå
undergraduate subst.
/ˌʌndəˈgrædʒʊət/, /ˌʌndəˈgrædjʊət/
student m
underground¹ subst. /ˈʌndəgraʊnd/
undergrunnsbane m
underground² adj. /ˈʌndəgraʊnd/
1 underjordisk, undergrunns-
2 hemmelig, illegal
underline verb /ˌʌndəˈlaɪn/ understreke
undermine verb /ˌʌndəˈmaɪn/
undergrave, underminere
underneath¹ adverb /ˌʌndəˈniːθ/
1 under, nedenunder
2 innerst inne
underneath² preposisjon /ˌʌndəˈniːθ/
under
undernourished adj. /ˌʌndəˈnʌrɪʃt/
underernært
underrate verb /ˌʌndəˈreɪt/
undervurdere
understand verb (understood –
understood) /ˌʌndəˈstænd/ forstå,
skjønne, oppfatte
understatement subst.
/ˌʌndəˈsteɪtmənt/ undervurdering m/f,
underdrivelse m *(hverdagslig)*
undertake verb (undertook –
undertaken) /ˌʌndəˈteɪk/ 1 foreta
2 påta seg

a
b
c
d
e
f
g
h
i
j
k
l
m
n
o
p
q
r
s
t
u
v
w
x
y
z

undertaker subst. /ˈʌndəˌteɪkə/
begravelsesbyrå n
undertaking subst. /ˌʌndəˈteɪkɪŋ/
foretagende n
undervalue verb /ˌʌndəˈvæljuː/
undervurdere
underwear subst. /ˈʌndəweə/
undertøy n
underweight adj. /ˌʌndəˈweɪt/,
foranstilt: /ˈʌndəweɪt/ undervektig
underworld subst. /ˈʌndəwɜːld/
underverden m
undigested adj. /ˌʌndaɪˈdʒestɪd/
1 ufordøyd
2 ikke skikkelig forstått
undiminished adj. /ˌʌndɪˈmɪnɪʃt/
uforminsket
undisguised adj. /ˌʌndɪsˈgaɪzd/
utilslørt, åpenlys
undo verb (undid – undone) /ʌnˈduː/
1 knappe opp
2 gjøre om
3 annullere, oppheve
4 (IT) angre
undoubtedly adverb /ʌnˈdaʊtɪdlɪ/
utvilsomt
undress verb /ʌnˈdres/ kle av,
kle av seg
undue adj. /ˌʌnˈdjuː/, /ˌʌnˈdʒuː/
1 upassende
2 unødvendig
undying adj. /ˌʌnˈdaɪɪŋ/ udødelig, evig
unearth verb /ˌʌnˈɜːθ/ **1** oppdage
2 grave frem
unearthly adj. /ˌʌnˈɜːθlɪ/ **1** overjordisk
2 overnaturlig
uneasy adj. /ˌʌnˈiːzɪ/ urolig
uneconomic adj. /ˌʌnˌiːkəˈnɒmɪk/
ulønnsom, uøkonomisk
unemployed adj. /ˌʌnɪmˈplɔɪd/
arbeidsløs
unemployment subst.
/ˌʌnɪmˈplɔɪmənt/ arbeidsløshet m
unequivocal adj. /ˌʌnɪˈkwɪvəkəl/
utvetydig, klar
uneven adj. /ˌʌnˈiːvən/ ujevn
uneven number subst. oddetall n
unexpected adj. /ˌʌnɪkˈspektɪd/
uventet
unfailing adj. /ʌnˈfeɪlɪŋ/ **1** ufeilbarlig
2 uforstyrrelig, urokkelig
unfair adj. /ʌnˈfeə/ urettferdig
unfaithful adj. /ʌnˈfeɪθfəl/ utro

unfasten verb /ˌʌnˈfɑːsn/ løse,
knytte opp
unfathomable adj. /ˌʌnˈfæðəməbl/
uutgrunnelig
unfavourable adj. /ʌnˈfeɪvərəbl/
ufordelaktig
unfeeling adj. /ˌʌnˈfiːlɪŋ/ ufølsom
unfit adj. /ʌnˈfɪt/ **1** uskikket
2 i dårlig form
unfold verb /ʌnˈfəʊld/ **1** brette ut
2 utvikle seg
unfollow verb /ˌʌnˈfɒləʊ/ (i sosiale
medier) avfølge, slutte å følge
unforeseeable adj. /ˌʌnfɔːˈsiːəbl/
uforutsigbar
unforeseen adj. /ˌʌnfɔːˈsiːn/ uforutsett
unforgettable adj. /ˌʌnfəˈgetəbl/
uforglemmelig
unfortunate adj. /ʌnˈfɔːtʃənət/ uheldig
unfortunately adverb /ʌnˈfɔːtʃᵊnətlɪ/
dessverre
unfounded adj. /ʌnˈfaʊndɪd/
ubegrunnet
unfreeze verb (unfroze – unfrozen)
/ʌnˈfriːz/ tine
unfriend verb /ʌnˈfrend/ (på sosiale
medier) forklaring: å fjerne noen fra
vennelisten
ungainly adj. /ʌnˈgeɪnlɪ/ klosset
the **UN General Assembly** subst.
FNs generalforsamling
unguarded adj. /ʌnˈgɑːdɪd/ ubevoktet
unhappy adj. /ʌnˈhæpɪ/ ulykkelig
unhealthy adj. /ʌnˈhelθɪ/ usunn
unheard adj. /ʌnˈhɜːd/ ikke hørt
unheard of uhørt, utenkelig
unhook verb /ʌnˈhʊk/ hekte av
uniform[1] subst. /ˈjuːnɪfɔːm/
uniform m/f
uniform[2] adj. /ˈjuːnɪfɔːm/ ensartet
unify verb /ˈjuːnɪfaɪ/ forene, samle
unimaginative adj. /ˌʌnɪˈmædʒɪnətɪv/
fantasiløs
uninhabitable adj. /ˌʌnɪnˈhæbɪtəbl/
ubeboelig
uninhabited adj. /ˌʌnɪnˈhæbɪtɪd/
ubebodd
uninstall verb /ˌʌnɪnˈstɑːl/ avinstallere
unintelligent adj. /ˌʌnɪnˈtelɪdʒᵊnt/
dum, uintelligent
unintelligible adj. /ˌʌnɪnˈtelɪdʒəbl/
uforståelig
unintentional adj. /ˌʌnɪnˈtenʃənl/
utilsiktet, ikke med vilje

union subst. /'juːnjən/
1 (fag)forening *m/f*
2 union *m*
3 ekteskap *n*
unique adj. /juːˈniːk/ unik, enestående
unit subst. /'juːnɪt/ enhet *m*
unite verb /juːˈnaɪt/ forene
United Kingdom *eller* **United Kingdom of Great Britain and Northern Ireland** Storbritannia og Nord-Irland
United States *eller* **United States of America** *eller* **US** USA, Amerikas forente stater
unity subst. /'juːnətɪ/ **1** enhet *m*
2 harmoni *m*, enighet *m*
universal adj. /juːnɪˈvɜːsəl/ universell, allmenn
universe subst. /'juːnɪvɜːs/ univers *n*, verden *m*
university subst. /juːnɪˈvɜːsətɪ/ universitet *n*
unjust adj. /ˌʌnˈdʒʌst/ urettferdig
unkempt adj. /ˌʌnˈkem(p)t/ uflidd
unknown adj. /ˌʌnˈnəʊn/ ukjent
  unknown to ukjent for
unlawful adj. /ˌʌnˈlɔːfəl/ ulovlig
unleaded adj. /ˌʌnˈledɪd/ blyfri
unless konjunksjon /ənˈles/ hvis ikke, med mindre
unlike[1] adj. /ˌʌnˈlaɪk/ ulik, forskjellig
unlike[2] preposisjon /ˌʌnˈlaɪk/ ulik, til forskjell fra
unlikely adj. /ˌʌnˈlaɪklɪ/ usannsynlig
unlimited adj. /ˌʌnˈlɪmɪtɪd/ ubegrenset
unload verb /ˌʌnˈləʊd/ lesse av
unlock verb /ˌʌnˈlɒk/ låse opp, åpne
unlucky adj. /ˌʌnˈlʌkɪ/ uheldig
  be unlucky ha uflaks
unmanageable adj. /ˌʌnˈmænɪdʒəbl/ uhåndterlig
unmarried adj. /ˌʌnˈmærɪd/ ugift, enslig
unmatched adj. /ˌʌnˈmætʃt/ uovertruffen
unmentionable adj. /ˌʌnˈmenʃnəbl/ unevnelig
unmerciful adj. /ˌʌnˈmɜːsɪfəl/ nådeløs, ubarmhjertig
unmistakable adj. /ˌʌnmɪˈsteɪkəbl/ umiskjennelig
unmitigated adj. /ˌʌnˈmɪtɪgeɪtɪd/ absolutt, uforbeholden

unnoticeable adj. /ˌʌnˈnəʊtɪsəbl/ umerkelig
unpack verb /ˌʌnˈpæk/ pakke ut
unpaid adj. /ˌʌnˈpeɪd/ **1** ubetalt
2 ulønnet
unpalatable adj. /ˌʌnˈpælətəbl/ uappetittlig
unparalleled adj. /ʌnˈpærəleld/ uten sidestykke
unpardonable adj. /ʌnˈpɑːdnəbl/ utilgivelig
unpleasant adj. /ˌʌnˈpleznt/ ubehagelig, ekkel
unprecedented adj. /ˌʌnˈpresɪdəntɪd/ enestående, uten like
unprepared adj. /ˌʌnprɪˈpeəd/ uforberedt
unpretentious adj. /ˌʌnprɪˈtenʃəs/
1 upretensiøs
2 enkel, beskjeden
unprincipled adj. /ˌʌnˈprɪnsəpld/ prinsippløs
unqualified adj. /ˌʌnˈkwɒlɪfaɪd/
1 (*om person*) uskikket, ukvalifisert
2 udelt, uforbeholden
unravel verb /ˌʌnˈrævəl/ løse, avsløre
unreal adj. /ˌʌnˈrɪəl/ uvirkelig
unreasonable adj. /ˌʌnˈriːzənəbl/ urimelig
unrefined adj. /ˌʌnrɪˈfaɪnd/ **1** uraffinert
2 (*om person*) ukultivert
unreliable adj. /ˌʌnrɪˈlaɪəbl/ upålitelig
unreserved adj. /ˌʌnrɪˈzɜːvd/
1 åpenhjertig, ureservert
2 (*om sitteplass*) ikke reservert
unrestrained adj. /ˌʌnrɪˈstreɪnd/
1 uhemmet
2 fri, ubundet
unrivalled adj. /ˌʌnˈraɪvəld/ makeløs, uovertruffen
unruly adj. /ˌʌnˈruːlɪ/ uregjerlig, besværlig
unsatisfactory adj. /'ʌnˌsætɪsˈfæktərɪ/ utilfredsstillende
unsaturated adj. /ˌʌnˈsætʃəreɪtɪd/ umettet
unsavoury adj. /ˌʌnˈseɪvərɪ/ *eller* **unsavory** (*amer.*) **1** usmakelig
2 (*om person*) tvilsom
3 (*om rykte*) dårlig
unscrew verb /ˌʌnˈskruː/ skru løs
unscrupulous adj. /ˌʌnˈskruːpjʊləs/ samvittighetsløs
unseen adj. /ˌʌnˈsiːn/ usett

a
b
c
d
e
f
g
h
i
j
k
l
m
n
o
p
q
r
s
t
u
v
w
x
y
z

unsettle verb /ˌʌnˈsetl/
1 *(om situasjon)* forstyrre
2 *(om person)* gjøre usikker
unsettled adj. /ˌʌnˈsetld/ 1 ustadig
2 *(om person)* usikker, forvirret
3 ubetalt
4 ubebodd
unshaken adj. /ˌʌnˈʃeɪkən/ urokkelig
unsightly adj. /ˌʌnˈsaɪtlɪ/ stygg
unskilled adj. /ˌʌnˈskɪld/ 1 ukyndig
2 ufaglært
unsociable adj. /ˌʌnˈsəʊʃəbl/ usosial
unsocial adj. /ˌʌnˈsəʊʃəl/ 1 usosial
2 *(om arbeidstid)* ubekvem,
ugunstig
unsophisticated adj. /ˌʌnsəˈfɪstɪkeɪtɪd/
enkel
unsound adj. /ˌʌnˈsaʊnd/
1 utrygg, ustabil
2 ikke frisk, syk
3 feilaktig, uholdbar
4 *(om moral)* fordervet
unspeakable adj. /ˌʌnˈspiːkəbl/
1 usigelig
2 unevnelig
unstable adj. /ˌʌnˈsteɪbl/ ustabil
unsteady adj. /ˌʌnˈstedɪ/ ustø
unsuited adj. /ˌʌnˈsuːtɪd/ upassende,
uegnet
unsurpassable adj. /ˌʌnsəˈpɑːsəbl/
uovertreffelig
unsuspecting adj. /ˌʌnsəˈspektɪŋ/
intetanende
unsustainable adj. /ˌʌnsəˈsteɪnəbl/
1 uholdbar
2 *(økologi)* ikke bærekraftig
unthinkable adj. /ˌʌnˈθɪŋkəbl/
utenkelig
untidy adj. /ˌʌnˈtaɪdɪ/ rotet, uordentlig
untie verb /ˌʌnˈtaɪ/ knyte opp
until[1] preposisjon /ənˈtɪl/
1 til • *wait until Thursday*
2 ikke før • *he did not come until ten*
3 før, innen • *until today I had never seen her*
until[2] konjunksjon /ənˈtɪl/ 1 til
2 før
not until ikke før
untimely adj. /ˌʌnˈtaɪmlɪ/ for tidlig,
uventet
untouched adj. /ˌʌnˈtʌtʃt/ 1 urørt
2 uberørt
untrue adj. /ˌʌnˈtruː/ 1 usann
2 *(om person)* troløs

unused adj. /ˌʌnˈjuːzd/, i betydning 2:
/ˌʌnˈjuːst/ 1 ubrukt
2 uvant
unusual adj. /ˌʌnˈjuːʒʊəl/ uvanlig
unveil verb /ˌʌnˈveɪl/ 1 avduke
2 avsløre
unwarranted adj. /ˌʌnˈwɒrəntɪd/
grunnløs, umotivert
unwell adj. /ʌnˈwel/ dårlig, uvel
unwieldy adj. /ˌʌnˈwiːldɪ/ 1 tung
2 upraktisk
unwilling adj. /ˌʌnˈwɪlɪŋ/ uvillig
unwittingly adverb /ʌnˈwɪtɪŋlɪ/
uforvarende
unworthy adj. /ˌʌnˈwɜːðɪ/ uverdig,
ufortjent
unwrap verb /ˌʌnˈræp/ pakke opp,
pakke ut
unwritten adj. /ˌʌnˈrɪtn/ *(om lov, regel e.l.)* uskreven
up[1] subst. /ʌp/ 1 opptur *m*
2 medgang *m*
ups and downs medgang og
motgang
up[2] adverb /ʌp/ opp
be up to 1 pønske på **2** duge til
up for 1 oppe til **2** aktuell som
up to 1 opp til, frem til
2 etter, i samsvar med
what's up? hva skjer?,
skjer'a? *(slang)*
up[3] preposisjon /ʌp/ 1 oppe, oppe i
2 lenger opp, lenger bort
upbringing subst. /ˈʌpˌbrɪŋɪŋ/
oppdragelse *m*
update[1] subst. /ˈʌpdeɪt/
oppdatering *m/f*
update[2] verb /ʌpˈdeɪt/ oppdatere
upgrade[1] subst. /ˈʌpɡreɪd/
oppgradering *m/f*
upgrade[2] verb /ʌpˈɡreɪd/ oppgradere
upheaval subst. /ʌpˈhiːvəl/
omveltning *m/f*, kaos *n*
uphill adj. /ˈʌphɪl/ stigende, bratt
uphold verb (upheld – upheld)
/ʌpˈhəʊld/ 1 tillate, tolerere
2 opprettholde
upholster verb /ʌpˈhəʊlstə/ stoppe,
polstre
upkeep subst. /ˈʌpkiːp/ vedlikehold *n*
upon preposisjon /əˈpɒn/ 1 på
2 opp på
upper adj. /ˈʌpə/ øvre, høyere
the upper class subst. overklassen

the **upper hand** subst. overtaket
upper jaw subst. overkjeve *m*
uppermost adj. /'ʌpəməʊst/ øverst,
høyest
upper secondary school subst.
videregående skole *m*
upright adj. /'ʌpraɪt/ **1** loddrett
2 hederlig, rettskaffen
uproar subst. /'ʌprɔ:/ **1** opprør *n*
2 spetakkel *n*, rabalder *n*
upset[1] verb (upset – upset) /ʌp'set/
1 velte
2 opprøre, gjøre oppbrakt
upset[2] adj. /ʌp'set/ opprørt, forstyrret
upsetting adj. /ʌp'setɪŋ/ opprørende
upside subst. /'ʌpsaɪd/ overside *m/f*
upside down adj. /ˌʌpsaɪ(d)'daʊn/
opp-ned
upstairs adverb /ˌʌp'steəz/
opp trappen, opp
upsurge subst. /'ʌpsɜ:dʒ/ oppsving *n*,
økning *m/f*
upswing subst. /'ʌpswɪŋ/ oppsving *n*
up-to-date adj. /ˌʌptə'deɪt/ oppdatert,
moderne
upward adj. /'ʌpwəd/ oppadgående
uranium subst. /jʊ'reɪnjəm/ uran *n*
urban adj. /'ɜ:bən/ by-, urban
urchin subst. /'ɜ:tʃɪn/ **1** rakkerunge *m*
2 (*også* sea urchin) sjøpinnsvin *n*
urge[1] subst. /ɜ:dʒ/ **1** trang *m*, begjær *n*
2 drivkraft *m/f*
urge[2] verb /ɜ:dʒ/ **1** drive, presse
2 (prøve å) overtale, be inntrengende
3 anbefale
urge against fraråde
urgency subst. /'ɜ:dʒᵊnsɪ/ **1** press *n*
2 alvor *n*
urgent adj. /'ɜ:dʒᵊnt/ **1** alvorlig, viktig
2 som haster
urinary infection subst.
urinveisinfeksjon *m*
urinate verb /'jʊərɪneɪt/ urinere, tisse
urine subst. /'jʊərɪn/ urin *m*
URL /ju:ɑ:r'el/ (*IT, fork. for* Uniform
Resource Locator) URL
urn subst. /ɜ:n/ urne *m/f*
US /ju:'es/ (*fork. for* United States)
USA
us pronomen /ʌs/, trykksvak: /əs/, /s/
oss
USA /ju:es'eɪ/ (*fork. for* United States
of America) USA
usable adj. /'ju:zəbl/ brukbar

usage subst. /'ju:sɪdʒ/
1 bruk *m/n*, behandling *m/f*
2 tradisjon *m*
use[1] subst. /ju:s/ **1** bruk *m*
2 anvendelse *m*
3 nytte *m/f*, vits *m*
be of use være/komme til nytte
use[2] verb /ju:z/ **1** bruke, benytte
2 behandle
be used to være vant til
used to pleide, brukte
used up slutt, oppbrukt
use up bruke opp
useable adj. /'ju:zəbl/ brukbar
useful adj. /'ju:sfᵊl/ **1** nyttig
2 brukbar
useless adj. /'ju:sləs/ **1** unyttig
2 meningsløs
user subst. /'ju:zə/ bruker *m*
user-friendly adj. /'ju:zə,frendlɪ/
brukervennlig
user interface subst. (*IT*)
brukergrensesnitt *n*
username subst. /'ju:zəneɪm/ (*IT*)
brukernavn *n*
usher[1] subst. /'ʌʃə/ **1** dørvakt
2 kontrollør *m*
3 rettsbetjent *m*
usher[2] verb /'ʌʃə/ føre, ledsage
usual adj. /'ju:ʒʊəl/ vanlig
as usual som vanlig
usurp verb /ju:'zɜ:p/ tilrive seg
usurper subst. /ju:'zɜ:pə/ tronraner *m*
usury subst. /'ju:ʒərɪ/ åger *m/n*
utensil subst. /ju:'tensl/ redskap *m/n*,
verktøy *n*
uterus subst. /'ju:tərəs/ livmor *m/f*
utility subst. /ju:'tɪlətɪ/ nytte *m/f*
utilization subst. /ˌju:tɪlaɪ'zeɪʃᵊn/
utnyttelse *m*
utilize verb /'ju:tɪlaɪz/ utnytte
utmost[1] subst. /'ʌtməʊst/
bare i uttrykk
at the utmost høyst, i beste fall
do one's utmost gjøre sitt beste
the utmost det ytterste, det største
utmost[2] adj. /'ʌtməʊst/ ytterst, størst
utopian adj. /ju:'təʊpɪən/ utopisk
utter[1] verb /'ʌtə/ ytre, uttale
utter[2] adj. /'ʌtə/ fullstendig, total
utterance subst. /'ʌtᵊrᵊns/ ytring *m/f*
utterly adverb /'ʌtəlɪ/ fullstendig, ytterst
uvula subst. /'ju:vjələ/,
i flertall: /'ju:vjəli:/ drøvel *m*

a
b
c
d
e
f
g
h
i
j
k
l
m
n
o
p
q
r
s
t
u
v
w
x
y
z

V

vacancy subst. /'veɪkənsɪ/ **1** tomrom *n*
2 ledig plass *m*, ledig stilling *m/f*
vacant adj. /'veɪkənt/ **1** tom
2 ledig, ubesatt
vacation subst. /və'keɪʃən/, amer:
/veɪ'keɪʃən/ *(spesielt amer.)* ferie *m*
vaccinate verb /'væksɪneɪt/ vaksinere
vaccination subst. /ˌvæksɪ'neɪʃən/
vaksinasjon *m*
vaccine subst. /'væksiːn/ vaksine *m*
vacillate verb /'væsɪleɪt/ svinge, vakle,
være ubesluttsom
vacuum subst. /'vækjʊːm/ vakuum *n*,
tomrom *n*
vacuum cleaner subst. støvsuger *m*
vagina subst. /və'dʒaɪnə/ vagina *m*,
skjede *m*
vagrant subst. /'veɪgrənt/
landstryker *m*, løsgjenger *m*
vague adj. /veɪg/ uklar, ubestemt
vain adj. /veɪn/ **1** forfengelig
2 forgjeves, nytteløs
in vain forgjeves
valet subst. /'væleɪ/ kammertjener *m*
valiant adj. /'væljənt/ tapper, modig
valid adj. /'vælɪd/ gyldig
validity subst. /və'lɪdətɪ/ gyldighet *m*
valley subst. /'vælɪ/ dal *m*
valour subst. /'vælə/ *eller* **valor**
(amer.) (litterært) tapperhet *m*
valuable adj. /'væljʊəbl/ verdifull
valuables subst. *flt.* /'væljʊəblz/
verdisaker
value[1] subst. /'væljuː/ verdi *m*
value[2] verb /'væljuː/ **1** verdsette
2 vurdere
valve subst. /vælv/ klaff *m*, ventil *m*,
rør *n*
vampire subst. /'væmpaɪə/ vampyr *m*
van subst. /væn/ varebil *m*
vandal subst. /'vændəl/ vandal *m*
vandalism subst. /'vændəlɪzəm/
vandalisme *m*, hærverk *n*
vandalize verb /'vændəlaɪz/
vandalisere, ødelegge
vanilla subst. /və'nɪlə/ vanilje *m*
vanish verb /'vænɪʃ/ forsvinne
vanity subst. /'vænətɪ/
forfengelighet *m*

vapour subst. /'veɪpə/ *eller* **vapor**
(amer.) damp *m*, dunst *m*
variable[1] subst. /'veərɪəbl/ variabel *m*
variable[2] adj. /'veərɪəbl/ foranderlig,
variabel
variance subst. /'veərɪəns/
1 forandring *m/f*, skifte *n*
2 strid *m*, uoverensstemmelse *m*
variation subst. /ˌveərɪ'eɪʃən/ variasjon
m, forandring *m/f*
variety subst. /və'raɪətɪ/
1 variasjon *m*, forandring *m/f*
2 mangfold *n*
3 *(teater, TV)* revyunderholdning *m/f*
various adj. /'veərɪəs/
1 forskjellige, ulike
2 diverse
varnish subst. /'vɑːnɪʃ/ lakk *m*,
ferniss *m*
vary verb /'veərɪ/ forandre (seg),
veksle, variere
vase subst. /vɑːz/, amer. også: /veɪs/
vase *m*
vast adj. /vɑːst/ enorm, veldig
VAT subst. /ˌviːeɪ'tiː/ *(fork. for
value-added tax)* moms *m*,
merverdiavgift *m/f*
vault[1] subst. /vɔːlt/ hvelv *n*,
hvelving *m/f*
vault[2] subst. /vɔːlt/ hopp *n*, sprang *n*
vault[3] verb /vɔːlt/ hoppe
veal subst. /viːl/ kalvekjøtt *n*
veg subst. /vedʒ/ *(hverdagslig
kortform for* vegetable(s)*)*
grønnsak(er)
vegan[1] subst. /'viːgən/ veganer *m*
vegan[2] adj. /'viːgən/ vegansk
vegetable subst. /'vedʒətəbl/
grønnsak *m/f*
vegetarian[1] subst. /ˌvedʒɪ'teərɪən/
vegetarianer *m*
vegetarian[2] adj. /ˌvedʒɪ'teərɪən/
vegetar-, vegetariansk
vegetation subst. /ˌvedʒɪ'teɪʃən/
vegetasjon *m*, plantevekst *m*
veggie subst. /'vedʒɪ/ *(hverdagslig)*
1 *(kortform av* vegetarian*)* veggis *m*,
vegetarianer *m*

2 *(kortform av* vegetable*)*
grønnsak *m/f*
vehemence subst. /'viːəməns/
heftighet *m*, voldsomhet *m*
vehement adj. /'viːəmənt/ heftig,
voldsom
vehicle subst. /'vɪəkəl/ **1** kjøretøy *n*
2 redskap *m/n*, uttrykksmiddel *n*
veil subst. /veɪl/ slør *n*
vein subst. /veɪn/
1 vene *m*, blodåre *m/f*
2 åre *m/f*
Velcro® subst. /'velkrəʊ/ borrelås *m*
velocity subst. /və'lɒsətɪ/ hastighet *m*,
fart *m*
velvet subst. /'velvət/ fløyel *m/n*
vending machine subst.
salgsautomat *m*
vendor subst. /'vendə/ *eller* **vender**
selger *m*, forhandler *m*
veneer subst. /və'nɪə/ finer *m*
venerable adj. /'venərəbl/ ærverdig,
aktverdig
venerate verb /'venəreɪt/ ære,
holde i ære, høyakte
veneration subst. /ˌvenə'reɪʃən/
ærbødighet *m*, ærefrykt *m*
hold in veneration høyakte, ære
venereal adj. /vɪ'nɪərɪəl/ venerisk,
kjønnslig
venereal disease subst.
kjønnssykdom *m*
Venetian[1] subst. /və'niːʃən/
venetianer *m*
Venetian[2] adj. /və'niːʃən/ venetiansk
venetian blind subst. persienne *m*
vengeance subst. /'vendʒəns/ hevn *m*
Venice /'venɪs/ Venezia
venison subst. /'venɪsən/ hjortekjøtt *n*
venom subst. /'venəm/ gift *m/f*
vent[1] subst. /vent/ **1** luftehull *n*
2 utløp *n*, uttrykk *n*
vent[2] verb /vent/ ventilere, lufte
ventilate verb /'ventɪleɪt/ ventilere,
lufte ut
ventilator subst. /'ventɪleɪtə/
ventilator *m*, ventil *m*
ventricle subst. /'ventrɪkl/ *(anatomi,
spesielt hjertekammer)* ventrikkel *m*
venture[1] subst. /'ventʃə/
1 vågestykke *n*, risiko *m*
2 *(handel)* spekulasjon *m*
venture[2] verb /'ventʃə/ **1** våge, risikere
2 driste seg, våge seg

veracious adj. /və'reɪʃəs/ sannferdig
veracity subst. /və'ræsətɪ/
sannferdighet *m*, ærlighet *m*
veranda subst. /və'rændə/ veranda *m*
verb subst. /vɜːb/ *(grammatikk)* verb *n*
verbal adj. /'vɜːbəl/ **1** ord-, verbal-
2 muntlig
verdict subst. /'vɜːdɪkt/ **1** kjennelse *m*
2 *(overført)* dom *m*, avgjørelse *m*
verge subst. /vɜːdʒ/ kant *m*, rand *m/f*
on the verge of 1 på nippet til,
like ved **2** på randen av
verify verb /'verɪfaɪ/ bekrefte
veritable adj. /'verɪtəbl/ sann, virkelig
vermin subst. (flertall: vermin)
/'vɜːmɪn/ *(verbet skal stå i flertall)*
skadedyr *n*, parasitt *m*
verse subst. /vɜːs/ **1** poesi *m*, vers *n*
2 verslinje *m*
versed adj. /vɜːst/ dyktig, flink
version subst. /'vɜːʃən/ versjon *m*,
utgave *m/f*
vertebra subst. /'vɜːtɪbrə/
ryggvirvel *m*
vertical adj. /'vɜːtɪkəl/ loddrett,
vertikal
very adverb /'verɪ/ veldig, svært
at the very least i det minste, iallfall
very well ok, ja vel, skal bli
vessel subst. /'vesl/ **1** skip *n*
2 kar *n*, skål *m/f*, bøtte *m/f*
vest subst. /vest/
1 *(britisk)* undertrøye *m/f*
2 *(amer. og australsk)* vest *m*
vestibule subst. /'vestɪbjuːl/
vestibyle *m*, entré *m*
vet[1] subst. /vet/ dyrlege *m*,
veterinær *m*
vet[2] subst. /vet/ *(kortform for* veteran*)*
veteran *m*
vet[3] verb /vet/ undersøke
veteran subst. /'vetərən/ veteran *m*
veterinary subst. /'vetərɪnərɪ/
veterinær *m*, dyrlege *m*
vex verb /veks/ irritere, ergre
vexing adj. /'veksɪŋ/ irriterende
viable adj. /'vaɪəbl/
1 gjennomførbar, mulig
2 levedyktig
vial subst. /'vaɪəl/ **1** medisinglass *n*
2 ampulle *m*
vibrate verb /vaɪ'breɪt/ vibrere, dirre
vibration subst. /vaɪ'breɪʃən/
vibrasjon *m*, dirring *m/f*, risting *m/f*

a b c d e f g h i j k l m n o p q r s t u v w x y z

vicar subst. /ˈvɪkə/ sogneprest *m*
vice¹ subst. /vaɪs/ **1** last *m/f*
2 svakhet *m*, feil *m*
vice² adj. /vaɪs/ vise-
vice-chairman subst. /ˌvaɪsˈtʃeəmən/ viseformann *m*
vice-president subst. /ˌvaɪsˈprezɪdᵊnt/ visepresident *m*
vice versa adverb /ˌvaɪsɪˈvɜːsə/ vice versa, omvendt
vicinity subst. /vɪˈsɪnəti/ nærhet *m*
in the vicinity of i nærheten av
vicious adj. /ˈvɪʃəs/ ond, ondskapsfull
victim subst. /ˈvɪktɪm/ offer *n*
victimize verb /ˈvɪktɪmaɪz/
1 plage, trakassere
2 bedra, lure, narre
3 diskriminere (mot)
victor subst. /ˈvɪktə/ seierherre *m*
victorious adj. /vɪkˈtɔːriəs/ seierende, seierrik
victory subst. /ˈvɪktᵊri/ seier *m*
video subst. /ˈvɪdiəʊ/ video *m*
video blog subst. videoblogg *m*
video game subst. TV-spill *n*, videospill *n*
videotape subst. /ˈvɪdiəʊteɪp/ videobånd *n*
Vienna subst. /viˈenə/ Wien
view¹ subst. /vjuː/ **1** syn *n*, blikk *n*
2 utsikt *m*
3 oversikt *m*, overblikk *n*
4 synspunkt *n*, oppfatning *m/f*
5 perspektiv *n*, ståsted *n*
point of view ståsted, synspunkt
view² verb /vjuː/ se på, betrakte
viewpoint subst. /ˈvjuːpɔɪnt/
1 utsiktspunkt *n*
2 synspunkt *n*
vigil subst. /ˈvɪdʒɪl/ nattevakt *m*, vake *m/f*
keep vigil over våke over
vigilance subst. /ˈvɪdʒɪləns/ vaktsomhet *m*, årvåkenhet *m*
vigilant adj. /ˈvɪdʒɪlənt/ vaktsom
vigorous adj. /ˈvɪɡᵊrəs/ energisk, kraftig, sterk, sprek
vigour subst. /ˈvɪɡə/ *eller* **vigor** *(amer.)* energi *m*, kraft *m/f*
Viking subst. /ˈvaɪkɪŋ/ viking *m*
vile adj. /vaɪl/ **1** sjofel, skammelig
2 ekkel, motbydelig
vilify verb /ˈvɪlɪfaɪ/ rakke ned på, sverte
village subst. /ˈvɪlɪdʒ/ landsby *m*

villager subst. /ˈvɪlɪdʒə/ landsbyboer *m*
villain subst. /ˈvɪlən/ kjeltring *m*, skurk *m*
vindicate verb /ˈvɪndɪkeɪt/ **1** forsvare, rettferdiggjøre
2 hevde, forfekte
vinegar subst. /ˈvɪnɪɡə/ eddik *m*
vineyard subst. /ˈvɪnjəd/ vingård *m*
vintage adj. /ˈvɪntɪdʒ/ **1** *(særlig om vin)* av fin (gammel) årgang
2 *(om klær, møbler osv.)* brukt
viola subst. /viˈaɪələ/ *(blomst)* fiol *m*
violate verb /ˈvaɪəleɪt/ **1** bryte, overtre
2 krenke
violence subst. /ˈvaɪələns/ vold *m*
domestic violence familievold
violent adj. /ˈvaɪələnt/ **1** voldelig
2 voldsom, heftig
violet subst. /ˈvaɪələt/ **1** fiol *m*
2 *(farge)* fiolett *n*
violin subst. /ˌvaɪəˈlɪn/ fiolin *m*
viper subst. /ˈvaɪpə/ huggorm *m*
viral adj. /ˈvaɪərᵊl/ **1** virus-
2 *(på internett)* viral, *forklaring:* som sprer seg raskt
virgin subst. /ˈvɜːdʒɪn/ jomfru *m/f*
virginity subst. /vəˈdʒɪnəti/ jomfrudom *m*
Virgo subst. /ˈvɜːɡəʊ/ *(stjernetegn)* Jomfruen
virtual adj. /ˈvɜːtʃʊəl/
1 virkelig, faktisk
2 *(IT)* virtuell
virtue subst. /ˈvɜːtʃuː/ dyd *m*
by virtue of i kraft av, på grunn av
virtuous adj. /ˈvɜːtʃʊəs/ dydig
virus subst. /ˈvaɪrəs/ virus *n*
visa subst. /ˈviːzə/ visum *n*
visibility subst. /ˌvɪziˈbɪləti/
1 synlighet *m*
2 sikt *m*
visible adj. /ˈvɪzəbl/ synlig
vision subst. /ˈvɪʒᵊn/
1 syn *n*, synsevne *m/f*
2 syn *n*, åpenbaring *m/f*
visionary subst. /ˈvɪʒᵊnəri/ visjonær *m*
visit¹ subst. /ˈvɪzɪt/ besøk *n*
visit² verb /ˈvɪzɪt/ besøke
visitor subst. /ˈvɪzɪtə/ besøkende *m*, gjest *m*
visual adj. /ˈvɪʒʊəl/ **1** syns-
2 visuell
3 synlig

vital adj. /ˈvaɪtl/ **1** livs-, vital-
2 livsviktig
vitality subst. /vaɪˈtæləti/ livskraft m/f
vitamin subst. /ˈvɪtəmɪn/,
amer.: /ˈvaɪtəmɪn/ vitamin n
vivid adj. /ˈvɪvɪd/ **1** livlig, levende
2 (overført) livaktig
vlog subst. /vlɒg/ (sammentrekning
av video og blog) vlogg m,
videoblogg m
vocabulary subst. /və(ʊ)ˈkæbjələri/
1 ordliste m/f
2 ordforråd n
vocal adj. /ˈvəʊkl/ **1** stemme-
2 sang-, vokal-
3 pratsom, høylytt
vocal cords subst. stemmebånd n
vocalist subst. /ˈvəʊkəlɪst/ vokalist m
vocation subst. /və(ʊ)ˈkeɪʃən/ yrke n,
kall n
vocational training subst.
yrkesfaglig opplæring m/f
vocational training school subst.
yrkesskole m
vogue subst. /vəʊg/ mote m
in vogue moderne, i vinden
voice[1] subst. /vɔɪs/ stemme m
voice[2] verb /vɔɪs/ ytre, gi uttrykk for
voiceless adj. /ˈvɔɪsləs/ stum, uuttalt
voicemail subst. telefonsvarer,
mobilsvar
void[1] subst. /vɔɪd/ tomrom n
void[2] adj. /vɔɪd/ **1** tom
2 (jus) ugyldig
volatile adj. /ˈvɒlətaɪl/,
amer.: /ˈvɑːlətəl/ **1** flyktig
2 (om person) ustabil
volcano subst. /vɒlˈkeɪnəʊ/ vulkan m
volition subst. /və(ʊ)ˈlɪʃn/ vilje m
volley subst. /ˈvɒli/ **1** (militærvesen)
salve m/f, geværskudd n
2 (sport) volley m
voltage subst. /ˈvəʊltɪdʒ/ spenning m/f

volume subst. /ˈvɒljuːm/ **1** bokbind n
2 størrelse m, masse m, omfang n
3 (om lyd) volum n, lydstyrke m
voluminous adj. /vəˈluːmɪnəs/
omfangsrik, stor
voluntary adj. /ˈvɒləntəri/ frivillig
voluntary organization subst.
frivillig organisasjon m
volunteer[1] subst. /ˌvɒlənˈtɪə/ frivillig
volunteer[2] verb /ˌvɒlənˈtɪə/
melde seg frivillig
voluptuous adj. /vəˈlʌptʃʊəs/ vellystig
vomit[1] subst. /ˈvɒmɪt/ oppkast n, spy n
vomit[2] verb /ˈvɒmɪt/ brekke seg,
kaste opp, spy
voracious adj. /vəˈreɪʃəs/ glupsk,
grådig
vortex subst. /ˈvɔːteks/ malstrøm m
vote[1] subst. /vəʊt/ **1** stemme m
2 avstemning m/f
popular vote folkeavstemning
vote[2] verb /vəʊt/ **1** stemme
2 vedta
voter subst. /ˈvəʊtə/ velger m
vouch verb /vaʊtʃ/ bekrefte, bevitne
vouch for garantere for, gå god for
voucher subst. /ˈvaʊtʃə/
1 verdikupong m, rabattkupong m
2 tilgodelapp m
3 kvittering m/f
4 (også gift voucher) gavekort n
vow[1] subst. /vaʊ/ (høytidelig) løfte n
vow[2] verb /vaʊ/ sverge, love
vowel subst. /ˈvaʊəl/ vokal m
voyage subst. /ˈvɔɪɪdʒ/ sjøreise m/f
vulcanic adj. /vʌlˈkænɪk/ vulkansk
vulgar adj. /ˈvʌlgə/ **1** vulgær, simpel
2 vanlig, alminnelig
vulnerable adj. /ˈvʌlnərəbl/ sårbar,
utsatt
vulture subst. /ˈvʌltʃə/ gribb m
vulva subst. /ˈvʌlvə/ vulva (de ytre
kvinnelige kjønnsorganer)

a b c d e f g h i j k l m n o p q r s t u v w x y z

W

wad subst. /wɒd/ bit *m*, klump *m*, dott *m*
wade verb /weɪd/ vade, vasse
wader subst. /'weɪdə/ vadefugl *m*
wafer subst. /'weɪfə/ **1** kjeks *m*
  2 oblat *m*
waffle subst. /'wɒfl/ vaffel *m*
waffle iron subst. vaffeljern *n*
wag verb /wæg/ **1** logre
  2 vralte
wage[1] subst. /weɪdʒ/ lønn *m/f*
wage[2] verb /weɪdʒ/ føre, utkjempe
  wage war føre krig
wager[1] subst. /'weɪdʒə/ veddemål *n*
wager[2] verb /'weɪdʒə/ vedde
  wager on vedde på
wagon subst. /'wægən/ *eller* **waggon**
  1 vogn *m/f*
  2 *(amer.)* kjerre *m/f*
wagtail subst. /'wægteɪl/ linerle *m/f*
waif subst. /weɪf/ **1** foreldreløst barn
  2 herreløst dyr
wail verb /weɪl/ klage
waist subst. /weɪst/ midje *m/f*
waistcoat subst. /'weɪs(t)kəʊt/ vest *m*
wait verb /weɪt/ **1** vente
  2 servere
  wait for vente på
  wait on/upon varte opp
waiter subst. /'weɪtə/ servitør *m*
waiting room subst. venterom *n*
waitress subst. /'weɪtrəs/ servitør *m*
waive verb /weɪv/ **1** avstå fra
  2 oppgi
wake[1] subst. /weɪk/ kjølvann *n*
wake[2] verb (woke – woken) /weɪk/
  1 våkne
  2 vekke
  wake up 1 våkne **2** vekke
waken verb /'weɪkən/ *(litterært)*
  1 våkne
  2 vekke
Wales /weɪlz/ Wales
walk[1] subst. /wɔːk/
  1 gåtur *m*, spasertur *m*
  2 gange *m*
walk[2] verb /wɔːk/ gå, spasere
walking stick subst. spaserstokk *m*
wall[1] subst. /wɔːl/ vegg *m*, mur *m*

wall[2] verb /wɔːl/
  1 omgi (seg) med mur
  2 mure igjen
  3 avgrense
wallet subst. /'wɒlɪt/ lommebok *m/f*
wallflower subst. /'wɔːlˌflaʊə/
  veggpryd *m*
wallow verb /'wɒləʊ/ velte seg
wallpaper subst. /'wɔːlˌpeɪpə/ tapet *n*
walnut subst. /'wɔːlnʌt/ valnøtt *m/f*
walrus subst. /'wɔːlrəs/ hvalross *m*
waltz subst. /wɔːl(t)s/ vals *m*
wander verb /'wɒndə/
  1 vandre omkring
  2 gå seg vill
wanderer subst. /'wɒndərə/
  vandrer *m*
wane verb /weɪn/ avta, minke
wanna verb /'wɒnə/ *(hverdagslig)*
  sammentrukket want to
want[1] subst. /wɒnt/
  1 mangel *m*, behov *n*
  2 nød *m/f*
  3 lyst *m*
  for want of av mangel på
want[2] verb /wɒnt/ ville ha, ønske seg
wanton adj. /'wɒntən/ **1** uprovosert
  2 lettferdig
war subst. /wɔː/ krig *m*
warble subst. /'wɔːbl/ fuglesang *m*,
  kvitring *m/f*
war crime subst. krigsforbrytelse *m*
ward[1] subst. /wɔːd/ **1** avdeling *m/f*
  2 bydel *m*
  3 umyndig person *m*
ward[2] verb /wɔːd/
  legge inn på sykehus
  ward off avverge
warden subst. /'wɔːdn/
  1 *(britisk)* rektor *m*
  2 *(amer.)* fengselsdirektør *m*
  3 oppsynsmann *m*
  4 formynder *m*
wardrobe subst. /'wɔːdrəʊb/
  garderobe *m*
ware subst. /weə/ **1** vare *m/f*
  2 *(i sammensetninger)* -varer,
  -gods • *they sell ironware* de selger
  jernvarer
  3 keramikk *m*

warehouse subst. /ˈweəhaʊs/
 lagerbygning *m*
warfare subst. /ˈwɔːfeə/ krig *m*,
 krigføring *m/f*
warhead subst. /ˈwɔːhed/ stridshode *n*
warm¹ verb /wɔːm/ varme opp
warm² adj. /wɔːm/ varm
warmth subst. /wɔːmθ/ varme *m*
warn verb /wɔːn/ advare, varsle
 warn against advare mot
warning subst. /ˈwɔːnɪŋ/ advarsel *m*,
 varsel *n*
warp verb /wɔːp/ **1** vri, gjøre skjev
 2 forvrenge
warrant¹ subst. /ˈwɒrənt/
 1 fullmakt *m/f*
 2 arrestordre *m*, ransakelsesordre *m*
 3 hjemmel *m*
 4 *(handel)* garanti *m*
warrant² verb /ˈwɒrənt/ **1** berettige
 2 garantere
warrior subst. /ˈwɒrɪə/ kriger *m*
wart subst. /wɔːt/ vorte *m/f*
wary adj. /ˈweərɪ/ forsiktig
was verb /wɒz/, trykksvak: /wəz/
 se ▶be¹
wash¹ subst. /wɒʃ/ vask *m*
wash² verb /wɒʃ/ **1** vaske, vaske seg
 2 skylle
washbasin subst. /ˈwɒʃˌbeɪsn/
 vaskeservant *m*
washer subst. /ˈwɒʃə/ vaskemaskin *m*
washing subst. /ˈwɒʃɪŋ/ **1** vasking *m/f*
 2 (tøy)vask *m/f*
washing machine subst.
 vaskemaskin *m*
washing powder subst. vaskepulver *n*
washing-up subst. /ˌwɒʃɪŋˈʌp/
 oppvask *m*
wasn't /ˈwɒznt/
 sammentrukket was not
wasp subst. /wɒsp/ veps *m*
waste¹ subst. /weɪst/ **1** sløseri *n*
 2 avfall *n*
 3 ødemark *m/f*
 go to waste gå til spille
waste² verb /weɪst/ **1** sløse
 2 gå til spille
waste³ adj. /weɪst/ **1** øde
 2 avfalls-
waste disposal subst. renovasjon *m*
wasteful adj. /ˈweɪstfəl/ sløsete
wasteland subst. /ˈweɪstlænd/
 ødemark *m/f*

watch¹ subst. /wɒtʃ/ **1** armbåndsur *n*
 2 vakt *m/f*
watch² verb /wɒtʃ/ **1** se på
 2 passe på, holde vakt
 watch out for se opp for
watchdog subst. /ˈwɒtʃdɒg/
 vakthund *m*
watchful adj. /ˈwɒtʃfəl/ aktpågivende
watchman subst. /ˈwɒtʃmən/
 nattevakt *m*
watchtower subst. /ˈwɒtʃˌtaʊə/
 vakttårn *n*
watchword subst. /ˈwɒtʃwɜːd/
 parole *m*
water¹ subst. /ˈwɔːtə/ vann *n*
 high water flo, høyvann
 low water fjære, lavvann
water² verb /ˈwɔːtə/ **1** vanne, gi vann
 2 *(om munn/tenner)* løpe i vann
 3 spe
water closet subst. vannklosett *n*
watercolour subst. /ˈwɔːtəˌkʌlə/ *eller*
 watercolor *(amer.)* vannfarge *m*
watercourse subst. /ˈwɔːtəkɔːs/
 vassdrag *n*
waterfall subst. /ˈwɔːtəfɔːl/ foss *m*
water heater subst.
 varmtvannsbereder *m*
watering hole subst. vannhull *n*,
 skjenkested *n*
waterproof¹ subst. /ˈwɔːtəpruːf/
 regnfrakk *m*
waterproof² adj. /ˈwɔːtəpruːf/ vanntett
watershed subst. /ˈwɔːtəʃed/
 vannskille *n*
watertight adj. vanntett
waterway subst. /ˈwɔːtəweɪ/
 1 vannvei *m*
 2 kanal *m*
waterworks subst. *flt.* /ˈwɔːtəwɜːks/
 vannverk *n*
watery adj. /ˈwɔːtərɪ/ **1** våt
 2 vassen
wave¹ subst. /weɪv/ bølge *m/f*
wave² verb /weɪv/ **1** vinke
 2 bølge, vaie
waver verb /ˈweɪvə/ **1** vakle
 2 skjelve
wax¹ subst. /wæks/ voks *m/n*
wax² verb /wæks/ vokse
way¹ subst. /weɪ/ **1** måte *m* • *that's just
 the way I am* det er bare sånn jeg er
 2 vei *m*
 by the way forresten

get one's way få viljen sin
in a way på en måte
no way! 1 aldri i livet!
2 det er ikke sant!
way² adverb /weɪ/ **1** langt, høyt, veldig
2 *(amer.)* altfor
wayside subst. /ˈweɪsaɪd/ veikant
wayward adj. /ˈweɪwəd/ **1** egensindig
2 lunefull
we pronomen /wiː/, trykksvak: /wɪ/ vi
weak adj. /wiːk/ svak
weaken verb /ˈwiːkᵊn/ svekke
weakling subst. /ˈwiːklɪŋ/ svekling *m*
weakly adj. /ˈwiːklɪ/ svakelig
weakness subst. /ˈwiːknəs/ svakhet *m*
wealth subst. /welθ/ rikdom *m*,
velstand *m*
wealthy adj. /ˈwelθɪ/ rik
weapon subst. /ˈwepən/ våpen *n*
wear¹ subst. /weə/ **1** bruk *m/n*
2 slitasje *m*
wear² verb (wore – worn) /weə/
1 ha på seg
2 slite
3 holde, tåle, vare
wear down 1 slite ned **2** slite ut
wear off gå over, gi seg
weariness subst. /ˈwɪərɪnəs/ tretthet *m*
weary¹ verb /ˈwɪərɪ/ **1** trette (ut)
2 bli trett
weary² adj. /ˈwɪərɪ/ trett, utslitt
weary of lei av, trett av
weather subst. /ˈweðə/ vær *n*
weatherbound adj. /ˈweðəbaʊnd/
værfast
weather forecast subst.
værmelding *m/f*
weave¹ subst. /wiːv/
1 vev *m*, veving *m/f*
2 binding *m/f*
weave² verb (wove – woven) /wiːv/
1 veve
2 flette, binde
web subst. /web/ **1** nett *n*, vev *m*
2 spindelvev *m*
3 *(IT)* internett *eller* Internett *n*,
nett *n*
web address subst. nettadresse *m/f*
website subst. /ˈwebsaɪt/ *eller*
web page nettside *m/f*, nettsted *n*
we'd /wiːd/ *sammentrukket* we had,
we would, we should
wed verb (wedded – wedded eller wed
– wed) /wed/ gifte seg med, ekte

wedding subst. /ˈwedɪŋ/ bryllup *n*
wedding ring subst. *eller*
wedding band *(amer.)* giftering *m*
wedge¹ subst. /wedʒ/ kile *m*
wedge² verb /wedʒ/ kile fast
wedlock subst. /ˈwedlɒk/ ekteskap *n*
Wednesday subst. /ˈwenzdeɪ/
onsdag *m*
weed¹ subst. /wiːd/ **1** ugress *n*
2 marihuana *m*
weed² verb /wiːd/ **1** luke
2 renske
weedkiller subst. /ˈwiːdˌkɪlə/
ugressmiddel *n*
week subst. /wiːk/ uke *m/f*
for weeks i ukevis
weekday subst. /ˈwiːkdeɪ/ ukedag *m*,
hverdag *m*
weekly¹ subst. /ˈwiːklɪ/ ukeblad *n*
weekly² adj. /ˈwiːklɪ/ ukentlig
weep verb (wept – wept) /wiːp/ gråte
weigh verb /weɪ/ veie
weigh on tynge
weight subst. /weɪt/ **1** vekt *m/f*
2 byrde *m*
weightless adj. /ˈweɪtləs/ vektløs
weightlifting subst. /ˈweɪtˌlɪftɪŋ/
(sport) vektløfting *m/f*
weight loss subst. vekttap *n*
weight loss surgery subst.
slankeoperasjon *m*
weighty adj. /ˈweɪtɪ/ tung, tyngende
weird adj. /wɪəd/ rar, underlig
welcome¹ subst. /ˈwelkəm/
velkomst *m*
welcome² verb (welcomed –
welcomed) /ˈwelkəm/
1 ønske velkommen
2 se frem til
welcome³ adj. /ˈwelkəm/ velkommen,
kjærkommen
you're welcome! ingen årsak!
weld verb /weld/ sveise (sammen)
welfare subst. /ˈwelfeə/ velferd *m/f*
well¹ subst. /wel/ **1** brønn *m*
2 kilde *m*
well² verb /wel/ strømme, velle
well up strømme frem
well³ adj. /wel/ **1** frisk, bra
2 bra, godt
well⁴ adverb (better – best) /wel/
vel, bra
as well 1 også, dessuten
2 like gjerne, like godt

well⁵ interjeksjon /wel/ nå, vel, nåja
  very well OK
we'll /wiːl/ *sammentrukket* we will,
  we shall
well-behaved adj. /ˌwelbɪˈheɪvd/
  veloppdragen
wellies subst. *flt.* /ˈwelɪz/ *(hverdagslig)*
  gummistøvler
Welsh subst. /welʃ/ walisisk
Welshman subst. /ˈwelʃmən/
  waliser *m*
welter¹ subst. /ˈweltə/ virvar *n*, rot *n*
welter² verb /ˈweltə/ **1** være i opprør
  2 velte seg
went verb /went/ *se* ▶go²
wept verb /wept/ *se* ▶weep
were verb /wɜː/, trykksvak: /wə/ *se*
  ▶be¹
we're /wɪə/ *sammentrukket* we are
weren't /wɜːnt/ *sammentrukket*
  were not
werewolf subst. /ˈweəwʊlf/ varulv *m*
west¹ subst. /west/ **1** vest
  2 vestlig del, vest-
west² adverb /west/ mot vest, vestover
western¹ subst. /ˈwestən/ *(film)*
  western *m*
western² adj. /ˈwestən/ vestlig
westerner subst. /ˈwestənə/
  vestlending *m*
Western Europe Vest-Europa
westward adverb /ˈwestwəd/ vestover
west wind subst. vestavind *m*
wet adj. /wet/ **1** våt, fuktig
  2 *(om vær)* regnfull
wetlands subst. *flt.* /ˈwetlændz/
  våtmark *m/f*
we've /wiːv/ *sammentrukket* we have
whack¹ subst. /wæk/ **1** slag *n*, klask *n*
  2 del *m*
whack² verb /wæk/ slå
whale subst. /weɪl/ hval *m*
whaler subst. /ˈweɪlə/ **1** hvalfanger *m*
  2 hvalfangerskute *m/f*
whaling subst. /ˈweɪlɪŋ/ hvalfangst *m*
wharf subst. (flertall: wharves) /wɔːf/
  kai *m/f*, brygge *m/f*
what¹ determinativ /wɒt/ hvilken,
  hvilket, hva slags
what² pronomen /wɒt/ **1** hva • *what
  does it mean?*
  2 det • *what this city needs is more
  cars*
  so what? hva så?, og så?

what about hva med
what if hva om, tenk om
what's up? *(hverdagslig)* skjer'a?
what time is it? hva er klokka?
whatever¹ adverb /wɒtˈevə/ uansett
  hva, uansett hvilke(n)/hvilket
whatever² pronomen /wɒtˈevə/
  (alt) hva, alt som
  or whatever eller noe sånt
whatever³ interjeksjon /wɒtˈevə/
  samme det
whatsoever adverb /ˌwɒtsəʊˈevə/
  overhodet
wheat subst. /wiːt/ hvete *m*
wheel¹ subst. /wiːl/ **1** hjul *n*
  2 ratt *n*
wheel² verb /wiːl/ **1** rulle, kjøre
  2 dreie, svinge
wheelbarrow subst. /ˈwiːlˌbærəʊ/
  trillebår *m/f*
wheelchair subst. /ˈwiːltʃeə/
  rullestol *m*
wheeze verb /wiːz/ **1** puste tungt
  2 hvese
whelp subst. /welp/ valp *m*
when¹ adverb /wen/ når, da
when² subjunksjon /wen/ **1** når, da
  2 som • *when young* som ung
  3 enda, selv om
whenever subjunksjon /wenˈevə/ **1** når
  ... enn, når som helst
  2 hver gang
where adverb /weə/ **1** hvor
  2 der, dit
whereabouts¹ subst. /ˈweərəbaʊts/
  oppholdssted *n*
whereabouts² adverb /ˌweərəˈbaʊts/
  hvor (omtrent) • *whereabouts are
  you from?*
whereas subjunksjon /weərˈæz/
  mens (derimot)
whereupon adverb /ˌweərəˈpɒn/
  1 hvorpå
  2 hvoretter
wherever adverb /weərˈevə/
  1 uansett hvor, hvor enn
  2 hvor i all verden
  wherever! hvor som helst!
whet verb /wet/ **1** slipe
  2 skjerpe
whether subjunksjon /ˈweðə/ om,
  hvorvidt
  whether ... or not enten ... eller ikke

whetstone subst. /'wetstəʊn/
slipestein *m*

whey subst. /weɪ/ myse *m/f*

which[1] determinativ /wɪtʃ/ hvilken,
hvilket, hvem • *which car is it?*
hvilken bil er det?

which[2] subjunksjon /wɪtʃ/
(i relativsetninger) som, hvilket,
hva, noe som • *the river which flows
through London is called the Thames*
elven som renner gjennom London,
heter Themsen

while[1] subst. /waɪl/ stund *m/f*
for a while en stund, en tid
in a while om en stund
once in a while av og til

while[2] subjunksjon /waɪl/
1 mens, så lenge • *while in London,
she studied economics*
2 derimot, selv om

whim subst. /wɪm/ nykk *m/n*,
innfall *n*, idé *m*

whimper verb /'wɪmpə/ klynke

whimsical adj. /'wɪmzɪkəl/ **1** lunefull
2 snodig, vimsete

whine verb /waɪn/ klage, sutre

whip[1] subst. /wɪp/ **1** pisk *m*
2 piskeslag *n*
3 *(politikk)* innpisker *m*

whip[2] verb /wɪp/ **1** piske
2 *(slang)* beseire, banke
3 pile, suse

whiplash subst. /'wɪplæʃ/
nakkesleng *m*

whirl[1] subst. /wɜːl/ virvel *m*,
snurring *m/f*

whirl[2] verb /wɜːl/ virvle, snurre

whirlpool subst. /'wɜːlpuːl/
malstrøm *m*

whisk verb /wɪsk/ **1** vispe, piske
2 vifte (bort), feie

whisker subst. /'wɪskə/ **1** værhår *n*
2 kinnskjegg *n*

whisper[1] subst. /'wɪspə/ hvisking *m/f*

whisper[2] verb /'wɪspə/ hviske

whistle[1] subst. /'wɪsl/ **1** plystring *m/f*
2 fløyte *m/f*

whistle[2] verb /'wɪsl/ **1** plystre
2 fløyte

whistle-blower subst. /'wɪsl͵bləʊə/
varsler *m*

white[1] subst. /waɪt/ hvite *m*

white[2] adj. /waɪt/ hvit

white-hot adj. /͵waɪt'hɒt/,
foranstilt: /'waɪthɒt/ hvitglødende

whiten verb /'waɪtn/ **1** gjøre hvit
2 bleke

whitewash[1] subst. /'waɪtwɒʃ/
(overført) renvasking *m/f*,
hvitvasking *m/f*

whitewash[2] verb /'waɪtwɒʃ/ **1** hvitte
2 *(overført)* renvaske

whiting subst. /'waɪtɪŋ/ *(fisk)*
hvitting *m*

Whitsun subst. /'wɪtsn/ *eller*
Whitsuntide pinse *m/f*

whittle verb /'wɪtl/ spikke, skjære til

whizz verb /wɪz/ **1** hvine, suse
2 pile, fare, suse

who[1] pronomen (genitiv: whose,
objektsform: whom eller who) /huː/,
trykksvak: /hʊ/ hvem

who[2] subjunksjon (objektsform: whom)
/huː/, trykksvak: /hʊ/ som • *there's
somebody who wants to speak with
you* det er noen som vil snakke med
deg

who'd /huːd/ *sammentrukket* who had,
who would

whoever pronomen /huːˈevə/
de(n) som, (uansett) hvem

whole[1] subst. /həʊl/ helhet *m*
on the whole stort sett

whole[2] adj. /həʊl/ hel

wholehearted adj. /͵həʊl'hɑːtɪd/
helhjertet

wholesale adj. /'həʊlseɪl/ en gros,
i større partier

wholesaler subst. /'həʊl͵seɪlə/
grossist *m*

wholesome adj. /'həʊlsəm/ **1** sunn
2 nyttig

who'll /huːl/ *sammentrukket* who will

whoop[1] subst. /wuːp/ rop *n*, hyl *n*

whoop[2] verb /wuːp/ skrike, huie, hyle

whooping cough subst. kikhoste *m*

who're /'huːə/ *sammentrukket* who are

whore subst. /hɔː/ hore *m/f*

who's /huːz/ *sammentrukket* who is,
who has

whose determinativ /huːz/ *(genitiv av
who og which)* hvem sin • *whose
book is it?* hvem sin bok er det?

why adverb, konjunksjon /waɪ/
1 *(i spørsmål)* hvorfor
2 fordi, derfor • *that is why I like him*
det er derfor jeg liker ham

wick subst. /wɪk/ *(stearinlys o.l.)*
veke *m*
wicked adj. /'wɪkɪd/ ond, slem
wickedness subst. /'wɪkɪdnəs/
ondskap *m*
wicker subst. /'wɪkə/ **1** vidjekvist *m*
2 flettverk (av vidje), kurv(arbeid)
wicket subst. /'wɪkɪt/ (billett)luke *m/f*
wide adj. /waɪd/ **1** vid, bred
2 stor
widen verb /'waɪdn/ utvide
widespread adj. /'waɪdspred/ utbredt
widow subst. /'wɪdəʊ/ enke *m/f*
widower subst. /'wɪdəʊə/
enkemann *m*
width subst. /wɪtθ/, /wɪdθ/ bredde *m*,
vidde *m/f*
wife subst. (flertall: wives) /waɪf/,
flertall: /waɪvz/ kone *m/f*
wig subst. /wɪg/ parykk *m*
wild adj. /waɪld/ vill
the **wild** subst. /waɪld/ villmarken
wilderness subst. /'wɪldənəs/
villmark *m/f*
wildlife subst. /'waɪldlaɪf/
dyreverden *m*, planteverden *m*
wildness subst. /'waɪldnəs/ villskap *m*
wilful adj. /'wɪlfəl/ *eller* **willful** *(amer.)*
1 egenrådig
2 *(jus)* overlagt, forsettlig
will¹ subst. /wɪl/ **1** vilje *m*
2 testamente *n*
will² verb (would) /wɪl/, som
hjelpeverb: /wəl/, /əl/ *(ofte
sammentrukket til* 'll, *nektende også*
won't) **1** *(fremtid)* komme til å, bli
• *she will be fifteen next week* hun
blir femten neste uke
2 *(vilje)* skal, vil • *I will do it at once*
jeg skal gjøre det med en gang
willing adj. /'wɪlɪŋ/ villig, frivillig
willingly adverb /'wɪlɪŋlɪ/ **1** gjerne
2 frivillig
willingness subst. /'wɪlɪŋnəs/
villighet *m*
willow subst. /'wɪləʊ/ pil *m/f*, piletre *n*
willpower subst. /'wɪl‚paʊə/
viljestyrke *m*
wimp subst. /wɪmp/ *(hverdagslig)*
pyse *m/f*, feiging *m*
win verb (won – won) /wɪn/ vinne, seire
wince verb /wɪns/ rykke til, krype seg
wind¹ subst. /wɪnd/ **1** vind *m*
2 pust *m*

wind² verb (wound – wound) /waɪnd/
1 sno
2 nøste, vikle
wind down 1 rulle ned
2 *(overført)* trappe ned
wind up avslutte, ende med • *you'll
wind up in hospital* du kommer til å
ende opp på sykehus
windfall subst. /'wɪndfɔːl/
1 nedfallsfrukt *m/f*
2 *(overført)* uventet hell *n*
winding adj. /'waɪndɪŋ/ buktet,
svingete
winding-up subst. /‚waɪndɪŋ'ʌp/
avslutning *m/f*
windmill subst. /'wɪn(d)mɪl/
vindmølle *m/f*
window subst. /'wɪndəʊ/ vindu *n*
window sill subst. vinduskarm *m*
windpipe subst. /'wɪndpaɪp/ luftrør *n*
wind power subst. vindkraft *m/f*
windscreen subst. /'wɪndskriːn/
(på bil) frontrute *m/f*
windy adj. /'wɪndɪ/ vindfull
wine subst. /waɪn/ vin *m*
wing subst. /wɪŋ/ **1** vinge *m*
2 *(på bygning)* fløy *m/f*
3 *(sport)* ving *m*
wingspan subst. /'wɪŋspæn/
vingespenn *n*
wink¹ subst. /wɪŋk/ blunk *n*
wink² verb /wɪŋk/ blunke
winner subst. /'wɪnə/ vinner *m*
winning adj. /'wɪnɪŋ/ vinnende,
seirende
winter subst. /'wɪntə/ vinter *m*
winter solstice subst. vintersolverv *n*
wintry adj. /'wɪntrɪ/ vinterlig
wipe verb /waɪp/ tørke (av/bort),
stryke bort
wipe off 1 tørke bort, tørke av
2 utslette, fjerne
wipe out 1 stryke ut
2 tilintetgjøre, utrydde
wiper subst. /'waɪpə/ vindusvisker *m*
wire subst. /'waɪə/
1 (metall)tråd *m*, streng *m*
2 ledning *m*
wireless adj. /'waɪələs/ trådløs
wiry adj. /'waɪərɪ/
1 *(om person)* hengslete, mager
2 *(om gress, hår)* stiv, strittende
wisdom subst. /'wɪzdəm/ visdom *m*
wisdom tooth subst. visdomstann *m/f*

wise adj. /waɪz/ klok
wish[1] subst. /wɪʃ/ ønske *n*
wish[2] verb /wɪʃ/ ønske
as you wish som du vil
wishful adj. /ˈwɪʃfəl/ **1** lengselsfull
2 ønske-
wishful thinking ønsketenkning
wisp subst. /wɪsp/ **1** dott *m*, tjafs *m*
2 strime *m/f*
wit subst. /wɪt/ vett *n*, forstand *m*
witch subst. /wɪtʃ/ heks
witchcraft subst. /ˈwɪtʃkrɑːft/
trolldom *m*
witch-hunt subst. /ˈwɪtʃhʌnt/
heksejakt *m/f*
with preposisjon /wɪð/, foran ustemt
konsonant ofte: /wɪθ/ **1** med
2 hos, blant
3 av • *they were trembling with fear*
de skalv av skrekk
withdraw verb (withdrew – withdrawn)
/wɪðˈdrɔː/, /wɪθˈdrɔː/
1 trekke (seg) tilbake, trekke (seg)
bort • *he withdrew his hand* han
trakk til seg hånden
2 ta tilbake
withdraw from 1 fjerne fra, ta bort,
ta ut **2** si opp, trekke seg ut av
3 slutte, forlate
withdrawal subst. /wɪðˈdrɔːəl/,
/wɪθˈdrɔːəl/ **1** tilbaketrekking *m/f*
2 *(fra bank)* uttak *n*
3 *(medisin)* abstinens *m*
wither verb /ˈwɪðə/ visne
withhold verb (withheld – withheld)
/wɪθˈhəʊld/, /wɪðˈhəʊld/
holde tilbake
within preposisjon /wɪˈðɪn/ innenfor,
innen
without preposisjon /wɪðˈaʊt/ uten
withstand verb (withstood – withstood)
/wɪðˈstænd/, /wɪθˈstænd/ motstå, tåle
witness[1] subst. /ˈwɪtnəs/
1 vitne *n*, øyenvitne *n*
2 vitnesbyrd *n*
witness[2] verb /ˈwɪtnəs/
1 være vitne til, oppleve
2 vitne om
witty adj. /ˈwɪti/ kvikk, vittig
wizard subst. /ˈwɪzəd/ **1** trollmann *m*
2 *(IT, hjelpeprogram)* veiviser *m*
wobble verb /ˈwɒbl/ **1** vakle, vingle
2 dirre, skjelve

woe subst. /wəʊ/ *(poetisk, spøkefullt)*
sorg *m/f*, elendighet *m*
wolf subst. (flertall: wolves) /wʊlf/
ulv *m*
wolverine subst. /ˈwʊlvəriːn/ jerv *m*
woman subst. (flertall: women)
/ˈwʊmən/, i flertall: /ˈwɪmɪn/
kvinne *m/f*
womanhood subst. /ˈwʊmənhʊd/
1 kvinnelighet *m*
2 kvinner
3 moden alder
womb subst. /wuːm/ livmor *m/f*
women subst. /ˈwɪmɪn/ *flertall av*
▶woman
women's liberation subst.
kvinnefrigjøring *m/f*
won verb *se* ▶win
wonder[1] subst. /ˈwʌndə/
1 vidunder *n*, under *n*
2 forundring *m/f*, undring *m/f*
wonder[2] verb /ˈwʌndə/
lure på, undre seg
wonderful adj. /ˈwʌndəfəl/ fantastisk
wonderland subst. /ˈwʌndəlænd/
eventyrland *n*
won't /wəʊnt/ *sammentrukket* will not
woo verb /wuː/ fri (til), gjøre kur til
wood subst. /wʊd/ **1** skog *m*
2 tre *n*
wood alcohol subst. tresprit *m*,
metanol *m*
woodcarver subst. /ˈwʊdˌkɑːvə/
treskjærer *m*
woodcarving subst. /ˈwʊdˌkɑːvɪŋ/
treskjærerkunst *m*
woodcock subst. /ˈwʊdkɒk/ *(fugl)*
rugde *m/f*
wooded adj. /ˈwʊdɪd/ skogkledd
wooden adj. /ˈwʊdn/ **1** av tre, tre-
2 stiv, tom, uttrykksløs
woodpecker subst. /ˈwʊdˌpekə/ *(fugl)*
hakkespett *m*
woodshed subst. /ˈwʊdʃed/ vedskjul *n*
woodwork subst. /ˈwʊdwɜːk/
1 treverk *n*
2 *(britisk)* trearbeid *n*
wool subst. /wʊl/ ull *m/f*
woollen adj. /ˈwʊlən/ *eller*
woolen *(amer.)* ull-, av ull
word[1] subst. /wɜːd/ **1** ord *n*
2 beskjed *m*
in other words med andre ord
word[2] verb /wɜːd/ uttrykke, formulere

wording subst. /'wɜːdɪŋ/
  formulering *m/f*, ordlyd *m*
wore verb /wɔː/ *se* ►wear²
work¹ subst. /wɜːk/ arbeid *n*, jobb *m*
  at work 1 på jobb, på arbeid
  2 i aktivitet, i virksomhet
work² verb /wɜːk/ **1** arbeide, jobbe
  2 virke, fungere
  work out 1 utarbeide
  2 løse, finne ut av **3** ordne seg
  4 *(sport og trening)* trene, øve
  work up bygge opp, opparbeide
workable adj. /'wɜːkəbl/ brukbar
workaholic subst. /ˌwɜːkə'hɒlɪk/
  arbeidsnarkoman *m*
workday subst. /'wɜːkdeɪ/
  arbeidsdag *m*
worker subst. /'wɜːkə/ arbeider *m*
working adj. /'wɜːkɪŋ/
  1 arbeidende, arbeids-, arbeider-
  2 fungerende, praktisk
working class subst.
  arbeiderklasse *m/f*
workman subst. /'wɜːkmən/
  arbeider *m*
workmanship subst. /'wɜːkmənʃɪp/
  kyndighet *m*
workout subst. /'wɜːkaʊt/
  trening(søkt) *m/f*
work permit subst. arbeidstillatelse *m*
workshop subst. /'wɜːkʃɒp/
  1 verksted *n*
  2 workshop *m*, seminar *n*
world subst. /wɜːld/ verden *m*
the World Bank subst.
  Verdensbanken
world champion subst.
  verdensmester *m*
world championship subst.
  verdensmesterskap *n*
worldly adj. /'wɜːldlɪ/ verdslig
world power subst. stormakt *m/f*,
  verdensmakt *m/f*
world view subst. verdensbilde *n*
World War I subst.
  (den) første verdenskrig
World War II subst.
  (den) annen/andre verdenskrig
worldwide adj. /ˌwɜːld'waɪd/
  verdensomspennende, global
worm subst. /wɜːm/ mark *m*, orm *m*
wormwood subst. /'wɜːmwʊd/
  malurt *m/f*
worn¹ verb /wɔːn/ *se* ►wear²

worn² adj. /wɔːn/ slitt
  worn out utslitt
worry¹ subst. /'wʌrɪ/ bekymring *m/f*,
  uro *m/f*
worry² verb /'wʌrɪ/
  1 uroe seg, bekymre seg
  2 plage, forstyrre
  worry about bekymre seg for
worse adj. (komp. av: bad, badly, ill)
  /wɜːs/ verre, dårligere
worship¹ subst. /'wɜːʃɪp/
  1 andakt *m/f*, gudstjeneste *m*
  2 dyrking *m/f*, tilbedelse *m*
worship² verb /'wɜːʃɪp/ **1** tilbe, dyrke
  2 delta i gudstjeneste
worst adj. /wɜːst/ verst, dårligst
worth¹ subst. /wɜːθ/ verdi *m*
worth² adj. /wɜːθ/ verdt
worthless adj. /'wɜːθləs/ **1** verdiløs
  2 *(om diskusjon e.l.)* meningsløs
  3 *(om personer e.l.)* udugelig
worthwhile adj. /'wɜːθwaɪl/ givende,
  verdifull
worthy adj. /'wɜːðɪ/ verdig
would verb (pret. av will) /wʊd/, /wəd/,
  /əd/ ville, skulle • *he was afraid
  something would happen* han var
  redd for at noe skulle hende • *would
  you do me a favour?* kan du gjøre
  meg en tjeneste?
would-be adj. /'wʊdbiː/ aspirerende,
  vordende
wound¹ subst. /wuːnd/ sår *n*
wound² verb /wuːnd/ såre
wound³ verb /waʊnd/ *se* ►wind²
wove verb /wəʊv/ *se* ►weave²
woven adj. /'wəʊvᵊn/ vevd
wrangle¹ subst. /'ræŋgl/ krangel *m*
wrangle² verb /'ræŋgl/ krangle
wrangler subst. /'ræŋglə/
  1 kranglefant *m*
  2 *(amer.) omtr. dss.* cowboy *m*
wrap¹ subst. /ræp/ **1** sjal *n*
  2 pledd *n*
  3 *(matrett)* wrap *m*
wrap² verb /ræp/ dekke, pakke inn
  wrap up 1 pakke inn
  2 *(hverdagslig)* avslutte
wrapper subst. /'ræpə/ **1** omslag *n*
  2 innpakningspapir *n*
wrath subst. /rɒθ/, amer: /ræθ/ vrede *m*
wreathe verb /riːð/ **1** innhylle
  2 svøpe, vikle

wreck¹ subst. /rek/ **1** vrak *n*
  2 forlis *n*, skipbrudd *n*
wreck² verb /rek/
  1 ødelegge, tilintetgjøre
  2 forlise
wreckage subst. /ˈrekɪdʒ/ vrakrester
wrench¹ subst. /ren(t)ʃ/ **1** rykk *m/n*
  2 *(redskap)* skiftenøkkel *m*
wrench² verb /ren(t)ʃ/
  1 rykke løs, slite løs
  2 vrikke, forstue
wrestle verb /ˈresl/ bryte (med),
  kjempe (mot)
wrestler subst. /ˈreslə/ bryter *m*
wrestling subst. /ˈreslɪŋ/ bryting *m/f*
wretch subst. /retʃ/ stakkar *m*, usling *m*
wretched adj. /ˈretʃɪd/ **1** elendig
  2 stakkars
wriggle verb /ˈrɪgl/ **1** vri seg
  2 vrikke
wring verb (wrung – wrung) /rɪŋ/
  vri (seg)
wrinkle¹ subst. /ˈrɪŋkl/
  1 *(ansikt)* rynke *m/f*
  2 *(på klær)* skrukk *m*
wrinkle² verb /ˈrɪŋkl/ **1** rynke (på)
  2 krølle, skrukke til

wrinkly adj. /ˈrɪŋklɪ/ rynkete
wrist subst. /rɪst/ håndledd *n*
wristwatch subst. /ˈrɪstwɒtʃ/
  armbåndsur *n*
write verb (wrote – written) /raɪt/ skrive
writer subst. /ˈraɪtə/ forfatter *m*,
  skribent *m*
writing subst. /ˈraɪtɪŋ/ **1** skriving *m/f*
  2 ord *n*
  in writing skriftlig
written¹ verb /ˈrɪtn/ *se* ►write
written² adj. /ˈrɪtn/ skriftlig
wrong¹ subst. /rɒŋ/ urett *m*
  be in the wrong ta feil
wrong² verb /rɒŋ/ forurette, krenke
  be wronged lide urett
wrong³ adj. /rɒŋ/ **1** feil, gal
  2 vrang
  be wrong ta feil
wrongdoing subst. /ˈrɒŋˌduːɪŋ/
  ugjerning *m/f*
wrote verb /rəʊt/ *se* ►write
wrought iron subst. smijern *n*
wrung verb /rʌŋ/ *se* ►wring
wry adj. /raɪ/ ironisk
wuss subst. /wʊs/ *(hverdagslig)* pyse

X

x-axis subst. /ˈeksˌæksɪs/ *(matematikk)*
  x-akse *m*
xenophobia subst. /ˌzenə(ʊ)ˈfəʊbɪə/
  fremmedhat *n*, fremmedfrykt *m*
Xmas subst. /ˈkrɪsməs/, /ˈeksməs/

(hverdagslig, kortform for Christmas*)*
  jul
X-ray subst. /ˈeksreɪ/ røntgen *m*,
  røntgenstråle *m*
xylophone subst. /ˈzaɪləfəʊn/ *(musikk)*
  xylofon *m*

y

yacht subst. /jɒt/ lystbåt *m*, yacht *m*
Yankee subst. /ˈjæŋkɪ/
  1 *(amer.)* person fra New England
  2 *(ofte nedsettende)* amerikaner *m*
yap¹ subst. /jæp/ bjeff *n*
yap² verb /jæp/ bjeffe
yard¹ subst. /jɑːd/ *(mål)*
  yard *m (0,9144 m)*

yard² subst. /jɑːd/
  1 gårdsplass *m*, tomt *m/f*
  2 *(amer.)* hage *m*
yarn subst. /jɑːn/ **1** garn *n*, tråd *m*
  2 *(hverdagslig)* historie *m/f*
yawn¹ subst. /jɔːn/ gjesp *m/n*
yawn² verb /jɔːn/ gjespe
y-axis subst. /ˈwaɪˌæksɪs/ *(matematikk)*
  y-akse *m*

yeah adverb /jeə/ *(hverdagslig)* ja
  oh yeah? jaså?
year subst. /jɪə/ år *n*
yearly adj. /ˈjɪəlɪ/ årlig
yearn verb /jɜːn/ lengte
yearning subst. /ˈjɜːnɪŋ/ lengsel *m*
yeast subst. /jiːst/ gjær *m*
yell¹ subst. /jel/ hyl *n*, skrik *n*
yell² verb /jel/ skrike, hyle
yellow¹ verb /ˈjeləʊ/ gulne, bli gul
yellow² adj. /ˈjeləʊ/ gul
yelp¹ subst. /jelp/ bjeff *n*
yelp² verb /jelp/ bjeffe
yes interjeksjon /jes/ ja
yesterday adverb /ˈjestədeɪ/ i går
  the day before yesterday i forgårs
yet¹ adverb /jet/ **1** ennå, hittil
  • *I have not seen him yet*
  2 *(forsterkende)* enda
  • *yet another car* enda en bil
yet² konjunksjon /jet/ men (likevel)
  • *he is a kind yet demanding teacher*
yew subst. /juː/ barlind *m/f*
yield¹ subst. /jiːld/ avkastning *m/f*
yield² verb /jiːld/ **1** gi, innbringe
  2 føre til
  3 gi etter, kapitulere
yo interjeksjon /jəʊ/
  (hverdagslig, mest amer.) hei
yodel verb /ˈjəʊdəl/ jodle
yogurt subst. /ˈjɒgət/, amer. /ˈjoʊgə-t/
  yoghurt *m*
yoke subst. /jəʊk/ **1** åk *n*
  2 par *n*, spann *n*
yolk subst. /jəʊk/ eggeplomme *m/f*
YOLO interjeksjon /ˈjəʊləʊ/ *(slang, fork. for* you
  only live once*) forklaring:* man lever
  bare én gang

you pronomen /juː/, trykksvak: /jʊ/,
  /jə/ **1** du, dere
  2 *(som objekt)* deg, dere
you'd /juːd/ *sammentrukket* you had,
  you would
you'll /juːl/ *sammentrukket* you will,
  you shall
young adj. /jʌŋ/ ung
youngster subst. /ˈjʌŋstə/ barn *n*
your determinativ /jɔː/, trykksvak: /jə/
  din, deres
you're /jɔː/ *sammentrukket* you are
yours determinativ /jɔːz/, /jʊəz/
  1 din, deres
  2 *(i brev)* med vennlig hilsen
yourself pronomen (flertall:
  yourselves) /jɔːˈself/, /jʊəˈself/ **1** deg
  2 *(betont)* deg selv • *you are not
  yourself* du er ikke deg selv
  3 selv • *do it yourself* gjør det selv
youth subst. /juːθ/ i flertall: /juːðz/
  1 ungdom *m*
  2 ungdomstid *m*
youth centre subst. *eller* **youth
  center** *(amer.)* ungdomssenter *n*,
  ungdomsklubb *m*
youthful adj. /ˈjuːθfəl/ ung,
  ungdommelig
youth hostel subst.
  ungdomsherberge *n*
you've /juːv/ *sammentrukket* you have
yo-yo subst. /ˈjəʊjəʊ/ jojo *m*
yuck interjeksjon /jʌk/ æsj
Yugoslavia /ˌjuːgə(ʊ)ˈslɑːvɪə/
  Jugoslavia
yummy adj. /ˈjʌmɪ/ kjempegod, nam

Z

zap verb /zæp/ **1** ødelegge
  2 suse, fyke
  3 *(TV)* zappe, veksle mellom kanaler
zeal subst. /ziːl/ iver *m*, glød *m*
zealot subst. /ˈzelət/ fanatiker *m*
zealous adj. /ˈzeləs/ nidkjær,
  svært ivrig
zebra subst. /ˈzebrə/ sebra *m*
zebra crossing subst. *(britisk)*
  fotgjengerovergang *m*

zenith subst. /ˈzenɪθ/ **1** senit *n*
  2 *(overført)* topp *m*, høydepunkt *n*
zero subst. /ˈzɪərəʊ/ null *m/n*
zero tolerance subst. nulltoleranse *m*
zest subst. /zest/
  1 iver *m*, entusiasme *m*
  2 (ekstra) krydder
zigzag subst. /ˈzɪgzæg/ sikksakk
zinc subst. /zɪŋk/ sink *m*
Zionism subst. /ˈzaɪənɪzəm/ sionisme *m*

zip¹ subst. /zɪp/ glidelås *m/n*
zip² verb /zɪp/ lukke med glidelås,
  dra opp glidelåsen på
zit subst. /zɪt/ *(hverdagslig)* kvise *m/f*
zombie subst. /ˈzɒmbɪ/ zombie *m*
zone subst. /zəʊn/ sone *m/f*
zoo subst. /zuː/ zoologisk hage *m*,
  dyrehage *m*

zoologist subst. /zʊˈɒlədʒɪst/
  zoolog *m*
zoology subst. /zʊˈɒlədʒɪ/ zoologi *m*
zoom¹ subst. /zuːm/ *(fotografi)*
  zoomlinse *m/f*
zoom² verb /zuːm/ zoome
zucchini subst. /zʊˈkiːnɪ/ *(amer.)*
  squash *m*

ENGELSK MINIGRAMMATIKK OG ANDRE NYTTIGE TIPS

Innhold

ORDKLASSENE

SUBSTANTIVER

Egennavn og fellesnavn

Substantiver betegner blant annet personer, fenomener og tilstander, konkrete eller abstrakte. Vi deler dem gjerne inn i egennavn og fellesnavn. Egennavn har stor forbokstav:

Tom, London, Monday

Fellesnavn har liten forbokstav:

fish, anger, mountain, joy

Dannelse av flertall

På norsk bøyes substantivene både i kjønn og tall. På engelsk bøyer vi substantiver bare i entall og flertall. Den vanlige flertallsendelsen er **-s**:

a castle – two castles

Substantiver som allerede slutter på **s,** får flertallsendelsen **-es**:

a bus – two buses

Substantiver som slutter på en konsonant + **y** danner flertall ved å endre **y** til **i** og føye til **-es**:

a lady - two ladies

Tellelige og utellelige substantiver

Et tellelig substantiv kan brukes i både entall og flertall:

one book   many books

Et utellelig substantiv viser til en mengde:

mud   (man sier ikke ~~muds~~)

Merk: Vær obs på substantiver som er tellelige på norsk, men utellelige på engelsk.

Her er noen eksempler:

Norsk:	Engelsk:
bevis, beviser, bevisene	*evidence*
brød, brødene	*bread*
inntekt, inntekter, inntektene	*income*
kontanter, kontantene	*cash*
kunnskap, kunnskaper, kunnskapene	*knowledge*
lekse, lekser, leksene	*homework*
møbel, møbler, møblene	*furniture*
nyhet, nyheter, nyhetene	*news*
penger, pengene	*money*
vekslepenger, vekslepengene	*change*

VERB

Verbets former og tider

Verbene forteller om handlingen i en setning. Vi bøyer verbene i seks verbtider:

Infinitiv	to **talk**
Presens	talk(**s**) / is talking
Preteritum	talk**ed** / was talking
Presens perfektum	has/have talk**ed**
Preteritum perfektum	had talk**ed**
Presens futurum	shall/will **talk**, am/is/are going to **talk**

Regelmessige og uregelmessige verb

I likhet med norsk har engelsk et skille mellom regelmessige (svake) og uregelmessige (sterke) verb. *To talk*, som er bøyd ovenfor, er et eksempel på et regelmessig verb. Det er regelmessig fordi det følger et fast mønster: Det bøyes med endingen **-ed** i preteritum, presens perfektum og preteritum perfektum.

	Svakt verb	Sterkt verb
Infinitiv	to **walk**	to **drive**
Presens	**walk(s)**	**drive(s)**
Preteritum	**walked**	**drove**
Presens perfektum	has/have **walked**	has/have **driven**
Preteritum perfektum	had **walked**	had **driven**
Presens futurum	shall/is going to **walk**	shall/is going to **drive**

De uregelmessige verbene følger ikke dette mønsteret. De må derfor læres hver for seg. Du kan se en fullstendig liste over engelske uregelmessige verb på side (10) og norske uregelmessige verb på side (14).

Infinitiv		Preteritum		Perfektum partisipp
begin (begynne)	blir til	**began**	og	**begun**
throw (kaste)	blir til	**threw**	og	**thrown**
lie (ligge)	blir til	**lay**	og	**lain**

Det som skiller de to formene presens perfektum og preteritum perfektum, er hvorvidt vi setter has/have eller had foran verbet. Disse formene får derfor en samlebetegnelse, perfektum partisipp, og det er denne betegnelsen vi bruker i listen.

I presens: husk samsvarsbøyning!

Regelen for samsvarsbøyning er enkel, men mange har lett for å glemme den når de skriver engelsk. Hovedregelen er at i presens skal handlingen som blir utført (verbalet) samsvare med den som utfører handlingen (subjektet) i person og tall. Et subjekt i *3. person entall* samsvarer med et verb som ender på **-s** (unntaket er modale hjelpeverb, se nedenfor).

1. person entall:	*I*	*walk*
2. person entall:	*you*	*walk*
3. person entall:	*he/she/it*	*walk***s**
1. person flertall:	*we*	*walk*
2. person flertall:	*you*	*walk*
3. person flertall:	*they*	*walk*

Vanlig form og samtidsform

På engelsk har verb to forskjellige presensformer og to forskjellige preteritumsformer:

Den **enkle**, vanlige, som du allerede kan, og **samtidsformen**, som også kalles –*ing*formen, fordi den lages ved å legge til –*ing* på slutten av verbet.

	Enkel form	Samtidsform *(-ing)*
Presens	*throw(s)*	*is throw**ing***
Preteritum	*threw*	*was throw**ing***

Den enkle formen bruker vi for å vise at noe skjer ofte eller er en vane:

> *Tina lives in Oslo*
> *He paints*

kan bety at han maler ofte, kanskje har det som sin faste hobby eller til og med lever av det. Det kan for eksempel være svaret på *What does he do?* Hva jobber han med?

Samtidsformen brukes til disse tre tingene:

• å fortelle om noe som pågår akkurat nå.
  > *I can't answer the phone, I'm eat**ing***
• å vise at noe pågår over tid, i motsetning til noe kortvarig:
  > *I am standing there, paint**ing**, when I suddenly hear a sound.*
  > *As he was walk**ing** along, a cat came up to him.*
• å vise at noe planlegges for fremtiden:
  > *We are stopp**ing** at Dad's*

for eksempel som svar på *Are you going straight home?*

Oppsummering

Enkel form	Samtidsform (–*ing*)
• ofte • vane	• akkurat nå • over tid • i fremtiden

Her er et eksempel som bruker begge formene:

Tina lives in Oslo, but this week-end, she is staying with a friend

La du merke til at verbet *stop* på forrige side fikk to p-er i *stopping*? Verb som slutter på en trykksterk vokal pluss en konsonant, får dobbel konsonant i samtidsformen:

put – putting
sit – sitting
prefer – preferring

Verb som slutter på stum **-e**, mister denne når **–ing** blir lagt til:

come   coming
take – taking
live – living

Hovedverb og hjelpeverb

Både på norsk og på engelsk skiller vi mellom hovedverb og hjelpeverb. Hovedverb kan stå alene, men det gjør sjeldent hjelpeverbene. Vi setter dem foran hovedverbene for å «hjelpe» med å danne en tid:

*I **have** mowed the lawn*

Vanlige engelske hjelpeverb er: **have, be, do**.

Noen ganger kommer andre ord mellom hjelpeverbet og hovedverbet. Det skjer ofte i spørrende setninger.

***Did** you mow the lawn?*

Nå skal vi se hvordan to av hjelpeverbene, **to be** og **to have**, blir bøyd.

To be betyr *å være* på engelsk. Vi bøyer det slik:

	Presens	Preteritum	Perfektum partisipp
Entall	(er)	(var)	(**har** vært)
1. pers.	*I am*	*I was*	*I have been*
2. pers.	*you are*	*you were*	*you have been*
3. pers.	*he, she, it is*	*he, she, it was*	*he, she, it has been*
Flertall			
1. pers.	*we are*	*we were*	*we have been*
2. pers.	*you are*	*you were*	*you have been*
3. pers	*they are*	*they were*	*they have been*

To have betyr *å ha* på engelsk. Vi bøyer det slik:

	Presens	Preteritum	Perfektum partisipp
Entall	(har)	(hadde)	(<u>har</u> hatt)
1. pers.	*I have*	*I had*	*I <u>have</u> had*
2. pers.	*you have*	*you had*	*you <u>have</u> had*
3. pers.	*he, she, it has*	*he, she, it had*	*he, she, it <u>has</u> had*
Flertall			
1. pers.	*we have*	*we had*	*we <u>have</u> had*
2. pers.	*you have*	*you had*	*you <u>have</u> had*
3. pers	*they have*	*they had*	*they <u>have</u> had*

Nedenfor ser du *to have* i aksjon som hjelpeverb for *to paint*:

Entall
1. person   ***I have*** *painted the house*
2. person   ***you have*** *painted the house*
3. person   ***she has*** *painted the house*

Flertall
1. person   ***we have*** *painted the house*
2. person fleirtal: ***you have*** *painted the house*
3. person fleirtal: ***they have*** *painted the house*

Her ser du at hjelpeverbet *have* endrer seg når det er *she* som er subjektet i setningen. Det er fordi vi bøyer *have* til *has* når det er 3. person entall (*he, she* eller *it*) som er subjektet.

Noe som også har innvirkning på formen til hjelpeverbet, er hvilken *tid* setningen står i. Det å bøye i tid betyr å endre verbet etter om setningen uttrykker fortid, nåtid eller fremtid:

    hadde han **gått?**   ***had** he **left?***

I dette eksempelet ser du hvordan hjelpeverbet *have* er blitt bøyd i tid. Fordi setningen forteller om fortid, sier vi ikke *have*, som er nåtid, men *had*.

Omskrivning med *to do*

Hjelpeverbet *do* brukes til to spesielle saker: å lage spørsmål og å lage nektende setninger.

Når vi lager spørsmål i presens, gjør vi ofte en omskrivning med *to do*. Det vil si at vi setter enten *do* eller *does* først i setningen:

> *Do you want to leave?*

Dersom verbet ender på -**s** i presens, blir denne endelsen borte når vi stiller spørsmål. Samtidig setter vi hovedverbet i infinitiv:

> *She lives nearby – Does she live nearby?*

Når vi skal lage spørsmål i preteritum, skriver vi om ved å sette hovedverbet i infinitiv og sette *did* først i setningen:

> *Did he go to school?*

Do, *does* eller *did* må også tas med i nektende setninger. Vi setter det som regel rett etter subjektet. Også her må hovedverbet stå i infinitiv:

> *I **don't** (**do not**) like this kind of music*
> *It **doesn't** (**does not**) look that bad*
> *We **didn't** (**did not**) make it on time*

Modale hjelpeverb

De *modale* hjelpeverbene «hjelper» også hovedverbene, og i tillegg sier de noe om hvorfor eller hvordan noe skjer, eller om hvilken holdning man har til det som skjer.

Engelsk har følgende modale hjelpeverb:

> *can, could, may, might, must, ought to, shall, should, will* og *would.*

Modale hjelpeverb kan være til nytte dersom man ønsker å ordlegge seg høflig eller forsiktig:

> *Could I have some help, please?*
> *May I use the bathroom?*
> *We should leave soon, don't you think?*
> *I wouldn't do that if I were you*

De kan i tillegg fortelle noe om hvordan hovedverbet, her *to be*, er:

> *This must be correct*
> *This may be correct*
> *This can be correct*
> *This will be correct*
> *This ought to be correct*

Need og *dare* kan også fungere som modale hjelpeverb:

> *Need I come?*
> *I dare not go there.*

De modale hjelpeverbene får *ikke* **-s** i 3. person entall.

> *He can do that*
> *It might happen*
> *She ought to come*
> *He will leave*

Uregelmessige engelske verb

Infinitiv engelsk	Infinitiv norsk	Preteritum	Perfektum partisipp[1]
arise	*oppstå*	arose	arisen
awake	*våkne*	awoke	awoke/awaked
be	*være*	was/were	been
bear	*bære*	bore	borne
bear	*føde*	bore	born/borne
beat	*slå*	beat	beaten
become	*bli*	became	become
beget	*avle*	begot	begotten
begin	*begynne*	began	begun
bend	*bøye*	bent	bent
bereave	*berøve*	bereaved/bereft	bereaved/bereft
beseech	*bønnfalle*	besought	besought
bet	*vedde*	betted/bet	betted/bet
bid	*befale*	bade	bidden
bid	*by*	bid	bid
bind	*binde*	bound	bound
bite	*bite*	bit	bitten
bleed	*blø*	bled	bled
blow	*blåse*	blew	blown
break	*brekke*	broke	broken
breed	*avle*	bred	bred
bring	*bringe*	brought	brought
build	*bygge*	built	built
burn	*brenne*	burnt/burned	burnt/burned
burst	*briste*	burst	burst
buy	*kjøpe*	bought	bought
cast	*kaste*	cast	cast
catch	*fange*	caught	caught
choose	*velge*	chose	chosen
cleave	*kløyve*	cleft	cleft
cling	*klynge seg*	clung	clung
come	*komme*	came	come
cost	*koste*	cost	cost
creep	*krype*	crept	crept
cut	*hogge, skjære*	cut	cut
deal	*handle*	dealt	dealt
dig	*grave*	dug	dug

---

1   Samlebetegnelse på presens perfektum og preteritum perfektum

Infinitiv engelsk	Infinitiv norsk	Preteritum	Perfektum partisipp
do	gjøre	did	done
draw	trekke/tegne	drew	drawn
dream	drømme	dreamt/dreamed	dreamt/dreamed
drink	drikke	drank	drunk
drive	kjøre	drove	driven
dwell	bo, dvele	dwelt	dwelt
eat	spise	ate	eaten
fall	falle	fell	fallen
feed	mate	fed	fed
feel	føle	felt	felt
fight	kjempe	fought	fought
find	finne	found	found
flee	flykte	fled	fled
fling	slenge	flung	flung
fly	fly	flew	flown
fly	flykte	fled	fled
forget	glemme	forgot	forgotten
forsake	svikte	forsook	forsaken
freeze	fryse	froze	frozen
get	få	got	got
give	gi	gave	given
go	gå	went	gone
grind	male, gni	ground	ground
grow	vokse	grew	grown
hang	henge	hung	hung
have	ha	had	had
hear	høre	heard	heard
hide	skjule	hid	hidden/hid
hit	ramme/slå	hit	hit
hold	holde	held	held
hurt	skade	hurt	hurt
keep	beholde	kept	kept
kneel	knele	knelt	knelt
knit	strikke	knitted/knit	knitted/knit
know	vite	knew	known
lay	legge	laid	laid
lead	føre	led	led
lean	lene	leaned/leant	leaned/leant
leap	hoppe	leaped/leapt	leaped/leapt
learn	lære	learnt/learned	learnt/learned
leave	forlate	left	left
lend	låne (ut)	lent	lent

Infinitiv engelsk	*Infinitiv norsk*	*Preteritum*	*Perfektum partisipp*
let	*la*	let	let
lie	*ligge*	lay	lain
light	*tenne*	lit	lit/lighted
load	*laste*	loaded	loaded/laden
lose	*tape, miste*	lost	lost
make	*lage*	made	made
mean	*mene*	meant	meant
meet	*møte*	met	met
mow	*slå (gress)*	mowed	mown
pay	*betale*	paid	paid
put	*legge*	put	put
read	*lese*	read	read
rend	*rive*	rent	rent
rid	*befri*	rid	rid
ride	*ri*	rode	ridden
ring	*ringe*	rang	rung
rise	*reise seg*	rose	risen
run	*løpe*	ran	run
say	*si*	said	said
see	*se*	saw	seen
seek	*søke*	sought	sought
sell	*selge*	sold	sold
send	*sende*	sent	sent
set	*sette*	set	set
sew	*sy*	sewed	sewed/sewn
shake	*ryste,riste*	shook	shaken
shed	*felle (tårer)*	shed	shed
shine	*skinne*	shone	shone
shoe	*sko*	shod	shod
shoot	*skyte*	shot	shot
show	*vise*	showed	shown
shrink	*krympe*	shrank	shrunk
shut	*lukke*	shut	shut
sing	*synge*	sang	sung
sink	*synke*	sank	sunk
sit	*sitte*	sat	sat
slay	*slå i hjel*	slew	slain
sleep	*sove*	slept	slept
slide	*gli*	slid	slid
sling	*slynge*	slung	slung
slink	*luske*	slunk	slunk
slit	*flenge*	slit	slit

Infinitiv engelsk	Infinitiv norsk	Preteritum	Perfektum partisipp
smell	lukte	smelt/smelled	smelt/smelled
sow	så	sowed	sowed/sown
speak	snakke	spoke	spoken
speed	ile	sped	sped
spell	stave	spelt/spelled	spelt/spelled
spend	bruke	spent	spent
spill	spille, søle	spilt/spilled	spilt/spilled
spin	spinne	spun	spun
spit	spytte	spat	spat
split	splitte	split	split
spoil	ødelegge	spoilt/spoiled	spoilt/spoiled
spread	spre	spread	spread
spring	springe	sprang	sprung
stand	stå	stood	stood
steal	stjele	stole	stolen
stick	klebe	stuck	stuck
sting	stikke, svi	stung	stung
stink	stinke	stank	stunk
strew	strø	strewed	strewed/strewn
stride	skritte	strode	stridden
strike	slå	struck	struck
string	trekke på snor	strung	strung
strive	streve	strove	striven
swear	sverge	swore	sworn
sweep	feie	swept	swept
swell	svulme	swelled	swollen
swim	svømme	swam	swum
take	ta	took	taken
teach	undervise	taught	taught
tear	rive	tore	torn
tell	fortelle	told	told
think	tenke	thought	thought
thrive	trives	throve	thriven
throw	kaste	threw	thrown
tread	tre	trod	trodden
wake	våkne	woke	woken
wear	være ikledd	wore	worn
weave	veve	wove	woven
weep	gråte	wept	wept
win	vinne	won	won
wind	sno	wound	wound
wring	vri	wrung	wrung
write	skrive	wrote	written

Uregelmessige norske verb

Infinitiv	Presens	Preteritum	Perfektum partisipp
anta	antar	antok	antatt
be	ber	ba	bedt
binde	binder	bandt	bundet
bite	biter	bet	bitt
bli	blir	ble	blitt
brenne	brenner	brant	brent
bringe	bringer	brakte	brakt
by	byr	bød	budt
bære	bærer	bar	båret
dra	drar	dro	dratt
drikke	drikker	drakk	drukket
drive	driver	drev	drevet
ete	eter	åt	ett
falle	faller	falt	falt
finne	finner	fant	funnet
fly	flyr	fløy	fløyet
forstå	forstår	forsto	forstått
forsvinne	forsvinner	forsvant	forsvunnet
fortelle	forteller	fortalte	fortalt
fryse	fryser	frøs	frosset
følge	følger	fulgte	fulgt
få	får	fikk	fått
gi	gir	ga	gitt
gjelde	gjelder	gjaldt	gjeldt
gjøre	gjør	gjorde	gjort
gli	glir	gled	glidd
gripe	griper	grep	grepet
gråte	gråter	gråt	grått
gå	går	gikk	gått
ha	har	hadde	hatt
henge	henger	hang	hengt
hete	heter	het	hett
hjelpe	hjelper	hjalp	hjulpet
holde	holder	holdt	holdt
klype	klyper	kløp	kløpet
komme	kommer	kom	kommet
krype	kryper	krøp	krøpet
kunne	kan	kunne	kunnet
la	lar	lot	latt
le	ler	lo	ledd
legge	legger	la	lagt

Infinitiv	Presens	Preteritum	Perfektum partisipp
lide	lider	led	lidd
ligge	ligger	lå	ligget
lyde	lyder	lød	lydt
lyve	lyver	løy	løyet
løpe	løper	løp	løpt
måtte	må	måtte	måttet
nyse	nyser	nøs	nyst
nyte	nyter	nøt	nytt
rekke	rekker	rakk	rukket
ri	rir	red	ridd
rive	river	rev	revet
se	ser	så	sett
selge	selger	solgte	solgt
sette	setter	satte	satt
si	sier	sa	sagt
sitte	sitter	satt	sittet
skjære	skjærer	skar	skåret
skrike	skriker	skrek	skreket
skrive	skriver	skrev	skrevet
skulle	skal	skulle	skullet
skyte	skyter	skjøt	skutt
skyve	skyver	skjøv	skjøvet
slippe	slipper	slapp	sluppet
slå	slår	slo	slått
slåss	slåss	sloss	slåss
smelle	smeller	smalt	smelt
smøre	smører	smurte	smurt
sove	sover	sov	sovet
springe	springer	sprang	sprunget
spørre	spør	spurte	spurt
stige	stiger	steg	steget
stikke	stikker	stakk	stukket
stjele	stjeler	stjal	stjålet
strekke	strekker	strakk	strukket
stryke	stryker	strøk	strøket
stå	står	sto	stått
svi	svir	sved	svidd
svike	sviker	svek	sveket
synge	synger	sang	sunget
ta	tar	tok	tatt
telle	teller	talte	talt
tigge	tigger	tagg	tigget
treffe	treffer	traff	truffet

15

Infinitiv	Presens	Preteritum	Perfektum partisipp
trekke	trekker	trakk	trukket
tvinge	tvinger	tvang	tvunget
velge	velger	valgte	valgt
ville	vil	ville	villet
vinne	vinner	vant	vunnet
vite	vet	visste	visst
vri	vrir	vred	vridd
være	er	var	vært

ADJEKTIVER

Gradbøying

Adjektiv er ord som beskriver eller kategoriserer substantiv. Vi gradbøyer adjektivene i *positiv, komparativ* og *superlativ*:

Positiv	Komparativ	Superlativ
tall	*taller*	*tallest*
narrow	*narrower*	*narrowest*

På engelsk får enstavelses- og tostavelsesadjektiv endingene **-er** og **-est** i komparativ og superlativ, som vist i eksemplene ovenfor.

Adjektiv med tre eller flere stavelser gradbøyes med **more** og **most**:

intelligent	**more** *intelligent*	**most** *intelligent*

Merk: Sammenligner vi to elementer, bruker vi komparativ på engelsk:

> He is the **taller** of the twins.

Uregelrette adjektiver

Noen adjektiver følger ikke dette mønsteret. Eksempler på vanlige engelske uregelrette adjektiver er:

good	*better*	*best*
bad	*worse*	*worst*
little	*less*	*least*
much	*more*	*most*

Disse må vi pugge for å lære oss bøyningene.

Ordenstall

Ordenstallene er en undergruppe av adjektivene. Disse er tall som blir brukt adjektivisk:

> *He travelled **first** class*

> *We got married June the **second***

PRONOMENER

Pronomener er ord vi setter inn i stedet for substantiver. De viser til noe bestemt, som *meg*, eller noe ubestemt, som *noen*. På bokmål har vi fem pronomengrupper, og under følger en beskrivelse av disse, med oversettelse til engelsk.

Personlige pronomener	*I, me, you, he, him, she, her, it, we, us, you, they, them*
Gjensidige pronomener	*each other, one another*
Refleksive pronomener	*myself, yourself, himself, herself, itself, ourselves, yourselves, themselves*
Spørrepronomener	*who, what, which*
Ubestemte pronomener	*one, you*

a) Personlige pronomener

Personlige pronomener viser til både subjekt (den, det eller de som utfører handlingen) og objekt (den, det eller de som handlingen går ut over, eller resultatet av handlingen).

Personlige pronomener som utgjør subjekt er:
I, you, he, she, it, we, they

Personlige pronomener som utgjør objekt er:
Me, you, him, her, it, us, them

b) Gjensidige pronomener

Det norske gjensidige pronomenet (også kalt det resiproke pronomenet), er *hverandre*. På engelsk kan det oversettes med *each other* eller *one another*:

My best friend and I care for **each other**
They made a promise that they'd always be true to **one another**

c) Refleksive pronomener

Refleksive pronomener viser tilbake til subjektet. På norsk har vi bare ett refleksivt pronomen, *seg*. På engelsk finnes det hele 8 varianter:

I can take care of **myself**
Don't hurt **yourself**
He found **himself** *reading the same sentence over and over*
She helped **herself**
The dog threw **itself** *after the cat*
We managed it **ourselves**
You heard it **yourselves**
The children enjoyed **themselves**

Merk: I flertall endres endingen **-self** til **-selves**.

d) Spørrepronomener

Spørrepronomener innleder spørsmål, og viser til noen eller noe man spør etter. På norsk har vi spørrepronomenene *hvem*, *hva*, *hvilken* og *hvilket*, og på engelsk sier vi **who**, **what** og **which**:

Who *was it that called?*
When *can we expect them to arrive?*
Which *of the bicycles is yours?*

Merk: Spørrepronomener må ikke forveksles med spørreord som *where*, *when, how* og *why*. Disse er adverb, og ikke pronomen.

Merk: *Who* og *which* kan også oversettes med det norske *som*, men da blir de til underordningsord, og ikke pronomen. Du finner mer om dette under underordningsord på side 26.

e) Ubestemte pronomener

På norsk sier vi ofte *man*, for eksempel:
Man *gjør så godt* **man** *kan*

På engelsk kan dette oversettes med determinativet *one* eller *you*:
One *does* **one's** *best*
You *do the best* **you** *can*

DETERMINATIVER (BESTEMMERORD)

Determinativer er ord som bestemmer substantivet nærmere. Det finnes 3 grupper av determinativer, og under følger en beskrivelse av disse.

a) Eiendomsord

Eiendomsord, eller possessiver, er det som tidligere ble kalt eiendomspronomener. De beskriver eiendom eller tilhørighet:

Entall:	my, mine	min, mitt, mine
	your, yours	din, ditt, dine
	his	hans, sin, sitt, sine
	her, hers	hennes, sin, sitt, sine
	its	sin, sitt, sine
Flertall:	our, ours	vår, vårt, våre
	your, yours	deres
	their, theirs	deres

På engelsk må vi huske at kortformene av possessivene som regel ikke kan stå alene. Med kortformer mener vi de første av de to engelske i tabellen ovenfor. *My* er for eksempel kortere enn *mine*. *My* trenger et substantiv eller adjektiv etter seg, mens *mine* ikke trenger det:

*This is **my** house – This house is **mine***

b) Pekeord

Pekeord, eller demonstrativer, ble tidligere kalt påpekende pronomener. De er til hjelp når man skal peke ut noe eller noen. På engelsk opptrer pekeordene i 4 forskjellige former:

This* og *these	betyr *denne/dette* (her), og blir brukt om noe som er så nært at man kan ta på det:
	***This** is the book that I wanted to show you* ***These** flowers are for you*

That* og *those	betyr *den*/*det* (der), og blir brukt om noe som er på avstand:
	*Can you see **that** building over there?* ***Those** tourists over there look like they need some directions*

c) Mengdeord

Mengdeord eller kvantorer, forteller om tall på eller mengde av noe. Kvantorene kan deles inn i tre undergrupper: artikler, grunntall og ubestemte mengdeord.

• Artikler

Artiklene dannet tidligere en egen ordklasse, men hører nå til under determinativene. De plasseres foran substantiver for å bestemme dem. På norsk sier vi *en*, *ei* og *ett*, og på engelsk sier vi *a*, *an* og *the*.

A plasseres foran konsonantlyder og *an* foran vokallyder:
> *a blast*
> *an elephant*

Merk: Det er avgjørende om det er en konsonant<u>lyd</u>, ikke bokstav:
> *an hour* /ˈaʊə/ – fordi (aʊ) er en vokallyd
> a yacht /jɒt/ – fordi /j/ er en konsonantlyd

The brukes når vi kan gå ut fra at den vi snakker med vet hvilke(n) ting eller person(er) vi viser til. Det kan dreie seg om noe som er nevnt i sammenhengen, eller som er allment kjent:
> *Did you buy **the** dress?* (en bestemt kjole)
> *Who invented **the** Internet?* (Internett i sin alminnelighet)

• Grunntall

Grunntall er ord som *two*, *three*, *four* osv. De kan skrives både slik vi uttaler dem, med bokstaver, eller med tall.

På engelsk tar vi med artikkelen *a* når vi sier grunntall som:
> *a hundred, **a** thousand, **a** million eller **one** hundred, **one** thousand, **one** million.*

Vi tar også med konjunksjonen *and* når vi sier:
> 201   *two hundred **and** one*
> 2016   *two thousand **and** sixteen*
> 6630   *six thousand six hundred **and** thirty*

- ## Ubestemte mengdeord

I denne undergruppen av mengdeord har vi engelske ord som *some*, *any*, *no*, *no one*, *nobody*, *nowhere* og *nothing*.

Bruk av *some* og *any*
Både *some* og *any* betyr *noe* eller *noen*, men det er viktig å lære seg forskjellen på disse to ordene.

Some brukes i fortellende setninger, i spørsmål der vi forventer at svaret blir ja og når vi spør om noen vil ha noe:

> *He lent me **some** money*
> *Would you like **some** more soda pop?*

Any bruker vi i andre spørsmål og i nektende setninger:

> *Are there **any** strawberries left?*
> *No, I can't see **any***

Sammensetninger med *some* og *any*:

Sammensetning	Oversettelse	Eksempel
something	noe	*He had **something** in his pocket*
anything	noe / noe som helst hva som helst	*I haven't heard **anything** I'll give you **anything** if you help me*
somebody	noen (om mennesker)	*I met **somebody** who knew you*
anybody	noen (om mennesker) hvem som helst	*Did he talk to **anybody**? **Anybody** can do that!*
somewhere	et sted / ett eller annet sted	*I know I have seen it **somewhere***
anywhere	noe sted hvor som helst	*Have you seen it **anywhere**? They could be **anywhere***

Bruk av *no, no one, nobody, nowhere* **og** *nothing*:

	Oversettelse	Eksempel
no	ingen	*We have* **no** *money left* (må stå foran substantiv)
no one	ingen (om mennesker)	**No one** *cares for him*
nobody	ingen (om mennesker)	**Nobody** *cares for him* (blir brukt akkurat som* **no one***)
nowhere	ingen steder / ingensteds	*Where are you going?* *–* **Nowhere**
nothing	ingenting / ikke noe	*I have* **nothing** *to tell you*

Merk: De korte formene *some, any, no* osv., trenger et substantiv eller adjektiv rett etter:

> **Some** *friends were playing football*
> *Have they got* **any** *pets?*
> *You have* **no** *idea!*

De lange formene, *something, anybody, nothing* osv., trenger ikke noe substantiv eller adjektiv rett etter:

> **Somebody** *is coming*
> *Have you heard* **anything**?

Merk: *somebody* betyr akkurat det samme som *someone*,

anybody betyr akkurat det samme some *anyone*,

nobody betyr akkurat det samme som *no one*.

ADVERB

Adverb er en ordklasse som beskriver et verb eller en verbalhandling. I sammenheng med andre ord kan de uttrykke omstendigheter som tid, sted, måte, grad, årsak og lignende. Adverbene kan deles inn i 6 grupper:

a) Tidsadverb	We're leaving **now** You **always** say that **Sometimes** we finish early
b) Stedsadverb	My aunt is **here** She is **out** He went **away**
c) Måtesadverb	She ran **quickly** They lived **happily** ever after I am **desperately** in love
d) Gradsadverb	It was **very** difficult The dress is **a little** tight
e) Setningsadverb	**Maybe** he'll come over I made it **after all** It doesn't matter **anyway**
f) Spørreord:	**Where** are you going? **How** did you do that? **Why** are you saying it like that?

Som du ser, dannes engelske måtesadverb ved å legge en *ly*-endelse til et adjektiv som beskriver verbet.

Merk: Det finnes unntak fra regelen. Noen adjektiv forandrer seg ikke når de brukes som adverb, som for eksempel *fast* og *hard*:

*Dad drove **fast** to the station*
*She worked very **hard** (hardly betyr derimot nesten ikke)*

Adjektivet *good* heter *well* som adverb:

*He speaks very **well** of his friends*

Bruk av *when*

Ordet *when* kan være både et adverb og en subjunksjon. Når vi bruker *when* til å <u>spørre</u> om tid, er det et adverb. Når det det brukes til å <u>forklare</u> tid, er det en subjunksjon:

Adverb	Subjunksjon
When will you be finished with your homework?	*I'll call on you **when** dinner is ready*

PREPOSISJONER

Preposisjonene kan ikke bøyes, og står som regel foran et substantiv eller pronomen.

Preposisjoner kan fortelle om noes plassering:

*The food is **on** the table*
*He is standing right **behind** you*
*You're welcome to stay the night **at** our place*
*The ball went **under** the car*
*I carry the keys **in** my pocket*

Preposisjoner kan fortelle om tidsforhold:

*It should be finished **by** lunch*
*The house must be quiet **after** 11 p.m.*
*He said he'd call **within** the next couple of days*

Preposisjoner kan fortelle om eiendomsforhold og tilhørighet:

*That was a gift **from** my mother*
*The necklace is made **by** his girlfriend*
*I belong **to** you*

Preposisjoner kan også fortelle om mer abstrakte forhold:

***According to** experts*
***Considering** the circumstances*
*This stays **between** us*

Merk: Enkelte ganger trenger ikke preposisjonene å stå foran et substantiv eller pronomen:

*Is the volume **on**?*
*Watch **out**!*

SIDEORDNINGSORD

Konjunksjoner, eller sideordningsord, binder sammen setninger eller setningsledd som er like viktige. Mye brukte engelske konjunksjoner er:

and, *but*, *either*, *although*, *however*, *besides*, *after*, *if*, *so*, *because*.

*My grandfather is old, **but** he is in perfect health*
*Do you want soup **or** salad for lunch?*
*The boy **and** the girl went hand in hand*

Merk: Noen sideordningsord kan også være underordningsord, men det er bare når de binder sammen underordnede og overordnede ledd:

*The rain poured down **so** my hair got all wet*

Her er *the rain poured down* det overordnede leddet i setningen, mens *my hair got all wet* er det underordnede leddet. *So* blir derfor brukt som et underordningsord, og vi trenger ikke å skrive komma foran. Det må vi derimot gjøre når ordet blir brukt som et sideordningsord.

*The bus will leave soon, **so** I have to go now*

Her er de to setningene syntaktisk likeverdige. *So* blir derfor brukt som en konjunksjon.

UNDERORDNINGSORD

Subjunksjoner, eller underordningsord, er det som tidligere ble kalt underordnede konjunksjoner. Ofte innleder de leddsetninger.

Vi bruker subjunksjoner for å markere ting som:		
Følge	*so, so that*	*Be careful **so** you don't fall*
Hensikt	*in order to, so that*	*The plant needs a lot of light **in order to** thrive*
Innrømmelse	*though, although, even though*	*I bought the jacket **even though** I couldn't afford it*
Sammenligning	*than, like, as*	*He is several years older **than** me*
Tidspunkt / tidsrom	*when, since, after, before, until, till, while, as*	*I saw him **when** we arrived at the airport*
Betingelse	*if, whether, provided, providing*	*We'll do it later **if** we can find the time*
Årsak / grunn	*because, since, as*	*The train was delayed **because** of the snow*
Underordningsordet **som**	*who, whom, which, that*	Les om disse nedenfor tabellen.
Infinitivsmerket **å**	*to*	***To** study is my favourite thing*

Underordningsordet *som*

Som ble tidligere klassifisert som et pronomen fordi det kan brukes til å vise til noe eller noen. Siden ordet innleder underordnede setningsledd, hører det imidlertid til under subjunksjonene. *Som* kan oversettes med både *who*, *whom*, *which* og *that* på engelsk.

Who bruker vi hovedsakelig om mennesker:

> *The man **who** is coming there, looks familiar*

Whom er lite brukt i moderne engelsk, men kommer noen ganger etter preposisjoner:

> *His teacher, in **whom** he confined, advised him to apply for university college*

Merk: Nå til dags ville vi nok heller sagt:

> *His teacher, **who** he confined in, advised him to apply for university college*

Which blir brukt om dyr, ting og liknende:

> *The river **which** flows through London is called the Thames*

Which kan også brukes i betydningene *hvilket/hvilken* eller *noe som*:

> *You did what he told you, **which** was quite right*

That kan bety både *som* og *at*. Som oftest kan *that* erstatte både *who* og *which* i betydningen som, men det er veldig uformelt.

> *The man **that** is coming there*

> *The tree **that** I cut down*

INTERJEKSJONER

Interjeksjoner er korte svarord, lydord, hilsener eller utrop som viser en følelse eller reaksjon:

> *Yes*

> *No*

> *Hello!*

> *Bang!*

> *Ouch!*

> *Oops...*

2. SPRÅKTIPS

IT IS ELLER *THERE IS*

På norsk bruker vi **det er** hele tiden. For å si **det er** på engelsk, må vi kunne denne regelen:

Hvis det er mulig å bytte ut **det er** med **det finnes** i den norske setningen, bruker vi *there is* på engelsk.

Ellers bruker vi *it is*.

Regelen er lett for dem som skiller mellom det er og der er i dialekten sin.

> **It is** *sunny today*
>
> **There is** *a car for sale*
>
> **There are** <u>*three cars*</u> *for sale*

Som du ser, blir is til are etter there, hvis subjektet er flertall.

APOSTROF

På engelsk er det, i motsetning til på norsk, tillatt å skrive sammentrukne former av ord. Apostrofen erstatter en eller flere bokstaver, og må derfor være med for å vise at det dreier seg om en sammentrekning:

it's = it is, it has	*don't* = do not
you're = you are	*doesn't* = does not
he's = he is, he has	*didn't* = did not
they're = they are	*can't* = can not
who's = who is, who has	*couldn't* = could not
there's = there is	*won't* = will not
I'm = I am	*shan't* = shall not
we're = we are	*aren't* = are not
've (*I've, they've*) = have	*isn't* = is not

De sammentrukne formene bør unngås i formelt, skriftlig språk, men kan brukes ellers.

Merk: Det er viktig å skille mellom sammentrukne former med apostrof og eiendomsord (se side 19), som er uten apostrof. De kan nemlig høres like ut!

Sammentrekninger		Eiendomsord	
it's	det er	*its*	dens
you're	du er	*your*	din
he's	han er	*his*	hans
they're	de er	*their*	deres
there's	der er	*thiers*	deres
who's	hvem er	*whose*	hvem sin

Genitiv

På engelsk bruker vi apostrof også foran **s** i genitiv. Genitiv uttrykker eiendomsforhold:

the farmer's sheep

På norsk bruker vi <u>ikke</u> apostrof foran **s** i genitiv!
For å uttrykke eiendomsforhold, legger vi til **s**, eller skriver om med **sin** eller **til**:

bondens sauer   *bonden **sine** sauer*   *sauene **til** bonden*

Hvis subjektet allerede slutter på **-s**, setter vi inn apostrof *etter* **s**:

Marius' klokke

TAG QUESTIONS (ETTERSLENGSPØRSMÅL)

Tag questions, eller etterslengspørsmål, dannes ved å gjenta verbalet og subjektet i setningen, og å legge til *not*:

*He is nice, **isn't he?***

Vi kan lage etterslengspørsmål av hjelpeverbene *be, have, do, can, will, must* osv.:

*She has worked hard, **hasn't she?** (eller **has she not**)*

*You go there often, **don't you?** (eller **do you not**)*

Dersom *not* finnes i setningen fra før, gjentar vi bare verbet og subjektet:

> They didn't leave, **did they?**

> We don't want to eat now, **do we?**

> I'm good, **aren't I?**

> I did well, **didn't I?**

MERK: Selv om det heter *I am*, sier vi *aren't I* i etterslengspørsmål:

SAMSKRIVING OG SÆRSKRIVING

På norsk må vi skrive sammensetninger i ett ord, og noen ganger med bindestrek:

> luftstrøm

På engelsk er det faktisk lov til å skrive sammensetninger på tre forskjellige måter:

> *airstream*   *air stream*   *air-stream*

Britene liker best særskriving *air stream*, amerikanerne liker best samskriving, *airstream*. Begge forsøker å unngå bindestreken.

BRUK AV STOR FORBOKSTAV

I engelsk brukes stor forbokstav mye mer enn i norsk, ikke minst skrives **jeg**, *I*, alltid med stor I. Derimot skrives aldri *you* med stor Y, ikke en gang hvis en vil være høflig:

Begynnelsen av en setning	*We had a lot of homework*
Alle typer navn:	
- personlige for- og etternavn	*Sarah, Dan*
- navn på steder	*Germany, Buckingham Palace*
- navn på ukedager	*Monday, Tuesday, Wednesday*
- navn på måneder	*January, February, March*
- navn på høytider	*Christmas, Hanukkah, Ramadan*
- navn på historiske hendelser og perioder	*the Renaissance, World War II*
- titler (foran navn)	*Professor Smith, Managing Director Adams*
- tiltaleord	*Miss, Mr., Ms.*
- navn på firmaer, myndigheter, organisasjoner o.l.	*Labour Party, the Bank of England*
- navn på himmelretninger når de inngår som en del av et egennavn	*North America, Northern Norway, the West Coast*
- navn på planeter	*Jupiter, Mars (*men *the moon* og *the sun*
Nasjonalitetsord og ord som betegner religioner	*Spain - the Spanish* *Islam - Muslim*
De viktigste ordene i overskrifter, bok- og filmtitler og lignende	*Peace Talks at a Standstill in the Middle East*
Forkortelser som består av forbokstavene i et lengre uttrykk	*NATO, UN, CIA*

FORSKJELLER MELLOM BRITISK OG AMERIKANSK ENGELSK

Uansett om du velger britisk eller amerikansk engelsk, er det viktig å være konsekvent, det vil si at du alltid velger den samme formen.

Ulik stavemåte

Her er de viktigste reglene for forskjellig skrivemåte i britisk og amerikansk stavemåte:

> *-ize* og *-ise*

Den formen som brukes mest i både amerikansk og britisk engelsk, er **-ize**. Den litt sjeldnere formen **-ise** forekommer i britisk engelsk i ord som *apologize/apologise*.

Noen ord slutter alltid på **-ise**: *advise, arise, compromise, despise, disguise, enterprise, improvise, merchandise, revise, supervise*.

> *-our* og *-or*

Ord som slutter på *-our* er britiske, ord som slutter på *-or* er amerikanske: *colour/color, favour/favor,* det er flere eksempler i listen nedenfor.

> *-re* og *-er*

Ord som slutter på **-re** er britiske, ord som slutter på **-er**, er amerikanske: *fibre/fiber,* det er flere eksempler i listen nedenfor.

> *-ou-* og *-o-*

Ord med *-ou-* er typisk britiske, ord med *-o-* er amerikanske: *mould/mold,* se flere eksempler i listen nedenfor.

> *-ce* og *-se*

Ord som slutter på *-ce*, er britiske, ord som slutter på *-se*, er amerikanske: *defence/defense*.

> *-l* og *-ll*

I britisk dobles **l** når det dannes et nytt ord: *annul – annulled.* I amerikansk beholdes én **l**: *annul – annuled*

I enkelte verb i presens med trykk på den siste stavelsen, derimot, foretrekker britene én **l** og amerikanerne to: *fulfill – fulfill*.

Britisk	Amerikansk
armour	armor
labour	labor
favour	favor
centre	center
metre	meter
theatre	theater
marvellous	marvelous
smoulder	smolder
plough	plow
offence	offense
licence	license
pretence	pretense
traveller	traveller
quarrelled	quareled
jewelry	jewellry
catalogue	catalog
cheque	check
grey	gray
programme	program
tyre	tire
aluminium	aluminum

Forskjellige ord, samme betydning

Britisk	Amerikansk
at the moment	presently
automobile	car
autumn	fall
bill (restaurant etc.)	check
billion	trillion
block of flats	apartment house
braces	suspenders
break	recess
car park	parking lot
caretaker	janitor
chemist's	drugstore
Christian name	first name
cinema	movie

corn	grain
dinner-jacket	tuxedo
drapes	curtains
dustbin	garbage can
flat	apartment
full stop	period
ground floor	first floor
headmaster	principal
hire	rent
holiday	vacation
ironmonger's	hardware store
lavatory	bathroom, restroom
lift	elevator
lorry	truck
maize	corn
Managing Director	President
newspaper kiosk	newsstand
note (bank note)	bill
packet	pack
parcel	package
pavement	sidewalk
petrol	gas, gasoline
queue	line
railway	railroad
rubber	eraser
shareholder	stockholder
shop	store
surname	last name
sweets	candy
term	semester
thousand billions	quadrillion
thousand millions	billion
tin	can
torch	flashlight
trousers	pants
underground	subway

3. PRAKTISKE OPPLYSNINGER

MÅLTIDER

De fleste kulturer har forskjellige tradisjoner for hva måltidene heter og når de inntas.

Tid	Storbritannia	USA
morning	*breakfast*	*breakfast*
noon	*lunch*	*lunch*
afternoon	*tea*	
evening	*dinner/tea/ high tea/supper*	*dinner*
night	*supper/midnight snack* (nattmat)	

Storbritannia

Mange britiske barn får varm mat på skolen.

Tea, som man spiser på ettermiddagen og om kvelden, består vanligvis av et varmt, lett måltid og te, men måltidet kan også inneholde smørbrød og kaker. *Five o'clock tea* er et velkjent begrep for mange.

Dinner er hovedmåltidet og kan godt bestå av *roast beef* med *Yorkshire pudding*, grønnsaker og saus.

High tea er et noe kraftigere måltid enn *tea*. Det består av et varmt måltid med brød og smør og te.

Supper betyr kveldsmat og er ofte et lett måltid før sengetid eller en sen middag.

USA

Amerikanere spiser vanligvis tre måltider om dagen. Også mange amerikanske barn får varm lunsj på skolen. Hvis de spiser et lite måltid mellom for eksempel lunsj og middag, kaller de det bare *a snack*.

Breakfast og *lunch* er det samme som i Storbritannia, og som frokost og lunsj i Norge. Vanlige innslag i en amerikansk frokost er egg, pannekaker, bønner, bacon og ristet brød.

Det som tilsvarer middag i Norge, kaller man *dinner* i USA, men man spiser det gjerne senere på kvelden enn vi gjør her. Hva måltidet består av, kommer an på hvor man er i landet, og hvilken kultur man har bakgrunn fra.

Noen steder sier man *dinner* om et måltid man spiser rundt klokka 12, og *supper* om et kveldsmåltid, men for de fleste amerikanere betyr disse ordene det samme, eller man bruker ikke ordet *supper* i det hele tatt.

MÅL OG VEKT

Lengdemål / *linear measure*

1 inch (in)	= 2,54 cm
1 foot (ft)	= 30,48 cm
1 yard (yd)	= 91,44 cm
1 mile	= 1609,3 m
1 nautical mile	= 1852 metres

Flatemål / *square measure*

1 square inch	= 6,45 cm2	
1 square foot	= 929,03 cm2	
1 square yard	= 0,836 m2	
1 acre	= 4840 square yards	= 4,05 da.
1 square mile	= 640 acres	= 2590 da.

Rominnhold / *volume*

1 cubic inch	= 16,39 cm3	
1 pint	= 0,568 litre	
1 quart (GB)	= 1,136 litre	
1 quart (USA)	= 0,946 litre	
1 gallon (GB)	= 4 quarts	= 4,546 litre
1 gallon (USA)	= 4 quarts	= 3,785 litre
1 bushel (GB)	= 8 gallons	= 36,37 litre
1 bushel (USA)	= 8 gallons	= 35,24 litre
1 cubic foot	= 0,0283 m3	
1 cubic yard	= 0,7646 m3	
1 barrel (oil)	= 159 litre	
6,29 barrels	= 1 m3	
1 ounce (oz)	= 28 g	

I Storbritannia måler man melk og øl i *pints* eller *half pints*. I USA selges øl i *12-ounce bottles* eller *cans*, mens melk og juice selges i *pints, quarts* eller *gallons*.

Vin, maling, olje, bensin og diesel selges litervis i Storbritannia. I USA brukes *ounce* eller *gallon*.

Vekt / *weight*

1 ounce (oz)	= 28 g
1 pound (lb)	= 457 g
1 stone (st)	= 6,35 kg
1 short (net) ton (UK)	= 907,2 kg
1 long (gross) ton (US)	= 1016 kg

Merk! I Storbritannia blir en persons vekt målt i *stone* (uten flertallsendelse) og *pounds*, mens man i USA kun bruker *pounds*.

She lost about two stone when she was ill.
He weighs 18 stone 6 lb (britisk)
She weighs 157 pounds (amerikansk)

Slik regner du om:

Når du har	ganger du med	for å få
millimetres	0,04	inches
centimetres	0,39	inches
metres	3,28	feet
metres	1,09	yards
kilometres	0,62	miles
litres	0,22	gallons (UK)
litres	0,26	gallons (US)
litres	1,76	pints (UK)
grams	0,035	ounces
kilograms	2,21	pounds
hectares	2,47	acres

Når du har	ganger du med	for å få
inches	**2,54**	**centimetres**
feet	**30,48**	**centimetres**
yards	**0,91**	**metres**
miles	**1,61**	**kilometres**
pints (UK)	**0,56**	**litres**
pints (US)	**0,47**	**litres**
gallons (UK)	**4,50**	**litres**
gallons (US)	**3,79**	**litres**
ounces	**28,35**	**grams**
pounds	**0,45**	**kilograms**
acres	**0,40**	**hectares**

TEMPERATUR

100 °C (Celsius) = 212 °F (Fahrenheit)
  0 °C   = 32 °F

Omgjøring fra Celsius til Fahrenheit:
Multipliser med 1,8 og legg til 32.

Omgjøring fra Fahrenheit til Celsius:
Trekk fra 32 og multipliser med 0,55.

PENGER

Britisk myntenhet

l pound (£l)   100 pence (100 p)

Coins:
1p   - a penny
2p   - two pence, twopence
5p   - a five pence piece
10p   - a ten pence piece
20p   - a twenty pence piece
50p   - a fifty pence piece

| £1 | a pound, a quid |
| £2 | two pound piece |

Notes:

£5	a five pound note, a fiver, five quid
£10	a ten pound note, a tenner, ten quid
£20	a twenty pound note, a score
£50	a fifty pound note, a bullseye

Amerikansk myntenhet

1 dollar ($1) = 100 cents (100 c)

US coins:

1 ¢	- a penny, a cent, a wheat penny
5 ¢	- a nickel
10 ¢	- a dime
25 ¢	- a quarter
50 ¢	- a half-dollar, 50 cent piece
100 ¢	- a gold(en) dollar

US bills:

Greenbacks:	$1 - a dollar bill, a buck, a Georg
	$5 - a five-dollar bill, a finski
	$10 - a ten-dollar bill, a sawbuck
	$20 - a twenty-dollar bill, a double sawbuck
	$ 50 – a fifty-dollar bill, fifty bucks
	$ 100 – a hundred-dollar bill, a Benjamin

Australsk myntenhet

1 dollar (1 A$) = 100 cents

Coins:
5 c, 10 c, 20 c, 50 c, $1, $2

Notes:
$5, $10, $20, $50, $100

Europeisk myntenhet

1 euro (€1) = 100 cents

TID

Klokkeslett

Den vanligste måten å spørre om klokken på engelsk er:
What time is it?
og en vanlig måte å svare på er:
It's ... o'clock

I engelsk brukes betegnelsene *a.m.* og *p.m.* i forbindelse med tid. a.m. betyr om morgenen (ante meridiem, latin for før midt på dagen) og p.m. betyr om ettermiddagen eller kvelden (post meridiem, latin for etter midt på dagen).

I formelle sammenhenger, eller når tid på døgnet ikke er opplagt, brukes *a.m.* og *p.m.*

> *They left at five a.m.*

Når du bruker ordet **o'clock**, brukes ikke a.m. og p.m.

> *They left at five o'clock.*

Det er flere måter å uttrykke samme tid på engelsk:

6.00	*six o'clock, six a.m.*
6.10	*ten past six*
6.15	*a quarter past six, six fifteen*
6.30	*half past six, six thirty, half six* (den siste formen brukes ikke i USA)
6.45	*a quarter to seven, six fortyfive*
12.00	*midday, noon*
19.00	*seven p.m., nineteen hundred hours*
19.40	*seven forty p.m., nineteen forty*
24.00	*midnight*

Dato

Britisk	*Amerikansk*
3 April 2017	*4.3.2017*
(the third of April two thousand and seventeen / twenty seventeen)	*(April third two thousand and seventeen / twenty seventeen)*

Merk! Måten dato skrives på amerikansk, gjør at det lett blir misforståelser. I eksempelet ovenfor vil norsktalende kanskje tolke datoen som 4. mars, og ikke 3. april, slik det faktisk står.

Legg merke til at det er vanligst å skrive måneden med bokstaver i britisk, mens i amerikansk bruker man vanligvis tall.

Månedsnavnene kan forkortes slik:
Jan, Feb, Mar, Apr, May, Jun, Jul, Aug, Sep, Oct, Nov, Dec

HELLIGDAGER OG HØYTIDER

Britiske helligdager og høytider

1. januar	*New Year's Day* (første nyttårsdag).
14. februar	*Valentine's Day* (valentinsdag): Se under den amerikanske listen.
Mars/april	*Easter* (påske). *Good Friday* (langfredag): Man spiser bolle med et kors på til minne om Jesu korsfestelse. *Easter Day* (1. påskedag). Man spiser påskeegg.
Mai/juni	*Pentecost* (pinse). *Whitsun, Whitsunday* (1. Pinsedag), *Whit Monday, Whit Monday* (2. Pinsedag).
31. oktober	*Halloween* (allehelgensdag): Se under den amerikanske listen.
5. november	*Guy Fawkes Day:* Guy Fawkes prøvde denne dagen i 1605 å sprenge parlamentet i luften. Han ble dømt og henrettet. Man brenner bål og lager vanligvis en Guy Fawkes-figur. Barn ber om "a penny for the guy".
25. desember	*Christmas Day* (1. juledag): Barn får gaver om morgenen. Tradisjonell middag er kalkun og *Christmas pudding*.
26. desember	*Boxing Day* (2. juledag): Dette var dagen da de rike gav penger eller gaver til sine tjenere, postmannen, melkemannen eller andre som fikk boksene sine fylt – derav navnet.

Amerikanske helligdager og høytider

1. januar	*New Year's Day* (første nyttårsdag).
3. mandag i januar	*Martin Luther King Day:* Til minne om den svarte presten som sloss for like rettigheter for svarte og hvite. Han ble myrdet i 1968.
14. februar	*Valentine's Day* (valentinsdag): Valentine døde som kristen martyr. Denne dagen sender man kort eller gir gaver til de man er glad i.
3. mandag i februar	*President's Day:* Opprinnelig en feiring av George Washingtons fødselsdag, USAs første president. På denne dagen feires alle USAs tidligere presidenter.
4. mandag i mai	*Memorial Day:* Til minne om dem som døde i borgerkrigen (1861-65) og i andre kriger.
4. juli	*Independence Day:* USA erklærte seg uavhengig av Storbritannia, og erklæringen ble underskrevet 4. juli 1776.
1. mandag i september	*Labour Day:* Arbeiderforeninger arrangerer parader.
2. mandag i oktober	*Columbus Day:* Til minne om Columbus som oppdaget Amerika 12. oktober 1492. I Canada feirer de *Thanksgiving* denne dagen.
9. oktober	*Leif Erikson Day:* Til ære for vikingen som reiste til Amerika for over 1000 år siden.
31. oktober	*Halloween* (allehelgensdag): Barn kler seg ut, banker på dører i nabolaget og roper *"Trick or Treat"!* Vanlig belønning er godteri og/eller frukt.
11. november	*Veterans Day:* Opprinnelig en dag til ære for veteranene fra første verdenskrig (1914-18), men nå en dag man hyller veteraner fra alle krigene som amerikanske soldater har vært involvert i.
4. torsdag i november	*Thanksgiving Day:* Til minne om de første immigrantene som kom til Amerika, *the Pilgrims*. De kom med skipet "Mayflower" og slo seg ned på østkysten i 1620. Halvparten døde den første vinteren. I dag feires dagen med en familiesamling om et tradisjonelt måltid.
25. desember	*Christmas Day* (1. juledag): Dagen man gir gaver. Familiene har en tradisjonell julemiddag.

Australske helligdager og høytider

1. januar	*New Year's Day* (første nyttårsdag).
26. januar	*Australia Day.*
Mars/april	*Easter* (påske – langfredag til 2. påskedag).
25. april	*Anzac Day* (Anzac: *Australian and New Zealand Army Corps*). Feires til minne om ilandstigningen i Gallipoli 1915.
2. mandag i juni	Dronningens fødselsdag. I *Western Australia* feirer de *Western Australia Day* denne dagen.
Siste mandag i september / første i oktober	Dronningens fødselsdag (i *Western Australia*).
25. desember	*Christmas Day* (1. juledag).
26. desember	*Boxing Day* (2. juledag).

ADMINISTRATIVE INNDELINGER

Storbritannia

Region	*Hovedstad*
England	London
Wales	Cardiff
Scotland	Edinburgh
Northern Ireland	Belfast

Amerikas forente stater

Område	**Delstat**	**Forkortelse**	**Hovedstad**
New England:			
	Maine	ME	Augusta
	New Hampshire	NH	Concord
	Vermont	VT	Montpelier
	Massachusetts	MA	Boston
	Rhode Island	RI	Providence
	Connecticut	CT	Hartford

Mellomatlantiske stater:

New York	NY	Albany
New Jersey	NJ	Trenton
Pennsylvania	PA	Harrisburg

Nordøstre sentralstater:

Ohio	OH	Columbus
Indiana	IN	Indianapolis
Illinois	IL	Springfield
Michigan	MI	Lansing
Wisconsin	WI	Madison

Nordvestre sentralstater:

Minnesota	MN	St. Paul
Iowa	IA	Des Moines
Missouri	MO	Jefferson City
North Dakota	ND	Bismarck
South Dakota	SD	Pierre
Nebraska	NE	Lincoln
Kansas	KS	Topeka

Søratlantiske stater:

Delaware	DE	Dover
Maryland	MD	Annapolis
Virginia	VA	Richmond
West Virginia	WV	Charleston
North Carolina	NC	Raleigh
South Carolina	SC	Columbia
Georgia	GA	Atlanta
Florida	FL	Tallahassee

Sørøstre sentralstater:

Kentucky	KY	Frankfort
Tennessee	TN	Nashville
Alabama	AL	Montgomery
Mississippi	MS	Jackson

Sørvestre sentralstater:

Arkansas	AR	Little Rock
Louisiana	LA	Baton Rouge
Oklahoma	OK	Oklahoma City
Texas	TX	Austin

Fjellstatene:

Montana	MT	Helena
Idaho	ID	Boise City
Wyoming	WY	Cheyenne
Colorado	CO	Denver
New Mexico	NM	Santa Fé
Arizona	AZ	Phoenix
Utah	UT	Salt Lake City
Nevada	NV	Carson City

Stillehavsstatene:

Washington	WA	Olympia
Oregon	OR	Salem
California	CA	Sacramento
Alaska	AK	Juneau
Hawaii	HI	Honolulu

District of Columbia

Washington DC

GEOGRAFISKE NAVN

Land og hovedsteder i Europa

Land	Hovedstad
Albania	Tirana
Andorra	Andorra la Vieja
Austria	Vienna
Belgium	Brussels
Bulgaria	Sofia
Croatia	Zagreb
Czech Republic	Prague
Cyprus	Nicosia
Denmark	Copenhagen
England*	London
Estonia	Tallinn
Faeroes*	Torshavn
Finland	Helsinki
France	Paris
Germany	Berlin
Great Britain	London

Greece	Athens
Greenland*	Godthaab
Hungary	Budapest
Iceland	Reykjavik
Ireland	Dublin
Italy	Rome
Latvia	Riga
Liechtenstein	Vaduz
Lithuania	Vilnius
Luxembourg	Luxembourg
Malta	Valletta
Monaco	Monaco
Netherlands, the	Amsterdam
Northern Ireland*	Belfast
Norway	Oslo
Poland	Warsaw
Portugal	Lisbon
Romania	Bucurest
San Marino	San Marino
Scotland*	Edinburgh
Russia	Moscow
Spain	Madrid
Sweden	Stockholm
Switzerland	Bern
Turkey	Ankara
Wales*	Cardiff

* ikke nasjonalstater

Stedsnavn som kan virke ugjenkjennelige

Engelsk	*Norsk*
Albion (gaelic)	England
Alsatia	Alsace
Asia Minor	Lilleasia
Baltic	Østersjøen
Bavaria	Bayern
Bohemia	Böhmen
Bothnia, the Gulf of	Bottenviken
Brittany	Bretagne
Bruges	Brugge
Caledonia (gaelic)	Skottland
Calvary, Mount	Golgata
Cologne	Köln
Constance, the Lake of	Bodensjøen

Crete	Kreta
Crimea	Krim
Cyprus	Kypros
Danube	Donau
Eire (gaelic)	Irland
Elsinore	Helsingør
Erin	Irland
Florence	Firenze
Geneva	Genève
Genoa	Genua
Gothenburg	Göteborg
Hague, the	Haag
Jutland	Jylland
Leghorn	Livorno
Leman, Lake	Genfersjøen
Mediterranean, the	Middelhavet
Milan	Milano
Munich	München
Naples	Napoli
Pacific, the	Stillehavet
Prussia	Preussen
Saxony	Sachsen
Sicily	Sicilia
Skaw, the	Skagen
Sound, the	Øresund
Spitzbergen	Svalbard, Spitsbergen
Tuscany	Toscana
Venice	Venezia
Zealand	Sjælland

YRKESBETEGNELSER SOM ER BLITT FAMILIENAVN

Mange yrker/håndverk er blitt til familienavn på engelsk, men sjeldent på norsk.

Baker	baker
Barber	barber
Blacksmith	grovsmed
Brewer	brygger
Butcher	slakter
Carpenter	snekker/tømmermann
Carter	vognmaker

Cobbler	lappeskomaker
Cooper	bøkker
Dyer	farger
Farmer	bonde
Fisher	fisker
Furrier	buntmaker
Gardener	gartner
Goldsmith	gullsmed
Hatter	hattemaker
Hunter	jeger
Locksmith	låsesmed
Mason	murer
Mercer	manufakturhandler
Miner	gruvearbeider
Miller	møller
Painter	maler
Potter	pottemaker
Saddler	salmaker
Shoemaker	skomaker
Slaughter	slakter
Smith	smed
Stoker	fyrbøter
Tanner	garver
Thatcher	taktekker
Tailor, Taylor	skredder
Weaver	vever

STJERNETEGN

Signs of the Zodiac		*Stjernetegn*
Aries	21/3–20/4	Væren
Taurus	21/4–21/5	Tyren
Gemini	22/5–21/6	Tvillingene
Cancer	22/6–22/7	Krepsen
Leo	23/7–23/8	Løven
Virgo	24/8–23/9	Jomfruen
Libra	24/9–23/10	Vekten
Scorpius	24/10–22/11	Skorpionen
Sagittarius	23/11–21/12	Skytten
Capricorn	22/12–20/1	Steinbukken
Aquarius	21/1–18/2	Vannmannen
Pisces	19/2–20/3	Fiskene

Norsk-engelsk

abbor subst. *m (fisk)* perch
abdisere verb abdicate
abonnement subst. *n* subscription
abonnent subst. *m* subscriber
abonnere verb subscribe
  abonnere på subscribe to
aborigin subst. *m* **1** *(urinnvåner)* aborigine
  2 *(i Australia)* Aboriginal, Native Australian
abort subst. *m* **1** *(planlagt)* abortion
  2 *(spontanabort)* miscarriage
abortere verb **1** *(planlagt)* have an abortion
  2 *(spontant)* miscarry
abortmotstander subst. *m* anti-abortionist, pro-lifer *(amer., hverdagslig)*
absolutt adj. **1** absolute, complete
  2 *(som adverb)* absolutely, completely
  • this is absolutely necessary
absorbere verb absorb
abstinens subst. *m* abstinence
abstrakt adj. abstract
absurd adj. absurd
adamseple subst. *n* Adam's apple
addere verb add up
addisjon subst. *m* addition
adel subst. *m* nobility, aristocracy
adelig adj. noble, aristocratic
adgang subst. *m* **1** *(vei til)* access
  2 *(tillatelse)* admittance, admission, entrance, access
  adgang forbudt! no trespassing!, keep out!
adgangskort subst. *n* admission card, entrance card, pass
adjektiv subst. *n (ordklasse)* adjective
adjø *interjeksjon* goodbye, farewell *(høytidelig)*
adlyde verb obey
administrasjon subst. *m* administration, management
administrativ adj. administrative, executive
administrere verb administer, manage
admiral subst. *m (sjøoffiser)* admiral
adopsjon subst. *m* adoption
adoptere verb adopt

adoptert adj. adopted
adoptivbarn subst. *n* adopted child
adoptivforelder subst. *m* adoptive parent
adrenalin subst. *n* adrenaline
adresse subst. *m/f* address
advare verb warn, caution
  advare mot warn against
advarsel subst. *m* warning, caution
advent subst. *m* Advent
adverb subst. *n (ordklasse)* adverb
advokat subst. *m* lawyer, counsel, barrister *(britisk)*, attorney *(amer.)*
aerobic subst. *m* aerobics
aerodynamisk adj. aerodynamic
affekt subst. *m* affect, passion
affisere verb affect, influence
affære subst. *m* **1** *(sak)* affair, matter
  2 *(forhold)* affair
afghaner subst. *m* Afghan
afghansk adj. Afghan
Afrika stedsnavn Africa
afrikaner subst. *m* African
afrikansk adj. African
afroamerikaner subst. *m* African American, Afro-American
aften subst. *m* evening, night
agenda subst. *m* agenda
agent subst. *m* agent
agere verb act, play
aggresjon subst. *m* aggression
aggressiv adj. aggressive
agn subst. *n* bait
agnostiker subst. *m* agnostic
agurk subst. *m* cucumber
aids subst. *m (sykdom, fork. for* acquired immuno-deficiency syndrome*)* AIDS *eller* Aids
à jour adverb up to date
akademi subst. *n* academy
akademiker subst. *m* academic
akademisk adj. academic
ake verb sledge, slide *(gli, rutsje)*
akebakke subst. *m* sledging slope
akebrett subst. *n* toboggan, sled *(amer.)*
akevitt subst. *m* aquavit
akklimatisere verb acclimatize
akkompagnere verb accompany, back

akkord subst. *m* **1** *(arbeid)* piece rate
2 *(gjeldsavtale)* debt settlement
3 *(kompromiss)* compromise
4 *(musikk)* chord
akkurat adverb **1** *(nøyaktig)* exactly,
precisely, just
2 *(nettopp)* just
akne subst. *m* acne
akrobat subst. *m* acrobat
akryl subst. *m/n* acrylic
aks subst. *n* spike, ear *(om korn)*
akse subst. *m* axis
aksel subst. *m* axle,
spindle *(til sykkelhjul)*
akselerere verb accelerate
aksent subst. *m* accent
aksept subst. *m* acceptance
akseptabel adj. acceptable
akseptere verb accept, condone
aksje subst. *m* share, stock
aksjemarked subst. *n* stock market,
stock exchange *(børs)*
aksjeselskap subst. *n* limited (liability)
company, corporation *(amer.)*
aksjonere verb demonstrate
aksjonere mot take action against
aksjonær subst. *m* shareholder,
stockholder *(amer.)*
akt subst. *m/f* **1** *(handling)* act, deed
2 *(del av skuespill)* act
aktelse subst. *m* respect
akterut adverb *(på båt)* aft, astern
sakke akterut *(overført)* fall/lag
behind
aktiv adj. active
aktivere verb activate
aktivisere verb activate, occupy
aktivist subst. *m* activist
aktivitet subst. *m* activity
aktor subst. *m (jus)* prosecutor
aktuell adj. **1** *(som skjer nå)* current,
present

2 *(som har interesse)* of current
interest, relevant
ikke aktuelt out of the question
akupunktur subst. *m* acupuncture
akustikk subst. *m* acoustics
akustisk adj. acoustic
akutt adj. acute, sudden
akuttmottak subst. *n (på sykehus)*
emergency ward
akvarell subst. *m* watercolour (painting)
akvarium subst. *n* aquarium, fish tank
alarm subst. *m* alarm
alarmerende adj. alarming
albaner subst. *m* Albanian
albansk adj. Albanian
albino[1] subst. *m* albino
albino[2] adj. albino
albue subst. *m* elbow
album subst. *n* album
alder subst. *m* age
i en alder av at the age of
alderdom subst. *m* old age
aldersforskjell subst. *m* age difference,
age gap
aldersgrense subst. *m/f* age limit
alderstrinn subst. *n* age level, age
aldri adverb never
alene adverb alone, by oneself
alenefar subst. *m* single father
aleneforsørger subst. *m* single
provider, sole provider
alenemor subst. *m/f* single mother
alfabet subst. *n* alphabet
alfabetisk adj. alphabetical
alfakrøll subst. *m (tegnet @)* at
alge subst. *m* alga *(i flertall: algae)*
algebra subst. *m* algebra
algoritme subst. *m (matematikk, IT)*
algorithm
alias[1] subst. *n* alias
alias[2] adverb alias, otherwise known as
alibi subst. *n* alibi

alkohol subst. *m* alcohol
alkoholfri adj. non-alcoholic, alcohol-free
alkoholholdig adj. alcoholic
alkoholiker subst. *m* alcoholic
alkoholisme subst. *m* alcoholism
alkoholmisbruk subst. *m/n* alcohol abuse
alkove subst. *m (lite soverom)* alcove
all determinativ **1** *(det hele)* all
  2 *(stor grad)* every, all
alle determinativ everyone, everybody, all
allé subst. *m* avenue
allehelgensaften subst. *m* All Saint's Eve, Halloween
allehelgensdag subst. *m* All Saints' Day, Halloween *(festkveld)*
allemannseie subst. *n* common property, public property
aller adverb *(brukes forsterkende)* very, by far, of all • *han er den aller snilleste* he is the kindest of them all • *denne kjolen var den aller siste de hadde* this dress was the very last one they had
  aller helst preferably, most of all
allerede adverb already
allergi subst. *m* allergy
allergisk adj. allergic
  allergisk mot allergic to
allianse subst. *m* alliance
alliere verb ally
alliert adj. allied
alligator subst. *m* alligator
allikevel adverb still, all the same, yet
allmektig adj. almighty
allmenn adj. general, common
allmennfag subst. *n* general studies
allmennheten subst. the general public
allmennpraktiker subst. *m* general practitioner, GP *(fork.)*
allmenntilstand subst. *m* general condition
allmøte subst. *n* general meeting
allsang subst. *m* group singing, singalong
allsidig adj. comprehensive, versatile
allslags adj. all sorts of, all kinds of
alltid adverb always
allvitende adj. omniscient, all-knowing
allværsjakke subst. *m/f* all-weather jacket, anorak
alm subst. *m (tre)* elm
alminnelig adj. **1** *(allmenn)* common, general
  2 *(vanlig)* ordinary

3 *(som adverb: allment)* commonly, generally
alminnelighet subst. *m/f bare i uttrykk*
  i alminnelighet in general, generally
alpakka subst. *m* alpaca
alpelue subst. *m/f* beret
Alpene stedsnavn the Alps
alpin adj. **1** alpine
  2 *(som subst.: alpint)* alpine skiing
  • *hun liker å se på alpint* she likes to watch alpine skiing
alpinist subst. *m* alpine skier, downhill skier
alskens adj. all sorts of, all kinds of
alt¹ subst. *m* **1** *(om kvinnelig stemme/sanger)* contralto, alto
  2 *(instrument)* alto
alt² adverb *(allerede)* already
alt³ determinativ
  1 *(det hele)* everything, all
  2 *(hva som helst)* anything
  alt i alt all in all, altogether
altan subst. *m* balcony
alter subst. *n* altar
alternativ¹ subst. *n* alternative
alternativ² adj. alternative
altetende adj. omnivorous
altfor adverb too
altmuligmann subst. *m* **1** *(en som tar alskens jobber)* odd-job man
  2 *(en som kan alt mulig)* jack of all trades
altså adverb therefore, consequently, so
aluminium subst. *m/n* aluminium
aluminiumsfolie subst. *m* tinfoil
alv subst. *m* elf, fairy
alvor subst. *n* **1** *(virkelighet)* seriousness, gravity
  2 *(oppriktig mening)* earnestness, sincerity
  ta noe/noen på alvor take something/someone seriously
alvorlig adj. **1** *(farlig, streng)* serious, grave
  2 *(oppriktig, seriøs)* earnest, sincere
  3 *(som adverb)* seriously • you need to take this seriously
amatør subst. *m* amateur
amatørmessig adj. amateurish
ambassade subst. *m* embassy
ambassadør subst. *m* ambassador
ambisiøs adj. ambitious
ambisjon subst. *m* ambition
ambivalent adj. ambivalent

ambulanse subst. *m* ambulance
amen[1] subst. *n* amen
amen[2] *interjeksjon* amen
A-menneske subst. *n* early bird, morning person
Amerika stedsnavn America
amerikaner subst. *m* American
amerikansk adj. American
amfetamin subst. *n* amphetamine
amme verb breastfeed, nurse
ammoniakk subst. *m* ammonia
ammunisjon subst. *m* ammunition
amnesti subst. *n* amnesty
amok adverb *bare i uttrykk*
  gå amok run amok
amper adj. irritable
ampere subst. *m* ampere, amp
amputasjon subst. *m* amputation
amputere verb amputate
amulett subst. *m* amulet, charm
anagram subst. *n* anagram
anal adj. anal
analfabet subst. *m* illiterate
analfabetisme subst. *m* illiteracy
analyse subst. *m* analysis *(i flertall:* analyses*)*
analysere verb analyse
analytisk adj. analytic
ananas subst. *m* pineapple
anarki subst. *n* anarchy
anarkist subst. *m* anarchist
anatomi subst. *m* anatomy
anbefale verb recommend
anbefaling subst. *m/f* recommendation
anbud subst. *n* tender
and subst. *m/f* duck
andakt subst. *m/f*
  1 *(gudstjeneste)* prayers
  2 *(religiøs stemning)* rapt attention
andektig adj. devout, reverent
andel subst. *m* share, part, portion
andpusten adj. out of breath, breathless
andre[1] adj. *(ordenstall)* second
andre[2] determinativ other
  alle andre everybody else
andrespråk subst. *n* second language
andunge subst. *m* duckling
ane[1] subst. *m (om forfedre)* ancestor
ane[2] verb suspect, guess, sense
  jeg aner ikke I have no idea
anekdote subst. *m* anecdote
anelse subst. *m* **1** *(fornemmelse)* notion, feeling
  2 *(liten mengde)* touch, hint

anemi subst. *m* anaemia
anemisk adj. anaemic
anerkjenne verb recognize, acknowledge
anerkjennelse subst. *m* recognition
anerkjent adj. recognized, acknowledged
anestesi subst. *m* anaesthesia
anfall subst. *n* fit, attack
anførselstegn subst. *n* quotation mark
anger subst. *m* regret, remorse
angi verb **1** *(tyste på)* inform on, tell on
  2 *(opplyse om)* state, give
angre verb regret, repent
angrefrist subst. *m* cooling-off period
angrep subst. *n* attack, assault
  gå til angrep make/launch an attack
angrepille subst. *m* emergency contraception, morning-after pill
angrepsspiller subst. *m* attacker, forward
angripe verb attack
angst subst. *m* alarm, anxiety, fear
angå verb concern, be about, regard
angående preposisjon regarding, about, concerning
anholde verb arrest, detain
animasjon subst. *m* animation
animasjonsfilm subst. *m* animated film, cartoon
anis subst. *m (krydder)* aniseed
anke[1] subst. *m (jus)* appeal
anke[2] verb *(jus)* appeal
ankel subst. *m* ankle
anker subst. *n* anchor
ankerperson subst. *m* anchor, news anchor *(nyhetsoppleser)*
anklage[1] subst. *m* accusation
anklage[2] verb accuse
ankomme verb arrive, come
ankomst subst. *m* arrival
ankre verb anchor, moor
anledning subst. *m/f* **1** *(mulighet)* opportunity
  2 *(begivenhet)* occasion
anlegg subst. *n* **1** *(byggeplass)* construction site
  2 *(fabrikk)* plant
  3 *(evne, disposisjon)* aptitude, disposition • *han har anlegg for å legge på seg* he is well disposed for putting on weight
anlegge verb **1** *(begynne med)* start, establish, found

2 *(bygge)* construct, build
3 *(anta)* put on, adopt
anleggsarbeid subst. *n* construction work
anleggsarbeider subst. *m* construction worker
anmelde verb **1** *(gi melding om)* notify, register
2 *(melde til politiet)* report
3 *(omtale)* review
anmeldelse subst. *m*
1 *(jus, politi)* report
2 *(kunngjøring)* announcement
3 *(omtale)* review
anmelder subst. *m (kritiker)* critic, reviewer
anmerkning subst. *m*
1 *(kommentar)* notice, remark
2 *(irettesettelse)* reproval
anmodning subst. *m* request, appeal
annen[1] adj. *(ordenstall)* second
annen[2] determinativ other
en eller annen somebody, some
annendivisjon subst. *m (sport)* second division
annenhver pronomen every other, every second
annenklasses adj. second-class
annenrangs adj. second-rate
annerledes adj. different
annet[1] adj. *(ordenstall)* second
annet[2] determinativ other
blant annet among other things
annonse subst. *m* advertisement
annonsere verb **1** *(kunngjøre)* announce, publish
2 *(avertere)* advertise
annullere verb annul, cancel, disallow *(sport)*
annullering subst. *m/f* cancellation
anonym adj. anonymous
anorakk subst. *m* anorak
anoreksi subst. *m* anorexia
anorektiker subst. *m* anorexic
anorektisk adj. anorexic
anrop subst. *n* call
ansamling subst. *m/f* crowd, collection *(av ting)*
ansatt adj. **1** employed, hired
2 *(som subst.: person som er ansatt)* employee, member of staff
anse verb consider, reckon
anseelse subst. *m* esteem, respect
anselig adj. *(betydelig)* considerable

ansett adj. esteemed, respectable
ansette verb employ, hire
ansettelse subst. *m* employment
ansiennitet subst. *m* seniority
ansikt subst. *n* face
ansiktsløftning subst. *m/f* facelift
ansiktstrekk subst. *n* feature
ansiktsuttrykk subst. *n* expression, look
ansjos subst. *m* anchovy
anskaffe verb get, purchase *(kjøpe)*
anskaffelse subst. *m* acquisition, purchase *(kjøp)*
anslag subst. *n (vurdering)* estimate
anslå verb *(beregne)* estimate
anspent adj. strained, tense
anstalt subst. *m* institution
anstendig adj. decent, respectable
anstrenge verb exert
anstrenge seg make an effort, exert oneself
anstrengelse subst. *m* effort, exertion *(sterkere)*
anstrengende adj. exhausting, tiring, hard
anstrengt adj.
1 *(anspent)* tense, strained
2 *(kunstig)* forced, strained
ansvar subst. *n* **1** *(forpliktelse)* responsibility
2 *(skyld)* blame
ha ansvar for be responsible for
ansvarlig adj. responsible
ansvarsfull adj. responsible
ansvarsløs adj. irresponsible
anta verb presume, suppose, think
antakelig adverb probably
antakelse subst. *m* assumption
antall subst. *n* number • *et stort antall mennesker* a large number of people
Antarktis stedsnavn Antarctica
antaste verb accost
antenne[1] subst. *m/f* **1** *(teknologi)* aerial, antenna *(amer.)*
2 *(følehorn)* antenna *(i flertall: antennae)*
antenne[2] verb *(sette fyr på)* ignite, set fire to
antibiotikum subst. *n* antibiotic
antikk adj. antique
antikken subst. *m (epoke)* antiquity
antikvariat subst. *n* second-hand bookshop, antiquarian bookshop
antikvitet subst. *m* antique

a
b
c
d
e
f
g
h
i
j
k
l
m
n
o
p
q
r
s
t
u
v
w
x
y
z
æ
ø
å

antilope subst. *m* antelope
antimobbeprogram subst. *n (på skole)* anti-bullying programme
antioksidant subst. *m* antioxidant
antipati subst. *m* antipathy, dislike
antisemittisk adj. anti-Semitic
antisemittisme subst. *m (jødehat)* anti-Semitism
antistoff subst. *n (medisin)* antibody
antivirusprogram subst. *n (IT)* antivirus programme
antonym subst. *n (det motsatte)* antonym
antrekk subst. *n* wear, outfit
antropolog subst. *m* anthropologist
antyde verb imply, insinuate
antydning subst. *m/f* hint
anus subst. *m* anus
anvende verb use, spend *(om tid, penger)*
anvendelse subst. *m* use, usage
anvisning subst. *m/f (rettledning)* instructions, directions
apartheid subst. *m* apartheid
apatisk adj. apathetic
ape[1] subst. *m/f* monkey, ape
ape[2] verb *(etterligne)* mimic
apekatt subst. *m* monkey
apostel subst. *m* apostle
apostrof subst. *m* apostrophe
apotek subst. *n* pharmacy
app subst. *m (IT, kortform for* applikasjon*)* app, application
apparat subst. *n* apparatus, device
appell subst. *m* appeal
appellere verb appeal
appelsin subst. *m* orange
appelsinjuice subst. *m* orange juice
appetitt subst. *m* appetite
appetittlig adj. appetizing
applaudere verb applaud
applaus subst. *m* applause
applikasjon subst. *m (IT)* application, app *(hverdagslig)*
aprikos subst. *m* apricot
april subst. *m* April
aprilsnarr subst. *m* April Fool
apropos[1] subst. *n* comment, remark
apropos[2] adverb *(angående)* speaking of • *apropos mat, når er det middag?* speaking of food, when is dinner?
araber subst. *m* Arab
arabisk adj. Arabic, Arab

arbeid subst. *n* **1** *(jobb)* work, job
2 *(anstrengelse)* work, labour
arbeide verb work, labour
arbeider subst. *m* **1** *(ansatt)* employee, worker
2 *(klassebetegnelse)* worker
arbeiderbevegelse subst. *m* labour movement
arbeiderklasse subst. *m/f* the working class
arbeiderparti subst. *n* labour party
arbeidsdag subst. *m* working day
arbeidsdyktig adj. employable, able to work
arbeidsgiver subst. *m* employer
arbeidskraft subst. *m/f* **1** *(arbeidsevne)* work capacity
2 *(folk)* labour, manpower
arbeidsledig adj. unemployed
arbeidsledighet subst. *m/f* unemployment
arbeidsledighetstrygd subst. *m/f* unemployment benefit
arbeidsmarked subst. *n* job market, labour market
arbeidsmiljø subst. *n* working environment
arbeidsnarkoman subst. *m* workaholic
arbeidsom adj. industrious, hard working
arbeidsplass subst. *m* workplace, place of work
arbeidsrom subst. *n* work room, study
arbeidstaker subst. *m* employee, worker
arbeidstid subst. *m/f* (working) hours
etter arbeidstid after hours
arbeidstillatelse subst. *m* work permit
arbeidsufør adj. disabled
arbeidsulykke subst. *m/f* work accident, workplace accident
areal subst. *n* **1** *(flateinnhold)* area
2 *(gulvareal)* floor area
arena subst. *m* arena
argentinsk adj. Argentine
argument subst. *n* argument
argumentasjon subst. *m* argumentation, reasoning
argumentere verb argue, reason
aristokrat subst. *m* aristocrat
aristokrati subst. *n* aristocracy
aristokratisk adj. aristocratic
ark[1] subst. *n (papir)* sheet of paper

ark² subst. *m (skip)* ark
  Noas ark Noah's Ark
arkeolog subst. *m* archaeologist
arkeologi subst. *m* archaeology
arkitekt subst. *m* architect
arkitektur subst. *m* architecture
arkiv subst. *n* archives, files, records
arkivere verb **1** file, record, register
  2 *(IT)* save
Arktis stedsnavn the Arctic
arktisk adj. Arctic
arm subst. *m* arm
armbånd subst. *n* bracelet, bangle
armé subst. *m* army
armheving subst. *m* press-up,
  push-up *(mest amer.)*
armhule subst. *m/f* armpit
armlene subst. *n* armrest, arm
aroma subst. *m (duft)* aroma
arr subst. *n* scar
arrangement subst. *n* event, gathering
arrangere verb arrange, organize
arrangør subst. *m* organizer
arrest subst. *m* **1** *(fengsling)*
  imprisonment, detention
  2 *(fengsel)* prison, jail
arrestasjon subst. *m* arrest, detention
arrestere verb arrest, take into custody,
  place under arrest
arrestordre subst. *m* warrant
arroganse subst. *m* arrogance
arrogant adj. arrogant
arsenal subst. *n* arsenal
arsenikk subst. *m* arsenic
art subst. *m/f* **1** *(biologi)* species
  2 *(karakter)* nature, sort, kind
  truet art endangered species
arte seg verb turn out, develop
artig adj. funny
artikkel subst. *m* article
artikulere verb articulate
artilleri subst. *n* artillery
artisjokk subst. *m* artichoke
artist subst. *m* performer, artist
artistisk adj. artistic
arv subst. *m* inheritance
arve verb inherit
arvegods subst. *n* inheritance
arvelig adj. hereditary
arving subst. *m* heir
AS subst. *n (fork. for aksjeselskap)* Ltd.
  (britisk), Inc. *(amer.)*
asbest subst. *m* asbestos
asfalt subst. *m* asphalt

asfaltere verb asphalt
Asia stedsnavn Asia
asiat subst. *m* Asian
asiatisk adj. Asian
asjett subst. *m* side plate, small plate
ask subst. *m (tresort)* ash
aske subst. *m/f* ash
askebeger subst. *n* ashtray
askeonsdag subst. *m* Ash Wednesday
Askepott egennavn Cinderella
askese subst. *m* asceticism
asket subst. *m* ascetic
asosial adj. **1** *(om person/handling)*
  asocial, antisocial
  2 *(urettferdig, om politikk)* inequitable
asp subst. *m/f* aspen
asparges subst. *m* asparagus
aspekt subst. *m/n* aspect
aspirant subst. *m* candidate, aspirant
aspirere verb aspire to
assimilere verb assimilate
assimilering subst. *m* assimilation
assistanse subst. *m* assistance, help
assistent subst. *m* assistant
assistere verb assist, help
assisterende adj. assistant
assortert adj. *(utvalgt)* assorted
assosiasjon subst. *m* association
assosiere verb associate
astma subst. *m* asthma
astmatiker subst. *m* asthmatic
astmatisk adj. asthmatic
astrologi subst. *m* astrology
astronaut subst. *m* astronaut
astronom subst. *m* astronomer
astronomi subst. *m* astronomy
asyl subst. *n* asylum, place of refuge
asylsøker subst. *m* asylum seeker
at konjunksjon **1** that • *jeg skal sørge for
  at det går i orden* I will make sure that
  it works out
  2 *(i utrop)* how • *at du kunne være så
  dum!* how could you be so stupid!
ateist subst. *m* atheist
atelier subst. *n* studio, atelier
Aten stedsnavn Athens
atferd subst. *m/f* behaviour
atferdsforstyrrelse subst. *m* behaviour
  disorder
atferdsvansker subst. *m* **1** behaviour
  problems
  2 *(diagnose)* behaviour disorder
atkomst subst. *m* access, approach

Atlanterhavet stedsnavn the Atlantic Ocean
atlas subst. *n (kartverk)* atlas
atlet subst. *m* athlete
atletisk adj. athletic
atmosfære subst. *m* atmosphere
atom subst. *n* atom
atombombe subst. *m/f* atomic bomb, nuclear bomb
atomenergi subst. *m* atomic energy, nuclear energy
atomkraft subst. *m/f* nuclear power, atomic power
atomkraftverk subst. *n* nuclear power station, nuclear power plant
atomreaktor subst. *m* nuclear reactor, atomic reactor
atomvåpen subst. *n* nuclear weapon, atomic weapon
atskille verb separate, part
atskillelse subst. *m* separation
atskilt adj. separate, distinct
atten determinativ eighteen
attende adj. eighteenth
attentat subst. *n* assassination, attack
attest subst. *m* certificate, reference, attestation
attestere verb certify, authenticate
attføring subst. *m/f* rehabilitation
attpåklatt subst. *m* afterthought
attraksjon subst. *m* attraction
attraktiv adj. attractive, alluring
au *interjeksjon* ouch, ow
  au da! oh dear!, uh-oh!
aubergine subst. *m* aubergine, eggplant *(amer.)*
audiens subst. *m* audience
auditorium subst. *n* auditorium, lecture hall
august subst. *m* August
auksjon subst. *m* auction
auksjonere verb auction
aula subst. *m* auditorium, (assembly) hall
aura subst. *m* aura
Australia stedsnavn Australia
australier subst. *m* Australian
australsk adj. Australian
autentisk adj. authentic, genuine
autisme subst. *m* autism
autist subst. *m* autist
autistisk adj. autistic
autograf subst. *m* autograph
automat subst. *m (maskin)* vending machine, slot machine

automatgir subst. *n* automatic transmission
automatisk adj. automatic
autonom adj. autonomous, independent
autopilot subst. *m* autopilot
autorisasjon subst. *m* authorization
autorisere verb authorize
autorisert adj. licensed, certified, authorized
autoritet subst. *m* authority
autovern subst. *n* crash barrier, guard rail *(amer.)*
av preposisjon **1** of, by *(om person)* **2** *(som adverb: ut, løs, avslått)* off
  • we are getting off at the next station
  av og til now and then
avanse subst. *m* profit
avansere verb advance
avansert adj. advanced
avbalansert adj. balanced
avbestille verb cancel
avbestilling subst. *m/f* cancellation
avbetaling subst. *m/f* instalment, partial payment
avbilde verb **1** *(gjengi)* reproduce **2** *(fotografere)* photograph **3** *(skildre)* depict, portray
avblåse verb call off, cancel
avbrekk subst. *n* **1** *(avbrudd)* interruption, break **2** *(tap, skade)* set-back, loss
avbrudd subst. *n* interruption, break
avbryte verb interrupt
avbrytelse subst. *m* breaking off, interruption
avdanket adj. retired, superannuated
avdekke verb reveal, uncover
avdeling subst. *m/f* **1** *(del av firma)* section, division, department **2** *(filial)* branch **3** *(del av sykehus)* ward
avdelingskontor subst. *n* branch office, local office
avdelingsleder subst. *m* department manager, section manager
avdelingssjef subst. *m* department head, department manager
avdrag subst. *n* instalment
avduke verb unveil
avdød adj. dead, deceased
aversjon subst. *m* aversion, dislike
avertere verb advertise
avfall subst. *n* refuse, waste, rubbish
avfallssortering subst. *m/f* waste sorting

avfallsstoff subst. *n* waste product, waste matter

avfeie verb brush aside, dismiss

avfolke verb depopulate

avfolkning subst. *m/f* depopulation

avfyre verb fire, discharge

avføring subst. *m/f* excrement, stool, faeces

avføringsmiddel subst. *n* laxative

avgang subst. *m* departure

avgangseksamen subst. *m* final examination

avgangselev subst. *m* final-year student, graduating student

avgangshall subst. *m* departure hall

avgift subst. *m/f* **1** *(gebyr)* fee, charge **2** *(til det offentlige)* charge, tax

avgiftsfri adj. duty-free

avgjort adj. **1** *(bestemt)* certain, decided **2** *(utvilsom)* certain, unquestionable

avgjøre verb decide

avgjørelse subst. *m* decision

avgjørende adj. decisive, conclusive

avgrense verb **1** *(skille)* limit, bound **2** *(definere)* determine, delimit

avhandling subst. *m/f* dissertation, thesis

avhenge verb depend
   avhenge av depend on

avhengig adj. dependent, addicted *(særlig om rusmidler)*
   avhengig av 1 dependent on **2** *(om rusmidler)* addicted to

avhengighet subst. *m/f* dependence, addiction *(særlig om rusmidler)*

avhold subst. *n* abstinence

avholde verb **1** *(arrangere)* hold **2** *(hindre)* restrain, prevent

avholdsperson subst. *m* total abstainer, teetotaller

avhopper subst. *m* defector, deserter

avhør subst. *n* questioning, interrogation *(av tiltalt)*

avhøre verb question, interrogate

avis subst. *m/f* newspaper

avisartikkel subst. *m* newspaper article

avisbud subst. *n* newspaper carrier

avise verb de-ice, defrost

avispapir subst. *n* newsprint

avisutklipp subst. *n* newspaper clipping

avkall subst. *n* renunciation, waiver

avkastning subst. *m/f* return, yield

avkjøle verb cool, chill

avkjøling subst. *m/f* cooling, chilling, refrigeration

avkjøring subst. *m/f* exit road

avklare verb clarify

avkledd adj. undressed

avkobling subst. *m/f* relaxation, recreation

avkom subst. *n* offspring

avkrefte verb **1** *(svekke)* weaken **2** *(motsi)* invalidate, disprove

avkrok subst. *m* remote corner, out-of-the-way place

avl subst. *m* **1** *(oppdrett)* breeding, animal husbandry **2** *(dyrking)* agricultural production, crop

avlang adj. **1** *(oval)* oval **2** *(rektangulær)* oblong

avlaste verb relieve, ease

avle verb **1** *(dyrke)* grow, raise **2** *(oppdrette)* breed, raise **3** *(føre til)* breed, produce

avlede verb **1** *(lede bort)* divert **2** *(danne som resultat)* derive

avlegge verb give, take

avlegger subst. *m* **1** *(stikling)* cutting, slip **2** *(skudd)* runner, layer, offshoot

avleggs adj. antiquated, obsolete

avlevere verb deliver, hand over

avling subst. *m/f* crop, yield

avlive verb put to death, put down, kill

avlyse verb cancel, call off
avlytte verb monitor, bug *(om elektronisk avlytting)*
avløp subst. *n* drain, outlet
avløse verb relieve
avløser subst. *m* substitute, replacement
avmagret adj. thin, skinny
avmakt subst. *m/f* powerlessness
avmilitarisere verb demilitarize
avmålt adj. measured, formal
avokado subst. *m* avocado
avpasse verb adapt, adjust
avreise subst. *m/f* departure
avrunde verb round off
avrusning subst. *m/f* detoxification
avsats subst. *m* landing *(i trapp)*, ledge *(i fjell, mur e.l.)*
avse verb afford, spare
avsender subst. *m* sender, shipper
avsette verb remove, dismiss
avsides adj. by itself, remote
avskaffe verb abolish, do away with
avskaffelse subst. *m* abolition, repeal *(av en lov)*
avskjed subst. *m* **1** *(farvel)* departure
2 *(om stilling)* resignation, dismissal *(under tvang)*
avskjedige verb dismiss, discharge
avskjære verb **1** *(sperre)* intercept, cut off
2 *(avbryte)* preclude, cut short
3 *(forhindre)* prevent, preclude
avskoge verb deforest
avskoging subst. *m/f* deforestation
avskrekkende adj. deterrent, discouraging
avskrift subst. *m/f* copy, duplicate, transcript
avskum subst. *n* scum
avsky[1] subst. *m* aversion, disgust, loathing
avsky[2] verb detest, loathe
avskyelig adj. abominable, disgusting
avslag subst. *n* **1** *(rabatt)* discount
2 *(negativt svar)* refusal, rejection
avslappende adj. relaxing
avslappet adj. relaxed

avslutning subst. *m/f* **1** conclusion, end, finish
2 *(fest på skole)* end-of-term ceremony
avslutte verb conclude, finish, end
avsløre verb disclose, reveal, expose
avslå verb reject, refuse
avsmak subst. *m* distaste, dislike
avsnitt subst. *n* paragraph *(av en tekst)*, section *(av en bok)*
avspark subst. *n* kick-off
avspasere verb take compensatory leave
avspenning subst. *m/f* relaxation
avstamning subst. *m/f* descent, origin
avstand subst. *m* distance *(distanse)*, gap *(forskjell)*
avstemning subst. *m/f* ballot, vote, poll
avstikker subst. *m* detour, side trip
avstraffe verb punish
avstøpning subst. *m/f* cast, casting, moulding
avstå verb *(overlate)* cede, relinquish
avstå fra desist from, abstain from
avta verb *(minke)* decrease, diminish
avtale[1] subst. *m* contract, agreement, appointment *(avtale om å møtes)*
avtale[2] verb agree upon, arrange
avtalegiro subst. *m (bank)* direct debit
avtrekker subst. *m* trigger
avtrykk subst. *n (merke)* imprint, impression
avveie verb balance, weigh
avveksling subst. *m/f* change, variation
avvenning subst. *m/f* weaning, cure
avvente verb await
avverge verb avert, prevent
avvik subst. *n* deviation, divergence
avvike verb **1** *(vike)* deviate, diverge
2 *(være forskjellig)* differ
avviker subst. *m* deviant, dissident *(politikk)*, dissenter *(religion)*
avvikle verb **1** *(ende)* liquidate, wind up
2 *(gjennomføre)* carry out, complete
avvise verb refuse, reject, deny
avvisende adj. unsympathetic, distant
avvisning subst. *m/f* refusal, rejection
avvæpne verb disarm

b

ba verb *eller* **bad** *se* ►be
baby subst. *m* baby, infant *(spedbarn)*
bachelorgrad subst. *m* bachelor's degree
backup subst. *m* **1** *(IT, sikkerhetskopi)* back-up copy
2 *(støtte)* back-up, support
bad subst. *n* **1** *(baderom)* bathroom
2 *(i badekar e.l.)* bath
3 *(svømmetur)* swim
bade verb **1** *(svømme)* swim
2 *(i badekar e.l.)* bathe
badebukse subst. *m/f* swimming trunks, bathing shorts
badedrakt subst. *m/f* swimsuit
badekar subst. *n* bath tub
badekåpe subst. *m/f* bathrobe
badminton subst. *m* badminton
badstue subst. *m/f* sauna
bag subst. *m (veske)* bag
bagasje subst. *m* luggage, baggage
bagasjebrett subst. *n* luggage carrier
bagasjehylle subst. *m/f* luggage rack
bagasjerom subst. *n (i bil)* boot, trunk *(amer.)*
bagatell subst. *m* trifle, bagatelle
bagatellisere verb make nothing of, minimize
bagatellmessig adj. trifling, trivial
bagett subst. *m* baguette
bajonett subst. *m (våpen)* bayonet
bak¹ subst. *m (bakdel)* behind, bottom
bak² preposisjon **1** behind
2 *(som adverb)* at the back of • they sat down at the back of the bus
bak frem back to front
bakben subst. *n* hind leg
bakdel subst. *m* **1** *(bakerste del)* backside, back
2 *(på kropp)* behind, seat, bottom
bakdør subst. *m/f* back door, rear door
bake verb bake
bakenfor preposisjon behind
bakepapir subst. *n* baking paper
bakepulver subst. *n* baking powder
baker subst. *m (yrke)* baker
bakeri subst. *n* bakery
bakerst adj. at the very back, backmost
bakfra adverb from the back, from behind

bakglatt adj. slippery
bakgrunn subst. *m* background
bakhjul subst. *n* rear wheel, back wheel
bakhold subst. *n* ambush
bakhånd subst. *m/f* *(kortspill)* fourth hand
ha noe i bakhånd have something up one's sleeve
bakke¹ subst. *m* **1** *(flat grunn)* ground, earth
2 *(skråning)* hill, slope
bakke² verb *(støtte)* back up
bakketopp subst. *m* hilltop, crest
baklengs adj. backwards
baklomme subst. *m/f* hip pocket
baklykt subst. *m/f* tail light
bakom preposisjon behind
bakover adverb backwards, to the rear
bakre adj. rear, hind
bakrom subst. *n* back room
bakrus subst. *m/n* hangover
baksete subst. *n* back seat
bakside subst. *m/f* back, reverse side
baksmell subst. *m* setback, backlash
baksnakke verb talk behind somebody's back
bakst subst. *m* baked goods
baktale verb speak ill of, slander, backbite
baktanke subst. *m* ulterior motive
bakterie subst. *m* bacterium *(i flertall: bacteria)*, germ
baktropp subst. *m* rearguard
bakvei subst. *m* back door, rear entrance
bakvendt adj. the wrong way round
bakverk subst. *n* baked goods
balanse subst. *m* balance
balansere verb balance
bale verb struggle, toil
balje subst. *m/f* tub *(stor)*, bowl *(mindre)*
balkong subst. *m* **1** *(i bolig)* balcony
2 *(i teater e.l.)* dress circle, gallery
ball¹ subst. *m* ball
ha mange baller i luften have a lot on one's plate
ball² subst. *m (dansetilstelning)* ball *(større)*, dance *(mindre)*
ballade subst. *m* ballad
ballast subst. *m* ballast

ballbinge subst. *m* enclosed ball games area

ballett subst. *m* ballet

ballettdanser subst. *m* ballet dancer

ballong subst. *m* balloon

balltre subst. *n* bat

balsam subst. *m (til hår)* conditioner

Baltikum stedsnavn the Baltic States, the Baltic

baltisk adj. Baltic

bambus subst. *m* bamboo

bamse subst. *m (teddybjørn)* teddy bear

banal adj. trite, banal

banan subst. *m* banana

bananskall subst. *n* banana skin/peel

band subst. *n (musikk)* band

bandasje subst. *m* bandage, dressing

bandasjere verb bandage

bande subst. *m* gang

banditt subst. *m* gangster, bandit

bandt verb se ►binde

bane[1] subst. *m* **1** *(idrettsplass)* ground, field, course, court
  2 *(vei)* roadway, track
  3 *(kretsløp)* orbit
  4 *(IT, søkevei)* path

bane[2] verb clear, level
  bane vei for clear the way for

banebrytende adj. pioneering, ground-breaking

banjo subst. *m* banjo

bank[1] subst. *m* bank

bank[2] subst. *m/n* **1** knock
  2 *(juling)* beating

bankboks subst. *m* safe-deposit box

banke[1] subst. *m* bank

banke[2] verb **1** knock, pound
  2 *(gi juling, beseire)* beat
  banke opp beat (someone) up
  banke på knock on the door

bankerott adj. bankrupt

bankett subst. *m* banquet

bankhvelv subst. *n* bank strongroom, bank vault

bankkonto subst. *m* bank account

bankkort subst. *n* bank ID card

bankran subst. *n* bank robbery

bankraner subst. *m* bank robber

banksjef subst. *m* bank executive, bank manager

bankvesen subst. *n* banking industry

banne verb swear, curse

banneord subst. *n* swear word, curse

banner subst. *n* banner, sign

banning subst. *m/f* swearing, cursing

bannlyse verb **1** *(forby)* ban
  2 *(religion)* excommunicate

baptist subst. *m (religion)* baptist

bar[1] subst. *m* **1** *(utested)* bar
  2 *(høy disk)* bar, counter

bar[2] subst. *n (kvist av nåletrær)* sprigs
  gå i baret be caught in the trap

bar[4] adj. *(naken)* bare, naked

bar[3] verb se ►bære

barbarisk adj. barbaric

barbent adj. barefoot

barberblad subst. *n* razor blade

barbere verb shave

barberhøvel subst. *m* razor

barbermaskin subst. *m* electric razor

barberskum subst. *n* shaving foam

bare adverb **1** only, just
  • he is just a child
  2 *(for å uttrykke forbehold)* simply, just • *jeg kan bare ikke forstå hvorfor* I just cannot understand why
  3 *(som konjunksjon: for å uttrykke betingelse)* as long as, if only
  • *bare jeg får arbeidsro* if only I am left in peace

barføtt adj. barefoot

barista subst. *m (yrke)* barista

bark subst. *m (på trær)* bark

barlind subst. *m/f* yew

barmhjertighet subst. *m/f* mercy, pity

barn subst. *n* child *(i flertall:* children*)*

barndom subst. *m* childhood

barnearbeid subst. *n* child labour

barnebarn subst. *n* grandchild

barnebidrag subst. *n* child maintenance, child support *(amer.)*

barnebillett subst. *m* children's fare, half-ticket

barnebok subst. *m/f* children's book

barnehage subst. *m* day centre, kindergarten

barnehjem subst. *n* orphanage

barnemat subst. *m* **1** *(mat)* baby food, infant food
  2 *(overført)* child's play

barnemishandling subst. *m/f* child abuse

barneoppdragelse subst. *m* child-raising, child-rearing

barnepass subst. *n* childcare, child-minding

barnerom subst. *n* nursery

barneskole subst. *m* primary school, elementary school *(amer.)*
barnetrygd subst. *m/f* family allowance, child benefit
barnevakt subst. *m/f* **1** *(om person som passer barn)* babysitter
2 *(om barnepassing)* babysitting
barnevennlig adj. child-friendly
barnevernspedagog subst. *m (yrke)* child welfare officer
barnevogn subst. *m/f* pram, baby carriage *(amer.)*
barnløs adj. childless
barnslig adj. childish
barokk subst. *m (stilart)* baroque
baron subst. *m* baron
baronesse subst. *m/f* baroness
barriere subst. *m* barrier, bar
barrikade subst. *m* barricade
barrikadere verb barricade
barsel subst. *n* postnatal period
barsk adj. rough, tough
barskog subst. *m* coniferous forest
bart subst. *m* moustache
bartender subst. *m* bartender, barkeeper *(amer.)*
bartre subst. *n* conifer, coniferous tree
baryton subst. *m* **1** *(sang)* baritone
2 *(blåseinstrument)* euphonium
base¹ subst. *m* base, basis
base² subst. *m (kjemisk forbindelse)* base, alkali
base³ verb *(hoppe og leke)* romp
basere verb base, found, ground
basere seg på rely on, depend on
basilikum subst. *m* basil
basill subst. *m* germ
bli bitt av basillen *(overført)* be bitten by the bug
basis subst. *m* basis, base
basisk adj. *(kjemi)* basic, alkaline
basketak subst. *n (slåsskamp)* fight, scrimmage
basketball subst. *m (sport)* basketball
basketballspiller subst. *m* basketball player
bass subst. *m* bass
basseng subst. *n* pool
basta *interjeksjon* and that's that, period *(amer.)* • **nå gjør du som jeg sier og dermed basta!** you do what I tell you. Period!
bastant adj. **1** *(kraftig, solid)* sturdy
2 *(skråsikker)* absolutely sure

bataljon subst. *m* battalion
batteri subst. *n* battery
batteridrevet adj. battery-operated
baug subst. *m* bow, fore
bauta subst. *m* monolith
bavian subst. *m* baboon
Bayern stedsnavn Bavaria
be verb **1** ask
2 *(til en gud)* pray
bearbeide verb **1** *(omarbeide)* adapt, edit
2 *(om følelser)* process
3 *(overtale)* persuade, coax
bebodd adj. inhabited, occupied
beboelig adj. inhabitable
beboer subst. *m* resident
bebreide verb blame
bebyggelse subst. *m* buildings, houses
bed subst. *n (blomsterbed)* bed
bedagelig adj. leisurely
bedehus subst. *n* chapel
bedende adj. pleading
bedervet adj. spoilt, gone bad
bedra verb deceive, swindle *(svindle)*
bedrag subst. *n* **1** *(lureri)* fraud, deception
2 *(illusjon)* illusion, delusion
bedrager subst. *m* swindler, fraud
bedrageri subst. *n* fraud
bedre¹ verb better, improve
bedre seg improve
bedre² adj. better
bedrift subst. *m* company, business
bedring subst. *m/f* improvement
god bedring! get well soon!
bedt verb *se* ►be
bedømme verb evaluate, judge
bedømmelse subst. *m* judgment, evaluation
bedøve verb **1** *(medisinsk)* anaesthetize
2 *(gjøre følelsesløs)* numb, dull
bedøvelse subst. *m* anaesthesia
befal subst. *n* officer
befale verb order, command
befaling subst. *m/f* order, command
befaring subst. *m/f* inspection
befeste verb fortify, strengthen
befinne seg verb *(være)* be
befolke verb populate
befolkning subst. *m/f* population
befri verb set free, release
befrielse subst. *m* **1** *(lettelse)* relief, release
2 *(frigjøring)* release, freeing, liberation *(særlig fra undertrykkelse)*

befriende adj. liberating

befrukte verb fertilize, impregnate *(om dyr)*, inseminate *(assistert)*

befruktning subst. *m/f* fertilization, impregnation *(om dyr)*, insemination *(assistert)*

beføle verb **1** *(ta på)* touch, feel
2 *(klå)* grope

begavelse subst. *m* talent, gift

begavet adj. talented, gifted

begeistre verb inspire

begeistret adj. enthusiastic, excited

begeistring subst. *m/f* enthusiasm, excitement

beger subst. *n* cup

begge determinativ both

begi seg verb go, set out

begivenhet subst. *m* occasion, event

begivenhetsrik adj. eventful

begjær subst. *n* desire, craving

begjæring subst. *m/f* **1** *(det å begjære)* craving, desire
2 *(jus)* petition, motion

begrave verb bury

begravelse subst. *m* funeral, burial

begravelsesbyrå subst. *n* funeral parlour, funeral home

begrense verb limit, restrict

begrenset adj. limited, restricted

begrensning subst. *m/f* limitation, restriction

begrep subst. *n* concept, idea, notion

begripe verb understand

begrunne verb give reason for

begrunnelse subst. *m* grounds, reasons

begynne verb begin, start

begynnelse subst. *m* beginning, start

begynner subst. *m* beginner

begå verb commit, carry out

behagelig adj. comfortable, pleasant

behandle verb **1** treat
2 *(drøfte)* discuss

behandling subst. *m/f* treatment

beherske verb master
beherske seg get a grip on oneself

behersket adj. restrained, calm

behold subst. *bare i uttrykk*
være i god behold be safe and sound, be in good condition *(om varer e.l.)*

beholde verb keep, retain

beholder subst. *m* *(flaske eller boks)* container

beholdning subst. *m* **1** *(lager, varer)* stock, supply

2 *(penger)* cash, balance

behov subst. *n*
1 *(noe man trenger)* need
2 *(etterspørsel)* demand
dekke et behov meet a need

behøve verb need

behå subst. *m* bra

beige adj. *(farge)* beige

bein[1] subst. *n* **1** *(kroppsdel)* leg
2 *(knokkel)* bone

bein[2] adj. *(rett)* straight

beis subst. *m* stain

beise verb stain

beist subst. *n* beast

beite[1] subst. *n* grazing land, pasture, grass

beite[2] verb graze

bekjempe verb fight, oppose

bekjenne verb confess, admit

bekjennelse subst. *m* confession, admission

bekjent subst. *m* acquaintance, friend

bekjentskap subst. *n* acquaintance

bekk subst. *m* stream, brook

bekken subst. *n* **1** *(knokler)* pelvis
2 *(skål)* bedpan

beklage verb apologize

beklagelse subst. *m* **1** *(anger)* regret
2 *(klage)* complaint

bekostning subst. *m/f* cost, expense

bekrefte verb confirm

bekreftelse subst. *m* confirmation

bekreftende adj. affirmative, agreeing

bekymre verb worry
bekymre seg worry

bekymret adj. worried, anxious

bekymring subst. *m/f* worry, concern

belage verb *bare i uttrykk*
belage seg på prepare (oneself) for

belaste verb **1** strain
2 *(bankkonto)* debit, charge

belastning subst. *m/f* **1** strain, load
2 *(bankkonto)* debit

belegg subst. *n* **1** *(lag)* layer, fur *(på tunge)*, plaque *(på tenner)*
2 *(bevis, eksempel)* evidence

beleilig adj. convenient, timely

beleire verb besiege

beleiring subst. *m/f* siege

Belgia stedsnavn Belgium

belgier subst. *m* Belgian

belgisk adj. Belgian

beliggenhet subst. *m/f* location

belte subst. *n* belt

beltested subst. *n* waist
　under beltestedet *(også overført)*
　below the belt
belyse verb illuminate
belysning subst. *m/f* lighting
belære verb instruct, teach
belønne verb reward
belønning subst. *m/f* reward
beløp subst. *n* amount, sum
bemanne verb man, crew
bemanning subst. *m/f* crew, staff
bemerke verb remark, comment
bemerkelsesverdig adj. remarkable
bemerkning subst. *m/f* remark,
　comment
ben[1] subst. *n* **1** *(kroppsdel)* leg
　2 *(knokkel)* bone
ben[2] adj. *(rett)* straight
benbrudd subst. *n* fracture
benbygning subst. *m* bone structure
bendelorm subst. *m* tapeworm
benekte verb deny
benevnelse subst. *m* name, term
benk subst. *m* bench
benke seg verb *(sette seg)* sit down
benmarg subst. *m* bone marrow
bensin subst. *m* petrol, gasoline *(amer.)*
bensinstasjon subst. *m* petrol station,
　gas station *(amer.)*
bensintank subst. *m* fuel tank
benskjørhet subst. *m/f* osteoporosis
benytte verb use, utilize
benåde verb pardon
benådning subst. *m* pardon
beordre verb order, command
beredskap subst. *m/n* readiness,
　preparedness
beregne verb calculate
　være beregnet til be intended for
beregnende adj. calculating
beregning subst. *m/f*
　1 *(utregning)* calculation
　2 *(vurdering)* estimate
　ta med i beregningen take into
　account
berettiget adj. entitled
berg subst. *n* **1** *(fjell)* mountain
　2 *(fjellgrunn)* solid rock
bergart subst. *m/f* rock type
berge verb rescue, save
　berge seg manage
berg-og-dal-bane subst. *m* roller
　coaster
berolige verb calm down

beroligende adj. reassuring
berte subst. *m/f (jente, slang)* baby,
　babe, chick
beruse verb intoxicate
beruset adj. drunk, intoxicated
beryktet adj. notorious, infamous
berømmelse subst. *m* fame
berømt adj. famous
berøre verb **1** *(ta på)* touch
　2 *(angå)* affect
　3 *(nevne)* refer to, mention
　være pinlig berørt be embarrassed
berøring subst. *m/f* touch, contact
berøringsskjerm subst. *m* touch screen
berøve verb deprive
besatt adj. possessed, mad
　besatt av obsessed with
beseire verb defeat, beat
besetning subst. *m/f*
　1 *(mannskap)* crew
　2 *(rollefordeling)* cast
　3 *(pynt)* trim
besette verb **1** *(bemanne)* fill
　2 *(utstyre)* trim, decorate
besettelse subst. *m (mani)* obsession
besinnelse subst. *m* composure, calm
　miste besinnelsen lose one's temper
besinne seg verb compose oneself,
　control oneself
besittelse subst. *m* possession
besjele verb animate
besk adj. sharp, bitter
beskjed subst. *m* message
beskjeden adj. modest
beskjedenhet subst. *m/f* modesty
beskjeftige verb **1** *(gi arbeid)* employ
　2 *(engasjere, oppta)* occupy
beskjeftigelse subst. *m*
　1 *(sysselsetting)* employment, work
　2 *(engasjement)* occupation
beskjære verb **1** *(formklippe)* trim
　2 *(redusere)* cut, reduce
beskrive verb describe
beskrivelse subst. *m* description
beskylde verb accuse
beskyldning subst. *m/f* accusation
beskytte verb protect
beskyttelse subst. *m* protection
beskyttende adj. protective
beskyttet adj. protected
beslag subst. *n* **1** *(metallplate)*
　mounting, fitting
　2 *(konfiskering)* seizure

a
b
c
d
e
f
g
h
i
j
k
l
m
n
o
p
q
r
s
t
u
v
w
x
y
z
æ
ø
å

legge beslag på noe 1 *(oppta noe)*
occupy something
2 *(konfiskere)* confiscate something
beslaglegge verb **1** *(konfiskere)* seize,
confiscate
2 *(oppta noe)* occupy, take up
beslektet adj. related
beslutning subst. *m/f* decision
komme til en beslutning reach a
decision
ta en beslutning make a decision
beslutte verb decide
besluttsom adj. resolute, determined
besluttsomhet subst. *m/f* resoluteness,
decisiveness
besnærende adj. alluring
best adj. best
i beste fall at best
bestand subst. *m* stock
bestefar subst. *m* grandfather
besteforelder subst. *m* grandparent
bestemme verb **1** *(beslutte)* decide
2 *(fastslå)* determine
bestemme seg make up one's mind
bestemmelse subst. *m*
1 *(beslutning)* decision
2 *(regel)* provision, regulation
bestemor subst. *m/f* grandmother
bestemt adj. **1** *(fastsatt)* fixed
2 *(nøyaktig)* definite
3 *(spesielt)* particular, specific
4 *(som egenskap)* determined, firm
5 *(grammatikk)* definite
bestevenn subst. *m* best friend
bestige verb climb, ascend
bestikk subst. *n* cutlery
bestikke verb bribe
bestikkelse subst. *m* bribe
bestille verb **1** order
2 *(om avtale/time)* make an
appointment, book
bestilling subst. *m/f*
1 *(om varer o.l.)* order
2 *(om plass e.l.)* reservation, booking
bestrebelse subst. *m* effort, endeavour
bestrebe seg verb endeavour to,
strive to
bestride verb deny, dispute
bestyrer subst. *m* manager
bestå verb **1** *(på eksamen/test)* pass
2 *(vare)* last
bestå av consist of
bestått adj. **1** passed
2 *(som karakter)* pass

ikke bestått 1 failed
2 *(som karakter)* fail
besvare verb **1** *(gi svar på)* answer
2 *(gjengjelde)* return
besvarelse subst. *m* **1** *(svar)* answer
2 *(gjengjeldelse)* return
3 *(oppgave)* paper, answer
besvime verb faint
besøk subst. *n* visit
besøke verb visit
besøkende subst. *m* visitor
bet verb *se* ▸bite
betale verb pay
betaling subst. *m/f* payment
betalingsfrist subst. *m* deadline for
payment
betalingsmur subst. *m (IT)* paywall
betalingsterminal subst. *m*
point of sale terminal
betegne verb **1** *(vise)* indicate, mark
2 *(beskrive)* describe
3 *(representere)* represent
betegnelse subst. *m*
1 *(ord for noe)* name, term
2 *(beskrivelse)* description
3 *(matematikk/fysikk)* symbol
betegnende adj. typical
betenkelig adj. worrying
betenkt adj. hesitant, doubtful
betennelse subst. *m* infection
betent adj. **1** infected
2 *(overført)* delicate
betingelse subst. *m* condition
betinget adj. *(jus)* conditional
betjene verb serve
betjening subst. *m/f* **1** *(personale)* staff
2 *(det å betjene)* service
betjent subst. *m* **1** *(i politiet)* officer,
constable *(britisk, om politibetjent)*
2 *(i resepsjon)* clerk
betone verb stress
betong subst. *m* concrete
betoning subst. *m/f* **1** *(uttale)* accent
2 *(det å betone)* stress
betrakte verb **1** look at
2 *(anse)* regard
betraktelig adj. considerable
betraktning subst. *m/f* **1** reflection
2 *(vurdering)* consideration
i betraktning av considering,
in view of
ta i betraktning take into consideration
betro verb **1** *(overlate)* entrust
2 *(si i fortrolighet)* confide

betrodd adj. trusted
betryggende adj. reassuring
betvile verb doubt
bety verb mean
betydelig adj. **1** *(høyt ansett)* prominent
  2 *(svært stor)* considerable
betydning subst. *m/f*
  1 *(av ord)* meaning, sense
  2 *(viktighet)* importance
  3 *(innvirkning)* influence
betydningsfull adj. important
beundre verb admire
beundrer subst. *m* admirer
beundring subst. *m/f* admiration
beundringsverdig adj. admirable
bevare verb keep, preserve
bevart adj. kept, preserved
bevege verb move
bevegelig adj. movable, mobile
bevegelse subst. *m* movement
  i bevegelse in motion
bevegelseshemmet adj. disabled
beveget adj. moved, touched
bever subst. *m* beaver
bevilge verb grant
bevilgning subst. *m/f* grant, funds
bevilling subst. *m/f* *(tillatelse)* licence
bevis subst. *n* **1** evidence, proof
  2 *(attest)* certificate
bevise verb prove
bevismateriale subst. *n* evidence,
  proof
bevisst adj. **1** *(med vilje)* deliberate,
  intentional
  2 *(ved bevissthet)* conscious
  3 *(oppmerksom på)* aware
bevisstgjøring subst. *m/f*
  consciousness-raising, awakening
bevissthet subst. *m/f* consciousness
bevisstløs adj. unconscious
bevisstløshet subst. *m/f*
  unconsciousness
bevokte verb guard
bevæpne verb arm
bevæpnet adj. armed
beære verb honour
  føle seg beæret feel honoured
BH subst. *m (fork. for brystholder)* bra
bi adj. *(kortform av bifil)* bi, bisexual
bibel subst. *m* bible
  Bibelen the Bible
bibelsk adj. biblical
bibliotek subst. *n* library
bibliotekar subst. *m* librarian

bidra verb contribute
bidrag subst. *n* contribution,
  financial support *(økonomisk)*
bidragsyter subst. *m* contributor
bie subst. *m/f* bee
bifalle verb approve
biff subst. *m* steak
bifil adj. bisexual
bihule subst. *m/f* sinus
bihulebetennelse subst. *m* sinusitis
biinntekt subst. *m/f* extra income
bikini subst. *m* bikini
bikkje subst. *m/f* dog
bikube subst. *m* beehive
bil subst. *m* car
bilag subst. *n (regnskap, kvittering)*
  voucher
bilde subst. *n* picture
bildekk subst. *n* tyre
bilfører subst. *m* driver, motorist
bilist subst. *m* motorist, driver
biljard subst. *m* billiards
bille subst. *m* beetle
billedbok subst. *m/f* picture book
billedhugger subst. *m* sculptor
billedkunstner subst. *m* painter,
  pictorial artist
billedlig adj. metaphorical
billett subst. *m* ticket
billettautomat subst. *m* automatic
  ticket machine
billettluke subst. *m/f* ticket window
billig adj. cheap
billion subst. *m (en million millioner)*
  trillion
bilsyk adj. carsick
biltur subst. *m* drive, road trip
bilutleie subst. *m/f* car rental, car hire
bilverksted subst. *n* garage,
  auto repair shop
bind subst. *n* **1** *(tøystykke)* bandage,
  blindfold *(foran øynene)*
  2 *(menstruasjonsbind)* sanitary towel
  3 *(bokbind)* cover, binding
  4 *(bokeksemplar)* volume
binde verb **1** *(feste)* bind, tie
  2 *(om bøker)* bind
  3 *(forplikte)* commit, bind
  binde seg commit oneself
bindeord subst. *n* conjunction
binders subst. *m* paper clip
bindestrek subst. *m* hyphen
binding subst. *m/f* binding

binge subst. *m* **1** *(stor kasse)* bin
2 *(grisebinge)* sty, pigsty
3 *(slang, seng)* sack
bingo subst. *m* bingo
binne subst. *m/f* female bear
binyre subst. *m/f/n* adrenal gland
biodrivstoff subst. *n* biological fuel
biografi subst. *m* biography
biolog subst. *m* biologist
biologi subst. *m* biology
biologisk adj. biological
bioteknologi subst. *m* biotechnology
bipolar lidelse subst. *m* bipolar
disorder
biprodukt subst. *n* by-product
birolle subst. *m/f* supporting role
birøkter subst. *m* beekeeper
bisarr adj. bizarre
biseksuell adj. bisexual
bisetning subst. *m* dependent clause
bisette verb perform a funeral service
bisettelse subst. *m* funeral (service)
biskop subst. *m* bishop
bismak subst. *m* **1** *(usmak)* strange taste
2 *(overført)* touch, hint
bispedømme subst. *n* diocese, see
bissel subst. *n* **1** *(remtøy til hest)* bridle
2 *(munnbitt)* bit
bistand subst. *m* aid, assistance
bistandspolitikk subst. *m*
foreign aid policy
bistå verb help, aid, assist
bit[1] subst. *m* **1** *(stykke)* bit, piece
2 *(om mat)* bite
bit for bit bit by bit
bit[2] subst. *m* *(IT)* bit
bitche verb *(slang, snakke stygt om,
klage)* bitch
bitchy adj. *(slang)* bitchy
bite verb bite
bitende adj. biting, cutting
bitt[1] subst. *n* **1** bite
2 *(munnbitt)* bit
bitt[2] verb *se* ►bite
bitte adverb *bare i uttrykk*
bitte liten tiny
bitter[1] subst. *m* *(brennevin)* bitters
bitter[2] adj. bitter
bitterhet subst. *m/f* bitterness
bivirkning subst. *m/f* side effect
bjeff subst. *n* bark
bjeffe verb bark
bjelke subst. *m* beam, joist
bjelle subst. *m/f* bell

bjørk subst. *m/f* birch
bjørn subst. *m* bear
bjørnebær subst. *n* blackberry
bjørnetjeneste subst. *m* disservice
bla verb turn, page through *(om bok)*
• *bla om til side fem* turn to page five
bl.a. *(fork. for* blant annet*)* including
blad subst. *n* **1** *(på plante)* leaf *(i
flertall:* leaves*)*
2 *(flat, tynn del, f.eks. på kniv)* blade
3 *(magasin)* magazine
blaff subst. *m* flash, flicker
blafre verb **1** *(om lys)* flicker
2 *(om vind)* flap
blakk adj. broke
blande verb **1** *(røre sammen)* mix,
blend
2 *(overført)* mix, confuse
• she sometimes confused dreams and
reality
3 *(om kortstokk)* shuffle
blande seg *(om samtale e.l.)* interfere
blanding subst. *m/f* **1** *(det å blande)*
mixing, blending
2 *(kombinasjon)* combination, mixture
blandingsrase subst. *m* *(om planter/
dyr)* cross-breed, hybrid
blank adj. **1** *(skinnende)* shiny, glossy
2 *(om side eller ark)* blank
3 *(om vannflate)* smooth *(klar, stille)*,
glittering *(skinnende)*
blankett subst. *m* form, blank *(amer.)*
blant preposisjon among
blant andre among others, for one
blant annet among other things,
including
blasfemi subst. *m* blasphemy
blasfemisk adj. blasphemous
ble verb *se* ►bli
bleie subst. *m/f* nappy, diaper *(amer.)*
blek adj. pale
bleke verb bleach, blanch
blekk subst. *n* ink
blekksprut subst. *m* squid, octopus
blekne verb **1** fade
2 *(om hudfarge)* turn pale, go pale
blemme subst. *m/f* blister
blende verb blind, dazzle *(også
overført)*
blendende adj. blinding, dazzling *(også
overført)*
blest subst. *m* **1** *(vindpust)* wind
2 *(oppmerksomhet, omtale)* fuss,
publicity

bli verb 1 *(om forandring)* be, become, get • she is getting better
2 *(forbli)* stay, remain
3 *(om fremtid)* will, be, going to • that will be difficult
bli igjen remain, stay
bli med come along, join
blid adj. cheerful
blikk[1] subst. *n* look, gaze, glance *(raskt)*
blikk[2] subst. *n* tin plate, sheet metal
blikkboks subst. *m* tin, can *(amer.)*
blikkenslager subst. *m* tinsmith
blikkfang subst. *n* eye-catcher
blind adj. blind
blinde[1] subst. *m/f bare i uttrykk*
i blinde blindly
blinde[2] verb *(gjøre blind)* blind
blindealfabet subst. *n* Braille
blindebukk subst. *m (lek)* blind man's buff
blindeskrift subst. *m/f* Braille writing
blindhet subst. *m/f* blindness
blindpassasjer subst. *m* stowaway
blindspor subst. *n* dead end
blindtarm subst. *m* appendix
blindtarmsbetennelse subst. *m* appendicitis
blindvei subst. *m* dead-end street, blind alley
blingse verb 1 *(skjele)* squint
2 *(ta feil)* make a blunder, slip
blink[1] subst. *n (lysglimt)* flash
blink[2] subst. *m (skytemerke)* target
blinke[1] verb 1 *(lyse i glimt)* flash, blink
2 *(i trafikken, gi tegn)* indicate
blinke[2] verb *(markere)* mark, blaze
blinkskudd subst. *n* hit, winner
blits subst. *m (fotografi, lys)* flash bulb
blitt verb *se ▶bli*
blod subst. *n* blood
blodappelsin subst. *m* blood orange
blodbad subst. *n* blood bath, massacre
blodfattig adj. anaemic
blodforgiftning subst. *m/f* blood poisoning, sepsis
blodgiver subst. *m* blood donor
blodig adj. bloody
blodigle subst. *m/f* leech
blodkar subst. *n* blood vessel
blodkreft subst. *m* leukaemia
blodmangel subst. *m* anaemia
blodomløp subst. *n* circulation
blodoverføring subst. *m/f* blood transfusion

blodpropp subst. *m* blood clot
blodprosent subst. *m* haemoglobin percentage
blodprøve subst. *m/f* 1 *(undersøkelse)* blood test
2 *(prøven som tas)* blood sample
blodsukker subst. *n* blood sugar
blodtrykk subst. *n* blood pressure
blodtype subst. *m* blood group
blodåre subst. *m/f* vein
blogg subst. *m* blog
blogge verb blog
blogger subst. *m* blogger
blokade subst. *m* blockade
blokk subst. *m/f*
1 *(firkantet gjenstand)* block
2 *(hus)* apartment building
3 *(skriveblokk)* pad
blokkere verb block
blokkfløyte subst. *m/f* recorder
blomkål subst. *m* cauliflower
blomst subst. *m* flower, blossom *(på busk/tre)*
stå i full blomst be in bloom
blomsterbed subst. *n* flower bed
blomsterpotte subst. *m/f* flowerpot
blomsterstøv subst. *n* pollen
blomstre verb 1 *(stå i blomst)* bloom
2 *(trives)* thrive, flourish
blomstrende adj.
1 *(om planter)* in bloom
2 *(overført)* thriving, flourishing
blomstrete adj. flowery
blomstring subst. *m/f* 1 flowering, blossom *(om tre/busk)*
2 *(overført)* bloom, prime
blond adj. blonde
blonde subst. *m* lace
blondine subst. *m/f* blonde
blotte verb 1 *(avdekke, avkle)* bare, denude, uncover
2 *(legge åpen)* expose, reveal
blotter subst. *m* flasher
blottstille verb reveal, expose
blund subst. *m* nap
blunk subst. *n* 1 *(det å blunke)* blink
2 *(øyeblikk)* moment, flash
på et blunk in no time
blunke verb blink
blunke til noen wink at someone
uten å blunke without batting an eyelid
bluse subst. *m/f* blouse

a b c d e f g h i j k l m n o p q r s t u v w x y z æ ø å

bluss subst. *n* **1** *(flamme)* flame, light, flare *(kort og kraftig)*
2 *(lyssignal)* flare
blusse verb
1 *(brenne, lyse sterkt)* blaze, burn
2 *(rødme)* blush, flush
blusse opp flare up
bly subst. *n* lead
blyant subst. *m* pencil
blyantspisser subst. *m* pencil sharpener
blyfri adj. *(om bensin)* unleaded, lead-free
blyg adj. bashful, shy
blylodd subst. *n* plummet, plumb bob
blære subst. *m/f* **1** *(boble)* bubble
2 *(urinblære)* bladder
3 *(hoven person, hverdagslig)* show-off
blærekatarr subst. *m* cystitis
blø verb bleed
bløder subst. *m* bleeder, haemophiliac
blødning subst. *m* *(blodtap)* bleeding, haemorrhage *(kraftig)*
bløff subst. *m* bluff
bløffe verb kid, bluff
bløt adj. **1** *(våt)* wet
2 *(myk, svak)* soft
bløthjertet adj. tender-hearted
bløtkake subst. *m/f* cream cake, layer cake
bløtkokt adj. soft-boiled
bløtlegge verb soak, steep
blå adj. blue
blåbær subst. *n* bilberry
blåklokke subst. *m/f* harebell, Scottish bluebell
blåkopi subst. *m* carbon copy
blålys subst. *n* blue light
blåmeis subst. *m/f* blue tit
blåmerke subst. *n* bruise
blåse verb blow
blåse i *(ikke bry seg)* not care
blåskjell subst. *n* blue mussel
blåveis subst. *m* **1** *(blomst)* blue anemone
2 *(blått øye)* black eye
blåøyd adj. blue-eyed
B-menneske subst. *n* night owl
BNP subst. *(fork. for bruttonasjonalprodukt)* GDP *(fork. for gross domestic product)*
bo¹ subst. *n* *(hjem)* home

bo² verb live, stay *(midlertidig)*
bo sammen 1 *(uten å være kjærester)* be flatmates *(britisk)*, be room-mates *(amer.)* **2** *(være samboere)* cohabit, live together
bobil subst. *m* motorhome, camper
boble¹ subst. *m/f* **1** bubble
2 *(Folkevogn)* Beetle
boble² verb bubble
boble over av noe bubble with
• she was bubbling with enthusiasm
boblebad subst. *n* Jacuzzi
boblejakke subst. *m/f* quilted jacket, down jacket *(med dun)*
bod subst. *m*
1 *(lite oppbevaringsrom)* store room
2 *(salgssted)* stand, stall
bohem subst. *m* bohemian
boikott subst. *m* boycott
boikotte verb boycott
bok subst. *m/f* book
bokanmeldelse subst. *m* book review
bokbind subst. *n* book cover
bokfink subst. *m* *(fugl)* chaffinch
bokføre verb enter, book
bokføring subst. *m/f* accounting, bookkeeping
bokhandel subst. *m* bookshop, bookstore *(amer.)*
bokholder subst. *m* bookkeeper, accountant
bokhylle subst. *m/f* bookcase, bookshelf *(enkelthylle)*
bokmerke subst. *n* bookmark
bokorm subst. *m* bookworm
boks subst. *m* **1** box
2 *(av metall)* tin, can *(amer.)*
bokse verb box
boksekamp subst. *m* boxing match
boksemat subst. *m* tinned food, canned food *(amer.)*
bokser¹ subst. *m* boxer
bokser² subst. *m* *(hunderase)* boxer
boksing subst. *m/f* *(sport)* boxing
boksmart adj. book-smart
bokstav subst. *m* letter, character
stor bokstav capital letter
bokstavelig adj. **1** literal
2 *(som adverb: på en ordrett måte)* literally
bokstavregning subst. *m/f* *(matematikk)* algebra
bokstavrim subst. *n* alliteration

boksåpner subst. *m* tin opener,
can opener *(amer.)*
boktrykker subst. *m* printer
bolig subst. *m* house
boliglån subst. *n* home loan
boligmarked subst. *n* housing market,
property market
boligområde subst. *n* residential area
bolle¹ subst. *m (bakverk)* bun, roll
bolle² subst. *m (fat)* bowl,
basin *(til væske)*
bolt subst. *m* bolt, stud
bolte verb bolt
boltre seg verb frolic, gambol
bom¹ subst. *m* **1** *(sperring)* bar, barrier
2 *(sport)* beam
3 *(jernbanebom)* gate
bom² subst. *m (skudd som ikke treffer
mål)* miss
bom³ adverb *(fullstendig)* completely
sitte bom fast be completely stuck
bombardere verb bomb,
bombard *(overført)*
bombe¹ subst. *m/f* bomb,
bombshell *(også overført)*
bombe² verb bomb, shell
bombefly subst. *n* bomber plane
bomberom subst. *n* bomb shelter
bombesikker adj.
1 *(helt sikker)* dead certain
2 *(som tåler bombing)* bombproof
bomme¹ verb miss
bomme² verb *(få)* bum, scrounge
bommert subst. *m* blunder
bompenger subst. *flt.* road toll
boms subst. *m* bum, hobo *(amer.)*
bomskudd subst. *n* miss
bomstasjon subst. *m* tollbooth,
toll house
bomull subst. *m/f* cotton
bonde subst. *m* **1** farmer
2 *(sjakkbrikke)* pawn

bondegård subst. *m* farm
bone verb polish, wax
bonus subst. *m* bonus
bonusbarn subst. *n (stebarn)* bonus
child, stepchild
bonusforelder subst. *m (steforelder)*
bonus parent, stepparent
bonuspoeng subst. *n* bonus point
bopel subst. *m* residence
bor subst. *m/n (redskap)* drill
bord¹ subst. *n* **1** *(møbel)* table
2 *(planke)* board, plank
3 *(skipsside)* board
bank i bordet touch wood,
knock on wood *(amer.)*
dekke bordet lay the table
over bord overboard
rydde av bordet clear the table
bord² subst. *m (pyntekant)* border,
edging
bordben subst. *n* table leg
bordbønn subst. *m/f* grace
be bordbønn say grace
bordell subst. *m/n* brothel
bordtennis subst. *m* table tennis,
ping-pong
bore verb bore, drill
boreplattform subst. *m/f* drilling
platform
borg subst. *m/f* castle *(slott)*,
fortress *(festning)*
borger subst. *m* citizen
borgerkrig subst. *m* civil war
borgerlig adj. **1** civil
2 *(ikke-kirkelig)* civil
3 *(politikk)* conservative
borgermester subst. *m* mayor
borgerplikt subst. *m/f* civic duty
borgerrettigheter subst. *flt.* civil
rights
borre subst. *m* burr
borrelås subst. *m/n* Velcro®

a b c d e f g h i j k l m n o p q r s t u v w x y z æ ø å

bort adverb away, out, off
  gå bort 1 *(dø)* pass away
  2 *(fjerne seg)* go away, walk away
  gå seg bort get lost
  se bort fra ignore, discount
borte adverb **1** *(fjernt)* away, off, over
  • *katten ligger borte ved peisen* the cat is over by the fireplace
  2 *(ikke til stede)* away, gone
bortebane subst. *m* away ground
  spille på bortebane play away
bortekamp subst. *m* away match
bortenfor preposisjon beyond
borteseier subst. *m* away victory
bortest adj. furthest
bortfalle verb disappear, no longer apply
bortforklare verb explain away
bortføre verb kidnap, abduct
bortførelse subst. *m* kidnapping, abduction
bortgang subst. *m* death, passing away
bortgjemt adj. hidden
bortimot adverb almost, close to
bortkastet adj. wasted, futile
bortreist adj. absent, gone, away
bortsett fra preposisjon except, apart from
bortskjemt adj. spoiled, pampered
bortvise verb dismiss, expel *(utvise)*
bosatt adj. resident, living
bosette seg verb settle down
bosetting subst. *m/f* establishment
Bosnia-Hercegovina stedsnavn Bosnia and Herzegovina
bosnisk adj. Bosnian
bosted subst. *n* place of residence, home
bostøtte subst. *m/f* housing benefit
bot subst. *m/f* **1** *(straff)* fine, penalty
  2 *(soning av synd)* penitence
botaniker subst. *m* botanist
botanikk subst. *m* botany
botanisk adj. botanical
botemiddel subst. *n* remedy
bowling subst. *m/f* bowling
bra adj. **1** good
  2 *(frisk)* well
  3 *(som adverb: godt)* well
  • *she did well in her exams*
brak subst. *n* bang, crash
brake verb bang, crash, thunder
brakk¹ adj. *(udyrket)* fallow

brakk² adj. *(blandet salt og ferskt vann)* brackish
brakke subst. *m/f* barracks *(i militæret)*, workmen's shed *(arbeidsbrakke)*
brann subst. *m* fire
  påsatt brann arson
  stå i brann be on fire
brannalarm subst. *m* fire alarm
brannbil subst. *m* fire engine, fire truck *(amer.)*
brannfarlig adj. inflammable
brannhydrant subst. *m* fire hydrant
brannmann subst. *m* firefighter, fireman
brannmur subst. *m* **1** firewall, fireproof wall
  2 *(IT)* firewall
brannslange subst. *m* fire hose
brannslukkingsapparat subst. *n* fire extinguisher
brannstasjon subst. *m* fire station
brannstige subst. *m* **1** *(på hus)* fire escape
  2 *(på brannbil)* ladder
brannsår subst. *n* burn
brannvesen subst. *n* fire brigade, fire department *(amer.)*
bransje subst. *m* industry, trade
brant verb se ►brenne
Brasil stedsnavn Brazil
bratsj subst. *m* *(instrument)* viola
bratt adj. steep
brautende adj. bragging
bravo subst. *n* bravo, cheer
bre¹ subst. *m* glacier
bre² verb **1** *(legge flatt)* spread
  2 *(dekke over)* cover, lay over
  3 *(spre utover)* spread
bred adj. **1** broad, wide
  2 *(som adverb: bredt)* broadly, widely
  • *he smiled broadly*
bredbånd subst. *n* *(IT)* broadband
bredd subst. *m/f* **1** bank *(av elv)*, shore *(av sjø)*
  2 *(kant av beholder)* brim
bredde subst. *m* breadth, width
breddegrad subst. *m* latitude
bregne subst. *m/f* fern
breiflabb subst. *m* *(fisk)* goosefish, anglerfish
breke verb bleat, baa
brekke verb break
brekkjern subst. *n* crowbar
brem subst. *m* brim, edge *(kant)*

brems[1] subst. *m* brake

brems[2] subst. *m (insekt)* warble fly

bremse verb brake

brennbar adj. combustible, flammable

brenne verb **1** burn
2 *(om manet, nesle e.l.)* sting
3 *(lage brennevin)* distil

brennemerke[1] subst. *n* brand

brennemerke[2] verb brand

brennende adj. hot, burning

brennesle subst. *m/f* nettle

brennevin subst. *n* liquor, spirits

brenning[1] subst. *m/f (fremstilling av brennevin)* distillation

brenning[2] subst. *m/f (bølge)* breakers

brennpunkt subst. *n* **1** *(fokus)* focus, focal point
2 *(matematikk)* focus

brensel subst. *n* fuel, firewood *(ved)*

brent[1] verb *se* ▶brenne

brent[2] adj. burnt

brente verb *se* ▶brenne

bresje subst. *m (åpning)* breach
gå i bresjen for step into the breach for

brett[1] subst. *m (brettet kant)* fold, crease *(i klær)*, cuff *(på erme)*

brett[2] subst. *n (plate)* board, tray *(bærebrett)*

brette verb fold
brette inn tuck in
brette ned fold down
brette opp fold up, roll up
brette sammen fold up
brette ut fold out, unfold

brettseiling subst. *m/f* windsurfing, boardsailing

brev subst. *n* letter

brevdue subst. *m/f* carrier pigeon

brevporto subst. *m* postage

brevveksle verb correspond, exchange letters

brevvenn subst. *m* penfriend, pen pal *(amer.)*

brife verb **1** *(imponere)* show off
2 *(instruere)* brief

brigade subst. *m (i militæret)* brigade

brikke subst. *m/f*
1 *(figur til brettspill)* piece
2 *(IT)* chip
3 *(kuvertbrikke)* table mat
4 *(under glass e.l.)* coaster
5 *(overført)* pawn

briljant adj. brilliant

briljere verb excel, shine

brille subst. *m/f* **1** glasses, eyeglasses *(amer.)*, spectacles
2 *(beskyttelsesbrille)* goggles

brilleslange subst. *m* cobra

bringe[1] subst. *m/f* breast, chest

bringe[2] verb **1** *(hente)* bring, get
2 *(levere, ta med)* take, deliver
3 *(føre til)* give, cause

bringebær subst. *n* raspberry

bris subst. *m* breeze

brisling subst. *m (fisk)* sprat, brisling

brist subst. *m* **1** *(revne)* crack, rupture *(medisin)*
2 *(feil)* defect, flaw
3 *(mangel)* shortage, lack

briste verb burst, break
briste i gråt burst into tears

bristepunkt subst. *n* breaking point

brite subst. *m* Briton, Brit

britisk adj. British

bro subst. *m/f* bridge

brodd subst. *m* **1** *(metallpigg)* crampon, calk *(amer.)*
2 *(stikkredskap)* sting

brodere verb embroider

broderi subst. *n*
1 *(brodert arbeid)* embroidery
2 *(brodering)* embroidering

broderlig adj. brotherly, fraternal

brokk subst. *m/n* hernia

brokkoli subst. *m* broccoli

brolegge verb pave

bronkie subst. *m (del av luftveiene)* bronchus, bronchial tube

bronkitt subst. *m (sykdom)* bronchitis

bronse subst. *m* bronze

bronsemedalje subst. *m* bronze medal

bror subst. *m* brother

brorparten subst. *m (størsteparten)* the better part

brorskap subst. *n* brotherhood

brosje subst. *m/f* brooch

brosjyre subst. *m* brochure, booklet

brostein subst. *m* paving stone, pavement stone

bru subst. *m/f* bridge

brud subst. *m/f* bride

brudd subst. *n* **1** break
2 *(om romantisk forhold)* break-up
3 *(brudd på loven)* breach, violation

brudden adj. *(matematikk)* complex, compound

bruddstykke subst. *n* fragment, piece

brudekjole subst. *m* wedding dress

a b c d e f g h i j k l m n o p q r s t u v w x y z æ ø å

brudepar subst. *n* bride and groom
brudepike subst. *m/f* bridesmaid
brudgom subst. *m* bridegroom, groom
bruk[1] subst. *m/n* **1** *(det å bruke)* use, usage, utilization
  2 *(forbruk)* consumption
  3 *(vane)* custom, practice
bruk[2] subst. *n* **1** *(gård)* farm
  2 *(industribedrift)* factory
brukbar adj. **1** usable, useful
  2 *(akseptabel)* acceptable
bruke verb use, utilize, apply
  bruke opp use up, spend *(om penger)*
  • *pengene var brukt opp og hun var utslitt* the money was spent and she was exhausted
bruker subst. *m* user
brukergrensesnitt subst. *n (IT)* user interface
brukergruppe subst. *m/f* users
brukernavn subst. *n* username
brukerorientert adj. user-oriented
brukerstøtte subst. *m/f* user support, help desk *(avdeling)*
brukerveiledning subst. *m/f* instruction(s), manual
brukervennlig adj. user-friendly
bruksanvisning subst. *m/f* instructions
bruksgjenstand subst. *m* utility article
brukskunst subst. *m* applied arts
brukt adj. used, second-hand
bruktbutikk subst. *m* second-hand store
brumme verb **1** *(brumle)* growl
  2 *(buldre)* rumble
  3 *(summe)* hum, buzz
brun adj. **1** brown
  2 *(av solen)* tan, tanned
brunost subst. *m* Norwegian goat cheese
brunst subst. *m* rut *(om hanndyr)*, heat *(om hunndyr)*
brus[1] subst. *m* soft drink, mineral water
brus[2] subst. *n* rushing, roar *(kraftig lyd)*
bruse verb **1** *(suse sterkt)* rush, roar
  2 *(boble)* fizz, froth
  3 *(om fjær)* ruffle
brusk subst. *m* cartilage, gristle *(i kjøtt)*
Brussel stedsnavn Brussels
brutal adj. brutal
brutalitet subst. *m* brutality, cruelty
brutt[1] verb *se* ▶bryte
brutt[2] adj. broken, cut off
brutto[1] subst. *m* gross

brutto[2] adverb gross
bruttobeløp subst. *n* gross amount
bruttoinntekt subst. *m/f* gross income, gross earnings
bruttonasjonalprodukt subst. *n* gross domestic product
bry[1] subst. *n* bother, trouble
bry[2] verb bother, trouble
  bry seg om care about
brydd adj. embarrassed
brygg subst. *n* brew
brygge[1] subst. *m/f* quay, wharf
brygge[2] verb *(lage øl)* brew
bryggeri subst. *n* brewery
bryllup subst. *n* wedding
bryllupsreise subst. *m/f* honeymoon
bryn subst. *n* brow, eyebrow
bryne verb sharpen, whet
  få brynt seg have one's hands full
brynje subst. *m/f (rustning)* coat of mail
brysk adj. brusque, abrupt
bryst subst. *n* **1** *(pupp)* breast
  2 *(bringe)* chest
brystkasse subst. *m/f* chest, rib cage
brystnål subst. *m/f* brooch
brystvorte subst. *m/f* nipple, teat *(hos dyr)*
bryte verb **1** *(brekke)* break, open
  2 *(ikke følge regler)* break, violate
  3 *(idrett)* wrestle
  bryte løs break loose, break out *(om krig)*, break *(om vær)*
  bryte sammen 1 *(om person, maskin)* break down, fall apart **2** *(om bygning, bro)* collapse, fall apart
bryter subst. *m* **1** *(sportsutøver)* wrestler
  2 *(av-og-på-knapp)* switch *(om elektrisk lys, maskiner)*, knob *(om TV, radio e.l.)*, button
bryting subst. *m/f*
  1 *(det å brekke)* breaking
  2 *(idrett, fribryting)* wrestling
brød subst. *n* bread, loaf *(om et helt brød)*
  ristet brød toast
brødrister subst. *m* toaster
brødskive subst. *m/f* slice of bread
brødsmule subst. *m* bread crumb
brøk subst. *m (matematikk)* fraction
brøkdel subst. *m* fraction
brøkstrek subst. *m* fraction line, bar
brøl subst. *n* roar, bellow
brøle verb roar, howl, yell
brøler subst. *m* howler

brønn subst. *m* well
brøt verb *se* ►bryte
brøyte verb plough *(om snø)*, clear
  brøyte seg vei force one's way
brøytebil subst. *m* snowplough
brå adj. **1** *(utålmodig)* brusque, rough
  2 *(overraskende)* sudden
  3 *(som adverb: brått)* suddenly
bråbremse verb hit the brakes
bråhast subst. *m* hurry, rush
bråk subst. *n* **1** noise
  2 *(vanskeligheter)* trouble
bråke verb make noise, be loud
bråkmaker subst. *m* troublemaker
bråstoppe verb stop suddenly, stop short
bråvending subst. *m/f* sharp turn
  i en bråvending in a hurry, in a rush
bu subst. *m/f* **1** *(enkelt hus)* shack,
  outhouse *(uthus)*
  2 *(bod)* storage room
bud subst. *n* **1** *(pristilbud)* bid, offer
  2 *(beskjed)* message, word
  3 *(en som leverer noe)* delivery person
  4 *(påbud)* command, order
  de ti bud the Ten Commandments
budbringer subst. *m* messenger,
  forerunner
buddhisme subst. *m (religion)*
  Buddhism
buddhist subst. *m* Buddhist
buddhistisk adj. Buddhist
budeie subst. *m/f* milkmaid
budsjett subst. *n* budget
budskap subst. *n* message, news
bue[1] subst. *m* **1** curve, arc
  2 *(hvelving)* arch, arc
  3 *(våpen)* bow
  4 *(til instrument)* bow
bue[2] verb curve, bend, arch
bueskytter subst. *m* archer
buffé subst. *m* **1** *(møbel)* sideboard
  2 *(matlaging)* buffet

buk subst. *m* abdomen
bukett subst. *m* bouquet, bunch of
  flowers
bukk subst. *m* **1** *(hanndyr)* he-goat
  (geit), buck *(rådyr)*
  2 *(i turn)* buck
  3 *(som bordben)* trestle
  hoppe bukk leapfrog
bukke verb bow
  bukke under for 1 *(dø av)* die from
  2 *(overgi seg til)* give in to
bukse subst. *m/f* trousers, pants *(amer.)*
bukselomme subst. *m/f* trouser pocket,
  pant pocket
buksesele subst. *m* braces,
  suspenders *(amer.)*
buksesmekk subst. *m* fly
bukspyttkjertel subst. *m* pancreas
bukt subst. *m/f* bay, gulf
buktaler subst. *m* ventriloquist
bukte seg verb curve, curl,
  wriggle *(om slange)*, meander *(om elv)*
bulder subst. *n* rumble, boom
buldre[1] verb rumble, boom,
  thunder *(høyere)*
buldre[2] verb *(klatresport)* boulder
bule[1] subst. *m/f (kul)* bump, lump
bule[2] subst. *m/f (utested)* dive, joint
bule[3] verb bulge, swell
bulgarsk adj. Bulgarian
bulimi subst. *m* bulimia
bulimiker subst. *m* bulimic
buljong subst. *m* bouillon, broth
buljongterning subst. *m* stock cube
bulk subst. *m/n* dent, bump
bulke verb dent, bump
bulkete adj. bumpy, dented
bulldogg subst. *m* bulldog
bulldoser subst. *m* bulldozer
bumerang subst. *m* boomerang
bunad subst. *m* national costume
bundet[1] verb *se* ►binde

bundet² adj. **1** set, firm, fixed
2 *(økonomi)* tied, fixed
3 *(om ufri personlighet)* inhibited
4 *(kjemi)* combined
bunke subst. *m* pile, heap
bunn subst. *m* **1** *(nederst)* bottom *(også om havbunn)*
2 *(bakgrunn)* ground, background
• the shirt had red stripes on blue ground
3 *(innerste del)* end
i bunn og grunn deep down
komme til bunns i get to the bottom of
bunnfall subst. *n* sediment, deposit
bur subst. *n* cage
burde verb should, ought to
burgunder subst. *m* burgundy
burka subst. *m (muslimsk klesplagg)* burka
bursdag subst. *m* birthday
bursdagsgave subst. *m* birthday present
buse verb *bare i uttrykk*
buse ut med noe blurt out something
busk subst. *m* bush, shrub
buskap subst. *m* cattle, livestock
buskas subst. *n* brush, scrub
buss subst. *m* bus, coach *(for langturer)*
bussjåfør subst. *m* bus driver
bussrute subst. *m/f* (bus) route *(kjørerute)*, bus round
busstopp subst. *m* bus stop
bustete adj. dishevelled, unkept
butikk subst. *m* shop, store *(større)*
butikkjede subst. *m* chain store, multiple store
butikksenter subst. *n* shopping centre, mall *(amer.)*
butikktyv subst. *m* shoplifter
butt adj. blunt
butterdeig subst. *m* puff pastry
by¹ subst. *m* **1** city, town *(mindre)*
2 *(sentrum)* city centre, town centre
by² verb **1** *(tilby)* offer, bid
2 *(invitere)* invite, ask
3 *(ved auksjon)* bid
bydel subst. *m* urban district, urban area
bygd subst. *m/f* rural district, village
byge subst. *m/f* shower
bygg¹ subst. *m/n* barley
bygg² subst. *n (bygning)* building
bygge verb build
byggeplass subst. *m* construction site
byggmester subst. *m* building contractor

bygning subst. *m* building
bykommune subst. *m* city municipality
byks subst. *n* jump, leap
bykse verb jump, leap
byll subst. *m* boil, abscess
bylt subst. *m* bundle
byplanlegging subst. *m/f* urban planning
byrde subst. *m* burden, weight, load
byrå subst. *n* bureau, office, agency
byråd¹ subst. *m (om person)* council member
byråd² subst. *n (om rådet)* city council
byråkrat subst. *m* bureaucrat
byråkrati subst. *n* bureaucracy
byste subst. *m/f* bust
bystyre subst. *n* city council
byte subst. *m (IT)* byte
bytte¹ subst. *n* **1** *(det å bytte)* exchange, trade, swap
2 *(byttedyr)* prey *(også overført)*
3 *(tyvgods)* booty
bytte² verb **1** exchange, swap, change
2 *(skifte)* change
bytte på take turns, alternate
byttehandel subst. *m* exchange, barter
bær subst. *n* berry
bærbar adj. portable
bære verb **1** *(holde noe)* carry, hold
2 *(ha på)* wear, carry
3 *(tåle)* bear, stand
bærekraft subst. *m/f* sustainability
bærekraftig adj. sustainable
bærepose subst. *m* bag
bæsj subst. *m* poo, poop
bæsje verb poo
bøddel subst. *m* executioner
bøffe verb *(slang, stjele)* steal, nick *(britisk)*
bøffel subst. *m* buffalo
bøk subst. *m* beech
bølge¹ subst. *m/f* wave
bølge² verb wave, roll
bølgeblikk subst. *n* corrugated iron
bølgekraft subst. *m/f* wave power
bølgelengde subst. *m/f* wavelength
bøling subst. *m* **1** *(buskap)* cattle, livestock
2 *(mennesker)* gang
bølle subst. *m/f* bully
bønn subst. *m* **1** *(religion)* prayer
2 *(oppfordring)* request, appeal
bønne subst. *m/f* bean
bønneteppe subst. *n* prayer mat

bønnfalle verb beg, entreat, implore
bønnhøre verb hear a prayer
bør[1] subst. *m/f* burden, load
bør[2] verb *presens av* ►burde
børs subst. *m* stock exchange
børse subst. *m/f* gun, rifle
børsmegler subst. *m* stock broker
børste[1] subst. *m* brush
børste[2] verb brush
bøsse subst. *m/f* money box, collecting
　box
bøtte subst. *m/f* bucket
bøye[1] subst. *m (sjømerke, båtfeste)*
　buoy
bøye[2] verb **1** bend
　2 *(grammatikk)* inflect,
　conjugate *(om verb)*
　bøye seg 1 bend, bend over
　2 *(gi etter)* submit, give in
bøyelig adj. flexible, pliant
bøyle subst. *m* hoop, ring

C

ca. adverb ca., about
campe verb camp
camping subst. *m/f* camping
campingplass subst. *m* camp site
campingvogn subst. *m/f* caravan
Canada stedsnavn Canada
celle subst. *m/f* cell
cellegiftbehandling subst. *m/f*
　chemotherapy
cellevev subst. *n* cell tissue
cello subst. *m* cello
cellofan subst. *m (folie)* cellophane®
cellulose subst. *m* cellulose
celsius subst. Celsius
centiliter subst. *m* centilitre
centimeter subst. *m* centimetre
cerebral parese subst. *m* cerebral palsy
champagne subst. *m* champagne
charter subst. *n* charter
chartertur subst. *m* charter tour
chatte verb *(IT)* chat
chilener subst. *m* Chilean
chilensk adj. Chilean
chili subst. *m* chilli
choke subst. *m (i motor)* choke
cirka adverb approximately
cisterne subst. *m/f* cistern

bøyning subst. *m/f (grammatikk)*
　inflection, conjugation *(om verb)*
bøyningsform subst. *m/f* inflected
　form, conjugated form *(om verb)*
bål subst. *n* fire
bånd subst. *n* **1** string, band,
　ribbon *(sløyfebånd)*
　2 *(til å ta opp lyd/bilde)* tape
　3 *(om tilknytning)* bond, tie(s)
　4 *(om hemning)* restraint
　5 *(til kjæledyr)* lead
　6 *(transportbånd)* belt, band
båndtvang subst. *m* leash law
båre subst. *m/f* stretcher
båret verb *se* ►bære
bås subst. *m (i fjøs/stall)* stall, box
　sette i bås *(overført)* categorize, label
båt subst. *m* boat, ship
båtflyktning subst. *m* boat refugee
båtplass subst. *m* berth, tie-up *(amer.)*
båttur subst. *m* boat trip

clutch subst. *m* clutch
coach subst. *m (veileder, lærer)* coach
cockpit subst. *m* cockpit
cocktail subst. *m* cocktail
colombianer subst. *m* Colombian
colombiansk adj. Colombian
comeback subst. *m/n* comeback
　gjøre comeback make a comeback
container subst. *m* container
cookie subst. *m* cookie
cosinus subst. *m (matematikk)* cosine
crawl subst. *m* crawl
crawle verb crawl
cricket subst. *m* cricket
croissant subst. *m* croissant
cruiseskip subst. *n* cruise ship
cubaner subst. *m* Cuban
cubansk adj. Cuban
cup subst. *m (mesterskap)* cup
cupcake subst. *m* cupcake
cupfinale subst. *m* cup final
curling subst. *m* curling
CV subst. *m/n (fork. for curriculum
　vitae)* CV, résumé *(amer.)*
cyberangrep subst. *n (IT)* cyberattack
cøliaki subst. *m (sykdom)* coeliac
　disease

a
b
c
d
e
f
g
h
i
j
k
l
m
n
o
p
q
r
s
t
u
v
w
x
y
z
æ
ø
å

d

da[1] adverb then
da[2] konjunksjon **1** *(tidspunkt)* when
• I was asleep when the phone rang
2 *(idet)* as • *jeg så på ham da han begynte å gråte* I watched him as he started to cry
dabbe verb *bare i uttrykk*
  dabbe av die out, peter out
DAB-radio subst. *m* DAB digital radio
daddel subst. *m (frukt)* date
daff adj. lazy, tired
dag subst. *m* day
dagbok subst. *m/f* diary, journal
  skrive dagbok keep a diary
dagdriver subst. *m* loafer, idler
dagdrøm subst. *m* daydream
dagdrømme verb daydream
dagdrømmer subst. *m* daydreamer
daggry subst. *n* dawn, crack of dawn, break of day, sunrise
daglig adj. **1** *(hver dag)* daily
• there is a daily flight to New York
2 *(i hverdagen)* everyday, regular
dagligliv subst. *n* everyday life
dagligtale subst. *m* everyday speech
dagligvare subst. *m/f* groceries
dagligvarebutikk subst. *m* grocery (store)
dagpenger subst. *flt. (trygd)* unemployment benefit
dagsavis subst. *m/f* daily newspaper
dagslys subst. *n* daylight
dagsorden subst. *m* agenda
dagstur subst. *m* day trip, outing
dagsverk subst. *n* day's work
dal subst. *m* valley
dale verb fall
dam[1] subst. *m* **1** *(pytt)* puddle
2 *(lite vann)* pool, pond
dam[2] subst. *m (brettspill)* draughts, checkers *(amer.)*
dame subst. *m/f* **1** woman
2 *(i kortstokk)* queen
  mine damer og herrer ladies and gentlemen
damelag subst. *n* women's team
dametoalett subst. *n* ladies' room
damp subst. *m* steam, vapour *(britisk)*
  få opp dampen get a move on, hurry up

dampe verb steam
dampskip subst. *n* steamer, steamship
dampveivals subst. *m* steamroller
dank subst. *bare i uttrykk*
  drive dank loaf, idle about
danke verb beat
  danke noen ut knock someone out
Danmark stedsnavn Denmark
danne verb make, form
dannelse subst. *m* **1** formation, growth
2 *(dannet opptreden)* manners, good breeding
3 *(kunnskap)* education, culture
dannet adj. cultured, educated
dans subst. *m* dance
danse verb dance
dansegulv subst. *n* dance floor
danser subst. *m* dancer
dansk adj. Danish
danske subst. *m* Dane
dashbord subst. *n* dashboard
dask subst. *m/n* slap, smack
daske verb slap, smack
data subst. **1** *(datamaskin)* computer
2 *(informasjon)* data, details
databank subst. *m (lagringssted for data)* databank
database subst. *m* database
databehandling subst. *m/f* data processing
datafil subst. *m* computer file
datagrafikk subst. *m* computer graphics
datakunnskap subst. *m* computer literacy
datakyndig adj. computer-literate
datamaskin subst. *m* computer
  bærbar datamaskin laptop
datanerd subst. *m* computer geek
dataprogram subst. *n* computer programme
dataskjerm subst. *m* computer screen
dataspill subst. *n* computer game
datautstyr subst. *n* computer equipment
datavirus subst. *n* computer virus
datere verb date
dato subst. *m* date
datostempel subst. *n* date mark, date stamp
datter subst. *m* daughter

datterselskap subst. *n* subsidiary company

daværende adj. at the time, at that time

De pronomen *(høflig, gammeldags)* you

de¹ pronomen they

de² determinativ **1** those
• *hvem er de menneskene der?* who are those people?
2 the • *de første årene etter krigen var harde* the first years after the war were tough

debatt subst. *m* debate, discussion

debattere verb debate

debet subst. *m* debit

debitere verb *(konto)* debit

debitor subst. *m* debtor

debut subst. *m* debut

debutere verb make one's debut

dedikasjon subst. *m* dedication, inscription

dedikere verb adapt, adjust

dedisere verb dedicate

deduksjon subst. *m* deduction

defekt adj. defective, faulty

defensiv adj. defensive

definere verb define

definisjon subst. *m* definition, explanation

deg pronomen (du) **1** you
2 *(refleksivt, etter verb)* yourself
• *skadet du deg?* did you hurt yourself?
3 *(om tilhørighet)* yours • *er Tom en venn av deg?* is Tom a friend of yours?

degradere verb degrade, downgrade

deig subst. *m* dough

deilig adj. **1** lovely
2 *(om mat)* delicious, tasty

deise verb **1** *(falle)* fall
2 *(slå)* slap, smack

dekk subst. *n* **1** *(på skip)* deck
2 *(del av hjul)* tyre

dekke¹ subst. *n* **1** *(lag)* coat, layer
2 *(om vei)* tarmac, paving
3 *(om gress)* turf
4 *(kamuflasje)* cover, covering

dekke² verb **1** cover
2 *(skjule)* hide, conceal
3 *(på bordet)* lay, set
4 *(erstatte)* cover, meet
dekke over cover up, conceal
dekke på eller **dekke bordet** set the table, lay the table

dekken subst. *n* *(til hest)* horsecloth, horse blanket

deklamasjon subst. *m* recitation

deklamere verb recite

dekning subst. *m/f*
1 *(skjul)* cover, shelter
2 *(grunnlag)* proof, evidence
3 *(til mobiltelefon)* coverage, service
4 *(forsikring)* cover, coverage
5 *(reportasje)* coverage
gå i dekning go into hiding

dekor subst. *m* decor

dekorasjon subst. *m* decoration

dekorativ adj. decorative, pretty

dekoratør subst. *m* decorator

dekorere verb decorate

deksel subst. *n* cover

del subst. *m* part, portion, share *(andel)*
begge deler both
en del some
for all del by all means
ingen av delene neither

delaktig adj. involved

dele verb divide, split
dele på share
dele ut distribute, hand out

delegasjon subst. *m* delegation

delegere verb delegate

delfin subst. *m* dolphin

delikat adj. **1** *(smakfull)* delicious
2 *(flott)* exquisite, delicate
3 *(ømfintlig)* delicate, sensitive

delikatesse subst. *m* delicacy

deling subst. *m/f* division

delstat subst. *m* state

delta¹ subst. *n* *(munning)* delta

delta² subst. *m* **1** *(gresk bokstav)* delta, δ
2 *(matematikk)* delta

delta³ verb participate, attend

deltakelse subst. *m* participation

deltaker subst. *m* participant

deltid subst. *m/f* part-time

deltidsarbeid subst. *n* part-time work

deltidsstilling subst. *m/f* part-time position

delvis adj. partial

Dem pronomen (De, Dem) *(høflig, gammeldags)* **1** you
2 *(refleksivt, etter verb)* yourself
• *har De skadet Dem?* have you hurt yourself?

dem pronomen them

demilitarisere verb demilitarize

demme verb dam

demning subst. *m/f* dam

demografi subst. *m* demography

a
b
c
d
e
f
g
h
i
j
k
l
m
n
o
p
q
r
s
t
u
v
w
x
y
z
æ
ø
å

demokrat subst. *m* **1** *(tilhenger av folkestyre)* democrat
2 *(amerikansk partitilhenger)* Democrat
demokrati subst. *n* democracy
demokratisk adj. democratic
demon subst. *m* demon
demonisk adj. demonic
demonstrant subst. *m* demonstrator
demonstrasjon subst. *m* demonstration
demonstrasjonstog subst. *n* protest march, demonstration
demonstrativ adj. demonstrative
demonstrere verb demonstrate
demontere verb dismantle
demoralisere verb demoralize
dempe verb **1** *(om stemme)* lower
2 *(om lyd)* muffle, turn down
3 *(om lys, farge)* soften
4 *(gjøre svakere)* lessen
dempe seg 1 *(roe seg)* restrain oneself, calm down
2 *(senke stemmen)* lower one's voice
dempet adj. **1** *(mindre intens)* subdued
2 *(om lys, farge)* soft, dim
3 *(om lyd)* muffled
demre verb dawn
demring subst. *m/f* dawn
den[1] pronomen *(som viser tilbake)*
• *jeg hadde boka, men jeg mistet den* I had the book, but I lost it
den[2] determinativ **1** *(med påpekende betydning)* that • *den filmen bør du se* you should see that movie
2 *(foran adjektiv)* the • *har du truffet den nye naboen?* have you met the new neighbour?
denge verb beat, trash
denne determinativ (dette, disse) this
• *bruk denne pennen* use this pen
deodorant subst. *m* deodorant
departement subst. *n* department, ministry
deponere verb deposit
depositum subst. *n* deposit
depot subst. *n* depot
deppa adj. depressed, down
deppe verb sulk, mope
depresjon subst. *m* depression
depressiv adj. depressive
deprimert adj. depressed
der adverb **1** *(sted)* there
• I have never been there before
2 *(punkt)* there, where • *det er der du tar feil* now that is where you're wrong

den der that one
der borte over there
der hvor where
dere pronomen **1** you • *jeg så dere i går* I saw you yesterday
2 those of you • *dere som har billett, kan gå til høyre* those of you with tickets can move to the right
3 *(refleksivt, etter verb)* yourselves
• *dere slo dere* you hurt yourselves
4 *(om tilhørighet)* yours • *er Tom en venn av dere?* is Tom a friend of yours?
deres determinativ **1** *(som tilhører dere, sammen med substantiv)* your
• *ikke glem nøklene deres!* don't forget your keys!
2 *(som tilhører dere, uten substantiv)* yours • *den bilen, er den deres?* that car, is that yours?
3 *(som tilhører dem, sammen med substantiv)* their • *det er deres hus* it is their house
4 *(som tilhører dem, uten substantiv)* theirs • *det huset er deres* that house is theirs
deretter adverb then, after that
derfor adverb therefore, consequently
derfra adverb from there
deriblant adverb among them, including
derimot adverb on the other hand, on the contrary
derivere verb differentiate
dermed adverb so, consequently
deromkring adverb thereabouts
derpå adverb then, after that
dersom konjunksjon if, in case
desember subst. *m* December
desertere verb desert
desertør subst. *m* deserter
desibel subst. *m* decibel
design subst. *m* design
designer subst. *m* designer
desiliter subst. *m* decilitre
desillusjonert adj. disillusioned
desimal subst. *m* decimal
desimeter subst. *m* decimetre
desinfeksjon subst. *m* disinfection
desinfeksjonsmiddel subst. *n* disinfectant
desinfisere verb disinfect, sterilize
desorientere verb disorient
desperasjon subst. *m* desperation, despair

i desperasjon out of despair
desperat adj. **1** desperate
2 *(som adverb: fortvilet)* desperately
• *de prøvde desperat å få båten på rett kjøl igjen* they tried desperately to get the boat back on an even keel
despot subst. *m* despot, dictator
dessert subst. *m* dessert
dessuten adverb in addition, moreover
dessverre adverb unfortunately
destillere verb distil
desto[1] adverb all the better, all the more
• *han røyker lite, men drikker desto mer* he does not smoke much but he drinks all the more
desto[2] konjunksjon the • *jo lenger du venter, desto vanskeligere blir det* the longer you wait, the more difficult it becomes
destruere verb destroy, demolish
destruksjon subst. *m* destruction, demolition
destruktiv adj. destructive
det[1] pronomen **1** *(som viser tilbake)* it
• *han kjøpte et eple og spiste det* he bought an apple and ate it
2 *(som foreløpig subjekt)* it
• *det er lett å si nei* it is easy to say no
3 *(som formelt subjekt: det finnes)* there • *det ligger en kniv på kjøkkenbenken* there is a knife on the kitchen counter
det[2] determinativ **1** that • *det teaterstykket blir en suksess* that play will be a success
2 *(foran adjektiv)* the • *har du sett det nye huset?* have you seen the new house?
detalj subst. *m* detail
detaljert adj. detailed, exact
detektiv subst. *m* detective
detektivroman subst. *m* detective story, detective novel
determinativ subst. *n (ordklasse)* determiner
dette[1] verb *(falle)* fall
dette[2] determinativ (denne, disse) this
• *les dette!* read this!
diabetes subst. *m* diabetes
diabetiker subst. *m* diabetic
diagnose subst. *m* diagnosis
diagnostisere verb diagnose
diagonal adj. **1** diagonal
2 *(som adverb)* diagonally

• *løperen kan flyttes diagonalt på sjakkbrettet* the bishop can be moved diagonally across the chessboard
diagram subst. *n* chart, diagram
diakon subst. *m* deacon
dialekt subst. *m* dialect, regional accent
dialog subst. *m* dialogue
diamant subst. *m* diamond
diameter subst. *m* diameter
diaré subst. *m* diarrhoea
die verb breastfeed
diett subst. *m* **1** diet
2 *(diettpenger)* per diem, daily allowance
differanse subst. *m* difference
differensiere verb differentiate
diffus adj. diffuse, vague
difteri subst. *m* diphtheria
diftong subst. *m* diphthong
diger adj. enormous, huge
digge verb *(slang, like)* dig, fancy
digital adj. digital
digresjon subst. *m* digression
dikke verb *(kile)* tickle, chuck
dikt subst. *n* poem
diktat subst. *m* dictation
diktator subst. *m* dictator
diktatur subst. *n* dictatorship
dikte verb **1** *(forfatte)* write, compose
2 *(skrøne)* make up, cook up
dikter subst. *m* poet
diktere verb dictate
diktning subst. *m/f* **1** *(poesi)* poetry
2 *(oppspinn)* fiction
diktsamling subst. *m/f* collection of poetry
dilemma subst. *n* dilemma
dill subst. *m (krydder)* dill
dimensjon subst. *m* dimension
dimittere verb **1** *(gi tjenestefri)* dismiss
2 *(avslutte militærtjeneste)* demobilize
3 *(sende hjem)* discharge, send home
4 *(uteksaminere)* graduate
dimme[1] verb **1** *(dempe lys)* dim
2 *(bli uklar)* faint, fade
dimme[2] verb *(hverdagslig for dimittere)* demob
din determinativ (din/di, ditt, dine)
1 *(sammen med substantiv)* your
• *it is your fault*
2 *(uten substantiv)* yours
• *er denne din?* is this yours?
dine determinativ *se* ▶din

dings subst. *m (hverdagslig)* thingy, doodah

diplom subst. *n* diploma, certificate

diplomat subst. *m* diplomat

diplomati subst. *n* diplomacy

diplomatisk adj. diplomatic

direksjon subst. *m* board of directors

direkte adj. **1** direct
2 *(som adverb: uten avbrudd)* directly, straight, live *(om TV og radio)*
• this bus goes directly to Oslo
3 *(som adverb: rett og slett)* downright
• *filmen er direkte kjedelig* this movie is downright boring

direktiv subst. *n* direction, instruction, directive

direktorat subst. *n* directorate

direktør subst. *m* manager

dirigent subst. *m* conductor

dirigere verb **1** *(musikk)* conduct
2 *(lede)* direct • the car queue was directed past the accident scene

dirke verb *(om lås)* pick

dirre verb quiver, vibrate

dis subst. *m* haze, mist

disharmoni subst. *m* discord

disiplin subst. *m* discipline

disiplinert adj. disciplined

disippel subst. *m* **1** *(religion)* disciple
2 *(lærling)* apprentice

disk subst. *m* **1** *(f.eks. i butikk)* counter
2 *(IT)* disk

diske verb disqualify

diskos subst. *m* discus

diskotek subst. *n* disco

diskré adj. *(forsiktig)* discreet

diskresjon subst. *m* discretion

diskret adj. *(atskilt)* discrete

diskriminere verb discriminate

diskriminering subst. *m/f* discrimination

diskusjon subst. *m* discussion

diskutabel adj. debatable

diskutere verb discuss, debate

diskvalifisere verb disqualify

dispensasjon subst. *m* exemption, dispensation

disponert adj. disposed, susceptible *(medisinsk)*

disponibel adj. disposable, available

disposisjon subst. *m* **1** *(utkast)* outline, framework, plan
2 *(rådighet)* disposal
3 *(anlegg)* disposition

disse[1] verb **1** *(riste)* wobble, quiver
2 *(huske)* swing

disse[2] verb *(hverdagslig, erte)* dis

disse[3] determinativ (denne, dette) these

dissekere verb dissect

dissonans subst. *m* dissonance, discord

distanse subst. *m* distance

distinkt adj. distinct, clear

distrahere verb distract

distrahert adj. distracted, preoccupied

distraksjon subst. *m* distraction

distré adj. absent-minded

distribuere verb distribute, deal out

distribusjon subst. *m* distribution

distrikt subst. *n* **1** *(område)* district, region
2 *(utkant)* district

dit adverb **1** *(stedsadverb, dit bort)* there
• it will take you fifteen minutes to walk there
2 *(relativt adverb, dit hvor)* where
• *dra dit du har lyst!* go where you want to!

ditche verb *(slang, kvitte seg med eller slå opp med)* ditch

ditt determinativ *se* ▸din

ditto pronomen ditto, the same

diva subst. *m* diva, prima donna

divan subst. *m* divan, sofa

diverse adj. various, sundry

dividere verb divide

divisjon subst. *m* division, league *(om sport)*

djerv adj. fearless, brave

djevel subst. *m* devil

djevelsk adj. **1** devilish
2 *(fryktelig)* terrible

do subst. *m/n* toilet, loo *(britisk)*

dobbelt adj. double
dobbelt så stor twice as big

dobbeltgjenger subst. *m* double, twin

dobbelthake subst. *m/f* double chin

dobbeltklikke verb double-click

dobbeltmoral subst. *m* double standard

dobbeltrom subst. *n* double room

dobbeltseng subst. *m/f* double bed

dobbeltsidig adj. double, double-sided

dobbeltsjekke verb double-check

dobbelttime subst. *m* double lesson

doble verb double

dog adverb however, though

dogg subst. *m* dew

dogge verb dew

dokk[1] subst. *m/f (i vann)* dock

dokk[2] subst. *m/f (søkk)* hollow
dokke[1] subst. *m/f* **1** doll
  2 *(menneskefigur)* puppet
dokke[2] verb dock, bring into dock
dokkingstasjon subst. *m*
  (IT, elektronikk) docking station
doktor subst. *m* doctor
doktorgrad subst. *m* doctorate
dokument subst. *n* document
dokumentarfilm subst. *m* documentary
dokumentasjon subst. *m*
  documentation
dokumentere verb document, prove
dokumentmappe subst. *m/f*
  attaché case, briefcase
dolk subst. *m* dagger, poniard
dolke verb stab
dollar subst. *m* dollar
dom subst. *m* judgement, sentence
domene subst. *m/n* sphere, domain
domenenavn subst. *n* domain (name)
domfelle verb convict
domfellelse subst. *m (jus)* conviction
dominans subst. *m* **1** dominance
  2 *(overvekt)* predominance
dominere verb dominate
dominerende adj. **1** dominating
  2 *(fremtredende)* dominant, prominent
domkirke subst. *m/f* cathedral
dommedag subst. *m* Judgement Day,
  Doomsday
dommer subst. *m* judge
dompap subst. *m (fugl)* common
  bullfinch
domstol subst. *m* court
donasjon subst. *m* donation
donere verb donate
dongeribukse subst. *m/f*
  pair of denims, pair of jeans
donor subst. *m* donor
dop subst. *m* drug
doping subst. *m/f* doping, drug abuse
dopingtest subst. *m* doping test
dorsk adj. sluggish, inactive
dose subst. *m* dose, dosage
doven adj. **1** *(om person)* lazy
  2 *(om drikke)* flat
  3 *(om kroppsdel)* numb
dovne verb **1** *(om drikke)* go flat
  2 *(om kroppsdel)* go numb
dra verb **1** *(trekke)* draw, pull
  2 *(reise)* go away, leave
  dra fra *(om gardiner)* draw back
  dra innpå gain ground, catch up

drabantby subst. *m* suburb
drage subst. *m* **1** dragon
  2 *(leketøy)* kite
drakk verb *se* ▸drikke[2]
drakt subst. *m/f* **1** *(antrekk)* dress,
  costume
  2 *(kvinneplagg)* suit, coat and skirt
dram subst. *m* nip, swig
drama subst. *n* drama
dramatiker subst. *m* playwright,
  screenwriter *(for film)*
dramatikk subst. *m* **1** dramatic poetry
  2 *(spenning)* drama
dramatisere verb dramatize
dramatisering subst. *m/f* dramatization
dramatisk adj. dramatic
drap subst. *n* murder, homicide
drapere verb drape, hang
drapsmann subst. *m* killer, murderer
drasse verb drag along, lug
drastisk adj. drastic
dratt verb *se* ▸dra
dreie verb turn
dreining subst. *m/f* shift, turn
drenere verb drain
drenering subst. *m/f* drainage, draining
drepe verb kill
dress subst. *m* suit
dressere verb train
dressing subst. *m/f* dressing
dressjakke subst. *m/f* suit jacket
dressur subst. *m* training
drev verb *se* ▸drive
drevet verb *se* ▸drive
drible verb dribble
drift subst. *m/f* **1** *(virksomhet)* operation
  2 *(trang)* urge, drive
  3 *(bevegelse)* drift
  være ute av drift be out of service,
  be out of operation
driftig adj. enterprising, innovative
driftsbudsjett subst. *n* operating budget
drikk subst. *m* drink, beverage
drikke[1] subst. *n* drink
drikke[2] verb drink
  drikke opp finish, drink up
drikkepenger subst. tip, gratuity
drikkevann subst. *n* drinking water
driks subst. *m* tip, gratuity
  gi driks tip, give a tip
drill subst. *m* drill
dristig adj. daring
dristighet subst. *m/f* daring, boldness

drite verb *(slang)* shit
  drite i noe not give a damn about
  something, not give a shit about
  something • *det driter jeg i* I don't give
  a shit
  drite seg ut make an arse of oneself
dritings adj. *(slang, full)* wasted,
  pissed *(britisk)*
dritt subst. *m* **1** *(møkk)* dirt, filth
  2 *(skittprat)* bullshit
  3 *(elendighet)* shit
drittprat subst. *m/n* bullshit, crap
drittsekk subst. *m* bastard, asshole
driv subst. *m/n* drive, go, push
drive verb **1** *(holde på med)* do
  • *hva driver du på med for tiden?*
  what are you doing these days?
  2 *(holde i gang)* run, operate
  3 *(jage, presse)* drive, push
driver subst. *m (IT)* driver
drivhus subst. *n* greenhouse
drivhuseffekt subst. *m* greenhouse effect
drivkraft subst. *m/f* **1** *(maskinteknikk)*
  driving power
  2 *(pådriver)* driving force, prime
  mover
drivstoff subst. *n* fuel
dro verb *se* ►**dra**
drone subst. *m* drone
dronning subst. *m/f* queen
droppe verb drop
drops subst. *m/n* sweet,
  (sugar) candy *(amer.)*
drosje subst. *m/f* taxi, cab *(amer.)*
drosjeholdeplass subst. *m* taxi stand,
  taxi rank
drosjesjåfør subst. *m* taxi driver,
  cab driver *(amer.)*
drue subst. *m/f* grape
drueklase subst. *m* bunch of grapes,
  cluster of grapes
druesukker subst. *n* glucose
drukket verb *se* ►**drikke**[2]
drukne verb drown
drypp subst. *n* **1** drip
  2 *(dråpe)* drop
  3 *(lite hjerneslag)* transient ischaemic
  attack, mini stroke
dryppe verb drip
drysse verb sprinkle, scatter
drøfte verb debate, discuss
drøftelse subst. *m* discussion, debate
drøm subst. *m* dream
drømme verb dream

drømmende adj. dreamy
drønn subst. *n* boom, bang
drønne verb boom, bang
drøvel subst. *m* uvula
drøvtygger subst. *m* ruminant
drøy adj. **1** *(langvarig)* economical,
  lasting
  2 *(lang)* demanding, tough
  3 *(om pris)* stiff, steep
  4 *(grov)* coarse, crude
drøye verb **1** *(gjøre drøy)* make
  something last
  2 *(trekke ut)* drag on, take time
  3 *(vente)* hesitate, put off
dråpe subst. *m* drop
du pronomen you
due subst. *m/f* pigeon, dove
duell subst. *m* duel
duellere verb duel
duett subst. *m* duet
duft subst. *m* fragrance, scent
duge verb **1** *(være brukbar)* be good
  2 *(gjøre nytten)* do, be of use
dugg subst. *m* dew
dugge verb dew
dugnad subst. *m* voluntary work
  ha dugnad have a bee
duk subst. *m* **1** *(vevd tøy)* cloth
  2 *(på bordet)* tablecloth
  3 *(finmasket nett)* mesh
dukke[1] subst. *m/f* **1** doll
  2 *(menneskefigur)* puppet
dukke[2] verb **1** *(bøye seg)* duck
  2 *(dytte noen under vann)* duck
  3 *(dykke selv)* dive
  dukke opp emerge, turn up
dukkert subst. *m (bad)* dip
dukketeater subst. *n* puppet show
dum adj. stupid
dumdristig adj. foolhardy
dumhet subst. *m/f* **1** stupidity
  2 *(tåpelig påfunn)* foolishness
dumme verb *bare i uttrykk*
  dumme seg ut make a fool of oneself
dump[1] subst. *m/f* **1** *(hull)* depression,
  hollow
  2 *(fartsdump)* speed bump
dump[2] subst. *n (fallelyd)* thud
dump[3] adj. *(dempet)* muffled, dull
dumpe verb **1** *(falle)* fall, tumble
  2 *(kaste)* dump
  3 *(hverdagslig, slå opp med)* dump
dumsnill adj. kind to a fault
dun subst. *m/f/n* down

dunder subst. *n* banging, thunder
dundre verb thunder, roar
dundyne subst. *m/f* down duvet
dunjakke subst. *m/f* down jacket
dunk[1] subst. *m/n* **1** *(lyd av støt)* knock, thump
  2 *(støt)* bump, knock
dunk[2] subst. *m (flaske, kanne)* can, drum
dunke verb knock, bang
dunkel adj. dim, obscure
dunst subst. *m* **1** *(damp)* vapour
  2 *(stank)* reek, stench
dur subst. *m* **1** *(lyd)* boom, roar
  2 *(toneart)* major
  noe i den dur something like that
dure verb hum, drone
dusin subst. *n* dozen
dusj subst. *m* shower
dusje verb **1** *(ta dusj)* shower
  2 *(gi dusj)* spray, sprinkle
dusjkabinett subst. *n* shower cabinet
dusk subst. *m* tuft
duskregn subst. *n* drizzle
dust subst. *m* fool
dusør subst. *m* reward
dvale subst. *m* hibernation
dvask adj. **1** *(slapp)* inert
  2 *(sløv)* lethargic
dvele verb tarry, linger
dverg subst. *m (i eventyr)* dwarf
dvs. *(fork. for det vil si)* i.e., that is
dybde subst. *m* depth
dyd subst. *m* **1** *(god egenskap)* virtue
  2 *(jomfrudom)* maidenhood
dykke verb dive
dykker subst. *m* diver
dykkermaske subst. *m/f* diving mask
dyktig adj. **1** competent, capable
  2 *(som adverb: godt)* well, proficiently, expertly
dyktighet subst. *m/f* competence, capability
dynamisk adj. dynamic
dynamitt subst. *m* dynamite
dynamo subst. *m* dynamo
dyne[1] subst. *m/f* duvet
dyne[2] subst. *m (sandhaug)* dune
dynetrekk subst. *n* duvet cover
dynge subst. *m/f*
  1 *(søppelfylling)* dump, tip
  2 *(haug)* pile, heap
dynke verb spray, sprinkle
dyp[1] subst. *n* **1** *(dypt vann)* deep, deep water

  2 *(dybde)* depth
dyp[2] adj. **1** deep
  2 *(som adverb: dypt)* deeply
  • *han bukket dypt* he bowed deeply
dypfryser subst. *m* deepfreeze
dyppe verb dip, plunge
dypsindig adj. profound, deep
dyr[1] subst. *n* **1** animal
  2 *(husdyr)* livestock, farm animal
dyr[2] adj. expensive
dyreart subst. *m/f* animal species
dyrebar adj. precious
dyrehage subst. *m* zoological garden
dyreliv subst. *n* animal life, fauna
dyreplageri subst. *n* animal cruelty
dyrerike subst. *n* animal kingdom
dyrisk adj. **1** *(som gjelder dyr)* animal
  2 *(rå)* bestial, brutish
dyrkbar adj. cultivable, arable
dyrke verb
  1 *(bearbeide jord)* cultivate, till
  2 *(avle)* grow, raise
  3 *(tilbe)* worship
dyrlege subst. *m* veterinary
dysleksi subst. *m* dyslexia
dyslektiker subst. *m* dyslectic
dysse verb lull, soothe
  dysse ned hush up, suppress
dyst subst. *m* fight, combat
dyster adj. gloomy
dytt subst. *m* push, shove
dytte verb push, thrust
dyvåt adj. soaking wet, soaked
dø verb **1** *(slutte å leve)* die
  2 *(ta slutt)* die down, fade out
død[1] subst. *m* death
død[2] adj. **1** dead
  2 *(som subst.: død person)* deceased
dødd verb *se* ▸**dø**
døde verb *se* ▸**dø**
Dødehavet stedsnavn the Dead Sea
dødelig adj. **1** lethal, fatal
  2 *(som kommer til å dø)* mortal
dødelighet subst. *m/f* mortality
dødfødt adj. stillborn
dødninghode subst. *n* skull
dødsbo subst. *n* estate of a deceased person, decedent's estate *(amer.)*
dødsdømt adj. sentenced to death
dødsfall subst. *n* **1** death
  2 *(om ulykke, krig eller sykdom)* fatality
dødshjelp subst. *m/f* euthanasia
  aktiv dødshjelp active euthanasia

dødskul adj. wicked, awesome
dødsleie subst. *n* deathbed
dødsstraff subst. *m* capital punishment, death penalty
dødssyk adj. mortally ill
dødsårsak subst. *m/f* cause of death
døende adj. dying
døgn subst. *n* twenty-four hours, day and night
  døgnet rundt around the clock
  i døgnet a day • *to ganger i døgnet* twice a day
døgne verb *(hverdagslig)* pull an all-nighter
døgnflue subst. *m/f* **1** *(insekt)* mayfly
  2 *(noe kortvarig populært)* passing fashion
døgnrytme subst. *m* circadian rhythm
døgnvill adj. having lost track of the time of day
døgnåpen adj. open 24 hours a day
dømme verb **1** judge
  2 *(jus)* sentence *(i straffesak)*, judge *(i sivilsak)*
  3 *(sport)* referee
dømmekraft subst. *m/f* judgement
dønning subst. *m* breaker, swell
døpe verb baptize, christen

dør subst. *m/f* door
dørhåndtak subst. *n* door handle
dørkarm subst. *m* door frame
dørskilt subst. *n* door plate
dørslag subst. *n (kjøkkenredskap)* colander, sieve
dørstokk subst. *m* threshold
dørvakt subst. *m/f* **1** doorman
  2 *(på utested)* security
døse verb doze
  døse av doze off
døsig adj. drowsy
døsighet subst. *m/f* drowsiness
døv adj. deaf
  stokk døv stone deaf
døvetolk subst. *m* interpreter for the deaf, sign language interpreter *(tegnspråktolk)*
døyt subst. *m* bit, damn
  • *dette forstår jeg ikke en døyt av* I do not understand any of this
døyve verb alleviate, deaden
dåd subst. *m* **1** *(gjerning)* deed, act
  2 *(bragd)* feat, achievement
dådyr subst. *n* fallow deer
dåp subst. *m* baptism, christening
dårlig adj. **1** bad
  2 *(ikke frisk)* unwell, ill, sick

ebbe subst. *m* ebb, low water
e-bok subst. *m/f* e-book
ed subst. *m* oath
  avlegge ed take/swear an oath
edder subst. *m/n* venom
  edder og galle malevolence, venom
edderkopp subst. *m* spider
edderkoppnett subst. *n* spiderweb, cobweb
eddik subst. *m* vinegar
edel adj. noble
  edelt metall precious metal
edelsten subst. *m* gem, gemstone
edru adj. sober
  bli edru sober up
edruelig adj. **1** *(måteholden med alkohol)* temperate
  2 *(nøktern)* sober, serious
effekt subst. *m* effect
effektiv adj. efficient, effective

effektivisere verb make more efficient, improve *(forbedre)*
effektivitet subst. *m* effectiveness, efficiency
eføy subst. *m (plante)* ivy
egen[1] adj. stubborn, headstrong
egen[2] determinativ (eget, egne)
  1 *(personlig)* own
  2 *(for seg)* separate
  3 *(spesiell)* special, peculiar
egenart subst. *m/f* distinctive character
egenartet adj. distinctive, characteristic
egeninteresse subst. *m* self-interest
egenkapital subst. *m*
  1 *(eierens kapital i bedrift)* equity
  2 *(privatkapital, f.eks. i bolig)* owner's capital
egennavn subst. *n* proper name, proper noun
egennytte subst. *m/f* self-interest

egenrådig adj. obstinate, stubborn, headstrong

egenskap subst. *m* quality, characteristic

egentlig[1] adj. actual, real

egentlig[2] adverb really, actually, exactly • *hva er det egentlig du mener?* what exactly do you mean?

egg[1] subst. *n* egg

egg[2] subst. *m/f* **1** *(slipt kant)* blade, cutting edge
2 *(skarp fjellrygg)* ridge

eggeglass subst. *n* egg cup

eggehvite subst. *m* egg white

eggeplomme subst. *m/f* egg yolk

eggerøre subst. *m/f* scrambled eggs

eggeskall subst. *n* eggshell

eggleder subst. *m* fallopian tube

eggløsning subst. *m* ovulation

eggstokk subst. *m* ovary

egne seg verb fit, suit
egne seg til be suitable for, be suited for

egnet adj. suitable, fit

egoisme subst. *m* selfishness

egoist subst. *m* egotist

egoistisk adj. selfish, egotistic

egypter subst. *m* Egyptian

egyptisk adj. Egyptian

ei determinativ (en/én, ei/en, et/ett)
1 *(tallord)* one
2 *(ubestemt artikkel)* a, an
3 *(noen)* someone, somebody

eid subst. *n (geografi)* isthmus, neck of land

eie[1] subst. *n* ownership

eie[2] verb own, have

eiendel subst. *m* possession, belonging

eiendom subst. *m* property, real estate

eiendommelig adj. strange, odd

eiendomsmegler subst. *m* estate agent, property agent

eier subst. *m* owner

eik subst. *m/f* oak

eike subst. *m/f (på hjul)* spoke

eikenøtt subst. *m/f* acorn

eim subst. *m* **1** *(lukt)* smell
2 *(snev)* hint

einer subst. *m* juniper

einstøing subst. *m* hermit, recluse

ejakulere verb ejaculate

ekkel adj. disgusting, nasty

ekko subst. *n* echo, resonance

ekorn subst. *m/n* squirrel

e.Kr. *(fork. for* etter Kristus*)* A.D.

eks subst. *m (tidligere partner)* ex

eksakt adj. exact, precise

eksamen subst. *m* examination, exam *(hverdagslig)*

eksamensoppgave subst. *m/f* examination paper, question paper

eksaminator subst. *m* examiner

eksaminere verb
1 *(utspørre)* examine, test
2 *(forhøre)* interrogate

eksem subst. *m/n* eczema, rash *(utslett)*

eksempel subst. *n* example

eksemplar subst. *n* **1** *(kopi)* copy
2 *(individ)* specimen

eksemplarisk adj. exemplary

eksemplifisere verb exemplify

eksentrisk adj. eccentric

eksepsjonell adj. exceptional

eksil subst. *n* exile

eksistens subst. *m* existence, life

eksistere verb exist, be

ekskludere verb exclude

eksklusiv adj. exclusive

eksklusjon subst. *m* exclusion

ekskrement subst. *n* excrement, faeces

ekskursjon subst. *m* excursion, field trip

eksos subst. *m* exhaust, emission

eksotisk adj. exotic, foreign

ekspandere verb expand, grow

ekspansiv adj. expansive, growing

ekspansjon subst. *m* expansion, growth

ekspedere verb **1** *(betjene)* serve
2 *(sende)* send, dispatch

ekspedisjon subst. *m*
1 *(resepsjon)* reception
2 *(det å ekspedere)* attendance to, handling of
3 *(vitenskapelig tur)* expedition

ekspeditør subst. *m (i butikk)* shop assistant, sales assistant

eksperiment subst. *n* experiment

eksperimentere verb experiment

ekspert subst. *m* expert, specialist

ekspertise subst. *m* expertise

eksplodere verb explode

eksplosiv adj. explosive

eksplosjon subst. *m* explosion

eksponering subst. *m/f* exposure

eksport subst. *m* export

eksportere verb export, send

eksportør subst. *m* exporter

ekspresjonisme subst. *m*
expressionism
ekspress subst. *m* express
ekstase subst. *m* ecstasy
ekstra adj. **1** *(uvanlig)* extra,
exceptional
2 *(som adverb: uvanlig)* especially,
unusually • *kaffen var ekstra god* the
coffee was especially good
3 *(som adverb: i tillegg)* extra,
additionally • *de måtte betale ekstra
mye for billettene* they had to pay extra
for the tickets
ekstrakt subst. *m/n* extract
ekstranummer subst. *n*
1 *(underholdning)* encore
2 *(utgivelse)* special edition/issue
ekstraomgang subst. *m (sport)*
extra time, overtime *(amer.)*
ekstraordinær adj. extraordinary,
exceptional
ekstravagant adj. extravagant, lavish
ekstrem adj. **1** extreme
2 *(som adverb: ekstremt)* extremely
• the job was extremely difficult
ekstremisme subst. *m* extremism,
fanaticism, radicalism
ekstremist subst. *m* extremist, radical,
fanatic
ekstremsport subst. *m* extreme sport
ekstrovert adj. extroverted, outgoing
ekte[1] verb *(høytidelig, gifte seg med)*
betroth, wed
ekte[2] adj. real, genuine, true
ektefelle subst. *m* spouse,
husband *(mann)*, wife *(kone)*
ektemann subst. *m* husband
ektepar subst. *n* married couple
ekteskap subst. *n* marriage
ekteskapelig adj. marital
ekthet subst. *m/f* authenticity,
genuineness
ekvator subst. *m* equator
e.l. *(fork. for* eller lignende*)* etc.,
or something similar
elastisk adj. elastic
elbil subst. *m* electric car
eldes verb age, grow old
eldre adj. older, elder
eldreomsorg subst. *m/f* geriatric care,
care of the elderly
eldst adj. oldest, eldest
elefant subst. *m* elephant
eleganse subst. *m* elegance, grace

elegant adj. elegant, graceful
elektriker subst. *m* electrician
elektrisitet subst. *m* electricity, power
elektrisk adj. electric, electrical
elektroingeniør subst. *m*
electrical engineer
elektron subst. *n* electron
elektronikk subst. *m* electronics
elektronisk adj. electronic
element subst. *n* element
elementær adj. elementary, basic,
rudimentary
elendig adj. awful, lousy, miserable
elendighet subst. *m/f* misery
elev subst. *m* pupil, student
elevråd subst. *n* student council
elevrådsleder subst. *m* chairman of the
student council
elfenben subst. *n* ivory
elg subst. *m* elk, moose *(amer.)*
eliminere verb eliminate
elite subst. *m* elite
eller konjunksjon or
ellers adverb
1 *(i motsatt fall)* otherwise, or else
2 *(vanligvis)* usually, normally
ellers takk thanks, but no thanks
elleve determinativ eleven
ellevill adj. wild, hilarious
ellevte adj. eleventh
ellipse subst. *m* ellipsis
elske verb love
elskede subst. *m* beloved
elskelig adj. lovable
elsker subst. *m* lover
elskerinne subst. *m/f* mistress, lover
elsket adj. loved, beloved
elskling subst. *m* darling, love
elskverdig adj. kind, amiable
elskverdighet subst. *m/f* amiability,
kindness
elte verb knead
elv subst. *m* river, stream
elveblest subst. *m* hives, rash
elvebredd subst. *m/f* riverbank
elveleie subst. *n* riverbed
elveløp subst. *n* river course
elvemunning subst. *m* mouth of a river
e-mail subst. *m* email, e-mail
emalje subst. *m* enamel
emballasje subst. *m* packaging
embete subst. *n* office
embetsmann subst. *m* state official,
civil servant

emigrant subst. *m* emigrant
emigrasjon subst. *m* emigration
emigrere verb emigrate
emne subst. *n* **1** *(tema)* subject, topic
  2 *(materiale)* material
emneknagg subst. *m (IT, sosiale medier)* hashtag
emo subst. *m (hverdagslig, kortform for* emotional*)* emo
emoji subst. *m (IT)* emoji
emotikon subst. *n (IT)* emoticon
empati subst. *m* empathy
empiri subst. *m* **1** empiricism
  2 *(innsamlede data)* empirical data
en[1] determinativ (ei, et/ett)
  1 *(tallord)* one
  2 *(ubestemt artikkel)* a, an
  3 *(noen)* someone, somebody
en[2] pronomen one
  en selv oneself
enda[1] adverb **1** *(fremdeles)* still, yet
  • *han har ikke kommet enda*
  he still has not arrived
  2 *(i tillegg)* another, one more, again
  • *de så filmen enda en gang*
  they saw the movie one more time
  3 *(mer)* even more, even
  • *det var enda kaldere i går*
  it was even colder yesterday
enda[2] konjunksjon *(til tross for)* although, even though
ende[1] subst. *m* end
ende[2] verb end, finish, result
endelig adj. **1** final • *de kom frem til en endelig løsning* they reached a final decision
  2 *(som adverb: omsider)* finally, at last
  • *endelig kom de* finally, they arrived
endelse subst. *m* suffix
endeløs adj. endless, never-ending
endestasjon subst. *m* terminal station, final stop
endetarm subst. *m* rectum

endevende verb turn upside down
endre verb change, alter
endring subst. *m/f* change
ene adverb alone, solely, only
enebarn subst. *n* only child
enebolig subst. *m* detached house
eneforsørger subst. *m* single parent
enegget adj. identical
ener subst. *m* one, number one
enerett subst. *m* exclusive rights, all rights
energi subst. *m* energy
  fornybar energi renewable energy
energibesparende adj. energy-saving
energikilde subst. *m* energy source
energisk adj. **1** energetic, vital
  2 *(som adverb)* energetically, profusely • *han protesterte energisk* he protested profusely
energitilgang subst. *m* energy accessibility
enerom subst. *n* single room, private room
enerådig adj. independent
eneste adj. **1** *(forsterkende)* each, every single • *hver eneste dag* every single day
  2 *(bare en)* one, only • *du er mitt eneste håp* you are my only hope
  3 *(som subst.: den/det eneste)* only one
  • *han er den eneste jeg vil ha* he is the only one I want
enestående adj. exceptional
enevelde subst. *n* dictatorship
enfoldig adj. simple, naive
eng subst. *m/f* meadow, field
engang adverb even
engangs adj. disposable
engasjement subst. *n*
  1 *(interesse)* commitment, interest
  2 *(kontraktansettelse)* engagement
engasjere verb engage
  engasjere seg i get involved in

engasjert adj. **1** *(tent)* enthusiastic, passionate
2 *(opptatt)* engaged, busy
engel subst. *m* angel
engelsk[1] subst. *m* English
på engelsk in English
engelsk[2] adj. English
engelskmann subst. *m* Englishman
engelskspråklig adj. English-speaking, English *(om avis e.l.)*
engelsktalende adj. English-speaking
engelsktime subst. *m* English lesson
England stedsnavn England
en gros adverb wholesale
engstelig adj. anxious
engstelse subst. *m* anxiety
engste seg verb worry
enhet subst. *m/f* **1** *(selvstendig del)* unit
2 *(sammenheng)* unity
3 *(IT)* device
enhver determinativ (enhver, ethvert)
1 *(hver enkelt)* everybody, every
2 *(hvem/hvilken som helst)* anybody, any
enig adj. agreed, in agreement
være enig om agree on, agree that
enighet subst. *m/f* **1** agreement, consensus
2 *(samhold)* unity, unanimity
enke subst. *m/f* widow
enkel adj. **1** simple
2 *(som adverb)* simply, plainly, easily
• *han nektet ganske enkelt å gjøre det* he quite simply refused to do it
enkelhet subst. *m/f* plainness, simplicity
enkelt adj. **1** single, individual
2 *(noen få)* some, a few
enkeltbillett subst. *m* single ticket
enkelthet subst. *m/f* detail
enkeltrom subst. *n* single room
enkeltvis adverb individually, separately
enkemann subst. *m* widower
enn[1] adverb still
enn om what if, suppose
enn[2] konjunksjon **1** *(sammenligning)* than, but • *she is taller than her brother*
2 *(spørrende)* and, how about, what about • *takk, jeg har det bra. Enn du?* I am fine, thank you. How about you?
ennå adverb still, yet • *han har ikke kommet ennå* he has still not arrived
enorm adj. **1** enormous, huge
2 *(som adverb: enormt)* enormously, hugely • *she was enormously happy*

ens adj. **1** *(lik)* alike, the same
2 *(enig)* agreed
ensartet adj. uniform
ense verb notice
ensfarget adj. plain, of one colour
ensformig adj. monotonous
ensidig adj. one-sided
enslig adj. solitary, single
ensom adj. lonely
ensomhet subst. *m/f* loneliness, solitude
entall subst. *n* singular
enten konjunksjon **1** *(enten – eller)* either • *det var enten Anne eller Peter* it was either Anne or Peter
2 *(innrømmelse)* whether
• *jeg drar enten du liker det eller ikke* I am going whether you like it or not
entré subst. *m* **1** *(ankomst)* entrance
2 *(inngangspenger)* admission fee
3 *(rom)* hall, vestibule
entreprenør subst. *m* contractor
entusiasme subst. *m* enthusiasm
entusiast subst. *m* enthusiast
entusiastisk adj. enthusiastic
entydig adj. unambiguous
enumettet adj. monounsaturated
enveis adj. one-way
enveiskjøring subst. *m/f* one-way traffic, one-way street
epidemi subst. *m* epidemic
epidural adj. epidural
epilepsi subst. *m* epilepsy
epilog subst. *m* epilogue
episk adj. epic
episode subst. *m* episode, incident
eple subst. *n* apple
eplemos subst. *m* apple sauce
epleskrott subst. *m* apple core
epoke subst. *m* era, epoch
e-post subst. *m* e-mail
e-postadresse subst. *m* e-mail address
er verb *presens av* ▶**være**
ereksjon subst. *m* erection
eremitt subst. *m* hermit, recluse
erfare verb **1** experience
2 *(få vite)* learn
erfaren adj. experienced
erfaring subst. *m/f* experience
ergerlig adj. **1** *(irriterende)* annoying, irritating
2 *(irritert)* annoyed, irritated
ergo adverb ergo, therefore, hence
ergre verb annoy, irritate

ergrelse subst. *m* annoyance, irritation

erindre verb remember, recall

erindring subst. *m/f* memory, recollection

erkefiende subst. *m* archenemy

erkjenne verb 1 *(innrømme)* acknowledge, admit
2 *(filosofi)* realize, perceive

erkjennelse subst. *m* 1 *(innrømmelse)* acknowledgement, admission
2 *(filosofi)* knowledge, realization

erklære verb declare, state

erklæring subst. *m/f* declaration, statement

erklært adj. declared

erme subst. *n* sleeve

ernære verb support, maintain

ernæring subst. *m/f* nutrition

erobre verb conquer

erobrer subst. *m* conqueror

erobring subst. *m/f* conquest

erotikk subst. *m* eroticism

erotisk adj. erotic, sexual

erstatning subst. *m/f*
1 *(kompensasjon)* compensation
2 *(surrogat)* substitute, replacement

erstatningskrav subst. *n* claim for compensation/damages

erstatningsplikt subst. *m/f* *(økonomi, jus)* liability

erstatte verb 1 *(oppveie)* replace
2 *(godtgjøre)* compensate for, make up for

ert subst. *m/f* pea

erte verb tease, fun at
erte for/med tease about

erverve verb acquire

ervervelse subst. *m* acquisition

ese verb rise, swell

esel subst. *n* donkey, ass

eskalere verb escalate

eske subst. *m/f* box

eskimo subst. *m* Inuit, Eskimo

eskorte subst. *m* escort

eskortere verb escort

ess subst. *n* 1 *(kortspill)* ace
2 *(ener)* ace, expert, champion

essay subst. *n* essay

essens subst. *m* essence

estetikk subst. *m* aesthetics

estetisk adj. aesthetic

estisk adj. Estonian

Estland stedsnavn Estonia

e-stoff subst. *n* E-number

et determinativ (en/én, ei/en) *eller* **ett**
1 *(tallord)* one
2 *(ubestemt artikkel)* a, an

etablere verb establish

etablering subst. *m/f* establishment

etablert adj. established

etappe subst. *m* 1 *(del av strekning)* leg, lap, stretch
2 *(trinn)* stage

etasje subst. *m* floor, storey
første etasje ground floor, first floor *(amer.)*

etat subst. *m* department, service

etc. *(fork. for* et cetera*)* etc.

ete verb eat

ethvert determinativ *se* ▶enhver

etikett subst. *m* label

etikette subst. *m* etiquette

etikk subst. *m* ethics

Etiopia stedsnavn Ethiopia

etiopier subst. *m* Ethiopian

etiopisk adj. Ethiopian

etisk adj. ethical

etnisk adj. ethnic

etse verb corrode

etsende adj. caustic, corrosive

ett determinativ *se* ▶et

etter preposisjon 1 after
2 *(ut ifra)* from, according to • *etter hva jeg har hørt, skal huset selges* from what I hear, the house is for sale
en etter en one by one

etterape verb mimic, imitate

etterbarberingsvann subst. *n* aftershave lotion

etterforske verb investigate, inquire into

etterforsker subst. *m* investigator

etterforskning subst. *m/f* investigation

etterfølge verb follow, succeed

etterfølger subst. *m* successor

ettergi verb waive, remit *(om straff)*

etter hvert adverb gradually, little by little

etterkomme verb comply with, fulfil *(om et ønske)*

etterkommer subst. *m*
1 *(slekt)* descendant
2 *(etterfølger)* successor

etterkrigstid subst. *m/f* post-war period

etterlate verb leave, leave behind

etterlatt subst. *(pårørende)* surviving relative

etterlengtet adj. long-awaited, long-desired

a b c d e f g h i j k l m n o p q r s t u v w x y z æ ø å

etterligne verb imitate, copy, impersonate
etterligning subst. *m/f* imitation, copy
etterlyse verb search for, ask for
etterlysning subst. *m/f* wanted notice
ettermiddag subst. *m* afternoon
 i ettermiddag this afternoon
 om ettermiddagen in the afternoon
etternavn subst. *n* surname, family name, last name
etternøler subst. *m* latecomer, straggler
etterprøvbar adj. verifiable
etterprøve verb check, verify
etterpå adverb afterwards, later
etterpåklokskap subst. *m* hindsight
etterretning subst. *m/f*
 1 *(opplysning)* information, news
 2 *(hemmelig opplysning)* intelligence
etterretningstjeneste subst. *m* intelligence service
ettersmak subst. *m* aftertaste
ettersom konjunksjon because, since, as
etterspill subst. *n* **1** *(ubehagelig fortsettelse)* consequences, result
 2 *(i skuespill)* epilogue
 3 *(musikk)* postlude
etterspurt adj. in demand
etterspørsel subst. *m* demand
ettersøke verb search for, seek
ettertanke subst. *m* reflection
ettertenksom adj. thoughtful
ettertraktet adj. popular, sought-after
ettertrykk subst. *n* emphasis, stress
ettervirkning subst. *m/f* after-effect, reaction
etui subst. *n* case
EU *(fork. for* Den europeiske union*)* the EU
euro subst. *m (valuta)* euro
Europa stedsnavn Europe

europamester subst. *m* European Champion
europamesterskap subst. *n* European Championship
Europaparlamentet subst. *n* the European Parliament
Europarådet egennavn the European Council
europeer subst. *m* European
europeisk adj. European
Den **europeiske union** egennavn the European Union, EU
evakuere verb evacuate
evakuering subst. *m/f* evacuation
evaluere verb evaluate
evaluering subst. *m/f* evaluation
evangelisk adj. evangelical
evangelium subst. *n* gospel
eventualitet subst. *m* eventuality, possibility
eventuell adj. possible
eventuelt adverb possibly, perhaps
eventyr subst. *n* **1** fairy tale
 2 *(opplevelse)* adventure
eventyrer subst. *m* adventurer
eventyrland subst. *n* fairyland, wonderland
eventyrlyst subst. *m/f* adventurousness
eventyrlysten adj. adventurous
evig adj. eternal
evighet subst. *m* eternity
 i all evighet forever, for all eternity
evigvarende adj. everlasting
evne subst. *m/f* ability, talent, gift
evolusjon subst. *m* evolution
evolusjonsteori subst. *m* theory of evolution
EØS *(fork. for* Det europeiske økonomiske samarbeidsområdet*)* the EEA (the European Economic Area)

f

fabel subst. *m* fable
fabelaktig adj. fabulous, fantastic
fable verb **1** *(fantasere)* daydream, fantasize
 2 *(prate over seg)* rave, talk nonsense
fabrikant subst. *m* manufacturer
fabrikasjon subst. *m* manufacture
fabrikat subst. *n* manufacture, product

fabrikk subst. *m* factory
fabrikkarbeider subst. *m* factory worker
fabrikkere verb **1** *(lage)* manufacture, make
 2 *(dikte opp)* fabricate, cook up
fadder subst. *m* godparent
faderlig adj. fatherly
fadervår subst. *n* the Lord's Prayer

fadese subst. *m* blunder
faen subst. *m (bannord)* shit, bloody hell
faenskap subst. *n* devilry, devilment
fag subst. *n* **1** *(på skole)* subject **2** *(yrkesgren)* trade, profession
fagarbeider subst. *m* **1** *(arbeider med fagbrev)* skilled worker **2** *(håndverker)* artisan, craftsman
fagbrev subst. *n* certificate of completed apprenticeship
fagfolk subst. *flt.* experts, skilled workers
fagforening subst. *m/f* trade union, labor union *(amer.)*
faglig adj. professional, technical, academic
faglitteratur subst. *m* scientific literature
faglærer subst. *m* subject teacher
faglært adj. skilled, trained
fagområde subst. *n* subject area, field
fagorganisert adj. organized
fagskole subst. *m* vocational school
fagutdannelse subst. *m* vocational training
fahrenheit subst. *m* Fahrenheit
fajitas subst. *flt.* fajitas
fakke verb catch, capture
fakkel subst. *m* torch
fakkeltog subst. *n* torchlight procession
fakta subst. *flt. se* ▶faktum
faktisk[1] adj. actual, real, factual
faktisk[2] adverb actually, in fact
faktor subst. *m* factor
faktum subst. *n* (flertall: fakta) fact
faktura subst. *m* invoice, bill
fakturere verb invoice, bill
fakultet subst. *n* faculty
falk subst. *m* falcon
fall subst. *n* **1** *(det å falle)* fall **2** *(i håret)* wave **3** *(plutselig nedgang)* drop **i alle fall** in any case, anyhow **i så fall** then, in that case
falle verb fall
falleferdig adj. tumbledown
fallgruve subst. *m/f* pitfall
fallitt[1] subst. *m* bankruptcy, failure
fallitt[2] adj. bankrupt
fallskjerm subst. *m* parachute
fallskjermhopper subst. *m* parachutist
fallskjermjeger subst. *m* paratrooper
falme verb fade

falsk adj. **1** false **2** *(forfalsket)* counterfeit, forged
falskhet subst. *m/f* falseness
falt verb *se* ▶falle
familie subst. *m* family
familieforsørger subst. *m* provider
familiegjenforening subst. *m/f* family reunion
familiær adj. familiar
famle verb grope, fumble
fan subst. *m* fan, supporter
fanatiker subst. *m* fanatic
fanatisk adj. fanatic
fanden subst. *m* the Devil, Satan
fandenivoldsk adj. reckless
fane subst. *m/f* banner, standard
fanfare subst. *m* fanfare
fang subst. *n* lap, knee
fange[1] subst. *m* **1** captive **2** *(i fengsel)* prisoner
fange[2] verb catch, capture
fangeleir subst. *m* prison camp
fangenskap subst. *n* captivity, imprisonment
fangevokter subst. *m* prison guard
fangst subst. *m* bag, catch, take
fanklubb subst. *m* fan club
fant verb *se* ▶finne[2]
fantasere verb dream, daydream
fantasi subst. *m* **1** *(forestillingsevne)* imagination **2** *(drøm)* fantasy, figment
fantasifull adj. imaginative
fantasiløs adj. unimaginative
fantastisk adj. **1** fantastic, fabulous **2** *(som adverb: utrolig)* fantastically, amazingly • *den nye læreren er fantastisk flink* the new teacher is amazingly gifted
far subst. *m* father
farao subst. *m* pharaoh
fare[1] subst. *m* danger
fare[2] verb **1** *(reise)* go, travel **2** *(bevege seg fort)* rush, dash
faresignal subst. *n* danger signal
faresone subst. *m/f* danger zone
faretruende adj. perilous
farfar subst. *m* grandfather
farge[1] subst. *m* **1** colour **2** *(fargestoff)* dye **3** *(i kortspill)* suit
farge[2] verb colour **farge av** rub off, come off
fargeblind adj. colour-blind

fargeblyant subst. *m* crayon
fargehandel subst. *m* paint shop
fargelegge verb colour
fargerik adj. colourful
fargeskrin subst. *n* paintbox
farget adj. **1** *(om person)* black
  2 *(om tøy, hår)* dyed
  3 *(påvirket)* coloured • his statement
  was coloured by old-fashioned
  attitudes
farin subst. *m/n* granulated sugar
farkost subst. *m* vessel, craft
farlig adj. dangerous
farmasi subst. *m* pharmaceutics
farmasøyt subst. *m* pharmacist
farmor subst. *m/f* grandmother
farsdag subst. *m* Father's Day
farse subst. *m* **1** *(mat)* minced meat
  2 *(komedie)* farce
farskap subst. *n* fatherhood, paternity
farsott subst. *m/f* epidemic
fart subst. *m/f* speed
farte verb travel, go
fartsbot subst. *m/f* speeding ticket
fartsdemper subst. *m* speed bump
fartsgrense subst. *m/f* speed limit
fartøy subst. *n* vessel, boat
farvann subst. *n* waters
farvel interjeksjon goodbye, farewell
fasade subst. *m* front, facade
fasan subst. *m* pheasant
fascinere verb fascinate
fascinerende adj. fascinating
fascisme subst. *m* fascism
fascist subst. *m* fascist
fascistisk adj. fascist
fase subst. *m* phase
fasit subst. *m* solution, answer
fasong subst. *m* shape
fast adj. **1** *(permanent)* permanent
  2 *(kompakt)* solid, compact
  3 *(kraftig)* firm, steady
  4 *(regelmessig)* regular, set
fastboende adj. resident
faste[1] subst. *m/f* fast
faste[2] verb fast
fastelavn subst. *m* Shrovetide
fastetid subst. *m/f* Lent
fastholde verb **1** *(holde fast)* hold on to
  2 *(stå ved noe)* maintain
fastland subst. *n* mainland
fastlege subst. *m* general practitioner
fastlåst adj. deadlocked
fastsette verb set, fix, determine

fastslå verb establish
fat subst. *n* **1** dish, plate
  2 *(tønne)* barrel
fatal adj. calamitous
fatle subst. *m* sling
fatning subst. *m/f* composure
fatt adverb *bare i uttrykk*
  få fatt i get hold of, catch hold of
  ta fatt på get down to, get started on
fatter subst. *m (slang, far)* the old man,
  pop
fattet adj. composed, calm
fattig adj. poor
fattigdom subst. *m* poverty
fattigslig adj. beggarly, poor
favn subst. *m* **1** embrace, arms
  2 *(måleenhet)* fathom
favne verb **1** *(omfavne)* embrace
  2 *(omfatte)* cover
favorisere verb favour
favoritt subst. *m* **1** favourite
  2 *(IT)* bookmark
favør subst. *m* favour
fe[1] subst. *m (i eventyr)* fairy
fe[2] subst. *n (husdyr)* livestock
feber subst. *m* fever
febrilsk adj. feverish
februar subst. *m* February
fedme subst. *m* obesity
fedreland subst. *n* native country
feide subst. *m* feud
feie verb sweep
feiebrett subst. *n* dustpan
feiekost subst. *m* broom
feier subst. *m* chimney sweeper
feig adj. cowardly
feige verb *(hverdagslig) bare i uttrykk*
  feige ut chicken out
feighet subst. *m/f* cowardice
feiging subst. *m* coward
feil[1] subst. *m* **1** *(gal handling)* mistake
  2 *(mangel)* fault, flaw
  gjøre en feil make a mistake
feil[2] adj. wrong
  ta feil be wrong, be mistaken
feilaktig adj. wrong, mistaken
feilberegne verb miscalculate
feile verb **1** *(mislykkes)* fail
  2 *(gjøre feil)* err, make mistakes
  3 *(være i veien med)* be wrong with
  • *hva feiler det ham?* what is wrong
  with him?
feilernæring subst. *m/f* malnutrition
feilfri adj. flawless

feilgrep subst. *n* mistake, error
feilmelding subst. *m/f (IT)*
  error message
feiltagelse subst. *m* mistake
feiltolke verb misinterpret
feiltrinn subst. *n* slip
feire verb celebrate
feiring subst. *m/f* celebration
feit adj. **1** *(tykk)* fat
  2 *(om mat)* fatty, greasy
f.eks. *(fork. for* for eksempel*)* e.g.,
  for example, for instance
fekte verb **1** fence
  2 *(slå i luften)* wave
fektekunst subst. *m* swordsmanship
fele subst. *m/f* fiddle
felg subst. *m* rim
felle[1] subst. *m/f* trap
felle[2] verb **1** *(om trær)* fell, cut down
  2 *(drepe dyr)* kill, bring down
  3 *(om tårer)* shed
felles[1] subst. *bare i uttrykk*
  til felles in common
felles[2] adj. mutual, common
fellesgode subst. *n* common good
fellesmarked subst. *n* common market
fellesnavn subst. *n* common noun
fellesnevner subst. *m (i matematikk)*
  common denominator
fellesskap subst. *n* community,
  fellowship
felt[1] subst. *m (militært)* field
felt[2] subst. *n* **1** *(område)* area
  2 *(fagområde)* field
feltseng subst. *m/f* camp bed, cot
feltsykehus subst. *n* field hospital
felttog subst. *n* campaign
fem determinativ five
feminin adj. feminine
feminisme subst. *m* feminism
feminist subst. *m* feminist
feministisk adj. feminist
femte adj. the fifth
femten determinativ fifteen
femti determinativ fifty
fenge verb *(begeistre)* excite
fengende adj. catchy
fengsel subst. *n* prison, jail
fengselsbetjent subst. *m* prison guard
fengselsstraff subst. *m* sentence of
  imprisonment
fengsle verb **1** *(sette i fengsel)* imprison
  2 *(vekke interesse)* capture, fascinate
fengslende adj. captivating

fenomen subst. *n* phenomenon
  (i flertall: phenomena*)*
fenomenal adj. phenomenal
ferd subst. *m/f* journey, voyage *(til sjøs)*
ferdes verb **1** *(reise)* travel
  2 *(bevege seg)* move, roam
ferdig adj. **1** *(klar)* ready
  2 *(avsluttet)* finished
  3 *(utslitt)* exhausted, worn out
ferdighet subst. *m/f* skill
ferdigmat subst. *m* ready-made food
ferdsel subst. *m/f* traffic
ferge subst. *m/f* ferry, ferry boat
ferie subst. *m* holiday(s),
  vacation *(amer.)*
feriere verb be on holiday,
  be on vacation *(amer.)*
fersk adj. fresh
fersken subst. *m* peach
ferskvann subst. *n* freshwater
ferskvare subst. *m/f* fresh produce
fest subst. *m* party
feste[1] subst. *n* hold, grip
feste[2] verb *(sette fast)* fasten, fix, attach
feste[3] verb party
festival subst. *m* festival
festlig adj. festive, cheerful
festlighet subst. *m/f* festivity,
  celebration
festning subst. *m/f* fortress, fort
fet adj. **1** *(tykk)* fat
  2 *(om mat)* fatty, greasy
fete verb fatten
fetende adj. fattening
fett subst. *n* fat
fetter subst. *m* cousin
fettete adj. fatty, greasy
fettsyre subst. *m/f* fatty acid
fiasko subst. *m* failure, flop, fiasco
fiber subst. *m* fibre
fiende subst. *m* enemy
fiendskap subst. *m/n* hostility, enmity
fiendtlig adj. hostile
fiendtlighet subst. *m/f* hostility
fiffig adj. clever
figur subst. *m* figure
fiken subst. *m* fig
fikk verb *se* ►**få**[1]
fikse verb fix
fiksere verb **1** *(låse i en stilling)* fixate
  2 *(fastsette)* fix, set
fil[1] subst. *m/f (verktøy)* file
fil[2] subst. *m* **1** *(kjørefelt)* lane
  2 *(IT)* file

file verb file
filet subst. *m (kjøtt)* fillet
filial subst. *m* branch
Filippinene stedsnavn the Philippines
fille subst. *m/f* rag
fillerye subst. *m/f* rag rug
fillete adj. ragged
film subst. *m* film, movie
filmatisere verb film, make a film of
filme verb film
filmopptak subst. *n* film recording, shoot
filmregissør subst. *m* film director
filmstjerne subst. *m/f* film star, movie star
filologi subst. *m* philology
filosof subst. *m* philosopher
filosofere verb philosophize
filosofi subst. *m* philosophy
filosofisk adj. philosophical
filt subst. *m* felt
filter subst. *n* filter
filterkaffe subst. *m* filtered coffee
filtrere verb filter
fin adj. **1** *(bra)* fine, good
  2 *(pen)* nice, good-looking
finale subst. *m* **1** *(sport)* final, finals
  2 *(musikk)* finale
finalist subst. *m* finalist
finans subst. *m* finance
finansiere verb finance
finanskrise subst. *m* financial crisis
finansminister subst. *m* Minister of Finance, Chancellor of the Exchequer *(i Storbritannia)*, Secretary of the Treasury *(i USA)*
finer subst. *m* veneer, plywood *(kryssfiner)*
finger subst. *m* finger
fingeravtrykk subst. *n* fingerprint
fingerbøl subst. *n* thimble
fingerferdighet subst. *m/f* dexterity
fingernem adj. nimble-fingered, dexterous
fingre verb finger
finkjemme verb comb, search thoroughly
finlandshette subst. *m/f* balaclava
finne[1] subst. *m (på fisk)* fin
finne[2] verb find
  finne opp invent
  finne på come up with
  finne sted take place
finnerlønn subst. *m/f* reward

finpuss subst. *m* final touch
finpusse verb polish
finsk adj. Finnish
finte[1] subst. *m/f* feint
finte[2] verb *(lure)* trick, feint
fiol subst. *m* violet
fiolett adj. violet
fiolin subst. *m* violin
fiolinist subst. *m* violinist
firbent adj. four-legged
fire[1] verb **1** *(senke)* lower
  2 *(gi etter)* yield
fire[2] determinativ four
firehjulstrekk subst. *n* four-wheel drive
Firenze stedsnavn Florence
firfisle subst. *m/f* lizard
firkant subst. *m* square *(kvadrat)*, rectangle *(rektangel)*
firkantet adj. **1** four-sided
  2 *(om person)* inflexible, rigid
firkløver subst. *m/n* four-leaf clover
firma subst. *n* firm, company
fis subst. *m* fart, wind
fise verb fart, break wind
fisjon subst. *m* fission
fisk subst. *m* **1** fish
  2 *(stjernetegn: Fiskene)* Pisces
fiske[1] subst. *n* fishing
fiske[2] verb fish
fiskeben subst. *n* **1** *(i fisk)* fishbone
  2 *(stil på ski)* herringbone
fiskebolle subst. *m* fish ball
fiskegarn subst. *n* fishing net
fiskehandler subst. *m* fishmonger
fiskekake subst. *m/f* fish cake
fiskekrok subst. *m* fish hook
fiskeoppdrett subst. *n* fish farming
fiskepudding subst. *m* fish pudding
fisker subst. *m* fisherman
fiskeri subst. *n* fishery
fiskeriminister subst. *m* Minister of Fisheries
fiskesnøre subst. *n* fishing line
fiskestang subst. *m/f* fishing rod
fiskestim subst. *m* shoal of fish
fiskevær subst. *n* fishing village
fjas subst. *n* nonsense, rubbish
fjase verb fool about, fool around
fjel subst. *m/f* board
fjell subst. *n* **1** mountain
  2 *(berggrunn)* rock
fjellkjede subst. *m* mountain range
fjellklatrer subst. *m* mountaineer
fjellklatring subst. *m/f* mountaineering

fjellrev subst. *m* Arctic fox
fjellskrent subst. *m* cliff
fjelltopp subst. *m* mountain top
fjelltur subst. *m* hike (in the mountains)
fjerde adj. fourth
fjern adj. distant
 i det fjerne far away, at a distance
fjerne verb remove, get rid of
fjernkontroll subst. *m* remote control
fjernstyrt adj. remote-controlled
fjernvarme subst. *m* district heating
fjes subst. *n* face
fjollete adj. silly
fjols subst. *n* idiot, fool
fjord subst. *m* fjord
fjorten determinativ fourteen
fjær subst. *m/f* 1 *(på fugl)* feather
 2 *(av stål)* spring
fjære subst. *m/f* 1 *(lavvann)* ebb-tide
 2 *(strandkant)* seashore, beach
fjærfe subst. *n* poultry
fjøl subst. *m/f* board
fjøs subst. *m/n* cowshed, barn
f.Kr. *(fork. for* før Kristi fødsel*)* BC
flagg subst. *n* flag
flagge verb fly the flag
flaggermus subst. *m/f* bat
flaggstang subst. *m/f* flagpole
flagre verb flap, flutter
flak subst. *n* 1 flake
 2 *(om is)* floe
flakke verb 1 *(streife)* flit, roam
 2 *(om flamme)* flicker
 3 *(om blikk)* wander
flaks subst. *m (hell)* luck, fortune
 ha flaks be lucky
flakse verb flap, flutter
flamme¹ subst. *m* flame
flamme² verb flame, blaze
flaske subst. *m/f* bottle
flaskehals subst. *m* bottleneck
flass subst. *n* dandruff
flasse verb 1 *(i håret)* have dandruff
 2 *(miste hud)* peel
 3 *(skalle av)* flake, flake off
flat adj. flat
flate subst. *m/f*
 1 *(flatt område)* flat, plain
 2 *(nivå)* level
 3 *(overflate)* surface, top
flateinnhold subst. *n* area
flatskjerm subst. *m* flat screen
flau adj. 1 embarrassed
 2 *(om vind)* light

flause subst. *m* blunder, bungle
fleip subst. *n* joke, wisecrack
fleipe verb kid, joke
flekk subst. *m* spot, stain
flekkete adj. spotted, stained
fleksibel adj. flexible
fleksibilitet subst. *m* flexibility
fleksitid subst. *m/f* flexitime
fleng subst. *bare i uttrykk*
 i fleng 1 *(massevis)* galore, plenty of
 2 *(i tilfeldig)* at random
flenge¹ subst. *m/f (flerre)* tear
flenge² verb *(rive)* tear
flere adj. 1 *(mer av noe)* more
 2 *(mange)* several, a number of
 flere enn more than
flerkoneri subst. *n* polygyny
flerkulturell adj. multicultural
flerre¹ subst. *m/f (flenge)* tear
flerre² verb *(rive)* tear
flerspråklig adj. multilingual
flertall subst. *n* 1 majority
 2 *(grammatikk)* plural
flertydig adj. ambiguous
flerumettet adj. polyunsaturated
flesk subst. *n* 1 *(fettlag)* fat
 2 *(svinekjøtt)* pork
flest adj. most
flesteparten subst. *m* most people
flette¹ subst. *m/f* plait, braid *(amer.)*
flette² verb 1 plait, braid *(amer.)*
 2 *(IT)* merge
 flette noe sammen intertwine
flid subst. *m* diligence
flik subst. *m* 1 *(liten bit)* piece
 2 *(tøy-, papirstykke)* flap, corner
flikk subst. *m* patch
flikke verb 1 *(reparere)* mend
 2 *(finpusse)* touch up, polish
flimmer subst. *n* 1 *(om lys)* flicker
 2 *(uregelmessig hjerterytme)* flutter
flimre verb flicker
flink adj. good, clever
flint subst. *m* flint
flippe verb flip one's lid, flip
flir subst. *m/n* grin
flire verb grin
flis subst. *m/f* 1 *(av stein)* tile
 2 *(av tre)* chip, splinter
flisespikkeri subst. *n* hair-splitting, quibbling
flittig adj. hard-working, industrious
flo subst. *m/f (høyvann)* high tide
 flo og fjære ebb and flow

flod subst. *m/f* **1** *(stor elv)* river
   2 *(strøm, flom)* flood, torrent
flodbølge subst. *m/f* tidal wave, flood wave
flodhest subst. *m* hippopotamus, hippo *(hverdagslig)*
floke subst. *m* tangle
flokete adj. tangled, messy
flokk subst. *m*
   1 *(mennesker)* group, crowd
   2 *(kveg, store dyr)* herd
   3 *(sauer, geiter)* flock
   4 *(hunder, ulver)* pack
   5 *(fugler)* flock, flight *(i luften)*
flom subst. *m* flood, flooding, overflow
flomlys subst. *n* floodlight
flomme verb flood, flow
   flomme over overflow, run over
flopp subst. *m* flop, failure
flora subst. *m* flora
florere verb flourish
floskel subst. *m* empty phrase
flosshatt subst. *m* top hat, silk hat
flott adj. **1** *(bra)* great
   2 *(elegant, fin)* elegant, dashing
   3 *(luksuriøs)* generous, extravagant
flue subst. *m/f* fly
fluesopp subst. *m* amanita
flukt subst. *m/f* escape
   være på flukt be on the run
fluktstol subst. *m* deck chair
fluor subst. *m/n* **1** *(grunnstoff)* fluorine
   2 *(for tenner)* fluoride
flust adverb plentiful, abundant
fly[1] subst. *n* plane, aeroplane, airplane
fly[2] verb fly
flybillett subst. *m* plane ticket
flydd verb *se* ▸fly[2]
flygeblad subst. *n* leaflet, pamphlet
flygel subst. *n* grand piano
flyger subst. *m* pilot
flyging subst. *m/f* flying, aviation
flykaprer subst. *m* hijacker
flykte verb escape, flee, run away
flyktig adj. **1** *(kortvarig)* fleeting
   2 *(ustabil)* fickle
flyktning subst. *m* refugee, fugitive
flyktningemottak subst. *n* reception centre for refugees
flyktningleir subst. *m* refugee camp
flymodus subst. *m* flight mode
flyndre subst. *m/f* flounder
flyplass subst. *m* airport
flyselskap subst. *n* airline

flystyrt subst. *m* plane crash
flyte verb **1** *(strømme)* flow, run
   2 *(ikke synke)* float
flytende adj. **1** *(som flyter)* floating
   2 *(i væskeform)* liquid
   3 *(om språk)* fluent
flytt verb *se* ▸flyte
flyttbar adj. portable, movable
flytte verb move, remove
flyttebil subst. *m* removal van
flyttefot subst. *bare i uttrykk*
   på flyttefot on the move
flytur subst. *m* flight
flyvert subst. *m* flight attendant
flyvertinne subst. *m/f* flight attendant
flørt subst. *m* flirt
flørte verb flirt
fløt verb *se* ▸flyte
fløte[1] subst. *m* cream
fløte[2] verb *(drive tømmer)* float, raft
fløy[1] subst. *m/f* wing
fløy[2] verb *se* ▸fly[2]
fløyel subst. *m/n* velvet
fløyte[1] subst. *m/f* flute, whistle *(varsel)*
fløyte[2] verb whistle
flå verb skin, flay
flåte subst. *m* **1** raft
   2 *(samling av fartøyer)* fleet
flått subst. *m* tick
FN *(fork. for* De forente nasjoner*)*
   the UN, the United Nations
fnise verb giggle, snigger, chuckle
fnisete adj. giggly
fnugg subst. *n* **1** *(partikkel)* speck, grain
   2 *(grann)* bit, thing
fnyse verb snort
fokus subst. *n* focus
fokusere verb focus
fold subst. *m* pleat, crease, fold
folde verb *(brette)* fold
fole subst. *m* foal
folie subst. *m* foil
folk subst. *n* **1** *(nasjon)* nation, people
   2 *(mennesker)* people, persons
folkeavstemning subst. *m/f*
   popular vote, referendum
folkedans subst. *m* folk dance
folkedrakt subst. *m/f* national costume
folkegruppe subst. *m/f* ethnic group, people
folkelig adj. **1** popular
   2 *(jordnær)* down-to-earth
folkemengde subst. *m* crowd of people
folkemusikk subst. *m* folk music

folkeregister subst. *n* national register
folkerik adj. populous
folkeskikk subst. *m* manners
folkeslag subst. *n* nation, people
folketom adj. deserted, empty
folketrygd subst. *m/f* national
insurance, social security *(amer.)*
folkevalgt adj. elected by the people,
elected by popular vote
folkevandring subst. *m/f* migration
folkevise subst. *m/f* folk song, ballad
folksom adj. crowded, thronged
fomle verb fumble
fond subst. *n* fund
fonetikk subst. *m* phonetics
fonn subst. *m/f* snowdrift
font subst. *m* font
fontene subst. *m* fountain
for[1] preposisjon **1** for, to
2 *(som adverb: altfor)* too • *filmen var
for lang* the film was too long
for[2] konjunksjon *(årsak)* because, for
fôr[1] subst. *n (til dyr)* fodder, forage
fôr[2] subst. *n (i klær)* lining
forakt subst. *m* contempt, disdain
forakte verb despise, detest
foran[1] adverb **1** *(fremfor)* ahead of
• *han kjørte inn i bilen foran* he drove
into the car ahead of him
2 *(fremme)* in the front (of), at the
beginning (of) • *han likte å sitte foran
i flyet* he liked sitting in the front of
the plane
foran[2] preposisjon **1** *(fremfor)* before,
in front of • *folk ventet foran porten*
people waited in front of the gate
2 *(fremfor i tid)* ahead of
• *vi har viktige oppgaver foran oss*
we have important tasks ahead of us
3 *(før)* before • *det var stor spenning
foran valget* there was great
excitement before the election

foranderlig adj. variable
forandre verb change, alter
forandring subst. *m/f* change
foranledning subst. *m/f* occasion
forbanne verb curse
forbannelse subst. *m* curse
forbannet adj. **1** *(sint)* furious
2 *(kraftuttrykk)* damn, cursed, bloody
forbause verb surprise, astonish
forbauselse subst. *m* surprise
forbauset adj. surprised
forbedre verb improve, better
forbedring subst. *m/f* improvement
forbehold subst. *n* reservation
forbeholde verb reserve
   forbeholde seg retten til
   reserve the right to
forben subst. *n* foreleg
forberede verb prepare
   forberede seg på prepare for
forberedelse subst. *m* preparation
forberedt adj. prepared, ready
forbi[1] adverb **1** *(ved passering)* past, by
• *hun gikk rett forbi ham* she walked
straight past him
2 *(slutt)* finished, gone, over
• *det er forbi mellom dem* it is all over
between them
forbi[2] preposisjon **1** *(ved passering)*
past, by • *han red forbi bondegården*
he rode past the farm
2 *(bortenfor)* beyond, past
• *huset ligger 50 meter forbi låven*
the house is 50 metres past the barn
forbifart subst. *m bare i uttrykk*
   i forbifarten in passing
forbigå verb pass over
forbigående adj. temporary, passing
forbikjøring subst. *m/f* overtaking
forbilde subst. *n* ideal, model
forbinde verb **1** connect, combine
2 *(bandasjere)* bandage

forbindelse subst. *m* **1** connection, contact
2 *(kjemi, stoff)* compound
forbipasserende adj. **1** passing
2 *(som subst.: passerende person)* passer-by
forbli verb remain, stay
forbløffe verb amaze, bewilder, astound
forbløffelse subst. *m/f* bewilderment
forbløffende adj. amazing, astounding
forbløffet adj. amazed, astounded
forbokstav subst. *m* initial
forbrenne verb burn
forbrenning subst. *m/f*
1 *(kjemi)* combustion
2 *(kroppsfunksjon)* metabolism
3 *(brannskade)* burn
forbruk subst. *n* consumption
forbruke verb consume, use
forbruker subst. *m* consumer
forbrytelse subst. *m* crime, felony
forbryter subst. *m* criminal, offender
forbud subst. *n* ban, prohibition
forbudt adj. forbidden, prohibited
• it is against the law
forbund subst. *n* **1** *(forening)* association
2 *(samarbeidsavtale)* federation, league, confederation
forbundsfelle subst. *m* ally, support
forby verb forbid, prohibit, ban
fordampe verb evaporate
fordel subst. *m* advantage, benefit
fordelaktig adj. advantageous
fordele verb distribute, divide
fordeling subst. *m/f* distribution
fordervet adj. depraved, corrupt
fordi konjunksjon because
fordoble verb double
fordom subst. *m* prejudice, bias
fordomsfri adj. unbiased, unprejudiced
fordomsfull adj. biased, prejudiced
fordra verb bear, endure, stand
fordre verb claim, demand
fordreie verb twist
fordring subst. *m/f* claim
fordrive verb drive away, expel
fordrukken adj. drunken
fordufte verb evaporate, disappear
fordype verb deepen
  fordype seg immerse oneself
fordypning subst. *m/f*
1 *(søkk)* depression, dent

2 *(stor innsikt)* deeper understanding, depth
fordømme verb condemn, damn
fordøye verb digest
fordøyelse subst. *m* digestion
fôre verb *(mate)* feed, supply
forebygge verb prevent
foredle verb **1** *(forbedre)* improve, perfect
2 *(bearbeide)* refine, process *(om mat)*
foredrag subst. *n* lecture, talk
foredragsholder subst. *m* lecturer, speaker
foregripe verb forestall, anticipate
foregå verb take place, happen
foregående adj. preceding, previous
forekomme verb **1** *(hende)* occur, happen
2 *(finnes)* exist, be found
forekomst subst. *m* existence, occurrence
forelder subst. *m* parent
foreldet adj. out-dated
foreldreløs adj. orphaned
foreldremøte subst. *n* parents' meeting
forelegg subst. *n (bot)* fine, ticket
forelegge verb submit, place before
forelese verb lecture, speak
foreleser subst. *m* lecturer
forelesning subst. *m* lecture
foreligge verb exist, be
forelskelse subst. *m* love, crush
forelske seg verb fall in love
forelsket adj. in love
foreløpig adj. **1** preliminary, temporary
2 *(som adverb: inntil videre)* for the time being • *foreløpig er det nok* it is enough, for the time being
forene verb **1** *(slå sammen)* unite, join
2 *(kombinere)* combine
forening subst. *m/f* **1** *(union)* union
2 *(kombinasjon)* combination
3 *(organisasjon)* organization, association
forenkle verb simplify
forenkling subst. *m/f* simplification
forenlig adj. compatible, consistent
foresatt adj. **1** with legal responsibility
2 *(som subst.: person med myndighet over noen)* guardian, caretaker
foreslå verb suggest, propose
forespørsel subst. *m* inquiry
forestille verb *(bety)* represent
  forestille seg noe imagine

forestilling subst. *m/f*
1 *(stykke)* performance
2 *(idé)* idea, notion
forestående adj. imminent, approaching
foreta verb undertake, make
foretak subst. *n* business, enterprise, firm
foretrekke verb prefer
forfall[1] subst. *n (fravær)* absence
forfall[2] subst. *n* 1 *(forverring)* decline, decay
2 *(termin)* due date, deadline
forfalle verb 1 *(bli verre)* decay, decline
2 *(skal betales)* fall due, be due
forfallen adj. in disrepair, run-down
forfalske verb forge, fake, falsify
forfalskning subst. *m/f* 1 forgery, counterfeit
2 *(noe forfalsket)* fake, forgery, counterfeit
forfatning subst. *m/f* 1 condition, state
2 *(grunnlov)* constitution
forfatte verb write, compose
forfatter subst. *m* author, writer
forfedre subst. ancestors, forefathers
forfengelig adj. vain
forfengelighet subst. *m/f* vanity
forferde verb horrify, appal, dismay
forferdelig adj. terrible, awful
forfinet adj. refined, delicate
forfjamset adj. confused, bewildered
forfjor subst. *bare i uttrykk*
i forfjor the year before last
forfra adverb
1 *(fra forsiden)* from the front
2 *(fra begynnelsen)* from the beginning
forfremme verb promote
forfremmelse subst. *m* promotion
forfriskende adj. refreshing
forfriskning subst. *m* refreshment
forfrosset adj. frozen, frostbitten
forfryse verb freeze
forfrysning subst. *m* frostbite
forfølge verb 1 *(jage)* pursue, chase
2 *(følge og plage)* persecute, victimize
forfølgelse subst. *m* pursuit, persecution
forføre verb seduce
forfører subst. *m* seducer
forgasser subst. *m* carburettor
forgifte verb poison
forgjenger subst. *m* predecessor
forgjeves adj. in vain, futile

forglemmegei subst. *m* forget-me-not
forglemmelse subst. *m* oversight
forgude verb adore, idolize
forgårs subst. *bare i uttrykk*
i forgårs the day before yesterday
forhandle verb 1 *(diskutere)* negotiate
2 *(selge)* distribute, sell
forhandler subst. *m*
1 *(av varer)* distributor, dealer
2 *(av avtale)* negotiator
forhandling subst. *m/f*
1 *(diskusjon)* negotiation
2 *(salg av varer)* distribution
forhaste seg verb be hasty
forhastet adj. hasty, rash
forhatt adj. despised, hated
forhekse verb bewitch
forheng subst. *n* curtain
forhenværende adj. former
forherlige verb glorify, extol
forhindre verb prevent, hinder
forhindring subst. *m/f*
1 *(vanskelighet)* difficulty, impediment
2 *(konkret hinder)* obstacle, hindrance
forhistorisk adj. prehistoric
forhold subst. *n* 1 relationship
2 *(omstendighet)* circumstance, condition
3 *(om størrelse)* proportion, ratio
forholde seg verb be the case
forholdsregel subst. *m* precaution, measure
forholdsvis adverb relatively
forhør subst. *n* interrogation, examination
forhøre verb 1 *(avhøre)* interrogate
2 *(forhøre seg)* inquire, find out
forhøye verb 1 *(høyne)* elevate, raise
2 *(forsterke)* enhance, heighten
forhøyelse subst. *m* rise, increase
forhøyning subst. *m/f* elevation, platform
forhånd subst. *m/f (i kortspill)* lead
på forhånd beforehand, in advance
forhåpentlig adverb hopefully
forhåpningsfull adj. hopeful
forkaste verb reject
forkastelig adj. objectionable
forkjemper subst. *m* advocate
forkjærlighet subst. *m/f* partiality
forkjølelse subst. *m* cold
forkjølet adj. *i uttrykk*
bli forkjølet catch a cold
være forkjølet have (caught) a cold

forkjøp subst. *n* advance purchase
  komme noen i forkjøpet get at
  something first
forkjørsrett subst. *m* priority,
  right of way
forklare verb explain
forklaring subst. *m/f* explanation
forkle[1] subst. *n (plagg)* apron
forkle[2] verb disguise
forkledning subst. *m* disguise
forkludre verb ruin, botch
forkorte verb shorten,
  abbreviate *(om ord)*
forkortelse subst. *m* shortening,
  abbreviation *(om ord)*
forkynne verb **1** announce, proclaim
  2 *(jus)* serve
  3 *(preke)* preach
forkynnelse subst. *m* announcement,
  preaching *(religion)*
forlag subst. *n* publisher, publishing
  house
forlange verb demand, ask for
forlate verb leave, abandon
forlatt adj. abandoned, deserted
forleden adj. the other day
forlegen adj. shy, embarrassed
forlegger subst. *m* publisher
forlenge verb lengthen, extend, prolong
forlengelse subst. *m* lengthening,
  extension
forlengs adverb forwards
forlik subst. *n* compromise, settlement
forliksråd subst. *n* conciliation board,
  conciliation court
forlis subst. *n* shipwreck
forlise verb wreck, sink
forlovede subst. *m* fiancé *(mann)*,
  fiancée *(kvinne)*
forlovelse subst. *m* engagement
forlover subst. *m* best man *(til
  brudgommen)*, principal bridesmaid
  (til bruden), maid of honor *(amer., til
  bruden)*
forlove seg verb get engaged
forlovet adj. engaged
forløp subst. *n* **1** *(utvikling)* course
  2 *(tidsperiode)* expiration, lapse
forløpe verb **1** *(gå)* pass
  2 *(utvikle)* progress, proceed
form subst. *m/f* **1** form, shape
  2 *(type)* kind, type, form
  3 *(fysisk tilstand)* form, shape
  • are you in good shape?

formalitet subst. *m* formality
formane verb admonish, exhort, urge
formann subst. *m* chairman, chairwoman
formannskap subst. *n* **1** *(del av
  kommunestyre)* executive committee
  2 *(ledelse i EU)* presidency
formasjon subst. *m* formation
format subst. *n* **1** *(størrelse)* size, format
  2 *(dataformat)* format
formatere verb *(IT)* format
forme verb form, shape
formel subst. *m* formula
formell adj. formal
formering subst. *m/f* reproduction *(dyr)*,
  propagation *(planter)*, procreation *(dyr
  og mennesker)*
formgiver subst. *m* designer
formiddag subst. *m* morning
formidle verb pass on,
  impart *(om kunnskap)*
formidling subst. *m/f*
  1 *(vare eller tjeneste)* procurement
  2 *(informasjon)* communication,
  presentation
forming subst. *m/f* moulding, shaping
forminske verb reduce, decrease
formode verb assume, presume
formodentlig adverb presumably
formue subst. *m* fortune, wealth
formuesskatt subst. *m* property tax
formular subst. *m/n* **1** *(formel)* formula
  2 *(forskrift/skjema)* form
formulere verb formulate, articulate
formulering subst. *m/f* formulation,
  wording
formørke verb darken
formørkelse subst. *m* darkening,
  eclipse *(sol og måne)*
formål subst. *n* object, aim, purpose
fornavn subst. *n* first name,
  Christian name
fornekte verb deny, renounce
fornem adj. distinguished
fornemme verb notice, feel
fornemmelse subst. *m* feeling
fornuft subst. *m* reason
  sunn fornuft common sense
fornuftig adj. sensible, reasonable
fornybar adj. renewable
fornye verb renew
fornyelse subst. *m* renewal
fornærme verb offend, insult
fornærmelse subst. *m* insult, offense
fornærmet adj. offended, insulted

fornøyd adj. pleased, satisfied
fornøyelse subst. *m* pleasure
fornøyelsespark subst. *m* amusement park
forord subst. *n* preface, foreword
forover adverb ahead, forward(s) • *full fart forover* full spead ahead • *han lente seg forover* he leaned forward
forpakte verb **1** *(leie bruksrett)* rent, lease **2** *(leie ut bruksretten)* lease, rent out
forpakter subst. *m* tenant farmer
forplante seg verb **1** *(formere seg)* reproduce, propagate **2** *(spre seg)* spread, travel
forplantning subst. *m/f* propagation
forplikte verb bind, oblige
forpliktelse subst. *m* obligation, commitment
forpliktende adj. binding
forrest[1] adj. *(fremst)* foremost, front
forrest[2] adverb *(foran)* in front, first
forresten adverb besides, moreover
forretning subst. *m/f* **1** business, company, firm **2** *(butikk)* shop
forretningsforbindelse subst. *m* business connection
forretningskvinne subst. *m* businesswoman
forretningsmann subst. *m* businessman
forretningsreise subst. *m/f* business trip
forrett subst. *m* starter, appetizer
forrige adj. former, previous, last
forringe verb reduce, lessen
forræder subst. *m* traitor
forræderi subst. *n* treachery, treason
forråde verb betray
forråtnelse subst. *m* decay, decomposition
forsamling subst. *m/f* assembly
forseelse subst. *m* offence, misdemeanour
forsegle verb seal
forsettlig adj. intentional, wilful
forside subst. *m/f* front, face, front page *(avis)*
forsikre verb assure, insure *(ting)*
forsikring subst. *m/f* assurance, insurance *(av ting)*
forsikringspolise subst. *m* insurance policy
forsikringspremie subst. *m* insurance premium

forsikringsselskap subst. *n* insurance company
forsikringssvindel subst. *m* insurance swindle, false insurance claim
forsiktig adj. careful, cautious
forsiktighet subst. *m/f* care, caution
forsinke verb delay
forsinkelse subst. *m* delay
forsinket adj. delayed, late
forskanse verb entrench, barricade
forske verb research, investigate
forsker subst. *m* researcher, scientist *(naturvitenskap)*
forskjell subst. *m* difference
forskjellig adj. **1** *(ulik)* different **2** *(diverse)* various
forskjellsbehandling subst. *m/f* discrimination
forskning subst. *m/f* research
forskrekke verb frighten, alarm
forskrekkelse subst. *m* fright, terror, alarm
forskremt adj. scared, frightened
forskrift subst. *m/f* regulation
forskrudd adj. twisted, eccentric
forskudd subst. *n* advance
forskuddsvis adj. in advance
forskyve verb displace, shift
forslag subst. *n* proposal, suggestion
forsnakke seg verb make a slip of the tongue
forsone verb reconcile
forsoning subst. *m/f* reconciliation
forsove seg verb oversleep
forspill subst. *n* prelude, prologue *(teater)*, foreplay *(seksuelt)*
forspille verb forfeit, throw away
forspise seg verb overeat
forsprang subst. *n* lead, head start
forstad subst. *n* suburb
forstand subst. *m* **1** *(fatteevne)* mind **2** *(betydning)* meaning, sense **i den forstand** in the sense
forsterke verb strengthen, reinforce
forsterker subst. *m* amplifier
forsterkning subst. *m* reinforcement
forstoppelse subst. *m* constipation
forstue verb sprain
forstyrre verb **1** disturb, interrupt **2** *(forvirre)* confuse, disrupt
forstyrrelse subst. *m* interruption, disturbance

a b c d e f g h i j k l m n o p q r s t u v w x y z æ ø å

forstyrret adj. **1** *(forvirret)* distracted, confused
2 *(gal)* deranged, mentally disturbed
forstørre verb magnify, enlarge
forstørrelse subst. *m* enlargement
forstørrelsesglass subst. *n* magnifying glass
forstå verb understand, realize, see
forståelig adj. understandable
forståelse subst. *m* **1** understanding
2 *(sympati)* response, sympathy
3 *(enighet)* agreement
forståelsesfull adj. understanding
forsvant verb *se* ▶forsvinne
forsvar subst. *n* defence
forsvare verb defend
forsvarer subst. *m (advokat)* counsel for the defence
forsvarlig adj. **1** *(tilrådelig)* justifiable, reasonable
2 *(trygt)* safe, secure
forsvarsløs adj. defenceless
forsvarsminister subst. *m* Minister of Defence, Secretary of State for Defence *(i Storbritannia)*, Secretary of Defense *(i USA)*
forsvarsspiller subst. *m* defender, defence player
forsvinne verb disappear
forsvunnet verb *se* ▶forsvinne
forsyne verb provide, supply
forsyning subst. *m/f* supply
forsøk subst. *n* **1** try, attempt
2 *(eksperiment)* test, experiment
forsøke verb try, attempt
forsøkskanin subst. *m* guinea pig
forsømme verb neglect, fail
forsømmelse subst. *m* omission, failure
forsømt adj. neglected
forsøple verb litter
forsørge verb provide for, support
forsørger subst. *m* provider, supporter
fort[1] subst. *n (festning)* fort
fort[2] adverb *(raskt)* fast, quickly
fortann subst. *m/f* front tooth
fortapt adj. lost
fortau subst. *n* pavement, sidewalk
fortauskant subst. *m* kerb, curb
fortegnelse subst. *m* list
fortelle verb tell
forteller subst. *m* narrator
fortelling subst. *m/f* story, narrative
fortette verb **1** condense, concentrate
2 *(få gass over i væskeform)* liquefy

fortid subst. *m/f* **1** past
2 *(grammatikk)* the past tense
fortie verb conceal
fortjene verb deserve, be worthy
fortjeneste subst. *m/f* **1** earnings, profit
2 *(som en har ære av)* merit, credit
fortjent adj. worthy, deserving
fortløpende adj. consecutive
fortolke verb interpret
fortolle verb pay duty on, declare
fortone seg verb seem, appear
fortreffelig adj. excellent
fortrenge verb **1** *(følelser)* repress, suppress
2 *(fordrive)* displace
fortrinn subst. *n* advantage
fortrinnsvis adverb preferably
fortrolig adj. **1** *(hemmelig)* confidential
2 *(kjent med)* familiar, well-acquainted
fortropp subst. *m* vanguard
fortryllende adj. charming, enchanting
fortsatt adj. **1** continued
2 *(som adverb: fremdeles)* still
fortsette verb continue
fortsettelse subst. *m* continuation
fortumlet adj. confused
fortvile verb despair, lose hope
fortvilelse subst. *m* despair
fortvilet adj. desperate, devastated
fortære verb consume, devour
fortøye verb make fast, moor
fortøyning subst. *m/f* mooring
forulempe verb annoy, molest
forulykke verb be lost, be wrecked
forum subst. *n* forum
forunderlig adj. odd, strange
forundre verb surprise
forundret adj. surprised
forundring subst. *m/f* wonder, surprise
forurense verb pollute, contaminate
forurenset adj. polluted, tainted
forurensning subst. *m/f* pollution, contamination
foruroligende adj. worrying, upsetting
forut adverb before, in advance
foruten preposisjon besides
forutinntatt adj. biased, prejudiced
forutse verb foresee
forutsetning subst. *m/f* condition, premise
forutsette verb assume, presuppose
forutsi verb predict
forutsigbar adj. predictable
forvalte verb administer

I SAW THE MAN IN THE MOON TONIGHT.

MM.

I DIDN'T KNOW THE MOON MADE FACES.

THAT'S "PHASES".

7-28 © 1988 Universal Press Syndicate

forvalter subst. *m* steward, administrator

forvaltning subst. *m/f* administration

forvandle verb change, transform

forvandling subst. *m/f* change, transformation

forvaring subst. *m/f* keeping, custody

forvei subst. *m bare i uttrykk*
  gå i forveien go ahead
  i forveien beforehand, in advance

forveksle verb confuse, mistake

forveksling subst. *m/f* mistake, confusion

forvente verb expect

forventning subst. *m/f* expectation

forventningspress subst. *n* pressure

forverre verb worsen

forvikling subst. *m/f* complication

forvirre verb confuse

forvirret adj. confused

forvirring subst. *m/f* confusion

forvise verb banish

forvisse seg verb *bare i uttrykk*
  forvisse seg om make sure (of)

forvrenge verb distort, twist

forvridd adj. distorted

forårsake verb cause, bring about

fosfat subst. *n* phosphate

fosfor subst. *m/n* phosphorus

foss subst. *m* waterfall, cataract

fosse verb pour

fossekall subst. *m* white-throated dipper

fossil¹ subst. *n* fossil

fossil² adj. fossil, fossilized

foster subst. *n* fetus

fosterbarn subst. *n* foster child

fosterforelder subst. *m* foster parent

fosterhjem subst. *n* foster home

fostre verb bring up, rear

fostring subst. *m/f* fostering, production

fot subst. *m* foot
  få kalde føtter get cold feet

til fots on foot

fotball subst. *m* football, soccer *(amer.)*

fotballag subst. *n* football team

fotballbane subst. *m* football pitch

fotballkamp subst. *m* football match

fotballspiller subst. *m* football player

fotfeste subst. *n* foothold, footing

fotgjenger subst. *m* pedestrian

fotgjengerovergang subst. *m* pedestrian crossing, zebra crossing

fotnote subst. *m* footnote

foto subst. *n* photo, picture

fotoalbum subst. *n* photo album

fotoapparat subst. *n* camera

fotograf subst. *m* photographer

fotografere verb photograph

fotografi subst. *m/n* photograph

fotokopi subst. *m* photocopy

fotspor subst. *n* footprint

fottrinn subst. *n* footstep

fottur subst. *m* hike, walk, trek

fottøy subst. *n* footwear

fra¹ preposisjon from

fra² konjunksjon *(siden)* from, since
  • we've known each other since we were children

fradrag subst. *n* deduction

frafall subst. *n* **1** *(fra mening eller organisasjon)* defection, desertion
  2 *(manglende oppmøte)* drop-out

frafalle verb give up, abandon, drop

fragment subst. *n* fragment

frakk subst. *m* overcoat, coat

fraksjon subst. *m* section, wing

frakt subst. *m/f* **1** transportation
  2 *(avgift for transport)* freight rate
  3 *(noe som fraktes)* cargo

frakte verb carry, transport, move

fram adverb *eller* **frem** forward, on, forth

framfor preposisjon **1** *(foran)* in front, before
  2 *(heller enn)* rather than
  framfor alt above all

framgang subst. *m* progress

framkomstmiddel subst. *n* means of transport

framover adverb forward(s), ahead
 • *vi må se framover* we have to look ahead • *de beveget seg framover* they moved forwards

framskritt subst. *n* progress

framstøt subst. *n* push, drive

framstå verb appear, emerge

framtid subst. *m/f* future

framtidig adj. future

framtoning subst. *m* appearance, image

framtredende adj. prominent

frankere verb stamp

Frankrike stedsnavn France

fransk adj. French

franskmann subst. *m* Frenchman

fraråde verb advise against, dissuade

frase subst. *m* phrase

frasi seg verb renounce, resign

fraskilt adj. divorced

fraskrive seg verb
 1 *(si seg fri for)* renounce, waive
 2 *(frakjenne)* deprive of, deny

frastøtende adj. repulsive

frata verb deprive of

fratre verb resign

fravike verb depart from, deviate from

fravær subst. *n* absence

fraværende adj. absent

fred subst. *m* peace

fredag subst. *m* Friday

frede verb preserve, protect

fredelig adj. peaceful

fredløs adj. **1** *(historisk)* outlawed
 2 *(som subst.: fredløs person)* outlaw

fredning subst. *m/f* preservation, protection

fredsbevarende adj. peacekeeping

fredsommelig adj. peaceable

fredsprosess subst. *m* peace process

fredstid subst. *m/f* peacetime

fregatt subst. *m* frigate

fregne subst. *m/f* freckle

fregnete adj. freckled, freckly

freidig adj. **1** *(frekk)* cheeky, forward
 2 *(frimodig)* audacious, bold

frekk adj. impertinent, cheeky

frekkhet subst. *m* impertinence, impudence

frekvens subst. *m* frequency

frelse[1] subst. *m/f* salvation

frelse[2] verb **1** *(befri)* rescue, save
 2 *(forløse, religion)* redeem, save
 3 *(omvende)* convert

frelser subst. *m* saviour

Frelsesarmeen egennavn the Salvation Army

frelst adj. **1** *(religiøst)* saved
 2 *(hekta på noe)* hooked, devoted

frem adverb *eller* **fram** forward, on, forth

fremad adverb forward

frembringe verb **1** bring forth
 2 *(forårsake)* bring about, cause

fremdeles adverb still

fremdrift subst. *m/f*
 1 *(bevegelse fremover)* propulsion
 2 *(progresjon)* progress

fremfor preposisjon **1** *(foran)* in front of, before
 2 *(heller enn)* rather than
 fremfor alt above all

fremføre verb present

fremgang subst. *m* progress

fremgangsmåte subst. *m* method

fremheve verb emphasize, stress

fremholde verb point out, emphasize

fremkalle verb **1** *(forårsake)* cause
 2 *(lage fotografier)* develop

fremkalling subst. *m/f*
 1 *(foto)* development
 2 *(forårsaking)* causing

fremkomstmiddel subst. *n* means of transport

fremlegge verb present, produce

fremleie verb sublet, sublease

fremme[1] verb **1** *(øke)* promote, encourage
 2 *(legge frem)* present, propose *(om forslag)*

fremme[2] adverb **1** *(foran)* ahead, in front • *hun sitter der fremme* she is sitting in the front
 2 *(synlig)* on display, out
 3 *(ved målet)* at one's destination, there *(hverdagslig)* • *er vi fremme snart?* are we there yet?

fremmed adj. **1** *(utenlandsk)* foreign
 2 *(ukjent)* strange, unfamiliar
 3 *(som subst.: fremmed person)* stranger

fremmedarbeider subst. *m* guest worker, migratory labourer

fremmedfrykt subst. *m* xenophobia

fremmedgjøre verb estrange, alienate

fremmedkulturell adj. of a foreign culture

fremmedord subst. *n* foreign word

fremmedspråk subst. *n* foreign language

fremmøte subst. *n* attendance, turnout

fremover adverb forward(s), ahead
• *de beveget seg fremover* they moved forwards • *vi må se fremover* we have to look ahead

fremragende adj. excellent

fremre adj. foremost, front

fremskaffe verb obtain, procure

fremskritt subst. *n* progress

fremskynde verb **1** *(gjøre fortere)* accelerate, speed up
2 *(flytte frem i tid)* push forward, advance

fremsnakke verb praise, commend

fremst adj. **1** first, foremost
2 *(som adverb: lengst fremme)* in front, first • *hun står helt fremst* she is standing in the front
først og fremst first and foremost

fremstille verb **1** *(presentere)* make out, make to look
2 *(uttrykke kunstnerisk)* portray, depict
3 *(lage)* produce, make

fremstilling subst. *m/f* **1** *(presentasjon)* presentation, account
2 *(kunstnerisk uttrykk)* portrayal, depiction
3 *(produksjon)* production

fremstøt subst. *n* push, drive

fremstå verb appear, emerge

fremstående adj. protruding, prominent

fremsynt adj. far-sighted

fremtid subst. *m/f* future

fremtidig adj. future

fremtidsrettet adj. forward-looking, future-oriented

fremtidsutsikt subst. *m* future prospect, outlook

fremtoning subst. *m/f* appearance, image

fremtredende adj. prominent

fremvekst subst. *m* development, growth

frese verb **1** sizzle, crackle *(om ild e.l.)*, hiss *(om slange e.l.)*
2 *(suse forbi)* roar

fri[1] subst. *n* **1** *(pause)* time off, leave
2 *(om gir)* neutral

fri[2] verb *(om forlovelse)* propose

fri[3] adj. **1** *(ikke bundet)* free
2 *(uhindret, om f.eks. sikt)* unobstructed
fri og frank footloose and fancy-free
slippe fri be released

fridag subst. *m* day off, holiday

frier subst. *m* suitor

frieri subst. *n* proposal, marriage offer

frifinne verb acquit, find not guilty

frifinnelse subst. *m* acquittal

frigi verb release

frigjort adj. liberated, emancipated

frigjøre verb **1** *(sette fri)* liberate, emancipate
2 *(avgi)* release

frigjøring subst. *m/f* liberation, emancipation

frigjøringsbevegelse subst. *m* liberation movement

frihandel subst. *m* free trade

frihet subst. *m/f* freedom, liberty

frihetskjemper subst. *m* freedom fighter

friidrett subst. *m* athletics, track and field

friidrettsutøver subst. *m* athlete

frikast subst. *n* *(idrett)* free throw

frikjenne verb acquit, find not guilty

frikjennelse subst. *m* acquittal

friksjon subst. *m* friction

frilans adj. freelance

frilanser subst. *m* freelancer

friluft subst. *m/f* bare i uttrykk
i friluft outdoors, in the open

friluftsliv subst. *n* outdoor life

frimerke subst. *n* (postage) stamp

friminutt subst. *n* break, recess *(amer.)*

frimodig adj. **1** *(freidig)* cheerful, bold
2 *(åpen og ærlig)* frank, outspoken

frisbee subst. *m* Frisbee®

frisinnet adj. liberal, broad-minded

frisk adj. **1** *(ikke syk)* well, healthy
2 *(forfriskende)* fresh, refreshing

frispark subst. *n* free kick

frist subst. *m* deadline

friste verb tempt

fristed subst. *n* sanctuary

fristelse subst. *m* temptation

fristende adj. tempting, appetizing *(om mat)*

frisyre subst. *m* hairstyle, hairdo

frisør subst. *m* hairdresser

frisørsalong subst. *m* hairdresser's, beauty parlour

frita verb exempt

fritak subst. *n* exemption
fritatt adj. exempted, exempt
fritere verb deep-fry
fritid subst. *m/f* leisure, spare time
fritidsaktivitet subst. *m* hobby
fritidsbolig subst. *m* holiday house
fritidsklubb subst. *m* youth club
fritt adverb freely
frittalende adj. outspoken, blunt
frivillig adj. **1** voluntary
  2 *(som subst. frivillig person)*
  volunteer
frivillighet subst. *m/f* voluntariness
frodig adj. fertile, lush *(om vegetasjon)*
frokost subst. *m* breakfast
frokostblanding subst. *m/f* cereal
from adj. pious
fromhet subst. *m/f* piousness, piety
front subst. *m* front
frontkollisjon subst. *m* head-on
  collision
frontlys subst. *n* headlight
frontrute subst. *m/f* windscreen
frosk subst. *m* frog
frossen adj. frozen
frosset verb *se* ►fryse
frost subst. *m* frost
frostskade subst. *m* frost injury, frost
  damage
frottere verb rub down
fru subst. *m/f* Mrs
frue subst. *m/f* wife
frukt subst. *m/f* fruit
fruktbar adj. fertile
fruktbarhet subst. *m/f* fertility
fruktkjøtt subst. *n* pulp
fruktsaft *subst m/f* fruit juice
frustrasjon subst. *m* frustration
frustrerende adj. frustrating
frustrert adj. frustrated
fryd subst. *m* delight, joy
fryde verb delight
frykt subst. *m* fear, dread
frykte verb fear
fryktelig adj. **1** terrible
  2 *(som adverb: veldig)* terribly,
  awfully • *jeg er fryktelig trøtt i kveld*
  I am awfully tired this evening
fryktinngytende adj.
  1 *(skremmende)* dreadful
  2 *(imponerende)* awe-inspiring
fryktløs adj. fearless
frynse subst. *m/f* fringe
frynsegode subst. *n* fringe benefit

frynsete adj. **1** fringed
  2 *(slitt)* frayed
  3 *(om moral)* dubious
fryse verb **1** *(bli til is)* freeze
  2 *(føle kulde)* be cold, freeze
frysedisk subst. *m* refrigerated counter
frysepunkt subst. *n* freezing point
fryser subst. *m* freezer, deep freeze
frø subst. *n* seed
frøken subst. *m/f (tittel)* Miss
frøs verb *se* ►fryse
fråde[1] subst. *m (hvitt skum)* froth, foam
fråde[2] verb *(skumme)* foam, froth
fråtse verb gorge
fråtseri subst. *n* gluttony
fugl subst. *m* bird
fuglekasse subst. *m/f* nesting box
fugleskremsel subst. *n* scarecrow
fukte verb moisten, wet
fuktig adj. moist, damp, humid *(om luft)*
fuktighet subst. *m/f* humidity, moisture,
  dampness
full adj. **1** full
  2 *(beruset)* drunk
  3 *(som adverb: helt)* completely, fully
  drikke seg full get drunk
fullblods adj. full-blooded,
  thoroughbred *(om dyr)*
fullføre verb **1** *(avslutte)* finish
  2 *(gjennomføre)* carry through, execute
fullkommen adj. **1** *(feilfri)* perfect
  2 *(komplett)* complete
fullmakt subst. *m/f* authority
fullmektig subst. *m* clerical officer
fullmåne subst. *m* full moon
fullstendig adj. complete, total
fulltreffer subst. *m* bull's eye, direct hit
fundament subst. *n* foundation, basis
fundamental adj. basic, fundamental
fundamentalisme subst. *m*
  fundamentalism
fundamentalist subst. *m* fundamentalist
fundere verb **1** *(basere)* found, base
  2 *(gruble)* muse, ponder
fungere verb **1** *(virke)* work, function
  2 *(være, gjøre noe)* act
fungerende adj. *(midlertidig)* acting
funke verb *(hverdagslig)* work
funksjon subst. *m* function
funksjonell adj. functional
funksjonshemmet adj. disabled
funksjonshemning subst. *m/f*
  disability
funksjonær subst. *m* official, employee

funn subst. *n* find, discovery
funnet verb *se* ▸finne²
fure subst. *m* **1** *(fordypning)* furrow, groove
2 *(rynke)* wrinkle, line
furte verb sulk, pout
furten adj. sulky, sullen
furu subst. *m/f* pine
fusjon subst. *m (handel)* merger
fusjonere verb merge
fusk subst. *n* cheating
fuske verb cheat
futt subst. *m* pep
futteral subst. *n* case, cover
fy interjeksjon shame *(irettesettende)*, ugh *(i avsky)*
fy skam deg shame on you
fyke verb **1** *(med vinden)* blow, fly
2 *(fare fort)* dash, fly
fyldig adj. **1** *(litt tykk)* plump, ample
2 *(rikholdig)* copious, rich, full-bodied *(om vin)*
fylke subst. *n* county
fylkeskommune subst. *m* county municipality, county administration
fyll subst. *m/f/n* **1** *(om mat)* stuffing, filling *(i kake e.l.)*
2 *(om møbler)* padding
fylle verb **1** fill
2 *(ha fødselsdag)* turn
fylle ut fill in, fill out
fylleangst subst. *m* the shakes
fyllekjøring subst. *m/f* drink-driving
fyllik subst. *m* alcoholic, drunkard
fylling subst. *m/f* **1** *(søppel)* dump, landfill
2 *(i tann)* filling
fyr¹ subst. *m (ild)* fire, light
fyr² subst. *m (mann)* guy, fellow
fyr³ subst. *n (fyrtårn)* lighthouse
fyre verb **1** *(brenne)* fire
2 *(ha på varme)* have the heating on
3 *(skyte)* fire, shoot
fyrig adj. fiery
fyrste subst. *m* prince
fyrstedømme subst. *n* principality
fyrstikk subst. *m* match
fyrstinne subst. *m/f* princess
fyrtårn subst. *n* lighthouse
fyrverkeri subst. *n* fireworks
fysiker subst. *m* physicist
fysikk subst. *m* **1** *(vitenskap)* physics
2 *(om kropp)* physique
fysioterapeut subst. *m* physiotherapist

fysioterapi subst. *m* physiotherapy
fysisk adj. **1** physical
2 *(som adverb)* physically
fæl adj. horrible, awful, terrible
færre adj. fewer
færrest adj. fewest
Færøyene stedsnavn the Faroes, the Faroe Islands
fø verb feed
føde¹ subst. *m/f (mat)* food
føde² verb give birth to, bear, have
føderal adj. federal
fødsel subst. *m* birth
fødselsattest subst. *m* birth certificate
fødselsdag subst. *m* birthday
fødselsmerke subst. *n* birthmark
fødselsrate subst. *m* birth rate
fødselsår subst. *n* year of birth
født adj. born
føflekk subst. *m* mole
følbar adj. tangible
føle verb feel
føle med noen have sympathy for someone
følehorn subst. *n* antenna, horn *(på snegle)*
følelse subst. *m* feeling, emotion
følelsesladet adj. emotional
følelsesløs adj.
1 *(hardhjertet)* insensitive, cold
2 *(nummen)* insensible, numb
føler subst. *m* feeler, antenna
følge¹ subst. *n* **1** *(selskap)* company
2 *(rekkefølge)* succession, sequence
følge² subst. *m* consequence, result
følge³ verb **1** follow
2 *(gå sammen med)* accompany
følgelig adverb accordingly, so, thus
følgende adj. the following, next
følger subst. *m* follower
føling subst. *m/f* **1** *(kontakt)* contact
2 *(fall i blodsukkernivå)* hypoglycaemia
føll subst. *n* foal
følsom adj. sensitive
føne verb blow-dry
føner subst. *m* blow-dryer, hair dryer
før¹ preposisjon **1** before, by, prior to
• *du må være ferdig før fredag*
you must be finished by Friday
2 *(som adverb: tidligere)* before
• *she had not seen him before*
før² konjunksjon before
føre¹ subst. *n* condition *(om vei e.l.)*

føre² verb 1 *(lede)* lead, guide
2 *(bringe)* bring, take, carry
3 *(ha på lager)* carry, run, stock
fører subst. *m* 1 *(leder)* leader
2 *(kjører)* driver
førerhund subst. *m* guide dog
førerkort subst. *n* driving licence, driver's license *(amer.)*
førerprøve subst. *m/f* driving test
førskole subst. *m* preschool
førskolelærer subst. *m* preschool teacher
først adverb first
først da only then
første adj. first, the first
for det første first of all
førstedivisjon subst. *m* first division
førstegangsforbryter subst. *m* first offender
førstegangstjeneste subst. *m* compulsory military service
førstegangsvelger subst. *m* first-time voter
førstehjelp subst. *m/f* first aid

førsteklasses adj. first-rate, first class
førsteplass subst. *m* first place
førstkommende adj. next
førti determinativ forty
førtiende determinativ fortieth
føydal adj. feudal
føye verb *bare i uttrykk*
føye noen humour someone
føye seg yield
føye sammen join
føye til add
føyelig adj. 1 *(om person)* compliant
2 *(om ting)* pliant, supple
få¹ verb get, have, receive
få lov be allowed
få til accomplish, manage
få² adj. few
fåfengt adj. futile
fårehund subst. *m* sheepdog, shepherd dog
fårekjøtt subst. *n* mutton
fåtall subst. *n* minority
fått verb *se* ▶få¹

ga verb *eller* **gav** *se* ▶gi
gaffel subst. *m* fork
gagn subst. *n/m* benefit, advantage
gagne verb benefit, be good for
gal adj. 1 *(i hodet)* crazy, mad, insane
2 *(feil)* wrong
3 *(som adverb: galt)* wrong, wrongly, incorrectly • **klokken går galt** the clock is wrong
bli gal go mad, go crazy
galant adj. chivalrous, attentive
gale verb crow, cuckoo *(hverdagslig)*
galge subst. *m* gallows
galla subst. *m* gala
galle subst. *m* bile, gall *(hos dyr)*
galleblære subst. *m/f* gall bladder
galleri subst. *n* gallery
gallup subst. *m* Gallup poll
galopp subst. *m* gallop
kort galopp canter
galoppere verb gallop
galskap subst. *m* madness, insanity
gamasje subst. *m* legging *(lang)*, gaiter *(kort)*

gamble verb gamble
gambler subst. *m* gambler
game verb *(å spille dataspill)* game
gamer subst. *m* *(en som spiller dataspill)* gamer
gamlehjem subst. *n* old people's home, retirement home
gammel adj. 1 *(som har høy alder)* old, aged
2 *(fra fortiden)* ancient
3 *(tidligere)* former, ex-, old
bli gammel grow old, get old
gammeldags adj. old-fashioned
gane subst. *m* palate
gang subst. *m* 1 time, once *(én gang)*
2 *(forløp/utvikling)* course
3 *(korridor)* corridor
det var en gang once upon a time
én gang once
en gang til one more time
neste gang next time
noen ganger sometimes
gangavstand subst. *m* walking distance

gange[1] subst. *m/f* **1** *(gåing)* walking, march
2 *(ganglag)* gait, walk
gange[2] verb *(matematikk)* multiply
gangetabell subst. *m* multiplication table
gangfelt subst. *n* zebra crossing, crosswalk *(amer.)*
ganglag subst. *n* gait, walk
gangster subst. *m* gangster
ganske adverb quite, pretty
ganske bra pretty good, not bad
gap subst. *n* gap, opening
gape verb yawn, gape
gapestokk subst. *m* pillory
garantere verb guarantee
garanti subst. *m* guarantee
garasje subst. *m* garage
garde subst. *m* Guards
garderobe subst. *m* **1** dressing room, locker room *(sport)*
2 *(på teater, restaurant)* cloakroom
3 *(klær)* wardrobe
gardin subst. *m/f/n* curtain
gardintrapp subst. *m/f* stepladder
gardist subst. *m* guardsman, guardswoman
garn subst. *n* **1** *(tråd)* yarn, thread
2 *(til fiske)* (fishing) net
garnison subst. *m* garrison
gartner subst. *m* gardener
gartneri subst. *n* nursery
gas subst. *m* gauze
gass subst. *m* gas
gi gass accelerate, speed up
gassmaske subst. *m/f* gas mask
gate subst. *m/f* street
gatehjørne subst. *n* street corner
gatekjøkkenmat subst. *m* fast food, junk food
gatelys subst. *n* street light
gatemat subst. *m* street food
gateselger subst. *m* street vendor, hawker
gatesmart adj. streetwise, street-smart *(amer.)*
gaule verb howl, yell
gaupe subst. *m/f* lynx
gave subst. *m/f* **1** *(presang)* gift, present
2 *(talent)* gift, talent
gavekort subst. *n* gift voucher, gift certificate *(amer.)*
gavl subst. *m* gable
gavmild adj. generous

gavmildhet subst. *m/f* generosity
gebiss subst. *n* false teeth, dentures
gebrokken adj. broken
gebyr subst. *n* fee
gehør subst. *n* ear
geipe verb grimace, pull a face
geistlig adj. clerical, ecclesiastical
geistlighet subst. *m/f* clergy
geit subst. *m/f* goat
geitost subst. *m* goat's cheese
gelé subst. *m* jelly
geledd subst. *n* line, rank
gelender subst. *n* railing, banister
gemytt subst. *n* temper, disposition
gen subst. *m/n* gene
general subst. *m* general
generalforsamling subst. *m/f* general meeting
generalisere verb generalize
generalprøve subst. *m/f* dress rehearsal
generasjon subst. *m* generation
generasjonskløft subst. *m/f* generation gap
generell adj. **1** general
2 *(som adverb: generelt)* generally
• he is generally sceptical to new things
generere verb generate
genetikk subst. *m* genetics
genetisk adj. genetic
Genève stedsnavn Geneva
geni subst. *n* genius
genial adj. brilliant, ingenious
genitiv subst. *m (grammatikk)* genitive
genmanipulering subst. *m/f* gene manipulation
genmodifisert adj. genetically modified
genser subst. *m* sweater, pullover
geografi subst. *m* geography
geografisk adj. geographical
geologi subst. *m* geology
geometri subst. *m (matematikk)* geometry
gerilja subst. *m* guerrilla
gest subst. *m* gesture
gestikulere verb gesticulate, make gestures
getto subst. *m* ghetto
gevinst subst. *m* **1** *(premie)* prize, winnings
2 *(utbytte)* profit, gain
gevær subst. *n* gun, rifle
gi verb **1** give
2 *(rekke)* pass, hand, give • could you hand me the book, please?

a b c d e f **g** h i j k l m n o p q r s t u v w x y z æ ø å

gi etter 1 *(om person)* give in
2 *(om ting)* give away
gi opp give up, let go
gidde verb be bothered, take the trouble
gift¹ subst. *m/f* poison
gift² adj. married
gifte verb marry
   gifte seg get married, marry
giftering subst. *m* wedding ring
giftig adj. poisonous, toxic
gigabyte subst. *m (IT)* gigabyte
gigant subst. *m* giant
gigantisk adj. gigantic
gikk verb *se* ▸gå
gikt subst. *m/f*
   1 *(revmatisme)* rheumatism
   2 *(leddgikt)* arthritis
gips subst. *m* **1** *(bandasje)* cast
   2 *(brent)* plaster
   3 *(ubrent)* gypsum
gipse verb plaster
gir subst. *n* gear
gira adj. geared up, hyped up
gire verb *(skifte gir)* gear, change gear
giro subst. *m* giro
gisp *subst n* gasp
gispe verb gasp
gissel subst. *n/m* hostage
gitar subst. *m* guitar
gitt verb *se* ▸gi
gitter subst. *n* bars, grating
giver subst. *m* giver, donor
gjalle verb resound, echo
gjedde subst. *m/f (fisk)* pike
gjeld subst. *m/f* debt
gjelde verb **1** *(være gyldig)* be valid,
apply
   2 *(dreie seg om)* apply to, concern
   • *det gjelder oss alle* it concerns us all
   3 *(i lek og spill)* count • *det gjelder
ikke!* that doesn't count!
gjeldende adj. in force, valid
gjelle subst. *m/f (på fisk)* gill
gjemme verb **1** *(skjule)* hide, disguise
   2 *(oppbevare)* keep, save
   gjemme seg hide
gjemmested subst. *n* hiding place
gjemsel subst. *n (lek)* hide-and-seek
gjenbruk subst. *m* recycling
gjendrive verb refute
gjenferd subst. *n* ghost, apparition
gjenforene verb reunite
gjenforening subst. *m/f* reunion
gjenfortelle verb retell

gjeng subst. *m* **1** *(flokk)* crowd, group
   2 *(klikk)* gang
   3 *(bande)* gang
gjenganger subst. *m* **1** *(gjenferd)* ghost
   2 *(noe som stadig går igjen)* repetition,
recurrence
gjenge subst. *m/n* **1** *(forløp)* progress,
course
   2 *(spor)* thread
gjengi verb **1** report, give an account of
   2 *(gjenta)* repeat
gjengivelse subst. *m* **1** summary,
account
   2 *(gjentagelse)* repetition
gjengjeld subst. *m* **1** *(motytelse)* return,
repayment
   2 *(hevn)* retaliation, reprisal
gjengjelde verb **1** repay, reciprocate
   2 *(om følelser)* return
   3 *(hevne)* retaliate
gjengs adj. common, prevalent, current
gjenkjenne verb recognize
gjenkjennelse subst. *m* recognition
gjenklang subst. *m* echo
gjenlevende adj. **1** surviving
   2 *(som subst.: person som fremdeles
lever)* survivor
gjennom preposisjon through
gjennombrudd subst. *n* breakthrough
gjennomføre verb **1** *(utføre)* carry out
   2 *(fullføre)* complete, finish
gjennomgang subst. *m* **1** going over,
review
   2 *(passasje/ferdsel gjennom noe)*
transition, passage
gjennomgå verb **1** *(studere)* go through,
examine
   2 *(oppleve)* go through, experience
   3 *(delta på)* take, attend
gjennomreise subst. *m/f*
journey through, transit
   være på gjennomreise
be passing through
gjennomsiktig adj. transparent
gjennomskue verb see through
gjennomslag subst. *n* approval, support
gjennomsnitt subst. *n* average
   i gjennomsnitt on average
gjennomsnittlig adj. **1** average,
ordinary
   2 *(som adverb: i gjennomsnitt)* on
average • *prisen er gjennomsnittlig 10
kr per kilo* on average the price is 10
kr per kilo

gjennomsnittskarakter subst. *m* average mark, grade point average *(amer.)*
gjenoppbygge verb rebuild, reconstruct
gjenoppleve verb relive
gjenopplive verb revive, resuscitate
gjenopprette verb restore, re-establish
gjenoppstå verb rise again, re-emerge
gjenoppta verb resume
gjensidig adj. mutual, reciprocal
gjenskinn subst. *n* reflection
gjenstand subst. *m* **1** *(ting)* object, thing
  2 *(emne, objekt)* object, topic
gjenta verb **1** *(si igjen)* repeat
  2 *(flere ganger)* reiterate
  gjentatte ganger repeatedly
gjentakelse subst. *m*
  1 *(det å gjenta)* repetition
  2 *(flere ganger)* reiteration
gjenvalg subst. *n* re-election
gjenvinne verb
  1 *(vinne tilbake)* recover, regain
  2 *(gjøre nyttbar igjen)* recycle
gjenvinning subst. *f/m* recycling
gjerde¹ subst. *n* fence
gjerde² verb fence, put up a fence
gjerne adverb **1** *(med glede)* gladly, be happy to
  2 *(om ønske)* would like to, want to
  3 *(like godt)* might, just as well
  gjerne for meg 1 *(i orden)* that's all right by me **2** *(likeglad)* I don't mind
gjerning subst. *m/f* deed, action, doing
  tatt på fersk gjerning be caught red-handed, be caught in the act
gjerningsmann subst. *m* culprit, perpetrator
gjerrig adj. stingy, miserly, cheap *(amer.)*
gjerrighet subst. *m* avarice
gjerrigknark subst. *m* cheapskate
gjesp subst. *m/n* yawn
gjespe verb yawn
gjest subst. *m* guest
gjeste verb visit
gjestfri adj. hospitable, welcoming
gjestfrihet subst. *m/f* hospitality
gjestmild adj. hospitable
gjete verb herd
gjeter subst. *m* shepherd
gjetning subst. *m/f* guess, guesswork
gjette verb guess
gjorde verb *se* ▶gjøre
gjort verb *se* ▶gjøre
gjær subst. *m* yeast

gjø verb bark, bay
gjødsel subst. *m/f*
  1 *(naturgjødsel)* manure, dung
  2 *(kunstgjødsel)* (chemical) fertilizer
gjødsle verb fertilize, manure
gjøk subst. *m* cuckoo
gjøn subst. *n* fun
  drive gjøn med make fun of
gjøre verb **1** do
  2 *(lage, skape)* make
gjøremål subst. *n* business, duties, tasks
gjørme subst. *m/f* mud
gjørmete adj. muddy
glad adj. happy, pleased, glad
  være glad i care about, be fond of
glane verb stare, gape
  glane på gape at
glans subst. *m* **1** *(lys)* shine
  2 *(overflate)* lustre, sheen
  3 *(prakt)* splendour, glory
glasere verb glaze
glass subst. *n* glass
glasur subst. *m* **1** *(på kaker)* frosting, icing
  2 *(på keramikk)* glaze
glatt adj. **1** *(jevn)* smooth
  2 *(sleip)* slippery
  3 *(som adverb: lett)* smoothly, neatly, easily
glatte verb smooth
glede¹ subst. *m/f* joy, delight, pleasure
glede² verb please, delight, make happy
  glede seg til look forward to
gledelig adj. joyous, happy
gledesrus subst. *m/n* euphoria
glefse verb snap
  glefse i seg gulp down, wolf down
glemme verb forget
  glemme igjen leave, forget
glemsel subst. *m* forgetfulness, oblivion
glemsk adj. forgetful, absent-minded
glemsom adj. absent-minded, forgetful
gli verb slide, slip
glid subst. *m/n* glide
glidelås subst. *m/n* zipper
glimre verb **1** *(skinne)* glitter, glisten
  2 *(utmerke seg)* sparkle, shine
glimrende adj. **1** brilliant, splendid
  2 *(som adverb: kjempebra)* brilliantly, splendidly
glimt subst. *m/n* gleam, flash
  få et glimt av catch a glimpse of
  ha glimt i øyet have a twinkle in one's eye

a b c d e f **g** h i j k l m n o p q r s t u v w x y z æ ø å

glimte verb gleam, flash, twinkle
glinse verb glisten, shine
glipp subst. *m/n* mistake, slip-up, slip
  gå glipp av miss, miss out on
glippe verb **1** *(mislykkes)* fail
  2 *(ikke holde)* slip, slide
  3 *(blunke)* blink
glis subst. *m/n* grin
glise verb grin
glissen adj. sparse, scattered
glitre verb glitter, sparkle
glitrende adj. glittering, sparkling
glitter subst. *n* **1** glitter, sparkle
  2 *(julepynt)* tinsel
glo[1] subst. *m/f* ember, light
glo[2] verb stare, gape
global adj. global
  global oppvarming global warming
globallinje subst. *m/f (buen over
øyelokket)* crease
globus subst. *m* globe
glorete adj. garish, gaudy
glorie subst. *m* halo
glorifisere verb glorify
glose subst. *m/f* word, term
gloseprøve subst. *m* vocabulary test
glugge subst. *m* peephole, slot
glup adj. smart, bright
glupsk adj. greedy, ravenous
gluten subst. *n* gluten
glutenfri adj. gluten-free
glød subst. *m* **1** *(skinn)* glow, radiance
  2 *(lidenskap)* passion, enthusiasm
gløde verb glow
glødende adj. **1** red-hot, glowing
  2 *(lidenskapelig)* ardent, passionate
gløtt subst. *m/n* **1** opening, crack
  2 *(glimt)* glimpse
  på gløtt ajar
gnage verb **1** *(bruke tennene)* gnaw,
nibble
  2 *(tære)* chafe, fret

gnager subst. *m* rodent
gnagsår subst. *n* blister, raw place, gall
gni verb rub
gnier subst. *m* miser, skinflint
gnist subst. *m* spark
gnistre verb spark, sparkle
gnål subst. *n* whining, nagging
gnåle verb whine, nag
god adj. **1** *(bra)* good, fine
  2 *(flink)* good, clever
  3 *(snill)* good, kind
  for godt 1 too good
  2 *(for alltid)* for good, forever
  like godt just as well
godartet adj. benign
godbit subst. *m* snack, treat
gode subst. *n* good, benefit
  til gode due, in one's favour
godhet subst. *m/f* goodness, kindness
godhjertet adj. kind-hearted,
good-natured
godkjenne verb approve, sanction
godkjennelse subst. *m* approval
gods subst. *m/n* estate
godsnakke verb coax,
sweet-talk *(hverdagslig)*
godstog subst. *n* goods train,
freight train *(amer.)*
godta verb accept
godteri subst. *n* sweets, candy *(amer.)*
godte seg verb gloat
godtgjørelse subst. *m* compensation
godtroende adj. gullible, naive
gold adj. barren
golf[1] subst. *m (sport)* golf
golf[2] subst. *m (vid havbukt)* gulf
golfbane subst. *m* golf course
Golfstrømmen subst. *m*
the Gulf Stream
gomle verb munch
gondol subst. *m* gondola
gongong subst. *m* gong

gonoré subst. *m (sykdom)* gonorrhoea

gorilla subst. *m* gorilla

gotisk adj. Gothic

grad subst. *m* **1** *(utstrekning)* extent, degree
2 *(nivå)* rank
3 *(matematikk)* degree
til en viss grad to a certain degree

gradvis adj. **1** gradual
2 *(som adverb)* gradually
• *han ble gradvis flinkere i engelsk* his English gradually improved

graffiti subst. *m* graffiti

grafikk subst. *m* graphic art

grafikkort subst. *n (IT)* graphic board, graphic card

grafisk adj. graphic

gram subst. *n* gram, gramme

grammatikk subst. *m* grammar

grammatisk adj. grammatical

gran subst. *m/f (tre)* spruce

granat¹ subst. *m* **1** *(prosjektil)* shell
2 *(håndgranat)* grenade

granat² subst. *m (edelsten)* garnet

granbar subst. *n* spruce branches, spruce sprigs

granitt subst. *m* granite

granske verb investigate, scrutinize

gransking subst. *m/f* investigation, scrutiny

grapefrukt subst. *m/f* grapefruit

grasiøs adj. graceful

grasrot subst. *m/f* grass roots *(alltid i flertall)*

grateng subst. *m* gratin

gratis adj. free, free of charge

gratulasjon subst. *m* congratulation

gratulere verb congratulate

grav subst. *m/f* **1** *(hull)* pit, hole
2 *(for døde)* grave, tomb

grave verb dig, burrow
grave ned bury
grave ut excavate, dig out

gravemaskin subst. *m* excavator, digger

gravere verb engrave

graverende adj. grave, serious

gravferd subst. *m/f* funeral

gravhaug subst. *m* burial mound, barrow

gravid adj. pregnant

graviditet subst. *m* pregnancy

gravlegge verb bury

gravlund subst. *m* cemetery, graveyard

gravsted subst. *n* grave site

gravstein subst. *m* tombstone, headstone

gre verb comb

grei adj. **1** *(lett)* easy
2 *(hyggelig)* nice, pleasant

greie¹ subst. *m/f* thing, gadget

greie² verb manage, tackle
greie seg cope, manage

greker subst. *m* Greek

grell adj. harsh, garish

gremmelse subst. *m* grief, bitterness

gren subst. *m/f* branch *(liten)*, bough *(stor på tre)*

grense¹ subst. *m/f* **1** *(fysisk)* border, boundary
2 *(ytterpunkt)* limit

grense² verb *bare i uttrykk*
grense mot border on
grense til verge on

grenseland subst. *n* borderline, border area

grenseløs adj. boundless, endless

grensesnitt subst. *n (IT)* interface

grep¹ subst. *n* grasp, grip, hold

grep² verb *se* ▸ **gripe**

grepet verb *se* ▸ **gripe**

gresk adj. Greek

gress subst. *n* grass

gresse verb graze

gresshoppe subst. *m/f* grasshopper

gresskar subst. *n* pumpkin

gressklipper subst. *m* lawn mower, mower

gressløk subst. *m* chives

gressplen subst. *m* lawn

gretten adj. grumpy, sour

greve subst. *m* count, earl

grevinne subst. *m/f* countess

grevling subst. *m* badger

gribb subst. *m* vulture

grill subst. *m* grill

grille verb grill

grimase subst. *m* grimace
skjære grimaser make faces

grime *subst m (på hest)* halter

grind subst. *m/f* gate

grine verb cry, weep

grinebiter subst. *m* crab, sourpuss

grinete adj. grumpy, sour

gripe verb **1** *(ta tak)* grab, grip, grasp
2 *(fange)* catch, seize
3 *(gjøre inntrykk)* move, affect, grip *(sterkt)*
gripe an approach, go about
gripe inn intervene

gripende adj. moving, gripping
gris subst. *m* pig, hog
grise verb mess up, soil, dirty
  grise til make a mess of
grisebinge subst. *m* pigsty
griseri subst. *n* filth, dirt
grisete adj. dirty, messy
grisk adj. greedy
griskhet subst. *m/f* greed
grisunge subst. *m* piglet
gro verb grow
grop subst. *m/f* hollow, pit
grossist subst. *m* wholesaler
grotesk adj. grotesque
grotte subst. *m/f* cave, grotto
grov adj. **1** coarse
  2 *(lite nøyaktig)* rough, crude
  3 *(alvorlig)* gross, crass
  4 *(uhøflig)* rude
grovbrød subst. *n* wholemeal bread,
  brown bread
grovkornet adj. **1** coarse-grained
  2 *(om humor/utsagn)* coarse, rude
grovmalt adj. coarsely ground
gruble verb ponder, contemplate
grue seg verb dread, worry
grums subst. *n* grounds, sediment
grumsete adj. muddy, murky
grundig adj. thorough
grunn[1] subst. *m* **1** *(årsak)* reason, cause
  2 *(bakke)* grounds
  3 *(grunn havbunn)* ground, bottom
  grunn til reason to
  i grunnen actually, after all
  på grunn av because of
grunn[2] adj. *(ikke dyp)* shallow
grunne[1] subst. *m/f* shallow water, bank
grunne[2] verb **1** *(basere på)* base on
  2 *(skyldes)* due to, because of
  3 *(gruble)* ponder, think over
grunnfjell subst. *n* bedrock
grunnflate subst. *m/f* base
grunnkurs subst. *n* beginning course,
  foundation class
grunnlag subst. *n* basis, foundation
grunnlegge verb found, establish
grunnleggende adj. basic, fundamental
grunnlegger subst. *m* founder
grunnlov subst. *m* constitution
Grunnloven egennavn the Constitution
  of Norway
grunnlovsstridig adj. unconstitutional
grunnløs adj. groundless
grunnmur subst. *m* foundation wall

grunnskole subst. *m* primary and lower
  secondary school
grunnstoff subst. *n* element
grunntall subst. *n* cardinal number
grunnvann subst. *n* groundwater
gruppe subst. *m/f* group
gruppearbeid subst. *n* group work,
  teamwork
gruppepress subst. *n* peer pressure
gruppere verb group
grus subst. *m/n* gravel
gruse verb *(hverdagslig, vinne
  overlegent)* crush, trash
grusom adj. **1** cruel, gruesome
  2 *(som adverb: veldig)* terribly, awfully
grusomhet subst. *m* cruelty
grustak subst. *n* gravel pit
grut subst. *m/n* grounds *(alltid flertall)*
gruve subst. *m/f* mine
gruvearbeider subst. *m* miner
gry verb dawn
gryn subst. *n* grain
grynt subst. *n* grunt
grynte verb grunt
gryte subst. *m/f* pot, pan
gryteklut subst. *m* potholder
gryterett subst. *m* casserole
grøft subst. *m/f* ditch, trench
Grønland stedsnavn Greenland
grønn adj. green
grønnsak subst. *m/f* vegetable
grøsse verb shudder, shiver
grøsser subst. *m* thriller
grøt subst. *m* porridge
grå adj. grey, gray *(amer.)*
grådig adj. greedy
grådighet subst. *m/f* greed, greediness
gråhåret adj. grey-haired,
  gray-haired *(amer.)*
grålysning subst. *m/f* daybreak,
  crack of dawn
gråne verb **1** *(bli gråere)* turn grey
  2 *(lysne av dag)* dawn
gråt[1] subst. *m* crying, weeping
  være på gråten be on the verge of
  tears
gråt[2] verb *se* ►**gråte**
gråte verb cry
gråtkvalt adj. tearful
grått[1] subst. *n* grey, gray *(amer.)*
grått[2] verb *se* ►**gråte**
gubbe subst. *m* old man, old fogey
gud subst. *m* god, God
gudbarn subst. *n* godchild

guddom subst. *m* deity, divinity
guddommelig adj. divine
gudfar subst. *m* godfather
gudfryktig adj. devout, pious
gudinne subst. *m/f* goddess
gudmor subst. *m/f* godmother
gudskjelov adverb thank God, thank goodness
gudstjeneste subst. *m* service, church service
guffen adj. nasty, unpleasant
gufs subst. *m/n* shudder, gust
guide subst. *m (person, bok)* guide
gul adj. yellow
gull subst. *n* gold
gullalder subst. *m* golden age
gullfisk subst. *m* goldfish
gullgruve subst. *m/f* gold mine
gullmedalje subst. *m* gold medal
gullsmed subst. *m* goldsmith, jeweller
gulrot subst. *m/f* carrot
gulsott subst. *m/f* hepatitis
gulv subst. *n* floor
gulvteppe subst. *n* carpet, rug
gummi subst. *m* rubber
gummistrikk subst. *m* rubber band, elastic band
gummistøvel subst. *m* rubber boot, wellington *(britisk)*
gunstig adj. favourable
gurgle verb gurgle, gargle
gurkemeie subst. *m (krydder)* turmeric
gusten adj. sallow, wan
gutt subst. *m* boy, lad
guvernør subst. *m* Governor
gyldig adj. valid
gyldighet subst. *m/f* validity
gyllen adj. golden
gymnastikk subst. *m* physical education, exercise

gymnastikksal subst. *m* gym, gymnasium
gynekolog subst. *m* gynaecologist
gynge[1] subst. *m/f* swing
gynge[2] verb swing, rock
gyngehest subst. *m* rocking horse
gyngestol subst. *m* rocking chair
gyse verb shudder, shiver
gyselig adj. dreadful, horrible
gysning subst. *m/f* shivers
gyte verb *(om fisk)* spawn
gøy adj. fun
gå verb **1** *(spasere)* walk
  2 *(bevege seg)* go, move
  3 *(reise)* go, leave
  • the train leaves at two
  4 *(om maskin)* work, run • *motoren går bra* the engine runs smoothly
gå an 1 *(være mulig)* be possible
  2 *(være passende)* be acceptable
gå fra leave
gå igjen 1 *(om spøkelse)* haunt
  2 *(lukkes)* close
gå inn enter
gå over 1 *(krysse)* cross
  2 *(om smerte)* subside, ease (up)
gågate subst. *m/f* pedestrian area
gård subst. *m* **1** *(på landet)* farm
  2 *(i byen)* apartment building, block of flats
  3 *(gårdsplass)* courtyard
  av gårde away, off
gårdbruker subst. *m* farmer
gås subst. *m/f* goose *(i flertall: geese)*
gåsehud subst. *m/f* gooseflesh, goosebumps *(amer.)*
gåseøyne subst. *flt.* quotation marks
gåte subst. *m/f* enigma, riddle
gåtefull adj. enigmatic, puzzling, mysterious
gått verb *se* ▶gå

ha verb have
  ha det! bye!, goodbye!
hacker subst. *m (IT)* hacker
hadde verb *se* ▶ha
hage subst. *m* garden

hagl subst. *n (nedbør)* hail
hagle[1] subst. *m/f* shotgun
hagle[2] verb *(komme nedbør)* hail
hai subst. *m* shark

haik subst. *m* **1** *(sitte på)* lift, ride *(amer.)*
  2 *(speidertur)* hike
haike verb hitch-hike
haiker subst. *m* hitch-hiker
hake[1] subst. *m/f (på ansikt)* chin
hake[2] subst. *m* **1** *(krok)* hook
  2 *(ulempe)* catch, snag
hakekors subst. *n* swastika
hakk subst. *n* **1** *(skår)* scratch, cut, nick
  2 *(justering opp/ned)* notch
hakke[1] subst. *m/f* pickaxe *(med spiss)*,
  hoe
hakke[2] verb chop, hack,
  peck *(om fugler)*
hakkespett subst. *m* woodpecker
halal[2] adj. halal
hale[1] subst. *m* tail
hale[2] verb haul, pull
hall subst. *m* **1** *(sal)* hall
  2 *(entré)* entrance hall, foyer
hallik subst. *m* pimp
hallo interjeksjon hello
hallusinasjon subst. *m* hallucination
hallusinere verb hallucinate
halm subst. *m* straw
halmstrå subst. *n* straw
hals subst. *m* **1** *(kroppsdel)* neck
  2 *(svelg)* throat
halsbetennelse subst. *m* throat infection
halsbrann subst. *m* heartburn
halsbrekkende adj. dangerous,
  breakneck
halsbånd subst. *n* **1** *(smykke)* necklace
  2 *(til dyr)* collar
halshugge verb behead, decapitate
halt adj. lame, limping
halte verb limp
halv adj. half
halvannen determinativ one and a half
halvbror subst. *m* half-brother
halvdel subst. *m* half *(flertall:* halves*)*
halvere verb divide in half, halve
halvhjertet adj. half-hearted
halvkule subst. *m/f (jordkloden)*
  hemisphere
halvkvalt adj. *(lyd)* stifled, muffled
halvmørke subst. *n* semi-darkness,
  twilight
halvmåne subst. *m* **1** half-moon
  2 *(symbol)* crescent
halvpart subst. *m* half *(flertall* halves*)*
halvsirkel subst. *m* semicircle
halvsøsken subst. *flt.* half-brothers and
  half-sisters

halvsøster subst. *m/f* half-sister
halvtime subst. *m* half hour
halvveis adverb halfway
halvøy subst. *m/f* peninsula
ham pronomen *eller* **han** him
hamburger subst. *m* hamburger, burger
hammer subst. *m* hammer
hamre verb hammer, beat
hamster subst. *m* hamster
hamstre verb hoard
han pronomen he
handel subst. *m* **1** *(avtale)* deal,
  transaction
  2 *(omsetning)* trade, commerce
handelshøyskole subst. *m* business
  school
handikap subst. *n* handicap
handikappet adj. handicapped, disabled
handle verb **1** *(gjøre noe)* act
  2 *(kjøpe)* shop, buy
  3 *(drive handel)* deal, trade
handlefrihet subst. *m* freedom of action
handlekraftig adj. energetic, efficient
handlekurv subst. *m* shopping basket
handleliste subst. *m/f* shopping list
handlemåte subst. *m* conduct
handlevogn subst. *m* trolley,
  shopping cart *(amer.)*
handling subst. *m/f* **1** *(gjerning)* act,
  action
  2 *(film, bøker)* action, plot, story
hands subst. *m* *(sport)* hands, handling
hane subst. *m* cock, rooster *(amer.)*
hanekam subst. *m*
  1 *(på hane)* cockscomb
  2 *(frisyre)* Mohican, Mohawk *(amer.)*
hang subst. *m/n* tendency, inclination
hangar subst. *m* hangar
hangarskip subst. *n* aircraft carrier
hangle verb
  1 *(knapt klare seg)* barely make it
  2 *(føle seg syk)* be ailing
hank subst. *m/f* handle
hankjønn subst. *n* **1** male sex
  2 *(grammatisk kjønn)* masculine
hann subst. *m* he, male
hannkatt subst. *m* tomcat
hans determinativ his
hanske subst. *m* glove
har verb presens av ▶ha
hard adj. hard, firm *(fast)*,
  difficult *(vanskelig)*
harddisk subst. *m* hard disk
hardfør adj. hardy, tough

hardhendt adj. heavy-handed, brutal

hardhet subst. *m/f* hardness

hardhjertet adj. hard-hearted, callous

hardhudet adj. **1** *(om hud)* calloused
2 *(ikke nærtakende)* thick-skinned

hardkokt adj. hard-boiled

hardnakket adj. obstinate, persistent

hardne verb harden

hardware subst. *m (IT, maskinvare)* hardware

hare subst. *m* hare

harke verb clear one's throat

harmløs adj. harmless

harmoni subst. *m* harmony

harmonisk adj. harmonious

harpe subst. *m/f* harp

harpiks subst. *m* resin

harpun subst. *m* harpoon

harsk adj. rancid

harve verb harrow

hasardspill subst. *n* gambling

hasj subst. *m* hash, hashish

haspe subst. *m* catch, hasp

hasselnøtt subst. *m/f* hazelnut

haste verb **1** *(om sak)* be urgent
2 *(skynde seg)* hurry, hasten

hastighet subst. *m/f* speed, velocity

hastverk subst. *n* hurry, haste

hat subst. *n* hate, hatred

hate verb hate

hatefull adj. hateful, spiteful

hatprat subst. *m* hate speech

hatsk adj. hateful

hatt[1] subst. *m* hat

hatt[2] verb *se* ▸**ha**

haug subst. *m* **1** *(bakke)* hill
2 *(mengde)* heap, pile

haugevis adverb heaps of, loads of

hauk subst. *m* hawk

hav subst. *n* ocean, sea

havarere verb
1 *(forlise)* be (ship)wrecked
2 *(bli skadet)* break down, be damaged

havari subst. *n* **1** *(forlis)* shipwreck
2 *(skade)* damage
3 *(flyulykke)* accident

havbunn subst. *m* ocean floor, seabed

havfrue subst. *m/f* mermaid

havn subst. *m/f* harbour, port

havre subst. *m* oats

havregryn subst. *n* rolled oats, oatmeal

havregrøt subst. *m* oatmeal porridge

havremel subst. *n* oatmeal

havsalt subst. *n* sea salt

hebraisk subst. *m* Hebrew

hedensk adj. heathen, pagan

heder subst. *m* honour, glory

hederlig adj. **1** *(positiv)* honourable, decent • *gjøre en hederlig innsats* make an honourable effort
2 *(ærlig)* honourable, honest

hederlighet subst. *m/f* honesty, integrity

hedersgjest subst. *m* guest of honour

hedning subst. *m* pagan, heathen

hedre verb honour

hefte[1] subst. *n* booklet, pamphlet, brochure

hefte[2] verb **1** *(oppholde)* delay, detain
2 *(feste)* attach, fasten

heftig adj. intense, hefty

hegre subst. *m* heron

hei[1] subst. *m/f (vidde)* heath, moor

hei[2] interjeksjon hello, hi

heia interjeksjon go team, come on

heiagjeng subst. *m* cheerleaders

heie verb cheer, root
heie frem cheer on
heie på root for, cheer for

heimkunnskap subst. *m* domestic science, home economics

heis subst. *m* lift, elevator

heise verb raise, hoist

heisekran subst. *m/f* crane

hekk subst. *m*
1 *(gjerde av planter)* hedge
2 *(i hekkeløp)* hurdle

hekke verb nest, brood

hekkeløp subst. *n* hurdle race, hurdles

hekle verb crochet

heks subst. *m/f* witch

heksekunst subst. *m* witchcraft, sorcery

hektar subst. *n* hectare

hekte[1] subst. *m/f* hook

hekte[2] verb **1** *(feste)* hook
2 *(sitte fast)* get stuck, snag
3 *(fotball)* trip, hook
være hekta på be hooked on

hektisk adj. hectic

hektogram subst. *n (100 gram)* hectogram, hg

hel adj. whole, all, entire, complete
hele tiden all the time

helbrede verb heal, cure

helbredelse subst. *m* cure, recovery

heldagsprøve subst. *m* all-day test

heldig adj. lucky, fortunate

heldiggris subst. *m* lucky dog

heldigvis adj. luckily, fortunately

hele[1] subst. *n* whole • *delene kan danne
et hele* the parts can form a whole
hele[2] verb *(lege)* heal
heler subst. *m* receiver of stolen goods,
fence *(hverdagslig)*
helg subst. *m/f* weekend
helgen subst. *m* saint
helhet subst. *m/f*
  1 *(fullt omfang)* entirety
  2 *(noe fullstendig)* whole, totality
helhetlig adj. overall, general
helhjertet adj. wholehearted
helikopter subst. *n* helicopter
hell subst. *n* **1** *(flaks)* luck, fortune
  2 *(fremgang)* success, prosperity
Hellas stedsnavn Greece
helle[1] subst. *m/f (steinflis)* flagstone,
flag
helle[2] verb **1** *(øse)* pour
  2 *(skråne)* slope
  3 *(lene)* incline, lean
heller adverb rather, just as well, sooner
helleristning subst. *m/f* rock carving
hellig adj. holy, sacred
helligdag subst. *m* holiday,
public holiday
helligdom subst. *m*
  1 *(hellig sted)* sanctuary
  2 *(hellig ting)* sacred thing, relic
helling subst. *m/f (skråning)* slope,
incline
helmelk subst. *m/f* whole milk
helse subst. *f/m* health
helseattest subst. *m* health certificate
helsebevisst adj. health-conscious
helsefarlig adj. hazardous to health
helsekost subst. *m* health food
helsestasjon subst. *m* clinic, public
health centre
helsestudio subst. *n* fitness centre
helsesøster subst. *m/f* health visitor,
public health nurse *(amer.)*
helsetning subst. *m/f (grammatikk)*
complete sentence
helsevesen subst. *n* national health
service
helskinnet adj. unhurt, safe and sound
helst adverb preferably, rather
  hva som helst anything
  hvem som helst anyone
  hvor som helst anywhere
  når som helst anytime
helt[1] subst. *m* hero
helt[2] adverb completely, entirely, totally

heltemodig adj. heroic, brave
heltid subst. *m/f* full time
heltidsstilling subst. *m/f* full-time
position
heltinne subst. *m/f* heroine
helvete subst. *n* hell
hemme verb hinder, check
hemmelig adj. secret
hemmelighet subst. *m/f* secret
  i all hemmelighet secretly
hemmelighetsfull adj. secretive,
mysterious
hemmet adj. inhibited
hemning subst. *m/f* inhibition
hemningsløs adj. uninhibited,
unrestrained
hemoroider subst. *flt.* haemorrhoids
hempe subst. *m/f* loop
hende verb happen
hendelse subst. *m* event, occurrence,
incident
hendig adj. handy
heng subst. *n* drop, slope, overhang
henge verb hang
  henge etter lag behind
  henge i keep at it, keep it up
  henge med follow
hengebro subst. *m/f* suspension bridge
hengekøye subst. *m/f* hammock
hengelås subst. *m/n* padlock
hengemyr subst. *m/f* quagmire
hengi verb *bare i uttrykk*
  hengi seg til 1 *(vie seg til)* devote
oneself to **2** *(forfalle til)* indulge in
hengiven adj. devoted, attached
hengivenhet subst. *m/f* attachment,
devotion, affection
hengsel subst. *m/f/n* hinge
hengslete adj. lanky
henholdsvis adverb respectively
henlegge verb **1** *(flytte)* transfer,
remove
  2 *(legge til side)* dismiss, drop
henne pronomen her
hennes determinativ
  1 *(sammen med substantiv)* her
  • *det er hennes bil* it is her car
  2 *(uten substantiv)* hers
  • *er den hennes?* is that hers?
henrette verb execute
henrettelse subst. *m* execution
hensikt subst. *m* intention, purpose
hensiktsløs adj. pointless, futile

hensiktsmessig adj. appropriate, suitable

henslengt adj. **1** *(kastet bort)* discarded, thrown away
2 *(tilfeldig)* casual

henstille verb request, ask

henstilling subst. *m/f* request

hensyn subst. *n* consideration
av hensyn til out of consideration for
uten hensyn til regardless of
vise hensyn be considerate

hensynsfull adj. considerate, thoughtful

hensynsløs adj. inconsiderate, thoughtless

hente verb fetch, get, go for, collect

hentyde verb allude, hint
hentyde til allude to, hint at

henvendelse subst. *m* application, request

henvise verb refer

henvisning subst. *m/f*
1 *(til lege e.l.)* referral
2 *(i bok e.l.)* reference

hepatitt subst. *m (sykdom)* hepatitis

her adverb here

herberge subst. *n*
1 *(gjestgiversted)* hostel
2 *(for hjemløse)* shelter

herde verb harden

heretter adverb from now on, henceforth

herfra adverb from here

herje verb ravage

herlig adj. excellent, brilliant, glorious

herlighet subst. *m*
1 *(fullkommenhet)* glory
2 *(noe som er herlig)* splendour, magnificence

herme (etter) verb mimic, copy

hermekråke subst. *m/f* copycat

hermetikk subst. *m* tinned food, canned food

hermetikkboks subst. *m* tin, can

hermetisk adj. **1** *(lufttett)* hermetic
2 *(om mat)* tinned, canned

heroin subst. *m* heroin

heroisk adj. heroic

herpes subst. *m (sykdom)* herpes

herr subst. *m* Mister, Mr.

herre subst. *m* **1** gentleman
2 *(med rang)* lord, master

herred subst. *n* county

herredømme subst. *n* dominion, control

herregård subst. *m* manor

herretoalett subst. *n* men's lavatory, men's room

herse verb *bare i uttrykk*
herse med bully, push around

herskapshus subst. *n* manor

hersker subst. *m* ruler

herskerinne subst. *m/f* ruler, mistress

hertug subst. *m* duke

hertuginne subst. *m/f* duchess

herved adverb hereby

hes adj. hoarse

heslig adj. hideous

hest subst. *m* horse

hestehale subst. *m*
1 *(hale på hest)* horsetail
2 *(frisyre)* ponytail

hestehov subst. *m*
1 *(hestens hov)* horse's hoof
2 *(blomst)* coltsfoot

hestekraft subst. *m/f* horsepower

hestesko subst. *m* horseshoe

hesteveddeløp subst. *n* horse racing

het[1] verb *se* ►hete[2]

het[2] adj. hot

hete[1] subst. *m* heat

hete[2] verb be called
hva heter du? what is your name?
jeg heter ... my name is ...

hetebølge subst. *m* heatwave

heterofil adj. heterosexual

heteroseksuell adj. heterosexual

heteslag subst. *n* heatstroke

hetse verb harass, torment

hett verb *se* ►hete[2]

hette subst. *m/f* hood

hettegenser subst. *m* hoody

hevd subst. *m (rett)* established custom, tradition

hevde verb claim, assert

heve verb **1** *(løfte)* lift, raise
2 *(matlaging)* rise
3 *(få utbetalt)* draw, receive
4 *(avslutte)* break off
heve seg over be above

hevelse subst. *m* **1** *(om deig)* rising
2 *(opphovning)* swelling

hevn subst. *m* revenge

hevne verb revenge, avenge

hevngjerrig adj. vindictive, vengeful

hi subst. *n* lair
gå i hi hibernate

hierarki subst. *n* hierarchy

hierarkisk adj. hierarchical

a b c d e f g h i j k l m n o p q r s t u v w x y z æ ø å

hige verb yearn
hijab subst. *m (muslimsk klesplagg)* hijab
hikke[1] subst. *m* hiccups
hikke[2] verb hiccup
hikst subst. *m/n* **1** *(gisp)* gasp
  2 *(hulk)* sob
hikste verb **1** *(gispe)* gasp
  2 *(hulke)* sob
hilse verb greet
hilsen subst. *m* greeting
  med vennlig hilsen yours sincerely,
  yours truly
himmel subst. *m* **1** sky
  2 *(religiøst)* heaven
himmelretning subst. *m* cardinal point
himmelrike subst. *n* heaven, paradise
himmelseng subst. *m/f* four-poster bed
himmelsk adj. heavenly, divine
hinder subst. *m* hindrance, obstacle
hinderløp subst. *n* steeplechase
hindi subst. *m/n (språk)* Hindi
hindre verb hinder, obstruct
hindring subst. *m/f* hindrance, obstacle
hindu subst. *m (religion)* Hindu
hinduisme subst. *m* Hinduism
hinduistisk adj. Hindu
hingst subst. *m* stallion
hinke verb **1** *(halte)* limp
  2 *(hoppe)* hop
hinne subst. *m/f* membrane
hiphop subst. *m* hip hop
hipp adj. hip, trendy
hippie subst. *m* hippie
hipster subst. *m*
  1 *(urban og trendy person)* hipster
  2 *(klesplagg)* hipsters *(oftest flertall)*
hisse verb excite, agitate
hissig adj. short-tempered
hissigpropp subst. *m* hothead, spitfire
historie subst. *m/f* **1** history
  2 *(fortelling)* story, tale
historiker subst. *m* historian
historisk adj. **1** *(om fortiden)* historical
  2 *(av historisk betydning)* historic
hit[1] subst. *m* hit, hit song
hit[2] adverb here, over here
  hit og dit here and there
  kom hit! come here!
hittegods subst. *n* lost and found
  property
hittegodskontor subst. *n* the lost and
  found (office)
hittil adverb this far, so far

hiv subst. *m (fork. for* human
  immunodeficiency virus*)* HIV
hive verb throw, toss
  hive etter pusten gasp for air
hivpositiv adj. HIV-positive
hjelm subst. *m* helmet
hjelp subst. *m* help
  ved hjelp av by means of
hjelpe verb help
hjelpeløs adj. helpless
hjelpemannskap subst. *n* emergency
  squad, rescue team
hjelpemiddel subst. *n* remedy
hjelper subst. *m* helper, assistant
hjelpsom adj. helpful
hjem[1] subst. *n* home
hjem[2] adverb home
hjemby subst. *m* home town
hjemkomst subst. *m* homecoming
hjemland subst. *n* native country,
  homeland
hjemlengsel subst. *m* homesickness
hjemlig adj. domestic, homelike
hjemløs adj. homeless
hjemme adverb (at) home
hjemmebakt adj. home-made
hjemmebane subst. *m* home ground,
  home
hjemmebrent subst. *m/n*
  moonshine *(mest amer.)*
hjemmel subst. *m*
  1 *(jus, rettsgrunnlag)* legal authority
  2 *(lovlig atkomst til)* lawful title
hjemmelaget adj. home-made
hjemmelekse subst. *m/f* homework
hjemmeoppgave subst. *m* homework
hjemmeseier subst. *m* home win
hjemmeværende adj. stay-at-home
hjemover adverb homeward(s),
  towards home
hjemsted subst. *n* home town,
  place of origin
hjemvei subst. *m* way home
  på hjemveien on one's way home
hjerne subst. *m* brain
hjerneblødning subst. *m/f* cerebral
  haemorrhage
hjerneflukt subst. *m* brain drain
hjernehinnebetennelse subst. *m*
  (sykdom) meningitis
hjernerystelse subst. *m* concussion
hjerneskade subst. *m* brain damage
hjerneslag subst. *n* stroke
hjernevaske verb brainwash

hjerte subst. *n* heart
hjertebank subst. *m* palpitation
hjerteinfarkt subst. *n* infarct,
heart attack
hjerte-kar-sykdom subst. *m*
cardiovascular disease
hjerteknuser subst. *m* heartbreaker
hjertelig adj. *(inderlig)* heartfelt
hjerteløs adj. callous, heartless
hjerter subst. *flt. (i kortstokk)* hearts
hjerterå adj. ruthless, callous
hjerteskjærende adj. heartbreaking
hjerteslag subst. *n* heartbeat
hjertesorg subst. *m/f* heartache
hjort subst. *m* deer *(i flertall: deer)*
hjul subst. *n* wheel
hjulaksel subst. *m* wheel axle
hjulbent adj. bow-legged
hjulspor subst. *n* wheel track
hjørne subst. *n* corner
hjørnespark subst. *n* corner
hjørnestein subst. *m* cornerstone
hjørnetann subst. *m/f* canine
hobby subst. *m* hobby
hockey subst. *m (sport)* hockey
hode subst. *n* head
hodebunn subst. *m* scalp
hodekulls adverb headlong
hodelag subst. *n (på hest)* bridle
hodeløs adj. headless
hodepine subst. *m* headache
hodepute subst. *m/f* pillow
hoderegning subst. *m/f* head
reckoning, head calculation
hodeskalle subst. *m* skull, cranium
hodetelefon subst. *m* head phones
hoff subst. *n* court
hoffdame subst. *m/f* lady-in-waiting
hofte subst. *m/f* hip
hogg subst. *n* cut, chop
hogst subst. *m (felling av trær)* felling,
logging
hold subst. *n* **1** *(smerte i siden)* stitch
2 *(avstand)* range, distance
3 *(kilde)* source
holdbar adj. **1** *(varig)* durable, lasting
2 *(gangbar)* tenable, valid
holdbarhet subst. *m/f* durability
holdbarhetsdato subst. *m* use-by date,
best-before date
holde verb **1** hold
2 *(holde seg, beholde)* keep
3 *(være nok)* do, be enough

4 *(vare)* last
holde en tale give a speech
holde ut stand, endure
holdeplass subst. *m* stop
holdepunkt subst. *n* basis, ground
holdning subst. *m/f*
1 *(kroppsføring)* posture
2 *(innstilling)* attitude
holdt verb *se* ►holde
hollandsk adj. Dutch
holme subst. *m* islet
holocaust subst. *m* the Holocaust
holt subst. *n* grove
homo adj. gay, homosexual, queer
homofil adj. homosexual, gay
homofili subst. *m* homosexuality
homofobi subst. *m* homophobia
homoseksualitet subst. *m*
homosexuality
homoseksuell adj.
1 *(menn)* homosexual, gay
2 *(kvinner)* homosexual, lesbian, gay
homse subst. *m* gay
honning subst. *m* honey
honnør subst. *m* **1** *(heder)* honour
2 *(militærvesen, hilsen)* salute
honorar subst. *n* fee
honorere verb pay
hop subst. *m* **1** *(haug)* heap, pile
2 *(flokk)* crowd
hope verb *(hest)* back
hope opp/sammen pile (up)
hope seg opp pile up
hopp subst. *n* jump, leap
hoppbakke subst. *m* ski jump,
jumping hill
hoppe[1] subst. *m/f (merr)* mare
hoppe[2] verb jump, leap
hoppe av jump off, hop off
hoppe over skip
hoppetau subst. *n* skipping rope,
jump rope *(amer.)*
hopprenn subst. *n* ski jumping
competition
hore subst. *m/f* whore *(nedsettende)*,
prostitute
horisont subst. *m* horizon
hormon subst. *n* hormone
horn subst. *n* horn
hornhinne subst. *m/f* cornea
hornmusikk subst. *m* brass music
horoskop subst. *n* horoscope
hos preposisjon at, with
hjemme hos at someone's (home)

hospits subst. *n* shelter
hoste[1] subst. *m* cough
hoste[2] verb cough, have a cough
hostesaft subst. *m/f* cough syrup
hotell subst. *n* hotel
hotellrom subst. *n* hotel room
hov subst. *m (på dyr)* hoof
hovedkontor subst. *n* main office,
head office
hovedkvarter subst. *n* headquarters, HQ
hovedmeny subst. *m (IT)* main menu
hovedperson subst. *m* main character,
protagonist
hovedrett subst. *m* main course
hovedrolle subst. *m/f* leading part
hovedsakelig adj. mainly, primarily
hovedsetning subst. *m/f (grammatikk)*
main clause
hovedstad subst. *m* capital
hovedvei subst. *m* main road
hovedvekt subst. *m/f* emphasis,
main stress
hoven adj. **1** *(oppsvulmet)* swollen
2 *(overlegen)* stuck-up, arrogant
hovere verb gloat, exult
hovmester subst. *m*
1 *(yrke)* head waiter
2 *(gammeldags)* butler
hovmod subst. *n* arrogance, haughtiness
hovmodig adj. haughty, arrogant
hovne verb swell
hovne opp swell up
hud subst. *m/f* **1** skin
2 *(avflådd hud)* hide, leather
hudfarge subst. *m* skin colour,
complexion *(særlig om ansiktsfarge)*
hudkreft subst. *m* skin cancer
hudpleie subst. *m* skin care
hugge verb cut, chop
hugge ut carve
huggorm subst. *m* viper, adder
huggtann subst. *m/f* fang, tusk
hugst subst. *m (felling av trær)* felling,
logging
huk subst. *m bare i uttrykk*
sitte på huk crouch, squat
huke verb grab, catch
huke seg ned squat down,
crouch down
hukommelse subst. *m* memory
hukommelsestap subst. *n* amnesia
hul adj. hollow
hulder subst. *m/f (folketro)*
wicked wood nymph

hule[1] subst. *m/f* cave, cavern *(stor)*, den
hule[2] verb *bare i uttrykk*
hule ut hollow out
hulke verb sob
hull subst. *n* **1** *(grop)* hole
2 *(i tann)* cavity
3 *(tomrom)* gap
hullemaskin subst. *m* hole punch
hullete adj. full of holes
hulrom subst. *n* cavity
hulter adverb *bare i uttrykk*
hulter til bulter pell-mell
human adj. humane
humanetiker subst. *m* humanist
humanisme subst. *m* humanism
humanist subst. *m* humanist
humanistisk adj. humanistic, humanist
humanitær adj. humanitarian
humle subst. *m/f (insekt)* bumblebee
hummer subst. *m* lobster
hummerteine subst. *m/f* lobster pot
humor subst. *m* humour,
sense of humour
humoristisk adj. humorous, humoristic
hump subst. *m* bump
humpe verb bump
humør subst. *n* mood, temper
dårlig humør bad mood, bad temper
godt humør good mood
hun pronomen she
hund subst. *m* dog, hound *(jakthund)*
hundre determinativ hundred
hundredel subst. *m* hundredth
hunger subst. *m* hunger
hungersnød subst. *m* famine
hunkjønn subst. *n*
1 *(biologi, kvinnelig kjønn)* female sex
2 *(grammatisk kjønn)* feminine
hunn subst. *m* female, she
hurpe subst. *m/f (nedsettende)* bitch,
cow
hurra[1] subst. *n* hurrah, cheer
hurra[2] interjeksjon hurrah, hooray,
cheers
hurtig adj. fast, quick, swift
hurtighet subst. *m* speed, swiftness
hurtigminne subst. *n (IT)* cache
hus subst. *n* house, building
husarbeid subst. *n* housework
husarrest subst. *n* house arrest
få husarrest be grounded
husdyr subst. *n* **1** *(landbruk)* farm
animal, livestock
2 *(kjæledyr)* (household) pet

huse verb house
hushjelp subst. *m/f* maid
husholdning subst. *m/f*
  1 *(familie)* household
  2 *(virksomhet)* housekeeping
huske[1] subst. *m/f (leke)* swing
huske[2] verb *(minnes)* remember, recollect
huske[3] verb *(gynge)* swing
huskelapp subst. *m* memo
husleie subst. *m/f* rent
huslig adj. domestic
husly subst. *n* shelter
husmor subst. *m/f* housewife
husokkupant subst. *m* squatter
husstand subst. *m* household
hustru subst. *m/f* wife
husvert subst. *m* landlord, landlady *(kvinnelig)*
hutre verb shiver, tremble with cold
hva pronomen what
hval subst. *m* whale
hvalfangst subst. *m* whaling
hvalross subst. *m* walrus
hvass adj. keen, sharp
hvelve verb
  1 *(danne et hvelv)* arch, vault
  2 *(kantre)* overturn
hvelving subst. *m/f* arch, vault
hvem pronomen who
hver determinativ (hvert)
  1 *(samtlige)* every
  2 *(hver seg)* each • *de fikk to pølser hver* they got two hot dogs each
hverandre pronomen each other, one another
hverdag subst. *m* **1** *(ukedag)* weekday
  2 *(dagligliv)* everyday life
hverdagslig adj.
  1 *(dagligdags)* everyday, ordinary
  2 *(kjedelig)* monotonous
hverken konjunksjon *bare i uttrykk*
  hverken ... eller neither ... nor

hvese verb hiss
hvesse verb sharpen, whet
hvete subst. *m* wheat
hvetebrødsdager subst. *flt.* honeymoon
hvetemel subst. *n* wheat flour
hvil subst. *m* rest
hvile verb rest
hvileløs adj. restless
hvilken determinativ **1** *(hva slags)* what, what kind of
  2 *(hva for en)* which • *hvilken vil du ha?* which do you want?
  hvilken som helst any
hvin subst. *n* shriek, squeal
hvine verb shriek, squeal
hvis konjunksjon if, in case
  hvis ikke if not, unless
hviske verb whisper
hvit adj. white
Hviterussland stedsnavn Belarus
hvitevarer subst. *flt.* white goods
hvitløk subst. *m* garlic
hvitvaske verb whitewash, launder *(også om penger)*
hvitvasking subst. *m/f* money laundering
hvitveis subst. *m* wood anemone
hvor adverb **1** *(om sted)* where
  2 *(om grad)* how
hvorav adverb of which, of whom
hvordan adverb how
hvorfor adverb why
hvorvidt konjunksjon whether
hybel subst. *m* bedsit, bed-sitting room
hybelkanin subst. *m* dust bunny
hybelleilighet subst. *m/f* studio flat, one-room flat
hyene subst. *m* hyena
hygge[1] subst. *m/f* comfort, cosiness
hygge[2] verb have a good time, feel comfortable
  hygge seg enjoy oneself

a b c d e f g **h** i j k l m n o p q r s t u v w x y z æ ø å

hyggelig adj. nice, pleasant
  bare hyggelig my pleasure
hygiene subst. *m* hygiene
hygienisk adj. hygienic, sanitary
hykler subst. *m* hypocrite
hyklersk adj. hypocritical
hyl subst. *n* scream, howl
hyle verb howl, scream
hylle[1] subst. *m/f* **1** *(plate)* shelf
  2 *(i fjell)* ledge, shelf
hylle[2] verb *(hedre)* hail, cheer,
  pay tribute to
hyllest subst. *m* homage, tribute
hylse subst. *m/f* case, casing
hylster subst. *n* case, casing, cover
hyper adj. hyper *(hverdagslig)*
hyperaktiv adj. hyperactive,
  hyper *(hverdagslig)*
hypnose subst. *m* hypnosis
hypnotisere verb hypnotize
hypnotisk adj. hypnotic
hypokonder subst. *m* hypochondriac
hypotese subst. *m* hypothesis
hypotetisk adj. hypothetical
hyrde subst. *m* shepherd
hyre verb engage, hire
hyse subst. *m/f (fisk)* haddock
hysj *interjeksjon* hush
hysje verb hush
hyssing subst. *m* string
hysteri subst. *n* hysterics
hysterisk adj. hysterical
hytte subst. *m/f* cottage, cabin, hut
hæ *interjeksjon (hverdagslig, hva)*
  eh, what
hæl subst. *m* heel
hær subst. *m* army
Hæren egennavn the Norwegian Army
hærverk subst. *n* vandalism
høflig adj. polite, civil
høflighet subst. *m/f* politeness,
  courtesy, civility
hølje verb pour, rain cats and dogs
høne subst. *m/f* hen
høneblund subst. *m* catnap
høns subst. *flt.* fowl, poultry
hønsehus subst. *n* hen house
hønseri subst. *n* poultry farm
hørbar adj. audible
høre verb hear
  høre etter listen, pay attention
  høre til belong to, go with
høreapparat subst. *n* hearing aid
hørevidde subst. *m* earshot, hearing

hørsel subst. *m* hearing
hørselshemmet adj. hard of hearing,
  hearing-impaired
høst subst. *m* **1** *(årstid)* autumn,
  fall *(amer.)*
  2 *(innhøsting)* harvest
høste verb harvest, reap
høstferie subst. *m* autumn holiday
høsttakkefest subst. *m* Thanksgiving
høvding subst. *m* chief, chieftain
høvle verb plane
høy[1] subst. *n* hay
høy[2] adj. **1** high
  2 *(om personer og trær)* tall
  3 *(om lyd)* loud
høyde subst. *m* **1** height
  2 *(haug, ås)* elevation, height, hill
  3 *(over havet)* altitude
  4 *(musikk)* pitch
høydehopp subst. *n* high jump
høydepunkt subst. *n* peak, height
høydeskrekk subst. *m* fear of heights
Høyesterett egennavn
  the Supreme Court
høyforræderi subst. *n* high treason
høyhet subst. *m/f* highness
høyhus subst. *n* high-rise building
høykant subst. *m* edge
høykonjunktur subst. *m* boom
høylytt adj. **1** loud
  2 *(som adverb)* loudly, aloud
  • *de kranglet høylytt* they were arguing
  loudly
høymesse subst. *m/f* morning service
  (protestantisk), High Mass *(katolsk)*
høyne verb **1** *(heve)* elevate, raise,
  heighten
  2 *(forbedre)* improve, refine
  3 *(kortspill)* raise
høyonn subst. *m/f* haymaking
høyre[1] subst. *n (politikk)*
  the Conservative Party
høyre[2] adj. right
høyreekstremist subst. *m*
  right-wing extremist
høyrehendt adj. right-handed
høyrevridd adj. right-wing
høyrøstet adj. loud, loudmouthed
høysesong subst. *m* peak season
høyskole subst. *m* university college
høyspenning subst. *m/f* high voltage,
  high tension
høyst adverb **1** *(veldig)* highly, most
  2 *(maksimalt)* at the most, maximum

høystakk subst. *m* haystack
høyteknologi subst. *m* high technology, high tech *(hverdagslig)*
høytid subst. *m/f* festival, feast, holiday
høytidelig adj. **1** formal, solemn
2 *(som adverb)* solemnly, seriously
• *ikke ta deg selv så høytidelig* don't take yourself too seriously
høytrykk subst. *n* high-pressure
høytstående adj. high-standing, high-ranking
høyttaler subst. *m* speaker
høyttravende adj. high-flown, pompous
høyvann subst. *n* high tide
Haag stedsnavn The Hague
hån subst. *m* scorn, disdain
hånd subst. *m/f* hand
håndarbeid subst. *n*
1 *(strikking e.l.)* needlework
2 *(arbeid utført med hånden)* handwork
håndbagasje subst. *m* hand luggage
håndball subst. *m* handball
håndballbane subst. *m* handball court
håndballkamp subst. *m* handball match
håndballspiller subst. *m* handball player, handballer
håndbevegelse subst. *m* hand movement, gesture
håndbok subst. *m/f* manual, handbook
håndfast adj. *(konkret)* tangible
håndflate subst. *m/f* palm
håndfull subst. *m* handful
håndgranat subst. *m* hand grenade
håndheve verb **1** *(opprettholde)* uphold, maintain
2 *(gjøre gyldig)* enforce
håndhilse verb shake hands
håndjern subst. *n* handcuffs

håndkle subst. *n* towel
håndlaget adj. handmade
håndledd subst. *n* wrist
håndskrevet adj. handwritten
håndskrift subst. *m/f* handwriting
håndsopprekning subst. *m/f* show of hands
håndsrekning subst. *m/f* hand, helping hand
håndtak subst. *n* handle
håndtere verb handle, manage
håndtrykk subst. *n* handshake
håndvask subst. *m*
1 *(vask av hendene)* hand washing
2 *(klesvasking for hånd)* handwash
håndverk subst. *n* craft, trade
håndverker subst. *m* craftsman, artisan
håndveske subst. *m/f* handbag, purse *(amer.)*
håne verb mock, scorn
hånlig adj. scornful, mocking
håp subst. *n* hope
håpe verb hope
håpefull adj. hopeful, promising
håpløs adj. hopeless, desperate
hår subst. *n* hair
hårbørste subst. *m* hairbrush
hårete adj. hairy
hårfin adj. subtle, minute
hårføner subst. *m* hairdryer, blow-dryer
hårnål subst. *m/f* hairpin
hårreisende adj. hair-raising
hårsbredd subst. *m* hair's breadth
hårspenne subst. *m/f* hairclip, bobby pin *(amer.)*
hårspray subst. *m* hairspray
hårsår adj. **1** *(om hår)* sensitive
2 *(overført)* touchy, easily offended
håv subst. *m* landing net

i

i preposisjon **1** *(om sted)* in, to *(foran navn på reisemål e.l.)* • I'm in York
• *vi har vært i London* we've been to London
2 *(om tidspunkt)* in, this • *vi skal på kamp i ettermiddag* we're going to a match this afternoon
3 *(om tidsperiode)* for

• the play lasted for three hours
4 *(når det gjelder)* in, at
• she is good at math
iaktta verb watch, observe
iakttagelse subst. *m* observation
iallfall adverb *eller* **i alle fall** anyway, at least
iblant[1] preposisjon among, amongst

a b c d e f g h i j k l m n o p q r s t u v w x y z æ ø å

iblant² adverb sometimes, occasionally
en gang iblant once in a while
i dag adverb today
idé subst. *m* idea
ideal subst. *n* ideal
idealist subst. *m* idealist
idealistisk adj. idealistic
ideell adj. ideal, perfect
idéhistorie subst. *m/f (fag)*
  history of ideas
idémyldring subst. *m/f* brainstorming
identifikasjon subst. *m* identification
identifisere verb identify
identisk adj. identical
identitet subst. *m* identity
ideologi subst. *m* ideology
idet konjunksjon as, just as, when
idiot subst. *m* idiot, moron
idiotisk adj. idiotic, stupid
idol subst. *n* idol
idrett subst. *m* sports, athletics
idrettsanlegg subst. *n* sports grounds,
  sports centre
idrettsbane subst. *m* sports field
idrettshall subst. *m* sports hall
idrettslag subst. *n* athletic club,
  sports club
idrettsplass subst. *m* sports ground,
  stadium
idrettsutøver subst. *m* athlete,
  sportsman *(om mann)*,
  sportswoman *(om kvinne)*
idyll subst. *m* idyll
idyllisk adj. idyllic
i fjor adverb last year
i forfjor adverb the year before last
i forgårs adverb the day before
  yesterday
ifølge preposisjon according to
igjen adverb **1** *(på nytt)* again
  • *vi møtes igjen* we'll meet again
  2 *(tilbake)* back • *jeg kommer igjen*
  I'll be back
  3 *(til overs)* left, spare • *er det noe
  kake igjen?* is there any cake left?
  4 *(lukket)* shut, closed
  om igjen one more time
igjennom preposisjon through
igle subst. *m/f* leech
ignorere verb ignore
i går adverb yesterday
iherdig adj. energetic, persistent
i hjel adverb to death, dead

ikke adverb not • *ikke gjør det!* don't do
  it! • *jeg hører deg ikke* I cannot hear
  you
ikke-røyker subst. *m* non-smoker
ikon subst. *m/n* icon
i kveld adverb tonight
i-land subst. *n (fork. for* industriland*)*
  industrialized nation, developed nation
ild subst. *m* fire
ilder subst. *m* ferret
ildfast adj. **1** *(brannsikker)* fireproof
  2 *(om fat)* oven proof
ildflue subst. *m/f* firefly
ildsjel subst. *m/f* enthusiast
ildspåsetting subst. *m/f* arson
ildsted subst. *n* fireplace
ile verb **1** *(skynde seg)* hasten, hurry
  2 *(fare)* run
ille adj. **1** bad, awful
  2 *(som adverb)* badly, awfully
  • *han snakker ofte ille om andre*
  he often speaks badly of others
illebefinnende subst. *n* indisposition
illegal adj. illegal, unlawful
illeluktende adj. stinking, smelly
illevarslende adj. ominous, foreboding
illojal adj. disloyal, unfaithful
illusjon subst. *m* illusion, delusion
illustrasjon subst. *m* illustration
illustrere verb illustrate
ilter adj. hot-tempered, fiery
image subst. *m/n* public image, image
imam subst. *m* imam
imellom preposisjon **1** between
  2 *(som adverb: mellom)* in between
  • *she dropped her phone in between
  the seats*
  3 *(som adverb: iblant)* occasionally,
  sometimes • *jeg går på kino en gang
  imellom* I go to the cinema once in a
  while
imens adverb while, meanwhile
imidlertid¹ adverb nevertheless, still
imidlertid² konjunksjon however
imitasjon subst. *m* imitation
imitator subst. *m* imitator, impersonator
imitere verb imitate
immigrant subst. *m* immigrant
immigrasjon subst. *m* immigration
immun adj. immune
immunforsvar subst. *n* immune system
immunitet subst. *m* immunity
i morgen adverb tomorrow
i morges adverb this morning

imot preposisjon against, towards *(i retning mot)* • the dog came running towards us
  være imot noe be against something
imperativ subst. *m/n (grammatikk)* the imperative mood
imperialisme subst. *m* imperialism
imperialist subst. *m* imperialist
imperialistisk adj. imperialist(ic)
imperium subst. *n* empire
implisitt adj. *(underforstått)* implicit, implied
imponere verb impress, dazzle
imponerende adj. impressive, striking
import subst. *m* import, importation
importere verb import
importør subst. *m* importer
impotens subst. *m* impotence
impotent adj. impotent
impregnere verb impregnate
impregnering subst. *m/f* impregnation
impresjonisme subst. *m* Impressionism
improvisasjon subst. *m* improvisation
improvisere verb improvise
impuls subst. *m* impulse
impulsiv adj. impulsive, spontaneous
imøtegå verb oppose, counter
imøtekommende adj. obliging
in adj. *(på moten)* in, trendy, hot
incest subst. *m* incest
indeks subst. *m* index
inder subst. *m* Indian
indianer subst. *m (i USA)* American Indian, Native American
indiansk adj. Indian, American Indian, Native American
indikator subst. *m* indicator, signal
indikere verb indicate, suggest
indirekte adj. indirect
indisk adj. Indian
indiskré adj. indiscreet
individ subst. *n* individual
individualist subst. *m* individualist
individuell adj. individual
indre[1] subst. *n*
  1 *(innvendig del)* interior, inner
  2 *(tanker, følelser)* inside, mind
indre[2] adj. interior, internal, inner
indrefilet subst. *m* tenderloin
industri subst. *m* industry
industriarbeider subst. *m* industrial worker
ineffektiv adj. ineffective, inefficient
infanteri subst. *n* infantry

infeksjon subst. *m* infection
infiltrere verb infiltrate
infinitiv subst. *m (grammatikk)* infinitive
infisere verb infect
inflasjon subst. *m* inflation
influensa subst. *m* influenza, the flu
informasjon subst. *m* information
informatikk subst. *m (IT)* information science, information technology
informere verb inform
infrarød adj. infrared
infrastruktur subst. *m* infrastructure
ingefær subst. *m* ginger
ingefærøl subst. *n* ginger ale
ingen determinativ **1** no
  • there were no clouds in the sky
  2 *(som subst.: ingen personer eller ting)* nobody, no one • *det var ingen hjemme* there was nobody at home
ingeniør subst. *m* engineer
ingenting determinativ nothing
ingrediens subst. *m* ingredient
inhabil adj. incompetent, disqualified
inhalere verb inhale, breathe in
initial subst. *m* initial
initiativ subst. *n* initiative
initiativtager subst. *m* initiator
injeksjon subst. *m* injection
injurie subst. *m* defamation, slander
inkasso subst. *m* debt collection
inkludere verb include, incorporate
inklusive preposisjon inclusive, including
inkompetent adj. incompetent
inkonsekvent adj. inconsistent
inkontinens subst. *m* incontinence
inn[1] adverb in
  inn i into
inn[2] preposisjon in, into
innad adverb in, into, inwards
innadvendt adj. introverted
innarbeide verb
  1 *(gjøre kjent)* work in/up
  2 *(føye inn)* incorporate, introduce
innavl subst. *m* inbreeding
innbakt adj. baked in, baked into
innbefatte verb include, comprise
innbetaling subst. *m/f* payment, deposit
innbille verb convince, persuade
  innbille seg imagine, fancy
innbilsk adj. conceited
innbilt adj. imaginary, imagined
innbinding subst. *m/f* binding, cover

innblanding subst. *m/f* meddling, interference

innblikk subst. *n* insight

innbringende adj. lucrative, profitable

innbrudd subst. *n* break-in, burglary

innbruddstyv subst. *m* burglar

innbydelse subst. *m* invitation

innbygger subst. *m* inhabitant, citizen *(i stat)*

innbytter subst. *m (sport)* substitute, alternate

inndele verb divide, separate

inndeling subst. *m/f*
1 *(oppdeling)* division
2 *(klassifisering)* classification

inndra verb **1** *(beslaglegge)* confiscate
2 *(oppheve)* suspend *(midlertidig)*, cancel

inne adverb in
inne i inside, in

innebandy subst. *m (sport)* floorball

innebygd adj. built-in

innebære verb involve, imply

innehaver subst. *m*
1 *(eier)* proprietor, owner
2 *(av tittel e.l.)* holder

inneholde verb contain, hold

inneklima subst. *n* indoor climate

innen[1] preposisjon
1 *(innenfor)* on, within
2 *(i løpet av)* by, within

innen[2] konjunksjon *(før)* before

innendørs adj. **1** indoor, inside
2 *(som adverb)* indoors • *vi har nok å gjøre innendørs* we have enough to do indoors

innenfor preposisjon **1** within
2 *(som adverb: på innsiden)* inside

innenfra adverb from inside, from within

innenlands adj. **1** domestic, inland
2 *(som adverb: i landet)* domestically
• *skal du reise innenlands?* are you travelling domestically?

innenriks adj. domestic, home

innerst adj. **1** innermost, inmost
2 *(som adverb)* innermost, furthest in
• *my rucksack is the innermost one*
innerst inne 1 *(i kjernen)* at the core
2 *(om følelser e.l.)* deep down

innesluttet adj. reserved

innesperret adj. shut up, locked up

innestengt adj. **1** shut up, locked up
2 *(om luft)* stuffy, close

innfall subst. *n* idea, whim

innfatning subst. *m/f* mounting, rim *(om briller)*, frame

innflytelse subst. *m* influence
ha innflytelse på influence

innflytelsesrik adj. influential

innfløkt adj. complex

innfri verb **1** *(betale tilbake)* redeem
2 *(oppfylle)* honour, meet

innfødt adj. indigenous, native

innføre verb **1** introduce, insert
2 *(bringe inn i landet)* import

innføring subst. *m/f* introduction

innførsel subst. *m* import, importation

inngang subst. *m* **1** entrance
2 *(tilkoblingssted)* input

inngangspenger subst. *flt.* entrance fee, admission

inngiftet adj. married into the family

inngravere verb engrave

inngrep subst. *n* **1** *(innblanding)* encroachment, intervention
2 *(behandling)* operation, surgery

inngrodd adj.
1 *(som er vokst inn)* ingrown
2 *(som sitter godt fast)* deep-rooted, ingrained

inngå verb be included in, enter into

innhegning subst. *m/f* enclosure, paddock *(for hester)*

innhente verb **1** *(skaffe seg)* get, obtain
2 *(ta igjen)* catch up, overtake

innhold subst. *n* content(s)

innholdsfortegnelse subst. *m* table of contents

inni[1] adverb (on the) inside

inni[2] preposisjon inside, in

innimellom adverb in between

innkalle verb summon, call in

innkallelse subst. *m* summons

innkassere verb collect

innkast subst. *n (sport)* throw-in

innkjøp subst. *n* purchase

innkjøring subst. *m/f* drive, driveway

innkreving subst. *m/f* collection

innkvartere verb lodge, accommodate

innkvartering subst. *m/f* lodging, accommodation

innlagt adj. hospitalized

innland subst. *n* interior, inland area
inn- og utland at home and abroad

innlede verb start, begin

innledende adj. preliminary
innledning subst. *m/f* introduction, opening
innlegg subst. *n*
1 *(uttalelse)* contribution
2 *(jus)* plea
innleggelse subst. *m* hospitalization
innleggssåle subst. *m* insole, shoe insert
innlemme verb include, incorporate
innlevere verb hand in
innlevering subst. *m/f* **1** handing in
2 *(skriftlig lekse)* written assignment, hand-in exercise
innlysende adj. obvious
innløse verb redeem
innmari adj. **1** dreadful, terrible
2 *(som adverb: veldig)* dreadfully, terribly • *hun var innmari sen* she was terribly late
innmat subst. *m*
1 *(dyreinnvoller)* offal, pluck
2 *(innhold)* contents
innmeldt adj. enrolled, registered
innom adverb in, by
innordne verb conform
innover[1] adverb inwards
innover[2] preposisjon **1** *(inn over)* over, along
2 *(lenger inn i)* into, across
innpakket adj. wrapped up
innpakning subst. *m/f* wrapping, packing
innpakningspapir subst. *n* wrapping paper
innpå adverb **1** *(bortimot)* close to, near
2 *(inn)* in
innpåsliten adj. clinging
innrede verb furnish, fit out
innredning subst. *m/f* interior
innreise subst. *m* entry
innretning subst. *m/f* device
innrykk subst. *n* **1** *(om tekst)* indentation
2 *(tilstrømning)* influx, inflow
innrømme verb admit
innrømmelse subst. *m* confession, admission
innsamling subst. *m/f* collection, fund-raising *(om penger)*
innsamlingsaksjon subst. *m* fundraiser
innsats subst. *m* **1** effort
2 *(beløp i spill)* stake, pool
innse verb realize
innside subst. *m/f* inside

innsidehandel subst. *m* insider dealing, insider trading
innsigelse subst. *m* objection
innsikt subst. *m* insight, understanding
innsjekking subst. *m/f* check-in
innsjø subst. *m* lake
innskrenke verb reduce, restrict
innskrift subst. *m* inscription
innskrumpet adj. shrunken, shrivelled
innskudd subst. *n* **1** *(i bank)* deposit
2 *(på leilighet)* premium
innskytelse subst. *m* sudden thought, impulse
innslag subst. *n* **1** *(del av hele)* element
2 *(om nyheter)* story
innsnevring subst. *m/f* narrowing
innspill subst. *n*
1 *(forslag)* contribution, suggestion
2 *(sport)* pass, cross
innstendig adj. urgent, earnest
innstille verb **1** *(tilpasse)* adjust, set
2 *(stanse)* cancel
3 *(foreslå)* propose, nominate
innstilling subst. *m/f*
1 *(regulering)* adjustment, setting
2 *(holdning)* attitude
3 *(forslag til utnevnelse)* proposal, nomination
4 *(avlysning)* cancellation
innta verb **1** *(ta)* take
2 *(spise)* have, eat
inntekt subst. *m/f* income
inntektskilde subst. *m* source of income
inntektsskatt subst. *m* income tax
inntil[1] adverb **1** *(nær)* close
2 *(opptil)* up to
inntil[2] preposisjon **1** *(inn mot)* against • *he leaned against the wall*
2 *(frem til)* until, till
inntil[3] konjunksjon until, till
inntreffe verb occur, happen
inntrengende adj. urgent
inntrenger subst. *m* intruder
inntrykk subst. *n* impression
gjøre inntrykk på impress
innunder adverb under
innvandre verb immigrate
innvandrer subst. *m* immigrant
innvandring subst. *m/f* immigration
innvende verb object, protest
innvendig adj. **1** internal, inside
2 *(som adverb)* internally, inwardly • *innvendig kokte hun av sinne* inwardly, she was boiling with anger

a b c d e f g h i j k l m n o p q r s t u v w x y z æ ø å

innvending subst. *m/f* objection, protest
innvie verb **1** *(ta i bruk)* inaugurate, open
2 *(gjøre delaktig)* initiate, let in on
innvielse subst. *m* **1** *(åpning)* inauguration, opening
2 *(rituale)* initiation
innviklet adj. **1** *(vanskelig)* complicated
2 *(sammensatt)* complex, intricate
innvilge verb grant
innvirke verb influence, affect
innvirkning subst. *m/f* influence, impact
innvoller subst. *flt.*
1 *(hos mennesker)* bowels, intestines
2 *(hos dyr)* entrails
innvortes adj. internal
innøve verb learn, learn by heart
insekt subst. *n* insect
insistere verb insist
inspeksjon subst. *m* inspection, supervision
inspektør subst. *m* inspector, supervisor
inspirasjon subst. *m* inspiration
inspirere verb inspire
inspisere verb inspect, examine
installasjon subst. *m* installation
installere verb install
instans subst. *m*
1 *(myndighet)* authority
2 *(domstol)* legal authority
instinkt subst. *n* instinct
instinktiv adj. instinctive
institusjon subst. *m* institution
institutt subst. *n* institute, institution
instruere verb instruct
instruks subst. *m* instruction
instruksjon subst. *m* instruction
instruktør subst. *m* instructor, coach
instrument subst. *n* instrument
insulin subst. *n* insulin
intakt adj. intact
integrere verb integrate
integrering subst. *m/f* integration
integritet subst. *m* integrity
intellektuell adj. intellectual
intelligens subst. *m* intelligence
intelligent adj. intelligent, smart
intens adj. intense
intensitet subst. *m* intensity
intensiv adj. intensive
interessant adj. interesting
interesse subst. *m* interest
interessekonflikt subst. *m* conflict of interest

interessere verb interest
interessert adj. interested
interiør subst. *n* interior
interjeksjon subst. *m (utropsord)* interjection
intern adj. internal
internasjonal adj. international
internat subst. *n* hall of residence, dormitory *(amer.)*
internatskole subst. *m* boarding school
internere verb intern
interneringsleir subst. *m* internment camp, detention camp
internett subst. *n eller* **Internett** (the) Internet
internettadresse subst. *m/f eller* **Internett-adresse** Internet address, URL
internminne subst. *n (IT)* internal memory
intervall subst. *n* interval
intervju subst. *n* interview
intervjue verb interview
intetanende adj. unsuspecting
intetkjønn subst. *n (grammatikk)* neuter
intetsigende adj. meaningless
intifada subst. *m (palestinsk opprør)* intifada
intim adj. intimate
intimsone subst. *m/f* personal space
intoleranse subst. *m* intolerance
intolerant adj. intolerant
intonasjon subst. *m* intonation
intranett subst. *n* intranet
intravenøs adj. intravenous, IV
intrige subst. *m* intrigue
introduksjon subst. *m* introduction
introdusere verb introduce
introvert adj. *(innadvendt)* introverted
intuisjon subst. *m* intuition
intuitiv adj. intuitive
invadere verb invade
invalid adj. disabled, handicapped
invasjon subst. *m* invasion
inventar subst. *n* furniture
investere verb invest
investering subst. *m/f* investment
investor subst. *m* investor
invitasjon subst. *m* invitation
invitere verb invite, ask
involvere verb involve
IP-adresse subst. *m (IT)* IP address
IQ subst. *m (fork. for* intelligenskvotient*)* IQ

Irak stedsnavn Iraq
iraker subst. *m* Iraqi
irakisk adj. Iraqi
Iran stedsnavn Iran
iraner subst. *m* Iranian
iransk adj. Iranian
ire subst. *m* Irishman, Irishwoman
irettesette verb reprimand, correct
irettesettelse subst. *m* reprimand, correction
iris subst. *m* iris
Irland stedsnavn Ireland
ironi subst. *m* irony
ironisk adj. ironic
irrasjonell adj. irrational
irrelevant adj. irrelevant
irritabel adj. irritable
irritasjon subst. *m* irritation
irritere verb annoy, irritate
irriterende adj. annoying, irritating
irritert adj. annoyed, irritated
  irritert på annoyed at, annoyed with
irsk adj. Irish
is subst. *m* **1** *(frosset vann)* ice
  2 *(iskrem)* ice cream
isbit subst. *m* ice cube
isbjørn subst. *m* polar bear
isbre subst. *m* glacier
iscenesette verb stage
isdans subst. *m* ice dance
ise verb freeze
isfjell subst. *n* iceberg
ishall subst. *m* ice hall
ishockey subst. *m* ice hockey
isjias subst. *m (sykdom)* sciatica
iskald adj. ice-cold, cold as ice

iskrem subst. *m* ice cream
islam subst. Islam
islamisme subst. *m* Islamism
islamist subst. *m* Islamist
islamsk adj. Islamic
Island stedsnavn Iceland
islandsk adj. Icelandic
islending subst. *m* Icelander
isolasjon subst. *m* **1** isolation
  2 *(beskyttelse)* insulation
isolere verb **1** isolate
  2 *(beskytte)* insulate
isolert adj. **1** isolated
  2 *(beskyttet)* insulated
ispinne subst. *m* ice lolly
israeler subst. *m* Israeli
israelsk adj. Israeli
isse subst. *m* crown
istapp subst. *m* icicle
isteden adverb *eller* **i stedet** instead
istedenfor adverb *eller* **i stedet for** instead of
istid subst. *m/f* ice age
IT subst. *m* IT, information technology
Italia stedsnavn Italy
italiener subst. *m* Italian
italiensk adj. Italian
IT-system subst. *n* computer system
ivareta verb take care of, look after
iver subst. *m* eagerness, keenness
iverksette verb put into effect, carry out
ivrig adj. eager, keen, enthusiastic
iøynefallende adj. conspicuous, eye-catching
i år adverb this year

ja *interjeksjon* **1** yes
  2 *(innledningsord)* well, why • *ja, dette var store greier* why, this is great
  ja takk yes, thanks, yes, please
  ja vel very well, all right
  ja visst certainly, of course
jafs subst. *m/n* gulp, bite
  i en jafs in one mouthful
jag subst. *n* rush, haste
jage verb **1** *(forfølge)* hunt down, chase
  2 *(fyke)* dart
  3 *(om dyr)* prey on

  jage bort drive away
jagerfly subst. *n* fighter
jakke subst. *m/f* jacket, coat
jakt subst. *m/f* **1** *(det å jakte)* hunting
  2 hunt
jammen adverb indeed, certainly
jammer subst. *m* **1** *(klagerop)* wailing, complaining
  2 *(elendighet)* misery
januar subst. *m* January
japaner subst. *m* Japanese
japansk adj. Japanese

jarl subst. *m* earl
jaså adverb really
jatte verb go along, play along
  jatte med play along with
jazz subst. *m* jazz
jeans subst. *m* jeans *(verbet skal stå i flertall)*
jeg pronomen I
jeger subst. *m* hunter
jekk subst. *m* jack
jekke verb jack
  jekke seg ned pipe down
jeksel subst. *m* molar
jenke verb adapt, adjust
  jenke seg conform, adapt
jente subst. *m/f* girl
jern subst. *n* iron
jernalder subst. *m* Iron Age
jernbane subst. *m* railway
jernbanestasjon subst. *m* railway station
jernbanevogn subst. *m/f* railway carriage, railroad car *(amer.)*
jernhånd subst. *m* iron hand, iron fist
jernmangel subst. *m* iron deficiency
jernteppe subst. *n*
  1 *(historisk)* Iron Curtain
  2 *(hukommelsestap)* mental block, blank
jernvare subst. *m* hardware, ironware
jerv subst. *m* wolverine
jesuitt subst. *m* Jesuit
jetfly subst. *n* jet plane
jetlag subst. *n* jet lag
jevn adj. **1** even, level
  2 *(glatt)* smooth
  med jevne mellomrom regularly
jevnaldrende adj. of the same age
jevnbyrdig adj. equal
jevndøgn subst. *n* equinox
jevne verb **1** *(gjøre jevn)* level, smooth
  2 *(om mat)* thicken
jevngod adj. equal
jevnlig adj. **1** , regular
  2 *(som adverb: ofte)* frequently, often, regularly • *han besøkte oss jevnlig* he frequently visited us
jo interjeksjon **1** yes
  2 *(som adverb: for å understreke noe)* after all • *du er jo datteren hennes* you are her daughter, after all
jobb subst. *m* job
jobbe verb work
jobbintervju subst. *n* job interview

jobbsøking subst. *m/f* job search
jod subst. *m/n* iodine
jogge verb jog
joggedress subst. *m* jogging suit, sweatsuit
joggesko subst. *m* trainer, sneaker
joggetur subst. *m* jog, run
joike verb *omtr. dss.* chant
jojo subst. *m* yo-yo
joker subst. *m* joker
jolle subst. *m/f* dinghy
jomfru subst. *m/f* **1** *(person)* virgin
  2 *(stjernetegn:* Jomfruen*)* Virgo
jonsok subst. *ubøy.* Midsummer Day
jord subst. *m/f* **1** *(jordoverflate)* earth, land
  2 *(dyrkingsjord)* soil, earth
jordbruk subst. *n* agriculture, farming
jordbær subst. *n* strawberry
jorde subst. *n* field
jordisk adj. worldly, earthly
jordklode subst. *m* globe, planet Earth
jordmor subst. *m/f* midwife
jordskjelv subst. *n* earthquake
jordsmonn subst. *n* soil, ground
journal subst. *m* journal
journalist subst. *m* journalist, reporter
jovial adj. jovial
jubel subst. *m* jubilation, cheer
jubilant subst. *m forklaring:* person or institution celebrating an anniversary
jubileum subst. *n* jubilee, anniversary
juble verb cheer, acclaim
judo subst. *m* judo
juge verb lie
juggel subst. *n* gaudy finery, garish finery
juice subst. *m* juice
juks subst. *n* cheating
jukse verb cheat
jul subst. *m/f* Christmas
  god jul merry Christmas
julaften subst. *m* Christmas Eve
jule verb beat up
juledag subst. *m* Christmas Day
  annen juledag Boxing Day
  første juledag Christmas Day
Juleevangeliet subst. *n* the Christmas gospel
juleferie subst. *m* Christmas holidays
julegave subst. *m/f* Christmas present
julekort subst. *n* Christmas card
julenisse subst. *m* Father Christmas, Santa Claus, Santa *(hverdagslig)*

julepynt subst. *m* Christmas decoration
julesang subst. *m* Christmas carol
juletre subst. *n* Christmas tree
juli subst. *m* July
juling subst. *m/f* beating, hiding
  få juling get a beating
  gi noen juling beat somebody up
jungel subst. *m* jungle
juni subst. *m* June
junior subst. *m* junior
juniorlag subst. *n* junior team
jur subst. *n* udder
juridisk adj. legal, juridical
jurist subst. *m* jurist, lawyer
jury subst. *m* jury
jus¹ subst. *m* law
jus² subst. *m (drikk)* juice
justere verb adjust

justisminister subst. *m*
  Minister of Justice
justismord subst. *n*
  miscarriage of justice
Justis- og
  beredskapsdepartementet
  egennavn Ministry of Justice
juv subst. *n* canyon, ravine
juvel subst. *m* jewel, gem
jøde subst. *m* Jew
jødedom subst. *m* Judaism
jødisk adj. Jewish
jøss *interjeksjon* gosh, golly
jåle subst. *m/f* show-off
jåleri subst. *n* vanity
jåle (seg) verb dress up, show off,
  put on make up
jålete adj. vain, conceited

k

kabal subst. *m* patience, solitaire *(amer.)*
kabaret subst. *m* cabaret
kabel subst. *m* cable
kabin subst. *m* cabin
kabinett subst. *n* cabinet
kabinettsspørsmål subst. *n (politikk)*
  matter of confidence,
  vote of confidence
kabinpersonale subst. *n* cabin crew
kabriolet subst. *m* cabriolet
kadaver subst. *n* cadaver
kadett subst. *m* cadet
kafé subst. *m* café
kafeteria subst. *m* cafeteria
kaffe subst. *m* coffee
kaffegrut subst. *m* coffee grounds
kaffekanne subst. *m/f* coffee pot
kaffemaskin subst. *m* coffee machine
kaffetrakter subst. *m*
  (drip-)coffee maker
kahytt subst. *m* cabin
kai subst. *m/f* quay, pier, wharf
kajakk subst. *m* kayak
kakao subst. *m* cocoa
kake subst. *m/f* cake
kakeform subst. *m/f* baking tin
kakerlakk subst. *m* cockroach
kaki subst. *m* khaki
kakle verb cackle
kaktus subst. *m* cactus

kald adj. cold, cool *(kjølig)*
kaldblodig adj. **1** cold-blooded
  2 *(rolig)* cool, composed
kaldsvette verb break into a cold sweat
kalender subst. *m* calendar
kaliber subst. *m/n* calibre
kalk subst. *m (type jord)* lime
kalkholdig adj.
  1 *(om stein)* containing lime
  2 *(om matvare)* containing calcium
kalkulator subst. *m* calculator
kalkulere verb calculate
kalkun subst. *m* turkey
kalkyle subst. *m* calculation
kall subst. *n* calling
kalle verb call
kalori subst. *m* calorie
kalorifattig adj. low in calories
kalosje subst. *m* galosh
kalsium subst. *n* calcium
kalv subst. *m* calf
kalvbent adj. knock-kneed
kalve verb calve
kalvekjøtt subst. *n* veal
kam subst. *m* **1** *(til hår)* comb
  2 *(på dyr)* comb *(på hønsefugler)*,
  crest *(på andre dyr)*
kamel subst. *m* camel
kameleon subst. *m* chameleon
kamera subst. *n* camera

a b c d e f g h i j k l m n o p q r s t u v w x y z æ ø å

kamerat subst. *m* friend, mate
kameratslig adj. friendly
kamfer subst. *m/n* camphor
kamin subst. *m* fireplace
kammer subst. *n* chamber
kammermusikk subst. *m*
  chamber music
kammertjener subst. *m* valet
kamp subst. *m* battle, fight
kampanje subst. *m* campaign
kampestein subst. *m* boulder
kampsport subst. *m* combat sport
kamskjell subst. *n* scallop
kamuflasje subst. *m* camouflage
kamuflere verb camouflage
kan verb *presens av* ►kunne
kanadier subst. *m* Canadian
kanadisk adj. Canadian
kanal subst. *m* **1** *(kunstig)* canal
  2 *(naturlig)* channel
  3 *(på TV)* channel
kanarifugl subst. *m* canary
kandidat subst. *m* candidate
kandidatur subst. *n* candidacy,
  candidature
kanel subst. *m* cinnamon
kanin subst. *m* rabbit
kanne subst. *m/f* pot, can
kannibal subst. *m* cannibal
kano subst. *m* canoe
kanon[1] subst. *m (våpen)* cannon
kanon[2] subst. *m (religion, litteratur)*
  canon
kanonball subst. *m (ballspill)* dodgeball
kanonkule subst. *m/f* cannonball
kanskje adverb maybe, perhaps
kansler subst. *m* chancellor
kant subst. *m* **1** edge
  2 *(sted)* part, region
  være på kant med be at odds with
kantarell subst. *m* chanterelle
kantete adj. edged, angular
kantine subst. *m/f* canteen, cafeteria
kantre verb capsize, tip over
kaos subst. *n* chaos
kaotisk adj. chaotic
kapasitet subst. *m* capacity
kapell subst. *n* chapel
kapellan subst. *m* curate, chaplain
kapital subst. *m* capital
kapitalisme subst. *m* capitalism
kapitalist subst. *m* capitalist
kapitalistisk adj. capitalist, capitalistic
kapittel subst. *n* chapter

kapitulasjon subst. *m* capitulation,
  surrender
kapitulere verb capitulate, surrender
kapp[1] subst. *n (odde)* cape
kapp[2] subst. *bare i uttrykk*
  løpe om kapp race
  om kapp in competition,
  against one another
kappe[1] subst. *m/f* cloak, cape
kappe[2] verb cut, chop
kappes verb compete
kappestrid subst. *m* competition,
  contest
kappløp subst. *n* race
kapre verb **1** *(få tak i)* grab, snatch
  2 *(om kommando)* hijack, capture
kapsel subst. *m* capsule
kaptein subst. *m* captain
kar[1] subst. *m (mann)* man, bloke, guy
kar[2] subst. *n (beholder)* vessel,
  container, tub
karaffel subst. *m* carafe, decanter
karakter subst. *m* **1** character
  2 *(på skolen)* mark, grade *(amer.)*
karakterbok subst. *m/f* school report,
  report card *(amer.)*
karakterisere verb characterize
karakteristikk subst. *m* characterization
karakteristisk adj. characteristic
karaktertrekk subst. *n* feature, trait
karamell subst. *m* caramel, toffee
karamellpudding subst. *m/f*
  crème caramel
karantene subst. *m* quarantine
karat subst. *m* carat
karate subst. *m* karate
karbohydrat subst. *n* carbohydrate
karbon subst. *m/n* carbon
karbonade subst. *m* minced steak,
  meat patty
karbonadedeig subst. *m* beef mince,
  ground beef *(amer.)*
karbondioksid subst. *n* carbon dioxide
kardemomme subst. *m* cardamom
kardinal subst. *m* cardinal
karikatur subst. *m* caricature
karikere verb caricature
karisma subst. *m* charisma
karismatisk adj. charismatic
Karlsvognen subst. the Plough,
  the Big Dipper *(amer.)*
karm subst. *m* frame
karneval subst. *n* carnival
karosseri subst. *n* body

karri subst. *m* curry

karriere subst. *m* career

karse subst. *m* cress

kart subst. *n* map

kartell subst. *n* cartel

kartlegge verb **1** *(lage kart over)* map, chart
2 *(lage oversikt over)* map out

kartong subst. *m* cardboard, carton

karusell subst. *m* merry-go-round

kasino subst. *n* casino

kaskoforsikring subst. *m/f* comprehensive car insurance

kasse subst. *m/f* **1** *(beholder)* box
2 *(til penger)* cash register, till
3 *(i butikk)* checkout counter

kasseapparat subst. *n* cash register

kasselapp subst. *m* sales slip, receipt

kassere verb discard, throw away

kasserer subst. *m* cashier *(i butikk)*, treasurer *(i forening)*

kasserolle subst. *m* saucepan

kast subst. *n* **1** *(kasting)* throw, cast, pass *(i ballspill)*
2 *(brå bevegelse)* toss, gust *(om vind)*

kastanje subst. *m* chestnut

kastanjett subst. *m* castanets *(flertall)*

kaste[1] subst. *m* *(klasse)* caste

kaste[2] verb *(hive)* throw, pass *(i lagspill)*
kaste opp throw up, vomit

kastrere verb castrate

kasus subst. *m* *(språk)* case

katakombe subst. *m* catacomb

katalog subst. *m* **1** catalogue
2 *(IT)* folder, directory

katalysator subst. *m* **1** catalyst
2 *(i eksosanlegg)* catalytic converter

katarr subst. *m* catarrh *(i nese og svelg)*, infection *(i hals, øye, blære)*

katastrofal adj. catastrophic, disastrous

katastrofe subst. *m* catastrophe, disaster

katastrofeområde subst. *n* disaster area

katedral subst. *m* cathedral

kategori subst. *m* category

kategorisk adj. categorical

katekisme subst. *m* catechism

kateter[1] subst. *n* teacher's desk

kateter[2] subst. *n* *(legeinstrument)* catheter

katolikk subst. *m* Catholic

katolisisme subst. *m* Catholicism

katolsk adj. Catholic

katt subst. *m* cat

kattunge subst. *m* kitten

kaudervelsk subst. *n* gibberish

kausal adj. causal

kausjon subst. *m*
1 *(for å slippe varetekt)* bail
2 *(ved gjeld)* guarantee

kausjonere verb
1 *(i kriminalsak)* stand bail
2 *(for lån)* stand surety

kavaler subst. *m* partner

kavaleri subst. *n* cavalry

kavalkade subst. *m* cavalcade

kave verb struggle

kaviar subst. *m* caviar

kavring subst. *m* rusk

kebab subst. *m* kebab

keeper subst. *m* goalkeeper, keeper

keiser subst. *m* emperor

keiserdømme subst. *n* empire

keiserinne subst. *m/f* empress

keiserlig adj. imperial

keisersnitt subst. *n* caesarean section

keitete adj. awkward, clumsy

keivhendt adj. left-handed

kelner subst. *m* waiter

kemner subst. *m* chief municipal treasurer

kenguru subst. *m* kangaroo

kennel subst. *m* kennel

keramiker subst. *m* potter, ceramist
keramikk subst. *m* ceramics
ketchup subst. *m* ketchup
kidnappe verb kidnap, abduct
kidnapper subst. *m* kidnapper
kidnapping subst. *m/f* kidnapping
kikhoste subst. *m* whooping cough
kikk subst. *m* peek, look
kikke verb peek, peep
kikker subst. *m* voyeur
kikkert subst. *m* binoculars
kilde subst. *m* **1** source
  2 *(vann)* spring
kildesortering subst. *m/f* recycling
kildevann subst. *n* spring water
kile¹ verb *(klemme inn)* wedge
kile² verb tickle
kilen adj. ticklish
kilo subst. *m* kilo, kilogram
kilobyte subst. *m* kilobyte
kilogram subst. *n* kilogram
kilometer subst. *m* kilometre
kilowatt subst. *m* kilowatt
kime verb ring, chime *(om klokker)*
Kina stedsnavn China
kineser subst. *m* Chinese
kinesisk adj. Chinese
kinkig adj. touchy, awkward
kinn subst. *n* cheek
kinnskjegg subst. *n* sideburns
kino subst. *n* cinema, movie theater
kiosk subst. *m* kiosk
kirke subst. *m/f* church
kirkegård subst. *m* graveyard, cemetery
kirketårn subst. *n* steeple
kirsebær subst. *n* cherry
kirurg subst. *m* surgeon
kirurgi subst. *m* surgery
kirurgisk adj. surgical
kiste subst. *m/f* chest, trunk,
  coffin *(til lik)*
kiwi subst. *m* kiwi
kjake subst. *m* jaw
kjapp adj. quick, fast
kje subst. *n (geitunge)* kid
kjede¹ subst. *m/n* chain,
  necklace *(halskjede)*
kjede² verb bore
  kjede seg be bored
kjedebutikk subst. *m* chain store
kjedekollisjon subst. *m* chain collision,
  pile-up *(hverdagslig)*
kjedelig adj. **1** boring, dull
  2 *(trist)* unfortunate, too bad

kjedereaksjon subst. *m* chain reaction
kjedsomhet subst. *m* boredom
kjeft subst. *m* **1** *(munn)* jaw
  2 *(skjenn)* scolding
  få kjeft get yelled at
  hold kjeft! shut up!, be quiet!
kjefte verb scold, yell at
kjegle subst. *m/f* **1** cone
  2 *(i bowling)* pin
kjekk adj. **1** *(grei)* nice
  2 *(pen)* good-looking
  3 *(nyttig)* useful, good
kjeks subst. *m* biscuit, cracker *(salt
  kjeks)*, cookie *(søt kjeks, amer.)*
kjele subst. *m* pan, pot
kjeledress subst. *m* boiler suit, coverall
kjelke subst. *m* sledge, toboggan
kjeller subst. *m* basement
kjeltring subst. *m* crook, cheat
kjemi subst. *m* chemistry
kjemikalie subst. *m* chemical
kjemiker subst. *m* chemist
kjemisk adj. chemical
kjemme verb *(gre)* comb
kjempe¹ subst. *m/f* giant
kjempe² verb fight, struggle *(streve)*
kjempemessig adj. **1** *(stor)* gigantic,
  huge
  2 *(kjempebra)* terrific, brilliant
kjendis subst. *m* celebrity
kjenne verb **1** know
  2 *(merke)* sense, notice
  bli kjent med get to know
  kjenne igjen recognize
kjennelse subst. *m*
  1 *(jus, i lagretten)* verdict
  2 *(jus, rettsavgjørelse)* order, decision
kjennemerke subst. *n* distinctive mark,
  mark
kjenner subst. *m* connoisseur
kjennetegn subst. *n* distinctive mark,
  hallmark
kjenning subst. *m* acquaintance
kjennskap subst. *m* knowledge
  kjennskap til knowledge of
kjensgjerning subst. *m* fact
kjent adj. **1** familiar
  2 *(som mange kjenner)* well-known
kjepp subst. *m* stick
kjepphest subst. *m* hobby horse
kjerne subst. *m* **1** core
  2 *(frø)* seed, pip, kernel *(spiselig)*
kjernefamilie subst. *m* nuclear family
kjernefysikk subst. *m* nuclear physics

kjernefysisk adj. nuclear
kjernekraft subst. *m* nuclear power
kjernekraftverk subst. *n*
nuclear power station
kjerre subst. *m/f* cart
kjerring subst. *m/f*
1 *(kone/kjæreste)* wife, girlfriend
2 *(eldre kvinne)* old woman
3 *(feig person)* sissy, chicken
kjerringråd subst. *n* home remedy
kjertel subst. *m* gland
kjetter subst. *m* heretic
kjettersk adj. heretical
kjetting subst. *m* chain
kjeve subst. *m* jaw
kjevle¹ subst. *n* rolling pin
kjevle² verb roll out
kjip adj. lame, bummer *(slang)*
kjole subst. *m* dress, gown
kjortel subst. *m* coat
kjæle verb caress, pet, cuddle
kjæledegge subst. *m* pet
kjæledyr subst. *n* pet
kjælen adj. cuddly
kjælenavn subst. *n* pet name
kjær adj. dear
kjæreste subst. *m* boyfriend *(om gutt/ mann)*, girlfriend *(om jente/kvinne)*, sweetheart
kjærestepar subst. *n* couple, lovers
kjærkommen adj. welcome
kjærlig adj. loving, tender
kjærlighet subst. *m* 1 love
2 *(sukkertøy)* lollipop
kjærlighetssorg subst. *m* broken heart
kjærtegn subst. *n* caress
kjærtegne verb caress
kjøkken subst. *n* kitchen
kjøkkenbenk subst. *m* work top
kjøkkenmaskin subst. *m* food
processor
kjøkkensjef subst. *m* chef
kjøl subst. *m (på båt)* keel
kjøle verb cool, chill
  kjøle ned noe cool something down
  kjøle seg ned cool off, cool down
kjøleanlegg subst. *n* cold storage unit
kjølebag subst. *m* cooling bag, cooler
kjøledisk subst. *m* cold counter
kjøleelement subst. *n* cooling coil
kjøleskap subst. *n* refrigerator, fridge
kjølig adj. 1 *(kald)* cool, cold
2 *(likegyldig)* indifferent, cold
kjølne verb cool

kjølvann subst. *n* wake
  i kjølvannet av in the wake of
kjønn subst. *n* 1 *(biologisk)* sex
2 *(grammatikk)* gender
3 *(kjønnsorgan)* genitals
kjønnsdiskriminering subst. *m/f*
sex discrimination, sexism
kjønnskvotering subst. *m/f*
gender quota
kjønnslemlestelse subst. *m*
female genital mutilation
kjønnsmoden adj. sexually mature
kjønnsorgan subst. *n* genitals
kjønnsrolle subst. *m/f* gender role
kjønnsskeiv adj. genderqueer
kjønnssykdom subst. *m*
sexually transmitted infection
kjøp subst. *n* buy, purchase
  et godt kjøp a bargain
kjøpe verb buy, purchase
kjøpekraft subst. *m* purchasing power
kjøper subst. *m* buyer, purchaser
kjøpesenter subst. *n* shopping centre,
mall *(amer.)*
kjøre verb 1 drive
2 *(reise med)* go by, go, travel by
• vi kjørte buss til skolen we went to
school by bus
3 *(IT)* run, operate
  kjøre forbi 1 *(annet kjøretøy)* overtake
2 *(passere)* pass, drive past
  kjøre for fort speed
  kjøre opp *(ta førerkort)* take one's
driving test
  kjøre over run over
kjørebane subst. *m* carriageway
kjørefelt subst. *n* lane
kjøreskole subst. *m* driving school
kjøretur subst. *m* drive
kjøretøy subst. *n* vehicle
kjøter subst. *m* mongrel, bastard
kjøtt subst. *n* 1 meat
2 *(på frukt)* flesh, pulp
kjøttdeig subst. *m* minced meat
kjøttetende adj. meat-eating,
carnivorous
kjøtthue subst. *n* fathead
kjøttkake subst. *m/f* meatball
kjøttmeis subst. *m/f* great tit
kladd subst. *m* 1 *(utkast)* draft, rough
2 *(under ski)* lump of snow
kladde verb 1 *(lage utkast)* draft,
make a draft
2 *(få/ha kladder)* stick, clog, ball up

a b c d e f g h i j k l m n o p q r s t u v w x y z æ ø å

kladdeark subst. *n* rough paper
kladdebok subst. *m/f* notebook
klaff subst. *m* **1** *(plate)* flap, leaf
  2 *(ventil)* valve
klaffe verb **1** *(passe)* fit
  2 *(lykkes)* succeed, work out
klage[1] subst. *m/f* complaint
klage[2] verb complain
  klage over complain about
Klagemuren stedsnavn *(i Jerusalem)*
  the Wailing Wall
klam adj. clammy, damp
klamme subst. *m* bracket
klammeri subst. *n* trouble
klamre seg verb cling to, hold on to
klamydia subst. *m* chlamydia
klan subst. *m* clan
klandre verb blame
klang subst. *m* sound, ring
klapp subst. *m/n* **1** *(kjærtegn)* pat
  2 *(lyd)* clap, clapping *(det å klappe)*
klappe verb **1** applaud, clap
  2 *(kjærtegne)* stroke, pat
  klappe igjen 1 *(lukke)* close, fold up
  2 *(tie stille)* shut up
  klappe sammen cave in, collapse
klapperslange subst. *m* rattlesnake
klappstol subst. *m* folding chair
klapre verb **1** rattle
  2 *(om tenner)* chatter
klaps subst. *n* slap, smack
klapse verb slap, smack
klar adj. **1** *(blank)* clear
  2 *(rede)* ready, all set
  bli klar over realize, become aware of
  gjøre seg klar get ready
  klar, ferdig, gå! ready, set, go!
klare verb manage
klarere verb clear
klarering subst. *m/f* clearance
klargjøre verb
  1 *(gjøre klar)* make ready, get ready
  2 *(gjøre mer forståelig)* clarify
klarhet subst. *m* clarity
klarinett subst. *m* clarinet
klarsynt adj. **1** *(klartenkt)* clear-thinking
  2 *(synsk)* clairvoyant
klase subst. *m* cluster, bunch
klasevåpen subst. *n* cluster munition
klask subst. *m/n* smack, slap
klaske verb slap, smack
klasse subst. *m/f* **1** *(gradering)* class
  2 *(på skole)* class, form, grade
klassefest subst. *m* class party

klassekamerat subst. *m* classmate
klassekontakt subst. *m omtr.*
  dss. parent-teacher association
  representative *(i Storbritannia)*,
  omtr. dss. room parent *(i USA)*
klasserom subst. *m* classroom
klassetrinn subst. *n* year, grade
klassetur subst. *m* school trip,
  class outing *(dagstur)*
klassifisere verb classify
klassiker subst. *m* classic
klassisk adj. classic, classical
klatre verb climb
klatt subst. *m* splash, lump *(klump)*
klausul subst. *m* clause
klaver subst. *m* piano
kle verb **1** *(ta på klær)* dress
  2 *(dekke)* cover
  3 *(passe)* suit, become
  kle av seg undress
klebe verb stick
klebrig adj. sticky
kledelig adj. becoming
klegg subst. *m* horsefly
klein adj. **1** *(uvel)* unwell
  2 *(slang, pinlig)* awkward
klekke verb hatch
klem subst. *m* **1** hug
  2 *(fastklemming)* squeeze
klementin subst. *m* clementine
klemme[1] subst. *m/f* **1** *(redskap)* vice
  2 *(vanskelighet)* difficulty, tight spot
klemme[2] verb **1** *(gi klem)* hug
  2 *(presse)* squeeze
klenge verb cling, stick
klengenavn subst. *n* nickname
kleptoman subst. *m* kleptomaniac
klesbutikk subst. *m* clothes shop
kleshenger subst. *m* coat hanger
klesklype subst. *m/f* clothes peg
kleskode subst. *m* dress code
klesplagg subst. *n* garment
klesskap subst. *n* wardrobe, closet
klesvask subst. *m* laundry, washing
kli subst. *n* bran
klient subst. *m* client
klientell subst. *n* clientele
klikk[1] subst. *m* *(gruppe)* clique
klikk[2] subst. *n* *(lyd)* click
klikke verb **1** click
  2 *(om person, bli gal)* go crazy
klima subst. *n* climate
klimaforandring subst. *m/f* climate
  change

klimaforhandling subst. *m/f*
   climate change negotiation
klimagass subst. *m* greenhouse gas
klimaks subst. *m* climax
klimatisk adj. climatic
klimpre verb plink, pluck
klimaanlegg subst. *n* air conditioning
kline verb **1** *(smøre)* smear
   2 *(kysse)* smooch, make out
klinge verb *(gi klang)* sound, ring
klingende adj. ringing
klinikk subst. *m* clinic
klinisk adj. clinical
klinke subst. *m/f (på dør)* door knob,
   door handle
klinkekule subst. *m/f* marble
klipp subst. *m* cut, clip *(filmklipp)*
klippe[1] subst. *m (fjell)* rock
klippe[2] verb cut
   klippe seg *(hos frisør)* get a haircut
   klipp ut *(IT)* cut
klippfisk subst. *m* split,
   salted and dried cod
klirr subst. *n* clink, clatter
klirre verb clink, clank, clatter
klisjé subst. *m* cliché
kliss subst. *n* **1** *(noe klebrig)* mess,
   goo *(hverdagslig)*
   2 *(noe sentimentalt)* sentimentality
klisse verb stick
klissete adj. **1** sticky
   2 *(oversentimental)* sentimental
klissvåt adj. soaking wet
klister subst. *n* **1** glue, paste
   2 *(skismøring)* soft sticky wax
klistre verb paste, glue
klistremerke subst. *n* sticker
klitoris subst. *m* clitoris
klo subst. *m/f* claw
kloakk subst. *m* sewage
kloakkanlegg subst. *n* sewage system
klode subst. *m* planet
klok adj. wise
klokke subst. *m/f* **1** clock,
   watch *(armbåndsur)*
   2 *(bjelle, ringeklokke)* bell
   med klokken clockwise
   mot klokken anticlockwise
klokker subst. *m* parish clerk, sexton
klokkeslett subst. *n* hour
klone verb clone
klor subst. *n* chlorine,
   bleach *(blekemiddel)*
klore verb scratch

kloroform subst. *m* chloroform
klorofyll subst. *n* chlorophyll
kloss[1] subst. *m* block
kloss[2] adj. *(nær)* close
klossete adj. clumsy
klossmajor subst. *m* clumsy fool
kloster subst. *n* monastery *(for munker)*,
   convent *(for nonner)*
klovn subst. *n* clown
klubb subst. *m* club
klubbe subst. *m/f* club, mallet
klubbhus subst. *n* club house
klukk subst. *m/n* gurgle, cluck
klukke verb gurgle, cluck
klump subst. *m* **1** lump
   2 *(klynge)* bunch, group
klumpete adj. lumpy
klumpfot subst. *m* clubfoot
klumsete adj. clumsy
klunke verb **1** *(klimpre)* plunk, plonk
   2 *(klukke)* clunk, gurgle
kluss subst. *n* **1** *(rabling)* scribble
   2 *(bry)* trouble
klusse verb **1** *(rable)* scribble
   2 *(tukle)* mess, tamper
klut subst. *m* cloth, rag
klynge[1] subst. *m/f* group, huddle
klynge[2] verb cling to, crowd together
klynk subst. *n* whimper
klynke verb whimper
klyp subst. *n* pinch
klype[1] subst. *m/f* **1** *(redskap)* peg
   2 *(mengde)* pinch
   3 *(neve)* fist, hand
klype[2] verb pinch
klyse subst. *m/f* **1** clot, splotch
   2 *(ekkel person)* slimy person
klyster subst. *n* enema
klær subst. *flt.* clothes, clothing
   ta på klær put on clothes, get dressed
klø verb **1** *(følelse)* itch
   2 *(handling)* scratch
kløe subst. *m* **1** *(hudirritasjon)* itch
   2 *(det å klø)* scratching
kløft subst. *m/f* **1** cleft, crevice
   2 *(om bryster)* cleavage
   3 *(forskjell)* divide, gap
kløkt subst. *m* ingenuity, cleverness
kløne subst. *m/f* clumsy person
klønete adj. clumsy, awkward
kløver subst. *m* **1** *(plante)* clover
   2 *(i kortstokk)* clubs
kløyve verb split, cleave
klå verb finger

a
b
c
d
e
f
g
h
i
j
k
l
m
n
o
p
q
r
s
t
u
v
w
x
y
z
æ
ø
å

klåfingret adj. itchy-fingered
KMI subst. *m (fork. for*
  kroppsmasseindeks*)*
  BMI, body mass index
kna verb knead
knabbe verb grab, snatch
knagg subst. *m* peg
knake verb creak
knall subst. *n* bang
knapp[1] subst. *m* button
knapp[2] adj. *(snau)* scant, scarce
knappe verb button
  knappe opp unbutton
knappenål subst. *m/f* pin
knapphet subst. *m/f* shortage
knapphull subst. *n* buttonhole
knapt adverb **1** *(snaut)* scarcely
  2 *(nok ikke)* hardly
knase verb crackle, crunch
knaske verb crunch, munch
knaus subst. *m* rock, crag
kne subst. *n* knee
knebeskytter subst. *m* kneepad
kneble verb gag
knegge verb whinny, neigh
kneipe subst. *m/f* dive, joint
knekk subst. *m* **1** *(bøy)* bend
  2 *(motgang)* blow
  3 *(lyd)* snap, crack
knekke verb break, snap, crack
knekkebrød subst. *n* crispbread
knekt subst. *m* jack, knave
knele verb kneel
knep subst. *n* trick
knepen adj. narrow
knepp subst. *n* click
kneppe verb **1** *(knappe)* button
  2 *(gi kneppende lyd)* click
kneskål subst. *m/f* kneecap
knip subst. *n* **1** *(smerte)* pain, ache
  2 *(klyp)* pinch
knipe[1] subst. *m/f* fix, mess
  komme i en knipe get in a fix
knipe[2] verb **1** *(klype)* pinch, squeeze
  2 *(fange)* catch, arrest
knipetang subst. *m/f* pincers
knipling subst. *m* lace
knippe subst. *n (bunt)* bunch, bundle
knips subst. *n* snap
knipse verb snap
knirke verb creak
knis subst. *n* giggle
knise verb giggle
knitre verb crackle, rustle

kniv subst. *m* knife *(i flertall:* knives*)*
knivstikk subst. *n* stab
knoke subst. *m* knuckle
knokkel subst. *m* bone
knoll subst. *m (på plante)* tuber
knop subst. *m* knot
knopp subst. *m* bud
knoppskyting subst. *m/f* budding,
  gemmation *(på trær)*
knott subst. *m* **1** *(knapp)* knob, button
  2 *(insekt)* midge
  3 *(under fotballsko e.l.)* stud
knudrete adj. knotted, rugged
knuge verb **1** *(klemme inntil seg)* clasp,
  embrace, hug
  2 *(tynge)* oppress
knugende adj. oppressive
knurre verb **1** *(lyd)* snarl, growl
  2 *(overført)* grumble, mutter
knuse verb crush, break, smash
knusktørr adj. bone dry
knuslete adj. stingy, mean
knute subst. *m* knot
knutepunkt subst. *n* junction
kny verb *(protestere)* murmur, protest
knytte verb **1** *(binde)* tie, knot
  2 *(forene)* tie, link, unite, connect
knyttneve subst. *m* fist
koagulere verb coagulate
koalisjon subst. *m* coalition
kobber subst. *n* copper
koble verb **1** connect
  2 *(spleise)* couple, match, fix up
  koble av *(slappe av)* relax
  koble til connect, hook up
  koble ut cut off, disconnect
kobling subst. *m/f* **1** coupling
  2 *(i bil)* clutch
kobra subst. *m* cobra
kode[1] subst. *m* code
kode[2] verb code
kodelås subst. *m* combination lock
koffein subst. *n* caffeine
koffert subst. *m* suitcase, trunk *(stor)*
koie subst. *m/f* cabin, shanty
kok subst. *n* boiling, boil
kokain subst. *m/n* cocaine
koke verb **1** boil
  2 *(lage mat)* cook
  koke opp bring to the boil
kokebok subst. *m/f* cookery book,
  cookbook
kokeplate subst. *m/f* hotplate
kokepunkt subst. *n* boiling point

kokk subst. *m* cook, chef *(på restaurant)*
kokong subst. *m* cocoon
kokos subst. *m* coconut
kokosmelk subst. *m* coconut milk
kokosnøtt subst. *m/f* coconut
koks subst. *m* coke
kolbe subst. *m* **1** *(på gevær)* butt, stock
  2 *(beholder)* flask
  3 *(maiskolbe)* cob
koldbrann subst. *m* gangrene
kolera subst. *m (sykdom)* cholera
kolesterol subst. *m/n* cholesterol
kolibri subst. *m* hummingbird
kolikk subst. *m* colic
kolje subst. *m/f (fisk)* haddock
kollbøtte subst. *m/f* somersault
kollega subst. *m* colleague
kolleksjon subst. *m* collection
kollekt subst. *m* collection
kollektiv[1] subst. *n* commune
  bo i kollektiv share a house,
  share an apartment
kollektiv[2] adj. collective, public
kollektivfelt subst. *n*
  public-transport lane
kollektivtrafikk subst. *m* public
  transport
kolli subst. *flt.* pieces of luggage
kollidere verb collide, crash
kollisjon subst. *m* collision, crash
kollisjonskurs subst. *m*
  collision course
kollisjonspute subst. *m/f* airbag
kolon subst. *n* colon
koloni subst. *m* colony
kolonisere verb colonize
kolonne subst. *m* column
kolossal adj. colossal, enormous
kom verb *se* ▶**komme**
koma subst. *m* coma
kombinasjon subst. *m* combination
kombinere verb combine
kombinert[1] subst. *(sport)*
  Nordic combined
kombinert[2] adj. combined
komedie subst. *m* comedy
komet subst. *m* comet
komfort subst. *m* comfort
komfortabel adj. comfortable
komfortsone subst. *m* comfort zone
komfyr subst. *m* cooker, stove
komiker subst. *m* comedian
komisk adj. comic, comical
komité subst. *m* committee

komma subst. *n* comma
kommandere verb command, order
kommando subst. *m* order,
  command *(også IT)*
komme verb come, arrive *(ankomme)*
  komme an på depend on
  komme i gang get started
  komme innom stop by, pop in
  komme over 1 get over
  2 *(finne tilfeldig)* come across
  komme på 1 *(huske)* remember
  2 *(finne på)* come up with
  komme seg get better
kommende adj. to come, coming, next
kommentar subst. *m* **1** remark,
  comment
  2 *(på film/TV)* commentary
kommentere verb comment (on)
kommersiell adj. commercial
kommisjon subst. *m* commission
kommisjonær subst. *m*
  commission agent
kommode subst. *m* chest of drawers,
  bureau *(amer.)*
kommunal adj. **1** *(i by)* municipal
  2 *(om lokale myndigheter)* local
  authority, local
kommune subst. *m* municipality,
  local government
kommunestyre subst. *n* municipal
  council, local government
kommunevalg subst. *n* local election,
  local government election
kommunikasjon subst. *m*
  communication
kommunikasjonsmiddel subst. *n*
  means of communication
kommunisere verb communicate
kommunisme subst. *m* communism
kommunist subst. *m* communist
kompani subst. *n* company
kompanjong subst. *m* partner
komparativ adj. comparative
kompass subst. *n* compass
kompensasjon subst. *m* compensation
kompetanse subst. *m* competence
kompetent adj. competent
kompis subst. *m* mate, pal
kompleks adj. complex
komplett adj. **1** complete
  2 *(som adverb)* completely, totally
komplikasjon subst. *m* complication
kompliment subst. *m* compliment
komplisere verb complicate

a
b
c
d
e
f
g
h
i
j
k
l
m
n
o
p
q
r
s
t
u
v
w
x
y
z
æ
ø
å

komplisert adj. complicated
komplott subst. *n* conspiracy
komponere verb compose
komponist subst. *m* composer
komposisjon subst. *m* composition
kompost subst. *m* compost
kompott subst. *m (matrett)* compote
komprimere verb compress, compact
kompromiss subst. *n* compromise
kompromissløs adj. uncompromising, unyielding
kondens subst. *m* condensation
kondis subst. *m* condition, shape
  ha dårlig kondis be in bad shape, be unfit
  ha god kondis be in good shape, be fit
kondisjon subst. *m* condition
kondisjonstrening subst. *m/f* physical training
konditor subst. *m* confectioner
konditori subst. *n* 1 *(bakeriutsalg)* confectioner's, pastry shop
  2 *(med servering)* tearoom
kondolanse subst. *m* condolence
kondolere verb condole
kondom subst. *n* condom
konduktør subst. *m*
  1 *(på tog)* ticket collector
  2 *(på trikk, buss e.l.)* conductor
kone subst. *m/f* wife
konfekt subst. *m* chocolates, confectionery
konferanse subst. *m* conference
konferere verb confer
konfetti subst. *m* confetti
konfidensiell adj. confidential
konfirmant subst. *m* candidate for confirmation
konfirmasjon subst. *m* confirmation
  humanistisk konfirmasjon civil confirmation
  stå til konfirmasjon be confirmed
konfirmere verb confirm
konfiskere verb confiscate, seize
konflikt subst. *m* conflict
konfliktløsning subst. *m/f* conflict resolution
konfrontere verb confront
konge[1] subst. *m* king
konge[2] adj. *(hverdagslig)* awesome, boss *(amer.)*
kongedømme subst. *n* monarchy *(om styreform)*, kingdom *(om land)*
kongefamilie subst. *m* royal family

kongelig adj. royal
kongerike subst. *n* kingdom
kongesaga subst. *m* saga of the (Norwegian) kings
kongle subst. *m/f* cone
kongress subst. *m* congress
  Kongressen the Congress
kongressmedlem subst. *n* congressman *(mann)*, congresswoman *(kvinne)*
konjakk subst. *m* cognac, brandy
konjunksjon subst. *m* conjunction
konjunktiv subst. *m (grammatikk)* the subjunctive mood
konjunktur subst. *m* 1 *(rådende markedsforhold)* state of the market
  2 *(for næringslivet: handelsklima)* economic situation
konkav adj. *(skålformet)* concave
konkludere verb conclude
konklusjon subst. *m* conclusion
konkret adj. concrete
konkurranse subst. *m* competition, contest
konkurransedyktig adj. competitive
konkurrent subst. *m* competitor, rival
konkurrere verb compete
konkurs[1] subst. *m* bankruptcy
konkurs[2] adj. 1 *(om person)* bankrupt
  2 *(om selskap)* in liquidation
  gå konkurs go bankrupt
konkylie subst. *m (sneglehus)* conch
konse verb *(kortform for* konsentrere*)* concentrate, think
konsekvens subst. *m* consequence
konsekvent adj. 1 consistent
  2 *(som adverb)* consistently
  • *han nektet konsekvent å følge reglene* he consistently refused to play by the rules
konsentrasjon subst. *m* concentration
konsentrasjonsleir subst. *m* concentration camp
konsentrere verb concentrate
  konsentrere seg concentrate, think
konsept subst. *n* concept, idea
konsern subst. *n* group, corporation
konsert subst. *m* concert
konservativ adj. conservative, right-wing *(politisk)*
konservere verb conserve, preserve
konservering subst. *m/f* preservation
konserveringsmiddel subst. *n* preservative

konsesjon subst. *m* concession, licence

konsis adj. concise

konsistens subst. *m* consistency

konsonant subst. *m* consonant

konstant adj. **1** constant
2 *(som adverb)* invariably, perpetually, always • *han er konstant blakk* he is always broke

konstatere verb ascertain

konstitusjon subst. *m* constitution

konstitusjonell adj. constitutional

konstruere verb construct

konstruksjon subst. *m* construction

konsul subst. *m* consul

konsulat subst. *n* consulate

konsulent subst. *m* consultant, adviser

konsultasjon subst. *m* consultation

konsultere verb consult

konsum subst. *n* consumption

konsument subst. *m* consumer

konsumere verb consume

kontakt subst. *m* contact
holde kontakten keep in touch

kontakte verb contact

kontaktlinse subst. *m/f* contact lens

kontaktlærer subst. *m* class teacher, form teacher

kontaktperson subst. *m* contact

kontant adj. **1** *(penger)* cash
2 *(klart og tydelig)* ready, forthright
betale kontant pay cash

kontantkort subst. *n* top-up-card, pay-as-you-go voucher

kontekst subst. *m* context

kontinent subst. *n* continent

kontinentalsokkel subst. *m* continental shelf

kontingent subst. *m* membership fee

kontinuerlig adj. continuous

konto subst. *m* account

kontor subst. *n* office

kontorlandskap subst. *n* open-plan office

kontormedarbeider subst. *m* clerk

kontortid subst. *m/f* office hours, business hours

kontoutskrift subst. *m* bank statement

kontra preposisjon *(mot)* versus

kontrabass subst. *m* double bass, contrabass

kontrakt subst. *m* contract

kontrast subst. *m* contrast

kontroll subst. *m* control

kontrollerbar adj. checkable, verifiable

kontrollere verb
1 *(føre tilsyn)* supervise, control
2 *(undersøke)* check, test
3 *(beherske)* control

kontrollpanel subst. *n* control panel

kontrollør subst. *m* inspector, supervisor

kontur subst. *m* outline, contour

konveks adj. convex

konvensjon subst. *m* convention

konversasjon subst. *m* conversation

konvertere verb convert

konvertering subst. *m/f (IT)* conversion

konvoi subst. *m* convoy

konvolutt subst. *m* envelope

koordinator subst. *m* coordinator *eller* co-ordinator

koordinere verb coordinate *eller* co-ordinate

koordinering subst. *m/f* coordination *eller* co-ordination

kopi subst. *m* copy
ta kopi make a copy

kopiere verb copy

kopimaskin subst. *m* photocopier

kopp subst. *m* cup

kopper[1] subst. *flt. (sykdom)* smallpox

kopper[2] subst. *n (grunnstoff)* copper

kor subst. *n* choir
i kor simultaneously

korall subst. *m* coral

korallrev subst. *n* coral reef

Koranen subst. *m* the Koran

kordfløyel subst. *m* corduroy

koreansk adj. Korean

korg subst. *m/f* basket

koriander subst. *m* coriander

kork subst. *m* cork

korketrekker subst. *m* corkscrew

korn subst. *n* corn, grain

kornett subst. *m* cornet

korporal subst. *m* corporal

korps subst. *n* **1** *(enhet)* corps, body
2 *(musikk)* band

korrekt adj. correct

korrektur subst. *m* proof

korrekturlakk subst. *m* correcting fluid

korrespondanse subst. *m* correspondence

korrespondent subst. *m* correspondent

korrespondere verb correspond

korridor subst. *m* corridor

korrigere verb correct

korrupsjon subst. *m* corruption

a b c d e f g h i j k l m n o p q r s t u v w x y z æ ø å

korrupt adj. corrupt
kors subst. *n* cross
korsett subst. *n* corset
korsfeste verb crucify
korsfestelse subst. *m* crucifixion
korsrygg subst. *m* small of the back
korstog subst. *n* crusade
korsvei subst. *m* crossroads
kort[1] subst. *n* card
kort[2] adj. short
kortfattet adj. concise, brief
korthet subst. *m* **1** shortness
  2 *(om tid og tale)* briefness
kortison subst. *m* cortisone
kortsiktig adj. short, short-term
kortslutning subst. *m/f* short circuit
kortspill subst. *n* card game
kortstokk subst. *m* pack of cards,
  deck of cards *(amer.)*
kortsynt adj. short-sighted
kortvarig adj. brief, short
kos[1] subst. *m* **1** *(hygge)* cosiness
  2 *(klem)* hug
kos[2] adj. cosy
koscher adj. kosher
kose verb cuddle, hug
  kose seg have a good time,
  enjoy oneself
kosedyr subst. *n* plush animal, soft toy
koselig adj. cosy, snug, nice
kosmetikk subst. *m* cosmetics
kosmetisk adj. cosmetic
kost[1] subst. *m* broom *(feiekost)*,
  brush *(malekost)*
kost[2] subst. *m (mat)* food, fare, diet
  hard/sterk kost strong meat
  kost og losji board and lodging
kostbar adj. **1** *(dyr)* expensive
  2 *(verdifull)* valuable, precious
koste[1] verb *(om pris)* cost, be
koste[2] verb *(feie)* sweep
kosteskaft subst. *n* broomstick
kosthold subst. *n* diet, fare
kostnad subst. *m* cost
kostskole subst. *m* boarding school
kosttilskudd subst. *n*
  dietary supplement
kostyme subst. *n* costume
kotelett subst. *m* chop
kott subst. *n* closet
krabbe[1] subst. *m/f* crab
krabbe[2] verb *(krype)* crawl
krafse verb claw, scratch
kraft subst. *m* strength, power, force

kraftanstrengelse subst. *m* exertion,
  effort
kraftig adj. **1** *(om person)* strong, stout
  2 *(intens, mektig)* intense, vigorous
kraftløs adj. powerless
kraftuttrykk subst. *n* swear word
kraftverk subst. *n* power plant
krage subst. *m* collar
krageben subst. *n* collar bone
krakilsk adj. quarrelsome
krakk[1] subst. *m (møbel)* stool
krakk[2] subst. *n (fall)* crash, collapse
kram adj. *(om snø)* wet, sticky
krampaktig adj. forced
krampe subst. *m* cramp, convulsion
krampetrekning subst. *m/f* convulsion
kran subst. *m/f* **1** *(vannkran)* tap
  2 *(heisekran)* crane
krangel subst. *m* quarrel
krangle verb quarrel, fight
kraniebrudd subst. *n* fractured skull
krans subst. *m* **1** *(noe ringformet)* rim
  2 *(blomster e.l.)* wreath, garland
krasj subst. *n* crash
krasje verb crash
krasjlande verb crash land
krass adj. crass
krater subst. *m* crater
kratt subst. *n* thicket, scrub
krav subst. *n* **1** request, demand
  2 *(jus)* claim
kravle verb crawl, scramble
kravstor adj. demanding
kreativ adj. creative
kreativitet subst. *m* creativity
kreditor subst. *m* creditor
kreditt subst. *m* credit
kredittkort subst. *n* credit card
kreft subst. *m* cancer
kreftsvulst subst. *m* cancerous tumour
krem subst. *m*
  1 *(av fløte)* whipped cream
  2 *(hudkrem)* cream, lotion
kremasjon subst. *m* cremation
kremere verb cremate
kremt subst. *n* throat-clearing
kremte verb clear one's throat
krenke verb **1** offend, insult
  2 *(bryte)* violate
krenkelse subst. *m*
  1 *(det å støte noen)* offence
  2 *(støtende handling)* violation
krenkende adj. insulting, offensive

krepere verb *(dø, hverdagslig)* kick the bucket, croak

krepp subst. *n* crepe

kreps subst. *n* **1** *(krepsdyr)* crawfish
  2 *(stjernetegn: Krepsen)* Cancer

kresen adj. particular, picky

krets subst. *m* **1** *(sirkel)* circle
  2 *(persongruppe)* circle
  3 *(distrikt)* district
  4 *(elektronikk)* circuit

kretse verb circle

kretskort subst. *n* circuit board

kretsløp subst. *n* circulation

kreve verb demand, claim

krevende adj. demanding

krible verb tingle, prickle

krig subst. *m* war

krige verb make war, fight

kriger subst. *m* warrior

krigføring subst. *m/f* warfare

krigserklæring subst. *m/f* declaration of war

krigsforbrytelse subst. *m* war crime

krigsforbryterdomstol subst. *m* war crimes tribunal

krigsrett subst. *m* court martial

krim subst. *m (kortform for kriminal-)* crime novel *(roman)*, crime film *(film)*

kriminalitet subst. *m* crime

kriminalroman subst. *m* crime novel, detective story

kriminalsak subst. *m* criminal case

kriminell adj. criminal

krimskrams subst. *n* knick-knack

kringkaste verb broadcast

kringkasting subst. *m/f* broadcasting

kringle subst. *m/f* coffee bread ring

krise subst. *m/f* crisis *(i flertall:* crises*)*

krisesenter subst. *n* crisis centre

krisetelefon subst. *m* emergency hotline

kristelig adj. Christian

kristen[1] subst. *m* Christian

kristen[2] adj. Christian

kristendom subst. *m* Christianity

Kristi himmelfartsdag subst. *m* Ascension Day

kristtorn subst. *m* holly

Kristus egennavn Christ
  etter Kristi fødsel AD, Anno Domini
  før Kristi fødsel BC, Before Christ

kriterium subst. *n* criterion *(i flertall:* criteria*)*

kritiker subst. *m* **1** *(anmelder)* reviewer
  2 *(en som er kritisk)* critic

kritikk subst. *m* **1** *(anmeldelse)* review
  2 *(kritisk vurdering)* criticism

kritisere verb criticize

kritisk adj. critical

kritt subst. *n* chalk

kro subst. *m/f* inn, pub

kroat subst. *m* Croatian

Kroatia stedsnavn Croatia

kroatisk adj. Croatian

krok subst. *m* **1** *(hjørne)* corner, nook
  2 *(bøyd gjenstand)* hook

krokete adj. crooked, bent

krokket subst. *m* croquet

krokodille subst. *m* crocodile

krokus subst. *m* crocus

kromosom subst. *n* chromosome

krone[1] subst. *m/f* **1** *(hodepryd)* crown
  2 *(topp)* crown, cap, top
  3 *(myntenhet)* krone
  krone eller mynt heads or tails

krone[2] verb crown

kronikk subst. *m* feature article

kroning subst. *m/f* coronation

kronologi subst. *m* chronology

kronologisk adj. chronological

kronprins subst. *m* Crown Prince, Prince of Wales *(i England)*

kronprinsesse subst. *m/f* Crown Princess, Princess of Wales *(i England)*

kropp subst. *m* body

kroppsarbeid subst. *n* manual labour

kroppsbilde subst. *n* body image
kroppsbygger subst. *m* bodybuilder
kroppslig adj. bodily
kroppsmasseindeks subst. *m*
  body mass index, BMI
kroppsspråk subst. *n* body language
kroppsvisitere verb search, frisk
kroppsøving subst. *m/f* physical
  education, P.E., gymnastics
krukke subst. *m/f* jar, pitcher
krum adj. curved, crooked
krumkake subst. *m/f* wafer cone
krumme verb bend, bow
krumspring subst. *n* caper, dodge
krus subst. *n* mug
krusifiks subst. *n* crucifix
krusning subst. *m/f* ripple
krutt subst. *n* gunpowder
kry[1] verb *(myldre)* swarm
kry[2] adj. *(stolt)* proud
krybbe subst. *m/f* crib
krydder subst. *n* spice
krydre verb spice
krykke subst. *m/f* crutch
krympe verb shrink, contract
  krympe seg flinch, shrink
krypdyr subst. *n* reptile
krype verb **1** creep, crawl
  2 *(smiske)* grovel, crawl to somebody
  3 *(krympe)* shrink
krypskytter subst. *m* poacher
kryptere verb *(IT)* encipher, encrypt
kryptisk adj. cryptic
krysning subst. *m/f* **1** cross
  2 *(hybrid)* hybrid, crossing
kryss subst. *n* cross, crossroads *(vei)*
krysse verb cross
  krysse av tick off, check off
krysser subst. *m* cruiser
kryssfinér subst. *m* plywood
kryssforhør subst. *n* cross-examination
kryssord subst. *n* crossword puzzle
krystall subst. *n* crystal
krystallisere verb crystallize
krøll subst. *n* **1** curl, frizzle
  2 *(trøbbel)* fuss
krøllalfa subst. *m (IT, tegnet @)* at
krølle[1] subst. *m/f (hårlokk)* curl
krølle[2] verb curl
  krølle seg sammen curl up
krøllete adj. curly
krølltang subst. *m/f* curling iron
krønike subst. *m* chronicle

krøpling subst. *m (støtende)*
  cripple *(foreldet, støtende)*,
  physically disabled person
kråke subst. *m/f* crow
krål subst. *m* crawl
kråle verb crawl
ku subst. *m/f* cow
kubbe subst. *m* log
kube subst. *m* **1** *(terning)* cube
  2 *(kasse for bier)* beehive
kubein subst. *n* crowbar
kubikkinnhold subst. *n* volume
kubikkmeter subst. *m* cubic metre
kue verb *(undertrykke)* subdue, cow
kul[1] subst. *m* bump, bulge
kul[2] adj. cool
kulde subst. *m/f* cold
kuldegrad subst. *m* degree of frost,
  degree below freezing point
kule subst. *m* **1** *(noe rundt)* ball
  2 *(til skytevåpen)* bullet
kulekjøring subst. *m/f* mogul event
kulepenn subst. *m* ballpoint
kulestøt subst. *n* shot-put
kulestøter subst. *m* shot-putter
kulinarisk adj. culinary
kuling subst. *m* gale, breeze
kulisse subst. *m* scene, wing
kull[1] subst. *n* **1** *(om dyreunger)* brood,
  litter *(om pattedyr)*, hatch *(om fugler)*
  2 *(årsklasse)* class, year
kull[2] subst. *n* coal
kullstift subst. *m* charcoal
kullsvart adj. jet black
kullsyre subst. *m/f* carbon dioxide
kult subst. *m (religion)* cult
kultivere verb cultivate
kultivert adj. cultivated
kultur subst. *m* culture, civilization
kulturarv subst. *m* cultural heritage
kulturell adj. cultural
kum subst. *m* bowl, basin
kun adverb *(bare)* only
kunde subst. *m* customer, client
kunne verb **1** can, be able to, know
  • *hun kan strikke* she knows how to
  knit • *han kunne ikke dra* he could not
  leave
  2 *(få lov)* can, may • *kan jeg få en kopp
  te?* may/could/can I have a cup of tea?
kunngjøre verb announce, notify
kunngjøring subst. *m/f* announcement
kunnskap subst. *m* knowledge
kunnskapsflukt subst. *m* brain drain

kunnskapsrik adj. well-informed, knowledgeable
kunst subst. *m* art
kunstart subst. *m* art form
kunstgjødsel subst. *m* fertilizer
kunstgress subst. *n* artificial grass
kunstgressbane subst. *m* artificial grass pitch
kunsthistorie subst. *m* art history
kunsthåndverk subst. *n* handicraft
kunstig adj. artificial, fake
kunstløp subst. *n* figure skating
kunstner subst. *m* artist
kunstnerisk adj. artistic
kunst og håndverk subst. *(fag)* Arts and Crafts
kunststoff subst. *n* synthetic material
kunstverk subst. *n* work of art
kupé subst. *m* compartment
kupert adj. *(ujevn)* hilly, rolling
kupong subst. *m* coupon
kupp subst. *n* coup
kuppel subst. *m* 1 *(på lampe)* globe
  2 *(hvelving)* dome
kur subst. *m* cure, treatment
kurder subst. *m* Kurd
kurdisk adj. Kurdish
kurér subst. *m* courier
kurere verb cure, heal
kuriositet subst. *m* curiosity
kurs[1] subst. *m* 1 *(retning)* course
  2 *(pengeverdi)* exchange rate
  3 *(elektrisitet)* circuit
kurs[2] subst. *m* *(undervisning)* course, class
kursiv subst. *m* italics
kurv subst. *m/f* basket
kurve[1] subst. *m* curve
kurve[2] verb curve, bend
kurvfletting subst. *m/f* wickerwork
kusine subst. *m/f* cousin
kusk subst. *m* coachman, driver
kusma subst. *m (sykdom)* mumps
kutt subst. *n* cut
kutte verb cut
  kutte ut cut something out, omit
kvadrat subst. *n* square
kvadratisk adj. square
kvadratmeter subst. *m* square metre
kvadratrot subst. *m* square root
kvae subst. *m* resin
kvakksalver subst. *m* quack
kval subst. *m* agony, anguish
kvalifikasjon subst. *m* qualification

kvalifisere verb qualify
kvalitet subst. *m* quality
kvalitetstid subst. *m/f* quality time
kvalm[1] subst. *m (bråk)* row, fuss
  lage kvalm kick up a row
kvalm[2] adj. 1 *(uvel)* sick
  2 *(ekkel)* oppressive, stuffy
kvalme subst. *m* nausea, sickness
kvantitet subst. *m* quantity
kvantum subst. *n* quantum
kvart[1] subst. *m* 1 *(fjerdedel)* quarter
  2 *(toneavstand på fire trinn)* fourth
kvart[2] adj. fourth
kvartal subst. *n* 1 *(tid)* quarter
  2 *(boligområde)* block, district
kvarter subst. *n* quarter of an hour, fifteen minutes
kvartett subst. *m* quartet
kvartfinale subst. *m* quarter final
kvarts subst. *m* quartz
kvass adj. keen, sharp
kveg subst. *n* cattle
kveil subst. *m* coil
kveile verb coil
kveite subst. *m/f (fisk)* halibut
kveker subst. *m* Quaker
kvekk subst. *n* croak
kvekke[1] verb *(om frosk)* croak
kvekke[2] verb *(skvette)* start, jerk
kveld subst. *m* evening
  i kveld tonight, this evening
kveldsmat subst. *m* supper
kvele verb 1 *(kvele noen)* strangle
  2 *(ikke få puste)* choke, suffocate
kvelerslange subst. *m* constrictor
kvelertak subst. *n* stranglehold
kvern subst. *m* mill
kvesse verb sharpen, whet
kveste verb hurt, injure
kvie verb be reluctant, hang back
kvige subst. *m/f* heifer
kvikk adj. alert, bright
kvikksand subst. *m* quicksand
kvikksølv subst. *n* mercury, quicksilver
kvikne verb revive
kvinne subst. *m/f* woman
kvinnebevegelse subst. *m* women's movement
kvinnedag subst. *m* women's day
kvinnefrigjøring subst. *m/f* women's liberation
kvinnesak subst. *m* feminism
kvintett subst. *m* quintet
kvise subst. *m/f* pimple, acne

kvisete adj. pimply
kvist subst. *m* **1** *(på gren)* twig, sprig
2 *(i treverk)* knot
3 *(utbygg i tak)* attic, garret
kvitre verb twitter, chirp
kvitt adj. rid of
bli kvitt 1 *(bli fri for)* get rid of
2 *(bli skuls)* get even
kvitte verb get rid of
kvitte seg med get rid of, dispose of
kvittere verb receipt, sign
kvittering subst. *m/f* receipt
kvote subst. *m/f* quota
kvotering subst. *m/f*
affirmative action
kvotient subst. *m* quotient
kylling subst. *m* chicken
kyndig adj. skilled
kyniker subst. *m* cynic
kynisk adj. cynical
kypriotisk adj. Cypriot
Kypros stedsnavn Cyprus
kysk adj. *(dydig)* chaste
kyskhet subst. *m* chastity
kyss subst. *n* kiss

kysse verb kiss
kyst subst. *m* coast
kystvakt subst. *m/f* coastguard
kø subst. *m* **1** *(rekke)* queue, line
2 *(biljard)* cue
snike i køen jump the queue
stå i kø queue up, stand in line
København stedsnavn Copenhagen
kødd subst. *m (slang)* prick, dick
kødde verb kid, mock
kølle subst. *m/f* club
Köln stedsnavn Cologne
køye subst. *m/f (seng)* berth, bunk
krype til køys go to bed
køyeseng subst. *m/f* bunk bed
kål subst. *m* cabbage
kålrabi subst. *m eller* **kålrot** swede,
Swedish turnip
kåpe subst. *m/f* coat
kår subst. *n* circumstances, conditions
kåre verb choose, elect *(ved valg)*
kåseri subst. *n* **1** *(muntlig)* informal talk
2 *(skriftlig)* causerie, informal essay
kåt adj. horny *(hverdagslig)*

la¹ verb **1** *(tillate)* let, allow
2 *(la bli)* leave • *la døren være åpen*
leave the door open
la være å 1 *(slutte å)* stop
2 *(unnlate å)* refrain from • *jeg kunne*
ikke la være I could not help it
la² verb *se* ►legge
labb subst. *m* paw
laboratorium subst. *n* laboratory
labyrint subst. *m* labyrinth
lade verb **1** *(om elektronikk)* charge
2 *(om våpen)* load
lade opp 1 *(om batterier)* charge up,
recharge **2** *(om person)* prepare
ladning subst. *m*
1 *(elektrisitet/ammunisjon)* charge
2 *(last)* cargo
lag subst. *n* **1** *(belegg)* layer
2 *(sosialt sjikt)* class
3 *(klubb/forening)* club, team *(sport)*
om lag about, around
lagdeling subst. *m/f* layering,
stratification

lage verb make
lager subst. *n* **1** *(sted)* storeroom,
warehouse
2 *(varebeholdning)* stock
ikke på lager out of stock
på lager in stock
lagidrett subst. *m* team sport
lagkamerat subst. *m* teammate
lagleder subst. *m* team leader, coach
lagmannsrett subst. *m* court of appeal
lagoppstilling subst. *m/f* line-up
lagre verb **1** *(oppbevare)* store
2 *(IT)* save
lagt verb *se* ►legge
lagune subst. *m* lagoon
lake subst. *m (væske)* brine, pickle
lakei subst. *m* footman, lackey
laken subst. *m* sheet
lakk subst. *m* varnish, lacquer
lakke verb paint, varnish, polish
lakkere verb polish, lacquer, varnish
lakris subst. *m* liquorice
laks subst. *m* salmon

lakseoppdrett subst. *n* salmon farming
lakserolje subst. *m/f* castor oil
laktose subst. *m* lactose
laktosefri adj. lactose-free
laktoseintoleranse subst. *m*
lactose intolerance
lam[1] subst. *n* lamb
lam[2] adj. paralysed
lama subst. *m* llama
lamme verb paralyse
lampe subst. *m/f* lamp
lampeskjerm subst. *m* lamp shade
land subst. *n* 1 *(stat)* country
2 *(ikke sjø)* land
gå i land go ashore
landbruk subst. *n* agriculture
landbrukshøyskole subst. *m*
College of Agricultural Engineering
lande verb land
landeiendom subst. *m* estate
landeplage subst. *m* 1 *(sang)* hit
2 *(sykdom)* plague
landevei subst. *m* country road,
highway
landflyktig adj. exiled
landflyktighet subst. *m* exile
landlig adj. rural
landmine subst. *m/f* landmine
landområde subst. *n* territory, area
landsby subst. *m* village, small town
landsbygd subst. *m/f* rural community,
rural district
landsdekkende adj. nationwide,
national
landsdel subst. *m* part of the country
landsforræder subst. *m* traitor
landsforræderi subst. *n* treason
landskamp subst. *m*
international match
landskap subst. *n* landscape
landslag subst. *n* national team
landslagsspiller subst. *m*
national team player
landsmann subst. *m* countryman
landsmøte subst. *n* national congress,
party conference *(for politisk parti)*
landsted subst. *n* country house
landstryker subst. *m* tramp, hobo
lang adj. long
langer subst. *m* drug dealer
langermet adj. long-sleeved
langfinger subst. *m* middle finger
langfredag subst. *m* Good Friday
langpanne subst. *m/f* roasting tin

langrenn subst. *n* cross-country skiing
langs preposisjon 1 *(bortover)* along
2 *(parallelt med)* alongside
langsiktig adj. long-term
langsom adj. slow
langsynt adj. long-sighted
langt adverb far
langt ifra far from, not at all
ikke på langt nær far from being
langtidsvarsel subst. *n*
long-term weather forecast
langvarig adj. lengthy, long-lasting
langviser subst. *m* minute hand
lanse subst. *m/f* lance
lansere verb launch, introduce
lanterne subst. *m* lantern
lapp subst. *m* slip/piece of paper
lappe verb mend
lappe sammen patch up
lappeteppe subst. *n* patchwork quilt
lapskaus subst. *m* stew
larm subst. *m* noise, racket
larve subst. *m* larva, maggot *(flue)*,
caterpillar *(sommerfugl, møll)*
lasagne subst. *m* lasagne
laserstråle subst. *m* laser beam
lass subst. *n* load
lasso subst. *m* lasso
last[1] subst. *m/f* 1 *(gods i skip)* cargo
2 *(trelast)* timber
last[2] subst. *m/f (dårlig vane)* vice
laste verb load
laste ned *(IT)* download
lastebil subst. *m* lorry, truck *(amer.)*
lastebåt subst. *m* cargo ship
lasterom subst. *n* cargo hold
lat adj. lazy
late verb 1 *(gi seg ut for)* pretend
2 *(se ut til)* seem, appear
latin subst. *m* Latin
Latin-Amerika stedsnavn
Latin America
latinamerikaner subst. *m*
Latin American
latinamerikansk adj. Latin American
latinsk adj. Latin
latskap subst. *m* laziness
latter subst. *m* laughter, laugh
latterkrampe subst. *m/f*
hysterical laughter, laughing fit
få latterkrampe start laughing
hysterically
latterlig adj. ridiculous
latvisk adj. Latvian

laurbær subst. *n* **1** *(laurbærtre)* laurel
2 *(krydder)* bay
3 *(krans, ære)* laurels, bays
lav[1] subst. *m (plante)* lichen
lav[2] adj. low
lava subst. *m* lava
lavendel subst. *m* lavender
lavine subst. *m* avalanche
lavkarbo adj. low-carb
lavkonjunktur subst. *m* recession
lavland subst. *n* lowland
lavmælt adj. **1** *(lav)* low-voiced
2 *(stille)* quiet, unobtrusive
lavmål subst. *n*
1 *(minstemål)* minimum, low level
2 *(bunnivå)* all-time low, rock bottom
lavtrykk subst. *n* low pressure
lavvann subst. *n* low tide, ebb
laxe verb *(slang, slappe av)* chill, relax
le[1] subst. *n* shelter, cover
le[2] verb laugh
led verb *se* ▶lide
ledd[1] subst. *n* **1** *(i kroppen)* joint
2 *(i kjede)* link
3 *(del av helhet)* part, section
ledd[2] verb *se* ▶le[2]
leddbånd subst. *n* ligament
leddgikt subst. *m/f* arthritis
leddsetning subst. *m/f*
subordinate clause
lede verb **1** *(føre)* lead, guide
2 *(styre)* direct, steer
3 *(være først)* lead
ledelse subst. *m*
1 *(det å styre)* direction, control
2 *(tet)* lead
3 *(lederskap)* leadership, management
ta ledelsen 1 *(styre)* take charge
2 *(i konkurranse)* take the lead
ledende adj. leading
leder subst. *m* **1** *(styrer)* leader, manager
2 *(fysikk)* conductor
3 *(i avis)* editorial, leader *(britisk)*
ledig adj. **1** *(ikke opptatt)* free, available
2 *(bevegelig)* easy, free
3 *(uten arbeid)* unemployed
ledning subst. *m/f* **1** *(rør)* pipe
2 *(elektrisitet, innendørs)* cord
3 *(elektrisitet, utendørs)* wire
ledsage verb accompany, escort
ledsager subst. *m* companion
lefse subst. *m/f forklaring:* soft thin
bread
legal adj. legal, lawful

legalisere verb legalize
legat subst. *n*
1 *(pengegave)* endowment
2 *(institusjon)* trust fund, foundation
lege[1] subst. *m* doctor, physician
lege[2] verb *(gjøre frisk)* heal, cure
legeattest subst. *m* medical certificate
legemiddel subst. *n* medicine, drug
legendarisk adj. legendary
legende subst. *m* legend
legesenter subst. *n* medical centre
legeundersøkelse subst. *m*
medical examination
legevakt subst. *m/f* casualty,
emergency ward *(amer.)*
legg subst. *m (kroppsdel)* calf
legge verb put, lay, place
legge frem noe present something,
submit something
legge ned 1 *(om gjenstand)* put down
2 *(nedlegge)* close down, shut down
legge om change
legge på 1 *(om pris)* set up, raise
2 *(om telefon)* hang up
legge på seg put on weight
legge seg go to bed, lie down
legge til add
legitim adj. legitimate
legitimasjon subst. *m* identification
legitimere verb
1 *(rettferdiggjøre)* legitimate, justify
2 *(vise legitimasjon)* prove one's
identity
legning subst. *m/f*
1 *(anlegg)* predisposition, tendency
2 *(seksualitet)* sexual orientation
lei[1] subst. *m/f (retning)* direction
lei[2] adj. **1** *(trett)* tired, bored
2 *(trist)* sad, sorry
være lei av be tired of, be bored with
være lei seg be sad, be sorry
leie[1] subst. *m/f (leiesum)* rent
leie[2] verb hold hands
leie[3] verb rent
leie ut let, rent out
leiebil subst. *m* hire car, rental car
leieboer subst. *m* tenant, lodger
leiegård subst. *m* block of flats,
apartment building *(amer.)*
leiesoldat subst. *m* mercenary
leilighet subst. *m* flat, apartment
leir subst. *m* camp
leirbål subst. *n* campfire
leire subst. *n* clay

leirskole subst. *m* school camp
lek subst. *m* play, game
leke[1] subst. *m* toy
leke[2] verb play
lekekamerat subst. *m* playmate
leken adj. playful
lekeplass subst. *m* playground
leketøy subst. *n* toy
lekk adj. leaky
lekkasje subst. *m* leakage, leak
lekke verb leak
lekker adj. attractive, elegant
lekse subst. *m* homework, lesson
  gjøre lekser do one's homework
leksebok subst. *m/f* homework diary
leksehjelp subst. *m* homework help
lekseplan subst. *m* homework plan
leksikon subst. *n* encyclopaedia
lem[1] subst. *m* trapdoor, shutter *(vindu)*
lem[2] subst. *n (arm eller ben)* limb
lemen subst. *n* lemming
lemleste verb maim, mutilate
lempe verb 1 *(tilpasse)* adjust, adapt
  2 *(flytte noe tungt)* lift, heave
lene verb lean
lenestol subst. *m* armchair, easy chair
lengde subst. *m* 1 length
  2 *(lengdegrad)* longitude
  i lengden in the long run
lengdegrad subst. *m* longitude
lenge adverb long, for a long time
  for lenge siden long ago
  på lenge in a long time
  så lenge in the meantime
lenger adverb 1 *(om sted)* further
  2 *(om tid)* longer
lengre adj. longer
lengsel subst. *m* longing, yearning
lengselsfull adj. longing, yearning
lengst adj. 1 *(om sted)* furthest
  2 *(om lengde og tid)* longest
  for lengst a long time ago, long ago
lengte verb long, yearn
  lengte etter long for
lenke[1] subst. *m* 1 *(bånd)* chain
  2 *(IT)* link
lenke[2] verb chain
lensmann subst. *m* sheriff
leopard subst. *m* leopard
leppe subst. *m/f* lip
leppepomade subst. *m* chapstick
leppestift subst. *m* lipstick
lerke subst. *m/f (fugl)* lark

lerret subst. *n* canvas *(maling)*,
  linen cloth *(tøy)*, screen *(film)*
lesbe subst. *m (hverdagslig)* lesbian
lesbisk adj. lesbian
lese verb read
lesebok subst. *m/f* textbook, reader
lesehest subst. *m* bookworm
leselig adj. legible
lesesal subst. *m* reading hall
lesestoff subst. *n* reading material
lesevansker subst. *flt.* reading
  difficulties, dyslexia
leskedrikk subst. *m (brus)* soft drink,
  soda pop *(amer.)*
lespe verb lisp
lesse verb load
  lesse av unload
lete verb search, look
  lete etter look for, search for
letne verb lighten
lett adj. 1 *(ikke tung)* light
  2 *(ikke vanskelig)* easy, simple
lettbevegelig adj. easily moved
lette verb 1 *(om fly)* take off
  2 *(gjøre mindre vanskelig)* ease
  3 *(klarne opp)* clear
lettelse subst. *m* relief
lettjent adj. easily earned
  lettjente penger easy money
lettkledd adj. lightly dressed
lettlest adj. easily read
lettmelk subst. *m* semi-skimmed milk,
  half-fat milk
lettroende adj. gullible, naive
lettsindig adj. irresponsible, frivolous
lettvekt adj. lightweight
lettvint adj. 1 easy, simple
  2 *(som adverb)* nimbly, agilely • *han*
  beveger seg lettvint he moves nimbly
leukemi subst. *m* leukaemia
leve verb live, be alive
levealder subst. *m* life span
  forventet levealder life expectancy
levebrød subst. *n* livelihood, living
levedyktig adj. viable
levekostnad subst. *m* cost of living,
  living expenses
leven subst. *n* 1 *(bråk)* noise, racket
  2 *(oppstyr)* uproar
levende adj. 1 *(i live)* living, alive
  2 *(livaktig)* vivid, lively
lever subst. *m* liver
leverandør subst. *m* supplier
leveranse subst. *m* delivery

a b c d e f g h i j k l m n o p q r s t u v w x y z æ ø å

levere verb deliver
levering subst. *m/f* delivery
leverpostei subst. *m* liver pâté
levesett subst. *n* lifestyle
levestandard subst. *m*
standard of living
levetid subst. *m* lifetime, lifespan
levevilkår subst. *flt.* living conditions
levning subst. *m* remains, remnant
levre seg verb clot, coagulate
LHBT *(fork. for* lesbiske, homofile,
bifile og transpersoner*)* LGBT
*(lesbian, gay, bisexual and
transgendered)*
li subst. *m/f* hillside
liberal adj. liberal
liberalisere verb liberalize
liberalisme subst. *m* liberalism
lidd verb *se* ▸lide
lide verb suffer
lidelse subst. *m* **1** suffering, pain
2 *(sykdom)* illness, disease
lidenskap subst. *m* passion
lidenskapelig adj. passionate
liga subst. *m* league
ligge verb **1** lie
2 *(befinne seg)* be located, be
lighter subst. *m* lighter
ligne verb **1** *(være lik)* resemble,
look alike, be like
2 *(om skatt)* assess
lignelse subst. *m* parable
lignende adj. similar, like
ligning subst. *m/f*
1 *(skatt)* tax assessment
2 *(matematikk)* equation
lik[1] subst. *n (dødt menneske)* corpse,
dead body
lik[2] adj. **1** *(som ligner)* like, similar
2 *(identisk)* equal
likblek adj. white as a sheet
like[1] subst. *m* match, like
like[2] subst. *m (IT, sosiale medier)* like
like[3] verb like
være godt likt be well-liked
like[4] adj. *(matematikk)* even
i like måte likewise, the same to you
like[5] adverb **1** *(i samme grad)* just as,
equally, exactly • *du er like smart som
henne* you are just as smart as her
2 *(sammenlignbar)* just, straight, close
to • *de er like høye* they are the same
height
like før/etter just before/ after

like ved 1 *(på nippet til)* just about
2 *(i nærheten)* nearby
likedan adj. **1** like, similar
2 *(som adverb: likt)* similarly, in the
same manner • *de var likedan kledd*
they were similarly dressed
likefrem adj. straightforward
likeglad adj. indifferent, careless
likegyldig adj.
1 *(uvesentlig)* unimportant, immaterial
2 *(likeglad)* indifferent, careless
likegyldighet subst. *m* indifference
likekjønnet adj. same-sex
likelønn subst. *m* equal pay
likesinnet adj. like-minded
likestille verb give equal status,
give equal rights
likestilling subst. *m* equality,
equal rights
likestilt adj. equal
likeså adverb likewise
likevekt subst. *m*
1 *(jevnt fordelt)* balance, equilibrium
2 *(sinnsro)* composure
likevel adverb yet, still, after all
likeverd subst. *n* equality, equal status
likeverdig adj. equal
likhet subst. *m* **1** *(det å ligne)* similarity,
resemblance, likeness
2 *(ha samme status)* equality
likhetstegn subst. *n* equal sign,
sign of equation
sette likhetstegn mellom equate,
consider equal
likhus subst. *n* morgue
likskue subst. *n* autopsy,
post-mortem examination
liksom *adverb* **1** *(på en måte)* somehow,
sort of, kind of • *jeg stoler liksom ikke
på ham* somehow, I do not trust him
2 *(som om)* as if
likvidere verb liquidate
likør subst. *m* liqueur
lilje subst. *m/f* lily
lilla adj. purple
lillebror subst. *m* little brother
lillefinger subst. *m* little finger,
pinkie *(hverdagslig)*
lillesøster subst. *m/f* little sister
lim subst. *n* glue
lime[1] subst. *m (frukt)* lime
lime[2] verb glue
lime inn *(IT)* paste
limonade subst. *m* lemonade

lin subst. *n* linen
lindre verb soothe, relieve
lindring subst. *m/f* relief, ease
line subst. *m/f* **1** *(tynt tau)* thin rope, tightrope *(sirkus)*
  2 *(fiskeredskap)* line
linedanser subst. *m* tightrope walker
linerle subst. *m (fugl)* white wagtail
linfrø subst. *n* linseed, flaxseed
linjal subst. *m* ruler
linje subst. *m* **1** line
  2 *(transport)* route *(buss)*, line *(tog)*, track *(skinnegang)*
  3 *(om utdanning)* studies, course of study
linjedommer subst. *m* linesman
linse subst. *m/f* lens
lintøy subst. *n* linen
lisens subst. *m* **1** licence, permit
  2 *(lisensavgift for TV)* licence fee
lisse subst. *m/f* lace
list¹ subst. *m/f* **1** moulding
  2 *(i høydehopp)* bar
list² subst. *m/f (lurhet)* cunning
liste¹ subst. *m/f* list
liste² verb *(smyge)* sneak, creep
liste³ verb *(føre på liste)* list
  liste opp list
listig adj. *(slu)* cunning, sly
Litauen stedsnavn Lithuania
litauisk adj. Lithuanian
liten adj. **1** little, small
  2 *(som adverb: knapt)* not very, hardly
  • *det er lite sannsynlig* it is not likely
liter subst. *m* litre
litt adverb a little, some
litteratur subst. *m* literature
litterær adj. literary
liv subst. *n* **1** *(det å leve)* life
  2 *(midje)* waist, waistline
  3 *(på klesplagg)* bodice
livaktig adj. lifelike *(om bilde, dukke)*, vivid *(om drømmer)*
livbåt subst. *m* lifeboat
live¹ subst. *bare i uttrykk*
  i live alive
livkjole subst. *m* tailcoat, dress coat
livlig adj. lively, vivid
livløs adj. lifeless
livmor subst. *m* uterus
livnære verb support, make a living
livredd adj. frightened to death, terrified
livredder subst. *m* lifesaver
livrett subst. *m* favourite dish

livsfare subst. *m* mortal danger
livsfarlig adj. extremely dangerous
livsforsikring subst. *m/f* life insurance
livskvalitet subst. *m* quality of life
livsstil subst. *m* lifestyle
livssyn subst. *n* life stance
livstegn subst. *n* sign of life
  få livstegn fra noen hear from someone
livsvarig adj. lifelong, for life
livvakt subst. *m* bodyguard
ljome verb echo, reverberate
ljå subst. *m* scythe
  mannen med ljåen the Grim Reaper
lo¹ subst. *m/f* **1** *(hår fra tøy)* lint
  2 *(på tøy)* nap, pile
lo² verb *se* ►**le²**
lobbyvirksomhet subst. *m* lobbying, lobbyism
lodd¹ subst. *n* **1** *(i loddtrekning)* lot
  2 *(loddseddel)* lottery ticket
lodd² subst. *n (skjebne)* fate, lot
lodde verb **1** *(måle dybde)* sound
  2 *(metall)* solder
lodden adj. woolly, shaggy
loddrett adj. vertical, perpendicular
loddtrekning subst. *m/f* drawing of lots
loff subst. *m* white bread
loft subst. *n* loft, attic
loftsrom subst. *n* attic room
logaritme subst. *m* logarithm
logg subst. *n* log
logge verb log
  logge inn eller **logge på** *(IT)* log in, log on
logikk subst. *m* logic
logisk adj. logical
logo subst. *m* logo
logre verb wag one's tail
lojal adj. loyal
lojalitet subst. *m* loyalty
lokal adj. local
lokale subst. *n* premises
lokalisere verb localize
lokalsamfunn subst. *n* local society
lokk¹ subst. *n* lid
lokk² subst. *m (hårlokk)* lock
lokke verb lure, tempt
  lokke frem bring, coax
lokkedue subst. *m/f* **1** decoy
  2 *(person)* stool pigeon
lokkemat subst. *m* bait
lokomotiv subst. *n* locomotive, engine
lokomotivfører subst. *m* engine driver

lomme subst. *m/f* pocket
lommebok subst. *m/f* wallet
lommekniv subst. *m* penknife, pocketknife *(mest amer.)*
lommelerke subst. *m/f* pocket flask
lommelykt subst. *m/f* torch, flashlight
lommepenger subst. *flt.* pocket money, allowance *(amer.)*
lommetyv subst. *m* pickpocket
lommetørkle subst. *n* handkerchief
loppe[1] subst. *m/f* flea
loppe[2] verb swindle
loppemarked subst. *n* flea market
lort subst. *m* dirt, filth
los subst. *m (yrke)* pilot
lose verb 1 *(føre)* escort, steer
  2 *(føre som los)* pilot
losje subst. *m* 1 *(rom i teater)* box
  2 *(avdeling)* lodge
losjere verb lodge with
losji subst. *n* lodging, room
loslitt adj. 1 *(om klær)* worn
  2 *(om person)* shabby
loss adj. *bare i uttrykk*
  kaste loss cast off
losse verb unload
lotteri subst. *n* lottery
lotto subst. *m* lotto
lov subst. *m* 1 *(tillatelse)* permission
  2 *(en enkelt lov)* statute, act
  3 *(rettsreglene i et land)* law
  be om lov ask for permission
  bryte loven break the law
  få lov til å be allowed to
lovbrudd subst. *n* violation of the law
lovbryter subst. *m* lawbreaker, offender
love verb 1 *(gi løfte om)* promise
  2 *(prise)* praise
lovende adj. promising
lovforslag subst. *n* bill
lovgivende adj. legislative
lovgivning subst. *m/f* legislation
lovlig adj. legal, lawful
lovlydig adj. law-abiding
lovløs adj. lawless
lovprise verb praise
lovsang subst. *m* hymn *(kirkelig)*
lovstridig adj. illegal
LP-plate subst. *m/f* record (album)
lubben adj. chubby, plump
lue[1] subst. *m/f (hodeplagg)* hat
lue[2] subst. *m (flamme)* flame, blaze
luft subst. *m/f* air
luftangrep subst. *n* air raid

lufte verb air
  lufte seg get some air
luftfart subst. *m* aviation
luftforsvar subst. *n* air force
luftforurensning subst. *m/f* air pollution
lufthavn subst. *m/f* airport
luftig adj. airy
luftrør subst. *n (i kroppen)* windpipe
luftspeiling subst. *m/f* mirage
lufttett adj. airtight
lufttrykk subst. *n* atmospheric pressure, air pressure
luftveisinfeksjon subst. *m* respiratory infection
luftvåpen subst. *n* anti-aircraft artillery
lugar subst. *m* cabin
lugg subst. *m* fringe, bangs *(amer.)*
lugge verb pull by the hair
luke[1] subst. *m/f* 1 shutter, hatch
  2 *(billettluke)* window
luke[2] verb *(fjerne ugress)* weed
lukke verb close
  lukke opp open
luksuriøs adj. luxurious
luksus subst. *m* luxury
lukt subst. *m/f* smell, scent, odour
lukte verb smell
lummer adj. sultry, stifling
lumsk adj. sly, deceitful
lun adj. 1 *(behagelig)* cosy, snug
  2 *(om person)* warm, pleasant
lund subst. *m* grove
lune subst. *n* 1 *(humør)* mood
  2 *(innfall)* whim
lunefull adj. fickle, unpredictable
lunge subst. *m* lung
lungebetennelse subst. *m* pneumonia
lunken adj. lukewarm, tepid
lunsj subst. *m* lunch
lunsjpause subst. *m* lunch break
lunte subst. *m/f* fuse
lupe subst. *m* magnifying glass
lur[1] subst. *m (kort søvn)* nap
lur[2] subst. *m bare i uttrykk*
  ha noe på lur have something up one's sleeve
  ligge på lur lie in wait
lur[3] adj. 1 *(slu)* cunning, sly
  2 *(smart)* clever, smart
lure verb 1 *(narre)* trick, fool
  2 *(gruble)* wonder
  3 *(ligge i bakhold)* lurk, lie in wait
lureri subst. *n* trickery, hoax

lurvete adj. shabby, sloppy
lus subst. *m/f* louse *(i flertall* lice)
luske verb sneak, slink
lut[1] subst. *m* lye
lut[2] adj. *(bøyd)* stooped, bent
lute verb stoop
luthersk adj. Lutheran
lutre verb chasten, purify
ly subst. *n* shelter
lyd subst. *m* sound, noise
lydbølge subst. *m* sound wave
lydbånd subst. *n* recording tape
lydbåndopptaker subst. *m*
  tape recorder
lydd verb *se* ►lyde
lyddemper subst. *m* silencer
lyde[1] verb sound
lyde[2] verb *(adlyde)* obey
lydhør adj. attentive
lydig adj. obedient
lydighet subst. *m* obedience
lydisolert adj. soundproof
lydkort subst. *n (IT)* sound card
lydløs adj. silent
lydmur subst. *m* sound barrier
lydskrift subst. *m* phonetic writing
lykke subst. *m* **1** *(hell)* luck
  2 *(glede)* happiness, joy
  lykke til good luck
lykkelig adj. happy, joyous
lykkerus subst. *m* euphoria
lykkes verb succeed
lykksalig adj. blissful, happy
lykkønskning subst. *m/f*
  congratulations
lykt subst. *m/f* lantern, lamp
lyktestolpe subst. *m* lamp post
lymfe subst. *m* lymph
lymfekjertel subst. *m* lymph node
lyn subst. *n* lightning, flash *(lynglimt)*
  lyn og torden thunder and lightning
lyne verb be lightning
lyng subst. *m* heath
lynne subst. *n* temperament
lynsje verb lynch
lyr subst. *m (fisk)* pollack
lyriker subst. *m* lyric poet
lyrikk subst. *m* lyric poetry
lyrisk adj. lyric, lyrical
lys[1] subst. *n* light, candle *(stearinlys)*
lys[2] adj. **1** light, bright
  2 *(om lyd)* high-pitched
  3 *(om hår og hud)* fair, pale *(om hud)*
lysbilde subst. *n* slide

lyse verb shine, light
lysekrone subst. *m/f* chandelier
lysende adj. bright
lysestake subst. *m* candlestick
lyskaster subst. *m* floodlight *(ute)*,
  stagelight *(teaterscene)*
lyske subst. *m* groin
lyskryss subst. *n* traffic lights
lysne verb brighten, become lighter
lysning subst. *m/f* **1** *(i skog)* clearing
  2 *(daggry)* dawn, daybreak
lyspære subst. *m/f* light bulb
lysstoffrør subst. *n* fluorescent tube
lysstyrke subst. *m* brightness
lyst subst. *m/f* **1** *(trang)* desire
  2 *(glede)* delight, joy
  ha lyst på/til want, feel like
lysthus subst. *n* summer house
lystig adj. lively
lystre verb obey
lysår subst. *n* light year
lytte verb listen
lytter subst. *m* listener
lyve verb lie, tell a lie
lær subst. *n* leather
lærd adj. learned
lærdom subst. *m* knowledge
lære[1] subst. *m* **1** *(opplæring)*
  apprenticeship, instruction
  2 *(utgreiing)* study, teaching
  3 *(læresetninger)* doctrine, theory
lære[2] verb **1** *(lære bort)* teach
  2 *(få vite)* learn
lærebok subst. *m/f* textbook
lærepenge subst. *m* lesson
læreplan subst. *m* lesson plan,
  curriculum
lærer subst. *m* teacher
lærerik adj. instructive
lærerværelse subst. *n* common room
læretid subst. *m/f* apprenticeship
lærling subst. *m* apprentice
lættis adj. *(slang, latterlig)*
  funny, ridiculous, priceless
løth verb *se* ►lyde
løft subst. *n* lift
løfte[1] subst. *n* promise
løfte[2] verb lift, raise, elevate *(overført)*
løftebrudd subst. *n* breach of promise
løgn subst. *m* lie
løgner subst. *m* liar
løk subst. *m* **1** *(grønnsak)* onion
  2 *(blomsterløk)* bulb
løkke[1] subst. *m/f (sløyfe)* loop, noose

løkke² subst. *m/f* **1** *(eng)* paddock
2 *(friareal i by)* small park, lot
lømmel subst. *m* lout, scamp
lønn¹ subst. *m/f* **1** *(godtgjøring)* payment, compensation
2 *(fastsatt betaling)* wages, salary
lønn² subst. *m (tre)* maple
lønne verb **1** *(gi lønn)* pay
2 *(belønne)* reward, pay
lønne seg pay, be worthwhile
lønning subst. *m/f* pay, wages
lønnsom adj. profitable
lønnspålegg subst. *n* rise
løp subst. *n* **1** race, run
2 *(på våpen)* barrel
3 *(om tid)* course
4 *(renne)* course, path
i løpet av in the course of, during
løpe verb run
løpebane subst. *m* **1** *(i idrett)* track
2 *(karriere)* career
løper subst. *m*
1 *(deltaker i løp)* runner, racer
2 *(i ballspill)* forward
3 *(sjakkbrikke)* bishop
løpetid subst. *m*
1 *(paringstid)* heat, rutting season
2 *(tidsrom)* term
løpsk adj. wild
løpe løpsk run wild
lørdag subst. *m* Saturday
løs adj. loose
gå løs på 1 *(begynne)* start on
2 *(angripe)* attack
løsarbeider subst. *m* day labourer
løse verb **1** *(finne svar)* solve
2 *(løsne)* loosen, slacken

løse seg be solved, work out
løsemiddel subst. *n* solvent
løsepenger subst. *flt.* ransom
løslate verb release, set free
løslatelse subst. *m* release
løsne verb loosen, slacken
løsning subst. *m* solution
løsrevet adj. disconnected
løsrive verb break away, tear loose
løsrive seg break free
løssalg subst. *n* non-subscription sale, sale by single copy
løssluppen adj. unrestrained
løv subst. *n* foliage, leaves
løve subst. *m* **1** *(dyr)* lion
2 *(stjernetegn: Løven)* Leo
løvetann subst. *m* dandelion
løvskog subst. *m* deciduous forest
løy verb *se* ►lyve
løye verb *(om vind)* drop, calm
løyet verb *se* ►lyve
løype subst. *m/f* track, trail
løytnant subst. *m* lieutenant
lå verb *se* ►ligge
lån subst. *n* loan
låne verb **1** *(få låne)* borrow
2 *(låne bort)* lend
lår subst. *n* thigh
lås subst. *m* lock
låse verb lock
låse opp unlock
låsesmed subst. *m* locksmith
låt subst. *m* **1** *(lyd)* sound
2 *(melodi)* tune
låte verb sound
låve subst. *m* barn

m

madrass subst. *m* mattress
mafia subst. *m* mafia
magasin subst. *n*
1 *(tidsskrift)* magazine, journal
2 *(lager)* warehouse
3 *(basseng)* reservoir
4 *(rom til patroner)* magazine
mage subst. *m* **1** belly, gut
2 *(magesekk)* stomach
ha vondt i magen have a stomach ache
magedans subst. *m* belly dance

magefølelse subst. *m* gut feeling, intuition
mageplask subst. *n* **1** *(i vann)* bellyflop
2 *(tabbe)* blunder
mager adj. **1** *(om person)* skinny, thin, lean
2 *(om kjøtt)* lean
3 *(overført)* poor, meagre
magesår subst. *n* gastric ulcer
magi subst. *m* magic
magiker subst. *m* magician

magisk adj. magical
magnet subst. *m* magnet
magnetfelt subst. *n* magnetic field
magnetisk adj. magnetic
mahogni subst. *m* mahogany
mai subst. *m* May
mais subst. *m* maize, corn *(amer.)*
maiskolbe subst. *m* cob, corncob
majestet subst. *m* majesty
  Deres Majestet Your Majesty
majestetisk adj. majestic, regal
majones subst. *m* mayonnaise,
  mayo *(hverdagslig)*
major subst. *m* major
majoritet subst. *m* majority
mak subst. *m* bare i uttrykk
  i ro og mak in peace and quiet
makaroni subst. *m* macaroni
make subst. *m* **1** *(ektefelle)* spouse,
  partner
  2 *(om dyr)* mate
  3 *(likemann)* equal
makelig adj.
  1 *(komfortabel)* comfortable
  2 *(lite anstrengende)* easy, soft
  3 *(lat)* lazy, indolent
makeløs adj. unequalled, unique
maken adj. identical, just like
makker subst. *m* partner
makrell subst. *m* mackerel
makro subst. *m* macro
maksimum subst. *n* maximum,
  max *(hverdagslig)*
makt subst. *m/f* **1** *(kraft)* force, power
  2 *(herredømme)* power
  den **dømmende makt** the judiciary
  branch
  den **lovgivende makt** the legislative
  branch
  med makt by force, forcibly
  stå ved makt remain in force, be valid
  den **utøvende makt** the executive
  branch
maktbalanse subst. *m* power balance,
  balance of power
makte verb manage, be able to
maktesløs adj. powerless
maktfordeling subst. *m/f* division of
  powers, separation of powers
maktkamp subst. *m* power struggle
maktmisbruk subst. *n* abuse of power,
  misuse of authority
makulere verb shred *(om dokumenter)*,
  destroy

malaria subst. *m (sykdom)* malaria
male[1] verb paint, colour
male[2] verb **1** *(knuse)* grind *(med kvern)*,
  crush *(til pulver)*, mill *(om korn)*
  2 *(om katt)* purr
maler subst. *m* **1** *(håndverker)* house
  painter, painter
  2 *(kunstner)* painter, artist
maleri subst. *n* painting, picture
malerkost subst. *m* paint brush
maling subst. *m/f* paint
malm subst. *m* ore
malplassert adj. misplaced, out of place
malstrøm subst. *m* maelstrom, whirlpool
malt subst. *n* malt
malurtbeger subst. *n* cup of bitterness,
  bitter cup
mamma subst. *m* mother, mum,
  mom *(amer.)*
mammadalt subst. *m* mummy's
  boy/girl, mama's boy/girl *(amer.)*
mammapermisjon subst. *m* maternity
  leave
mammografi subst. *m* mammography
mammut subst. *m* mammoth
man[1] subst. *m/f (på hest)* mane
man[2] pronomen
  1 *(om én person)* one, you
  2 *(om folk flest)* they, people
mandag subst. *m* Monday
mandarin subst. *m* **1** *(frukt)* mandarin,
  tangerine
  2 *(kinesisk språk)* Mandarin
mandat subst. *n* **1** *(myndighet)*
  authority, mandate
  2 *(oppdrag)* commission
  3 *(politikk)* seat
mandel subst. *m* **1** almond
  2 *(lymfekjertel i svelget)* tonsil
mandig adj. manly, masculine
mandolin subst. *m*
  1 *(musikkinstrument)* mandolin
  2 *(kjøkkenredskap)* mandolin
mane verb **1** *(oppfordre)* urge, prompt
  2 *(påkalle)* conjure
  mane frem call forth, call upon
  mane til noe call for something, urge
  somebody to do something
maner subst. *m* **1** *(oppførsel)* manners
  2 *(måte)* manner, way
manesje subst. *m* ring, circus ring
manet subst. *m/f* jellyfish
mange determinativ many, a lot of,
  plenty of

a b c d e f g h i j k l **m** n o p q r s t u v w x y z æ ø å

mangel subst. *m* **1** *(underskudd)* lack, shortage, want, scarcity
2 *(feil)* defect, flaw
av mangel på for lack/want of, in the absence of
mangelfull adj. **1** *(utilstrekkelig)* insufficient, inadequate
2 *(med feil)* defective, faulty
mangemillionær subst. *m* multimillionaire
mangesidet adj. *(matematikk)* polygonal, many-sided
mangesidig adj. many-sided, versatile
mangfold subst. *n* diversity, variety, multitude
biologisk mangfold biodiversity
mangfoldig adj. many, manifold, numerous
mangle verb **1** *(ikke ha)* lack, want, be without
2 *(ikke ha nok av)* be short (of)
3 *(være borte)* be missing, not be there
manglende adj. missing, lacking
mango subst. *m* *(frukt)* mango
mani subst. *m* mania, craze
manifest subst. *n* manifesto, proclamation
manikyr subst. *m* manicure
manipulasjon subst. *m* manipulation
manipulere verb manipulate
manisk adj. manic
manisk-depressiv adj. *(psykiatri)* manic-depressive
manke subst. *m* **1** *(man)* mane
2 *(kroppsdel på pattedyr)* withers
mann subst. *m* **1** man
2 *(ektefelle)* husband
alle mann everyone, everybody
manndom subst. *m* manhood
mannekeng subst. *m* **1** *(modell)* model
2 *(utstillingsdukke)* mannequin
mannlig adj. male
mannsdominert adj. male-dominated
mannskap subst. *n* *(på skip og fly)* crew
mannssjåvinist subst. *m* (male) chauvinist
manntall subst. *n* *(folketelling)* census
mansjett subst. *m* shirt cuff, cuff
mansjettknapp subst. *m* cufflink
manuell adj. manual
manuskript subst. *n* manuscript
manøver subst. *m* manoeuvre
manøvrere verb manoeuvre

mappe subst. *m/f* **1** *(omslag)* folder, file
2 *(veske)* briefcase
maraton subst. *m* marathon
mareritt subst. *n* nightmare
marg[1] subst. *m* *(i bein)* marrow
marg[2] subst. *m* *(i bok)* margin
margarin subst. *m* margarine
margin subst. *m* margin
marginal adj. marginal
marihøne subst. *m/f* ladybird, ladybug *(amer.)*
marinbiologi subst. *m* marine biology
marine subst. *m* navy
marinesoldat subst. *m* marine
marionett subst. *m* puppet
mark[1] subst. *m/f* **1** *(eng)* field
2 *(terreng)* land
mark[2] subst. *m* worm, maggot
markant adj. marked, pronounced
markblomst subst. *m* wild flower
marked subst. *n* market
markedsføre verb market
markedskrefter subst. *flt.* market forces
markedsorientert adj. market-oriented
markedsøkonomi subst. *m* market economy, free market economy
markere verb **1** *(vise)* demonstrate, show
2 *(merke)* mark
markert adj. marked, pronounced
markise subst. *m/f* awning
markjordbær subst. *n* wild strawberry
markmus subst. *m/f* field vole
markspist adj. worm-eaten
marmelade subst. *m* marmalade
marmor subst. *m* marble
marokkansk adj. Moroccan
Marokko stedsnavn Morocco
mars subst. *m* March
marsipan subst. *m* marzipan
marsj subst. *m* march
marsjere verb march
marskalk subst. *m eller* **marsjall** marshal
marsvin subst. *n* guinea pig
martyr subst. *m* martyr
mas subst. *n* **1** *(strev)* trouble, bother, hassle *(hverdagslig)*
2 *(gnål)* nagging, importunity
mase verb **1** *(streve)* struggle, toil, slave away
2 *(gnåle)* nag, pester, hassle
mase om noe nag about something, go on about something

maskara subst. *m (sminke)* mascara
maske[1] subst. *m/f* **1** *(for ansiktet)* mask, disguise
2 *(ansiktsuttrykk)* mask, facade
3 *(IT)* mask
maske[2] subst. *m/f* **1** *(i nett)* mesh
2 *(i strikking)* stitch
maskerade subst. *m* **1** *(ball)* masked ball, masquerade ball *(amer.)*
2 *(overført)* masquerade, pretence
maskere verb mask, disguise
maskin subst. *m* machine, engine *(i bil)*
maskineri subst. *n* machinery
maskingevær subst. *n* machine gun
maskinvare subst. *m (IT)* hardware
maskot subst. *m* mascot
maskulin adj. masculine
massakre subst. *m* massacre
massakrere verb massacre
massasje subst. *m* massage
masse[1] subst. *m* mass
masse[2] determinativ a lot of, lots of *(hverdagslig)*
massemedia subst. *flt.* mass media
massemobilisering subst. *m/f* mass mobilization
massemorder subst. *m* mass murderer
masseproduksjon subst. *m* mass production
masseprodusere verb mass-produce
massere verb massage
massevis adverb lots of, lots, loads of
masseødeleggelsesvåpen subst. *n* weapon of mass destruction, WMD
massiv adj. **1** *(kompakt)* solid
2 *(kraftig)* massive, solid, strong
mast subst. *m/f* mast
mastergrad subst. *m* master's degree
mat subst. *m* food
lage mat cook
matallergi subst. *m* food allergy
matboks subst. *m* lunch box

mate verb feed
matematiker subst. *m* mathematician
matematikk subst. *m* mathematics, maths
matematisk adj. mathematical
materiale subst. *n* material
materialisme subst. *m* materialism
materialistisk adj. materialistic
materie subst. *m* **1** *(fysikk)* matter, substance
2 *(emne)* subject, topic
3 *(i sår)* pus, matter
materiell[1] subst. *n* materiel
materiell[2] adj. material
materielle goder material goods
matforgiftning subst. *m/f* food poisoning
matlagning subst. *m/f* cooking
matlyst subst. *m/f* appetite
matolje subst. *m* cooking oil
matpakke subst. *m/f* packed lunch
matpapir subst. *n* sandwich paper
matrester subst. *flt.* leftovers, food scraps
matriark subst. *m* matriarch
matriarkat subst. *n (kvinnestyre)* matriarchy
matros subst. *m* sailor, seaman
matt[1] subst. *(i sjakk)* checkmate, mate
matt[2] adj. **1** *(svak)* weak, faint
2 *(glansløs)* matt, dull
matte[1] subst. *m/f* **1** *(gulvteppe)* mat, rug
2 *(sport, underlag)* mat, turf *(på idrettsbane)*
holde seg på matta toe the line, stay in line
matte[2] subst. *m (kortform for matematikk)* maths
mattelærer subst. *m* maths teacher
matvare subst. *m* food
maur subst. *m* ant
flittig som en maur busy as a bee
maurtue subst. *m/f* ant hill

med preposisjon with, by
  med det samme 1 *(med en gang)* at once, right away
  2 *(straks, samtidig)* as soon as
  med ett suddenly, all of a sudden
  med mer et cetera, etc.
medalje subst. *m* medal
medaljeplass subst. *m* medals
  komme på medaljeplass get into the medals
medaljevinner subst. *m* medallist
medaljong subst. *m* medallion, locket
medarbeider subst. *m* co-worker
meddele verb **1** *(underrette om)* inform, tell
  2 *(kunngjøre)* announce, state
meddelelse subst. *m*
  1 *(opplysning)* information
  2 *(kunngjøring)* announcement, statement
  3 *(beskjed)* message, communication
meddommer subst. *m* **1** *(en av flere dommere)* co-judge, associate judge
  2 *(legdommer)* lay judge
medeier subst. *m* co-owner, joint owner
medelev subst. *m* classmate, fellow pupil
medfødt adj. congenital, innate
medfølelse subst. *m* sympathy, compassion
medføre verb **1** *(føre til, forårsake)* bring about, cause
  2 *(innebære)* entail, involve
medgang subst. *m* prosperity, success
medgi verb admit
medgift subst. *m/f* dowry
medgjørlig adj. amenable
medhjelper subst. *m* assistant, helper
medhold subst. *n* support
  få medhold i saken *(jus)* win one's case
media subst. *n flt.* media
median subst. *m* median
mediedekning subst. *m/f* media coverage
medisin subst. *m* medicine
medisinere verb medicate
medisinsk adj. medical
medisterpølse subst. *m/f* pork sausage
meditere verb meditate
medium¹ subst. *n* (flertall: media) medium

medium² adj. *(om størrelse/grad)* medium
  medium stekt medium done
medlem subst. *n* member
medlemskap subst. *n* membership
medlemskontingent subst. *m* membership fee
medlidenhet subst. *m/f* pity, sympathy
medmenneske subst. *n* fellow human, fellow man
medmenneskelig adj. human, humane
medregnet adj. included
medsammensvoren adj. fellow conspirator
medskyldig adj. **1** *(jus)* accessory, complicit
  2 *(medansvarlig person)* accomplice, accessory
  være medskyldig i be an accomplice to, be an accessory to
medspiller subst. *m*
  1 *(i sport)* teammate
  2 *(skuespiller)* fellow actor *(om mann)*, fellow actress *(om kvinne)*
medtatt adj. worn out, exhausted
medvind subst. *m* tailwind
medvirke verb **1** *(bidra)* contribute
  2 *(delta)* cooperate, take part
medynk subst. *m* pity, compassion
meg pronomen **1** me
  2 *(refleksivt, etter verb)* myself
  • *jeg skadet meg* I hurt myself
  3 *(om tilhørighet)* mine • *Tom er en venn av meg* Tom is a friend of mine
megabyte subst. *m (IT)* megabyte
meget adverb **1** *(veldig)* very
  2 *(mye)* much, plenty, plenty of
megle verb mediate
megler subst. *m*
  1 *(person som megler)* mediator
  2 *(formidler)* broker, agent
megling subst. *m/f* mediation
meie¹ subst. *m eller* **mei** runner
meie² verb cut, mow
  meie ned mow down, cut down
meieri subst. *n* dairy
meieriprodukt subst. *n* dairy product
meis subst. *m (fugl)* tit
meisel subst. *m* chisel
meisle verb chisel
meitemark subst. *m* earthworm, worm
mekaniker subst. *m* mechanic
mekanikk subst. *m* mechanics
mekanisk adj. mechanical

mekanisme subst. *m* mechanism
meksikaner subst. *m* Mexican
meksikansk adj. Mexican
mektig adj. powerful, mighty
mel subst. *n* flour
melankolsk adj. melancholy, sad,
  gloomy
melde verb **1** report
  2 *(meddele)* notify, state
  3 *(hverdagslig, sende SMS)* text
  4 *(i kortspill)* bid, call
melding subst. *m/f* **1** report, statement
  2 *(opplysning)* news, information
  3 *(varsel)* notification, notice
  4 *(SMS)* text message, text
melis subst. *m* icing sugar,
  powdered sugar *(amer.)*
melk subst. *m* milk
melke[1] subst. *m (sæd fra fisk)* milt
melke[2] verb milk
melkesyre subst. *m/f* lactic acid
melketann subst. *m/f* milk tooth,
  baby tooth
Melkeveien egennavn *(stjernetåke)*
  the Milky Way
mellom preposisjon between
  mellom oss between you and me,
  between ourselves
Mellom-Amerika stedsnavn
  Central America
mellomgulv subst. *n* diaphragm
mellomlande verb stop over
mellomlanding subst. *m/f* stopover,
  layover *(amer.)*
mellommann subst. *m* intermediary
mellomnavn subst. *n* middle name
mellomrom subst. *n*
  1 *(avstand i rom)* space
  2 *(avstand i tid)* interval
mellomstor adj. medium-sized
mellomting subst. *m* cross
mellomtrinnet subst. *(5.-7. klasse)*
  omtr. dss. upper primary level,
  forklaring: grades 5–7 (age 10–12)
melodi subst. *m* melody
Melodi Grand Prix egennavn
  the Eurovision Song Contest
melodisk adj. melodious
melodrama subst. *n* melodrama
melodramatisk adj. melodramatic
melon subst. *m* melon
membran subst. *m* membrane
meme subst. *n eller* **mem** meme
memoarer subst. *flt.* memoirs

memorere verb memorize
men[1] subst. *n* injury, damage
  varig men permanent injury/damage
men[2] konjunksjon but, however
  men, men oh well, nevertheless
mene verb **1** *(tenke på)* mean,
  have in mind
  2 *(synes)* think
  3 *(ha til hensikt)* mean, intend
mened subst. *m (jus)* perjury
mengde subst. *m*
  1 *(stort antall)* great number, lots of
  2 *(folkemasse)* crowd
  3 *(kvantum)* amount, quantity
menig adj. **1** *(jevn)* average, common
  2 *(laveste grad i Hæren)* private
menighet subst. *m* **1** *(kirkesamfunn)*
  church, religious community
  2 *(sogn)* congregation, parish
  3 *(sekt)* denomination
menigmann subst. *m* common man,
  average person
mening subst. *m/f*
  1 *(betydning)* meaning
  2 *(hensikt)* idea, intention
  3 *(oppfatning)* opinion, conviction
meningsfrihet subst. *m* freedom of
  opinion
meningsfull adj. meaningful
meningsløs adj. meaningless
meningsmåling subst. *m/f* opinion poll
meningsutveksling subst. *m/f*
  exchange of views
menneske subst. *n* person, human
menneskehandel subst. *m*
  human trafficking
menneskehet subst. *m* humankind,
  mankind
menneskelig adj. human
menneskelighet subst. *m/f* humanity
menneskeliv subst. *n* **1** human life
  2 *(levetid)* lifetime
menneskerettighet subst. *m/f*
  human right
menneskesmugling subst. *m/f*
  people smuggling
menneskesyn subst. *n*
  view of humanity
menneskeverd subst. *n* human dignity
mens[1] subst. *m (kortform for*
  menstruasjon*)* period, menstruation
  få mensen get one's period
  ha mensen be on one's period
mens[2] subjunksjon while

a
b
c
d
e
f
g
h
i
j
k
l
m
n
o
p
q
r
s
t
u
v
w
x
y
z
æ
ø
å

menstruasjon subst. *m* menstruation
mental adj. **1** mental
  2 *(som adverb: mentalt)* mentally
  • *hun er mentalt forberedt på prøven*
  she is mentally prepared for the test
mentalitet subst. *m* mentality
mente subst. *m bare i uttrykk*
  en i mente *(matematikk)* carry one
  ha i mente keep in mind
meny subst. *m* menu
menylinje subst. *m/f (IT)* menu bar
mer adj. more
merkbar adj. noticeable
merke[1] subst. *n* **1** *(tegn)* mark, sign
  2 *(spor)* mark, trace
  3 *(vareslag)* brand, label
merke[2] verb **1** *(legge merke til)* notice,
  take note of
  2 *(sette merke på)* mark, stamp, label
  merke seg note, make a note of
merkelapp subst. *m* label, tag
merkelig adj. **1** *(rar)* strange, odd,
  peculiar
  2 *(interessant)* remarkable, interesting
  merkelig nok oddly enough, strange as
  it may seem
merkevare subst. *m* labelled article
merknad subst. *m* comment, remark
merkverdig adj. peculiar, remarkable
merr subst. *m/f (hunnhest)* mare
merverdiavgift subst. *m/f (moms)*
  value-added tax, VAT
meslinger subst. *flt.* measles
messe[1] subst. *m/f* **1** *(gudstjeneste i den*
  katolske kirken) Mass
  2 *(protestantisk gudstjeneste)* service,
  liturgy
  3 *(vareutstilling)* exposition, fair
messe[2] subst. *m/f (i militæret)* mess,
  mess hall
messe[3] verb chant
Messias egennavn *(Jesus)* Messiah
messing subst. *m* brass
mest adj. most
  aller mest most of all
  for det meste mostly
mestepart subst. *m* better part
mester subst. *m* master
mesterlig adj. masterly
mesterskap subst. *n* championship
mesterstykke subst. *n* masterpiece,
  masterstroke
mestre verb master
metafor subst. *m* metaphor

metafysikk subst. *m* metaphysics
metall subst. *n* metal
metallisk adj. metallic
meteor subst. *m* meteor
meteorolog subst. *m* meteorologist
Meteorologisk institutt subst.
  Norwegian Meteorological Institute
meter subst. *m* metre
metode subst. *m* method
metodisk adj. methodical
metodist subst. *m* Methodist
mett adj. full
mette verb **1** *(gjøre mett)* fill, feed
  2 *(kjemi)* saturate
mettet adj. *(kjemi)* saturated
middag subst. *m* **1** *(måltid)* dinner,
  supper
  2 *(midt på dagen)* noon, midday
middagshvil subst. *m* afternoon nap
middel subst. *n* means
middelaldersk adj. medieval
middelaldrende adj. middle-aged
Middelhavet stedsnavn
  the Mediterranean
middelklasse subst. *m*
  (samfunnsklasse) middle class
middelmådig adj. mediocre
middels adj. average
middeltemperatur subst. *m* average
  temperature, mean temperature
middelvei subst. *m* middle course
  den gylne middelvei the golden mean
midje subst. *m* waist
midlertidig adj. temporary
midnatt subst. *m/f* midnight
midnattssol subst. *m/f* midnight sun
midt[1] subst. *m* middle, centre
  i midten in the middle, in the centre
  i midten av in the middle of
  på midten in the middle
midt[2] adverb *bare i uttrykk*
  midt i in the middle of
  midt iblant in the midst of
midtbane subst. *m (sport)* midfield
midtbanespiller subst. *m* **1** *(fotball)*
  midfielder, midfield player
  2 *(ishockey)* centre
midterst adj. **1** middle
  2 *(som adverb: i midten)* in the middle
  • *hun sitter midterst i sofaen* she is
  sitting in the middle of the sofa
midtgang subst. *m* aisle
midtlinje subst. *m/f (sport)* halfway line
midtlivskrise subst. *m/f* midlife crisis

midtpunkt subst. *n* centre
midtrabatt subst. *m* central reservation, median strip *(amer.)*
midtskill subst. *m* middle parting
midtsommer subst. *m* midsummer
midtstopper subst. *m (fotball)* central defender, central back
midtveis adverb midway, halfway
midtvinter subst. *m* midwinter
Midtøsten stedsnavn the Middle East
migrasjon subst. *m* migration
migrene subst. *m* migraine
mikrobølgeovn subst. *m* microwave oven, microwave
mikrofon subst. *m* microphone
mikroskop subst. *n* microscope
mikroøkonomi subst. *m* microeconomics
mikse verb mix, blend
mikser subst. *m* mixer
mikstur subst. *m* mixture
mil subst. *m/f* 10 km, ten kilometres
mild adj. mild
 for å si det mildt to put it mildly
mildhet subst. *m/f* mildness
mildne verb 1 *(bli mildere)* soften
 2 *(formilde)* allay, mitigate
 3 *(lindre)* alleviate
milepæl subst. *m* milestone
militant adj. militant
militarisere verb militarize
milits subst. *m* militia
militær adj. military
militærnekter subst. *m* conscientious objector
militærtjeneste subst. *m* military service
miljø subst. *n* environment
miljøaktivist subst. *m* environmental activist
miljøbevisst adj. environmentally conscious
miljøforkjemper subst. *m* environmental activist, environmentalist
miljøforurensning subst. *m/f* pollution
miljøkatastrofe subst. *m* environmental disaster
miljøorganisasjon subst. *m* environmental organization
miljøpolitikk subst. *m* environmental politics
miljøskade subst. *m* environmental damage
miljøvennlig adj. eco-friendly, environmentally friendly

miljøvern subst. *n* environmental protection, environmental conservation
Miljøverndepartementet egennavn Ministry of the Environment
milliard subst. *m (tusen millioner)* billion
milligram subst. *n* milligram
million subst. *m* million
millionær subst. *m* millionaire
milt subst. *m* spleen
mime verb mime
mimikk subst. *m* facial expression
mimisk adj. expressive
mimre verb reminisce
min determinativ (min, mitt, mine)
 1 *(sammen med substantiv)* my
 • it is my dog
 2 *(uten substantiv)* mine • it is mine
 • the dog is mine
mindre adj. 1 *(om størrelse)* smaller
 2 *(om mengde, grad)* less
 ikke desto mindre nevertheless
 med mindre unless
 mer eller mindre more or less
mindretall subst. *n* minority
mindretallsregjering subst. *m/f* minority government
mindreverdig adj. inferior
mindreårig adj. 1 under age
 2 *(som subst.: person som er under en viss alder)* minor
mine[1] subst. *m/f (uttrykk)* expression, air, look
mine[2] subst. *m/f (sprengladning)* mine
minefelt subst. *n* minefield
mineral subst. *n* mineral
mineralvann subst. *n*
 1 *(kildevann)* mineral water
 2 *(brus)* soft drink, pop
mingle verb *(hverdagslig, omgås)* mingle
miniatyr subst. *m* miniature
minibank subst. *m* ATM, automated teller machine
minimal adj. minimal
minimum subst. *n* minimum
minister subst. *m (statsråd)* Minister, Secretary
mink subst. *m (røyskatt)* mink
minke verb decrease, dwindle
minne[1] subst. *n* memory
minne[2] verb 1 *(få til å huske)* remind
 2 *(huske)* remember
 minne om remind of
 minne på remind that

a b c d e f g h i j k l **m** n o p q r s t u v w x y z æ ø å

minnepenn subst. *m eller* **minnepinne**
(IT) USB flash drive, memory stick
minnes verb remember, recollect
minnesmerke subst. *n* memorial,
monument
minneverdig adj. memorable
minoritet subst. *m* minority
minske verb diminish, lessen, reduce
minst adj. **1** *(om størrelse)* smallest,
smaller *(av to)* • *han er den minste*
he is the smallest • *han er den minste
av de to* he is the smaller of the two
2 *(om alder)* youngest, younger *(av to)*
3 *(om mengde)* least, less *(av to)*
4 *(som adverb: lite)* least
• *han gjør minst* he does the least
5 *(som adverb: mer enn)* at least
• we are going to live there for at least
two years
aller minst least of all
i det minste at least
minst mulig as little as possible
sist, men ikke minst last but not least
minstelønn subst. *m/f* minimum wage
minus[1] subst. *n* **1** *(tegn)* minus
2 *(ulempe)* drawback, disadvantage
minus[2] adverb minus
minutt subst. *n* minute
minuttviser subst. *m* minute hand
mirakel subst. *n* miracle
mirakuløs adj. miraculous
misbilligelse subst. *m* disapproval
misbruk subst. *n* misuse, abuse
misbruke verb abuse
   misbruke noen seksuelt sexually
   abuse someone
   misbruke noens tillit violate
   someone's trust
misbruker subst. *m* abuser, addict
misdannelse subst. *m* **1** deformation
2 *(skavank)* deformity, defect
misdannet adj. deformed
misforhold subst. *n* disparity
misfornøyd adj. displeased, dissatisfied
misforstå verb misunderstand
misforståelse subst. *m*
misunderstanding
misfoster subst. *n (nedsettende)* freak
mishandle verb mistreat, abuse
mishandling subst. *m/f* abuse,
mistreatment
misjon subst. *m* mission
misjonær subst. *m* missionary

misligholde verb default *(om lån)*,
break *(om kontrakt)*
mislike verb dislike
mislykkes verb fail, be unsuccessful
mislykket adj. unsuccessful
mismodig adj. dejected
misnøye subst. *n* displeasure,
dissatisfaction
mistanke subst. *m* suspicion
miste verb **1** *(tape)* lose
2 *(komme for sent)* miss
3 *(slippe)* drop, let go of
misteltein subst. *m* mistletoe
mistenke verb suspect
mistenkelig adj. suspicious
mistenksom adj. suspicious
mistenksomhet subst. *m/f* suspicion
mistenkt adj. suspect
mistillit subst. *m* lack of confidence
mistillitsforslag subst. *n* motion for
vote of no confidence
mistillitsvotum subst. *n*
vote of no confidence
mistro[1] subst. *m* distrust
mistro[2] verb distrust
mistroisk adj. distrustful, mistrustful,
suspicious
misunne verb envy
misunnelig adj. envious
misunnelse subst. *m* envy
misvisende adj. misleading
mitt determinativ *se* ►min
mjau subst. *n* miaow
mjød subst. *n* mead
MMS *(fork. for* Multimedia Messaging
Service*)* MMS
mo adj. weak
   mo i knærne weak at the knees
mobb subst. *m* mob
mobbe verb bully
mobbing subst. *m/f* bullying
mobil[1] subst. *m* (mobile) phone,
cell (phone) *(amer.)*
mobil[2] adj. mobile
mobilisere verb mobilize
mobilisering subst. *m/f* mobilization
mobilnummer subst. *n* mobile phone
number
mobilsvar subst. *m* voicemail
mobiltelefon subst. *m* mobile phone,
cellphone
modell subst. *m* model
modellere verb model
modem subst. *n (IT)* modem

moden adj.
1 *(om frukt, grønnsaker o.l.)* ripe
2 *(fullvoksen)* mature
modenhet subst. *m* ripeness, maturity
moderasjon subst. *m*
1 *(måtehold)* moderation
2 *(avslag i pris)* price reduction
moderat adj. moderate
moderlig adj. maternal
moderne adj. modern
modernisere verb modernize
modernisme subst. *n* modernism
modernistisk adj. modernist, modernistic
modifikasjon subst. *m* modification
modifisere verb 1 *(dempe)* moderate, control
2 *(endre)* modify, alter
modig adj. courageous, brave
modne verb ripen, mature
mokasin subst. *m* moccasin
mold subst. *m/f* mould
molekyl subst. *n* molecule
moll subst. *m (musikk)* minor
molo subst. *m* pier, mole, breakwater
molte subst. *m/f* cloudberry
moment subst. *n* 1 *(faktor)* element, factor
2 *(øyeblikk)* moment
moms subst. *m (merverdiavgift)* VAT, value added tax
monark subst. *m* monarch
monarki subst. *n* monarchy
monitor subst. *m* monitor
monn subst. *n* 1 *(hjelp)* help, avail
2 *(utstrekning)* advantage, effect
alle monner drar every little helps
monne verb *(hjelpe)* help, avail, make a difference
monogam adj. monogamous
monogami subst. *n* monogamy
monokkel subst. *m* monocle, eyeglass
monolitt subst. *m* monolith
monolog subst. *m* monologue
monopol subst. *n* monopoly
monoteistisk adj. monotheistic
monoton adj. monotonous, monotone
monster subst. *n* 1 *(uhyre)* monster, beast
2 *(noe kjempestort)* monster, giant
monsun subst. *m* monsoon
monter subst. *m* showcase
montere verb 1 *(installere)* install
2 *(sette sammen)* assemble

3 *(sette opp)* mount, erect
4 *(utstyre)* mount, fit
montering subst. *m/f* installation, mounting, erection
montør subst. *m* 1 *(person som monterer maskiner e.l.)* fitter
2 *(elektromontør)* electrician
monument subst. *n* monument, memorial
monumental adj. monumental
moped subst. *m* moped
mor subst. *m/f* mother
moral subst. *m* 1 morals, morality
2 *(lærdom)* moral
3 *(kampånd)* morale
moralisere verb moralize
moralsk adj. moral
mord subst. *n* murder, homicide
begå mord commit murder
mordbrann subst. *m* arson
morder subst. *m* murderer, killer
more verb amuse, divert, entertain
more seg enjoy oneself, have a good time, have fun
morell subst. *m* cherry
morene subst. *m* moraine, drift
morfar subst. *m* grandfather, grandpa *(hverdagslig)*
morfin subst. *m (medisin)* morphine
morgen subst. *m* morning
i morgen tomorrow
morgenfugl subst. *m* early riser, early bird *(spøkefullt)*
morgengry subst. *n* dawn, daybreak
morgenkåpe subst. *m/f* dressing gown, robe *(amer.)*
morken adj. decayed, rotten
morkne verb decay, rot away, moulder
mormor subst. *m/f* grandmother, grandma *(hverdagslig)*
morn interjeksjon hello, hi, good morning
morn da! goodbye
moro subst. *m/f* fun, amusement
for moro skyld for the fun of it, for kicks
morsdag subst. *m* Mother's Day
morsealfabet subst. *n* Morse code
morsk adj. fierce, severe, gruff
morsmelk subst. *m/f* breast milk
morsmål subst. *n* mother tongue, first language
morsmålsundervisning subst. *m/f* first language education

morsom adj. funny, amusing
mort subst. *m (fisk)* roach
morter subst. *m* mortar
mosaikk subst. *m* mosaic
mose[1] subst. *m* moss
mose[2] verb *(knuse)* mash
mosegrodd adj. moss-grown, mossy
mosjon subst. *m* exercise
mosjonere verb exercise
moské subst. *m (islamsk gudshus)* mosque
moskito subst. *m (mygg)* mosquito
moskus subst. *m*
  1 *(velluktende stoff)* musk
  2 *(moskusokse)* musk ox
moskusokse subst. *m* musk ox
Moskva stedsnavn Moscow
most subst. *m* **1** *(av epler)* cider
  2 *(av druer)* must
mot[1] subst. *n* **1** courage, guts *(hverdagslig)*
  2 *(humør)* spirit, heart
  holde motet oppe keep up one's spirit
  være ille til mote be ill at ease
  være ved godt mot be in good spirits
mot[2] preposisjon against, towards *(i retning mot)* • the dog came running towards them • *de måtte flytte mot sin vilje* they had to move against their will
motangrep subst. *n* counter-attack
motarbeide verb **1** *(sabotere)* sabotage, obstruct
  2 *(motvirke)* counteract, work against
motbakke subst. *m* incline, ascent, (upward) slope
motbevise verb disprove, refute
motbydelig adj. disgusting, repulsive, nasty
motbør subst. *m* **1** *(motgang)* adversity, opposition
  2 *(motvind)* headwind, contrary wind
mote subst. *m* fashion, trend
moteblad subst. *n* fashion magazine
motepress subst. *n* fashion pressure
moteriktig adj. trendy, in
motgang subst. *m* adversity, hardship
motgift subst. *m* antidote
motgående adj. opposite, oncoming *(om trafikk)*
mothake subst. *m* barb
motiv subst. *n* **1** *(grunn)* motive
  2 *(emne for et kunstnerisk arbeid)* subject

  3 *(tema i litteratur eller kunst)* motif, theme
motivasjon subst. *m* motivation
motivere verb **1** *(gi motivasjon)* motivate, encourage
  2 *(begrunne)* give grounds for, state the reasons for
motløs adj. disheartened, dejected
motløshet subst. *m* disheartenment, dejectedness
motor subst. *m*
  1 *(forbrenningsmotor)* engine, motor
  2 *(elektrisk motor)* motor
motorbåt subst. *m* motor boat
motorisere verb motorize
motorkjøretøy subst. *n* motor vehicle
motorsag subst. *m* chain saw
motorstopp subst. *m* engine failure, engine trouble
motorsykkel subst. *m* motorcycle, bike *(hverdagslig)*
motorsyklist subst. *m* motorcyclist
motorvei subst. *m* motorway, freeway *(amer.)*
motpart subst. *m* opponent, adversary
motsatt adj.
  1 *(på den andre siden)* opposite
  2 *(om retning)* opposite, contrary
  3 *(helt forskjellig)* opposite, reverse
motsetning subst. *m/f* contrast, difference
  i motsetning til as opposed to, unlike, contrary to
motsette seg verb oppose, be opposed to, resist
motsi verb contradict
motsigelse subst. *m*
  1 *(innvending)* objection
  2 *(motsetning)* contradiction
motsigende adj. contradictory
motspiller subst. *m* opponent, adversary
motstand subst. *m* resistance, opposition
  møte motstand face opposition, face resistance
motstander subst. *m* opponent, adversary
motstandsbevegelse subst. *m* resistance movement
motstandsdyktig adj. resistant, capable of resistance
motstrebende adj. reluctant, grudging, unwilling

motstridende adj. contradictory, conflicting
motstykke subst. *n*
1 *(motsvar)* counterpart, equivalent
2 *(kontrast)* contrast
motstå verb resist, withstand
motta verb 1 *(få)* receive, get
2 *(ta imot)* receive, welcome *(ved ankomst)*
3 *(om pris, utmerkelse, gave)* accept
mottakelig adj. susceptible, receptive, amenable *(om fornuft)*
mottakelse subst. *m*
1 *(det å ta imot)* reception, receipt
2 *(velkomst)* reception, welcome
3 *(selskapelig tilstelning)* reception, function
mottaker subst. *m* recipient
mottiltak subst. *n* countermeasure
motto subst. *n* motto
mottrekk subst. *n* 1 countermove
2 *(sjakktrekk)* counterplay
motvilje subst. *m* reluctance
motvillig adj. reluctant
motvind subst. *m* headwind
motvirke verb counteract, work against
mp3 subst. *(IT, format for digital lyd)* MP3
muffe subst. *m/f* 1 *(plagg)* muff
2 *(på ledning)* sleeve, socket
muffens subst. *n* funny business, foul play
muffins subst. *m* *(liten kake)* muffin
mugg subst. *m/n* mould
mugge subst. *m/f* jug, pitcher
for fulle mugger full out, full speed
muggen adj.
1 *(dekket av mugg)* mouldy
2 *(gretten)* grumpy, sulky
mugne verb mould, go mouldy
Muhammed egennavn Mohammad
mukke verb grumble
uten å mukke without making any trouble
muldvarp subst. *m* mole
muldyr subst. *n* mule
mule subst. *m* muzzle
mulig adj. 1 *(gjennomførlig)* possible
2 *(tenkelig)* conceivable
gjøre mest mulig ut av make the most of
mulig det that's possible
snarest mulig as soon as possible, ASAP

muligens adverb possibly, perhaps, maybe
muliggjøre verb make possible
mulighet subst. *m*
1 *(det å være mulig)* possibility
2 *(anledning, sjanse)* opportunity, chance
mulkt subst. *m/f* fine, penalty
multe subst. *m/f* cloudberry
multikulturell adj. *(flerkulturell)* multicultural
multimedia subst. *flt.* multimedia
multiplikasjon subst. *m (matematikk)* multiplication
multiplisere verb *(matematikk)* multiply
mumie subst. *m* mummy
mumle verb mutter, mumble
mumling subst. *m/f* murmur, mumble
munk subst. *m* monk, friar
munkekloster subst. *n* monastery
munn subst. *m* mouth
munnbind subst. *n* surgical mask
munne verb *bare i uttrykk*
munne ut i 1 *(om elv)* flow into
2 *(om gate)* lead into
3 *(overført)* conclude in, end in
munnfull subst. *m* mouthful
munnhuggeri subst. *n* wrangling, bickering
munnhule subst. *m/f* oral cavity
munning subst. *m/f* 1 *(om elv)* mouth, outlet
2 *(stor elvemunning ved havet)* estuary
3 *(på skytevåpen)* muzzle
munnkurv subst. *m/f* muzzle
munnspill subst. *n* harmonica, mouth organ
munnstykke subst. *n*
1 *(på blåseinstrument)* mouthpiece
2 *(sigarettholder)* cigarette holder
munnsår subst. *n* cold sore
munnvik subst. *m* corner of the mouth
munter adj. merry, cheerful, jolly
munterhet subst. *m* gaiety, merriment, fun
muntlig adj. 1 *(som blir sagt)* verbal, oral
2 *(preget av dagligtale)* colloquial
muntlig eksamen oral examination, oral exam
mur subst. *m* wall
murer subst. *m* *(yrke)* bricklayer *(legger murstein)*, mason *(legger naturstein)*
murhus subst. *n* brick house *(av murstein)*, stone house *(av naturstein)*

murmeldyr subst. *n* marmot
murstein subst. *m* brick
mus subst. *m/f* mouse
musefelle subst. *m/f* mousetrap
museflette subst. *m/f* pigtail
musestille adj. as quiet as a mouse
museum subst. *n* museum
musikal subst. *m* musical
musikalsk adj. musical
musikant subst. *m* musician
musiker subst. *m* musician
musikk subst. *m* music
musikkinstrument subst. *n* musical instrument
musikk-korps subst. *n* marching band, brass band
musikklærer subst. *m* music teacher
musikkskole subst. *m* music school, school of music
musikkvideo subst. *m* music video
muskat subst. *n (krydder)* nutmeg
muskel subst. *m* muscle
musketer subst. *m* musketeer
muskulatur subst. *m* musculature, muscles
muskuløs adj. muscular
muslim subst. *m* Muslim
muslimsk adj. Muslim
musling subst. *m* mussel
musserende adj. *(sprudlende)* sparkling
mutasjon subst. *m* mutation
mutt adj. sulky, sullen
mutter subst. *m*
 1 *(festestykke til gjenget bolt)* nut
 2 *(mor, hverdagslig)* mum, mom *(amer.)*
mutters adverb *bare i uttrykk*
 mutters alene all alone
mye adj. **1** *(som finnes i stor mengde)* plenty of, a lot of, lots of *(kun i bekreftende setninger)*, much *(i nektende og spørrende setninger samt i forbindelse med without, for, as, how, so)* • *det var mye bær i skogen* there were lots of berries in the woods
 • *blir det for mye jobb for deg?* is it too much work for you?
 2 *(som subst.: stor del)* much, a lot, a great deal • *mye kunne vært gjort annerledes i denne saken* a lot of things could have been done differently in this case
 3 *(som adverb, i sammenligning)* much, far *(sterkere)*, a great deal

 • *huset vårt er mye større enn dette* our house is far bigger than this
 4 *(som adverb, til verb)* much, a great deal, a lot • *han arbeider mye* he works a great deal • *går du mye?* do you walk much?
mygg subst. *m* mosquito
myggstikk subst. *n* mosquito bite
myk adj. **1** *(bløt)* soft
 2 *(smidig)* flexible, supple
 3 *(bøyelig)* pliable, flexible
mykne verb soften
mylder subst. *n* throng, swarm, crowd
myldre verb swarm, teem, throng
München stedsnavn Munich
mynde subst. *m (hunderase)* sighthound, greyhound
myndig adj. **1** *(over 18 år)* of age
 2 *(bestemt)* authoritative, commanding
 bli myndig come of age
myndighet subst. *m* authority
myndighetsalder subst. *m* age of majority, full age
mynt subst. *m* coin
myntenhet subst. *m* monetary unit
myr subst. *m/f* bog, marsh, swamp
myrde verb murder
myrra subst. *m* myrrh
myse¹ subst. *m (melkeprodukt)* whey
myse² verb squint, peer
mysterium subst. *n* mystery
mystisk adj. mysterious
myte subst. *m* myth
mytisk adj. mythical, mythic
mytologi subst. *m* mythology
mytteri subst. *n* mutiny
 gjøre mytteri mutiny
møbel subst. *n* piece of furniture *(i flertall:* furniture *eller* pieces of furniture*)*
møblere verb furnish
møkk subst. *m/f* manure, dung, muck
møkkete adj. filthy, soiled
mølje subst. *m/f* jumble, hotchpotch
møll subst. *m/n* moth
mølle subst. *m/f* mill
 førstemann til mølla first come, first served
møller subst. *m* miller
møllkule subst. *m/f* moth ball
møne subst. *n* ridge
mønster subst. *n* **1** *(modell)* pattern, design
 2 *(ideal)* model

mønstre verb 1 *(samle)* muster, collect, rally
2 *(inspisere)* review, inspect
mønstrete adj. patterned
mønstring subst. *m/f* 1 *(det å mønstre)* muster, assembly
2 *(inspeksjon)* review, inspection
mør adj. *(om kjøtt)* tender
mørbanke verb 1 *(banke mør)* tenderize
2 *(rundjule)* beat black and blue, beat up
mørbrad subst. *m (kjøttstykke)* undercut of sirloin
mørk adj. dark
mørke[1] subst. *n* dark, darkness
mørke[2] verb *(gjøre mørk)* darken
mørkekjøring subst. *m/f (i kjøreopplæring)* night driving
mørkerom subst. *n* darkroom
mørketall subst. *n* hidden statistics
mørketid subst. *m/f* polar night
mørkhudet adj. dark, dark-skinned
mørkhåret adj. dark, dark-haired
mørkne verb darken
mørkredd adj. scared of the dark
mørtel subst. *m (sementblanding)* mortar
møte[1] subst. *n* meeting, encounter *(om uventet møte)*
møte[2] verb 1 *(treffe)* meet, come across *(tilfeldig)*, encounter *(uventet)*
2 *(komme)* meet, meet up, show up
3 *(i sport)* compete against
møte opp appear, show up
vel møtt! welcome!
møtested subst. *n* meeting place, meeting point
møye subst. *m* pains, trouble
må verb *presens av* ▶**måtte**
måfå *bare i uttrykk*
på måfå at random, randomly
måke[1] subst. *m/f* seagull
måke[2] subst. *m/f (skuffe)* shovel
måke[3] verb shovel, clear away
mål subst. *n* 1 *(måleenhet)* measure, unit of measure
2 *(i ballsport)* goal
3 *(avslutning i løp)* goal, finish
4 *(hensikt)* goal, aim
5 *(noe man skyter på)* target
holde mål be up to the mark, be up to scratch
komme i mål finish
målbevisst adj. goal-oriented, determined

målbinde verb nonplus, silence
måle verb measure
målebånd subst. *n* tape measure, measuring tape
måleenhet subst. *m* measure, unit of measure
måleinstrument subst. *n* gauge
måler subst. *m* meter
målestokk subst. *m* 1 *(linjal)* rule, ruler
2 *(sammenligningsstørrelse)* standard
3 *(på kart)* scale
målfoto subst. *n* photo finish
mållinje subst. *m/f* 1 *(i fotball)* goal line
2 *(ved løp o.l.)* finishing line
målløs[1] adj. *(helt taus)* speechless, dumbfounded
målløs[2] adj. *(sport, uten mål)* goalless, scoreless
målmann subst. *m* goalkeeper, goalie *(hverdagslig)*, keeper
målrettet adj. goal-oriented, purposeful
målscorer subst. *m* scorer
målsetting subst. *m/f* aim, purpose, goal
målstang subst. *m/f* goalpost
målstolpe subst. *m* 1 *(målstang)* goalpost
2 *(stang ved mållinjen i løp)* finishing post
målstrek subst. *m* finishing line, finish
måltid subst. *n* meal
måltrost subst. *m* song thrush
målvakt subst. *m/f* goalkeeper, goalie *(hverdagslig)*
måne subst. *m* 1 moon
2 *(på hodet)* bald spot
måned subst. *m* month
månedlig adj. monthly
månefase subst. *m* lunar phase
måneformørkelse subst. *m* lunar eclipse
månelys[1] subst. *n* moonlight
månelys[2] adj. moonlit, moonlight
månesigd subst. *m* crescent
måneskinn subst. *n* moonlight
måpe verb gape
mår subst. *m* marten
måte subst. *m* 1 way, method, approach
2 *(måtehold)* moderation
i like måte likewise, the same to you
på en måte in a way, in one respect
på ingen måte not at all, by no means
måtehold subst. *n* moderation, temperance *(særlig om alkohol)*
måteholden adj. moderate

a b c d e f g h i j k l m n o p q r s t u v w x y z æ ø å

måtte verb 1 *(være nødt til)* have to, must • *du må gjøre det i dag* you have to do it today

2 *(være sannsynlig)* must, have to • *du må være gal!* you must be crazy!
måttet verb *se* ►**måtte**

nabo subst. *m* neighbour
nabolag subst. *n* neighbourhood
naboland subst. *n* neighbouring country
nag subst. *n* grudge
 bære nag hold a grudge, bear a grudge
nage verb gnaw, gnaw at
nagle[1] subst. *m (bolt)* rivet, spike
nagle[2] verb rivet, nail
naiv adj. *(godtroende)* naive
naivitet subst. *m (godtroenhet)* naivety
naken adj. naked, nude
nakke subst. *m* nape, nape of the neck, back of the neck
nakkesleng subst. *m* whiplash
nam-nam adj. yum-yum, yummy
Napoli stedsnavn Naples
napp subst. *n (rykk i snøret)* nibble
 i rykk og napp off and on, by fits and starts
nappe verb 1 *(rykke)* tug
 2 *(ta, stjele)* snatch, grab
 nappe ut pull out, yank out
narkolanger subst. *m* drug dealer, drug pusher
narkoman subst. *m* drug addict
narkose subst. *m* general anaesthesia, narcosis
narkotika subst. *m* narcotics, drugs
narkotikahandel subst. *m* drug dealing, drug pushing
narkotikahandler subst. *m* drug trafficker
narkotikakartell subst. *n* drug cartel
narkotikaliga subst. *m* drug ring, narcotics ring
narkotikamisbruk subst. *n* drug abuse
narkotikamisbruker subst. *m* drug addict
narkotikasmugling subst. *m/f* drug trafficking
narr subst. *m* fool
 gjøre narr av make fun of
narre verb deceive, fool, trick
narrestrek subst. *m* prank, practical joke

nasjon subst. *m* nation
 De forente nasjoner the United Nations, the UN
nasjonal adj. national
nasjonaldag subst. *m* Independence Day, national day
nasjonaldrakt subst. *m/f* national costume, national dress *(for kvinner)*
nasjonalforsamling subst. *m/f (parlament)* National Assembly, parliament
nasjonalisme subst. *m* nationalism
nasjonalitet subst. *m* nationality
nasjonalsang subst. *m* national anthem
naske verb pilfer, shoplift *(fra en butikk)*
natrium subst. *n* sodium
natron subst. *n* baking soda
natt subst. *m/f* night
nattbord subst. *n* bedside table, nightstand *(amer.)*
nattergal subst. *m (fugl)* nightingale
nattevakt subst. *m/f* night watch
nattkjole subst. *m* nightgown
nattog subst. *n* night train
nattverd subst. *m* Holy Communion, Communion
natur subst. *m* 1 *(skog og mark)* nature
 2 *(landskap)* landscape, scenery
 3 *(egenart)* nature
 av natur by nature, by temperament
naturalistisk adj. naturalistic
naturfag subst. *n* 1 *(skolefag)* science
 2 *(vitenskapsgren)* natural science
naturgass subst. *m* natural gas
naturhistorie subst. *m/f* natural history
naturkatastrofe subst. *m* natural disaster
naturkrefter subst. *flt.* forces of nature, elemental forces
naturlig adj. natural
naturligvis adverb naturally, of course
natur- og miljøfag subst. *n (fag i grunnskolen)* Science and the Environment

naturreservat subst. *n* nature reserve
naturressurs subst. *m* natural resource
naturtalent subst. *n* natural (talent)
naturtro adj. realistic, true to nature
naturvern subst. *n* nature conservation
naturverner subst. *m* conservationist,
  environmentalist
naturvernområde subst. *n*
  nature reserve
naturvitenskap subst. *m*
  natural science
naturviter subst. *m* natural scientist
naust subst. *n* boathouse
nautisk adj. nautical
nave verb *(hverdagslig, ofte*
  nedsettende) omtr. dss. be on the dole
navigasjon subst. *m* navigation
navigasjonssystem subst. *n*
  navigation system
navigatør subst. *m* navigator
navigere verb navigate
navle subst. *m* navel,
  belly button *(hverdagslig)*
navlestreng subst. *m* umbilical cord
navn subst. *n* name
navne verb *(merke med navn)* fix a
  name tape to, monogram
navnedag subst. *m* name day,
  saint's day
navneopprop subst. *n* roll call
navneskilt subst. *n* nameplate
navngi verb name
nazisme subst. *m* Nazism
nazist subst. *m* Nazi
nazistisk adj. Nazi
nebb subst. *n* beak
  kjempe med nebb og klør
  fight tooth and nail
nebbete adj. impertinent, saucy
ned¹ adverb down
ned² preposisjon down
nedarvet adj. inherited

nedbemanning subst. *m/f* workforce
  reductions, downsizing
nedbetale verb pay off
nedbrent adj. burnt down,
  burnt to the ground
nedbrutt adj. broken, broken down
nedbrytbar adj. degradable,
  decomposable
nedbør subst. *m* rainfall, precipitation
  sur nedbør acid rain
nede adverb down, below
  være langt nede be really down,
  be depressed
nedenfor adverb/preposisjon below
nedenfra adverb from below
nedenunder adverb below,
  downstairs *(i hus)*
nederlag subst. *n* defeat
  lide nederlag suffer defeat, be defeated
Nederland stedsnavn The Netherlands
nederlandsk adj. Dutch
nederst adj. **1** lowest
  2 *(som adverb)* at the bottom
  • she waited at the bottom of the stairs
  fra øverst til nederst from top to
  bottom
nedfall subst. *n* fallout
  radioaktivt nedfall (radioactive) fallout
nedfor¹ adj. *(trist)* in low spirits, down
nedfor² preposisjon **1** below
  2 *(nedover)* down
nedgang subst. *m*
  1 *(det å gå ned)* decrease, fall
  2 *(forfall)* decline, deterioration
  3 *(atkomstvei)* descent, way down
nedgangstid subst. *m/f (økonomisk)*
  slump, depression, recession
nedlastbar adj. *(fra internett)*
  downloadable
nedlastning subst. *m/f (IT)* download
nedlate verb *bare i uttrykk*
  nedlate seg til condescend to, stoop to

nedlatende adj. condescending
nedlegge verb
1 *(felle dyr under jakt)* bring down, kill
2 *(utføre, plassere)* put, invest
3 *(forretning, skole o.l.)* close down, close
nedleggelse subst. *m* closure, dismantling *(avvikling)*
nedover preposisjon **1** down
2 *(som adverb: ned)* downhill
• *stien fortsatte bratt nedover* the path continued steeply downhill
nedoverbakke subst. *m* downhill
nedre adj. lower
nedrivning subst. *m* demolition
nedrustning subst. *m* disarmament
nedrykk subst. *n (sport)* relegation
nedsatt adj. reduced
nedsenkning subst. *m/f* submersion, immersion
nedsette verb **1** *(redusere)* reduce, lower *(om priser)*
2 *(oppnevne)* appoint
nedsettelse subst. *m* **1** *(reduksjon)* reduction, markdown *(om priser)*
2 *(oppnevning)* appointment
nedsettende adj. derogatory
nedskjæring subst. *m/f* reduction, cutback *(om økonomi)*
nedslag subst. *n* **1** *(landing)* landing, touchdown
2 *(reduksjon)* reduction, cut
nedslående adj. discouraging
nedslått adj. *(motløs)* downcast, discouraged
nedstamme verb be descended
nedstemt adj. dejected, discouraged
nedstemthet subst. *m/f* dejection, low spirits
nedtelling subst. *m/f* countdown
nedtrapping subst. *m/f* stepping down, gradual reduction
nedtrykt adj. depressed
nedtur subst. *m* **1** *(nedgang)* decline, comedown
2 *(skuffelse)* disappointment, comedown
nedverdige verb debase, degrade
nedverdigelse subst. *m* degradation, debasement
nedverdigende adj. degrading
negativ[1] subst. *m/n (fotografi)* negative
negativ[2] adj. negative
neger subst. *m (gammeldags, ofte*

nedsettende) Black, African American *(om svarte i USA)*, Negro *(gammeldags, støtende)*
negl subst. *m* nail
neglelakk subst. *m* nail polish
neglisjere verb neglect, ignore
nei interjeksjon no
neie verb curtsy
nek subst. *n* sheaf
ditt nek! you fool!, you twit!
nekrolog subst. *m* obituary
nektar subst. *m* nectar
nektarin subst. *m* nectarine
nekte verb **1** *(avslå)* refuse, decline
2 *(benekte)* deny
nektelse subst. *m*
1 *(det å nekte)* refusal, denial
2 *(grammatikk)* negation
nellik subst. *m* **1** *(krydder)* clove
2 *(prydplante)* carnation
nemlig adverb **1** *(det vil si)* namely
2 *(ja, nettopp)* right, exactly
nemnd subst. *m/f* committee
neon subst. *n* neon
nepe subst. *m* turnip
neppe adverb **1** *(knapt)* hardly, scarcely
2 *(sannsynligvis ikke)* probably not
• *han kommer neppe* he will probably not come
nerd subst. *m* nerd
nerve subst. *m* nerve
gå noen på nervene get on someone's nerves
nervepirrende adj. nerve-racking, exciting
nervesystem subst. *n* nervous system
nervevrak subst. *n* nervous wreck, wreck
nervøs adj. nervous
nervøsitet subst. *m* nervousness
nes subst. *n* headland
nese subst. *m/f* nose
ha ben i nesen have backbone, have guts *(hverdagslig)*
ha nese for have a nose for, have a flair for
neseblod subst. *n* nosebleed
blø neseblod have a nosebleed
nesebor subst. *n* nostril
nesevis adj. brazen, cheeky
neshorn subst. *n* rhinoceros, rhino *(hverdagslig)*
nesle subst. *m/f* nettle
nest adverb but one, second, next

nest etter 1 *(nærmest i rang)* next to, second only to
2 *(etter en som går foran)* immediately following, right behind
neste determinativ next, following
vær så god neste next, please
nestekjærlighet subst. *m/f* charity, love of one's neighbour
nestemann subst. *m* next, next in line
nesten adverb nearly, almost, practically, next to
nesten aldri hardly ever, almost never
nesten ikke hardly, scarcely, barely
nestkommanderende subst. *m* second in command
nestleder subst. *m* vice-chairman
nett¹ subst. *n* **1** *(flettverk av tråd)* net
2 *(overført)* net, network, mesh
3 *(IT)* network
4 *(kortform for* internett*)* Net
på nettet *(IT, tilkoblet)* online
surfe på nettet surf the Net
nett² adj. pretty, nice
nettadresse subst. *m (IT)* web address
nettangrep subst. *n (IT)* cyberattack
nettavis subst. *m/f* online newspaper
nettbank subst. *m*
Internet banking (service)
nettbasert adj. web-based
nettbrett subst. *n (IT)* tablet
nettbutikk subst. *m* web shop, Internet shop
nettdebatt subst. *m* online debate, Internet debate
netthandel subst. *m* online shopping, Internet shopping
netthets subst. *m* online harassment
netthinne subst. *m/f* retina
netting subst. *m* netting
nettkriminalitet subst. *m (IT)* cybercrime
nettleser subst. *m (IT)* browser
netto adj. net
nettobeløp subst. *n* net amount
nettofortjeneste subst. *m* net profit
nettopp adverb just
nettopp nå just now, at this very moment
nettsamfunn subst. *n (IT)* social network, web community
nettside subst. *m/f* web page, Internet page
nettsted subst. *n* web site, Internet site
nett-troll subst. *n* Internet troll, troll

nett-TV subst. *m* Internet TV
nettutgave subst. *m (av avis e.l.)* online edition
nettverk subst. *n* network
nettvett subst. *n (på internett)* netiquette
neve subst. *m* **1** *(hånd)* hand, fist *(knyttet neve)*
2 *(håndfull)* handful
nevenyttig adj. handy
nevne verb mention
nevner subst. *m* denominator
nevneverdig adj. worth mentioning
nevrolog subst. *m* neurologist
nevrose subst. *m* neurosis
nevrotisk adj. neurotic
nevø subst. *m* nephew
ni determinativ nine
nidkjær adj. zealous
niese subst. *m/f* niece
nifs adj. scary
nikk subst. *n* nod
nikke verb nod
nikkel subst. *m* nickel
nikkers subst. *m* breeches
nikotin subst. *m/n* nicotine
Nilen stedsnavn the Nile
nipp subst. *m/n bare i uttrykk*
på nære nippet close, a close call
være på nippet til be on the verge of, be just about to
nippe verb sip
nips subst. *m* ornaments
niqab subst. *m (muslimsk klesplagg)* niqab
nirvana subst. *m/n* nirvana, Nirvana
nise subst. *m/f* porpoise
nisje subst. *m* niche
nisse subst. *m* **1** *(julenisse)* Santa Claus, Father Christmas
2 *(overnaturlig vesen)* goblin, gnome
niste subst. *m/f* packed lunch
nitrat subst. *n* nitrate
nitrogen subst. *n* nitrogen
nitten determinativ nineteen
nitti determinativ ninety
nivå subst. *n* level
nobel adj. noble
nobelpris subst. *m* Nobel Prize
nobelprisvinner subst. *m* Nobel laureate
noe determinativ *se* ▶noen
noen determinativ (noe) **1** *(ubestemt antall)* some • I need some eggs
2 *(ubestemt mengde)* any
• is there any milk left?

a b c d e f g h i j k l m n o p q r s t u v w x y z æ ø å

3 *(en eller annen)* anyone, anybody
• is there anyone here?
4 *(ett eller annet)* anything, something
• would you like something to eat?
ikke noe no • *det er ikke noe melk igjen* there is no milk left
noe som helst anything
noenlunde adverb
1 *(forholdsvis)* fairly, reasonably
2 *(ganske bra)* not too bad, pretty good
noensinne adverb ever, at any time
aldri noensinne never ever
nok adverb **1** *(tilstrekkelig)* enough, sufficient • do we have enough food?
2 *(sannsynligvis)* probably • *han er nok sulten* he is probably hungry
nokså adverb quite, rather
nomade subst. *m* nomad
nomadefolk subst. *n* nomadic people
nominasjon subst. *m* nomination
nominell adj. nominal
nominere verb nominate
nonne subst. *m/f* nun
nonnekloster subst. *n* convent
nord[1] subst. north
nord[2] adverb north
mot nord north, northward
nord for north of
nordavind subst. *m* north wind
Norden stedsnavn the Nordic countries
nordenfor preposisjon north of
nordisk adj. Nordic, northern
nordlig adj. northern
nordlys subst. *n* northern lights, aurora borealis
nordmann subst. *m* Norwegian
Nord-Norge stedsnavn
Northern Norway
nordpol subst. *m* north pole
Nordpolen stedsnavn the North Pole
Nordsjøen stedsnavn the North Sea
Norge stedsnavn Norway
norgesmester subst. *m*
Norwegian national champion
norgesrekord subst. *m*
Norwegian national record
norm subst. *m* norm
normal[1] subst. *m* normal
normal[2] adj. **1** normal, ordinary
2 *(som adverb: vanlig)* normally
• *hun puster normalt igjen* she is breathing normally again
normalisere verb
1 *(gjøre normal)* normalize

2 *(bringe i samsvar med en norm)* standardize
norrøn adj. Norse
norsk adj. Norwegian
nostalgi subst. *m* nostalgia
notat subst. *n* note
note subst. *m* **1** *(i musikk)* note
2 *(merknad)* note, annotation
notere verb note, take down
notestativ subst. *n* music stand
notis subst. *m* note, notice
notisbok subst. *m/f* notebook
novelle subst. *m/f* short story
november subst. *m* November
novise subst. *m/f* novice
nudel subst. *m* noodle
nudist subst. *m* nudist
null determinativ **1** *(talltegn)* zero
2 *(ingenting)* no
3 *(sport)* nil, love *(tennis)*
nullpunkt subst. *n* zero
nulltoleranse subst. *m* zero tolerance
numerisk adj. *(tallmessig)* numerical
nummen adj. numb
nummer subst. *n* **1** *(tall)* number
2 *(størrelse)* size
3 *(utgave)* issue, number
gjøre et nummer av make much of, make an issue of
nummer to *(i konkurranse)* runner-up
nummerskilt subst. *n* number plate, license plate *(amer.)*
ny[1] subst. *n* *(tid da månen vokser)* waxing moon • *månen er i ny* the moon is waxing
i ny og ne now and then
ny[2] adj. **1** *(ikke brukt)* new
2 *(fornyet, frisk)* fresh
på nytt again, anew, afresh
nyanse subst. *m* shade, nuance
nyansert adj. nuanced
nybakt adj. **1** freshly baked
2 *(nettopp blitt)* newly fledged
nybegynner subst. *m* beginner
nydelig adj. beautiful, lovely
nyfødt adj. newborn
nygift adj. newly married
nyhet subst. *m/f* **1** news, piece of news
2 *(noe som er nytt)* novelty
nyheter news
nykokt adj. freshly boiled
nykommer subst. *m* newcomer
nylig adj. **1** recent

2 *(som adverb: nettopp)* recently, lately • I was recently in Bergen
nylon subst. *n* nylon
nymalt adj. freshly painted
nymfe subst. *m/f* nymph
nymotens adj. modern, newfangled *(nedsettende)*
nymåne subst. *m* new moon
nynazisme subst. *m* neo-Nazism
nynazist subst. *m* neo-Nazi
nynazistisk adj. neo-Nazi
nynne verb hum
nype subst. *m/f* rose hip, hip
nyperose subst. *m/f* dog rose
nyre subst. *m/f* kidney
nyrestein subst. *m* kidney stone
nys subst. *n* sneeze
nyse verb sneeze
nysgjerrig adj. curious
nysgjerrighet subst. *m/f* curiosity
nyskapende adj. creative, innovative
nyst verb *se* ▶nyse
nyte verb enjoy
nytelse subst. *m* enjoyment, pleasure
nytt[1] verb *se* ▶nyte
nytt[2] adj. *se* ▶ny[2]
nytte[1] subst. *m/f* **1** *(fordel)* advantage, benefit
2 *(hjelp)* use, utility
   dra nytte av benefit from
   komme til nytte come in handy
   til ingen nytte of no use
nytte[2] verb **1** *(benytte)* use, utilize
2 *(hjelpe)* be of use, help
   det nytter ikke å it is no use
nytteløs adj. useless
nytteverdi subst. *m* utility value
nyttig adj. useful, of use
nyttår subst. *n* New Year
   godt nyttår happy New Year
nyttårsaften subst. *m* New Year's Eve
nyttårsforsett subst. *n*
   New Year's resolution
nær adj. **1** *(om sted)* close, near
2 *(om tid)* near, immediate *(øyeblikkelig)*
3 *(som adverb)* close, near • *han stod nær utgangen* he stood close to the exit
nærbilde subst. *n* close-up
nærbutikk subst. *m* local shop
nære[1] verb have, cherish, entertain
   nære håp entertain hope
nære[2] adverb nearly

nære på close
nære ved nearly
nærgående adj. aggressive, bold
nærhet subst. *m/f* **1** *(det å være nær)* nearness, proximity, closeness
2 *(nabolag)* vicinity, neighbourhood
3 *(intimitet)* closeness, intimacy
   i nærheten nearby, in the vicinity
   i nærheten av near, close to
næring subst. *m/f*
1 *(mat)* food, nourishment
2 *(levevei)* industry, business, trade
næringsdrivende adj. in business, in trade
   selvstendig næringsdrivende
   self-employed person
næringsinnhold subst. *n*
   nutritional value
næringsliv subst. *n* **1** *(økonomisk virksomhet)* trade and industry, industry and commerce
2 *(de næringsdrivende)* the business community, the business sector
   det private næringsliv
   the private sector
næringsrik adj. **1** *(om mat)* nutritious
2 *(landbruk)* fertile, rich
nærme verb approach
   nærme seg approach, get closer, get nearer
   nærme seg slutten draw to a close, come to a close
nærsynt adj. short-sighted
nærtagende adj. touchy
nærvær subst. *n* presence
nærværende adj. present
nød subst. *m* **1** *(fare)* danger
2 *(fattigdom)* need, want
3 *(vanskelig situasjon)* distress
   med nød og neppe only just, by a narrow margin
nødbrems subst. *m* emergency brake
nøde verb **1** *(overtale)* urge, press
2 *(presse)* force, compel
nødetat subst. *m (helsevesen, politi og brannvesen)* emergency service
nødhjelp subst. *m/f* emergency aid, relief
nødig adverb rather not
nødlande verb
   make an emergency landing
nødlanding subst. *m/f*
   emergency landing
nødlidende adj. destitute, needy

a b c d e f g h i j k l m n o p q r s t u v w x y z æ ø å

nødssituasjon subst. *m* emergency
nødstilfelle subst. *n* emergency
  i nødstilfelle in an emergency
nødt adj. *bare i uttrykk*
  bli nødt til have to, be forced to
  være nødt til have to, must,
  be obliged to
nødutgang subst. *m/f* emergency exit
nødvendig adj. necessary
nødvendighet subst. *m/f* necessity
nødvendigvis adverb necessarily
nødverge subst. *n* self-defence
nøkk subst. *m* water sprite
nøkkel subst. *m* **1** key
  2 *(forklaring)* key, clue
  3 *(musikk)* clef
nøkkelhull subst. *n* keyhole
nøkkelknippe subst. *n* keyring,
  bunch of keys
nøktern adj. **1** *(edru)* sober
  2 *(rolig)* serious, sober
  3 *(om innredning, klær o.l.)* simple,
  plain
nøle verb hesitate
  uten å nøle without hesitation,
  straight away
nøs verb *se* ►nyse
nøste subst. *n* ball, ball of yarn
nøt verb *se* ►nyte
nøtt subst. *m/f* nut
nøtteskall subst. *n* nutshell
nøtteskrike subst. *m/f (fugl)* jay
nøyaktig adj. **1** accurate, precise, exact
  2 *(som adverb: akkurat)* exactly
  • that is exactly what I mean
nøyaktighet subst. *m/f* accuracy

nøye[1] verb satisfy, be content
  nøye seg med be content with,
  be satisfied with
nøye[2] adj. **1** *(nær)* close, intimate
  2 *(grundig)* careful, thorough
  det er ikke så nøye it doesn't matter
  være nøye på det be particular
nøysom adj. frugal *(om mat og drikke)*,
  modest
nøysomhet subst. *m/f* frugality *(om mat
  og drikke)*, moderation
nøytral adj. neutral
nøytralisere verb neutralize
nøytralitet subst. *m* neutrality
nå[1] verb **1** *(komme til)* reach, get to
  2 *(rekke)* catch, make
  nå opp til reach
nå[2] adverb now
  nå for tiden nowadays, these days
  nå nylig recently
  nå og da now and then, now and again
  til nå until now, so far
nåde subst. *m* grace
nådeløs adj. merciless
nål subst. *m/f* needle, pin *(knappenål)*
nåleskog subst. *m* coniferous forest
nåletre subst. *n* conifer
nålevende adj. living, contemporary
nåløye subst. *n* eye of a needle
  komme igjennom nåløyet get through
  the eye of the needle
når adverb/konjunksjon when
  når som helst any time
nåtid subst. *m/f* **1** *(samtid)* present time,
  present day
  2 *(grammatikk, presens)* present tense
nåværende adj. present

oase subst. *m* oasis
obduksjon subst. *m* autopsy,
  post-mortem
obdusere verb perform an autopsy
oberst subst. *m* colonel
objekt subst. *n* object
objektiv[1] subst. *n* objective
objektiv[2] adj. objective
objektivitet subst. *m* objectivity
oblat subst. *n* wafer
obligasjon subst. *m* bond

obligatorisk adj. compulsory,
  obligatory
obo subst. *m (instrument)* oboe
observasjon subst. *m* observation
observatorium subst. *n* observatory
observatør subst. *m* observer
observere verb observe
odd subst. *m (spiss)* point
odde subst. *m (nes)* headland
oddetall subst. *n* odd number,
  uneven number

odelsbonde subst. *m* freeholder
offensiv[1] subst. *m* offensive, attack
  være på offensiven be on the offensive
offensiv[2] adj. offensive
offentlig adj. public
offentliggjøre verb
  1 *(gjøre kjent)* publicize
  2 *(utgi)* publish
offentlighet subst. *m (allmennhet)* (general) public
offer subst. *n* **1** *(for ulykke)* victim
  2 *(oppofrelse)* sacrifice
offiser subst. *m* officer
offisiell adj. official
offshore adj. offshore, at sea
ofre verb sacrifice
ofring subst. *m/f* sacrifice
ofte adverb often
og konjunksjon and
også adverb also, too, as well
ok adj. *eller* **OK** okay, OK
oker subst. *m (farge)* ochre
okkupant subst. *m* occupant
okkupasjon subst. *m* occupation
okkupere verb occupy
okse subst. *m* **1** bull
  2 *(om kjøttet)* beef
oksekjøtt subst. *n* beef
oksidere verb oxidize
oksygen subst. *n* oxygen
oktav subst. *m* octave
oktober subst. *m* October
OL *(fork. for* olympiske leker*)* the Olympics, the Olympic Games
o.l. *(fork. for* og lignende*)* etc., and such
olabukse subst. *m/f* jeans, pair of jeans
oldebarn subst. *n* great-grandchild
oldefar subst. *m* great-grandfather
oldemor subst. *m/f* great-grandmother
oldtid subst. *m/f* antiquity, ancient times
oliven subst. *m* olive
olivenolje subst. *m/f* olive oil
olje[1] subst. *m/f* oil
olje[2] verb oil
oljeboring subst. *m/f* oil drilling
oljefelt subst. *n* oilfield
oljeforurensning subst. *m/f* oil pollution
oljeledning subst. *m/f* oil pipe, oil pipeline
oljelense subst. *m/f (sperre mot oljesøl)* oil boom
oljelerret subst. *n* oilcloth, oilskin

oljemaleri subst. *n* oil painting
oljemaling subst. *m/f* oil paint
oljeplattform subst. *m/f* oil platform
oljeraffineri subst. *n* oil refinery
oljerigg subst. *m* oil rig
oljesøl subst. *n* oil spill
oljete adj. oily, greasy
oljeutslipp subst. *n* oil leakage, oil pollution
oljeutvinning subst. *m/f* oil production, oil extraction
olm adj. angry, mad
olympiade subst. *m* Olympiad, Olympic Games
olympisk adj. Olympic, Olympian
  de olympiske leker the Olympic Games, the Olympics
om[1] preposisjon **1** *(innenfor et tidsrom)* during, by, in • *innbruddet skjedde om natten* the burglary happened during the night • *vi sees om tre timer* I will see you in three hours
  2 round, about • she threw her arms round him
  3 *(over)* via, through • *de måtte fly om København til New York* they had to fly via Copenhagen to New York
  om igjen again, once more
  om og om igjen over and over again, time and again
om[2] konjunksjon **1** if, whether • do you remember if I locked the door?
  2 *(selv om)* even if, even though
omarbeide verb revise
ombestemme seg verb change one's mind
om bord adverb on board
ombygging subst. *m/f* rebuilding
omdanne verb convert, transform
omdannelse subst. *m* transformation, conversion
omdiskutert adj. much discussed, debated
omdreining subst. *m/f* rotation
omdømme subst. *n* reputation
omegn subst. *m* surrounding area
omelett subst. *m* omelette
omfang subst. *n* **1** *(utstrekning)* size, volume
  2 *(betydning)* extent, scope
omfangsrik adj. extensive, large
omfatte verb include
omfattende adj. comprehensive, extensive

omfavne verb embrace
omfordeling subst. *m/f* redistribution
omforme verb convert, transform
omgang subst. *m* **1** *(runde)* round, turn
2 *(sosial kontakt)* interaction
3 *(sport)* half
4 *(behandling)* treatment, dose
omgangskrets subst. *m* acquaintances
omgangssyke subst. *m* stomach flu
omgi verb surround
omgivelser subst. *flt.* surroundings
omgjengelig adj. sociable
omgå verb evade
omkamp subst. *m* play-off, replay
omkjøring subst. *m/f* diversion
omkomme verb die
omkostning subst. *m* cost, expense
omkranse verb wreathe
omkrets subst. *m* circumference
omkring preposisjon round, around, about
om lag adverb about, approximately
omlegging subst. *m/f* change, alteration
omløp subst. *n* circulation
omme adverb over, at an end
omorganisere verb reorganize
omplassere verb move, relocate
omreisende adj. **1** travelling
2 *(som subst.: person som reiser)* traveller
omringe verb surround
omriss subst. *n* outline
område subst. *n* area
omsetning subst. *m/f* turnover, sales
omsette verb sell
omsider adverb at last, finally
omskjære verb circumcise
omskjæring subst. *m/f* circumcision
omskrive verb paraphrase
omskrivning subst. *m/f* paraphrase
omslag subst. *n* **1** *(beskyttelse)* dust cover *(på bok)*, wrapper, sleeve
2 *(kompress)* pack, compress
omsorg subst. *m* care
omsorgsfull adj. caring
omstart subst. *m* restart
omstendighet subst. *m* circumstance
omstridt adj. disputed, controversial
omtale[1] subst. *m* mention
omtale[2] verb mention
omtanke subst. *m* thoughtfulness, consideration
omtenksom adj. thoughtful, considerate

omtrent adverb about, approximately
omtåket adj. drowsy, dizzy
omvei subst. *m* detour
omveltning subst. *m/f* upheaval
omvende verb **1** change, reverse
2 *(religion)* convert
omvendt adj. reverse
eller omvendt or the other way around
omvisning subst. *m/f* guided tour
onanere verb masturbate
onani subst. *m* masturbation
ond adj. bad, evil
ondartet adj. ill-natured, malignant
onde subst. *n* evil
ondsinnet adj. ill-natured
ondskap subst. *m* evil
ondskapsfull adj. malicious
onkel subst. *m* uncle
online adj. *(IT)* online
onsdag subst. *m* Wednesday
opal subst. *m* opal
opera subst. *m* opera
operasjon subst. *m* operation
operativsystem subst. *n* operating system, OS
operatør subst. *m* operator
operere verb operate
opinion subst. *m* public opinion
opinionsmåling subst. *m/f* (public) opinion poll
opium subst. *n* opium
opp adverb up
opp ned upside down
oppakning subst. *m/f* **1** *(byrde)* load
2 *(militærvesen)* pack
opparbeide verb work up, build up
oppbevare verb keep
oppbevaring subst. *m/f*
1 *(lagring)* keeping, storage
2 *(lagringssted)* storage room
oppblåst adj. **1** inflated
2 *(oppblåst i magen)* bloated
oppbrudd subst. *n* *(ved reise)* departure
oppbrukt adj. spent, used
oppdage verb discover
oppdagelse subst. *m* discovery
oppdagelsesferd subst. *m* expedition
oppdagelsesreisende subst. *m* explorer
oppdatere verb update
oppdiktet adj. fictitious
oppdra verb raise, bring up
oppdrag subst. *n* task, assignment, mission

oppdragelse subst. *m* upbringing
oppdragsgiver subst. *m* employer
oppdrett subst. *n* breeding, rearing
oppdretter subst. *m* breeder, farmer
oppdrift subst. *m* buoyancy, lift
oppe adverb **1** up
  2 *(åpen)* open
oppfatning subst. *m/f*
  1 *(mening)* opinion, belief
  2 *(forståelse)* understanding
opptatte verb **1** *(forstå)* understand
  2 *(sanse)* perceive, apprehend
oppfinnelse subst. *m* invention
oppfinner subst. *m* inventor
oppfinnsom adj. inventive
oppfordre verb encourage
oppfordring subst. *m/f* request
oppfostre verb rear, bring up
oppfylle verb fulfil
oppfyllelse subst. *m* fulfilment
oppføre verb **1** *(bygge)* construct, erect
  2 *(teater)* perform, act
  3 *(skrive ned)* enter
  oppføre seg behave, behave oneself
oppførelse subst. *m*
  1 *(om byggverk)* erection
  2 *(teater)* production, performance
oppførsel subst. *m* behaviour
oppførselskarakter subst. *m*
  conduct mark
oppgang subst. *m* **1** *(i bygning)* stair,
  staircase
  2 *(stigning)* rise, increase
oppgangstid subst. *m* period of growth
oppgave subst. *m* **1** *(prøve)* exercise,
  assignment
  2 *(arbeid)* task, job
  besvare en oppgave 1 *(om kortere
  oppgave)* do an exercise
  2 *(om stil)* write an assignment
  3 *(under prøve)* attempt a paper
oppgi verb **1** *(slå fra seg)* give up,
  abandon

  2 *(melde fra om)* state, give
oppgitt adj. **1** resigned
  2 *(om sak)* given up, abandoned
oppgjør subst. *n* settlement
oppglødd adj. enthusiastic
oppgradere verb upgrade
opphav subst. *n* origin
opphavsperson subst. *m* author,
  originator
opphavsrett subst. *m* copyright
oppheve verb **1** abolish
  2 *(om lov)* repeal
opphevelse subst. *m* **1** abolition
  2 *(om lov)* repeal
opphisse verb excite
opphisselse subst. *m* excitement
opphissende adj. exciting
opphisset adj. **1** excited
  2 *(sint)* angry
opphold subst. *n*
  1 *(midlertidig)* stay, visit
  2 *(fast)* residence
  3 *(pause)* break
oppholde verb keep, delay
  oppholde seg stay, reside
oppholdsrom subst. *n*
  1 *(stue)* living room
  2 *(på institusjon)* public room,
  day room
oppholdstillatelse subst. *m*
  residence permit
oppholdsvær subst. *n* dry weather
opphoping subst. *m/f* accumulation
opphovnet adj. swollen
opphør subst. *n* end, stop
opphøre verb stop, end, cease
opphørssalg subst. *n* clearance sale
opphøye verb raise, elevate
opphøyet adj. **1** raised, elevated
  2 *(om tanker, følelser)* sublime
oppkalle verb name
  oppkalle etter name after
oppkast subst. *n* vomit

oppkavet adj. worked up
oppkjørsel subst. *m* drive, driveway *(amer.)*
oppklare verb solve, explain
oppkomling subst. *m* upstart
oppkvikkende adj. refreshing
oppladbar adj. rechargeable
opplag subst. *n* **1** *(utgivelse)* edition
2 *(antall eksemplarer)* print run
opplagt adj. **1** alert, awake
2 *(innlysende)* obvious
opplesning subst. *m/f* reading, recital
oppleve verb experience
opplevelse subst. *m* **1** experience
2 *(spennende erfaring)* adventure
opplyse verb **1** inform
2 *(lyse opp)* illuminate
opplyse om noe inform about something
opplysning subst. *m* **1** information
2 *(belysning)* lighting
opplysningstiden subst. the Age of Enlightenment
opplyst adj. **1** *(om belysning)* lit up
2 *(kunnskapsrik)* enlightened
opplæring subst. *m/f* training
oppløpsside subst. *m/f* finish
oppløse verb dissolve
oppløselig adj. dissoluble
oppløsning subst. *m* **1** dissolving
2 *(forfall)* disintegration
3 *(IT)* resolution
4 *(blanding)* solution
gå i oppløsning disintegrate, fall apart
oppmerksom adj. attentive
være oppmerksom på be aware of
oppmerksomhet subst. *m/f* attention
oppmuntre verb **1** cheer up, comfort
2 *(fremme)* encourage
oppmuntring subst. *m/f* encouragement
oppnavn subst. *n* nickname
oppnevne verb appoint
oppnå verb achieve, attain
oppofrende adj. self-sacrificing
opponere verb oppose
opportunistisk adj. opportunistic
opposisjon subst. *m* opposition
oppover preposisjon **1** up
2 *(som adverb)* upwards
• she looked upwards
oppoverbakke subst. *m* uphill slope
oppreisning subst. *m/f* reparation, satisfaction

oppreist adj. **1** erect
2 *(om person)* standing
stå oppreist stand up
opprenskning subst. *m/f* cleaning up
opprette verb **1** *(starte)* establish
2 *(om dokument)* draw up, create
3 *(IT)* create
opprettelse subst. *m*
1 *(grunnleggelse)* establishment
2 *(av dokument)* drawing up, creation
3 *(IT, av fil)* creation
opprettholde verb sustain, maintain
oppriktig adj. **1** sincere, frank
2 *(som adverb:)* sincerely, frankly • *hun er oppriktig glad i ham* she genuinely loves him • *oppriktig talt* quite frankly
oppriktighet subst. *m/f* sincerity, frankness
opprinnelig adj.
1 *(fra begynnelsen)* original, initial
2 *(naturlig)* natural, genuine
3 *(om urbefolkning)* aboriginal
4 *(som adverb)* originally, initially
opprinnelse subst. *m* origin
opprop subst. *n*
1 *(ved fremmøte)* roll-call
2 *(kunngjøring)* declaration
oppruste verb
1 *(øke krigsberedskap)* arm
2 *(forbedre)* better, improve
opprustning subst. *m* **1** *(økning av krigsberedskap)* rearmament
2 *(forbedring)* improvement
opprydning subst. *m/f* clearing up
opprømt adj. in high spirits
opprør subst. *n* rebellion
opprøre verb upset
opprørende adj. upsetting
opprører subst. *m* rebel
opprørsk adj. rebellious
opprørt adj. **1** *(urolig)* upset
2 *(sint)* agitated
oppsamling subst. *m/f* accumulation
oppsatt adj. **1** *(ivrig)* eager, keen
2 *(satt opp)* arranged, set up
være oppsatt på noe be determined (to do something)
oppsett subst. *n* **1** *(IT)* setup
2 *(planlagt utførelse)* layout, design
oppsigelse subst. *m* dismissal, notice
oppsigelsestid subst. *m/f* term of notice
oppsikt subst. *m* **1** *(tilsyn)* supervision

2 *(oppmerksomhet)* attention, sensation
holde under oppsikt supervise, keep an eye on
vekke oppsikt attract attention
oppsiktsvekkende adj. sensational
oppskaket adj. upset
oppskjørtet adj. *(nervøs)* excited, flustered, nervous
oppskrift subst. *m/f* recipe
oppskrytt adj. overrated
oppslag subst. *n* **1** *(omtale)* publicity
2 *(plakat)* bill, poster, notice
oppslagstavle subst. *m/f* notice board, bulletin board
oppslagsverk subst. *n* reference book
oppspilt adj. **1** *(spent)* excited
2 *(vidåpen)* wide-open
oppspinn subst. *n* fabrication
oppspore verb track down
oppstandelse subst. *m* **1** commotion
2 *(fra de døde)* resurrection
oppstemt adj. enlivened, invigorated
oppstigning subst. *m/f* ascent
oppstilling subst. *m/f* arrangement, order
oppstoppernese subst. *m/f* snub nose
oppstyltet adj. stilted
oppstyr subst. *n* commotion, fuss
oppstå verb **1** *(dannes)* form, arise
2 *(bli levende)* rise
oppsummere verb sum up
oppsummering subst. *m/f* summary
oppsving subst. *n* boom
oppsyn subst. *n* supervision
oppsynsmann subst. *m* supervisor
oppsøke verb look up, call on, seek
oppta verb occupy, take up
opptak subst. *n*
1 *(innspilling)* recording
2 *(innlemmelse)* admission
opptaksprøve subst. *m* entrance examination
opptatt adj. **1** occupied
2 *(travel)* busy
opptog subst. *n* parade
opptrapping subst. *m/f* escalation
opptre verb **1** perform, act
2 *(oppføre seg)* behave
opptreden subst. *m* **1** performance
2 *(oppførsel)* behaviour
opptrekker subst. *m* bottle opener
opptrinn subst. *n* scene

opptøyer subst. *flt.* riots
• *det var opptøyer i gatene* there was a riot in the streets
oppussing subst. *m/f* redecorating
oppvarming subst. *m/f* **1** heating
2 *(før trening)* warming up
oppvarte verb wait on/upon
oppvask subst. *m* dishes, washing-up
ta oppvasken do the dishes, wash up
oppvaskbørste subst. *m* dish brush
oppvaskkum subst. *m* kitchen sink
oppvaskmaskin subst. *m* dishwasher, dishwashing machine
oppvaskmiddel subst. *n* washing-up liquid
oppveie verb
1 *(kompensere)* compensate
2 *(gjøre godt igjen)* make good
oppvekst subst. *m* omtr. *dss.* childhood and adolescence
i oppveksten while growing up
oppvisning subst. *m/f* display, show
optiker subst. *m* optician
optimisme subst. *m* optimism
optimist subst. *m* optimist
optimistisk adj. optimistic
optisk adj. optical
or subst. *m (tresort)* alder
orakel subst. *n* oracle
oransje adj. orange
ord subst. *n* word
be om ordet ask permission to speak
holde ord keep one's word
ordblind adj. word-blind, dyslexic
ordbok subst. *m/f* dictionary
orden subst. *m* order
ordenselev subst. *m* class monitor, prefect
ordensforstyrrelse subst. *m* disturbance of peace
ordenskarakter subst. *m* mark for orderliness
ordenstall subst. *n* ordinal number
ordentlig adj. **1** proper, orderly
2 *(som adverb: veldig)* properly, really, very • *jeg var ordentlig sint* I was really mad
ordforråd subst. *n* vocabulary
ordfører subst. *m*
1 *(leder av kommune)* mayor
2 *(representant for gruppe)* chairman
ordinasjon subst. *m (prestevielse)* ordination

ordinere verb 1 *(vie til prest)* ordain
2 *(foreskrive)* prescribe
ordinær adj. 1 *(vanlig)* ordinary
2 *(middels)* average, common
ordklasse subst. *m/f* part of speech
ordliste subst. *m/f* glossary, list of words
ordlyd subst. *m* wording
ordne verb 1 *(systematisere)* order,
arrange
2 *(sørge for)* organize, fix
ordning subst. *m/f* 1 *(måte noe er
ordnet på)* arrangement
2 *(avtale)* agreement
ordre subst. *m* order
ordrett adj. literal
ordskifte subst. *n* debate, discussion
ordspill subst. *n* pun
ordspråk subst. *n* proverb, saying
ordstilling subst. *m/f* word order
ordstyrer subst. *m* moderator, chairman
ordtak subst. *n* saying, proverb
oregano subst. *m* *(krydder)* oregano
organ subst. *n* 1 *(i kroppen)* organ
2 *(instans)* body, agency
organisasjon subst. *m* organization
organisator subst. *m* organizer
organisere verb organize
organisk adj. organic
organisme subst. *m* organism
organist subst. *m* organist
orgasme subst. *m* orgasm
orgel subst. *n* organ
orientalsk adj. oriental
orienten subst. *m* the Orient
orientere verb 1 *(informere)* inform
2 *(om retning)* orient, orientate
være orientert om noe
be informed of something
orientering subst. *m/f* 1 information
2 *(retning)* orientation
3 *(sport)* orienteering
original[1] subst. *m* original
original[2] adj. original
originalitet subst. *m* originality
orkan subst. *m* hurricane
orke verb be able to (take/manage),
stand, manage
orkester subst. *n* orchestra
orkidé subst. *m* orchid
orm subst. *m* 1 worm
2 *(slange)* snake
ornament subst. *n* ornament, decoration
ortodoks adj. orthodox
ortografi subst. *m* orthography, spelling

ortoreksi subst. *m* *(type
spiseforstyrrelse)* orthorexia
os[1] subst. *m* 1 *(røyk)* smoke
2 *(damp)* steam
os[2] subst. *m/n* *(elveutløp)* mouth
ose verb 1 *(ryke)* smoke
2 *(lukte vondt)* reek, smell
osp subst. *m/f* aspen
oss pronomen us
ost subst. *m* cheese
ostehøvel subst. *m*
1 *(norsk type)* cheese slicer
2 *(med ståltråd)* cheese cutter
ostekake subst. *m/f* cheesecake
ostesmørbrød subst. *n*
grilled cheese sandwich
osv. *(fork. for og så videre)* etc.,
and so on
oter subst. *m* otter
oval adj. *(avlang)* oval
ovarenn subst. *n* ramp, inrun
ovenfor preposisjon above
ovenfra preposisjon from above
ovennevnt adj. above-mentioned
ovenpå[1] adverb *(i etasjen over)* upstairs
ovenpå[2] preposisjon upon, on top of
over preposisjon 1 over, above
2 *(mer enn)* more than
3 *(på/til den andre siden)* across
overalt adverb everywhere
overanstrenge verb overexert,
overstrain
overanstrengelse subst. *m*
overexertion
overarm subst. *m* upper arm
overbefolket adj. overpopulated
overbelastet adj. overloaded
overbevise verb convince
overbevise om convince of
overbevisende adj. convincing
overbevisning subst. *m/f* conviction
overblikk subst. *n* 1 *(oversikt)*
overview, general idea
2 *(utsikt)* panorama, view
overbringe verb bring, deliver
overbærende adj. 1 *(tålmodig)*
indulgent, tolerant
2 *(nedlatende)* overbearing
være overbærende med noen
indulge someone, bear with someone
overdel subst. *m* top
overdose subst. *m* overdose
overdra verb 1 *(overføre)* transfer
2 *(jus)* convey

overdreven adj. exaggerated
overdrive verb exaggerate
overdrivelse subst. *m* exaggeration
overdøve verb **1** drown
 2 *(dempe)* suppress
overdådig adj. extravagant
overens adverb *bare i uttrykk*
 komme overens med get on well with
 stemme overens agree, correspond
overenskomst subst. *m* agreement
overensstemmelse subst. *m*
 accordance, agreement
overfall subst. *n* assault, attack
overfalle verb attack, assault
overfallsmann subst. *m* attacker
overfart subst. *m* crossing
overfladisk adj. superficial, shallow
overflate subst. *m/f* surface
overflod subst. *m* abundance
overflødig adj. superfluous, redundant
overfor preposisjon
 1 opposite, across from
 2 *(om innstilling)* towards, for
 • *han hadde sterke følelser overfor*
 henne he had strong feelings towards her
overforbruk subst. *n* overconsumption
overfylt adj. overcrowded
overfølsom adj. hypersensitive
overføre verb **1** *(flytte)* transfer
 2 *(om smitte)* transmit
 3 *(om blod)* transfuse
 4 *(om TV og radio)* transmit, broadcast
overføring subst. *m/f* **1** *(flytting)* transfer
 2 *(av smitte)* transmission
 3 *(av blod)* transfusion
 4 *(om TV og radio)* transmission
overført adj. *(om betydning)* figurative,
 metaphorical
overgang subst. *m* **1** crossing
 2 *(forandring)* change, transition
overgangsalder subst. *m* menopause
overgangsbillett subst. *m* transfer ticket
overgi verb hand over
 overgi seg surrender, give up
overgivelse subst. *m* surrender
overgrep subst. *n* **1** *(misbruk)* abuse
 2 *(om rettigheter)* encroachment
 begå overgrep mot noen 1 *(fysisk)*
 abuse somebody **2** *(om rettigheter)*
 encroach on somebody's rights
overgriper subst. *m* molester
overgrodd adj. overgrown
overgå verb exceed, surpass
overhale verb overhaul

overhaling subst. *m/f*
 1 *(ettersyn)* overhaul
 2 *(refs)* dressing-down, reprimand
overhengende adj. **1** *(nært*
 forestående) impending, imminent
 2 *(som henger over)* overhanging
overhode subst. *n* head
overhodet adverb at all, altogether
 overhodet ikke not at all, certainly not
overholde verb
 1 *(rette seg etter)* observe, comply with
 2 *(oppfylle)* keep, fulfil
overhus subst. *n* Upper House of
 Parliament
 Overhuset *(i Storbritannia)*
 the House of Lords
overhøre verb
 1 *(høre tilfeldig)* overhear
 2 *(ignorere)* ignore
overhøvle verb give a talking-to, tell off
overhånd subst. *bare i uttrykk*
 ta overhånd get the upper hand
overjordisk adj. **1** *(himmelsk)* celestial,
 heavenly
 2 *(overnaturlig)* supernatural
overkjeve subst. *m* upper jaw
overkjørt adj. run over
overklasse subst. *m* upper class
overkommando subst. *m*
 chief command
overkomme verb
 1 *(makte)* cope with, handle
 2 *(ramme)* come over, hit
overkommelig adj. bearable,
 manageable
overkropp subst. *m* torso,
 upper part of the body
 med bar overkropp stripped to the
 waist
overkøye subst. *m/f* upper bunk
overlagt adj. premeditated, deliberate
overlappe verb overlap
overlate verb **1** *(overlevere)* leave
 2 *(betro)* entrust
overlege subst. *m* chief physician
overlegen adj. **1** *(nedlatende)* stuck-up,
 arrogant
 2 *(dyktig)* superior
overlegg subst. *n* premeditation
 gjøre noe med overlegg do something
 deliberately
overlesse verb overload
overleve verb survive

a b c d e f g h i j k l m n o p q r s t u v w x y z æ ø å

overlevende adj. **1** surviving
2 *(som subst.: person som har overlevd)* survivor
overlevere verb deliver, hand over
overløper subst. *m* renegade, traitor
overmakt subst. *m/f* superiority
overmann subst. *m* superior
overmanne verb overpower
overmenneske subst. *n* superman, superwoman
overmenneskelig adj. superhuman
overmoden adj. **1** overripe
2 *(overført)* more than ready
overmodig adj. overconfident
overmåte adverb exceedingly
overnatte verb spend the night
overnattingsgjest subst. *m* overnight visitor
overnaturlig adj. supernatural
overordnet adj. superior
overraske verb surprise
overraskelse subst. *m* surprise
overrekke verb hand over, present
overrumple verb take by surprise, catch off guard
overs adverb *bare i uttrykk*
ikke ha noe til overs for noe/noen dislike something/someone
til overs 1 *(i rest)* extra, left over
2 *(overflødig)* superfluous, redundant
overse verb **1** overlook, miss
2 *(ignorere)* disregard, ignore
oversette verb translate
oversettelse subst. *m* translation
oversetter subst. *m* translator
oversikt subst. *m* survey
oversiktlig adj. clear
oversjøisk adj. overseas
over skrevs adverb astride
overskride verb **1** *(gå over)* cross
2 *(overført)* exceed
overskridelse subst. *m* exceeding
overskrift subst. *m/f* heading, headline
overskrive verb *(IT)* overwrite
overskudd subst. *n* **1** *(energi)* energy
2 *(fortjeneste)* profit, balance
3 *(overflod)* surplus, excess
overskyet adj. overcast, cloudy
overskygge verb overshadow
overslag subst. *n* estimate
overstige verb exceed, surpass
overstrøket adj. crossed out

overstrømmende adj. bubbling over, overflowing
overstått adj. over with
få noe overstått get something over with
oversvømme verb flood
oversvømmelse subst. *m* flood
overta verb take over
overtak subst. *n* the upper hand
overtakelse subst. *m* taking over, takeover
overtale verb persuade
overtalelse subst. *m* persuasion
overtid subst. *m/f* **1** overtime
2 *(sport)* extra time, overtime *(amer.)*
overtredelse subst. *m* **1** *(brudd)* breach, violation
2 *(sport)* foul
overtreffe verb exceed, surpass
overtrekke verb **1** *(dekke)* cover
2 *(om konto)* overdraw
overtro subst. *m/f* superstition
overtroisk adj. superstitious
overveie verb consider
overveielse subst. *m* consideration
overveiende adj. **1** predominant
2 *(som adverb)* chiefly, mainly • *det blir overveiende pent vær i morgen* the weather will be mainly fair tomorrow
overvekt subst. *m/f* **1** overweight
2 *(om bagasje)* excess baggage
sykelig overvekt obesity
overvektig adj. overweight
overvelde verb overwhelm
overvinne verb defeat
overvintre verb winter
overvurdere verb overestimate, overrate
overvære verb witness
overvåke verb **1** surveil
2 *(ha tilsyn med)* supervise
overvåkning subst. *m* **1** surveillance
2 *(tilsyn)* supervision
overvåkningskamera subst. *n* surveillance camera
overøse verb overwhelm, shower
ovn subst. *m* **1** *(til oppvarming)* stove
2 *(stekeovn)* oven
3 *(komfyr)* stove, cooker
ozon subst. *n* ozone
ozonlag subst. *n* ozone layer

p

padde subst. *m/f* toad
padle verb paddle
paff adj. dumbfounded
  bli paff be taken aback
pai subst. *m* pie
pakistaner subst. *m* Pakistani
pakistansk adj. Pakistani
pakk subst. *n* **1** *(pøbel)* rabble, riff-raff
  2 *(bagasje)* luggage
pakke[1] subst. *m*
  1 *(innpakket gjenstand)* package, parcel
  2 *(gave)* gift, present
pakke[2] verb **1** *(pakke inn)* pack, wrap
  2 *(stappe)* pack, cram
  pakke inn wrap up
  pakke opp unpack, open
  pakke ut unpack
pakning subst. *m/f* packaging, package
pakt subst. *m* pact, agreement
palass subst. *n* palace
palestiner subst. *m* Palestinian
palestinsk adj. Palestinian
palett subst. *m* palette
paljett subst. *m* sequin
palme subst. *m* palm
palmesøndag subst. *m* Palm Sunday
pandemi subst. *m* pandemic
panel subst. *n* **1** *(på vegg)* panelling
  2 *(i TV og radio)* panel
pang subst. *n* bang
panikk subst. *m* panic
  få panikk panic
panisk adj. panicky
panne[1] subst. *m* forehead
panne[2] subst. *m (stekepanne)* frying pan
pannebånd subst. *m* headband
pannekake subst. *m* pancake
pannelugg subst. *m* **1** fringe,
  bangs *(amer.)*, forelock
  2 *(på hest)* forelock
panser subst. *n* **1** *(over motor)* bonnet,
  hood *(amer.)*
  2 *(rustning)* armour
pant[1] subst. *n* **1** *(som sikkerhet)*
  mortgage *(i fast eiendom)*,
  security *(sikkerhet)*
  2 *(sikkert tegn/bevis)* proof, pledge
pant[2] subst. *m (pengesum)* deposit
pante verb *eller* **pantsette**
  pawn *(gjenstand)*, mortgage *(eiendom)*

papaya subst. *m* papaya
papegøye subst. *m* parrot
papir subst. *n* paper
papirkurv subst. *m*
  1 waste-paper basket
  2 *(IT)* recycle bin
papirløs adj. paperless, paper free
papp subst. *m* cardboard
pappa subst. *m* dad, daddy
pappapermisjon subst. *m*
  paternity leave
pappeske subst. *m* cardboard box,
  carton
pappmasjé subst. *m* papier mâché
paprika subst. *m* **1** *(grønnsak)* sweet
  pepper, bell pepper *(amer.)*
  2 *(krydder)* paprika, paprika powder
par subst. *n* **1** *(to)* pair, couple
  2 *(kjærestepar)* couple
parade subst. *m* parade
paradis subst. *n* paradise
  hoppe paradis play hopscotch
paradoks subst. *n* paradox
paradoksal adj. paradoxical
parafin subst. *m* paraffin
parafrase subst. *m* paraphrase
paragraf subst. *m* article,
  clause *(i avtale)*, section *(i lov)*
parallell[1] subst. *m* parallel
parallell[2] adj. parallel
parallellogram subst. *n* parallelogram
paralympiske leker egennavn
  Paralympics, Paralympic games
parameter subst. *n* parameter
paraply subst. *m* umbrella
parasitt subst. *m* parasite
parasoll subst. *m* parasol
parat adj. ready
parentes subst. *m* parenthesis
  (i flertall: parentheses*)*
parere verb **1** *(sport, avverge)* parry
  (fekting), block *(boksing)*
  2 *(besvare)* parry, ward off
parforhold subst. *n* relationship
parfyme subst. *m* perfume
parfymere verb perfume
parfymeri subst. *n* perfumery
paringstid subst. *m/f* mating season
pariserhjul subst. *n* Ferris wheel
park subst. *m* park

a b c d e f g h i j k l m n o p q r s t u v w x y z æ ø å

parkere verb park

parkering subst. *m/f* parking
parkering forbudt no parking

parkeringsplass subst. *m* **1** car park, parking lot *(amer.)*
2 *(én enkelt plass)* parking space

parkett subst. *m* **1** *(på golv)* parquet
2 *(i teater)* stalls

parkometer subst. *n* parking meter

parlament subst. *n* parliament

parlamentarisk adj. parliamentary

parlamentarisme subst. *m* parliamentary system of government

parodi subst. *m* parody

parodisk adj. parodic

parole subst. *m* **1** *(ordre)* orders
2 *(slagord)* banner, slogan, watchword

parsell subst. *m* lot

part subst. *m* **1** *(del)* part
2 *(andel)* share, portion
3 *(jus)* party

partall subst. *n* even number

partere verb carve, cut up

parti subst. *n* **1** *(del)* part
2 *(politisk parti)* party
3 *(om varer)* consignment, order, shipment

partiprogram subst. *n* party platform, party programme

partisipp subst. *n* participle
perfektum partisipp past participle

partisk adj. biased, prejudiced

partner subst. *m* partner

partnerskap subst. *n* partnership

parykk subst. *m* wig

pasient subst. *m* patient

pasifisere verb pacify

pasifisme subst. *m* pacifism

pasifist subst. *m* pacifist

pasifistisk adj. pacifist

pasjon subst. *m* passion

pasjonsfrukt subst. *m* passion fruit

pasning subst. *m* *(sport)* pass

pass¹ subst. *n* *(til reise)* passport

pass² subst. *n* *(det å passe)* care, attending

pass³ subst. *n* *(fjellovergang)* pass

pass⁴ subst. *n* *(i kortspill)* pass

passasje subst. *m* passage

passasjer subst. *m* passenger

passat subst. *m* *(vind)* trade wind

passe¹ verb **1** *(være egnet/beleilig)* suit, be suitable
2 *(ha rett form)* fit
ikke passe seg be unfitting, be out of place
passe inn fit in
passe sammen go/fit together

passe² verb *(ta seg av)* take care of, look after, watch
passe på 1 *(være forsiktig)* watch out, look out **2** *(sørge for)* take care, make sure **3** *(være nøye med)* mind, look to
pass opp! watch out!, look out!

passe³ verb *(sport)* pass

passe⁴ adj. fitting, suitable

passelig adj. fitting, suitable, tolerable

passende adj. suitable, appropriate

passer subst. *m* compass

passere verb go past, pass

passiv adj. passive

passkontroll subst. *m* **1** passport check
2 *(sted for passkontroll)* passport checkpoint

passord subst. *n* password

pasta subst. *m* pasta

pastellfarge subst. *m* pastel colour, pastel

pasteurisere verb pasteurize

pastill subst. *m* lozenge *(halspastill)*, pastille

patent subst. *n* patent

patentert adj. patented

patetisk adj. pathetic

patriark subst. *m* patriarch
patriarkat subst. *n* patriarchy
patriot subst. *m* patriot
patriotisk adj. patriotic
patron subst. *m* cartridge
patrulje subst. *m* patrol
patruljere verb patrol
patte verb suck, suckle *(die)*
pattedyr subst. *n* mammal
pause subst. *m* **1** *(hvile)* break, rest
  2 *(teater o.l.)* interval,
  intermission *(amer.)*
pave subst. *m* pope
PC subst. *m* *(IT, fork. for* personal
  computer*)* PC
peanøtt subst. *m/f* peanut
pedagogisk adj. educational
pedal subst. *m* pedal
pedikyr subst. *m* pedicure
pedofil adj. paedophile
peiling subst. *m* **1** idea, clue
  2 *(det å bestemme retning)* aim
  ikke ha peiling have no idea,
  not have a clue
peis subst. *m* fireplace
peishylle subst. *m/f* mantelpiece
pek subst. *n* trick, joke
peke subst. point
  peke på 1 point at **2** *(overført)* point
  out, call attention to
pekefinger subst. *m* index finger,
  forefinger
peker subst. *m* *(IT)* pointer
pekestokk subst. *m* pointer
pels subst. *m* fur
pelsdyr subst. *n* fur-bearing animal,
  furred animal
pelskåpe subst. *m/f* fur coat
pen adj. **1** pretty, good-looking
  2 *(som adverb: vakkert)* nicely, prettily
  • *hun kler seg pent* she dresses nicely
  3 *(som adverb: skikkelig)* nicely,
  decently • *oppfør deg pent!* behave
  yourself!
pendel subst. *m* pendulum
pendle verb **1** *(svinge)* waver, oscillate
  2 *(være pendler)* commute
pendler subst. *m* commuter
pengelens adj. broke, penniless
penger subst. *flt.* money
pengeutpresser subst. *m* extortionist,
  blackmailer
pengeutpressing subst. *m/f* extortion,
  blackmail

penicillin subst. *n (medisin)* penicillin
penis subst. *m* penis
penn subst. *m* pen
pennal subst. *n* pencil case
pensel subst. *m* brush
pensjon subst. *m* **1** pension
  2 *(forpleining)* board and lodging
  gå av med pensjon retire on a
  pension, retire *(hverdagslig)*
pensjonat subst. *n* boarding house
pensjonatskole subst. *m*
  boarding school
pensjonert adj. retired
pensjonist subst. *m* pensioner,
  senior citizen
pensum subst. *n* curriculum, syllabus
pepper subst. *m* pepper
pepperbøsse subst. *m/f* pepperbox
pepperkake subst. *m/f*
  omtr. dss. ginger snap
peppermynte subst. *m/f* peppermint
pepperrot subst. *m/f* horseradish
pepre verb pepper
per preposisjon **1** *(for hver)* per, a *eller*
  an • *jeg tjener 10 pund per time* I make
  10 pounds an hour
  2 *(ved hjelp av)* by
perfeksjonere verb perfect
perfeksjonist subst. *m* perfectionist
perfekt adj. perfect
perfektum subst. *n* the perfect tense
pergament subst. *n* parchment
periode subst. *m* period
periskop subst. *n* periscope
perle subst. *m/f* **1** pearl
  2 *(av glass, plastikk o.l.)* bead
perlekjede subst. *n* pearl necklace
perlemor subst. *m* mother-of-pearl
perm[1] subst. *m* **1** *(bokbind)* cover,
  binding
  2 *(omslag til løse papirer)* binder
perm[2] subst. *m (hverdagslig, kortform*
  av permisjon*)* leave
permanent[1] subst. *m (hårbehandling)*
  permanent wave, perm *(hverdagslig)*
permanent[2] adj. permanent
permittere verb **1** lay off, dismiss
  2 *(gi permisjon)* grant leave
perrong subst. *m* platform
perser subst. *m* Persian
persienne subst. *m* venetian blind
persille subst. *m* parsley
persisk adj. Persian
person subst. *m* person

a b c d e f g h i j k l m n o **p** q r s t u v w x y z æ ø å

personale subst. *n* staff
personifisere verb personify
personlig adj. **1** personal
 2 *(som adverb)* personally, in person
 • *jeg skal personlig ta meg av saken*
 I will take care of this personally
personlighet subst. *m* personality
personlighetsforstyrrelse subst. *m*
 (psykiatri) personality disorder
personnummer subst. *n* National
 Insurance number, Social Security
 number *(amer.)*, personal identity
 number *(om norsk personnummer)*
personvern subst. *n* **1** personal
 protection, personal security *(jus)*
 2 *(IT, som angår persondata)* privacy
 protection
perspektiv subst. *n* perspective
pertentlig adj. meticulous, precise
pervers adj. perverse, deviant
pese verb pant
pessimist subst. *m* pessimist
pessimistisk adj. pessimistic
pest subst. *n* plague
 være en pest og en plage
 be a pain in the neck
petroleum subst. *m* petroleum
pga. *(fork. for* på grunn av*)* because of
phishing subst. *m/f (IT, forsøk på
 svindel)* phishing
pianist subst. *m* pianist
piano subst. *n* piano
pietisme subst. *m* pietism
pigg subst. *m* spike
piggdekk subst. *n* studded tyre
piggsko subst. *m* spiked shoe
piggsvin subst. *n* hedgehog
piggtråd subst. *m* barbed wire
pike subst. *m/f* girl
pikenavn subst. *n*
 1 *(fornavn)* girl's name
 2 *(kvinnes etternavn som ugift)* maiden
 name
pikkolo subst. *m* pageboy,
 bellboy *(amer.)*
piknik subst. *m* picnic
pil subst. *m/f* arrow, dart *(kastepil)*
 pil og bue bow and arrow
pilar subst. *m* pillar
pilegrim subst. *m* pilgrim
pilegrimsferd subst. *m/f* pilgrimage
pilke verb *(fiske)* jig
pille¹ subst. *m/f* pill
pille² verb pick

pillemisbruk subst. *n* drug abuse
pilot subst. *m* pilot
pils subst. *m* lager
piltast subst. *m (IT)* arrow key
pimpe verb guzzle
pine¹ subst. *m/f* pain, torment
pine² verb torment, torture
pingvin subst. *m* penguin
PIN-kode subst. *m* PIN, PIN code
pinlig adj. embarrassing, awkward
pinne subst. *m* stick
pinnsvin subst. *n* hedgehog
pinse subst. *m/f* Whitsun
pinsedag subst. *m* Whit Sunday
pinselilje subst. *m/f* white narcissus
pinsett subst. *m* tweezers
pinsevenn subst. *m* Pentecostal
pioner subst. *m* pioneer
pip subst. *m/n* peep, squeak
pipe¹ subst. *m/f* pipe
pipe² verb squeak, cheep *(om fugl)*,
 whimper *(om dyr, menneske)*,
 whistle *(om vind, o.l.)*
pipekonsert subst. *m* catcalls, booing
piple verb trickle, seep
pir subst. *m (brygge)* pier
piraja subst. *m* piranha
pirat subst. *m* pirate
piratkopi subst. *m* pirate copy
piratkopiering subst. *m/f* piracy,
 pirate copying
pirke verb pick, poke
 pirke på noe pick at something
pirkete adj. pedantic, finicky
pirre verb excite, stir
piruett subst. *m* pirouette
pisk subst. *m* **1** whip,
 riding crop *(ridepisk)*
 2 *(juling)* whipping, flogging
piske verb **1** whip, flog
 2 *(med visp)* beat *(om f.eks. egg)*,
 whip *(om f.eks. krem)*
piss subst. *n (hverdagslig)* pee,
 piss *(vulgært)*
pisse verb *(hverdagslig)* pee,
 piss *(vulgært)*
pissoar subst. *m* urinal
pistol subst. *m* pistol
pizza subst. *m* pizza
pjokk subst. *m* little chap, toddler
plage¹ subst. *m* **1** bother, nuisance,
 worry *(bekymring)*
 2 *(lidelse)* affliction, illness *(sykdom)*
plage² verb afflict, bother, trouble

plageånd subst. *m* nuisance, pest
plagg subst. *n* garment,
  piece of clothing
plagiat subst. *n* plagiarism
plagiere verb plagiarize
plagsom adj. troublesome, annoying
plakat subst. *m* poster, placard
plan[1] subst. *m* plan
plan[2] adj. flat, plane
planere verb level, flatten
planet subst. *m* planet
planke subst. *m* board, plank
planlegge verb plan
planleggingsdag subst. *m*
  planning day
planløs adj. aimless, random
planmessig adj. methodical, systematic
plansje subst. *m* wall chart
plantasje subst. *m* plantation
plante[1] subst. *m/f* plant
plante[2] verb plant
plantefett subst. *n* vegetable fat
planøkonomi subst. *m* planned
  economy
plapre verb chatter, jabber
plask subst. *n* splash
plaske verb splash
plaskregn subst. *n* pouring rain,
  heavy shower
plaskregne verb pour down,
  rain cats and dogs
plass subst. *m* **1** *(sted)* place, spot
  2 *(åpent område)* square, circle
  3 *(sitteplass)* seat
  4 *(posisjon)* place, position, rank
  gjøre plass for make room for
  ha god plass have plenty of space
plassere verb place
plast subst. *m* plastic
plaster subst. *n* sticking plaster,
  Band-Aid® *(amer.)*
plastpose subst. *m* plastic bag
plate subst. *m/f* **1** plate, sheet *(tynnere)*,
  slab *(av stein)*, bar *(av sjokolade)*
  2 *(kokeplate)* hotplate
  3 *(musikkalbum)* record, album
platespiller subst. *m* record player
platetektonikk subst. *m* plate tectonics
platina subst. *n* platinum
plattform subst. *m* platform
plattfot subst. *m* flat foot
platå subst. *n* plateau
platåsko subst. *m* platform shoe
pledd subst. *n* blanket

pleie[1] subst. *m* care
pleie[2] verb *(passe)* look after,
  take care of
pleie[3] verb *(ha for vane)* be in the habit
  of, usually do
pleiehjem subst. *n* nursing home
pleier subst. *m* nurse
plen subst. *m* lawn
  slå plenen mow the lawn
plenum subst. *n* plenary assembly,
  plenum
  i plenum in plenary
plett subst. *m* **1** *(flekk)* stain, blot
  2 *(sted)* spot
plettfri adj. stainless, spotless
plikt subst. *m* duty, obligation
pliktig adj. obliged, duty-bound
pliktoppfyllende adj. dutiful,
  conscientious
plog subst. *m* plough
plombe subst. *m* **1** seal
  2 *(i tann)* filling
plombere verb **1** *(forsegle)* seal
  2 *(i tann)* fill
plomme subst. *m/f* **1** *(frukt)* plum
  2 *(eggeplomme)* yolk
pludre verb gabble, babble *(om baby)*
plugg subst. *m* plug
plugge verb plug
plukke verb pick, gather
plump subst. *n* flop, splash *(plask)*
plumpe verb plump, plop
pluss[1] subst. *n* plus
pluss[2] adverb plus, and, in addition
  • *tre pluss to er fem* three plus two
  makes five
plutselig adj. **1** sudden
  2 *(som adverb)* suddenly • *jeg våknet
  plutselig* I woke up suddenly
plyndre verb **1** rob
  2 *(i krig og katastrofer)* pillage,
  plunder
plysj subst. *m* plush
plystre verb whistle
pløsete adj. swollen, bloated
pløye verb plough
PMS subst. *(fork. for* premenstruelt
  syndrom*)* PMS
pocketbok subst. *m/f* paperback
podkast subst. *m (radioprogrammer
  o.l. til nedlasting)* podcast
poeng subst. *n* point
poengstilling subst. *m/f* score

a
b
c
d
e
f
g
h
i
j
k
l
m
n
o
p
q
r
s
t
u
v
w
x
y
z
æ
ø
å

poengtere verb emphasize, underscore *(understreke)*
poengtert adj. concise, to the point
poesi subst. *m* poetry
poet subst. *m* poet
poetisk adj. poetic
pokal subst. *m* cup
poker subst. *m* poker
pokker *interjeksjon* blast *(slang)*, damn *(slang)*
pol subst. *m* pole
polakk subst. *m* Pole
polarisasjon subst. *m* polarization
polarisere verb polarize
polarsirkel subst. *m* polar circle
Polen stedsnavn Poland
polere verb polish
poliklinikk subst. *m* ambulatory care clinic, policlinic *(amer.)*
polise subst. *m* insurance policy
politi subst. *n* police
politiattest subst. *m* certificate of good conduct
politikammer subst. *n* police station
politiker subst. *m* politician
politikk subst. *m* **1** politics
  2 *(holdning, handlemåte)* policy
politikvinne subst. *m/f* policewoman, police officer
politimann subst. *m* policeman, police officer
politimester subst. *m* chief of police, chief constable
politisk adj. political
politistasjon subst. *m* police station
politivold subst. *m* police brutality
polsk adj. Polish
polstre verb pad, upholster *(stoppe)*
polygami subst. *n (mangegifte)* polygamy
polypp subst. *m* polyp
pomade subst. *m* pomade
pommes frites subst. *i flt.* chips *(britisk)*, (French) fries *(mest amer.)*
pomp subst. *m* pomp
  pomp og prakt pomp and circumstance
pompøs adj. pompous
ponni subst. *m* pony
pop¹ subst. *m* pop, pop music
pop² adj. popular, in
popartist subst. *m* pop artist
popgruppe subst. *m* pop group
popkorn subst. *n* popcorn
popmusikk subst. *m* pop music

popstjerne subst. *m/f* pop star
popularisere verb popularize
popularitet subst. *m* popularity
populistisk adj. populist
populær adj. popular
pore subst. *m/f* pore
porno subst. *m (hverdagslig)* porn
pornografi subst. *m* pornography
pornografisk adj. pornographic
porselen subst. *n* china, porcelain
porsjon subst. *m* **1** *(mengde)* portion, share
  2 *(om mat)* serving, helping
port subst. *m* **1** gate, gateway
  2 *(IT)* gate
portal subst. *m* **1** portal, gateway
  2 *(IT)* web portal
portefølje subst. *m* portfolio
portforbud subst. *n* curfew
portier subst. *m* hall porter
portner subst. *m* porter, doorman *(amer.)*
porto subst. *m* postage
portrett subst. *n* portrait
portugiser subst. *m* Portuguese
portugisisk adj. Portuguese
portvin subst. *m* port
porøs adj. porous
pose subst. *m* bag
posere verb pose
posisjon subst. *m* position
positiv adj. positive
post¹ subst. *m* **1** *(brev o.l.)* post, mail
  2 *(postvesen)* postal service, Post Office service
post² subst. *m* **1** *(punkt)* item, point
  2 *(regnskap)* entry, item
post³ subst. *m* **1** *(stilling)* post, position
  2 *(sted for vakthold)* post
postbud subst. *n* postman, mailman *(amer.)*
poste verb **1** post, mail
  2 *(publisere på internett)* post
postei subst. *m* pâté, paste
postkasse subst. *m/f* **1** *(til å motta post i)* letter box, mailbox *(amer.)*
  2 *(til å sende post i)* postbox, mailbox *(amer.)*
postkontor subst. *n* post office
postkort subst. *n* postcard
postlegge verb post, mail
postmoderne adj. postmodern
postnummer subst. *n* postcode, zip code *(amer.)*
postordre subst. *m* mail order

poststempel subst. *n* postmark
pote subst. *m* paw
potens subst. *m*
 1 *(om kjønnskraft)* potency, sexual power
 2 *(matematikk)* power
potet subst. *m* potato
 bakt potet jacket potato, baked potato *(mest amer.)*
potetgull subst. *n* crisps *(britisk)*, potato chips *(amer.)*
potetmel subst. *n* potato flour
potetmos subst. *m* mashed potatoes
potte subst. *m/f* pot
potteplante subst. *m/f* pot plant, potted plant
p-pille subst. *m/f* contraceptive pill
PR subst. *m* PR *(public relations)*, publicity
Praha stedsnavn Prague
praie verb hail
praksis subst. *m* practice
praksisplass subst. *m* omtr. dss. work experience placement
prakt subst. *m* magnificence
praktfull adj. magnificent
praktikant subst. *m* trainee, apprentice, intern
praktisere verb practise
praktisk adj. practical
prat subst. *m/n* talk, chat, conversation
prate verb talk, chat
pratsom adj. talkative
predikant subst. *m* preacher
preferanse subst. *m* preference
prefiks subst. *n* prefix
preg subst. *n*
 1 *(egenart)* distinctive character/feature
 2 *(overført)* imprint, stamp
 bære preg av noe show signs of something
 sette sitt preg på noe leave one's mark on something
prege verb **1** *(karakterisere)* characterize
 2 *(overført, sette preg på)* mark, stamp, engrave
preke verb preach
preken subst. *m* sermon
prekestol subst. *m* pulpit
prektig adj. virtuous, honourable
prelle verb *bare i uttrykk*
 prelle av bounce off
premie subst. *m* **1** award, prize, reward *(belønning)*

 2 *(om forsikring)* premium
premiere subst. *m* premiere, opening night
premiss subst. *m/n* premise
preparat subst. *n* preparation, medication
preparere verb prepare
preposisjon subst. *m* preposition
presang subst. *m* present, gift
presenning subst. *m* tarpaulin
presens subst. *n* present tense
presentasjon subst. *m* presentation
 holde en presentasjon give a presentation
presentere verb **1** present
 2 *(en person)* introduce
 bli presentert for noen be introduced to someone
president subst. *m* president
presis adj. **1** precise, punctual *(punktlig)*
 2 *(som adverb)* precisely
presisere verb **1** *(uttrykke mer nøyaktig)* specify, define precisely
 2 *(poengtere)* emphasize, point out
presisjon subst. *m* precision
press[1] subst. *m* crease, press
press[2] subst. *n* pressure
 være under press be under pressure
presse[1] subst. *m/f* press
presse[2] verb press, pressure
 presse seg inn i squeeze into, cram into
pressefrihet subst. *m* freedom of the press
pressekonferanse subst. *m* press conference
pressemelding subst. *m/f* press release
pressetalskvinne subst. *m/f* spokesperson, spokeswoman
pressetalsmann subst. *m* spokesperson, spokesman
pressgruppe subst. *m/f* pressure group, interest group
prest subst. *m* clergyman, minister, priest *(katolsk)*
prestasjon subst. *m* achievement
prestasjonsangst subst. *m* performance anxiety
prestegård subst. *m* rectory, vicarage
prestekrage subst. *m* **1** *(krage til prestedrakt)* clerical collar
 2 *(blomst)* (ox-eye) daisy
prestere verb achieve, perform
prestisje subst. *m* prestige

a b c d e f g h i j k l m n o p q r s t u v w x y z æ ø å

pretensiøs adj. pretentious
preteritum subst. *n* the past tense
Preussen stedsnavn Prussia
prevensjon subst. *m* contraception, birth control
prevensjonsmiddel subst. *n* contraceptive
prikk subst. *m* dot, spot
prikke verb **1** prick, dot
  2 *(berøre)* tap, touch
  3 *(krible)* tingle, prickle
prikkete adj. dotted, spotted
prima adj. first class, premium
primitiv adj. primitive
primtall subst. *n* prime number
primus subst. *m (kokeapparat)* Primus
primær adj. primary
primærnæring subst. *m/f (om jordbruk, skogbruk og fiske)* primary industry
primærvalg subst. *n* primary election
prins subst. *m* prince
prinsesse subst. *m/f* princess
prinsipiell adj. fundamental, in principle
prinsipp subst. *n* principle
printe verb print
printer subst. *m (skriver)* printer
prioritere verb prioritize
prioritet subst. *m* priority
prippen adj. prudish
pris[1] subst. *m* **1** price, charge *(for varer/tjenester)*, fare *(om billettpris)*
  2 *(premie)* prize, award
  for enhver pris at any cost, at all costs
  sette pris på appreciate
pris[2] subst. *m (snus)* a pinch of snuff
prise[1] verb *(sette pris)* price, put a price on
prise[2] verb *(lovprise)* praise
prislapp subst. *m* price tag
prisme subst. *n* prism
prisnivå subst. *n* price level
prisverdig adj. praiseworthy

privat adj. private
privatisere verb privatize
privatliv subst. *n* private life, personal life
privilegert adj. privileged
privilegium subst. *n* privilege
problem subst. *n* problem
problematisk adj. problematic
problemløsning subst. *m* problem-solving
problemstilling subst. *m/f* problem, thesis statement
produksjon subst. *m* production
produkt subst. *n* product
produktiv adj. productive
produsent subst. *m* producer
produsere verb produce
profesjon subst. *m* occupation, profession
profesjonell adj. professional
professor subst. *m* professor
profet subst. *m* prophet
profeti subst. *m* prophecy
proff adj. pro
profil subst. *m* profile
profilbilde subst. *n* profile picture
profitt subst. *m* profit
profittere verb profit
prognose subst. *m* prognosis
program subst. *n* programme, program *(amer.)*
programleder subst. *m* host, hostess
programmere verb program *(om IT og amer.)*, programme *(britisk)*
programmerer subst. *m (IT)* programmer
programvare subst. *m (IT)* software
progressiv adj. progressive
prolog subst. *m* prologue
promenade subst. *m* promenade
promille subst. *m (tusendel)* per thousand, thousandth
  ha promille be under the influence

kjøre med promille drink and drive, drive under the influence
prompe verb fart
pronomen subst. *n* pronoun
propaganda subst. *m* propaganda
propell subst. *m* propeller
proporsjon subst. *m* proportion
propp subst. *m* plug
proppe verb 1 *(overfylle)* stuff, cram
2 *(tette med propp)* plug, cork
proppe i seg stuff oneself
proppfull adj. packed
prosa subst. *m* prose
prosedyre subst. *m* procedure
prosent subst. *m*
1 *(hundredel)* per cent, percent
2 *(prosentandel)* percentage
prosess subst. *m* process
prosessere verb process
prosessorenhet subst. *m/f (IT)* processing unit, central processing unit, CPU
prosjekt subst. *n* project
prosjektarbeid subst. *n* project work
prosjektil subst. *n* projectile, missile
prosjektør subst. *m*
1 *(teater)* floodlight, spotlight
2 *(til film)* projector
prostata subst. *m* prostate
prostituert subst. *m* prostitute
prostitusjon subst. *m* prostitution
protein subst. *n* protein
protest subst. *m* protest
protestant subst. *m* Protestant
protestantisk adj. Protestant
protestere verb protest, object
protokoll subst. *m* 1 *(bok til referater og lignende)* records *(jus),* book of minutes *(møtereferat)*
2 *(register, navneliste)* register
3 *(formaliteter)* protocol
4 *(IT)* protocol
prototyp subst. *m* prototype
proviant subst. *m* provisions, supplies
provins subst. *m* province
provinsiell adj. provincial
provisjon subst. *m* commission
provokasjon subst. *m* provocation
provosere verb provoke
prute verb haggle, bargain
pryd subst. *m* decoration, ornament
pryde verb adorn, decorate
pryl subst. *m/n* beating, thrashing
prærie subst. *m* prairie

prøve[1] subst. *m/f* 1 test, exam, quiz *(liten, kort test)*
2 *(vareprøve, o.l.)* sample
3 *(øvelse)* rehearsal
prøve[2] verb 1 try
2 *(teste)* try, try out
3 *(om klær o.l.)* try on, fit
prøve seg have a go, try something out
prøvelse subst. *m* ordeal, trial
prøverom subst. *n* dressing room, fitting room
prøverør subst. *n* test tube
prøvetid subst. *m/f* probation
prøving subst. *m/f* trial, trying
prøving og feiling trial and error
pseudonym subst. *n* pseudonym
psykiater subst. *m* psychiatrist
psykiatri subst. *m* psychiatry
psykiatrisk adj. psychiatric
psykisk adj. mental, psychic
psyko adj. psycho
psykolog subst. *m* psychologist
psykologi subst. *m* psychology
psykopat subst. *m* psychopath
psykose subst. *m* psychosis
pub subst. *m* pub, bar
pubertet subst. *m* puberty
publikasjon subst. *m* publication
publikum subst. *n* 1 audience
2 *(allmennheten)* the public
publisere verb
1 *(offentliggjøre)* make public
2 *(utgi)* publish
3 *(trykke)* print
publisitet subst. *m* publicity
puck subst. *m (ishockey)* puck
puddel subst. *m* poodle
pudder subst. *n* powder
puddersnø subst. *m* powder snow
pudding subst. *m* pudding
pudre verb powder
puff[1] subst. *m* 1 *(på klær)* puff
2 *(møbel)* pouf, ottoman
puff[2] subst. *m/n* 1 *(dytt)* push, shove
2 *(utblåsning av røyk eller damp)* puff
puffe verb 1 *(dytte)* push
2 *(dampe)* puff
pugge verb cram *(hverdagslig)*
pugge noe utenat learn something by heart
pukkel subst. *m* hump, hunch
pukkelrygg subst. *m* hunchback
pule verb *(vulgært)* fuck, screw

a b c d e f g h i j k l m n o p q r s t u v w x y z æ ø å

pulje subst. *m* **1** *(avdeling)* group, heat *(sport)*
2 *(i spill)* pool, kitty
pulk subst. *m* sleigh, pulk
puls subst. *m* pulse
pulsere verb pulsate
pulsslag subst. *n* heartbeat, pulse
pulsåre subst. *m/f* artery
pult subst. *m* desk
pulver subst. *n* powder
pulverkaffe subst. *m* instant coffee
pumpe[1] subst. *m/f* pump
pumpe[2] verb pump
pumps subst. *m* court shoe, pump *(amer.)*
pund subst. *n* pound
pung subst. *m* **1** *(pengepung)* purse
2 *(hos pungdyr)* pouch
pungdyr subst. *n* marsupial
punkt subst. *n* **1** *(prikk)* dot, spot, point
2 *(stadium)* item, point
3 *(sted)* point
punktere verb puncture
punktering subst. *m/f* puncture
punktlig adj. punctual
punktum subst. *n* full stop, period *(amer.)*
pupill subst. *m* pupil
pupp subst. *m* tit *(hverdagslig)*
puppe subst. *m* *(om insekter)* pupa, chrysalis *(om sommerfugl)*
pur adj. pure
puré subst. *m* purée
puritaner subst. *m* Puritan
puritansk adj. puritan
purk subst. *m* *(politi, slang)* cop, pig *(nedsettende)*
purke subst. *m/f* sow
purpur subst. *m* purple
purre[1] subst. *m eller* **purreløk** leek
purre[2] verb **1** *(minne på)* remind
2 *(vekke)* waken
purre på noen remind someone
pus subst. *m* **1** *(om katt)* pussycat, kitty
2 *(kjælenavn)* love, darling
pusle verb potter around
puslespill subst. *n* jigsaw puzzle, jigsaw
puss[1] subst. *m* **1** *(pussing)* polish, finish
2 *(murpuss)* plaster
puss[2] subst. *m* *(materie)* pus, matter
puss[3] subst. *n* prank
spille noen et puss play a trick on somebody

pussa adj. tipsy
pusse verb polish
pusse opp redecorate
pussig adj. odd
pussig nok oddly enough
pust subst. *m* **1** breath, puff
2 *(vindpust)* puff
puste verb breathe
pute subst. *m/f* pillow
putevar subst. *n* pillowcase
putre verb *(småkoke)* simmer
pygmé subst. *m* pygmy
pyjamas subst. *m* pyjamas
pynt subst. *m* **1** *(pryd)* decoration
2 *(på klær)* trim, trimming
pynte verb decorate
pynte seg dress up
pyramide subst. *m* pyramid
pyroman subst. *m* pyromaniac, arsonist
pyse subst. *m* sissy
pysete adj. wimpy
pysj subst. *m* PJs, pyjamas
pytonslange subst. *m* python
pytt[1] subst. *m* puddle
pytt[2] interjeksjon *bare i uttrykk*
pytt sann it doesn't matter
å pytt never mind
pæl subst. *m* pole, stake
pære subst. *m/f* pear
pæretre subst. *n* pear tree
pøbel subst. *m* **1** *(om én)* hooligan
2 *(om flere)* mob, rabble
pøbelstrek subst. *m* act of vandalism
pøl subst. *m* pool, puddle
pølse subst. *m/f* sausage
pølse i brød hot dog
pønk subst. *m* punk
pønker subst. *m* punk rocker
pønske verb *bare i uttrykk*
pønske på noe be up to something
pønske ut noe think of something
pøse verb pour
pøsregne verb pour down
på preposisjon on
påberope verb call upon, invoke, urge
påbud subst. *n* order, command
påby verb order, command
pådra verb bring on
pådra seg noe 1 catch something *(om forkjølelse)*, contract something *(om alvorlig sykdom)* **2** incur something
pådriver subst. *m* pusher, urger
være en pådriver for noe push for something

påfallende adj. conspicuous, striking
påfugl subst. *m* peacock
påfunn subst. *n* idea, notion
påfyll subst. *n* refill *(om drikke)*, second helping *(om mat)*
påfølgende adj. next, following
påføre verb **1** *(føre på)* add
2 *(forvolde)* inflict
pågripe verb arrest
pågående adj. **1** ongoing
2 *(innpåsliten)* insistent, persistent
påhengsmotor subst. *m* outboard motor
påkalle verb **1** *(kalle på)* call on, invoke
2 *(be om)* call for
påkalle oppmerksomhet attract attention
påkjenning subst. *m/f* strain, stress
påkjørsel subst. *m* collision
påkjørt adj. run down
påkledd adj. dressed, clothed
påkledning subst. *m/f*
1 *(det å kle på)* dressing
2 *(klesdrakt)* clothes, clothing
påle subst. *m* pole, stake
pålegg subst. *n* **1** *(på brød)* spread *(om smørbare pålegg)*, sandwich topping
2 *(forhøyelse)* increase, rise
pålegge verb order, instruct
pålitelig adj. reliable
pålitelighet subst. *m/f* reliability
påmelding subst. *m/f* registration, enrolment
påmeldingsfrist subst. *m* final date for registration
påminne verb remind
påminnelse subst. *m* reminder

påpasselig adj. careful
påpeke verb point out
pårørende subst. *m* next of kin, relative
påse verb ensure
påse at ensure that, see to it that
påske subst. *m/f* Easter
påskeaften subst. *m* Easter Eve
påskedag subst. *m*
Easter Day *(1. påskedag)*,
Easter Sunday *(1. påskedag)*,
Easter Monday *(2. påskedag)*
påskeferie subst. *m* Easter holidays
påskelilje subst. *m/f* daffodil
påskjønnelse subst. *m* *(belønning)* acknowledgement, reward
påskudd subst. *n* excuse, pretence
påskynde verb speed up
påstand subst. *m* assertion
påstå verb allege, maintain
påståelig adj. obstinate
påta verb take on, undertake
påta seg assume, undertake
påtale[1] subst. *m* *(jus)* prosecution
påtale[2] verb *(jus)* prosecute
påtalemyndighet subst. *m/f* prosecuting authority
påtrykk subst. *n* pressure
påtvinge verb force upon
påvente subst. *bare i uttrykk*
i påvente av pending
påvirke verb influence
påvirket adj. **1** *(berørt)* influenced
2 *(om alkohol)* under the influence, intoxicated
påvirkning subst. *m/f* influence
påvise verb **1** *(fastslå)* prove
2 *(vise)* point out

r

rabalder subst. *n* uproar
rabarbra subst. *m* rhubarb
rabatt subst. *m* discount
rabbiner subst. *m* rabbi
rabies subst. *m (hundegalskap)* rabies
rable verb *(klusse)* scribble
racerbil subst. *m* racing car
rad subst. *m/f* row
radar subst. *m* radar
radiator subst. *m* radiator
radikal adj. radical, extreme
radio subst. *m* radio
radioaktiv adj. radioactive
radius subst. *m* radius, range
raffinere verb *(foredle)* refine
raffineri subst. *n* refinery
rage verb rise, tower
raid subst. *n (angrep)* raid
rak adj. straight
rake[1] subst. *m/f (redskap)* rake
rake[2] verb 1 *(samle sammen)* rake
 2 *(barbere)* shave
rake[3] verb *(angå)* concern
rakett subst. *m* rocket
rakke verb *bare i uttrykk*
 rakke ned på noen drag someone's
 name through the mud
rakne verb 1 *(om tøy)* unravel
 2 *(overført)* fall apart, come apart
rakrygget adj. upright
ralle verb rattle
ram adj. 1 *(stram)* pungent
 2 *(dyktig)* brilliant
ramadan subst. *m* Ramadan
ramaskrik subst. *n* outcry
rambukk subst. *m* battering ram
ramle verb 1 *(falle)* fall
 2 *(bråke)* clatter, rattle
ramme[1] subst. *m/f* frame
ramme[2] verb *(treffe)* hit, strike
 bli rammet av be stricken by
ramme[3] verb *bare i uttrykk*
 ramme inn frame
ramp subst. *m* hooligan
rampelys subst. *n* 1 footlights
 2 *(overført)* limelight
rampestrek subst. *m* prank
ramponere verb damage
rams subst. *bare i uttrykk*
 på rams by heart

ramse verb list, rattle
 ramse opp reel off, rattle off
ran subst. *n* robbery
rand subst. *m/f* 1 *(kant)* edge
 2 *(overført)* verge, brink
rane verb rob
raner subst. *m* robber
rang subst. *m* 1 *(grad)* rank, grade
 2 *(viktighet)* status, importance
rangere verb rank
rangle[1] subst. *m/f (leketøy)* rattle
rangle[2] verb *(skrangle)* rattle, jingle
rangorden subst. *m* hierarchy
rank adj. straight, erect
ransake verb search, ransack
ransel subst. *m* knapsack, satchel
rap[1] subst. *m/n* burp, belch
rap[2] subst. *m/n (musikk)* rap
rape verb burp, belch
rapp[1] subst. *n (slag)* blow,
 flick *(av en pisk)*
rapp[2] subst. *m/n bare i uttrykk*
 på rappen in a row
rapp[3] adj. *(rask)* fast, quick
rappe[1] verb *(stjele)* snatch, grab
rappe[2] verb *(slå)* rap, strike
rappe[3] verb *(musikk)* rap
rapper subst. *m (musikk)* rapper
rappkjeftet adj. fast-talking, cheeky
rapport subst. *m* report
rapportere verb report
rar adj. strange, odd
raring subst. *m* weirdo *(hverdagslig)*,
 eccentric
raritet subst. *m* curiosity
ras subst. *n* landslide
rase[1] subst. *m* race, breed *(om dyr)*
rase[2] verb 1 *(styrte)* rush
 2 *(herje, være sint)* rage
 rase sammen collapse, cave in
rasediskriminering subst. *m/f*
 racial discrimination
rasende adj. 1 furious
 2 *(som adverb: veldig)* extremely
 • hun var rasende flink til å strikke
 she was extremely good at knitting
rasere verb demolish
raseri subst. *n* rage, fury
raseskille subst. *n* race segregation
rasfare subst. *m* 1 *(snøskred)* danger of

an avalanche
2 *(jordras)* danger of a landslide
rasisme subst. *m* racism
rasist subst. *m* racist
rasistisk adj. racist
rasjon subst. *m* ration
rasjonalisere verb rationalize
rasjonell adj. rational
rasjonere verb *(fordele)* ration
rasjonering subst. *m/f* rationing
rask[1] subst. *n* trash, rubbish
rask[2] adj. quick, fast, rapid
rasle verb rattle, rustle
rasp subst. *m/f* **1** *(fil)* coarse file, rasp
2 *(rivjern)* grater
raspe verb grate
rast subst. *m* rest
rastaflette subst. *m/f* dreadlock
raste verb take a break, rest
rasteplass subst. *m* resting place,
stopping place, picnic area
rastløs adj. restless
rate subst. *m* **1** *(takst)* price, rate *(frakt)*
2 *(avdrag)* instalment
ratt subst. *n* (steering) wheel
raus adj. generous
raute verb moo
rav subst. *n* amber
rave[1] subst. *m (fest)* rave
rave[2] verb stagger
ravine subst. *m (kløft)* ravine
ravn subst. *m* raven
razzia subst. *m* raid, search
re verb *(om seng)* make
re opp sengen make the bed
reagensrør subst. *n* test tube
reagere verb react
reaksjon subst. *m* reaction
real adj. **1** *(grei)* fair, decent
2 *(ekte, skikkelig)* real, true
realfag subst. *n (matematikk og
naturfag)* scientific subject, science
realisere verb carry out, implement
realisme subst. *m* realism
realist subst. *m* realist
realistisk adj. realistic
realitet subst. *m* reality
reality-TV subst. *m* reality TV
rebell subst. *m (opprører)* rebel
rebelsk adj. rebellious
rebus subst. *m* rebus
red verb *se* ▸ri[2]
redaksjon subst. *m* **1** editorial staff
2 *(arbeidssted i avis)* editorial office

redaktør subst. *m* editor
redd adj. scared, afraid
redd for scared of, afraid of
redde verb save, rescue
reddik subst. *m* radish
rede[1] subst. *n* nest
rede[2] subst. *m bare i uttrykk*
få rede på noe learn something
gjøre rede for noe explain something
rede[3] adj. *(klar)* ready
redegjøre verb clarify, explain
redegjøre for account for
redegjørelse subst. *m* account,
statement
redelig adj. fair, honest
reder subst. *m* shipowner
rederi subst. *n* shipping company
redigere verb edit
redning subst. *m/f* rescue, save *(sport)*
redningsaksjon subst. *m*
rescue operation
redningsskøyte subst. *m/f* rescue boat
redningsvest subst. *m* life jacket,
life vest
redsel subst. *m* fear, terror, fright
redselsfull adj. frightful, dreadful,
horrible
redskap subst. *m/n* tool, instrument
reduksjon subst. *m* reduction
redusere verb reduce
reell adj. real
referanse subst. *m* reference
referat subst. *n* report
referere verb **1** *(henvise)* refer
2 *(gjenfortelle)* report
refleks subst. *m* reflex
refleksiv adj. reflexive
refleksiv[1] subst. *n* reflexive
reflektere verb reflect
reform subst. *m* reform
reformasjon subst. *m* reformation
reformere verb *(omdanne)* reform
refreng subst. *n* refrain, chorus
refse verb reprimand, rebuke
refundere verb repay, refund
refusjon subst. *m* reimbursement
regatta subst. *m* regatta
regel subst. *m* rule
som regel as a rule, generally
regelbrudd subst. *n* violation of the
rules
regelmessig adj. regular
regelverk subst. *n* body of rules
regi subst. *m* direction, production

regime subst. *n* **1** *(styre)* regime, rule, government
2 *(medisin, diett)* regimen
regiment subst. *n (i militæret)* regiment
region subst. *m (område)* region
regissere verb direct
regissør subst. *m* director
register subst. *n* **1** index, table of contents
2 *(IT)* register, file
registrere verb register
registrering subst. *m/f* registration
regjere verb govern, rule
regjering subst. *m/f* government, Cabinet, Administration *(amer.)*
regle subst. *m/f* jingle
reglement subst. *n* regulations, rules
regn subst. *n* rain
regnbue subst. *m* rainbow
regnbyge subst. *m/f* shower
regndråpe subst. *m* raindrop
regne[1] verb *(falle regn)* rain
regne[2] verb **1** *(gjøre matematikk)* calculate, compute, do arithmetic
2 *(anse)* consider
  regne med 1 *(medregne)* include
  2 *(ta med i beregningen)* allow for, take into account
  3 *(stole på, gå ut fra)* count on
regneark subst. *n (IT)* spreadsheet
regnefeil subst. *m* miscalculation
regnestykke subst. *n* arithmetic problem
regning subst. *m/f* **1** *(oppgjør)* bill
2 *(beregning)* calculation
regnjakke subst. *m/f* raincoat
regnskap subst. *n* account(s)
regnskapsfører subst. *m* accountant
regnskog subst. *m* rain forest
regnskur subst. *m* shower
regntøy subst. *n* rainwear
regnvær subst. *n* rain, rainy weather
regulerbar adj. adjustable
regulere verb regulate, adjust
regulering subst. *m/f* **1** regulation
2 *(tannregulering)* braces
rehabilitere verb rehabilitate
rein subst. *m* reindeer
reindrift subst. *m/f* reindeer husbandry
reinsdyr subst. *n* reindeer
reir subst. *n* nest
reise[1] subst. *m/f* trip, journey
reise[2] verb **1** *(dra)* leave
2 *(være på reise)* travel

reise bort go away, leave
reise sin vei leave
reise[3] verb **1** *(sette opp)* raise
2 *(sette i gang)* raise, stir up
reise seg 1 *(stå opp)* stand up
2 *(komme seg)* recover
3 *(gjøre opprør)* revolt, rise in rebellion
reisebyrå subst. *n* travel agency
reiseleder subst. *m* tour guide
reisende adj. **1** travelling
2 *(som subst.: passasjer)* traveller
reiserute subst. *m/f* (travel) route
reisesjekk subst. *m* traveller's cheque
reke[1] subst. *m/f* shrimp *(liten)*, prawn *(stor)*
reke[2] verb *(drive)* drift, roam
rekke[1] subst. *m/f* row, line
  på rekke og rad lined up, in a row
rekke[2] verb **1** *(nå opp til)* reach
2 *(komme tidsnok)* catch, make • *rakk du bussen?* did you catch the bus?
3 *(sende til)* hand, pass
rekkefølge subst. *m* order
rekkehus subst. *n* terraced house
rekkevidde subst. *m* reach, range
  innen rekkevidde within reach
rekkverk subst. *n* railing
reklamasjon subst. *m (klage)* complaint
reklame subst. *m* **1** advertising, promotion
2 *(film/annonse)* commercial, advertisement
reklamebyrå subst. *n* advertising agency
reklamefilm subst. *m* advertising film, commercial
reklamere verb **1** promote
2 *(klage på)* complain
rekognosere verb survey
rekommandere verb register
  rekommandert brev registered letter
rekord subst. *m* record
  personlig rekord personal best
rekrutt subst. *m* recruit
rekruttere verb recruit
rekruttering subst. *m/f* recruiting
rektangel subst. *n* rectangle
rektangulær adj. rectangular
rektor subst. *m* headmaster *(mann)*, headmistress *(kvinne)*, principal *(amer.)*
rekvisisjon subst. *m* requisition
rekvisitt subst. *m* prop
relativ[1] subst. *n* relative
relativ[2] adj. **1** relative, comparative

2 *(som adverb: forholdsvis)* relatively, comparatively • *de har klart seg relativt godt* they have managed relatively well

relativitetsteori subst. *m* theory of relativity

relevant adj. relevant

relieff subst. *n* relief

religion subst. *m* religion

religionsfrihet subst. *m* freedom of religion

religiøs adj. religious

relikvie subst. *m* relic

reling subst. *m (på båt)* rail

rem subst. *m/f* strap

remse[1] subst. *m/f* **1** *(strimmel)* strip
2 *(regle)* rhyme, jingle

remse[2] verb *(ramse)* read up, rattle off
remse opp rattle off, reel off

ren adj. **1** clean
2 *(ublandet)* pure

rendyrke verb cultivate

renessanse subst. *m* Renaissance

rengjøre verb clean

rengjøring subst. *m/f* cleaning, clean-up

renhold subst. *n* cleaning

renn subst. *n* **1** *(farting)* run
2 *(sport)* race

renne[1] subst. *m/f* **1** gutter *(takrenne)*, groove *(fordypning)*, furrow *(i jord, åker)*
2 *(råk)* channel, lane

renne[2] verb **1** *(strømme, flyte)* run, flow, pour • the river flows from the mountain
2 *(fare, løpe)* run
renne over overflow, run over

rennestein subst. *m* gutter

renommé subst. *n* reputation

renovasjon subst. *m* garbage disposal

renovasjonsarbeider subst. *m* dustman, garbage man *(amer.)*

rense verb cleanse, dry-clean *(om klær)*

rensekrem subst. *m* cleansing cream

renseri subst. *n* dry-cleaner, cleaners

renslig adj. hygienic, clean

rente subst. *m/f* interest

reol subst. *m* set of shelves, bookcase *(bokhylle)*

rep subst. *n (tau)* rope

reparasjon subst. *m* repair

reparere verb repair

repertoar subst. *n* repertoire

repetere verb **1** *(gjenta)* repeat

2 *(gå igjennom på nytt)* revise

repetisjon subst. *m* repetition

replikk subst. *m* **1** reply
2 *(i skuespill)* line

reportasje subst. *m* report, news story

representant subst. *m* representative

representasjon subst. *m* representation

representere verb represent

reprimande subst. *m* reprimand

reprise subst. *m* repeat

reproduksjon subst. *m* reproduction

reprodusere verb reproduce

republikaner subst. *m* republican

republikk subst. *m (statsform)* republic

resepsjon subst. *m* reception

resepsjonist subst. *m* receptionist

resept subst. *m* prescription

reservasjon subst. *m* reservation

reservat subst. *n* reserve, reservation

reserve subst. *m* reserve, stand-in

reservebenk subst. *m* (substitute) bench

reservedel subst. *m* spare part

reservehjul subst. *n* spare wheel

reservere verb reserve
reservere seg reserve

reservert adj. reserved

reservoar subst. *n* reservoir

residens subst. *m* residence

resignert adj. resigned

resirkulere verb recycle

resirkulering subst. *m/f* recycling

resolusjon subst. *m* resolution, decree

resonans subst. *m* resonance

resonnement subst. *n* reasoning

resonnere verb reason, think logically

respekt subst. *m* respect

respektabel adj. respectable

respektere verb respect

respektløs adj. disrespectful

respons subst. *m* response

ressurs subst. *m* resource

ressurssterk adj. resourceful

rest subst. *m* rest, remainder
rester *(mat til overs)* leftovers

restarte verb *(IT)* restart

restaurant subst. *m* restaurant

restaurere verb restore

restriksjon subst. *m* restriction

resultat subst. *n* result, outcome

resultere verb result
resultere i result in, lead to

resymé subst. *n* summary

retning subst. *m/f* direction

retningslinje subst. *m/f* guideline

a
b
c
d
e
f
g
h
i
j
k
l
m
n
o
p
q
r
s
t
u
v
w
x
y
z
æ
ø
å

retorikk subst. *m* rhetoric
rett[1] subst. *m* **1** *(rettighet)* right
  2 *(lover og regler)* law
  3 *(domstol)* court, law court
  finne seg til rette settle in,
  get comfortable
  ha rett be right
rett[2] subst. *m (matrett)* course, dish
rett[3] adj. **1** *(riktig)* right, correct
  2 *(strak)* straight
  3 *(som adverb: direkte)* right, straight
  • *bilen kjørte rett inn i en stolpe*
  the car drove right into a pole
rette verb **1** *(mot noe/noen)* direct
  2 *(gjøre rett)* straighten
  3 *(korrigere)* correct
rettelse subst. *m* correction
rettesnor subst. *m/f* guideline
rettetang subst. *m* hair straightener,
  flat iron
rettferdig adj. just, fair
rettferdighet subst. *m* justice
rettighet subst. *m* right
rettlede verb guide
rettmessig adj. legitimate
rettskaffen adj. honourable
rettskrivning subst. *m/f* spelling
  (hverdagslig), orthography
rettslig adj. legal
rettssak subst. *m* lawsuit, trial
retur subst. *m* return
returbillett subst. *m* return ticket,
  round trip ticket *(amer.)*
returnere verb return
retusjere verb retouch
rev[1] subst. *m (dyr)* fox
rev[2] subst. *n (i havet)* reef
rev[3] verb *se* ▶rive[2]
revansj subst. *m* revenge
revers subst. *m* reverse
revet verb *se* ▶rive[2]
revidere verb revise
revisjon subst. *m* **1** revision
  2 *(regnskap, ettersyn)* audit
revisor subst. *m* accountant, auditor
revmatisk adj. rheumatic
revmatisme subst. *m* rheumatism
revne[1] subst. *m/f* crack
revne[2] verb rip, tear
revolusjon subst. *m* revolution
revolusjonær adj. revolutionary
revolver subst. *m* revolver
revurdere verb reconsider
revy subst. *m* **1** *(teater)* revue

  2 *(militær mønstring)* review
ri[1] subst. *m/f* *(smerteanfall)* fit, spell
  2 *(fødselsve)* contraction
ri[2] verb ride
ribbe[1] subst. *m/f* **1** *(brystside av slakt)*
  ribs, pork rib *(av svin)*
  2 *(sport)* wall bar
ribbe[2] verb *(plukke fjær av)* pluck
ribben subst. *n (ben i brystet)* rib
ribbevegg subst. *m* wall bars
ridd verb *se* ▶ri[2]
ridder subst. *m* knight
ridderlig adj. chivalrous
ride verb ride
ridepisk subst. *m* riding crop
ridesenter subst. *n* riding centre
ridestøvler subst. *flt.* riding boots
ridetur subst. *m* ride
ridning subst. *m/f* horseback riding
rifle subst. *m/f* rifle
rift subst. *m/f* tear, rip
rigg subst. *m* rigging
rigge verb rig, equip
rigid adj. rigid, strict
rik adj. rich, wealthy
rikdom subst. *m* wealth, riches
rike subst. *n* kingdom, realm
rikelig adj. plenty, ample
riktig adj. **1** correct, right
  2 *(som adverb: helt)* exactly,
  completely • *jeg vet ikke riktig*
  I do not know exactly
  ganske riktig sure enough
riktighet subst. *m/f* accuracy
riktignok adverb indeed, certainly,
  to be sure
rim[1] subst. *n (vers)* rhyme
rim[2] subst. *m/n (frost)* frost
rime verb rhyme
rimelig adj. **1** reasonable
  2 *(som adverb: forholdsvis)*
  reasonably, fairly • *vi er rimelig godt*
  fornøyd we are reasonably happy
ring subst. *m* ring
ringe[1] verb **1** *(med telefon)* call, phone
  2 *(klinge)* ring
ringe[2] adj. *(ubetydelig)* humble
  ingen ringere enn none other than
ringeklokke subst. *m/f* doorbell
ringfinger subst. *m* ring finger
ringperm subst. *m* folder, ring binder
ripe[1] subst. *m/f* **1** *(rift)* scratch, rift
  2 *(kant på båtside)* gunwale
ripe[2] verb scratch

rippe verb *bare i uttrykk*
  rippe opp i rip open, open up
rips subst. *m* redcurrant
ris[1] subst. *m* rice
ris[2] subst. *n* **1** *(straff)* spanking
  2 *(negativ kritikk)* criticism
  3 *(tynne kvister)* twigs
  få både ris og ros receive both praise and criticism
rise verb spank, thrash
risengrynsgrøt subst. *m omtr. dss.* rice pudding, rice porridge *(amer.)*
risikabel adj. risky
risikere verb risk
risiko subst. *m* risk
risle verb trickle, ripple
risp subst. *n* scratch, slash
rispe verb **1** *(skrape)* scrape
  2 *(lage rift i)* rip, slash
riss subst. *n* **1** *(merke)* scratch
  2 *(skisse)* sketch
risse verb carve, cut
rist subst. *m/f* **1** *(plate)* grate, grating
  2 *(ristende bevegelse)* shake
riste verb **1** shake
  2 *(skjelve)* shiver, tremble
  3 *(matlaging)* toast, grill
ritt subst. *n* **1** *(ridning)* ride
  2 *(sykkelløp)* race
ritual subst. *n* ritual
rival subst. *m* rival, competitor
rivalisere verb rival, compete
rive[1] subst. *m/f* rake
rive[2] verb **1** *(flenge)* tear, rip
  2 *(rykke)* pull, grab
  3 *(jevne med jorden)* tear down
  4 *(velte)* knock down
  5 *(matlaging)* grate, shred
rivjern subst. *n* grater
ro[1] subst. *m/f* **1** stillness
  2 *(hvile)* rest
  3 *(stillhet)* silence, quiet
  ta det med ro relax, take it easy
ro[2] verb row
roame verb *(IT)* roam
robot subst. *m* robot
robust adj. robust
robåt subst. *m* rowing boat
roe verb calm, settle
  roe seg calm down
roer subst. *m* rower
rogn[1] subst. *m/f (fiskeegg)* roe, spawn *(etter gyting)*
rogn[2] subst. *m/f (tresort)* rowan

rognebær subst. *n* rowanberry
roing subst. *m/f* rowing
rokk subst. *m* spinning wheel
rokke[1] subst. *m/f (fisk)* skate
rokke[2] verb budge
rolig adj. calm
rolle subst. *m/f* role, part
rollemodell subst. *m* role model
rollespill subst. *n* role playing
rom[1] subst. *m (brennevin)* rum
rom[2] subst. *n* room
rom[3] subst. *m (folk)*
  Rom *(i flertall:* Roma)
Roma stedsnavn Rome
roman subst. *m* novel
romanforfatter subst. *m* novelist
romanse subst. *m* romance
romantikk subst. *m* romance
romantisk adj. romantic
rombe subst. *m (geometri)* rhombus
romer subst. *m* Roman
romersk adj. Roman
romersk-katolsk adj. Roman Catholic
romertall subst. *n* Roman numeral
romfarer subst. *m* astronaut
romfart subst. *m* space travel
romjul subst. *m/f forklaring:* the days between Christmas and New Year's Eve
romme verb contain, hold
romskip subst. *n* spaceship
romslig adj. spacious, roomy
romvesen subst. *n* alien
rop subst. *n* call, cry, shout
rope verb call, cry, shout, yell
ropert subst. *m* megaphone
ror subst. *n* helm
rorbu subst. *m/f* fisherman's shack
rormann subst. *m* helmsman
ros subst. *m* praise
rosa adj. pink
rose[1] subst. *m/f* rose
rose[2] verb praise, commend
rosenkrans subst. *m* rosary
rosenkål subst. *m* Brussels sprout
rosin subst. *m* raisin
rosmarin subst. *m (krydder)* rosemary
rosverdig adj. praiseworthy, creditable
rot[1] subst. *m/f* root
rot[2] subst. *n (uorden)* mess, disorder
rotasjon subst. *m* rotation
rote verb **1** make a mess
  2 *(vrøvle)* talk nonsense
  rote seg opp i noe get mixed up in something

rotere verb rotate, revolve
rotete adj. messy
rotfestet adj. ingrained, rooted
rotfylling subst. *m/f* root filling
rotløs adj. rootless
rotte[1] subst. *m/f* rat
rotte[2] verb *bare i uttrykk*
  rotte seg sammen conspire
rottegift subst. *m* rat poison
rouge subst. *m (sminke)* blusher
rov subst. *n* **1** *(røveri)* robbery
  2 *(bytte)* prey
rovdrift subst. *m/f (hensynsløs utnytting)* exploitation, overcropping *(om landbruk)*
rovdyr subst. *n* carnivore
ru adj. rough
rubin subst. *m* ruby
rubrikk subst. *m* **1** *(spalte)* column
  2 *(plass til utfylling av navn e.l.)* space, blank
rufsete adj. scruffy
rug subst. *m (kornsort)* rye
ruge verb brood
  ruge ut hatch
ruglete adj. uneven, rough
ruin subst. *m* ruin
ruinere verb ruin
ruinert adj. ruined, destroyed
rull subst. *m* roll, reel
rulle verb **1** roll
  2 *(IT, rulle på skjerm)* scroll
rullebane subst. *m/f* runway
rulleblad subst. *n* record, criminal record *(om kriminelt rulleblad)*
rullebrett subst. *n* skateboard
rullegardin subst. *m/n* blind
rulleski subst. *m* roller ski
rulleskøyte subst. *m/f* roller skate
rullestol subst. *m* wheelchair
rulletrapp subst. *m/f* escalator
rumensk adj. Romanian
rumle verb rumble, growl

rummel subst. *m/n* rumble
rumpe subst. *m/f* bottom, butt *(hverdagslig)*, arse *(britisk, slang)*, ass *(amer., slang)*
rumpetroll subst. *n* tadpole
rund adj. round
runde[1] subst. *m* round, lap
runde[2] verb round
  runde av 1 *(matematikk)* round off
  2 *(avslutte)* call it a day, finish up
rundetid subst. *m/f* lap time
rundgang subst. *m* cycle, circuit
  gå på rundgang circulate, take turns
rundhåndet adj. generous
rundjule verb beat up
rundkjøring subst. *m/f* roundabout
rundreise subst. *m/f* round trip
rundstykke subst. *n* (bread) roll
rune subst. *m/f* rune
runealfabet subst. *n* runic alphabet
runge verb resound, ring out
rus subst. *m* intoxication
rusdrikk subst. *m* intoxicant, alcoholic beverage
ruse seg verb **1** *(om narkotika)* take drugs, get stoned
  2 *(om alkohol)* drink, get drunk
rushtid subst. *m/f* rush hour
rusk subst. *n* speck of dust
ruske verb **1** *(riste)* shake, pull
  2 *(om hår e.l.)* tousle, rumple
ruskevær subst. *n* wet, windy weather
rusle verb stroll
rusmiddel subst. *n* intoxicant, intoxicating substance
rusmisbruker subst. *m* substance abuser, drug abuser *(stoffmisbruker)*
russer subst. *m* Russian
russisk adj. Russian
Russland stedsnavn Russia
rust subst. *m/f* rust
ruste[1] verb *(bli dekket av rust)* rust, corrode

ruste² verb **1** *(utstyre)* equip *(med utstyr)*, prepare *(om forberedelse)* **2** *(øke forsvarsevnen)* arm, prepare for war

rusten adj. rusty

rustfri adj. stainless

rustning subst. *m/f* armour

rute¹ subst. *m/f* **1** square, pane **2** *(vindusrute)* windowpane

rute² subst. *m/f* **1** *(vei)* route **2** *(buss, tog)* service

ruter¹ subst. *m (i kortstokk)* diamonds

ruter² subst. *m (IT)* router

rutete adj. **1** *(om tøy)* chequered, plaid *(om tykt ulltøy)* **2** *(om papir)* squared

rutine subst. *m* routine

rutinert adj. experienced, practiced

rutsje verb slide, glide

ruve verb tower

ry subst. *n* reputation

rydde verb tidy, clear up

ryddig adj. tidy, neat

rye subst. *m/f* rug

rygg subst. *m* **1** back **2** *(fjellrygg)* ridge

rygge verb back, reverse

ryggmarg subst. *m* spinal marrow

ryggrad subst. *m/f* **1** *(i kroppen)* spine **2** *(overført)* backbone, spine

ryggsekk subst. *m* backpack, rucksack

ryggstø subst. *n* back, backrest

ryggsvømming subst. *m/f* backstroke

ryke verb **1** *(sende ut røyk)* smoke **2** *(briste)* snap, break

rykk subst. *n* **1** *(kraftig napp)* tug, jerk **2** *(ufrivillig bevegelse)* start, twitch

rykke verb **1** *(trekke fort)* tug, jerk **2** *(gjøre ukontrollert bevegelse)* twitch

rykkvis adj. by fits and starts

rykte subst. *n* **1** *(sladder)* rumour **2** *(omdømme)* reputation

ryktes verb be rumoured

rynke¹ subst. *m* wrinkle

rynke² verb frown, wrinkle

rynkete adj. **1** *(om hud)* wrinkly **2** *(om tøy)* creased

rype subst. *m/f (fugl)* grouse

ryste verb **1** *(forferde)* shake, shock **2** *(skjelve)* shake, tremble

rytme subst. *m* rhythm

rytmisk adj. rhythmic

rytter subst. *m* rider

rød adj. red

rødbete subst. *m* beetroot

rødbrun adj. reddish brown

Den Røde halvmåne egennavn the Red Crescent

røde hunder subst. *flt.* German measles

Røde Kors egennavn the Red Cross

rødglødende adj. red-hot

Rødhette egennavn Little Red Riding Hood

rødme¹ subst. *m* blush, flush

rødme² verb blush, flush

rødmusset adj. red-faced, ruddy

rødspette subst. *m/f (fisk)* plaice

rødstrupe subst. *m (fugl)* robin

røff adj. rough, tough

røkelse subst. *m* incense

rømme¹ subst. *m* sour cream

rømme² verb escape, flee

rømning subst. *m/f* escape, flight

rønne subst. *m/f* shack

røntgen subst. *n* X-ray

røntgenbilde subst. *n* X-ray

røpe verb reveal

rør subst. *n* **1** *(ledning)* pipe, tube **2** *(telefonrør)* receiver

røre¹ subst. *m/f* **1** *(oppstyr)* stir, commotion **2** *(virvar)* mess, confusion

røre² subst. *m/f (blanding)* mix, mixture, batter *(vaffelrøre o.l.)*

røre³ verb **1** *(bevege, også følelsesmessig)* move • *ikke rør deg!* don't move! • *filmen rørte henne til tårer* the film moved her to tears **2** *(ta på)* touch • *ikke rør meg!* don't touch me! **3** *(blande)* stir, mix • *rør godt i suppen* stir the soup well

rørende adj. touching, emotional

rørledning subst. *m/f* pipeline

rørlegger subst. *m* plumber

rørsukker subst. *n* cane sugar

rørt adj. moved, touched

røst subst. *m/f* voice

røve verb loot, rob

røver subst. *m* robber, thief

røyk subst. *m* **1** smoke **2** *(sigarett)* cigarette, smoke *(hverdagslig)*

røyke verb smoke

røykelaks subst. *m* smoked salmon

røyker subst. *m* smoker

røykfri adj. smoke-free, non-smoking

røykfylt adj. smoky

a b c d e f g h i j k l m n o p q r s t u v w x y z æ ø å

røyking subst. *m/f* smoking
  passiv røyking passive smoking
  røyking forbudt no smoking
røykvarsler subst. *m* smoke detector
røys subst. *m/f* heap of stones
røyskatt subst. *m* stoat
røyte verb moult
rå[1] verb **1** *(bestemme over)* reign, rule
  2 *(gi råd)* advise
rå[2] adj. **1** *(ikke kokt)* raw
  2 *(ubearbeidet)* raw, crude
  3 *(brutal)* brutal, cruel
  4 *(kald og fuktig)* damp, cold
  5 *(innmari bra, slang)* cool, wicked
råd[1] subst. *n* **1** *(veiledning)* advice
  2 *(forsamling)* assembly, meeting
  gi noen et råd give someone a piece
  of advice
råd[2] subst. *m/f* *(midler)* resources,
  funds, means
  ha råd til be able to afford
råde verb **1** *(gi råd)* advise
  2 *(bestemme over)* reign, rule
rådføre verb *bare i uttrykk*
  rådføre seg consult, seek advice
rådgiver subst. *m* adviser, consultant

rådhus subst. *n* town hall,
  city hall *(i storbyer)*
rådighet subst. *m* disposal
rådløs adj. bewildered, perplexed
rådmann subst. *m omtr. dss.* chief
  administrative officer
rådslagning subst. *m/f* conference,
  consultation
rådslå verb discuss, consult
rådsmedlem subst. *n* councillor
rådspørre verb consult,
  ask the opinion of
rådvill adj. at a loss, confused
råkjøre verb speed, drive recklessly
råkjører subst. *m* reckless driver
råne[1] subst. *m* *(hanngris)* boar
råne[2] verb *(kjøre fort, slang)* scorch,
  burn rubber
råolje subst. *m/f* crude oil
råskap subst. *m* brutality
råskinn subst. *n* lout, hooligan
råstoff subst. *n* raw material
råte subst. *m* rot, decay
råtne verb rot, decay
råtten adj. rotten, decayed
råttenskap subst. *m* rottenness, decay
råvare subst. *m* raw material

S

sa verb *se* ►si[1]
sabbat subst. *m* sabbath
sabotasje subst. *m* sabotage
sabotere verb sabotage
sadisme subst. *m* sadism
sadist subst. *m* sadist
sadistisk adj. sadistic
safari subst. *m* safari
safir subst. *m* sapphire
safran subst. *m* saffron
saft subst. *m/f* **1** *(i frukt)* juice
  2 *(fra plante)* sap
  3 *(leskedrikk)* juice, squash
saftig adj. juicy
sag subst. *m/f* saw
saga subst. *m* saga
sagbruk subst. *n* sawmill
sage verb saw
sagflis subst. *m/f* sawdust
sagn subst. *n* legend, myth

sagt verb *se* ►si[1]
sak subst. *m/f* **1** *(jus)* case
  2 *(oppgave)* case, issue, matter
  3 *(tema)* matter, issue, subject
  4 *(gjenstand, ting)* thing
sakkyndig adj. expert
saklig adj. objective, unbiased,
  matter-of-factly
saklighet subst. *m* objectivity,
  impartiality
sakrament subst. *n* sacrament
saks subst. *m/f* scissors *(alltid i flertall)*,
  pair of scissors
saksbehandling subst. *m/f*
  1 *(rettsforhandling)* court proceedings,
  trial
  2 *(i sosialtjeneste)* casework
  3 *(i etat eller firma)* executive work
saksliste subst. *m/f* agenda
saksofon subst. *m* saxophone

saksøke verb sue
saksøker subst. *m* plaintiff
sakte adj. **1** slow
  2 *(som adverb)* slowly • *han gikk sakte*
  he walked slowly
sakte-TV subst. *m* slow TV
saktmodig adj. meek
sal[1] subst. *m (stort rom)* hall,
  assembly room
sal[2] subst. *m (til hest)* saddle
salamander subst. *m* salamander
salat subst. *m* **1** *(grønnsak)* lettuce
  2 *(matrett)* salad
saldo subst. *m* balance
salg subst. *n* sale
  til salgs for sale
salgssjef subst. *m* sales manager
salig adj. **1** *(frelst)* blessed
  2 *(lykkelig)* blissful
salme subst. *m* hymn
salmebok subst. *m/f* hymn book
salmiakk subst. *m* ammonium chloride
salong subst. *m* drawing room
salpetersyre subst. *m/f* nitric acid
salt[1] subst. *n* salt
salt[2] adj. salt, salty
saltbøsse subst. *m/f* salt sprinkler,
  salt shaker
salte verb salt
saltlake subst. *m* brine
saltsild subst. *m/f* salted herring
saltvann subst. *n* salt water,
  seawater *(sjøvann)*
salutt subst. *m* salute
salve[1] subst. *m/f* ointment, salve
salve[2] subst. *m/f (fra gevær)* burst, volley
salve[3] verb *(bruke salve)* anoint
samarbeid subst. *n* collaboration,
  cooperation *eller* co-operation
samarbeide verb cooperate *eller*
  co-operate
samboer subst. *m* live-in, cohabitant
samboerkontrakt subst. *m*
  cohabitation contract
samboerskap subst. *n* cohabitation
same subst. *m* Sami
sameksistens subst. *m* coexistence
Sametinget subst. the Sami Parliament
samferdsel subst. *m* communication,
  transport *(frakt)*
samfunn subst. *n* society, community
samfunnsfag subst. *n*
  1 *(i skolen)* social subjects
  2 *(på universitetet)* social studies

samfunnskunnskap subst. *m*
  social studies
samfunnstjeneste subst. *m*
  community service
samfunnsøkonomi subst. *m (fag)*
  economics
samhold subst. *n* solidarity, loyalty
samhørighet subst. *m/f*
  interdependence, solidarity
samisk adj. Sami
samkvem subst. *n* intercourse
samle verb collect, gather
  samle opp gather, accumulate
  samle seg concentrate,
  collect one's thoughts
samlebånd subst. *n* assembly line
samleie subst. *n* sexual intercourse
samler subst. *m* collector
samling subst. *m/f* **1** collection
  2 *(forsamling)* assembly
samlingsregjering subst. *m/f* coalition
  government
samliv subst. *n* cohabitation,
  married life *(ekteskap)*
samlivsbrudd subst. *n* dissolution,
  splitting up
samme determinativ same
  med det samme at once, straight away
  være det samme 1 *(være likt)* be the
  same **2** *(være likegyldig)* make no
  difference
sammen adverb together
  alle sammen everybody, everyone
  alt sammen everything
sammenbitt adj. clenched
sammenbrudd subst. *n* breakdown
sammendrag subst. *n* summary
sammenfatte verb summarize
sammenfiltre verb tangle
sammenføyning subst. *m/f* joining
sammenheng subst. *m*
  1 *(forbindelse)* connection, relation
  2 *(kontekst)* context
sammenhengende adj. **1** continuous,
  constant
  2 *(som adverb)* continuously
sammenkomst subst. *m* gathering
sammenkrøpet adj. crouched
sammenlagt adj. **1** combined,
  put together
  2 *(sport, i sammendraget)* total
sammenligne verb compare
sammenligning subst. *m/f* comparison

a b c d e f g h i j k l m n o p q r **s** t u v v w x y z æ ø å

sammensatt adj.
 1 *(satt sammen)* compound
 2 *(komplisert)* complicated
sammensetning subst. *m/f*
 1 composition
 2 *(sammensatt ord)* compound word
sammenslutning subst. *m/f* **1** union
 2 *(sammenslåing)* merger
sammenstøt subst. *n* collision, clash
sammensurium subst. *n* hotchpotch
sammensvergelse subst. *m*
 conspiracy, plot
sammentreff subst. *n* coincidence,
 chance
sammentrekning subst. *m* contraction
sammentrykt adj. compressed
samordne verb coordinate *eller*
 co-ordinate
samråd subst. *n* deliberation,
 consultation
samsvar subst. *n* accordance,
 agreement
samsvarsbøyning subst. *m/f*
 (grammatikk) concord
samt konjunksjon together with,
 and also
samtale subst. *m* conversation, talk
samtid subst. *m/f* present time
samtidig adj. **1** simultaneous
 2 *(som tilhører samme tid)*
 contemporary
 3 *(som adverb: på samme tid)*
 simultaneously • *programmet
 blir sendt samtidig i 30 land*
 the programme is broadcast
 simultaneously in 30 countries
samtykke[1] subst. *n* consent
samtykke[2] verb consent, agree
samvirkelag subst. *n*
 1 *(forbrukersammenslutning)*
 cooperative society *eller*
 co-operative society
 2 *(forretning)* cooperative store *eller*
 co-operative store
samvittighet subst. *m* conscience
samvittighetsfull adj. conscientious
samvittighetsløs adj. unprincipled,
 unscrupulous
samværsrett subst. *n* visiting rights
sand subst. *m/f* sand
sandal subst. *m* sandal
sandkasse subst. *m/f* sandpit,
 sandbox *(amer.)*
sandpapir subst. *n* sandpaper

sang[1] subst. *m* **1** song
 2 *(det å synge)* singing
sang[2] verb *se* ►synge
sanger subst. *m* singer
sangkor subst. *n* choir
sanitet subst. *m (militærvesen)*
 medical service
sanitetsbind subst. *n* sanitary towel
sanitær adj. sanitary, hygienic
sanksjon subst. *m* sanction
sanksjonere verb sanction
sankt adj. Saint, St.
sankthansaften subst. *m*
 midsummer eve
sann adj. real
 ikke sant right?, isn't it?
sannelig adverb indeed, truly
sannferdig adj. truthful
sannhet subst. *m/f* truth
sannsynlig adj. probable, likely
sannsynlighet subst. *m/f* probability,
 likelihood
sannsynligvis adverb probably,
 in all likelihood
sans subst. *m* sense
sanse verb sense, perceive
sanselig adj. perceptible
sanseløs adj. senseless
sanseorgan subst. *n* sensory organ
sardin subst. *m* sardine
sarkasme subst. *m* sarcasm
sarkastisk adj. sarcastic
sarkofag subst. *m* sarcophagus
sart adj. delicate, tender
satan subst. *m* Satan, the Devil
satellitt subst. *m* satellite
sateng subst. *m* satin, sateen *(bomull)*
satire subst. *m* satire
satirisk adj. satiric, satirical
sats subst. *m* **1** *(fastsatt pris)* rate
 2 *(ved sprang/hopp)* spring, take-off
 3 *(musikk)* movement
satse verb **1** *(gå inn for noe)* go in for,
 go after
 2 *(ta sats)* take off
satt[1] verb *se* ►sitte
satt[2] verb *se* ►sette
satte verb *se* ►sette
sau subst. *m* sheep
sauebukk subst. *m* ram
sauekjøtt subst. *n* mutton
saus subst. *m* sauce, gravy
sausenebb subst. *n* sauce boat,
 gravy boat

savn subst. *n* **1** *(mangel)* want, lack
  2 *(tap)* loss
savne verb **1** *(mangle)* lack, want
  2 *(ikke finne)* miss
  3 *(lengte etter)* miss, long for
scene subst. *m* scene, stage *(i teater)*
schizofren adj. schizophrenic
schæfer subst. *m* Alsatian,
  German shepherd
score verb score
se verb **1** see
  2 *(se på)* look • they looked at each
  other
  3 *(om film)* watch
  se etter 1 *(lete etter)* look for **2** *(passe
  på)* look after **3** *(sjekke)* check, see
  se opp! watch out!
  se på 1 *(betrakte)* look at
  2 *(anse)* see, regard, view
sebra subst. *m* zebra
sed subst. *m* *(sedvane)* custom, practice
seddel subst. *m*
  1 *(papirlapp)* slip of paper
  2 *(pengeseddel)* note, bill *(amer.)*
sedelighetsforbryter subst. *m*
  sexual offender
sedvane subst. *m/f* **1** *(vane)* habit
  2 *(skikk)* custom, practice
sedvanlig adj. usual, customary
seer subst. *m* seer, prophet
sees verb *eller* **ses 1** *(møtes)* meet,
  see one another
  2 *(være synlig)* be seen, be visible
  vi sees! see you later!
seff adverb *(slang, kortform av
  selvfølgelig)* obviously, of course
seg pronomen **1** *(refleksivt, etter
  verb)* herself, himself, itself, oneself,
  themselves
  • *hun skadet seg* she hurt herself
  2 *(etter preposisjon)* her, him, it, one,
  them • *Malva lukket døren bak seg*
  Malva closed the door behind her

segl subst. *n* seal
segne verb sink, fall
  segne om sink down, keel over
sei subst. *m* *(fisk)* saithe, pollack
seier subst. *m* victory
seierherre subst. *m* victor,
  winner *(sport)*
seierrik adj. victorious
seierspall subst. *m* winner's rostrum
seig adj. **1** *(tykk, klebrig)* sticky, thick
  2 *(om kjøtt)* tough, chewy
  3 *(utholdende)* tough, stubborn
seil subst. *n* sail
seilas subst. *m* sailing
seilbrett subst. *n* sailboard
seilbåt subst. *m* sailing boat,
  sailboat *(amer.)*
seilduk subst. *m* canvas
seile verb sail
sein adj. *se* ▶**sen**
seire verb win, be victorious
sekk subst. *m* **1** *(ryggsekk)* rucksack,
  backpack
  2 *(stor pose)* sack, bag
sekkepipe subst. *m/f* bagpipe
sekret subst. *n* secretion
sekretariat subst. *n* secretariat
sekretær subst. *m* secretary
seks determinativ six
seksjon subst. *m* section
sekstant subst. *m* sextant
seksten determinativ sixteen
seksti determinativ sixty
seksualitet subst. *m* sexuality
seksualliv subst. *n* sex life
seksualundervisning subst. *m/f*
  sex education
seksuell adj. sexual
sekt subst. *m* sect
sektor subst. *m* sector
sekund subst. *n* second
sekundviser subst. *m* second hand
sel subst. *m* seal

sele[1] subst. *m* **1** *(seletøy)* harness
2 *(bukseseler)* braces,
suspenders *(amer.)*
sele[2] verb harness
selektiv adj. selective
seletøy subst. *n* harness
selfangst subst. *m* sealing
selfie subst. *m (hverdagslig, fotografi man tar av seg selv)* selfie
selge verb sell
selger subst. *m* **1** *(yrke)* salesperson
2 *(en som selger)* seller
selje subst. *m/f (tresort)* sallow
selleri subst. *m* celery
selskap subst. *n*
1 *(samvær)* company, society
2 *(fest)* party
3 *(firma)* company, corporation *(amer.)*
4 *(forening)* society, association
holde noen med selskap
keep someone company
selskapelig adj. **1** *(festlig)* social, festive
2 *(sosial)* sociable
selskapsantrekk subst. *n* evening dress
selskapslek subst. *m* party game,
parlour game
selv[1] subst. *n* self
selv[2] determinativ **1** myself, herself,
himself, itself, yourself, ourselves,
yourselves, themselves • *jeg har laget den selv* I made it myself
2 *(som adverb: til og med)* even • *selv Anne var sliten* even Anne was tired
selv om even though, although
selvangivelse subst. *m*
income tax return
selvbebreidelse subst. *m* self-reproach
selvbedrag subst. *n* self-delusion
selvbeherskelse subst. *m* self-control
selvbetjening subst. *m/f* self-service
selvbevisst adj. self-important
selvbiografi subst. *m* autobiography
selvforakt subst. *m/f* self-loathing
selvforskyldt adj. self-inflicted
selvforsvar subst. *n* self-defence
selvfølelse subst. *m* self-esteem
selvfølge subst. *m* matter of course
ta noe som en selvfølge take
something for granted
være en selvfølge be obvious
selvfølgelig adj. **1** obvious
2 *(som adverb)* of course, obviously
• *of course you can join us!*
selvgod adj. smug, conceited

selvhjelp subst. *m/f* self-help
selvhjulpen adj. **1** *(ikke avhengig av hjelp)* self-reliant
2 *(selvforsynt)* self-sufficient
selvisk adj. selfish
selvkritikk subst. *m* self-criticism
selvlysende adj. luminescent
selvmord subst. *n* suicide
begå selvmord commit suicide
selvmotsigelse subst. *m*
self-contradiction
selvmål subst. *n (sport)* own goal
selv om konjunksjon even if,
even though, although
selvoppofrende adj. self-sacrificing,
devoted
selvopptatt adj. self-centred
selvportrett subst. *n* self-portrait
selvrespekt subst. *m/f* self-respect,
self-esteem
selvråderett subst. *m* sovereignty,
right of self-determination
selvsagt adj. **1** obvious, self-evident
2 *(som adverb)* naturally, of course,
obviously
selvsikker adj. self-confident
selvskader subst. *m* self-harmer
selvskading subst. *m/f* self-harm
selvstendig adj. independent
selvstendighet subst. *m/f*
independence
selvstyre subst. *n* home rule,
self-government
selvtilfreds adj. self-satisfied
selvtillit subst. *m* self-confidence
sement subst. *m* cement
sementere verb cement
semester subst. *n* term,
semester *(særlig amer.)*
semifinale subst. *m* semi-final
semikolon subst. *n* semicolon
seminar subst. *n* seminar
semsket adj. suede
semulegryn subst. *n* semolina
sen adj. **1** *(om tid)* late
2 *(langsom)* slow
senat subst. *n (i nasjonalforsamling)*
senate
senator subst. *m* senator
sende verb **1** send
2 *(rekke)* pass • pass the salt, please
sendebud subst. *n* messenger
sender subst. *m* sender

sending subst. *m/f*
 1 *(å sende av sted)* sending
 2 *(forsendelse)* consignment
 3 *(kringkasting)* broadcasting
sene subst. *m* tendon, sinew
senebetennelse subst. *m* tendinitis
seneknute subst. *m* ganglion
senestrekk subst. *m* strained tendon
seng subst. *m/f* bed
sengekant subst. *m* bedside
sengeteppe subst. *n* bedspread
sengetid subst. *m/f* bedtime
sengetøy subst. *n* bedclothes, bedlinen
sengevæter subst. *m* bed-wetter
senil adj. senile
senior adj. senior
senior[1] subst. *m* senior
senke verb **1** *(få til å synke)* sink
 2 *(gjøre lavere, fire)* lower
 3 *(redusere)* reduce, lower
sennep subst. *m* mustard
sensasjon subst. *m* sensation
sensasjonell adj. sensational
sensibel adj. sensitive
sensor subst. *m*
 1 *(ved eksamen)* external examiner
 2 *(kontrollør)* censor
sensuell adj. sensual
sensur subst. *m* **1** censorship
 2 *(ved eksamen)* examination results
sensurere verb **1** censor
 2 *(sette karakter)* mark, grade *(amer.)*
senter subst. *n* centre
sentimental adj. sentimental
sentral[1] subst. *m* **1** *(midtpunkt i
 virksomhet)* central office, headquarters
 2 *(telefonsentral)* exchange
sentral[2] adj. central
sentralbord subst. *n* switchboard
sentralisering subst. *m* centralization
sentre verb *(sport)* pass
sentrum subst. *n* centre
separasjon subst. *m* separation

separat adj. **1** separate
 2 *(som adverb)* separately
 • *boken sendes separat i posten*
 the book will be posted separately
september subst. *m* September
septer subst. *n* sceptre
serber subst. *m* Serbian, Serb
serbisk adj. Serbian, Serb
seremoni subst. *m* ceremony
seremoniell adj. **1** ceremonial
 2 *(som adverb)* ceremonially,
 ceremoniously • *han bukket
 seremonielt* he bowed ceremoniously
serie subst. *m* **1** series
 2 *(sport)* league
seriemester subst. *m (sport)*
 league champion
seriemorder subst. *m* serial killer
serienummer subst. *n* serial number
seriøs adj. serious
sersjant subst. *m* sergeant
sertifikat subst. *n* **1** certificate
 2 *(førerkort)* driving licence,
 driver's license *(amer.)*
serve[1] subst. *m (sport)* serve
serve[2] verb *(sport)* serve
server subst. *m (IT)* server
servere verb serve
servering subst. *m* service
service subst. *m* service
serviett subst. *m* napkin
servise subst. *n* service, set
servitør subst. *m* waiter
sesong subst. *m* season
sesongkort subst. *n* season ticket
sete subst. *n* seat
setning subst. *m/f* sentence
setningsledd subst. *n* part of sentence
sett[1] subst. *n*
 1 *(ting som hører sammen)* set
 2 *(måte)* manner, way
 3 *(omgang)* set
 på sett og vis in a way, sort of

sett[2] verb *se* ▶se
sette verb **1** place, put, set
  2 *(fastsette)* set, fix, settle
  sette av sted take off
  sette høyt value, cherish
  sette seg sit down, take a seat
settepotet subst. *m* seed potato
setter subst. *m (hunderase)* setter
severdig adj. worth seeing
severdighet subst. *m* sight, landmark
sevje subst. *m/f* sap
sex subst. *m* sex
SFO *(fork. for* skolefritidsordningen*)*
  after-school programme
sfære subst. *m* sphere
Shetlandsøyene stedsnavn
  Shetland Islands
shoppe verb shop, go shopping
shorts subst. *m* shorts
si[1] verb say, speak, tell
  det vil si that is to say, that means
  si opp *(sparke)* fire, lay off
  så å si so to speak
si[2] determinativ *se* ▶sin
Sibir stedsnavn Siberia
Sicilia stedsnavn Sicily
side subst. *m/f* **1** side
  2 *(i bok)* page
  på den annen side on the other hand
  på den ene side on the one hand
  sette til side set aside
  side ved side side by side
sideflesk subst. *n* bacon
sidegate subst. *m/f* side street
sidelengs adverb sideways
sidemann subst. *m* neighbour
siden[1] adverb **1** *(tilbake i tid)* ago • *det
  er tre år siden* that is three years ago
  2 *(etterpå)* since, later • *han dro på
  søndag, og siden har jeg ikke sett ham*
  he left on Sunday and I have not seen
  him since
siden[2] preposisjon **1** *(etter)* since
  2 *(som subjunksjon: fordi)* since, as
  • we went for a walk, as the weather
  was so nice
sideordnet adj. coordinate
sider subst. *m (drikk)* cider
sideskill subst. *m* side parting, side part
sidesprang subst. *n* **1** side leap
  2 *(utroskap)* affair
sidestille verb **1** place side by side
  2 *(sammenligne)* compare
  3 *(likestille)* put on an equal footing

sidestykke subst. *n*
  1 *(sidedel)* side, side piece
  2 *(noe jevnbyrdig)* parallel
  uten sidestykke unique
sidevei subst. *m* side road
siffer subst. *n* figure, number
sigar subst. *m* cigar
sigarett subst. *m* cigarette
sige verb
  1 *(renne langsomt)* ooze, trickle
  2 *(bevege seg langsomt)* drift
  3 *(senke seg, synke)* sink
signal subst. *n* signal
signalement subst. *n* description
signalere verb signal
signatur subst. *m* signature
signe verb bless
signere verb sign
sigøyner subst. *m (kan oppleves
  nedsettende)* gypsy
sikker adj. **1** *(trygg)* safe, secure
  2 *(viss)* sure, certain
  3 *(som adverb: sannsynligvis)*
  probably • *hun dukker sikkert opp*
  she will probably show up
  sikkert *(som svar eller kommentar)*
  probably, I guess so
sikkerhet subst. *m*
  1 *(trygghet)* safety, security
  2 *(visshet)* certainty
  for sikkerhets skyld just in case
sikkerhetsbelte subst. *n* seat belt,
  safety belt
sikkerhetskopi subst. *m (IT)* back-up
sikkerhetsnål subst. *m/f* safety pin
sikkerhetsutstyr subst. *n*
  safety equipment
sikksakk subst. *m/n* zigzag
sikle verb drool, slobber
sikre verb secure, guard, safeguard
sikring subst. *m/f*
  1 *(det å sikre)* protection, securing
  2 *(våpenmekanisme)* safety catch
  3 *(strømbryter)* fuse
sikt[1] subst. *m (utsyn)* sight, visibility
  god/dårlig sikt good/bad visibility
  på kort/lang sikt *(overført)* in the
  short/long run
sikt[2] subst. *m (redskap)* sieve
sikte[1] subst. *n* **1** *(synlighet)* sight
  2 *(på våpen)* sights
  3 *(mål)* aim
sikte[2] verb *(med våpen e.l.)* aim
  sikte på aim at

sikte³ verb *(bruke sikt)* sift
sikte⁴ verb *(jus)* charge, accuse
siktelse subst. *m (jus)* charge
siktemel subst. *n* sifted flour
sil subst. *m (redskap)* sieve, strainer
sild subst. *m* herring
sildre verb *(risle)* trickle
sile verb strain, filter
silhuett subst. *m* silhouette
silikon subst. *n* silicone
silke subst. *m* silk
silkemyk adj. silky
simpel adj. **1** *(sjofel)* common,
    vulgar, coarse
    2 *(enkel)* plain, simple
simpelthen adverb simply
simulere verb simulate
sin determinativ (sin/si, sitt, sine)
    1 *(sammen med substantiv)* her, his,
    its, their, one's • *han har glemt jakken
    sin* he has forgotten his jacket
    2 *(uten substantiv)* hers, his, its, theirs
    • *jeg tok min veske, hun tok sin* I took
    my bag, she took hers
    hvem sin whose
sindig adj. calm, steady
sine determinativ *se* ►sin
singel¹ subst. *m (småstein)*
    coarse gravel, shingle
singel² adj. **1** *(enslig)* single, unmarried
    2 *(alene)* single, solitary
single subst. *m* **1** *(musikk)* single
    2 *(sport)* singles *(alltid i flertall)*
sink subst. *m* zinc
sinke¹ subst. *m* **1** *(etternøler)* latecomer
    2 *(nedsettende, om person)* slow learner
sinke² verb *(oppholde)* delay, detain
sinn subst. *n* **1** mind
    2 *(sinnelag)* temper, temperament
sinnatagg subst. *m* spitfire, hothead
sinne subst. *n* anger, temper
sinnsforvirret adj. mentally deranged,
    insane

sinnsro subst. *m* peace of mind
sinnsstemning subst. *m/f* mood,
    state of mind
sinnssyk adj. **1** *(sinnslidende)* insane,
    mentally disturbed
    2 *(hverdagslig, idiotisk)* absurd,
    preposterous
sinnstilstand subst. *m* state of mind
sint adj. angry, cross
    være sint på be angry with/at
sinus subst. *m* **1** *(i nesen)* sinus
    2 *(matematikk)* sine
sionisme subst. *m* Zionism
sippete adj. whining
sirene subst. *m* siren
sirkel subst. *m* circle
    ond sirkel vicious circle
sirkelsag subst. *m* circular saw,
    buzz saw *(amer.)*
sirkulasjon subst. *m* circulation
sirkulere verb circulate
sirkus subst. *n* circus
sirup subst. *m* **1** *(lys)* syrup
    2 *(mørk)* treacle, molasses *(amer.)*
sist¹ adj. last
    i det siste recently, lately
    siste frist deadline, final date
sist² adverb **1** *(til slutt)* last
    2 *(om tid)* the last time, last, late
    • *han er sist i tjueårene* he is in his late
    twenties
sisten subst. *m (lek)* tag
sistnevnt subst. *m* last-mentioned,
    the latter *(av to)*
sitat subst. *n* quotation, quote
sitere verb quote
sitre verb tremble, quiver
sitron subst. *m* lemon
sitronbrus subst. *m* lemonade
sitt determinativ *se* ►sin
sitte verb sit
sitteplass subst. *m* seat
sittet verb *se* ►sitte

a b c d e f g h i j k l m n o p q r s t u v w x y z æ ø å

sitteunderlag subst. *n* seating pad
situasjon subst. *m* situation
siv subst. *n* rush
sive verb filter, ooze
  sive ut leak out
sivil adj. civil, civilian
  sivil ulydighet civil disobedience
sivilingeniør subst. *m*
  omtr. dss. graduate engineer
sivilisasjon subst. *m* civilization
sivilisere verb civilize
siviløkonom subst. *m*
  Bachelor of Commerce
sjakal subst. *m* jackal
sjakk subst. *m* chess
  holde i sjakk keep in check, keep at bay
  sjakk! check!
sjakkbrett subst. *n* chessboard
sjakkbrikke subst. *m/f* chessman,
  chess piece
sjakkmatt subst. *m* checkmate
sjakt subst. *m/f* shaft
sjal subst. *n* shawl
sjalu adj. jealous
  være sjalu på be jealous of
sjalusi subst. *m* jealousy
sjampo subst. *m* shampoo
sjanger subst. *m* genre
sjangerkrav subst. *n* genre convention
sjangle verb stagger, sway
sjanglete adj. staggering, swaying
sjanse subst. *m* chance
  sjansen for the chance of
  ta sjanser take risks
sjargong subst. *m* jargon
sjarm subst. *m* charm
sjarmere verb charm
sjarmerende adj. charming
sjattering subst. *m* shade, nuance
sjau subst. *m* **1** *(slit)* drudgery,
  hard work
  2 *(spetakkel)* trouble, racket
sjef¹ subst. *m* leader, head, executive,
  boss *(hverdagslig)*
sjef² adj. *(hverdagslig)* awesome,
  boss *(hverdagslig, spesielt amer.)*
sjefredaktør subst. *m* chief editor,
  editor-in-chief
sjeik subst. *m* sheik
sjekk subst. *m* **1** *(kontroll)* check,
  inspection
  2 *(betalingsmiddel)* cheque
sjekke verb **1** check
  2 *(flørte)* pull, pick up *(amer.)*

sjel subst. *m* soul
sjelden adj. **1** unusual, rare, uncommon
  2 *(som adverb)* seldom, rarely
  • *jeg ser sjelden noe til ham lenger*
  I rarely see him anymore
  en sjelden gang on rare occasions,
  once in a while
sjelelig adj. spiritual, mental
sjelesørger subst. *m* spiritual adviser
sjenere verb **1** *(hindre)* hamper,
  interfere with
  2 *(plage)* bother, trouble, annoy
sjenerende adj. embarrassing,
  troublesome
sjenert adj. shy
sjenerøs adj. generous
sjikane subst. *m* harassment, insult
sjikanere verb harass, insult
sjiraff subst. *m* giraffe
sjofel adj. dirty, vile
sjokk subst. *n* shock
sjokkere verb shock
sjokolade subst. *m* chocolate
sjonglere verb juggle
sjonglør subst. *m* juggler
sju determinativ seven
sjuende adj. seventh
  til sjuende og sist when all is
  said and done
sjuskete adj. careless, negligent
sjø subst. *n* **1** *(innsjø)* lake
  2 *(hav)* sea, ocean
sjødyktig adj. seaworthy
sjøfart subst. *m/f* navigation, shipping
sjøfolk subst. *flt.* seamen, sailors
sjøfugl subst. *m* seabird
sjøgang subst. *m* heavy sea
sjøkart subst. *n* (navigational) chart
sjøl determinativ *se* ▶**selv²**
sjømann subst. *m* sailor, seaman
sjømil subst. *m* nautical mile
sjøorm subst. *m* sea serpent
sjøpinnsvin subst. *n* sea urchin
sjøreise subst. *m/f* sea voyage
sjørett subst. *m* *(jus)* maritime law
sjørøver subst. *m* pirate
sjørøveri subst. *n* piracy
sjøsame subst. *m* Coast Sami
sjøsette verb set afloat, launch
sjøstjerne subst. *m* starfish
sjøsyk adj. seasick
sjøsyke subst. *m* seasickness
sjøørret subst. *m* sea trout, salmon trout
sjåfør subst. *m* driver

sjåvinist subst. *m* chauvinist

skabb subst. *m* scabies

skade[1] subst. *m/f* **1** *(på person)* injury, hurt, harm

2 *(på materiell)* damage

skade[2] verb **1** *(om person)* injure, hurt

2 *(om ting)* damage

skadedyr subst. *n* vermin

skadeforsikring subst. *m/f* general insurance

skadefro adj. malicious

skadefryd subst. *m* malice

skadelig adj. harmful

skaffe verb get hold of, get, obtain

skafott subst. *n* scaffold

skaft subst. *n* handle

gå av skaftet go wild, go berserk

skake verb shake, jolt

skake opp disturb, agitate, upset

skal verb *presens av* ►skulle

skala subst. *m* scale

skald subst. *m* **1** *(norrøn dikter)* skald

2 *(poet)* poet

skalk subst. *m* **1** *(av brød)* heel

2 *(hatt)* bowler

skall subst. *n* **1** shell

2 *(om frø og nøtter)* husk

3 *(om banan og sitrusfrukt)* peel

4 *(om epleskall o.l.)* skin

skalldyr subst. *n* shellfish

skalle[1] subst. *m* skull

skalle[2] verb bump one's head

skalle til noen headbutt somebody

skallet adj. bald

skalp subst. *m* scalp

skalpere verb scalp

skam subst. *m* shame, disgrace

skamfere verb disfigure

skamfull adj. ashamed

skamløs adj. shameless

skammel subst. *m* footstool, stool

skamme seg verb be ashamed

skam deg! shame on you!

skamplett subst. *m* stain

skandale subst. *m/f* scandal

skandinav subst. *m* Scandinavian

Skandinavia stedsnavn Scandinavia

skandinavisk adj. Scandinavian

skanne verb *(IT)* scan

skanner subst. *m (IT)* scanner

skap subst. *n* cabinet, wardrobe *(til klær)*, cupboard *(til mat)*, closet *(amer.)*

skape verb create, make

skapelse subst. *m*

1 *(det å skape)* creation

2 *(skikkelse)* form, shape

skapende adj. creative

skaper subst. *m* creator

skapning subst. *m* creature, being

skar[1] subst. *n (kløft)* cleft, gap

skar[2] verb *se* ►skjære[2]

skare[1] subst. *m (flokk)* band, crowd

skare[2] subst. *m (snø)* snow crust

skarlagen subst. *n* scarlet

skarlagensfeber subst. *m (sykdom)* scarlet fever

skarp adj. sharp, keen, severe *(streng)*

skarpsindig adj. sharp, shrewd

skarpskytter subst. *m* sharpshooter

skarpsynt adj. *(overført)* sharp-sighted, eagle-eyed

skate[1] subst. *m/f (fisk)* skate

skate[2] verb *(bruke rulleskøyter, rullebrett)* skate

skateboarde verb *(å bruke rullebrett)* skateboard

skatt subst. *m* **1** *(kostbarhet)* treasure

2 *(til stat/kommune)* tax

3 *(som tiltaleord)* darling, dear, honey

skatte verb **1** pay tax

2 *(skattlegge)* tax, assess

3 *(sette pris på)* appreciate

skattebetaler subst. *m* taxpayer

skattefogd subst. *m* tax collector

skattelette subst. *m* tax relief, tax reduction

skatteparadis subst. *n* tax haven

skattesnyteri subst. *n* tax fraud

skattkammer subst. *n* treasury

skattlegge verb tax

skaut subst. *n* kerchief

skavank subst. *m* flaw, fault

skavl subst. *m (snøfonn)* snowdrift

skeiv adj. **1** *(ikke rett)* crooked, lopsided

2 *(urettferdig)* unfair

3 *(hverdagslig, homofil/bifil)* queer, gay

skepsis subst. *m* scepticism, doubt

skeptiker subst. *m* sceptic

skeptisk adj. sceptical

ski subst. *m* ski

gå på ski ski, go skiing

skibakke subst. *m* ski slope, ski run

skifer subst. *m* **1** *(bergart)* shale

2 *(skiferplate)* slate

skiflyging subst. *m* ski flying

a b c d e f g h i j k l m n o p q r **s** t u v w x y z æ ø å

skift subst. *n* **1** change,
changeover *(i stafett)*
2 *(om arbeid)* shift
3 *(ekstraklær)* change of clothes
skiftarbeid subst. *n* shift work
skiftarbeider subst. *m* shift worker
skifte[1] subst. *n (deling av bo)* division
skifte[2] verb *(bytte)* change,
shift *(om gir)*
skiftende adj. changeable, changing
skiftenøkkel subst. *m* wrench
skiføre subst. *n* skiing conditions
skigard subst. *m* rail fence
skiheis subst. *m* ski lift
skihopp subst. *n* ski jump
skihopping subst. *m* ski jumping
skiinstruktør subst. *m* ski instructor
skikk subst. *m* custom, practice
  skikk og bruk custom
skikkelig adj. **1** decent, reasonable
2 *(som adverb: veldig)* really
  • *det er skikkelig fint vær i dag*
the weather is really nice today
skikkelse subst. *m* **1** *(form)* form, shape
2 *(person)* figure, character
skikket adj. suitable, fit
skildre verb describe, depict
skildring subst. *m/f* description
skill subst. *m/n (i hår)* parting
skille[1] subst. *n* division, border,
partition
skille[2] verb **1** separate, part
2 *(i ekteskap)* divorce
3 *(se forskjell)* distinguish
  skille mellom distinguish between
  skille seg divorce, get divorced
  skille seg ut stand out
skilletegn subst. *n* punctuation mark
skillevegg subst. *m* partition
skillevei subst. *m* crossroads
skilpadde subst. *m/f* tortoise
(landskilpadde), turtle *(havskilpadde)*
skilsmisse subst. *m* divorce
skilt[1] subst. *n* sign
skilt[2] adj. divorced
skiløype subst. *m/f* ski course, ski track
skingre verb screech, shrill
skingrende adj. high-pitched, piercing
skinke subst. *m/f* ham
skinn subst. *n (hud)* skin, hide *(om store
dyr)*, fur *(pels)*, leather *(lær)*
skinne[1] subst. *m/f*
1 *(til tog, trikk)* rail, track
2 *(støtte)* splint, brace

skinne[2] verb shine
skinneben subst. *n* shinbone, shin
skinnende adj. shining, sparkling
skinnhanske subst. *m* leather glove
skinnhellig adj. hypocritical,
sanctimonious
skinnkåpe subst. *m/f* fur coat
skip subst. *n* **1** ship
2 *(i kirke)* nave
skipbrudd subst. *n* shipwreck
skipbrudden adj. shipwrecked,
castaway
skipper subst. *m* skipper
skippertak subst. *n* all-out effort
skipsbygging subst. *m* shipbuilding
skipsfart subst. *m* navigation, shipping
skipshavari subst. *n* shipwreck
skipsreder subst. *m* shipowner
skipsverft subst. *n* shipyard
skirenn subst. *n* skiing competition
skiskyting subst. *m/f* biathlon
skismøring subst. *m/f* ski wax
skispor subst. *n* ski track
skisport subst. *m* skiing
skisse subst. *m* **1** *(tegning)* sketch
2 *(utkast)* rough draft, outline
skissere verb **1** *(tegne)* sketch
2 *(lage utkast)* outline, draft
skistativ subst. *n* ski rack
skistav subst. *m* ski pole
skistøvel subst. *m* ski boot
skitt subst. *m* **1** *(smuss)* dirt, filth
2 *(noe verdiløst)* rubbish, trash
  prate skitt talk nonsense
  skitt au! it doesn't matter!, who cares!
skitten adj. dirty, filthy
skittentøy subst. *n* dirty clothes,
dirty linen
skitur subst. *m* skiing
skive subst. *m/f* **1** *(av brød)* slice
2 *(av kjøtt)* slice, sliver
3 *(skyteskive)* target
4 *(om klokke)* face, dial
skje[1] subst. *m/f* spoon
skje[2] verb happen, take place, occur
  skjer'a? *(slang)* what's up?
skjebne subst. *m* destiny, fate
skjebnebestemt adj. destined
skjebnesvanger adj. fateful
skjede subst. *m* **1** *(hylster)* sheath,
scabbard
2 *(anatomi)* vagina
skjegg subst. *n* beard
skjeggete adj. bearded

skjele verb squint
skjelett subst. *n* skeleton
skjell subst. *n* shell, scale *(på fisk)*
skjelle verb scold, curse
  skjelle ut abuse, revile
skjellsord subst. *n* swear word,
expletive
skjelne verb **1** *(oppfatte)* make out,
discern
  2 *(se forskjell på)* distinguish
skjelv subst. *m/n* **1** *(skjelving)* shaking,
trembling
  2 *(jordskjelv)* earthquake
skjelve verb tremble, shiver
skjelven adj. trembling, shaky
skjeløyd adj. cross-eyed *(innover)*,
wall-eyed *(utover)*
skjema subst. *n* form
skjematisk adj. schematic
skjemme verb **1** *(ødelegge)* disfigure
  2 *(bringe skam over)* bring shame to
  skjemme bort spoil
  skjemme seg ut disgrace oneself
skjemte verb joke, jest
skjendig adj. disgraceful
skjene verb swerve, go off course
skjenke verb **1** *(helle)* pour, fill
  2 *(servere alkohol)* serve spirits
  3 *(gi)* bestow, grant
skjenkerett subst. *m* licence
skjenn subst. *n* scolding
skjenne verb scold
skjennepreken subst. *m* lecture
skjerf subst. *n* scarf
skjerm subst. *m* **1** *(IT)* screen, monitor
  2 *(beskyttende flate)* cover, shield
  3 *(på sykkel/bil)* mudguard
  4 *(lampeskjerm)* shade
skjerme verb protect, shield
skjermoppløsning subst. *m (IT)*
screen resolution
skjerpe verb sharpen
  skjerpe seg pull oneself together
skjev adj. **1** *(ikke rett)* crooked, lopsided
  2 *(urettferdig)* unfair
skjevhet subst. *m* **1** *(å være skakk)*
crookedness, lopsidedness
  2 *(forvrengt forhold)* distortion
  3 *(urettferdighet)* unfairness
skjold subst. *n* shield
skjoldbruskkjertel subst. *m*
thyroid gland
skjoldete adj. discoloured, stained
skjorte subst. *m/f* shirt

skjul subst. *n*
  1 *(gjemmested)* hiding place
  2 *(skur)* shed, shelter
skjule verb hide, conceal
skjær subst. *n* **1** *(i sjøen)* reef, rock
  2 *(om lys)* gleam
  3 *(om farge)* tinge, touch
skjære¹ subst. *m/f* magpie
skjære² verb cut
  skjære tenner grind one's teeth
skjærende adj. sharp, piercing
skjærgård subst. *m* archipelago
skjæringspunkt subst. *m*
point of intersection
skjærsild subst. *m* purgatory
skjærtorsdag subst. *m*
Maundy Thursday
skjødesløs adj. careless
skjønn¹ subst. *n* assessment, opinion
skjønn² adj. beautiful, lovely
skjønne verb understand
  skjønner du you know, you see
skjønnhet subst. *m* beauty
skjønnhetskonkurranse subst. *m*
beauty contest
skjønnhetssalong subst. *m*
beauty salon
skjønnhetsverdi subst. *m* aesthetic
value
skjønnlitteratur subst. *m* fiction
skjønt¹ adverb *(forresten)* still,
but after all
skjønt² *subjunksjon (selv om)* although
skjør adj. fragile, delicate
skjørbuk subst. *m (sykdom)* scurvy
skjørt subst. *n* skirt
skjøt¹ subst. *m (sammenføyning)* joint
skjøt² subst. *n (på frakk)* coattail
skjøt³ verb *se* ►**skyte**
skjøte¹ subst. *n (dokument)* deed
skjøte² verb join, join together
skjøteledning subst. *m/f* extension cord
skjøtte verb look after, take care of
skli verb slide
sklie subst. *m/f* slide
sko subst. *m* shoe
skodde¹ subst. *m/f (tåke)* fog, mist
skodde² subst. *m (vinduslem)* shutter
skog subst. *m* forest, wood
skogbrann subst. *m* forest fire
skogbruk subst. *n* forestry
skogholt subst. *n* grove, copse
skogplanting subst. *m* afforestation
skogsdrift subst. *m/f* forestry

a b c d e f g h i j k l m n o p q r **s** t u v w x y z æ ø å

skogvokter subst. *m* forest ranger
skohorn subst. *n* shoehorn
skojern subst. *n* shoehorn
skokrem subst. *m* shoe polish
skole subst. *m* school
skolebibliotek subst. *n* school library
skoleelev subst. *m* pupil
skolefag subst. *n* school subject
skoleferie subst. *m* school holidays, school vacation *(amer.)*
skolefritidsordning subst. *m/f eller* **SFO** after-school programme
skolegang subst. *m* schooling
skolegård subst. *m* school yard
skolekjøkken subst. *n*
  1 *(lokale)* school kitchen
  2 *(fag)* home economics
skoleklasse subst. *m* form, class
skolekorps subst. *n* school band
skolelys subst. *n* good student, brain *(hverdagslig)*
skolepenger subst. *flt.* school fees, tuition *(amer.)*
skolere verb school, train
skolesekk subst. *m* school bag, satchel
skolestil subst. *m* composition
skoletretthet subst. *m* school fatigue
skoletur subst. *m* school outing
skoleår subst. *n* school year, academic year
skolisse subst. *m* shoelace
skomaker subst. *m* shoemaker, cobbler *(amer.)*
skopusser subst. *m* shoeblack, shoeshine *(amer.)*
skorpe subst. *m/f* crust *(på brød, snø, jord)*, scab *(på sår)*
skorpion subst. *m* **1** *(dyr)* scorpion
  2 *(stjernetegn: Skorpionen)* Scorpio
skorstein subst. *m* chimney
skotsk adj. Scottish
skotte[1] subst. *m* Scot, Scotsman
skotte[2] verb glance, peek

Skottland stedsnavn Scotland
skotøy subst. *n* footwear
skral adj. **1** *(skrøpelig, dårlig)* ill, poorly
  2 *(ussel)* scanty, meagre, miserable
skralle verb **1** *(brake)* rattle, clatter
  2 *(gjalle)* peal, roar, resound
skramme subst. *m/f* scratch
skrangel subst. *m* clatter, rattle
skrangle subst. *m/f (leketøy)* rattle
skranglete adj. rickety, rattling
skranke subst. *m* **1** *(disk)* counter
  2 *(rekkverk)* rail, bar *(i rettssal)*
skrante verb be ailing, be in poor health
skrap subst. *n* rubbish, trash
skrape[1] subst. *m/f* **1** *(skramme)* scratch
  2 *(redskap)* scraper
skrape[2] verb scrape
skraphandel subst. *m* junk shop
skratte verb laugh, guffaw
skravere verb shade
skravle verb chatter, babble, jabber
skravlebøtte subst. *m/f* chatterbox
skred subst. *n* landslide *(om jord)*, avalanche *(om snø)*
skredder subst. *m* tailor
skreddersydd adj. tailored, tailor-made
skredfare subst. *m* **1** *(snøskred)* danger of an avalanche
  2 *(jordras)* danger of a landslide
skrei subst. *m (torsk)* spawning cod
skrek verb se ►skrike
skreket verb se ►skrike
skrekk subst. *m* terror, fright
skrekkelig adj. **1** awful, terrible, horrible
  2 *(som adverb: svært)* awfully, terribly, horribly • *filmen var skrekkelig kjedelig* the movie was terribly boring
skrekkfilm subst. *m* horror film, horror movie *(amer.)*
skrekkslagen adj. terror-stricken, terrified

skrell subst. *n* peel, rind, skin
skrelle verb peel, pare
skremme verb scare, frighten
skremmende adj. **1** frightening, scary
2 *(som adverb)* alarmingly, frighteningly • *tordenværet var skremmende nært* the thunderstorm was alarmingly close
skrense verb skid
skrent subst. *m* steep slope
skreppe subst. *m/f* bag, sack
skrev[1] subst. *n (skritt)* crotch
skrev[2] verb *se* ►skrive
skreve verb **1** *(sprike med bena)* straddle, spread one's legs
2 *(ta lange skritt)* stride
skrevet verb *se* ►skrive
skrevs adverb astraddle, astride
skribent subst. *m* writer, author
skrift[1] subst. *m/f* **1** *(håndskrift)* writing, handwriting, script
2 *(trykkskrifttype)* type, font
skrift[2] subst. *n* **1** *(tekst)* publication, paper
2 *(hefte)* pamphlet, leaflet
skrifte verb *(gjøre skriftemål)* confess
skriftemål subst. *n* confession
skriftlig adj. written, in writing
skriftspråk subst. *n* written language
skrik subst. *n* scream, cry, call
skrike verb **1** scream
2 *(rope)* call, cry, shout
3 *(gråte)* cry
skrin subst. *n* box, chest
skrinlegge verb shelve
skritt subst. *n* **1** *(steg)* step
2 *(på kroppen)* crotch
skritte verb pace
skrittvis adj. **1** step-by-step, gradual
2 *(som adverb)* step by step, gradually • *vi nærmet oss fjellet skrittvis* step by step we approached the mountain
skriv subst. *n* letter
skrive verb write, type *(på maskin)*
skrivebok subst. *m (i skolen)* exercise book
skrivebord subst. *n* **1** *(møbel)* desk
2 *(IT)* desktop
skrivefeil subst. *m* spelling mistake
skrivemaskin subst. *m* typewriter
skriver subst. *m* **1** *(IT)* printer
2 *(en som skriver)* writer
skrivesaker subst. *flt.* stationery
skrog subst. *n (på skip)* hull

skrolle verb *(IT)* scroll
skrot subst. *n* rubbish, trash *(amer.)*
skrott subst. *m* **1** carcass
2 *(på epler o.l.)* core
skru verb **1** screw, turn *(dreie)*
2 *(om ball)* spin
skru av 1 *(løsne)* unscrew
2 *(slå av)* turn off
skru opp 1 *(skru løs)* unscrew
2 *(øke)* raise, increase
skru på 1 *(slå på)* turn on
2 *(sette på)* screw on
skrubbe verb scrub
skrubbsulten adj. starving
skrubbsår subst. *n* scrape, scratch
skrue subst. *m* screw
skrujern subst. *n* screwdriver
skrukke subst. *m/f* wrinkle, crease
skrukork subst. *m* screw top
skrullete adj. crazy, mad
skrulokk subst. *n* screw top, screw cap
skrumpe verb shrink, shrivel
skrumpe inn shrink, shrivel up
skruppel subst. *m* scruple, qualm
skrutrekker subst. *m* screwdriver
skryt subst. *n* **1** boast, bragging
2 *(om esel)* bray
skryte verb **1** *(rose seg selv)* boast, brag
2 *(rose andre)* praise
skryte av praise
skrytepave subst. *m* boaster, brag
skrøne[1] subst. *m/f* fib, tall tale *(amer.)*
skrøne[2] verb tell a fib
skrøpelig adj. **1** *(skral)* fragile, frail
2 *(dårlig, mangelfull)* poor, meagre
skrøpelighet subst. *m* frailty, fragility
skrå[1] verb
1 *(skjære skrått)* cut diagonally
2 *(bevege seg skrått)* cross diagonally
3 *(skråne)* slant, slope
skrå[2] adj. sloping, slanting, diagonal
skrål subst. *n* racket, shouting
skråle verb yell, holler, shout
skråne verb slant, slope
skråning subst. *m/f* slope
skråplan subst. *n* inclined plane
skråsikker adj. positive, absolutely sure
skråstrek subst. *m* slash
skubb subst. *m/n* push, shove, jostle
skubbe verb push, shove, jostle
skudd subst. *n* **1** shot
2 *(på plante)* shoot, sprout
skuddhold subst. *n* range
skuddsikker adj. bulletproof

skuddår subst. *n* leap year
skuespill subst. *n* play
skuespiller subst. *m* actor, actress *(om kvinne)*
skuff subst. *m* drawer
skuffe[1] subst. *m/f (spade)* shovel
skuffe[2] verb *(ikke svare til forventningene)* disappoint, let down
skuffe[3] verb *(måke)* shovel
skuffelse subst. *m* disappointment
skuffende adj. disappointing
skuffet adj. disappointed
skulder subst. *m/f* shoulder
  trekke på skuldrene shrug
skule verb scowl
skulke verb skip, skive *(hverdagslig)*, cut *(amer.)*
skulker subst. *m* shirker
skulle verb **1** *(om fremtid)* be going to, will, shall • I will ask her tomorrow
  2 *(påbud)* have to, must • *du skal rydde rommet ditt* you have to clean your room
  3 *(mulighet)* be supposed to, be said to • *han skal være ganske smart* he is supposed to be quite smart
  4 *(tvil)* would, is, could • *skulle det være mulig å få litt fred?* would it be possible to get some peace?
  skulle til å be going to, be about to • *jeg skulle akkurat til å dra* I was just about to leave
skulptur subst. *m* sculpture
skuls adj. *bare i uttrykk*
  være skuls be even, call it quits
skum subst. *n* foam, lather *(om såpe)*, head *(på øl)*
skumgummi subst. *m* foam rubber
skumlese verb skim, skim through
skumme verb foam, froth, lather *(om såpe)*
skummel adj. scary
skummetmelk subst. *m/f* skimmed milk
skumring subst. *m/f* dusk, twilight
skur[1] subst. *m/f (byge)* shower
skur[2] subst. *n (lite uthus)* shed, shack
skure verb scrub, scour
skurk subst. *m* villain, scoundrel
skurkestrek subst. *m* dirty trick
skurre verb **1** grate, crackle
  2 *(ikke lyde/klinge riktig)* be wrong, be amiss
skussmål subst. *n* recommendation, reference

skute subst. *m/f* ship, vessel
skuter subst. *m* scooter
skutt verb *se ▶* skyte
skvadron subst. *m* squadron
skvett subst. *m* dash, drop
skvette verb **1** *(sprute)* splash, spatter
  2 *(bli skremt)* jump, start
skvetten adj. jumpy, nervous
skvip subst. *n*
  1 *(nesten udrikkelig)* dishwater
  2 *(noe innholdsløst)* rubbish, garbage *(amer.)*
skvulpe verb slosh, splash
skvære verb *(sjøfart)* square
  skvære opp make up, set things straight
sky[1] subst. *m* cloud
sky[2] verb avoid, shun
sky[3] adj. shy, timid
skybrudd subst. *n* cloudburst
skyet adj. cloudy
skyfle verb shovel
skygge[1] subst. *m* **1** *(ikke i lyset)* shade • let us sit in the shade
  2 *(fra ting/person)* shadow • the tree cast a long shadow
skygge[2] verb **1** *(dekke for)* shade, cast a shadow
  2 *(følge etter)* shadow, follow
  skygge unna steer clear of
skyhet subst. *m* shyness
skyhøy adj. sky-high
skylapp subst. *m* blinker
skyld subst. *m/f* **1** *(feil)* fault
  2 *(ansvar)* blame
  3 *(jus)* guilt
skyldbetynget adj. guilty
skylde verb owe
  skylde på noen blame somebody
skyldes verb be due to, be caused by
skyldfølelse subst. *m* feeling of guilt
skyldig adj. **1** guilty
  2 *(som man skylder)* owing, due
skyldner subst. *m* debtor
skylle verb **1** *(rense)* rinse, wash
  2 *(flomme)* pour, flow
skynde verb hurry, rush
  skynd deg! hurry (up)!
skyskraper subst. *m* skyscraper
skyss subst. *m* lift, ride *(amer.)*
skyte verb shoot
skytebane subst. *m* firing range
skyteskive subst. *m/f* target
skytevåpen subst. *n* firearm

skytsengel subst. *m* guardian angel
skytshelgen subst. *m* patron saint
skytte subst. *m (stjernetegn: Skytten)* Sagittarius
skytteltrafikk subst. *m* shuttle service
skytter subst. *m* marksman, shooter
skyttergrav subst. *m/f* trench
skyve verb push, shove
skyvedør subst. *m/f* sliding door
skøy subst. *m/n* fun
skøyer subst. *m* rascal
skøyte[1] subst. *m/f (båt)* fishing smack
skøyte[2] subst. *m/f* skate
  gå på skøyter skate
skøyte[3] verb skate
skøytebane subst. *m* skating rink, ice rink *(om ishall)*
skøyteløp subst. *n* skating contest
skøyteløper subst. *m* skater
skøyting subst. *m/f* **1** *(skøyter)* skating **2** *(langrenn)* ski skating, free technique
skål[1] subst. *m/f* **1** *(lite fat)* bowl **2** *(drikkehyllest)* toast
skål[2] *interjeksjon* cheers
skåle verb drink a toast
  skåle for noen drink to somebody
skåne verb spare
skånsom adj. gentle, considerate
skåre verb score
skåret verb *se* ►skjære[2]
sladde[1] verb *(sensurere)* censor
sladde[2] verb *(skli)* skid
sladder subst. *m* gossip
sladre verb **1** *(snakke)* gossip, chat **2** *(angi)* snitch *(hverdagslig)*
  sladre om gossip about
  sladre på snitch on, tattle on
sladrehank subst. *m* **1** *(som sprer rykter/sladder)* gossip, tattler **2** *(som sladrer på andre)* snitch
slag[1] subst. *n* **1** *(det å slå)* hit, punch **2** *(om klokke/motor)* stroke **3** *(rytmisk)* beat, throb **4** *(i krig)* battle **5** *(hjerneslag)* stroke
slag[2] subst. *n (type)* kind, sort
slager subst. *m* hit
slagferdig adj. quick-witted
slagkraftig adj. effective
slagmark subst. *m/f* battlefield
slagord subst. *n* slogan
slags subst. *m/n* kind, sort, type
  den slags that kind/sort/type of
slagskip subst. *n* battleship

slagsmål subst. *n* fight, brawl
slagverk subst. *n* drums, percussion *(i orkester)*
slakk adj. slack, loose
slakke verb slacken
slakte verb slaughter, butcher, kill
slakter subst. *m* butcher
slakterbutikk subst. *m* butcher's, butcher shop *(amer.)*
slakteri subst. *n* slaughterhouse, butchery
slalåm subst. *m* slalom (skiing)
slalåmkjører subst. *m* slalomer
slalåmløype subst. *m/f* slalom course
slalåmrenn subst. *n* slalom race
slam subst. *n* mud, sludge
slange subst. *m* snake
slank adj. slim, skinny
slanke verb diet, slim
  slanke seg be on a diet, be dieting
slankekur subst. *m* diet
slankeoperasjon subst. *m* weight loss surgery
slanking subst. *m/f* dieting
slapp adj. **1** loose, slack **2** *(kraftløs)* feeble, weak **3** *(lite streng)* lenient, lax
slappe verb relax
  slappe av relax, take it easy
slappfisk subst. *m* slacker
slapptivisme subst. *m (sammentrekning av* slapp *og* aktivisme*)* slacktivism
slaps subst. *n* slush, slosh
slave[1] subst. *m* slave
slave[2] verb *(slite)* slave, toil
slavehandel subst. *m* slave trade
slaveri subst. *n* slavery
slede subst. *m* sledge, sleigh
slegge subst. *m/f* **1** sledgehammer **2** *(idrettsgren)* hammer throw
sleip adj. **1** *(glatt)* slippery **2** *(lur)* sly, cunning
sleiv subst. *m/f* ladle
slekt subst. *m/f* family
slektning subst. *m* relative, relation
slektsgranskning subst. *m/f* genealogy
slektsledd subst. *n* generation
slem adj. bad, mean, nasty
slengbemerkning subst. *m/f* casual remark
slengbukse subst. *m/f* flares, bell-bottoms

slenge verb 1 *(kaste)* toss, fling
2 *(bevege seg hit og dit)* sway, swing
slentre verb saunter, stroll
slep subst. *n* 1 tow
2 *(på lang kjole)* train
på slep in tow, on tow
slepe verb drag, haul, tow *(trekke)*,
tug *(med slepebåt)*
slepebåt subst. *m* tugboat
slepphendt adj. butterfingered
slesk adj. sleazy, slick
slet verb *se* ►slite
slett adj. 1 *(dårlig)* bad, poor
2 *(jevn)* flat, level
slett ikke not at all, certainly not
slette¹ subst. *m/f* plain
slette² verb 1 *(fjerne)* delete
2 *(gjøre jevn)* smooth
slibrig adj. 1 *(glatt)* slippery
2 *(uanstendig)* obscene, dirty, sleazy
slik determinativ (slikt, slike)
1 such, like this, like that • *slike bøker
er dyre* such books are expensive
• *jeg vil ha en slik sofa*
I want a sofa like that
2 *(som adverb: måte)* like that, like
this, that way, this way • *uttal ordet
slik* pronounce the word like this
slik at 1 *(om konsekvens)* so that, to
ensure that, to make sure that • *vi går
nå, slik at de kan få lagt seg* we will
leave now, so that they can go to bed
2 *(om måte)* in such a way that • *hun
sa det slik at vi forstod det* she said it in
such a way that we understood it
slikke verb lick
slikkeri subst. *n* sweets, candy *(amer.)*
slim subst. *n* 1 *(i nese)* mucus, phlegm
2 *(sleipt stoff)* slime
slimete adj. slimy
slimhinne subst. *m/f* mucous membrane
slingre verb
1 *(slenge fra side til side)* sway, waver
2 *(sjøfart)* roll
slipe verb 1 *(gjøre skarp)* sharpen
2 *(glatte og pusse)* polish
slippe verb 1 *(unngå)* avoid, get out of
2 *(la falle)* let go, drop
slippe inn let in
slippe løs let loose, turn loose
slippe unna get away, escape
slippe ut 1 get out 2 *(forurense)* emit
slips subst. *n* tie
slire subst. *m/f* sheath

slit subst. *n* toil, hard work
slitasje subst. *m* wear and tear
slite verb 1 *(rive)* rip, pull, tear
2 *(gjøre medtatt ved bruk)* wear
3 *(arbeide hardt)* work hard
slite med struggle with
slite ut wear out
sliten adj. tired
slitsom adj. tiring, exhausting
slitt¹ verb *se* ►slite
slitt² adj. worn out, worn
slo verb *se* ►slå
slokke verb 1 *(om brann o.l.)* put out,
extinguish
2 *(om tørst)* quench
3 *(overført)* drown, ease
slokne verb go out
slott subst. *n* castle, palace
slovakisk adj. Slovak, Slovakian
slovensk adj. Slovene, Slovenian
slu adj. sly, shrewd, cunning
sludd subst. *n* slush, sleet
sludde verb sleet
sludder subst. *n* nonsense, rubbish
sluk¹ subst. *m (fisking)* spinner
sluk² subst. *n* 1 *(avløp)* drain
2 *(avgrunn)* abyss
sluke verb 1 *(svelge)* swallow
2 *(spise grådig)* wolf down, devour
slukhals subst. *m* glutton
slukke verb 1 *(om brann o.l.)* put out,
extinguish
2 *(om tørst)* quench
3 *(overført)* drown, ease
slukne verb go out
slukøret adj. crestfallen
slum subst. *m* slum, ghetto
slumkvarter subst. *n* slum area
slump subst. *m* 1 *(tilfelle)* chance
2 *(mengde)* some, a chunk
3 *(rest)* remainder, rest
på slump at random, haphazardly
slumpe verb 1 *(gjøre noe tilfeldig)* do
something by chance
2 *(hende tilfeldig)* happen by chance
slumre verb slumber, doze, snooze
slumrende adj. dormant
slunken adj. lean, lank
slurk subst. *m* gulp, swallow
slurpe verb slurp
slurv subst. *n* carelessness, sloppiness
slurve verb be careless
slurvefeil subst. *m* careless mistake,
slip-up *(hverdagslig)*

slurvete adj. careless
sluse subst. *m/f* sluice
slusk subst. *m* bum, tramp
slutning subst. *m/f* conclusion
slutt[1] subst. *m* end, ending, finish
  gjøre det slutt *(ende et forhold)*
  break up
  gjøre slutt på noe finish something,
  put an end to something
  ta slutt end, come to an end
  til slutt finally, in the end, eventually
slutt[2] adj. finished, over, at an end
slutte verb end, finish, stop
  slutte fred make peace
  slutte seg til join
slynge[1] subst. *m/f* sling
slynge[2] verb **1** *(kaste)* fling, hurl
  2 *(legge rundt)* wind, twist, twine
slyngel subst. *m* scoundrel, rascal
slør subst. *n* veil
slørete adj. **1** blurred
  2 *(om stemme)* husky
sløse verb waste
sløseri subst. *n* waste
sløv adj. **1** *(uskarp)* dull, blunt
  2 *(svak, svekket)* dull, listless
sløve verb **1** *(gjøre sløv)* blunt, dull
  2 *(om person)* mope, idle
sløyd subst. *m* woodwork
sløye verb *(rense fisk)* clean, cut
sløyfe[1] subst. *m/f* **1** *(bånd)* bow, bow tie
  2 *(linje)* loop
sløyfe[2] verb *(utelate)* leave out, omit
slå verb **1** hit, strike,
  beat *(også om hjerte)*
  2 *(beseire, overgå)* beat
  3 *(slå gress)* mow, cut
  slå av/på turn off/on
  slå feil fail, go wrong
  slå opp 1 *(åpne)* open **2** *(om telt e.l.)*
  put up **3** *(om kjæreste)* break up
  4 *(i ordbok/leksikon)* look up
  slå seg *(om skade)* hurt oneself
  slå ut 1 *(i konkurranse)* knock out
  2 *(gjøre utmattet)* overpower
slåbrok subst. *m* dressing gown,
  bathrobe *(amer.)*
slåss verb fight, struggle
  slåss om noe fight over something
slåsskamp subst. *m* fight, brawl
slått verb *se* ▶slå
slåttonn subst. *m/f* haying season
smadre verb smash, destroy
smak subst. *m* taste

smake verb taste
smakebit subst. *m* taste, bite
smakfull adj. tasteful
smakløs adj. tasteless
smakstilsetning subst. *m*
  flavour additive
smal adj. narrow
smalne verb narrow
smaragd subst. *m* emerald
smart adj. smart, clever
smarttelefon subst. *m* smartphone
smatte verb smack one's lips
smed subst. *m* smith, blacksmith
smekk[1] subst. *m* *(gylf)* fly
smekk[2] subst. *m/n* *(smell)* slap, rap
  slå to fluer i en smekk kill two birds
  with one stone
smekke verb **1** *(smelle)* snap, smack
  2 *(slå med et lite smell)* slap,
  slam *(om dør)*
smekklås subst. *m* spring lock
smell[1] subst. *m* **1** *(skade)* dent, bump
  2 *(sammenstøt)* crash, collision
smell[2] subst. *n* bang, crack,
  slam *(om dør)*
smelle verb crack, bang, slam
  skjelle og smelle rant and rave,
  storm and rage
  smelle til noen slap someone,
  hit someone
smellkyss subst. *n* smack, smacker
smelte verb melt
smeltedigel subst. *m* melting pot,
  crucible
smerte[1] subst. *m* pain, ache
smerte[2] verb **1** *(gjøre vondt)* ache, hurt
  2 *(bedrøve)* pain, grieve
smertefri adj. painless
smertefull adj. painful
smertelig adj. painful, distressing
smertestillende[1] subst. *m* *(medisin)*
  painkiller, analgesic
smertestillende[2] adj. pain relieving,
  analgesic
smette verb slip
smi verb forge
smidig adj. **1** *(myk)* supple
  2 *(bøyelig)* flexible
smie subst. *m/f* forge, smithy
smiger subst. *m* flattery
smigre verb flatter
smigrende adj. flattering
smijern subst. *n* wrought iron
smil subst. *n* smile

a b c d e f g h i j k l m n o p q r **s** t u v w x y z æ ø å

smile verb smile
smilefjes subst. *n (IT)* smiley, emoticon
smilehull subst. *n* dimple
sminke[1] subst. *m* make-up, paint,
greasepaint *(teatersminke)*
sminke[2] verb make-up, paint
sminke seg put on make-up
sminkefjerner subst. *m*
make-up remover
smiske verb ingratiate oneself,
suck up *(slang)*
smiske for ingratiate oneself with,
suck up to *(slang)*
smitte[1] subst. *m (sykdomsoverføring)*
infection, contagion
smitte[2] verb infect
bli smittet av be infected with,
be contaminated by
smittefare subst. *m* danger of infection
smittefarlig adj. infectious
smittsom adj. contagious, infectious,
catching *(om latter e.l.)*
smoking subst. *m* dinner jacket,
tuxedo *(amer.)*
smokk subst. *m* dummy,
pacifier *(amer.)*
smoothie subst. *m* smoothie
SMS subst. *m (fork. for* Short Message
Service*)* SMS, text message
smug subst. *n* alley, narrow passage
i smug secretly, in secret
smugle verb smuggle
smugler subst. *m* smuggler
smul adj. calm, smooth
smuldre verb crumble
smule[1] subst. *m* crumb, bit
smule[2] verb crumble
smult subst. *n* lard
smurning subst. *m/f* **1** lubrication
2 *(bestikkelse)* bribery, bribe
smuss subst. *n* dirt
smusse verb *bare i uttrykk*
smusse til dirty, make dirty
smyge verb creep, crawl
smykke[1] subst. *n* piece of jewellery,
jewellery *(flertall)*
smykke[2] verb decorate, adorn
smykkeskrin subst. *n* jewel box
smør subst. *n* butter
smørblomst subst. *m* buttercup
smørbrød subst. *n*
omtr. dss. open sandwich,
open-faced sandwich *(amer.)*
smøre verb **1** *(på mat)* spread, butter

2 *(gni utover på hud)* rub
3 *(olje)* oil, lubricate
4 *(med fett)* grease
5 *(bestikke)* bribe
smøreost subst. *m* cheese spread
smøring subst. *m/f* **1** lubrication
2 *(bestikkelse)* bribery, bribe
små adj. small, little
småbruk subst. *n* smallholding
småbruker subst. *m* smallholder
småby subst. *m* small town, village
smågodt subst. *n* sweets, candy *(amer.)*
småjobb subst. *m* odd job
smålig adj. **1** *(gjerrig)* stingy,
cheap *(amer.)*
2 *(trangsynt)* petty, narrow-minded
småpenger subst. *flt.* change
smårolling subst. *m* toddler, kid
småstein subst. *m* pebble
småting subst. *m/f (bagatell)* trifle
småtteri subst. *n* small things,
odds and ends
snabel subst. *m* trunk
snadder subst. *n* sweets, candy *(amer.)*
snakk subst. *m/n* talk
ikke snakk om forget it,
no way *(hverdagslig)*
snakke verb talk, speak, chat
snakkeboble subst. *m/f*
(i tegneserier e.l.) bubble
snakkesalig adj. talkative
snakkis subst. *m* hot topic
snappe verb **1** grab, snatch
2 *(gispe)* gasp
snappe etter pusten gasp for air
snar adj. **1** quick, swift
2 *(som adverb: snart)* soon
• we leave soon
snare subst. *m/f (dyrefelle)* snare, trap
snartenkt adj. resourceful, quick-witted
snarvei subst. *m* shortcut *(også IT)*
snau adj. **1** *(bar)* bare, naked
2 *(knapp)* scant
snauskalle subst. *m* skinhead
snegl subst. *m* snail
snegle verb crawl, creep
sneglehus subst. *n* snail shell
snekker subst. *m* joiner, carpenter
snekre verb carpenter, do carpentry
snelle subst. *m/f* (fishing) reel
snerpe verb purse, pucker
snerpete adj. prudish, prim
snerre verb growl, snarl
snes subst. *n (antall av tjue)* score

snev subst. *n* hint, touch, trace

snever adj. **1** *(trang)* narrow
 2 *(begrenset)* limited, restricted

sneversyn subst. *n* narrow-mindedness

sniffe verb sniff

snike verb sneak
 snike i køen jump the queue

snikmorder subst. *m* assassin

snikmyrde verb assassinate

snikskryt subst. *n* humblebrag

snikskryte verb humblebrag

snikskytter subst. *m* sniper

snill adj. good, nice, kind

snipp subst. *m* collar

snippkjole subst. *m* *(festantrekk for menn)* full evening dress, dress coat

snitt subst. *n* cut

snitte verb cut, slice

sno verb twist, twine, wind
 sno seg twist, twine, wind

snobb subst. *m* snob

snobberi subst. *n* snobbery

snobbete adj. snobby, snobbish

snodig adj. funny, strange

snoke verb snoop, nose around

snop subst. *n* sweets, candy *(amer.)*

snor subst. *m* string, cord

snorke verb snore

snorkel subst. *m* snorkel

snorkle verb snorkel

snu[1] subst. *m* turn

snu[2] verb turn, turn around
 snu seg 1 turn around
 2 *(om vind, mening e.l.)* change

snuble verb stumble, trip

snue subst. *m* cold, sniffles

snufse verb sniff, sniffle

snurre verb spin, revolve, twirl

snurt[1] subst. *m* *(glimt)* glimpse, hint
 se snurten av get a glimpse of

snurt[2] adj. *(fornærmet)* offended

snus subst. *m* **1** *(teft)* scent, wind
 2 *(tobakk)* snuff, pinch *(slang)*

snuse verb **1** *(lukte)* sniff
 2 *(bruke snus)* take snuff, use snuff

snusfornuftig adj. matter-of-fact

snute subst. *m/f* snout, muzzle

snylte verb freeload, mooch

snylter subst. *m* freeloader, moocher

snyte verb
 1 *(pusse nesen)* blow one's nose
 2 *(bedra)* cheat, trick

snytt verb *se* ▶ snyte

snø[1] subst. *m* snow

snø[2] verb snow

snøball subst. *m* snowball

snøblind adj. snow-blind

snøbrett subst. *n* snowboard
 kjøre snøbrett snowboard

snøbriller subst. *flt.* snow goggles

snøfnugg subst. *n* snowflake

snøfonn subst. *m/f* snowdrift

snøfreser subst. *m* snowblower

snøfte verb sniff, snort *(pruste)*

snøhule subst. *m/f* snow hole, snow cave

Snøhvit egennavn Snow White

snømann subst. *m* snowman

snømåking subst. *m/f* snow clearing

snøre[1] subst. *n* line, fishing line *(fiskesnøre)*

snøre[2] verb tie, lace up
 snøre opp unlace, untie

snørr subst. *n/f* snot

snørrete adj. snotty, snot-nosed

snørrunge subst. *m* snot-nosed kid, snotty brat

snøscooter subst. *m* snowmobile

snøskred subst. *n* avalanche

snøstorm subst. *m* snowstorm, blizzard

snøt verb *se* ▶ snyte

snål adj. odd, strange, weird

sofa subst. *m* sofa, couch

softis subst. *m* soft serve ice cream, soft serve

sogn subst. *n* parish

sogneprest subst. *m* vicar, pastor, rector

sokk subst. *m* sock

sokkel subst. *m* base, pedestal

sokne verb *(søke etter i vann)* drag

sol subst. *m/f* sun

solarium subst. *n* tanning booth, tanning salon

solbad subst. *n* sun bath

solbrent adj. sunburnt

solbrille subst. *m/f* sunglasses

solbær subst. *n* blackcurrant

solcelle subst. *m/f* solar cell

solcellepanel subst. *n* solar panel

soldat subst. *m* soldier

sole verb sun, sunbathe
    sole seg sunbathe

solenergi subst. *m* solar energy

solfaktor subst. *m* sun protection factor

solformørkelse subst. *m* solar eclipse

solgt verb *se* ▶ selge

solgte verb *se* ▶ selge

solid adj. solid, strong

solidarisk adj. solidary

solidaritet subst. *m* solidarity

solist subst. *m* soloist

solkrem subst. *m* suntan lotion

sollys subst. *n* sunlight

solnedgang subst. *m* sunset

soloppgang subst. *m* sunrise

solsikke subst. *m/f* sunflower

solskinn subst. *n* sunshine

solstikk subst. *n* sunstroke

solstråle subst. *m* **1** sunbeam, sunray
    2 *(gledesspreder)* ray of sunshine

solstudio subst. *n* tanning salon

solsystem subst. *n* solar system

solur subst. *n* sundial

solverv subst. *n* solstice

som *subjunksjon* **1** *(i relativsetning)* that, which *(kun om ting)*, who *(kun om person)* • *han hadde en sykkel som ikke fungerte* he had a bicycle that didn't work • *det var jeg som gjorde det* it was I who did it
    2 as, like *(slik som)* • *jeg er like høy som deg* I am just as tall as you • *jeg trenger en som deg* I need someone like you
    3 *(om rolle)* as • *jeg jobber som lærer* I work as a teacher
    den som 1 *(person)* he/she who, they who **2** *(ting/hendelse)* that which, what • *det som skjedde i går* what happened

yesterday **3** *(ukjent person)* whoever • *den som sa det, tok feil* whoever said that was wrong
    som om as if, as though

somalier subst. *m* Somalian

somalisk adj. Somalian

somle verb dawdle, linger
    somle bort lose, waste *(om tid, muligheter)*

sommel subst. *m/n* dawdling, wasting time

sommer subst. *m* summer

sommerferie subst. *m* summer holiday

sommerfugl subst. *m* butterfly

sommerleker subst. *flt.* summer games

sommer-OL subst. *n* the Summer Olympic Games, Summer Olympics

sommersolverv subst. *n* summer solstice

sommertid subst. *m* **1** *(årstid)* summer, summertime
    2 *(tidsforskyving)* summer time

sonde subst. *m* probe

sondere verb probe, explore

sone[1] subst. *m/f* zone

sone[2] verb
    1 *(gjøre bot for)* atone for, expiate
    2 *(lide)* pay, suffer for
    3 *(sitte i fengsel)* serve a sentence

soning subst. *m* **1** *(gjøre bot for)* atonement, expiation
    2 *(om fengselsstraff)* serving a sentence

sope verb sweep

sopelime subst. *m* broom

sopp subst. *m* **1** mushroom
    2 *(organisme)* fungus *(flertall:* fungi*)*

sopran subst. *m* soprano

sorg subst. *m* grief, sorrow

sorgløs adj. carefree

sort[1] subst. *m* sort, kind, type

sort[2] adj. black

sortere verb sort, classify *(klassifisere)*, grade *(om kvalitet)*

sosial adj. social

sosialarbeider subst. *m* social worker

sosialdemokrat subst. *m* social democrat

sosialdemokrati subst. *n* social democracy

sosiale medier subst. *flt. n (IT)* social media

sosialisere verb **1** socialize
    2 *(overføre til staten)* nationalize

sosialist subst. *m* socialist
sosiallærer subst. *m* school counsellor
sosiologi subst. *m* sociology
sosionom subst. *m* social worker
sosiopat subst. *m* sociopath
soss subst. *m*
  1 *(sosietet)* the upper crust
  2 *(om ungdom)* snobs, preppies *(amer.)*
sossete adj. snobbish, posh
sot subst. *m* soot
sote verb soot
sotete adj. sooty
sov verb *se* ▶**sove**
sove verb sleep, be asleep
sovepose subst. *m* sleeping bag
soverom subst. *n* bedroom
sovesal subst. *m* dormitory
sovet verb *se* ▶**sove**
sovevogn subst. *m/f* sleeping car,
  sleeper
Sovjetunionen egennavn
  the Soviet Union
sovne verb fall asleep
spa[1] subst. *n (kurbad)* spa
spa[2] verb dig, shovel
spade subst. *m* spade, shovel
spagat subst. *m* splits
  gå ned i spagaten do the splits
spagetti subst. *m* spaghetti
spak[1] subst. *m* lever, handle,
  control stick *(på fly)*
spak[2] adj. mild, gentle
spakne verb subside
spalte[1] subst. *m/f*
  1 *(åpning)* opening, slit
  2 *(i avis)* column
spalte[2] verb split
spam subst. *m (IT, søppelpost)* spam
spamme verb *(IT, sende søppelpost)*
  spam
spandere verb treat
Spania stedsnavn Spain
spanjol subst. *m* Spaniard,
  Spanish person
spankulere verb strut, prance
spann subst. *n* **1** *(bøtte)* bucket, pail
  2 *(om trekkdyr)* team, pair, span
spansk adj. Spanish
spar subst. *m (i kortstokk)* spades
spare verb **1** *(ikke bruke)* save
  2 *(skåne)* spare
sparegris subst. *m* piggy bank
sparepenger subst. *m* savings
spark subst. *m/n* kick

sparke verb **1** kick
  2 *(si opp)* fire, dismiss
sparkesykkel subst. *m* scooter
sparkstøtting subst. *m/f* kicksled
sparsom adj. thrifty, frugal
sparsommelig adj. thrifty, frugal
spasere verb walk, stroll
spasertur subst. *m* walk, stroll
spe verb dilute, thin
spedalskhet subst. *m* leprosy
spedbarn subst. *n* baby, infant
speide verb watch, be on the lookout
speider subst. *m* **1** scout, spy
  2 *(medlem av speiderorganisasjon)*
  (Boy) Scout, (Girl) Guide *(britisk)*,
  (Girl) Scout *(amer.)*
speider subst. *m* scout
speil subst. *n* mirror
speile verb reflect
  speile seg look at oneself in a mirror
speilegg subst. *n* fried egg
speilrefikskamera subst. *n*
  (single-lens) reflex camera
speilvendt adj. inverted, reversed
spekemat subst. *m* cured meats
spekepølse subst. *m/f* smoked sausage
spekesild subst. *m/f* salted herring
spekeskinke subst. *m/f* cured ham,
  gammon
spekk subst. *n* fat, lard *(av gris)*,
  blubber *(av hval, sel)*
spekkhogger subst. *m* killer whale
spekulant subst. *m* speculator
spekulasjon subst. *m* speculation
spekulativ adj. **1** *(grublende)* reflective
  2 *(som ikke bygger på erfaring)*
  speculative
spekulere verb speculate
spene subst. *m (patte på jur)* teat
spenn[1] subst. *n* **1** *(om bro)* span
  2 *(spark)* kick
spenn[2] subst. *n (penger, slang)* dough,
  bucks *(amer.)*
spenne[1] subst. *m/f* **1** buckle, clasp
  2 *(hårspenne)* hairclip
spenne[2] verb **1** *(strekke ut)* stretch
  2 *(stramme)* tighten
  3 *(feste)* strap on, fasten
  4 *(anstrenge)* exert, strain
  5 *(sparke)* kick
  spenne fast noe fasten something
  spenne på seg noe strap something on
spennende adj. exciting, thrilling

a
b
c
d
e
f
g
h
i
j
k
l
m
n
o
p
q
r
s
t
u
v
w
x
y
z
æ
ø
å

spenning subst. *m/f* **1** *(forventning)*
excitement, suspense, anticipation
2 *(motsetning)* tension
3 *(elektrisitet)* voltage

spenstig adj. **1** *(fleksibel)* supple,
resilient, flexible
2 *(med hoppevne)* springy, resilient

spent adj. **1** *(anspent)* tense
2 *(nysgjerrig)* anxious, eager

sperre[1] subst. *m/f* barrier, obstruction

sperre[2] verb block, close
sperre av close off
sperre inne lock up
sperre ute keep out

spesialisere verb specialize

spesialisering subst. *m/f* specialization

spesialist subst. *m* specialist

spesialitet subst. *m* speciality,
specialty *(amer.)*

spesiell adj.
1 *(særskilt, bestemt)* special, particular
2 *(sær, rar)* peculiar, odd
3 *(som adverb: særlig)* especially,
specially, particularly • *Anne er
spesielt flink i matte* Anne is especially
good at maths

spesifikk adj. specific

spesifisere verb specify

spetakkel subst. *n* racket, din,
commotion, hullabaloo

spett[1] subst. *n (spiss jernstang)*
crowbar, lever

spett[2] subst. *m (fugl)* woodpecker

spidd subst. *n* spit, skewer

spidde verb pierce, impale, spit

spiker subst. *m* nail

spikke verb whittle

spikre verb nail

spile[1] subst. *m/f* picket *(i gjerde)*,
rib *(i paraply)*, bone *(i BH)*

spile[2] verb *bare i uttrykk*
spile ut 1 *(strekke)* extend, stretch
2 *(vide ut)* dilate *(f.eks. nesebor)*

spill subst. *n* game
sette noe på spill risk something
stå på spill be at risk

spille verb **1** *(delta i spill)* play,
gamble *(om sjansespill)*
2 *(opptre)* act, play, perform
3 *(late som)* pretend, make believe

spillegalskap subst. *m* gambling
mania, compulsive gambling

spilleomgang subst. *m* round

spiller subst. *m* **1** *(spilldeltaker)* player
2 *(gambler)* gambler

spilleregel subst. *m* rule (of the game)
følge spillereglene play by the rules

spillerom subst. *n* latitude, margin

spillkontroll subst. *m eller* **spillkonsoll**
(til videospill) game console

spinat subst. *m* spinach

spindelvev subst. *n* spiderweb, cobweb

spinkel adj. slender, thin

spinne verb spin

spinning subst. *m/f* spinning

spion subst. *m* spy

spionasje subst. *m* espionage

spionere verb spy

spir subst. *n* spire

spiral subst. *m* spiral

spire[1] subst. *m/f* sprout, germ

spire[2] verb sprout, germinate

spiritist subst. *m* spiritualist

spise verb eat

spisebord subst. *n* dining table

spiseforstyrrelse subst. *m*
eating disorder

spiselig adj. edible, eatable

spiserør subst. *n* oesophagus, gullet

spiseskje subst. *m/f* tablespoon

spisestue subst. *m/f* dining room

spisevogn subst. *m/f (på tog)* dining
car, restaurant car

spiskammer subst. *n* pantry, larder

spiss[1] subst. *m* **1** *(skarp ende)* point
2 *(tupp)* tip
3 *(fotball)* forward, striker

spiss[2] adj. pointed, sharp

spisse verb sharpen

spisskompetanse subst. *m* expertise,
expert knowledge

spissvinklet adj. acute-angled

spjeld subst. *n* damper

spjelke verb splint

spleise verb **1** *(skjøte)* splice
2 *(dele på regning)* split the bill

splid subst. *m* discord

splint subst. *m* splinter, fragment

splintre verb splinter, shatter

splitt subst. *m* split

splitte verb split

splittelse subst. *m* division, split

splitter adverb *bare i uttrykk*
splitter pine gal stark raving mad
splitter naken stark naked
splitter ny brand new

splittet adj. divided, cleft

spole[1] subst. *m* **1** *(til tråd)* bobbin, spool
  2 *(til båndopptaker)* reel
spole[2] verb reel, spool
  spole frem fast-forward
  spole tilbake rewind
spolere verb spoil, destroy
spon subst. *m* chip, shaving *(trespon)*
sponse verb sponsor
sponsing subst. *m/f* sponsoring
sponsor subst. *m* sponsor
sponsoravtale subst. *m*
  sponsorship agreement
spontan adj. spontaneous
spor subst. *n* **1** trace
  2 footprint *(av fot)*, rut *(av kjøretøy)*
  3 *(løype)* track
  4 *(skinnegang)* track
  ikke det spor not at all
sporadisk adj. sporadic
spore[1] subst. *m* **1** *(på ridestøvel)* spur
  2 *(overført)* incentive
  3 *(om planter)* spore
spore[2] verb **1** *(følge spor)* trace,
  follow a scent *(om sporhund)*
  2 *(merke)* notice, detect
sporløs adj. without a trace
sport subst. *m* sport, sports
sportsbutikk subst. *m* sports shop
sportsfiske subst. *n* angling
sportsfisker subst. *m* angler
sportsgal adj. sports fanatic
sportsgren subst. *m/f* sport
sportsklær subst. *flt.* sportswear
sportslig adj. sporting
sportsrevy subst. *m* sports news
sportsutøver subst. *m* athlete
sporty adj. **1** *(real)* sporting, fair
  2 *(sportslig)* sporting, sporty
sporvei subst. *m* tramlines
sporvogn subst. *m/f* tram,
  streetcar *(amer.)*
spott subst. *m* derision, ridicule
spotte verb deride, mock, ridicule
spraglete adj. multicoloured
sprang[1] subst. *n* leap, jump, bounce
sprang[2] verb *se* ▶springe
sprangridning subst. *m/f* showjumping
spraye verb spray
spre verb scatter, spread
spredning subst. *m/f* diffusion,
  spreading
sprek adj. active, fit
sprekk subst. *m* crack
  slå sprekker crack, split

sprekke verb crack, break, burst
sprelle verb wriggle, kick about,
  flop *(om fisk)*
sprenge verb **1** *(bryte)* burst, break,
  force open
  2 *(eksplodere)* blow up
sprett[1] subst. *m* bounce
sprett[2] subst. *m/n (kast)* leap, bound
sprette[1] verb *(hoppe)* bound, jump
sprette[2] verb *(åpne)* crack
  sprette opp 1 *(skjære opp)* cut open,
  slash open **2** *(ta opp søm)* unstitch
spretten adj. frisky
sprike verb **1** *(strekke ut)* spread out
  2 *(være forskjellig)* differ substantially
spring subst. *m* tap, faucet *(amer.)*
springbrett subst. *n* **1** springboard
  2 *(overført)* stepping stone
springe verb **1** *(løpe)* run
  2 *(hoppe)* jump, leap
springer subst. *m (hest i sjakk)* knight
springflo subst. *m/f* spring tide
springmarsj subst. *m* double time
sprinkel subst. *m* bar
sprint subst. *m* sprint, sprinting
sprinte verb sprint
sprit subst. *m* **1** *(brennevin)* liquor,
  booze *(slang)*
  2 *(alkohol)* alcohol, spirits
sprudle verb bubble, sparkle
sprudlende adj. sparkling
sprukken adj. cracked
sprunget verb *se* ▶springe
sprut subst. *m* spurt, splutter
sprute verb spurt, splutter
sprø adj. **1** *(gal)* mad, crazy
  2 *(skjør)* brittle, fragile
  3 *(om mat)* crispy, crumbly *(som
  smuldrer lett)*
sprøyt subst. *n* nonsense, rubbish
sprøyte[1] subst. *m/f* **1** syringe,
  needle *(hverdagslig)*
  2 *(innsprøyting)* injection,
  shot *(hverdagslig)*
sprøyte[2] verb **1** *(injisere)* inject
  2 *(sprute)* gush, spray, squirt
språk subst. *n* language
språkkurs subst. *n* language course
språklig adj. linguistic
språkmektig adj.
  well-versed in languages
språkskole subst. *m* language school
språkøre subst. *n* ear for languages
spurt[1] subst. *m* spurt, sprint

spurt[2] verb *se* ►**spørre**
spurte[1] verb spurt, sprint
spurte[2] verb *se* ►**spørre**
spurv subst. *m* sparrow
spy[1] subst. *n* vomit, puke *(hverdagslig)*
spy[2] verb vomit, throw up *(hverdagslig)*, puke *(hverdagslig)*
spyd subst. *n* **1** *(våpen)* spear
2 *(sport)* javelin
spydig adj. sarcastic
spydighet subst. *m/f* sarcasm
spydkast subst. *n*
1 *(idrettsgren)* the javelin
2 *(kast med spyd)* javelin throw
spyflue subst. *m/f* blowfly
spyle verb flush *(om toalett)*, hose down *(med vannslange)*
spytt subst. *n* saliva, spittle
spytte verb spit
spyttslikker subst. *m* bootlicker, toady
spøk subst. *m* joke
spøke verb **1** *(tøyse)* joke, jest
2 *(gå igjen)* haunt
spøkefugl subst. *m* joker
spøkefull adj. jocular
spøkelse subst. *n* ghost
spøkelseshistorie subst. *m/f* ghost story
spørre verb **1** *(stille spørsmål)* ask
2 *(spørre ut)* question
det spørs it depends
spørrekonkurranse subst. *m* quiz
spørresetning subst. *m/f* interrogative sentence
spørreskjema subst. *n* questionnaire
spørreundersøkelse subst. *m* survey
spørsmål subst. *n* question
spørsmålstegn subst. *n* question mark
spå verb predict, foretell
spådom subst. *m* prediction, prophecy
spåkone subst. *m/f* fortune teller
spåmann subst. *m* fortune teller
squash subst. *m* **1** *(grønnsak)* courgette, zucchini *(amer.)*
2 *(sport)* squash, racquetball
sta adj. stubborn, obstinate, headstrong
stab subst. *m* staff
stabel subst. *m* pile, stack
stabil adj. stable, steady *(stødig)*
stabilisere verb stabilize
stable verb pile, stack
stadfeste verb affirm, confirm *(bekrefte)*
stadfestelse subst. *m* affirmation, confirmation *(bekreftelse)*

stadig adj. **1** constant
2 *(som adverb: ofte)* constantly
• she sings constantly
stadion subst. *n* stadium
stadium subst. *n* phase, stage
stafett subst. *m* relay competition, relay
stafettpinne subst. *m* (relay) baton
staffeli subst. *n* easel
stagge verb **1** *(berolige)* pacify
2 *(holde igjen)* check, curb, restrain
stagnasjon subst. *m* stagnation
stagnere verb stagnate
stake subst. *m* **1** *(stang)* pole, stick *(tynn)*
2 *(lysestake)* candlestick
stakitt subst. *n* picket fence
stakk subst. *m*
1 *(haug av høy e.l.)* rick, stack
2 *(skjørt)* skirt
stakkar subst. *m* poor thing
stakkars adj. poor, miserable *(ulykkelig)*, unfortunate *(uheldig)*
stakkars deg you poor thing
stalke verb *(forfølge)* stalk
stalker subst. *m (person som forfølger noen)* stalker
stall subst. *m* stable
stam adj. stammering, stuttering
stamcelle subst. *m* stem cell
stamfar subst. *m* ancestor, forefather
stamgjest subst. *m* patron
stamme[1] subst. *m* **1** *(på tre)* trunk
2 *(folkegruppe)* tribe
3 *(kjerne)* core
stamme[2] verb *bare i uttrykk*
stamme fra 1 *(nedstamme fra)* descend from, originate from
2 *(skrive seg fra, om tid)* date from
3 *(komme fra)* come from
stamme[3] verb *(stotre)* stammer, stutter
stampe verb
1 *(trampe med foten)* stamp
2 *(gå tungt)* trample, trudge
stamtavle subst. *m/f* family tree, pedigree *(om rasedyr)*
stamtre subst. *n* family tree
stand[1] subst. *m* **1** *(det å stå)* standing
2 *(tilstand)* condition
få i stand fix, set up
være i stand be in order
være i stand til be able to
stand[2] subst. *m* **1** *(sosial gruppe)* class, social class
2 *(sosial rang)* position, status
standard[1] subst. *m* standard

standard² adj. standard
standardisere verb standardize
standhaftig adj. firm, resolute
standpunkt subst. *n* point of view
standpunktkarakter subst. *m*
final assessment
stang subst. *m/f* bar, pole *(tynnere)*,
rod *(stav)*
stange verb hit, knock, butt
stank subst. *m* stench, stink
stans subst. *m* halt, stop
stanse verb stop, cease
stappe¹ subst. *m/f* mash
stappe² verb cram, stuff, put
stappfull adj. crammed, packed
stappmett adj. gorged
start subst. *m* start, beginning
starte verb start, begin
startnummer subst. *n* bib
startside subst. *m/f (IT)* home page
startskudd subst. *n* starting shot
stas subst. *m* **1** *(pynt)* finery *(om klær)*,
decoration
2 *(moro)* fun
staselig adj. stately, elegant
stasjon subst. *m* station
stasjonsvogn subst. *m/f* estate car,
station wagon *(amer.)*
stasjonær adj. stationary
stat subst. *m* state
Statene *(hverdagslig betegnelse
på USA)* the States
statisk adj. **1** *(stillestående)* immobile,
motionless
2 *(som ikke forandrer seg)* constant
statist subst. *m (film/teater)* extra
statistikk subst. *m* statistics
statistisk adj. statistical
stativ subst. *n* rack, stand
statlig adj. government, governmental
statsborger subst. *m* citizen
statsborgerskap subst. *n* citizenship
statsbudsjett subst. *n* national budget,
federal budget *(i USA)*
statskasse subst. *m/f* national treasury
statskirke subst. *m/f* state church
statskupp subst. *n* coup d'état, coup
statsløs adj. stateless
statsmakt subst. *m/f* branch of
government
statsminister subst. *m* prime minister
statsminsteren the Prime Minister
statsråd¹ subst. *m (regjeringsmøte)*
cabinet meeting

statsråd² subst. *m* cabinet minister,
Secretary of State *(i Storbritannia)*,
cabinet member *(i USA)*
statstjenestemann subst. *m*
civil servant
statsvitenskap subst. *m*
political science
statue subst. *m* statue
status subst. *m* status
stav subst. *m* **1** *(kjepp)* staff, stick
2 *(spaserstokk)* cane, walking stick
stave verb spell
stavekontroll subst. *m (IT)* spellcheck
stavelse subst. *m* syllable
stavhopp subst. *n* pole vault
stavkirke subst. *m/f* stave church
stavsprang subst. *n* pole vault
stearinlys subst. *n* candle
stebarn subst. *n* stepchild
stebror subst. *m* stepbrother
sted subst. *n* place, spot
av sted away, off
være til stede be present
stedatter subst. *m/f* stepdaughter
stedfortreder subst. *m* deputy,
substitute
stedsans subst. *m* sense of orientation
stedsnavn subst. *n* place name
stefar subst. *m* stepfather
steg¹ subst. *n* step
steg for steg step by step
steg² verb *se* ►stige²
steget verb *se* ►stige²
steil adj. **1** *(bratt)* steep
2 *(sta)* obstinate, stubborn
steile verb rear, rear up
stein subst. *m* stone
steinalder subst. *m* Stone Age
steinbit subst. *m* wolf fish, catfish
steinbrudd subst. *n* quarry
steinbukk subst. *m* **1** *(dyr)* ibex
2 *(stjernetegn: Steinbukken)*
Capricorn
steine verb stone
steinhard adj. **1** hard as rock
2 *(overført)* hard as nails
steinhugger subst. *m* stonemason
stek subst. *m* **1** *(kjøttstykke)* roast
2 *(sterk varme)* heat, scorch
steke verb **1** *(i stekepanne)* fry
2 *(i ovn)* roast *(kjøtt og fisk)*,
bake *(kaker e.l.)*
3 *(på rist)* grill, broil
stekeovn subst. *m* oven

stekepanne subst. *m/f* frying pan
stell subst. *n* care
  på stell *(i orden)* in order
stelle verb care for, nurse
stellebord subst. *n* changing table
stemme[1] subst. *m* **1** voice
  2 *(ved valg)* vote
stemme[2] verb **1** *(avgi stemme)* vote
  2 *(musikk)* tune
  3 *(være riktig)* be correct
stemmebånd subst. *n* vocal cords
  (alltid i flertall)
stemmeleie subst. *n* pitch,
  vocal register
stemmerett subst. *m* right to vote
stemmeseddel subst. *m* ballot
stemmeskifte subst. *n*
  breaking of the voice
  komme/være i stemmeskifte break
stemning subst. *m/f* mood, temper,
  atmosphere *(atmosfære)*
stemningsfull adj. **1** *(rørende)* moving
  2 *(vakkert, poetisk)* lyrical, poetic
stemor subst. *m/f* stepmother
stemorsblomst subst. *m* pansy
stempel subst. *n* **1** *(merke)* stamp
  2 *(i maskin)* piston
  3 *(på varer)* brand, mark
stemple verb stamp, mark
stenge verb **1** *(lukke)* close, shut
  2 *(hindre)* bar, block
stengel subst. *m* stalk, stem
stengetid subst. *m/f* closing time
stengsel subst. *n* bar, barrier
steppe[1] subst. *m* *(slettelandskap)*
  steppe, prairie
steppe[2] verb tap-dance
  steppe inn for noen fill in for
  somebody
stepping subst. *m/f* tap-dancing
stereo subst. *m* stereo
stereotyp subst. *m* stereotype
steril adj. sterile
sterilisere verb sterilize
sterk adj. strong
steroid subst. *n* steroid
  anabole steroider anabolic steroids
stesønn subst. *m* stepson
stesøster subst. *m/f* stepsister
stetoskop subst. *n* stethoscope
stett subst. *m* stem
stevne[1] subst. *n*
  1 *(avtalt møte)* convention, meeting
  2 *(sammenkomst)* assembly, gathering

stevne[2] verb **1** *(innkalle)* summon
  2 *(sette kurs)* head, steer
stevnemøte subst. *n* date
sti subst. *m* path
stift subst. *m* **1** *(liten spiker)* nail, pin
  2 *(spiss gjenstand)* needle, staple
stifte verb **1** *(feste)* staple
  2 *(grunnlegge)* establish, found
stiftelse subst. *m* foundation,
  establishment
stiftemaskin subst. *m* stapler
stigbøyle subst. *m* stirrup
stige[1] subst. *m* ladder
stige[2] verb **1** *(øke)* increase, go up, rise
  2 *(gå oppover)* ascend, go up
  stige av get off, dismount *(om hest,
  sykkel o.l.)*
  stig på! come in!
stigmatisere verb stigmatize
stigmatisering subst. *m/f*
  stigmatization
stigning subst. *m/f*
  1 *(det å stige)* ascension
  2 *(økning)* increase, rise
  3 *(motbakke)* ascent
stikk[1] subst. *n* **1** *(av insekt)* sting
  2 *(av nål)* pinprick
  3 *(med kniv o.l.)* stab
stikk[2] adverb directly, right
  stikk i strid med contrary to
  stikk motsatt directly opposite
stikke verb **1** *(med noe spisst)* stick,
  stab, prick *(med nål)*
  2 *(om insekter)* bite, sting
  3 *(putte)* put
  stikke innom stop by, drop by
stikkelsbær subst. *n* gooseberry
stikkontakt subst. *m* socket,
  outlet *(amer.)*
stikkord subst. *n* **1** *(hint)* keyword
  2 *(ord i register)* entry
  3 *(i skuespill)* cue
  notere stikkord take brief notes
stikkprøve subst. *m* random sample
stil subst. *m* **1** style
  2 *(skriftlig oppgave)* composition,
  essay, paper
stilart subst. *m* style
stilig adj. stylish, smart
stilk subst. *m* stem, stalk
stillas subst. *n* scaffolding
stillbar adj. adjustable
stille[1] verb **1** *(sette)* place, put
  2 *(skaffe)* provide, furnish

3 *(møte)* appear
stille opp 1 *(oppstille)* arrange
2 *(vise seg)* turn up, show up
stille ut display
stille² verb *(regulere)* adjust
stille inn adjust
stille³ adj. **1** *(i ro)* calm
2 *(uten bråk)* quiet
vær stille! be quiet!, shut up!
stilleben subst. *n (maleri)* still life
Stillehavet stedsnavn the Pacific,
the Pacific Ocean
stillestående adj. stationary
stillferdig adj. quiet, gentle
stillhet subst. *m* silence, calm *(fred)*
stilling subst. *m/f* **1** position
2 *(sosial posisjon)* status
3 *(sport)* score
4 *(positur)* pose, posture
stillongs® subst. *m* long underpants,
long johns *(hverdagslig)*
stillstand subst. *m* standstill
stiloppgave subst. *m/f*
essay assignment
stim subst. *m* **1** *(fisk)* school
2 *(av mennesker)* crowd, flock
stimle verb crowd
stimle sammen throng,
crowd together
stimulans subst. *m* stimulant
stimulere verb stimulate
sting subst. *n* stitch
stinkdyr subst. *n* skunk
stinke verb reek, smell, stink
stipend subst. *n* scholarship
stirre verb stare
stiv adj. stiff
stive verb stiffen
stivelse subst. *m* starch
stivkrampe subst. *m* tetanus
stivnakket adj. stiff-necked, stubborn

stivne verb **1** *(bli stiv/stivere)* stiffen
2 *(bli stiv av skrekk e.l.)* freeze
stivpiske verb whip, whip to a froth
stjal verb *se* ▶stjele
stjele verb steal
stjerne subst. *m/f* star
stjernebilde subst. *n* constellation
stjerneklar adj. starlit
stjerneskudd subst. *n* **1** falling star,
shooting star
2 *(fyrverkeri)* sparkler
stjernetegn subst. *n* star sign,
zodiac sign
stjålet verb *se* ▶stjele
sto verb *eller* **stod** *se* ▶stå
stoff subst. *n* **1** *(tekstil)* fabric, material
2 *(materiale)* material, matter
3 *(emne)* subject
4 *(narkotika)* dope, drugs
stoffmisbruk subst. *n* drug abuse
stoffmisbruker subst. *m* drug addict
stoffskifte subst. *n* metabolism
stokk subst. *m* **1** *(trestamme)* log
2 *(stav)* stick, cane
stokke verb **1** *(blande kort)* shuffle
2 *(blande sammen)* confuse
stol subst. *m* chair
stole verb *bare i uttrykk*
stole på trust, rely on
stolpe subst. *m* pole, post
stolt adj. proud
stolthet subst. *m/f* pride
stopp subst. *m* **1** stop
2 *(materiale til å stoppe med)* filling
stoppe verb **1** *(stanse)* stop
2 *(fylle med materiale)* fill
3 *(reparere hull)* darn
stoppeklokke subst. *m/f* stopwatch
stoppenål subst. *m/f* darning needle
stoppested subst. *n* stop
stor adj. large, big, great
storartet adj. brilliant, excellent

a
b
c
d
e
f
g
h
i
j
k
l
m
n
o
p
q
r
s
t
u
v
w
x
y
z
æ
ø
å

Storbritannia stedsnavn Great Britain, United Kingdom *(om Storbritannia og Nord-Irland)*
storby subst. *m* city, big city
storebror subst. *m* big brother
storefri subst. midday break *(britisk)*, lunch recess *(amer.)*
storesøster subst. *m/f* big sister
storfamilie subst. *m* extended family
storfe subst. *n* cattle
storhet subst. *m/f* greatness
storindustri subst. *m* heavy industry
stork subst. *m* stork
storm subst. *m* storm
stormakt subst. *m/f* superpower
stormannsgal adj. megalomaniac
stormannsgalskap subst. *m* megalomania
storme verb **1** *(blåse storm)* storm
  2 *(styrte)* rush, dash
  3 *(angripe)* assault
stormende adj. stormy
storsinnet adj. magnanimous, generous
storskjerm subst. *m* big screen
storslagen adj. magnificent
storslalåm subst. *m* giant slalom
storslått adj. magnificent
Stortinget subst. *n* the Storting, *forklaring:* the Norwegian Parliament
stortingsrepresentant subst. *m* member of the Storting, *omtr. dss.* Member of Parliament *(i Storbritannia), omtr. dss.* Member of Congress *(i USA)*
stortingsvalg subst. *n* general election
stortromme subst. *m* bass drum, big drum
stortå subst. *m/f* big toe
storvilt subst. *n* big game
strabasiøs adj. rigorous
straff subst. *m* punishment
straffange subst. *m* prisoner, convict
straffarbeid subst. *n* penal servitude
straffbar adj. punishable
straffe¹ subst. *m (sport)* penalty
straffe² verb punish
straffekast subst. *n* penalty throw
straffelov subst. *m* penal code, criminal code
straffesak subst. *m* criminal case
straffeskyld subst. *m/f* guilt
straffespark subst. *n* penalty kick
strak adj. straight, erect

straks adverb immediately, right away
stram adj. **1** *(ikke løs)* tight
  2 *(rank)* erect, straight
  3 *(om lukt, smak)* strong, rank
stramme verb **1** *(gjøre stram)* tighten
  2 *(stive opp)* straighten, stiffen
strand subst. *m* beach
strande verb **1** strand
  2 *(overført)* fail
strategi subst. *m* strategy
strategisk adj. strategic, strategical
strebe verb strive
streber subst. *m* social climber
streif subst. *n* **1** *(berøring)* brush, touch
  2 *(lysstrime)* ray, gleam
streife verb **1** *(flakke)* roam
  2 *(berøre lett)* touch, graze
streik subst. *m* strike
streike verb strike
streikevakt subst. *m* picket
strek subst. *m* **1** *(linje)* line
  2 *(skøyeraktig påfunn)* prank, trick
streke verb draw lines
  streke opp draw up, outline
  streke over cross out, strike out
  streke under underline
strekke verb **1** *(rette ut)* stretch
  2 *(forstrekke)* pull, sprain
  strekke seg 1 *(tøye, bli lengre)* stretch
  2 *(bre (seg))* stretch, reach, extend
  strekke seg etter reach for
  strekke til be adequate
strekkode subst. *m* bar code
strekning subst. *m/f* **1** stretching
  2 *(distanse)* stretch, distance
streng¹ subst. *m* string
streng² adj. **1** *(barsk)* harsh, severe
  2 *(nådeløs)* strict, stern
  strengt tatt strictly speaking
strenghet subst. *m/f* strictness, harshness
stress subst. *n* stress
stresse verb be stressed, become stressed
  stresse ned unwind, relax
stressende adj. stressful
stresset adj. stressed
strev subst. *n* exertion, hard work
streve verb strive, work hard
strevsom adj. **1** *(arbeidsom)* hard-working, industrious
  2 *(slitsom)* tiring, exhausting
strid subst. *m* **1** *(kamp)* fight, battle
  2 *(uoverensstemmelse)* conflict, clash

stride verb 1 fight, struggle
2 *(være uforenlig med)* conflict
stridende adj. disputing, fighting
stridig adj. defiant, stubborn
strie subst. *m* burlap
strigle[1] subst. *m (hestebørste)* curry-comb
strigle[2] verb *(børste hest)* groom, curry
strikk subst. *m* elastic band, rubber band
strikke verb knit
strikkejakke subst. *m/f* cardigan
strikkepinne subst. *m* knitting needle
strikketøy subst. *n* knitting
strimmel subst. *m* strip, ribbon
stripe[1] subst. *m/f* stripe, strip
stripe[2] verb stripe, streak
stripete adj. striped
striregn subst. *n* downpour, deluge
striregne verb pour, pour down
stritte verb bristle, stiffen
  stritte imot resist
strofe subst. *m/f* stanza
stropp subst. *m* strap
struktur subst. *m* structure
strupe[1] subst. *m* throat
strupe[2] verb choke
strupehode subst. *n* larynx
struts subst. *m* ostrich
stryk subst. *n* 1 *(i elv)* rapids
2 *(på en prøve)* fail, failure
stryke verb 1 *(klappe)* stroke, pat
2 *(med strykejern)* iron
3 *(ikke bestå)* fail, flunk *(amer.)*
4 *(ta bort)* cross out, delete
strykebrett subst. *n* ironing board
strykeinstrument subst. *n (musikk)* stringed instrument
strykejern subst. *n* iron
strø verb 1 *(spre)* scatter, spread
2 *(bestrø)* sprinkle
strøk subst. *n* 1 stroke
2 *(område)* area
strøm subst. *m* 1 *(av vann)* current
2 *(mengde)* stream, flood
strømme verb 1 *(om væske)* pour
2 *(om lukt, gass)* stream
3 *(IT, å benytte en strømmetjeneste)* stream
strømming subst. *m/f (IT)* streaming
strømmåler subst. *m* electric meter
strømpe subst. *m/f* stocking
strømpebukse subst. *m/f* tights, pantyhose *(amer.)*
strå subst. *n* straw

stråle[1] subst. *m* 1 ray
2 *(vannstråle)* jet
stråle[2] verb shine, beam, radiate
strålebehandling subst. *m/f* radiation treatment
strålende adj. radiant, brilliant
stråling subst. *m/f* radiation
stråmann subst. *m* straw man
stråtak subst. *n* thatched roof
stubb subst. *m* 1 *(rest av noe)* stub
2 *(kort strekning)* short distance
stubbe subst. *m* stump
student subst. *m* student
studere verb study
studie subst. *m* study
studielån subst. *n* student loan
studieveileder subst. *m* student adviser
studio subst. *n* studio
studium subst. *n* study
stue[1] subst. *m/f* 1 living room
2 *(lite hus)* cottage
stue[2] verb pack, stow
stuing subst. *m (matrett)* stew
stum adj. 1 *(uten taleevne)* mute
2 *(uten ord)* speechless, tongue-tied
stumfilm subst. *m* silent film
stump[1] subst. *m* 1 *(bit)* piece
2 *(bakende)* bottom
  redde stumpene pick up the pieces
stump[2] adj. blunt, dull
stund subst. *m* moment
  om en liten stund in a little while
stup subst. *n* 1 dive, plunge
2 *(bratt fjellvegg)* cliff
stupe verb 1 dive, plunge
2 *(falle)* fall
stupebrett subst. *n* diving board
stusse verb 1 *(klippe)* trim
2 *(bli forundret)* be taken aback, be surprised
  stusse over noe wonder about something
stut subst. *m* ox
stygg adj. 1 *(fæl)* ugly
2 *(slem)* bad, mean
stygghet subst. *m/f* ugliness
stykke[1] subst. *n* 1 piece, bit
2 *(strekning)* distance, way
  i stykker broken
stykke[2] verb cut, split, divide
  stykke opp cut up, split up
  stykke ut parcel out, portion out
stykkevis adverb by pieces
stylte subst. *m* stilt

a b c d e f g h i j k l m n o p q r **s** t u v w x y z æ ø å

styr subst. *n* **1** *(styring)* control
2 *(bråk)* commotion
holde styr på have control of
styrbord subst. *n* starboard
styre[1] subst. *n* **1** *(håndtak)* handlebars
2 *(makt)* rule, government
3 *(komité)* committee
styre[2] verb **1** *(føre)* steer, guide
2 *(regjere)* rule, govern
3 *(beherske)* control
styreformann subst. *m*
chairman of the board
styremøte subst. *n* board meeting
styrer subst. *m* chairman, administrator
styrke[1] subst. *m* strength, force
styrke[2] verb strengthen, reinforce
styrketrening subst. *m/f* weight-training
styrmann subst. *m* **1** *(yrke)* mate
2 *(luftfart)* co-pilot, second pilot
styrt subst. *m* **1** *(sprut)* shower
2 *(nedstyrting)* dive, fall
styrte verb **1** plunge, fall, crash *(om fly)*
2 *(om regn)* pour
3 *(felle, velte)* overthrow, topple
• *regjeringen ble styrtet i et
militærkupp* the government was
overthrown in a military coup
4 *(fare avsted)* dash, rush • *han styrtet
ut av huset* he rushed out of the house
5 *(om drikke/mat)* gulp down
styrtregn subst. *n* downpour
stær[1] subst. *m* *(fugl)* starling
stær[2] *(øyesykdom)* bare i uttrykk
grønn stær glaucoma
grå stær cataract
stø adj. **1** steady, firm
2 *(som adverb: alltid)* always,
constantly • *folk ba ham støtt om hjelp*
people always asked him for help
støkk subst. *m* shock, start
støl adj. stiff, sore
stønad subst. *m* benefit, financial aid
stønn subst. *n* groan, moan
stønne verb groan, moan
støpe verb cast, mould
støpeform subst. *m/f* casting mould
støpejern subst. *n* cast iron
støpsel subst. *n* plug
størkne verb harden, dry
størrelse subst. *m* **1** size
2 *(om antall)* quantity
støt subst. *m* **1** *(dytt)* push, shove
2 *(stikk)* jab, stab
3 *(skarp lyd)* blast

4 *(rykk)* jolt, bump
5 *(elektrisitet)* shock
støtdemper subst. *m* shock absorber
støte verb **1** *(dytte)* push, shove
2 *(krenke)* offend, hurt
støte på encounter
støte sammen collide, crash
støtende adj. offensive
støtfanger subst. *m* bumper, fender
støtt adverb always, constantly
støtte[1] subst. *m/f* support
støtte[2] verb **1** *(holde oppe)* support
2 *(hjelpe)* back, aid
støtte seg til lean on
støv subst. *n* dust
støvbærer subst. *m* *(pollenbærer)*
stamen
støveklut subst. *m* dust cloth
støvel subst. *m* boot
støvete adj. dusty
støvlett subst. *m* boot
støvsuge verb vacuum
støvsuger subst. *m* vacuum cleaner
støy subst. *m* noise
støye verb make noise
støyende adj. noisy
stå verb **1** stand
2 *(være plassert)* be, be located
3 *(være skrevet)* say, be written
• *det står på side tre* it is written on
page three
4 *(på eksamen/prøve)* pass
stå fast *(ikke komme videre)* be stuck
stå imot resist
stå noen nær be close to someone
stå på 1 *(være skrudd på)* be on,
be turned on **2** *(skje)* go on
3 *(holde ut)* keep going
stående adj. standing
ståhei subst. *m* commotion, fuss
stål subst. *n* steel
ståltråd subst. *m* steel wire
ståplass subst. *m* standing room
**
ståsted** subst. *n* point of view
stått verb *se* ▶ stå
subbe verb shuffle
subjekt subst. *n* subject
subjektiv adj. subjective
subjunksjon subst. *m*
subordinating conjunction
subsidiere verb subsidize
substantiv subst. *n* noun
subtil adj. subtle
subtrahere verb subtract

suffiks subst. *n* suffix
sufflere verb prompt, cue
sufflør subst. *m* prompter
sug subst. *n* **1** *(drag)* suck, draw
  2 *(sugeredskap)* suction
suge verb suck
  suge opp absorb, draw
  suge seg fast cling, stick
  suge til seg soak up, absorb
sugerør subst. *n* straw
suite subst. *m* suite
sukk subst. *n* sigh
sukke verb sigh
sukker subst. *n* sugar
sukkerbrød subst. *n* sponge cake
sukkerert subst. *m/f* sugar pea,
  sugar snap
sukkerfri adj. sugar-free
sukkerrør subst. *n* sugar cane
sukkersyke subst. *m* diabetes
sukkersøt adj. sugary
sukkertøy subst. *n* sweet, candy *(amer.)*
sukre verb sugar, sweeten
suksess subst. *m* success
sult subst. *m* hunger
sulte verb starve
sultefôre verb starve
sulten adj. hungry
sultestreik subst. *m* hunger strike
sum subst. *m* sum
summe[1] verb *(surre)* buzz, hum
summe[2] verb *bare i uttrykk*
  summe seg compose oneself
summere verb add, sum up
summetone subst. *m* dialling tone
sump subst. *m* swamp
sumpete adj. swampy, boggy
sumpområde subst. *m* swampland,
  marshland
sund[1] subst. *n* strait, inlet
sund[2] adj. broken, asunder
sunget verb *se* ▶synge
sunn adj. healthy
sunnhet subst. *m* health
sup subst. *m* swig
supe verb **1** *(svelge grådig)* guzzle,
  drink up
  2 *(suge, puste)* draw, suck
super adj. super, wonderful
superb adj. superb, marvellous
superlativ subst. *m* superlative
supermakt subst. *m* superpower
supermarked subst. *n* supermarket
supermat subst. *m* superfood

suppe subst. *m* soup
supplement subst. *n* supplement
supplere verb supplement
supporter subst. *m* supporter, fan
supporterklubb subst. *m* fan club,
  supporters' club
sur adj. **1** *(skarp)* sour
  2 *(gretten)* grumpy, sour
  3 *(kjemi)* acid
  bli sur 1 *(om melk e.l.)* turn sour
  2 *(bli gretten)* get cross, turn sour
surfe verb **1** *(på bølger)* surf
  2 *(på internett)* surf, browse
surfebrett subst. *n* surfboard
surfing subst. *m/f* **1** *(sport)* surfing
  2 *(IT)* browsing, surfing
surkle verb gurgle
surmule verb sulk, pout
surr adverb *bare i uttrykk*
  gå i surr get/be confused
surre verb **1** *(summe)* buzz
  2 *(steke)* fry, sizzle
  3 *(binde fast)* twine, coil
  bare surre *(rote)* muddle about,
  mess around
surrealistisk adj. surrealistic
surrete adj. confused, muddled
surrogat subst. *n* surrogate
surrogati subst. *n* surrogacy
sursild subst. *m/f* pickled herring
surstoff subst. *n* oxygen
sursøt adj. sweet-and-sour
sus subst. *n* rustle, whisper
suse verb **1** *(gi brusende lyd)* sough,
  whisper
  2 *(fare raskt)* rush, zip
sutre verb whine
suvenir subst. *m* souvenir
suveren adj. **1** *(uavhengig)* sovereign,
  independent
  2 *(overlegen)* superior, supreme
suverenitet subst. *m* sovereignty
svaberg subst. *n forklaring:* coastal
  rock slope
svada subst. *m* claptrap, hot air
svaie verb sway
svak adj. weak
  være svak for have a weakness for
svakelig adj. sickly, frail
svakhet subst. *m* weakness
svaksynt adj. visually impaired
sval adj. cool
svale subst. *m/f* *(fugl)* swallow
svamp subst. *m* sponge

a
b
c
d
e
f
g
h
i
j
k
l
m
n
o
p
q
r
s
t
u
v
w
x
y
z
æ
ø
å

svampaktig adj. spongy
svane subst. *m* swan
svangerskap subst. *n* pregnancy
svar subst. *n* answer, reply
svare verb answer, reply
  svare ja/nei say yes/no
  svare til *(tilsvare)* correspond to/with
svart adj. black
svartebørs subst. *m* black market
svartedauden subst. *m* the Black Death
Svartehavet stedsnavn the Black Sea
svarteliste subst. *m* blacklist
svartmale verb paint black
svartne verb darken
  svartne for go black, black out
svarttrost subst. *m* blackbird
sveise verb weld
sveiser subst. *m* welder
Sveits stedsnavn Switzerland
sveitser subst. *m* Swiss
sveitsisk adj. Swiss
sveiv subst. *m* crank, handle
sveive verb **1** *(dreie)* crank, turn
  2 *(veive)* swing, wave
svekke verb weaken
svekkelse subst. *m* weakening
svekling subst. *m* weakling, wimp
svelg subst. *m/n* **1** *(slurk)* gulp, swallow
  2 *(del av munnhulen)* throat
  3 *(avgrunn)* abyss, gulf
svelge verb swallow
svelle verb swell
svensk adj. Swedish
svenske subst. *m* Swede
svepe subst. *m/f* whip
sverd subst. *n* sword
sverdfisk subst. *m* swordfish
sverge verb swear
Sverige stedsnavn Sweden
sverm subst. *m* **1** *(av insekter)* swarm
  2 *(av mennesker)* crowd
sverme verb swarm
sverte[1] subst. *m/f (til sko)* polish, blacking
sverte[2] verb blacken
svett adj. sweaty
svette[1] subst. *m* sweat
svette[2] verb sweat
sveve verb hover, float
svi verb **1** burn
  2 sting, hurt
svie subst. *m/f* sharp/stinging pain
svigerdatter subst. *m/f* daughter-in-law
svigerfar subst. *m* father-in-law

svigerforeldre subst. *flt.* parents-in-law
svigerinne subst. *m/f* sister-in-law
svigermor subst. *m/f* mother-in-law
svigersønn subst. *m* son-in-law
svik subst. *n* **1** *(forræderi)* betrayal, treachery
  2 *(bedrageri)* fraud
svike verb betray
svikefull adj. treacherous
svikt subst. *m* **1** *(bøyelighet)* flexibility, spring
  2 *(mangel)* shortage, deficiency
  3 *(nedgang)* decline, drop
svikte verb fail, let down, betray
svime[1] subst. *m* unconsciousness
svime[2] verb *(vimse)* muck about, fool around
  svime av faint, pass out
svimlende adj. dizzy
svimmel adj. dizzy, faint
svimmelhet subst. *m* dizziness
svin subst. *n* **1** *(dyr)* pig
  2 *(svinekjøtt)* pork
svindel subst. *m* fraud, swindle
svindle verb swindle
svinekjøtt subst. *n* pork
svineri subst. *n* **1** *(griseri)* mess
  2 *(noe uanstendig)* filth, smut
svinestek subst. *m* roast pork
sving subst. *m* **1** *(bevegelse)* swing
  2 *(på en vei)* curve, bend
  3 *(forandring av retning)* turn, swerve
  sette noe i sving get something going
  være i full sving be in full swing
svingdør subst. *m/f* revolving door
svinge verb **1** swing
  2 *(om retning, vei)* turn
svingning subst. *m/f* **1** swinging, swing
  2 *(variasjon)* variation
  3 *(frem og tilbake)* oscillation
svinn subst. *n* decrease, loss
svinne verb **1** *(bli borte)* vanish, disappear
  2 *(minke)* decrease
  svinne hen fade away
svirre verb buzz, whirr
sviske subst. *m/f* prune
svoger subst. *m* brother-in-law
svor subst. *m* rind
svovel subst. *m/n* sulphur
svovelsyre subst. *m* sulphuric acid
svulme verb swell
svulst subst. *m* tumour
svulstig adj. bombastic, pompous

svær adj. big, large, huge
svært adverb very, extremely, exceptionally
svømme verb swim
svømmebasseng subst. *n* swimming pool
svømmefot subst. *m* flipper, fin
svømmehall subst. *m* swimming pool
svømmehud subst. *m/f* web
svømmer subst. *m* swimmer
sy verb 1 *(om tøy)* sew
  2 *(om sår)* stitch, suture
syde verb boil, seethe
Syden subst.
  omtr. dss. the Mediterranean
Sydpolen stedsnavn the South Pole
sydvest subst. *(hodeplagg)* sou'wester
syer subst. *m* sewer
syfilis subst. *m* syphilis
syk adj. 1 ill, sick
  2 *(hverdagslig, som adverb: veldig)* incredibly, very • *han er sykt pen!* he's incredibly good-looking!
sykdom subst. *m* illness, disease, sickness
sykeavdeling subst. *m/f* infirmary
sykebil subst. *m* ambulance
sykehjem subst. *n* nursing home
sykehus subst. *n* hospital
sykelig adj. 1 *(syk)* sickly
  2 *(unormal)* abnormal, morbid
sykemelding subst. *m/f* sick note
sykepleier subst. *m* nurse
sykeseng subst. *m/f* sick bed
sykkel subst. *m* bicycle, bike *(hverdagslig)*
sykkelhjelm subst. *m* bicycle helmet
sykkelritt subst. *n* bicycle race
sykkelslange subst. *m* inner tube
sykkelsti subst. *m* cycle lane, cycle track
sykkelstyre subst. *n* handlebars
sykkeltur subst. *m* bicycle ride
sykkelvei subst. *m* bicycle trail, bike trail *(hverdagslig)*
sykle verb cycle
syklist subst. *m* cyclist
syklon subst. *m* cyclone
syklubb subst. *m* sewing circle
syklus subst. *m* cycle
sykmelde verb grant sick leave
  sykmelde seg report sick, call in sick *(hverdagslig)*
syl subst. *m* awl

sylinder subst. *m* cylinder
sylskarp adj. razor sharp
sylte[1] subst. *m/f* brawn
sylte[2] verb 1 *(legge i lake)* pickle *(i eddik)*, preserve *(i sukker)*
  2 *(lage syltetøy)* make jam
sylteagurk subst. *m* gherkin, pickled cucumber
syltetøy subst. *n* jam
symaskin subst. *m* sewing machine
symbol subst. *n* symbol
symbolisere verb symbolize
symbolsk adj. symbolic
symfoni subst. *m* symphony
symmetri subst. *m* symmetry
symmetrisk adj. symmetrical
sympati subst. *m* sympathy
sympatisere verb sympathize
sympatisk adj. likeable, pleasant
symptom subst. *n* symptom
syn subst. *n* 1 *(det å se)* sight
  2 *(synsevne)* eyesight
  3 *(oppfatning)* opinion, view
  • *etter mitt syn* in my opinion
  ha godt/dårlig syn have good/poor eyesight
synagoge subst. *m* synagogue
synd subst. *m* sin
  synes synd på pity, feel sorry for
  så synd! what a pity!
synde verb sin, commit a sin
syndebukk subst. *m* scapegoat
synder subst. *m* sinner
syndflod subst. *m* the Flood, the Deluge
syndig adj. sinful
syndrom subst. *n* syndrome
syne[1] subst. *n bare i uttrykk*
  komme til syne appear, emerge
  slippe av syne let out of one's sight
  ute av syne, ute av sinn out of sight, out of mind
syne[2] verb show
synes verb 1 *(mene)* think
  2 *(se ut til)* seem, appear
synge verb sing
synke verb sink, descend
synkronisere verb synchronize
synlig adj. visible
synliggjøre verb make visible
synonym[1] subst. *n* synonym
synonym[2] adj. synonymous
synsbedrag subst. *n* optical illusion
synsfelt subst. *n* field of vision

a
b
c
d
e
f
g
h
i
j
k
l
m
n
o
p
q
r
s
t
u
v
w
x
y
z
æ
ø
å

synshemmet adj. visually impaired
synsk adj. psychic, clairvoyant
synspunkt subst. *n* point of view
synsrand subst. *m/f* horizon
synstest subst. *m* eye examination
syntaks subst. *m* syntax
syntetisk adj. synthetic
synål subst. *m/f* (sewing) needle
syre subst. *m/f* acid
syrin subst. *m* lilac
syrlig adj. **1** sour
  2 *(spydig)* tart, acid
sysselsette verb employ
sysselsetting subst. *m/f* employment
system subst. *n* system
systematisk adj. systematic
syte verb whine
sytråd subst. *m* sewing thread
sytten determinativ seventeen
syttende mai 1 17 May
  2 *(i Norge)* Constitution Day
sytti determinativ seventy
sytøy subst. *n* needlework
syv determinativ seven
sæd subst. *m* **1** *(sperma)* sperm, semen
  2 *(såkorn)* seed, grain
sædcelle subst. *m/f* sperm cell
sær adj. strange, weird
særbehandling subst. *m/f* special
  treatment
særdeles adverb **1** especially,
  particularly
  2 *(svært)* very, extremely
særegen adj.
  1 *(karakteristisk)* characteristic
  2 *(underlig)* strange, peculiar
særeie subst. *n* separate estate
særlig adj. **1** special, particular
  2 *(som adverb)* especially, particularly
  • *han liker blomster, særlig roser*
  he likes flowers, especially roses
  særlig! *(ironisk)* yeah, right!
særoppgave subst. *m/f* project work

særpreg subst. *n* character,
  distinctive feature
særskilt adj. **1** special, individual
  2 *(som adverb)* especially
  • *han var ikke særskilt begavet*
  he was not especially gifted
særstilling subst. *m/f* unique position
særtrekk subst. *n* character,
  distinctive feature
sødme subst. *m* sweetness
søk subst. *n* search
søkbar adj. searchable
søke verb **1** *(lete etter)* search for
  2 *(sende søknad)* apply for
  3 *(forsøke)* try, attempt
søkelys subst. *n* spotlight
søkemotor subst. *m (IT)* search engine
søkeord subst. *n* search query
søker subst. *m* applicant
søkk subst. *n* **1** *(fordypning)* hollow,
  depression
  2 *(overraskelse)* start, jolt
søkkvåt adj. soaking wet
søknad subst. *m* application
søknadsfrist subst. *m* closing date
søknadsskjema subst. *n*
  application form
søksmål subst. *n* civil action, lawsuit
søkt adj. far-fetched
søl subst. *n* mess
søle[1] subst. *m/f* mud
søle[2] verb **1** *(grise)* spill, slop
  2 *(sløse)* waste
sølepytt subst. *m* puddle
sølete adj. muddy
sølibat subst. *n* celibacy
sølv subst. *n* silver
sølvmedalje subst. *m* silver medal
sølvpapir subst. *n* silver foil
sølvtøy subst. *n* silver, silverware
søm subst. *m* **1** *(det å sy)* sewing
  2 *(rekke av sting)* seam
  3 *(medisinsk)* stitch, suture

sømmelig adj. decent, proper
sømmelighet subst. *m* decency, propriety
sømme seg verb be proper
søndag subst. *m* Sunday
sønn subst. *m* son
sønnavind subst. *m* south wind
søppel subst. *n* rubbish, garbage *(amer.)*
søppelbil subst. *m* dustcart, garbage truck *(amer.)*
søppelbøtte subst. *m/f* bin
søppeldunk subst. *m* dustbin, rubbish bin
søppelfylling subst. *m/f* dump, landfill
søppelhaug subst. *m* rubbish heap, garbage heap *(amer.)*
søppelkasse subst. *m/f* rubbish bin, garbage can *(amer.)*
søppelkjører subst. *m* dustman, garbage man *(amer.)*
søppelmat subst. *m* junk food
søppelpose subst. *m* bin liner, can liner
søppelpost subst. *m (IT)* spam
søppelsekk subst. *m* bin bag, garbage bag *(amer.)*
søppelsortering subst. *m/f* waste sorting
søppeltømmer subst. *m* dustman, garbage man *(amer.)*
sør[1] subst. *n* south
sør[2] adverb south
Sør-Afrika stedsnavn South Africa
sørafrikaner subst. *m* South African
sørafrikansk adj. South African
Sør-Amerika stedsnavn South America
søramerikaner subst. *m* South American
søramerikansk adj. South American
sørfra adverb from the south
sørge verb grieve, mourn
sørge for 1 *(ta seg av)* make sure, take care of **2** *(skaffe til veie)* provide
sørgelig adj. sad, tragic
sørgemarsj subst. *m* funeral march
sørgmodig adj. sad, sorrowful
Sør-Korea stedsnavn South Korea
sørlig adj. southern
sørover preposisjon southwards, to the south
sørpe subst. *m/f* slush
sørpete adj. slushy
sørpol subst. *m* south pole
sørpå preposisjon **1** south **2** *(som adverb: i sør)* southwards, down south • *hun dro for å besøke slektninger sørpå* she went to see relatives down south
sørvest adverb south-west, south-westerly
sørøst adverb south-east, south-easterly
søsken subst. *n* sibling, brothers and sisters
søskenbarn subst. *n* cousin
søster subst. *m* sister
søt adj. **1** sweet **2** *(om utseende)* cute
søte verb sweeten
søtpotet subst. *m* sweet potato
søtsaker subst. *flt.* sweets
søtstoff subst. *n* sweetener
søvn subst. *m* sleep
søvngjenger subst. *m* sleepwalker
søvnig adj. sleepy
søvnløs adj. sleepless
søvnløshet subst. *m* sleeplessness, insomnia
søye subst. *m/f (hunnsau)* ewe
søyle subst. *m/f* pillar, column
så[1] verb sow
så[2] verb *se* ►se
så[3] adverb **1** *(om grad)* so, such, as • don't look so sad **2** *(om tid)* then • *så begynte det å regne* then it started to rain **3** *(derfor)* so • I overslept, so I missed my train **4** *(slik)* so **5** *(i så fall)* then • *hvis du er trett, så må du gå og legge deg* if you're tired, (then) you must go to bed
hva så? so?, so what?
i så fall then, in that case
så synd! what a shame!
såkalt adj. so-called
såkorn subst. *n* seed corn
såle subst. *m* sole
såmaskin subst. *m* sowing machine
sånn determinativ *(sånt, sånne)*
1 such, like this, like that • I want a sofa like that **2** *(som utrop)* there • *sånn, nå kan du prøve igjen* there, now you can try again **3** *(som adverb: måte)* like that, like this, that way, this way • *uttal ordet sånn* pronounce the word like this
... og sånn *(hverdagslig)* ... and stuff
sånn at *(om konsekvens)* so that

• we will leave now, so that they can go to bed
sånn, ja! that's it!
så pass adverb *eller* **såpass**
so, this much
såpe[1] subst. *m/f* soap
såpe[2] verb soap
 såpe inn soap, soap up
såpeboble subst. *m/f* soap bubble
såpeglatt adj. slippery

såpeopera subst. *m* soap opera, soap
såpeskum subst. *n* lather
såpestykke subst. *n* bar of soap
sår[1] subst. *n* wound
sår[2] adj. sore
sårbar adj. vulnerable
såre verb hurt, wound, injure
sårende adj. wounding
såte subst. *m/f* haystack

t

ta verb **1** *(gripe)* take, grab
 2 *(velge)* choose, take
 3 *(arrestere)* arrest, catch, take
 • *han ble tatt for butikktyveri*
 he was arrested for shop lifting
 4 *(beseire)* beat, get
 ta av 1 *(reagere sterkt)* go wild
 2 *(velge mellom)* choose from **3** *(rydde av)* clear **4** *(om fly, lette)* take off
 ta igjen 1 *(hevne seg)* get even, fight back **2** *(innhente)* catch up with
 ta seg av take care of, look after
 ta seg sammen pull oneself together
tabbe subst. *m* blunder, slip, slip-up
tabell subst. *m* table
tablett subst. *m* lozenge, tablet
tabloid[1] subst. *m* tabloid
tabloid[2] adj. **1** *(om format)* tabloid
 2 *(populærkulturelt)* tabloid
tabloidavis subst. *m/f*
 tabloid newspaper
tablå subst. *n* tableau
tabu subst. *n* taboo
taco subst. *m* *(matrett)* taco
tafatt adj. **1** *(tiltaksløs)* unenterprising, indolent
 2 *(rådvill)* perplexed, puzzled
tagg subst. *m* *(spiss)* spike, point
tagge verb tag
taggete adj. jagged
tak[1] subst. *n* **1** *(utvendig)* roof
 2 *(innvendig)* ceiling
tak[2] subst. *n* grasp, hold
 få tak i 1 *(finne/gripe)* get hold of
 2 *(forstå)* understand, grasp
takk subst. *m/f* **1** *(takknemlighet)* thanks, gratitude
 2 *(som interjeksjon)* thank you, thanks

• thank you for the present!
 ellers takk thanks all the same
 ja takk yes, please
 nei takk no thanks
 takk i like måte the same to you
takke verb thank
takkekort subst. *n* thank-you card
takknemlig adj. grateful
takknemlighet subst. *m/f* gratitude
takle verb **1** *(håndtere)* handle, tackle
 2 *(sport)* tackle
takling subst. *m/f* *(sport)* tackling
takrenne subst. *m/f* gutter
taksameter subst. *n* taximeter, meter
taksere verb value, appraise, assess
taksering subst. *m/f* valuation, assessment
takst subst. *m* **1** *(verdi)* valuation, assessment
 2 *(pris)* fare
 3 *(gebyr)* rate
takstein subst. *m* tile
takstmann subst. *m* appraiser
takt[1] subst. *m/f* time
takt[2] subst. *m/f* *(finfølelse)* tact
taktfast adj. **1** rhythmic, measured
 2 *(som adverb: i takt)* in time, in step *(om marsj)*
taktikk subst. *m* tactic
taktisk adj. tactical
tale[1] subst. *m* speech, talk
 holde tale deliver a speech
 ikke tale om! certainly not!, no way!
tale[2] verb speak, talk
 oppriktig talt quite frankly, to tell the truth
talefeil subst. *m* speech impediment
taleferdighet subst. *m/f* fluency

talefot subst. *m bare i uttrykk*
være på talefot be on speaking terms
talefrihet subst. *m/f* freedom of speech
talemåte subst. *m*
1 *(uttrykksform)* manner of speaking
2 *(frase)* phrase, saying
talent subst. *n* talent
talentfull adj. talented, gifted
taler subst. *m* speaker
talerstol subst. *m* platform, rostrum
talespråk subst. *n* spoken language
talg subst. *m/f* tallow
talkum subst. *m* talcum
tall subst. *n* 1 number
2 *(om tegnet)* figure, digit
tallerken subst. *m* plate
tallkarakter subst. *m* numerical mark
tallord subst. *n* numeral
tallrik adj. numerous, abundant
talmud subst. *m* the Talmud
talskvinne subst. *m/f* spokeswoman
talsmann subst. *m* spokesman
talsperson subst. *m* spokesperson,
advocate *(forkjemper)*
talt verb *se* ▶telle
talte verb *se* ▶telle
tam adj. 1 *(om dyr)* domesticated, tame
2 *(lite spennende)* tame, bland *(om mat)*
tamil subst. *m (person/språk)* Tamil
tamp subst. *m* end, rope end
på tampen av at the end of
tampong subst. *m* tampon
tandem subst. *m* tandem
tander adj. sensitive, delicate
tang[1] subst. *m/f (redskap)* pair of pliers
tang[2] subst. *m/n* seaweed
tanga subst. *m* thong
tange subst. *m* 1 *(nes)* spit, tongue
2 *(del av kniv)* tang
tangens subst. *m* tangent
tangent subst. *m* 1 *(på instrument)* key
2 *(matematikk)* tangent line
tangere verb 1 *(sport)* equal
2 *(matematikk)* be tangent to
tank subst. *m* tank
tankbil subst. *m* tanker
tankbåt subst. *m* tanker
tanke subst. *m* thought, idea
tankefrihet subst. *m/f*
freedom of thought
tankefull adj. thoughtful, pensive
tankegang subst. *m*
1 *(mentalitet)* mentality, mind
2 *(måte å tenke på)* way of thinking

tankekart subst. *n* mind map
tankekors subst. *n* puzzle, paradox
tankeløs adj. thoughtless
tankestrek subst. *m* dash
tankevekkende adj. thought-provoking
tann subst. *m/f* tooth
tannbørste subst. *m* toothbrush
tannfe subst. *m* tooth fairy
tannfylling subst. *m/f* filling
tannhjul subst. *n* cogwheel
tannhygiene subst. *m* dental hygiene
tannkjøtt subst. *n* gums
tannkrem subst. *m* toothpaste
tannlege subst. *m* dentist
tannløs adj. toothless
tannpasta subst. *m* toothpaste
tannpine subst. *m/f* toothache
tannregulering subst. *m/f* braces
tannråte subst. *m* dental decay,
tooth decay
tannstein subst. *m* tartar
tanntråd subst. *m* floss
tannverk subst. *m/f* toothache
tante subst. *m/f* aunt
tap subst. *n* loss
tape[1] subst. *m*
1 *(limbånd)* adhesive tape, tape
2 *(lydbånd)* tape
tape[2] verb lose
tape[3] verb 1 *(klistre)* stick, tape
2 *(ta opp på bånd)* tape, record
taper subst. *m* loser
tapet subst. *n* wallpaper
tapetsere verb paper
tapp subst. *m* 1 *(propp)* plug, peg
2 *(kran)* tap
tappe verb 1 tap, draw
2 *(frata)* drain, bleed
tappe på flaske bottle
være tappet for krefter be drained
of strength
tapper adj. brave, courageous
tapperhet subst. *m* bravery, courage
tare subst. *m* seaweed
tariff subst. *m* tariff
tarm subst. *m* bowel, gut, intestine
tast subst. *m* key
tastatur subst. *n* keyboard
taste verb type *(skrive)*, press *(om tast)*,
dial *(om telefonnummer)*
tastelås subst. *m* keypad lock
tater subst. *m omtr. dss.* traveller
tatovere verb tattoo
tatovering subst. *m/f* tattoo

a
b
c
d
e
f
g
h
i
j
k
l
m
n
o
p
q
r
s
t
u
v
w
x
y
z
æ
ø
å

tatt verb *se* ►ta
tau subst. *n* rope
taubane subst. *m* cable car
taue verb tow
taus adj. silent, quiet
taushet subst. *m/f* silence
taushetsplikt subst. *m*
professional secrecy
tautrekking subst. *m/f* tug of war
tavle subst. *m/f* **1** *(med kritt)* blackboard
2 *(oppslagstavle)* notice board
3 *(elektronikk)* control panel
taxi subst. *m* taxi, cab
T-bane subst. *m* underground,
the Tube *(i London)*, subway *(amer.)*
te subst. *m* tea
team subst. *n* team
teamarbeid subst. *n* teamwork
teater subst. *n* theatre
teaterforestilling subst. *m/f* theatrical
performance, show
teatralsk adj. theatrical
teft subst. *m* scent
få teften av 1 *(om jakthund e.l.)* scent
2 *(overført)* get wind of
teglstein subst. *m* brick *(murstein)*,
tile *(takstein)*
tegn subst. *n* sign
tegne verb draw
tegneblokk subst. *m/f* drawing pad
tegnefilm subst. *m* animated film,
cartoon
tegnepapir subst. *n* drawing paper
tegner subst. *m* **1** *(teknisk)* draughtsman
2 *(av klær, mønstre e.l.)* designer
3 *(illustratør)* illustrator
tegneserie subst. *m* cartoon,
comic strip
tegneseriefigur subst. *m*
cartoon character
tegneserieskaper subst. *m* cartoonist
tegnestift subst. *m* drawing pin,
thumbtack
tegning subst. *m/f* drawing
tegnsetting subst. *m/f* punctuation
tegnspråk subst. *n* sign language
tegnspråktolk subst. *m* sign language
interpreter
teip subst. *m*
1 *(limbånd)* (adhesive) tape
2 *(lydbånd)* tape
teipe verb **1** *(klistre)* stick, tape
2 *(ta opp på bånd)* tape, record
teit adj. stupid, dumb *(amer.)*

tekanne subst. *m/f* teapot
tekjøkken subst. *n* kitchenette
tekke subst. *n* charm, appeal
tekniker subst. *m* technician, engineer
teknikk subst. *m* technique
teknisk adj. technical
teknologi subst. *m* technology
teknologisk adj. technological
tekst subst. *m* **1** text
2 *(til musikk)* lyrics
tekste verb **1** *(film)* subtitle
2 *(sende SMS)* text
tekstil subst. *m/n* textile, fabric
tekstilfabrikk subst. *m* textile factory,
textile mill
tekstmelding subst. *m/f* text message
tele subst. *m* ground frost,
frozen ground
telefon subst. *m* telephone, phone
telefonavlytting subst. *m/f* telephone
bugging, wiretapping
telefonsvarer subst. *m*
1 *(mobiltelefon)* voicemail
2 *(fasttelefon)* answering machine
telegram subst. *n* telegram, wire
telepati subst. *m* telepathy
teleskop subst. *n* telescope
telle verb **1** count
2 *(omfatte)* number, comprise
telle opp sum up
teller subst. *m (brøk)* numerator
telt[1] subst. *n* tent
telt[2] verb *se* ►telle
teltduk subst. *m* tent canvas
telte verb *se* ►telle
teltleir subst. *m* camp of tents
telttur subst. *m* camping trip
telys subst. *n* tea candle
tema subst. *n* **1** subject, topic, theme
2 *(melodi)* theme
tematikk subst. *m* thematics
tematisk adj. thematic
temme verb **1** tame,
domesticate *(om husdyr)*
2 *(tøyle)* control, subdue
temmelig adverb quite, rather, pretty
tempel subst. *n* temple
temperament subst. *n* temperament,
temper
temperatur subst. *m* temperature
temperert adj. temperate
tempo subst. *n* speed, pace, tempo
tendens subst. *m* **1** tendency,
inclination

2 *(utvikling i en viss retning)* trend
tendere verb *bare i uttrykk*
tendere mot/til tend to
tenke verb **1** think, believe
2 *(planlegge)* intend, mean
tenke seg imagine, suppose
tenke seg om consider, think
tenke på think about
tenk om ... what if ..., suppose ...
tenkelig adj. conceivable, imaginable
tenkemåte subst. *m* way of thinking, mentality
tenkepause subst. *m* time to think
tenker subst. *m* thinker, philosopher
tenkning subst. *m/f* **1** thinking, reasoning
2 *(filosofi)* thought, philosophy
tenne verb **1** *(ild)* light, kindle
2 *(elektrisk lys)* turn on, switch on
3 *(opphisse)* excite, arouse
tenning subst. *m/f* **1** lighting
2 *(del av motor)* ignition
3 *(tiltrekning)* arousal
tennis subst. *m* tennis
tennisbane subst. *m* tennis court
tennisracket subst. *m* tennis racket
tennplugg subst. *m* spark plug
tennvæske subst. *m/f* lighter fuel
tenor subst. *m* tenor
tentamen subst. *m* all-day test, *omtr. dss.* midterm exam *(amer.)*
tenåring subst. *m* teenager
teologi subst. *m* theology
teoretiker subst. *m* theorist
teoretisk adj. **1** theoretical
2 *(som adverb)* theoretically, in theory
teori subst. *m* theory
tepose subst. *m* tea bag
teppe subst. *n* **1** *(gulvteppe)* carpet *(større)*, rug *(mindre)*
2 *(pledd)* blanket
3 *(sceneteppe)* curtain
terapeut subst. *m* therapist
terapeutisk adj. therapeutic
terapi subst. *m* therapy
terge verb tease
termin subst. *m* **1** *(fødsel)* due date
2 *(tidsfrist)* date, deadline
3 *(periode)* term, period
4 *(avdrag)* instalment
terminal subst. *m* terminal
termometer subst. *n* thermometer
termos subst. *m* thermos
termostat subst. *m* thermostat

terning subst. *m/f* **1** *(i spill)* dice *(i flertall:* dice*)*
2 *(terningformet bit)* cube
terningkast subst. *n* throw of the dice
terpe verb cram
terrasse subst. *m* terrace
terreng subst. *n* country, ground
terrengløp subst. *n* cross-country race
terrengsykkel subst. *m* off-road bike
territorium subst. *n* territory
terror subst. *m* terror
terroraksjon subst. *m* terrorist attack
terrorangrep subst. *n* terrorist attack
terrorisere verb terrorize
terrorisme subst. *m* terrorism
terrorist subst. *m* terrorist
terrororganisasjon subst. *m* terrorist organization
terskel subst. *m* threshold
terte subst. *m/f* *(bakverk)* tart, pie
tese subst. *m* thesis
tesil subst. *m/f* tea strainer
teskje subst. *m/f* teaspoon
test subst. *m* test
testament subst. *n eller* **testamente** will, testament
testamentere verb leave by will, leave
teste verb test, try, check *(hverdagslig)*
testikkel subst. *m* testicle
testosteron subst. *n* testosterone
tett adj. **1** *(uten hull)* tight
2 *(kompakt)* dense, thick
3 *(nær)* close
tettbygd adj. **1** *(område)* densely populated
2 *(kropp)* stocky, thickset
tette verb make tight
tetthet subst. *m* density
tettpakket adj. packed, crowded
tettsittende adj. tight, close-fitting
thai subst. *m* Thai
thailandsk adj. Thai
thriller subst. *m* thriller
ti determinativ ten
tid subst. *m/f* **1** time
2 *(grammatikk)* tense
alle tiders wonderful, great
for tiden at present, currently
fra tid til annen from time to time
før i tiden in the past, in the old days
ha dårlig tid be in a hurry
hele tiden all the time
i tide in time
på tide about time, high time

tidevann subst. *n* tide
tidfeste verb date
tidkrevende adj. time-consuming
tidlig adj. early
tidligere adj. **1** *(før)* earlier
• they caught an earlier train
2 *(forhenværende)* former • *hun traff en tidligere elev* she met a former pupil
3 *(som adverb: før)* earlier, before
tidligst adverb at the earliest
tidløs adj. timeless
tidsalder subst. *m* age, era, epoch
tidsbegrenset adj. of limited duration
tidsfordriv subst. *n* pastime
tidsforskjell subst. *m* time difference
tidsfrist subst. *m* time limit, deadline *(om siste frist)*
tidsklemme subst. *m/f* time crunch, time squeeze
tidsnok adverb in time
tidspunkt subst. *n* time, moment, point
tidsregning subst. *m/f*
1 *(kronologi)* chronology
2 *(kalender)* calendar
tidsriktig adj. fashionable, trendy
tidsrom subst. *n* period, time span
tidsskrift subst. *n* magazine, periodical
tidssone subst. *m* time zone
tidtaker subst. *m* timer
tie verb be silent, hold one's tongue, shut up *(hverdagslig)*
ti stille! be quiet!
tiende determinativ tenth
tiger subst. *m* tiger, tigress *(om hunntiger)*
tigge verb beg
tigger subst. *m* beggar
tights subst. *m (plagg)* tights
tikke verb *(om lyd)* tick
til[1] adverb *(flere, mer)* more • *kan vi få en til?* can we have one more?
av og til now and then
til og med even
til[2] preposisjon to • *vi dro til skolen* we went to school
til[3] konjunksjon *(om tid)* until, till
• we waited until she got home
tilbake adverb back
tilbakebetale verb pay back, repay
tilbakeblikk subst. *n* retrospect, flashback *(i litteratur eller film)*
tilbakefall subst. *n* relapse
tilbakegang subst. *m* decline
tilbakeholden adj. reserved, withdrawn

tilbakekalle verb **1** call back, recall
2 *(om ytring)* withdraw, retract, take back
tilbakelegge verb cover, travel
tilbakemelding subst. *m/f* feedback
tilbakeslag subst. *n* setback, backlash
tilbakestående adj. **1** *(psykisk utviklingshemmet)* intellectually disabled, retarded *(nedsettende)*
2 *(gjenværende)* remaining
tilbaketog subst. *n* retreat, withdrawal
tilbaketrekning subst. *m/f* withdrawal, retreat
tilbaketrukket adj. secluded
tilbakevise verb reject
tilbe verb worship, adore
tilbeder subst. *m* **1** *(beundrer)* admirer
2 *(religion)* worshipper
tilbehør subst. *n* **1** accessories, trimmings *(mat, hverdagslig)*
2 *(fast)* fixtures, fittings
3 *(IT)* accessory
tilberede verb prepare, cook
tilbringe verb spend, pass
tilbud subst. *n* offer
på tilbud on sale
tilby verb offer
tilbørlig adj. due, proper, suitable
tilbøyelig adj. apt, inclined, prone
være tilbøyelig til have a tendency to
tilbøyelighet subst. *m/f* inclination, tendency
tildele verb
1 give, assign *(særlig om oppgave)*
2 *(om pris, utmerkelse)* award, bestow
3 *(om kvote)* allocate
tilegne verb dedicate
tilegne seg 1 take possession of
2 *(om kunnskap)* acquire, pick up
tilegnelse subst. *m* **1** dedication
2 *(om kunnskap)* acquisition
tilfalle verb fall to
tilfeldig adj. **1** accidental, random
2 *(som adverb)* by chance, at random
• *de møttes tilfeldig* they met by chance
tilfeldighet subst. *m/f* coincidence
tilfeldigvis adj. accidentally, by chance
tilfelle subst. *n* case
i tilfelle in case
tilflukt subst. *m/f* refuge
tilfluktsrom subst. *n* bomb shelter
tilfreds adj. satisfied, content
tilfredshet subst. *m/f* satisfaction
tilfredsstille verb satisfy

tilfredsstillelse subst. *m* satisfaction
tilfredsstillende adj. **1** satisfactory
  2 *(som adverb)* satisfactorily
tilførsel subst. *m* supply
tilføye verb add
tilgang subst. *m* access
tilgi verb forgive, pardon
tilgivelig adj. forgivable
tilgivelse subst. *m* forgiveness
tilgjengelig adj. accessible, available
tilgjort adj. affected, artificial
tilgodelapp subst. *m* credit note/slip
tilhenger subst. *m* follower, supporter
tilholdssted subst. *n* haunt,
  whereabouts
tilhøre verb belong to
tilhører subst. *m* listener,
  audience *(flertall)*
tilintetgjøre verb **1** *(ødelegge)* destroy
  2 *(utrydde)* exterminate, wipe out
tilintetgjørelse subst. *m*
  1 *(ødeleggelse)* destruction
  2 *(utryddelse)* extermination
tilkalle verb call, send for
tilkjenne verb award, grant
tilkjennegi verb make known
tilknytning subst. *m/f* connection,
  attachment
tilknyttet adj. connected with
tillate verb allow, permit, let
tillatelse subst. *m* permission
tillatt adj. permitted, allowed
tillegg subst. *n* **1** addition
  2 *(til bok e.l.)* supplement, appendix
  i tillegg in addition
tillit subst. *m* confidence, trust
tillitsbrudd subst. *n* breach of
  confidence
tillitsfull adj. trusting
tillitsvalgt adj. representative
tilløp subst. *n* **1** *(idrett)* run-up, approach
  2 *(begynnelse)* beginning, start
tilnærmelse subst. *m*
  1 *(tilnærming)* approach, approximation
  2 *(seksuelt)* advances
tilpasning subst. *m* adaptation,
  adjustment
tilpasningsdyktig adj. adaptable
tilpasningsevne subst. *m* adaptability
tilpasse verb **1** *(innrette)* adapt, adjust
  2 *(få til å passe)* fit, make fit
tilreisende adj. **1** newly arrived
  2 *(som subst.: tilreisende person)*
  visitor

tilrettelegge verb **1** *(tilpasse)* adapt
  2 *(organisere)* arrange, organize
tilrop subst. *n* shout, cry
tilrådelig adj. advisable
tilsetning subst. *m/f* addition
tilsetningsstoff subst. *n* additive
tilsette verb **1** *(blande i)* add
  2 *(ansette)* appoint, hire *(amer.)*
tilsidesette verb **1** disregard, ignore
  2 *(ved forfremmelse)* pass over
tilsiktet adj. intentional
tilskrive verb ascribe to
tilskudd subst. *n* **1** grant, contribution
  2 *(i kosthold)* supplement
tilskuer subst. *m* spectator, onlooker
tilskynde verb encourage, urge
tilslag subst. *n* **1** *(i idrett)* touch
  2 *(om auksjon)* knocking down
tilslutning subst. *m/f* **1** *(støtte)* support
  2 *(bifall)* approval
  3 *(tilknytning)* connection
tilsløre verb veil, conceal
tilsmurt adj. smeared
tilspisse seg verb come to a head
tilstand subst. *m* **1** *(forfatning)* state,
  condition
  2 *(situasjon)* situation
tilstelning subst. *m* **1** *(fest)* party
  2 *(forberedelse)* arrangement,
  preparation
tilstrekkelig adj. sufficient, enough
tilstrømning subst. *m*
  1 *(av mennesker/blod)* rush
  2 *(av vann eller penger)* inflow, influx
tilstå verb confess (to)
tilståelse subst. *m* confession
tilsvare verb correspond to
tilsvarende adj. **1** *(lignende)* similar
  2 *(lik)* corresponding, equivalent
tilsyn subst. *n* supervision
tilsynelatende adj. **1** apparent, seeming
  2 *(som adverb)* apparently, seemingly
tilsynsfører subst. *m* supervisor
tilta verb increase, grow
tiltak subst. *n* **1** *(forholdsregel)* measure
  2 *(handling)* undertaking
  3 *(ork)* effort
tiltale[1] subst. *m* **1** *(jus)* indictment,
  prosecution
  2 *(muntlig henvendelse)* address
tiltale[2] verb **1** *(snakke til)* address
  2 *(anklage)* indict
  3 *(virke tiltrekkende på)* appeal to,
  attract

a
b
c
d
e
f
g
h
i
j
k
l
m
n
o
p
q
r
s
t
u
v
w
x
y
z
æ
ø
å

tiltalende adj. appealing, attractive
tiltredelse subst. *m* accession
tiltrekke verb attract
tiltrekkende adj. attractive
tiltrekning subst. *m/f* attraction
tiltro subst. *m/f* confidence, trust
tilvalgsfag subst. *n* compulsory
   additional subject
tilvekst subst. *m* increase
tilvenning subst. *m/f* adaptation
tilværelse subst. *m* existence, life
time subst. *m* **1** *(60 minutter)* hour
   2 *(undervisningsperiode)* lesson,
   period
   3 *(avtale)* appointment
timebetalt adj. paid by the hour
timeglass subst. *n* hourglass
timelønn subst. *m/f* hourly pay/wage
timeplan subst. *m* timetable
timevis adverb *bare i uttrykk*
   i timevis for hours
timeviser subst. *m* hour hand
timian subst. *m* *(krydder)* thyme
tindre verb sparkle
tine verb thaw, defrost *(mat)*,
   melt *(snø, is)*
ting subst. *m/f* thing
tinghus subst. *n* courthouse
tinglyse verb register
tingrett subst. *m* District Courts
tinn subst. *n* tin
tinning subst. *m/f* temple
tippe[1] verb **1** *(gjette)* tip, guess
   2 *(spille)* do the pools, bet
tippe[2] verb *(velte)* tip
tippekamp subst. *m*
   omtr. dss. match of the day
tippekupong subst. *m* pools coupon
tippeliga subst. *m* Premier League
tipping subst. *m/f* **1** *(gjetting)* guessing
   2 *(pengespill)* tipping, betting *(amer.)*
tippoldebarn subst. *n*
   great-great-grandchild
tippoldefar subst. *m*
   great-great-grandfather
tippoldemor subst. *m/f*
   great-great-grandmother
tips subst. *n* **1** *(opplysninger)* tip, hint
   2 *(drikkepenger)* tips
tipse verb **1** *(gi opplysninger)* tip off
   2 *(gi drikkepenger)* tip
tirre verb tease
tirsdag subst. *m* Tuesday
tispe subst. *m/f* bitch

tiss[1] subst. *m* *(kjønnsorganer,*
   hverdagslig) privates, willy *(penis)*
tiss[2] subst. *n* *(urin)* pee
tisse verb pee
tistel subst. *m* thistle
titt subst. *m* peep
titte verb peep, peek, take a look
tittel subst. *m* title
titulere verb address
tivoli subst. *n* fun fair, amusement park
tiår subst. *n* decade
tjafs subst. *m* tuft, wisp
tjene verb **1** *(penger)* earn, make
   2 *(være ansatt, yte tjenester)* serve
   3 *(fungere som)* serve
tjener[1] subst. *m* servant
tjener[2] subst. *m* *(IT)* server
tjeneste subst. *m* **1** *(arbeid)* service
   2 *(hjelp)* favour
tjenestedyktig adj. fit for service
tjenestegjøre verb serve
tjenestekvinne subst. *m* civil servant
tjenestemann subst. *m* civil servant
tjenesteyter subst. *m* service provider
tjern subst. *n* small lake, tarn
tjore verb tether
tjue determinativ twenty
tjukkas subst. *m* **1** *(person)* fatty, fatso
   2 *(i gymsal)* crash mat
tjære subst. *m/f* tar
to determinativ two
   begge to both
   to ganger twice
toalett subst. *n* **1** *(i private hjem)* toilet,
   bathroom *(amer.)*
   2 *(offentlig)* lavatory, restroom *(amer.)*
toalettmappe subst. *m/f* toilet-case,
   toilet bag
toalettpapir subst. *n* toilet paper
toalettsaker subst. *flt.* toilet articles
toalettsete subst. *n* toilet seat
tobakk subst. *m* tobacco
toegget[1] adj. dizygotic, non-identical
toegget[2] adj. *(tveegget)* double-edged
tog subst. *n* **1** *(jernbane)* train
   2 *(opptog)* procession, parade
tok verb *se* ▶ta
tokt subst. *n* **1** *(krigsferd)* raid
   2 *(ferd til sjøs)* cruise, voyage
toleranse subst. *m* tolerance
tolerant adj. tolerant
tolerere verb tolerate
tolk subst. *m* interpreter
tolke verb interpret

toll subst. *m* **1** *(avgift)* duty
  2 *(kontroll)* customs
toller subst. *m* customs officer
tollfri adj. duty free
tollmur subst. *m* tariff wall, tariff barrier
tollvesen subst. *n* customs service
tolv determinativ twelve
tolvfingertarm subst. *m* duodenum
tom adj. empty
t.o.m. *(fork. for til og med)*
  up to and including
tomannsbolig subst. *m* semi-detached
  house, duplex *(amer.)*
tomat subst. *m* tomato
tomgang subst. *m* idling, idle running
tomhendt adj. empty-handed
tomhet subst. *m* emptiness
tomme subst. *m* inch
tommel subst. *m eller* **tommelfinger**
  thumb
tommelfingerregel subst. *m*
  rule of thumb
tommeltott subst. *m* thumb
tommestokk subst. *m* folding rule
tomrom subst. *n* void, gap *(mellom noe)*
tomt subst. *m/f* site, lot *(amer.)*
tone subst. *m* **1** *(lyd)* tone, sound
  2 *(tonetrinn)* note, pitch
  3 *(om snakkemåte)* tone, pitch
  4 *(om farger)* tint, tone
toneangivende adj. trendsetting
tonefall subst. *n* tone of voice
tonehøyde subst. *m* pitch
tonn subst. *n* metric ton, ton
topp[1] subst. *m* top
topp[2] adj. *(bra)* top, excellent
toppe verb top
toppform subst. *m* top form
toppidrett subst. *m* top-level sports
toppløs adj. topless
toppmøte subst. *n* summit meeting
toppscorer subst. *m* top scorer
toppunkt subst. *n* **1** summit
  2 *(matematikk)* vertex
Tora subst. *m* Torah
torde verb *se* ▶tore
torden subst. *m* thunder
tordenvær subst. *n* thunderstorm
tordivel subst. *m* dor beetle
tordne verb thunder
tore verb dare, venture
  om jeg tør spørre if I may ask
torg subst. *n* **1** *(salgssted)* market
  2 *(åpen plass)* square

torn subst. *m* thorn
tornado subst. *m* tornado,
  twister *(amer.)*
torpedere verb torpedo
torpedo subst. *m* torpedo
torsdag subst. *m* Thursday
torsk subst. *m* cod
tort verb *se* ▶tore
tortur subst. *m* torture
torturere verb torture
torv subst. *m/f* turf, sod, peat
tosifret adj. two-digit, two-figure
tosk subst. *m* fool
tospråklig adj. bilingual
total adj. total
totalitær adj. totalitarian
tradisjon subst. *m* tradition
tradisjonell adj. traditional
traff verb *se* ▶treffe
trafikant subst. *m* road user
trafikk subst. *m* traffic
trafikkert adj. busy
trafikklys subst. *n* traffic light
trafikkork subst. *m* traffic jam
trafikkregel subst. *m* traffic regulation
trafikkskilt subst. *n* traffic sign
trafikkulykke subst. *m/f* road accident
tragedie subst. *m* tragedy
tragikomisk adj. tragicomic
tragisk adj. tragic
trailer subst. *m* **1** lorry, truck *(amer.)*
  2 *(film)* trailer
trakassere verb harass
trakk verb *se* ▶trekke
trakt subst. *m* *(redskap)* funnel
traktat subst. *m* treaty
trakte[1] verb *(søke)* aspire, strive
  trakte etter aspire to
trakte[2] verb percolate
  trakte kaffe make coffee
traktor subst. *m* tractor
tralle[1] subst. *m/f* cart, trolley
tralle[2] verb hum, sing
trampe verb stamp, tramp
trampoline subst. *m* trampoline
tran subst. *m/f* cod-liver oil
trane subst. *m/f* *(fugl)* crane
trang[1] subst. *m* *(behov)* urge, need
trang[2] adj. **1** *(smal)* narrow
  2 *(om klær)* tight
trangsynt adj. narrow-minded
transaksjon subst. *m* transaction
transe subst. *m* trance
transformator subst. *m* transformer

a b c d e f g h i j k l m n o p q r s **t** u v w x y z æ ø å

transitiv adj. transitive
transkjønnet adj. transgender
transperson subst. *m* transperson
transplantasjon subst. *m* transplant, transplantation
transport subst. *m* transport, conveyance
transportere verb transport
transportmiddel subst. *n* means of transport
trapes[1] subst. *m (turnapparat)* trapeze
trapes[2] subst. *n (matematikk)* trapezium, trapezoid *(amer.)*
trapp subst. *m/f* staircase, stairs *(særlig innendørs)*, steps *(særlig utendørs)*
trappe verb *bare i uttrykk*
  trappe ned reduce gradually, step down
  trappe opp escalate, step up
trappeavsats subst. *m* landing
trappeoppgang subst. *m* stairway
trappetrinn subst. *n* step
traske verb plod
trass[1] subst. *m/n* defiance
trass[2] preposisjon *bare i uttrykk*
  trass i despite
trassalder subst. *m* defiant age
trassig adj. defiant, obstinate
trau subst. *n* trough
traumatisk adj. traumatic
traust adj. stalwart
trav subst. *n* trot *(gangart)*, trotting *(travsport)*
travbane subst. *m* trotting track
trave verb trot
travel adj. busy
  ha det travelt be in a hurry
travhest subst. *m* trotter
travsport subst. *m* trotting
tre[1] subst. *n* **1** *(plante)* tree
  2 *(ved)* wood
tre[2] verb *(gå)* step, tread
tre[3] determinativ three
tredemølle subst. *m/f* treadmill
tredimensjonal adj. three-dimensional
tredje adj. third
tredjedel subst. *m* third
tredjegradsforbrenning subst. *m/f* third-degree burn
tredobbelt adj. triple
treenighet subst. *m/f* trinity, trio
  den hellige treenighet the Holy Trinity

treff subst. *n*
  1 *(sammenkomst)* meeting, rally
  2 *(det å ramme/komme borti)* hit
  3 *(IT, ved søk)* result
treffe verb **1** *(møte)* meet, see
  2 *(ramme, komme borti)* hit, strike
  • the ball hit him in the back
  3 *(gjøre)* make, take • it was a difficult choice to make
treffende adj. appropriate, pertinent
treg adj. **1** *(sen)* slow
  2 *(dum)* thick, dense
tregrense subst. *m/f* treeline, timberline *(amer.)*
trehjulssykkel subst. *m* tricycle
trehus subst. *n* **1** *(av tre)* wooden house
  2 *(i tre)* treehouse
trekant subst. *m* **1** *(figur)* triangle
  2 *(gruppe på tre)* threesome
trekantet adj. triangular
trekk[1] subst. *m (vind)* draught, draft *(amer.)*
trekk[2] subst. *n* **1** *(egenskap)* feature, characteristic
  2 *(drag)* puff, inhalation
  3 *(handling)* move
  4 *(om fugler)* migration
trekke verb **1** *(dra)* draw, pull, drag
  2 *(ta til seg)* absorb, soak up
  3 *(om fugler)* migrate
  4 *(lufte)* be a draught, be a draft *(amer.)*
  det trekker there's a draught
  trekke fra 1 *(om gardiner o.l.)* draw back **2** *(på skatten o.l.)* deduct
trekkfugl subst. *m* migratory bird
trekkspill subst. *n* accordion
trekløver subst. *n*
  1 *(plante)* three-leaf clover
  2 *(gruppe på tre)* trio
trekning subst. *m/f* **1** *(i lotteri)* draw
  2 *(krampe)* spasm, convulsion
trekull subst. *n* charcoal
trelast subst. *m* timber, lumber *(amer.)*
trell subst. *m* thrall
trelle verb slave
tremasse subst. *m* wood pulp
tremenning subst. *m* second cousin
trend subst. *m* trend
trene verb **1** *(øve)* train, practise
  2 *(fysisk)* work out, exercise
trener subst. *m* trainer, coach *(i idrett)*
trenge verb **1** *(ha behov for)* need
  2 *(presse)* force, push
  det trengs ikke that is not necessary

trenge seg frem force one's way
trenge seg på be pushy
trengende adj. **1** needy, destitute
2 *(som subst.: trengende person)*
needy person, the needy *(flertall)*
trengsel subst. *m* **1** *(folksomt)* crowd,
throng
2 *(nød)* distress, trouble
trening subst. *m/f* **1** *(fysisk)* exercise,
workout
2 *(øvelse)* practice
treningsdrakt subst. *m/f* tracksuit,
sweatsuit
treningskamp subst. *m* friendly match
treningsleir subst. *m* training camp
treningsnarkoman subst. *m*
compulsive exerciser
treningsprogram subst. *n* training
programme, exercise programme
treningssenter *subst, n* fitness centre,
gym
treningsøkt subst. *m/f* workout,
training session
treske verb thresh
treskjæring subst. *m/f* woodcarving
tresko subst. *m/f* clog, wooden shoe
tresnitt subst. *n* woodcut
tresprit subst. *m* methanol,
wood alcohol
trestamme subst. *m* tree trunk
tresteg subst. *n* triple jump
trett adj. tired
tretten determinativ thirteen
tretthet subst. *m* fatigue, weariness
tretti determinativ thirty
trevarer subst. *flt.* woodwork
triangel subst. *n* triangle
tribune subst. *m* stand
trigge verb *(hverdagslig)* trigger
trigger subst. *m (hverdagslig)* trigger
trigonometri subst. *m* trigonometry
trikk subst. *m* tram, streetcar *(amer.)*
trikot subst. *m* tricot

triks subst. *n* trick
trikse verb **1** play, juggle
2 *(lure, jukse)* trick, cheat, juggle
trille[1] subst. *m/f (musikk)* trill
trille[2] verb **1** *(rulle)* roll
2 *(musikk)* trill
trillebår subst. *m/f* wheelbarrow
trilling subst. *m* triplet
trim subst. *m* exercise, training
trimme verb **1** *(trene)* exercise
2 *(stusse)* trim
trinn subst. *n* **1** *(skritt)* footstep, step
2 *(til å stå på)* step
3 *(nivå)* level
trio subst. *m* trio
trippe verb trip, tiptoe
trist adj. **1** *(lei seg)* sad, unhappy
2 *(kjedelig)* dreary, cheerless
tritt subst. *n bare i uttrykk*
holde tritt med keep up with
triumf subst. *m* triumph
triumfere verb triumph
trivelig adj. pleasant, nice, agreeable
trives verb enjoy oneself, be happy
triviell adj. humdrum, banal
trivsel subst. *m* well-being
tro[1] subst. *m/f*
1 *(overbevisning)* belief, faith
2 *(tillit)* faith, trust
tro[2] verb **1** *(mene)* believe, think
2 *(bekjenne seg til)* believe,
have faith in
3 *(stole på)* trust, have faith in
mon tro I wonder
tro om igjen think again
tro[3] adj. **1** *(trofast)* loyal, faithful
2 *(nøyaktig)* accurate, close
troende adj. **1** *(religiøs)* believing
2 *(som subst.: troende person)* believer
trofast adj. loyal, faithful
trofasthet subst. *m* reliability, fidelity
trofé subst. *n* trophy
trolig adj. likely, probable

troll subst. *n* **1** *(i nordisk folketro)* troll
  2 *(på internett)* troll
trollbinde verb spellbind
trolldom subst. *m* sorcery
trolle verb *(på nettet)* troll
trollkjerring subst. *m/f* ogress, shrew
trollmann subst. *m* wizard, sorcerer
trollunge subst. *m*
  1 *(barn av troll)* troll child
  2 *(rampete barn)* brat
trombone subst. *m* trombone
tromme[1] subst. *m/f* drum
tromme[2] verb drum, beat the drum
trommehinne subst. *m/f* eardrum
trommel subst. *m* **1** *(sylinder)* drum
  2 *(tørketrommel)* tumbler
trommeslager subst. *m* drummer
trommestikke subst. *m/f* drumstick
trommevirvel subst. *m* drum roll
trompet subst. *m* trumpet
tronarving subst. *m*
  heir to the throne *(mannlig)*,
  heiress to the throne *(kvinnelig)*
trone[1] subst. *m/f* throne
trone[2] verb *(ruve)* be imposing, tower
tronfølger subst. *m*
  successor to the throne
trontale subst. *m* Queen's speech *(om
  dronning)*, King's speech *(om konge)*
tropene subst. *flt.* the Tropics
tropisk adj. tropical
tropp subst. *m* troop
trosbekjennelse subst. *m* creed
trosfrihet subst. *m* freedom of faith
troskap subst. *m* loyalty, faithfulness
tross preposisjon *(trass i)* despite,
  in spite of
  til tross for despite
  tross alt after all
trossamfunn subst. *n*
  religious community
trosse verb defy
trost subst. *m (fugl)* thrush
troverdig adj. trustworthy
troverdighet subst. *m* credibility,
  trustworthiness
true verb threaten, intimidate
truende adj. threatening
truet adj. threatened, endangered
truffet verb *se* ▸treffe
truge subst. *m/f* snowshoe
trukket verb *se* ▸trekke
trumf subst. *m* trump

truse subst. *m/f* panties *(for kvinner)*,
  underpants, briefs *(for menn)*
truseinnlegg subst. *n* panty liner
trussel subst. *m* threat, menace
trygd subst. *m/f* social security benefits,
  welfare benefits
trygdeordning subst. *m/f*
  social security scheme
trygderettighet subst. *m* welfare right
trygdet adj. insured
trygg adj. safe, secure
trygge verb make safe, protect
trygghet subst. *m* safety, security
trygle verb beg, implore
trygt adverb safely
trykk[1] subst. *m* **1** *(press)* pressure
  2 *(på stavelse)* stress, accent
trykk[2] subst. *m/n* print
  på trykk in print
trykke[1] verb *(presse)* press, squeeze,
  push
  trykke noen i hånden
  shake someone's hand
  trykke noe inntil seg
  hold something closely
trykke[2] verb *(fremstille på papir)* print
trykkefrihet subst. *m*
  freedom of the press
trykkeri subst. *n* print shop
trykkfeil adj. misprint
trylle verb do magic
  trylle frem noe conjure up something
tryllekunstner subst. *m* magician
tryllestav subst. *m* magic wand
tryne[1] subst. *n* face, mug
  gå på trynet 1 fall flat
  2 *(mislykkes)* flop, fail completely
tryne[2] verb fall flat
trøbbel subst. *n* trouble
trøffel subst. *m* truffle
trøst subst. *m/f* comfort, consolation
trøste verb comfort, console
  trøste seg med take comfort in
trøstepremie subst. *m*
  consolation prize
trøtt adj. tired
trøye subst. *m/f* shirt, jersey
trå verb tread
tråd subst. *m* thread, string
  henge i en tynn tråd hang by a thread
  miste tråden lose one's train of
  thought
trådløs adj. wireless, cordless
trådsnelle subst. *m/f* bobbin

tråkk subst. *n (sti)* trail, path
tråkke verb tread, step, stamp
tråkle verb **1** *(sy)* baste, tack
  2 *(sno seg gjennom noe)* wind
trål subst. *m* trawl, trawl net
tråle verb trawl
tråler subst. *m* trawler
tsar subst. *m* tsar
Tsjekkia stedsnavn Czech Republic
tsjekkisk adj. Czech
T-skjorte subst. *m/f* T-shirt
tsunami subst. *m* tsunami
tuba subst. *m* tuba
tube subst. *m* tube
tuberkulose subst. *m* tuberculosis
tue subst. *m/f* mound
tufs subst. *m* **1** *(tust)* tuft
  2 *(tulling)* fool
tukle verb tamper, fiddle
tukt subst. *m (disiplin)* discipline
tukte verb discipline, punish
tulipan subst. *m* tulip
tulipanløk subst. *m* tulip bulb
tull subst. *n* nonsense, rubbish
  gjøre noe på tull do something for fun
  tull og tøys stuff and nonsense
tulle[1] verb *(svøpe)* wrap, bundle
tulle[2] verb joke
tullebukk subst. *m* silly person
tullete adj. crazy
tulling subst. *m* fool, nitwit, idiot
tullprat subst. *m/n* nonsense, rubbish
tumle verb tumble
tummelumsk adj.
  1 *(forvirret)* confused
  2 *(svimmel)* dizzy, dazed
tumult subst. *m* tumult
tun subst. *n* yard
tunfisk subst. *m* tuna
tung adj. **1** heavy
  2 *(vanskelig)* difficult, hard
tunge subst. *m/f* tongue
  ha noe på tungen have something on the tip of one's tongue
  holde tungen rett i munnen watch one's step
tungetale subst. *m* speaking in tongues
tunghørt adj. hard of hearing
tungsindig adj. gloomy, depressed
tungtvann subst. *n* heavy water
tungtveiende adj. weighty
tungvekter subst. *m* heavyweight
tungvint adj. cumbersome
tunnel subst. *m* tunnel

tunnelbane subst. *m* underground, subway *(amer.)*
tupp subst. *m* tip
tur subst. *m* **1** *(gåtur)* walk, stroll, hike *(lengre tur)*
  2 *(reise)* trip
  3 *(tur til å gjøre noe)* turn
  etter tur in turns, by turns
  gå seg en tur take a walk, go for a walk
  komme en tur drop by
turban subst. *m* turban
turbin subst. *m* turbine
turgåer subst. *m* hiker
turisme subst. *m* tourism
turist subst. *m* tourist
turkis adj. turquoise
turn subst. *m* gymnastics
turne verb do gymnastics
turné subst. *m* tour
turner subst. *m* gymnast
turnere verb *(dra på turné)* tour
turnering subst. *m/f* tournament
turnhall subst. *m* gym, gymnastics hall
turnips subst. *m* turnip
turnus subst. *m* round, rotation, shift
turnusstilling subst. *m/f* internship *(amer.)*
turnustjeneste subst. *m* house office training, internship *(amer.)*
tur-retur adj. return, round trip *(amer.)*
tur-retur-billett subst. *m* return ticket, round trip ticket *(amer.)*
turt verb *se* ►tore
turte verb *se* ►tore
turteldue subst. *m/f* turtle dove
tusen determinativ thousand
  tusen takk thank you very much
tusenben subst. *n* millipede
tusenfryd subst. *m* daisy
tusenvis adj. thousands
tusj subst. *m* felt pen
tussete adj. nutty, dotty
tussmørke subst. *n* twilight, dusk
tut[1] subst. *m (på kanne)* spout, opening
tut[2] subst. *n (lyd)* toot
tute verb **1** hoot
  2 *(gråte)* cry, bawl, howl
TV subst. *m* TV, telly
tvang[1] subst. *m* **1** *(makt)* force, coercion *(press)*
  2 *(psykologi)* compulsion
tvang[2] verb *se* ►tvinge
tvangsarbeid subst. *n* forced labour

a
b
c
d
e
f
g
h
i
j
k
l
m
n
o
p
q
r
s
t
u
v
w
x
y
z
æ
ø
å

tvangsekteskap subst. *n*
forced marriage
tvangsforestilling subst. *m/f* obsession
tvangstrøye subst. *m/f* straitjacket
tverr adj. cross, surly
tverrfaglig adj. interdisciplinary
tverrpolitisk adj. across party lines
tverrsnitt subst. *n* cross section
tvers adverb across
  på kryss og tvers in all directions
  på tvers av against
  tvers igjennom through and through
  tvers over straight across
tvert adverb across
  tvert imot on the contrary
tvetydig adj. ambiguous
tvetydighet subst. *m* ambiguity
tvil subst. *m* doubt
  la tvilen komme noen til gode give
  someone the benefit of the doubt
  under tvil with reservations
tvile verb doubt
tvilende adj. doubting
tviler subst. *m* doubter, sceptic
tvilling subst. *m* **1** twin
  2 *(stjernetegn: Tvillingene)* Gemini
tvilsom adj. **1** *(uviss)* doubtful
  2 *(betenkelig)* dubious
tvinge verb force, compel
tvinne verb twine, twist
tvist subst. *m* dispute, conflict
tvistemål subst. *n* dispute, litigation
tvitre verb *(på Twitter)* tweet
TV-kanal subst. *m* TV channel
TV-program subst. *n* TV programme
TV-serie subst. *m* TV series
tvungen adj.
  1 *(obligatorisk)* compulsory
  2 *(anstrengt)* forced, constrained
tvunget verb *se* ▶tvinge
ty verb **1** *(søke beskyttelse)* seek, take
  2 *(bruke)* resort, turn
  ty til turn to
tyde verb interpret
  tyde på indicate
tydelig adj. **1** *(lett å forstå)* clear
  2 *(merkbar)* obvious
tydeligvis adverb obviously, clearly
tyfon subst. *m* typhoon
tyfus subst. *m* *(tyfoidfeber)* typhoid
tygge verb chew
tyggegummi subst. *m* chewing gum
tykk adj. **1** thick
  2 *(om person)* fat, stout

tykkelse subst. *m* thickness
tykkhudet adj. thick-skinned
tykktarm subst. *m* large intestine, colon
tyll subst. *m* tulle
tyngde subst. *m* weight
tyngdekraft subst. *m/f* gravity
tyngdepunkt subst. *n*
  1 *(tyngdekraft)* centre of gravity
  2 *(overført)* central point
tynge verb **1** *(gjøre tung)* weigh heavy
  2 *(belaste)* weigh down
tynn adj. **1** *(smal)* thin, slim
  2 *(om væske)* thin
tynnslitt adj. worn thin, frayed
tynntarm subst. *m* small intestine
type subst. *m* **1** *(art)* type, kind, sort
  2 *(om enkeltindivid)* character
  3 *(bokstavform)* type, font
  være litt av en type
  be quite a character
typisk adj. typical
typograf subst. *m* typographer
tyr subst. *m* **1** *(okse)* bull
  2 *(stjernetegn:* Tyren*)* Taurus
tyrann subst. *m* tyrant
tyranni subst. *n* tyranny
tyrefekter subst. *m* bullfighter
tyrefektning subst. *m/f* bullfight
tyrker subst. *m* Turk
Tyrkia stedsnavn Turkey
tyrkisk adj. Turkish
tysk adj. German
tysker subst. *m* German
Tyskland stedsnavn Germany
tyst adj. silent
tyttebær subst. *n* cowberry
tyv subst. *m* thief
tyvegods subst. *n* stolen goods
tyveri subst. *n* theft
tære verb **1** *(etse)* corrode
  2 *(slite på)* drain, tax, eat into
tøff adj. tough
tøffel subst. *m* slipper
tømme[1] subst. *m* rein
tømme[2] verb empty, drain
tømmer subst. *n* timber, lumber *(amer.)*
tømmerflåte subst. *m* raft
tømmerhugger subst. *m* logger,
  lumberjack
tømmermenn subst. *flt.* hangover
tømmerstokk subst. *m* log
tømrer subst. *m* carpenter
tønne subst. *m/f* barrel
tør verb *presens av* ▶tore

tørke¹ subst. *m/f* drought
tørke² verb dry
  tørke av wipe
tørkerull subst. *m* roll of paper towels
tørkestativ subst. *n* drying rack
tørketrommel subst. *m* tumble dryer
tørkle subst. *n* neckerchief, bandana
tørr adj. dry
tørre verb *se* ▸tore
tørrfisk subst. *m* dried fish, stockfish
tørrgjær subst. *m* dry yeast
tørrskodd adj. dry-shod, with dry feet
tørst¹ subst. *m* thirst
tørst² adj. thirsty
tørste verb be thirsty
tøv subst. *n* nonsense
tøy subst. *n* **1** *(tekstil)* material, cloth, fabric
  2 *(bare i entall: klær)* clothing, clothes
tøye verb stretch
tøyelig adj. elastic, flexible
tøyle¹ subst. *m* rein, bridle

tøyle² verb bridle, control
tøylesløs adj. unbridled, unrestrained
tøys subst. *n* nonsense, rubbish
tøyse verb joke
tå subst. *m/f* toe
  fra topp til tå from head to toe
  på tå on tiptoe
tåke subst. *m/f* fog, mist *(lettere)*
tåkete adj. foggy
tåle verb **1** *(holde ut)* stand, endure
  2 *(ikke ta skade av)* take, stand, tolerate *(om mat e.l.)*
  3 *(finne seg i)* put up with
tålmodig adj. patient
tålmodighet subst. *m* patience
tåpelig adj. dumb, stupid
tåre subst. *m* tear, teardrop
tårn subst. *n* **1** tower
  2 *(på kirke)* steeple
  3 *(i sjakk)* rook, castle
tåteflaske subst. *m/f* feeding bottle

u

uakseptabel adj. unacceptable
uansett preposisjon **1** irrespective of, regardless (of), no matter
  2 *(som adverb: i alle tilfeller)* no matter what, in any case • *jeg drar uansett!* I will go no matter what!
  uansett hvem whoever
  uansett hvilken whichever
  uansett hvor wherever
  uansett hvordan however
uanstendig adj. indecent
uansvarlig adj. irresponsible
uatskillelig adj. inseparable
uavbrutt adj. **1** *(stadig)* continual
  2 *(uten avbrudd)* uninterrupted
uavgjort adj. **1** *(ikke avgjort)* undecided
  2 *(i sport)* drawn
  spille uavgjort tie, draw
uavhengig adj. independent
uavhengighet subst. *m* independence
uavhengighetserklæring subst. *m/f* declaration of independence
uavklart adj. unsettled
ubegrenset adj. unlimited
ubegrunnet adj. unfounded, baseless
ubehag subst. *n* discomfort

ubehagelig adj. **1** *(ekkel)* disagreeable, unpleasant
  2 *(pinlig)* uncomfortable, awkward
ubekymret adj.
  1 *(uten bekymringer)* unconcerned
  2 *(sorgløs, frimodig)* carefree
ubeleilig adj. inconvenient
uberegnelig adj. unpredictable
uberørt adj. untouched, unmoved *(om følelser)*
ubeseiret adj. unconquered, unbeaten *(sport)*
ubeskrivelig adj. **1** indescribable
  2 *(som adverb: veldig)* indescribably, incredibly • *skogen var ubeskrivelig vakker* the forest was incredibly beautiful
ubeskyttet adj. unprotected
ubesluttsom adj. indecisive
ubestemmelig adj. indeterminate
ubestemt adj.
  1 *(ikke bestemt)* undetermined
  2 *(uklar)* vague, fuzzy
  3 *(usikker)* imprecise
  på ubestemt tid indefinitely
ubestridt adj. undisputed

a b c d e f g h i j k l m n o p q r s t u v w x y z æ ø å

ubetenksom adj. thoughtless
ubetinget adj. unconditional, absolute
ubetydelig adj. **1** *(uviktig)* trivial
  2 *(minimal)* insignificant
ubevisst adj. unconscious
ubrukelig adj. useless
ubrukt adj. unused
ubønnhørlig adj. relentless
ubøyelig adj.
  1 *(som ikke kan bøyes)* inflexible
  2 *(upåvirkelig)* unyielding
  3 *(grammatikk)* indeclinable
ubåt subst. *m* submarine
udelt adj. whole
udemokratisk adj. undemocratic
udugelig adj. incompetent
udyr subst. *n* beast
udødelig adj. immortal
uegnet adj. unfit, unsuitable
uekte adj. **1** *(falsk)* artificial, false
  2 *(tilgjort)* false, fake
uendelig adj. **1** infinite, endless
  2 *(som adverb: veldig)* extremely
  • *han var uendelig langt borte*
  he was extremely far away
uenig adj. disagreeing
  være uenige disagree
uenighet subst. *m* disagreement
uerfaren adj. inexperienced
uerstattelig adj. irreplaceable
ufaglært adj. unskilled
ufarlig adj. harmless
ufattelig adj. **1** incomprehensible,
  inconceivable
  2 *(som adverb: svært)* incredibly
  • *boka var ufattelig kjedelig*
  the book was incredibly dull
ufeilbarlig adj. infallible
uff *interjeksjon* oh, ugh
  uff da! oh dear!, oh no!
ufin adj. **1** *(vulgær)* uncouth
  2 *(taktløs)* indiscreet
uflaks subst. *m* bad luck
uflidd adj. shabby
ufo subst. *m (fork. for* uidentifisert
  flygende objekt*)* UFO
uforbeholden adj. unreserved
ufordelaktig adj. disadvantageous
ufordragelig adj. intolerable
uforenlig adj. incompatible
uforglemmelig adj. unforgettable
uforholdsmessig adj. disproportionate
uforklarlig adj. inexplicable
uforkortet adj. unabridged, complete

uformelig adj. shapeless
uformell adj. informal
uforminsket adj. undiminished
uforpliktende adj. non-binding,
  non-committal
uforsiktig adj. careless
uforsiktighet subst. *m* carelessness
uforskammet adj. rude
uforskammethet subst. *m* rudeness
uforståelig adj. incomprehensible
uforsvarlig adj. **1** *(som ikke kan
  forsvares)* indefensible
  2 *(uansvarlig)* irresponsible
uforutsigbar adj. unpredictable
ufremkommelig adj. impassable
ufri adj. **1** *(underkuet)* oppressed
  2 *(hemmet)* inhibited
ufrivillig adj. involuntary
ufullkommen adj. imperfect
ufullstendig adj. incomplete
ufyselig adj. disgusting
ufølsom adj. **1** insensitive
  2 *(likegyldig)* indifferent
ufør subst. disabled
uføretrygd subst. *m* disability benefit
ugagn adj. mischief, prank
ugift adj. unmarried, single
ugjenkjennelig adj. unrecognizable
ugjennomtrengelig adj. impenetrable
ugjerne adverb reluctantly, unwillingly
ugjerning subst. *m* bad deed, crime
ugjort adj. unfinished
ugle subst. *m/f* owl
ugress subst. *n* weed
ugressmiddel subst. *n* herbicide
ugunstig adj. unfavourable
ugyldig adj. invalid, void
uharmonisk adj. disharmonious
uhederlig adj. dishonest
uhelbredelig adj. incurable,
  fatal *(dødelig)*
uheldig adj. **1** unlucky
  2 *(ugunstig)* unfavourable
uheldigvis adverb unfortunately
uhell subst. *n* **1** *(mindre ulykke)* accident
  2 *(uflaks)* bad luck
uhemmet adj. uninhibited
u-hjelp subst. *m* foreign aid
uholdbar adj.
  1 *(utilfredsstillende)* unacceptable
  2 *(uriktig)* unfounded, untrue
uhyggelig adj. **1** *(nifs)* creepy
  2 *(utrivelig)* unpleasant
uhygienisk adj. unhygienic

uhyre[1] subst. *n* monster

uhyre[2] adj. **1** tremendous, enormous
2 *(som adverb: veldig)* extremely,
enormously • *filmen var uhyre
spennende* the film was extremely
exciting

uhøflig adj. impolite

uhørt adj. unheard of

uhøytidelig adj. informal

uimotståelig adj. irresistible

uimottakelig adj. insusceptible

uinnvidd adj. **1** *(uvitende)* uninitiated
2 *(religion)* unconsecrated

uinteressant adj. uninteresting

uinteressert adj. uninterested

ujevn adj. uneven, rough

uke subst. *m/f* week

ukeblad subst. *n* (weekly) magazine

ukedag subst. *m* weekday

ukelønn subst. *m (lommepenger)*
pocket money, weekly allowance

ukentlig adj. weekly

ukepenger subst. *m* weekly allowance

ukeplan subst. *m* weekly plan

ukevis adverb for weeks
  i ukevis for weeks

ukjent adj. unknown

uklar adj. **1** *(grumset)* cloudy, muddy
2 *(upresis)* ambiguous, vague
3 *(omtåket)* muddled, confused

ukledelig adj. unbecoming

uklok adj. unwise

Ukraina stedsnavn the Ukraine

ukrainsk adj. Ukrainian

ukritisk adj. uncritical

ukultivert adj. uncultured, crude

ul subst. *n* **1** *(om mennesker)* yell
2 *(om dyr og vind)* howl
3 *(om fløyte e.l.)* blast, screech

ulage adj. *bare i uttrykk*
  være i ulage 1 *(om person)* be out of
  sorts **2** *(om ting)* be untidy

u-land subst. *n (fork. for* utviklingsland*)*
developing country, third-world
country

ule verb **1** *(om dyr/vind)* howl
2 *(hyle, rope)* yell
3 *(om fløyte e.l.)* blast, screech

ulempe subst. *m* disadvantage

ulendt adj. *(om terreng)* rough

uleselig adj. illegible

ulik adj. different, unlike

ulikhet subst. *m* **1** difference
2 *(urettferdighet)* inequality

ull subst. *m* wool

ullen adj. **1** *(lodden)* woollen
2 *(uklar)* unclear, hazy
3 *(suspekt)* suspicious,
shady *(hverdagslig)*

ullgarn subst. *n* wool yarn

ullgenser subst. *m* wool sweater

ullteppe subst. *n* wool blanket

ulme verb smoulder

ulogisk adj. illogical

ulovlig adj. illegal, unlawful

ultimatum subst. *n* ultimatum

ultralyd subst. *m* ultrasound

ulv subst. *m* wolf

ulvebinne subst. *m* she-wolf

ulveflokk subst. *m* wolf pack

ulvehund subst. *m* wolfhound

ulydig adj. disobedient

ulydighet subst. *m* disobedience

ulykke subst. *m* accident
  bety ulykke be bad luck

ulykkelig adj. unhappy

ulykkesforsikring subst. *m/f*
accident insurance

ulykkesfugl subst. *m*
accident-prone person

ulykkessted subst. *n*
scene of an accident

ulykkestilfelle subst. *n* accident,
incident, calamity

umak subst. bother, pains
ikke være umaken verdt
not worth the trouble
umake adj. odd, mismatched
umedgjørlig adj. intractable, difficult
umenneskelig adj. **1** inhuman
2 *(som adverb)* inhumanly
• *bruddet var umenneskelig vondt*
the break-up was inhumanly painful
umerkelig adj. unnoticeable
umettet adj. *(kjemi)* unsaturated
umiddelbar adj. immediate
umoden adj. **1** *(om vekst)* unripe
2 *(uerfaren)* immature
umoderne adj. dated, out of date
umoralsk adj. immoral
umulig adj. impossible
umulighet subst. *m* impossibility
umusikalsk adj. unmusical
være umusikalsk have no ear for
music
umyndig adj. minor, under age
unaturlig adj. **1** unnatural
2 *(tilgjort)* affected
under[1] subst. *n (mirakel)* miracle,
wonder
under[2] preposisjon **1** under
2 *(nedenunder)* below • *det bor en
familie i leiligheten under* a family
lives in the apartment below
3 *(om tid)* during • *mange døde under
krigen* many died during the war
4 *(som adverb: nedenfor)* below,
beneath • *det var vanskelig å lese
signaturen under* it was difficult to
read the signature below
5 *(som adverb: innenfor)* under,
underneath • *han hadde ulltrøye under*
he had a woolen vest under
underarm subst. *m* forearm
underavdeling subst. *m/f* subdivision
underbetale verb underpay
underbevisst adj. subconscious
underbevissthet subst. *m*
subconsciousness
underbukse subst. *m/f* underpants,
pants *(britisk)*
underdanig adj. subservient
underernært adj. malnourished
underforstått adj. implied, implicit
undergang subst. *m*
1 *(katastrofe)* destruction, ruin
2 *(passasje)* underpass
undergrave verb undermine

undergrunnsbane subst. *m*
underground, subway *(amer.)*,
tube *(i London)*
underholde verb **1** *(more)* entertain
2 *(forsørge)* maintain
underholdning subst. *m/f*
entertainment
Underhuset subst. *n (del av
parlamentet i Storbritannia)*
the House of Commons
underjordisk adj. subterranean
underkant adj. lower edge
i underkant av on the short side of
underkaste verb submit
underkastelse subst. *m* submission
underkjole subst. *m* petticoat
underklasse subst. *m* lower class
underkue verb subdue
underkøye subst. *m* lower bed
underlag subst. *n* **1** base, foundation
2 *(liggeunderlag)* sleeping pad
underlegen adj. inferior
underlig adj. strange, odd
underliv subst. *n*
1 *(nedre mageregion)* abdomen
2 *(kjønnsorgan hos kvinner)* genitals
underlivsundersøkelse subst. *m*
gynaecological examination
underordne verb subordinate
underordnet adj. subordinate
underskjørt subst. *n* underskirt
underskrift subst. *m/f* signature
underskrive verb sign
underskudd subst. *n* deficit
underslag subst. *n* embezzlement
underslå verb **1** *(om penger)* embezzle
2 *(holde tilbake)* withhold
underst adj. lowest, at the bottom
understell subst. *n* chassis *(på bil)*
understreke verb underline
undersøke verb examine
undersøkelse subst. *m* examination
undersått subst. *m* subject
undertegne verb sign
undertrykke verb **1** *(kue)* oppress
2 *(holde tilbake)* suppress, repress
undertrykkelse subst. *m*
1 *(det å kue)* oppression
2 *(det å holde tilbake)* suppression,
repression
undertrøye subst. *m* vest
undertøy subst. *n* underwear
underutviklet adj. underdeveloped
undervannsbåt subst. *m* submarine

underveis adverb **1** *(på vei)* on the way
2 *(på turen)* during
undervekt subst. *m/f* underweight
undervektig adj. underweight
underverk subst. *n* wonder, miracle
undervise verb teach
undervisning subst. *m* teaching,
lessons
undervurdere verb underrate,
underestimate
undre verb **1** *(fundere)* wonder
2 *(bli forundret)* be surprised
undring subst. *m/f* wonder
undulat subst. *m* budgerigar
unektelig adj. **1** undeniable
2 *(som adverb)* undeniably • *hun var
unektelig den beste kandidaten* she
was undeniably the best candidate
ung adj. young
Ungarn stedsnavn Hungary
ungarsk adj. Hungarian
ungdom subst. *m* **1** *(om tid)* youth
• *i min ungdom* in my youth
2 *(om personer)* young people, youth
ungdommelig adj. youthful
ungdomsforbryter subst. *m*
juvenile delinquent
ungdomsherberge subst. *n*
youth hostel
ungdomsklubb subst. *m* youth club
ungdomskriminalitet subst. *m*
juvenile delinquency
ungdomslag subst. *n* youth club
ungdomsopprør subst. *n*
youth rebellion
ungdomssenter subst. *n* youth centre
ungdomsskole subst. *m* lower
secondary school *(i Storbritannia)*,
junior high school *(i USA)*
ungdomstid subst. *m* youth
ungdomstrinn subst. *n*
secondary classes
unge subst. *m* child
ungkar subst. *m* bachelor
ungkarskvinne subst. *m*
single woman
uniform subst. *m* uniform
uniformert adj. uniformed, in uniform
union subst. *m* union, alliance
univers subst. *n* universe
universal adj. universal
universell adj. universal
universitet subst. *n* university
unna preposisjon away, aside

unnarenn subst. *n* landing slope
unndra verb withhold
unndra seg evade, avoid
unne verb *bare i uttrykk*
ikke unne seg deny oneself
unne seg allow oneself, indulge in
unnfangelse subst. *m* conception
unngå verb **1** *(unnslippe)* escape
2 *(med vilje)* avoid, stay away
unnlate verb neglect, fail
unnlatelse subst. *m* neglect, failure
unnsetning subst. *m/f* help, aid
komme noen til unnsetning
come to someone's rescue
unnskylde verb **1** *(beklage)* apologize
2 *(tilgi)* excuse
unnskyld meg sorry, excuse me,
pardon me
unnskylde seg apologize
unnskyldning subst. *m/f* **1** apology
2 excuse
be om unnskyldning apologize
dårlig unnskyldning a bad excuse
unnslippe verb escape
unntak subst. *n* exception
unntakstilstand subst. *m*
state of emergency
unntatt preposisjon except
unnvære verb do without, go without
unormal adj. abnormal
unyttig adj. useless
unødvendig adj. unnecessary
unøyaktig adj. **1** *(upresis)* inaccurate
2 *(slurvete)* careless
unåde subst. *m* disgrace
uoppdragen adj. ill-mannered, rude,
badly behaved *(om barn)*
uoppmerksom adj. inattentive
uoppnåelig adj. unattainable
uopprettelig adj. irreparable
uorden subst. *m* *(rot)* disorder, mess
uorganisert adj.
1 *(uten plan)* disorganized
2 *(utenfor organisasjon)* unorganized
uoverensstemmelse subst. *m*
1 *(uenighet)* disagreement
2 *(avvik)* discrepancy
uoverlagt adj. unpremeditated,
not deliberate
uoversiktlig adj. complex
uoverskuelig adj. unforeseeable
uovertreffelig adj. unsurpassable
uoverveid adj. rash
uovervinnelig adj. invincible

a b c d e f g h i j k l m n o p q r s t **u** v w x y z æ ø å

uparfymert adj. fragrance-free, unperfumed
upartisk adj. impartial
upassende adj. inappropriate
upersonlig adj. impersonal
upopulær adj. unpopular
upraktisk adj. impractical
upresis adj. **1** *(uklar)* imprecise
2 *(ikke punktlig)* unpunctual
upålitelig adj. unreliable
upåpasselig adj. careless, inattentive
ur subst. *n* clock, watch *(armbåndsur)*
uran subst. *m* uranium
uransakelig adj. *(uforståelig)* incomprehensible, mysterious
uravstemning subst. *m* referendum
urban adj. urban
urbefolkning subst. *m* indigenous population, aboriginal population
urdu subst. *m (språk)* Urdu
urealistisk adj. unrealistic
uredd adj. fearless
uregelmessig adj. irregular
uren adj. unclean, dirty
urenslig adj. dirty, unclean
urett subst. *m* wrong, injustice
urettferdig adj. unfair, unjust
urettferdighet subst. *m/f* injustice
urfolk subst. *n* indigenous population
urin subst. *m* urine
urinere verb urinate
urinnvåner subst. *m* native, aborigine
urinrør subst. *n* urethra
urinveisinfeksjon subst. *m* urinary tract infection
urmaker subst. *m* watchmaker
urne subst. *m/f* **1** *(til aske)* urn
2 *(til stemmesedler)* ballot box
3 *(vase)* vase
uro subst. *m* **1** *(støy)* commotion, noise
2 *(engstelighet)* anxiety, unrest
3 *(rastløshet)* restlessness
uroe verb *(forstyrre)* disturb
uroe seg worry
urokkelig adj. unshakeable, unwavering
urolig adj. **1** restless
2 *(nervøs)* nervous, jumpy
3 *(ufredelig)* turbulent, rough
• the Middle East is a turbulent area
urolighet subst. *m/f* disturbance, tumult
urskog subst. *m* virgin forest
urt subst. *m* herb
urtete subst. *m* herbal tea
urørlig adj. motionless

urørt adj. untouched
uråd subst. *n* difficulty, trouble
ane uråd suspect mischief
USA stedsnavn *eller* **De forente stater**
USA, the United States of America
usaklig adj. biased, not objective
usammenhengende adj. incoherent
usann adj. untrue, false
usannhet subst. *m/f* falsehood, lie
usannsynlig adj. unlikely
uselvstendig adj. dependent
usikker adj. **1** insecure
2 *(farlig)* unsafe
3 *(ubesluttsom)* hesitant, uncertain
4 *(ustø)* unsteady
usikkerhet subst. *m/f*
1 *(personlig utrygghet)* insecurity
2 *(uvisshet)* uncertainty
usjenert adj. **1** *(uforstyrret)* undisturbed
2 *(frimodig)* unabashed, bold
uskadelig adj. harmless
uskikkelig adj. naughty
uskyld subst. *m* innocence
uskyldig adj. innocent
usmakelig adj.
1 *(vond smak)* unsavoury
2 *(usympatisk)* tasteless, sleazy
usminket adj. plain, unembellished
usosial adj. unsocial, unsociable
uspiselig adj.
1 *(ikke til å spise)* inedible
2 *(usympatisk)* distasteful
ustabil adj. unstable
ustabilitet subst. *m* instability
ustand subst. *m* out of order
ustemt adj. **1** *(musikk)* untuned
2 *(om språklyd)* unvoiced
ustyrlig adj. unruly, uncontrollable
ustø adj. unsteady, shaky
usunn adj. unhealthy
usymmetrisk adj. asymmetric
usympatisk adj. unpleasant
usynlig adj. invisible
usårlig adj. invulnerable
ut[1] adverb out
ut ifra from, on
ut[2] preposisjon out
utadvendt adj. outgoing, extrovert
utagere verb act something out
utakknemlig adj. ungrateful
utakknemlighet subst. *m/f* ingratitude
utakt subst. *m/f* offbeat *(musikk)*, out of step *(også overført)*
utallig adj. countless, innumerable

utarbeide verb work out, prepare
utarmet adj. impoverished
utbetale verb pay, pay out
utbetaling subst. *m/f (sum)* payment
utblåsning subst. *m/f*
  1 *(det å blåse ut)* exhalation
  2 *(brått utslipp av f.eks. gass)* blowout
  3 *(utskjelling)* outburst
utbredt adj. widespread
utbrent adj. burned-out
utbrudd subst. *n*
  1 *(i virksomhet igjen)* eruption
  2 *(følelsesreaksjon)* outburst
  3 *(begynnelse)* outbreak
utbryte verb **1** *(si plutselig)* burst out
  2 *(oppstå)* break out
utbytte subst. *n*
  1 *(gevinst, fortjeneste)* profit
  2 *(fordel)* benefit
utdanne verb educate, train
utdanning subst. *m/f* education
utdeling subst. *m/f* distribution
utdrag subst. *n* extract, excerpt
utdype verb expand on, elaborate
utdødd adj. extinct
ute adverb out
utelate verb leave out, omit
uteligger subst. *m* homeless person,
  bum
uteliv subst. *n* outdoor life
utelukke verb exclude, shut out
utelukket adj. out of the question,
  impossible
uten preposisjon **1** *(i mangel av)* without
  2 *(unntatt)* except, but
utenat adverb by heart
utendørs adj. **1** outdoor
  2 *(som adverb)* outdoors, outside
  • we had lunch outside in the sun
utenfor preposisjon **1** outside, out of
  2 *(som adverb: på utsiden)* outside
  • can you wait outside for a moment?
  føle seg utenfor feel left out
utenforstående adj.
  1 *(som ikke hører med)* outside
  2 *(som subst.: utenforstående person)*
  outsider
utenfra preposisjon from outside
utenkelig adj. unthinkable,
  inconceivable
utenlands adj.
  1 *(utenfor landet)* foreign, international
  2 *(som adverb)* abroad • *han bor*
  utenlands he lives abroad

utenlandsk adj. foreign
utenom preposisjon **1** *(forbi)* round
  • *det er å gå utenom problemet* that is
  going round the problem
  2 *(i tillegg til)* outside, in addition
  3 *(som adverb: forbi)* round
  • *styr utenom!* steer round!
utenomjordisk adj. extraterrestrial
utenpå preposisjon outside
utenriks adj. foreign
Utenriksdepartementet egennavn
  (forkortes UD) Ministry of Foreign
  Affairs
utenrikshandel subst. *m* foreign trade
utenriksminister subst. *m* Minister of
  Foreign Affairs, Foreign Minister
utenrikspolitikk subst. *m*
  foreign policy, foreign affairs
utenrikstjeneste subst. *m*
  diplomatic service
utestenge verb shut out, exclude
utestengt adj. shut out, excluded
utfall subst. *n* **1** *(resultat)* result,
  outcome
  2 *(angrep, militært)* sortie, sally
  3 *(styrkeøvelse)* lunge
utflod subst. *m* discharge
utflukt subst. *m* excursion, trip
utflytning subst. *m/f* moving out,
  emigration *(fra landet sitt)*
utfor[1] subst. *m (ski)* downhill, downhill
  skiing
utfor[2] preposisjon **1** *(ned fra)* off, over
  2 *(som adverb: ned)* down, over
  • *ned fra fjellet gikk det bratt utfor* the
  mountain was steep to walk down
utforbakke subst. *m* downhill slope
utfordre verb challenge
utfordrende adj. provocative,
  challenging
utfordring subst. *m/f* challenge
utforkjører subst. *m (ski)* downhill skier
utforkjøring subst. *m/f*
  1 *(på ski)* downhill skiing
  2 *(av veien)* driving off the road
utforløype subst. *m/f (ski)*
  downhill course
utforme verb **1** *(gi form)* shape
  2 *(utvikle)* develop
utforming subst. *m/f* **1** *(det å gi form)*
  formulation, working out
  2 *(design)* design, shaping
utforrenn subst. *n (ski)* downhill
  competition

utforske verb explore
utforskning subst. *m/f* exploration
utfrysing subst. *m/f (overført)*
  freeze-out *(hverdagslig)*, ostracism
utføre verb 1 *(gjøre)* do, carry out
  2 *(om ordre)* execute
utførelse subst. *m*
  1 *(det å gjøre noe)* carrying out
  2 *(form)* design
  3 *(måten noe er utført)* execution,
  workmanship
utførlig adj. 1 detailed
  2 *(som adverb: detaljert)* fully,
  in detail • *du må forklare hendelsen
  utførlig* you must explain the incident
  in detail
utgang subst. *m* 1 *(sted å gå ut)* exit,
  way out
  2 *(slutt)* end, close
utgangsdør subst. *m/f* exit, exit door
utgangspunkt subst. *n* starting point
utgave subst. *m/f* edition *(om bok)*,
  issue, version *(av en historie e.l.)*
utgi verb publish
  utgi seg for *(late som)* pass oneself
  off as
utgift subst. *m* expense
utgivelse subst. *m* publication
utgiver subst. *m* publisher
utgjøre verb 1 *(danne)* constitute,
  make up
  2 *(om penger)* amount to
utgravning subst. *m/f* excavation
utgående adj. outward-bound *(om tog,
  skip)*, outgoing
utgått adj.
  1 *(ute av produksjon)* discontinued
  2 *(utslitt)* worn out
utheve verb 1 *(fremheve)* emphasize
  2 *(om skrift)* italicize *(om å kursivere)*,
  print in bold type *(med fete typer)*
utholdende adj. persevering
utholdenhet subst. *m*
  1 *(om kondisjon)* endurance
  2 *(moralsk)* perseverance
uthus subst. *n* outhouse
uthvilt adj. rested, refreshed
utide subst. *m/f bare i uttrykk*
  i utide at the wrong time
utilfreds adj. dissatisfied, discontented
utilfredshet subst. *m* dissatisfaction,
  discontent
utilfredsstillende adj. unsatisfactory,
  inadequate

utilgjengelig adj. inaccessible
utilnærmelig adj. unapproachable,
  distant
utilpass adj. not well, indisposed
utilregnelig adj. *(sinnsforvirret)*
  not responsible (for one's acts), insane
utilstrekkelig adj.
  1 *(ikke nok)* insufficient
  2 *(ikke god nok)* inadequate
utjevne verb equalize
utkant subst. *m* outskirts
  bo i utkanten av live on the outskirts of
utkast subst. *n* 1 *(forslag)* draft
  2 *(det å kaste ut)* ejection
utkikk subst. *m* lookout, watch
  holde utkikk be on the lookout
utkjempe verb fight, fight out
utkjørt adj. *(utslitt)* exhausted, worn out
utkledd adj. dressed up,
  disguised *(forkledd)*
utklipp subst. *n* cutting, clipping
utklippsbok subst. *m/f* scrapbook
utklippstavle subst. *m/f (IT)* clipboard
utkomme verb be published
utkårede adj. chosen one
utland subst. *n* abroad, foreign countries
  i utlandet abroad
utlede verb deduce, derive
utlegg subst. *n* 1 *(utgift)* expense, outlay
  2 *(jus)* execution
utlending subst. *m* foreigner
utlevere verb 1 *(avsløre)* reveal, expose
  2 *(gi)* hand out, deliver
  3 *(overgi)* extradite *(om forbryter)*,
  surrender
utlevering subst. *m/f*
  1 *(utdeling)* delivery
  2 *(avsløring)* exposure
  3 *(av forbryter)* extradition
utligne verb 1 *(sport)* equalize
  2 *(utjevne)* balance, counterbalance
  3 *(fordele likt)* divide
  4 *(betale)* settle
utligning subst. *m/f* 1 *(utjevning)*
  balancing, counterbalancing
  2 *(sport)* equalizer
  3 *(fordeling)* division, equalization
utlodning subst. *m/f* raffle, draw
utlyse verb announce, proclaim
utløp subst. *n* 1 *(det å renne vekk)*
  discharge, outflow
  2 *(om elv)* mouth
  3 *(om tid)* expiration
utløpe verb expire

utløse verb 1 *(teknisk)* release
2 *(sette i gang)* provoke
utlån subst. *n* loan
utmattelse subst. *m* exhaustion, fatigue
utmattelsessyndrom subst. *n*
(sykdom) fatigue syndrome
utmattet adj. exhausted
utmerkelse subst. *m* distinction, award
utmerket adj. 1 excellent, perfect
2 *(som adverb: svært)* splendidly,
perfectly • *du vet utmerket godt at jeg
må dra* you know perfectly well I have
to go
utnevne verb appoint
utnytte verb 1 *(bruke)* use, utilize
2 *(misbruke)* exploit, abuse
utnyttelse subst. *m* 1 *(bruk)* utilization
2 *(misbruk)* exploitation, abuse
utopisk adj. *(uoppnåelig)* utopian
utover preposisjon 1 out, outwards
2 *(lenger enn, mer enn)* beyond
• *vi må se utover landegrensene*
we must look beyond our own borders
utpint adj. exhausted
utplassere verb place,
deploy *(om militære styrker)*
utpost subst. *m* outpost
utpreget adj. 1 *(typisk)* typical
2 *(markert)* marked, pronounced
utpressing subst. *m/f* extortion,
blackmail
utrede verb 1 *(forklare)* explain
2 *(gjøre rede for)* report on
utregning subst. *m/f* calculation
utrenskning subst. *m/f*
1 *(rensing)* cleaning, purifying
2 *(overført: fjerning)* purge
utrette verb achieve, do
utringet adj. low-cut
utringning subst. *m/f* neckline
utro adj. unfaithful
   være utro mot be unfaithful to,
cheat on *(hverdagslig)*

utrolig adj. incredible
utrop subst. *n* exclamation, cry
utrope verb proclaim
utropstegn subst. *n* exclamation mark
utroskap subst. *m* infidelity,
unfaithfulness
utruste verb equip
utrustning subst. *m/f* equipment, outfit
utrydde verb eradicate
utryddelse subst. *m* extermination
utrygg adj. unsafe, insecure
utrygghet subst. *m* insecurity
utrøstelig adj. inconsolable
utsagn subst. *n* statement
utsalg subst. *n* 1 *(salg)* sale
2 *(butikk)* shop, outlet *(om
fabrikkutsalg)*
utsatt adj. 1 *(ubeskyttet)* vulnerable,
exposed
2 *(forskjøvet)* postponed, put off
utseende subst. *n* appearance, looks
utsendelse subst. *m*
1 *(av dokumenter)* dispatch
2 *(av radio/TV)* transmission
3 *(av personer)* deportation
utsending subst. *m/f*
1 *(bringe videre)* sending, dispatch
2 *(representant)* representative,
delegate
utsette verb 1 delay, postpone
2 *(la risikere)* expose • *de utsatte ham
for fare* they exposed him to danger
utsettelse subst. *m* postponement,
delay
utside subst. *m/f* outside
utsikt subst. *m* 1 *(utsyn)* view
2 *(mulighet)* prospect, chance
utskeielse subst. *m* excess, indulgence
utskiftbar adj. replaceable
utskiftning subst. *m* replacement
utskjelt adj. scolded
utskjæring subst. *m/f* carving, cutting
utskrift subst. *m (IT)* printout, print

utskrive verb
1 *(kalle til tjeneste)* conscript, recruit
2 *(fra sykehus)* discharge
utskytningsrampe subst. *m/f* launch pad
utslag subst. *n* 1 *(svingning)* swing, turn
2 *(variasjon)* fluctuation
3 *(effekt)* effect, outcome
utslett subst. *n* rash
utslette verb exterminate, wipe out
utslipp subst. *n* emission
utslitt adj. worn out
utsmykke verb decorate
utsnitt subst. *n* 1 *(utskåret stykke)* cut
2 *(utdrag)* excerpt, extract
3 *(del)* section, segment
utsolgt adj. sold out
utspark subst. *n* goal kick
utspekulert adj. sly, crafty
utspill subst. *n*
1 *(sport, fra målvakt)* goal kick
2 *(forslag)* initiative, suggestion
utsprunget adj. full-blown *(om blomster)*, in leaf *(om trær)*
utstede verb *(skrive ut)* issue
utstilling subst. *m/f* exhibition
utstillingsdukke subst. *m/f* mannequin, dummy
utstillingsvindu subst. *n* shop window
utstrakt adj. extensive
utstrekning subst. *m/f* extent
utstråle verb radiate
utstråling subst. *m/f*
1 *(om person)* charm, charisma
2 *(om varme, lys o.l.)* radiation, emission
utstyr subst. *n* equipment, outfit
utstyre verb equip, fit out
utstøtt adj. outcast
utstå verb 1 *(tåle)* stand, bear
2 *(gjennomgå)* go through, undergo
utstående adj. protruding
utsultet adj. starved
utsvevende adj. debauched
utsøkt adj. *(fortreffelig)* exquisite
uttak subst. *n* 1 *(utvelging)* selection
2 *(det å ta ut)* withdrawal
uttale[1] subst. *m* pronunciation
uttale[2] verb pronounce, speak, articulate
uttale seg om comment on
uttalelse subst. *m* statement
uttrykk subst. *n* expression
uttrykke verb express
uttrykkelig adj. express, explicit

uttrykksløs adj. expressionless
uttørking subst. *m/f* dehydration
utuktig adj. indecent
utvalg subst. *n* selection, choice
utvalgt adj. chosen
utvandre verb emigrate
utvandrer subst. *m* emigrant
utvandring subst. *m/f* emigration
utvannet adj. watered down, diluted
utvei subst. *m* way out, resort
finne en utvei find a way (out)
ingen annen utvei no other way
som siste utvei as a last resort
utveksle verb exchange, swap
utveksling subst. *m/f* exchange
utvekst subst. *m* outgrowth
utvendig adj. outward, external
utvetydig adj. clear
utvide verb expand
utvidelse subst. *m* expansion
utvikle verb develop, evolve
utviklet adj. developed
utvikling subst. *m/f*
1 *(forløp)* development
2 *(fremgang)* progress, growth
3 *(av røyk, varme)* generation, emission
utviklingshemmet adj. disabled, impaired
utviklingshjelp subst. *m/f* foreign aid, development aid
utviklingsland subst. *n* developing country, third-world country
utviklingslære subst. *m/f* evolutionism
utviklingslæren the theory of evolution
utviklingssamtale subst. *m* *(foreldresamtale)* parent-teacher conference
utvilsom adj. 1 undoubted
2 *(som adverb)* undoubtedly, no doubt
• *du ser ham utvilsomt i morgen* you will no doubt see him tomorrow
utvinne verb extract, win
utvise verb 1 *(straffe)* send out, expel *(fra skole)*
2 *(vise)* show, exercise
utvisning subst. *m* 1 *(forvisning fra land)* deportation, expulsion
2 *(sport)* sending off
3 *(fra skole)* expulsion
utydelig adj. indistinct
utøve verb practise, exercise
utøvende adj. *(politikk)* executive

utøver subst. *m (sport)* athlete, contestant
utålmodig adj. impatient
utålmodighet subst. *m* impatience
uunngåelig adj. inevitable
uunnværlig adj. indispensable
utholdelig adj. unbearable
uvane subst. *m* bad habit
uvanlig adj. unusual, extraordinary
uvant adj. unused, unfamiliar
uvenn subst. *m* enemy
   bli uvenner med fall out with
uventet adj. unexpected
uvesentlig adj. insignificant
uviktig adj. insignificant, unimportant
uvillig adj. **1** unwilling, reluctant
   2 *(som adverb)* unwillingly, reluctantly

• *læreren stilte opp uvillig* the teacher went unwillingly
uvirkelig adj. unreal
uviss adj. uncertain
uvisshet subst. *m* uncertainty
uvitende adj. ignorant
uvitenhet subst. *m* ignorance
uvitenskapelig adj. unscientific
uvurderlig adj. invaluable
uvæpnet adj. unarmed
uvær subst. *n* storm, rough weather
uærlig adj. dishonest
uærlighet subst. *m* dishonesty
uøkonomisk adj. wasteful, uneconomic
uønsket adj. unwanted
uår subst. *n* bad year *(om avling)*, famine *(om hungersnød)*

V

vadefugl subst. *m* wader
vaffel subst. *m* waffle
vaffeljern subst. *n* waffle iron
vaffelrøre subst. *m/f* waffle batter
vag adj. vague, dim
vagina subst. *m (skjede)* vagina
vaie verb wave, sway
vakker adj. beautiful
vakle verb **1** *(være ustø)* stagger
   2 *(være usikker)* sway, waver
vaksinasjon subst. *m* vaccination
vaksine subst. *m* vaccine
vaksinere verb vaccinate
vakt subst. *m/f* guard, watch
vakthund subst. *m* watchdog
vaktmester subst. *m* caretaker, janitor *(amer.)*
vaktpost subst. *m* guard, sentinel
vakttårn subst. *n* watchtower
vakuum subst. *n* vacuum
valg subst. *n* **1** choice, option
   2 *(avstemning)* election
valgdeltakelse subst. *m* (voter) turnout
valgfag subst. *n* optional course, elective *(amer.)*
valgfri adj. optional, elective
valgfrihet subst. *m* freedom of choice
valgkamp subst. *m* election campaign
valgkrets subst. *m* constituency
valglokale subst. *n* polling station
valgspråk subst. *n* motto, slogan

valgt verb *se* ►velge
valgte verb *se* ►velge
valmue subst. *m* poppy
valnøtt subst. *m/f* walnut
valp subst. *m* puppy, pup, whelp
vals subst. *m* waltz
valthorn subst. *n* French horn
valuta subst. *m* currency
valutakurs subst. *m* exchange rate
vampyr subst. *m* vampire
vandalisme subst. *m* vandalism
vandre verb wander
vandrende adj. wandering
vandrepokal subst. *m* challenge cup
vandring subst. *m/f*
   1 *(det å vandre)* wandering
   2 *(forflytning)* migration
vane subst. *m* habit, custom *(skikk)*
vanedannende adj. addictive
vanilje subst. *m* vanilla
vanke verb frequent, hang out *(hverdagslig)*
vanlig adj. **1** *(normal)* ordinary
   2 *(slik det pleier)* usual
   3 *(etter vane)* usual, customary
   til vanlig usually
vanligvis adverb usually
vann subst. *n* water
vannavstøtende adj. water-repellent
vannblemme subst. *m/f* blister
vanne verb water

vannfarge subst. *m* watercolour
vannfast adj. waterproof
vannforsyning subst. *m/f* water supply
vannforurensning subst. *m/f*
water contamination
vannhull subst. *n* watering hole
vanning subst. *m/f* watering,
irrigation *(landbruk)*
vannkoker subst. *m* kettle
vannkopper subst. *m* chickenpox
vannkraft subst. *m/f* water power
vannkraftverk subst. *n*
hydroelectric power plant
vannmann subst. *m (stjernetegn:*
Vannmannen*)* Aquarius
vannmelon subst. *m* watermelon
vannrett adj. horizontal, level
vannski subst. *m/f* waterski
vannskille subst. *n* watershed, divide
vannslange subst. *m* hose
vanntett adj. **1** waterproof
2 *(sikker)* watertight, airtight
vanry subst. *n (dårlig omdømme)*
disrepute, infamy
vanskapt adj. deformed
vanskelig adj. difficult, hard
vanskelighet subst. *m/f* difficulty,
problem
vanskjøtsel subst. *m* neglect
vanskjøtte verb neglect
vant[1] verb *se* ▸**vinne**
vant[2] adj. **1** *(vent til)* used, accustomed
2 *(som vanlig)* usual, customary
bli vant til get used to
være vant til be used to
vante subst. *m* glove
vantrives verb be unhappy
vantro[1] subst. *m/f* **1** *(tvil)* disbelief
2 *(person)* infidel
vantro[2] adj. disbelieving, unbelieving
vanvidd subst. *n* madness, insanity
vanvittig adj. **1** mad, insane
2 *(som adverb: veldig)* madly
• *de var vanvittig forelsket* they were
madly in love
vanære verb disgrace, dishonour
var verb *se* ▸**være**
vararepresentant subst. *m*
deputy representative
varde subst. *m (oppstablede steiner)*
cairn
vare[1] subst. *m (produkt)* article, product,
commodity

vare[2] subst. *m bare i uttrykk*
ta vare på take care of
vare[3] verb *(vedvare)* last, go on, continue
varebil subst. *m* van
varehus subst. *n* department store
varemerke subst. *n* trademark
vareprøve subst. *m/f* sample
varetekt subst. *m/f* custody
varetektsfange subst. *m*
person in custody
varetektsfengsel subst. *n* custody
variabel adj. variable, changeable
variant subst. *m* version
variasjon subst. *m* variation
variere verb vary, change
varig adj. lasting, permanent
varighet subst. *m/f* duration
varm adj. warm, hot
varme[1] subst. *m* heat, warmth
varme[2] verb warm, warm up
varmebølge subst. *m* heatwave
varmeflaske subst. *m* hot-water bottle
varmegrad subst. *m* degree above zero
(ved måling i celciusgrader)
varmtvann subst. *n* hot water
varsel subst. *n* **1** notice, sign
2 *(tegn)* sign, omen
varseltrekant subst. *m* warning triangle
varsle verb **1** *(gi beskjed)* notify
2 *(forutsi)* forebode,
forecast *(særlig om vær)*
varsom adj. careful, gentle
varte verb *bare i uttrykk*
varte opp wait on
varulv subst. *m* werewolf
vase subst. *m (til blomster)* vase
vaselin subst. *m* petroleum jelly
vask subst. *m* **1** *(rengjøring)* wash,
washing
2 *(klesvask)* laundry
3 *(kum)* sink, washbasin
vaske verb wash, clean
vaske opp do the dishes
vaske seg wash (oneself)
vaskehjelp subst. *m/f* cleaner
vaskeklut subst. *m* face cloth,
washcloth *(amer.)*
vaskemaskin subst. *m* washing
machine, washer
vaskemiddel subst. *n* detergent
vaskepulver subst. *n* laundry detergent,
washing powder
vaskeri subst. *n* laundry
vassdrag subst. *n* watercourse

vasse verb wade
vater subst. *n (redskap)* spirit level
  i vater *(vannrett)* level
Vatikanet egennavn the Vatican
Vatikanstaten stedsnavn
  the Vatican City
vatt subst. *m/n* cotton wool, padding
vattering subst. *m/f* padding
ved[1] subst. *m (brensel)* wood, firewood
ved[2] preposisjon 1 *(om sted)* at, by *(ved siden av)* • *ved en innsjø* by a lake
  2 *(om tidspunkt)* at, around
  • *det oppstod forsinkelser ved avreisen* there were delays at the departure
  • *det skjedde ved femtiden* it happened around five
vedde verb bet
veddeløp subst. *n* race
veddeløpsbane subst. *m* racetrack, racecourse
veddeløpshest subst. *m* racehorse
veddemål subst. *n* bet, wager
vedgå verb *(litterært, innrømme)* admit, acknowledge
vedhugst subst. *m* woodcutting
vedkommende adj. 1 *(som det gjelder)* concerned, in question
  2 *(som subst., person det gjelder)* the person concerned
vedlagt adj. enclosed, attached
vedlegg subst. *n* 1 *(bilag)* enclosure, attachment
  2 *(IT, vedlagt fil)* attachment
vedlegge verb enclose, attach
vedlikehold subst. *n* maintenance
vedlikeholde verb maintain
vedrørende preposisjon relating to, concerning
vedskjul subst. *n* woodshed
vedta verb *(beslutte)* pass, adopt
vedtak subst. *n* decision
vedtekt subst. *m* by-law, rule, regulation
vedvare verb last, continue
veganer subst. *m* vegan
vegetabilsk adj. vegetable
vegetarianer subst. *m* vegetarian, veggie *(hverdagslig)*
vegetariansk adj. vegetarian
vegetasjon subst. *m* vegetation, flora
vegg subst. *m* wall
veggedyr subst. *n* bedbug
veggis subst. *m (hverdagslig)* veggie, vegetarian
veggpryd subst. *m* wallflower

vegne subst. *flt. bare i uttrykk*
  på vegne av on behalf of
vegre verb 1 *(kvi seg)* resist
  2 *(avslå)* decline, refuse
vegring subst. *m/f* refusal, denial
vei subst. *m* 1 *(gate)* road, street
  2 *(retning)* way
  3 *(strekning)* way, path, distance
  dra sin vei leave, go away
  se en annen vei turn a blind eye
  unna vei! out of my way!
  være i veien 1 *(være til forstyrrelse)* be in the way 2 *(være galt)* be wrong
veiavgift subst. *m/f* road tax
veibom subst. *m* road barrier
veie verb 1 weigh
  2 *(overveie)* consider
  veie opp for make up for
veik adj. weak
veikant subst. *m* roadside
veikryss subst. *n* crossroads, intersection *(amer.)*
veilede verb guide, instruct
veileder subst. *m* guide
veiledning subst. *m/f* 1 guidance
  2 *(informasjonshefte)* instruction book, handbook
veiskilt subst. *n* road sign
veiskråning subst. *m/f* bank
veive verb crank, swing
veivesen subst. *n* highways authority
veiviser subst. *m* 1 *(person)* guide
  2 *(skilt)* signpost
vek[1] verb *se* ▸ **vike**
vek[2] adj. weak
veke subst. *m (på levende lys)* wick
veket verb *se* ▸ **vike**
vekk adverb *eller* **vekke**
  1 *(bort)* away, off
  2 *(borte)* away, gone
  stadig vekk constantly
vekke verb 1 *(få til å våkne)* wake up
  2 *(fremkalle)* arouse, call forth
vekkelse subst. *m* awakening
vekkerklokke subst. *m/f* alarm clock
veksle verb 1 *(bytte)* change
  • can you change £100 for me?
  2 *(utveksle)* exchange
  3 *(skifte)* change, vary
vekslepenger subst. *flt.* change
veksling subst. *m/f*
  1 *(det å veksle)* change
  2 *(sport, stafett)* exchange, takeover
  3 *(sport, skøyter)* crossing

a b c d e f g h i j k l m n o p q r s t u **v** w x y z æ ø å

vekst subst. *m* **1** *(økning)* growth, increase
2 *(størrelse)* stature
3 *(plante)* plant
vekt subst. *m/f* **1** *(tyngde)* weight
2 *(veieinnretning)* scales *(oftest i flertall)*, balance *(skålvekt)*
3 *(trening)* weight, dumbbell *(manual)*
4 *(stjernetegn,* Vekten*)* Libra
vekter subst. *m* security guard
vektklasse subst. *m/f (sport)* weight class
vektløfting subst. *m/f* weightlifting
vektskål subst. *m/f* scales *(oftest i flertall)*
vektstang subst. *m/f* lever
vel[1] subst. *n (gagn, beste)* welfare, good, well-being
vel[2] adverb **1** *(godt)* well • *det var vel anvendte penger* it was money well spent
2 *(trolig)* probably, I think • *det er vel snart slutt* it is all over soon, I think
3 *(sikkert)* surely, at least • *du skal vel spørre henne?* surely, you will ask her?
velbegrunnet adj. well founded
velbehag subst. *n* pleasure
velbekomme interjeksjon **1** *(før et måltid)* I hope you will enjoy the meal
2 *(ingen årsak)* you are welcome
veldedig adj. charitable
veldedighet subst. *m/f* charity
veldig adverb very, extremely
velegnet adj. suitable
velferd subst. *m/f* welfare
velferdssamfunn subst. *n* welfare society
velferdsstat subst. *m* welfare state
velfortjent adj. well-deserved, hard-earned
velge verb **1** choose, select
2 *(ved avstemning)* elect
velge og vrake pick and choose
velger subst. *m* voter, elector
velgjører subst. *m* benefactor
velholdt adj. well kept, in good condition
velkjent adj. well known, familiar
velkledd adj. well dressed
velklingende adj. melodious
velkommen adj. welcome
velkomst subst. *m* reception, welcome
velling subst. *m/f* gruel, thin porridge
velluktende adj. fragrant, scented
vellykket adj. successful

velmenende adj. well meaning
veloppdragen adj. well behaved
veloppdragenhet subst. *m/f* good manners, good behaviour
velsigne verb bless
velsignelse subst. *m* blessing
velsignet adj. blessed
velskapt adj. healthy
velsmakende adj. tasty
velstand subst. *m* wealth, prosperity
velstående adj. *(rik)* prosperous
veltalende adj. eloquent, articulate
velte verb **1** *(gå rundt)* overturn, tip over
2 *(snu rundt)* roll, overturn
velvillig adj. kind, agreeable
vemmelig adj. nasty, disgusting
vemodig adj. sad, melancholy
vende verb turn
vende seg turn around, turn over
vende tilbake return, turn back
vendepunkt subst. *n* turning point
vending subst. *m/f*
1 *(sving)* turn, turning
2 *(tur frem og tilbake)* turn, trip
3 *(talemåte)* figure of speech
vene subst. *m (blodåre)* vein
venn subst. *m* friend
venne verb accustom, get used to
venne seg til get used to
venneforespørsel subst. *m* *(i sosiale medier)* friend request
vennegjeng subst. *m/f* group of friends
venneløs adj. friendless
vennetjeneste subst. *m* favour (for a friend)
venninne subst. *m/f* friend, girlfriend
vennlig adj. kind, friendly, nice
vennlighet subst. *m/f* kindness, friendliness
vennligsinnet adj. friendly
vennskap subst. *n* friendship
vennskapelig adj. friendly
vennskapsby subst. *m* twin town
vennskapskamp subst. *m (sport)* friendly match
venstre adj. left, left-hand
til venstre on the left, to the left
venstreekstremist subst. *m (politikk)* left-wing extremist
venstrehendt adj. left-handed
venstreradikaler subst. *m (politikk)* left-wing radical
venstrevridd adj. *(politikk)* left-wing, leftist

vente verb **1** wait
  2 *(forvente)* expect, anticipate
venteliste subst. *m/f* waiting list
venterom subst. *n* waiting room
ventil subst. *m* valve
ventilasjon subst. *m* ventilation
veps subst. *m (insekt)* wasp
vepsebol subst. *n* wasp's nest,
  hornet's nest *(også overført)*
veranda subst. *m* veranda, porch *(amer.)*
verb subst. *n (ordklasse)* verb
verd¹ subst. *n (verdi)* worth, value
verd² adj. *se* ▸verdt
verden subst. *m* world
verdensberømt adj. world-famous
verdensdel subst. *m* continent
verdenshav subst. *n* ocean
  de **syv verdenshav** the seven seas
verdensherredømme subst. *n*
  world supremacy
verdenshistorie subst. *m* world history
verdenskrig subst. *m* world war
  den andre verdenskrig the Second
  World War, World War II
  den første verdenskrig the First
  World War, World War 1
verdensmakt subst. *m* world power
verdensmester subst. *m*
  world champion
verdensmesterskap subst. *n*
  world championship, Word Cup
verdensomspennende adj.
  worldwide, global
verdensrekord subst. *m* world record
verdensrom subst. *n* space
verdensutstilling subst. *m/f* world fair
verdi subst. *m* value
verdifull adj. valuable, precious
verdig adj. worthy, deserving
verdighet subst. *m* dignity
verdiløs adj. worthless
verdisak subst. *m* valuables *(oftest i
  flertall)*
verdsette verb value, appreciate
verdsettelse subst. *m* appreciation
verdslig adj. worldly
verdt adj. worth
verft subst. *n* shipyard
verge subst. *m* (legal) guardian
verifisere verb verify, confirm
verk¹ subst. *m* **1** *(smerte)* ache, pain
  2 *(materie)* pus, matter
verk² subst. *n* **1** *(arbeid)* work
  2 *(fabrikk)* factory

verke verb *(gjøre vondt)* ache, hurt
verken konjunksjon *bare i uttrykk*
  verken ... eller neither ... nor
verksted subst. *n* repair shop
verktøy subst. *n* tool
vern subst. *n* **1** *(beskyttelse)* protection
  2 *(forsvar)* defence
verne verb **1** *(beskytte)* protect
  2 *(forsvare)* defend
verneområde subst. *n* protected area
vernepleier subst. *m (yrke)*
  social educator
verneplikt subst. *m/f* conscription,
  compulsory military service
vernepliktig adj.
  liable for military service
verneverdig adj. worthy of preservation
verpe verb lay eggs
verre adj. worse
vers subst. *n* verse, stanza
versefot subst. *m* foot
versemål subst. *n* metre
versere verb circulate
versjon subst. *m* version
verst adj. worst
  ikke så verst not bad
  i verste fall at worst
vert subst. *m* host
vertikal adj. *(loddrett)* vertical
vertinne subst. *m/f* hostess
vertsfamilie subst. *m* host family
vertshus subst. *n* pub,
  inn *(om overnattingssted)*
vertskap subst. *n* host(s)
verv subst. *n (oppdrag)* duty,
  assignment
verve verb recruit, enrol
  verve medlemmer recruit members
  verve seg enlist
vesen subst. *n* **1** *(skapning)* creature,
  being
  2 *(egenart)* nature, essence
  3 *(væremåte)* character
veske subst. *m/f* bag
vesle adj. little, small
veslevoksen adj. precocious
vest¹ subst. *m* waistcoat, vest *(amer.)*
vest² subst. *m/n (himmelretning)* west
vestavind subst. *m* west wind
Vestbredden stedsnavn the West Bank
Vesten the West
vestenfor preposisjon west of
Vest-Europa stedsnavn Western Europe

a
b
c
d
e
f
g
h
i
j
k
l
m
n
o
p
q
r
s
t
u
v
w
x
y
z
æ
ø
å

vesteuropeer subst. *m*
Western European
vesteuropeisk adj. Western European
vestibyle subst. *m* hall, vestibule, lobby
(på hotell), foyer *(på hotell, teater e.l.),*
hallway
vestkant subst. *m* west side
vestlig adj. western
vestmakt subst. *m/f bare i uttrykk*
vestmaktene *(historisk)* the Western
Powers
vestover preposisjon to the west,
westwards
vet verb *presens av* ▶vite
veteran subst. *m* veteran
veterinær subst. *m (dyrlege)* veterinary,
vet *(hverdagslig)*
veto subst. *n* veto
vetorett subst. *m* right to veto
vett subst. *n* brains, sense
gå fra vettet go crazy
vettskremt adj. terrified
vev[1] subst. *m* **1** *(vevd stoff)* woven
fabric, web
2 *(nettverk)* web, network
vev[2] subst. *n (samling celler)* tissue
veve verb weave
V-hals subst. *m* V-neck
vi pronomen we
vi begge the both of us
vi to the two of us, you and I
via preposisjon via, through
vibrasjon subst. *m* vibration
vibrere verb vibrate
vid adj. **1** *(bred)* wide, broad
2 *(romslig)* loose
vidde[1] subst. *m*
1 *(omfang)* width, wideness
2 *(overført)* outlook, breadth, range
vidde[2] subst. *m/f* plain, expanse
video subst. *m* video
videoblogg subst. *m* video blog
videokamera subst. *n* video camera
videoopptak subst. *n* video,
video (tape) recording
videospill subst. *n* video game
videre adj. **1** *(romsligere)* wider, looser
2 *(ytterligere)* further, more
3 *(som adverb: lenger, om avstand)*
further, farther, on • *vi drar videre*
we will travel on
4 *(som adverb: til neste i rekken)* on
• *vi går videre til nestemann* we'll
move on to the next person

5 *(som adverb: deretter)* then, next
• *hvordan gikk det videre?*
what happened next?
inntil videre for now
og så videre etc., and so on,
and so forth
videregående adj. *(som er på et høyere*
trinn) further, more extensive
videregående skole subst. *m* upper
secondary school *(i Storbritannia),*
high school *(i USA)*
viderekobling subst. *m/f* forwarding,
transferring
viderekommen adj. advanced,
experienced
videresende verb forward
vidstrakt adj. wide, extensive
vidt adverb **1** *(langt)* far, widely, all over
2 *(svært)* very, widely
• *de har vidt forskjellige meninger*
they differ widely in opinion
for så vidt to a certain extent
så vidt barely
vidtgående adj. radical, drastic
vidunder subst. *n* wonder, miracle
vidunderbarn subst. *n* child prodigy
vidunderlig adj. wonderful, divine
vie verb **1** *(forene i ekteskap)* marry
2 *(innvie)* consecrate, dedicate
3 *(ofre)* devote, dedicate
vielse subst. *m* wedding ceremony
vietnamesisk adj. Vietnamese
vifte[1] subst. *m/f* fan
vifte[2] verb **1** *(veive)* wave
2 *(med en vifte)* fan
vigsle verb consecrate
vik subst. *m/f (bukt)* bay
vikar subst. *m* substitute
vikariat subst. *n* temporary position
vikariere verb be a substitute, fill in
vikarlærer subst. *m* substitute teacher
vike verb **1** *(trekke seg tilbake)* retreat
2 *(avstå, vike plassen)* give way, yield
vikeplikt subst. *m/f* duty to give right
of way
viking subst. *m* Viking
vikingskip subst. *n* Viking ship
vikingtid subst. *m/f* Viking Age
vikle verb wind, twist
vikle seg inn i get entangled in
viktig adj. important
vil verb *presens av* ▶ville
vilje subst. *m* will
med vilje on purpose

viljesterk adj. strong-willed, determined
viljestyrke subst. *m* willpower
vilkår subst. *n* condition, term
vilkårlig adj. *(tilfeldig)* arbitrary, random
vill adj. **1** wild
  2 *(som adverb: vilt)* wildly, madly
  • *de var vilt forelsket* they were madly
  in love
  gå seg vill get lost
villa subst. *m* house, villa
ville verb **1** *(ønske, ha lyst til)* want (to),
  will, wish • *jeg vil ikke!* I don't want
  to! / I won't!
  2 *(la seg)* will, would • *motoren ville*
  ikke starte the engine would not start
  3 *(komme til å)* will, shall, would,
  should • *operasjonen vil ta tre timer*
  the operation will take three hours
  4 *(om tenkt tilfelle)* would, should
  • *jeg ville ha gjort det annerledes*
  I would have done it differently
  det vil si that is to say
  gjør som du vil please yourself
  som du vil as you wish
villede verb lead astray, mislead
villedende adj. misleading
villet verb *se* ►ville
villig adj. **1** willing, ready
  2 *(som adverb)* willingly
  • *han fulgte villig etter henne*
  he followed her willingly
villighet subst. *m/f* willingness
villmark subst. *m* wilderness, bush *(i*
  Afrika, Australia), outback *(i Australia)*
villrede subst. confusion, bewilderment
villspor subst. *n* bare i uttrykk
  lede noen på villspor send someone
  on a wild goose chase
  være på villspor be on the wrong track
villsvin subst. *m* boar
vilt subst. *n* game
  fritt vilt fair game
vimpel subst. *m* streamer
vimse verb flutter
vimsete adj. scatterbrained
vin subst. *m* wine
vind subst. *m* wind
vindbukse subst. *m/f* windproof
  trousers, windproof pants *(amer.)*
vindjakke subst. *m/f* windcheater,
  windbreaker *(amer.)*
vindkast subst. *n* gust of wind
vindkraft subst. *m/f* wind power
vindmølle subst. *m/f* windmill

vindpust subst. *n* puff of wind
vindretning subst. *m/f* wind direction
vindstille adj. calm, still
vindtett adj. windproof
vindu subst. *n* window
vinduskarm subst. *m* window sill
vinduspost subst. *m* window sill
vindusrute subst. *m/f* windowpane
vindusvisker subst. *m* windscreen
  wiper, windshield wiper *(amer.)*
ving subst. *m (sport)* wing
vinge subst. *m* wing
vingespenn subst. *n* wingspan
vingle verb **1** *(være ustø)* wobble
  2 *(overført)* waver
vink subst. *n* **1** *(bevegelse)* sign, signal
  2 *(hint)* hint, tip
vinkart subst. *n* wine list
vinke verb wave
vinkel subst. *m* angle
vinne verb **1** *(seire)* win
  2 *(oppnå)* gain
  vinne over defeat, beat
  vinne tid save time, gain time
  vinne tilbake regain, win back
vinner subst. *m* winner
vinning subst. *m/f*
  1 *(det å vinne)* winning
  2 *(fortjeneste)* gain, profit
vinter subst. *m* winter
vinterdvale subst. *m* hibernation
vinterferie subst. *m* winter holiday,
  winter break
vinterleker subst. *flt.* winter games
vinter-OL subst. *n* the Olympic Winter
  Games, the Winter Olympics
vintersolverv subst. *n* winter solstice
vintersport subst. *m* winter sports
vippe verb bob, tilt, rock
  vippe noen av pinnen knock
  somebody off their perch
virke[1] subst. *n* **1** *(arbeid)* work
  2 *(materiale)* material
virke[2] verb **1** *(fungere)* work, function
  2 *(ha virkning)* work, be effective
  3 *(synes)* seem, appear
  virke inn på affect
  virke som 1 *(synes som)* seem like,
  appear to be **2** *(fungere som)* act as,
  work as
virkelig adj. **1** real, actual
  2 *(som adverb)* really, actually
  • *mener du virkelig det?* do you really
  mean that?

a b c d e f g h i j k l m n o p q r s t u **v** w x y z æ ø å

virkeliggjøre verb realize
virkelighet subst. *m/f* reality
virkemiddel subst. *n* **1** means
  2 *(litterært virkemiddel)* device
virkning subst. *m/f* effect
virkningsfull adj. effective
virksom adj. **1** *(i virksomhet)* active
  2 *(effektiv)* effective, efficient
virksomhet subst. *m*
  1 *(aktivitet)* activity
  2 *(foretak)* business
virus subst. *n* virus
virvar subst. *n* mess, confusion
virvel subst. *m* **1** *(bevegelse)* whirl
  2 *(i vannet)* whirlpool
  3 *(knokkel)* vertebra
virvle verb whirl, swirl
  virvle opp stir up, raise
vis[1] subst. *n* way
  på sett og vis in a way
vis[2] adj. wise
vis-à-vis preposisjon opposite, vis-à-vis
visdom subst. *m* wisdom
visdomstann subst. *m* wisdom tooth
vise[1] subst. *m/f* song
vise[2] verb **1** *(la se)* show, display
  2 *(peke ut)* show, indicate, point out
  3 *(bevise)* show, prove
  vise seg
  1 *(være synlig/til stede)* appear
  2 *(bli åpenbar)* become apparent
  vise seg å være turn out to be, prove
viser subst. *m (på klokke)* hand
visitt subst. *m* visit
visittid *subst.m/f* visiting hours
visittkort subst. *n* business card
visjon subst. *m* vision
visjonær adj. visionary
viske verb erase, rub out
viskelær subst. *n* rubber *(britisk)*, eraser
viskose subst. *m (kunstfiber)* viscose
visne verb wither
visning subst. *m* showing, viewing

visp subst. *m* whisk
vispe verb whip *(om krem e.l.)*,
  beat *(om egg)*
viss adj. **1** *(sikker)* certain, sure
  2 *(bestemt)* certain
  3 *(noen)* certain, some
  sikkert og visst that's for sure
  til en viss grad to a certain extent
vissen adj. withered
visshet subst. *m/f* certainty
visst[1] verb *se* ►vite
visst[2] adverb **1** *(trolig, antakelig)*
  probably, (most) likely
  2 *(helt sikkert)* certainly, undoubtedly
visste verb *se* ►vite
visstnok adverb **1** *(trolig, antagelig)*
  apparently, probably, most likely
  2 *(riktignok)* sure, to be sure
visualisere verb visualize
visuell adj. visual
visum subst. *n* visa
vitamin subst. *n* vitamin
vite verb know
  få vite learn
  så vidt jeg vet as far as I know
  vite om noe know about something
vitebegjærlig adj. inquisitive, curious
viten subst. *m* knowledge
vitende subst. *n* knowledge
  vel vitende well aware
vitenskap subst. *m* science
vitenskapelig adj. scientific, scholarly
vitenskapskvinne subst. *m* scientist
vitenskapsmann subst. *m* scientist
vitne[1] subst. *n* witness
vitne[2] verb testify
vitneboks subst. *m* witness box,
  witness stand *(amer.)*
vitnemål subst. *n (eksamensbevis)*
  certificate, diploma
vitnesbyrd subst. *n*
  1 *(uttalelse fra vitne)* testimony
  2 *(bevis)* evidence

vits subst. *m* **1** *(morsomhet)* joke
2 *(hensikt)* point
vittig adj. funny
vittighet subst. *m* witticism, joke
vlogg subst. *m (sammentrekning av* video *og* blogg*)* vlog, video blog
vogn subst. *m/f*
1 *(transportredskap)* carriage
2 *(togvogn)* carriage, car
vokal[1] subst. *m* vowel
vokal[2] adj. vocal
vokalist subst. *m* vocalist, singer
voks subst. *m/n* wax
vokse verb **1** *(bli større)* grow
2 *(øke)* increase
voksen adj. adult, grown-up
bli voksen grow up
vokte verb guard, watch
vokter subst. *m* guard
vold subst. *m* violence, force
voldelig adj. violent
voldsforbryter subst. *m*
violent criminal
voldsom adj. violent
voldta verb rape
voldtekt subst. *m* rape
voldtektsforbryter subst. *m* rapist
voll[1] subst. *m (eng)* pasture, meadow
voll[2] subst. *m (forskansning)* mound, wall
volleyball subst. *m (sport)* volleyball
vollgrav subst. *m/f* moat
volt subst. *m (måleenhet)* volt
volum subst. *n* volume
vom subst. *m/f (stor mage)* belly
vond adj. **1** *(smertefull)* painful
2 *(vanskelig)* difficult
ha det vondt be in pain
vorspiel subst. *n (fest)* warm-up party, pre-party
vorte subst. *m/f* wart
vott subst. *m* mitten
vrak subst. *n* wreck
vrake verb *(forkaste)* reject, discard
velge og vrake pick and choose
vrakgods subst. *n* wreckage
vrang adj. **1** inside out
2 *(vanskelig)* difficult, stubborn
slå seg vrang *(bli motvillig)* be stubborn, refuse to budge
vrange subst. *m* wrong side, reverse side
vrangforestilling subst. *m/f* delusion
ha vrangforestillinger be delusional

vranglære subst. *m/f* false teaching
vranglås subst. *m* bare i uttrykk
gå i vranglås jam, get stuck
vrede subst. *n (høytidelig)* wrath, fury
vrenge verb **1** turn inside out, reverse
2 *(forvri)* distort
vri[1] subst. *m* twist, turn
vri[2] verb **1** *(dreie)* turn, twist
2 *(rotere)* rotate
vridning subst. *m (dreining)* twist
vrien adj. difficult
vrikke verb **1** *(vri)* turn, twist, wriggle
2 *(forstue)* twist, sprain
vrimle verb swarm, teem
vrimle av swarm/teem with
vrimmel subst. *m* swarm, multitude
vrinske verb neigh
vrist subst. *m (på fot)* instep
vrøvl subst. *n* nonsense
vugge[1] subst. *m/f* cradle
vugge[2] verb *(gynge)* rock *(om barn)*, sway *(vugge med hoftene)*
vuggesang subst. *m* lullaby
vulgær adj. vulgar, crude
vulkan subst. *m* volcano
vulkansk adj. volcanic
vulva subst. *m (de ytre kvinnelige kjønnsorganer)* vulva
vunnet verb *se* ▸vinne
vurdere verb **1** *(overveie)* consider
2 *(bedømme)* judge, assess
vurdering subst. *m/f* evaluation, assessment
væpne verb arm
vær[1] subst. *n* weather
til værs up in the air
vær[2] subst. *m* **1** *(saubukk)* ram
2 *(stjernetegn:* Væren*)* Aries
værbitt adj. weather-beaten
være verb be
det var en gang once upon a time
la være å 1 *(slutte å)* stop
2 *(unnlate å)* refrain from
vær så god 1 *(ved overlevering)* here you are, here you go
2 *(i oppfordringer)* please, by all means
vær så snill please
værelse subst. *n* room
væremåte subst. *m* manner
værfast adj. weatherbound
værhane subst. *m* weathercock
værmelding subst. *m/f* weather report
vært verb *se* ▸være
værvarsel subst. *n* weather forecast

a
b
c
d
e
f
g
h
i
j
k
l
m
n
o
p
q
r
s
t
u
v
w
x
y
z
æ
ø
å

væske subst. *m/f* liquid
væte verb wet, moisten
våg subst. *m (bukt)* bay
vågal adj. **1** *(dristig)* careless, reckless
 2 *(risikabel)* risky, hazardous
våge verb dare
våghals subst. *m* daredevil
våke verb be awake
 våke over watch over
våken adj. awake
våkne verb wake up
våningshus subst. *n* farmhouse
våpen subst. *n* weapon
våpenhvile subst. *m/f* truce
våpenmakt subst. *m/f* force of arms

våpenstillstand subst. *m* truce
vår¹ subst. *m* spring
 om våren in the spring
vår² determinativ (vårt, våre) **1** *(sammen med substantiv)* our • we love our cat
 2 *(uten substantiv)* ours • *bilen der borte er vår* the car over there is ours
vårlig adj. springlike
våronn subst. *m/f* spring farming
vårrull subst. *m (matrett)* spring roll
vås subst. *n* nonsense
våse verb talk nonsense, babble
våt adj. wet
våtmark subst. *m/f* wetlands, marsh

W

Wales stedsnavn Wales
waliser subst. *m* Welshman, Welshwoman
walisisk adj. Welsh
watt subst. *m (måleenhet)* watt
WC subst. *n eller* **wc** toilet
whisky subst. *m* whisky *(britisk)*,

whiskey *(amer., irsk)*, scotch *(om skotsk whisky)*
Wien stedsnavn Vienna
wienerbrød subst. *n* Danish pastry, Danish *(hverdagslig)*
wok subst. *m* **1** *(stekegryte)* wok
 2 *(matrett)* stir-fry

X

x-akse subst. *m (matematikk)* x-axis, the horizontal axis

xylofon subst. *m (instrument)* xylophone

y

yacht subst. *m* yacht
y-akse subst. *m (matematikk)* y-axis, vertical axis
ydmyk adj. humble
ydmyke verb humiliate
ydmykelse subst. *m* humiliation
ydmykende adj. humiliating
ydmykhet subst. *m/f* humility
ymse adj. different, various
ymte verb hint
ynde subst. *m* grace

yndig adj. graceful, charming
yndling subst. *m* favourite
yngel subst. *m* brood, fry *(om fisk)*
yngle verb breed, spawn *(om fisk)*
yngre adj. younger
yngst adj. youngest
ynk subst. *m/n* whimper
ynke verb pity
 ynke seg moan
ynkelig adj. miserable, pathetic
yoghurt subst. *m* yogurt

yppe verb pick a fight
  yppe seg show off
ypperlig adj. splendid, excellent
yr[1] subst. *n (lett regn)* drizzle
yr[2] adj. excited
  yr av glede giddy with joy
yre verb 1 *(regne lett)* drizzle
  2 *(myldre)* swarm, teem
yrke subst. *n* 1 occupation
  2 *(om håndverkere)* trade, craft
yrkesaktiv adj. working
yrkesfag subst. *n* vocational course
yrkesfaglig adj. vocational
yrkesskole subst. *m* technical college,
  vocational school
yrkesutdannelse subst. *m*
  vocational training
yrkesveiledning subst. *m/f*
  career guidance

ysteri subst. *n* cheese factory
yte verb perform, achieve
yteevne subst. *m/f* capacity
ytelse subst. *m* performance
ytre[1] subst. *n* 1 exterior, outside
  2 *(utseende)* appearance
ytre[2] verb utter, express
ytre[3] adj. external, outer
ytring subst. *m/f* statement, utterance
ytringsfrihet subst. *m/f*
  freedom of speech
ytterfrakk subst. *m* overcoat
ytterligere adj. further, additional
ytterliggående adj. extreme
ytterlighet subst. *m/f* extreme
ytterpunkt subst. *n* extreme (point)
ytterst adj. utmost
yttertøy subst. *n* outer garment

Z

zappe verb zap
zoolog subst. *m* zoologist
zoologisk hage subst. *m* zoo

zoom subst. *m (på kamera)*
  zoom lens, zoom
zoome verb zoom

æ

æra subst. *m* era, epoch
ærbødig adj. respectful, deferential
ærbødighet subst. *m* respect, deference
ærbødigst adj. *(underskrift i formelt
  brev)* sincerely, yours sincerely
ære[1] subst. *m/f* 1 honour
  2 *(hyllest)* praise
  gi noen æren for
  give someone credit for
ære[2] verb 1 *(vise stor respekt)* honour
  2 *(tilbe)* praise
ærefrykt subst. *m* awe
ærefull adj. honourable
ærekrenkelse subst. *m* defamation
ærend subst. *n* errand
æresdrap subst. *n* honour killing

æresgjest subst. *m* guest of honour
æresmedlem subst. *n*
  honorary member
æresord subst. *n* word of honour
ærfugl subst. *m (fugl)* eider
ærgjerrig adj. ambitious
ærgjerrighet subst. *m* ambition
ærlig adj. 1 *(sannferdig)* honest
  2 *(oppriktig)* sincere
  ærlig talt honestly, to tell the truth
ærlighet subst. *m* honesty
ærverdig adj. venerable
æsj interjeksjon yuck
ætt subst. *m/f* family
ættesaga subst. *m* family saga

a
b
c
d
e
f
g
h
i
j
k
l
m
n
o
p
q
r
s
t
u
v
w
x
y
z
æ
ø
å

øde adj. desolate, deserted
ødelagt adj. broken
ødelegge verb 1 *(utslette)* ruin, destroy
2 *(skade)* damage, break
ødeleggelse subst. *m*
1 *(tilintetgjørelse)* destruction
2 *(skade)* damage
ødeleggende adj. destructive
ødemark subst. *m* wasteland
ødsel adj. 1 *(sløsende)* wasteful
2 *(overdådig)* extravagant
øgle subst. *m* lizard
øke verb increase, boost
økologi subst. *m* ecology
økologisk adj. 1 *(dyrket uten bruk av kunstgjødsel)* organic
2 ecological
økonom subst. *m* economist
økonomi subst. *m* 1 *(fag)* economics
2 *(sparsommelighet)* economy
økonomisk adj. 1 *(om en persons økonomi)* financial
2 *(som angår økonomi)* economic
3 *(sparsommelig)* economical
økosystem subst. *n* ecosystem
økoturisme subst. *m* ecotourism
øks subst. *m/f* axe
økt subst. *m* spell, shift, session
øl subst. *n/m* beer
ølbrikke subst. *m* coaster
ølbryggeri subst. *n* brewery
øm adj. 1 *(sår)* sore
2 *(varm og kjærlig)* tender
ømfintlig adj. sensitive
ømhet subst. *m*
1 *(verkende følelse)* soreness, ache
2 *(kjærlig følelse)* tenderness
ømtålig adj. sensitive, delicate
ønske[1] subst. *n* wish, want, desire
ønske[2] verb wish, want, desire
ønskelig adj. desirable
ønsketenkning subst. *m/f*
wishful thinking
ør adj. 1 *(svimmel)* dizzy
2 *(forvirret)* confused
øre subst. *n* ear
ørebetennelse subst. *m*
inflammation of the ear
øredobb subst. *m* earring, eardrop
øredøvende adj. deafening

ørefik subst. *m* box on the ear
øreflipp subst. *m* ear lobe
øremerke[1] subst. *n* earmark
øremerke[2] verb earmark
ørering subst. *m* earring
øretelefon subst. *m* earphone
ørevarmer subst. *m* ear muffs
øreverk subst. *m* earache
ørevoks subst. *m* earwax
ørken subst. *m* desert
ørkesløs adj. 1 *(passiv)* idle
2 *(meningsløs)* useless, pointless
ørliten adj. tiny
ørn subst. *m* eagle
ørnenese subst. *m/f* hawk nose
ørnunge subst. *m* eaglet
ørret subst. *m* brown trout
ørske subst. *m/f* confusion
øse[1] subst. *m/f* ladle
øse[2] verb 1 *(tømme, helle)* bail
2 *(strømme)* pour down
øst subst. *m* east
østavind subst. *m* east wind
Østen stedsnavn the East, the Orient
østenfor preposisjon east of
Østerrike stedsnavn Austria
østers subst. *m* oyster
Østersjøen stedsnavn the Baltic Sea
Øst-Europa stedsnavn Eastern Europe
østgående adj. eastbound
østkant subst. *m* east side
østlig adj. eastern
østover preposisjon eastwards,
to the east
østrogen subst. *n* oestrogen
øve verb 1 *(trene)* practise
2 *(utføre)* exercise, exert
øvelse subst. *m* practice
øvelseskjøring subst. *m/f*
driver training
øverst adj. 1 top, upper, highest
2 *(som adverb)* on top, at the top
• *han ventet øverst i trappen* he waited
at the top of the stairs
øverstkommanderende adj.
commander-in-chief
øvet adj. experienced, practised
øvre adj. upper
øy subst. *m/f* island
øye subst. *n* eye

øyeblikk subst. *n* moment
et øyeblikk! just a moment!
hvert øyeblikk any minute
øyeblikkelig adj. immediate
øyebryn subst. *n* eyebrow
øyeeple subst. *n* eyeball
øyekast subst. *n* glance, look
øyekatarr subst. *m* conjunctivitis
øyekontakt subst. *m* eye contact
få øyekontakt make eye contact

øyekrok subst. *m* corner of the eye
øyelege subst. *m* eye specialist
øyelokk subst. *n* eyelid
øyenskygge subst. *m* eye shadow
øyenstikker subst. *m* dragonfly
øyensverte subst. *m* mascara
øyenvippe subst. *m* eyelash
øyenvitne subst. *n* eyewitness
øygruppe subst. *m/f* archipelago
øyne verb see, behold

å¹ *interjeksjon* oh, wow
å ja 1 *(som utrop)* indeed!
2 *(som utsagn)* I see
å nei 1 *(som utrop)* oh no!
2 *(som utsagn)* I see
å² *infinitivsmerke* to
åker subst. *m* field
ål subst. *m* eel
ålreit adj. all right, OK
ånd subst. *m* spirit
Den Hellige Ånd the Holy Ghost, the Holy Spirit
ånde subst. *m* breath
åndedrett subst. *n* breath
åndelig adj. **1** *(mental)* intellectual, mental
2 *(religiøs)* spiritual, religious
åndsfraværende adj. absent-minded
åndsliv subst. *n* intellectual life, cultural life
åndsverk subst. *n* intellectual work
åpen adj. open
åpenbar adj. obvious
åpenbare verb reveal
åpenbaring subst. *m/f* revelation
åpenhet subst. *m* openness, candour
åpenhjertig adj. open, candid

åpenlys adj. obvious, open
åpne verb open
åpning subst. *m/f* opening
åpningstid subst. *m/f* opening hours, business hours
år subst. *n* year
årbok subst. *m/f* year book, annual
åre¹ subst. *m* oar, paddle *(padleåre)*
åre² subst. *m (i kroppen)* vein, artery
åreknute subst. *m* varicose vein
årelate verb bleed
åretak subst. *n* stroke
årevis subst. for years
årgang subst. *n* **1** *(om vin)* vintage
2 *(om tidsskrift o.l.)* volume
3 *(aldersgruppe)* age group
århundre subst. *n* century
århundreskifte subst. *n* turn of a century
årlig adj. annual
årring subst. *m (i trestamme)* growth ring
årsak subst. *m* **1** *(grunn)* cause
2 *(forklaring)* reason
ingen årsak you're welcome
årsakssammenheng subst. *m* causality

årsberetning subst. *m/f* annual report
årsdag subst. *m* anniversary
årsmøte subst. *n* annual meeting
årsskifte subst. *n* turn of the year
årstall subst. *n* date, year
årstid subst. *m/f* season
årtusen subst. *n* millennium
årvåken adj. alert, vigilant
årvåkenhet subst. *m* alertness, vigilance
ås subst. *m* hill, ridge

åsrygg subst. *m* crest of a hill
åsted subst. *n* scene of the crime
åte subst. *m (agn)* bait
åtsel subst. *n* carcass, carrion
åtte determinativ eight
åttekant subst. *m* octagon
åttende adj. eighth
åtti determinativ eighty
åttiende adj. eightieth
åttiåring subst. *m* eighty-year-old

ARCTIC OCEAN
GREENLAND
Baffin Bay
Bering Strait
Davis Strait
Denmark Strait
ICELAND
Alaska
Hudson Bay
Gulf of Alaska
CANADA
ROCKY MOUNTAINS
NORTH AMERICA
Newfoundland
Quebec
IRELAND
London
Paris
New York
Washington DC
UNITED STATES OF AMERICA
Los Angeles
NORTH ATLANTIC OCEAN
PORTUGAL
SPAIN
Madrid
MOROCCO
Gulf of Mexico
BAHAMAS
MEXICO
Mexico City
CUBA
JAMAICA
BELIZE
HAWAIIAN ISLANDS
PUERTO RICO
Caribbean Sea
TRINIDAD & TOBAGO
GAMBIA
SIERRA LEONE
LIBERIA
PANAMA
VENEZUELA
GUYANA
PACIFIC OCEAN
COLOMBIA
ECUADOR
ANDES
BRAZIL
PERU
BOLIVIA
SOUTH AMERICA
SOUTH ATLANTIC OCEAN
PARAGUAY
Rio de Janeiro
São Paulo
CHILE
Santiago
URUGUAY
Buenos Aires
ARGENTINA
FALKLAND ISLANDS
South Georgia
0 1000 2000 3000 4000 5000 6000 km